要件事実・事実認定論と
基礎法学の新たな展開

伊藤滋夫先生喜寿記念

【編】
河上正二　山本和彦
髙橋宏志　北　秀昭
山﨑敏彦　難波孝一

青林書院

は　し　が　き

　伊藤滋夫先生におかれては，本年2月25日にめでたく喜寿を迎えられますこと，心からお慶び申し上げます。

　先生は，裁判官として，昭和31年初任地の東京地裁を振り出しに，札幌地家裁室蘭支部，司法研修所所付，東京地裁，松山地家裁，最高裁事務総局家庭局第1課長兼第2課長，東京地裁部総括を経て，昭和51年4月に司法研修所教官になられ，昭和55年4月まで教官を続けられ，研修所29期から33期までの修習生の民事裁判教育にあたられました。その後，東京地裁部総括を経て，昭和57年4月再び司法研修所教官（民事裁判上席）に就任され，35期から39期までの修習生の教育にあたられました。昭和61年4月以降は，東京高裁，和歌山地家裁所長，名古屋高裁部総括，東京高裁部総括として活躍され，平成7年3月に依願退官するまで，通算39年間の長きにわたり裁判官としての仕事を全うされました。先生は，裁判所を退職後は，学者の道に転進され，平成7年4月から同14年3月までは大東文化大学法学部法律学科教授，同14年4月から同16年3月までは創価大学大学院法学研究科担当教授，同16年4月から同19年3月までは同大学法科大学院教授として，同19年4月から現在まで同大学院客員教授として，民法学，基礎法学を中心とした研究，教育に精力的に取り組まれておられます。

　先生の裁判官としての民事裁判分野における実績，活躍振りには目覚ましいものがあり，とりわけ，特筆すべきは，先生のご経歴からも明らかなように，先生は実に13年半もの間司法研修所に勤務され（そのうち1年間はハーバード・ロースクール留学），法曹養成・法学教育に人一倍の情熱を持って後進の指導に当たられ，その中心としての要件事実論，事実認定論に多大の優れた業績を残されたことであります。要件事実論，事実認定論に関する先生の著作は枚挙にいとまがありませんが，とりわけ『事実認定の基礎――裁判官による事実判断の構造』（有斐閣，平8年），『要件事実の基礎――裁判官による法的判断の構造』（有斐閣，平12年）は版を重ね，学者，実務家，学生にこれまでも読み継がれている不朽の名著ということができるのではないでしょうか。また，要件

はしがき

　事実論については，あらゆる分野を網羅した『民事要件事実講座第 1 巻ないし第 5 巻』（青林書院，平 17 年ないし 20 年）の総括編集者としての活躍も見逃すことができません。先生のご研究は，要件事実論，事実認定論を核としながらも，その根底にあるものは何かという根元的な問いかけをするうち，基礎法学の分野にも研究テーマを拡大され，『基礎法学と実定法学の協働』（信山社，平 17 年），「要件事実論と基礎法学の協働・序説」（法セミ 2008 年 3 月号）などこれまでに類のない貴重かつ有益なご論考等を発表されており，本当に年齢を全く感じさせない縦横無尽の精力的な活躍振りで，驚嘆の限りであり，後進として頭の下がる思いで一杯でございます。

　本書は，このような先生の謦咳に接した多数の研究者，薫陶を受けた法律実務家が，先生のこれまでの学恩に対する感謝の念を表するため，「要件事実・事実認定論と基礎法学の新たな展開—伊藤滋夫先生喜寿記念—」を発刊することを企画しましたところ，幸いにも合計 46 名の方々から優れた玉稿を頂くことができ，刊行の運びに至りました。執筆者の諸先生に対しては，この場をお借りして心からお礼申し上げる次第です。

　先生におかれては，ご健康に十分意を用いられ，これからも，民法学，基礎法学の分野においてますますご活躍され，私ども後進に対してこれまでと同様にご指導をくださいますよう心よりお願い申し上げます。

　本書の公刊にあたっては，青林書院編集部の大塚和光氏に大変お世話になりました。記して謝意を表させていただきます。

　　　平成 21 年 1 月吉日

河上　正二
高橋　宏志
山﨑　敏彦
山本　和彦
北　　秀昭
難波　孝一

執筆者一覧

高橋	文彦	たかはし ふみひこ	明治学院大学法学部教授
執行	秀幸	しぎょう ひでゆき	中央大学大学院法務研究科教授
畑	瑞穂	はた みずほ	東京大学大学院法学政治学研究科教授
山本	和彦	やまもと かずひこ	一橋大学大学院法学研究科教授
渡辺	達徳	わたなべ たつのり	中央大学大学院法務研究科教授
佐藤	歳二	さとう としじ	弁護士・桐蔭横浜大学法科大学院客員教授
山浦	善樹	やまうら よしき	弁護士・筑波大学法科大学院教授
中川	徹也	なかがわ てつや	弁護士・國學院大學大学院法務研究科教授
松原	正明	まつばら まさあき	東京家庭裁判所判事
若柳	善朗	わかやなぎ よしろう	弁護士・創価大学法科大学院教授・青山学院大学大学院法学研究科客員教授
下村	正明	しもむら まさあき	関西大学大学院法務研究科教授
高橋	譲	たかはし ゆずる	最高裁判所調査官
笠井	修	かさい おさむ	中央大学大学院法務研究科教授
河上	正二	かわかみ しょうじ	東京大学大学院法学政治学研究科教授
山本	和敏	やまもと かずとし	弁護士・元東京高等裁判所判事・元司法研修所教官
梶村	太市	かじむら たいち	早稲田大学大学院法務研究科客員教授
長	秀之	おさ ひでゆき	東京家庭裁判所判事
河野	玄逸	こうの げんいつ	弁護士
北川	恵子	きたがわ けいこ	弁護士
中里	真	なかざと まこと	東北大学博士課程後期課程
大江	忠	おおえ ただし	弁護士・慶應義塾大学大学院法務研究科教授
今出川幸寛		いまでがわ ゆきひろ	弁護士・創価大学法科大学院教授
永石	一郎	ながいし いちろう	弁護士・元一橋大学法科大学院特任教授
高橋	宏志	たかはし ひろし	東京大学理事・副学長・東京大学大学院法学政治学研究科教授
難波	孝一	なんば こういち	東京地方裁判所判事
永井	紀昭	ながい としあき	弁護士・元東京地方裁判所長

執筆者一覧

牧野　利秋	まきの　としあき	弁護士・元東京高等裁判所判事
安見ゆかり	やすみ　ゆかり	青山学院大学法学部准教授
中西　　正	なかにし　まさし	神戸大学大学院法学研究科教授
北　　秀昭	きた　ひであき	弁護士・筑波大学法科大学院教授
瀬戸口壯夫	せとぐち　たけお	さいたま地方裁判所判事
河見　　誠	かわみ　まこと	青山学院女子短期大学教授
陶久　利彦	すえひさ　としひこ	東北学院大学法学部教授
松岡　　誠	まつおか　まこと	創価大学法学部教授
菅　富美枝	すが　ふみえ	法政大学経済学部准教授
鎌野　邦樹	かまの　くにき	早稲田大学大学院法務研究科教授
小島　信泰	こじま　のぶやす	創価大学法学部教授
川﨑　直人	かわさき　なおと	弁護士・中央大学大学院法務研究科特任教授
田村　伸子	たむら　のぶこ	弁護士・創価大学法科大学院講師
河野　信夫	かわの　のぶお	弁護士・白鷗大学大学院法務研究科教授
山田八千子	やまだ　やちこ	中央大学大学院法務研究科教授・弁護士
髙橋　順一	たかはし　じゅんいち	弁護士
田尾　桃二	たお　とうじ	元仙台高等裁判所長官
髙野　耕一	たかの　こういち	弁護士・元東京高等裁判所判事
武藤　春光	むとう　しゅんこう	弁護士・元広島高等裁判所長官
山崎　敏彦	やまざき　としひこ	青山学院大学大学院法務研究科教授

（掲載順）

目　次

第1章　要件事実・事実認定——総論

要件事実論と非単調論理—〈法律要件⇒法律効果〉における「⇒」の論理学的意味について— ……………………………〔髙橋　文彦〕 *3*
　1　はじめに …………………………………………………………… *3*
　2　法的思考の非単調性と対話性 …………………………………… *4*
　　(1)　法体系の立体的構造と弁論の弁証法／*4*
　　(2)　レッシャーの先駆的業績／*7*
　　(3)　法体系のモジュール性／*9*
　3　非単調論理としてのデフォルト論理 …………………………… *11*
　　(1)　非単調論理学とその技法／*11*
　　(2)　ライターのデフォルト論理／*14*
　　(3)　プラッケンのデフォルト論理／*16*
　4　結びに代えて—今後の課題と展望— ………………………… *19*

民法解釈学からみた要件事実論—「裁判規範としての民法」理論の考察— ………………………………………………〔執行　秀幸〕 *21*
　1　はじめに …………………………………………………………… *21*
　　(1)　要件事実論と民法解釈／*21*
　　(2)　民法学からの要件事実論へのアプローチ／*23*
　　(3)　本稿の課題／*24*
　2　裁判規範としての民法 …………………………………………… *24*
　3　「裁判規範としての民法」の意義 ……………………………… *26*
　　(1)　立証責任分配に関する見解／*26*
　　(2)　裁判規範としての民法の意義／*28*
　4　立証責任対象事実の決定基準 …………………………………… *35*
　　(1)　立証責任の負担の公平／*35*
　　(2)　立証責任対象事実の決定プロセス／*36*
　　(3)　民法の規範構造／*38*

目　次

　　(4)　制度趣旨・立証の困難性／40
　5　結　語 …………………………………………………………44
主張責任と立証責任に関する覚書 …………〔畑　　瑞穂〕46
　はじめに …………………………………………………………46
　1　「理論上の一致」について ……………………………………47
　　(1)　伊藤滋夫説／47
　　(2)　分配の不一致を認める考え方／49
　　(3)　小　括／54
　2　主張責任の分配基準 …………………………………………54
　　(1)　主張の有理性（十分性）／54
　　(2)　「規範説」／55
　　(3)　実体法ルールの構成の解釈による確定／56
　　(4)　訴訟における主張の機能に着目する方向／57
　　(5)　小　括／58
　3　各　論 …………………………………………………………59
　　(1)　履行遅滞に基づく損害賠償請求における履行の有無／59
　　(2)　請求異議の訴えにおける異議事由／60
　おわりに …………………………………………………………64

総合判断型一般条項と要件事実―「準主要事実」概念の復権と再構成に向けて― ………………………〔山本　和彦〕65
　1　本稿の問題意識 ………………………………………………65
　2　一般条項の類型 ………………………………………………69
　　(1)　一般条項の定義・意義／69
　　(2)　一般条項の分類／70
　　(3)　総合判断型一般条項の特性／71
　3　弁論主義と証明責任の関係 …………………………………73
　　(1)　弁論主義と証明責任の適用場面／73
　　(2)　適用場面の不一致／75
　　(3)　準主要事実概念の有用性／76
　4　一般条項と弁論主義 …………………………………………76
　　(1)　弁論主義の根拠と適用範囲／76
　　(2)　総合判断型一般条項と弁論主義／77

目　次

　　5　一般条項と証明責任 …………………………………………79
　　　(1)　証明責任の根拠と適用範囲／79
　　　(2)　総合判断型一般条項と証明責任／80
　　　(3)　総合判断型一般条項の要件事実／83
　　6　一般条項の審理・判断のあり方 ……………………………84
　　　(1)　総合判断型一般条項の審理の考え方／84
　　　(2)　総合判断型一般条項の審理の具体像／84
　　7　おわりに ………………………………………………………86

「債務法現代化」後のドイツ民法と要件事実論 …… 〔渡辺　達徳〕88
　　1　はじめに ………………………………………………………88
　　2　BGBにおける立証責任規定 …………………………………91
　　　(1)　概　要／91
　　　(2)　債務法改正の前後における規定ぶりの変化／92
　　　(3)　新規定の整理及び検討／102
　　3　むすびに代えて―日本法への示唆― ………………………103

勝つべき者が勝つ民事裁判を目指して―事実認定における法曹の心構え― 〔佐藤　歳二〕106
　　1　勝つべき者が勝つ民事裁判 …………………………………106
　　2　社会経済情勢の変化と民事裁判への影響 …………………107
　　　(1)　高度経済成長期の民事裁判／107
　　　(2)　バブル経済崩壊期の民事裁判／110
　　　(3)　司法改革期の民事裁判／113
　　3　民事訴訟の今日的課題 ………………………………………114
　　　(1)　裁判官主導から当事者主導ないし協働作業へ／114
　　　(2)　より迅速化への動きと適正との調和／115
　　　(3)　事件を解決するのではなく紛争の解決を／116
　　　(4)　画期的判決より半歩前進の判決を／117
　　4　事実認定における経験則の役割 ……………………………118
　　　(1)　事実認定の一般的手法（間接事実及び背景事情の役割）／118
　　　(2)　事実上の推定と経験則／119
　　　(3)　事実認定が経験則違背とされた事例／120
　　　(4)　専門的事件の事実認定と経験則／121

　　　　　　　　目　次

　　5　法曹はどのようにして経験則を身に付けるか……………………122
　　　　(1)　社会経済情勢の変化に即応する姿勢／122
　　　　(2)　世の中の病理現象だけでなく生理現象を知る／123
　　　　(3)　視野を広めるために異業種間交流のすすめ／124
　　　　(4)　正義を貫く姿勢を持つ法曹／124
　　　　(5)　人情の機微がわかる法曹／124
　　6　むすび……………………………………………………………125

法律事務所における事件処理と要件事実の実際 …〔山浦　善樹〕126
　　1　はじめに……………………………………………………………126
　　　　(1)　本人訴訟の世界／126
　　　　(2)　民事裁判における二段のコミュニケーション／129
　　　　(3)　アバウトブロック・ダイアグラムの効用／130
　　2　法律事務所における要件事実の実際……………………………132
　　　　(1)　法律相談・事情聴取における診立て（見立て）の重要性／132
　　　　(2)　事件・ケースにラベルは貼ってない／133
　　　　(3)　要件事実は実体法のほか手続法の正しい理解を必要とする／138
　　　　(4)　法律事務所で組み立てた要件事実の点検・調整の必要について／140

民事弁護活動と要件事実論　　　　　　　　　〔中川　徹也〕146
　　1　はじめに……………………………………………………………146
　　2　民事弁護士と法曹教育手法としての要件事実論………………147
　　　　(1)　要件事実論の必然性／147
　　　　(2)　法科大学院における民事弁護士の関与／150
　　3　民事弁護活動の実務と要件事実論………………………………154
　　　　(1)　若手弁護士の実感／154
　　　　(2)　民事弁護活動における要件事実論の適用・機能／155
　　4　おわりに……………………………………………………………163

家事調停手続における事実認定の意義………〔松原　正明〕164
　　1　はじめに──家事調停制度の現況………………………………164
　　2　問題の所在…………………………………………………………165
　　3　我が国の調停制度の実際…………………………………………167
　　4　家事調停のあり方…………………………………………………169

5　家事調停手続における事実認定の意義 …………………………………… *172*
　6　家裁調査官による事実の調査 ……………………………………………… *173*
　　(1)　家裁調査官による事実の調査の重要性／*173*
　　(2)　事実の調査の基本構造／*174*
　　(3)　家裁調査官の意見——調査結果との関係／*175*
　　(4)　事実の調査の結果と調査官意見の意義／*177*
　　(5)　調停手続における家裁調査官による事実の調査の意義／*178*
　7　ま と め ……………………………………………………………………… *179*

第2章　要件事実・事実認定——各論

第1節　民法の諸問題

期限・期間の要件事実——到来・経過の意味との関係で——

　……………………………………………………〔若柳　善朗〕*183*

　1　はじめに ……………………………………………………………………… *183*
　2　永石論文について …………………………………………………………… *184*
　　(1)　永石論文の論理／*184*
　　(2)　疑　問　点／*184*
　3　山野目論文について ………………………………………………………… *186*
　　(1)　山野目論文の論理／*186*
　　(2)　疑　問　点／*186*
　4　問題の提起 …………………………………………………………………… *188*
　　(1)　貸借型理論／*188*
　　(2)　問題の発生原因／*188*
　5　問題の検討 …………………………………………………………………… *191*
　　(1)　民法の条文上の文言／*191*
　　(2)　権利義務関係／*193*
　　(3)　消費貸借契約・賃貸借契約の返還期日／*195*
　　(4)　返還時期の本質／*198*
　　(5)　履行遅滞と経過／*199*

  6 期限の要件事実 ……………………………………………………200

通知懈怠による求償権制限の要件事実 …………〔下村　正明〕202
 1 問題の所在 ……………………………………………………………202
 2 筆者の講義要領 ………………………………………………………203
  (1) 連帯債務者間の求償権制限／203
  (2) 保証人の事後求償権制限／208
 3 求償請求及び求償権制限の要件事実 ………………………………211
  (1) 請求原因／211
  (2) 抗　　弁／212
  (3) 先立つ弁済の再抗弁／214
  (4) 民法443条2項適用・準用の利益を求める攻撃防御方法／215
  (5) 要件事実は事後通知の履践か懈怠か／223
 4 結びに代えて …………………………………………………………226

安全配慮義務について ……………………………〔髙橋　　譲〕228
 1 はじめに ………………………………………………………………228
 2 安全配慮義務の性格 …………………………………………………230
 3 安全配慮義務の要件事実 ……………………………………………231
  (1) 請求原因／231
  (2) 抗　　弁／240
  (3) 再抗弁／244
 4 むすびに代えて ………………………………………………………244

建設請負契約における要件事実 …………………〔笠井　　修〕245
 1 はじめに ………………………………………………………………245
 2 仕事の「完成」と「瑕疵」に関する要件事実 ……………………246
  (1) 仕事の「完成」／246
  (2) 完成した仕事の「瑕疵」／252
 3 仕事の「完成」と「危険」に関する要件事実 ……………………254
  (1) 請負契約における危険分配の問題性／254
  (2) 従来の危険分配と領域の発想／256
  (3) 実体法上の領域的思考と要件事実／266
 4 むすび …………………………………………………………………268

目　次

保険診療における診療報酬と患者の一部負担金について
　………………………………………………………〔河上　正二〕269
　1　はじめに …………………………………………………………269
　2　保険診療行為の当事者関係をどう捉えるか？ ………………271
　　(1)　診療行為は「契約」に基づくのか？／271
　　(2)　医師と患者の関係／274
　3　保険医療の場合 …………………………………………………276
　　(1)　沿革と法的構成／276
　　(2)　規定の沿革から／276
　　(3)　法的構成の可能性／281
　4　小　括 ……………………………………………………………288

攻撃防御方法としての民法717条1項　〔山本　和敏〕290
　1　占有者の責任を問う訴訟 ………………………………………290
　　(1)　土地工作物責任における占有（者）の概念／290
　　(2)　直接占有者に対して責任を問う訴訟／294
　　(3)　間接占有者に対して責任を問う訴訟／299
　2　所有者の責任を問う訴訟 ………………………………………311
　　(1)　所有者責任の性質と攻撃防御方法／311
　　(2)　請求原因・抗弁・再抗弁のブロック・ダイアグラム／314
　3　占有者と所有者の双方を被告とする訴訟 ……………………320
　　(1)　民訴法41条制定まで／320
　　(2)　同時審判共同訴訟／322

親権者指定変更・面接交渉審判事件の要件事実的事実
　………………………………………………………〔梶村　太市〕331
　1　はじめに …………………………………………………………331
　2　親権者変更審判の判断基準 ……………………………………332
　　(1)　問題の所在／332
　　(2)　最近の東京家裁の（一部の）審理の実情／334
　　(3)　東京家裁の審理方法の問題点／335
　3　面接交渉審判の判断基準 ………………………………………336
　　(1)　問題の所在／336

(2) 最近の家庭裁判所実務の（一部の）傾向／*338*
　　　(3) 東京家裁の審理方法の問題点／*339*
　4 要件事実論からの再検討 ………………………………………*341*
　　　(1) 問題の所在／*341*
　　　(2) 要件事実論からの判断基準／*341*
　　　(3) むすび（子の利益とは何か）／*346*

遺産分割事件における客観的証明責任（試論） …〔長　　秀之〕*349*

　1 はじめに ………………………………………………………*349*
　2 遺産分割事件の法的構造 ……………………………………*349*
　　　(1) 実体法と手続法／*349*
　　　(2) 民法と具体的相続分／*350*
　　　(3) 民事訴訟と遺産分割審判との相違／*352*
　3 客観的証明責任 ………………………………………………*353*
　　　(1) 総　　説／*353*
　　　(2) 学　　説／*353*
　　　(3) 検　　討／*355*
　　　(4) 私　　見／*361*
　4 個別的な法律要件と客観的証明責任 ………………………*363*
　　　(1) 相続人，法定相続分／*363*
　　　(2) 遺産の範囲及び評価／*365*
　　　(3) 特別受益／*365*
　　　(4) 寄　与　分／*367*
　　　(5) 具体的相続分／*368*
　　　(6) 分割の方法／*369*
　5 むすび …………………………………………………………*369*

第2節　民法以外の諸問題

最近の弁護士実務から見た善管注意義務規範の諸相

　　　　　　　　　　　………………〔河野　玄逸／北川　恵子〕*373*
　1 本稿の目的 ……………………………………………………*373*
　2 委任契約受任者の善管注意義務 ……………………………*374*
　　　(1) 役務給付の非定型性／*374*

　　　　　　　　目　次

　　　(2)　外部委託取引を素材として／374
　　　(3)　弁護士業務と善管注意義務／377
　3　会社取締役等の善管注意義務……………………………382
　　　(1)　株式会社取締役の場合／382
　　　(2)　非営利法人理事の場合／387
　4　破産管財人の善管注意義務………………………………388
　　　(1)　善管注意義務の発生根拠／388
　　　(2)　破産管財人の法的地位／389
　　　(3)　責任負担の主体と破産財団との関係／389
　　　(4)　破産管財人の善管注意義務が問題となった判例／390
　　　(5)　破産管財業務の現代的課題と善管注意義務／393
　　　(6)　一般的判断枠組み／394

消費者契約法5条の要件事実論的検討……………〔中里　真〕395
　1　はじめに……………………………………………………395
　2　本稿で取り扱う要件事実論について……………………397
　　　(1)　要件事実論とは／397
　　　(2)　要件事実論と民法解釈学との関係／398
　3　消費者契約法5条…………………………………………400
　　　(1)　立法の趣旨／400
　　　(2)　要　　件／401
　　　(3)　検　　討／402
　　　(4)　複合的契約関係についての検討／412
　4　おわりに……………………………………………………418

会社の機関設計に関する要件事実……………………〔大江　忠〕420
　1　はじめに……………………………………………………420
　2　要件事実論から見た株式会社の原型……………………421
　3　機関設計の選択の枠組みを決める2要素………………422
　　　(1)　公開会社の立証責任／423
　　　(2)　大会社の立証責任／424
　4　非公開会社，かつ，非大会社における機関設計………425
　5　非公開会社，かつ，大会社における機関設計…………431
　6　公開会社，かつ，非大会社における機関設計…………433

目次

  7 公開会社，かつ，大会社における機関設計 …………………………… 435

会社法362条4項1号，2号の要件事実的考察
  …………………………………………………〔今出川　幸寛〕437
  1 はじめに ……………………………………………………………… 437
  2 要件事実論について ………………………………………………… 437
  3 取締役会決議を要する会社の行為 ………………………………… 440
  4 「処分・譲受け」及び「借財」に関する要件事実 ……………… 441
   (1) 財産の処分及び譲受け／441
   (2) 借　　財／443
  5 「重要な」及び「多額の」に関する要件事実 …………………… 444
   (1) 重要な財産の処分及び譲受け／444
   (2) 多額の借財／447
   (3) 過剰主張／448
   (4) 具体例に即して／449
   (5) まとめ／451
  6 取締役会決議を欠く行為の効力 …………………………………… 452
   (1) 最高裁判所の判断／452
   (2) 本件事例における要件事実の考え方／455
  7 取締役会規定に違反する行為 ……………………………………… 458
  8 おわりに ……………………………………………………………… 460

保険金請求訴訟における偶発性・外来性に関する主張立証責任の所在
  …………………………………………………〔永石　一郎〕461
  1 はじめに ……………………………………………………………… 461
  2 偶発性（偶然性）の主張立証責任の所在 ………………………… 461
   (1) 「盗難」に関する2つの最高裁判決／461
   (2) 偶発性（偶然性）に関する①，②事件以前の判例／469
   (3) 「偶発性（偶然性）」の主張立証責任に関する①，②事件判決以前の判例のまとめ／473
   (4) 「盗難」事故における「偶発性」の主張立証責任の構造に関する考え方／476
   (5) 盗難に関する①，②事件の本件判決／476

(6) 残された問題——外形的事実とは，盗難とは／479
　　(7) 「盗難」判決の実務への影響／480
　3　外来性の主張立証責任の所在 …………………………………………480
　　(1) 外来性の主張立証責任に関する2つの最高裁判決／480
　　(2) 問題の所在／484
　　(3) 「外来の事故」とは／485
　　(4) 外来性の主張立証責任の所在とその内容／488
　　(5) ③，④事件のポイント／490
　4　まとめ …………………………………………………………………493
　5　保険法改正の影響 ……………………………………………………494

手形変造と立証責任 …………………………………〔高橋　宏志〕514
　1　はじめに ………………………………………………………………514
　2　従来の通説 ……………………………………………………………514
　3　現在の多数説 …………………………………………………………516
　4　近時の有力説 …………………………………………………………518
　5　私見——多数説への回帰 ……………………………………………520

労働訴訟と要件事実——整理解雇の主張立証責任の所在についての一考察—— ………………………………………〔難波　孝一〕523
　1　はじめに ………………………………………………………………523
　2　整理解雇の概念について ……………………………………………524
　　(1) 整理解雇の意義／524
　　(2) 要件説と要素説（総合考慮説）／525
　3　整理解雇をめぐる主張立証責任の構造について …………………529
　　(1) 問題の所在／529
　　(2) 解雇自由の主張を抗弁に位置づける考え方の当否／530
　　(3) 就業規則に規定がある場合とない場合で攻撃防御方法の位置づけを変えることの当否／533
　　(4) 上記①ないし④の4点に該当する以外の事実から解雇権濫用の主張を構成する必要があるのか／537
　4　整理解雇の有効性についての主張立証責任の分配 ………………538
　　(1) 主張立証責任の分配についての原則／538

目　次

　　　(2)　整理解雇についての規範の内容／538
　　　(3)　私　　見／539
　5　結　　論 …………………………………………………………540

特許権侵害訴訟の要件事実概要……………〔永井　紀昭〕542
　1　はじめに …………………………………………………………542
　2　差止請求訴訟の要件事実 ………………………………………543
　　　(1)　請求原因／543
　　　(2)　抗　　弁／550
　3　損害賠償請求訴訟の要件事実 …………………………………558
　　　(1)　請求原因／558
　　　(2)　抗　　弁／564

商標の類否判断の要件事実…………………〔牧野　利秋〕566
　1　商標法における商標の類似概念 ………………………………566
　2　商標の類否の判定基準 …………………………………………567
　　　(1)　商標の同一と類似／567
　　　(2)　商標の類否の判定基準／568
　3　登録要件に関する商標の類否 …………………………………569
　　　(1)　大判昭2・3・5民集6巻3号82頁（YONE FLUSH VALVE事件）／569
　　　(2)　大判昭15・11・6民集19巻22号2024頁（楠公事件）／570
　　　(3)　最判昭35・10・4民集14巻12号2408頁（SINKA事件）／571
　　　(4)　最判昭36・6・27民集15巻6号1730頁（橘正宗事件）／573
　　　(5)　最判昭43・2・27民集22巻2号399頁（氷山印事件）／575
　4　侵害判断における商標の類否 …………………………………577
　　　(1)　最判平4・9・22判時1437号139頁・判タ800号169頁（木林森事件）／577
　　　(2)　最判平9・3・11民集51巻3号1055頁（小僧寿し事件）／579
　5　小　　括 …………………………………………………………581
　6　商標の類否判断の要件事実 ……………………………………582
　　　(1)　外観，観念，称呼の総合的判断／582
　　　(2)　取引の実情／583
　7　おわりに …………………………………………………………586

目　次

相殺の抗弁と弁論の分離——最高裁平成18年4月14日判決における法律構成の課題——〔安見　ゆかり〕587
1　問題の所在 …………………………………………………………………587
2　相殺の抗弁と二重起訴に関する理論状況 ……………………………………591
　(1)　従来の学説——非同一訴訟手続型を中心とした議論／591
　(2)　小　括／594
3　最判平3・12・17民集45巻9号1435頁——裁判例及び判例の動向 596
4　最判平18・4・14民集60巻4号1496頁について ………………………600
5　まとめとして——要因規範論による考慮要素 ………………………………605

既判力・執行力の主観的範囲の拡張についての覚え書き——要件事実の視点による整理——〔中西　正〕612
1　はじめに ……………………………………………………………………612
2　民事訴訟法115条1項3号の「口頭弁論終結後の承継人」…………………613
　(1)　はじめに／613
　(2)　既判力拡張の基本原則／615
　(3)　当事者間に既判力を及ぼす際の基準／616
　(4)　既判力が継承人に拡張される基準／618
　(5)　他説との関係／627
3　民事執行法23条1項3号の「口頭弁論終結後の承継人」………………628
　(1)　はじめに／628
　(2)　執行力が拡張される場合・その1／629
　(3)　執行力が拡張される場合・その2／631
　(4)　検　討／634
4　結　び ………………………………………………………………………637

破産者の不作為を対象とする否認権行使の本質とその機能の限界——要件事実論的考察を踏まえて——〔北　秀昭〕639
1　本稿の趣旨 …………………………………………………………………639
2　不作為の否認に関する二つの判例 ……………………………………………640
　(1)　前掲大判昭10・8・8について／640
　(2)　大阪區判大15・6・17新聞2663号16頁について／643
3　検討——不作為の否認についての学説を踏まえて——……………………646

- (1) 時効中断の不作為等についての否認の可否／646
- (2) 不作為否認の「有害性」要件についての要件事実論的考察／648
- (3) 不作為の否認要件における「有害性」と「詐害意思」との関係／652
- (4) 不作為否認の効果の理論構成と実質的根拠／654
- (5) 不作為否認の攻撃防御方法上の機能とその限界／656
- (6) 訴訟行為の不作為の否認とその効果／657

4 総　括 ……………………………………………………………661
- (1) 不作為否認の「有害性」要件の特質／661
- (2) 不作為否認の攻撃防御方法上の機能とその限界／661
- (3) 訴訟行為の不作為の否認とその効果／662
- (4) おわりに／663

子の引渡しをめぐる人身保護請求事件の要件事実論的考察
…………………………………………………………〔瀬戸口　壯夫〕664

1 人身保護請求事件と要件事実論 ……………………………………664
2 人身保護請求事件の審理構造の特殊性 ……………………………667
3 人身保護法及び同規則の定める諸要件の概要とその性格 ………671
4 拘 束 性 ………………………………………………………………672
- (1) 関係する条文等／672
- (2) 判例の概観／673
- (3) 拘束性と要件事実／674

5 顕著な違法性 …………………………………………………………676
- (1) 関係する条文等／676
- (2) 判例の概観／677
- (3) 顕著な違法性と要件事実／683

6 補 充 性 ………………………………………………………………686
- (1) 関係する条文等／686
- (2) 判例の概観／686
- (3) 補充性と要件事実／688

7 総　括 …………………………………………………………………690
- (1) 総　説／690
- (2) 共同親権者間の請求／690
- (3) 監護権者から非監護権者に対する請求／691

8　おわりに ………………………………………………………… 691

第3章　基礎法学と実定法学との協働

客観的実質的価値提示の可能性──トマス形而上学が開く規範と価値の世界── 〔河見　誠〕 695
   1　はじめに ………………………………………………………… 695
   2　生得的でない知と徳の種子 …………………………………… 696
   3　直知・良知による超越的概念 ………………………………… 698
   4　「有」の概念的拡がり ………………………………………… 699
   5　賢慮の種子における規範の世界の拡がり …………………… 703
   6　実質的価値内容に関する第一諸原理への拡がり …………… 706
   7　おわりに ………………………………………………………… 708

「人間の尊厳」の根拠を求めて 〔陶久　利彦〕 710
   1　はじめに ………………………………………………………… 710
   2　「人間の尊厳」をめぐる言説と歴史 ………………………… 711
   3　わが国の法学での状況 ………………………………………… 714
     (1) 従来の「個人の尊厳」,「個人としての尊重」／714
     (2) わが国での変化──「人間の尊厳」に関連する二つの例／716
   4　尊厳死論に見る「人間の尊厳」の具体相 …………………… 719
     (1) 現実的意識／719
     (2) 身体の状態／721
     (3) 他者との関係性／723
   5　「人間の尊厳」概念の機能 …………………………………… 724
   6　「人間の尊厳」の根拠──関係のあり方から── …………… 727
     (1) 社会的相互行為への還元／727
     (2) 慣習として形成される「人間の尊厳」尊重の心性／728
     (3) 生物学的アプローチ／728
     (4) 神学的アプローチ／729
     (5) 理想主義的アプローチ／729
     (6) 超越論的アプローチ／730

7　一つのアプローチ—「人間の尊厳」を感じ取る身体的相互関係— … *731*

人間性と公共性に関する法思考—人間の尊厳をめぐって—
……………………………………………〔松　岡　　　誠〕*736*

1　はじめに ……………………………………………………………*736*
2　法的な人間性—尊厳の態様— ……………………………………*737*
3　規範の価値性—自由と共生— ……………………………………*740*
　(1)　諸価値の共生性／*740*
　(2)　共生と自由との諸問題／*742*
4　人間性と市民社会の公共性 ………………………………………*746*
　(1)　人間性実現の場としての市民社会／*746*
　(2)　人間性の陶冶と法文化／*748*
　(3)　人間性を擁護する近代国家／*749*
5　おわりに ……………………………………………………………*751*

意思能力の判断と自律支援—英国成年後見法体制から見えるもの—
……………………………………………〔菅　　富美枝〕*753*

1　はじめに——行為能力制限から自己決定支援へ …………………*753*
2　意思能力有無の判断の背後にあるもの …………………………*757*
　(1)　意思能力の有無が問題となる場合の判断要素／*757*
　(2)　医学上の評価と意思能力判断／*760*
　(3)　自律の尊重と保護／*762*
3　意思決定能力（mental capacity）と英国法 ……………………*765*
　(1)　判断能力の欠缺と契約の無効主張／*765*
　(2)　契約能力——成年後見法と契約法の交錯／*769*
　(3)　「交渉力の不均衡（inequality of bargaining power）」理論，「非良心的取引（unconscionable bargaining）の法理／*773*
4　任意後見契約と意思能力判断 ……………………………………*779*
　(1)　英国法の場合——任意後見契約の締結において求められる理解の「内容」／*780*
　(2)　日本法の場合——任意後見契約の締結において求められる理解の「程度」／*785*
5　終局的意思能力判断から，継続的自己決定支援へ ………………*789*

　　　　　　　　　目　次

　　(1)　任意後見制度と自律／789
　　(2)　「意思能力を判断する」ことの意味─「依存化（disempowerment）を招かないために─／791

不動産取引・不動産登記と国民の法意識─基礎法学と実定法学との協働に関する一つのささやかな試み──────〔鎌野　邦樹〕794
 1　実定法・実定法学と国民の意向・意識 ……………………………794
　　(1)　本稿の目的と範囲／794
　　(2)　立法・判例と「国民の意向・意識」／796
　　(3)　民法の解釈と「国民の意向・意識」／796
　　(4)　本調査の内容・方法等／799
 2　不動産売買における所有権の移転時期 ……………………………801
　　(1)　判例・学説の状況と調査の趣旨・目的／801
　　(2)　調査結果／803
　　(3)　判例・学説と調査結果の分析／805
　　(4)　結　論／806
 3　不動産物権変動における「悪意の第三者」…………………………809
　　(1)　判例・学説の状況と調査の趣旨・目的／809
　　(2)　調査結果／810
　　(3)　調査結果の分析／812
　　(4)　本調査からの導かれる私見─今後の課題も含めて─／813
 4　結びに代えて …………………………………………………………818

近世日本における領主の住職任免─「寺法」,「訴願」,「問答」に見る─────────────────〔小島　信泰〕821
 1　はじめに ………………………………………………………………821
 2　豊田武氏の研究 ………………………………………………………822
 3　「幕府寺法」……………………………………………………………823
 4　「宗派寺法」,「領主寺法」,「訴願」………………………………826
　　(1)　粉河寺概観／826
　　(2)　「宗派寺法」／827
　　(3)　「領主寺法」／829
　　(4)　「訴　願」／832

5 「問　　答」 …………………………………………………… 837
　(1) 『三奉行問答』87号「享和三亥年閏正月廿一日　寺社御奉行堀田豊前守様江左之通御伺書差出」／837
　(2) 『三奉行問答』1140「寛政九年閏七月　竹中主殿様より甲斐庄武助様へ御問合」／838
　(3) 『三奉行問答』九七〇「文化四卯年　阿部主計頭様江堀内蔵頭様より家来柘植兎市ヲ以問合」／839
　(4) 『三奉行問答』一五三「天明三卯年四月」／840
6 おわりに ……………………………………………………… 841

第4章　法曹養成の視点から見た要件事実・事実認定論・基礎法学

法曹養成の視点から見た法科大学院の教育について
………………………………………………………〔川﨑　直人〕847
1 本稿の目的 …………………………………………………… 847
2 法科大学院教育の現状 ……………………………………… 849
　(1) 考査委員のヒアリング／849
　(2) 基本的な知識，体系的な理解を正確，確実に得させることについて／849
　(3) 事例に即して分析し，あてはめるという応用力／850
　(4) 文章力について／851
3 前期修習がないことの問題 ………………………………… 854
　(1) 従来のプロセス／854
　(2) 新しいプロセス／854
　(3) 実務修習における工夫／855
　(4) 筆者の工夫／855
4 法曹人口問題（就職難の問題が，法科大学院に与える影響）……… 856
　(1) 従来のプロセス／856
　(2) 新しいプロセス／857
　(3) 就職難の問題が，法科大学院に与える影響／857
5 新しいプロセスを基礎付ける合理性の有無 ……………… 858

(1) 建前的な説明／859
　　　(2) 法曹人口を 3000 人（又はそれ以上）とする需要の有無／859
　　　(3) 予備校の弊害といわれるものについて／863
　　　(4) 2 回試験の不合格者の増大／865
　6 大学の立場から見た合理性と問題の根本にあるもの …………………866
　　　(1) 問題の背景／866
　　　(2) 法科大学院の理念の背景／867
　　　(3) 崩壊の危機に瀕している原因／868
　7 まとめ ……………………………………………………………………870
　　　(1) 法科大学院，新司法試験，司法修習，実務の架橋，連携，プロセスについて／870
　　　(2) 今後の方向性について／871
　　　(3) コアカリキュラムを設定すべきであるという議論について／872
　　　(4) 筆者の立場／872

法科大学院における要件事実教育の現在と展望 …〔田村　伸子〕875
　1 本稿の趣旨 ……………………………………………………………875
　2 法科大学院における要件事実教育の現在 ……………………………876
　　　(1) 旧司法試験制度下における司法研修所での要件事実教育／876
　　　(2) 2004 年度実施第 1 回アンケート結果の分析／878
　　　(3) 2005 年実施第 2 回アンケート結果の分析／884
　　　(4) 2006 年実施第 3 回アンケート結果の分析／886
　　　(5) 新試験制度下における司法研修所での要件事実教育／893
　3 法科大学院における要件事実教育の展望 ……………………………894
　　　(1) 民法その他実体法との関係／894
　　　(2) 理論と実務の架橋としての要件事実教育／897
　4 終わりに …………………………………………………………………899

要件事実教育雑感 〔河野　信夫〕901
　1 はじめに（教育方法論の必要性）……………………………………901
　2 基本的な考え方（初学者への導入方法）……………………………903
　3 事案の評価の限界と素材となる事実の範囲 …………………………906
　4 「もと所有」について …………………………………………………909
　5 否認と抗弁 ………………………………………………………………910

目　次

　6　再抗弁か予備的請求原因か……………………………………912
　7　結　語………………………………………………………………913

法曹養成と法哲学教育―企業家型法曹をめぐって―…〔山田八千子〕918
　1　はじめに……………………………………………………………918
　2　法科大学院・法哲学教育・法曹養成……………………………920
　3　企業家型法曹と規範企業家………………………………………923
　　(1)　企業家精神の意義／924
　　(2)　企業家精神と問い同定能力／925
　　(3)　規範企業家としての法曹と法の支配／928
　4　法科大学院教育と法哲学…………………………………………929
　　(1)　法曹養成における徒弟教育と合理主義的理論教育との相違／930
　　(2)　法科大学院教育と法哲学／935
　　(3)　法科大学院教育と問いの同定・解決能力／936
　5　結　語………………………………………………………………938

民事弁護教育と要件事実……………………〔髙橋　順一〕942
　1　はじめに……………………………………………………………942
　2　冒頭の導入…………………………………………………………943
　　(1)　要求される技能・能力／943
　　(2)　権利実現過程と訴訟の基本構造／944
　　(3)　民事弁護と要件事実／946
　3　要件事実論と具体的な文書作成――課題（訴状起案）………949
　4　要件事実論と具体的な文書作成――要件事実の検討…………951
　　(1)　訴訟物／951
　　(2)　請求原因／952
　5　要件事実論と具体的な文書作成――起案講評…………………960
　　(1)　「請求の理由」の記載／960
　　(2)　「関連事実」の記載／961
　6　司法改革と要件事実教育の行方…………………………………963
　7　最後に………………………………………………………………966

目　次

第5章　特別寄稿　随想

伊藤滋夫さんの喜寿にあたって ……………………〔田尾　桃二〕 *971*
　（はじめに）／*971*
　1　要件事実法学以前の伊藤さん――伊藤さんとの共働の思い出 ……… *972*
　2　「実務としての法律学」の樹立としての伊藤さんの要件事実法学 …… *974*
　3　要件事実教育，要件事実論等についての若干の感想――結びに代えて *977*

事実認定と死刑の量刑と――裁判員制度をにらんで――〔高野　耕一〕 *981*
　一　事実認定ということ ……………………………………………… *981*
　二　死刑の量刑について ……………………………………………… *986*

伊藤君の要件事実論事始の頃 ………………………〔武藤　春光〕 *991*

民法教育と要件事実教育の連携ということ…………〔山﨑　敏彦〕 *997*

伊藤滋夫先生略歴・主要著作目録

略　　歴 …………………………………………………………………… *1007*
主要著作目録 ……………………………………………………………… *1009*

御礼のことば ……………………………………………………………… *1018*

凡　例

1　段落構成

　本文中の段落構成は，**1**，**2**，**3**……，(1)，(2)，(3)……，(a)，(b)，(c)……，(ｱ)，(ｲ)，(ｳ)……のような区分によっている。

2　注の表記

　本文中でさらに補足説明や文献引用等の注記を必要とする場合は，注番号(1)，(2)，(3)……を付し，本文段落の末尾に別注としてまとめた。ただし，判例・法令の引用及び語句の言換え，学説の呼称（「○○説」）等は本文中に（　）書で表わした。

3　判例の引用

　(ｱ)　判例の引用にあたっては，以下の【例】のように略記した。
　　　【例】①最判平 6・2・8 民集 48 巻 2 号 373 頁
　　　　　　②山形地新庄支判昭 60・2・28 判時 1169 号 133 頁
　(ｲ)　引用判例集等の略語は，後掲〔判例集等略語表〕を参照。

4　法令の引用

　(ｱ)　法令の引用にあたっては，以下の【例】のように略記した。
　　　【例】民訴 223 条 4 項 1 号・226 条，不登 21 条 1 項
　(ｲ)　法令名の略語は，後掲〔法令名略語表〕を参照。

5　文献の引用

　(ｱ)　単行本の場合…著者（編者）名・書名（出版社，刊行年）・頁で表した。
　(ｲ)　論文の場合…執筆者名「論文名」編者名・書名（出版社，刊行年）・頁〔単行本の場合〕，又は執筆者名「論文名」雑誌名・巻・頁（刊行年）〔雑誌の場合〕で表した。
　(ｳ)　講座，その他の編集物については，編者名・書名・頁のほか，執筆者名を〔　〕内に示した。

凡　例

〔判例集等略語表〕

　　ア　最高裁，法務省，法曹会等関係のもの（50音順）

家月	家庭裁判所月報	裁集民(刑)	最高裁判所裁判集民事(刑事)
下民(刑)集	下級裁判所民事(刑事)裁判例集	訟月	訟務月報
行集	行政事件裁判例集	民(刑)集	最高裁判所民事(刑事)判例集
高民(刑)集	高等裁判所民事(刑事)判例集	労民集	労働関係民事裁判例集
裁時	裁判所時報		

　　イ　その他民間関係のもの（50音順）

金商	金融・商事判例	曹時	法曹時報
金法	旬刊金融法務事情	判時	判例時報
最判解説	最高裁判所判例解説	判タ	判例タイムズ
自正	自由と正義	民商	民商法雑誌
ジュリ	ジュリスト	民訴	民事訴訟雑誌
商事	旬刊商事法務	労判	労働判例

〔法令名略語表〕

意匠	意匠法	商	商法
一般法人	一般社団法人及び一般財団法人に関する法律	商標	商標法
		人身	人身保護法
会社	会社法	人身規	人身保護規則
会社施規	会社法施行規則	人訴	人事訴訟法
家審	家事審判法	信託	信託法
家審規	家事審判規則	中間法人	中間法人
行訴	行政事件訴訟法	手	手形法
供託	供託法	特許	特許法
行手	行政手続法	破	破産法
金商	金融商品取引法	破規	破産規則
刑	刑法	非訟	非訟事件手続法
憲	日本国憲法	不登	不動産登記法
健保	健康保険法	弁護	弁護士法
公益法人認定	公益社団法人及び公益財団法人の認定等に関する法律	保険	保険業法
		民	民法
		民執	民事執行法
国健保	国民健康保険法	民訴	民事訴訟法
国賠	国家賠償法	民訴規	民事訴訟規則
裁	裁判所法		

第1章

要件事実・事実認定―総論

要件事実論と非単調論理
―〈法律要件⇒法律効果〉における「⇒」の論理学的意味について―

高橋 文彦

1 はじめに

　要件事実論は，民事法の知識を前提とした高度に専門的かつ技術的な理論であり，私のような一介の法哲学研究者が容易に考察の対象としうるようなテーマではない。したがって，本稿のタイトルが「要件事実論」という言葉を含んでいること自体，僭越であるとのお叱りを受けるかもしれない。しかしながら，要件事実論の第一人者であり基礎法学にも造詣の深い伊藤滋夫教授は，「要件事実論は，……広範な分野の基礎法学と協働して，初めて真に実情にも合致し，論理的にも揺るぎない的確な理論を構築することができる」[1]と述べておられる。また，裁判法・訴訟法の専門家である萩原金美教授も，法哲学が原理的に考察すべき「緊急の課題」の一つとして，法曹倫理，代替的紛争解決（ADR），修復的司法（RJ）とともに，要件事実論を挙げておられる[2]。そこで，本稿では，こうした法律専門家の御期待と御要望に法哲学の立場から些かなりともお応えするために，敢えて自分自身の浅学菲才を顧みずに，要件事実論が理論的な前提としている〈法律要件⇒法律効果〉という図式について，形式論理学的な視角から若干の考察を加えてみたい。

(1) 伊藤滋夫「要件事実論と基礎法学の協働・序説―本特集の趣旨と要件事実論の視点による検討の出発点」法セ639号（2008年3月号）11頁。なお，この号は伊藤滋夫教授の企画により「要件事実論と基礎法学」という画期的な特集を組んでいる。
(2) 参照，萩原金美「法学教育に対する司法制度改革のインパクト」日本法哲学会編・

法哲学と法学教育―ロースクール時代の中で―法哲学年報2006（有斐閣，2007）38頁以下。

2　法的思考の非単調性と対話性

(1)　法体系の立体的構造と弁論の弁証法

　要件事実論において「要件事実」と呼ばれるのは，法律要件に該当する具体的事実であり[3]，その前提として法規範は〈法律要件⇒法律効果〉という図式で捉えられている。亀本洋教授が指摘するように，法論理学に特有の根本問題は，まさにこの法規範の前件（法律要件）と後件（法律効果）を結びつける特殊な「⇒」の性質の解明にあるが，この問題はこれまでほとんど研究されてこなかった[4]。一見すると，この「⇒」は条件文を構成する「ならば」の意味に理解できそうであるから，古典論理の真理関数的条件法「→」として，すなわち「実質含意（material implication）」として，解釈できるように思われよう[5]。しかし，別稿でもやや詳しく論じたように[6]，この「⇒」を単純に古典論理の実質含意「→」として解釈するならば，論理的な矛盾が生じてしまうのである。

　〈法律要件⇒法律効果〉という図式に基づく法的思考が古典論理の限界を超えることは，実は民事訴訟法学者によって早くから指摘されていた。兼子一教授によれば，近代民法典における諸規定は「単なる平面的な羅列ではなく，相互間に適用の順序次元を異にする点で，一種の弁証法的論理による立体的な構造をもつ体系」を形成しており，「それは正に，訴訟上の紛争当事者の攻撃防禦としての弁論の弁証法に対応するものに外ならない」のである[7]。ここで法論理学の観点から注目すべき鍵概念は「立体的な構造」と「弁論の弁証法」である。この二つの概念について順次検討したい。

　まず，法体系の「立体的な構造」について考えてみよう。「X（売主）がY（買主）と売買契約を締結した（Q）ならば，XはYに対して代金請求権をもつ（P）」という法規範を（L1）のように，また「XがYと売買契約を締結した（Q）としても，Yに法律行為の要素に関する錯誤があった（R）ならば，（売買契約は無効なので，）XはYに対して代金請求権をもたない（¬P）」という法規

範を (L2) のように，とりあえず古典論理の実質含意を用いて表してみよう[8]。
 (L1)　Q→P
 (L2)　(Q∧R) →¬P

もしこの二つの法規範が「単なる平面的な羅列」関係にあると仮定すれば，「Q∧R」という事実が訴訟当事者によって立証された場合，「Q∧R」は「Q」を命題論理的に含意するので，肯定式 (modus ponens) と呼ばれる推論規則に基づいて，(L1) からは「P」が導かれるとともに，(L2) からは「¬P」が導かれてしまう。つまり，論理的な矛盾が生じてしまうのである。したがって，背理法（帰謬法）によって，(L1) と (L2) は「単なる平面的な羅列」関係にはないことが証明される。裁判官の視点から「適用の順序次元」を見れば，このことは自明であって，(L1) は「一応の当為 (prima facie ought)」として原則を，(L2) はその例外を規定しているのであるから，(L2) が適用される事案においては，(L1) はブロックされて適用されない。論理学的に言えば，裁判官は法の適用過程において「非単調推論 (nonmonotonic reasoning)」を行っているのである。

　次に，「弁論の弁証法」について検討するために，甲が自分の土地を乙に売るという売買契約を乙と締結したが，乙が代金を支払わないので，甲は売買契約に基づいて乙の代金支払いを求める訴訟を起こしたという状況を考えよう。甲は (L1) に規定された「P」という法律効果が発生することを望んでいるから，「Q」に包摂される要件事実を請求原因として主張するであろう[9]。甲の訴状には，「被告は原告に対し……を支払え，との判決を求める」という請求の趣旨とともに，売買契約の締結が請求の原因として記載されているはずである（民訴133条2項）。このような甲の主張に対して，乙は否認・不知・沈黙・自白という選択肢をもつ。このうち，不知は否認と同様に（民訴159条2項），また沈黙は自白と同様に（民訴159条1項）法律上は扱われるから，最終的には自白か否認かという二者択一に還元されよう。そして，もし乙が否認すれば，甲が売買契約の締結という事実について証明責任を負うことになるが，乙が自白すれば，証明の必要はなくなる（民訴179条）。ところで，乙は「Q」という事実の成立を前提としながら，「P」という法律効果の発生を妨げ，あるいは消滅させる目的で，別の事実を抗弁として主張することもできる[10]。この事例にお

いては，(L2) に規定された「R」に包摂される事実がそれに当たる。このように，(L1) という原則と (L2) という例外が形成する「立体的な構造」は，確かに請求原因と抗弁という「訴訟上の紛争当事者の攻撃防禦としての弁論の弁証法に対応する」と言えよう。

　以上の簡単な考察からも明らかなように，〈法律要件⇒法律効果〉という図式に基づく法的思考の論理は非単調論理であると同時に弁証法論理（対話論理）としても性格づけられる。しかしながら，三段論法を含む古典論理のみに依拠する限り，非単調論理及び弁証法論理のいずれも適切に処理することができない。すなわち，〈法律要件⇒法律効果〉における「⇒」を古典論理における実質含意「→」と同一視することはできないのである。それでは，形式論理学的な観点から見た場合，非単調性及び対話性という特質をもつ法的思考の論理はいかにして理論化されうるのであろうか。

(3)　「要件事実」と「主要事実」を同義とする立場（司法研修所）と両者を区別する立場があるようだが，本稿ではとりあえず前者に従うことにする。

(4)　参照，亀本洋・法的思考（有斐閣，2006）351頁。例えば，加賀山茂教授は緻密な論理分析に基づいて要件事実論を鋭く批判しておられるが，その際に使われている「→」あるいは「⇒」という記号の意味については説明がない。参照，加賀山茂・現代民法学習法入門（信山社，2007）227，236頁。

(5)　青井秀夫教授は法律要件と法律効果の関係を「条件的関係」として捉えておられるが，その論理学的な意味は明らかでない。参照，青井秀夫・法理学概説（有斐閣，2007）353頁以下。

(6)　参照，髙橋文彦「要件事実論と法論理学―法的思考の対話性および非単調性について」法セ639号（2008年3月号）20頁以下。

(7)　兼子一・実体法と訴訟法―民事訴訟の基礎理論―（有斐閣，1957）51-52頁。なお，民法の「立体化」に対する批判として，加賀山・前掲注(4) 219頁以下参照。

(8)　ここで論理記号について説明しておきたい。本稿においては，「¬」は否定「ない (not)」を，「∧」は連言「かつ (and)」を，「∨」は選言「又は (or)」を，そして「→」は実質含意「もし……ならば (if ... then)」を表すものとする。なお，通常，命題変項は小文字「p」「q」「r」等で表されることが多いが，本稿では後述のレッシャーの表記法に合わせて，大文字を用いる。

(9)　戎正晴教授（弁護士）から，弁護士は，依頼者が「P」という法律効果を求めているとき，まずは「P」を生じさせる法律要件「Q」を法規範の中から探し出す，すなわち，「法規範を事実に当てはめる」というよりも，「事実を法規範に当てはめる」と

いう思考方法を取る，という御教示をいただいた。実務家ならではの有益な御指摘に感謝したい。
　⑩　参照，伊藤眞・民事訴訟法〔第3版3訂版〕（有斐閣，2008）289頁。

(2) レッシャーの先駆的業績

　哲学者のレッシャー（Nicholas Rescher）は，既に別稿でも紹介したように[11]，かなり早い時期から法的思考の論理がもつ非単調性と対話性（弁証法的性格）を認識し，形式論理学的な分析を行っている。レッシャーは「Qならば，一般的にPが成り立つ」という条件付きの主張を，「Q→P」という古典論理の実質含意を用いずに，「P/Q」という形式の特殊な仮言命題として表現する。この表記方法を用いると，上述の二つの法規範は（R1）及び（R2）のように記号化される[12]。
　（R1）　P/Q
　（R2）　￢P/(Q∧R)
　古典論理の実質含意とレッシャーの条件付き主張との形式論理学的な相違点は，後者には分離規則（肯定式及び否定式）を適用できないことにある。すなわち，「Q」と（R1）から「P」を導くことも，「Q∧R」と（R2）から「￢P」を導くことも許されないのである。したがって，もし「Q∧R」という事実が当事者によって立証されても，一方では（R1）から「P」が導かれ，他方では（R2）から「￢P」が導かれることによって論理的な矛盾が生じるという心配はない。
　しかしながら，条件付きの主張に分離規則を適用できないとすれば，レッシャーによる形式化もまた我々の論理的直観に反するのではないだろうか。換言すれば，レッシャーは「P/Q」という形式の仮言命題を用いて，一体何から何を推論するのであろうか。実を言えば，レッシャーはここで新たな推論システムを提案しているわけではない。彼は弁証法的な対話ゲームの論理構造を形式的に解明したのである。ここでは，レッシャーの発想を，民事訴訟における終局判決に至るまでの口頭弁論の過程を単純化したモデルによって敷衍してみよう。原告の主張に対して被告は自白もしくは否認又は抗弁という対応が可能であり，さらに被告の主張に対して原告は自白もしくは否認又は再抗弁といっ

第1章　要件事実・事実認定——総論

た対応が可能であるとすれば、原告の最初の主張を出発点として、次々に枝分かれしていく論争・対話の樹形図（ゲームの木）が描けるであろう[13]。比喩的に言えば、この論争・対話の枝がどこまで伸びたか、どちらの当事者が枝の伸びを止めたかによって、個々の枝における勝敗は決まる。

　まず、いずれかの当事者の自白があれば、枝はそれ以上伸びないから、その枝に関する限り、自白した当事者が負けである。これに対して、否認や抗弁は枝をさらに伸ばすことができる。例えば、前述の売買代金請求事件において、原告甲が売買契約に基づいて被告乙の代金支払いを求めた場合、すなわち、

　　(R3)　P/Q　∧　Q

という主張をした場合、被告乙は請求原因事実を否認することによって、すなわち、

　　(R4)　¬Q

と主張することによって枝を伸ばすことができるし、あるいは、錯誤無効の抗弁を主張することによって、すなわち、

　　(R5)　¬P/(Q∧R)　∧　(Q∧R)

と主張することによって枝を伸ばすこともできる。ところで、否認の場合は相手方が立証責任を負い、抗弁の場合は自分自身が立証責任を負うが、いずれの場合も、立証責任を負う当事者が要証事実を立証できなければ、すなわち枝をそれ以上伸ばせなければ、その枝に関する限り、その当事者は負けとなる。結局のところ、純粋に対話論理的に見れば、原告がすべての枝において被告に勝ったとき、この対話ゲームに勝利したことになる。要件事実教育で用いられる「ブロック・ダイアグラム」とは、このように伸びていくゲームの木を法実務の観点から図式化したものであろう。ちなみに、当然のことながら、弁論主義が支配する現実の民事裁判においては、必ずしも対話論理的に可能なすべての枝がチェックされるとは限らない。

[11]　参照、高橋・前掲注(6) 22頁以下。
[12]　参照、N. レッシャー（内田種臣訳）・対話の論理——弁証法再考（紀伊國屋書店、1981年）24頁。なお、レッシャーは否定記号として「～」を、また連言記号として「&」を用いるが、本稿では表記の統一を図るため、それぞれ「¬」および「∧」で表す。
[13]　参照、レッシャー・前掲注[12] 22頁。なお、本文中では口頭弁論モデルを用いて対

話ゲームの勝敗決定方法を説明したが，これはレッシャーの発想を私なりに敷衍したものであって，彼自身はこのような説明を行っていない。「ゲームの木」については，例えば，新田克己・知識と推論（サイエンス社，2002）28 頁以下参照。

(3) 法体系のモジュール性

　法的思考の対話性は明らかに当事者主義に基づく対審構造から帰結すると考えられるが，法的思考の非単調性は何に起因するのであろうか。論理学的に見れば，法体系が原則と例外というデリケートな関係を含んでいることに原因があると言えよう。しかし，この事実を指摘しただけでは，法的思考の非単調性の説明としては不十分である。法体系は例外規定に関して「モジュール性（modularity）」が高いという注目すべき特徴をもっている[14]。法体系においては，原則に対する例外は原則を規定する条文自体において明示されているとは限らない。例外規定は独立した「モジュール（module）」として別の箇所に配置されていることが多いのである。

　ここで，モジュール性の概念について説明しておこう。モジュールとは工学における設計上の概念であり，機械やシステムを構成する部分で，機能的にまとまったものをいう。例えば，自動車を開発する際に，ドア・モジュールと空調用のモジュールは別々に設計する。同様に，コンピュータ・プログラミングにおいては，いくつかのモジュールの組み合わせとしてプログラムを開発する。すなわち，全体をいくつかのモジュール（サブルーティン等）に分割して開発するという手法が採られる。機械やシステムを作る際に，このようなモジュールによって構成される範囲が広ければ，モジュール性が高いと言われるのである。

　それでは，法体系は例外規定に関してモジュール性が高いとは，何を意味しているのであろうか。法体系における例外の規定方法を三つに分けて考えよう。まず第一に，法律の条又は項を前段と後段に分けた上で，前段の「本文」で原則を規定し，後段の「ただし書（但書）」で例外を定めるという方法がある[15]。この場合，条又は項の内部で原則に対する例外を規定しているので，この方法のみを用いれば，例外規定に関する法体系のモジュール性はそれほど高くならない。しかしながら，第二に，法体系はしばしば通則的な例外規定を独立した条文として設けるという方法を用いる。例えば，錯誤に関する民法 95 条の規

定は，前述のような売買契約のみならず，あらゆる法律行為に適用されうる。こうした傾向はパンデクテン方式によって編纂された法典において顕著に見られる[16]。加賀山茂教授の絶妙な比喩を借用すれば，現行民法典は，「物権，債権，親族，相続というそれぞれのメイン・ルーティンを配置するとともに，随所に総則というサブ・ルーティン……を用意して全体の見通しをよくした壮大なコンピュータプログラムのようなもの」[17]だと考えられる。そして，総則において例外を規定する方法は，法体系のモジュール性を非常に高める。しかも，第三に，原則と例外の関係は単独の法律内部で完結せずに，一般法に規定された原則に対する例外がしばしば独立した特別法において規定される[18]。例えば，債権の消滅時効に関しては，民法167条1項が原則を規定しているが，その例外は民法168条以下の特則だけでなく，商法522条にも規定されており，この商法の例外規定に対する例外がさらに手形法70条1項で規定されている。このように，例外規定は法体系の複数の箇所に散在しているのである[19]。

　このような例外規定に関してモジュール性の高いシステムとして法体系を構築してきたことは，まさに法律家の叡智のなせる業である。もし法体系を古典的な単調論理に基づく公理系のようなシステムとして構築しようとすれば，あらゆる例外を事前に完全に枚挙しておかなければならないが，それは決して賢明な方法とは言えない。例えば，法律行為に関する民法のすべての条文に錯誤に関するただし書を付けたり，消滅時効に関する民法の条文に商事債権や手形に関する例外規定を書き込めば，個々の条文が長く複雑になるだけではない。例外として規定されるべき事項をあらかじめ完全に枚挙することがそもそも困難なのである。法律以外の領域から例を挙げれば，「すべての鳥は飛ぶ」という全称命題は，ペンギンやダチョウのような例外的に飛ばない鳥がいるので偽である。そこで，例外を明示して「ペンギン及びダチョウ以外のすべての鳥は飛ぶ」と修正したとしても，ニュージーランドにキーウィという飛べない鳥がいることが分かれば，やはり偽となり，再修正しなければならない。その後，沖縄でヤンバルクイナが新たに発見されれば，さらに修正が必要となる。これに対して，「一般的に鳥は飛ぶ」という命題は，たとえ新種の飛べない鳥が見つかっても，修正の必要がない。実は，「X（売主）がY（買主）と売買契約を締結したならば，XはYに対して代金請求権をもつ」といった法規範は，「一般

的に鳥は飛ぶ」のような経験則と同様に「論駁可能なルール（defeasible rule）」であり，このことが法的思考に非単調性をもたらすのである[20]。

(14) Cf. Henry Prakken, *Logical Tools for Modelling Legal Argument: A Study of Defeasible Reasoning in Law*（Dortrecht: Kluwer Academic Publishers, 1997），p.104.
(15) 参照，田島信威・最新　法令の読解法〔三訂版〕（ぎょうせい，2006）133 頁。
(16) 参照，田島・前掲注(15) 143 頁。
(17) 加賀山・前掲注(4) 11 頁。
(18) 参照，田島・前掲注(15) 50 頁以下。
(19) このほかに，民法 612 条 2 項の場合のように，「ただし書」が付いていない条文に，判例によって「ただし，その行為を賃貸人に対する背信行為と認めるに足らない特段の事情があるときは，この限りでない」のような例外規定が付加されることもある。参照，陶久利彦「「原則／例外」図式と信頼関係論―民法 612 条 2 項を題材として」法セ 639 号（2008 年 3 月号）32 頁以下。
(20) 刑事裁判の事実認定もまた非単調論理に依拠しているという点については，増田豊・刑事手続における事実認定の推論構造と真実発見（勁草書房，2004）489 頁以下参照。

3　非単調論理としてのデフォルト論理

(1)　非単調論理学とその技法

　法的思考が非単調性という特質をもつことは明らかになったが，形式論理学の観点から見たとき，この特質はどのように捉えられるのであろうか。この点について，ここで改めて整理しておきたい。一般に，命題Pが命題集合Aの論理的帰結でありながら，Aを包含する上位集合A∪Bの論理的帰結ではないとき，かつそのときに限り，この論理的帰結関係は「非単調的（non-monotonic）」であると言われる[21]。鳥の例を再び用いれば，自分の目の前にいるトゥイーティー（Tweety）という名前（固有名）の生物が鳥であることが分かっているとき，我々は「一般的に鳥は飛ぶ」という知識に基づいて，「トゥイーティーは飛ぶ」という帰結を一旦は導いたとしても，さらに「トゥイーティーはペンギンである」という知識が加われば，「トゥイーティーは飛ぶ」という帰結を撤回する。すなわち，我々の知識から導かれる帰結として，もはや認め

ないのである。このような帰結関係を研究するのが非単調論理学であるが，非単調論理学はまさに発展途上の研究領域であり，古典論理学のように完成された単一の理論が存在するわけではない。むしろ，現在も次々と新たなアプローチが提案されており，これを体系的に整理することは難しい。ここでは，とりあえず，論理学者のメイキンソン（David Makinson）の解説に基本的に依拠しつつ，他の文献も参考にしながら[22]，ごく簡単にまとめておきたい。メイキンソンによれば，古典論理を基礎にして非単調論理を構成する方法は三つに分類される[23]。第一の方法は，例えば「閉世界仮説」のように，「背景仮説」を古典論理に付け加える方法であり，第二の方法は，例えば「サーカムスクリプション（極小限定）」のように，各記号（例えば，述語記号）に解釈を与える「モデル」の集合を限定する方法であり，そして第三の方法は，例えば「デフォルト論理」のように，古典論理に「背景ルール」を付け加える方法である。非単調論理に関する研究は高度にテクニカルであり，私自身十分に理解しているとは言い難いので，詳しい説明は専門書に譲ることにして，以下では「閉世界仮説」「サーカムスクリプション」「デフォルト論理」という三つのアプローチについて，その基本的な考え方を概観するにとどめよう。

　まず，「閉世界仮説（closed world assumption）」とは，真理値が分からない（真偽不明の）命題を偽とする仮定のことである。閉世界仮説を用いたアプローチにおいては，我々が現在もっている命題集合Aだけでは判断が下せない場合，もし命題PがAの論理的帰結ではないならば，「¬P」と仮定して推論を行う。そのような仮定の集合をHとするならば，すなわち，H＝｛¬P｜PはAの論理的帰結ではない｝とするならば，閉世界仮説はA∪Hに基づいて判断を下すのである。例えば，目の前にいる人（甲）について，我々が現在もっている知識から，甲が制限能力者であることが導かれないならば，甲は制限能力者ではないと仮定して，「甲の行った法律行為は有効である」という結論を導くのである。あるいは，刑法の例を挙げれば，甲が乙を殺した場合，我々が現在もっている知識から，甲について違法性阻却事由も責任阻却事由も見出されないならば，いずれも存在しないものと仮定して，殺人罪の成立を認めるのである。ちなみに，コンピュータ上の論理プログラミングで用いられる「失敗による否定（negation as failure）」という技法は，この閉世界仮説に基づいている[24]。また，

次の述べるサーカムスクリプションも閉世界仮説と密接に関連しており、後者は前者の特別な場合であると考えられる。

「サーカムスクリプション (circumscription)」あるいは「極小限定」というアプローチを簡単に説明するのは難しいが、直観的に言えば、「述べられていること以外には、例外がない」という考え方に基づいて、例外を表す「変則的 (abnormal)」のような述語を「極小限定する (circumscribe)」方法のことである。前述の鳥の例を用いれば、「一般的に鳥は飛ぶ」という命題には現時点では予想しえない例外が出現しうるので、この知識に基づく推論は非単調的になる。したがって、「変則的」な例外の範囲を現時点で判明しているものだけ(前述の例では、ペンギン、ダチョウ、キーウィー、ヤンバルクイナ)に極小限定すれば、現時点の知識に関する限り、古典論理を用いて単調推論を行うことができるはずである。再び刑法の例を用いれば、構成要件に該当する行為は原則として違法であると推定される。「違法性阻却事由」はこの原則に対する例外を表す述語であると考えよう。このとき、この述語を「正当行為」「正当防衛」及び「緊急避難」に極小限定する命題（サーカムスクリプション）を付け加えるならば、現時点においてはこのほかに例外はないものとして、古典論理の枠内で推論することが可能になる。一般に、現時点における我々の知識を表す命題の集合（初期理論）を「T」で表し、サーカムスクリプションを「C」で表すならば、命題PがTからサーカムスクリプションによって帰結するのは、PがT∪{C}から古典論理によって帰結するとき、かつそのときだけである[21]。もちろん、初期理論が拡張されて、オーストラリアのエミューという鳥も飛べないことが判明したり、あるいは刑法上いわゆる「超法規的違法性阻却事由」も認められることになれば、サーカムスクリプションCも新たにC'へと変更され、T∪{C}から導かれた帰結がT'∪{C'}からは導かれなくなることもありうる。なお、サーカムスクリプションは述語変項を含む二階 (second-order) の述語論理式で表されるので、論理学的には処理が複雑になるという難点をもつ。

以上の二つのアプローチは古典論理の枠内で非単調推論の理論を構築しようとするものであるが、古典論理の体系を拡張して非単調論理を形式化しようとするアプローチも存在する。それが次に述べる「デフォルト論理」である。

[21] *Cf.* David Makinson, *Bridges from Classical to Nonmonotonic Logic* (King's Col-

lege, 2005), p.2.
⑵ 非単調論理の諸理論に関する邦語の簡潔な解説としては，新田・前掲注⒀ 104頁以下参照。また，赤間世紀・計算論理学入門―AIとコンピュータサイエンスへの論理的アプローチ（啓学出版，1992）191頁以下，北橋忠宏・知識情報処理（森北出版，1998）86頁以下も参照。
⑳ Cf. Makinson, op.cit. 注(21), pp.18ff.
㉔ Cf. Prakken, op.cit. 注⒁, pp.76f. また，加賀山茂・法律家のためのコンピュータ利用法―論理プログラミング入門（有斐閣，1990）40頁以下も参照。
㉕ Cf. Prakken, op.cit. 注⒁, pp.82f.

(2) ライターのデフォルト論理

コンピュータ科学者のライター（Raymond Reiter）が提唱した「デフォルト論理（default logic）」においては，古典論理（一階の述語論理）に「デフォルト」と呼ばれる新たな推論規則を付け加えることによって，非単調論理が理論化される[26]。その意味では，デフォルト論理とは古典論理（一階の述語論理）を拡張したものであると考えられる。ここで注意すべきなのは，デフォルトは古典論理における「肯定式（modus ponens）」と同様にメタ言語レベルの推論規則として理解されているという点である。通常，「肯定式」と呼ばれる推論規則は次のように表される。

$$\frac{Q \quad Q \to P}{P}$$

この推論規則は，対象言語における論理式「Q」及び「Q→P」が証明されれば，「P」も証明されることをメタ言語によって述べている。すなわち，もし「Q」と「Q→P」が成り立つならば，「P」を推論してもよいということを意味する。これに対して，一般にデフォルトは，

$$\frac{Q : R_1, \ldots, R_n}{P} \qquad 又は \qquad Q : R_1, \ldots, R_n / P$$

という形式で表される。ライターによれば，この推論規則は，もし「Q」が成り立ち，かつ「$R_1, \ldots, R_n$」がすべて矛盾なく想定されるならば[27]，「P」を推論してもよいことをメタ言語によって述べており，「Q」は「必要条件（prerequisite）」，「$R_1, \ldots, R_n$」は「正当化根拠（justifications）」，そして「P」は「帰結（consequent)」と呼ばれる[28]。

　ライターはデフォルトを用いた非単調的な帰結関係を説明するために、「デフォルト理論」及びその「拡張 (extension)」という概念（「外延」ではない）を導入する。デフォルトの集合を「D」で、また一階の述語論理式の集合を「W」で表すとき、デフォルト理論Δは順序対 (D,W) で表される。例えば、個体変項を「x」で表し、トゥイーティーを示す個体定項を「t」で表すならば、

　　D = {鳥(x)：飛ぶ(x) / 飛ぶ(x)}
　　W = {鳥(t), ∀x(ペンギン(x)→¬飛ぶ(x))}

から構成される順序対 (D, W) は、一つのデフォルトと二つの一階の述語論理式を含むデフォルト理論である。この例からも分かるように、Dは例外がありうる知識を表し、Wは例外なく真であることが既に知られている知識を表す。このデフォルト理論においては、「飛ぶ(x)」という正当化根拠（拘束条件）がWと矛盾なく想定できるので、デフォルトを用いて「飛ぶ(t)」という結論が導かれる。しかし、もしこのWに「ペンギン(t)」という論理式が付け加えられるならば、既知の知識から「¬飛ぶ(t)」が古典論理によって導かれるので、無矛盾性のチェックが失敗し、「飛ぶ(t)」はもはや導かれなくなる。詳しい説明は省略せざるをえないが、ライターはデフォルト理論Δの「拡張」という概念を、(D, W) によって推論できる論理式の集合として形式的に定義し、この概念に基づいて非単調的な帰結関係を証明している。

　問題は、果たしてどのデフォルト理論にも拡張が存在するかという点にある。デフォルトはその形式に基づいて、「正規デフォルト (normal default)」「準正規デフォルト (seminormal default)」「非正規デフォルト (nonnormal default)」の三通りに分類される。正規デフォルトとは、「P：Q / Q」のように正当化根拠（制約条件）と帰結（結論）が同じものであり、非正規デフォルトとは、「P：R∧Q / Q」という形式をもつものである。それ以外は「非正規デフォルト」と呼ばれる。また、デフォルト理論のうちで正規デフォルトのみを含むものを「正規デフォルト理論」という。ライターは、正規デフォルト理論に関しては、少なくとも一つの拡張が存在することを証明している。裏から言えば、準正規デフォルトや非正規デフォルトを含むデフォルト理論に関しては、ライターのデフォルト論理において拡張の存在が保証されていないという問題が残る。

(26) Cf. R. Reiter, "A Logic for Default Reasoning", *Artificial Intelligence* 13 (1980), pp.81-132.
(27) 当初，ライターはデフォルトにおける各正当化根拠「R₁, ... , Rₙ」の前に「矛盾なく想定される」ことを表す様相記号「M」を付けていたが，現在の慣行に従い，本稿においてはこれを省略する。Cf. Reiter, *op.cit.* 注(26), p.82.
(28) ライターの用いた「必要条件」「正当化根拠」「帰結」という表現は分かりにくい。メイキンソンが指摘するように，「正当化根拠」は無矛盾性をチェックするための「制約条件（constraints）」であるから，むしろ「前提」「制約条件」「結論」と呼んだ方が分かりやすいであろう。Cf. Makinson, *op.cit.* 注(21), p.99.

(3) プラッケンのデフォルト論理

　法的思考が，前述のように，対話性とともに非単調性という特質をもつとすれば，その論理はどのように理論化できるであろうか。レッシャーの先駆的な業績については，既に簡単に触れたが，その後，法律人工知能の領域では，さらに進んだ研究がなされている(29)。ここでは，そのような研究のうち，プラッケン（Henry Prakken）のデフォルト論理を取り上げたい。
　コンピュータ科学の専門家であると同時に法学者でもあるプラッケンの理論は，法律家が抱いている論理的直観をかなり的確に理論化している。例えば，「X（売主）がY（買主）と売買契約を締結した（Q）ならば，XはYに対して代金請求権をもつ（P）」及び「XがYと売買契約を締結した（Q）としても，Yに法律行為の要素に関する錯誤があった（R）ならば，（売買契約は無効なので，）XはYに対して代金請求権をもたない（¬P）」という前述の二つの法規範を，プラッケンの表記法に従って記号化すれば，次のような推論規則として表される。

　(D1)　$Q \Rightarrow P$
　(D2)　$(Q \land R) \Rightarrow \neg P$

　一見したところ，(D1)及び(D2)は前述の(L1)及び(L2)とよく似た形をしているが，後者が対象言語における論理式であるのに対して，前者はあくまでもデフォルト論理の推論規則（デフォルト）である点に注意する必要がある。ライターの表記法に従えば，例えば，(D1)は，

$$\frac{Q:T}{P}$$ 又は $Q:T/P$

と表現されるべき非正規デフォルトにほかならない。このデフォルトの正当化根拠（制約条件）の「T」とは，任意の論理的に妥当な式（例えば，任意のトートロジー）を表しているので，(D1) は，もし「Q」が成り立ち，かつ既知の情報との間に矛盾が生じないと想定されるならば，「P」を推論してもよいことを述べている。プラッケンは (D1) や (D2) のようなメタ言語上の推論規則を，「表記を簡単にするために (for notational simplicity)」，対象言語の論理式とみなして，「論駁可能なルール (defeasible rule)」と呼ぶ。しかし，論駁可能なルールはあくまでも推論規則であるから，否定や連言のような論理記号を用いて他の論理式と結合することはできない[30]。

このようなプラッケンのデフォルト論理については，いくつかの疑問が生じるかもしれない。まず第一に，(D1) 及び (D2) のような論駁可能なルールがメタ言語上の推論規則であるとすれば，経験則のみならず法規範も推論規則ということになり，法体系は推論規則の体系であるという奇妙な結論が導かれないかという疑問である。しかしながら，法規範を裁判規範として捉えるならば，法体系は裁判官のための推論規則の体系であると性格づけたとしても，それほど奇妙ではない。確かに，法体系においては，条文数にほぼ正比例して推論規則の数が増大する点に違和感を覚えるかもしれない。しかし，論理学の領域においても，公理の代わりに豊富な推論規則をもつ「自然演繹 (natural deduction)」の体系が存在することを考えれば，法体系の推論規則が多くなっても，理論的には何の問題も生じない。第二に，論駁可能なルールが非正規デフォルトであるとすれば，前述のように，拡張の存在が保証されない点が問題となろう。この点に関する詳しい説明は割愛せざるをえないが，ここでは，プラッケンがライターのデフォルト論理を改良して，拡張の存在が保証されるような意味論を提案しているとだけ述べておきたい[31]。第三に，ただし書において例外が規定されている法規範をどのような形式で表現するかという問題がある。前述のように，法体系においては，(D1) に対する (D2) のように原則に対する例外を独立した条文で規定する場合もあるが，一つの条文の本文で原則を規定し，ただし書で例外を定める場合もある。後者の場合，プラッケンは，

(D3)　$(Q \land \sim R) \Rightarrow P$

という形式の論駁可能なルールとして表現する。このルールは，

$$\frac{Q : R}{P} \quad \text{又は} \quad Q : R / P$$

という形式の非正規デフォルトを対象言語の論理式として書き直したものであり，「～」は論駁可能なルールの前件でのみ使える「弱い否定」を表す。すなわち，「～R」は，前述の「失敗による否定」と同様に，「R」が我々の現在の知識と矛盾なく想定されるという弱い意味での否定を表しているのである。この「～」を用いるならば，一般に論駁可能なルールは次のような形式の表現として定義できる[32]。

$(Q_1 \land ... \land Q_j \land \sim R_k \land ... \land \sim R_n) \Rightarrow P$

なお，前件に含まれる各変項（$Q_1,..., Q_j, R_k,..., R_n$）には古典論理（一階の述語論理）の式を代入することができるものとする。

法規範を「論駁可能なルール」として捉えるプラッケンのアプローチは，「条件付き主張」として捉えるレッシャーのアプローチに比べると，大きな利点をもつ。すなわち，論駁可能なルールには肯定式のような分離規則を適用することができるので，例えば，「Q⇒P」と「Q」から「P」を導くことが可能となる。したがって，プラッケンによる形式化の方がレッシャーによる形式化よりも我々の論理的直観に合致する。プラッケンは次のような「デフォルト肯定式（default modus ponens）」を推論規則として明示的に認めている。

$$\frac{(Q_1 \land ... \land Q_j \land \sim R_k \land ... \land \sim R_n) \Rightarrow P \quad Q_1 \land ... \land Q_j}{P}$$

ここで前提に現れる論駁可能なルールは前件において「$\sim R_k \land ... \land \sim R_n$」と仮定しているが，デフォルト肯定式は「$Q_1 \land ... \land Q_j$」から「P」を推論する際にこの仮定を無視してもよいことを表している。この仮定は，例外を規定するただし書が適用されるための法律要件を述べているので，当該要件事実に関する主張・立証責任は，この論駁可能なルールの適用を主張する側の当事者ではなく，それを阻止しようとする相手方が負うからである[33]。このように，プラッケンのデフォルト論理における強い否定「¬」と弱い否定「～」との区別

は，当事者間における主張・立証責任の分配に正確に対応しており，この点においても法律家の抱く論理的直観が的確に表現されていると言えよう。

(29) 法律人工知能の研究については，吉野一（編者代表）・法律人工知能―法的知識の解明と法的推論の実現―（創成社，2000）参照。
(30) Cf. Prakken, op.cit. 注(14)，p.153.
(31) Cf. Prakken, op.cit. 注(14)，p.167.
(32) Cf. Prakken, op.cit. 注(14)，p.172.
(33) Cf. Prakken, op.cit. 注(14)，p.173.

4 結びに代えて―今後の課題と展望―

本稿においては，〈法律要件⇒法律効果〉という図式において前件（法律要件）と後件（法律効果）を結びつける「⇒」の論理学的な性質を解明しようと試みた。その結果，〈法律要件⇒法律効果〉は古典論理における実質含意ではなく，むしろデフォルト論理における推論規則，すなわち「論駁可能なルール (defeasible rule)」として捉えられるべきであるという結論に達した。もっとも，重要な問題でありながら，本稿では全く触れられなかった論点も多い。紙幅も尽きたので，それらの検討は別の機会に譲らざるをえないが，最後に今後の課題と展望に関して二点だけ述べておきたい。

まず第一に，原則と例外の論理的関係についてである。前述のように，法体系を構成する個々の法規範は，「単なる平面的な羅列」関係にはない。例えば，原則を規定する (D1) と，例外を規定する (D2) は，法体系において「立体的な構造」を形成していると考えられる。残された問題は，この立体構造における上下関係を，正確に言えば，法規範間の優先関係をいかにして形式論理学的に判定するかである。幸いにして，法律学には長い伝統があり，その中で法規範間の優先関係を規定するメタ法原理が定式化されてきた。とりわけ，この文脈において注目すべきなのは，「特別法は一般法に優先する (lex specialis derogat legi generali)」という原理である[34]。プラッケンによれば，一般に，法規範間の原則／例外の関係は前件（法律要件）間の論理的な含意関係によって形式的に判定しうる[35]。(D1) と (D2) の関係について言えば，(D2) の前件「Q∧R」は (D1) の前件「Q」を命題論理的に含意するから，(D2) は (D1) に

対する例外規定であると言える。同様に,「Q∧R∧S」は「Q∧R」を命題論理的に含意するから,

 (D4) (Q∧R∧S) ⇒P

は(D2)に対する例外規定(例外の例外)であると判定される。このような論理学的な含意関係による判定は,原則／例外の問題について考察する際の一応の基礎となるように思われるが,今後さらに詳しく検討する必要があろう。

 第二に,請求原因事実と抗弁事実の論理的関係,すなわち,上述の(D2)における「Q」及び「R」に該当する事実間の論理的関係について述べておきたい。要件事実論においては,「R」に該当する抗弁事実は,「Q」に該当する請求原因事実とは異なるが,これと両立する事実であるとされる[36]。問題は,すべての抗弁事実がこの「異なるが,両立する」という性質をもっているか否かである。要件事実論に対して批判的な立場を採られる加賀山茂教授は,錯誤のような「障害事実は,請求原因事実の否定であって別個の事実ではない[37]」という指摘をしておられる。私自身はこの問題についてはまだ十分な考察を加えていないので,私見を述べられる段階にはないが,中期ヴィトゲンシュタインが初期の論理的原子論の基礎にあった要素命題の独立性を否定したことを連想させる鋭い指摘である[38]。今後検討すべき最重要課題としたい。

 [34] 特別法優先の原理については,*cf.* Prakken, *op.cit.* 注[14], pp.44f., 141ff.
 [35] *Cf.* Prakken, *op.cit.* 注[14], p.160.
 [36] 参照,伊藤・前掲注[1] 9頁。
 [37] 加賀山・前掲注[4] 225頁。
 [38] 参照,永井均・ウィトゲンシュタイン入門(ちくま新書,1995)104頁以下。

民法解釈学からみた要件事実論
―「裁判規範としての民法」理論の考察―

執 行 秀 幸

1 はじめに

(1) 要件事実論と民法解釈

「要件事実論は、民法等の実体法の正確な理解に基づいて、これを立体化し、……攻撃防御方法の体系に組み立て直そうとする考え方である」[1]。これに対し、伊藤滋夫教授は、要件事実論の基本的な機能は、民事訴訟法における主張立証責任対象事実の決定（立証責任の分配）にあるが、それにとどまらない機能を有するとして、「要件事実論とは、要件事実というものが法律的にどのような性質のものであるかを明確に理解して、これを意識した上で、その上に立って民法の内容・構造や民事訴訟の審理・判断の構造を考える理論である」[2]という。

この要件事実論につき、1985年に司法研修所が刊行した『民事訴訟における要件事実第一巻』（法曹会）は、実体法の解釈問題であるとした[3]。伊藤滋夫教授も、一貫して、要件事実論は実体法の問題であると主張され[4]、要件事実論の基本的考え方として伊藤教授が提唱されている「裁判規範としての民法」の構成という作業の性質は、基本的には、実体法の解釈だと主張されてきている[5]。今日、民法に関する立証責任の分配の問題は、民法の解釈論であるとの指摘は多い[6]。

ところが、従来、要件事実論は、「民法学とは無関係のようにも思われる形

第1章　要件事実・事実認定――総論

で議論される傾向が強かった」という[7]。だが，このような状況は変化をみせはじめている。それは，第1に，司法制度改革の構想が具体化して，法科大学院で理論と実務の架橋するような教育が求められ，法科大学院で要件事実論も教えることとなったこと，第2に，要件事実論は，基本的には民法等の実体法の解釈の問題であることが再確認され[8]，民法学者による民法に関する要件事実的な分析や議論がより強く求められるようになったこと[9]等，によるものと考えられよう。そのような背景のもと，2005年には，私法学会のシンポジウム「要件事実論と民法学との対話」が開かれ[10]，要件事実論に対して，以前と比べれば，民法学者の関心は高まってきているといえよう[11]。

(1) 原田和徳「要件事実の機能―裁判官の視点から―」伊藤滋夫＝難波孝一編・民事要件事実講座第1巻（青林書院，2005）83頁。
(2) 伊藤滋夫編著・要件事実講義（商事法務，2008）（以下，『講義』で引用）199頁。
(3) 司法研修所編・民事訴訟における要件事実第一巻（法曹会，1985）10頁。なお，伊藤滋夫教授もその作成に関与している（『講義』267頁）。
(4) 『講義』267頁。
(5) 伊藤滋夫「要件事実と実体法」ジュリ869号14頁（1986），同「要件事実と実体法断想（上）」ジュリ945号111頁（1989），同・要件事実の基礎（以下，『要件事実の基礎』として引用）（有斐閣，2000）237頁，同「要件事実論の現状と課題」伊藤＝難波編・前掲注(1)3頁，同「要件事実論と民法解釈学―新たな民法解釈学の動向も視野にいれて―」同編・要件事実の現在を考える（商事法務，2006）5頁。
(6) 小林秀之・新証拠法（弘文堂，1998）193頁，吉川愼一「要件事実論序説」司法研修所論集110号148頁（2003），広中俊雄・新版民法綱要第一巻総論（創文社，2006）79-80頁，伊藤眞・民事訴訟法〔第3版補訂版〕（有斐閣，2005）328-329頁，村田渉＝山野目章夫編著・要件事実論30講（弘文堂，2007）13頁〔村田渉〕参照。なお，松本博之・証明責任の分配〔新版〕（信山社，1996）358頁は，「証明責任の分配は，決して手続法学に属するものではなく，問題となる法律効果の帰属する法領域に属することは従来の証明責任論においても承認されている」という。
(7) 『講義』267頁。
(8) 那須公平「要件事実論の多層性――弁護士からみた『要件事実』」判夕1163号24頁（2005），山野目章夫ほか「座談会　要件事実論の教育・研究における役割」（以下，「座談会」として引用）ジュリ1290号17頁〔笠井正俊発言〕，村田渉「要件事実論の課題――学会論議に期待するもの」ジュリ1290号39頁（2005）。
(9) 村田・前掲注(8)39頁。
(10) 「シンポジウム・要件事実論と民法学との対話」私法68号3頁以下（2006）。

(11) 大塚直＝後藤巻則＝山野目章夫編著・要件事実論と民法学との対話（商事法務，2005）（以下，『民法学との対話』として引用），「シンポジウム・要件事実論と民法学との対話」私法68号3頁以下（2006），村田＝山野目編著・前掲注(6)のほか，神田英明「要件事実論の民法理論への影響」法律論叢79巻4・5合併号133頁（2007），同「民法理論の要件事実論への影響」法律論叢79巻6号97頁（2007）。また，教科書・基本書においても要件事実論，立証責任に関する記述がなされるものが現れている。たとえば，山本敬三・契約法（有斐閣，2005）及び，加藤雅信教授の一連の新民法体系Ⅰ，Ⅱ，Ⅲ，Ⅳ，Ⅴがある。

(2) 民法学からの要件事実論へのアプローチ

　だが，民法学において，一般に，要件事実論や立証責任に関して，従来，必ずしも十分には論じられてこなかった(12)。そこで，要件事実論は，基本的には民法等の実体法の解釈の問題につき，民法学者の研究課題で，民法学における議論の発展に期待されているとしても，民法学者としては，どのようにアプローチしていくかは，きわめて重要である(13)。たしかに民法理論の視点から個別の問題を各論的に検討していきながら理論的問題についても考えて，これまでの理論についての自らの見解を明らかにすることが堅実な方法といえるであろう。しかし，そのような場合にあっても，一定の基本的な考え方を前提とせざるを得ない。そこで，試論的にでも，これまでの要件事実論における理論を分析・検討する必要もあろう。さいわい，要件事実論は基本的には民法の解釈論であると指摘されているので，これまで，民法学で行われてきた，「民法の解釈」方法論，民法解釈の考え方から，「要件事実論問題」と従来の「民法解釈論問題」との異同を考えながら「要件事実論」を分析・検討するアプローチが考えられ，本稿では，このアプローチをとることにしたい。

(12) ただし，石田穣・民法と民事訴訟法の交錯（東京大学出版会，1979），同・証拠法の再構成（東京大学出版会，1980），浜上則雄「製造物責任における証明問題」判タ309号，310号，312−314号，316号，320号，322号，328号，334号，335号（1974−1975），平井宜雄・債権総論（弘文堂，1985），倉田卓次監修・要件事実の証明責任債権総論（西神田編集室，1985），船越隆司・民事責任の構造と証明（尚学社，1992），同・実定法秩序と証明責任（尚学社，1992），前田達明「証明責任と立証責任」判タ596号2頁（1986），同「続・主張責任と立証責任」判タ640号65頁（1987）等がでている。

(13) さまざまなアプローチについては，前掲注(11)掲載の諸論文参照。

(3) 本稿の課題

本稿は，要件事実論の中でも，伊藤滋夫教授の「裁判規範としての民法」理論を，主として民法の解釈の方法・考え方からの分析・検討を通して，今後，要件事実論を考える上での方向性を明らかにしようとするものである。わが国の要件事実論は司法研修所民裁教室により提唱され発展してきた[14]。その考え方を理論的に説明，発展させているのが伊藤滋夫教授の「裁判規範としての民法」理論だと指摘されている[15]。しかも，要件事実論の中心的課題である，「立証責任の分配」（伊藤教授は，「立証責任事実の対象の決定」という用語を用いる）につき，一貫して詳細に理論的に検討するとともに，より具体的な手順を明らかにしてきており，この問題を考える上で，きわめて参考になると考えるからである[16]。もっとも，従来の民法の解釈方法・考え方からのアプローチといっても，すべての問題を分析・検討する余裕はない。①「裁判規範としての民法」概念はなぜ必要なのか，その意義はどこにあるのか，②立証責任の分配（立証責任対象事実）の決定における基準・プロセスの問題，とくに，立証責任の負担の公平，制度趣旨の意義，困難性，及びそれらの関係の分析・検討に限定される。

(14) 『要件事実の基礎』288頁以下。
(15) 田尾桃二「要件事実論について―回顧と展望小論―」曹時44巻6号1028頁（1992），同「法学・法曹教育における要件事実論」伊藤＝難波編・前掲注(1)353頁，永石一郎「要件事実のすすめ（下）」自正50巻5号80頁（1999）。
(16) 2005年から2006年にかけて，伊藤滋夫教授を中心に，都内の大学の民法研究者を中心に「民法学と要件事実論との協働」研究会が開かれ私も参加し，伊藤教授から，多くの御教示を得た。そしてこの研究会で，私自身は，「裁判規範としての民法」理論を中心に要件事実論を，従来の民法の解釈方法・考え方から若干の分析を行った。本稿は，その発想をもとに，不十分ながら，まとめたものである。

2　裁判規範としての民法

伊藤教授は，要件事実論における理論として，「裁判規範としての民法」を

提唱する。その内容を手短に述べると次のようになる[17]。

　民法典の条文は，基本的には要件に該当する事実が存否不明となったときのことを考えられてつくられていないため，民法典の条文を裁判の場で適用できるよう，民法典の条文を解釈することによって，立証責任を考慮した要件（「裁判規範としての民法」）を明らかにする必要がある。その要件は，その内容となる事実が証明されて初めて適用になるとの前提で定められる。これが，右の解釈の際の基本的な考え方[18]であり，「それが人の普通の考え方に合致する分かりやすい」[19]ものであることから，そのような考え方がとられる。

　その解釈にあたっては，どのような内容の具体的事実について，だれに立証責任を負わせるのが相当であるのかの判断をし，それを裁判規範としての民法の規定として表現することになる。言い換えれば，立証責任の対象となる具体的事実を定め（同時にだれが立証責任を負うかを定めることも意味する〔その事実が有利な法律効果をもたらす当事者がその事実について立証責任を負うということを定めたことを意味すると考えるべきであることを理由とする〕[20]），その事実を対象とする要件を同民法の要件とすることである[21]。

　そこで，立証責任対象事実を定める（立証責任の分配の）基準が問題となるが，「主張立証責任対象事実（要件事実）」を決める最終基準は，立証の公平である。そして，立証の公平は，実体法の趣旨（立証責任の負担の公平という観点を入れずに解釈によって導かれる）に合致するように立証責任の負担を決めることによって達成される。その際，立証の困難性は重要な要素となる。さらに，主張責任は立証責任を基準として決まる[22]。

　　[17]　伊藤滋夫「要件事実論と民法学」同編著・要件事実の現在を考える（商事法務，2006）4-9頁，『講義』204-206頁参照。
　　[18]　『要件事実の基礎』221頁。
　　[19]　伊藤「要件事実論と民法学」同編著・前掲注[17] 6頁。
　　[20]　『要件事実の基礎』242頁。
　　[21]　『要件事実の基礎』241頁。
　　[22]　その理由につき，伊藤「要件事実論と民法学」同編著・前掲注[17] 7-8頁参照。

3 「裁判規範としての民法」の意義

(1) 立証責任分配に関する見解

　裁判規範としての民法の構成の作業の中核は，立証責任対象事実（立証責任の分配）の決定である。裁判規範としての民法理論は，当然のことながら，立証責任の分配に関する見解を踏まえて構想されている。そこで，ここで，その見解につき簡単に，通説を中心に確認しておこう。

　(a)　**法律要件分類説**（規範説）[23]

　民法の各規定が適用されるのは，その要件事実の存在につき立証があったときに限られるとの考え〔法規不適用説(a)〕を前提に，自らに有利な法規の要件事実について当事者は立証責任を負うとする。民法は，権利根拠規定，権利障害規定，権利滅却規定とに実体法上の性質として分類でき，権利根拠規定は権利主張者が，権利障害規定と権利滅却規定は，権利を争う者が立証責任を負い(b)，これらの規定の識別は，法規の条文の形式的構造に依拠する(c)と解する。

　だが，わが国の民法の条文の形式は，基本的には立証責任のことを考えないで定められているため，(c)に対して批判がなされ，次の修正法律要件分類説が通説となっている。(a)に対しては，実体法は，法律要件が存在しているときに法律効果を発動させると理解すべきで，法律要件の存否不明の場合，存在する，ないし存在しないとするかの規範（証明責任規範）が別個に存在すると解すべきとの見解（証明責任規範説）も有力であるが，この説も結論的には法規不適用説と同様の考えをとるし，法律要件分類説の分配原則を，慣習法的地位を占めるものとして肯定する[24]。

　(b)　**修正法律要件分類説**

　権利根拠事実，権利障害事実，権利滅却事実の区別は一応維持しつつ，その区別につき疑問が生じた場合には，実質的考慮に基づく解釈により解決する説である[25]。しかし，条文の表現形式をどの程度重視すべきかにつき見解が分かれているように思われる。

　民法典の文言，形式だけにより立証責任の分配を考え，必要とあれば実質的

考慮にもとづき修正することを明言する見解がある[26]。司法研修所の見解の表現はやや微妙である。「ある法律効果の発生が何か，法文にある一定の要件を権利（又は法律関係）の発生要件又は障害要件のいずれと理解すべきかというような要件の確定の問題は，いずれも実体法規の解釈によって決められるべき事柄である。そして，この解釈は，立証責任の分配という視点に立ったものでなければならない。この意味での実体法規の解釈に当たっては，各実体法規の文言，形式を基礎として考えると同時に，立証責任の負担の面での公平・妥当性の確保を常に考慮すべきである。具体的には，法の目的，類似又は関連する法規との体系的整合性，当該要件の一般性・特別性又は原則性・例外性及びその要件によって要証事実となるべきものの事実的態様とその立証の難易などが総合的に考慮されなければならないであろう」[27]とする。現在でも基本的には同様の見解をとっているといえよう[28]。他方，吉川愼一判事は，「我が民法では，条文の文言の体裁をそのまま立証責任の分配の規準とすることはできないことは明らかである」とし，「法律要件分類説に立つ論者であっても，条文の文言の体裁にとらわれることなく，民法の各制度を究究することによって，民法の各規定の立法趣旨等を明らかにして，その法律効果を確定し，その法律要件の中のどれが積極要件であり，どれが消極的要件であるかを明らかにすべきであるとしている。このような見解を修正法律要件分類説と呼ぶならば，これが現在の通説である」という[29]。

権利根拠事実，権利障害事実，権利滅却事実のような枠組みを否定して，より実質的な基準にもとづいて，たとえば，信義則，実体法の立法趣旨，立法者意思，証拠との距離，立証の難易，蓋然性による順序で適用され立証責任の分配が決定されるとする見解[30]のような利益衡量説も従来，有力であった。だが，実務が法律要件分類説で運営され，思考経済・明確性のほか，利益衡量説によっても結論はあまり大きく異ならないこと等もあり[31]，修正法律要件分類説が，現在では通説の位置を占めている[32]。

(23) 高橋宏志・重点講義民事訴訟法〔新版〕（有斐閣，2000）458-462頁参照。
(24) 松本・前掲注(6) 76-78頁。法規不適用説と証明責任規範説との関係につき，実際の帰結は多くの場合，いずれの見解でも説明できるという（山本和彦「民事訴訟における要件事実」判タ1163号16頁）。

⑸　小林・前掲注⑹ 184 頁。
⑹　中野貞一郎ほか編・新民事訴訟法講義〔第 2 版補訂 2 版〕（有斐閣，2006）372－373 頁。
⑺　司法研修所編・増補民事訴訟における要件事実第一巻（法曹会，1989）10－11 頁。
⑻　司法研修所編・改訂問題研究要件事実（法曹会，2006）8 頁参照。
⑼　吉川愼一「民法と要件事実」内田貴＝大村敦志編・民法の争点（有斐閣，2007）52 頁。伊藤・前掲注⑹ 328－330 頁がこのような見解だといえよう。
⑽　石田・前掲注⑿証拠法の再構成 149－150 頁。
⑾　小林・前掲注⑹ 185 頁参照。
⑿　松本・前掲注⑹ 75 頁，小林・前掲注⑹ 184－193 頁，高橋・前掲注㉓ 466，468－469 頁注 47，伊藤・前掲注⑹ 328－330 頁，新堂幸司・新民事訴訟法〔第四版〕（弘文堂，2008）536－537 頁等。

(2) 裁判規範としての民法の意義

(a) 裁判規範としての民法に対する批判

　裁判規範としての民法に対して，次のような批判がなされている。「『裁判規範としての民法』が立法者の定めた民法を変更することになるとすれば，それはなぜ許されるのか，違法ではないのか」㉝。「裁判官は法に拘束され，これを適用する義務を負っているが，これと別個の『裁判規範としての民法』を適用すれば法を適用したことになるのであろうか」㉞。だが，これらの批判は当たらないといえよう。第 1 に，立証責任の分配に関して，民法典は，いわば法の欠缺・不備があるからである。民法典の条文は，ドイツ民法典と異なり本文，ただし書などの条文の文言に注意して起草されていない㉟。また，立証責任に関する原則規定は，民事訴訟法にも存在していない㊱。その意味で，立証責任の分配については，基本的には，法の欠缺・不備があり，判例や学説により，解釈による補充の必要がある㊲。従来の民法の解釈において，欠缺があると考えられる場合，新たな規範の必要性について議論となる場合が少なくない。しかし，立証責任の分配では，何らかの規範が必要なことには異論がないといえよう。従来の民法における欠缺では，関連する原則・条文を参照して，その類推適用や一般条項にもとづき問題を解決できるが，ここでは，そのような手法が基本的には使えないことから，その解釈方法は，より難しいものとなっている。しかし，解釈にあたって，その必要な範囲で，条文に変更を加えることは，

民法の伝統的な解釈にあっても行われていることで，何ら特別なものではない。そこで，立証責任を考慮して解釈を行った結果，民法典に変更が加えられたとしても，一般的には，非難に値しないと考えられる(38)。第2に，「裁判規範としての民法」は，民法典の条文の要件から解釈によって導かれたものと解されるため，「裁判規範としての民法」を適用することは，民法典の条文を適用したことになる。伝統的な民法の条文の解釈にあっても，解釈により条文と文言が異なったとしても，それを適用すれば民法の条文を適用したこととなるのと同じことである。

(33) 松本博之「要件事実論と法学教育（1）」自正54巻12号105頁下段（2003）。
(34) 松本・前掲注(33)108頁下段。同112頁も「法による裁判を受ける権利を有する当事者に民法の適用でない裁判をすることが許されるのかということである。問題は否定に解すべきであろう」と指摘する。
(35) 吉川・前掲注(29)52頁。石田・前掲注(12)証拠法の再構成18頁は，「民法典の起草者が期待した立証責任を原則として念頭におかなかったのである」という。
(36) 石田・前掲注(35)は，「民法典の起草者が期待した立証責任規定の民事訴訟法への編入は，結局，その後実現をみないで終わった」という。
(37) 石田・前掲注(35)18頁。春日偉知郎教授は，「証明責任規定の欠缺が明らかである以上，これを充足する必要がある」という（同・民事証拠法研究（有斐閣，1991）401－402頁）。
(38) 伊藤教授は，「民法典の条文は立証を考慮しないで決められているので，それを，立証を考慮せざるを得ない裁判の実際に適用できるように構成し直す……ことは当然に許されていると考えるべきである。この作業は，実体法としての民法に内蔵されている意味を裁判規範としての民法という観点から明確にするものであり，この作業の本質は，民法典の条文の解釈にほかならないのである」（伊藤「要件事実論の現状と課題」前掲注(5)16－17頁）という。難波孝一「主張責任と立証責任」伊藤＝難波編・前掲注(1)171頁注23も同旨。

(b) 修正法律要件分類説との関係

では，修正法律要件分類説にはどのような問題があるというのであろうか。また，裁判規範としての民法は，修正法律要件分類説と異なり，どのような点で理論的に優れているのであろうか。

第1は，立証責任の分配の基準についてである。伊藤教授は，修正法律要件分類説を，まず民法典の法条の定め方に従って立証責任対象事実を定め(i)，その上で，そうした定め方が実質的理由から不当であるときには，その段階で，

そうした実質的理由によって立証責任対象事実の定め方を修正する(ii)見解であると理解した上で，つぎのような問題があるとする。民法典は，立証責任のことを考えないで決められているので，(i)は理論上の根拠を欠く。民法典の法条の定め方が不明確な場合，判例で認められた法理の場合は(i)によることは困難である。(ii)からすると，立証責任対象事実の決定基準は，実質的相当性で法条の定め方は基準にならない。

　しかし，前述のように，修正法律要件分類説を，条文の文言の体裁にとらわれずに，民法の各規定の立法趣旨等を明らかにして立証責任の分配を決めていく見解だとの理解もある。伊藤教授は，当初より民法典の条文の形式にもとづくことなく，実質的考慮を基準とすると「実質的内容は，私見とほとんど変わるところはない」とし，なぜ「修正法律要件分類説」という名称なのか，「理論的認識として，裁判規範としての民法という点の意識が明確でない点などが」疑問だとする[39]。ただ前者については，権利根拠事実，権利障害事実，権利滅却事実の区分を枠組みとして使っているためと考えられる。後者に関しては次に述べよう。

　第2に，伊藤教授は，修正法律要件分類説を第1で述べたような理解を前提に，最初の民法の条文の定め方を基準として定めた要件はよいとしても[40]，実質的理由によって民法典の法条の定め方を修正した後の要件は，民法の条文の定め方に従って決めたという根拠がなくなるので，どのような性質の要件か不明で，民法の性質を有することに当然にはならず，その理論的説明は困難ではないかとしていた[41]。しかし，後に，民法典の条文は裁判規範としての性質をも有するため，その裁判規範性に着目して解釈を行って要件を確定し，その要件に該当する具体的事実を要件事実とすることによって，修正した後の要件は，民法の性質をもつことは可能であることを，伊藤教授も認めている[42]。

　つまり，修正した後の要件が民法の性質を有することは，民法典が裁判規範としての性格をもっていること，修正された要件が，その民法典の条文から解釈により導かれたことによって正当化されると考えられているといえよう。たしかに，民法典は，行為規範であるとともに裁判規範でもあると解されよう。だが，民法典が，たとえ，もっぱら行為規範と解されるとしても，裁判の場で，立証責任を考慮した要件が必要であることは否定できないことから，解釈によ

り，そのような要件を導くことも不可能ではないと考えられる。そこで，より重要なのは，民法典の条文から解釈によって導かれたということが，上述の重要な正当化理由と解される。むろん，このことは，一般的にいえることであって，どのような解釈でも正当化されるというものではない。その解釈が合理的・適切なものであることが必要といえよう。ただ，解釈のあり方は，また別に議論する必要がある。

　第3に，修正法律要件分類説は，裁判規範としての民法という点の意識が明確でないという点である。そのことが何を意味するか筆者にとって必ずしも明確でないが，一つは，第2で取り上げた，「修正した後の要件」が民法の性質を有することの正当化理由に関するものであろう。ただ，そこでは，民法典の条文は裁判規範としての性質をも有するため，その裁判規範性に着目して解釈を行って要件を確定していくことで問題は解決された。二つめは，法規不適用説をとる修正法律要件分類説に対する証明責任規範説からの，法規不適用説に対する批判，すなわち，実体法はある法律効果を定めるにあたり，これを法律要件の存在に結びつけているのであり，法律要件要素に該当する事実の証明に結びつけているのではないとの批判があり，「裁判規範としての民法」理論は，このような批判を回避する試みとみられている[43]。ただ，法規不適用説をとる修正法律要件分類説の立場からすれば，実体法は行為規範だけでなく裁判規範でもあるとの理由で右の批判をかわすことができよう。

　第4に，裁判規範としての民法理論では，主張責任と立証責任の所在は一致すべきと解するが，修正法律要件分類説の通説にあっても同様に解している。

- [39] 伊藤「要件事実論と民法学」同編著・前掲注[17] 13頁注20。
- [40] 伊藤滋夫・要件事実・事実認定入門〔補訂版〕（有斐閣，2005）48頁。
- [41] 伊藤「要件事実論と民法学」同編著・前掲注[17] 15−16頁。難波・前掲注[38] 175頁も「修正法律要件分類説は，立証の公平という観点から修正された要件が，実体法（民法典）との関係でどのような意味・性質を有しているかを明確にしていない点で問題がある」という。
- [42] 『講義』174頁注31。
- [43] 松本・前掲注[33] 108頁。

(c) 考察と提案

　以上からすると，通説的な修正法律要件分類説も「裁判規範としての民法」

理論と基本的には異ならないともいえそうである。むろん，立証責任を考慮に入れた要件を解釈によって導く際，その解釈基準は必ずしも同じであるとはいえない。たとえば，研修所における，その解釈にあっては，様々な要素を総合的に考慮して決するとの立場であるのに対し，伊藤教授は，それとは異なる明確な一貫した基準を明らかにしている。そこで，それらを分析・検討する必要がある。

　(ア)　「裁判規範としての民法」理論の意義　　だが，それらの分析・検討の前に，「裁判規範としての民法」理論の意義を，試論的なものでしかないが，(b)の検討をも踏まえて，まとめておこう。伊藤教授は，「筆者が裁判規範としての民法という考え方を重視する理由となる出発点としての動機は，我々実務家が裁判をするに当たって要件として考えていることが，通常の民法の教科書に説かれている要件とは異なっているというところにある」[44]と述べている。このことは，明確に認識されていたか否かは別として，実務にあっては，民法典は基本的には立証責任を考慮されて作られていないという，裁判規範としては欠缺・不備があり，民法の解釈により，民法典の条文の要件を，立証責任を考慮した要件に構成し直す作業が行われていたと解される。伊藤教授は，そのような要件は，実は「裁判規範としての民法」の意味をもち，通常の民法の教科書に説かれている要件とは異なることには合理性があり正当性があることを，理論的に明らかにするために，体系的かつ明示的に「裁判規範としての民法」理論を展開する必要があったと推測される。

　だが，今日，民法の解釈により，民法典の条文の要件を，立証責任を考慮した要件に構成し直す作業が必要であること，民法典の条文の要件と立証責任を考慮した要件は異なりうることは，広く認識されてきているのではないか[45]。その限りで「裁判規範としての民法」理論に期待される先のような役割は小さくなってきているとみることができよう。むろん，現在でも，依然として，「裁判規範としての民法」理論の本来の必要性は失われていない。だが，必ずしも「裁判規範としての民法」という言葉を用いることが妥当であったか否かについては議論の余地があろう。直截に，民法典は裁判規範として欠缺・不備があり立証責任を考慮した要件を適切な解釈によって構成する必要があり，その要件は民法典の条文とは異なりうること（これを「立証責任を考慮した要件への

解釈」という）を明らかにすればよいと思われる[46]。

　(イ)　「裁判規範としての民法」理論の内容　　むろん,「裁判規範としての民法」理論は, 立証責任を考慮した要件, すなわち「裁判規範としての民法」を民法典から解釈する際の基本的考え方, 解釈の方法も, その内容となっている。だが, これらは, 立証責任を考慮した要件, つまり「裁判規範としての民法」の要件ということから, 論理的に必然的に一つの内容が導かれるものではないのではないか。たとえば, 伊藤教授は,「この解釈は, 立証責任の適正な分配という考え方を念頭にして行うべきである。この意味での解釈に当たっては, 民法典の規定の『文言, 形式を基礎として考えると同時に, 立証責任の負担の面での公平・妥当性の確保を常に考慮すべきである』」[47]としていたが, 前述のように, 現在の伊藤教授の見解は, これとは異なっている。つまり, 当該解釈の基本的考え方・方法は, 伊藤教授が適切であると考えた内容であり, 他の考え方・方法も考えられないではない。むろん, このことは, 通常の民法の解釈でも同様である。基本的に民法典に大きな欠缺・不備がある以上, 解釈の基本的考え方・方法を明らかにすることは, きわめて妥当なことである。しかし,「裁判規範としての民法」という言葉には, 伊藤教授が考えるあるべき内容も含まれていることから,「立証責任を考慮した要件への解釈」の必要性は認めるとしても,「裁判規範としての民法」という言葉を使うことに躊躇することがあるのではないか。

　(ウ)　提案　　その内容は別としても「立証責任を考慮した要件」を意味する, より一般的な意味での「裁判規範としての民法」の必要性は否定できない。しかし,「裁判規範としての民法」という言葉は必ずしも適切とはいえないのではないか。「裁判規範としての」というと,「立証責任の分配」以外にも他の点をも考慮して, 民法典の条文の要件（又は解釈された要件）を再構成する必要があるようにも考えられる。だが, それは,「立証責任を考慮した」という意味で使われており, 通常の用法と異なる[48]。「民法」という文言からすると, 効果についても裁判規範として構成し直す必要がある場合があるようにも思われる。要するに,「裁判規範としての民法」という言葉は, 意図された実質を正確には表していないのではないか[49]。「裁判規範としての民法」の考え方・構築は非常に有益だとしながら,「『裁判規範としての民法』という表現は, かな

第 1 章　要件事実・事実認定――総論

りきつい，オーバーな表現であり，反発を買うきらいがある。『民法の裁判規範としての修正』くらいが無難ではないか」[50]。また，「司法研修所で教えている要件事実論は，民法の裁判規範性を前提にしていることは間違いないとしても，それを，『裁判規範としての民法』と呼ばなければならない必然性はない」[51]との指摘もある。たしかに，意図されたところを的確に表した言葉が好ましといえよう。たとえば，直截に，「立証（責任）を考慮した要件」はどうであろうか。伊藤理論と密接に結びついた意味での「裁判規範としての民法」理論については，その表現が普及していることから，変えることは，なかなか困難であろうが，「立証（責任）を考慮した要件」理論とした方がわかりやすく，誤解を生じないのではないか。要件事実論をより多くの学生が学ぶようになっている今日，わかりやすさ，誤解を生じさせないことは，法学教育上もきわめて重要なのではないか。

(44)　伊藤「要件事実と実体法断想（上）」前掲注(5) 106 頁。
(45)　「『裁判規範としての民法』論の中核の主張である主張立証責任の分配まで視野に入れた民法の解釈が法実践において必要であることはコンセンサスを得ている」と指摘されている（加藤新太郎「要件事実論の再生」ジュリ 1288 号 52 頁（2005））。
(46)　「裁判規範としての民法」というかたちに再構成して，以後「裁判規範としての民法」をそのまま使えば，いわば機械的に請求原因や抗弁が決まることになることも意図ないし期待されていたといえよう（高橋宏志「要件事実と訴訟法学」ジュリ 881 号 100 頁（1987），賀集唱「要件事実の機能」司研論集 90 号 32-33 頁（1994）参照）。だが，民法の解釈であるため複数の「裁判規範としての民法」が考えられることが少なくなく，そのような場合には，思考経済の利点はそれほど働かない（高橋・前掲論文 101 頁注 10）。また，「裁判規範としての民法」というかたちに再構成する際には，結局，立証責任の分配を考えていくわけである。そこで，一般には，わざわざ，「裁判規範としての民法」というかたちにすることなく，民法典の法条に関して，法律要件に該当する事実又はその反対事実について，立証責任の分配を考えて，請求原因なのか抗弁なのか再抗弁なのかを明らかにすることが一般的であるように思われる（伊藤・前掲注(40) 143 頁以下参照）。
(47)　伊藤「要件事実と実体法」前掲注(5) 24 頁。
(48)　賀集・前掲注(46) 34 頁，『要件事実の基礎』209 頁注 42。
(49)　伊藤教授も，用語法が誤解の一因となったかもしれないと認識した上で，ある程度普及していること，他に適切な用語をも思いつかないとして，その用語を維持し，その真意の説明に努力したいとする（「要件事実論と民法学」前掲注(17) 10 頁）。

(50) 田尾「法学・法曹教育における要件事実論」前掲注(15) 364 頁。
(51) 加藤・前掲注(45) 52 頁。

4 立証責任対象事実の決定基準

つぎに,「裁判規範としての民法」理論の中核的内容である,伊藤教授の立証責任対象事実の決定(立証責任の分配)基準,その方法を,以下,分析・検討していこう。

(1) 立証責任の負担の公平

立証責任対象事実の決定の最終基準は,立証の公平であり,立証の公平は実体法の定める趣旨によって決めるとされている。

立証責任の分配にあたって,公平の重要性はこれまでも多く指摘されてきている。たとえば,司法研修所編『改訂問題研究要件事実』(法曹会,2007) 8 頁は,要件事実の問題は,実体法の解釈の問題でありその解釈にあたっては,各個の法条の文言,形式を基礎として考えることを基本として考えると同時に,「立証責任の面での公平・妥当性の確保を常に考慮すべき」とする。「立証責任の分配の根本理念は,いうまでもなく衡平である」[52],「証明責任を負うかどうかで権利の有無が決まり訴訟の勝敗が決まるおそれがあるから,その権利の有無を定める実体私法の理念である当事者の利害を公平に調整するという観点からも,また訴訟上の武器対等の原則からも,公平の観点を,この証明責任の分配に反映させるのは当然である」[53]と指摘されている[54]。

立証責任の分配に関する法規範の大きな欠缺・不備があることから,まずは,基本的な考え方,理念を明らかにする必要があろう。立証の公平は,そのような基本的な考え方・理念を意味する。公平という場合,実体法規の趣旨と当事者間の公平を区別して用いられる場合も少なくない[55]が,実体法規の趣旨を考慮することも含めて,立証の公平を理念としてよいと思われる[56]。むろん,公平は理念であり,より具体化する必要があり,どのように具体化すべきかが,まさに重要である。この点,伊藤教授は,公平か否かは実体法の趣旨によるとする[57]。

(52) 石田・前掲注(12)証拠法の再構成141頁。春日・前掲注(37) 370頁も，証明責任の理念を公平とする。
(53) 新堂・前掲注(32) 517頁。
(54) また，松本・前掲注(6) 76頁参照。
(55) 高橋・前掲注(23) 466頁，新堂・前掲注(32) 516－520頁。
(56) 村田＝山野目編著・前掲注(6) 13頁〔村田〕，藤田広美・講義民事訴訟法（東京大学出版会，2007）58頁参照。
(57) 伊藤・前掲注(40) 69，72－73頁では，法律制度の趣旨（目的）は非常に重要な立証責任の基準であるが，その他にもいろいろ考えられるとしていた。

(2) 立証責任対象事実の決定プロセス

伊藤教授は，立証責任対象事実の決定（立証責任の分配）・方法に関する自らの見解の要点を次のように述べる。第1に，まず実体法を立証責任の負担の公平という観点を入れずに解釈してその制度趣旨を決め，制度趣旨の実現に適うように立証責任の負担を決め(58)，第2に，その「実体法の制度趣旨によって立証責任の公平な負担を決めるにあたって，立証の困難性が考慮するべき重要な要素となることがある」(59)（以下「要点」という）。

(58) 『講義』224頁。
(59) 『講義』226頁。

(a) 正しい規範構造の判断

具体的なプロセスを，所有権に基づく目的物返還請求権及び履行遅滞に基づく損害賠償請求の場合を例にして明らかにしている。要件事実論では，訴訟物である実体法上の権利の発生要件，障害，消滅要件というような，原則・例外の形をとった要件に分けて考えていくが，それがどのような方法論により可能となり，どのような理論的根拠により正当と言えるかが明らかにされなければならない(60)との問題意識から出発する。

まずは，民法の正しい規範構造の判断を問う。所有権に基づく目的物返還請求権の場合(61)には，つぎの二つの規範構造のうち(62)，いずれが正しいと考えるべきかを問題とする。

「ア　ある物の所有者は，その物を占有している者に対して，その占有がその物に対する占有権原に基づいていないときは，その物の返還請求権を取得す

イ　ある物の所有者は，その物を占有している者に対して，その物の返還請求権を取得する。ただし，その占有がその物に対する占有権原に基づいているときは，この限りでない」。

　民法の規範の内容・構造を検討する必要があるのは，主張立証責任対象事実は，民事裁判において，その存在が認められた場合に，直接に実体法上の法律効果が発生する事実であるから，「その事実の定め方が実体法の視点から見て適切なもの」，つまり「実体法の定める制度趣旨に合致することであ」り[63]，「民法の規範の内容となっていないものを，主張立証責任対象事実の決定の基準として採用」できないし，「その内容は，その構造を離れて考えることはできない」[64]からである。

　正しい規範構造の判断は，民法の定める規範は全体として何らかの意味で原則・例外の構造をとっていると考えられることから，民法体系における原則・例外の関係を明らかにして行われるべきである[65]。所有権にもとづく目的物返還請求権の場合には，「賃貸借の関係が存在することや制限物権が設定されていることは，一般法としての物権的請求権規範にとっての特別の事情なのである」[66]ことから，民法学の見地から決定される規範構造はイが正しいということになる。

(60)　『講義』227頁。
(61)　本来であれば，履行遅滞に基づく損害賠償請求の場合も紹介すべきであるが，ここでは割愛せざるを得ない（『講義』240－248頁参照）。
(62)　『講義』229頁。
(63)　『講義』229頁。
(64)　『講義』230頁。
(65)　『講義』233頁。
(66)　『講義』234頁。

(b)　制度趣旨・立証の困難性

　しかし，民法の構造は，立証という問題を全く念頭におかれていないで決定されていることから，それを，そのまま主張立証責任対象事実の決定基準とすることは疑問だとして，「当該制度の趣旨が適切に実現できるように，裁判規範としての民法（それに該当する具体的事実が要件事実である）の形式を正しく決定

第1章　要件事実・事実認定——総論

するためにはどのように考えるべきかという視点から，立証の困難性を考慮する」[67]必要がある。所有権に基づく目的物返還請求の場合も，裁判の場でイの規範構造によるべきことを根拠づけることは困難で[68]，さらに上述のような立証の困難性を考慮した，つぎのような制度趣旨の検討が必要だとする。

「所有権という一般的支配権に対して賃借権などが存在することは特別の事態であると言えるが，一方，所有権に基づく目的物返還請求訴訟においては，所有者が所有権に基づいて，ある物の占有を現にしている人に対してその人の現に占有している状態を覆して，その物の返還を請求している（すなわち，現状を変更することを請求している）ので」，「占有権原のないことの立証に何の困難も全くないとすれば」，「所有者に，『占有権原のないこと』の立証を要求しても，中核的権利である所有権保護の制度趣旨に反するとまではいえないのではないか」[69]。だが，「『占有権原のないこと』の立証は，……その立証に困難を伴うものであるから，そうした困難な立証を所有権者に負わせるのは，絶対的な支配権であって強く保護されるべき所有権という権利の保護の制度趣旨に反するということになる（すなわち，その意味でバランスを欠くということになる）と考える」[70]。そこで，占有権原があるという方が，そのことを，「例外にあたるものとして，立証しなければならない」[71]。

「要点」と(a)(b)で述べたところと内容がやや異なるように思われるが，後者が，より詳しく論じられていることから，それを伊藤教授の基本的見解として以下検討していこう。

(67) 『講義』249頁。
(68) 『講義』238頁。
(69) 『講義』238-239頁。
(70) 『講義』239頁。
(71) 『講義』239頁。

(3) 民法の規範構造

まず，立証という問題を考慮に入れないで，民法の正しい規範構造を決定することの意義を，考えていこう。

第1は，民法の正しい規範構造決定の意義についてである。民法の正しい規

民法解釈学からみた要件事実論

範構造を決定したとしても，それを裁判の場でも，その規範構造によるべきであることを根拠づけることは困難だとされている。そして，最終的には，立証の困難性を民法の当該制度の趣旨の視点から検討して立証責任対象事実が決定されることになる。立証責任対象事実の決定は，基本的には二つの選択肢からの選択でしかないことからすれば，結局は，民法の正しい規範構造を，立証という問題を考慮にいれないで決定することには，どのような意義があるか疑問が生じよう。

　第2は，立証という問題を考慮に入れないで，正しい規範構造を常に決定できるかである。伊藤教授は，発生要件が原則的要件とすると，障害要件，消滅要件は例外的要件であるとする[72]。伊藤教授がいう発生要件，消滅要件は，一般にいわれている，権利根拠事実，権利消滅（滅却）事実と同じものであるとすれば，その区別は，実体法上困難ではないと解されている[73]。そこで，このような場合には，立証という問題を考慮に入れないで，民法の規範構造を決定することは可能であろう。だが，障害要件は，権利障害事実と同じだとすると，それと，発生要件（権利根拠事実）とを区別することは，ドイツの最近の学説は，実体法上，不可能であると解しており[74]，わが国でもこの見解に賛成する学説が有力であり[75]，「今日では，いわゆる権利障害事実の存在によって権利の発生が障害されるというか，その不存在を権利根拠事実というかによって権利の要件の点では実体的な差異はなく，差異は証明責任の観点から生じるとみられることについては，ほとんど対立はない」との指摘もある[76]。伊藤教授自身も，所有権に基づく目的物返還請求権に関する規範構造としてア，イの二つをあげ，イが民法の正しい規範構造であるとしながら，アとイとは，その意味内容は全く同一で，そのいずれも民法制度の本質を述べているとする。とすれば，アとイという二つの異なる規範構造は，立証という視点を全く入れないとすると，どちらが正しい規範構造だとはいえないのではないか。

　だが，立証という問題を考慮に入れ，アは，所有者に「占有権原のないこと」の立証責任が，イは，占有者に「占有権原のあること」の立証責任があることを意味するとすれば，アの方がイよりも所有者の権利の実現が容易になるために，ア，イの相違は実体的にも，意義をもつことになる。要するに，発生要件（原則的要件）と障害要件（例外的要件）の区別は，立証という問題を考慮に

入れることによって意義をもつことになる⑺。そのため，伊藤教授も，立証の困難性を民法の当該制度の趣旨を考慮して検討して，つまり立証という問題を考慮に入れて，「正しい」規範構造を，つまり立証責任対象事実を決定していると理解できよう。

第3は，主張立証責任対象事実は，実体法の定める制度趣旨に合致しなければならないとすることと，民法体系における原則・例外の関係を明らかにすることとの関係である。この関係は必ずしも明らかでないように思われる。なぜなら，所有権にもとづく目的物返還請求権の場合に関して「賃貸借の関係が存在することや制限物権が設定されていることは，一般法としての物権的請求権規範にとっての特別の事情」だとして，原則・例外関係を明らかにする。その根拠は，立証の困難性を当該制度の趣旨を考慮して検討する際の当該制度の趣旨である中核的権利である所有権保護の制度趣旨とは異なっているからである。

(72) 伊藤「要件事実論と民法学」同編著・前掲注⒄31頁。
(73) 松本・前掲注⑹78頁，高橋・前掲注㉓460頁。もっとも，小林・前掲注⑹185頁は，「権利滅却事実も一義的に常に明確に区別できるわけではない」という。
(74) 石田・前掲注⑿証拠法の再構成118－124頁，春日・前掲注㊲361－366頁。
(75) 石田・前掲注⑿証拠法の再構成125頁，浜上則雄「製造物責任における証明問題(一)」判タ312号5－6頁，春日・前掲注㊲366－368頁。
(76) 松本・前掲注⑹342頁。新堂・前掲注㉜536頁は，「権利障害事実は権利を争う側に証明責任を分配した結果生まれるものである」という。
(77) 松本・前掲注⑹342頁は，「証明責任の観点から，ある事実が権利障害事実とされることによって権利の実現が容易になることから，その限りでは，権利障害の観念は権利の実現の点で単に手続的な意義のみならず，実体的な意義をも有する」と指摘する。また，春日・前掲注㊲370頁参照。

(4) 制度趣旨・立証の困難性

伊藤理論によれば，民法の規範構造を決定した後，立証の困難性を当該制度の趣旨を考慮して検討すべきとする。そこで，つぎに，その意義を検討していこう。

伊藤教授は，制度趣旨を，「立法者意思も踏まえながら，ある制度の民法体系全体の中に占める位置づけを正しく把握し，かつ，想定される社会の実態などを正しく考察して，その上で，考えられる多様な利益状況の適正な調整を図

るために，当該制度が予定している趣旨（「当該制度の目的」と同じことである）のことを言う」[78]とする。また，なぜ，「立証責任の負担の公平は実体法の定める制度の趣旨によって決まる」[79]かにつき，つぎのように指摘する。主張立証責任対象事実は，民事裁判において，存在が証明された場合において，直接に実体法上の法律効果が発生する事実であるから，その事実の定め方が実体法の視点から見て適切なもの，つまりその定め方が実体法の定める制度趣旨に合致することであるという[80]。そして，最終的には，制度趣旨に合致するか否かを判断する際，立証の困難性を考慮することになる。もっとも，伊藤教授は，立証の困難性を，このように考慮することが，民法学の守備範囲内であるかについて，「問題がないわけではないと思う」，立証責任対象事実の決定についての伊藤教授の全体の検討の性質は，「少なくとも〔基本的に〕民法学の問題であることに間違いはない」[81]，また，「所有権に基づく目的物返還請求訴訟の場合，履行遅滞に基づく損害賠償請求訴訟の場合以外の場合を含む民法ルールの規範構造を検討しなければ，一般的結論を出すことは躊躇される」[82]として慎重な態度を示している。

(78) 『講義』224-225頁注62。
(79) 『講義』225頁注63。
(80) 『講義』225頁注63。
(81) 『講義』251頁。伊藤「要件事実論と民法学」同編著・前掲注(17) 46-49頁。
(82) 『講義』251頁。また，『講義』251頁で，「以上の点については，今述べたように，筆者としては，なお確定的な意見を持つに至ってはいないが，現在のところ，以上のように考えている」と述べる。

(a) 制度趣旨の意義

これまでも，立証責任の分配の基準として実体法の立法趣旨（基本的には，伊藤教授の制度趣旨と同様なものと考えてよいであろう）があげられてきている。たとえば，小林秀之教授は，「証明責任は，実体法の立法趣旨により……類型的に決定されるし，真偽不明の場合の実体法の適用をどうするか（どちらの当事者を保護するか）という実体法が決定すべき解釈問題であり，政策的判断である。実体法の適用は常に，事実が明らかな場合の実体法の適用と，事実の真偽不明の場合の証明責任分配の適用の二重のレベルにおいてなされなければならないし，二つの段階の解釈が可能であることから，相互の調整によって全体として

第1章 要件事実・事実認定――総論

すわりのよい解釈論を導くことが可能となる」[83]としていた。高橋宏志教授も，当事者間の公平（法規の立法趣旨と異なる意味での）も基準となるとするものの，「真偽不明の場合，どちらの当事者を勝たせた方が当該実体法規の趣旨から見て座りがよいか，を考えるのが基本であろう」[84]という[85]。

民法の制度・条文は，それらの趣旨である一定の基本的考え方のもとに，関係当事者の利害の調整を図っているといえよう。ところが，立証責任の分配によって，間接的にではあるが，関係当事者の利害に大きな影響を与える[86]。そこで，立証責任の分配を考えるにあたっては，民法の制度・条文が予定している関係当事者の利害の調整の基本的考え方とより適合的な，少なくとも，より矛盾しないものであることが合理的であるといえよう。伊藤教授の，「実体法の制度趣旨に合致するように立証責任の負担を決めることが，立証責任の負担を公平に決めることになる」ということも，このことを意味するもので妥当なものと考えられる。小林教授の「相互の調整によって全体としてすわりのよい解釈論」，高橋教授の「当該実体法規の趣旨から見て座りがよいか，を考える」というのも基本的には同様なことを意味しているとみることができよう。

ただ，以上の考え方は，民法の制度・条文の趣旨から論理的に導かれるものではない。民法の当該条文を立証の問題を考慮して解釈する際，そのような基本的考え方にもとづき解釈することが妥当であるとの価値判断にもとづくものといわざるをえないであろう。

[83] 小林・前掲注(6) 193頁。
[84] 高橋・前掲注(23) 466頁。
[85] 石田説にあっては，信義則，実体法の立法趣旨，立法者意思，証拠との距離，立証の難易，蓋然性による順序で適用され立証責任の分配が決定される（石田・前掲注(12)証拠法の再構成 149－150頁）。ということは，証拠との距離等は，少なくとも実体法の立法趣旨がこれらの基準に合致する場合か，あるいは不明の場合にしか適用にならないことになる（松本・前掲注(6) 56頁）。このように考えることができると，石田説では，実体法の立法趣旨が重要な位置を占めているとみることがいえよう。なお，松本説にあっては，権利障害規定と権利根拠規定等との区別につき，疑問事例は法解釈の方法で決定し，法解釈では「実質的，内在的原理・考慮が重要」だとして，「問題となっているのが給付義務（付随的給付義務）の違反か，それとも単なる保護義務の違反かの区別，取引の簡便・安全の確保，一定の職業危険・企業危険についての責任強化，その他実体法規が意図する目的，一定事情の例外的性格といった観点が考慮に

入れられるべきであろう」とする（松本・前掲注(6) 79頁）。
  (86) 松本・前掲注(6) 59頁参照。
 (b) 立証の困難性
　では，制度趣旨に合致するか否かを判断する際，立証の困難性を考慮することはどう考えるべきであろうか。立証責任の分配の基準としての「立証の困難性」のあり方につき，つぎのような問題があろう。第1に，立証責任の困難性を考慮すべきか，考慮するとして，どのように考慮すべきか。第2に，第1と密接に関係するが，立証の困難性を，このように考慮することが，民法学の守備範囲内であるといえるのか。
　「一般に消極的事実の証明は困難であるから，これを否定する当事者が証明責任を負うという見解は，歴史の中ですでに否定されてきた見解であり，これを復活させる理由が明らかでない」[87]との批判がある。これに対して，司法研修所の法律要件分類説では，前述のように，総合的に考慮するものの中に，立証の難易もあげられている。それは，「あまり証明の困難な事実について証明責任を負担させるのは公平とはいえない場合があることをも補助的・補充的に考慮に入れるべきであるというにすぎず，……仮に，上記批判が，証明の難易は証明責任分配の際の総合考慮要素の一つとすることもふさわしくないというのであればそれは行きすぎである」[88]との反論がなされている。
　また，高橋宏志教授は，立証責任の分配の基準として，実体法の趣旨を基本とするが，それで，すべての場合を，明快に決めることはできないとして，当事者の公平も基準になるとした上で，「証明困難も，証明困難が特定類型の当事者を常に敗訴させることになりそれが当該実体法規を設けた趣旨に沿わないならば，証明責任分配の基準となろう」という[89]。
　先に，立証責任の分配によって，間接的にではあるが，関係当事者の利害に大きな影響を与えると述べた。だが，その影響の大きさは，立証の困難性によっても大きく異なろう。そこで，立証責任の分配を考えるにあたっては，立証の困難性を踏まえた上で，民法の制度・条文が予定している関係当事者の利害の調整の基本的考え方とより適合的な，少なくとも，より矛盾しないものであることが合理的であるといえよう。このように考えることができれば，伊藤教授の立証責任の困難性の考え方は，基本的には妥当だと考えられる。

また，これまでも，伝統的な民法の解釈にあっても，立証の困難性を考慮に入れて論じられることは少なくない[90]。とすれば，立証責任の分配において上述のように立証の困難性を考慮することは，当然，民法学の守備範囲内の問題でもあると考える[91]。

(87)　松本・前掲注(33) 109 頁。

(88)　村田・前掲注(8) 64 頁。

(89)　新堂・前掲注(32) 538 頁は，「証拠の偏在が想定され，権利主張者にその主張に必要な事実・証拠を把握しにくい事情があるような場合には，必要な証拠方法をより利用しやすい位置にある当事者がその事実の証明責任を負うのが公平であるといえる。もっとも，偏在の程度，証明困難な程度は様々であり，具体的には，他の要素をも加味して慎重な判断が要請されよう」と述べる。

(90)　民法 724 条前段の三年時効の存在理由として，加害者側の免責立証の困難救済を明言する学説がある（松久三四彦「消滅時効」山田卓生編・新・現代損害賠償法講座第 1 巻（日本評論社，1997）257－258 頁参照）。また，事実的因果関係の立証の困難性に対して，蓋然性説や疫学的因果関係論等の議論がなされてきた。消費者契約法 4 条 2 項の「故意」の解釈として，消費者による事業者の故意の立証は一般に困難だとして，落合誠一教授は，故意の中に重過失も含むと解すべきと主張する（落合誠一・消費者契約法（有斐閣，2001）84 頁）。

(91)　村上正敏司法研修所教官は，条文の構造から導き出されるように見える結論が不都合であると考えられる場合には，他の事情を考慮して修正することがあるとして，立法趣旨とか，他の規定との整合性とかを考慮に入れ，その際，立証の難易を全く考慮に入れないのはおかしく，「それも実体法の解釈」で，「それが民法の解釈とは別のものであるとは，私は思われない」という（「座談会」21－22 頁）。

5　結　語

　要件事実論は，基本的には民法等の実体法の解釈問題であり，その研究が，民法学において，これまでになく期待されてきている。しかし，同じ解釈の問題とはいえ，伝統的な民法上の問題とは明らかに異なる点も少なくない。そこで，まずは，各論的に検討しつつ，要件事実論の理論について考えていくことが堅実な方法といえるが，各論的検討にあっても，どのような基本的考え方に立つべきかという問題に直面せざるをえない。そこで，本稿では，要件事実論の理論，それも伊藤滋夫教授の「裁判規範としての民法」理論を分析・検討の

対象として,「裁判規範としての民法」の意義,立証責任対象事実の決定基準・方法に限定して,主として伝統的な民法の解釈方法・考え方という視点から分析・検討してきた。その結果,つぎのようなことが主として明らかになった。

第1に,たしかに,伊藤教授が指摘するように,民法典は立証責任を考慮して要件が定められていないため,その点を考慮した要件を,解釈により明らかにする必要がある。だが,立証責任を考慮して解釈された要件を,「裁判規範としての民法」とすることは,その実体を正確に表していないのではないか。むしろ,直截に,「立証責任を考慮した要件」,「裁判規範としての民法」理論を,「立証責任を考慮した要件」理論と呼ぶことが好ましいのではないか。

第2に,立証責任対象事実の決定（立証責任の分配）にあたって,伊藤教授は,まず,立証という問題を考慮に入れないで,民法の規範構造を明らかにすべきとされる。しかし,この点についてはいくつかの問題点があり,今後,さらに検討していく必要があろう。

第3に,制度趣旨（立証という問題を考慮にいれられず決められた）の実現に適うように,しかも立証の困難性をも考慮に入れ立証責任の負担を決めていくべきとの考えは,基本的に妥当である。

もっとも,本稿は,「裁判規範としての民法」理論の全体を分析・検討したものではない。また,膨大な要件事実論,立証責任の研究があり,それらを十分踏まえた上での分析・検討でなければならないが,その点でも課題は残されている。さらには,個別的な事例での検討も重要であるが,これらについては,今後の研究課題としたい。

主張責任と立証責任に関する覚書

畑　瑞穂

はじめに

　本稿は，主張責任[1]と立証責任[2]の分離の可能性について，若干の検討を試みるものである[3]。ここで言う「分離」とは，弁論主義の下での主要事実についての両責任の当事者間での分配の不一致のことであり，間接事実についても主張責任を認める見解をとれば主張責任の対象と立証責任の対象がずれることになりうる，といった点や，職権探知主義の下では主張責任の規律は妥当しないが立証責任の規律は妥当するとすれば両責任が相伴わないことになる，といった点は，本稿では扱わない。

　もっとも，この問題には，高橋宏志説の表現を借りれば「重箱の隅をつつく類の議論」[4]であるという面がある。また，本稿の分析は，従来の議論の整理にほぼとどまっており，その内容を先取りすれば，主張責任と立証責任の分配の不一致を認める余地が理論上ないわけではないが，総論的にも各論的にも検討すべき点が残されている，という程度の，まさに覚書に過ぎない。

(1) 主張責任の前提となる弁論主義については，畑瑞穂「弁論主義とその周辺に関する覚書」新堂幸司古稀『民事訴訟理論の新たな構築下巻』（有斐閣，2001）71頁（とりわけ84頁以下）で考察を試み，訴訟における私的自治ないし自己決定の尊重ということから直ちに弁論主義第一テーゼが導かれるわけではないのではないか，という疑問を提示しているが，解釈論として第一テーゼを否定するまでには踏み切ってはおらず，なお検討の必要を感じつつも，本稿でもまた同様である。すなわち，主張責任を，主要事実についての主張がない場合に法規の適用・不適用が指示されることによる不

利益としてさしあたり捉えておく。ただし後掲注(43)参照。
(2) 立証責任については，主要事実の存否が真偽不明である場合に法規の適用・不適用が指示されることによる不利益としてさしあたり捉えておく。用語としては，「証明責任」の語が使われることも多く，どちらでもよいと考えるが，本稿では，本書のユビラールたる伊藤滋夫先生にならって「立証責任」の語を用いる。伊藤滋夫・要件事実の基礎（有斐閣，2000）73頁参照。なお，伊藤滋夫説についての本稿での引用は，同書を中心とする。
(3) 伊藤・前掲注(2)のほか，関連する文献は多く，本稿における引用も網羅的なものではないが，一連の議論に関わるものをここで挙げておく。伊藤滋夫「要件事実と実体法」ジュリ869号14頁（1986）（以下，「第1論文」），同「続・要件事実と実体法（上・下）」ジュリ881号86頁，882号56頁（1987）（以下，「第2論文」），同「要件事実と実体法断想（上・下）」ジュリ945号103頁，946号98頁（1989）（以下，「第3論文」），高橋宏志「要件事実と訴訟法学」ジュリ881号98頁（1987），前田達明「主張責任と立証責任」判タ596号2頁（1986）（以下，「第1論文」），同「続・主張責任と立証責任」判タ640号65頁（1987）（以下，「第2論文」），同「続々・主張責任と立証責任」判タ694号29頁（1989）（以下，「第3論文」），同「主張責任と立証責任について」民商129巻6号777頁（2004）（以下，「第4論文」），中野貞一郎「主張責任と証明責任」同・民事手続の現在問題（判例タイムズ社，1989）213頁（以下，「第1論文」），同「要件事実の主張責任と証明責任」法教282号34頁（2004）（以下，「第2論文」），松本博之・証明責任の分配〔新版〕（信山社，1996），同「要件事実論と法学教育（1〜3）」自正54巻12号98頁（2003），55巻1号54頁，2号92頁（2004）（以下，「要件事実論」），山野目章夫ほか「〔座談会〕要件事実論の教育・研究における役割」ジュリ1290号6頁（2005）。
(4) 高橋宏志・重点講義民事訴訟法（上）（有斐閣，2005）473頁。山野目ほか・前掲注(3)24頁〔村上正敏発言〕，26頁〔大橋正春発言〕も，実務上は議論の実益がほとんどないことを述べる。

1 「理論上の一致」について

(1) 伊藤滋夫説

主張責任と立証責任の所在の「理論上の一致」について，伊藤滋夫説[5]は，次のように説明する。

「主張責任とは，口頭弁論においてある要件事実が当事者から主張されない結果，その事実を存在しているものと訴訟上扱うことができないために，当該

要件事実の存在を前提とする法律効果の発生が認められない不利益又は危険をいう。」「立証責任とは，訴訟上ある要件事実の存否が不明に終わった結果，その事実を存在するものと訴訟上扱うことができないために，当該要件事実の存在を前提とする法律効果の発生が認められないという不利益又は危険をいう。」

「この主張責任と立証責任の定義を前提とした上で，この両者を比較してみれば，両責任が同一の事実を対象とし，かつ，両責任の所在（その負担者）が一致することは，理論上明らかである。」

前提となっているのは，伊藤説が提唱する「裁判規範としての民法」という考え方である。すなわち，「裁判規範としての民法の要件は，その要件に該当する具体的事実が存在したことが訴訟上明らかな場合に限って，その事実を存在したものと扱うという考え方を前提とし，立証責任の適正な分配ということを基本にして，定められているのであり，その要件に該当する具体的事実を要件事実というのである。」「主張，立証がされない場合に当事者が，その要件事実の存在を前提とする法的効果が認められない不利益が，それぞれ，主張責任であり，立証責任であるのであるから，両責任の対象となる事実は同一であり，かつ，両責任の所在（その負担者）は一致する，ということにならざるを得ない」，と言うのである。

すなわち，①要件事実の主張・立証がされない場合は必ずその要件事実の存在を前提とする法的効果を認めないとする規律を採用すること，及び，②主張責任と立証責任の対象は完全に同一の要件事実である（ある事実とその反対事実という関係も含まない）こと，を前提とすると，主張責任と立証責任の所在は必ず一致する，という議論であり，これはたしかにそのとおりであろう[6]。したがって，問題は，上記の二つと異なる前提をとる余地があるか，ということになりそうである。

(5) 伊藤・前掲注(2) 81 頁。
(6) 高橋・前掲注(4) 474 頁注 17 は，伊藤滋夫説について「主張責任と証明責任を意識的人為的に一致させる」ものと表現している。

(2) 分配の不一致を認める考え方

果たして，主張責任と立証責任の分配の不一致を認める立場からの説明は，伊藤滋夫説の上記前提①②と異なる前提をとっているように見受けられる。

(a) 前田達明説

まず，前田達明説[7]は，上記①について伊藤説と異なる立場をとって，次のように述べる。

「例えば，履行遅滞に基づく損害賠償請求（民法415条）において，私見によれば，原告たる債権者が『履行期に履行がないこと』について主張責任を負い，被告たる債務者が，『履行期に履行がないこと』について立証責任を負う。」

この表現は，債務者が自らが履行していないことの立証に努力することを想起させる面がないではなく，わかりにくいところがある[8]が，もちろんそのような趣旨ではなく，「右の例の場合，履行期に履行があったか否か不明の場合に，『履行』がないという『不利益』を被告たる債務者が負わされるという事実を指して，その立証責任を被告たる債務者が負うと表現」しているのである[9]。

ここでは，立証責任の概念について，「訴訟上一定の事実の存否が確定されないときに，不利な法律判断を受けるように定められている当事者の一方の危険又は不利益をいう」とする三ヶ月章説[10]の定義が前提とされている[11]。

一般化すれば，実体法がAという事由の有無に着目している場合（AであればXに有利・Yに不利な効果αが発生し，非Aであれば効果αは発生しない，という規律を想定する）に，主張責任・立証責任の対象はAとして捉えつつ，主張責任はXが負い（主張がなければ効果α不発生），立証責任はYが負う（真偽不明であれば効果α発生），ということがあっても差し支えない，ということになろう。

これに対して，伊藤説は，「こうした説明は，それ自体として論理的に見る限りは，あり得る考え方」であるとしつつも，「まさにこのような考え方（存否不明の場合に存在するものと扱うという考え方）が人の通常の思考方式に反するため分かりにくいと考えるので賛成することができない」，としている[12]。

先にも述べたようにわかりにくい面があるのはたしかであるが，一般的に言って，法制度や法律論がわかりにくいことは，望ましくはないとしてもあり

うることであり[13]，問題は，わかりにくさを甘受してその考え方をとるべき合理的な理由があるかどうか，ということになろう。

なお，前田説では，主張責任の分配は実体法によるとされている[14]が，立証責任の分配も実体法の解釈の問題とされている[15]。

(b) 松本博之説

他方，松本博之説は，上記②について伊藤説と異なる立場をとって，債務の履行遅滞に基づく損害賠償請求の例に即して，「債務の履行の有無の点につき主張責任が原告にあり，証明責任が被告にあるのであれば」，前田達明説とは異なって，「やはり債務者は履行期に履行したことにつき証明責任を負うといわなければならない」[16]，としつつ，次のように述べる。

「まったく異なる事由について主張責任と証明責任が食い違うことは許されないが，形式的には主張責任と証明責任の対象は食い違っていても，債務の履行と債務が履行されていないことは正反対のことがらであり，債務の履行の有無という点で同じ範疇に属する事実として，この形式的な食違いは重要ではない。」[17]

一般化すれば，実体法がAという事由の有無に着目している場合（Aであれば X に有利・Y に不利な効果 α が発生し，非A であれば効果 α は発生しない，という規律を想定する）に，主張責任は X が負って，A がその対象として捉えられ，立証責任は Y が負って，非A がその対象として捉えられる，ということがあっても差し支えない，ということになろう。

これに対して，伊藤説は，正反対のことがらであるとしても，「仮に，一方の責任の対象となる事実が要件事実であるとすれば，必ず他方の責任の対象となる事実は要件事実ではないことになる。したがって，要件事実でない事実について主張責任又は立証責任を認める考え方ということになり，相当でない」，としている[18]。

しかしながら，非A の存在が主張ないし証明されればそれはすなわちA の不存在の主張ないし証明であり，非A の不存在が主張ないし証明されればそれはすなわちA の存在の主張ないし証明であり，非A の存否について主張がないことないし存否不明はすなわちA の存否について主張がないことないし存否不明であるため，A を主張責任ないし立証責任の対象として捉えても，非

Aを主張責任ないし立証責任の対象として捉えても，実質的には同じことである，と言うこともできそうである[19]。

あるいは，そもそも，いわゆる「行為規範としての民法」[20]としては，例えば，「Aであれば効果αが発生する」という規律と「効果αが発生する。ただし，非Aであればその限りでない」という規律は同じことを意味する[21]のであれば，Aが要件であると表現しても非Aが要件であると表現しても同じことである，とも言えないであろうか。

以上からすると，松本説の説明の仕方も十分ありうるものであるように思われる。

(c) 訴訟における実体法の適用についての説明の仕方

主張責任と立証責任の分離の余地を認める場合，訴訟における実体法の適用についての説明の仕方としては，①主張責任については実体法が規律し，立証責任については実体法＋証明責任規範が働く（松本説や山本敬三説がこの立場であろうか。後述2(1)(3)参照)，②主張責任については実体法＋主張責任規範[22]が働き，立証責任については実体法＋証明責任規範が働く，主張責任規範と証明責任規範の内容がずれることがある，③主張責任についても立証責任についても実体法が規律するが，この両者について規律がずれることがある（前田説がこの立場であろうか），といったものが考えられよう[23]。

なお，③の説明の仕方を，伊藤説の「裁判規範としての民法」という考え方に引き直して言えば，主張が欠ける場合を処理するための「裁判規範としての民法」と真偽不明の場合を処理するための「裁判規範としての民法」が想定され，これらの内容がずれることがある，ということになりそうである。

これに対して，伊藤説自体はもちろんそのような考え方ではなく，「民法の制度趣旨を探求し，これを決め手として民法の規範構造を明らかにし，その規範構造に従って，裁判規範としての民法の要件に該当する事実を，すなわち要件事実であり主張立証責任対象事実である事実を決定する」[24]（すなわち，主張立証責任の分配を行う），とした上で，「主張立証責任という考え方そのものは民事訴訟法上の概念であるが，民法の規範構造そのものとして考えた場合には，主張責任だけを認める民法の規範とか立証責任だけを認める民法の規範とかいうものは，実体法の性質上考えられない」，とし，「もしそのような矛盾した規範

を認めるのであれば，そこには，立証の困難というような，それ自体としては訴訟上の要請が，民法の規範構造と無関係に入ってきていることになると考える」，と論じている(25)。

たしかに，訴訟における主張・立証という問題を完全に捨象しつつ民法の規範構造を決定し，それによって主張責任・立証責任の所在が決まるのであれば，民法の規範は一種類であり，主張責任と立証責任の所在は常に一致することになりそうである。

しかしながら，そのような前提自体はなお論証を要すると思われるし，伊藤説自体も，訴訟上の要請が全く無関係であるとする趣旨ではなく，例えば，虚偽表示の例に即して，「民法の制度趣旨に従って決めるといっても，善意無過失の立証の困難に関する判断が重要な関係を有するということになろう」，としている(26)。

このように，何らかの意味で訴訟上の要請を考慮するのであれば，主張責任におけるのと立証責任におけるのでその内容が異なり(27)，結果として主張責任と立証責任の所在が食い違う可能性がなお残されているように思われる。

以上については，さらに法理学上の検討を要するようにも思われるが，さしあたり，主張責任・立証責任の分配の不一致が理論上完全に排除されるわけではないと言えそうである(28)。

(7) 前田・前掲注(3)「第2論文」66頁。
(8) 伊藤・前掲注(2) 87頁注39参照。
(9) 伊藤・前掲注(2) 89頁が指摘するように，「履行の有無」と言った表現は厳密には正確ではないと思われるが，本稿ではこの点は捨象する。
(10) 三ヶ月章・民事訴訟法〔全集〕（有斐閣，1959）405頁。
(11) 前田・前掲注(3)「第1論文」3頁。
(12) 伊藤・前掲注(2) 86頁。
(13) 履行遅滞に基づく損害賠償請求において，履行の有無についても主張責任と立証責任の所在は一致して原告は主張責任を負わない，という考え方についても，わかりにくい，人の通常の思考様式に反する，という違和感が表明されているところである。前田・前掲注(3)「第2論文」70頁，後藤勇「適正な民事裁判実現のための一提言」判夕1134号31, 34頁（2004）。
(14) 前田・前掲注(3)「第4論文」795頁。
(15) 前田・前掲注(3)「第4論文」793頁。

(16) 松本・前掲注(3)証明責任の分配343頁。
(17) 松本・前掲注(3)「要件事実論(1)」112頁。なお，松本・前掲注(3)「要件事実論(1)」111頁は，立証責任の対象が主要事実（要件事実）なのか，法律要件要素であるのか，という問題にも言及している。この点は，とりわけ「正当事由」のような総合評価型の不特定概念の場合に，実質的に違った帰結をもたらす可能性があり（松本・前掲注(3)「要件事実論(2)」67頁，高橋・前掲注(4)463頁参照），なお検討を要するが，ここでは捨象している。
(18) 伊藤・前掲注(3)「第2論文（下）」59頁。
(19) 伊藤・前掲注(2)88頁は，「要件事実でない事実を主張立証しても，（たとえ，それが要件事実と正反対の事実であったとしても），そのことからは，何の法律効果も生じないと考える」，とするが，非Aが訴訟上確定されれば効果αの不発生を前提に裁判すべきであり，非Aの不存在が訴訟上確定されれば効果αの発生を前提に裁判すべきであることについては，あまり異論はないのではなかろうか。
(20) 「行為規範」という用語が適切であるかどうかはともかく，事実関係が明らかであることを前提とした実体法の規律を意味する。
(21) 伊藤・前掲注(2)211頁以下，松本・前掲注(3)証明責任の分配49頁以下，高橋・前掲(4)480頁以下参照。ただし，山本敬三説について後述するところ（2(3)）も参照。
(22) 主張責任規範については従来あまり論じられていない（伊藤・前掲注(3)「第1論文」28頁注32，高橋・前掲注(3)100頁，同・前掲注(4)475頁注20参照）が，証明責任規範を想定できるのであれば，同様に主張責任規範を想定することも可能であるように思われる。
(23) 主張責任と立証責任の分離を認めない場合も，訴訟における実体法の適用についての理論構成は同様に問題になりうるが，「実体法＋証明（主張）責任規範」という考え方と「裁判規範としての民法」という考え方は，基本的には説明の仕方の違いであるように見受けられる。伊藤滋夫「要件事実論と民法学」伊藤滋夫企画委員代表・要件事実の現在を考える（商事法務，2006）3，18頁も，もし証明責任規範説が「実体法上の制度の趣旨ということを基準とするというのであれば，」「『裁判規範としての民法』説と実質的に同一であることになる」，としており，松本・前掲注(3)証明責任の分配338頁も，「『裁判規範としての民法の構成』の基本は，事実の真偽不明を要件とする証明責任規範が指示すべき内容を『裁判規範としての民法』の中に組み込んだものにすぎない」，としているところである。その上で，どちらの説明が適切であるかについては，法理学上の問題にも関わるように思われ，なお考えたい。
(24) 伊藤・前掲注(23)30頁。
(25) 伊藤・前掲注(23)42頁。
(26) 伊藤・前掲注(23)47頁。訴訟における主張・立証という問題を捨象して，民法の規範構造を決定する，というのであれば，山本敬三説（後述2(3)）が示す方向とその限

りで一致することになるが，そうではないわけである。
(27) 伊藤・前掲注(23) 5，29頁は「立証の公平」すなわち民法の制度趣旨であるとしており，この表現を借りれば，「立証の公平」と「主張の公平」とがずれる余地があるのではないか，ということになる。
(28) 単純な比較は難しいが，外国法においても，主張責任と立証責任が常に一致すると考えられている訳では必ずしもないようである。中野説（後述 2 (1)）はドイツ法を，萩原説（後述 2 (4)(b)）はスウェーデン法を踏まえたものであるほか，小林秀之・アメリカ民事訴訟法〔新版〕（弘文堂，1996）227頁等参照。

(3) 小　括

以上からすると，主張責任・立証責任の分配の不一致が理論上完全に排除されるわけではなく，再び高橋説の表現を借りれば，「合理的理由さえあれば，証明責任と主張責任が一致しない例外も認めてよい」(29)と考える余地はなお残されているように思われる。

むしろ，問題は，主張責任の分配基準をどのように定立しうるか，という伊藤滋夫説も指摘している(30)点にあろう。やはり伊藤説の指摘する実務の混乱を惹起する危険性(31)についても，この点が重要であろう。

そこで，次に，主張責任の分配基準について論じられているところを見ておく。

(29) 高橋・前掲注(4) 471頁。
(30) 伊藤・前掲注(2) 97頁。
(31) 伊藤・前掲注(3)「第2論文（下）」61頁。もっとも，実務家ないし実務経験者からも，主張責任・立証責任の分配の不一致を認める見解が主張されていることに留意する必要があろう。村上博巳・証明責任の研究〔新版〕（有斐閣，1986）43頁，後藤・前掲注(13)等。

2　主張責任の分配基準

(1) 主張の有理性（十分性）

主張の有理性（十分性）の観点は，中野貞一郎説によって強調されているところである(32)。すなわち，「訴えの有理性（Schlüssigkeit）とは，訴えにおける請

求が原告の主張自体においては実体法に照らし理由があること」[33]を言い，この観点から，例えば，請求異議訴訟では原告が異議原因の主張責任を負い，履行遅滞に基づく損害賠償請求では原告が不履行の事実の主張責任を負い，証明責任の所在と分離する，と論じるのである。

たしかに，主張の有利性（十分性）が必要であること自体はおそらくあまり異論のないところであろうが，伊藤滋夫説によって指摘されている[34]ように，問題は，主張の有利性（十分性）の判断基準は何か，にある。上記引用箇所でも「実体法に照らし」とされているように，実体法が基準となる，というのが一つの答えになりそうであるが，そうだとすると，さらに，実体法がどのような主張を要求しているかをどのように判断するか，が問題となり，その点について議論する必要があることになろう。

(32) 中野・前掲注(3)「第1論文」，同・前掲注(3)「第2論文」39頁。松本説も，訴え（主張）の有理性（十分性）の観点を重視している。同・前掲注(3)証明責任の分配 323，344頁，同・注(3)「要件事実論(1)」112頁。
(33) 中野・前掲注(3)「第1論文」216頁。
(34) 伊藤・前掲注(2) 91頁。

(2) 「規範説」

前田達明説が主張責任の分配基準として提示したのは，「明確性という観点から可能な限り『規範説』を貫」く，という考え方である[35]。

上記の問題に対する一つの答えを示そうとするものと見ることができそうであるが，条文の形式に依拠することの実質的な合理性が問題になろう。明確性はたしかに一つの価値ではあるが，日本の実体法の条文は必ずしも完結的なものではないと考えられるため，規範説によることで確保される明確性は限定的なものであることに留意する必要があり，「可能な限り」という限定が付されているのはこのことに関係するとも考えられるが，「可能な限り」ということの意味や，可能でない場合はどうなるのか，がさらに問題になろう[36][37]。

(35) 前田・前掲注(3)「第2論文」67頁。なお，近時の前田・前掲注(3)「第4論文」795頁は，表現を変えて，「法律要件分類説」による，としているが，おそらくは実質的な立場の変更ではないように見受けられる。

(36) 伊藤・前掲注(3)「第3論文（下）」104頁参照。
(37) なお，以上とは別の角度からの議論になるが，近時の立法については，立証責任の所在に留意した条文の形式がとられていると解説されることがある。例えば，平成16年の民法現代語化における，代理権授与の表示による表見代理での第三者の悪意・有過失（民109条ただし書），債権の準占有者に対する弁済での弁済者の善意無過失（民478条），履行不能による解除権での債務者の帰責事由（民543条ただし書）について，吉田徹＝筒井健夫編著・改正民法の解説〔保証制度・現代語化〕（商事法務，2005）102，109，112頁。色々な意味で法解釈の方法論に関わるが，このような場合に，もし，条文の形式によって立証責任の分配についての立法者意思が示されていると解されるのであれば，相当の理由がない限りはそれを尊重する（すなわち，その限度で「規範説」によることになる）のがおそらくは穏当な解釈論のあり方であろうし，もし，主張責任についても，立証責任と一致させるのが立法者意思であると解されるのであれば，同じことが妥当することになろう。もっとも，立案担当官や内閣法制局自体はいうまでもなく立法者ではなく，また，立法者たる国会では主張責任・立証責任の所在について明示的に議論されないことも少なくないように想像され，「立法者意思」を確定することには困難が伴いうる（少なくとも見解が分かれうる）ところであろう。

(3) 実体法ルールの構成の解釈による確定

近時，山本敬三説によって示唆されているのは，（証明の問題とは別に）実体法そのもののルールの構成を明らかにし（「法律要件分類説に即して言えば，何が権利根拠規定というルールなのか，何が権利障害規定というルールなのかを解釈によって確定」し），主張責任の分配はこれによって決まるが，立証責任の分配は立証の公平等の考慮からこれとずれる可能性を認める，という方向である(38)。

従来は，訴訟における主張・立証の問題を捨象した実体法（「行為規範としての民法」）の問題としては，権利根拠規定と権利障害規定は区別できない（おおまかな表現であるが，例えば，「錯誤がある場合契約は無効である」という規定と「錯誤がない場合契約は有効である」という規定は同じことを意味する）ことが前提とされてきた(39)のに対して，実体法の問題として区別は可能であり，かつ，実体法の解釈によってその区別を確定すべきである，と主張するものとして，大変興味深い問題提起である。

ただし，そのような作業が実際にどのように行われるか，という点については今後に留保されているように見受けられる。また，そのようにして確定され

た実体法のルールの構造が主張責任の分配に直結するかについても，なお論証を要するように思われ，山本説においても自説として明言されているわけではなく，今後に留保されているように見受けられる。

(38) 山野目ほか・前掲注(3) 21頁以下，27頁以下〔山本敬三発言〕。
(39) 前掲注(20)(21)参照。

(4) 訴訟における主張の機能に着目する方向

以上とは異なる角度からの議論として，訴訟における主張の機能に着目する方向[40]も提示されている。

(a) 太田正造説

まず，太田正造説は，主張責任を一般的蓋然性を基準として分配することによって正しい裁判の蓋然性を高めることができる，と論じる[41]（ただし，主張責任の分配基準として確定的に提唱しているわけではないように見受けられる）。すなわち，事実Tの存否が問題になる場合（Tの存在が原告に有利，不存在が被告に有利とする）に，訴訟の開始当初の段階で，国民の任意の2人の間でTが存在する蓋然性が小さいとすると，両当事者がTについて主張しないとき，Tの主張責任を原告に課して原告敗訴・被告勝訴の判決をする方が，逆の主張責任分配をして原告勝訴・被告敗訴の判決をするよりも正しい判決である蓋然性が高い，というのである。

一つの方向としてありうるように思われるが，蓋然性について「国民の任意の2人」よりも例えば「○○の関係にある2人」というようにより具体的に捉える可能性はないか，蓋然性の大小をどのように判断しうるか，といった点のほか，そもそも，主張が欠けるという場面において正しい判決の蓋然性を高めることが望ましいかについても，なお検討の必要があろう。

(b) 萩原金美説

他方，萩原金美説は，ある事実の存在について当事者間に争いがある蓋然性が低い場合にはその反対事実について相手方に主張責任を課した方が，多くは当事者間に争いがないかを確定する労を省くことができて訴訟経済上好ましい，と論じる[42]。例えば，貸金返還請求においては，弁済期の点はほとんど常に当事者間に争いがないので，弁済期についての主張責任を債務者に課せば，債務

者が弁済期未到来を主張するときのみその点を審理の対象にすることになり，多くの場合について弁済期の到来について当事者間に争いがないかどうかを確定する労を省くことができる，これに対して証明責任は債権者が負い，主張責任とは分離する，というのである。

これもまた，一つの方向としてありうるように思われるが，「争いがある蓋然性」をどのように判断しうるか，といった点はやはり問題になりえよう。

(40) 高橋・前掲注(4) 470 頁も，主張責任が機能をより発揮するのは訴訟の初めの方で審理の対象・争点を固めていく場面であることに着目する可能性に言及している。
(41) 太田正造・裁判における証明論の基礎（弘文堂，1982）142 頁以下。
(42) 萩原金美・訴訟における主張・証明の法理（信山社，2002）42 頁以下。

(5) 小　括

以上のうち，筆者（畑）としては，訴訟における主張の機能に着目する方向（前述(4)）に魅力を感じている[43]が，たしかに，総じて，主張責任の分配基準についての理論は発展途上の過程にある，と言わざるを得ないようである。

このように総論が固まらない以上，本来的には各論を論じることはできないわけであるが，理論の発展途上過程において総論と各論のフィードバックを試みる，という趣旨で，各論に立ち入ることが意味を持つ可能性があろう。

そこで以下では，二つの場合について，主張責任と立証責任の分離を説く見解がどのような規律を想定しているのかを含めて若干検討しておきたい。

(43) なお，思考実験の域を出ないが，筆者（畑）としては，仮に，判決段階の規律としての弁論主義第一テーゼを否定する（前掲注(1)参照）としても，審理段階での規律（畑・前掲注(1) 90 頁以下参照。前掲注(40)も参照）として（職権探知主義とは異なる）主張に関する規律を構想することもなお可能であり，また，その規律と判決段階の規律としての立証責任の規律とで不利益を負担する者が異なる可能性もあるのではないかとさしあたりは考えている。

3 各 論

(1) 履行遅滞に基づく損害賠償請求における履行の有無

　履行遅滞に基づく損害賠償請求において，履行期に履行がないことについての主張責任は原告が負い，証明責任と分離する，とする説では，債権者側は抽象的に遅滞を主張すればよく，これに応じて債務者側で遅滞がないことを具体的に主張（さらに立証）する，という規律が構想されているように見受けられる。

　例えば，中野説は，原告は「抽象的に『履行期に履行がなかった』と主張すれば，それだけで足りる。」「これに対して債務消滅の要件事実としての履行（弁済）については，抽象的に『履行した』というだけでは主張にならない。原告が履行はなかったといっている以上，被告としては，いつ，どこで，いくらの金額，というような具体的事実を挙げて履行を主張しないと，抗弁として十分でない」，とする[44]。

　主張責任を原告に課した場合，証明責任を負う被告が証明の対象となる事実を主張しなくてよいことになって，債権者にとって不意打ちの恐れがある，という批判[45]に対する再反論として述べられたものである[46]。

　すなわち，抽象的な主張をする役割と具体的な主張をする役割を分属させているのであり，主張過程の内部での役割分担を提唱するものとして興味深い[47]が，問題になるのが抽象的な主張をする役割であるため，債権者側・債務者側のどちらに課しても，おそらくそれ自体としての大きな実際的な不都合はなさそうに思われる[48][49]。強いて言えば，萩原説の観点からすると，履行遅滞に基づく損害賠償請求の原告が履行があったことを認める場合はほとんどないであろうから，原告に履行が無いことの主張責任を課すのは合理的でない，ということになろうか。

　なお，この問題については，損害の発生とその数額及び履行遅滞と損害発生との因果関係の主張・立証との関係も議論されている。すなわち，損害の発生の証明を要しない金銭債務（民419条2項）の場合を別として，債権者は，損害の発生とその数額及び履行遅滞と損害発生との因果関係を主張・立証するため

に，結局，履行がないことを主張（見解によっては立証も）せざるをえないのではないか，というのである⁽⁵⁰⁾。これに対して，伊藤説からは，損害発生についての主張立証は，「弁済期の経過時以降における状態を主張することによって」可能である，という反論がされている⁽⁵¹⁾。この点は，損害の発生とその数額及び履行遅滞と損害発生との因果関係における主要事実をどのように捉えるか，に関わり，本稿でこれ以上立ち入ることはできないが，仮に，原告が他の要件との関係で履行がないことを主張せざるを得ない場合があるとすると，履行がないことについての主張責任分配の問題が持つ実際上の意味は，より一層小さくなりそうである。

(44) 中野・前掲注(3)「第1論文」219頁。
(45) 伊藤・前掲注(3)「第2論文（下）」61, 63頁注59，司法研修所・民事訴訟における要件事実第一巻（法曹会，1985）23頁。
(46) 松本博之ほか「研究会・証明責任論の現状と課題」判タ679号3, 23頁（1988）〔倉田卓次付記〕は，この中野説に賛成しつつ，このように有理性の観点から抽象的な主張が要求される場合を「訴状言及責任」と名付け，一般条項・規範的概念についても訴状言及責任の観点からは「正当事由」「過失」といった主張で足りるとしている。ただし，中野・前掲注(3)「第1論文」222頁は，問題になるのは訴状の記載に限られるわけではないので，「訴状言及責任」，と呼ぶのは適切でない，と批判しており，用語の問題としてはそのとおりであろう。。
(47) 畑瑞穂「主張・否認のありかたについて」民訴47号235, 238頁（2001）参照。
(48) 高橋・前掲注(4) 474頁注18は，主張者が根拠薄弱な主張を並べ立て相手方を証明活動に忙殺させるという弊害が考えられ，この種の説によるときは，従来の説以上に，主張を根拠のあるものに限定すべく主張を実質化・具体化させる理論，証明責任を負わない当事者にも証明活動をさせる理論を深める必要が生じるであろう，とするが，本文の例についてはその種の弊害も考えにくいのではないだろうか。
(49) ここで述べたことは，無権代理人の責任の場合（民117条）等についてもあてはまりそうである。
(50) 前田・前掲注(3)「第1論文」2頁，同・前掲注(3)「第2論文」69頁，道垣内弘人「履行遅滞による損害賠償請求と要件事実」大塚直＝後藤巻則＝山野目章夫編著・要件事実論と民法学との対話（商事法務，2005）268頁以下。
(51) 伊藤・前掲注(23) 9頁注14。

(2) 請求異議の訴えにおける異議事由

請求異議の訴えにおける異議事由については，より実際的な問題も含めて論

じられているが，やはりなお検討を要するように思われる。

　まず，中野説は，「請求異議の訴えの起訴責任が債務者にある以上，請求原因としての請求異議の事由は原告たる債務者が具体的に主張すべき」であり，具体的な異議事由の主張がない場合は訴えを不適法として却下すべきである，としている[52]。かつては，具体的な異議原因の主張がないと「訴えの有利性なしとして原告の不利益に請求を棄却せざるをえない」，としていた[53]のとやゝニュアンスを異にしているようにも見受けられ，主張責任の問題であるならば請求棄却の方が素直なように思われるが，いずれにしても，「請求権の発生・変更・消滅の事実に関する証明責任の当事者間における分配は，原告・被告の地位の振替わりにかかわらず，その請求権についての給付訴訟におけるのと同一」であり，「主張責任の分配も，請求原因たる請求異議事由以外の事実については，証明責任のそれと一致」し，異議事由についてのみ主張責任と証明責任が分離する，としているわけである。「裁判以外の債務名義の成立についての異議事由に関しても，適用される法規の要件の分類に従い同様に解しうる」，と言う。

　春日説も，やはり債務者が起訴責任を負うこととの関係等から，異議事由について主張責任と証明責任と分離することを認めている[54]。

　ここで論じられている点の一つに，原告が異議事由を主張せず，被告が欠席した場合にどう扱うか，という問題があり，中野説は，擬制自白を「適用できるための事実主張がなく，欠席判決にもちこむことはできない」[55]，とし，春日説も，おそらくは同様の問題意識から，擬制自白の「対象がないにもかかわらず，請求認容判決が言い渡されてしまうことは弁論主義に反しはしないであろうか」，と論じる。しかしながら，異議事由であるが故に原告が主張責任を負うことはない，とする考え方からすると，例えば，請求原因事実は債務名義の存在ということになり[56]，被告欠席であれば，請求原因事実である債務名義の存在について擬制自白が成立して，請求認容判決が下されるのであり[57]，特に問題はない，ということになろう。異議事由が明らかにされないままに請求異議の訴えが認容されることには抵抗感がありうるが，債権者が不履行を主張しないままに履行遅滞に基づく損害賠償請求が認容されうるのが不自然か，というのと同種の問題であるように思われる。

また，請求異議の訴えの性質論・訴訟物との関連も論じられる⁽⁵⁸⁾が，実体権を訴訟物の内容に取り込んだ構成（確認訴訟説等）が主張責任に影響する必然性については，なお論証が十分でないように感じられる⁽⁵⁹⁾。

　やや違う角度から，審理の充実・促進に関しても論じられる。春日説がこの観点に言及する⁽⁶⁰⁾が，中野説が，異議原因によって「被告の対応は全く異なる」，と述べる⁽⁶¹⁾のもこの点に関係する面があろう。他方，春日説も言及しているように，主張責任と立証責任の分離を認めない立場からも，原告からの異議事由の主張がなければ「事件の紛争の実態が（真の争点）がどこにあるのか全くわからない。原告としては，裁判所に紛争の実態を早期に理解してもらうために，執行受諾の意思表示が無権代理人によって行われたために執行証書がそもそも無効であると主張するのか，あるいはまた，執行証書自体は有効に成立しているが，そこに表示された請求権が弁済によって消滅したことを主張するのかを明確にすることが望ましい」，と指摘されている⁽⁶²⁾ところである。

　したがって，異議事由の早期の主張が望ましいこと自体についてはほぼ共通の認識があり，見解の相違は，これを原告の起訴責任との関係も踏まえて主張責任の分配にも反映させるか，主張責任の分配とは別に，真の争点を早期に明らかにするのが望ましい，という訴訟運営の問題として捉えるか，というところにあることになりそうである。

　この種の問題を，訴訟運営の問題のみとしてではなく，可能な範囲で法的な規律の問題として捉えていくことは魅力的な方向であるが，「異議事由については原告が主張責任を負い」，「異議事由以外についての主張責任は証明責任と一致する」，という枠組みがここでの問題に適合的であるかについては，この枠組みの具体的な意味をより明らかにして，なお検討する必要があるように思われる。教室設例で考えるとして，例えば，貸金債権についての執行証書に対する請求異議の訴えにおいて，原告が，当該執行証書の存在に加えて，異議事由として貸金契約が原告の無権代理人によってされたことを主張した場合，異議事由以外の貸金債権の成立要件については，原則どおり被告＝債権者側が主張責任を負担することになりそうであるが，そうだとすると，（代理権授与が認定されたとしても）金銭の授受が主張されない場合は請求認容判決がされることになるのであろうか。もし，そうだとすると，金銭の授受の欠缺という原告の

主張しない異議事由に基づいて請求が認容されることになるが，異議事由は原告が提示すべきである，という出発点からして，これでよいのであろうか。逆に，金銭の授受についての主張がされなくとも，請求は認容されない，すなわち，債権者側は不利益を受けないのだとすると，今度は，「異議事由以外についての主張責任は証明責任と一致する」，ということが何を意味するのかが明らかでなくなるように思われる。いずれにしても，請求異議の訴えにおいて原告が早期に争点を提示すべきである，ということを法的な規律として汲み上げるとしても，それにどのような規律が適合的であるのか[63]について，なお検討の必要がありそうである。

(52) 中野貞一郎・民事執行法〔増補新訂 5 版〕（青林書院，2006）255 頁。
(53) 中野・前掲注(3)「第 1 論文」218 頁。
(54) 春日偉知郎「請求異議訴訟における主張・証明責任」三ヶ月章先生古稀祝賀『民事手続法学の革新下巻』（有斐閣，1991）51，58 頁以下，87 頁以下。
なお，春日・前掲 89 頁は，中野説について，「具体的」主張責任は債務者が負うとしても，「抽象的」主張責任は債権者が負って，証明責任と一致する，と理解する可能性を示唆しているが，そのような理解が適切であるかについては，本文で後に触れるように，なお検討する必要があろう。
(55) 中野・前掲注(3)「第 1 論文」218 頁。
(56) 司法研修所編・執行関係等訴訟に関する実務上の諸問題（法曹会，1989）115 頁。
(57) 司法研修所編・前掲注(56) 122 頁。
(58) 春日・前掲注(54) 88 頁。
(59) 異なる局面になるが，確認訴訟か給付訴訟かによって同じ法律要件についての主張責任（や証明責任）の分配が異なるとは考えられていないし，新・旧訴訟物論によって主張責任（や証明責任）の分配が異なるとも考えられていない。訴訟物の単複異同を決める基準についての考え方（中野・前掲注(52) 228 頁以下参照）によっては，異議事由が明らかにならなければ訴訟物が特定できないことにもなりうるが，債務不存在確認請求における（高橋・前掲注(4) 474 頁参照）のと同様に，訴訟物の特定は主張責任とは別問題として捉えるべきではないだろうか（効果としても，訴訟物の不特定は訴え却下に結びつくであろう）。
(60) 春日・前掲注(54) 90 頁。
(61) 中野・前掲注(3)「第 1 論文」218 頁。
(62) 司法研修所編・前掲注(56) 108 頁。
(63) 主張責任とは異なる枠組みで問題を捉える可能性につき，高橋・前掲注(4) 473 頁参照。ただし，高橋説が言及しているうち，訴えの有理性は主張責任そのものの問題で

あろうし，訴状言及責任についても，論じられているうちの一部は主張責任そのものの問題であるように思われる。前掲注(46)参照。

おわりに

　以上のように，本稿は多くの点を今後の課題として残しているが，それらの点については，稿を改めて取り組むこととしたい。

　〔付記〕　伊藤滋夫先生には，1992年に先生が東京民事訴訟法研究会を立ち上げられた際に，メンバーに加えて頂いた頃からお世話になっている。本稿の内容は，その当時筆者が漠然と考えていたところから大きな進展をしていないものであり，この問題についても緻密な検討をしてこられた先生に捧げるにはあまりにも不十分なものであるが，時間・能力等の制約から，大方のご叱責を覚悟しつつ，提出させていただく。

総合判断型一般条項と要件事実
――「準主要事実」概念の復権と再構成に向けて――

山 本 和 彦

1 本稿の問題意識

　本稿は，総合判断型の一般条項に関してその要件事実をどのように考えるかという問題について，弁論主義と証明責任の観点から簡単な検討を加えるものである。

　一般条項についての要件事実については，現在，一般に以下のような考え方がとられている[1]。すなわち，一般条項の要件自体は法的評価の問題であるとして，その要件に該当する事実について評価根拠事実と評価障害事実に分類し，一般条項に基づく効果を援用する当事者と相手方当事者のいずれが主張立証すべきかを明らかにするという考え方である。このような見解自体は，かつて一般条項の要件それ自体を主要事実とする見解が有力であったのに対し，それでは当事者に不意打ちが生じるなどの学説の批判を受けて，打ち出された考え方と言ってよい。その意味で，学説の多くもこのような見解を支持している[2]。

　しかし，このような考え方に対して疑問が全くないわけではない。その中でも，証明責任の観点からの賀集唱元判事の議論が注目に値する[3]。そこでは，総合型一般条項の主要事実について，証明責任を観念する必要はないとの考え方が提唱されている。例えば，借地法上の正当事由を構成する事実として，「長男が結婚するのでその借家に住みたいという主要事実が真偽不明であっても，それを真偽不明のままにしておいて正当事由成立・不成立の判断はできるというわけである。逆に，直ちに不存在と仮定してしまうのは法解釈として不

第1章　要件事実・事実認定――総論

当だ」と論じられる。換言すれば，このような事実については，弁論主義の適用はあるとしても，証明責任を観念する必要はないという考え方である。賀集説については，高橋宏志教授が「興味ある見解であり，従うべきであろう」と評価され[4]，そのほか同旨の見解も多く提示されている[5]。また，近時，司法研修所教官（当時）の見解として，村田渉判事が，一般条項に関する主要事実説の主な使命は，不意打ち防止等の観点から具体的事実に弁論主義の網を被せることにあり，「（したがって，上記のような具体的事実を「要件事実」＝「証明責任の対象となる事実」と考える必要はない），これらの具体的事実は，基本的に（自由心証主義との関係からすると），間接事実にとどまるものと考えてはどうかということであろう。今後の議論の発展に期待したい」とされ，賀集説を好意的に紹介されている点も注目される[6]。

　さて，以上のような一般条項をめぐる議論との関係で示唆的であるのは，間接反証の議論である。間接反証については，これを一般条項の問題と同視して概念自体の不要を説く見解も近時は有力である[7]。確かに間接事実について証明責任を観念する考え方には疑問がある。しかし，因果関係（条件関係）や親子関係はやはりそれ自体は真理値を有する事実であり，例えば，血液型，顔や体型の類似，出産時の母の男性関係，出産後の状況等を総合考慮して親子関係を判断するとすれば[8]，そこで行われている作業は事実認定であろう[9]。ただ，それら個々の事実については，それらが要証事実と密接な関連性を有する以上，十分な攻撃防御の機会を与えるべきではないかと思われる。すなわち，ここにも証明責任の適用は相当ではないが，弁論主義の対象とすべき事実が存在する。一般条項とこの「間接反証」の問題を比べると，どの程度法的評価が加えられているか，どこまでが経験則の適用による認定の問題かが流動的・相対的な性格のものであるとすれば，この両者の扱いが余りに大きく異なってしまうのは正当ではないように思われる。

　かつて一般条項について，倉田卓次元判事によって「準主要事実」という考え方が提示されていた[10]。それによれば，準主要事実についても証明責任と弁論主義を観念するが，当てはめ（過失や正当事由）についても再度ノンリケットを肯定するものであり，二重の主要事実性を認められるものであった。しかし，このような考え方は，一般条項（過失や正当事由）自体を主要事実と見る点で誤

りであるとして，現在では一顧だにされていない。確かに，この点に対する批判は正当なものと思われるが，証明責任の対象（主要事実）と弁論主義の対象（準主要事実）とを分離する道具概念として，このような考え方は今日でも再評価の余地があるのではないかという点が本稿の問題意識である[11]。また，倉田判事ご自身もそのような考え方に賛同されているとも見られる部分もあるが[12]，必ずしも明確ではないところ，「準主要事実」概念の復権と再構成と呼称する所以である。

　以上のような問題意識を受けて，以下ではまず本稿の対象とする一般条項の類型について検討する(2)。そこでは，総合判断型の一般条項のみを本稿の検討対象とすることを明らかにする。次に，証明責任の対象と弁論主義の対象とを検討し，それらが必ずしも一致する必要はないことを明らかにしたい(3)。その後，本稿の中心的課題である総合判断型一般条項について，弁論主義との関係(4)及び証明責任との関係(5)について検討し，最後に一般条項の審理・判断のあり方についても具体的な提言を試みる(6)。

(1) 代表的な見解として，司法研修所民事裁判教官室・増補民事訴訟における要件事実第一巻（法曹会，1986）31頁以下参照。
(2) 例えば，新堂幸司・新民事訴訟法〔第3版補正版〕（弘文堂，2005）401頁以下，伊藤眞・民事訴訟法〔第3版3訂版〕（有斐閣，2008）268頁など参照。
(3) 倉田卓次ほか「証明責任論とその周辺」判タ350号47頁以下〔賀集唱発言〕（借地法上の正当事由について），賀集唱「判批」私法リマークス5号21頁（民法112条の善意無過失について）など参照。
(4) 高橋宏志・重点講義民事訴訟法上（有斐閣，2005）463頁参照。
(5) 例えば，松本博之「要件事実論と法学教育(2)」自由と正義2004年1月号67頁が「規範的法律要件要素についても，証明責任の対象事項は『評価根拠事実』や『評価障害事実』ではなく，規範的法律要件要素それ自体である」とされるのも同旨と見られる。また既に，春日教授は「各個の準主要事実といわれるものについていくつかノン・リケットであっても，それはそれで構わない。そしてそれを全部引っ括めたうえで法的評価をやるんだ，という認識がすでに一般化していると思うのです」「ここでは，およそ客観的証明責任という観念を容れる余地はなく，各事実が『真偽不明』であってもそのままで正当事由の判断をすることになり，これはまさに法解釈の問題として位置づけられます」とされ（松本博之ほか「証明責任論の現状と課題」判タ679号10頁〔春日偉知郎〕），このような理解が一般的な支持を得ている旨の評価を示される。

第1章　要件事実・事実認定——総論

(6) 村田渉「要件事実論の課題」ジュリ 1290 号 43 頁参照。
(7) 例えば，伊藤・前掲注(2) 335 頁注 271，高橋・前掲注(4) 494 頁など参照。
(8) ただし，DNA 鑑定が発達して訴訟におけるその利用が確立すればこれらの間接事実は実際上意味を失い，直接証拠で事実認定が可能になることになろう。
(9) 因果関係も法的評価とする見解はあるが（例えば，土屋文昭「事実認定再考」自由と正義 1997 年 8 月号 80 頁），条件関係と相当因果関係を混合して論じられているようにも見受けられる。条件関係に限って考えれば，それは「あれなければこれなし」の関係であり，（仮に直接証拠による立証が不可能なものであったとしても）純粋に科学的立場からの真理値が存在する命題であり，事実問題と考えざるを得ない（新堂・前掲注(2) 524 頁，高橋・前掲注(4) 494 頁はこれを法解釈の問題と位置づけられるが，疑問である）。
(10) 倉田卓次「一般条項と証明責任」法教 2 期 5 号 71 頁など参照。なお，田尾桃二「主要事実と間接事実にかんする 2，3 の疑問」兼子一博士還暦記念『裁判法の諸問題　中巻』（有斐閣，1969）280 頁の「主要的間接事実」という概念なども実質的に同旨のものかと思われる。
(11) 後述のように，総合判断型の事実的不特定概念の場合にも同様の考え方が可能ではないかと思われる。前述のように，この両者の取扱いが余りに異なることは相当でないとすれば，両者を「準主要事実」概念によって統一的に説明することが考えられてよかろう。
(12) 例えば，倉田ほか・前掲注(3) 52 頁〔倉田発言〕では，「私は，やはり，それは全部合わせて考えるわけなのですよ。だから準主要事実にすぎないと言っているのです。最後にもう一ぺんやらなければいけないから，各下位要素は準主要事実だという議論をいつもしているのでね」「それを一応弁論に出さなければいけないという意味でも主要事実的だと思っているのです，ぼくは。（中略）ただ，最後に総合判断されて，その人の請求権があるかないかが決まるというときの要件事実は正当事由そのもので一つ一つの事実じゃない。その総合判断なのだといっているのです」（「総合判断という意味は，その一つ一つの準主要事実について，必要な心証度に達しなくとも相補い得るという意味なのですか」という問に対し）「そうなりますね」とされる。同 54 頁も（「そうすると，準主要事実というのは何ですか」という問に対し）「つまり弁論に載せなければいけないという意味で主要事実に準ずると言っているのです。（中略）しかしそれはその一つ一つを今言った近く息子が結婚しますということがどうもハッキリしないからそれを完全にオミットして総合判断ということは難しいだろうと思います。やっぱり判断を留保されたままで正当事由を考える」とされる。これらは，倉田説が賀集説のような考え方を採用することをも視野に入れながら「準主要事実」概念を用いられている可能性を示唆するものと見られる。

2 一般条項の類型

(1) 一般条項の定義・意義

　本稿においては,「一般条項」とは, 抽象的要件[13]のうち, 規範的要件の意味で用いる。規範的要件とは, そこで示される命題が真理値を有していないものを指す。抽象的要件であっても真理値を有するものは事実的不特定概念と呼ぶ[14]。換言すれば, 一般条項においては事実からの当てはめは法の適用の作業であり, 事実的不特定概念においては事実からの当てはめはあくまで経験則の適用の作業ということになる。もちろん一般条項と事実的不特定概念の相違が連続的・相対的なものに止まる場合はありうる (1 参照)。すなわち, 規範と経験則の中間的なものはありえて, それに基づく当てはめの作業をする際に, そこに真理値が存在するかどうかは微妙な問題となりうる場合もあるからである[15]。ただ, 理論的に見れば, それは必ずいずれかに分別されうるのであり, それに従って一般条項と事実的不特定概念が分別されることになる。

　一般条項は, 立法府が事実のカテゴリーへの当てはめについて司法府の裁量的な判断に委ねることを可能にする点で意義があると考えられる。社会に生じうる多様な事象を立法府が事前に正確に予測することはできないが, 予測可能な事象だけではなく予測できない事象をも含めて規律の対象に含めるべきものと立法府が判断する場合には, 一般条項の形で抽象的要件を用いて規範を構成することになる。その意味で, 一般条項の解釈適用の安定を図るために, 類型化（事例群の形成）の努力は必要であるとしても, それにはアプリオリな限界があることは否定できない[16]。

[13]　不特定概念と同義である。つまり, 日常的な意味での事実とは言い難く, すべての人が当該概念について共通のイメージを持つことが困難であるもの, その結果として直接攻撃防御の対象とすることが適切ではないものを意味する（伊藤滋夫・事実認定の基礎（有斐閣, 1996) 117 頁以下参照）。

[14]　伊藤教授の使われる「価値的概念」（伊藤・前掲注[13] 123 頁以下）がこれに相当するものではないかと思われる。これはあくまで経験則の適用によって判断するものである。

(15) このような問題に関する詳細な理論的検討として，笠井正俊「不動産の所有権及び賃借権の時効取得の要件事実に関する一考察」判夕912号5頁以下参照。
(16) 山本敬三・公序良俗論の再構成（有斐閣，2000）107頁は「あらゆる場合を想定して『事例群』を構成し，それに合わせて『ルール化』することは，実際上不可能である。そもそもそうしたことが可能なら，はじめから一般条項などを定める必要もない。むしろ，一般条項がわざわざ定められたのは，それでは割り切れないからであり，さまざまな原理や価値が複雑にからみあうなかで，その時々の状況に応じて適切な決定をみちびく拠点をもうけるためであったはずである」と指摘される。

(2) 一般条項の分類

　一般条項の分類として，ここでは選択型（横型）の一般条項と総合判断型（縦型）の一般条項を区別したい。前者は不法行為法上の「過失」のようなものであり，要件を満たす行為態様の多様性に着目して一般条項が構成されている類型である。これに対し，後者は借地借家法上の「正当事由」（借地借家6条・28条）のようなものであり，要件の考慮要素の多様性に着目して一般条項が構成されている類型である[17]。このような分類はこれまでも試みられており，倉田元判事の分類によれば，前者が多様性，後者が複合性の一般条項ということになるし[18]，山木戸教授の分類によれば，前者は「競合的類型」，後者は「総合的類型」とされるものにほぼ相当しよう[19]。

　本稿での問題意識は，総合判断型の一般条項については，その判断枠組みが通常の要件の場合とは異なるのではないかという点にある[20]。例えば，小粥教授は，正当事由について，「実体法学者も『正当ノ事由』の判断構造が要件効果型思考にあてはまらないと考えているようである」とされ，「『要件事実第1巻』の要件事実論は，一般条項を捌ききれないようにみえる」と論じられる[21]。要件事実の構成は，言うまでもなく要件効果型の規範類型をその前提としているが，総合判断型一般条項においてはそれとは異なる規範構造が想定されているのかもしれない。それが真に異なる類型であるかどうか[22]，またどのような規範がそのような意味での総合判断型に含まれるか[23]，などの点はいずれも実体法プロパーの問題であるが，ここでは手続法上の問題として，そのような規範が存在する（そして正当事由は少なくともそれに含まれる）との認識を前提に，その手続上の取扱いを考えてみたい。

⒄　両者の折衷型も理論的には考えられる。すなわち，行為態様の多様性を前提にしながら，選択される各個の行為態様のそれぞれについての考慮要素にも多様性が認められるような場合である。

⒅　倉田・前掲注⑽71頁参照。前者は類型の網羅的列挙に代えて不特定概念に頼るものとされ，後者は原告被告双方の色々な事情を総合する必要があるものとされる（さらに，そこでは職権性の一般条項が挙げられるが，これは主にいわゆる狭義の一般条項に関するのでここでは捨象する）。

⒆　山木戸克己「自由心証と挙証責任」民事訴訟法論集（有斐閣，1990）37頁によれば，前者は多様な具体的事実の各個が要件該当を肯定しうべきもの（過失等）を指し，後者はすべての具体的事実の総合によってのみ要件該当を判断しうべきもの（正当事由等）を指すことになる。

⒇　これに対し，選択型一般条項については，想定される行為態様は多様であるとしても，1つ1つの行為態様それ自体を取り出せば一般の判断枠組み（要件効果型規範）に近いのではないかと考えられる。つまり，この場合は規律範囲を限定しさえすれば通常の要件と同様の処理をすることで問題は少ないと一応考えられるが，ここでは詳論しない。

㉑　小粥太郎「民法上の一般条項と要件事実論」大塚直ほか編・要件事実論と民法学との対話（商事法務，2005）114，115頁参照（また，「同様の指摘は，他の一般条項，たとえば民法110条の正当理由についても見いだすことができる」ともされる）。

㉒　総合判断型一般条項にはいわゆる「動的システム論」との類似性が認められるように思われる（動的システム論については，山本敬三「民法における動的システム論の検討」論叢138巻1～3号208頁以下参照）。

㉓　表見代理における正当事由について一定の議論がある（倉田ほか・前掲注⑶50頁以下の議論を参照。実体法上，一方の過失と同義のものとして捉えるか，双方の事情を総合的に判断する要素として捉えるかの違いであろう。また注㉑も参照）。狭義の一般条項とされる信義誠実，権利濫用，公序良俗等は総合判断型に含まれよう（その意味で，後述の議論が妥当すれば，弁論主義の適用の有無にかかわらず，証明責任の適用はないと考えられようか）。他に，非訟事件に近い類型の事件として，賃料増減額請求の要件（借地借家32条1項）や筆界確定訴訟（一般には要件事実は存在しないとされるが，証明責任はともかく，弁論主義の適用対象はあるのではなかろうか）なども問題となろう。

(3) 総合判断型一般条項の特性

　総合判断型一般条項は，一種の非訟性を有する規範といえる。問題は，そこで考慮されるべき要素を特定すれば，通常の要件効果型規範として表現するこ

とができるかどうかという点である。例えば，当該一般条項にとって肯定的な要素となる事実（要件事実論で評価根拠事実と呼ばれるもの）がABCとあり，否定的な要素となる事実（同じく評価障害事実）がDEFとある場合，それぞれの事実の存否の組み合わせは，論理的には2の6乗＝64通りあることになる。そして，各組み合わせごとに法律効果の有無を規定していけば通常の要件効果型規範として再構成できる可能性がある。例えば，正当事由について，その実質は「建物の賃貸人は，建物の使用を必要とする事実その他の事実によって正当の事由があるとの評価が根拠付けられる場合に限り，賃貸借契約の更新を拒み又は解約の申入れをすることができる。ただし，前記の場合においても，これと別個の事実によれば正当の事由があるとの評価が妨げられるときはこの限りではない」との規範であるとの見解[24]は（なお抽象的な形であるが）そのような再構成を試みるものといえよう。

しかし，私見はそのような形では，実体法の趣旨に従ってこの総合型一般条項を再構成することは困難なのではないかと見るものである。その理由として，第1に，考慮されるべき要素がより多くなれば現実にはその処理が不可能になる点がある[25]。例えば，要素が10個になれば考えられる組み合わせは1024通りになるなど実務的な処理に適合しえないおそれがある。第2に，個々の要素についても程度問題（例えば家屋を利用する必要性の程度等）が想定される場合には[26]，さらに複雑な規範構造になってしまう。第3に，以上のような再構成はそもそも総合的評価という前記のような規範の本質を反映できていない可能性があり[27]，規範を実質的に変容させているおそれが払拭できない。このうち，後二者は根本的な問題を孕んでいるように思われる。正当事由などについて考えると，上記のような要件化は実際上不可能であり，また相当でもないのではなかろうか。

論理的に考えてみれば，すべての法規範における要件は法的な当てはめの余地を残しており，すべての規範が評価根拠事実と評価障害事実の問題であるという理解[28]が正当であろう。その意味で，すべては程度問題ということもできる。しかし，本稿は，現実社会においては，総合評価型一般条項といわれる規範の要件のあり方は，一般の要件効果型規範と量的に異なる問題をもち，それが（その法的取扱いにおいて）質的な差異をもたらすのではないかと見るものであ

る。法哲学的な解答はともかく，実際上は法的思考の主体の情報処理能力の有限性を基礎に考える必要があるからである[29]。

以上から，総合判断型の一般条項については，通常の規範とは異なる要素が存在することを前提に検討する必要があるものと考えられる。

- [24] 難波孝一「規範的要件・評価的要件」伊藤滋夫＝難波孝一編・民事要件事実講座第1巻（青林書院，2006）221頁参照。
- [25] 例えば，難波・前掲注[24] 223頁以下で分析の対象とされている事件（東京高判平10・9・30判時1677号71頁）では，9つの事実が問題とされている。この場合に考えられる事実の組み合わせは2の9乗＝512通りということになる。
- [26] 難波・前掲注[24] 223頁以下の例でも，①建替えの必要性，②土地の再開発の相当性，③Xの使用の必要性，⑤立退金の金額などはいずれも程度問題とみられる。
- [27] 例えば，ABD＝×，ABE＝○，ACD＝○，ACE＝×といった場合に（○×は法的効果の肯定・否定に対応），請求原因・抗弁といった構成はそもそも困難ではないかとも思われる。
- [28] 笠井・前掲注[15] 6頁以下参照。ただ，通常は評価根拠事実しか存在しないとされる。
- [29] このような認識を前提に法的思考の一般論を展開する見解として，大村敦志・典型契約と性質決定（有斐閣，1997）349頁参照。

3　弁論主義と証明責任の関係

(1)　弁論主義と証明責任の適用場面

弁論主義（主張責任）の適用場面と証明責任の適用場面について，両者が原則として一致し，主要事実をその対象として適用になるという理解が通説である[30]。しかし，この点は必ずしもアプリオリの公理ではない。弁論主義が適用になる場合と証明責任が適用になる場合とは一致しないという理解も十分成立しうるものである[31]。問題は，理論的に考えて，両者の根拠から両者が常にその適用場面を共通にすることを論証できるかどうかである。これが論証できなければ，理論的に見れば両者の適用場面の乖離はありえ，仮に現実にはそれが一致しているとしても，それは結果論ないし偶然の産物に過ぎないということになろう。

それでは，弁論主義と証明責任の制度的根拠は共通のものであろうか。これ

については，後にそれぞれについて詳論するが，両者はその根拠を異にする原理であると考えられる。すなわち，弁論主義（主張責任）は，当該事実を訴訟手続に上程しない当事者の自由を保護するものである[32]。したがって，それをどの事実に適用するかは結局，どの単位でそのような当事者の自由を保護するのが適当かという点と訴訟手続の円滑な運営の点を衡量して決するべき問題ということになろう[33]。また，仮に弁論主義の根拠を不意打ち防止として捉えた場合には，結局どの範囲の事実について不意打ちを防止する必要があるかが決定的になろう[34]。これに対し，証明責任の存在理由は，対象事実が真偽不明の場合にもなお本案判決をするための道具概念ということになる。そうだとすれば，当該事実が真偽いずれかに定まらないと真に判決ができなくなるかどうかという点が適用範囲を決するメルクマールになるものと思われる。

(30) 例えば，伊藤・前掲注(2) 268 頁は「弁論主義の適用対象は，主要事実に限定される」とされる一方，同 325 頁では「証明責任は，その定義上，法律効果の発生要件たる主要事実について成立するものであり，間接事実（中略）について証明責任を考える余地はない」とされる。同旨として，新堂・前掲注(2) 400, 512 頁など参照。ただし，証明度については間接事実も対象となるとするのが通説とされ（後掲注(46)参照），そこには必ずしも一貫性が認められないようにも思われる。

(31) なお，この問題はあくまで両者の適用場面に関する議論であり，両者が適用になることを前提に，主張責任の具体的な所在と証明責任の所在とが一致するかどうか（この点について要件事実論の中で激しい論争があることは周知のとおりである）とは別個の問題である。仮に両者の所在の一致に関する肯定説も，適用場面の相違は受容しながら「両者がともに適用になる場合には，両者の所在は一致する」との議論として理解することも可能だからである。ただし，難波・前掲注(24) 220 頁は，「そもそも，証明責任は負うが，主張責任はないという概念を作ることは，主張責任と立証責任との分離に繋がるように思え，にわかに賛成し難い」とされ，両者の適用場面の一致をも視野に収められているように見受けられる。

(32) 山本和彦・民事訴訟法の基本問題（判例タイムズ社，2002）127 頁以下参照。いわゆる本質説に基づく説明である。

(33) この点は弁論主義の根拠を政策説・手段説的に捉えた場合でも同様であろう。

(34) 弁論主義の適用範囲を主要事実とする見解は通常，この不意打ちの有無の問題としてその理由を説明する。弁論主義の根拠については本質説が多数であることとこのような説明とがどのように理論的に整合するかは興味深い問題であるが，本質説等によっても（本文に述べたような衡量において）決定的な基準設定が困難であるため，補充的な要素である不意打ち防止の観点を重視するものとも思われる。

(2) **適用場面の不一致**

　以上に見たような根拠に基づき定まる両者の原則の適用範囲は，通常，主要事実として一致することになる。つまり，主要事実は法規範の要件に該当する事実であるので，通常その存否が権利義務の存否に直結し，訴訟の勝敗を左右するが故に，当事者の処分の自由を強く認める必要があり，また不意打ちのおそれも定型的に肯定される。他方，それが認定できなければ法規範の適用の結果が定まらないので，その事実の存否を決するために証明責任が不可欠になってくる。このように，それぞれの根拠から演繹して両者の適用範囲が一致するのが原則となるにしても，それは必ずしも論理的な必然ではない。

　実際に，この両者の適用場面が一致しない場合が存在する。実定法がそれを認めるのは，職権探知主義が適用になる場面である。この場合は，当該事実について弁論主義は適用にならないが，証明責任は適用される。例えば，人事訴訟など弁論主義が適用にならない訴訟類型においては，それにもかかわらず証明責任の適用はあると理解されている。つまり，主要事実について真偽不明の場合に判決ができなければ困るという点はこれらの訴訟でも同様であるが，真実発見の要請から当事者に事実を隠す自由は認めないという考え方がとられ，主張責任は観念されないとされているわけである。その意味で，両者の適用範囲が例外なく一致するという立場はそもそも実定法上採用できない点に注意を要する。

　そのように考えてくれば，論理的には，弁論主義（主張責任）は適用になるが，証明責任は適用にならないという場面も存在してよいということになろう。そして，総合判断型の一般条項については，まさにそのように考えてよいのではないかというのがここでの仮説である。つまり，たとえ一般条項であっても当事者の隠す自由の範囲を変える必要性はないように思われるし，また不意打ち防止の必要性も同様に存在する[35]。他方，この場合には，個々の事実の真偽を最終的に確定しなくても，後述のように，個々の事実の心証度を前提に総合判断により法規範を適用して，法的効果を導くことはできる。以上のように考えると，一般条項については，弁論主義の適用範囲と証明責任の適用範囲がずれることがありうる場面であるように思われる。

(35) 狭義の一般条項については，そこに含まれる公益性の故に問題は別論であるが，筆者はこれらについても弁論主義の適用が肯定できる場合があると考えている。この点につき詳細は，山本和彦「狭義の一般条項と弁論主義」広中俊雄先生古稀祝賀『民事法秩序の生成と展開』（創文社，1996）67頁以下参照。

(3) 準主要事実概念の有用性

仮に以上のように考えることができるとすれば，このような適用範囲のズレを伴う特殊な場面で，通常の主要事実とは異なる概念を構成しておく方が混乱を防止できるように思われる。すなわち，一般条項の要件に該当する具体的な事実について，主要事実でも間接事実でもない「準主要事実」として構成するのが概念の整理として有用ではなかろうか。そして，このほかにも，事実的不特定概念を構成する具体的事実についても，それを総合判断型で認定することが定型的に必要となるような場合(36)については，当該事実を準主要事実と考えるべきではなかろうか。すなわち，「準主要事実」の定義は，証明責任の問題にはならないが（つまり裁判所の心証度に応じて総合判断の材料に供されるに過ぎない），弁論主義の対象とはなる（その主張がなければ裁判所は総合判断の材料とはできず，また自白があれば当該事実が存在するものとして総合判断の前提としなければならない）ような取扱いを受ける事実群ということになる。これによって，弁論主義・証明責任双方の対象となる主要事実と，その双方の対象にならない間接事実との中間の概念を構成し，議論を明確にすることができるように思われるからである。

(36) どのような場面がこれに該当するかについては，現段階では明確にする用意はない。今後の検討課題としたい。

4　一般条項と弁論主義

(1) 弁論主義の根拠と適用範囲

まず，弁論主義についてより詳細に検討してみる。弁論主義の根拠は，前述のとおり，事実を弁論に上程しない当事者の自由の保護にあると考えられるので，弁論主義の適用範囲の問題は，どの範囲で当該事実を訴訟手続に上程しな

い自由を当事者に委ねるのかという問題に帰する。その意味で，当事者の「隠す自由」を尊重するのであれば，すべての事実を対象にすることも考えられるが，余りに細かい範囲まで当事者に委ねてしまうと，裁判所の事実認定が煩瑣になり，自由心証にそぐわないおそれが生じるので，両者の要請をバランスして考える必要があるということになる。つまり，当事者の「隠す自由」と裁判所の判断の自由との衡量の中で弁論主義を適用する範囲を決めていくべきということになる[37]。このような考慮の中で，（一定の）間接事実まで弁論主義の適用対象にするという理解もありうるところであるが，ここでは通説的な見解（原則として主要事実についてのみ弁論主義を適用する見解）を一応の前提としておく。

　なお，弁論主義の適用範囲について，不意打ち防止が必要となる事実の範囲によって説明する見解による場合も基本的には同様となろう。つまり，主要事実は原則として訴訟の勝敗を実際上決するポイントであり，当事者に攻撃防御の機会を十分に与える必要があり，当事者の主張なしに証拠調べの結果から裁判所が認定するのは相当ではないことになる。また，当事者が主要事実を自白している場合にも，それと異なる事実を証拠資料から認定するのは不意打ちとなり，やはり相当ではないと説明されることになろう。

[37]　自白の適用範囲についても同旨が妥当するが，自白は訴訟における争点を限定する意思表示の側面を有しており（山本・前掲注[32] 151頁以下参照），当事者の争点決定の意思表示の自由をどこまで保護するかという問題ということになる。ここでも，裁判所の判断の自由（自由心証）等との関係で，当事者による証拠調べの排除権（争点限定権限）の範囲が定められるべきことになろう。

(2) 総合判断型一般条項と弁論主義

　以上のような弁論主義の根拠とその適用範囲を前提に，総合判断型一般条項の場合を考えてみよう。総合判断型一般条項において，規範的要件をA，それに該当する具体的事実をそれぞれabcとすると[38]，本来的な要件は（法律上特定されていないにしても）abcのレベルにあると考えられる。すなわち，当該事実（準主要事実）のレベルで当事者の上程しない自由を認めるべきであるし，不意打ち防止の観点からも，そのレベルで明示的な争点として当事者に攻撃防御を尽くさせる必要があるものと考えられよう。けだし，その点が最終的な裁判所

の判断を「定型的に」左右するものだからである。

　したがって，上記 abc のレベルの事実について，主張責任も観念されることになると考えられる。主張責任の定義は「当事者がある事実を主張しない結果被る不利益」であり，両方の当事者がある事実の存否についてともに主張しない場合に，その事実の存在を前提にするか不存在を前提にするかによって結論が異なることを考えると，常に主張責任を観念しておく必要があろう。a 事実の主張がない場合に，その点を単に考慮しないという取扱いは，（a 事実の存在を前提にするという選択肢があるにもかかわらず）a 事実の不存在を前提とするという点で，既に一定の主張責任に関する判断が前提とされていることになるのである。例えば，当該建物を利用する正当事由について原告による他の不動産の所有が問題となるような場合において，原告に主張責任があるとすれば「原告が他の不動産を所有していないこと」が要件として観念されるし（双方の主張がなければ所有しているものとして判断される），逆に被告に主張責任があるとすれば「原告が他の不動産を所有していること」が要件として観念されることになる（双方の主張がなければ所有していないものとして判断される）。主張責任の分配をどのようにするかという問題は別途あるが(39)，準主要事実についても主張責任は考える必要がある。

　以上の点は，総合判断型の事実的不特定概念についても妥当すると考えられる。この場合には，主要事実について弁論主義の対象になることは当然であるが，それとともにそれを推認させる個々の事実，すなわち準主要事実のレベルでも当事者の処分権（不意打ち防止）を認めるべきであると考えられよう。一般には，主要事実が間接事実から推認される場合に，直接証拠によって証明される場合も想定され，そのような場合にまで間接事実を処分権の対象にする必要はないが，直接証明の余地がおよそないような場合には当該事実が「定型的に」勝敗を左右することとなるので(40)，当事者の処分権を認め，また当事者にその範囲で攻撃防御の機会を与えないと不意打ちを招くおそれがあるからである(41)。したがって，このような事実は，準主要事実として弁論主義の適用対象とすべきものであろう(42)。

　　(38)　例えば，A を借地借家法上の正当事由とすると，建物の老朽化の状況，周辺地域の状況，借地人の建物利用の状況，立退料の金額などが abc の事実に相当することにな

⑶⁹　この点は留保したいが，正当事由の場合，結局，それぞれの側が自己の側の事由を主張すべきということになろうか。その意味で，通説が評価根拠事実と評価障害事実とを構成する場合の分別の基準と同様のものが観念されることになる可能性はある。
⑷⁰　この点で，難波・前掲注⑷215頁は，主要事実と間接事実を分かつメルクマールとして「直接立証する方法があるかどうか」を重視されており，示唆的である。
⑷¹　例えば，親子関係の認定について，血液型や体型の類似について当事者が中心的に攻撃防御をしていたのに，裁判所が出産直後の被告の言葉（証拠には出ているが弁論に顕出されていないような事実）を重視して親子関係を認める場合などには，やはり当事者に不意打ちが生じることになろう。
⑷²　従来の議論の中では，このような事実は重要な間接事実という位置づけがされ，弁論主義の適用の当否が議論されていたと思われる。そのような間接事実についてなお弁論主義を適用すべき場面があるかどうかについては留保したいが，ここでの議論は，それに関わらず，本文で述べたような意味で準主要事実と観念されるべき事実については当然に弁論主義の対象とすべきであるとする主張である。

5　一般条項と証明責任

(1)　証明責任の根拠と適用範囲

　証明責任の存在根拠は，当該事実の真偽を確定しないと，それに基づく法規の適用が不可能になり，訴訟の結論を導き出すことができなくなってしまう点にある。したがって，どの事実について真偽を確定しないと判決ができなくなってしまうかという点が証明責任の対象となる事実の範囲を定める基準ということになる。換言すれば，その事実についてあえて真偽を確定しないでも判決ができるような場合にまで証明責任を適用することは不当であるということである。なぜなら，証明責任というものは本来の裁判所の心証とは異なる前提に基づいて結論を導くものであり，そこには常に誤判のリスクがあるからである⑷³。その意味では，その適用が不可欠である場合にしか証明責任は適用すべきでないということができよう。

　例えば，心証度が各事実について a80％，b50％，c40％ という場合に（仮に証明度を80％と仮定して），a100％，b0％，c0％ としてそれらを総合判断して最終的

な結論を導くことは誤った判断に至るおそれが大きくなると考えられる。確かに，通常の要件の場合には，要件事実の心証度が80％の場合に，それを100％とするか0％とするかの選択しかないのであり[44]，その場合には当該事実を100％（つまり存在する）と考える方が一般に誤判のリスクを軽減できる。これに対して，上記心証割合をそのまま反映させて判決ができるのであれば，それによる方が誤判のリスクを減らせるのである。例えば，上記のような例では，仮にabcそれぞれに証明責任を観念して判断するとすれば，正しい事実認定に至る確率は $0.8 \times 0.5 \times 0.6 = 0.24$ となってしまい，むしろ76％の確率で何らかの誤判のおそれが生じることになるのである。これは，要素の数が多くなればなるほど，また各要素の心証度が証明度に近づけば近づくほど誤判確率が増大することを意味する。証明責任という「劇薬」は，それが必要となる場面に限って服用しなければ，危険な「毒薬」と化してしまうおそれがあるということである[45]。

[43] 言い換えれば，証明責任という制度は，避け難い誤判のリスクをいずれの当事者に分配するかを決定する手段であるということになる。この点の明快な説明として，河村浩「原因裁定・責任裁定手続と要件事実論」判タ1240号52頁以下参照。

[44] 割合的認定（倉田卓次・民事交通訴訟の課題（日本評論社，1970）160頁以下，小林秀之・新証拠法〔第2版〕（弘文堂，2003）78頁以下など参照）によることはできないという前提に立つ。

[45] 同旨として，河村浩「原因裁定・責任裁定手続と事実認定論」判タ1242号42頁注3は「そもそも，証明度と立証責任ルールは，法律効果が誤って認められ，又は，認められないことによって生ずる誤判のリスク配分の問題であるから，要件事実に適用すれば十分であり，かえって，間接事実（間接反証事実）に，証明度と立証責任ルールを適用して二者択一的に真偽の擬制を行うことは，心証の誤差を大きくするように思われるので，適用否定説が妥当である」とされる。

(2) 総合判断型一般条項と証明責任

証明責任の意義が以上のように観念されるとすれば，総合判断型一般条項については，必ずしも証明責任を適用する必要はないということになろう。すなわち，abcの各事実を総合して一般条項の適用を決めるということであれば，個々の事実の真偽をあえて確定しなくても，真偽が不明のものはそのままの心証度により総合判断の基礎として，規範を適用すれば足りると考えられるから

である。そうだとすれば，ここでは証明責任を認める必要はなく，前記の検討からはむしろ認めるべきではないということになる[46]。

これに対し，伊藤滋夫教授はこのような考え方を否定されるように見える[47]。ただ，その実質的な理由は必ずしも明らかではない。これに対し，間接事実については，伊藤教授は明確に，立証責任は問題にならないとされる[48]。その結果，伊藤説は間接反証の考え方を否定され，「反対間接事実」の概念を導入されることになる[49]。間接事実について証明責任を否定する考え方は，伊藤教授のこのような明晰な分析を大きな支えにしているように思われる。特に伊藤教授による次の指摘は重要と考えられる。すなわち，「立証責任は，事実の存否不明の状況を解決するための考え方であるから，そうした状況にならない限り（又は，なる恐れのない限り），考える必要のないことである。常に，ある事実の立証責任が当事者のいずれにあるかを決定してからでないと，訴訟の審理判断ができないというものではない」というものである[50]。まさに至当な指摘であり，前述のように，証明責任というものが誤判のリスクの分配を定める制度であるとすれば，そのようなリスクを消去・低減できる手法が他にある場合にはむしろその適用を考えるべきではないということであろう。そうであるとすれば，総合判断型の一般条項についてもこのような原理を適用すべきではなかろうか。

また，賀集説に対する批判として，笠井教授の議論が注目に値する。それは，貸主が転勤から戻ってくるという事実（貸主の自己使用の必要を基礎づける事実）が真偽不明の場合に，その証明責任を考えずに心証度に応じて事実認定に反映すると考えなくても，「『貸主が転勤から戻ってくる可能性がある』という事実自体が評価根拠事実として主張立証の対象となると考えるのが妥当なのではなかろうか」とされるものである[51]。これにより，貸主が戻ってくるという事実まで証明されなくても，その可能性の証明により証明度をクリアし総合判断の基礎となるという理解である。しかし，同じ「可能性」といってもその度合いは千差万別（1％から99％までの可能性）であることに注意を要する。そして，それぞれの度合いによって正当事由を基礎づける程度はやはり異なるであろう[52]。そのように考えると，笠井説の反論は必ずしも正当ではなく，やはり率直に具体的事実の可能性（心証度）[53]も含めて総合判断の基礎とせざるを得ないのではないかと思われる。

81

第 1 章 要件事実・事実認定——総論

　なお，以上の点は，総合判断型の事実的不特定概念についても同様に妥当すると考えられる。けだし，このような概念においても，規範を適用するためそれを推認させる個々の事実について一々真偽を確定する必要はないからである。例えば，親子関係の確認の訴えでは，血液型の確率や出産後の個々の状況等の準主要事実を証拠で認定できる心証度によりそのまま総合判断の材料とすれば足りると考えられる。そして，最終的に親子関係の有無 (主要事実) がノンリケットになった場合に限り，主要事実について証明責任が発動されることになる。最後の証明責任の場面を除き (一般条項については純粋の証明責任は観念されない。ただし，注(46)参照)，総合判断型一般条項と基本的に同様の枠組みで考えられよう。

　(46)　なお，総合判断それ自体についてノンリケットを認めるべきか，という別の問題がある。これについては，それが規範の適用（法的判断）という性質をもつことから，アプリオリに否定すべきであろう。ただ，規範のあり方（例えば民法 709 条と自賠法の過失に関する規定の仕方）は，裁判所の法的判断に影響を与えると考えられる。すなわち，過失の有無の法的判断が微妙な場合には結論を分かつ可能性があろう。例えば，過失を構成する事実 a 及び b が認められ，c が認められないというときに，709 条では過失ありという評価になるが，自賠法では無過失の評価になるといったことは生じうる（というか，そのような趣旨でそのような立法がされているものと解される）。そして，これを事実認定の場合との類比で，「過失の証明責任の転換」という言い方をすることも不当とまでは言えないであろう（笠井・前掲注(15) 8 頁が「認定された事実の下での『過失』の評価においては，自動車損害賠償保障法 3 条の適用があるときとないときとで，裁判所が依るべき判断の基準が異なる」との論旨に賛成する）。

　(47)　伊藤滋夫・要件事実の基礎（有斐閣，2000）128 頁は，規範的要件における個々の要件事実（主要事実）について存否不明ということが起きた場合には，立証責任の考え方によって処理することになるとされ，賀集元判事の見解を否定されている。

　(48)　伊藤・前掲注(47) 77 頁，同・前掲注(13) 175 頁以下など参照。証明責任は主要事実だけに認めれば足りるとする見解につき，前掲注(30)参照（他にも，新堂幸司ほか編，注釈民訴法(6)（有斐閣，1995）37 頁〔福永有利〕など参照）。しかし，他方では，間接事実について証明度の存在を認めるのが通説であるとされる（同編・注釈民訴法(4)（有斐閣，1997）53 頁〔加藤新太郎〕，門口正人編集代表・民事証拠法大系(1)（青林書院，2007）271 頁〔石井俊和〕など参照）。この両命題の関係は必ずしも明確なものではない。整合的に捉えるとすれば，証明度を超えればその間接事実の存在が 100％認められるが（その意味で証明度概念はあるが），証明度に達しなくても無視されるわけではない（その意味で証明責任概念はない）ということかもしれない。あるい

は，単に証明責任は学者が主に論じてその存在を否定し，証明度は実務家が主に論じてその存在を肯定しているだけであるとの可能性もある。いずれにせよこの点の評価は留保したい。
(49) 伊藤・前掲注(13) 118頁以下は，「種々の反対間接事実が存在すること，それらが存在する可能性が様々な確度であることといった諸般の状況が，その事実の性質に応じて，そのまま考慮に入れられるべきであろう」とされる。
(50) 伊藤・前掲注(47) 78頁参照。河村・前掲注(45)も同旨。
(51) 笠井・前掲注(15) 10頁注16参照。
(52) この点で，判例上認められている「存命の相当程度の可能性」自体を損害として構成する場面（最判平12・9・22民集54巻7号2574頁など）とは事情が異なるように思われる。この場合は，可能性の証明により不法行為の成立自体は認められ，その可能性の度合いは損害額（慰謝料）の算定において考慮されるが，正当事由の場合は，その可能性の度合いによって要件該当性自体が左右される可能性があるからである。
(53) ただし，総合判断に組み入れるとしても一定の下限値（閾値）を超えている必要があるとの議論は十分考えられる（この点につき因果関係との関係についてであるが，河村・前掲注(43) 77頁参照）。1%でも可能性があれば総合判断においてその事実を考慮するかどうかという問題であり，確かに余りに可能性の低い事実は捨象してしまうということは認定の便宜上十分考えられる。可能性の低い事実について不存在を前提にしても誤判の可能性の増大は小さく，裁判所の負担を軽減できるからである（河村・前掲注(43) 78頁注96は50%を閾値とされるが，50%を超えている必要まであるかどうかについては留保したい）。

(3) 総合判断型一般条項の要件事実

以上から，総合判断型一般条項においては，その判断要素となる事実については弁論主義の対象にはなるが，証明責任は観念しないのが相当であるということになる。そして，このように考えても，前述のように（2参照），両者の妥当根拠は異なり，適用範囲も異なると考えられるので，特に問題はない。そして，前述のように，このような事実を「準主要事実」と位置づけるのが相当であると考える。準主要事実についても弁論主義の適用はあるので，主張責任は観念される[54]。しかし，それは通常の要件事実の場合とはかなり性質が異なるように思われる。そこでは，請求原因・抗弁・再抗弁といった分類は余り意味がないであろう[55]。結局，何が要件事実であるのか，そしていずれの当事者がそれを主張しなければ顧慮されないのかという点だけが重要であり[56]，当該要

件事実の主張さえあれば，あとは両当事者によるその立証の度合いのままに総合判断の要素となろう。

(54) この場合，証明責任は観念されないので，主張責任の分配が独立に問題となるが，この点について，前掲注(39)参照。
(55) 賀集唱「要件事実の機能」司研 90 号 46 頁以下が，総合評価型一般条項について評価根拠事実・評価障害事実といった形の要件事実を考えることに疑問を呈されるのは，このような趣旨ではないかと思われる。
(56) そこでは，抗弁が証明されれば請求原因が意味を失うというような関係は一般に認められないのではなかろうか。

6　一般条項の審理・判断のあり方

(1)　総合判断型一般条項の審理の考え方

以上のような総合判断型一般条項の検討に基づき，最後にその審理のあり方を考えてみたい。個々の具体的な事件については，神の眼から見れば常に一般条項を構成する具体的事実は定まっているはずである（規範の事前性）。しかし，神ならぬ人間にとっては，①事件の多様性から事前にそのような事実を漏れなく確定することができないし，②個々の事件についても主張立証が展開される前の段階ではそれが十分に確定できないことになる。その結果，要件事実が審理の方向性を決定し，安定させる機能は一般条項においては余り期待できないことになろう。もちろん，総合判断型の一般条項であっても，ある事件類型で問題となる事実については事前に一定の類型化＝構造化を試みることが可能であり，また有用でもあると考えられる。しかし，前述のように (2)(2)参照)，一般条項というものの本質上，それは常に不完全なものに止まらざるを得ない。そこで，個々の訴訟手続の中でそれを補っていく必要が残ることになる。

(2)　総合判断型一般条項の審理の具体像

以下では，(1)で示した基本的考え方に基づき，手続のあるべき流れについてもう少し具体的に検討してみる(57)。

まず，手続の当初においては，当事者の側から，事前の一定の類型化（(1)参照）

に基づき，当該事件で問題となると考えられる一定の事実関係を主張することになる。しかし，前述のような類型化の本質的不完全性により，類型化から漏れている事実が存在する可能性は常にあるので，比較的緩やかに関連性のあると考えられる事実の主張が当事者からされるべきである[58]。けだし，当事者から主張のない事実は考慮されない（主張責任の原則は妥当する）ので，当事者は敗訴を避けるため，関連性のありうる事実を手続の俎上に乗せておく必要があるからである。

　次に，争点整理手続の中で，裁判所が以上のような当事者の主張を手掛かりとして，「隠れた準主要事実」を抽出し，明確化していく作業が行われる。これは釈明権の行使によることになる。すなわち，①当事者が準主要事実として明示的に意識していない事実も，それを準主要事実と構成すべき場合には，裁判所がその点を明確にして（当事者の主張がない場合（書証等にのみ記載がある場合）にはその主張をさせ），また相手方の自白の有無を確認する（弁論主義の適用により，自白があればその事実の存在が前提とされる），②各準主要事実の間の重要性（総合評価の際の重み）についても，裁判所は可能な範囲で当事者にそれを開示する，③以上の①及び②の点について，裁判所と当事者との間で議論（法的討論）を行う[59]といった作業が争点整理手続の枠内で行われることが望ましい。

　最後に，そのような争点整理に基づき証拠調べが行われた後は，各準主要事実の認定結果については，個々的に証明責任を適用するのではなく，それぞれの事実についてあるがままの心証度に基づき各事実の間の重要性を踏まえて，裁判所が最終的に要件の有無を判断すべきことになる。要件の有無の判断がつかないという場合は論理的にはありえないことであり，最終的には裁判所の法適用の責任に帰着する[60]。例えば，いわゆる評価根拠事実の一部しか証明度に達しておらずそれだけでは正当事由を構成しないような場合であっても，直ちに請求を棄却するのではなく，当該事実が60%の心証度に達していれば，そのような結果と他の事実（いわゆる評価障害事実）の立証の結果とを総合的に判断すべき余地があることになろう[61]。

　(57)　これについては，小粥・前掲注(21) 117頁注50の示される望ましい手続の流れのイメージも参照。
　(58)　小粥・前掲注(21) 113頁注34はこれを「ある程度の遊びを持った事実主張を許容し

第1章 要件事実・事実認定——総論

ておいて，手続の過程で当事者とのコミュニケーションを通じて要件事実を詰めていく」と表現される。また，通説的立場も，このような一般条項については，いわゆるa＋bの議論が妥当しないことを認めている（吉川愼一「要件事実論序説」司研110号166頁（裁判所の総合的評価の対象となることをその根拠とされる），難波・前掲注(24) 224頁（必要十分性の判断の困難をその根拠とされる）など）のも同趣旨であろう。

(59) このような一般条項の適用の場面は，法律問題指摘義務が重要となる1つの典型的な場面である。この点につき，山本和彦・民事訴訟審理構造論（信山社，1995）211頁以下参照。

(60) ただ，法の規定ぶりによって最終的な判断が異なってくる（準主要事実の重み付けに差異が生じること）自体はありうる。この点については，前掲注(46)参照。

(61) なお，事実的不特定概念についても同様の審理の流れになるものと考えられる。すなわち，具体的な事実のどれが準主要事実に該当するかについて，争点整理手続の中で裁判所と当事者が十分に討論し，明確にしていく作業が必要不可欠となろう。そして，証明責任については主要事実についてのみ適用され，準主要事実はそれぞれの心証度に基づき総合判断の基礎とされるべきことになる。

7 おわりに

本稿の論旨を簡単にまとめると，以下のようになる。弁論主義と証明責任とはその妥当根拠を異にし，その結果として，弁論主義（主張責任）の適用対象範囲と証明責任の適用対象範囲とは一致しない可能性がある。総合判断型の一般条項においてそれを基礎づける事実については，当事者による処分の範囲又は不意打ち防止の必要性から，弁論主義の対象とすべきであるが，その真偽を確定しなくても法適用が可能であるので，証明責任の対象とする必要はない。このように，弁論主義（主張責任）の対象とはなるが，証明責任の対象とはならない事実を「準主要事実」と定義付けるとすれば，総合判断型一般条項を基礎づける事実は準主要事実になると解される。同様に，総合判断型の事実的不特定概念についても，不特定概念（主要事実）を定型的に推認させる事実が準主要事実になると考えられる。具体的な事件において，いかなる事実を準主要事実として観念するかについては，事前に明確に定めておくことはできず，当事者からの緩やかな事実主張を踏まえ，争点整理手続の中で法的討論を実施し

て当事者と裁判所の認識を調整していく必要があるが，事実認定の局面では，個々の準主要事実については証明責任を適用せず，各事実に関するあるがままの心証を前提に総合判断して要件該当性を判断すれば足りる。

　以上のような見解は，伊藤滋夫教授のご見解とは必ずしも一致しないかもしれない。しかし，これも伊藤説（特に間接事実の証明責任や間接反証に関する鋭いご批判）を座右にしながら，筆者なりに愚考した結論ではある。伊藤教授からのご批判をいただくことができれば幸甚である。伊藤滋夫先生には，先生のご著書についての書評[62]を書かせていただいたことをきっかけに，親しくご指導を賜る機会を得ることができた。特に東京民事訴訟法研究会において，伊藤先生の常にシャープでかつ穏当なご議論に接する中で，実務家の最も良き常識を感得することができたことは（それを自らの仕事に活かせているかどうかはともかく）筆者にとって極めて貴重な体験であった。そのような大恩ある伊藤教授の喜寿のお祝いに際して，このような不十分な論稿しか捧げることができなかったことは誠に慚愧に耐えないが，今後の精進を誓いながら，伊藤先生の更なるご健康とご発展を心よりお祈り申し上げる次第である。

　[62]　山本和彦「伊藤滋夫著『事実認定の基礎』」NBL597号51頁参照。

「債務法現代化」後のドイツ民法と要件事実論

渡辺 達徳

1 はじめに*

　民法の現代語化を1つの改正内容とする「民法の一部を改正する法律」(平成16年法律第147号) が，2005 (平成17) 年4月1日から施行されている。この改正においては，いくつかの条文に即して，立証責任の所在を条文の形式により示すことが意識的に行われている。

　たとえば，109条においては，その本文で代理権授与の表示による表見代理の成立について規定した上で，ただし書で第三者の悪意又は有過失により表見代理が成立しない旨を定め，本文所掲の原則的効果を覆す立証責任が，表見代理の成立を否定する本人に課されることが示されている[1]。

　また，543条においても，その本文で履行不能による解除権の発生について規定した上で，ただし書でその債務の不履行につき債務者に帰責事由がないときは解除権が発生しない旨を定め，帰責事由がないことの立証責任を債務者が負担することが明らかにされた。その趣旨については，この改正が，実体的な要件や適用対象に変更を加えているわけではなく，「債務者の帰責事由に関する立証責任を明らかにする趣旨で条文の構造を改めた」と解説されている[2]。

　こうした民法の現代語化については，すでに，「立証責任について，証明責任規範の形ではなくて，条文の定め方によって，立証責任の所在を示した」もの，すなわち，上記の109条及び543条は，「証明責任規範でない形で，いわゆる文章構造の形で立証責任の所在を表した」ものとして評価され，その意義

と今後の動向につき注意が喚起されている[3]。

　上に言及した注意喚起は,「民法の規範構造によって要件事実が定まる」[4]ものであり,そして,「民法の規範構造は,民法の定める制度の趣旨が決め手となって定まる」[5]との指摘と密接に関連している。なぜなら,立証責任の分配は,原則である状態と例外的状態との見極めを前提とし,例外である法律効果の発生を要求する当事者は,当該状態が例外的であることを主張立証すべきこと,そして,何が原則であり何が例外であるかを判断する基準とは,法律制度の趣旨の探究であること,が夙に説かれているためである[6]。

　そこで示唆されているのは,実体法である民法に定める制度の趣旨により,行使されるべき権利やあるべき法的状態の原則と例外を判断する基準が提供されること,それが民法の規範構造となって発現し,その結果,民法の条文の規定ぶりが立証責任の所在を示すこと,であるといえよう。冒頭で確認された民法の現代語化に伴ういくつかの条文改正は,こうした考え方を支える重要な意味を持つことになる。

　翻って,ドイツ民法典(以下,「BGB」という)は,2002年1月1日施行の「債務法を現代化するための法律(債務法現代化法)」(Gesetz zur Modernisierung des Schuldrechts, BGBl. 2001 Teil I, 3138)により大きな改正を受けた(以下では,「債務法現代化」という[7])。そこでは,いくつかの条文において,証明責任規範により立証責任を示す従来の規定ぶりが改められ,条文の文章構造のかたちで立証責任の所在を明らかにする方法が採られている。

　このことは,日本における民法の現代語化と趣旨を同じくするように思われて興味深い。そこで,この小稿では,BGBにおいて,法文上,「立証責任」の文言が用いられていた規定が,債務法現代化によりどのような変更を受けたか,また,規定の文言が変更された場合,その趣旨はどのように説明されているか,を明らかにするよう試みる。それを通じて,「条文の文章構造のかたちで立証責任の所在を示す」こと,ないしは「民法の規範構造によって要件事実が定まる」と考えることの意義ないしは妥当性を検討する素材を提供することが,この小稿の目的である。

　　＊この小稿が成った経緯をあらかじめ述べておきたい。筆者は,中央大学市ヶ谷キャン

第1章　要件事実・事実認定——総論

パスで開催されてきた「『民法学と要件事実論との協働』研究会」（代表：伊藤滋夫創価大学法科大学院教授）において，民法学と要件事実論をめぐる刺激的かつ有益な議論に参加する機会を得た。2005年9月に開催された同研究会の例会において，BGBの旧280条及び旧282条と，BGB債務法現代化後の新280条の規定ぶりの変化に話が及んだ際，筆者が知る範囲で簡単にコメントしたところ，伊藤教授より，こうした変化は，日本の民法現代語化における117条や543条と軌を一にするものではないかとの指摘を受け，その背景等について引き続き研究を深めることを推奨された。この経緯は，すでに伊藤教授により，2005年10月10日に開催された日本私法学会第69回大会のシンポジウム「要件事実論と民法学との対話」において紹介され（私法68号24頁以下），また，同教授の手による別稿でも言及されている（伊藤滋夫「要件事実論と民法学」要件事実の現在を考える（商事法務，2006）3頁（27頁以下））。その後，筆者は，2007年1月に開催された上記研究会の例会において，この小稿のタイトルと同趣旨の報告を行う機会を与えられた。そこでの報告内容を整理した上で，ご出席の先生方から受けたご教示・示唆等をも踏まえてまとめたのが，この小稿である。要件事実論に暗い筆者に対して，貴重な問題の所在をご教示くださり，研究の機会を与えてくださった伊藤教授及び研究会の場でご教示・示唆をいただいた研究会同人の先生方に御礼申し上げる次第である。

(1)　吉田徹＝筒井健夫・改正民法［保証制度・現代語化］の解説（商事法務，2005）102頁。
(2)　吉田＝筒井・前掲注(1) 113頁。
(3)　「シンポジウム要件事実論と民法学との対話」私法68号3頁（26頁）〔伊藤滋夫発言〕(2006)。この記事は，2005年10月9日に九州大学で開催された日本私法学会第69回大会における同タイトルのシンポジウムの記録である。
(4)　伊藤滋夫「要件事実論と民法学」伊藤滋夫企画委員代表・要件事実の現在を考える（商事法務，2006）3頁（26頁など）。
(5)　伊藤・前掲注(4) 29頁など。
(6)　伊藤・前掲注(4) 29頁，同・要件事実・事実認定入門〔補訂版〕（有斐閣，2005）68頁以下など。
(7)　債務法現代化の目的及び経緯については，渡辺達徳「解説債務法現代化法制定の経緯」岡孝編・契約法における現代化の課題（法政大学出版局，2002）15頁を参照。新条文の邦語訳（試訳）も，同書181頁以下から得られる。この債務法現代化は，①3つのEU指令（消費者売買指令・支払遅滞防止指令・電子取引指令）の国内法転換，②幾つかの消費者保護法の民法典への統合，③給付障害法の改革，という目的を併せ持って行われたものである。したがって，この改正は，民法の全条文を対象とするものではなく，また，立証責任の所在を意識した規定ぶりを織り込むことを目的とする

ものでもない。しかし，「2　BGB における立証責任規定」において紹介するとおり，上記①から③までの目的に照らして改正された条文には，注目に値する文言の変更が含まれている。

2　BGB における立証責任規定

(1)　概　　要

債務法現代化による改正前，BGB の条文において「立証責任」(Beweislast) ないしは「証明する」(nachweisen od. beweisen) という表現が用いられた明示の立証責任規定 (ausdrückliche Beweislastregeln) として，179 条 1 項（無権代理人の責任），282 条（履行不能），345 条（債務者が違約金の効力発生を争う場合の立証責任），358 条（不履行に基づく解除における立証責任），363 条（弁済として債権者が給付を受領した場合の立証責任），442 条（権利の瑕疵に関する立証責任），543 条 4 項 2 文（使用賃貸借契約における重大な事由に基づく特別の無催告告知），636 条 2 項（請負仕事の完成が遅れた場合の解除における立証責任），2336 条 3 項（遺留分剥奪の場合の立証責任）などを指摘することができた[8]。

このうち，179 条 1 項，363 条，543 条 4 項 2 文，2336 条 3 項は，債務法現代化における改正の対象とされていないため，文言は変更を受けていない[9]。したがって，以下では，これ以外の条文に即して，改正の前後における規定ぶりの変化と，それがもたらされた理由についてみていくことにする。ただし，363 条は，債務法現代化による修正を受けていないものの，旧 442 条が削除されたこととの関係で言及される必要がある（以下では，債務法現代化前の条文を「旧〇〇条」，現代化後の条文を「新〇〇条」と表記し，債務法現代化による修正を受けていない条文は，単に「〇〇条」と表記する）。

(8) Rosenberg/Schwab/Gottwald, Zivilprozeßrecht 16. Aufl., 2004, S.782 は，法律において明示された立証責任規定として，本文に掲げた条文に加えて 476 条を挙げている。同条は，消費者動産売買における物の瑕疵の推定規定であり，次のように定めている。
　　第 476 条　立証責任の転換
　　　危険が移転した後 6 箇月以内に物の瑕疵が生じたときは，危険の移転時において

第1章　要件事実・事実認定——総論

すでに瑕疵があったものと推定する。ただし、この推定が当該物の種類又は当該瑕疵の種類と合致しないときは、この限りでない。

なお、日本におけるこうした研究の嚆矢として、春日偉知郎「証明責任論の一視点—西ドイツ証明責任論からの示唆—」判タ350号97頁（128頁以下）（同・民事証拠法研究（有斐閣、1991）所収414頁以下がある（同論文では、立証責任規定としてBGB 542条3項（使用賃貸借において賃借人が目的物を使用できないときの解約告知権）にも言及があった。しかし、同条は、その後になって「使用賃貸借法を改正する法律」（Mietrechtsreformgesetz v. 19. 6. 2001, BGBl I 1149）による改正を受け、3項は削除されている）。

(9) 179条1項、363条、543条4項2文及び2336条3項は、次のとおりである。なお、本文に述べたとおり、これらの条文は、債務法現代化による改正を受けていないが、BGBは、債務法現代化により全部の条文に見出しがつけられたため、新規定を含むBGB全体が改めて公布されている（BGBl. Teil I Nr. 2/2002 vom 8. 1. 2002 S.48）。

第179条　無権代理人の責任
(1) 他人の代理人として契約した者が、自己の代理権を証明する（nachweisen）ことができず、かつ、本人が追認を拒絶したときは、相手方の選択に従って履行又は損害賠償の責任を負う。
[2項以下：略]

第363条　弁済としての受領の場合の立証責任
債権者が弁済として提供された給付を弁済として受領した場合において、給付が債務の目的と異なるものであること、又は不完全であることに基づき、給付を弁済として認めないことを主張（annahmen）しようとするときは、その立証責任（Beweislast）は、債権者にある。

第543条　重大な事由に基づく特別の無催告告知
[1項〜3項：略]
(4) ［第1文：略］賃貸人が賃貸目的物を適時に使用させたか否か、又はそのために定められた期間が経過する前に手段を講じたか否かにつき争いがあるときは、その立証責任は、賃貸人にある。

第2336条　方式、立証責任、無効
[1項、2項：略]
(3) 原因の証明は、［遺留分の］剥奪を主張する者の負担とする。
[4項：略]

(2) 債務法改正の前後における規定ぶりの変化

(a) 義務違反に基づく損害賠償

債務法現代化前のBGBは，債務不履行の類型として履行不能（旧280条）と履行遅滞（旧284条）の二分体系を採り，債務者の帰責事由との関係を含めて次のように規定していた。

> **旧280条**
> (1) 債務者の責めに帰すべき事由により履行が不能となる限りにおいて，債務者は，債権者に対し，不履行により生じた損害を賠償しなければならない。
> ［第2項：略］
>
> **旧282条**
> 給付の不能が債務者の責めに帰すべき事由の結果であるか否かについて争いがあるときは，その立証責任は，債務者が負担する。
>
> **旧284条**
> (1) 債務者が，履行期到来の後において，債権者の催告を受けたにもかかわらず給付をしないときは，債務者は，催告により遅滞に陥る。［以下略］
> ［第2項以下：略］
>
> **旧285条**
> 債務者の責めに帰することができない事由により給付が行われない限りにおいて，債務者は，遅滞の責めを負わない。

ここにみられるとおり，旧280条と旧282条は履行不能について，また，旧284条と旧285条は履行遅滞について定めていた。履行不能については，旧280条が実体法上の要件及び効果を示した上で，旧282条が，帰責事由に関する立証責任の所在を明示していた。一方，履行遅滞については，旧284条1項がその要件としての付遅滞について定め，旧285条が帰責事由の存在を要件とすることを示すものの，履行不能に関する旧282条と異なり，民法典の中に立証責任規範を置くというかたちは採られていない。しかし，履行遅滞においても，履行不能のケースと同じく，帰責事由の不存在につき債務者が立証責任を負うことは判例・通説として定着していた[10]。

93

第1章 要件事実・事実認定——総論

　債務法現代化の結果，BGB は，債務不履行に関する不能と遅滞の二分構成を廃棄し，損害賠償発生の要件として，この2類型に不完全履行その他すべての不履行の態様を包含する「義務違反」（Pflichtverletzungen）という概念を導入した。その趣旨を定める新 280 条の文言は，次のとおりである。

> **新 280 条**　義務違反に基づく損害賠償
> ⑴　債務者が債務関係から生じる義務に違反した場合には，債権者は，これにより生じた損害の賠償を請求することができる。このことは，義務違反につき債務者に帰責事由がない場合には適用しない。
> ［第2項以下：略］

　上記1項1文にいう「義務違反」とは，客観的にみて債務関係の本旨に従わない債務者の行為を指し，その限りにおいて債務者の帰責事由とは無縁の概念である。すなわち，当該行為について債務者に帰責事由があるか否かの問題は，2文において初めて問題となる[11]。

　そして，2文の趣旨については，次のように説明されている。曰く，損害賠償義務という厳しい効果を帰せられるのは，276 条から 278 条までに定める意味において，義務違反につき帰責性のある債務者に限られる。このとき，債務者は，義務違反について自己の責めに帰すべき事由がないことを主張し，かつ，立証する（behaupten und beweisen）必要のあることが，2文の文理から明らかになる。こうした主張・立証責任（Behauptungs-und Beweislast）の分配は，旧 282 条及び旧 285 条に対応するものであって，新規定もその趣旨を変えるものではないものの，新規定が包括的な義務違反の概念を定立したことに合わせて，新 280 条は，すべての給付障害（Leistungsstörungen）事例に適用されるべき立証責任規定（Beweislastregelung）として構想された，ということである[12]。

　すなわち，債務者による義務違反が認められる場合，その客観的義務違反の存在については債権者が立証責任を負い，これが立証されたときは，債務者が損害賠償の責めを免れるために，自己に帰責事由がないことを主張・立証する責任を負う。それは，債務者による免責立証（Entlastungsbeweis）の必要性を意味する[13]。そして，新 280 条1項は，単独の法文において立証責任を明示する

体裁を採っていた旧282条と異なり，原則と例外を踏まえた条文の定め方により，同じ趣旨を明らかにしたものと理解されよう[14]。

(10) Baumgärtel, Handbuch der Beweislast im Privatrecht, Bd.1, 1981, §285 Rn 1.
(11) 本文に示した見解は，2001年5月9日に閣議決定された新280条の政府草案段階における理由書（BT-Drucks.14/6040.S.135）によるものであるが，同条は，その後の審議においても文言の変更を受けていない。したがって，新280条の立法趣旨を理解するにあたっては，この政府草案段階における解説を拠り所として差し支えないといえよう。現に，確定した新280条に関する解説を瞥見しても，同条の趣旨として述べるところに変わりはない（Schmidt-Räntsch, Das neue Schuldrecht-Anwendung und Auswirkungen in der Praxis, 2002, Rn 318 ; Dauner-Lieb/Heidel/Lepa/Ring (hrsg.), Schuldrecht, 2002, §280 Rn 58.）。
(12) BT-Drucks. 14/6040. S. 136 ; Schmidt-Räntsch, a.a.O. 前掲注(11), Rn 323 ; Dauner-Lieb/Heidel/Lepa/Ring (hrsg.), a.a.O. 前掲注(11), §280 Rn 60.
(13) Palandt-Heinrichs, Gesetz zur Modernisierung des Schuldrechts, Ergänzungsband zu Palandt, BGB 61.Aufl., 2002 §280 Rn 40.
(14) ただし，労働法の分野においては，債務法現代化の最終局面になって，619a条という特則が設けられた（同条については後述）。

(b) **債務不履行による解除における立証責任**

旧358条は，債務不履行により債権者が契約を解除する場合の立証責任について，次のように定めていた。

旧358条
　当事者の一方が，相手方の義務の不履行につき解除権を留保した場合において，相手方が，履行を果たしたとして解除の効力を争うときは，相手方は，債務の目的である給付が不作為でない限り，その履行を証明（beweisen）しなければならない。

同条によれば，AB間の契約において，AがBの債務不履行を理由として解除の意思表示をしたのに対し，Bが，自らは履行したことを主張してAによる解除の効力を争うときは，Bの債務が不作為債務でない限り，履行したことについての立証責任は，Bが負担することになる。

この規定の趣旨については，次のように説明されていた。

まず，解除権者は，解除権留保の約定があったことにつき立証責任を負う。

また，解除権発生の要件として，解除権者は，履行がないことについて主張しなければならない。そして，積極的行為（作為）を内容とする履行につき争いがあるときは，債務者が，当該行為の履行につき立証の責めを負う。こうした立証責任の分配は，債権者が不履行を理由として権利を主張する場合にも，債務者が履行につき立証の義務を負うという原則に対応したものであり，履行は権利消滅事実であることにより正当化される。それに加えて，自らに義務付けられた履行を果たすべき者が，通常，履行についての証拠を最も良く確保できる立場にあるともいえる。これと反対に，不作為債務が問題となる場合には，債権者が，債務者の義務違反について立証の義務を負う。この立証責任の分配は，不作為債務の場合には義務違反を行っていないという消極的証明を債務者に求めることは期待できない，という根拠に基づくものである，と[15]。

　こうした立証責任の分配は，多数の判例により裏付けられ，また，学説においても当然視されていた。したがって，債務法現代化により，この旧358条は削除された。その理由について，政府草案の理由書は，「従来の358条は，不要となる。この規定は，立証責任の分配について定めるものであるが，それは一般的法原則から明らかであり，かつ，自明のことである」と解説するにすぎない[16]。

　この旧358条との関係で言及されなければならないのは，債務者が違約金の効力発生を争う場合の立証責任について定める345条である。同条は，「手付・違約金」について定める336条〜345条の最後に位置し，「債務者が自己の義務を履行したことを理由として違約罰の失効を争うときは，債務者は，債務の目的である給付が不作為でない限り，その履行を証明しなければならない」と定めている。同条は，債務法現代化による変更を受けていない。その理由は，「手付・違約金」に関する規律全般が債務法現代化の対象ではなかったことに尽きると思われる（336条〜345条の中に，債務法現代化により改正されたり削除されたりした規定はない）。しかし，この345条は，一見して，旧358条と同趣旨を定めており，後者が，立証責任の分配については一般的法原則に委ねるべき自明の内容であるとして削除されたことと，平仄が合わなくなった恨みが残るように思われる。今後の検討課題として留意すべきものといえよう。

[15]　Baumgärtel, a.a.O. 前掲注[10], §358 Rn 1-3. なお，春日・前掲注[8] 130頁以下

も，①旧358条から，履行義務を負う者が確定責任を負うという証明責任分配が導き出されること，②これは，履行が権利消滅事実であるという考え方によること，③不作為債務の例外は，債務者による証明困難と債権者による証拠収集の容易さによるものと考えられること，を説いている（旧358条，旧542条3項及び旧636条2項の趣旨も，同じ文脈で捉えられるものとする）。

(16)　旧358条は，政府草案の段階から削除されるよう提案されていた。本文に掲げた説明は，政府草案の理由書であるBT-Drucks. 14/6040, S. 198によるものである。そのほか，Dauner-Lieb/Heidel/Lepa/Ring（hrsg.），a.a.O. 前掲注(11)，§353 Rn 5. も同旨の説明をする。

(c)　権利の瑕疵に関する売主の責任

債務法現代化前のBGBにおいて，売買契約の目的物に権利の瑕疵が付着していた場合における売主の担保責任については，次のように定められていた。

>旧434条
>売主は，第三者が買主に対し主張することのできる権利を除去して，売買の目的を買主に移転する義務を負う。
>旧442条
>売主が買主により主張される権利の瑕疵について争うときは，買主は，瑕疵を証明しなければならない。

すなわち，旧434条は，実体法における売主の義務を定め，旧442条は，証明責任規範として置かれていたものである。こうした規定方式は，債務法現代化により次のように改められた。

>新435条　権利の瑕疵
>第三者が物に関し買主に権利を行使することができないとき，又は売買契約において引き受けた権利のみを行使することができるときは，その物に権利の瑕疵がないものとする。存在しない権利が土地登記簿に登記されているときは，権利の瑕疵と同様とする。

新435条1文は，旧434条と異なり，「権利の瑕疵」がないことを定義する表現に書き改められている。しかし，瑕疵の意義そのものを変更することが意

図されているのではなく，この規定ぶりの変化は，物の瑕疵に対する売主の責任を定めていた旧 459 条が，新 434 条において「物の瑕疵」がないことを定義するかたちに改められたことに伴うものである。すなわち，権利の瑕疵に関する新 435 条も，新 434 条と表現を一致させる方針が採られたことによる[17]。

むしろ，この小稿との関連において興味を惹くのは，権利の瑕疵についての証明責任規範であった旧 442 条が，削除されたことである。そこには，次のような意図があると解説されている。

すなわち，旧 442 条は，買主が目的物を受領する前後を問わず，常に買主に瑕疵の存在に関する立証責任を負担させていた。しかし，買主に立証責任を負担させることは，買主の目的物受領後については妥当するものの，受領前についてはあてはまらない。この問題に関する適切な主張・立証責任の分配は，旧 442 条を削除することにより実現される。すなわち，旧 442 条が削除される結果，権利の瑕疵に関するこの問題は，物的瑕疵が存在したケースと併せて 363 条に服することになる。そして，363 条によれば，売買目的物を弁済として受領した後に初めて，立証責任は買主が負担するに至るのである[18]。

ここで言及された 363 条—その文言については前掲注(9)を参照—は，弁済についての立証責任が原則として債務者にあることを前提としつつ，債権者が，提供された給付を履行として受領したならば，その後になって当該給付が債務内容と異なり，又は不完全であると主張する場合には，その立証責任は債権者が負う旨を定めるものである。すなわち，債権者が給付を受領し，債務者が給付目的物を所持しない状態に至れば，当該給付が本旨に従っていたとか完全であったという証明を債務者に期待することはできない。むしろ，債権者が給付目的物を占有している以上，給付が本旨に従っておらず，又は給付が不完全なことを債権者が立証するのが容易といえるのが「通常」(regelmäßig) である，という判断に基づくものである[19]。

債務法現代化により旧 442 条が削除された結果，買主が目的物を弁済として受領した後は，当該目的物に権利の瑕疵が付着することの立証責任については 363 条が適用され，その結果，立証責任は買主が負担する。すなわち，債務法現代化により，権利の瑕疵に特化した証明責任規範である旧 442 条は削除されたが，弁済に関する証明責任規範の一般原則である 363 条が存続し，同条は，

物的瑕疵及び権利の瑕疵の両者を均しく規律する。その限りにおいて，条文の文章構造により立証責任の所在を示すという着想は，この場面からは窺うことができないといえよう。

(17) BT-Drucks. 14/6040. S. 217. 新434条1項の規定は，次のとおりである（なお，請負における物及び権利の瑕疵について定める新633条においても，新434条及び新435条と歩調を合わせた表現ぶりが採用されている）。

新434条　物の瑕疵

(1) 物が危険移転時に合意した性状を有するときは，その物に瑕疵がないものとする。性状につき合意のない限り，次の各号のいずれかに該当するときは，その物に物の瑕疵がないものとする。

1　物が契約において前提とした使用に適する場合
2　物が通常の使用に適し，かつ，同種の物において普通とされ，買主がその物の種類から期待できる性状を有する場合

物の特定の性質に関する，売主，製造者（製造物責任法第4条第1項及び第2項）又はその補助者による公の表示に基づき，特に広告又はラベル表示により，買主が期待できる性質も，前文第2号の性状に含まれる。ただし，売主がその表示を知らず，かつ，知ることを要しなかった場合，その表示が契約締結時に同様の方法により訂正されていた場合，又はその表示が購入決定に影響を及ぼさなかった場合は，この限りでない。

[2項以下：略]

(18) BT-Drucks. 14/6040. S. 202f；Palandt-Putzo, a.a.O. 前掲注(13)，§434 Rn 57/59，§435 Rn 19.

(19) Baumgärtel, a.a.O. 前掲注(10)，§363 Rn 2．もっとも，弁済は，権利消滅事実であるから，債務者は，給付を行ったこと，及び債権者が当該給付を弁済として受領したことを立証する責任を負う。債務者がこの立証に成功すれば，給付は完全であったことが推定され，給付に瑕疵があり，又は給付が不完全であったこと等について，債権者にとって不利となる立証責任の転換がもたらされることになる（Baumgärtel, a.a.O. 前掲注(10)，§363 Rn 1—3.）。

(d) **請負仕事の完成が遅れた場合の解除における立証責任**

債務法現代化の前において，旧636条は，請負契約の仕事完成が遅れた場合の注文者の権利について，次のとおり定めていた。

旧636条

(1)　仕事の全部又は一部が履行期に完成しないときは，634条1項から3項までに定める瑕疵担保解除の規定を準用する；［この場合］注文者は，瑕疵担保解除の請求に代えて，327条により契約を解除する権利を有する。請負人が履行を遅滞するときは，注文者が有する他の権利を行使することを妨げない。
　(2)　請負人が履行期に仕事を完成させたものとして意思表示のあった解除の効力を争うときは，請負人が立証責任を負担する。

　この規定は，①注文者は，仕事の完成遅延につき請負人に帰責事由がなくても，契約を解除することができること（1項1文），②注文者は，請負人に帰責事由があって仕事の完成を遅滞させたときは，その他の権利，すなわち遅延賠償（旧286条）並びに填補賠償を請求する権利及び解除（旧326条）の権利を失わないこと（1項2文），③仕事が履行期に完成したことの立証責任は請負人が負担すること（2項），を定めていた。
　債務法現代化により，仕事の瑕疵に対する請負人の責任を定めていた旧633条から旧639条までの規定は，売買目的物に瑕疵があった場合における売主の責任と平仄を合わせるとの方針に基づき改正を受けた[20]。これに伴い，請負人は，契約に適合したかたちで約束した請負仕事を完成させるとともに，履行期を遵守する義務をも負うのであるから[21]，旧636条1項のうち仕事の完成の遅れに特段の言及をしていた要件部分は，一般給付障害法に委ねられた[22]。また，この場合の効果は，新634条が定めている。しかし，証明責任規範であった旧636条2項は姿を消し，これに代わる証明責任規範は置かれていない。この請負における瑕疵担保法の改正について，政府草案段階における理由書は，旧633条から旧638条までがそれぞれ新規定に置き換えられ，また，旧637条が新639条に改正されると説明した上で，各改正内容を詳述するが，旧636条2項の削除については別段の言及がない[23]。このことは，旧636条の規律内容は，債務法現代化の後においては立証責任分配の一般原則に委ねられることで足りると考えられた結果とみることもできる。それは，民事実体法の中における証明責任規範の退潮を示唆するものであるともいえよう。

　[20]　BT-Drucks. 14/6040. S. 260；Schmidt-Räntsch, a.a.O. 前掲注[11], Rn 972.

(21) Fikentscher/Heinemann, Schuldrecht 10. Aufl., 2006, Rn 1196.
(22) Palandt-Sprau, a.a.O. 前掲注(13)、Vorb v §633 Rn 1 は，旧 636 条は一般給付障害法に組み入れられたものとする。
(23) BT-Drucks. 14/6040. S. 260ff.

(e) 雇用契約において労働者に責任がある場合の立証責任

　雇用契約において，労働者が使用者に対して契約上の義務違反に基づく損害賠償責任を負うことがあり得る。このとき，給付障害法の原則規定である新 280 条 1 項によれば，労働者は，義務違反につき帰責事由がないことを立証できない限り，損害賠償を免れないことになる。しかし，この規定が適用されるとすれば，労働法学説及び連邦労働裁判所の判例により定着した立証責任の分配を，労働者に不利益となるかたちで変更する結果をもたらす恐れが指摘されていた。債務法現代化の政府草案においては，この問題に関する特段の手当はなされていなかったが，その後の段階で，次のような 1 箇条が新設された[24]。

> **新 619a 条**　労働者に責任がある場合の立証責任
> 　労働者は，第 280 条第 1 項の規定にかかわらず，義務違反について労働者に帰責事由がある場合に限り，使用者に対して，労働関係上の義務違反から生じた損害を賠償しなければならない。

　この規定は，その本文において労働者の帰責事由を損害賠償請求権発生の要件と定めていることから，義務違反について労働者に帰責事由があることの立証責任は，使用者が負担することを示すことが明らかである。すなわち，新 280 条 1 項 2 文に定められた立証責任の分配は，619a 条により，労働者の義務違反については適用されない。この条の趣旨は上記に尽きる。すなわち，619a 条が実体法上の損害賠償請求権の根拠条文となるものではなく，かかる請求権の根拠は，給付障害法の一般規定である 280 条 1 項である[25]。

(24) 新 619a 条は，2001 年 9 月 25 日の連邦議会法務委員会において挿入されるよう提案されたものである（BT-Drucks. 14/7052. S. 204）。この経緯については，Dauner-Lieb/Heidel/Lepa/Ring（hrsg.），a.a.O. 前掲注(11)，§619a Rn 1 ; Fikentscher/Heinenann. a.a.O. 前掲注(21)，Rn 1164 Fn 64. などを参照。
(25) Dauner-Lieb/Heidel/Lepa/Ring（hrsg.），a.a.O. 前掲注(11)，§619a Rn 1.

(3) **新規定の整理及び検討**

　債務法現代化の後におけるBGBの条文をみると，まず，条文の構造により立証責任の分配を示した規定が新設されていることが目を惹く(新280条，新435条，新619a条)。このうち，新280条及び新435条が置かれるのと引換えに，立証責任を定めていた旧条文 (旧282条，旧442条) は，削除されている。新設条文である619a条は，旧規定と比較することができないものの，条文の規定ぶりによって立証責任の所在を示すというかたちは，新280条及び新435条と共通する考え方に立脚するように思われる。

　一方，債務法現代化の後も，「立証責任」又は「立証する」といった文言により，立証責任規範としての条文体裁が維持されているものもある (179条1項，345条，363条，543条4項2文，2336条3項)。BGBが，条文の構造により立証責任の分配を示すという方針を一貫して採用するのであれば，これらの条文も，同じ方針に基づき改正されるべきものであったとはいえる。しかし，これらの条文は，債務法現代化による改正の対象ではない。すなわち，債務法現代化は，実体法規範を改正する必要のない条文について，立証責任に関する文言だけを手直しする意図を持たなかったものと思われる。

　そのほか，債務法現代化により，実体法規定そのものが不要となったために条文そのものが削除され，その結果，当該条文に含まれていた立証責任規範が姿を消した例を指摘することもできる (旧636条2項)。

　以上に整理されたところによれば，BGB債務法現代化においては，その目的——EU指令の国内法転換，幾つかの消費者保護法の民法への統合，給付障害法の改革——との関連において，実体法規範として改正が必要となった条文については，それに「相乗り」するかたちで，条文の構造により立証責任の分配を示す規定ぶりに改められる方針が採られたと評することも可能であろう。

　しかし，他方において，立証責任規範の体裁が維持されている規定も存在している。とりわけ，権利の瑕疵についての立証責任規範であった旧442条が削除される一方，この問題が，同じく立証責任規範の体裁をとる363条の規律に委ねられると解説されていることに照らすと，BGBが全体として，立証責任規範から条文の構造により立証責任の分配を示す方向へと移行する意図を持っ

ているとは断定し難いことも事実である。むしろ，現段階におけるBGBの方針は，必ずしも透明ではないと評さざるを得ないといえよう。

3 むすびに代えて―日本法への示唆―

日本においては，民法典のみならず，特別法においても，証明責任規範でなく条文構造のかたちで立証責任の所在を示す立法の技術が意識的に取り入れられつつある。

民法の現代語化に伴うその具体例は，「1 はじめに」で示されたとおりである。特別法においても，たとえば，「偽造カード等及び盗難カード等を用いて行われる不正な機械式預貯金払戻し等からの預貯金者の保護等に関する法律」（平成17年法律第94号：この小稿では，以下，「カード預金者保護法」と称する）の3条「カード等を用いて行われる機械式預貯金払戻し等に関する民法の特例」は，「民法第478条の規定は，カード等その他これに類似するものを用いて行われる機械式預貯金払戻し及び機械式金銭借入れ（以下「機械式預貯金払戻し等」という。）については，適用しない。ただし，真正カード等を用いて行われる機械式預貯金払戻し等については，この限りでない。」と定める。

この規定の趣旨は，次のように説明されている。すなわち，「……この規定により，……偽造カード等による機械式預貯金払戻しの効力については，民法478条の適用が排除されることになる。本文とただし書という形で分けて規定しているのは，預貯金者と金融機関の立証責任の分配に配慮し，偽造カードであることの立証責任を預貯金者が負わないようにするためである。預貯金者は，本条の適用を受けるためには，カード等その他これに類似するものによる機械式預貯金払戻しであることを立証すれば足り，その場合，金融機関は，真正カード等によるものであることを立証しない限り，民法478条の適用を受けることができない。」のである，と[26]。

すなわち，同条は，偽造カード等を用いて他人により機械式預貯金払戻しが行われた場合には，預貯金者が同法による保護を受けることが原則的状態であり，かつ，それが同法の趣旨であることを本文で明らかにし，例外的に保護の対象の埒外に置かれるべき状況をただし書で示して，その立証責任を金融機関

第1章 要件事実・事実認定──総論

側に負わせている。これは，民法109条及び543条と同じ考え方に立った条文の規定ぶりである[27]。

もっとも，こうした規定のしかたは，現代語化を経た民法の中でも徹底されているわけではない。たとえば，543条と415条後段の規定ぶりに不一致がみられることは，それを物語っているといえよう。

この小稿は，こうした日本民法の規定ぶりの変化がBGB債務法現代化と同じ思想的基盤に基づくものではないか，また，後者における立法趣旨から今後の日本における民法学と要件事実論との協働に向けた示唆を得られるのではないか，という問題意識に立って，BGB債務法現代化の趣意を探ってきたものである。そこからは，条文の定め方によって立証責任の所在を示すという，日本における近時の一つの潮流を支える視点を見出し得る反面，必ずしもそうした考え方が法典全般を貫くものではないことも否定できないことが見て取れるところである[28]。ドイツにおいて，民法の規範構造と立証責任の分配との関係がいかに議論されているかを引き続き調査し，これを分析することは，筆者に与えられた今後の課題となる。

[26] 石田祐介「偽造カード等及び盗難カード等を用いて行われる不正な機械式預貯金払戻し等からの預貯金者の保護等に関する法律」ジュリ1299号120頁（121頁）。

[27] カード預金者保護法4条も，偽造カード等による機械式預貯金払戻しが効力を有し（1項），又は偽造カード等による機械式借入れについて預貯金者が責任を負う（2項）ための要件である預貯金者の故意・重過失及び金融機関の善意・無過失の立証責任が金融機関側にあることを，条文の本文で示すという規定ぶりを採用している。ただし，盗難カード等に関する同法5条2項〜4項は，立証責任の所在を正面から定めている。

[28] なお，BGB債務法現代化を解説するドイツの文献が参照される際の留意点について，筆者の不明を恐れつつも，以下のことを指摘しておく。債務法現代化の立法経緯及び立法理由を知るための基本資料は，前掲注[11]所掲の政府草案理由書（BT-Drucks. 14/6040）である。この理由書の執筆にあたっては，連邦司法省において債務法現代化の作業を担当した上級事務官（Ministerialrat）であるユルゲン・シュミット—レンチュ（Dr. Jürgen Schmidt-Räntsch）が主導的役割を果たしたものと思われる。現に，改正後，直ちに解説書として刊行された同人単独名義の解説書（前掲注[11]）所掲のSchmidt-Räntsch, Das neue Schuldrecht, 2002）において，政府草案段階から変更を受けなかった条文の解説は，上記理由書とまったく同文である。また，債務法現代化の後，早い時期に刊行された大部の解説書であり，ドイツでも日本でも引用頻度の高いDauner-Lieb/Heidel/Lepa/Ring（hrsg.），Schuldrecht, 2002（前掲注[11]参照）におい

ても，上記 2 種の資料を引き写した記述がきわめて多い（というよりも，立法理由を知るためには，これら資料を客観的に紹介することが，まずは不可欠なことも事実である）。その他のドイツにおける教科書類も，現段階では立法理由を忠実に解説するものが多いように見受けられる。もちろん，個別論点や債務法現代化後に判例が登場した問題に即して，学説による議論が蓄積されつつある領域も指摘できるが，それは必ずしも多くはないように思われる。すなわち，ドイツにおいても，債務法現代化における改正内容を理論的に分析したり，批判的に検討したりする作業は，今後に委ねられた部分が少なくないといえよう。そして，この小稿の興味の対象である立証責任規定の扱い方についても，現段階でこれに自覚的に応接する文献資料を見出すことは困難であった。その意味においても，ドイツ債務法現代化と立証責任規定の帰趨に関する議論に今後も継続して着目し，分析・検討を深めていくことは，必要かつ有益であると考えられる。

勝つべき者が勝つ民事裁判を目指して
―事実認定における法曹の心構え―

佐 藤 歳 二

1 勝つべき者が勝つ民事裁判

　民事裁判は，正当な権利を有する者が勝つ，すなわち「勝つべき者が勝つ」ものでなければならない。実は，この当たり前のことを実現することがなかなか難しいのである。

　私は，民事訴訟の9割以上は「事件自体が勝訴判決を得ている」のであって，決して，訴訟代理人の法廷技術や担当裁判官の裁量によって勝敗が決まるものではないと思っている。その事件は，誰が訴訟代理人になって訴訟追行をしても，また，どのような裁判官が審理をしても，「勝つべき者が勝った」だけなのである。

　しかし，逆に言えば，全体の1割以下かもしれないが，訴訟代理人の法廷技術の巧拙あるいは裁判官の訴訟指揮の技術又は社会正義の考え方の相違等によって，当事者の正当な権利の実現がなされないことがあるともいえるわけである。そうだとすれば，裁判に関与する法曹は，こうした事態に至るのを極力回避しようと努力しなければ，国民の司法に対する信頼を失うことになりかねない。

　民事訴訟は的確な事実認定をすることが正しい判決をする前提になるが，実際の訴訟では，争いのある主要事実を直接証拠により認定できる場面などは少なく，多くの場合の事実認定は，間接事実と経験則の組み合わせにより主要事実を推認するという作業によって行われることになる。この作業は，法廷を主

宰する裁判官と訴訟代理人との協働により行われるべきものであるが，仮に両者が同じ要件事実論を共有していても，それらの者が持っている経験則ないし社会正義についての考え方あるいは審理に臨む際の心構えの相違によって事実認定が大きく影響されることも否定できない。そうすると，法曹各個人が有する経験則の内容や事実認定作業に関与する際の心構えなどが極めて重要な意味を持つことになる。

本稿は，勝つべき者が勝つ民事裁判を目指すために，訴訟に関与する法曹は，事実認定の作業に不可欠な経験則をどのようにして習得すべきか，また，どのような心構えで事実認定の作業に当たるべきかについて，主に法科大学院学生や若手法曹向けに，私の雑感を述べるものである。

2　社会経済情勢の変化と民事裁判への影響

いつの時代にあっても，勝つべき者が勝つ民事裁判でなければならないが，民事裁判の内容や態様等はその時代の社会経済情勢の動きが如実に反映されてくるし，それに伴い時代によって法的課題も異なり，裁判に関与する法曹の考え方ないし正義感，あるいは裁判に臨む心構えなども微妙に変化しているようである。

いま，過去半世紀にわたる社会経済情勢の変化とそれによる民事裁判への影響を顧みると，これを，(a)高度経済成長期，(b)バブル経済崩壊期及び(c)司法改革期の三つの節目に分けることが可能であり，それぞれの時期における民事裁判の特徴とそれから派生する法的課題等は，次に概観するとおりである。

(1)　高度経済成長期の民事裁判

(a)　公害訴訟等の多発とその特徴

わが国は，昭和39年の東京オリンピックの前後，すなわち昭和39年代前半から40年代の前半にかけて著しく経済の発展を遂げ，国民の全体が豊かになってくる。しかし，いわば「高度成長のひずみ」というべき現象から全国的に種々の紛争が発生し，それまでになかった新しい形態の民事事件が裁判所に次々と持ち込まれることになった。その典型が公害訴訟，薬害訴訟及び環境訴

第1章 要件事実・事実認定——総論

訟等の多発である。とくに，公害訴訟は，熊本水俣病，新潟水俣病，富山イタイイタイ病及び四日市ぜんそくの日本の四大公害訴訟といわれていた事件が係属した時代であるが，これらの公害訴訟は，民事裁判の実務に多くの課題を与える結果になった。

　これらの訴訟に共通する特徴を指摘すれば，第一に加害行為と被害との因果関係につき一定の科学論争が避けられず，事実認定に際し鑑定又は鑑定証人が重要な意味を持つこと，第二に被害者と加害者と疑われる企業との間に，いわゆる証拠の偏在状況があり，従来の立証責任論を単純に機械的に当てはめるだけでは公平な裁判ができなくなるおそれがあったこと，第三に被害者である原告の数が多く集団訴訟の形態をとるため，その審理の在り方などで訴訟運営上の工夫が不可欠となること，そして第四に被害者の早期救済が強く望まれる中，原告個々人の損害賠償額について従前の交通事故の裁判例で確立したいわゆる個別項目積上方式による算定等に拠っては，それだけで審理に一層の時間を費やすことになってしまうため，包括一律方式や慰謝料による損害賠償一本化など，従来の損害賠償論の枠からはみ出した考え方や特別の実務上の工夫が必要になったこと，などを挙げることができる。

　公害訴訟等は，ある日突然に被害発生が世に明るみに出るのが特徴であり，これに対する立法・行政による適切な救済措置が執られないうちに，被害者から裁判所に対し司法救済を求めるものが多い。そのため，その紛争解決に関する実体法・手続法上の課題に関する判例は乏しく，また，学者による十分な研究が尽くされないうちに，事件が先行発生してしまうものであるから，訴えを提起する原告訴訟代理人はもちろん，これを審理する裁判官も，いわば手探りの状態で審理をして判決しなければならなかった。

　つまり，この種事件の多発を契機にして，紛争解決に関与する法曹には，まず柔軟な思考力と高度の応用力・創造力が求められるようになったのである。

(b)　立証責任の軽減論等

　上述のように，公害訴訟等においては，加害行為や因果関係に関する事実についての証拠資料が加害者と疑われる企業側の手の内にあるという，いわゆる証拠の偏在状況にあることが多い。公害訴訟の多くは民法709条の不法行為に基づく損害賠償請求として構成されるが，従来の判例・通説の考え方によれば，

①加害行為と加害者の故意又は過失，②被害者に具体的損害の発生，③その損害と加害行為との因果関係のすべての事実について，被害者側に主張・立証責任があることになる。しかし，この論理を形式的に適用しようとすると，公害訴訟等では，とくに過失論・因果関係論につき必然的に一定の科学論争を伴うことになるので，従来の考え方に固執するとすれば，ほとんどの事例で被害者救済が困難になるおそれがある。

そこで，公害事件が社会問題となってきたこの頃から，学説の中には，科学論争を回避し，被害者と加害者との間に証拠の偏在状況を配慮して，公害訴訟に限って因果関係について証明度を軽減し蓋然性があれば足りるとか，あるいは証拠の優劣程度でよいとする立証責任軽減論等も現れた。しかし，証明の程度について，公害訴訟等だけを例外的に扱う考え方には説得力が乏しかったためか，裁判所はこうした学説に直ちに飛び付くこともできず，独自に弱者保護を図る論理を模索しなければならなかったのである。

私が担当した新潟水俣病公害訴訟（正式名称・阿賀野川有機水銀中毒事件，新潟地判昭46・9・29判時642号96頁以下）においても，患者の大量発生の原因が川魚にあり，その病因物質が有機水銀であることは解明されていたが，そこまでに至る汚染経路，つまり病因物質を含む汚染物質が工場で生成・排出されてから被害者の口に到達するまでの経路については，これを科学的に証明するのは困難である事案であった。つまり，仮に，その因果関係について自然科学的な因果の輪を一つ一つ立証しなければならないとすると，到底，被害者の救済はできないことになる。まして，被告会社側に多くの資料が偏在している状況では，被害者側の主張・立証は一層困難だといえる。そこで，間接事実と経験則の組み合わせによる事実上の推定の枠の中で，とにかく原告が証明すべき分担・範囲を明らかにし，被害者の負担を軽減したのである。すなわち，上記の因果関係について，①被害疾患の特性とその原因（病因）物質，②原因物質が被害者に到達する経路（汚染経路），③加害企業における原因物質の排出（生成・排出に至るまでのメカニズム）と分解して，「①②については，その情況証拠の積み重ねにより，関係諸科学との関連においても矛盾なく説明できれば，法的因果関係の面ではその証明があったものと解すべきであり，右程度の①②の立証がなされ，汚染源の追求がいわば企業の門前にまで達したときは，③については，む

しろ企業側において自己の工場が汚染源になり得ない所以を証明しない限り，その存在を事実上推認され，その結果，すべての法的因果関係が立証されたものと解すべきである」と判示した。

この判決の考え方については評価が分かれようし[1]，裁判体の1人である私がコメントをすべきではない。ただ，これを契機にして，その後の公害・薬害訴訟，環境訴訟あるいは医療過誤訴訟等のいわゆる専門的知見を要する事件において，過失や因果関係をめぐっての立証責任論が活発に議論されるようになったことは確かである。たとえば，学説においては，過失などの抽象的・不特定要件事実につき「一応の推定」や「表見証明」の理論が説かれたし[2]，また，最高裁（ルンバール・ショック事件・最判昭50・10・24民集29巻9号1417頁）も，医療過誤訴訟に特有な因果関係の成立（事実因果関係）について，「訴訟上の因果関係の立証は，一点の疑義も許されない自然科学的証明ではなく，経験則に照らして全証拠を総合検討し，特定の事実が特定の結果発生を招来した関係を是認しうる高度の蓋然性を証明することであり，その判定は，通常人が疑いを差し挟まない程度に真実性の確信を持ちうるものであることを必要とし，かつ，それで足りるものである」と判示して，この種の事件でも，その証明度は高度の蓋然性で足りることを明確にしたのである。

以上のように，この時期は，訴訟関係者及び研究者が次々と発生する新しい課題について真剣に悩み，弱者救済を視野に入れながら公平な紛争解決策を模索していた時代であり，また，証拠の偏在がある専門的事件の事実認定の在り方について，画期的なルールが形成し始めた時代であったといえよう。

(1) 藤原弘道「事実上の推定」民事訴訟法判例百選〔第2版〕81事件，賀集唱「損害賠償訴訟における因果関係の証明」新堂幸司ほか編・講座民事訴訟第5巻（弘文堂，1983）183頁等を参照。
(2) 中野貞一郎「過失の『一応の推定』について」同・過失の推認（弘文堂，1978）1頁以下。

(2) バブル経済崩壊期の民事裁判

(a) 執行・倒産・サラ金調停事件の激増

昭和の末頃までのバブル経済最盛期は，判決などの債務名義さえ得れば債務

者の任意履行が期待できた時代であったが，平成初年度のバブル経済崩壊期に入ると，金銭請求債権につき債務名義を得てもその実現が困難となり，債権者の効率的な債権回収の方法論が最大の課題となる。そのため民事執行手続が，債権回収の手法として重要な意味をもってくるようになるし，社会経済情勢の変化を最も敏感に反映する倒産事件は急増してくる。その以前は「破産者になることは恥ずかしい」というのが日本国民の一般的感覚であったが，この頃から多くの債務者は躊躇なく自己破産の申立てをするようになった。そうした意味で，この時期は国民感情が質的に変化した時代といえよう。

自己破産が増加すると，民事調停の利用が多くなり，民事紛争の解決手法として調停が民事訴訟と同比率の役割を担う時代に入るが，その民事調停のうち7割程度は多重債務分割支払調停（いわゆるサラ金調停）であり，これが平成12年2月から施行された特定調停法（特定債務等の調整の促進のための特定調停に関する法律）によって特化されることになる。この民事調停は，破産のいわば防波堤として機能することになる。

さらに，この時期になると，いわゆる執行妨害が一層巧妙化し，かつ，多発するようになり，その実務に関与する法曹にとっては，その対応策が重要な課題となり，種々の実務処理上の工夫を迫られた。

(b) 不良債権処理が社会問題化

バブル経済が崩壊して平成8年頃になると，金融機関等の不良債権の処理，金融システムの安定化が国家の緊急課題となり，まず住宅金融専門会社等の不良債権の回収を実効あらしめるための諸施策の一環として，同年6月に民事執行法及び同規則の改正がなされ，平成10年には，金融システムの危機に対応するため，いわゆる金融再生関連法案が成立することになる。その後，社会経済情勢の変化への対応という観点から，民法上の担保物権制度の見直し，執行手続面での執行妨害対策と手続の迅速化・合理化を目指した平成15年及び16年の担保物権及び民事執行制度の改善のための民法等の改正に繋がって行く。とくに倒産法関係では，平成11年12月に民事再生法（12.4.1施行）が成立し，その後，平成14年12月に新会社更生法（15.4.1施行）が，16年6月に新破産法（17.1.1施行）の成立が続き，さらに17年7月に成立した新会社法（18.5.1施行）に伴って特別精算手続も改正されることになる。

第1章　要件事実・事実認定——総論

　この時期は，不良債権の回収のため，あるいは金融改革・再生のために，毎年立て続けに様々な法改正が行われる状況であった。一言でいえば，債権者のために債権回収の方法の迅速化・効率化・多様化と，債務者の再生方法の多様化を図ったといえるが，その背景に不良債権の処理等の国家的課題があったせいか，私に言わせれば，一連の法改正の動きは，債権者の立場だけを重視するような内容が多くなり，債務者ないし利害関係人の立場に対する配慮を忘れていたのではないか，とさえ思えるのである。

　それ以前のバブル崩壊期の初期段階での裁判実務においては，関係者が種々の運用上の苦労をしたのは，債務者をはじめ利害関係人の権利・利益にも配慮しつつ，債権者の権利を実現しようとしたからであった。しかし，この時期における一連の法改正の内容をみると，不良債権の処理という社会全体の動きの中で，何か債権者の権利実現だけが優先されるようなものになっている。「勝つべき者が勝つ民事裁判」は，債権者のためだけでなく，債務者のためにも公平に適用されなければならないはずであるが，そうした視点が忘れられたような気がするのである。

(c)　現行民事訴訟法の施行

　この時期は，不良債権の処理が社会問題になったためか執行・倒産事件の処理に話題が集まり，民事訴訟の動きが忘れられそうであるが，平成8年6月に現行の民事訴訟法が成立し，平成10年1月1日から施行されている。同法においては，上記(1)の時代において公害事件等の審理でクローズアップされた課題のうち，集団訴訟等の扱いなど多くについて新しい規定を設けて立法的解決を図っているが，主要な改正は，全体的に迅速な審理を目指して争点整理手続を重視し，裁判所と当事者代理人による協働ないしは当事者主導による民事訴訟手続の進行を図ったことであろう。また，少額金銭請求債権の簡易・迅速な実現のために，少額訴訟手続の特則が設けられている。

　上記の裁判所と当事者代理人との協働による訴訟進行は，当初は弁護士会の協力を得られなかったものの，次第に理解されるようになり，とくに裁判所も迅速な裁判を目指して種々の運用上の工夫を試みる風潮が形成された。

(3) 司法改革期の民事裁判

(a) 裁判に対する国民の期待の変化（迅速性重視）

平成13年頃からは司法改革の議論がなされており，これを転機として司法をめぐる環境は大きく動くことになるが，そのなかで特筆すべき点は，①国民の司法に対する要望ないし期待の変化と②複雑困難な専門的事件の増加傾向であろう。

まず，この頃から，国民の司法に対する要望ないし期待が，「より迅速な裁判を求める」方向に大きく変化していることが窺える。近時の第一審民事訴訟の平均審理期間は，昔に比べれば飛躍的に短縮されているといえるが，国民感情からいえば，「まだまだ遅い」ということになる。国民は，総体的に「気が短くなってきた」のである。もともと，我が国では，伝統的に，国民は裁判官に対して緻密な裁判を求めてきたと言えるのであり「裁判所は必ず真実を認めてくれる」という国民の要望に対し，裁判官も一生懸命に応えようと努力してきた傾向がある。

裁判における適正と迅速は，よく車の両輪に喩えられるが，車の両輪といっても，一昔前は，私の感じでは「適正」「適正」と2回繰り返し唱えて「迅速」を1回唱える程度，こういう気持ちであったと思う。つまり，多少裁判に時間がかかっても裁判所が適正な判断をするので我慢して欲しいと言えば，国民も我慢してくれたわけであり，裁判の遅れに対しては，それほどの非難が寄せられなかったのである。

しかし，近年の経済情勢の変化により，一般に競争が激化し取引が迅速化したことから，それに伴い紛争解決の迅速化が非常に強く求められるようになり，これに加えて，上記の不良債権処理期からの一連の法改正が民事裁判の迅速化に拍車をかけることになったのである。司法改革期時代に入ると，昔とは反対に「迅速」「迅速」と2回繰り返えした後に「適正」が1回くる，そういう感じになってきたと思う。後に述べるように，この現象は，あまり行き過ぎてしまうと，勝つべき者が勝つ民事訴訟に結びつかなくなる危険がある。

(b) 専門事件の増加

ところが，事件処理の迅速化を進める上で障害になるのが，複雑困難な事件

の増加,とりわけ専門家の専門的知見が得られなければ紛争の解決ができない事件の激増である。そのため,その紛争解決の担当者の専門化が進められ,裁判所の専門部化が拡大されているようであるが,それには限界がある。そこで,専門家鑑定人や裁判官の補助をする専門家の確保が重要な課題になり,実務上の運用面での工夫が試みられ,また,平成15年の民事訴訟法の改正では,民事訴訟に専門委員制が導入されたことは周知のとおりである。

　裁判所には,上記の国民の期待に応えるために,こうした複雑困難な事件について,適正性を配慮しながらも迅速に処理することが求められているが,法曹には,専門事項の争点整理,鑑定の取捨選択,鑑定人の鑑定内容を理解のためにも,通常人が有する程度の常識,すなわち経験則の習得が欠かせないものになってくる。

3　民事訴訟の今日的課題

　以上のように,これまでの民事裁判の動きを概観したが,このなかで民事訴訟に絞って,その今日的課題を拾えば,次のとおりである。

(1)　裁判官主導から当事者主導ないし協働作業へ

　現行の民事訴訟法が施行されてから既に10年経過したことになるが,民事訴訟の事実認定における裁判所と弁護士の役割分担はかなり変化してきたといえる。全体的傾向としては,訴訟の進行については,従来の裁判官主導方式から,訴訟代理人弁護士との両者の協働作業の方式へと少しずつ着実に進んでいることは確かであり,いずれ,そう遠くない将来において法の理想とする当事者主導の法廷に進むものと期待することができよう。

　とはいえ,未だ現状では,未だに都市部と地方の裁判所での格差は否めないし,やはり裁判官の釈明権の行使の巧拙により大きな影響を受けているというべきであろう。

　いわゆる肩透かし判決を出さないためにも争点整理手続を重要視すべきであるが,弁論準備手続等の争点整理手続の活用は着実に実践されつつあるように思われる。争点整理を充実させるためには,裁判官の心証開示と釈明権の限界

が問題になるが，最近は，多くの弁護士に聞いてみても，積極的に釈明権行使をする裁判官に対して極めて好意的な評価をしており，むしろそういうタイプの裁判官を高く評価していることが窺える。これは，ひと昔前とは，かなり異なる現象であり，これからも，この方向は拡大するものと思われる。

　ただし，最近の若い裁判官は，当事者に対して事実関係についての釈明を求めるときに，法律的な視点だけから物を見てしまう傾向がある，との批判も少なくない。それが本当ならば，紛争事件の本質について誤解するおそれがあり，とんでもない事実認定が形成されてしまう危険がある。やはり，その事件の背景とか，紛争のストーリーとか，そういったものを聞き出す努力が必要であろう。そういう努力をしなければ，何か技術論だけが先行して訴訟が進んでしまうのでは，「勝つべき者が勝たなかったり，勝たすべきでない者が勝ったりする」結果になりかねないのである。

(2)　より迅速化への動きと適正との調和

(a)　拙速主義の弊害

　裁判のスピードが重視される時代になったといっても，やはり「裁判の適正」を忘れてはならないと考える。

　昨今，世の中の動きを反映して，現場の裁判官がかなり裁判のスピードを重視していることが窺える。これは，国民からの要請に応える変化でもあるから一面において評価すべきことではあるが，反面，それが行き過ぎてしまうと大きな弊害を生じさせることになってしまう。多くの弁護士から，「最近の裁判官は，迅速を重視するあまり，裁判の適正さを忘れているのではないか」などという批判の声を聞くことがある。単に事件を片づければよいとする一件落着主義ではないかとか，裁判官が真実を見分けようとする姿勢に欠けているのではないかとか，あるいは当事者のためを考えた紛争解決をしていないのではないかとか……等々，こういった批判を耳にするのである。とくに，頭の良い裁判官ほど拙速に当事者の主張の当否だけで結論を出してしまうせいか，そうした傾向にあるといわれている。もちろん，こうした批判には誤解を前提にしたものもあるかもしれないが，上記の司法改革期に入ってから，スピードを重視する裁判官がかなり多くなっているのは事実であるだけに，中には少しやり過

ぎと思われる事例があることも否定できないようである。
　裁判の「適正」と「迅速」というのは，上述のように，その時代の要請によって若干比重の置き方が異なることはあっても，基本的にはバランスがとれたものでないといけないわけであるし，そうしてこそ「勝つべき者が勝つ裁判」に繋がることになるのだと思う。裁判官としては，当然のことながら，「当事者のためを考えて紛争の解決をする」という姿勢を忘れないで欲しいものである。

　(b)　**陳述書偏重の危険性**
　最近の民事訴訟では，証人又は本人尋問に代えてそれらの陳述書を提出させる扱いが多いようであるが，私としては，この点が大変気にかかる。もちろん，旧民訴法時代にも，人事訴訟や労働関係訴訟において，争点に至るまでの経緯等について関係者の陳述書を提出させて，証人等の尋問時間を短縮する手法として用いられたことはあるが，現行の民事訴訟法施行後の実務では，通常の訴訟事件においても，かなり多用されていることが目立っている。証人等の尋問時間を短縮するためでなく，これをもって人証に代えてしまう扱いが少なくないと感じている。言うまでもなく，口頭弁論主義，直接主義の要請により，裁判所は，証人又は本人に対し直接尋問をして心証を得るのが原則であり，このような書面重視の審理では本当に真実の認定ができるのか，ひいては「勝つべき者を勝たせる裁判になっていないのではないか」と心配している。
　こうした陳述書偏重の傾向は，裁判の迅速化重視の副作用だと思うが，到底，当事者の納得を得られるものではないと考える。

(3)　事件を解決するのではなく紛争の解決を

　裁判の一層の迅速処理を求められ，これに応えようとすると，ややもすると，訴訟技術論だけで結論を出してしまう裁判官が現れる。これが，要件事実教育の弊害だと指摘する論者もいるようである。しかし，改めて説明するまでもなく，要件事実論は裁判所が当事者の申出に基づく証拠調べを実施して，裁判官の心証が尽きるところで機能すべきものであって，仮に裁判官が最初から立証責任により結論を出しているのだとすれば，それは要件事実論を誤解しているというべきであろう。

大都市裁判所の裁判官のなかには，証人調べを実施しないことを自慢している者さえいると聞くことがあるが，おそらく頭の良い裁判官は，当事者と議論しているうちに直ぐ先の結論が読める，だから弁論をしているうちに結論が出てしまうということであろう。もちろん，徒に証人尋問をすることは誉められないが，そうだからといって，証人調べを実施しないことを自慢することはない。

　事実認定は慎重にすべきであるし，事案によっては，ある証人調べが当事者への説得に役立つこともあるわけだし，たまには，本人尋問が無駄だと思っても，少しでも親切に聞いてやることが，その裁判官の判決に対する当事者の納得，あるいは裁判の信頼へと繋がっていくのだと考える。昔のように，じっくり，ゆっくりと職人のような仕事ができる時代ではないことは確かであるが，とにかく迅速処理のために結論を急ぐという「一件落着主義」は避けなければならない。

(4) 画期的判決より半歩前進の判決を

　現代型の事件先行型の訴訟においては，裁判官としては，未だ研究の対象にされていない新しい問題についても，とにかく早急に判断を迫られるので，大いに悩むことになる。こうした事件の原告弁護団は，裁判所に対して，従来の法解釈から飛び出して「画期的判断を求める」などと主張することが多い。もちろん，裁判官が終始保守的になっていて新しい課題について積極的に解決しようとする姿勢を持たなかったり，本当の被害者を真剣に救済しようという気持ちを抱かなかったり，あるいは正義を実現しようという精神を忘れてしまうようでは，国民から司法は信頼されないであろう。事案に応じて，時によっては勇断に画期的判決を書く覚悟も必要であると思う。

　しかし，代理人弁護団が裁判所に対し「従来の考え方から一歩も二歩も出てくれ」と主張しても，裁判所は，それには簡単に応じるべきではない。代理人としても，裁判官に対し「従来の考え方を前提にして，少し工夫をすれば，あなたは半歩だけ前に出ていけるはずだ，ぜひ半歩でも出てくれ」と，こういう説得をした方が効果的だと思う。そういわれると，裁判官も，半歩ぐらいなら出てみよう，という気になり，弱者救済のために何とか工夫をしようと努力す

ると考えるからである。従来の考え方から，一歩も二歩も出てしまえば，上訴審で破れる可能性があるし，仮に破れてしまうと，裁判官は自己満足することができても，結局は，当事者に迷惑がかかることになる。裁判官としては，少しでも考え方を前進させる場合でも，上訴審では破られないという見込みと，上訴審を説得するほどの自信を持つべきであろう。通常は，気持ちとしては半歩出るような姿勢を持つ，その方が実現できそうな気がするのであり，しかも半歩ずつ2回出れば一歩となるのである。一つの課題で多くの下級審判決が半歩ずつ出れば，それが積み重なり，場合によっては二歩も三歩も出た結果と同じになるのであり，そういう過程を繰り返しながら，法解釈論が前進していくのだと思うのである。

4　事実認定における経験則の役割

(1)　事実認定の一般的手法（間接事実及び背景事情の役割）

　たとえば，原告Aが被告Bに対し家屋の売買代金の支払いを求める訴訟において，この売買代金の請求債権の存在を直接証明することはできない。そこで，こうした権利関係の存否は，権利の発生・消滅という法律効果を規定する実体法規の構成要件（要件事実）に該当する事実（主要事実）が存在したかどうかを判断することによって行われる。

　この主要事実を直接証明するためには，関係者の証人や当事者本人の供述も考えられるが，仮に「売買契約書」でもあれば，それによって売買の存在を直接証明することができるであろう。しかし，こうした直接に証明することができる証拠があれば当事者双方は納得せざるを得ないのであるから，こうした事例では，もともと紛争が起きて裁判に至るようなことが少ないといえる。逆にいえば，裁判所に持ち込まれて本格的に争われている事件では，このような契約書等の直接証拠がない事例がほとんどなのであろう。

　そこで，裁判実務では多くの場合，たとえば，①原告Aが甲家屋に居住するために引越しの準備をしていた事実や，②被告Bが資金繰りに困っていて前から所有家屋を売りたがっていた事実など，売買契約締結の事実の存在を裏

付けるような間接事実が主張されるわけである。そして，我々の経験則によれば，こうした①②の間接事実が一個又は数個を重ね合わせ，これに他の証拠を併せると，原告主張の売買契約締結という主要事実の存在を事実上推定することができる，ということになる。このように，民事裁判の実務では，間接事実が重要な役割を担うことが多いのであり，それだけでなく，主張される契約締結の前後における各当事者の動き等の背景事情も，主要事実の認定をする際には，大きな影響を与えることになる。

　もちろん，主要事実の存否が争点になる場合，証人の証言等が重要な証拠資料になり得るが，時には当事者本人の供述も重要な決め手になることもある。本人の供述には，紛争事件の背景となる諸事情や当事者の事件をめぐる感情等が記載されているのであり，これから，その紛争事件全体のストーリーがよくわかることが少なくない。法的な争点だけを見ていると，まさに「木を見て森を見ず」の喩えどおり，事件全体の構図を見失ってしまうことにもなりかねないのであり，この紛争の全体的ストーリーこそ最も大切なことだと言っても過言ではない。若い弁護士の中には，裁判所は要件事実論だけで裁判をしているものと誤解している人も少なくないが，裁判所は，事件の真相を知るために，間接事実やその背景事情を重要視しているのである。

(2) 事実上の推定と経験則

　民事裁判では，裁判官は，審理に現れたすべての適法な資料に基づき，法律上なんらの制約も受けずに論理法則と経験則によって自由な判断で，事実の存否につき確信を得ること（心証形成）ができるとされている（自由心証主義）。ただ，これは，決して裁判官の恣意を許すものではなく，その判断はあくまで論理則と経験則に従った合理的なものでなければならないといわれている。ここで論理則とは論理学の公理である思考の法則であり，経験則とは，個別的経験から帰納的に得られた事物の性状や因果の関係等についての知識と法則といわれており，これには日常の常識に属するものから，高度の専門の職業，技術又は科学上のものも含まれる（ただし，通常人が知らない専門的な経験則は，鑑定等の証拠調べによって得なければならない）とされている。

　この経験則の働きによりある事実の存在が推認されることを事実上の推定と

いうが，裁判実務では，さきほど述べたように，間接事実の積み重ねをして，これに経験則を適用し事実上の推定を働かせて主要事実を推認するという認定作業が多いのであるから，結局，民事訴訟における事実認定においては経験則が重要な役割を果たしていることになる。

　事実認定の作業の際，多くの場合，①当事者間に争いのない事実と，②一応争いはあるものの，契約書などの客観的な証拠により確実に認定できる事実(動かし難い事実)，それに③原告，被告のそれぞれの主張が対立していて本格的に争われている事実に分けることが可能である。最終的に，裁判所は，①②の事実に，③のうち原告の主張する事実(a)あるいは被告の主張する事実(b)とを比較し，(a)(b)のどちらに結びつけるストーリーが，より合理性があるかどうかで判断をし事実認定しているのだと思う。つまり，原告側の仮説（①-②-③(a)）と被告側の仮説（①-②-③(b)）のそれぞれについて，裁判官は，帰納的に検証をして，どちらに合理性があるか，それを経験則によって判断しその一方に軍配を上げている，と言ってもよいかもしれない。ベテラン裁判官は，「原・被告の主張のうち，どちらが『筋が良いかどうか』で勝敗を決めているよ」と言うことがあるが，このことを指している。

(3)　事実認定が経験則違背とされた事例

　一般的には，経験則とは通常人の「常識」である，と言っても誤りではないと思うが，これは，その時代の文化の発展や社会の変化等によっても異なってくるものだし，その人の体験や人生観，社会観等によっても微妙に違ってくるかもしれない。

　しかし，裁判官が経験則に反して事実を推認することは許されないとされており，これに違反して事実認定をすると，法令違反として一定の範囲で（ただし，その根拠・理由付けやその範囲は学説によって異なる）上告理由又は上告受理申立ての理由になってしまう。そこで，上告審において，原審の事実認定が経験則に違背するとの理由で原判決が破棄されることがあるわけである。たとえば，上告審が控訴審の事実認定が経験則に違背したものとして原判決を破棄した事例を挙げてみると，①土地の取引が売買契約なのか賃貸借契約なのかが争われた事案で，賃貸借契約であるとした事実認定が経験則に違反するとされた事例

(最判昭54・9・6金法910号44頁)，②同一所有者から隣接する土地を買い受けた者の間で係争地の帰属が争われた事案において，土地の一部の売買でなく一筆の土地全部が売買されたとの事実認定が経験則に違反するものとされた事例(最判昭61・2・27判タ601号43頁)，③関連新聞社から記事の提供を受けてこれとほぼ同一内容の記事を掲載した新聞社に対する名誉毀損に基づく損害賠償請求訴訟において，被害者が同記事の掲載を認識したとの事実認定が経験則に違反するとされた事例(最判平14・1・29判時1778号66頁)，④県と市との間に使用貸借を認めなかったことが経験則に違反するとされた事例(最判平15・11・14判時1859号19頁)，⑤請負契約書・領収書等の書証の成立や証拠価値などを十分に検討しないで委任事務処理費用の支出が認められないと認定判断したことが経験則に違反するとされた事例(最判平16・12・7判時1895号38頁)，⑥数個の間接事実から不動産の売買による所有権取得を認めなかった認定判断に経験則違反があるとされた事例(最判平16・12・16判時1895号40頁)などがある。こうした事例においては，同じ間接事実に基づく主要事実の事実上の推定が，下級審裁判官と上告審の裁判官とによって結論を異にしたわけであり，上級審によって下級審の裁判官の判断が経験則に違反するものと判断されている。これらの事件については，第一審及び控訴審の審理に関与した裁判官を含めると，多数の裁判官が同一の事実認定の問題に関与したことになるはずであるが，最終的に結論を異にしたということは，各裁判官の有している経験則が微妙に異なっていたからだ，ということができよう。

(4) 専門的事件の事実認定と経験則

一般に民法709条の不法行為による損害賠償請求を求める場合には，加害者の故意・過失とともに加害行為と被害発生との因果関係についても，被害者側で主張・立証しなければならないと考えられる。たとえば，「青酸カリを飲ませて殺害した」と主張する場合，その因果関係の証明は難しくはない。何故ならば，青酸カリが人を殺害するに十分な猛毒であることは，我々の常識的な経験則の範囲内であるからである。

しかし，公害訴訟などでは，ある企業が事業活動をすること自体は適法であり，たとえば，当該企業の工場で廃水を川に放出していたという事実があって

も，その事実と，下流の沿岸住民が川魚を食べて中毒を発症した事実とは，一般の経験則（常識）では，直ちに因果関係が結び付くものではない。そうかと言って，これらの因果の環の一つ一つについて逐次自然科学的な解明をすることは，極めて困難な作業となり，前掲の新潟水俣病公害訴訟のような化学公害などでは，因果関係の立証のために高度の自然科学上の知識を必須とすることになる。もし従来の民法解釈の原則どおり，被害者にこの科学的解明を求めることになれば，民事裁判による被害者救済の途を全く閉ざしてしまう結果になるので，上述のように，事実上の推定の考え方を取り入れて証明責任を実質的に軽減する手法が検討されることになる。そうは言っても，公害，薬害事件などでは，必ずこうした専門的な経験則が問題になってくるのである。

　もちろん，この種事件では，その因果関係を立証するために，原告・被告双方から鑑定申請をするのが通例であり，その場合，その分野での専門家が鑑定人に選任される。しかし，裁判官も代理人弁護士も，まず事案の争点を理解するために，そして鑑定の採否を決める前提として，あるいは鑑定人又は鑑定証人（専門家が訴訟外でなされた実験に基づく事実や認識について専門的な立場で証言する）の内容を理解するために，一般的な経験則のほかに，ある程度の専門的経験則を知っておく必要があるのである。

5　法曹はどのようにして経験則を身に付けるか

　最後に，勝つべき者が勝つ裁判を目指すために，若い法曹はどのような心構えを持つべきか，また，的確な事実認定をするに不可欠な経験則（社会常識）をどのように取得すべきかについて，私見を述べてみたい。

(1)　社会経済情勢の変化に即応する姿勢

　既に述べたように，近年の社会経済情勢の変化は誠に目まぐるしいものであるが，まず，この変化に即応できる法曹でなければならない。社会経済情勢の変動によって，各時代に惹起する紛争の内容や形態等も変わってくるし，それに応じて種々の関連法等も創設・改正されたりする。いわば瞬きしているうちに，どんどん法律改正や制度変更がされている時代であるから，「時代の流れ

を読めてこれに即応できる法曹」であることが必要である。そのために，社会経済情勢の変化，立法・行政の動きを含めて，常に最新情報に接触し，情報交換をしていく必要があろう。

また，これから民事紛争が一層複雑かつ困難になることが予想されるので，当然，法曹はプロとして，高度の紛争解決技術を備えなければならない。情報量が非常に多い時代であるから，あらゆる分野について高度な知識を取得することは難しいかと思うが，若い法曹は，いずれかの専門家を目指していくべきだと思う。プロとしての技術・専門性に欠ける者は，将来必ず排除されると予測できるからである。

(2) 世の中の病理現象だけでなく生理現象を知る

公害や薬害訴訟等のような事件先行型の紛争が裁判所に持ち込まれると，その複雑な困難な紛争を処理するためには，これに関与する法曹には，応用力，創造力及び決断力が求められることになり，その前提として，まず法曹には豊富な社会常識・経験則を身に付けてもらわなければならなくなる。

バブル経済の崩壊期に入ってから，とくに裁判の一層の迅速化が強調されたために，裁判事務のマニュアル化が進められたようであるが，時代の変化に気がつかないでマニュアルを金科玉条のようにして仕事をする法曹は失格であろう。最も怖いことは，法曹がサラリーマンのような生活を続けていても，一応仕事ができてしまうことである。極端に言えば，法律上の理屈だけで事件処理をすることも可能なのである。他の職業のなかには，社会常識を欠いてしまうと失敗してしまうものもあるのに，法曹の仕事には，そうした場面が露呈しないことが多いため緊張感に欠けていると批判されることがある。しかし，一般市民の常識から外れた判断では，「勝つべき者が勝つ裁判」が実現することにはならないことは確かである。

上述のように，民事訴訟の事実認定においては経験則が重要な役割を持っているが，その場面では，事件という病理現象についての事実認定をする際に，法曹は世の中の生理現象における経験則，すなわち社会常識によって人の合理的行動を予測し判断せざるを得ない。そのため，法曹には豊富な社会常識・経験則を有していることが要求されるのである。

法律ばかりでなく，その隣接周辺科学の知識や普通の市民としての常識を取得しなければ正しい法律解釈もできなくなる。社会常識は，もちろん読書によっても得られるが，それには限度があるので，視野を広めて自ら見聞し体験することによって広く醸成することが必要である。そのため，法科大学院では，こうした視点から，多種多様な授業内容を用意しているのである。

(3) 視野を広めるために異業種間交流のすすめ

最近，官庁でも民間会社でも，「異業種間交流」が勧められていると聴いている。自分の所属する業界とは異なる世界の人と積極的に接触し交流することが，自分の視野を広くし豊富な常識を身につけることに大変有益なことだからである。何も難しく考えることはなく，たとえば，自宅と学校あるいは自宅と職場の間で，毎日通学・通勤しているコースを時々変えることにすれば，違った世界に接触することができるし，そうした日常の積極的行動の積み重ねによって常識を醸成することもできるのである。

(4) **正義を貫く姿勢を持つ法曹**

社会経済情勢の動きに反映して民事裁判の態様・内容等が変化するので，これに関与する法曹には，時代に応じていろいろな工夫が求められる。我々の先輩たちは，その時代において常に何が正義かを考え，その正義を実現するために，債権者と債務者あるいは他の関係人との利害調整に配慮をし，その点で大いに悩みながら試行錯誤を重ね工夫をしながら種々の解決策を編み出してきたのである。ときには，法律の条項についてかなりの拡大解釈をしてきたことも否定できないが，それが正義の実現であったために，国民から非難されず是認されてきたこともある。法の解釈，運用上の工夫は正義を実現する方向でなされなければならず，これができない者は法曹として失格である，と私は思う。

(5) **人情の機微がわかる法曹**

裁判制度は，言うまでもなく，人と人の紛争をできるだけ円滑に解決することを目的としているのであるから，紛争の関係当事者のためにならないような解決は，それが論理的に間違っていなくとも，決してすべきものではないと考

える。

　反対に，結論に影響のない訴訟手続でも，当事者の納得に役立つものならば無駄なものと考えるべきではないと思うのである。たとえば，本人尋問を実施することが，仮に判決の結論を出すために役に立たなくても，それで本人が法廷で言いたいことを供述して満足できるならば，それにより裁判制度の信頼が上がるのであり，決して無駄と考えるべきではないと思う。最近の法曹は，迅速性を強調する余り，こうした余裕がなくなってきた感じがするが，こうした時代だからこそ，人の機微がわかる法曹が求められていると思う。

6　むすび

　これからも，司法をめぐって大きく変動が予想される。法曹は，国民の司法に対する信頼を得るためには，いつの時代でも「勝つべき者が勝つ民事裁判」を目指して，新たな課題に取り組み，実務の工夫を重ねていかなければならない。

　また，私たち，法科大学院に籍を置く者としては，以上述べたような，時代の動きに即応できるような優秀な法曹を育てるように日々努力しようと自省・自戒したいと思う。

法律事務所における事件処理と要件事実の実際

山浦 善樹

1 はじめに

(1) 本人訴訟の世界

　過去数回にわたり司法研修所（第一部）の判事補6年実務研究に参加させていただいたことがある。毎年違う研究員であるにも拘わらず，何人かは毎年同じような内容の研究テーマを提出してくることに気づいた。それは「本人訴訟の場合，事案の把握に時間を要する上，当事者双方の法律的主張が不十分なため，審理が渋滞しがちである。裁判所が弁護士の役割を果たすことを期待されているような感もあり……審理に気を遣うことが少なくない」，あるいは「本人訴訟が占める件数は相当数にのぼるが，請求や主張の内容，紛争の実体，争点の把握，証拠関係をどのように整理するかなどの点で苦慮することがしばしばである。本人訴訟において，早期に争点を把握し，審理を充実させるためには，どのような工夫をすべきか」という問題提起である[1][2][3][4]。

　こういうとき，私はいつも「とても重要な問題です。裁判官は法廷では弁護士を相手にするのが通例で，本人訴訟の審理は慣れないため苦労をするかも知れませんが，実は，弁護士は毎日が本人訴訟の連続なのです。弁護士も法廷では裁判官と法律に従って整理された弁論をしていますが，いったん法律事務所に戻ると，すべて本人訴訟です。依頼者の説明に耳を傾けてその要求を正確に聞き取ろうとしますが，依頼者の説明が法律的に整理されていないため一から

十まで苦労します。しかし多くの弁護士はこれこそが弁護士の役割だと考え，それを果たすために努力しています」と説明してきた。

最近は法科大学院のカリキュラムの中にローヤリングという科目ができ，弁護士の法律相談・事情聴取におけるヒアリング技法の導入の必要性が唱えられている[5]。弁護士業務も「対人援助業務」のひとつであり，依頼者の不安を解消し，依頼者が自らの力で問題の整理と方向性を見いだすことができるようにサポートすることが重要である。またクライアントの相談，悩みごとは裁判の勝ち負けという結果だけではない[6]から，ケースの解決に至るまでの過程において信頼関係を構築し，共感的理解に心がけることも重要である。この分野では法律家より経験豊かな医療や社会福祉関係者，カウンセラー，セラピストなどの専門家の技法を勉強し，事件処理に活かすことが喫緊の課題である。

しかしながら法律家が扱うケースはカウンセラーが扱うケースとは本質的に異なる。法的紛争の色合いが濃くなるにつれ，訴訟が近づくに従って情況は変わってくる。こうなると，悩み事は勝ち負けだけでは解決できないとはいっても，やはり裁判では勝ち，負けという結果は避けて通れない。しかも訴訟では正義が勝つとは限らない。むしろ訴訟の多くは正義と正義のぶつかり合いである。また訴訟は歴史的な真相を解明するところでもない。弁論主義のもとでは相手方との関係で優劣が決まる。訴訟は互いに限られた時間と費用で効果的な情報・証拠を収集することで勝負がつく世界である。クライアントとの対話や信頼関係の構築による自己変容では間に合わないだろうし，依頼者の要求をその目線で理解し，協力関係が形成されたとしても，法的武装が稚拙であれば，結局は依頼者の権利を実現することができないからである[7]。

本稿は，法律事務所における法律相談又は事件の受任と事件遂行というありきたりの法律事務処理の中で，弁護士は連日，いわば本人訴訟を繰り返しているが，依頼者の要求をどのようにして聞き取り，それを裁判官に伝えるためにどのような工夫をしているかについて，主として訴訟活動の局面に範囲を絞って，要件事実の機能という切口で，しかも自分自身の自戒と反省の気持ちを込めて，その実態を検討しようというものである。

(1) 本人訴訟については棚瀬孝雄・本人訴訟の審理構造（弘文堂，1988）という名著がある。本件テーマと関係するのは72頁の「弁論の実効化」（原典は判タ463号6頁

第1章 要件事実・事実認定——総論

（1982））で述べられている本人訴訟の特有の弁論規範であるが，法律事務所における法律相談・事情聴取の関係でも啓発されるところが多い。このほか「語りとしての法援用—法の物語と弁護士倫理—」棚瀬孝雄・権利の言説：共同体に生きる自由の法（勁草書房，2002）127頁参照。和田仁考「法廷における法言説と日常的言説の交錯—医療過誤をめぐる言説の構造とアレゴリー—」棚瀬孝雄編著・法の言説分析（ミネルヴァ書房，2001）43頁は要件事実論そのものを扱うものではないが，法廷における言語（要件事実）に慣れ親しんだ裁判官や弁護士が本人訴訟や法律事務所での事情聴取におけるむき出しの意見（日常的言説）に戸惑いを感じ，他方，事件本人は裁判官や弁護士に対して自分のありのままの気持ちを理解してもらえず疎外感を感ずる状況を法社会学的な立場から指摘している。

(2) 東京地方裁判所民事部本人訴訟検討会「本人訴訟に関する提言」判時1756号3頁（2001）は本人訴訟について裁判所書記官の立場からの提言をまとめている。

(3) 難波孝一＝石崎實＝立脇一美＝行田豊・少額訴訟の審理方式に関する研究（司法研究報告書第54輯第1号，司法研修所，2001）は本人訴訟（許可代理を含む）が多くの割合を占める少額訴訟の審理の在り方に関する研究だが，その成果は裁判所だけではなく，法律事務所における相談や事情聴取にも有益な示唆が多い。

(4) 民事訴訟実態調査研究会（代表竹下守夫）・民事訴訟の計量分析（続）（商事法務，2008）でも，いくつか本人訴訟の傾向が掲載され，第一次調査（民事訴訟の計量分析，商事法務，2000）と比較されている（特に57, 93, 320, 471頁等）。

(5) 法律相談の技法に関する文献は次のようなものがある（最近の単行本のみ）。菅原郁夫＝下山晴彦編・21世紀の法律相談（現代のエスプリ415号，至文堂，2002），加藤新太郎編・リーガル・コミュニケーション（弘文堂，2002），波多野二三彦・リーガルカウンセリング—面接・交渉・見立ての臨床（信山社，2004），大澤恒夫・法的対話論（信山社，2004），菅原郁夫ほか編・法律相談のための面接技法（商事法務，2004），中村芳彦＝和田仁孝・リーガル・カウンセリングの技法（法律文化社，2006），菅原郁夫＝下山晴彦・実践法律相談面接技法のエッセンス（東京大学出版会，2007）等。

(6) 依頼者の要求は法的判断の結果（勝ち負け）だけではない。生活の立て直し，人間関係の改善や修復が目的の場合もあれば，単に裁判官や弁護士に苦情や不満，不安を聞いてほしいという場合もある（菅原郁夫「法律相談における面接技術研究の試みとその意義」前掲注(5)の21世紀の法律相談32頁以下参照。菅原先生の論考は前注のほかにもたくさんありいずれも貴重なものばかりである。例えば前掲21世紀の法律相談の冒頭の「座談会法律相談の現在と未来」を読むだけでこの分野の弁護士の認識の偏りとこの分野の今後の研究・教育の重要性を教えられる）。

(7) 企業と戦うこともできない弁護士には市民の法律相談はできない。かつて司法研修所教官をしていたとき，ある司法修習生が「将来，私は地域の市民を守る弁護士にな

るから，金融関係法，知的財産権法等の企業法務はあまり得意ではない，カンセリング等もっと市民のために役立つ勉強をしたい」という意見を述べたので，「法律相談やカウンセリングの技法の勉強も重要だが，市民派の弁護士であっても企業側の弁護士と戦う技術・パワーを修得しないのでは，法廷は市民派の弁護士の屍の山になるだろう」と説明したことがある。もちろんその修習生が企業法務を猛烈に勉強したのは言うまでもない。いくら技術があっても他者に対する配慮のない弁護士では困るが，法廷で戦う技能をもたない弁護士はそれ以上に問題である。

(2) 民事裁判における二段のコミュニケーション

判事補実務研究会における研究員の「本人訴訟の場合，裁判所が弁護士の役割を果たすことを期待されている」という指摘は，民事裁判における法廷と法律事務所との二重構造について見事に言い当てている。弁護士にとって，裁判官と依頼者，どちらが上か下かは意見が分かれようが，一方において裁判官とのコミュニケーションがあり，他方では依頼者とのコミュニケーションがある。前者で使う言語は要件事実だが，後者では要件事実は使えず，いわゆる本人の怒りや悩みが渦巻くまさに混沌とした世界である。弁護士はこの上下2方向の情報伝達，二段のコミュニケーション活動の中で生きている。法廷における裁判官とのコミュニケーションの重要性は言うまでもないが，それを支えるのが依頼者とのコミュニケーションであり，そのどちらか一方が不充分だと情報伝達のボトルネックとなるから，期待どおりの成果を上げることはできない[8]。

(8) プロセスカードを工夫した福田剛久判事の説明によると，記載内容や表現方法に工夫を凝らし，弁護士がこのカードをコピーしてそのまま依頼者に渡すこともできるように配慮したという（萩尾保繁ほか「新民事訴訟法施行後の訴訟運営をめぐる懇談会(3)」判時 1471 号 3 頁（2001)，特に 23 頁以下の福田判事の発言。山本和彦編・民事訴訟の過去・現在・未来（日本評論社，2005）35 頁以下の福田判事の説明参照）。裁判官・弁護士・当事者という二段のコミュニケーションの重要性を前提とし，依頼者にとっては自分の事件に関するホットな情報を，弁護士による伝達と併せて（頭越しではなく），裁判官から直接伝えてもらえるところにプロセスカードの重要な役目の一つがある。要件事実の世界（二段目のコミュニケーション）と市民の日常的言語による生の紛争の世界（一段目のコミュニケーション）を補完するいわば第三のコミュニケーションの工夫であり高く評価したい。今後は，裁判官，弁護士，必要によっては利用者を交えて，裁判官と書記官の負担軽減の工夫，弁護士の協力方法等，効果的な利用法を検討すべきである。

第1章　要件事実・事実認定——総論

(3) アバウトブロック・ダイアグラムの効用

　弁護士の場合，司法研修所においては組織的な研修を受けているが，弁護士登録後の組織的な継続研修体制は極めて不完全である。その結果，司法研修所で鍛えられた法廷の共通言語（要件事実，間接事実，補助事実などの仕分けと統合の技法）の世界から徐々に離れてゆく[9]。その結果，弁護士は，要件事実は裁判の終盤，例えば陳述書作成，証人尋問の打合わせをする段階になって，あるいは最終準備書面の起案の段階になって初めて考える[10]。

　要件事実については，これまで誤解又は表面的な理解にとどまってきた[11]。要件事実は暗記物であるとか，事案の重要な部分を削ぎ落としていわばガイコツとしてしか見ないから紛争の本質を見失うとか，裁判官の判決起案のための作業に過ぎないなどと言われたこともある。要件事実論の修習の際に見られた指導教官の後輩に対する綿密で入念な指導又は二回試験の重圧のため，要件事実論は多くの弁護士にとっては負担又は一種のトラウマのような痕跡となって残っているように思われる。

　しかしながら，本来，要件事実論は記憶する教典ではなく，どんどん使い込んでゆく道具のようなものである。しかもそれは使い捨ての道具でもある。司法研修所の『六訂民事弁護の手引』[12]においては，初めて「アバウトブロック・ダイアグラム」というコンセプトをもちいて指導した。証拠ひとつでストーリーが変わることがある。構成が変わったら古い仮説を捨てて新しい仮説に移行する。依頼者の説明にこれまでと異なった事実があることに気づいたら，さっさと古い仮説を捨てることが重要である（使い捨て主義は不可避である）。一段目のコミュニケーションの段階では，要件事実の細部に拘らずに，いずれ書き換えなければならないものだから，軽いもの，使い捨てのし易いものを心がけることが必要である。こういう気軽に使い捨てできるものをフル回転させれば訴訟における二段のコミュニケーションは旨く進められるし，その技法は普段の法律相談，契約，交渉などにも，負担を感ずることなく，積極的に利用することができる[13]。

　(9)　歌舞伎役者が毎日，裸踊りをし（尾上梅幸の裸踊りの講演については高野耕一「民事訴訟における主張・立証責任」日弁連・特別研修叢書昭和52年度（日弁連，1977）

法律事務所における事件処理と要件事実の実際

1007頁以下参照)、野球選手が毎日、走り、ノックを受け、オペラ歌手が毎日、発声練習をするのに、どうして弁護士だけが基礎的なトレーニングをしないで済むのか、弁護士だけ別格ではないはずだ。

(10) 直接的には書証の提出と陳述書の作成時期との関係についての発言ではあるが、裁判官から法律事務所における仕事の手順の非近代性について指摘されたとき、ぬるま湯的な訴訟準備をしてきた弁護士にとってはショックだった(福田剛久判事の懇談会(萩尾保繁ほか「新民事訴訟法施行後の訴訟運営をめぐる懇談会(1)」判時1735号3頁(2001))における発言、特に23、26頁)。私なりに解釈すれば、五月雨式訴訟では五月雨式の事情聴取(訴訟提起から数か月後の証人調べの段階までダラダラと事情聴取をしてゆき、最後の段階でようやく本腰を入れて調べる方法)でもよかったが、計画的な審理のもとでは、このような事情聴取では追いつかない。一段目のコミュニケーションは、二段目のコミュニケーションのピーク時の相当前に、要件事実はもとより、間接事実や証拠のレベルまで完了していなければならない。

(11) 要件事実に対する研究者のこれまでの姿勢が誤解に基づくものであることについては多くの研究者から指摘されているが、簡潔、的確に指摘したのは、高橋宏志「跋—要件事実論への誤解」伊藤滋夫=山崎敏彦編著・ケースブック要件事実・事実認定〔第2版〕(有斐閣、2005)515頁(第1版、2002年では370頁)であると思う。高橋先生は民事法廷が「人工的人為的に作られた空間」であることを指摘しているが、これは一段目のコミュニケーションでは市民の日常言語による伝達が通用するが、二段目のコミュニケーションが行われる空間では要件事実という高度に専門的な情報伝達の方法が取られているという考えに通ずるものがあると私は理解した。これは冒頭の判事補6年実務研究における判事補の問題提起や棚瀬ほかの前掲注(1)の本人訴訟の問題、民事裁判における事件本人の疎外等と共通しており、今後市民が直接参加する裁判制度(民事調停、本人訴訟、裁判員制度、刑事事件における犯罪被害者の参加等)における専門家のサポートの方法、市民の司法参加における弁護士の役割を考えるにあたり忘れてはならないことだと思う。

(12) 新民訴法の歴史的意義と弁護士業務に対する影響力を理解させるために、民事弁護教官室は平成9年11月、6訂版を発行し、特に「新民事訴訟法と弁護士業務」(24−41頁)を新設し、新民訴法のもとにおけるブロック・ダイアグラムの機能と裁判におけるコミュニケーションの在り方を詳しく説明した。私はこの部分の執筆担当として、当時の同僚の民弁教官、民裁教官から将来の民事裁判の在り方についての貴重な示唆を受けた。後に原田和徳判事からたいへん好意的な評価を頂戴した(原田和徳「要件事実の機能——裁判官の立場から」伊藤滋夫=難波孝一編・民事要件事実講座第1巻総論1要件事実の基礎理論70頁(青林書院、2005)特に102頁参照)。なお現在使用されている7訂版ではこの部分はすべて削除されてしまっている。

(13) かつて筆者は若い弁護士から「先生はいつも重装備ですね、こんな簡単な事件まで

ブロック・ダイアグラムを作っていたらコスト倒れでしょう」と言われたことがある。しかし事件が小さいか大きいか，簡単か難解かは最初の段階では判断できない。だから消防士や医師がどんな小さなケースでも，いつものように身だしなみを整えるように，事件の委任を受けた弁護士のたしなみ（心得）である。

2　法律事務所における要件事実の実際

(1)　法律相談・事情聴取における診立て（見立て）の重要性

　法律相談又は事件依頼の場合，インテークの時点における情報収集が重要である。結論から言えば最初の診立て（見立て）の質の良し悪しがすべてを決する[14]。法律家の判断は，情報の質と量の乗数あるいは広さと深さのベクトル量でほぼ決まる。多様な情報を早く引き出すには弁護士の洞察力が欠かせない。しかし一段目のコミュニケーションは，それが目的ではないのだから，その次にある裁判官との二段目のコミュニケーションを意識していなければならない。したがって，情報の質と量，広さと深さは，結局，その弁護士の要件事実を駆使する技法の巧拙によることが大きい。この点でもカンセラーやセラピストの対話とは本質的に異なる。

　依頼者は当該ケースの最大の情報源である。いわば日常会話のようなスタンスで依頼者の要求に耳を傾けることの重要性はつとに指摘されている。判事補が初めての単独法廷における本人訴訟で苦労するのは一段目と二段目のモードの切り替え作業である[15]。依頼者の主張を法律的に構成するだけではなく，真の紛争は何かを探し出すことは更に難しい仕事である。権利・義務という法律的なアプローチでは真の解決ができないこともあるから，法律的な解決に向く事案とそうでない事案を区別することも重要である。

[14]　診立ての重要性については加藤新太郎＝鈴木重勝＝熊谷光喜＝山浦善樹＝田辺雅延＝松田政行「座談会民事弁護研修の課題と展望」判タ968号4頁（1998）における熊谷光喜判事（座談会当時は弁護士）の発言参照（13, 15頁）。

[15]　弁護士が代理人についている事件では要件事実モードで審理し，次の本人訴訟では非要件事実モードで審理をし，次の一方だけが弁護士代理で他方が本人訴訟のときは

混合モードで審理するのは極めて難しいことである。

(2) 事件・ケースにラベルは貼ってない

法律事務所の事情聴取において最も気を付けなければならないことは、これは何の事件、あれは何の事件というように、最初から事件にラベルが貼ってない、説明書も付いていないということである[16]。これは処分権主義や弁論主義が適用され、事件名、当事者名、請求の趣旨、訴訟物などが明らかになっている民事法廷におけるケースと根本的に異なるところである。以下は、法律事務所ではよくあるケースだとは思うが、事情聴取の段階における弁護士の役割、要件事実の機能を考えるうえで参考になると思われるので、以下これらについて検討する。

(a) ケース1　離婚事件か債務整理か

ある女性が離婚の相談のため法律事務所に来た。夫が給与の大半をギャンブルに使い、サラ金の返済もあり家計が維持できない。こういう場合に離婚できるか、その場合の条件はどのぐらいかという質問である。通常は生活の様子を聴きながら離婚原因の有無（離婚請求権の要件事実とその証拠の有無と評価）の判断をすることになる。しかし彼女が離婚を口にするのは夫にギャンブルをやめてほしいということを強く伝えるための方便としているのかも知れない。もしそうならこの家庭は夫がギャンブルを控え、債務整理すれば立ち直れるのに、そこに思い至らず、本件では民法何条に該当するから妻に離婚を求める権利がある、財産給付額は家庭裁判所の統計表によると何円だ等という回答をすることはまったく見当はずれである。これは診立ての失敗である。表向きは離婚事件という法律相談であったが実は夫の債務整理の事件であり、夫のギャンブル依存症からの脱出という夫婦の生活改善のケースなのだ。事件にはラベルが貼ってないから、混沌として決して理論的とはいえない依頼者の説明の中からその背後にある真の問題点を探し当てなければならない。

(b) ケース2　瑕疵担保責任、債務不履行か製造物責任か

輸入食品の販売業者から仕入れた食品を販売したところ、食品に有害物質が混入していたためこれを食べた顧客が腹痛で入院したのでやむなく賠償金を支払い、店内に残っていた危険と思われる商品も廃棄し、顧客に販売済みのもの

も危険なので回収したという事例で，店舗経営者から損害賠償の相談を受けた弁護士は，通常であれば瑕疵担保責任や債務不履行を考えて，取引先に対する法的構成を検討する。しかし瑕疵担保責任では損害賠償の範囲に難があり，債務不履行では無過失の抗弁が予測される。製造物責任法では商品の製造業者だけではなく輸入業者（2条3項3号）も，当該商品に製造業者と誤認させるような氏名，商号，商標その他の表示をした者（同項4号）も製造業者としての賠償責任を負うとなっているから業者の標示や特定ブランドの標示があるか注意深くその包装を点検する必要がある。製造物責任法に基づく損害賠償は，その商品の欠陥により生命・身体・財産の被害を受けた家族ひとり一人が請求権を取得するから，依頼者はその個々の損害賠償請求権を弁済により法定代位するという法律構成で要件事実を考えることができる。しかし訴訟物が多くなる（被害者の数の訴訟物）という問題もさることながら，消費者の損害賠償請求権の代位構成では有害商品と断定できない商品の回収，廃棄の費用までは含まれない可能性があるからこれも疑問がある。しかし販売店自身が被った損害と構成することもできる[17]から，この場合には訴訟物も異なり（1個の訴訟物になる），請求権の発生原因，被害の範囲に関する要件事実が違ってくる。依頼者の性急な求めに流されることなく，インテークの段階から，どちらの法的構成を取るのか，このような次元までの要件事実を考えることが必要である。

(c) ケース3　工事瑕疵の修補義務の提供

　請負業者が完成・引き渡した建物に瑕疵があり，注文者が瑕疵修補をするまでは代金支払をしないと主張しているという相談を受けた。瑕疵でなければ工事代金支払債務の履行遅滞となるだけだが，瑕疵だと注文者には瑕疵修補との同時履行の抗弁権があるから，工事代金債務の履行遅滞になるどころか，逆に請負人側に瑕疵修補義務の履行遅滞があり，損害賠償義務が発生・拡大する危険がある。対策を相談された弁護士は直ちに瑕疵の有無の判断をしなければならないが，瑕疵は評価的概念で容易に決めることができない。工事業者が瑕疵責任を認めたとしても，修補方法について注文者と意見が一致しない場合もあり（注文者は高額の補修を要求し，請負業者は安価の補修で足りると主張するだろう），対立している間は工事もできず修補義務の履行遅滞の可能性がある。予想される訴訟（請負人の工事代金請求訴訟又は注文者の損害賠償請求訴訟）における請求原因や

抗弁を予め分析して，瑕疵修補義務の履行遅滞の法的責任が生じないよう必要な対策をとることが求められている。補修工事の完成は債務の消滅原因になるが，瑕疵修補の方法について争いがあれば債権者の協力を要する債務であるため補修工事はできない。しかし修補義務の履行遅滞の主張に備えて，修補のためのプランを立て注文者の了解あり次第いつでも工事着手できるように準備をし，その修補プランに基づく着工を促していれば，たとい注文者がそれを拒み，補修工事が未了のまま訴訟が長期化しても，そのプランが客観的に妥当な補修工事方法であれば，そのプランの提示又は工事の再三の促しが修補義務の提供やその継続と解することができるから，同時履行の抗弁権に対する再抗弁になるかは意見が分かれても，少なくとも自己の補修義務の履行遅滞の責を免れる。注文者がそれを受け容れるか否かは別として，弁護士は直ちに当該瑕疵に対する補修工事の計画図書を作成して注文者に提示して工事の促しを繰り返すことを指示すべきである（計画図書と促しの書面は，後日，訴訟において提供に関するいわば処分証書となることを意識して作成する）。このように，弁護士の業務は過去の事実に関する証拠の収集だけではなく，訴訟を予感するときは，依頼者の要求のレベルに止まることなく，万が一訴訟になった場合の争点を予測し，法律相談（一段目のコミュニケーション）のときから，訴訟になった場合に有利となるように積極的な提案，対策を講ずることも欠かせない重要な業務である。これには相手方の主張を待たずに，予見される訴訟の展開を見極めなければならず，要件事実論の理解なしには到底できない仕事である。

(d) ケース4 契約交渉のケースと交渉決裂の場合の紛争予防策

依頼者が契約交渉について相談に来た。契約条件を依頼者にとって有利にするため，弁護士は，品質保証条項，損害賠償の予定，秘密保持義務などすべての条項にわたり細心の注意を払ってアドバイスする。しかし依頼者が諸般の事情から契約交渉の途中で契約に消極的になることも稀ではない。契約交渉のケースは首尾よく契約締結に至ればよいが，同時に交渉が決裂することがあることを予知し，契約交渉の決裂という場合には稀に契約締結上の過失責任を問われることもあるから，契約交渉の相談を受けた弁護士は，常にそのような事態も視野に入れて，契約締結のためのアドバイスと同時にこれと並行して計画とは違った展開になった場合の対策もたてておかねばならない。もちろん契約

第1章　要件事実・事実認定——総論

締結に至らないことについて弁護士の責任はないが，そういう事態になった場合でも依頼者が不利益を被らないように注意を促すことは弁護士委任契約に基づく債務に含まれ，これを怠ると債務不履行になる可能性がある。

　契約締結上の過失による損害賠償が訴訟になった場合，その要件事実は契約締結の場合とは異なる視点で構成される。例えば売買契約に基づく請求権は金額，商品仕様，納期など最終的に合意された内容だけが請求原因又は抗弁などになるが，交渉決裂の場合にはそれらの事実が要件事実になるのではなく，契約の引き合いの経緯，交渉相手に期待をもたせる結果となった交渉過程における言動やプレゼンの内容，開発又は製造の現場における関係者の説明などが評価根拠事実となり，事案によっては過失相殺の可能性もあるのでそこまで視野に入れて検討すると，それまでは単なる事情だと思われていた間接事実の多くが要件事実になってくる。したがって，契約交渉についての委任を受けた弁護士は契約交渉の当事者に対してこのような関係を理解をさせて，紛争を回避し万が一紛争となった場合において不当な不利益を被ることがないよう，契約交渉に関する記録を保存することなどを指導することになる。これもケースにはラベルが貼ってないこと，最初に思い浮かぶ法的観点においては単なる事情に過ぎないことでも，別の展開になった場合にはそれが要件事実になることの好例である。

(e)　ケース5　債務不履行・不法行為か不正競争防止法違反か

　かつて司法研修所における民事弁護科目で，取締役が複数の部下を誘って競業会社を設立したことに対する対抗手段を検討するという教材を作ったことがある。この教材を使って教官は各自のクラスで講義をした。講義では取締役の競業避止義務，債務不履行，不法行為，不正競争防止法等が絡む事案であり，重なり合う複数の法規の要件事実の関係を正しく理解していないと事案に適した処理ができないということを指導することが目的だった。講義後にベテラン弁護士が曰く「不思議だ，弁護士20年間にわたり一度もなかったが，不正競争防止法の講義をしたら，途端に不正競争の事件がきた」。すると周囲から「そうではなく，これまで不正競争防止法を使えば楽勝の事件を受任していても，債務不履行や不法行為に基づいて処理をしてきただけで，不正競争防止法という視点ができたので，以前なら民法で処理するところを不正競争防止法で

処理することができるようになっただけのことではないか」という指摘があり，同席した教官は皆シーンとなった。これは何々の事案ですというように，ケースにはラベルが貼ってない。一段のコミュニケーションにおいては事実があれこれ重なり合って混とんとしており，ベテランの弁護士でも目的意識，要件事実，コンセプトがなければ，目の前の事実が認識できないことがあるという好例である。

(f) ケース6 借家契約か借地契約か

飲食店経営者が「建物所有者」から明渡しを求められたといって相談に来た。相手は母屋と一緒に周囲の建物を取り壊して高層ビルを建てるという。相手所有の母屋の登記簿・固定資産台帳に記載された床面積や構造が現況と大きく食い違っていたのが気になったが，依頼者は立退料の額によっては廃業してもいいと言うので土地の時価，借家権割合などを勘案し，相手が了解すると思われる範囲の請求をすることになった。弁護士は依頼者から飲食店を始めたときの苦労話を聞かされた。戦後間もなく相手の庭先約数十坪を借り，廃材を寄せ集めてバラック小屋を建て飲み屋を開店したという。その後，相手には賃料を払いながら徐々に建物を改造して，現在の店舗になるまで夫婦で頑張ったという。この話をつまらなそうに聞いていた弁護士はハッと気付き，急遽，家主からもらった領収証を見直したがやはり家賃と書いてあった。古い帳簿や領収証の所在を尋ねると物置に投げ込んだままになっているという。弁護士が物置の中を探すとボロボロの書類が出てきた。よく見ると，案の定，賃料と書かれた領収証，更に古くは地代と書かれていたものもあった。床面積が現況と食い違っていた理由が解明できた。これは未登記・未登録の独立建物であり，建物所有者は建築主の依頼者自身であり，非堅固建物所有目的の借地権が設定されていたのである。古い情報に基づくブロック・ダイアグラムはこの段階ですぐに捨て，新しいブロック・ダイアグラムを作成した。相手方に経過を説明して当初の計算より高額の立退料の請求をすると地主はそれを了承した。依頼者の説明（ラベル）を鵜呑みにしないで，床面積の違い，バラックを寄せ集めて建てたという苦労話から建物建築，借地権設定という事実を見つけることができた事例である。

(16) 患者が病院に行き私は風邪ですと病名を（ラベルを貼るように）訴えても，医師の

診断においては，単なる参考とするに過ぎないと同じように，法律事務所のケースも，クライアントが執行認諾約款付き公正証書が必要ですといっても，それは事案処理の参考情報となるに過ぎない。

(17) 飯塚和之「製造物責任と司法判断」川井健先生傘寿記念論文集『取引法の変容と新たな展開』（日本評論社，2007）298 頁特に 313 頁参照。

(3) 要件事実は実体法のほか手続法の正しい理解を必要とする

このように一段目のコミュニケーションにおける診立てのときから，民商法のほか民事特別法などの実体法の中を縦横に駆け回ることが必要となるが，実体法だけではなく民事訴訟法，民事執行法，民事保全法などの手続法，更には破産法などにも及ぶことが必要である。もともと民事法はこれら全体で一つの法分野を形成しており，科目の縦割りは学部で教える側の便宜のためにあるに過ぎないぐらいに理解すべきである。弁護士が実務で使う要件事実は，依頼者の要求を実現するために必要な法体系の全てにわたっている。

(a) ケース7　民事訴訟法の秘密保護手続の利用

日本の民訴法の秘密保護手続は途上国並みで，秘密を主張又は証拠として法廷に提出したら最後，秘密ではなくなってしまう（保護されない）と言われている[18]。それでも民訴法92条は，訴訟記録中に私生活上の重大秘密又は不正競争2条4項に規定する営業秘密が記載又は記録されているときは，申立てにより秘密保護のための訴訟記録の閲覧制限ができると規定している。しかも，当事者が申し立てると直ちに閲覧制限の効果が生じ（2項），申立てが却下されるまでは，当事者以外の目に触れることはない。訴訟物自体を不正競争防止法や家事事件に基づく請求権とすることまでは必要ないから，貸金事件でも賃貸借事件でも私生活上の重大秘密等を根拠に利用することができる。したがって，法律相談の段階からこれらの規定を利用することを意識して法律構成をし，適宜にその申立てをすべきである[19][20]。

(b) ケース8　破産事件と法人格否認の訴え

債権回収の依頼を受けた直後に債務者について破産手続開始決定がなされた。通常のケースでは効果的な債権回収は諦めるしかない。破産債権届出をしたらあとは配当を待つしかない。しかし破産会社が別の法人と密接な関係があり法人格の濫用又は形がい化があると判断されるときは，破産債権届と法人格否認

とは矛盾しない[21]から，破産会社に対しては債権届をする一方で，関連会社に対する法人格否認の訴えの準備をしなければならない。債務者に対する債権発生原因事実の調査だけではなく，法人格否認の要件事実（法人格形がい化，法人格濫用の評価根拠事実）に焦点を当てて調査をすることになるが，これも最初の法律構成のときは単なる事情（間接事実）に過ぎないことでも，別の構成においては要件事実になるという実例である。

(c) ケース9　破産事件と動産売買先取特権（物上代位）

更にこの場合，債務者に対する請求権が動産売買先取特権（物上代位）の可能性があれば，破産管財人を執行法上の債務者とし，破産者からの転売先を第三債務者として直ちに（債務名義不要）債権差押えをしなければならない[22]。この場合，物上代位が要件となるので，転売の立証に注意が必要である。売買契約の要件事実は売買の合意だけでよいが，転売という要件事実を証明するためには，売買の場合には単なる事情（間接事実）に過ぎなかった商品メーカーからの仕入方法，買主への納品場所，納品日時，検収条件，製造ロット番号などの事実が重要な意味をもってくる。このように事件にはラベルが付いていないから，担当した弁護士の最初の診立てが重要で，その際には実体法のほか民事執行法，破産法などの手続法の理解が不可欠である。

(d) ケース10　債務名義の選択と財産開示請求権

別のケースで，依頼者が債権回収の相談に来た。商品の売渡先が支払いを遅滞しているが分割払いなら支払えるという。弁護士は債務承認弁済公正証書の方法を指示し，期限の利益喪失条項，約定損害金条項などを指示するのが通例である。後日，やはり弁済しないので強制執行をしてほしいという。しかし債務者がどのような財産をもっているかわからない。債務者の財産が把握できなければ債務名義は絵に描いた餅である。最初の相談のとき執行証書ではなく即決和解，調停又は判決の方法をアドバイスしていれば，その債務名義を用いて財産開示手続（民執196条以下）を進めることができた[23]。これは財産開示のための民事執行法上の法律要件を知らないために陥り易い不手際である。

(18) 平成19年度の第77回日本民事訴訟法学会大会におけるシンポジウム「民事裁判における情報の開示・保護」における報告者（春日偉知郎，田邊誠，片山英二，山本和彦）の報告参照（民訴54号79頁以下）。なお春日偉知郎「民事訴訟における秘密保

護(非公開審理)」前掲注(17)川井健先生傘寿記念論文集358頁参照。
(19)　不正競争10条,特許105条の4等の規定では,秘密保持命令として,当事者の主張又は証拠として提出した秘密を保護するためより厳格な手続が定められている。
(20)　一般にADRでは審理が公開されることはないので,営業秘密やプライバシーの保護に対する配慮は訴訟より行き届いている。筆者はADRのひとつである日本商事仲裁協会の調停人として事件を担当しているが,営業秘密等はもとより,当事者間で紛争になっていること自体も秘密で,すべて厳重な手続の中で進められるから,企業秘密等の問題がある場合には最初の段階でこういう手続を視野に入れることが必要である。
(21)　法人格否認の法理が適用されても実体法上法人格を否定されるのではなく,法人格が存在しながらも,特定の法律関係についてのみ法人格の機能を停止して,会社とその背後にある実体とを法律上同一視するという効果を生ずるに過ぎないから,破産手続が進行することと法人格否認の訴訟の提起とは矛盾しない(東京高判昭50・8・27東高(民)時報26巻8号15頁・判時798号34頁・判タ332号212頁)。
(22)　法定担保権の実行であるから,動産売買先取特権や売買代金債権を被保全債権とする債権仮差押等の民事保全は利用できない。最判昭62・4・2判時1248号61頁・判タ645号162頁,最判平5・3・30民集47巻4号3300頁等参照。
(23)　民執197条は財産開示の要件として,債務名義を民執22条2号,4号もしくは5号に掲げるもの又は確定判決と同一の効力を有する支払督促であるものを除くと限定している。したがって執行証書では財産開示の申立てはできない。

(4) 法律事務所で組み立てた要件事実の点検・調整の必要について

　法律事務所で作成されたブロック・ダイアグラムはそのままでは使えない。アバウトではあっても相手方弁護士の攻撃に耐えられるか,裁判官の認識と整合しているかなどについて事件受任の段階から周到な点検をすることが必要である。法律事務所における打合せ(一段目のコミュニケーション)では,依頼者との信頼関係の構築,共感的理解の実践に努めながらも,実は最初から二段目のコミュニケーションを意識した身繕いをしなければならない。以下はその中の重要な点に絞って簡単に指摘しておきたい。

(a)　文書提出命令の一般化の効果
　かつては,自己に立証責任がある事実について手持ち証拠がない場合には勝訴するのは困難で,訴訟を躊躇することがないわけではなかった(手元の証拠で訴訟の展開を判断し,難しいときは調停又は訴訟外の交渉案件とした)。しかし新民訴法

になってからは事情が変わった[24]。文書提出命令の一般化により文書提出命令はもちろん，その影響を受けて送付嘱託，調査嘱託も比較的頻繁に利用されるなど，証拠収集の手段が拡大した。そのため相手方又は第三者が保持する証拠を入手することの重要性は以前とは比較にならぬほど大きくなった[25]。

　もともと我々弁護士は，少なくとも裁判所における解決だけは真実に基づく判定をすべきであり，勝つべきものが勝つ，証拠が入手できないために真実が負けるようなことはあってはならないと，正義のシステムの確立を求めてきた。市民も，裁判所は真実によって解決してもらえる最後の拠り所であると信じている。平成大改正とこれに次ぐ数次の改正によりかつては真実に接近できないために負けた事件でも，今度はしっかり勝てるようになった。この変革は法律事務所における仕事のやり方にも変化をもたらしつつある。

　まず，手持ち証拠を収集・分析することが重要な作業であることは言うまでもないが，証拠収集の範囲が格段に広がった。個人情報保護法の規制もあって難しい問題があることは否めないが，国又は地方公共団体，会社又は団体など広く依頼者以外の第三者に対して証拠の提供を求めることが法律事務所における極めて重要な仕事になっている。この場合，訴訟物又は要件事実との関連性や必要性を要件とする手続（提訴前の証拠収集処分，各種証拠申出など民訴法上の手続にその例が多く，弁護士会照会も概括的だが必要性が要求される）と，要件事実にはまったく関係がない制度（公文書公開）があるので制度の特徴を理解して効率的に行う必要がある。

　重要なことはその逆の場合で，訴訟又はその前段階において，自己の保有する証拠を紛争の相手方又は第三者に対して開示しなければならなくなる場合があるからである。かつては提出義務は極めて限定されていたから，自己に不利益な事実が記載されている文書があっても，相手が知らぬことを奇貨として，知らぬ存ぜぬで済ますことも不可能ではなかったが，文書提出命令義務が一般化された現在においては，文書の提出を命じられ又はその嘱託を受けることが多くなり，合理的な理由なくそれを拒むことはできない。そして文書提出命令が発せられる場合もあるから，一段目のコミュニケーションの段階から依頼者が保有する文書が今は未提出であってもいずれは相手方に渡ることを前提として（かつて行政庁に提出した文書については，相手方が公文書公開手続によって既に入手し

第 1 章　要件事実・事実認定──総論

ているかも知れない……知らないのは本人だけという場合もある），訴訟物，請求原因，抗弁を検討することが必要になる。

(b)　訴訟におけるストーリーの構築と点検

一段目のコミュニケーションの段階から事案のスジを吟味し，依頼者の要求をわかり易いストーリーに組み立てなければならない。相手も当然自分の側に有利なストーリーを構築してくるからこれを予想し先回りすることも重要である。そのうえで自己が提示するストーリーが要件事実，間接事実，証拠，時系列や陳述書（案）と矛盾せずに，素直に納得できるかをチェックする[28]。事案によっては通常の要件事実だけでは充分に表現し切れないことがあるが，このような場合，いきなり公序良俗違反，信義則違反，権利濫用という括り方では説得力がない。特定の場合に特定の条件が揃えば本来の原則の例外として特定の効果が生ずることがあるというロジックは極めて合理的で説得力がある。判例は成文法の解釈に際して「特段の事情がない限り」という留保を付けることが多い。事実認定，証拠法則における特段の事情は間接反証の可能性があるが，ここでは要件事実レベルの留保を指している。これは事件のストーリーを構築する際に要件事実論を形式的に考えずに，ふくらみのあるものとして，効果的な例外ルールを考えよとの示唆であるから，その視点から事案のスジを検討する必要がある。そうなるとやはり訴訟提起前にアバウトでもいいからブロック・ダイアグラムを作成することが必要である。

(c)　裁判官のブロックと自分のブロックとのチューニング

二段目のコミュニケーションのとき，稀に弁護士の認識と裁判官のそれとが食い違っているいることに気付くことがある。弁護士が作成したブロック・ダイアグラムと裁判官のそれとがどこかにズレがあるはずである。弁護士にとって争点整理は手控えのブロック・ダイアグラムのチューニング（tuning）（裁判官のブロック・ダイアグラムと同じ内容にする）の絶好の機会である。ズレていることに気付かずにそのまま進行したら悲劇だが，ブロック・ダイアグラムを作成していないと，それに気付くチャンスすらない。同調する方法は2つしかない。自分のブロック・ダイアグラムを修正するか，裁判官のブロック・ダイアグラムを訂正してもらう方法である。弁護士にも裁判官にも得手不得手があるのでこういうときこそ協働すべきである。裁判官は任官直後から合議体において厳

しい指導を受け，司法研修所では新任判事補研鑽から始まって毎年のように継続研修を受けている。弁護士は登録直後から簿記会計，税法，登記，成年後見，破産，消費者問題，国選弁護や当番弁護士，公益活動，顧客獲得など多方面にわたるOJTが山積みだから要件事実の勉強まで手が回らない。ここは裁判官が宜しくパターナリズムを発揮し，積極的に釈明をし，示唆をすべきである。前掲のプロセスカードは事件本人に対する直接の対話でもあるが，弁護士に対する情報の開示でもある。これとは逆に裁判官のブロック・ダイアグラムがズレている場合もある。依頼者や関係者と直接会い，事故現場に行き，多くの生の情報に接することは弁護士の得意とするところである。裁判官は独自に情報を収集することはできず，常に弁護士が法廷に提出した情報と証拠だけを基礎として判断することになる。裁判官のブロック・ダイアグラムがズレていたとしたら，それは情報不足（双方代理人からの情報不足）又は偏り（一方代理人の情報提供の不足）が原因となっている可能性が高いと肝に銘ずべきである。

(d) 代理人の証拠申出と裁判官の証拠の採用について

証拠の採否に関する弁護士と裁判官の意見が異なるときがある。文書送付嘱託，提出命令，調査嘱託，検証，鑑定，証人尋問など証拠の申出に際しては争点との関連性と必要性を示さなければならない[27]。特に必要性（民訴181条）は，当該事件における，特定の段階における，裁判官の心証の程度や内容によって決まる。裁判官の証拠の採否の基本は，重点的な争点に関するものか，効果的な立証が期待できるかにより決まる。争点に関する裁判官の心証の度合いを計りながら立証活動をすることが重要だが，それにはブロック・ダイアグラムが手元になければその証拠を取り調べる必要性を説明できないし，裁判官のブロック・ダイアグラムとのチューニングができていなければその必要性を説得することもできない。

(e) 特定の争点に関する間接事実（証拠）の対照表の重要性

要件事実を検討してブロック・ダイアグラムを作る目的は立証のテーマを正確に把握することであるから，ブロック・ダイアグラム作成の後は特定の争点の判断に必要な間接事実の整理（要件事実との関連性，重要性のランク付け，証拠との関係付け）をしなければ画竜点睛を欠く結果となる[28]。要件事実論はブロック・ダイアグラムができたら，今度はいったんは削ぎ落とした無数の間接事実

第1章　要件事実・事実認定——総論

群の中から関連性があるもの，有益なものに再度光を当て，それらをストーリーに副うように組み立てて，要件事実の立証のために利用することを予定している[29]。間接事実の検討をするには，特定の争点毎に原・被告の主張する事実の対照表を作成することが効果的である。これを完成させると，争点のようにみえても実は事実に関する争点ではなく単なる評価の違いに過ぎないこと（評価の違いなら証拠調べは不要である）や不利益陳述が含まれていることに気付くこともある。しかし筆者の周りには事実の評価や法理論を主張することができるのに，間接事実を箇条書きにし，それらと要件事実との関係，間接事実の相互の関連性を明確にするなど間接事実の対照表を作らない弁護士が意外に多いことに驚いた。多くの弁護士は経験と勘で処理していると思われるが，事案が複雑化し，多様な価値観が対立する訴訟が多くなっているから，間接事実を図示して単純化，可視化しなければ要件事実の認定作業に利用できないと思われる。

　間接事実は，要件事実に近いものから遠いものまで幾層も重なっている。間接事実を箇条書きにすることができれば訴訟は終わったも同然である。これなら依頼者から弁護士へ，弁護士から裁判官へと二段のコミュニケーションが効果的になされ，依頼者から日常言語でキャッチした情報を正確に法廷言語に変換して裁判官に伝達することができ，同時に，裁判官が法廷における訴訟指揮等により発信した情報を，弁護士が正確にキャッチし，これを依頼者が理解しやすいように日常言語に変換して，依頼者に対して伝達すれば，依頼者は自分の事件について正確な理解をすることができるはずである。

(24)　新民訴法の背景にある価値観（訴訟理念）を正しく理解するためには約70年前の米国の民事訴訟法の改革を見ておかなければならない（高橋宏志「米国ディスカバリー法序説」法学協会百周年記念論文集第3巻（有斐閣，1983）527頁参照）。

(25)　ほかにも公文書公開制度は非常に利用し易くなったことが注目される。かつて弁護士会照会によらねばならなかった飲食店営業許可台帳，建設業許可申請書及び決算変更届出，公共工事契約図書等，訴訟上有益な情報の入手が容易になった（地方公共団体のHPには公文書公開の詳しい実績がアップされているから容易に参照できる）。また官公庁保有データの一般公開も進んでいる（例えば気象統計情報は降雨量等の気象データを10年以上も遡って入手できる）。

(26)　要件事実論は主要事実だけを対象としており，事案の本質や背景，事案のスジやス

ワリ等いわば重要な部分を取り込むことができず，事案の正しい認識が妨げられると批判されることがあるが，それは使い方が適切でないからである。また要件事実ではできないが，例えば陳述書なら事案のきめ細かい理解ができる（いわば日常的言説が効果的である）という説明も見受けられるが，争点を認識することと，その争点に関する事実認定をすることの混同であり，訴訟においては両者とも欠かせない。

(27) 三角比呂「証拠の採否」大江忠＝加藤新太郎＝山本和彦編・手続裁量とその規律（有斐閣，2005）161頁参照。

(28) 建築図書になぞらえていえば平面図，立面図等の基本設計の次に展開図，構造計算，仕様書，施工図等，それぞれの目的にあった図書を作らなければ実際の工事をすることができないのと同じである。

(29) 法廷言語（要件事実）により争点確認ができたら当該争点に焦点を合わせて，依頼者自身の日常的言語によって事案のストーリーを語らせ，悩み，怒り，不安など裁判に対して彼が期待するすべての感情・要求を織り込む作業が必要になる。いきなりやったら混乱するだけで，要件事実論を経てここまで辿り着かないと依頼者の期待に応えたことにはならない。民事裁判は最初から最後まで，法律相談から法廷活動まで，二段のコミュニケーションを成功させるための事件本人と弁護士とのチームプレーである。

（伊藤滋夫先生には法廷での訴訟指揮を通じて，また所付の先輩でもあったから湯島をはじめ私法学会や出版活動においても丁寧な指導を戴き，常に尊敬の念と憧れの気持ちをもっていた。喜寿記念論集の出版企画を伺ったので，先生のご恩に対する感謝の気持ちを表すために，自らの弁護士生活の反省の気持ちを込めて弁護士の在るべき事件処理の方法について書き始めたが，己の非力のため論文とは名ばかりのつたないものしかできなかったが，心から感謝の気持ちを込めて献呈させていただきます。先生のご健康とご活躍をお祈りし，今後ともご指導を賜りたいと存じます。）

民事弁護活動と要件事実論

中川 徹也

1 はじめに

　要件事実論とは,「要件事実というものが法律的にどのような性質のものであるかを明確に理解して,これを意識した上,その上に立って民法の内容・構造や民事訴訟の審理・判断の構造を考える理論」[1],ないしは,「民事訴訟のプロセスにおける主張・反論という攻撃防御の構造について,実体法の解釈を踏まえて論理構造に従ってそれを的確に捉えていくという手法」[2]であるが,要件事実論として議論されているものには,3つの側面があるとされる。第1に法曹教育の方法としての側面(法曹教育手法),第2に現実の訴訟を運営する際の手法としての側面(訴訟運営論),第3に実体法とくに民法の解釈論としての側面(実体法解釈論)である[3]。

　本稿は,まず,要件事実論の必要とその議論の精緻さとが民事訴訟の構造から必然的に生ずるものであることを確認する(2(1))。そして,要件事実論は,司法研修所での教育方法として生まれ発展し,法曹教育手法としての側面を持つものであるところ,多数の民事弁護士が法科大学院において実務家教員を担当することにより,要件事実論を法曹教育手法として用いるとともに,実務家教員の立場から要件事実論の訴訟運営論としての側面(民事弁護士を主体としたときは民事弁護活動論としての側面)を学生に伝達する課題に直面しており,現実の民事弁護活動と要件事実論との関係をより合理的に説明しあるいは構築していく必要が生じていることを述べる(2(2))。そのうえで,要件事実論が現実の民

事弁護活動にどのように適用され機能しているかを考えることによって，ささやかながら，現実の民事弁護活動と要件事実論との関係についてのひとつの説明を試みようとするものである(3)。

(1) 伊藤滋夫・要件事実の基礎(有斐閣，2000)14頁。
(2) 加藤新太郎＝細野敦・要件事実の考え方と実務〔第2版〕(民事法研究会，2006)3頁。
(3) 大橋正春「要件事実論略史」武藤春光先生喜寿記念論文集『法曹養成と裁判実務』(同論文集編集委員会，2006)414，449頁。

2 民事弁護士と法曹教育手法としての要件事実論

(1) 要件事実論の必然性

実務家法曹が民事訴訟を現実に担うにあたって，必然的に，要件事実論の理解を要することとなる。

(a) 要件事実

実体法は，一定の法律要件のもとで一定の法律効果が生ずるという要件＝効果モデルをとっている[4]。そして，実体法が定める法律効果の組合せにより，一定の権利ないし法律関係の存否が定められる。したがって，民事訴訟において具体的事案を審理判断する場合には，実体法が定める要件に該当する具体的事実が存在するか否かを確かめ，それによって法律効果の発生・不発生を決し，その法律効果の発生・不発生を組み合わせることによって，訴訟物である一定の権利ないし法律関係の存否を判断することになる。

ここで，実体法が定める要件に該当する具体的事実が要件事実である。そして，具体的事案のもとで，どのような事実が実体法の定める要件に該当する具体的事実かに関する議論は，民事訴訟を現実に担うにあたって，必然的に生じることになる。どのような事実が実体法の定める要件に該当する具体的事実に当たるかどうかという議論は，要件事実論の内容である。

(b) 主張責任・証明責任

民事訴訟の現実には，実体法の要件＝効果モデルが想定していない事態が生

第1章　要件事実・事実認定——総論

ずる。
　すなわち，実体法の要件＝効果モデルは，要件事実に関する情報が同時的に，しかも，完結的かつ完全に与えられていることを前提としている。しかし，現実の民事訴訟においては，情報は同時的には提供されず，しかも，最後まで不完結でありかつ不完全である。
　まず，民事訴訟では，弁論主義により，当事者の主張しない事実を裁判の資料とすることはできない。したがって，主張がなされず情報として与えられていない要件事実については，その存否を判断することができず，それが存在するかもしれないし，存在しないかもしれないという状態のもとに進行する。たとえば，錯誤無効について，実体法の要件＝効果モデルにおける要件として，①法律行為の要素の錯誤，②表意者に重大な過失のないことをあげたとき[5]，現実の民事訴訟においては，②の表意者に重大な過失があるかないかについての主張がなされず，情報の提供が完結しないまま進行し，終結するという事態が生ずる。この場合にも，裁判所は裁判を回避することはできない。そこで，ある要件の要件事実（②の要件事実）が主張されず情報が不完結なため存否いずれもありうる場合に，法律効果（錯誤無効の効果）が発生するとするか（②の主張責任は錯誤無効を否定しようとする当事者にあることになる），又は発生しないとするか（②の主張責任は錯誤無効を肯定しようとする当事者にあることになる），いずれかに定めることになる。その結果，一方の当事者に不利な裁判がなされることになり，このような不利な裁判がなされる危険ないし不利益が主張責任と呼ばれる。
　また，実体法の要件＝効果モデルでは，情報が完全に与えられることを前提としているので，要件が充足される場合（要件事実が存在し，法律効果が発生する）と，要件が充足されない場合（要件事実が存在せず，法律効果が発生しない）とのいずれかを想定すれば足りる。民事訴訟においては，要件に該当する具体的事実（要件事実）の存否は当事者双方の立証をまって判定されるが，当事者双方が立証を尽くしてもなお，その存否をいずれとも決しがたい不完全な場合が生ずる。その場合においても，裁判所は裁判を回避することはできない。そこで，ある要件の要件事実（②の要件事実）が主張され立証が尽くされたが情報が不完全なために存否をいずれとも決しがたい場合（真偽不明の場合）に，法律効果（錯誤無効の効果）が発生するとするか（②の証明責任は錯誤無効を否定しようとする当事者に

あることになる），又は発生しないとするか（②の証明責任は錯誤無効を肯定しようとする当事者にあることになる），いずれかに定めることになる。その結果，一方の当事者に不利な裁判がなされることになり，このような不利な裁判がなされる危険ないし不利益が証明責任と呼ばれる。

　主張がなされず要件事実が存在するかもしれないし存在しないかもしれないという状態（「存在してもしなくても」という状態）（情報の不完結）と，主張がされた要件事実について立証を尽くしたが存在するとも存在しないとも決することのできない状態（「存在するかしないかわからない」という状態）（情報の不完全）とは，それぞれ別の事柄である。前者が主張責任に結びつき，後者が証明責任に結びつくが，そのいずれもが，民事訴訟を現実に運営するにあたって，必然的に生じる[6]。そして，主張責任の所在に関する議論も，証明責任の所在に関する議論も，要件事実論の内容である。

　(c)　「ミニマム」の原則

　民事訴訟実務において，いわゆる欠席判決がなされることが珍しくない。最初の期日に被告が欠席した場合，擬制自白の成立（民訴159条3項）により，直ちに弁論を終結し，原告勝訴の判決を言い渡すことになる。ただし，訴訟物である一定の権利ないし法律関係の存在を根拠付ける法律効果を生じさせる要件について，その要件に該当する要件事実の主張が原告の主張において満たされていなければならない。その一部でも欠けていれば，たとえ擬制自白があっても，必要な法律効果の発生を認めることができない。そうすると，何が欠けてはいけないのかが把握されなければならないことになる。欠けてはいけないものを把握するということは，必要最小限のものを把握するということになる。

　このことは，欠席判決の場合に限らない。すなわち，請求原因を構成する要件事実の一部でも主張が欠落していたり，主張があっても立証が不十分である場合には，請求を棄却しなければならず，抗弁を構成する要件事実の一部でも主張が欠落していたり，主張があっても立証が不十分である場合には，当該抗弁の成立を否定しなければならない。ここでも，何が欠けてはいけないのかが把握されなければならないことになり，欠けてはいけないものを把握するということは，必要最小限のものを把握するということとなる。

　つまり，まず，実体法の定める要件について，ある法律効果を生ずるための

要件として何が欠けてはいけないかという観点から，必要最小限のものの把握が必要になり，つぎに，必要な最小限の要件が定まった場合に，当該要件に該当する具体的事実であるとなしうるためには具体的事実の中に何が欠けてはいけないかという観点からも，必要最小限のものの把握が必要になる。必要最小限の要件の把握の必要と，当該要件に該当する必要最小限の事実の把握の必要が必然的に生ずる。そして，「要件事実は必要最小限の事実であること」(「ミニマム」の原則)(7)という議論は，要件事実論の内容であり，欠いてはならない必要最小限の要件・事実を明らかにしようとする。その結果，要件事実論は必然的に緻密化・細密化する性質を有することになる。

(4) 我妻栄・新訂民法総則（岩波書店，1965）230頁以下。
(5) 内田貴・民法Ⅰ〔第3版〕（東京大学出版会，2005）65頁以下。
(6) このことは，主張責任の所在と証明責任の所在が一致するかどうかとは関係ない。それが一致しないとする立場に立った場合にも，主張のブロック・ダイアグラムと証明のブロック・ダイアグラムとが個別になるだけで，ブロック・ダイアグラムが必然的に必要になることに変わりはない。主張責任と証明責任との一致を説く立場は，要件事実が「存在してもしなくても」という状態（主張責任）と「存在するかしないかわからない」という状態を同価値とみるということが言えよう。
(7) 司法研修所編・改訂問題研究要件事実（法曹会，2006）9頁以下，村田渉＝山野目章夫編・要件事実論30講（弘文堂，2007）108頁。

(2) 法科大学院における民事弁護士の関与

法科大学院に要件事実教育が導入され，かつ，法科大学院に実務家教員の確保が求められたことにより，多くの民事弁護士が法科大学院での法曹養成教育に携わることとなった。このことにより，多数の民事弁護士が法曹教育手法としての要件事実論と向き合うこととなった。

(a) 法科大学院の設立

要件事実論の内容は，民事訴訟の構造・運営から必然的に生ずるものであり，そうである以上，民事訴訟を現実に担うにあたって，要件事実論の理解を要することもまた必然的であり，法曹教育にあたり，要件事実論は避けて通れないものである。それゆえ，要件事実論は法曹教育手法としての側面を持つことになる。

平成16年4月に法科大学院制度がスタートしたが，法科大学院制度を設けるに至る法曹養成制度改革にあたり，司法制度改革審議会最終意見書（平成13年6月12日）は，法科大学院制度の要点としての教育内容及び教育方法について「法科大学院では，法理論教育を中心としつつ，実務教育の導入部分（例えば，要件事実や事実認定に関する基礎的部分）をも併せて実施することとし，実務との架橋を強く意識した教育を行うべきである。」との要旨を掲げ，これを敷衍して「法科大学院では，実務上生起する問題の合理的解決を念頭に置いた法理論教育を中心としつつ，実務教育の導入部分（例えば，要件事実や事実認定に関する基礎的部分）をも併せて実施することとし，体系的な理論を基調として実務との架橋を強く意識した教育を行うべきである。このような観点から，授業内容・方法，教材の選定・作成等について，研究者教員と実務経験を有する教員（実務家教員）との共同作業等の連携協力が必要である。」とした。この結果，各法科大学院では，必修科目として民事の要件事実の基礎を学習することを内容とする科目が設置されるとともに，この科目を実務家教員が担当することとなった。

(b)　**司法研修所の要件事実教育と民事弁護士**

　要件事実論は司法研修所の民事裁判教官室あるいは民事裁判官によって生み出され，展開され，発展してきたものである。司法研修所の民事弁護教官室あるいは民事弁護教官が，法曹養成手法としての要件事実論にどのようにかかわってきたかをたどる余裕はないが，昭和44年4月から昭和47年4月まで民事弁護教官を務められた島谷六郎弁護士（昭和59年5月から平成2年1月まで最高裁判所裁判官）は，昭和49年に，「司法研修所教育の改善策」自正25巻7号25頁において，民事裁判（民裁）で力を入れる要件事実教育のもつ意義は大きい，民事弁護（民弁）教育にもつながっていると指摘していた。すなわち「原被告が請求原因ないし抗弁等としていかなる要件事実を主張立証しなければならないかを学ぶことは，判決書を作るうえで重要であるだけでなく，実は，弁護士として自分がこの訴訟において何を主張し立証しなければならぬかを明確に知る上においてきわめて重要なのである。それを知らないで訴訟を追行できるわけがない。」「民裁教育が強力であることが却って民弁教育の充実につながっている」としている[8]。

第1章　要件事実・事実認定——総論

　また，昭和54年には，必ずしも要件事実教育に好意的とはいえない日本弁護士連合会編『法曹養成白書』も，「（司法）研修所における教育が，主として法学教育によって得られた法理論を具体的な事件に結びつける訓練，実務家として最少限必要な基礎的技術修得の訓練となることは，むしろ当然である。その意味で要件事実教育が実務法曹となるために必要であることは，研修所・修習生，さらに実務法曹のあいだにおいても共通の認識になっている。」としている[9]。

　このように，要件事実論は民事訴訟実務に携われば必然的に要する議論であり，司法研修所で修習生の教育にあたっていた民事弁護教官の間ではその必要性が認識され，実務法曹である民事弁護士の間でも，少なくとも抽象的には，共通の認識になっていたといえる。

　もっとも，要件事実論はいわば民事訴訟の基礎理論であり，要件事実だけで訴訟活動ができるというわけではないとの指摘もされてきた。島谷弁護士は「比喩的な言い方をすれば，要件事実はいわば骨格である。これに肉づけをしなければならない。」とし，間接事実の重要性を説いているし[10]，『法曹養成白書』も，要件事実教育の問題点として，事実認定論に力点がおかれず，判決起案の前提ないし第一歩の技術を教えるものにすぎない要件事実を偏重していること，間接事実の重要性についての指導が不十分であることを説いている[11]。

　以上のような要件事実論の必要性の認識と，そのうえでの間接事実の重要性の認識は，30年を経た現在まで引き継がれており，民事弁護教官室は，司法研修所編『七訂民事弁護の手引』において，「民事弁護と要件事実」という項を設けて要件事実論の論理構造の理解の重要性を説くとともに，「間接事実の重要性」という項を設けて間接事実による立証活動の重要性を説き，「主張責任という視点に照らして要件事実が重要であるからといって，直ちに間接事実が軽視されるといった誤解は厳に戒められなければならない」と強調している[12]。

(c)　法科大学院における民事弁護士実務家教員

　法科大学院制度がスタートしてから現時点で5年を経ようとしているところであるが，教育機関が集約している司法試験合格後の司法研修所での教育と異なり，法科大学院での教育は，その方法や内容が統一的に集約されているわけ

ではない。各法科大学院で要件事実論の指導を担当している実務家教員は、裁判官の場合もあり、民事弁護士の場合もある。また、実務家教員が担当する科目も、要件事実の学習を直接の目的とする基礎科目のほかに、判例や事例をもとにした演習科目もあれば、リーガル・クリニック等の臨床教育科目もある。法科大学院の規模や実務家教員の構成、当該民事弁護士実務家教員の個性などにより、民事弁護士実務家教員に期待されている役割や果たしている役割は、各法科大学院によって異なろう。しかし、いずれにしても、法科大学院における教育には、実務家教員として多数の民事弁護士が関与することとなった[13]。

　民事弁護士が実務家教員として関与する以上、要件事実論を避けて通ることはできない。たとえ要件事実の学習を直接の目的とする基礎科目を担当しない場合にも、演習科目や臨床教育科目において、要件事実論を学習していることを前提に、民事訴訟における現実の民事弁護活動に要件事実論がどう機能するか、すなわち、訴訟運営論あるいは民事弁護活動論としての側面から要件事実を論ずることを視野に入れざるを得ないものとなっている。民事弁護士全体の規模で考えれば、法科大学院において、民事弁護士実務家教員が、法曹教育手法としての側面から要件事実論の基礎理論を担当することがあるとともに、訴訟運営論あるいは民事弁護活動論としての側面からも要件事実論を担当していることになる。いわば、司法研修所での民事裁判教官の役割と、実務修習における指導担当弁護士の役割を、ともに負うものと言えよう。

　これまで、司法研修所での要件事実教育の重要性は、実務法曹である民事弁護士の間に、少なくとも抽象的には、共通の認識になっていたといえる。しかし、現実の民事弁護活動において要件事実論をどのように位置づけるか、要件事実の基礎理論と現実の民事弁護活動とがどのように結ばれているかについて、十分には検討されていたとはいえないように思われる。さきの『法曹養成白書』による要件事実教育の問題点の指摘も、この点の検討を欠き、この点の教育手法を十分に持ち合わせていなかったことの独白という面もあるのではないだろうか。そして、法科大学院において民事弁護士も要件事実論と向き合わざるを得ないとなれば、現実の民事弁護活動と要件事実論との関係を、より合理的に説明しあるいは構築していく必要が生じているということが言える。

　(8)　島谷六郎「司法研修所教育の改善策」自正 25 巻 7 号 27 頁以下（1974）。

(9) 日本弁護士連合会編・法曹養成白書（1979）14頁以下。
(10) 島谷・前掲注(8) 28頁以下。
(11) 日本弁護士連合会編・前掲注(9) 17頁以下。
(12) 司法研修所編・七訂民事弁護の手引（法曹会，2005）12頁以下。
(13) 2007年現在，全国74の法科大学院において弁護士実務家教員は専任教員（みなしを含む）で400名以上，非常勤教員で900名以上にのぼるという（日本弁護士連合会法曹養成対策室「法科大学院に於ける弁護士実務家教員の待遇に関する調査報告」(2008)）。この人数は，民事系科目の担当のほか，公法系，刑事系科目の担当も含むが，いずれにせよ，相当多数の弁護士が民事系科目の教育に関与している。

3　民事弁護活動の実務と要件事実論

(1) 若手弁護士の実感

筆者が所属事務所をともにする2名の若手弁護士[14]をインタヴューしたところによれば，彼らは，司法研修所で学んだ要件事実論は，民事弁護活動の実務においても，基本的に有用であるという実感を持っている。

彼らの語る内容を羅列すれば，つぎのとおりである。
・実務に出てからも要件事実は意識している。勝敗の帰趨にも影響のある議論であり，もっと勉強しておけばよかったと思う。
・民事紛争処理において，要件事実は共通言語として機能している。たとえば，相手方と交渉する際には，ある請求を前提に，それを根拠付ける請求原因に相当する事実の主張があり，それに対する認否がなされ，抗弁に相当する事実の主張がなされ，それに対する認否がなされる。書面によらず口頭でなされる交渉においても，基本的な構造は変わらない。要件事実論は民事訴訟を前提にしているが，交渉を含めた民事紛争処理も，究極的には民事訴訟を睨んでいるので，攻防の構造は変わらないからだ。
・要件事実を強く意識するのは，訴状を起案する時だ。法律構成として典型契約のいずれに該当するかを考え，要件事実を確認することが多い。
・請求を受け，被告にあたる立場に立つと，抗弁は何があるかという意識を持つ。悩むのは，仮定的抗弁となる場合に，いつそれを主張するかだ。

・相談を受けたり，訴訟を代理している場合，つねに立証責任が背後に存在することを意識し，こちらが立証しなければならない事実は何か，その事実を立証できるかということを考える。依頼者に対して，見通しが困難であることを説明したり，依頼を断る場合にも，立証責任を負う事実について立証が難しいことを理由とすることが多い。
・要件事実論の学習により，パンデクテン方式に従っていた知識が有機的に組み合わさり，攻撃防御方法を類型的に捉えることができるようになる。それにより，事案の全体像を把握したり，見通しを立てるために役立つ。

(14) 平成16年登録（57期）と平成18年登録（59期）の2名である。

(2) 民事弁護活動における要件事実論の適用・機能

若手弁護士の実感は，現実の民事弁護活動においても要件事実論が有用であると語るものであるが，基礎理論として有する精緻さと現実の民事弁護活動という臨床場面での機能重視の観点との差により，民事弁護活動と要件事実論との間の距離感も存在しないわけではない。要件事実論は，現実の民事弁護活動にどのように適用され機能しているのだろうか。彼らの実感に筆者の体験を加えて考えたところは，以下のとおりである。すなわち，民事訴訟における主張方法には要件事実の基礎理論と合致しないようにみえるところがあるが，もともと要件事実論は準備書面等の訴訟書類の書き方を規定するものではなく，要件事実論からみれば外在的な要請が働く結果である（(a)）。また，要件事実論は判決書作成のための事後的な整理のための技術だというような評価がなされることがあるが，証明責任の所在があらかじめ定まっていることにより，立証の尽きた後に初めて機能するのではなく，立証が始まる前から機能する（(b)）。

(a) 要件事実論は準備書面の書き方を規定しない

(ア) 論理構造による主張の順序は実際の主張の順序を規制するわけではないこと

かつて，請求原因・抗弁の構造や要件事実の最小限の要請を理由に，「原告所有，被告占有」を簡略に記載するのみの「骸骨の裸踊り」と揶揄される訴状が横行し，要件事実教育が批判された[15]。

しかし，請求原因・抗弁・再抗弁という論理構造のゆえに，まず原告が請求

第1章　要件事実・事実認定——総論

原因を主張し，それに対し被告が認否のうえ抗弁を主張し，さらに原告が認否のうえ再抗弁を主張するという順序が，現実の主張順序としても履践されなければならないものではない。そもそも，訴状について，民事訴訟法が必要的記載事項として求めているものは，請求（訴訟物）を特定するのに必要な請求の趣旨及び請求の原因であり（民訴133条2項2号），請求（訴訟物）を理由づける請求原因の記載が要求されているわけではない。したがって，論理構造による順序としては，原告により請求の特定がされ，これに対し被告が請求の趣旨に答弁し，請求が認諾されない場合に初めて請求を理由づける請求原因の主張を要することになるはずである。しかし，現実の民事訴訟では，訴状において，請求を理由づける請求原因も記載するのが実務慣行であり，民事訴訟規則もこれを前提に規定をしている（民訴規53条1項）。

民事訴訟法改正前後の訴訟促進に向けての実務改善の動きや改正民事訴訟法における争点の早期確定の制度化から，事実を小出しにする戦略に対する評価は極めて消極的なものとなり，請求原因・抗弁・再抗弁の論理構造が訴状に記載すべき事項を制約するものではないことの理解が広まっている。

『七訂民事弁護の手引』は，賃貸建物を所有する賃貸人が賃貸借契約を解除して建物賃借人に対して建物の明渡しを請求する場合，訴訟物を賃貸借契約終了に基づく目的物返還請求権としての建物明渡請求権（債権的請求権）と所有権に基づく返還請求権としての建物明渡請求権（物権的請求権）とのいずれによるかという選択について，前者では契約の締結，解除原因，解除の意思表示が請求原因となるのに対し，後者では抗弁と再抗弁に位置づけられるので，前者を選択するほうが直接的で合理的であるとする。この説明は，論理構造による主張反論の順序からの直接性，合理性を説くきらいがあるが，括弧書きではあるものの，既判力の違いなどを理由に物権的請求権を選択し，訴状において抗弁も再抗弁も記載する（抗弁は先行自白になる）ことにより，直接性，合理性を維持しうるという考え方が併記されており，論理構造による主張反論の順序は現実の主張順序を規制するわけではないことを示している[16]。

(イ)　主張の応酬は法的なコミュニケーションであること
　①　具体度に階段がある
要件事実とは法律要件に該当する具体的事実だが，訴状，準備書面で主張す

る際，その具体性の度合いは，当該要件事実に争いがあるのか，あるいは争いがないのかによって異なってくる。たとえば，契約解除の意思表示について，意思表示があったことに争いがなければ「原告は被告に対し，平成○○年○月○日，本件契約を解除する旨の意思表示をした」というような主張で足りるだろう。しかし，意思表示の有無に争いがあれば，口頭か書面によるのかの意思表示の方法や，口頭であればその表現内容など，より具体的な主張を要することになる。

　民事弁護活動の現場感覚からは，要件事実には具体度の「階段」があって，争いの有無によって求められる具体性の度合いに違いが生じるのであり，争いがあれば，階段を登っていく必要が生じる。それを画するのは，法的な対論のために相手方が十分に応酬できる主張かどうか，不意打ちになることはないか，すなわち，相手方との間にコミュニケーションが成り立つかどうかという観点であると言える。

　このことは，要件事実論においても認知されていると言えよう。すなわち，所有権に基づく不動産明渡請求において，被告がその不動産を占有していることが請求原因となるところ，占有の概念が極めて抽象度の高い概括的な事実であることから，当事者間に争いがない場合には，概括的抽象的事実としての「占有」について自白が成立したものとして，被告がその不動産を占有していると摘示することで足り，争いがある場合には，単に「占有」と主張するだけでは攻撃防御の目標たり得ないから，原告としては，少なくとも自己占有か代理占有かを明らかにするため，自己占有のときには民法180条所定の所持の具体的事実を，代理占有のときには民法181条所定の成立要件に該当する具体的事実を主張しなければならないという議論がされている[17]。ここでいう「攻撃防御の目標たり得ない」かどうかということは，コミュニケーションが成り立つかどうかということを意味するのではないだろうか。

　②　知らないことは主張できない

　典型契約において本質的要素となるものは要件事実として主張を要する。たとえば，売買契約において代金額又は代金額の決定方法が確定していることが本質的な要素として求められ，売買契約の締結を主張する場合には，代金額又は代金額の決定方法の合意が主張されなければならないとされる[18]。

売買代金を請求して売買契約の締結を主張する場合には代金額又は代金額の決定方法の合意が主張されなければならないことは当然であろう。しかし，原告が自己の所有権を主張するため，前々主の所有（「もと所有」）から前々主・前主間の売買，前主・原告間の売買により所有権を取得したと構成し，前々主・前主の売買契約の締結を主張する場合に，代金額又は代金額の決定方法が確定していることが売買契約の本質的な要素でありその合意が主張されなければならないとされても，原告はその内容を知らない場合が普通であろう。

また，債権譲渡を主張する場合に，債権の移転はその原因となる売買契約や贈与契約などの法律行為によって生じるところ，その売買契約，贈与契約等を主張する場合には，その契約中の債権譲渡についての合意部分のみを取り出して主張することはできないとされる[19]。

しかし，譲受債権の請求を受けた第三債務者が債務者から譲受人たる原告とは別の第三者に債権譲渡がされたことを，第三者対抗要件の抗弁あるいは第三者対抗要件具備による債権喪失の抗弁として主張する場合，債務者・第三者間の債権譲渡がいかなる法律行為によってなされたものであるか，売買契約なのか代物弁済契約なのか，仮に売買契約であるとしてもその代金についてどのような合意がなされたかについて，第三債務者は知らないのが普通であろう。

当事者が知らない場合にも，これを調査して主張立証せよというのは酷なこととなる。コミュニケーションのあり方としても，知らないことを主張できずに主張しないことは不誠実とはいえず，その主張がなくともコミュニケーションが成り立ち，法的な対論のための相手方の応酬に支障がないのであれば，主張の簡略化が許されるべきである。

このことは，要件事実論においても認知されていると言えよう。すなわち，売買契約の代金額又は代金額の決定方法について，具体的な訴訟において，どの程度まで具体化して主張しなければならないかという点は，主張を要することとは別個の問題とし，売買契約に基づく目的物引渡請求訴訟において，錯誤の有無のみが争われており，売買契約の締結自体は実質的争点となっていないような場合には，「時価」といった程度の主張でも足りようという議論がされている[20]。この例は，自己の締結した売買契約についてのものであるが，自己が当事者になっていない売買契約や債権譲渡については，より一層妥当する。

「時価」あるいは「何らかの原因行為」の黙示の主張という説明で主張の存在を維持する説明を行うかどうかは別として，主張の省略も許容されよう。

この点，平成18年度新司法試験民事系第2問の設問に現れる債権譲渡について，原因行為を売買契約として代金額を明確にしていることは，法曹教育手法としての側面から要件事実論の論理を一貫したものとして印象深い。

③ 誰にでも明らかなことは主張しない

誰にとっても明白である事実が要件事実となることがある。

たとえば，貸金返還請求において，弁済期の合意と弁済期が到来した事実は要件事実である。そして，具体的な弁済期である○年○月○日が過去の日であれば，その日が到来した事実が存在することは誰にとっても明白である。このような場合，○年○月○日が到来した事実は明示的に主張がされないままであることが珍しくない。たとえ明示的な主張がなくとも，そのことによって法的な対論のための相手方の応酬に支障が生ずるわけではなく，コミュニケーションは成り立っており，問題が生ずることはない。

このことは，要件事実論においても認知されていると言えよう。すなわち，このような顕著な事実について証明は不要であるが（民訴179条），主張が不要となるわけではないものの，実務上，明示的な主張がなくても当然に主張されているものと扱われるのが通例であるとされるのである[21]。

以上いずれにせよ，民事弁護活動の現場において，主張の応酬は法的なコミュニケーションであることから，コミュニケーションが成り立つかどうかにより，主張を要する要件事実の具体度あるいは明示の主張の要否が影響を受けることとなる。

(ウ) 大は小を兼ねること

要件事実論において「要件事実は必要最小限の事実であること」とする「ミニマム」の原則は，欠いてはならない事実を把握しなければならないことから要請される。しかし，民事訴訟において，要件事実以外の間接事実，補助事実が重要な働きをしていないわけではない。このことは，さきの島谷論文や『法曹養成白書』が指摘するところであり，要件事実論においても認知されており，要件事実の最小限の要請は間接事実の重要性を否定するものではないことが繰り返し強調されている[22]。また，民事訴訟規則も，訴状，答弁書，準備書面に，

第1章 要件事実・事実認定——総論

請求を理由づける事実,抗弁事実,再抗弁事実(いずれも要件事実)のほか,当該事実に関連する事実(間接事実)の記載を求め,かつ,それらについての主張を要件事実の主張と区別して記載するように求めている(民訴規53条・79条・80条)。

　このように,民事訴訟においては,欠いてはならない要件事実の主張のほか,間接事実の主張が重要であり,かつ,要求もされている。そして,民事弁護活動において,要件事実に不足があっては致命傷であるが,過剰であることは致命傷にはならないという現実がある。ここで,実務での実際の主張は,間接事実ないし事情と要件事実を区別する姿勢を持ちながらも,要件事実の主張にあたって,「大は小を兼ねる」という姿勢をとることになる。

　たとえば,賃貸借契約の締結を主張するとき,敷金の授受がある場合に,その事実を記載して主張するのが一般である。敷金の授受は賃貸借契約締結の要件事実となるものではない。しかし,当該賃貸借契約に特殊なところがないかどうか(敷金の額によっては特殊性が表れるかもしれない),和解をする場合に敷金の処理を要するかどうかなど,一定の情報を提供する積極的意味もある。

　また,たとえば,売買契約の締結を主張するとき,売買代金の支払時期あるいは所有権移転時期に関する合意なども主張するのが一般である。売買代金請求訴訟において売買契約締結を主張するとき,売買代金の支払時期に関する合意は抗弁となるであろうし,所有権に基づく請求において所有権取得原因として売買契約締結を主張するとき,所有権移転時期に関する合意は抗弁となろう。しかし,いずれもの場合も再抗弁事実(支払時期の到来あるいは所有権移転時期の到来)に争いがなければそれとともに主張して痛痒はなく,かえって当該売買契約に特殊なところがないかどうか(合意内容によっては特殊性が表れるかもしれない)など,一定の情報を提供する積極的意味もある。

　さらに,要件事実論において「a+b」という議論がある。「実体法の法律効果の面だけ考えると,複数の攻撃防御方法が成り立つように見えるが,ある攻撃防御方法Bの要件事実(a+b)が,他の攻撃防御方法Aのすべての要件事実(a)を内包している場合には,攻撃防御方法Bは,訴訟上の攻撃防御方法として無意味である。これを,攻撃防御方法Bは,攻撃防御方法Aと『a+b(aプラスb)』の関係にある」というものである[23]。

たとえば，建物賃貸人から賃借人に対する建物明渡請求の請求原因として賃料債務の履行遅滞を理由とする建物賃貸借契約解除が主張されたのに対して，賃借人が①賃料を提供し，②受領を拒絶されたので，③供託したとして，これを主張するとき，①②③による供託の抗弁には，①のみで成立する弁済の提供の抗弁が内包され，②③はa＋bに当たる過剰な主張となる。しかし，このような場合，②③も主張し，賃料の供託がされていることを主張するのが一般である。供託の有無は，信頼関係破壊の有無にかかわる事実となる可能性もあり，和解をする場合にその処理を要するかどうかなど，一定の情報を提供する積極的意味もある。

　以上いずれにしても，要件事実の最小限の要請は間接事実の重要性を否定するものではないのであり，過剰な部分があっても，それは間接事実として要件事実を支え，あるいは，訴訟運営に有用な情報を提供する。ここに，要件事実は最小限の事実であるという要件事実論の理論としての緻密・細密な性質に対し，現実の民事弁護活動では過剰な部分が付加しても致命的ではなく，かえって有用でさえあるというコントラストが生ずる。さきの民事訴訟規則53条・79条・80条が，要件事実の主張と間接事実の主張を区別して記載するように求めている所以である。

　なお，このように，民事弁護活動において，ひいては，裁判官を含めた民事訴訟運営の実務において，過剰であることは致命傷にはならないという現実（過剰であっても判決の結論が異なることにはならないという現実）があり，そこでは，必ずしも欠いてはならない必要最小限の要件・事実がクリアーになるわけではないという現実が生ずる。要件事実論は，その欠いてはならない必要最小限の要件・事実を明らかにする，いわば，大から小をえぐり出して，もぐってしまっている要件のベールをはがす機能を持つことになる。これが，要件事実論の実体法解釈論としての側面の特長として発現すると言えるだろう。

(b)　**証明責任が立証の始まる前から機能する**

　さきにみたとおり，裁判所が判決をするには証明の対象となる要件事実の存否を確定しなければならないところ，裁判官の能力や当事者の努力にも限界がある以上，要件事実の存否について裁判所が存否いずれにも確定できない真偽不明の場合（ノン・リケット）が生じうるのであり，このような場合にも裁判を

第1章　要件事実・事実認定——総論

可能にするため，その事実の存在又は不存在を仮定（擬制）して法律効果の発生又は不発生を判断することになり，その結果，当事者の一方が被る危険ないし不利益を証明責任という[24]。したがって，本来，証明責任は立証が尽きたところで初めて機能する。

　しかし，民事弁護活動の視点からは，要件事実について証明責任の所在はあらかじめ定められているのであるから，自己が証明責任を負う要件事実と，相手方が証明責任を負う要件事実とにあらかじめ区分される。そして，証明しなければならない程度については，裁判官に確信を抱かせる状態であることを要するとされる。したがって，自己が証明責任を負う要件事実について，裁判官に確信を抱かせるに足りる立証が可能かどうかの考慮は，立証が始まる前から必要となることになる。民事弁護活動にとり，証明責任を負う要件事実について，真偽不明の領域が問題となるのではなく，立証により裁判官に確信を抱かせることができるかどうかだけが問題になる。真偽不明の領域は意味を持たないと言ってよい。そのような証明責任として，その所在が問題となることになる。

　要件事実論は，とくに主張立証責任の分配は，判決書作成のための，事後的な整理のための技術だというような評価がなされるときがあるが，要件事実論によって，主張がなされずに終わり存否両方の可能性がある場合の主張責任，あるいは，立証が尽くされた後の真偽不明の場合の証明責任が，あらかじめ分配されていることによって事前に機能し，訴訟運営としての要件事実論という側面を有することになる。そして，民事弁護活動においては，主張責任を満たすことそれ自体には困難が多いわけではないので（ただし，知り得ないことは主張し得ないという困難はある），多くの場合は証明責任の所在が全面に現れ，それも，立証が始まる前から，むしろ，究極に民事訴訟を見据えて相談の冒頭から，立証の可否の見通しや判断が求められ，証明責任の所在が意味を持つことになる。

　このときの証明責任とは，職権探知主義のもとでも必要となる客観的証明責任というよりは，立証活動が当事者のイニシアティブに委ねられる弁論主義を前提に観念される，当事者が立証活動をすべき行為責任としての主観的証明責任と言ってよいかもしれない。いや，職権探知主義の妥当する訴訟においても持たざるを得ないのであるから，主観的証明責任とも異なる。また，心証によ

り所在の流動する「証明の必要」とも別のものである。民事弁護活動の現場で背負う証明責任とは，客観的証明責任を負うが故に持つプレーヤーとしての行為責任とでもいうべき感覚である。

(15)　たとえば日本弁護士連合会編・前掲注(9) 19頁。
(16)　司法研修所編・前掲注(12) 86頁。
(17)　司法研修所編・改訂紛争類型別の要件事実（法曹会，2006）51頁。
(18)　司法研修所編・前掲注(17) 2頁。
(19)　司法研修所編・前掲注(17) 126頁。
(20)　司法研修所編・前掲注(17) 3頁。
(21)　加藤新太郎編・民事訴訟実務の基礎〔第2版〕解説編（弘文堂，2007）74頁注36。
(22)　司法研修所編・前掲注(7) 10頁。
(23)　村田＝山野目編・前掲注(7) 109頁。
(24)　高橋宏志・重点講義民事訴訟法上（有斐閣，2005）457頁。

4　おわりに

　さきの司法制度改革審議会最終意見書は，法科大学院での実務教育の導入部分として，要件事実とともに，事実認定に関する基礎的部分をあげている。事実認定に関する基礎的部分についての教育方法もまた，実務家教員の抱える問題である。事実認定における最終的な立証主題を定める意味で，そこでも要件事実論が前提となり機能することになるが，本稿の範囲と筆者の能力を超える課題である(25)。

　ところで，筆者が法科大学院において要件事実論の基礎について学習する「民事訴訟実務の基礎」と題する科目を担当し，実務上の主張の有り様は必ずしも学習した議論どおりではないとの説明をしたところ，実務の基礎と言いながら実務と異なるのであれば基礎ではないのではないか，という指摘を学生から受けた。本稿は，これをひとつの契機としている。その際には，実務と異なるところが基礎の基礎たるゆえんだ，と答えにならない答えをしたが，はたして，そこから半歩でも前進したであろうか。

(25)　参照すべきものとして，伊藤滋夫・事実認定の基礎（有斐閣，1996），伊藤眞＝加藤新太郎編・判例から学ぶ民事事実認定（2006，ジュリ増刊），田中豊・事実認定の考え方と実務（民事法研究会，2008）。

家事調停手続における事実認定の意義

松原　正明

1　はじめに──家事調停制度の現況

　家事調停制度は，現在では確固たる地位を有する制度として確立されている。しかし，社会的経済的変動に伴う国民の家庭生活の変化，中でも，核家族化，さらには，高齢化及び少子化の急激な進展，価値観の多様化，家族間における権利意識の高揚等の諸要因が，家庭に関する紛争を増加させ，かつ複雑困難なものにしている。とりわけ，婚姻中の夫婦間の紛争と，これに関連する養育費及び面接交渉など子の監護や親権者の指定・変更の問題，遺留分減殺請求や遺産分割など遺産をめぐる紛争が今後ますます増加することが予想される。これに対し，家事調停制度が充分に紛争解決の機能を果たしているか，将来も果たし得るかが問われている。

　平成16年4月1日から，家庭裁判所の機能を拡充させることによって人事訴訟の充実・迅速化を図り，民事司法制度をより国民に利用しやすくすることを目的とする人事訴訟法が施行され，家庭裁判所に人事訴訟事件が移管された。これにより，家庭裁判所は，調停を実施するほか，それによっても解決に至らなかった紛争を司法判断によって決着させる職責を有することになった。単一の裁判所で，調停手続と訴訟手続が行われることになるのであるから，両手続そのもののあり方及びその関係などが問われることになる。

　また，裁判外紛争解決手続の利用の促進に関する法律（いわゆる「ADR促進法」）が，平成19年4月1日から施行され，民間の機関が仲裁，調停，斡旋の

ADR（裁判外紛争解決，代替的紛争解決）を行うようになった。紛争の当事者がその解決を図るのにふさわしい手続を選択することを容易にし，国民の権利利益の適切な実現に資することを目的とする。同法に基づいて行われる仲裁，調停，斡旋のADRは，家事調停が有する執行力などの法的効力を持たないことから，同法の施行が直ちに家庭裁判所における家事調停制度に影響を及ぼすものではないと思われるが，民間によるADRの存在は，家事調停の特色を際だたせることになるとともに，そのあり方に対する問題提起をするものといえよう。

このような家事調停の現況を踏まえて，以下のように視点から，家事調停制度について考えてみたい。

2　問題の所在

家庭裁判所は家事調停事件のほか，家事審判及び人事訴訟事件を処理している。家事審判及び人事訴訟手続においては，審判官あるいは裁判官が事実を認定し，認定された事実に法規範を適用して，権利義務ないし法律関係を形成することによって，紛争事件及び非紛争事件を処理する[1]。両手続は職権主義が支配するか，当事者主義の余地があるか[2]によって差異はあるが，ともに司法判断手続であって，判断の主体である審判官・裁判官が，事実を調査し証拠を取り調べ，心証を形成することによって事実を認定する手続がその本質をなしている。家事審判規則7条においても，「家庭裁判所は，職権で，事実の調査及び必要があると認める証拠調をしなければならない。」とされ，職権主義による必要的な事実認定の資料の収集が定められており，これが，司法判断手続である家事審判に妥当することは当然である[3]。このように，司法判断作用は，認定の基礎となる資料の収集方法のあり方に差はあるものの，事実認定手続を必須の手続として要求するといわなければならない。事実の確定手続を持たない司法判断作用はあり得ない。

家事調停の本質をどのように解するかについて見解は分かれているところであるが，家事調停手続は，少なくとも司法判断機能を有するとは解されていないと思われる。もっとも，乙類調停事件は，調停が不成立となった場合に，当然に審判手続に移行するから，いわば司法判断が予定されている手続であると

第1章　要件事実・事実認定——総論

いってよいとも思われるが，乙類以外の調停事件，いわゆる一般調停事件は，調停不成立により事件は終了し，審判手続へ連続することはないのであるから，司法判断機能を有しない。したがって，一般調停においては，事実の確定が要請されることはないように思われる。しかし，家事審判法は，調停における事実認定手続を予定している。すなわち，調停委員会は，職権探知の方法として事実の調査又は証拠調[4]（以下「事実の調査」という）を行う権限及び義務を有しており（家審規137条・7条)[5]，調停委員会が調停のために事実の調査及び証拠調を必要と認めたときは，その決議によって，当該調停委員会を組織する家事審判官がこれをすることができる（家審規137条の2)[6]。そして，家事審判規則では調停の種類に限定を加えていないから，調停が不成立になった場合に当然に審判に移行する乙類調停及び家事審判法23条による合意に相当する審判のみならず，夫婦関係調整に代表されるような調停不成立によって手続が終了する一般調停においても，事実の調査及び証拠調が認められていることになる。

司法判断手続と異なる調停手続における，このような事実認定はどのような意義を有するのであろうか。事実認定の結果調停委員会が心証を形成することになるが，調停委員会が判断作用を行わないとしたら，これをどのように調停手続に反映させることになるのであろうか。むしろ，これらの問題についての考察は，家事調停の法的性質ないしそのあり方を規定することにもなるようにも思われる。本稿はこの問題について若干の考察を行い，併せて，事実認定という視点から，事実の調査において最も重要な手段である家庭裁判所調査官による事実の調査の問題にも触れてみたい。したがって，本稿は，事実認定の構造ないし意義を訴訟法的に把握することを目的とするものではなく，むしろ事実認定という視点から調停制度を考察するものであることを，まず，最初にお断りしておきたい。

(1) 山木戸克己・家事審判法（法律学全集，有斐閣，2004）13頁。
(2) 人事訴訟法17条による，人事訴訟事件に関連する損害賠償請求事件については，当事者主義が妥当する。
(3) むしろ，同条は，職権主義を規定することに意味があるといえよう。
(4) 調停及び審判を通じて，事実認定のための手続としては，事実の調査が行われるのが一般であって，証拠調が実施されることは少ない。
(5) 家事審判官による単独調停の場合には家事審判規則7条によって家事審判官が，委

員会調停の場合には，同137条・7条・137条の2によって調停委員会の決議を経たうえ，家事審判官が事実の調査又は証拠調を行う。
(6) 家事審判規則137条の2の趣旨は，調停委員会は1人の家事審判官と一般的には非法律家である複数の家事調停委員からなる合議体であるから，このような合議体としての調停委員会がみずから事実の探知に当たるよりも，その構成員であり，しかも事実認定について専門的知識及び経験を有する1人の裁判官（家事審判官）にこれを委ねる方が，事実の調査又は証拠調を迅速的確に行い得ることを考慮したものであるとされる。斎藤秀夫＝菊池信男編・注解家事審判規則〔改訂〕（青林書院，1992）424頁〔山田博〕。

3　我が国の調停制度の実際

　調停制度の趣旨目的は，当事者間に調停合意を形成することによって，当事者間の紛争を解決することにあることはいうまでもないが，我が国の調停実務では，調停委員会は，調停合意を形成するために，どのような調停活動をしているのであろうか。調停委員会を構成する個々の調停委員の個性による違いはあるが，一般的には，調停委員会が行うべき調停活動は，当事者間における任意の合意形成を促進することにあると理解されているように思われる。すなわち，調停委員会が行う調停活動は，当事者に対して，合意を形成するべく，種々さまざまな働きかけをすることであって，当事者の主張の当否・適否を判断するべきではないとするものである。我が国の調停委員が当事者の主張の当否を判断することに謙抑的であり，また，調停委員はその価値観を当事者に押し付けてはならないとされていることもこのことを示している。
　もっとも，実際の調停実務においては，調停委員が当事者に対し，評価的あるいは指示的であることは少なくなく，調停委員の価値観を押しつけることは許されないことは当然であるが，当事者間の公平に配慮してなされる適切な調停活動であれば，紛争解決に資するものであって，調停の制度趣旨に反しないであろう。また，家庭に関する紛争は，過去の一事件の存否を確定することによってではなく，当事者及び関係人の将来の生活のあり方を模索することによって解決されることも少なくない。そのような場合には，調停委員会は，当事者に対し，選択可能な将来の行動ないし生活のあり方を提示することも家事

第1章　要件事実・事実認定——総論

調停制度の趣旨に合致するといえよう。
　調停制度の趣旨を当事者間における合意形成の促進にあると解した場合，調停委員会はどのような調停活動によって，この趣旨を実現すべきであろうか。当事者の言い分をよく聞く，当事者の信頼を得るように努めるといったことが，調停の要諦としてよく言われるところである。しかし，これらのことだけでは，感情的な対立の激しい当事者間に合意を形成させることは困難であろう。当事者が相手方の言い分を受け入れない場合，相手方の言い分を別の観点から見ることができないかを検討し，調停委員会において当事者が考えている解決策以外の選択肢を提示するといった手法も有用であろう。ちなみに，アメリカにおける，mediator へのガイドブックには以下のような調停技法の例が掲げられている。
　夫と妻との間で，子の親権者の指定を巡る紛争がある事例において，夫が，mediator に対し，「妻は医者ですが，自分の子供が病気の時にも，子をほったらかしにして，当直医だからといって病院に行ってしまうような人間です。こんな人間に子の親権者を任せられますか。」と主張するような場合，mediator はどのように答えるべきかとの問題が提起されている。mediator は，夫に対し，「あなたは子のために誰が親権者としてふさわしいかを本当に心配しているのですね。」と受けたうえ，さらに，「あなたの妻は，医者として大変責任感の強い方ですね。」と続け，妻が必ずしも無責任な人間ではないのでないかとの見方があり得ることを伝える。教室説例といえないわけではないが，このような具体的な調停活動も想定されよう。
　しかし，当事者間の対立が深刻な場合には，このような調停活動のみで合意を成立させることは困難である。特に，事実関係に争いがある場合には，事実関係の解明をしたうえ，それを前提に当事者双方の主張の当否・適否を検討することも必要である。しかし，当事者の主張の当否・適否を判断することが本来の調停活動ではないとすると，そのために，当該事実の有無を確定する必要もないことになる。その場合，調停合意成立のためになすべき調停活動の余地は限られ，当該事実の有無を棚上げにして合意が成立しない限りは，調停は不成立となり，紛争の解決は訴訟手続に委ねられることになろう。
　もっとも，調停手続で事実の認定が一切行われないわけではない。比較的認

定に困難が伴わない事実,養育費や婚姻費用の算定における収入については,源泉徴収票や確定申告書によってその確認が行われ,子の監護状況について調査官調査が実施されることも,事実認定の一つである。しかし,調停手続において,事実の認定が本質的なものとは理解されていないように思われる。

4 家事調停のあり方

　家事調停の実務は以上のとおりであるが,そもそも調停制度の本質をどのように考えるべきであろうか。そして,我が国の調整制度のあり方をどのように解すべきであろうか。我が国の調停制度をどのように考えるかについては,調停機関の判断を重視する説と,当事者間の合意をより重視する説とが対立するとされる[7]。

　調停制度は,いわゆるADRすなわち代替的紛争解決手段の一つとされるので,そのあり方を考える前提として,まず,ADR全般について考察することが必要であろう。

　ADRは,種々の類型があるが,一般的・概括的には以下のように分類される[8]。

① 当事者間の交渉（negotiation）
　　a 当事者本人の交渉
　　b 代理人間の交渉
② 第三者を介在させてする交渉——調停（mediation）
③ 第三者による裁定——仲裁（arbitration）
　　a 裁定結果が当事者を拘束しない仲裁（nonbinding arbitration）
　　b 裁定結果が当事者を拘束する仲裁（binding arbitration）
④ 強制力を有する裁定——訴訟（adjudication）

　ところで,アメリカにおいては,このADR（代替的紛争解決手段）という用語について,それが訴訟に対しての代替的紛争解決手段を意味するのであれば,適切でないとする異論もあるようである。アメリカにおける初期のmediationとして,労使紛争におけるそれが挙げられるが,労使の紛争において,mediationを訴訟に対する代替的紛争解決手段と考えているわけではない。労使とも

に，時間と費用がかかる訴訟などそもそも視野に入れていない。訴訟と同じ程度に，労使双方に破壊的な結果をもたらすのはストライキであり，その回避が問題なのであって，ここにおける mediation は，ストライキに対する代替的紛争解決手段なのであると。また，訴訟に対する代替的紛争解決手段というと，訴訟を首座において，それとの差異を問題にすることになろうが，強制的契機のもっとも強い訴訟との比較では，必ずしも，個々の代替的紛争解決手段の理解に資するとも思われない。さらに，訴訟は，他の紛争解決手段と比較しても，最も多く紛争を解決しているわけでもない。結局，訴訟は紛争解決手段の最終に位置しているに過ぎない。その意味で，代替的紛争解決手段と呼ぶよりは，「紛争解決の連続体」と呼ぶべきであると。根本的な理論上の対立ではないと思われるが，各紛争解決手段の連続性を指摘する点が興味深く，我が国の調停制度を理解するうえで，有用な視点を提供するように思われる。

　これら ADR 相互間の関係についていえば，紛争の深刻度において，①から④へと順次増大し，これに従って，紛争解決手段における強制の程度が強まっている。②がいわゆる調停 (mediation) であって，①とは第三者が介在するか否かにより，③の仲裁 (arbitration) とは判断作用を伴うか否かによって区別される。③は，判断作用を伴うことから，事実の確定手続を有する。もっとも，事実の確定手続といっても，仲裁は判決手続におけるような強制力を有する手続ではないから，当事者の仲裁者に対するプレゼンテーションと理解すべきであろう。

　そうすると，我が国の調停制度は，②の調停手続と③の仲裁手続を含むものであり，両手続が連続的かつ一体となっていると解すべきではなかろうか。この点については，以下のように解すべきように思われる。

(ア) 家事審判法 24 条に定められた調停に代わる審判

　家事審判法 24 条（以下「24 条審判」という）は，「家庭裁判所は，調停委員会の調停が成立しない場合において相当と認めるときは，……事件の解決のため離婚，離縁その他必要な審判をすることができる。」とし，同法 25 条によれば，同審判は，異議の申立てがなければ，確定判決と同一の効力を有するとされている。すなわち，24 条審判は，当事者間に任意の合意形成の可能性がなく，調停手続が不成立となる場合，審判をすることによって，当事者の許諾を条件

に紛争解決をはかるものである。したがって，24条審判とは，実質的には，調停が成立しない場合になされる仲裁案の提示と考えることができるのではなかろうか。24条審判は，異議によって効力を失うのであり，言い換えれば，当事者双方が，審判の内容を受け入れることにより，効力が生ずるのであるから，当事者を拘束しない仲裁ともいえよう。すなわち，我が国の調停制度は，調停案の提示を予定しているという意味で，仲裁的機能を有するといえよう。

　24条審判が認められている趣旨からして，調停委員会による調停案の提示も同一の機能を有するものとして肯定されよう。すなわち，調停案の提示は，24条審判と同様に，調停手続による合意成立が見込めないとき，調停手続が尽きた後における紛争解決手段と位置づけることができる。のみならず，24条審判は乙類調停事件についてはなしえないこと（家審24条2項），24条審判は家庭裁判所（家事審判官）が行うものであるのに対し，調停案の提示は調停委員会が行うものであること，調停案の提示は24条審判と比較して事案に即したより柔軟な内容を含みうることなど，調停案の提示には24条審判とは異なる意義が認められることを考慮すると，独自の存在意義を有するものといえよう。

　(イ)　事実認定手続の存在

　我が国の調停制度に事実の調査という事実認定手続が認められていることは，前述のとおりである。事実認定手続は判断作用の存在を前提にしているのであるから，24条審判，及び同様に判断作用を伴う調停委員会による調停案の提示の前提として，事実認定手続が認められていると解すべきことになる。

　(ウ)　いわゆる調停（mediation）の肯定

　調停委員会は調停案の提示をすることによって仲裁手続類似の機能を有することになる。しかし，我が国の調停制度は，この仲裁的機能のみを有するのではない。なぜなら，24条審判は，「調停委員会の調停が成立しない場合において相当と認めるとき」（家審24条）になされるのであって，調停の不成立を前提にしているのであるから，調停が不成立に至るまでの間に調停委員会による調停活動の存在が肯定されなければならず，当然のことながら，この調停活動は，調停案の提示を目的とするはずはないからである。調停案の提示が調停活動の目的であるならば，調停の不成立を条件とする必要はない。この調停活動は，②の調停（mediation）の趣旨，すなわち，当事者間における合意形成を促

進することを目的とするものと解すべきであろう。

調停手続と仲裁手続が連続した手続は，それぞれのADRとは異なる別種のADRと理解すべきであろう。これは，アメリカにおける，Med/Arb（ミーダブ）と呼ばれるADRと同様なものと思われる。Med/Arbとは，mediationとarbitrationが連続的に一体となっているADRであって，mediationによって合意が成立しない場合，引き続いて，arbitrationが行われるという特徴を有する。両手続の良さを兼ね備えている上，mediatorとarbitratorと同一人であることから，両手続を別個に行うより，時間的経済的に効率的であるとされている[9]。

(7) 高野耕一「家族・調停・人訴について」水野紀子編・家族：ジェンダーと自由と法（東北大学出版会，2006）288頁は，家事調停における本質的契機を調停機関の判断により多く求める説（いわば調停＝判断説）と，これを当事者間の合意により多くを求める説（いわば調停＝合意説）とが対立しているとされる。なお，対立する両説は調停合意説と調停裁判説と呼ばれることもある。
(8) アメリカの実務では，その他のADRとして，Minitrial, Summary Jury Trial, Private Judging, Early Neutral Evaluationなどがあり，極めて多彩であるといえよう。
(9) Med/Arbに対する批判としては，当事者が調停において述べた事柄が，後の仲裁において考慮されるのであるから，本来自由であるべき調停における当事者の発言が制約を受けることになるとするものである。

5　家事調停手続における事実認定の意義

我が国の調停制度を調停手続と仲裁手続とが連続した手続と考えることを前提に，事実認定手続の意義を考えてみたい。24条審判や適切な調停案の提示には事実の確定が欠かせないのであり，事実の調査がこれらのために存在することは前述のとおりである。しかし，調停委員会の判断を前提としない，当事者間における任意の合意形成を促進する調停においても，係争事実に関する当事者の主張の食い違いを埋めるものとして，有用であると考えられる。しかし，調停委員会は，調停の段階では，当事者の主張の当否・適否を判断するべきではないから，事実の調査が実施され，調停委員会が事実の有無についての心証を得たとしても，心証そのものを当事者に示すべきではない。調停委員会としては，事実の調査によって得られた資料を当事者に提示し，その資料から係争

事実が認められるか否かを調停の主題として調停活動を実施すべきである。得られた資料の証拠価値について当事者双方の意見を聴取したうえ，意見の隔たりを埋めることを意味する。もっとも，得られた資料から一義的に事実が認められる場合には問題は少ない。養育費や婚姻費用の分担請求事件において当事者の収入が問題となったとしても，確定申告書や源泉徴収票の提出があれば，特段の事情がない限り，それにより収入額は確認できるであろう。このような場合に，調停委員会は資料の証拠価値についての判断をすべきでないといってみても実益は少ない。しかし，係争事実を認定するに足りる資料を得ることがそもそも困難であり，また，得られた資料から事実を認定できるか否か，すなわち資料の証拠価値についての判断が困難な場合には，調停活動のあり方が問題となる。親権者の指定・変更事件における，親権者の適格性や子の意向が問題となるような場合である。事実の調査の実施後の調停活動のあり方が問題となろう。

この点については，家庭裁判所における事実の調査の一つであり，重要性を有するところの家裁調査官による事実の調査において，検討してみたい。

6　家裁調査官による事実の調査

(1)　家裁調査官による事実の調査の重要性

家裁調査官による事実の調査は，家庭裁判所が行う事実の調査の一つであるが，家庭裁判所の実務において，極めて重要な機能を果たしていることはいうまでもない。家庭裁判所は訴訟裁判所と異なり，専門性科学性を有しつつ，事件処理にあたるのであるが，その最も重要な制度が家庭裁判所調査官制度である。平成16年4月の人事訴訟法の施行により，人事訴訟事件が家庭裁判所に移管されたが，その趣旨の一つに，人事訴訟事件においても家裁調査官による事実の調査を可能にする点があったこともこのことを示している。

家裁調査官による事実の調査は，事実の調査一般と同様に，自由の証明のための資料収集手続であり，具体的方法も同様である。しかし，家裁調査官は人間関係諸科学についての専門的知識を有しているのであるから，家裁調査官に

よる事実の調査は,「事実の調査は,必要に応じ,事件の関係人の性格,経歴,生活状況,財産状態及び家庭その他の環境等について,医学,心理学,社会学,経済学その他の専門的知識を活用して行うように努めなければならない。」とされている(家審規7条の3)趣旨によく合致する。これは,家裁調査官の専門性の問題とされてきたものであるが,ここでは,この家裁調査官の専門性が,事実の調査の実施においてどのような形で発現されるべきかを分析してみたい。家裁調査官は,事実の調査の報告に意見を付することができるとされているので(家審規7条の2第4項),まず,事実の調査,次いで,これに付される家裁調査官の意見の法的性質について検討する。

(2) 事実の調査の基本構造

家裁調査官による事実の調査は専門性科学性を有するものではあるが,事実の調査である以上,事実認定の基礎となる資料収集を目的とするものであることをまず確認しておかなければならない。調査報告に付される家裁調査官の意見が重視され,家裁実務の上では,家裁調査官による事実の調査があたかも鑑定のような役割を果たしていることから,事実認定の一方法であることを見失いがちであることに留意する必要がある。

家裁調査官による事実の調査は事実認定を目的とするものである以上,いかなる事実を認定するために資料を収集すべきかが問題となる。調査対象となるべき事実の問題であって,事実の調査における「事実」(家審規7条ないし7条の2第1項)とはこれをさし,例えば,子の監護状況,あるいは子の意向,成年後見事件における後見人候補者の後見人としての適格性などがこれに該当し,調査事項とも呼ばれることもある。これに関し,この「事実」が,家裁調査官が収集すべき対象そのものをいうと理解されている場合があるが,正当ではない。事実の調査とは,事実を収集する手続ではなく,事実に関する資料を収集するものであるというべきであろう。

調査事項が特定されると,次に,どのような調査方法によるべきかが問題となる。例えば,子の監護状況が調査事項である場合,両親のいずれかあるいは双方から事情を聴取するか,子から意向を確認するか,子の監護されている居宅の現況を見分するかなど,どのような調査方法を採用すべきかの問題である。

調査事項及び調査方法の特定の問題は、裁判所による事実の調査の場合にも起こりうるが、裁判所は、これらを特定せずに、事実の調査を行うことはできないから、問題となることは少ない。しかし、調査官による事実の調査の場合には、この特定性の問題が生ずる。調査事項については、家事事件手続において家裁調査官に事実の調査が命ぜられる際に、家裁調査官が有する専門的知見の活用をはかる趣旨から、調査事項が包括的になる場合がある。例えば、両親のいずれが親権者にふさわしいかという事実を確定するためには、現在の子の監護状況、過去の監護状況、子と親との親和性、親の経済状況などの諸事実を確定させ、各事実を比較考量して、判断しなければならない。前者が、事実認定における主要事実にあたり、後者がこれを推認させる間接事実にあたる。親権者の適格性の判断において、これらの間接事実のうち、いずれを調査の対象として確定すべきかは事案における具体的事情によることになる。したがって、親権者としていずれがふさわしいかという主要事実が調査事項とされた場合、これらの間接事実をすべて調査すべきか、あるいはどの事実を調査すれば足りるかが重要な問題となろう。

(3) **家裁調査官の意見——調査結果との関係**

家裁調査官は、事実の調査の報告に意見を付することができるとされており(家審規7条の2第4項)、この家裁調査官の意見は、前述のとおり、その専門性からして重要な意義を有する。しかし、この家裁調査官の意見の位置づけ、調査の結果との関係などについて、必ずしも明確ではない。

家裁調査官の意見とはどのような内容を含むものが予定されているのであろうか。家裁調査官による事実の調査の結果得られた「事実」の分析あるいは評価が、その意見と呼ばれることが少なくないように思われる。これは、「事実」という言葉の社会科学的な用法としては、十分理解できるところである。しかし、この理解は、家裁調査官による事実の調査が、裁判所によるそれと同様に、資料収集手続であることの意味を弱めているように思われる。家裁調査官が収集したものは、それが、関係人の陳述であれ、監護者宅の現況に関して家裁調査官が五感の作用によって認識した結果[10]であれ、いずれも、調査対象となった事実を認定するために必要とされる資料であり、「事実」と呼ぶのは正確性

を欠く。事実の調査の報告とは,事実の調査の結果を報告することに他ならないが,報告の内容は,調査官活動によって収集された資料ということになる。したがって,これに付される家裁調査官の意見は,当然,その資料が調査対象とされた事実を認定することができるか否かに関する見解ということになる。どちらの親が親権者として適格であるかという調査事項の場合,収集された資料から特定の親が親権者として適格であると認定できるとする意見を付することになる。また,子の意向が調査事項である場合,子から事情を聴取したとすると,得た陳述が調査の結果であり,その資料に基づいて,子の意向がどのように認定できるかについての調査官の見解がその意見ということになる。したがって,家裁調査官の「意見」は事実認定に関する意見(Finding)とされる[11]。

ところで,少年保護事件における調査報告書に家裁調査官が付ける意見(少年審判規則13条2項)は,要保護性という事実を認定する意見(Finding)と,それを前提にする処遇に関する意見(Recommendation)とを含むものと解されているが,これは,少年保護事件における調査が原則として事件全般にわたる包括的な調査であるため,調査結果に関する意見から必然的に処遇に関する意見が引き出されるからである。家事審判手続においても,包括的に調査が命ぜられた場合には,事実認定に関する意見から必然的に事件処理に関する意見が導き出させる場合も想定されるので,このような場合には,事件処理全体に対する意見(Recommendation)を付しても差し支えないとされている[12]。例えば,親権者変更の事件において,包括的に事実の調査が命ぜられた場合,いずれが親権者としてふさわしいかという事実の認定に関する意見を付し,それを前提に,さらに審判をすべきかあるいは調停によるべきかなど事件処理についての意見を付することができると解されているのである。

調査報告書に意見を付すかどうかは,調査を担当した家裁調査官の判断に委ねられているものと思われる。少年保護事件においては,家裁調査官は,調査報告書に意見をつけるよう義務づけられている(少年審判規則13条2項)のに対し,家事審判規則7条の2第3項は,家事事件の調査の場合には部分調査が行われる場合があり,その場合には調査事項が部分調査であるために意見を付することができない場合や,調査の結果得られた資料の性質から,当然に事実が認定できることから,特に意見を付す必要がない場合が考えられるためである。

(10) 訴訟手続における証拠調の検証に相当する。
(11) 加藤令造編・家事審判法講座第3巻調停関係（判例タイムズ社，1975）206頁〔沼邊愛一〕。
(12) 沼邊・前掲注(11) 206頁。

(4) 事実の調査の結果と調査官意見の意義

　以上に基づいて，専門性を有する家裁調査官による事実の調査の意義について，事実の調査の結果と，それに付される意見とに分けて検討してみたい。

(a) 事実の調査の結果

　事実の調査は，家裁調査官による調査事項に該当する事実を認定するための資料収集活動である。そこにおける家裁調査官の専門性の意義は，調査事項である事実認定のための信用性の高い資料の獲得にあるといえよう。年齢の低い子の意向の確認の調査の場合，児童心理学などの専門的知見を有する家裁調査官ならば，適切な面接技法の選択や心理テストなどの補助的技法の採用などによって，信用性の高い資料を獲得することが可能になる。これに対し，家庭裁判所による事実の調査の方法としては，家事審判官が子に面接することなどが考えられるが，この方法によって得られるのは子の供述であるが，それのみでは必ずしも子の意向を十分に確認することはできないと思われる。このような意味で，家裁調査官の有する専門的知見は調査活動において有意義である。

(b) 調査報告に付される意見

　調査報告に付される家裁調査官の意見は，収集された資料から調査事項とされた事実が認定できるか否かについてのものであることは前述のとおりである。調査活動によって収集された資料の証拠価値についての意見ということになる。ところで，獲得された資料（証拠資料）からある事実が認定できるか否かの判断は，事実認定に関する経験則（経験法則）を適用することによって行われる。経験則とは，一般的には，経験から帰納された事物に関する知識や法則をいうとされ，民事紛争における経験則は，経済活動において，人は経済的合理性を追求するという事情を基礎にしている。しかし，親権者・監護者の指定・変更などの紛争においては，人間の心情など非合理的な問題が背景にある以上，事件関係人が経済活動におけるように合理的に行動するとは言い難い。子の意向

の確認調査において，一方の親と会いたくないという，未成年の子の供述を，それのみで，直ちに，その子の意向であるとすることができない場合は少なくない。このような事案では人間の心情など非合理な問題において有用な経験法則の存在が欠かせないが，これは，民事紛争における経済的合理性を基礎にする前述の経験法則とは異なり，家裁調査官の有する専門的な知識経験を基礎にして生み出される必要があるといわなければならない。

すなわち，事実の調査における家裁調査官の調査活動は，未成年子などの証拠方法から証明力の高い証拠資料を得ることを目的とするものであり，それにより得られた資料は調査報告書の「調査の結果」欄に記載され，調査により得られた資料からどのような事実が認定しうるかについての家裁調査官の意見が，調査報告書の意見欄に記載されて，併せて調停委員会に報告されるのである。

調査事項によっては，収集された資料から直接に調査事項たる事実を認定することができず，複数の間接事実から主要事実を推認することによって，事実を認定しなければならない場合がある。親権者の適格性という事実はこれを直接証拠によって認定することはできない。過去の子の監護状況，現在の子の監護状況，経済的状況，子の意向や子との親和性などの間接事実を認定したうえ，これらを比較考量することによって，いずれの親が親権者として適切であるかという事実を推認することになる。この推認も，経験則によって行うことになるが，複数の間接事実がそれぞれ異なる主要事実を推認させるような場合には，収集された資料から子の意向などの間接事実を認定する場合と比較してより高度の経験則が必要となる。監護の継続性の原則，母性優先の原則，子の意思尊重の原則，兄弟同一監護の原則などといわれる親権者の適格性に関する準則がこの経験則に当たるものであるが，問題は，これらが具体的な事案において妥当性を持ちうるかを検証する必要があり，これには困難な判断が要求されるからである。そして，当該事案において採用された経験法則は調査報告書の意見欄に記載され，調査事項の認定についての結論を導き出すことになるのである。

(5) 調停手続における家裁調査官による事実の調査の意義

以上は，家裁調査官による事実の調査そのものの意義についてである。しかし，調停手続における家裁調査官による事実の調査については，前述のとおり，

調停手続の手続構造を視野に入れての検討が必要であるように思われる。

調停手続において，子の意向あるいは子の監護状況についての事実の調査命令がなされることがある。その調査の結果は調停手続でどのように利用されるべきであろうか。通常，このような命令がなされるのは，夫婦関係調整調停事件等における親権者の指定について，当事者が子の意向や子の監護状況に関して意見が対立して，手続進行が困難となった場合に，その事実を確認するためであり，調査の結果すなわち調査官が得た資料そのものを，当事者に伝え，その証拠価値についての意見を交換しつつ，子の意向についての当事者の認識を共通にしたうえで調停進行を図るべきことになる。

これに対し，親権者指定の争いにおいて，いずれが親権者として適当であるかを調査事項として，調査命令がなされる場合もある。この調査は，親権者の適格性を調査事項とするものであるから，その判断に必要な事実を一応すべて調査することになる。この場合も，調停段階では，事実の調査の結果を当事者に伝え，それにより，親権者の適格性についての当事者の意見を交換することになろう。しかし，この場合は，子の意向などとは異なって，いずれの当事者が親権者としてふさわしいかという結論部分を争点としているのであるから，容易に合意が成立しないであろう。その場合には，調停案の提示によって合意成立を図ることを考慮すべきである。

7 ま と め

我が国の調停制度を，任意の合意形成の促進を趣旨とする調停手続と，調停委員会の調停案の提示及び家事審判官による24条審判を趣旨とする仲裁手続とが連続したものと理解した場合，以下のような点が考慮されるべきであろう。両手続はその順序で連続するのであり，任意の合意形成が見込めない場合に，調停案の提示を行うべきであって，調停委員会による合意形成へ向けての調整活動を軽視すべきではない。家事調停手続の取り扱う紛争は，表面的には金銭的な争いに見えても人間関係に根ざしている場合が少なくなく，また，調停合意が成立してもなお人間関係が継続する場合もあり，当事者の納得を得ることの重要性は否定できないからである。

第1章　要件事実・事実認定——総論

　当事者間に任意の合意形成が見込めない段階で調停案を提示するのであるが，その際には，当事者に，その旨すなわち任意の合意形成が見込めない状況にあることを認識させるべきである。手続の異なる段階に入ったことを認識させる趣旨からである。調停案の提示が適切になされるためには，司法裁断的手続と同様に，当事者の主張を相互に伝えあい，反論を尽くさせること，その主張を裏付ける資料の評価を積極的に行うことが必要であろう。親権者・監護者の指定・変更など子の監護をめぐる問題については，家裁調査官による事実の調査を活用することによって，係争事実を解明しつつ，紛争を解決してきた。しかし，これまでの調停実務においては，それ以外の場面，例えば財産分与について当事者の主張が対立した場合には，財産関係を資料によって確認して調停を進行させてきたとは言い難い。調停当事者も，このような争いの場合には，訴訟手続にその解決を委ねることを考えているように思われる。

　我が国の調停制度が事実認定手続を備えていることからすれば，当事者間に事実に関する争いが生起したとしても，直ちに手続進行に支障をきたし，ひいては調停手続が不成立となると解すべきではない。調停段階においても，そのような争点が子の監護であり，財産関係であり，婚姻の破綻原因であったとしても，さまざまな方法によって事実の調査を実施し，その結果を当事者にフィードバックして合意成立をめざすべきである。かかる手続進行をしても，当事者間に合意成立が見込めない場合には，調停委員会の提示をなすべきであろう。このように，我が国の調停制度を理解することによって，調停制度が有する司法的機能の一層の充実を図ることができよう。

第2章
要件事実・事実認定—各論

第1節
民法の諸問題

期限・期間の要件事実
―到来・経過の意味との関係で―

若柳 善朗

1 はじめに

　期限についての要件事実を考えてみたいと思った切っ掛けは，同じく貸借型と言われている消費貸借契約に基づく貸金返還請求権（以下「貸金返還請求権」という）と賃貸借契約の終了に基づく目的物返還請求権としての明渡請求権（以下「明渡請求権」又は「目的物返還請求権」という）について，永石一郎弁護士の論稿「要件事実論入門　担保権から考える民法と要件事実」（以下「永石論文」という）[1]と山野目章夫教授の論稿「第2講　要件事実論入門(1)」の「4(3)期間の経過」に関する部分（以下「山野目論文」という）[2]に接したことによる。
　最初に，両論文について検討した上で，貸借型における期限についてどう考えるかを考察し，期限の要件事実について筆者の見解を述べたいと思う。

(1) 永石一郎「要件事実論入門　担保権から考える民法と要件事実」法セ624号20頁以下（2006）。
(2) 山野目章夫「第2講　要件事実論入門(1)」村田渉＝山野目章夫編著・要件事実論30講（弘文堂，2007）23頁以下。

第2章　要件事実・事実認定――各論

2　永石論文について

(1)　永石論文の論理

　永石論文は，「貸金返還請求権は，貸家，貸地の明渡請求権と同じく期間の合意が請求原因事実とされている。これに対し，売買契約においては，期間が請求権発生原因とならない。これを貸借型論理という。」として，「同じ貸借型でありながら請求権の発生について」，貸金返還請求権については「弁済期の到来」であり，明渡請求権については「期間の経過」であるとし，「到来」と「経過」の違いについて，返還期限を「平成18年7月31日とした場合」，貸金返還請求権の場合は「平成18年7月31日の午前0時が到来すると同時に請求権が発生する」が，明渡請求権の場合は「平成18年7月31日の24時を過ぎてはじめて明渡請求権が発生する」とし，「貸金返還請求権，明渡請求権は同じ平成18年7月31日が期限でありながら発生時期は丸一日ずれることになる。」とする。その上で，「司法研修所は，貸金返還請求権は期限の最終日の平成18年7月31日午前0時に発生し，翌8月1日の午前0時に遅延損害金が発生すると解し，明渡請求権は翌8月1日の午前0時に発生し，賃料相当損害金も翌8月1日(3)に発生すると解している。」として，「貸金返還請求権（到来）」については「司法研修所編『問題研究　要件事実』50頁（法曹会）（以下「問研」という）・裁判所書記官研修所(4)『紛争類型別の要件事実』26頁（司法研修所）（以下「類型別」という）」を，「明渡請求権（経過）（類型別93頁は「満了」とも表現）」については「問研147頁・類型別90頁」を，その根拠としている。

　(3)　ここでは，時刻の記載がないが，同頁の図を見ると，8月1日午前0時の趣旨であると解される。
　(4)　永石・前掲注(1)21頁の記載どおりであるが，「裁判所書記官研修所」の記載は「司法研修所編」の誤記であろう。

(2)　疑　問　点

　永石論文は，前記のとおり，貸金返還請求権の発生日は，「弁済期の到来」

であり，明渡請求権の発生日は，「期限の経過」であるとするが，そのように区別される根拠について，「当事者の意思解釈の結果」というだけで，それについての具体的な説明がないので，司法研修所編の「紛争類型別の要件事実」(以下「類型別」という)[5] ないし「問題研究　要件事実」(以下「問研」という)[6] の記載を引用する以外に特に積極的な根拠は示していないように思われる。同じ貸借型である貸金返還請求権と明渡請求権について，永石論文のような区別をする実質的・合理的な理由は存在するのであろうか。

賃貸借契約の場合，期間満了時に明渡請求権が発生するのであるから，永石論文は，「期間の満了」について，「期間の経過」と同じ意味を持たせていることになるが，期間が満了するということは，期間には起算点と満了点があるのであるから[7]，その満了点が到来すると解することも出来るのではないか。「期間の経過」は，一般的には，終期である特定の日の24時が過ぎることを意味しているのではないか。そうすると，「期間の満了」という文言からは，直ちに「期間の経過」と同じ意味となるとは言えないのではないか。

また，永石論文は，明渡請求権の場合，「期間の経過」時に明渡請求権が発生すると同時に賃料相当損害金も発生するとしているが，「当事者の意思解釈」として，一般的にそのように言えるのかどうかについて，何ら論証がなされていないのであるから，この点についても，十分な説明がなされているとは言えないのではないか。さらに，永石論文のとおりとすると，明渡請求権の発生時期（すなわち，明渡債務の履行期）と明渡債務の履行遅滞に基づく遅延損害金の発生時期とが同一ということになるが，理論上容認できるものであろうか。

(5)　永石論文の引用する「類型別」は，1999年版であるが，2006年に改訂版が出版されているので，以下，特に断らない限り改訂版の頁を引用する。

(6)　永石論文の引用する「問研」は，2003年版であるが，2006年に改訂版が出版されているので，以下，特に断らない限り改訂版の頁を引用する。

(7)　我妻榮・新訂民法総則（岩波書店，1965）427頁以下，近江幸治・民法講義Ⅰ民法総則〔第6版〕（成文堂，2008）341頁以下。

第 2 章　要件事実・事実認定──各論

3　山野目論文について

(1)　山野目論文の論理

　山野目論文は，期間について，「期限と類似する面をもちながら，これと区別されるものに，期間がある。期間とは，始期と終期という 2 つの時間的瞬間で画されるところの時の区分であり，その間の全体に稠密性が認められる概念である。」とし，期間の「終期が経過することを〈期間が経過する〉または〈期間が満了する〉と表現する（民 619 条，624 条など参照）。」とする。また，「期間の終期に当たる日を末日」と呼ぶこともあり，「期間の経過ないし満了とは，期間の末日が経過することにほかならない。」という。
　さらに，「期間の概念は，賃貸借や雇用などの継続的契約の契約条件を定める際に用いられる。」とし，「期間を平成 18 年 11 月 21 日までとする建物賃貸借において，賃貸人が賃借人に対し建物の明渡を請求するための要件事実は，期間の満了であるから，すなわち，期間の末日である 11 月 21 日の午後 12 時が経過することである。」が，他方，「ひとしく貸借型の契約であっても，消費貸借においては期間の観念がなく，もっぱら期限の定めにより法律関係が規律されるし，そこで貸主が返還請求をするための要件事実も期限の到来である」とし，「このような差異が生ずるのは，賃貸借が継続的契約であって，定められた期間の間は時間的稠密を伴って賃借人に目的物の使用収益を認める趣旨の契約であるものと考えられるところによる。」とする。その上で，「期間を 11 月 21 日までとし，同日限り明渡すものとする」の文言の場合，「11 月 21 日の到来をもって建物明渡を請求することができるとする」には，上記文言の前後を「期間は 11 月 20 日までとする趣旨であるという合理的解釈を施す」必要があるとする。

(2)　疑　問　点

　山野目論文は，期限と期間の区別を強調し，期間は，「始期と終期という 2 つの期間は時間的瞬間で画される時の区分であ」り，「賃貸借や雇用などの継

続的契約の契約条件を定める際に用いられる」とし，消費貸借契約と賃貸借契約とが区別される理由について，「ひとしく貸借型の契約であっても」，消費貸借契約では，「期間の観点がなく，もっぱら期限の定めにより法律関係が規律される」が，賃貸借契約では，「賃貸借が継続的契約であって，定められた期間の間は時間的稠密を伴って賃借人に目的物の使用収益を認める趣旨の契約であるものと考えられるところによる。」とする。

　しかし，消費貸借契約にあっても，借りた金員を自由に使えるという意味では，借入日を起算点とし，返還の時期を満了点とする期間を観念することは十分に可能なのではないか。また，消費「貸借」という文言からしても，貸し借りにはある程度の時間がかかることは前提とされているのであるから，期間を観念するのが自然ではないか。特に利息支払の合意がある場合は，利息の発生する期間を観念せざるをえないのではないか。

　他方，賃貸借契約においても，賃貸借契約であることから当然のことであるが，いつかは賃借物を返還しなければならないのであるから，返還の期日を消費貸借契約におけると同様に返還の期限の到来と考えても何ら不都合はないのではないか。

　これらの点について，山野目論文は，消費貸借契約は期間の観点がないことを，賃貸借契約は「定められた期間の間は時間的稠密を伴」うことを根拠としているようであるが，「貸し借り」の本質から考えて，そのように区別することの根拠として，実質・合理的な理由があるのかについては，特段の理由ないし根拠は示していない。

　また，「期間の経過ないし満了」と「期限の到来」とを区別することについても，永石論文同様，実質的・合理的な理由の説明はなされていないように思われる。

　さらに，「期間の満了」，「期間の経過」及び「期間の末日が経過すること」を同じ意味と解する理由についても，実質的・合理的な説明はなされていないのではないか。

第2章　要件事実・事実認定——各論

4　問題の提起

(1)　貸借型理論

　貸借型理論とは、売買型の契約と対比して観念されているもので、「いわゆる売買型の契約にあっては、契約と同時に債権債務が発生し、かつ、直ちに履行することができるのが原則であり、債務の履行についての期限の合意は、契約の要素ではなく、法律行為の附款である」のに対し、「貸借型の契約は、一定の価値をある期間借主に利用させることに特色があり、契約日の目的物を受け取るや否や直ちに返還すべき貸借は、およそ無意味であるから、貸借型の契約にあっては、返還期間の合意は、単なる法律行為の附款ではなく、その契約に不可欠の要素である」とするものである[8]。したがって、貸借型の契約の場合、契約の対象物は、いつかは必ず貸主に返還されることになるのである。契約の対象物が返還される日（すなわち、貸金返還請求権又は明渡請求権の発生する日）を、一般的には、「返済日」、「弁済期」、「返還の時期」、「返還の日」、「返還すべき期日」等と表現されているが（以下、これらを表現するものとして「返還期日」という言葉を使用することとする）、この返還期日について、同じ貸借型の契約である消費貸借契約と賃貸借契約とでその意味を、永石論文及び山野目論文のように、区別できるものであろうか。

　[8]　司法研修所・増補民事訴訟における要件事実第一巻（法曹会、1986）254、275頁以下。

(2)　問題の発生原因

　永石論文及び山野目論文のような考え方（貸金返還請求権と明渡請求権の発生が一日ずれること）が生じた原因について、筆者は、以下のとおり、「到来」と「経過」の意味・定義について、過去長期間にわたり十分な吟味がなされないまま、適宜に使用されてきたことにあると考えている。

　(a)　民法の条文

　「経過」という文言は、民法597条2項ただし書と617条1項本文に「期間

の経過」という文言で使用されているところ，民法には，「経過」の意味について定めた規定がないばかりでなく，「消費貸借」，「使用貸借」，「賃貸借」の各節にも，「到来」の文言がないことから，民法が「経過」と「到来」の意味について，どのように考えているのかが不明確ではあるが，民法の上記条文の趣旨からすると，「期間の経過」は，「ある一定の長さを持った時間の流れが過ぎた」ことを意味し，「ある特定の日が過ぎた」という意味では使用されていないように読めること。因みに，民法の条文上，「ある特定の日の24時が過ぎた」という意味で「期間が経過した」という文言を使用している例はないようである。

なお，借地借家法27条にも，民法617条と同様に，「解約の申入れの日から6月を経過することによって終了する。」との文言がある。

(b) 学　　説

学説は，上記のとおり，民法の条文において「経過」という文言が使用されているため，体系書・教科書等において，「経過」の文言の意味を十分考察することなく，永年にわたって「経過」の文言をそのまま使用してきたり，消費貸借契約では，民法の条文にない「期限の到来」の文言を使用しているにもかかわらず[9]，使用貸借契約や賃貸借契約ではほとんど「到来」の文言を使用していないため[10]，「経過」と「到来」の意味の区分が不明確のままとなっていること。

(c) 司法研修所

司法研修所は，類型別，問研等において，「経過」と「到来」についての明確な定義をしないまま，消費貸借契約では一貫して「弁済期の到来」の文言を使用しているにもかかわらず[11]，使用貸借契約と賃貸借契約においては，契約が終了することの趣旨を下記のような文言で表現し，用語の統一的な使用をしてこなかったこと[12]。

(ア)　使用貸借契約　　期限が到来[13]，返還時期が到来[14]，契約の終了[14]，期間の経過[14]等

(イ)　賃貸借契約　　契約の終了原因事実[15]，期間満了[15]，存続期間の経過[15]，存続期間の満了[15]，賃貸借契約が終了[16]，賃貸期間の満了[16]，返還時期の到来[17]，期限の到来[17]，その後1年が経過[17]等

(d) 「経過」の語感

「経過」という文言を「存続期間の経過」というように使用した場合,「経過」の意味は，一般的には「存続期間の末日を過ぎること」，すなわち，前述のとおり「終期である特定の日の24時が過ぎること」を意味していると解釈されやすいため，民法のある条文に「経過」の文言が使用されていると，その条文の解釈をする場合において「経過」の文言を使用するときは,「期間の末日を過ぎること」と同じような意味で使用しなければならないと考えるのが通常の感覚であること。

(e) 小　　括

以上のとおり,「到来」と「経過」の文言の区分のあいまいさについては，これまで長い間にわたって，正確な定義がなされないまま，その意味を区別することなく使用されてきたことに，主たる原因があると思われる。

(9) 我妻榮・債権各論中巻一（岩波書店，1957）371頁，広中俊雄・債権各論講義〔第6版〕（有斐閣，1994）116頁，星野英一・民法概論Ⅳ（契約）（良書普及会，1986）170頁，近江幸治・民法講義Ⅴ〔第3版〕契約法（成文堂，2006）172頁。

(10) 使用貸借契約ではあるが，横田秀雄・民法債権（法政大学）159頁，星野・前掲注(9)179頁，川井健・民法概論4債権各論（有斐閣，2006）207頁，甲斐哲彦「使用貸借」牧野利秋＝土屋文昭＝齋藤隆編・民事要件事実講座3民法Ⅰ債権総論・契約（青林書院，2005）317頁及び大江忠・第3版要件事実民法(4)債権各論（第一法規，2005）269頁が，終了原因として「期限の到来」の文言を使用している。

(11) 司法研修所編・前掲注(5)27頁，司法研修所編・前掲注(6)42頁，司法研修所編・前掲注(8)276頁，司法研修所民事教官室編・民事訴訟における要件事実について（司法研修所，1968）56頁。

(12) 伊藤滋夫編著・要件事実講義（商事法務，2008）139頁以下。

(13) 司法研修所・前掲注(8)279頁。

(14) 司法研修所民事教官室編・前掲注(11)61，62頁。

(15) 司法研修所編・前掲注(5)91，93，95頁，司法研修所編・前掲注(6)142頁，司法研修所・前掲注(8)282頁，司法研修所・民事訴訟における要件事実第二巻（司法研修所，1992）27，119頁。

(16) 司法研修所編・前掲注(6)140，142頁。

(17) 司法研修所・前掲注(8)281頁，司法研修所・前掲注(15)119，132頁。

5 問題の検討

(1) 民法の条文上の文言

現行民法の条文の文言について，一応見ておくと，次のようになる。

(a) 消費貸借契約

消費貸借契約については，民法は，591条1項で「返還の時期を定めなかったとき」について規定しているが，契約で返還期日を定めた場合については規定していない。通説は，返還期日が契約で定められた場合には，その日に，貸主の貸金返還請求権が発生し，借主に返還義務が発生する，と解することについて争いはない[18]。

返還期日が契約で定められていなかった場合，「相当の期間」の経過によって貸金返還請求権が発生することについても争いはないが，「経過」の意味については，争いがあると思われるところ，永石論文及び山野目論文ともこの点についての言及はない。

(b) 使用貸借契約

使用貸借契約については，民法597条1項が「借主は，契約に定めた時期に，借用物の返還をしなければならない。」と規定しているので，「契約に定めた時期」に明渡請求権（目的物返還請求権）が発生することになるが，契約で定められた返還期日の到来でよいのか経過が必要なのかについては，条文上の手がかりはない。

他方，民法597条2項ただし書に，「使用及び収益をするのに足りる期間を経過したときは」との文言があるので，期間が経過することが必要であるかのように読めるが，ここでの「経過」の意味は，日常的な意味での単に時が過ぎること（すなわち，ある一定の長さを持った時間の流れが過ぎること）を意味するように思われる。それが，ある期日の24時（午後12時）を過ぎることまでの意味を含めているか否かは明確でない。この「経過」を日常的な意味での時が過ぎることと解すると，返還期日は，「使用及び収益するのに足りる期間」の末日が到来した日と考えることが可能である。

第2章　要件事実・事実認定——各論

(c)　賃貸借契約

　賃貸借契約については，民法616条が民法597条1項を準用しているので，返還期日が契約で定められた場合は使用貸借契約と同様の議論となる。

　返還期日が契約で定められていない場合については，民法617条が規定しているが，この中で，「賃貸借は，解約の申入れの日からそれぞれ当該各号に定める期間を経過することによって終了する。」との文言があり，使用貸借についての民法597条2項ただし書と同様の規定となっている。したがって，この「経過」についても，使用貸借契約の場合と同様に日常的な意味での時が過ぎること（すなわち，ある一定の長さを持った時間の流れが過ぎること）を意味するように思われる。そう解すると，解約の申入れによる返還期日は，解約申入れ期間の末日の到来した日と考えることが可能である。

(d)　小　括

　以上から（前記4(2)(a)の説明参照），筆者としては，民法の条文上の表現は，必ずしも明確とは言えないかもしれないが，「期間の経過」は，「ある一定の長さを持った時間の流れが過ぎた」ことを意味し，「ある特定の日が過ぎた」という意味では使用されていないのではないかと考えている。仮にそうとまで言えないとしても，少なくとも民法の条文上の文言は，必ずしも決め手にならないと考えている。なぜなら，民法の制定にあたり，「期間の経過」，「期限の到来」，「期間の満了」，「期間の末日」，「返還の時期」等について，正確な定義づけがなされていないからである。

　返還期日が契約で定まっていない場合について，消費貸借契約及び使用貸借契約では「返還の時期を定めなかった」と規定し，賃貸借契約では「期間の定めのない」あるいは「期間を定めなかった」と規定しているが，同じ意味を表すのに何故このように違う文言を使用したのかも不明である。また，賃貸借契約についてのみ「期間」という文言があるが，これも同様に不明である。

　したがって，民法の条文上の文言に拘るべきではなく，消費貸借契約，使用貸借契約及び賃貸借契約のそれぞれの返還の意味ないし本質から考えるべきである。

　(18)　我妻・前掲注(9) 371頁，司法研修所民事教官室編・前掲注(11) 56頁。

(2) **権利義務関係**

前項の問題点を検討する前提として,権利者(債権者)はいつ義務者(債務者)に対して,権利を行使できるのかをまず考えるべきである。

権利義務関係ないし債権債務関係の本質よりして,権利(債権)の発生と義務(債務)の発生は表裏の関係にあると解されるのであるから,権利義務(債権債務)が同時に発生することについては異論はないと思う[19]。

(a) **売買契約・消費貸借契約**

例えば,売買契約の場合であるが,法律上の付款として,売買代金の支日を定めた場合[20],買主はいつ代金を支払うのかと言えば,代金支払日として定められた日ということになる。これを売主側から見れば,代金支払日と定められた日に買主から売買代金を支払ってもらえる権利(売買代金請求権)[21]があるということになる。したがって,売買契約の場合の代金支払日の定めは,その定められた日に,売主は買主に対し代金債権の権利(売買代金請求権)を行使することができ,買主はその日に売主に対し代金を支払う義務があるということになる。

そして,買主が売買代金を定められた代金支払日の翌日に支払ったとしたならば,買主は,履行遅滞となり,売主に対し,1日分の遅延損害金を支払わなければならない。

それでは,消費貸借契約の場合はどうであろうか。返還期日を契約で定めたならば,借主は,定められた返還期日に貸主に借入金を返済(弁済)しなければならない義務があり,貸主は,返還期日に借主から貸金を返済してもらう権利がある(すなわち,貸金返還請求権を行使することができる)ことになる。

借主が契約で定められた返還期日の翌日に,借入金を返済したとするならば,前記売買契約と同様,履行遅滞となり,借主は,貸主に対し,1日分の遅延損害金を支払うことになる。

以上のとおり,売買契約や消費貸借契約では,契約で定められた日に権利義務(債権債務)が発生することについては,特に異論はなく,永石論文及び山野目論文とも同旨である。

(b) **使用貸借契約・賃貸借契約**

次に，使用貸借契約や賃貸借契約において，返還期日が契約で定められているとした場合，借主の目的物返還期日が発生する日はいつなのか。返還期日の当日なのか翌日なのか。逆から言えば，貸主の明渡請求権（目的物返還請求権）が発生する日はいつかということである。

(ｱ)　永石論文及び山野目論文によると，借主は，返還期日の翌日に目的物を返還すべきことになる。両論文とも，返還期日が経過（返還期日の24時を過ぎること）しなければ貸主の明渡請求権（目的物返還請求権）が発生しないとするのであるから，借主には，返還期日が経過した瞬間に目的物の返還義務が発生することになるのである。

確かに，民法の条文上は，前述のとおり，「期間の経過」という文言があるが，他方で「契約に定めた時期」が返還の時期とも規定しているのであるから，条文の文言だけでは決め手にならないことは，既に述べたとおりである。

(ｲ)　ところで，民法は，期限に関して，135条1項で「法律行為に始期を付したときは，その法律行為の履行は，期限が到来するまで，これを請求することができない。」と，同条2項で「法律行為に終期を付したときは，その法律行為の効力は，期限が到来した時に消滅する。」と規定している。

賃貸借契約の返還期日を賃貸借契約の終期と考えれば，その日に賃貸借契約が消滅すると同時に目的物返還請求権が発生することになり，返還期日を目的物返還請求権の始期と考えれば，その日に目的物返還請求権が発生すると解することも可能である。

(ｳ)　いずれにしても，民法135条によれば，期限の到来した日に，法律行為の履行を請求することができたり，その効力が消滅するのであるから，同条の考え方によれば，期限の到来の翌日に，履行を請求することができたり，効力が消滅するということはない。

この点，消費貸借契約については，永石論文も山野目論文も民法135条の期限と同様に解しているのに対し，賃貸借契約についてのみ別異に解釈しているが，その根拠が不明確なのである。山野目論文は，期間と期限を区別し，期間の場合は「期間の間は時間的稠密を伴って」としていることを根拠にしているが，その意味は今一つ判然としない。因みに，広辞苑第6版によると，稠密の意味としては，「(『稠』も密の意）多く集まってこみあっていること。」とあり，

「稠密」という文言からは山野目論文の言うような趣旨は出てこないように思われる。

　(19)　我妻榮・新訂債権総論（岩波書店，1964）5頁以下。
　(20)　司法研修所・前掲注(8) 275頁。
　(21)　請求権が債権の作用であることについては，我妻・前掲注(19) 6頁。

(3) 消費貸借契約・賃貸借契約の返還期日

　それでは，貸借型といわれている消費貸借契約と賃貸借契約の返還期日について，永石論文及び山野目論文のように区別する理由があるのかどうかについて検討したい。

　両論文とも，消費貸借契約も賃貸借契約も貸借型の契約で，必ず返還期日のあることが，契約の不可欠の要素であることは認めているが，その点の効力の現れ方が消費貸借契約と賃貸借契約とで異なるとするのである。

(a) 消費貸借契約と期間

　山野目論文は，「期間の概念は，賃貸借や雇用などの継続的契約の契約条件を定める際に用いられる。」が，「消費貸借においては，期間の観念がなく，もっぱら期限の定めにより法律関係が規律される」とするが，そのように区別する根拠はあるのであろうか。

　(ｱ)　我妻榮博士は，消費貸借契約について，「借主をして一定の期間目的物（資本）を使用させておくということは，経済的にみれば，貸主の最も大きな義務だが，借主は，目的物の所有権を取得し，その所有権の効力として目的物を使用するのだから，貸主にとつては，使わせておくという経済的な拘束は法律的な債務とはならない（この点は貸主が所有権を保留する使用貸借や賃貸借と異る）。ただ，一定の期間返還を請求し得ない——すなわち消費貸借関係を告知して返還を請求することができない——という拘束を受けているだけである。……ただ，一定の時期に目的物を返還する債務を負うだけである。……もつとも，右に述べた貸主の一定期間資本を借主に使用させておくという拘束を法律的義務（債務）となし，利息附消費貸借を双務契約とする説がドイツで有力に主張されている。……但し，貸主の右の拘束を債務とみなくとも，消費貸借を——使用貸借・賃貸借と同じく——継続的契約関係とする妨げとはなるまい。

けだし，消費貸借において貸主が一定の時期まで返還を請求し得ないというのは，売買代金に期限がつけられた場合などとは異なり，この契約に本質的な拘束を意味するものだからである。」という[22]。この記述よりすると，消費貸借契約も賃貸借契約と同様，継続的契約関係と解されていることになる。

また，近江幸治教授は，「借主は，契約が終了した時に，受け取った物と『種類，品質，数量の同じ物』（＝代替物）を返還しなければならない（587条）。」，「消費貸借は，一種の継続的契約であることから，その終了が問題となる。」，返還時期の約定がある場合，「その時期の到来（期間満了）により契約が終了する。」として，消費貸借契約も継続的契約であるとし[23]，期間の概念を明確に認めている[24]。

(イ) 以上のとおり，消費貸借契約についても期間を観念することはできるのであり，多くの学説も，消費貸借契約における期間の存在は否定していないのである。

したがって，期間の有無で消費貸借契約と賃貸借契約を区別することは妥当ではないであろう。消費貸借契約においても「期間の末日の到来」ないし「期間の満了」を観念することは可能なのである。

(ウ) そうすると，山野目論文が「期間の満了」と「期間の経過」を同じ意味であるとして，期間の概念は，賃貸借契約に特有であるとする根拠はなくなるのではないか。

(b) 期限の到来

消費貸借契約と賃貸借契約とは，期間の概念で区別できないことになるとすると，期間の概念以外で区別する根拠ないし理由は存在するであろうか。

(ア) 永石論文は，前述のとおり「貸金の期限，貸家の期限を平成18年7月31日とした場合」，貸金返還請求権の場合は，「平成18年7月31日の午前0時が到来すると同時に請求権が発生する」とするが，明渡請求権の場合は，「平成18年7月31日の24時を過ぎて初めて明渡請求権が発生する」とし，「貸金返還請求権，明渡請求権は同じ平成18年7月31日が期限でありながら発生時期は丸一日ずれることになる。そして，司法研修所は，貸金返還請求権は期限の最終日の平成18年7月31日午前0時に発生し，翌8月1日の午前0時に遅延損害金が発生すると解し，賃料相当損害金も翌8月1日に発生すると

解している。」とするが，そのような区別をすることについて，消費貸借と賃貸借の本質から考えて根拠があるのであろうか。

(イ) 前述したとおり，権利と義務は対応する（すなわち，同時に発生する）ものであるから，権利が発生していれば義務も発生していることになる。

その観点より考えると，永石論文では，賃貸借契約の場合，明渡請求権が発生すると同時に遅滞に陥るとするが，その根拠は，「当事者の意思解釈の結果」というだけで，説得的な説明がなされているとはいえない。永石論文の場合，借主が明渡請求権について遅滞に陥らないようにするには，明渡請求権が発生する前に返還しなければならないことになるが，明渡請求権の権利と義務の発生の関係からすると，権利（請求権）の発生と同時に遅滞に陥るとする考え方は，容認されないのではないか。というのは，明渡義務者が履行遅滞に陥らないようにするために，明渡請求権が発生すると同時に履行するとなると，明渡義務者は，常に午後12時（24時）ジャストに履行しなければならないことになるが，このように夜中の12時ジャストに履行しなければならないとすることは，非常識で，かつ，非現実的であることは明白であり，明渡義務者は，事実上，明渡請求権が発生する前に履行すること（すなわち，先履行）を強いられることになるからである。

(ウ) この点については，民法412条と民法135条が参考になると思う。

民法412条1項は，履行遅滞につき，「その期限の到来した時から遅滞の責任を負う」と規定しているが，学説・判例とも「期限の経過」すなわち確定期限の到来日の翌日から，遅滞の責任を負うことについては，全く意見の不一致はない[25]。また，期限の定めのない場合，民法412条3項は，「履行の請求を受けた時から遅滞の責任を負う」と規定するが，履行の請求を受けた日の翌日から遅滞の責任を負うことについても争いはない[26]。

そうすると，民法135条により，期限の到来の日に，権利義務は発生し，その日に履行すれば遅滞にならないと考えるのが民法412条の解釈としては，自然であるし，一般的にも，そのように考えられている。したがって，永石論文が言うところの明渡請求権発生と同時に遅延損害金も発生するとの考え方は，民法135条，412条等の趣旨よりして，民法上は到底容認できないものと思われる[27]。

(エ) 以上のとおり，期限の到来した日に権利義務（債権債務）は発生すると考えるべきであり，期限の到来と同時に遅滞の責任が発生するというような考え方は，容認できないのであるから，明渡請求権（目的物返還請求権）も，貸金返還請求権と同様に，返還期日に，権利義務が発生するというべきである。

よって，消費貸借契約と賃貸借契約の返還期日について，「期限の到来」の概念によって区別する根拠はないと言うべきである。

(22) 我妻・前掲注(9) 353頁。
(23) 近江・前掲注(9) 171頁以下，同旨，我妻・前掲注(9) 371頁，来栖三郎・契約法（有斐閣，1974）249頁，星野・前掲注(9) 170頁，広中・前掲注(9) 103頁，北川善太郎・債権各論〔第2版〕（有斐閣，1995）50頁。
(24) 我妻・前掲注(9) 353頁，広中・前掲注(9) 116頁，北川・前掲注(23) 50頁。
(25) 我妻・前掲注(19) 102頁以下。
(26) 我妻・前掲注(19) 104頁。なお，左記文献を含め多くの文献では，「経過」の意味で「徒過」の文言を使用しているが，その場合，「経過」の意味として「徒に」の趣旨を含めてはいないので，「期限の徒過」ではなく「期限の経過」と表現した。
(27) 伊藤滋夫・要件事実・事実認定入門〔補訂版〕（有斐閣，第2刷，2008）103頁以下，司法研修所・前掲注(8) 254頁。

(4) 返還時期の本質

ところで，そもそも，貸借型の契約における「返還期日」とは何なのであろうか。山野目論文は，前述のとおり，期間と期限の概念の区別により，消費貸借契約と賃貸借契約の返還期日を別異に解しているが，貸借型の契約の場合，借主は，必ず借用物（目的物）を返還しなければならないのであるから，貸借型の本質から，統一的な考え方が可能なのではないか。

この点について，契約の類型毎に考えてみたい。

(a) 消費貸借契約

消費貸借契約も継続的契約関係の一種と考える学説は，期間の概念を認めているので，返還期日は，契約が終了する日ということになる[28]。契約が終了する日の中には，返還期日が定まっている場合とそれ以外があることになる。

山野目論文も，消費貸借契約については，契約で定められた返還期日に貸金返還請求権は発生するというのであるから，返還期日が契約が終了する日と同じことになることは争わないであろう。

そうすると，消費貸借契約についての返還期日は，返還期日が契約で定められているか否かにかかわらず，契約が終了する日（以下「契約終了日」という）と言ってよいであろう。

(b) 使用貸借契約

使用貸借契約については，返還期日は，返還期日の契約による定めの有無にかかわらず契約終了日ということで学説はほぼ一致していると思われる[29]。

(c) 賃貸借契約

賃貸借契約についても，使用貸借契約と同様で，返還期日が契約終了日であることについて異論はないであろう[30]。

(d) 返還期日と契約終了日

そうすると，貸借型の契約の場合，返還期日が契約で定められているか否かを問わず，契約終了日が返還期日となり，その日に返還義務の期限が到来するということで，統一的に考えることができるのではないか。

(e) 小　括

以上をまとめると，貸借型の契約の場合，「返還期日は契約終了日である。」と統一的に表現できるのではないか。すなわち，返還期日＝契約終了日に，返還請求権が発生し，返還義務が発生するということになるのである。

そのことを要件事実的に表現するならば，「契約終了日の到来」と表現することになろう。

(28) 星野・前掲注(9) 170頁，広中・前掲注(9) 116頁，近江・前掲注(9) 172頁，北川・前掲注(23) 50頁，川井・前掲注(10) 199頁。

(29) 末弘嚴太郎・債権各論（有斐閣，1921）550頁以下，末川博・債権各論第一部（岩波書店，1939）148頁以下，我妻・前掲注(9) 383頁以下，星野・前掲注(9) 179頁以下，広中・前掲注(9) 124頁以下，北川・前掲注(23) 53頁，川井・前掲注(10) 207頁，近江・前掲注(9) 178頁以下，司法研修所民事教官室編・前掲注(11) 61頁。

(30) 我妻・前掲注(9) 479頁以下，星野・前掲注(9) 192頁以下，広中・前掲注(9) 156頁，川井・前掲注(10) 227頁以下，近江・前掲注(9) 200，206頁以下，司法研修所編・前掲注(5) 90頁，司法研修所・前掲注(8) 281頁，司法研修所・前掲注(15) 27頁。

(5) 履行遅滞と経過

以上を踏まえて，履行遅滞と経過の関係について考えると，貸借型の契約の

場合，契約終了日に権利義務が発生するので，その日に履行がなされたならば履行遅滞は生じないということになるので，履行遅滞が発生していることを要件事実的に表現する場合には「経過」（契約終了日の翌日の午前0時となったこと）という文言を使用すべきである。すなわち，「到来」と「経過」を使い分けることが重要である。

　したがって，消費貸借契約の場合，元金だけを請求する時は「契約終了日（弁済期・返済期日）が到来した」と表現し，元金とともに損害金も請求する場合は，「契約終了日（弁済期・返済期日）が到来し，経過した」と表現すべきである。ただし，元金とともに損害金も請求する場合，契約終了日が到来して経過しなければ損害金は請求できないのであるから，その点を理解した上で，「到来し，経過した」を単に「経過した」と省略して表現したとしても，実務的には問題はないが，ロースクール等では，意識的に「到来し，経過した」と表現すべきではないか。

　賃貸借契約の場合，目的物の返還だけを請求するときは，「契約終了日（期間の満了日）が到来した」と表現し，賃料相当損害金も合わせて請求する場合は，「契約終了日（期間の満了日）が到来し，経過した」と表現すべきである。「経過した」との省略形については，消費貸借契約の場合と同様に考えてよいであろう。

6　期限の要件事実

　以上の考察は，貸借型の契約を念頭において議論してきたが，この考え方は，期限一般の要件事実についても応用してよいのでないか。

　すなわち，期限一般の要件事実的表現について，民法135条の趣旨を生かして，ある権利（債権・請求権）又は義務（債務）が発生する日を「期限が到来した」と表現し，ある権利（債権・請求権）又は義務（債務）が履行遅滞になる日を「期限が経過した」と表現してはいかがであろうか[31]。

　筆者としては，期限の到来や期限の経過に関する要件事実的表現については，法律の条文上の文言等に左右されずに各本条の本質を探究し，統一的な表現にすべきではないか，統一的な表現の方が，権利義務の発生とその遅滞について

の議論の混乱も起こりにくいのではないかと考えているが，この点は，今後の課題としたい。

(31) もっとも，履行遅滞による損害賠償請求権についても，「発生日」を観念することができるので，履行遅滞による損害賠償請求権の「発生日」を「期限の翌日が到来した」と表現することも可能ではあると思うが（そうすると，「経過」という観念は不要ではないかとの議論にもなり得るが），筆者としては，これまで長い間にわたって，「経過」という文言が慣習的に使用されてきたことを踏まえて，現在のところ，履行遅滞による損害賠償請求権の「発生日」は「期限が経過した」との表現でよいのではないかと考えている。

通知懈怠による求償権制限の要件事実

下村 正明

1 問題の所在

　全部義務者間の求償関係について，民法は，債務者間に一定の意思疎通関係あるべきを期待し，弁済等の有償免責行為（以下，弁済をもって代表させる）をした債務者の一人が他の債務者に求償請求するには，その間に然るべき通知を尽くしたことが求められる場合もある（求償権の全部又は一部の未必的な障害又は消滅），という調整的ルールを設けた。民法443条の定める事前通知懈怠による求償権の全部又は一部の障害（同条1項）ならびに事後通知懈怠による求償権の全部又は一部の消滅及び善意の後行弁済者の逆求償権の発生（同条2項）の制度である（連帯債務者間の求償権制限についての民法443条が，民法430条によって不可分債務者間に準用され，民法463条によって保証人・主債務者間に準用される）。

　ところが，民法443条の措辞は通知懈怠という消極的事実を要件事実とするかのようであり，また，同条1項と2項の意味関係が必ずしも明瞭でないこともあってか，全部義務者間の求償請求訴訟において，請求原因以下，どのような攻撃防御方法が構成されるのか，諸家の見解に必ずしも一致しないところがある。

　そこで本稿は，二重弁済事案に限ってではあるが，同条の解釈の帰結として求償権制限の要件事実がどのように整序されるべきかを考察することを目的とする。実に拙いが，もって伊藤滋夫先生の学恩に感謝の意を表し，また，先生の喜寿に御祝賀申し上げる隊列の末席を得られるならば，非常の光栄である。

2 筆者の講義要領

筆者も，法科大学院で全部義務者間の求償請求・求償権制限を講ずる立場にあるが，これまでの講義内容は，以下のとおりである。学生には以下の文章を講義資料として交付し，これを敷衍する形で話をしてきた。それでよかったか，改めるべきは改めなければならないから，諸家の見解を検討する前に，これまでの講義内容を自白して，江湖の批判を受ける対象としておこうと思う。学生向け，それもいわゆる未修者向けの内容であり，学理論文としては規格外となるが，要件事実論・要件事実教育についてご指導を乞うたのが伊藤滋夫先生とのご縁の始まりであるので[1]，本稿もその観点を交えるものとして，諸賢の寛容を得たいと思う。

(1) 下村正明「民法教育における要件事実教育（報告原稿）」法科大学院要件事実教育研究所報創刊号 159 頁以下（2005）。

(1) 連帯債務者間の求償権制限

Q) 事前の通知を怠ることによる求償権制限とはどのようなことか。

A) 連帯債務者Bが他の連帯債務者Aに予め通知（＝Aの抗弁事由の有無についての照会）せずに弁済した場合，Aは，債権者Gに対する抗弁（＝債務発生原因の無効・取消しの抗弁，期限の抗弁，弁済の抗弁，免除の抗弁，相殺の抗弁など）を，Bからの求償に対する関係に接続することができる。Aが，Gに対する反対債権による相殺権の行使を以てBの求償請求に対する抗弁としたときは（＝相殺の抗弁→BのAに対する求償権が対当額で消滅する），Bの求償権消滅の限度でAの反対債権がBに移転し，Bは，Gに対する反対債権履行請求におけるG無資力の危険を負担する。

Q) 事後の通知を怠ることによる求償権制限とはどのようなことか。

A) 連帯債務者Aが弁済後に他の連帯債務者Bに弁済の事実を通知（＝二重弁済しないようにとの警告）しなかった場合，Aの弁済後に・Aに事前通知をしたうえで・Aの弁済につき善意で弁済したBは，自己の弁済を有効とみなす

第2章　要件事実・事実認定——各論

意思表示をして，自己の弁済の限度でAの求償を拒み，かつ，Aに対して求償することができる。この結果として，Aは，Gに対する不当利得返還請求におけるG無資力の危険を負担する。

　　民443条（弁済による債権消滅を覆すのではない）
　　　　事前通知なき弁済→先行抗弁を有する債務者による抗弁接続
　　　　事後通知なき弁済→善意の第2弁済の保護⇒第1弁済者から第2弁済者に対する求償の阻止＋第2弁済者から第1弁済者に対する逆求償
　　　　　　（第2弁済の相対的効力〔大判昭7・9・30民集11巻2008頁〕）
　　　　事後通知なき第1弁済と事前通知なき第2弁済
　　　　　　1項優先主義（事前通知をしておきさえすれば第1弁済を知ることができたのだから，第1弁済者を保護すべきである）
　　　　　　2項優先主義（事後通知をしておきさえすれば第2弁済を防ぐことができたのだから，善意の第2弁済者を保護すべきである）

　民法443条は，ややっこしい規定である。なぜややっこしいかというと，ひとつには，「事前通知」の趣旨，「事後通知」の趣旨が，必ずしも条文の文理や教科書の記述からは明瞭でないからであり，いまひとつには，事前通知の制度だけがあるとか事後通知の制度だけがあるとかならまだマシなのに，事前と事後の両側から攻めてこられるので「事前通知制度と事後通知制度の相互関係」がわからなくなるからであり，さらにひとつには，通知を怠った連帯債務者の「求償権の制限」というタイトルの意味がわかりにくいからである。
　「求償権の制限」とは，事前通知・事後通知が求償権の成立要件である（それら通知をしないと求償できない），という意味では決してない。「事前通知を怠って弁済すると，あるいは弁済したのに事後通知を怠ると，ひょっとしたら求償できなくなることがあるかもしれない。」という意味である。事前通知を怠ろうが，事後通知を怠ろうが，「ひょっとしないかぎり」求償権の行使に何の妨

げもない。すなわち求償権の制限とは，「求償権の未必的阻止」の意味である。

「事前通知」とは，連帯債務者Bが，自分が弁済する前に，他の連帯債務者Aに，債権者Gに対して何らかの抗弁事由（先行抗弁事由）をAが有してないかどうかを，問い合わせることである。BがAに事前通知をきちんとしておけば，Aに先行抗弁事由があることを知って，しなくてもよい弁済をすることをBにおいてみずから未然に回避することができる。しかし，事前通知を怠って弁済したBは，Aに求償しようとしたときに，Aから先行抗弁事由（もしあれば〔if any〕の話。何もなければ問題を生じない）の対抗を受けて（抗弁の接続），Aに対する求償を斥けられてもしかたがない。「事前通知の懈怠→未必的な求償阻止」とおぼえておけばよい。

事前通知を懈怠した弁済者Bの求償請求に対して接続されるAの抗弁が，相殺の抗弁であるときは，相殺（＝BのAに対する求償権とAのGに対する債権とによる三角相殺）によってBの求償権が対当額で消滅し，その対当額の範囲で，Aの自働債権がBに移転する（民443条1項後段。G無資力のB負担）。

「事後通知」とは，連帯債務者Aが，自分が弁済した後に，弁済した範囲で債務は消滅しているからこれに重ねて弁済をしても無効な弁済となる，ということを，他の連帯債務者Bに，警告することである。AがBに事後通知をきちんとしておけば，すでに弁済がすんでいることをBに知らしめ，しなくてもよい弁済をBがすることをAにおいて防止することができる。しかし，弁済の事後通知を怠ったAは，（Aに事前通知をしたうえで〔後述，昭和57年判例〕）Aの弁済を知らずに二重弁済をしたB（Bがそのような二重弁済をしていれば〔if any〕の話。二重弁済がなければ問題を生じない）が自分の弁済を有効とみなす意思表示をすることによって，A・B間ではあたかもBの弁済が先行弁済であったかのように，Bに対する求償を斥けられ，のみならず，Bからの逆求償に服せしめられることにもなってしまう。「事後通知の懈怠→未必的な求償阻止＋未必的な逆求償」とおぼえておけばよい。

「事前通知と事後通知の関係」をはっきりさせるには，都合4つの場合を考えればよい。

　(ア)　第1弁済者Aについて事後通知をした事実が認められ，善意の第2弁済者Bについて事前通知をした事実が認められる場合。

第 2 章　要件事実・事実認定——各論

(イ)　第 1 弁済者 A について事後通知をした事実が認められ，善意の第 2 弁済者 B について事前通知をした事実が認められない場合。
(ウ)　第 1 弁済者 A について事後通知をした事実が認められず，善意の第 2 弁済者 B について事前通知をした事実が認められる場合。
(エ)　第 1 弁済者 A について事後通知をした事実が認められず，善意の第 2 弁済者 B について事前通知をした事実が認められない場合。

　基本はあくまで，A の第 1 弁済が有効，B の第 2 弁済が無効，求償権は A の B に対する権利として成立する，ということである。そのうえに A が事後通知までしている場合には，基本関係を揺るがすべき理由は何もない。(ア)と(イ)はこれで決まり。B が事前通知をしたかどうかで変わりはない。

　(ウ)は，民法 443 条 2 項の規定するところである。B が自分の弁済を有効とみなす選択をすれば，A は B に求償できず，B は A に求償することができる。

　(エ)は，第 1 弁済者 A の事後通知の懈怠と第 2 弁済者 B の事後通知の懈怠が競合する場合であり，これが問題である。

　まずひとつの考え方。A が事後通知をしなかったとしても，B が事前通知をしておきさえすれば，B は A の第 1 弁済を知ることができ，そうすれば第 2 弁済によって二重弁済関係を生じさせずにすんだはずである。二重弁済を生じさせた非は，事前通知をしなかった B にある。したがって，事前通知を懈怠した第 2 弁済者には，第 1 弁済者の事後通知の懈怠を主張する正当の利益がない。事前通知の事実が認められない限り，事後通知の有無にかかわらず，第 1 弁済の効力が，第 2 弁済者との間においても貫かれる。……と，考えることができる（1 項優先主義）。

　つぎに，逆の考え方。B が事前通知をしなかったとしても，A が事後通知をしておきさえすれば，B は A の第 1 弁済を知ることができ，そうすれば第 2 弁済によって二重弁済関係を生じさせずにすんだはずである。二重弁済を生じさせた非は，事後通知をしなかった A にある。したがって，事後通知を懈怠した第 1 弁済者には，第 2 弁済者の事前通知の懈怠を主張する正当の利益がない。事後通知の事実が認められない限り，事前通知の有無にかかわらず，善意の第 2 弁済者は，その選択（意思表示）により，第 2 弁済の効力を第 1 弁済者に対抗することができる。……と，考えることができる（2 項優先主義）。

判例（最判昭57・12・17民集36巻12号2399頁＝1項優先主義）
　代物弁済をした債務者から他の債務者に対する求償訴訟。一部弁済の抗弁。原告は事後通知を懈怠。被告は事前通知を懈怠。
「連帯債務者の一人が弁済その他の免責の行為をするに先立ち，他の連帯債務者に通知することを怠った場合は，既に弁済しその他共同の免責を得ていた他の連帯債務者に対し，民法443条2項の規定により自己の免責行為を有効であるとみなすことはできないものと解するのが相当である。けだし，同項の規定は，同条1項の規定を前提とするものであって，同条1項の事前の通知につき過失のある連帯債務者までを保護する趣旨ではないと解すべきであるからである。」
（1項をクリアしていない者が2項の恩恵に浴することはできない）

　判例・通説は，1項優先主義を採る。第2弁済者に事前通知の事実が認められない限り，第1弁済者は，第2弁済者の求償請求に対し，民法443条2項の制約を受けることなく，すなわち第2弁済者に対して求償することができる。
　結果として，第2弁済者の保護が認められるのは，(ｳ)の場合だけである。
　民法443条の条文には，通知懈怠のときにどうなるこうなると書いてあるが，通知をしなかったという消極的事実を主要事実として立証命題とすることは不適当だから，同条の定めるルールは，事前通知をしておくとどうなる，事後通知をしておくとこうなる，という形に変換して理解するのでなければ，正しく運用することができない。そうすると，民法443条は，次のような定めであるということになる。

　　◎　Bの弁済の前にBに事後通知をしたAは，Bに対する求償を妨げられることなく，また，Bからの逆求償を斥けることができる（G無資力のB負担）。Bが事前通知のうえ善意で第2弁済をしたことも，妨げとならない。
　　◎　Aに事前通知をして弁済したBは，Aの先行弁済につき善意でした弁済を有効とみなす意思表示をして，Aからの求償を斥け，Aに対して逆求償することができる（G無資力のA負担）。ただし，AがBの後行弁済の前にBに事後通知をしたときはこの限りでない（G無資力のB負担）。

これを訴訟上の請求及び攻撃防御の形に組み上げると，次のようになる。

Q) 連帯債務者A（第1弁済者）及びB（第2弁済者）による二重弁済の優先劣後はどのように決せられるのか。
A) A請求〔A弁済による求償〕──B抗弁〔A弁済後のB弁済＋事前通知＋善意＋みなす〕──A再抗弁〔B弁済前の事後通知〕
B請求〔B弁済による求償〕──A抗弁〔B弁済前のA弁済〕──B再抗弁〔B弁済につき事前通知＋善意＋みなす〕──A再々抗弁〔B弁済前の事後通知〕
（注）事後通知の第2弁済後の到達につき第1弁済者が無過失であるときは第2弁済前の事後通知と認めるべきものとする学説（勝本）もある。

(2) 保証人の事後求償権制限

通知制度の準用（民463条）
　　保証人→主債務者：事前通知の懈怠⇒先行抗弁を有する主債務者への求償を阻止される。(1項)
　　保証人→主債務者：事後通知の懈怠⇒善意で第2弁済をした主債務者への求償を阻止される。(2項)
　　~~主債務者→保証人：事前通知の懈怠⇒先行抗弁を有する保証人への求償が阻止される。~~
　　主債務者→受託保証人：事後通知の懈怠⇒事前通知のうえ善意で第2弁済をした保証人から求償される。(2項)

連帯債務者間で債権者に弁済した債務者が他の債務者に求償しようとする場合，弁済の事前及び事後に通知をしておくのでなければ求償が未必的に阻止される，それがイヤなら弁済の事前及び事後に他の債務者に通知をしておくことが大切である，という制度（民443条）があった。主債務者・保証人間で債権者に弁済した保証人が主債務者に求償しようとする場合にも，民法は，連帯債務者間の求償に関する事前通知・事後通知の制度を，保証人について準用する

こととした（民463条1項）。

　すなわち，保証人が主債務者に事前通知することなく債権者に弁済をした場合において，その弁済以前から主債務者が債権者に対する抗弁事由を有するときは，主債務者は，その抗弁事由をもって保証人の求償請求に対抗することができる（民443条1項準用）。

　また，保証人が債権者に弁済をしたことを主債務者に事後通知しなかった場合において，主債務者が善意で二重弁済をしてしまったときには，主債務者は保証人との相対的関係において自己の弁済を有効なものとみなす意思表示をして保証人の求償請求に対抗することができる（民443条2項準用）。連帯債務者間であれば，第2弁済者が第1弁済者に求償関係上の優先的地位を主張するには第2弁済が事前通知の上でなされたものであることを要する（判例）が，これに対し，主債務者が保証人の第1弁済に対して自己の第2弁済の優先を主張するのには，主債務者の弁済が事前通知の上でなされたものであることを要しない。そもそも事前通知は，「これから私が弁済をして，そのあと貴殿に求償にいくつもりだけれども，今の時点で債権者の請求を拒めるような事情があったら知らせてもらいたい。」という事前照会の趣旨であって，あくまで，求償の未必的阻止を確実に阻止するための措置である。しかるに，主債務者は，自分が弁済したからといって，保証人に対して求償する関係にはない。なので，求償の未必的阻止を阻止するために主債務者が弁済の前に保証人に通知する，ということは考える必要がない。主債務者の善意の第2弁済に優先されたくなければ，保証人としては，自己の弁済についての事後通知を怠らないようにすればよいのである。

　ここで，事前通知・事後通知の制度の趣旨をもういちど確認してみると，事前通知は，あくまで自分の側から相手方に求償していくことを目的として，それが阻止されるような事由がないかどうかを問い合わせることである（→事前通知を怠ると求償できないことがある）のに対し，事後通知は，すでに弁済が済んだことを相手方に知らせて無駄な第2弁済をしないように警告することであり，第1弁済者が事後通知を怠るときには，求償関係上，善意の第2弁済者の意思表示によって第2弁済が優先的効力を付与され，第1弁済者から第2弁済者への求償が阻止されるとともに，第2弁済者から第1弁済者への逆求償が可能と

なる。すなわち，事前通知は自分のほうから確実に求償することができるための措置であるに尽きるが，事後通知は，自分のほうから確実に求償することができるための措置であるとともに，相手方から逆求償されないための措置でもある，のである。

　主債務者と保証人との間の求償関係は，保証人から主債務者への求償という一方通行であるから，保証人から主債務者に対して事前通知をすることにも事後通知をすることにも意味があるが，主債務者から保証人に対して事前通知をすることには，意味がないことになる。ところが，事後通知はというと，求償を阻止されないことを目的とするだけでなく，逆求償されないことをも目的とするのだから，「弁済を済ませた主債務者は保証人に事後通知をして無駄な二重弁済をしないように警告すべきであり，事後通知を怠った主債務者は，事前通知をしたうえで善意の第2弁済をした保証人から，第2弁済に求償関係上の優先的効力を付与する旨の保証人の意思表示を介して，逆に求償されることになっても仕方がない。」というルールを考えることができる。

　もっとも，保証契約は債権者と保証人との契約であり，保証人は主債務者から委託を受けた者である場合もあれば，そうでない場合もある。主債務者からの委託の有無は，必ずしも，その保証人の存在についての主債務者の知・不知とは一致しないが，それにしても，主債務者がみずから委託したわけでない保証人の存在を知っているとは限らないし，むしろ，知らないのが普通である（委託しなくても知っているのが普通だとは言えない）。にもかかわらず，今述べた，主債務者から保証人への事後通知のルールを，主債務者と保証人との間に一般的に通用させるのは，不合理である。そこで民法は，主債務者の委託を受けた保証人と主債務者との間に限って，弁済の事後通知の制度を主債務者について適用（準用）すべきものと定めることとした。それが，民法463条2項の規定の趣旨である（民法443条の規定を主債務者についても準用するとあるが，事前通知制度の準用は考えられず，事後通知制度の準用に限られる）。

　以上が，筆者のこれまでの講義内容である。改めるべきを改めるため，以下，考察する。

3 求償請求及び求償権制限の要件事実

(1) 請 求 原 因

　連帯債務者間の求償権が，原被告の連帯債務の発生原因（債務者の全体数を含む）ならびに原告の弁済及びその数額によって根拠づけられることには，異論がないと思われる[2]。

　他方，保証人の主債務者に対する求償権を根拠づけるために，被担保債権の発生原因，書面による保証契約の締結，保証人による弁済の各事実のほか[3]，委託の有無に触れる必要があるかについては，見解が分かれる。保証人の求償権の法的性質を，受託保証人については委任契約上の委任事務処理費用償還請求権，非受託保証人については事務管理費用償還請求権又は不当利得返還請求権と見て，両者は別個の権利であるから，前者の根拠づけのためには主債務者と保証人の間の保証委託契約締結の事実も必要である（後者の根拠づけのために委託の不存在の事実を要するものではない），と解するのが多数説と思われる[4]。筆者自身は，保証人の事後求償権の根拠づけの限りでは，受託保証人のそれと非受託保証人のそれとの本来の法的性質の違いは後景に退き，被担保債権の発生原因，書面による保証契約の締結，保証人の弁済及びその数額という事実だけで足り，保証委託の存在は求償権の範囲拡張（民459条2項）や主債務者への事後通知要求（民463条2項）などの個別的効果のための要件事実に位置づけるべきものと解してよいのではないか[5]と感じているが，なお慎重に検討する必要があるものとして，今は多数説に従うことにする。

(2) 連帯債務者間の求償権の法的性質については，椿寿夫・多数当事者の債権関係（椿寿夫著作集1）(信山社，2006) 146頁以下，参照。
(3) 異論として，船越隆司・実定法秩序と証明責任（尚学社，1997) 524頁，参照。
(4) 倉田卓次監修・要件事実の証明責任（債権総論）（西神田編集室，1986）340頁〔春日偉知郎〕，岡口基一・要件事実マニュアル〔第2版〕上巻（ぎょうせい，2007) 364頁，参照。なお，保証委託不存在の主張が「主債務者の意思に反する保証」の意味において求償権縮減の抗弁となるとの見解（倉田監修・前掲注341頁に倉田説として紹介されている）があるが，主張の意図を善解するならともかく，一般的には，保証委

託の不存在と保証契約締結が主債務者の意思に反することとは，同視できるものではない。したがって，委託不存在の主張は，無意味ないしそれ自体失当であると言わざるを得ないと思う。

(5) 山口幸雄「求償金請求訴訟の要件事実」小川英明＝中野哲弘編・現代民事裁判の課題⑤〔貸金〕（新日本法規出版，1990）724頁に同じ。

(2) 抗　　弁

　原告の求償請求に対し，被告もまた弁済をしたとの事実の主張が，原被告双方の弁済の間の先後関係を明らかにせずに抗弁として足りる（「弁済の抗弁」説。先後関係は，原告の先立つ弁済の再抗弁として明らかにされるべき命題となる）のか，それとも，被告の弁済が原告の弁済に時間的に先立つことの主張も併せてはじめて抗弁となる（「先立つ弁済の抗弁」説）のか，二様の見解がある[6]。二重弁済相互間の先後関係が不明に帰する場合，弁済者間の求償請求は，「弁済の抗弁」説によれば双方的に棄却され，「先立つ弁済の抗弁」説によれば双方的に認容されることになる（いずれにしても，判決の既判力は原被告に及ぶにとどまり，債権者に及ばないから，二重弁済を得た債権者と求償請求訴訟の原被告との間に複雑な三角関係が生起することは避けられない）。

　この問題自体は，連帯債務者間や保証人の求償請求に限らず，広く他人の債務の弁済による求償請求（委任事務処理費用償還請求又は事務管理費用償還請求若しくは不当利得返還請求）一般に対し，被告の弁済の主張をもって抗弁となしうるか，それとも，被告が原告に先立って弁済したとの主張をするのでなければ抗弁とならないか，という問題である。事前通知・事後通知制度の解釈適用に直接にかかわるものでもない。しかし，その見解のいずれによるかは，二重弁済事案における事前通知・事後通知制度の解釈適用による攻撃防御方法の構成にとって先決問題であるから，ここにはまずこの問題に触れざるを得ない。

　「先立つ弁済の抗弁」説は，十分な請求原因事実によって求償権が根拠づけられたことを前提として，被告の弁済が原告の弁済を非債弁済（弁済済み債務に対する弁済）ならしめ，もって原告の求償権の発生を障害するためには，被告の弁済が原告の弁済に時間的に先立つものであることが論理的に必要である，と考えるのであろう。筆者もこれまで教室でそのように講じてきた[7]。

　これに対し，「弁済の抗弁」説に立つ論者は，弁済の先後関係が不明の場合

に求償請求を認容するのは相当でない[8]、あるいは不合理である[9]と言う。

　筆者がこれまで「先立つ弁済の抗弁」説に従ってきたことは先に自白したが，今は次のように考えるべきものと思う。すなわち，原被告の二重弁済の先後関係不明とはいわば両者引き分けの状態を意味するのに，それを一方（原告）の弁済の優先（請求認容）として決着させるのは，「弁済の抗弁」説の論者が指摘するように，実質的に不相当であり，かつ，論理の飛躍による不合理が認められる。そもそも求償権は原告の出捐による原被告共同の免責を要件とするが，求償権の請求原因事実は，前述のように，原被告共同債務の発生原因事実と原告の弁済事実とで足りると考えられている。普通は，これによって，原告の弁済と被告の免責の間の因果関係の存在も，法的推論上，当然視される。当然視されるが，しかし，具体的事実によって積極的に表現されてはいない。ここに，被告の弁済の事実が明らかにされると，原被告の二重弁済相互の先後関係まで明らかにされなくとも，被告の免責は被告自身の弁済によるものである可能性が成立し，請求原因事実の法的意味づけの限りではいったん認められたはずの因果関係の存在が，異なる別個の事実によって不確かなものとなり，結果として求償権の発生は障害されることになる。したがって，軍配はこれを「弁済の抗弁」説にあげるのが正当である，と言うべきであろう。

(6) 「弁済の抗弁」説に，潮見佳男・債権総論Ⅱ〔第3版〕（信山社，2005）579頁，岩木宰＝小長光馨一「求償金請求訴訟における要件事実」野田宏＝後藤邦春編・裁判実務大系第14巻担保関係訴訟法（青林書院，1991）584頁，大江忠・第2版要件事実民法（中）（第一法規，2002）66頁以下，107頁以下，大江忠・第3版要件事実民法(3)債権総論（第一法規，2005）163，208頁など。「先立つ弁済の抗弁」説に，加藤正男「求償権請求訴訟(1)」薦田茂正＝中野哲弘編・裁判実務大系第13巻金銭貸借訴訟法（青林書院，1987）354頁，山口・前掲注(5)734頁，縣俊介「保証契約」牧野利秋＝土屋文昭＝斎藤隆編集・民事要件事実講座第3巻（青林書院，2007）181頁，岡口・前掲注(4)365頁など。

(7) 大江・前掲注(6)第3版209頁が指摘するように，弁済の具体的事実の特定は弁済時期の特定と事実上不可分であって，原被告各自の弁済の事実の主張と同時にその先後関係も顕わになるはずだ，という感覚も手伝ったところである。しかし，弁済時期は弁済の要件事実と別個の事実であることは否定できない（大江・前掲注(6)第2版108頁。例えば，同日付の2通の弁済領収書は，2個の弁済が確かに行われたとしてもその間の先後関係はなお不明であることを意味する）から，右感覚には理由がないもの

と認めざるを得ない。
(8) 岩木＝小長光・前掲注(6) 584 頁。
(9) 大江・前掲注(6)第 3 版 208 頁。大江・前掲注(6)第 2 版 67 頁は，再抗弁によって原告の弁済の先立つことが立証できない場合は，実体法的には抗弁の弁済が先行弁済であると解することを意味する，と述べる。

(3) 先立つ弁済の再抗弁

　求償権が「弁済の抗弁」で障害されるとき，原告は，求償権の障害障害要件事実による「先立つ弁済の再抗弁」として，原告の弁済が被告の弁済に先立つ事実（時間的先後関係）を主張することができる。これに関し，「先立つ弁済の再抗弁」がそれだけでは再抗弁として成り立たず，その弁済について事前通知を尽くしたことを共に主張するのでなければならない，とする見解がある[10]。二重弁済の大原則にかかわらず民法 443 条 1 項の定めがあるので原告の再抗弁には先立つ弁済のほかに事前通知の事実も必要とされる[11]，時間的に先行する弁済であっても事前通知を欠く保証人の弁済はその後にされた弁済に優先することはできない[12]，保証人が事前の通知を怠っておれば先立つ弁済の再抗弁は認められない[13]，と言うのであるが，果たしてそうなのか。

　かつて，勝本博士は，第 1 弁済者が事前通知・事後通知ともに懈怠した場合は，事前通知を懈怠した第 2 弁済者との関係でも，第 2 弁済が優先する，として，過失の分量を比較して二重弁済の優劣を決すべきであるとの見解を明らかにした[14]。かかる見解によるのであれば，先立つ弁済の再抗弁には事前通知の事実も必要である，と考えられなくもない[15]。

　しかしながら，「二重弁済の防止にとって決定的に重要なのは，第 1 弁済者の事後の通知と第 2 弁済者の事前の通知である。二重弁済の防止にとってあまり重要とはいえない第 1 弁済者の事前通知の有無によって，決定的な結論を導き出すのは相当でないのではないか。」との疑問により，勝本説は判例の容れるところとならなかった[16]。そもそも，通知懈怠による求償権制限は，あくまで未必的である。事前通知は，弁済者の弁済前に他の共同債務者が債権者に対する抗弁事由を有していた場合に限って，その懈怠による求償権制限という効果をもたらすのであって，第 2 弁済の存在は第 1 弁済者にとって何ら先行抗弁事由に当たらない。事前通知の懈怠によって弁済後の事由の対抗を受けなけれ

ばならないとは，どこから出てくる理屈なのか，甚だ理解し難い。したがって，求償請求原告の弁済が被告の弁済に先立つのである限り，原告の事後通知が問われることはあっても，事前通知の有無は求償請求の当否に何の関係もない，と言わなければならないのではないか。先立つ弁済の再抗弁の要件事実は，請求原因として主張された原告の弁済が被告の抗弁によって主張された被告の弁済に先立って行われたものであるとの時間的事実に尽きる，との解釈を正当と考えたい。

(10) 岩木＝小長光・前掲注(6)583頁以下，大江・前掲注(6)第2版 67，109頁，潮見佳男・プラクティス民法債権総論〔第1版〕（信山社，2004）412頁，潮見・前掲注(6)579頁，潮見佳男・プラクティス民法債権総論〔第3版〕（信山社，2007）565，614頁。大江・前掲注(6)第3版 164，209，212頁は，原告の先立つ弁済（再抗弁）と事後通知（予備的抗弁に対する再抗弁）に対し，原告の事前通知の懈怠を，被告の主張立証命題（再々抗弁）に位置づけている。いずれにしても，実体論としては，第1弁済者から第2弁済者に対する事前通知の懈怠を問題にするものである。
(11) 大江・前掲注(6)第2版 67頁。
(12) 岩木＝小長光・前掲注(6)583頁。
(13) 潮見・前掲注(10)プラクティス第3版 612頁。
(14) 勝本正晃・民法研究第2巻（巌松堂書店，1934）144頁，同・債権法概論（総論）（有斐閣，1949）260頁。浅生重機・最判解説昭和57年度（法曹会，1987）912頁の引用による。
(15) それにしても必然的ではない。第2弁済者の事後通知が明らかになるのを待って第1弁済者の事前通知・事後通知が主張されれば足りるからである。
(16) 浅生・前掲注(14)914頁。

(4) 民法443条2項適用・準用の利益を求める攻撃防御方法

（i） 民法443条2項の適用・準用の利益を求める再抗弁　弁済の抗弁に対し，原告は，先立つ弁済の再抗弁との選択的関係において（すなわちたとえ先立つ弁済の事実が認められないとしても），原告の弁済が被告の弁済に先立つことを前提としない再抗弁として，民法443条2項の適用・準用の利益を求める「再抗弁」を主張することができる。

ただし，委託を受けない保証人の主債務者に対する求償請求においては，委託を受けない保証人は，主債務者の事後通知の有無を問題にして主債務者の第1弁済の効力を争うことはできないのだから，民法443条2項準用の利益を求

める再抗弁を考えることもできない。弁済の抗弁が認められ，先立つ弁済の再抗弁が認められない場合には，委託を受けない保証人の求償請求は，棄却されるのほかない[17]。

(ⅱ) 先立つ弁済の再抗弁が認められるときは，原告が第1弁済者，被告が第2弁済者であることが明らかになったということであるから，原理的にはこれで請求認容として決着させるべきところである。しかし，民法443条2項は，弁済に関する通知の有無によって第1弁済者の第2弁済者に対する求償請求が認められないこともありうるとの調整的ルールを設けたのであるから，ここにおいてようやく同条同項の適用・準用による攻撃防御方法が，被告の利益のために姿を現すべきことになる。

文献の多数は，民法443条2項の適用・準用に基づく被告の攻撃防御方法を，先立つ弁済の再抗弁に対する「再々抗弁」に位置づけている。果たしてそうか。

弁済の抗弁は，被告の免責の原因が原告の弁済と被告の弁済とのいずれであるかを不明ならしめることによって原告の求償権を障害することを目的とする主張であるが，民法443条2項の適用・準用の利益を求める被告の主張は，原被告間の相対的関係において被告の免責の原因はもっぱら被告の弁済であって原告の弁済ではないことを明らかにすることによって原告の求償権を障害することを目的とする主張である。すなわち，両者は，訴訟物たる求償権を障害する目的では共通であるが，だからといって，民法443条2項の適用・準用によって被告の弁済の抗弁の趣旨が復活するという関係にはない。したがって，両者は抗弁と再々抗弁の関係にあるのではなく，それぞれの攻撃防御方法が，いずれも，訴訟物たる権利を直接に障害することを目的とする抗弁になる，と言うべきである。

もっとも，民法443条2項の適用・準用の利益を求める抗弁は，弁済の抗弁の要件事実（被告の弁済）を残らず内包するから（いわゆるa＋bの関係），弁済の抗弁と選択的関係にある独立の抗弁としては，無意味である（過剰主張に過ぎない）。さりながらしかし，弁済の抗弁に対する先立つ弁済の再抗弁が認められる場合には，独立の抗弁としての意味を有するに至る。

したがって，弁済の抗弁，先立つ弁済の再抗弁に続いて，被告が民法443条2項の適用・準用の利益を求めて提出する攻撃防御方法は，弁済の抗弁に対し

て先立つ弁済の再抗弁が認められることを前提として主張される抗弁という意味で,「予備的抗弁」に位置づけられるべきもののように思われる[18]。

　(ⅲ)　右(ⅰ)(ⅱ)の再抗弁なり予備的抗弁（再々抗弁かもしれないが）なりは, いずれも, 民法443条2項の適用又は準用によって, 原告又は被告の弁済がそれぞれ相手方の弁済に先立つことを前提とせずしかも相手方の弁済に対して優先的効力を有するものとし, もって被告の弁済の抗弁を斥け又は原告の求償請求を斥けようとするものである。では, かかる攻撃防御方法の要件事実は, どのように考えられるべきであろうか。

　(ア)　事前通知　　周知のように, 判例（最判昭57・12・17民集36巻12号2399頁）は, 民法443条2項適用の利益を享受することができるためには, これを求める弁済者において, 同条1項の事前通知を尽くしたか又は事前通知をしなかったことについて過失がなかったものであることが必要である, と解している。これは, 第2弁済者の保護が二重弁済の原理原則に対して大きな例外であることに照らし, 第2弁済者に通知懈怠（したがって事前通知懈怠）の過失ある限り, これに第2弁済保護の例外的利益を享受せしめることはしない, 事前通知はいわば第2弁済保護の利益を享受することができるための資格要件である, という態度であって, 至当と考えられる。

　したがって, 民法443条2項の適用・準用の利益を求める攻撃防御方法は, 再抗弁としては請求原因事実たる原告の弁済について事前通知を尽くした事実（又は事前通知を尽くさなかったことに過失がないとの規範的評価を根拠づけるに足りる具体的事実）[19], 予備的抗弁としては主位的抗弁事実たる被告の弁済[20]について事前通知を尽くした事実（又は事前通知を尽くさなかったことに過失がないとの規範的評価を根拠づけるに足りる具体的事実）を, それぞれ要件事実とする, と解すべきである。

　ただし, 保証人の求償請求に対して主債務者が民法443条2項準用の利益を求める予備的抗弁を主張するにおいては, 保証委託の有無にかかわらず, 主債務者にはそもそも事前通知が要求されないとの通説に従う限り, 保証人の弁済について善意で弁済したから自己の弁済を有効とみなす旨を主張すれば足りるのであって, 事前通知を尽くしたことが要件事実として求められることはない[21]。

217

(イ) 事前通知は，二重弁済の関係においては，他の全部義務者がすでに弁済を了したとの事実があるのかないのか，その情報を照会するものであるところに，その目的がある。単に通知することに，自己完結的な意味があるのではない。

したがって，第1に，弁済の前に通知を尽くしたというためには，その事前通知が相手方に到達したことはもとより，事前通知の到達を受けた相手方からの返答（相手方が弁済済みであるときはこの返答が彼の弁済の事後通知を兼ねることになる。事後通知が事前通知に対する返答であるを要しないことは，言うまでもない）が通知者に到達するのに足りる「相当の期間の経過」後に弁済をした，というのでなければならない[22]。

第2には，弁済前に弁済の意向を通知する，という行為が，民法443条の求める事前通知として十分なのかどうかも，一応疑っておくべきものと思う。すなわち，全部義務者関係にあるからといって，その間の人的紐帯は具体的関係ごとに濃淡様々であり，その一人が他の者から弁済の意向を通告されたからといって，必ずしも，すでに弁済を了した者において，通知してきた全部義務者に対し自己の弁済の事実を積極的に教示すべきものと動機づけられるわけではないのではないか[23]。少なくともそのような危惧を容れずに済むように制度運用するほうがよいのではないか。この意味で，民法443条の要求する事前通知とは，相手方において債権者に対する抗弁事由（弁済等）を有するか否かの情報を通知者に返答するよう催告することを目的として自己の弁済準備の事実を告知することを意味するものであり，すなわちそのような「抗弁事由の存否（弁済等の事実の有無）情報の催告」の趣旨を含む事前通知こそが要件事実として必要である，と解するのが妥当であると思う[24]。

(ウ) 善意弁済　民法443条2項の法文は，第2弁済が第1弁済に対して優先的効力を認められるために，第1弁済の存在についての第2弁済者の善意を要求する。文献の多数は，法文の措辞に従い，善意をもって民法443条2項適用・準用の利益を求める攻撃防御方法の要件事実と解している。

これに対し，浅生説では，民法443条2項の善意要件が，第2弁済を第1弁済との関係で有効とみなす形成権の成立を障害するための，第2弁済者の悪意要件として，再構成されている[25]。これは，他の文献にない異色の解釈である

ように思われる。

　なるほど実体論としては，第2弁済者がすでに第1弁済の存在について悪意である場合には，第1弁済についてわざわざ事後通知がなされなくとも，事後通知による二重弁済危険の警告という目的は充足されているから，事後通知を尽くしたことと第1弁済の存在についての第2弁済者の悪意とは，等価値にして置換可能な事実である，と言えなくはない[26]。

　しかしながら，「債務の未履行を信頼して」した弁済の保護という制度趣旨[27]からみれば，まず「債務未履行の信頼」の事実が第2弁済者の側にあってこそ，その次にこれを覆すべき事情があるかどうかが問われることになるはずである。したがって問題は，第2弁済は事前通知の上でなされたとの一事をもって，第2弁済者は債務未履行を信頼して弁済したものである，と推論することが合理的かどうかである。

　ちなみに，動産占有の公信力を基礎とした即時取得の制度（民192条）の適用においては，取引行為時における取得者の善意無過失は，これを即時取得成立のための要件事実として主張するを要しない。民法が，動産取引の安全を高度に保護すべく，動産占有に強い公信力を与え，およそ動産占有者の取引の相手方は占有者の処分権欠缺について原則として善意無過失であると推定する（民186条1項・188条）からである。債務者の債権譲渡承諾による抗弁切断（民468条1項）に関しても，判例通説は，これを無留保承諾の公信力を基礎とする制度であると解した上で，債務者の抗弁事由についての債権譲受人の善意無過失を抗弁切断の要件事実とするのではなく，反対に，債権譲渡取引の安全を重視して，債権譲受人の悪意又は有過失を，抗弁切断を障害して抗弁接続を復活させるための要件事実に位置づけている[28]。対するに，同じ公信力制度であっても，債権の準占有者への弁済の保護（民478条）においては，弁済有効の効果発生のために，弁済者は，弁済受領者に債権者らしき外観があったこととは別個の事実として，これとともに，弁済時における善意及び無過失評価根拠要件事実の存在についても，主張証明責任を負うものと解されている[29]。

　翻って民法443条2項の適用・準用を考えるとき，第2弁済に優先的効力が付与されるべき実体的基礎が築かれたと言うことができるためには，第2弁済が事前通知を経た上でなされたとの事実のみでは未だ足りず，第2弁済者は債

務未履行を信頼して弁済をしたのであった，という別個の事実が積極的に加わらねばならないように思われる。これを超えてまで第2弁済者の保護を図るべき必要を認めることは困難である。したがって，浅生説に与することにはなお十分な理由を欠き，むしろ，民法443条2項の措辞のとおり，自己の弁済に優先的効力が付与されることを欲する第2弁済者が，第1弁済の存在について自己の弁済時に善意であったことの主張証明責任を負う，と解すべきである。

　(エ)　つぎに，善意弁済の善意は文字通り善意で足りるのか，無過失を要するのか，一応は善意で足りるが過失によって保護を否定されるのか，いずれと解すべきかが問題になる。特に過失の有無を問わない通説[30]に対し，潮見説は，「後行行為者としては，弁済その他の出捐行為をする前に，他の連帯債務者に事前の通知をしておけば，この者がすでに弁済その他の出捐行為をした事実を知ることができた」（先行行為調査義務）との評価を基礎に，ここでの「善意」の意味を「善意無過失」と捉えるのが適切である，とする[31]。

　法理上重要なのは，民法443条2項の善意要件を善意無過失要件にまで徹底すると，事前通知こそ無過失評価のための中核的事実になる，ということである。事前通知要件が善意無過失要件に吸収される，という限りでは，外形的な要件事実の記述は変更されるけれども，法理上無理があるわけではない。しかしながら，主債務者は事前通知を要求されない，という通説を前提とする限り，連帯債務者や保証人の第2弁済の保護には善意無過失を要するが，主債務者の第2弁済の保護には無過失が要求されず善意で足りる，という解釈をせざるを得なくなる。果して潮見説はそのように改められたが[32]，そうするとかえって，連帯債務者・保証人には善意無過失を要求し，主債務者には無過失を要求しないでよい，という区別について，合理性を見出すことが容易でない。むしろ，事前に注意を尽くせば二重弁済を回避しえたはずだ，という関係は，連帯債務者・保証人についてと同様，保証人（少なくとも受託保証人）に対する主債務者についても，同様に認められるのではないか[33]。

　他方，そのように善意の第2弁済の保護のために無過失まで要求することがそもそも妥当なのか，という問題がある。難点は，弁済前の不定型な先行行為調査義務の履践が，弁済の円滑を大きく妨げかねないことである[34]。ここより見れば，民法は，第2弁済の保護には弁済者の善意無過失を要求するのが本来

ではあるが，これによって弁済の円滑が損なわれることを危惧し，弁済の事前の注意は定型的に「事前通知による照会」によって尽くされたと評価してよいものと法定した，と考えることもできよう。

　二重弁済の回避と弁済の円滑との二つの要請を第 2 弁済者の「事前の注意」に媒介させるときには，事前注意は事前通知（事前照会）をもって足りるけれども，それは受託保証人に対する主債務者についても要求される，と解するのが適切なのはないだろうか。異説とならざるを得ないが，ここで批判を乞うておきたい。

　(オ)　自己の第 2 弁済を有効とみなす意思表示　　民法 443 条 2 項は，保護要件を充たした第 2 弁済者に，その保護（第 1 弁済に対する第 2 弁済の優先的効力）を受けることにする形成権を与えたものであり，その行使によって第 2 弁済が第 1 弁済に対する相対的関係において有効な弁済となる，と解されている[36]。したがって，自己の第 2 弁済を第 1 弁済に対する関係で有効とみなすことを内容とする形成権行使の意思表示は，民法 443 条 2 項適用・準用の利益を受けるについての要件事実である[36]。

　(17)　山口・前掲注(5) 735 頁，岩木＝小長光・前掲注(6) 586 頁，潮見・前掲注(10)プラクティス第 3 版 613 頁。
　　　受託保証人であれば，先立つ弁済の再抗弁と選択的に，民法 443 条 2 項準用の利益を求める再抗弁（事前通知の上での善意弁済を有効とみなす）を主張することができ，主債務者は，保証委託をしたことに相応する負担として，事後通知を尽くしたことをもってこれに対抗するのでなければ求償請求を認容される立場に置かれる。
　　　しかし，委託を受けない保証人の事前通知は，保証人の求償請求に対して主債務者が債権者に対する反対債権により相殺（三角相殺）の抗弁を主張するような場合こそ，これを排するために有効であるが（民 443 条 1 項準用），二重弁済事案においては，保証委託の事実が認められず，したがって主債務者に事後通知が要求されない以上，法的意味をもたない。事前通知は事後通知懈怠と相俟ってこそ第 2 弁済に優先的効力を付与するものだからである。
　　　なお，主債務者が民法 443 条 2 項準用の利益を求める主張（予備的抗弁と考えられる。後述）をするのに対しては，保証委託の有無にかかわらず，保証人は自己の弁済につき事後通知をしたことをもって対抗することができる。
　(18)　大江・前掲注(6)第 2 版 67，109 頁では，他の文献同様，善意弁済の再々抗弁としていたのを，大江・前掲注(6)第 3 版 163，209 頁で「弁済の抗弁に対し予備的抗弁と位置づけられる。Y の弁済が X のそれに後れる場合であっても，Y が善意で弁済したと

第 2 章　要件事実・事実認定──各論

きは，自己の弁済を有効とみなすことができるのである。」として，見解を修正されている。予備的主張一般につき，伊藤滋夫編著・要件事実講義（商事法務，2008）212頁以下，司法研修所編・民事訴訟における要件事実第二巻（法曹会，1992）181頁以下，参照。

(19)　通知懈怠を，過失による通知欠缺と見て，事前通知をした事実と事前通知欠缺の無過失評価根拠要件事実とを，等価値にして置換可能な要件事実と解するかどうかについては，疑問がないではない。椿・前掲注(2) 165, 167 頁，参照。本稿は，今のところ，通説に従って右問題を肯定に解し，その検討は別の機会に委ねようと思う。事後通知と事後通知欠缺の無過失との関係についても同様とする。

(20)　原告の弁済に後れることは先立つ弁済の再抗弁によって明らかにされる関係にある。

(21)　縣・前掲注(6) 183 頁，参照。ただし，善意要件と事前通知の関係につき，後述(エ)の問題を生ずる。

(22)　椿・前掲注(2) 165 頁，船越・前掲注(3) 525 頁。

(23)　星野英一・民法概論Ⅲ（良書普及会，1978）167 頁は連帯債務者間について通知に対する返答を当然に予定するが，果してそうか。

(24)　船越・前掲注(3) 525 頁は「事前の通知は抗弁の存否を知る機会のためのものである」と言う。四囲の事情を勘案して抗弁事由情報催告の趣旨が相手方に伝わるべきものと取引通念上評価することのできる通知であれば足りること，勿論である。

(25)　浅生・前掲注(14) 915 頁。

(26)　債権者から請求を受けたことが知られているときは事前通知は必要がない，ということはしばしば述べられているが，疑問に思う。履行期が到来すれば債権者が債務の履行を請求してくるのはむしろ当然であり，それは，その債務者が現に弁済の準備と意向を有していることにも，他の共同債務者に先行抗弁事由の存否情報を求めていることにも，直結しないからである。それよりは，弁済したことが知られているときは事後通知は必要がない，というほうが，実体上よほど合理的である。

(27)　潮見・前掲注(6) 378 頁，潮見・前掲注(10)プラクティス第 3 版 564 頁。善意が権利保護資格要件である，と言う。

(28)　もっとも，判例（最判昭 42・10・27 民集 21 巻 8 号 2161 頁）は，悪意譲受人の保護を拒否する態度を明らかにするにとどまる。判例学説の分布及びその検討については，倉田監修・前掲注(4) 362 頁以下〔山田卓生〕，参照。

(29)　倉田監修・前掲注(4) 229 頁〔春日偉知郎〕，田高寛貴「善意・悪意を要件とする民法の要件事実的分析」大塚直＝後藤巻則＝山野目章夫編・要件事実論と民法学との対話（商事法務，2005）154 頁，参照。判例通説の解釈に沿って法文が改められた。

(30)　学説につき，椿・前掲注(2) 168 頁，参照。前田達明・口述債権総論〔第 3 版〕（成文堂，1993）343 頁は，過失の有無を問わないのが「素直な解釈」だとする。文理に忠実という意味か。

(31) 潮見・前掲注(10)プラクティス第1版412頁（連帯債務者），452頁（主債務者），453頁（受託保証人），潮見・前掲注(10)プラクティス第3版564頁（連帯債務者），613頁（受託保証人）。
(32) 前注及び潮見・前掲注(10)プラクティス第3版612頁，参照。
(33) 筆者の教室でも，通説に従って主債務者には事前通知が要求されないと説明するとき，学生らは正当にも怪訝そうな顔を見せる。
(34) 中田裕康・債権総論（岩波書店，2008）474頁は，主債務者に事前通知まで求める結果となることについて，危惧を述べる。
(35) 浅生・前掲注(14) 909頁，山口・前掲注(5) 728頁，参照。
(36) このことをオミットする文献（春日・前掲注(29) 343, 344頁，加藤・前掲注(6) 355頁）もあるが，特に別異に解する意図あってのことではないように思われる。

(5) 要件事実は事後通知の履践か懈怠か

（ⅰ）事後通知は，事前通知への返答としてであれ事前通知とは無関係にであれ，それが第2弁済の前に第2弁済者に到達したことによって，民法443条2項が第2弁済に付与する優先的効力に対し，障害要件事実となる。すなわち，第2弁済の優先的効力の発生を争う第1弁済者に，事後通知を尽くしたことの主張証明責任がある。事前通知が単なる通知としては意味上不十分であり，抗弁情報の照会としての趣旨を補充されるべきである（前述私見）のと異なり，事後通知は，それ自体によって，これを受けた者に二重弁済の危険を知らしめるのに十分な意味を，当然に有すると見てよいであろう。また，事後通知がなされたことと，第2弁済前に第2弁済者に事後通知が到達しなかったことについて第1弁済者の無過失評価を根拠づけるに足りる事実とは，等価値にして置換可能な要件事実であると認められる。

文献の多数は，民法443条2項の措辞にもかかわらず，消極的事実（それも他人の）の立証困難あるいは積極的事実の証拠確保による証明期待の観点から[37]，右のように，事後通知履践の事実が第2弁済の優先的効力を障害し，すなわち第1弁済優先の原理的関係を復活させる，と解する（筆者もそのように講じてきた）。

（ⅱ）ところが，若干の文献は，規定の措辞のとおりに，事後通知懈怠をもって求償権制限効の発生要件事実に位置づけている[38]。これは，右の観点から直ちに斥けられてよい解釈なのであろうか。次のように考え直すことはできない

第2章 要件事実・事実認定——各論

だろうか。

——消極的事実は，確かに悪魔の不存在に似て立証困難であり，これを証明責任命題とすることは，他に理由がないのなら避けるべきである。しかし，たとえ消極的事実の証明責任を一方当事者に負わせても，適切な訴訟指揮の下で相手方当事者に真実義務や事案解明義務 (解明責任) に基づく反対事実立証活動を尽くさせることはできるはずであるから，悪魔の証明の危惧を決定的観点とすることは戒められるべきである[39]。

むしろここで問題にすべきは，要件事実主張の「有理性」である[40]。

すなわち，事前通知は，弁済等の先行抗弁事由の存否についての情報照会 (先行行為調査義務の履行方法) として意味があると考えられるから，「事前通知をした」という積極的行為の事実が，民法443条2項適用・準用のための要件事実とされるべきである。

これに対し，事後通知の意味は二重弁済危険の警告にあり，民法443条2項は第2弁済者の「債務未履行の信頼」を保護しようとするものであってみれば，事後通知については，「事前通知はなされたのに事後通知はなされなかった」ところに第2弁済者の債務未履行信頼が成立し，ここにこそ民法443条2項適用・準用による信頼保護の基礎が成立する，と言うべきである。ならば，「事前通知がなされたこと」と並んで「事後通知がなされなかったこと」を，民法443条2項適用・準用による第2弁済保護の効果発生の要件事実とすべきであり，事後通知懈怠の事実を欠いたまま事前通知履践の事実と第1弁済への善意の事実を言うだけでは，保護されるべき信頼の成立を述べたことにはならず，したがって要件事実主張の有理性を欠くことになろう。

類似の問題は，債権譲渡に対する債務者の無留保承諾による抗弁切断の制度 (民468条1項) にも見ることができる。譲渡債権の債務履行請求に対する債務者の抗弁接続の主張に対し，「異議をとどめない承諾」を再抗弁事由と解すべきか[41]，それとも，再抗弁は「承諾」の主張で足り「異議の留保」が再々抗弁事由となると解すべきか[42]，という論争のことである。消極的事実の主張証明責任は考えるべきでないとすると，後者のように解すべきであるが，しかし，保護されるべき信頼の成立を有理化しようとすれば，前者のように解するに傾かざるを得ない。このことは，民法468条1項の制度根拠を公信力 (判例通説)

224

と禁反言[43]のいずれに求めるかにかかわらない。禁反言も一種の信頼保護理論であり，また，債権譲渡の承諾と抗弁接続の主張とは債務者一身において何ら矛盾主張にならないからである。

してみれば，民法443条2項の適用・準用に際しても，第2弁済者の事前通知履践（弁済情報の催告及び相当期間経過），第1弁済者の「事後通知懈怠」，第1弁済の存在についての第2弁済時における第2弁済者の善意（無過失は事前通知をしたことで肯定されるものとする），第2弁済者が自己の弁済を有効とみなす意思表示をしたこと，以上4個の事実をもって第2弁済の優先的効力の発生要件事実と解することに，それ相当の理由があると考えるべきである。──

(ⅲ) 右に述べたのは，事後通知懈怠を要件事実と考えることには，事後通知履践を要件事実と考えるのに劣らぬ理由がある，ということである。果してそのいずれを正当とすべきかは，筆者においてなお迷うところである。有理性の観点に基づく主張責任（事後通知懈怠）と証明責任（事後通知履践）の離反[44]に持ち込んでもよいが，より本質的には，（事後通知懈怠の主張そのものには何の難もないから）事後通知が履践されたか懈怠されたか，事実が遂に真偽不明に帰するときに，第2弁済のための信頼の基礎を欠くものとして第2弁済者の保護を否定すべきか，それとも，事前通知（弁済情報の催告及び相当期間経過）によって第2弁済のための信頼の基礎の形成が推論され，有理性に欠けるところはないとして，第2弁済者に保護を与えるべきか，その選択が問題である。つまりは，善意要件を悪意要件にひっくり返すべきかどうかと共に，第2弁済者の保護はどの程度に厚くあるべきかについての取引通念上の価値判断が問われているのであって，これはもはや机上の論理によって能く解決するところではない。

(37) 山口・前掲注(5) 733頁，岩木＝小長光・前掲注(6) 585頁，船越・前掲注(3) 10頁以下，207頁以下，参照。

(38) 春日・前掲注(29) 343, 344頁，加藤・前掲注(6) 354頁。

(39) 消極的事実の証明責任一般につき，ローゼンベルク（倉田卓次訳）・証明責任論全訂版（判例タイムズ社，1987）404頁以下，参照。真実義務につき，中野貞一郎・過失の推認（弘文堂，1978〔増補版，1987〕）153頁以下，高橋宏志・重点講義民事訴訟法上巻（有斐閣，1995）409頁以下，参照。事案解明義務につき中野貞一郎「医療過誤訴訟について」法教26号17頁以下（1982），高橋・前掲注509頁以下，船越・前掲注(3) 48頁以下，伊藤眞＝加藤新太郎＝山本和彦・民事訴訟法の論争（有斐閣，

⑷0　中野貞一郎・民事手続の現在問題（判例タイムズ社，1989）213 頁。有理性の要求を前提とする，債務不履行責任の要件事実に関する議論として，伊藤滋夫・要件事実の基礎（有斐閣，2000）90 頁以下，参照。

⑷1　司法研修所編・改訂紛争類型別の要件事実（法曹会，2006）131 頁。伊藤編著・前掲注⒅ 158 頁〔今出川幸寛＝若柳善朗〕，参照。

⑷2　潮見・前掲注⑹ 640 頁，潮見・前掲注⑽プラクティス第 3 版 480 頁。

⑷3　潮見・前掲注⑹ 642 頁，潮見・前掲注⑽プラクティス第 3 版 478 頁。

⑷4　中野・前掲注⑷0 216 頁，中野貞一郎「要件事実の主張責任と証明責任」法教 282 号 34 頁以下（2004），永石一郎「司法研修所の要件事実」伊藤滋夫＝難波孝一編・民事要件事実講座第 1 巻（青林書院，2005）132 頁，参照。

4　結びに代えて

(ア)　以上の検討の結果をまとめれば，次のようになろうか。

① 　連帯債務者間，X の Y に対する求償請求
　Kg：XY 連帯債務発生原因＋X 弁済
　E（主位的）：Y 弁済
　　　――R：X 先立つ弁済
　　　――R：X 事前通知＋X 善意弁済＋X 形成権行使――D：Y 事後通知
　　　　〔X 事前通知＋Y 事後通知懈怠＋X 善意弁済＋X 形成権行使〕
　E（予備的）：Y 事前通知＋Y 善意弁済＋Y 形成権行使――R：X 事後通知
　　　　〔Y 事前通知＋X 事後通知懈怠＋Y 善意弁済＋Y 形成権行使〕
　（注）　Y 事前通知は，弁済等の抗弁事由の存否に関する情報照会の趣旨を含むことを要する。
　　　　Y 善意弁済は，事前通知の返答を受けるのに取引通念上必要な相当期間の経過後になされたことを要する。
　　　　X 事後通知は，Y 弁済の前に Y に到達したことを要する。

② 　非受託保証人 X の主債務者 Y に対する求償請求
　Kg：被担保債権発生原因＋保証契約＋X 弁済
　E（主位的）：Y 弁済――R：X 先立つ弁済

通知懈怠による求償権制限の要件事実

 E（予備的）：(Y事前通知)＋Y善意弁済＋Y形成権行使────R：X事後通知
　　　　　〔(Y事前通知)＋X事後通知懈怠＋Y善意弁済＋Y形成権行使〕
　（注）　Y事前通知は，第2弁済者Yの善意に無過失を要すると解する立場に立つ
　　　　ときの，定型的な注意義務履践行為を意味する。
③　受託保証人Xの主債務者Yに対する求償請求
 Kg：被担保債権発生原因＋保証委託＋保証契約＋X弁済
 E（主位的）：Y弁済
　　　────R：X先立つ弁済
　　　────R：X事前通知＋X善意弁済＋X形成権行使────D：Y事後通知
　　　　　〔X事前通知＋Y事後通知懈怠＋X善意弁済＋X形成権行使〕
 E（予備的）：(Y事前通知)＋Y善意弁済＋Y形成権行使────R：X事後通知
　　　　　〔(Y事前通知)＋X事後通知懈怠＋Y善意弁済＋Y形成権行使〕

(イ)　残された問題には，全部義務者間の人的紐帯の強弱濃淡がどのように作用するかしないか[45]，連帯債権・不真正連帯債権・不可分債権などによる全部債権者間の，弁済受領についての事前通知・事後通知制度を考える必要はないのか[46]，といったこともあろう。他日を期して検討したいと思う。

　[45]　椿・前掲注(2) 163頁，参照。不可分債務者間につき山中康夫「いわゆる連帯ということの意義」民商33巻6号337, 347頁（1956），不真正連帯債務者間につき平井宜雄・債権総論〔第2版〕（弘文堂，1994）347頁が，それぞれ民法443条の準用を疑問とする。これに対し，中田・前掲注[34] 440頁は，求償しようという関係がある以上，適用を認めてもよい，と言う。
　[46]　第1弁済受領の事後通知を懈怠した債権者は，事前通知の上で善意で第2弁済を受領した債権者に劣後して，第2弁済者に対し不当利得返還義務を負うことになる，というような調整的ルールを考える必要はないのか，という問題意識である。

安全配慮義務について

髙橋　譲

1　はじめに

　安全配慮義務を債務不履行責任として認めることの正当性や必要性に疑問を呈し，これを不法行為責任として位置付けることができるとの学説[1]も少なくないが，裁判実務上は，近時においても，最判昭 50・2・25 民集 29 巻 2 号 143 頁で示された考え方と同様に，安全配慮義務を不法行為責任とは別個に成立する信義則上の付随義務（債務不履行責任）として構成した訴えが提起されている（例えば，雇用者の安全配慮義務違反によりり患したじん肺によって死亡したことを理由とする損害賠償請求権の消滅時効の起算点が問題となった最判平 16・4・27 民集 58 巻 4 号 1032 頁，高等学校の生徒が課外のクラブ活動中に落雷により負傷した場合において，引率者兼監督の教諭の安全配慮義務が問題となった最判平 18・3・13 裁集民 219 号 703 頁。ただし，後者の事例では，債務不履行に基づく請求が不法行為に基づく請求と選択的な請求として申し立てられている）。このような安全配慮義務の基本的性格に関する議論とは別に，安全配慮義務の具体的内容や注意義務違反それ自体のとらえ方についても議論がある。

　さらに，民法の債権法の分野において，債務不履行責任の基本的な考え方について転換を迫るような学説[2]が唱えられ，不完全履行の帰責事由についても，理論的な深まりがみられるところである。これらの点に関する議論を踏まえ，不完全履行と同様の性質を有するものとして理解されてきた裁判実務上の安全配慮義務違反について，その要件事実をどのようにとらえるのかを考えていく

ことが一つの課題となろう。

　一方，ロースクールでの法学教育において要件事実についての関心が高まり，民法の研究者の方々からも要件事実の分析が行われるようになった。そこでは，個々の法律要件の立証責任の分配はもとより，実体法における要件事実そのものの位置付け等を含めた議論が行われているのであり，実体法に基礎を置く要件事実論にとって真に好ましい状況ということができる。

　本稿では，これらの現状を踏まえ，不十分なものではあるが，安全配慮義務に係る要件事実についての整理を試みてみたい。その際，要件事実は，実体法たる民法の解釈を基礎とし，これに立証責任の公平な分担が加味されるなどして定まるものであること[3]，安全配慮義務が，民法の規定の解釈としてではなく，むしろ判例，裁判例により承認されてきた概念であるため，この分野における基本的な判例の考え方について言及しておく必要があることを意識しながら，管見を述べたいと考える。以下では，原告が安全配慮義務に基づく損害賠償請求を訴求する場合を前提とし，原則として附帯請求を考慮に入れないで本案の請求を中心に，要件事実の整理を行うこととしたい。なお，念のため，本稿中の意見にわたる部分は筆者個人の意見であることを申し添えたい。

(1)　例えば，新美育文「安全配慮義務」山田卓生編・新・損害賠償法講座第1巻（日本評論社，1997）234頁。また，潮見佳男・債権総論Ⅰ〔第2版〕（信山社，2003）126頁は，安全配慮義務論は，労災救済法理が労災補償を含めて不十分で，かつ民事責任の基礎理論も未確立な時代における，いわば時代の寵児であって，今日では，過渡期の理論としてとらえられるべきであり，その成果は，一面では民事責任をも含んだ労働法その他の特別法上の救済理論に，他面では民事責任の基礎理論に，それぞれ発展的に解消させるのが適当である旨述べる。これに対し，半田吉信「契約責任と不法行為責任の交錯」民事法理論の諸問題上巻（成文堂，1993）377頁は，安全配慮義務論の射程距離は広範であり，今後も民事責任の基礎理論の一つとして重要な役割を果たしていくものと思われる旨を述べる。学説の状況について，伊藤滋夫「奥田昌道『安全配慮義務』」加藤雅信ほか編・民法学説百年史（三省堂，1999）349頁は，「安全配慮義務の本質を契約責任とする見解がなお多数説であるとしても，安全配慮義務のうち，およそ契約関係にないが特別の事実的接触に入った当事者にも認めうる保護義務はもとより，労働契約や前述の『契約の履行過程で相手方の完全性利益を侵害しないようにすべき義務』としての保護義務などについても，その本質を不法行為規範を適用すべきだとする見解も次第に有力になりつつあるというのが現状ではなかろう

か。」と指摘する。
(2)　森田宏樹「結果責任・手段債務の区別の意義について—債務不履行における『帰責事由』」鈴木禄弥先生古稀記念『民事法学の新展開』（有斐閣，1993）109 頁以下など。また，ジュリ 1318 号（2006 年 9 月 1 日号）81 頁以下の特集「契約責任論の再構築」に掲載されている諸論稿も啓発的である。
(3)　伊藤滋夫・要件事実の基礎（有斐閣，2000）162 頁は，要件事実論の機能について，「要件事実論の機能は，基本的には，従来の民法学において論じられてきた要件として取り上げるべき事項について，立証責任の公平な分担という考え方の下に，裁判規範としての民法の要件（裁判において両当事者にそれぞれが主張立証すべきものとして分配された要件）を定めるというものである（もとよりそのこと自体重要なことであるが）。要件事実論は，このような両当事者への分配ということに先立つ問題として，そもそも民法上の要件として取り上げるべき事項は何であるかを決めることはできない。」とし，窪田充見・不法行為法（有斐閣，2007）456 頁は，過失の立証責任について，「過失をどのように理解するのかということは，すぐれて実体法上の解釈問題としての性格を有するのであり，要件事実論によって解決されるようなものではないということは強調しておきたい。」と述べる。

2　安全配慮義務の性格

　安全配慮義務は，民法の規定に明文の根拠があるわけではない。しかし，雇用契約関係を中心として，使用者は，労働者が労務に服する過程で生命及び健康を害しないように労務場所，機械その他の環境について配慮すべき義務を負うと解されるようになり，裁判例において，労働災害が発生したり労働者の健康が害されたりしたような場合に，労働者が使用者に対して損害賠償を求める根拠として，この一般的法原理に基づく安全配慮義務が主張されるに至った。最高裁判所も，「国は，公務員に対し，国が公務遂行のために設置すべき場所，施設もしくは器具等の設置管理又は公務員が国もしくは上司の指示のもとに遂行する公務の管理にあたって，公務員の生命及び健康等を危険から保護するよう配慮すべき義務（以下「安全配慮義務」という。）を負っているものと解すべきである。」とし，安全配慮義務は，ある法律関係に基づいて特別な社会的接触の関係に入った当事者間において，当該法律関係の付随義務として信義則上一般的に認められるべきものであると判示した（前掲最判昭 50・2・25）。この

ように，安全配慮義務は，民法415条に根拠を持つ債務不履行責任の一つの態様と解することができる。

3　安全配慮義務の要件事実

(1)　請求原因

安全配慮義務違反に基づく損害賠償請求の請求原因について検討する。

(a)　ある法律関係

安全配慮義務は，当初，私法上の雇用契約関係を中心にその存在が法的に承認されていたものであるが，その後，前掲最判昭50・2・25が判示するとおり，ある法律関係に基づいて特別な社会的接触の関係に入った当事者間において，当該法律関係の付随義務として信義則上一般的に認められるとされ，一般的な保護義務としてその存在が認められるようになった。直接の契約関係が存在しないで特別な社会的接触の関係に入った当事者間においても，例えば，建設工事現場において労災事故が発生したような場合，元請会社と下請会社の労働者との間に直接の雇用契約関係がなくても，元請会社が下請会社の労働者を建設現場で指揮監督する関係にあるのであれば，「ある法律関係に基づいて特別な社会的接触の関係に入った当事者間」に当たるとして，元請会社は下請会社の労働者に対して安全配慮義務を負うべきものと解される（最判平3・4・11判時1391号3頁。なお，船主と船舶の運行委託契約を締結していた受託者が，信義則上，船主に雇用されていた船長に対し安全配慮義務を負うとした最判平2・11・8判時1370号52頁）。

(b)　安全配慮義務違反

㈎　主　要　事　実

安全配慮義務違反があることという規範的要件が主要事実であるのか，それともその違反の根拠となる具体的事実が主要事実になるのかについては争い[4]があるが，判例（最判昭56・2・16民集35巻1号56頁。以下，これを「昭和56年最判」ということがある）は，「国が国家公務員に対して負担する安全配慮義務に違反し，右公務員の生命，健康等を侵害し，同人に損害を与えたことを理由として損害賠償を請求する訴訟において，右義務の内容を特定し，かつ，義務違反に

該当する事実を主張・立証する責任は，国の義務違反を主張する原告にある」と判示し，義務違反の根拠となる具体的事実が主張，立証の対象となるべき主要事実であることを明らかにしている。

(イ) 注意義務違反の内容

注意義務違反の本質そのものの解釈については諸説があるが，これについては，予見可能性を前提とした結果回避義務違反であると理解することを前提として要件事実を考えていきたい。

また，安全配慮義務の法的性質については，個々の法律関係等によって具体的に定まるものといえるであろうが，特段の事情がなければ，「配慮すべき義務」として，いわゆる手段債務に属するものであり，「広い意味での不完全履行の一種」であると解しておきたい[5]。

判例が安全配慮義務の内容について説示するところをみると，「国は，公務員に対し，国が公務遂行のために設置すべき場所，施設もしくは器具等の設置管理又は公務員が国もしくは上司の指示のもとに遂行する公務の管理にあたって，公務員の生命及び健康等を危険から保護するよう配慮すべき義務（以下「安全配慮義務」という。）を負っているものと解すべきである。」（前掲最判昭50・2・25），「右義務は，国が公務遂行に当たって支配管理する人的及び物的環境から生じうべき危険の防止について信義則上負担するものであるから，国は，自衛隊員を自衛隊車両に公務の遂行として乗車させる場合には，右自衛隊員に対する安全配慮義務として，車両の整備を十全ならしめて車両自体から生ずべき危険を防止し，車両の運転者としてその任に適する技能を有する者を選任し，かつ，当該車両を運転する上で特に必要な安全上の注意を与えて車両の運行から生ずる危険を防止すべき義務を負う」（最判昭58・5・27民集37巻4号477頁），「使用者は，右の報酬支払義務にとどまらず，労働者が労務提供のため設置する場所，設備もしくは器具等を使用し又は使用者の指示のもとに労務を提供する過程において，労働者の生命及び身体等を危険から保護するよう配慮すべき義務（以下「安全配慮義務」という。）を負っている」（最判昭59・4・10民集38巻6号557頁）などという表現がされている。これらの表現からすると，判例が理解するところの安全配慮義務については，ある法律関係に基づいて特別な社会的接触の関係に入った当事者間において，当事者の一方が相手方に対して，

提供される場所，設備，機械その他の物的又は人的環境が相手方の生命，身体及び健康を害することがないように配慮すべき信義則上の義務であるということができるであろう。

　安全配慮義務違反に基づく損害賠償請求について，いかなる範囲の具体的事実が請求原因としての要件事実となるのかを一概にいうことは困難であるものの，この点についての主張立証責任の分配を検討したものとして，昭和56年最判の評釈をした文献に触れておきたい。

　昭和56年最判は，自衛隊所属のヘリコプターが飛行中回転翼に故障を起こし墜落したために死亡した乗員たる自衛隊員の両親から，国に対し，国の安全配慮義務違反を理由とする債務不履行を主張して損害賠償を請求する事案に係るものであるが，「本件記録及び原判決の判文によれば，上告人らは右の法理に従って国の負担する具体的な安全配慮義務の内容及び右義務に違反する事実について主張をし，原審もまた，本件事故の原因を確定したうえ，右法理に従って，被上告人が本件のようなヘリコプターに搭乗して人員及び物資輸送の任務に従事する自衛隊員に対してヘリコプターの飛行の安全を保持し危険を防止するためにとるべき措置として，ヘリコプターの各部部品の性能を保持し機体の整備を完全にする義務のあることを明らかにし，この見地から，上告人らの主張に基づき，被上告人につき具体的に義務違反の事実の存否を判断し，その存在を肯認することができないとしたものであることが明らかである。したがつて，原判決には所論立証責任の法則を誤った違法があるとは認められない。」と判示して，原告らの請求を棄却すべきものとした原審の判断を維持した。この点に言及した竹下守夫「判批」民商86巻4号622頁 (1982) は，注意義務違反の内容として主張，立証すべき事実の範囲について，「判旨は，原判決の趣旨の要旨として，本件では，国は，ヘリコプターの各部部品の性能を保持し機体の整備を完全にする義務があったとしながら，ローター・ブレードのソケットのツールマークに気づかず，ソケットの疲労破断，ローター・ブレードの飛散による墜落という結果を招いても，安全配慮義務の違反にならないとするもののようであるから，そのことから，間接的に，義務違反の事実の主張・立証としては，国の提供した設備・器具等に瑕疵があって，公務員の生命・健康が侵害される危険があり，国においてそれを除去すべきであったのに

除去しなかった（そのため，その危険が現実化した）との事実の主張・立証では足りないとしているものと推定することはできよう。」と評しており，昭和56年最判の事案では請求原因事実の主証立証責任が尽くされていないために請求棄却の結論となったものと推定している。これに対し，この事件についての最判解説民事篇昭和56年度60頁〔吉井直昭〕は，上記評釈のように解するのは上記判決の真意とはいえないのではないかとの疑問を呈した上，上記判決が債務不履行における帰責事由の立証責任を債務者側が負担するとの見解を否定するものとは考えられないから，「本件においては，ツールマークの存在，これによるソケットの疲労破断が主張・立証されたことにより，Xら側は安全配慮義務の主張と立証について目的を達したものであるところ，右ツールマークの存在は顕微鏡を用いた精密検査によらなければ発見できない性質のものであるが，ヘリコプターの部品に対する顕微鏡を用いた精密検査を義務づけていない自衛隊の整備体系は不合理・不完全とはいえないから，『Yにおいてソケットの破断による墜落の危険を予知することができなかったことにつき帰責事由は存しない』とするYの抗弁事由が認められたことによってXらの請求が排斥されたのだ，と考えるのが主張・立証責任の分配の上で合理的というべきであろう」と指摘し，本判決は，帰責事由の不存在を基礎付ける事実を抗弁として理解することを前提として，請求原因事実の主張，立証は尽くされたが，抗弁事実が認められたために請求が棄却されたと考えるべきことを述べている。前掲竹下「判批」625頁が述べるように，安全配慮義務を「配慮義務」ではなく，生命・健康侵害をもたらす危険の除去という結果を実現すべき「結果義務」であると解した上，安全配慮義務違反をいう者は，「使用者の設置・提供する場所・施設・機械・器具等に瑕疵があって，労働者の生命・健康が害される危険が存在し，使用者においてその危険を除去すべきであったにもかかわらず，事故当時，それが除去されずに存在していたこと」を主張，立証すれば足りるという見解に立てば，上記最判の事例において，ツールマークの存在，これによるソケットの疲労破断が主張，立証されたことにより，原告側は安全配慮義務違反の請求原因事実の主張，立証について目的を達したものといえるであろう。また，そうではなく，上記事案での安全配慮義務を配慮すべき義務として手段債務であると理解した場合においても，安全配慮義務違反をいう者が

まず主張，立証すべき事実を，前掲竹下「判批」625 頁が述べるのと同様に解することは可能であり，これによれば，上記最判解説が上記判決の理解として述べるように，「ツールマークの存在，これによるソケットの疲労破断が主張・立証されたことにより，X ら側は安全配慮義務の主張と立証について目的を達した」ものであるが，右ツールマークの存在は顕微鏡を用いた精密検査によらなければ発見できない性質のものであること等，帰責事由の不存在あるいは安全配慮義務違反の評価障害事実についての主張，立証が尽くされたことにより，被告の抗弁事由が認められたと解することになると考えられる。

　昭和 56 年最判の理解の仕方についてはともかく，いかなる範囲の具体的事実を請求原因としての要件事実 (評価根拠事実) であると解すべきかについては，前掲竹下「判批」625 頁や最判解説民事篇昭和 56 年度 60 頁〔吉井直昭〕が述べるように，安全配慮義務違反をいう者は，「使用者の設置・提供する場所・施設・機械・器具等に瑕疵があって，労働者の生命・健康が害される危険が存在し，使用者においてその危険を除去すべきであったにもかかわらず，事故当時，それが除去されずに存在していたこと」を主張，立証すれば足りると解するのが相当である。

　㈦　予見可能性について

　民法の解釈として，一般に，予見可能性の存在は注意義務違反の内容を構成する要素であると考えられるが，安全配慮義務違反が問われる場合においても，原告が予見可能性の存在を請求原因として主張すべきか，それとも被告がその不存在を抗弁で主張すべきかが問題となる。この点は，安全配慮義務の内容をどのようにとらえるのかと関連するが，前記のとおり，安全配慮義務違反を不完全履行と同様のものであるという理解を前提とした場合においても，要件事実の考え方としては，注意義務違反の構成要素の一部である予見可能性だけを切り離し，その存在を原告が主張，立証すべき請求原因とすることなく，その不存在を被告が主張，立証すべき抗弁と位置付けること[6]は十分に可能であると思われる。しかし，予見可能性が存在することが義務違反の本質的内容の一部であると解されるから，その義務違反による法律上の効果を主張する原告側が，まず請求原因として，予見可能性の存在を裏付ける具体的事実を主張，立証すべきものと解するのが相当であろう。注意義務違反の本質を，予見可能性

第 2 章　要件事実・事実認定——各論

を前提とした結果回避義務としてとらえた場合，注意義務違反をいう原告は，予見可能性及び結果回避義務違反を根拠付ける具体的な事実を，それぞれ評価根拠事実として主張，立証すべきものと考えられる。このように解した場合においても，さらに，予見可能性や結果回避義務を否定する方向に働く根拠事実をそれぞれ評価障害事実として抗弁と理解すべきかどうかについて見解が分かれるところと考えられるが，過失のように多様な根拠事実・障害事実を総合して評価せざるを得ない規範的要件については，評価根拠事実から積極方向の評価が認められることの効果を障害する事実として，抗弁として位置付けられるべきものと解される[7]。

　安全配慮義務違反の要件事実を上記のようにとらえた場合，具体的事例では予見可能性に関する事実をどのように考えるのかについても触れておきたい。

　最判平 2・4・20 裁集民 159 号 485 頁において，原告側は，林野庁が万全の規制と予防措置を講ずることなく国有林野事業の作業員にチェンソーの使用を継続させ，作業員に振動障害が発症し増悪の一途をたどっているにもかかわらず，その後もチェンソーの使用中止の措置を執ることなく使用を継続させた点，昭和 44 年までチェンソー等の使用時間を短縮制限しなかった点に国に安全配慮義務違反がある旨主張した。同最判は，原審が確定した事実を前提に，予見可能性に関する(イ)〜(リ)の事情[8]を挙げ，これらの事情を総合すると，「昭和 40 年までは，振動工具の継続使用による振動障害に関する医学的知見は，空気振動工具と電気振動工具のうちの打撃振動工具と回転振動工具，特にさく岩機，鋲打機等に関するものがほとんどであって，エンジン振動工具のうちの回転振動工具に属するチェンソー等に関するものは僅少であったが，これらの知見と前記各種の調査の結果の積重ねを総合すれば，同年に至ってはじめて，チェンソー等の使用による振動障害を予見し得るに至ったというべきである。」と判示した。ここで摘示されている(イ)〜(リ)の事情については，このうち予見可能性の存在を基礎付ける事情（例えば，(イ)のうち，振動工具であるさく岩機等による障害については昭和 22 年には既に職業病と指定されていたこと，(ニ)のうち，昭和 34 年に農林省林業試験場が実施したチェンソー作業のアンケート調査の結果を，その調査員が専門誌等に発表したこと，(ト)の事情など）については，請求原因として原告が主張，立証すべき事実に属し，同じく予見可能性の不存在を基礎付ける事情（例えば，(イ)のうち，

昭和22年には既に職業病の原因とされていたさく岩機とチェンソーとでは振動の性質，程度を異にすること，(ハ)の事情，(ニ)のうち専門誌等に発表された調査内容が医学界，林野庁，全林野労働組合（全林野）等の関心を引くに至らなかったことなど）については，抗弁として被告が主張，立証すべき事実に属するものと解することができる。

(4) 伊藤・前掲注(3)130頁は，「かつては『過失』などの法文上の表現をそのまま主要事実とする考え方が通説であったと思われるが，具体的事実を主要事実（ここで要件事実という表現を使用すると，学説の用語法との関連で混乱するので主要事実という表現を使用しておこう）と考える考え方が，現在のほぼ通説といってよいのではあるまいか。」と指摘する。

(5) 最判解説民事篇昭和56年度55頁〔吉井直昭〕は，昭和56年最判の理解として，同最判は，安全配慮義務違反の法的性質を「広い意味での不完全履行の一種」であるととらえ，安全配慮義務違反の主張立証責任についても不完全履行と同様に，安全配慮義務違反を理由として損害賠償を請求する者が，請求原因事実として，上記義務の内容を特定し，かつ，義務違反に該当する具体的な事実を主張，立証すべきであるとの考え方に立つものである旨を指摘する。

(6) 賀集唱「要件事実の機能——要件事実論の一層の充実のための覚書」司法研修所論集90号44頁（司法研修所，1993）は，結果回避義務違反としての過失を，①「事前によく注意をして，危険性のある行動に出ることを思いとどまるべきであったのに，『不注意にも』行動に出てしまったという場合」（例えば，人込みの中でのバットの素振り），②「その後の行動の中で『不注意にも』ルールどおり，マニュアルどおりにしなかった，あるいは臨機応変の措置を執らなかったという場合」（例えば，素振りをしているうちにバットを飛ばしてしまったという単純ミス）の二つに分けた上，①の場合，内心の不注意がそれ自体として独立に過失になるのではなく，不注意にも行動に出たというのが過失になるから，危険性のある行動に出たという外部的側面だけで構成要件を組み立てるという発想が生まれ，「本人の予見可能性は，その不存在——事実として，本人には予見不可能であったこと——が，免責事由＝障害事由になる」とし，②の場合には，本人の予見可能性といった心の働きを問題にしても意味がなく，結果回避義務に統一されると指摘する。そして，上記①及び②とは別枠として，③予見義務違反があるとする。また，大江忠・要件事実民法（中）（第一法規出版，1995）569頁は，前掲の賀集論文が掲げる過失の①～③の分類を前提として，②の場合においても，「行為者本人に，予見が不可能であったことを基礎付ける事実」が，過失の評価障害事由として抗弁に回ると指摘する。

(7) 難波孝一「規範的要件・評価的要件」伊藤滋夫＝難波孝一編・民事要件事実講座第1巻（青林書院，2005）221頁。また，大塚直＝手塚一郎「環境訴訟における要件事実」伊藤滋夫ほか・要件事実の現在を考える（商事法務，2006）83頁は，「司法研修

第 2 章　要件事実・事実認定——各論

所における要件事実論によれば，被告の過失はいわゆる規範的要件と解されている。すなわち原告側は被告の過失を基礎づける具体的事実（評価根拠事実）を要件事実として主張・立証すべきであるということになる。この点に関し，不法行為法における過失責任と無過失責任の体系的理解の必要性を考慮すれば，過失の中核を予見可能性と結果回避義務違反と理解した上で，これらをともに規範的要件とし，両者につきそれらを基礎づける事実を主要事実とみる（それぞれにつき評価根拠事実と評価障害事実を問題にする）べきであると考えられる。」と指摘する。筆者も基本的にこのように解するのが妥当ではないかと考える。

(8)　(イ)～(リ)の事情は，要約すると，次のとおりである。

　(イ)　さく岩機等による障害については我が国においても昭和 22 年には職業病に指定されていたが，さく岩機等は空気振動工具のうちの打撃振動工具に属するものであって，エンジン振動工具のうちの回転振動工具であるチエンソーとは振動の性質，程度を異にすること

　(ロ)　昭和 38 年ころまでに内外で発表された医学的知見は空気振動工具と電気振動工具による振動障害に関するものであり，チエンソー等のエンジン振動工具のうちの回転振動工具に言及したものはソ連の学者のものを除いてはなく，内外の専門家の問題意識の外にあったこと（ソ連の学者のものは昭和 41 年ころまでは我が国に知られていなかった）

　(ハ)　昭和 31 年当時チエンソーが広い範囲で使用されていた米国においてもそれによる振動障害やレイノー現象の訴えはなく，林野庁から派遣された林業機械の専門家である三品忠男もチエンソーによる振動障害発生について全く思い及ばなかったこと

　(ニ)　昭和 34 年に農林省林業試験場経営部作業研究室が実施したチエンソー作業のアンケート調査の結果に基づき，その調査員であった米田及び辻は専門誌等に調査内容を発表したが，調査内容自体は林野庁等に連絡通知されなかったものであって，両名の発表は私的な立場からの見解の表明にすぎず，医学界，林野庁，全林野労働組合（全林野）等の関心を引くに至らなかったこと

　(ホ)　昭和 36 年 11 月に全林野長野地方本部から長野営林局に対し機械化によって作業員に肉体的影響が現れているとして調査，措置の要求があり，昭和 37 年に長野営林局は調査を実施したが，この調査の結果のみではチエンソー等使用による振動障害を深刻に受け止める事例が発見されなかったこと

　(ヘ)　林野庁が昭和 38 年 11 月に労働科学研究所に委託して実施された大規模なアンケート調査の結果は，昭和 39 年夏ころまでに明らかになったが，それによると，全体に占める割合はわずかではあるものの，チエンソー等使用作業員の中にレイノー現象や指のしびれを訴える者のいることが判明したが，それらがチエンソー等の使用に基因するものか否か必ずしも明確ではなかったこと

　(ト)　名古屋大学衛生学教室の山田信也らが全林野からの依頼を受けて行った調査結

果（チエンソー使用作業員 30 名中 17 名にレイノー現象が発現していること）を昭和 40 年 5 月に発表し，これに先立つ同年 3 月 26 日に日本放送協会が「白ろうの指」と題してチエンソー作業員のレイノー現象について放映したことにより，この問題が一挙に社会的注目を集めるに至ったこと
　㈑　労働省が昭和 40 年 5 月 28 日労働基準局長通達により，林業労働者のチエンソー使用による振動障害は業務上の疾病に含まれる旨示達したこと
　㈒　林野庁が，昭和 40 年 4 月に人事院との間でチエンソー使用作業員のレイノー現象発症者につき個別的協議により公務上災害の認定を受けることができる旨の協定をし，更に人事院規則の別表を改正していわゆる白ろう病につき公務災害の認定を受けられるよう人事院に働きかけるとともに人事院の行う作業に協力したこと
(c)　**損害の発生**
㈎　損害の本質
損害をどのようなものとしてとらえるかについては，大別すると，差額説（損害とは，加害行為がなかった場合に想定できる利益状態と加害行為によって現実に発生した利益状態とを金銭的に評価して得られた差額であると理解するもの）と損害事実説（損害とは，死亡あるいは負傷のように，被害者に生じた不利益それ自体であると理解するもの）とに分かれるといわれている。判例は，基本的に差額説に立つものと理解されている。

また，判例（最判昭 28・11・20 民集 7 巻 11 号 1229 頁）によれば，損害賠償を請求する者は損害の発生の事実だけではなく，損害の数額をも主張，立証しなければならないとされている。ただし，この差額説によっても，損害の算定については，事実認定ではなく評価であると解されている。

㈏　具体的な主張方法
安全配慮義務違反によって負傷した被害者が原告となって上記義務を負う者に対して損害賠償を請求する場合[9]，例えば，財産的損害のうち積極損害として治療費，交通費，休業損害が，同じく消極損害として負傷したことによる逸失利益が，非財産的損害（例えば，負傷したことによる慰謝料，傷害は治癒したが後遺障害が残ったことによる慰謝料）として慰謝料[10]が発生しているものとすれば，上記被害者は，それぞれの項目について，損害発生の根拠事実と損害の具体的金額を併せて主張，立証すべきことになる。

　(9)　安全配慮義務は期限の定めない債務として発生するので（前掲最判昭 55・12・18），

その債務者は民法412条3項により債権者からの履行を受けた時に初めて遅滞に陥るものというべきであるから、原告が安全配慮義務違反に基づく損害賠償請求において遅延損害金を請求する場合には、その発生の根拠事実として、債権者が債務者に対して上記損害賠償を請求した事実を主張、立証する必要がある。

⑽　不法行為により生命侵害が行われた場合、被害者の父母、配偶者及び子は、精神的苦痛を受けたことに基づき加害者に対し慰謝料請求をすることができる（民711条）。これに対し、安全配慮義務違反により生命侵害が生じた場合、その父母、配偶者及び子が、被害者に生じた損害賠償請求権たる慰謝料請求権とは別に、親族固有の慰謝料請求権を行使することができるのか否かについて、判例はこれを消極に解している（前掲最判昭55・12・18）。

(d)　**義務違反行為と損害との因果関係**

安全配慮義務に基づく損害賠償を請求するためには、義務違反行為と損害との間に相当因果関係が存在することが要件となるが、そこで主張、立証の対象となるのは、事実的な因果関係であると解される。因果関係の相当性については、法的な評価の対象であると考えられる。

主張レベルでは、例えば、義務違反行為によって損害が発生した旨の表現がされているとすれば、このうち「によって」の部分により因果関係が主張されているものと理解することができる。

(2)　**抗　　弁**

以下では、安全配慮義務の請求原因に対する抗弁として考えられる代表的な主張を検討するが、抗弁となり得る主張は、ここで挙げられたものに限られないことはもちろんである。

(a)　**注意義務違反を妨げる根拠事実（評価障害事実）と債務者の責めに帰すべき事由**

安全配慮義務違反を否定する根拠となる評価障害事実が抗弁となると解すべきことについては、既に述べたとおりである。安全配慮義務違反に基づく損害賠償請求を受けた被告は、抗弁として、予見可能性を否定する根拠となる事実や結果回避義務を尽くしたことの根拠となる事実（いずれも評価障害事実）を主張、立証すべきことになる。上記のように解すると、このことと債務者の責めに帰すべき事由（以下「帰責事由」ということがある。ここで帰責事由とは、「故意・過失又は信義則上これと同視すべき事由」と解しておきたい）の不存在が抗弁となると言

われていることとがどのような関係に立つのかが問題[11]となろう。

　民法415条後段は,「債務者の責めに帰すべき事由によって履行をすることができなくなったときも,同様とする。」と規定し,債権者が債務者に対し履行不能を理由とする損害賠償請求をする場合において,債務者の責めに帰すべき事由により履行不能が生じたことを法律上の要件としている。伝統的な理解によれば,履行不能を理由とする場合だけではなく,履行遅滞や不完全履行を理由として債務不履行責任を追及する場合であっても,帰責事由が存在することが法律要件であると解されてきた。そして,判例によれば,帰責事由については,その不存在を債務者が主張,立証すべきであると解されている(大判大14・2・27民集4巻97頁,最判昭34・9・17民集13巻11号1412頁)。

　上記の問題点については,安全配慮義務違反を手段債務として不完全履行と同様にとらえる判例のような考え方によれば,原告が主張すべき要件事実(安全配慮義務違反を基礎付ける評価根拠事実)のうち履行が不完全であることを示す部分の中に,債務者の責めに帰すべき事由の存在を根拠付ける事実(例えば,昭和56年最判の事例でいえば,国が提供したヘリコプターの部品であるローター・ブレードのソケットに疲労破断の原因となるツールマークがあったこと)が含まれていることになると考えられ,同様に,債務者の責めに帰すべき事由の存在を否定する評価障害事実(例えば,昭和56年最判の事例でいえば,上記ツールマークが顕微鏡を用いた精密検査によらなければ発見できないものであること)については,注意義務違反を妨げる根拠事実として抗弁になると考えることになろう。そうすると,安全配慮義務違反の評価根拠事実又は評価障害事実の主張の中で,帰責事由の有無に係る事実が主張されることになり,これと重なる限度においては,被告側が帰責事由の不存在を上記とは独立して主張,立証する必要はないと考えられる。

[11]　潮見佳男「債務不履行の構造と要件事実論」大塚直ほか・要件事実論と民法との対話(商事法務,2005)247頁は,「伝統的債務不履行論に依拠するときには,債務不履行における『過失』を履行過程における具体的行為義務違反と捉えるならば,そこでの『過失』の要件事実(より正しくは,過失があったとの評価を根拠づける具体的事実)は,作為債務の不完全履行において債務者に主張・立証責任が課されるところの『履行不完全』の要件事実と,主張・立証の対象を共通にし,主張・立証責任面での論理矛盾をきたすこととなる。」と指摘する。

(b)　不 可 抗 力

第2章 要件事実・事実認定——各論

　前記のように，安全配慮義務違反の評価根拠事実又は評価障害事実の主張の中で，帰責事由の有無に係る事実が主張されることになり，これとは独立した抗弁として被告側が主張する必要はないということになる。そこで，債務者である被告は，注意義務違反における帰責事由とは性格を異にするものとして，不可抗力を主張，立証すべき責任を負うという考え方[12][13]が導かれるものと思われる。もっとも，不可抗力であることを根拠付ける具体的事実を抗弁として位置付けること[14]が可能であるとしても，例えば，この事実と帰責事由がないことを根拠付ける具体的事実（予見可能性や結果回避義務を否定する評価障害事実）との間で本質的な差異があるのかどうかについては，なお検討を要するであろう。

(12)　中野貞一郎・過失の推認（弘文堂，1978）92頁は，「診療契約上，医師は，前述のような『手段債務』を負い，その履行の不完全は，ひっきょう，債務者たる医師（またはその履行補助者）が診療方法の選択や実施に当たって善管注意をなしたかどうかを規準とするほかないのであるから，一般の結果債務の不履行の場合ならば帰責事由の存否として問題となる債務者側の過失に当たるものが，ここでは，損害賠償請求権の拠権規定の要件事実たる履行の不完全に含まれ，原告側の証明責任の範囲に属することになる。したがって，責任要件の問題として残るのは，診療上の手落ちがあったかどうかということを超える事由，すなわち，診療債務の履行不完全に対する『非難性阻却事由』としての不可抗力またはこれと同視すべき事由の存否に限られるであろう。その限度においてのみ債務者たる医師側が帰責事由に関する証明責任を負うわけである。」と述べる。

(13)　前田陽一「請求権競合と要件事実論」大塚直ほか・要件事実論と民法との対話（商事法務，2005）413頁は，医療訴訟における債務不履行責任と要件事実を論じる中で，「債務不履行に関する今日の民法学の到達点として，物の引渡債務に代表される『結果債務』については，債権者による債務不履行の事実の主張・立証に対し，債務者による『帰責事由の不存在』（ないし免責事由）の抗弁として『不可抗力』が問題となるのに対し，診療債務（の多く）に代表される『手段債務』については，債務者による『帰責事由の不存在』（ないし免責事由）の抗弁は問題とならないとするのが，多数説になりつつある。」とした上，不可抗力については，「帰責事由がないこと」や「予見可能性がないこと」と同様に，抗弁にならないと解すべきであるとし，安全配慮義務の要件事実においても抗弁とならないとしている（そして，「『不可抗力』は義務の前提となる予見可能性〔を基礎づける事実〕ないし回避可能性〔を基礎づける事実〕に対する『否認』，もしくは，因果関係に対する『否認』になろうか」と続けている）。しかし，本文において述べたとおりの考え方から，予見可能性がないことを根拠付ける事実や結果回避義務がないことを基礎付ける事実が評価障害事実として抗

弁になると解するのが相当であり，不可抗力であることを根拠付ける具体的事実についても抗弁となるものと考える。

(14) 不可抗力となる根拠事実は，予見可能性又は結果回避義務を否定する根拠事実にほかならず，上記義務を否定する根拠となる他の評価障害事実と本質的な差異がないとの考え方もあり得るように思われる。しかし，伝統的には，不可抗力は，帰責事由の存否を基礎付ける事実とは異なった意味合いが与えられてきたように考えられるので，これを独立した抗弁の項目として取り上げることとしたい。

(c) 時　　効

　安全配慮義務は，ある法律関係の付随義務として信義則上一般的に認められる義務であり，その義務違反に基づいて生じる損害賠償請求権については，時効期間についても，債務不履行に基づく損害賠償請求権と同様に解されるべきである。そうすると，安全配慮義務違反に基づく損害賠償請求権の消滅時効の期間は，債権の消滅時効の一般原則（民167条1項）に従って10年間であると解される（前掲最判昭50・2・25参照）。

　上記損害賠償請求権の消滅時効には民法166条1項が適用され，債権者が権利を行使することができる時から時効が進行する。そして，「権利を行使することができる」とは権利を行使する上で法律上の障害がないことを意味すると解されていること（最判昭49・12・20民集28巻10号2072頁）からすれば，安全配慮義務違反に基づく損害賠償請求権については，その損害が発生した時に成立し，同時にその権利を行使することが可能になるというべきであり（最判平6・2・22民集48巻2号441頁），その損害発生の時から消滅時効が進行することになる。上記最判平6・2・22では，「じん肺の所見がある旨の最初の行政上の決定を受けた時に少なくとも損害の一部が発生したものということができる」としているが，他方，り患したじん肺により死亡したことを理由とする損害賠償請求権の消滅時効の起算点については，最終の行政上の決定を受けた時からではなく，その後の死亡の時から損害賠償請求権の消滅時効が進行するものと解されている（前掲最判平16・4・27）。

　損害発生の事実については請求原因で主張されているのが通常であるから，これに対する抗弁として消滅時効をいう当事者は，その損害発生の時から10年が経過した事実及び時効を援用した事実を主張すべきであろう。

(d) 損害の塡補

被害者の損害が弁済や損益相殺により塡補された事実も，被告が主張，立証すべき事実として抗弁になる。

(e) 過失相殺－原告の過失を裏付ける評価根拠事実

安全配慮義務を信義則に基づく付随義務としてとらえ，その義務違反を債務不履行として考える立場によれば，過失相殺については，民法418条を根拠とすることになる。そして，被告側において，安全配慮義務の債権者である原告に過失があること（過失の評価根拠事実）を立証すべき責任[15]があることになる。

   [15] 最判昭43・12・24民集22巻13号3454頁は，民法418条による過失相殺は，債務者の主張がなくても，裁判所が職権ですることができるが，債権者の過失となるべき事実については，債務者において立証責任を負う旨判示した。

(3) 再 抗 弁

(a) 原告の過失を否定する評価障害事実

被告の過失相殺の抗弁に対しては，原告側で，過失の存在を否定する評価障害事実を主張することができるものと解される。

(b) 時効の中断

被告の時効の抗弁に対しては，原告側で，民法147条に規定する時効の中断事由（請求，差押え，仮差押え又は仮処分，承認）を主張，立証することができる。

4 むすびに代えて

以上は，安全配慮義務違反に基づく損害賠償請求において，当事者が主張，立証すべきものとして考え得る要件事実の整理を試みたものであるが，実体法の理解も十分でないために行き届かない点が多々あることを御容赦いただきたい。過失や注意義務違反の本質については，今後も更なる理論の深まりがみられるであろうが，これに伴って，不法行為や債務不履行に関する要件事実論が進展することを期待したい。

建設請負契約における要件事実

笠井　修

1　はじめに

　伊藤滋夫先生は，かねてより，要件事実は，実体法規範の指し示すところに従って決まるべきものであると述べてこられた[1]。そして，要件事実の問題（主張立証責任対象事実の決定）は民法学の考える規範構造をもとに決定されるべきであるということにつき，最近ようやく学界においても合意ができるに至ったとされて，近年の民法学の側の変化を指摘される[2]。さらに今後，民法の規範構造の研究が深まることによって，より明確で妥当な主張立証責任対象事実の決定ができるようになることを期待され，その民法の規範構造は，民法の定める制度の「趣旨」が決め手となって定まるべきものであると主張される[3]。
　このような，伊藤先生の年来のご主張を追うように，要件事実論に関する実体法学からの関心は，今日大きな高まりを見せているが，それにもかかわらず実体法の解釈論上の個別の成果に導かれた要件事実論の分析，特に各論的研究は，その多くが手付かずのまま残されている。特に，現在の解釈論上の議論が要件事実論にどのように反映されるのかに関する民法学の側の検討は，十分とは言いがたい。実体法上の新しい理論動向が，それを反映した要件事実論上の新しい問題を生み出すことを考えれば，この状況は，民法学と要件事実論の協力関係の中で改善されなければならない。
　このことは，建設請負契約の分野にも当てはまる。請負契約は，その特質がいわゆる「受注生産型」の契約であるところにあり，完成するべき仕事（の目

的物)は，契約時は存在せず，通常一定の時間をかけた役務提供によって債務の内容として完成・提供されるべきことになる。このため，仕事の目的物のあるべき性質については，契約当事者の約定によって具体化されるのが原則となるとともに，目的物の性質が給付義務に取り込まれることになる。また，履行の着手から仕事完成までのプロセスに時間を要することが多く，その間に，契約当事者の支配の及ばない多様な要素の影響を受け，それによって契約が挫折することや予期せぬ費用負担が生じることがありうる。さらに，仕事の完成作業の側面と完成した仕事の性質の側面の関連が，一つの連続のなかで問題となること（未完成と瑕疵）にも注目される。

　このような特質は，民法上の解釈論にも影響を与え，それはさらに要件事実論上の論点ともなるが，他方で，請負契約の分野では，要件事実論上の扱いのはっきりしない概念や理論がなお多く残され，また新たに提唱されている。ここでは，建設請負契約の領域における解釈論上の若干の論点を取り上げ，それが要件事実論に与えるべき影響，あるいは，実体法上の主張が要件事実の観点からみて持ちうる意義について検討を試みようとするものである。いずれも，要件事実論において甲説対乙説というような対立すら現れていない論点であるが，まずは，問題の所在を示すことにしたい。具体的には，仕事の「完成」と「瑕疵」にかかわる要件事実と，仕事の完成・引渡しにいたるプロセスにおける「危険」にかかわる要件事実について，検討を試みたい。

(1) 伊藤滋夫「要件事実論と民法学」要件事実の現在を考える（商事法務, 2006）26頁。
(2) 伊藤・前掲注(1) 28頁。
(3) 伊藤・前掲注(1) 29頁。

2　仕事の「完成」と「瑕疵」に関する要件事実

(1) 仕事の「完成」

(a) 二つの完成概念

請負契約においては「瑕疵のない仕事の完成」が請負人の債務内容である[4]。

そこで，仕事の目的物に瑕疵があれば，それはこの債務の一種の不完全履行状態であるととらえるのが今日では一般的である。

他方，「仕事の完成」[5]は，報酬支払請求の前提（注文者による未完成の主張の排除）としての観点と，瑕疵担保責任規定の適用範囲を（債務不履行の一般規範との関係において）画する基準としての観点から意味を持ち，要件事実論的には，請負人からの報酬請求と注文者からの瑕疵担保請求のそれぞれの請求原因事実となる。

しかし，この場合の「仕事の完成」は，「瑕疵のない仕事の完成」を意味しているものではない。裁判例・学説の多数は，「瑕疵のない仕事の完成」の前の一定の段階を「完成」と呼んでいるのである。

というのは，建設請負の場合には，契約時の設計にしたがって細部にわたって完全な施工をすることが実際上しばしば困難であり，それが実現されてはじめて仕事が完成に至るとすると，注文者の対応次第では，請負人の報酬請求に大きな制約が課されることになる。また，全く瑕疵のない仕事の完成を求めると，それに至るまで一般原則に従った債務不履行責任の追及の可能性が残ってしまうという事情がある[6]。

そこで，「瑕疵のない仕事の完成」とは別の，もう一つの「完成」概念が必要となり，裁判例[7]や多数説[8]では，「予定された最後の工程を終えたこと」（予定工程の終了）をもって，ひとまず「完成」（「一応の完成」ということもある）とする扱いがなされてきた。「予定工程の終了」という，一定程度以上の完成度の仕事がなされた場合，つまり一定以上の履行水準に達した場合には，そこに多少の不完全履行状態（瑕疵）がなお残っていても「完成」（これは「瑕疵を伴いうる完成」である）として，報酬請求を可能にしつつ（それには，請負契約締結時に発生していた報酬支払い債務の弁済期が到来したとする理解と，仕事の完成によってはじめて報酬支払い義務が発生するという理解の可能性がありうるが），それ以後は，履行の不完全性を「瑕疵」（注文者の主張立証責任）として，注文者からの瑕疵担保請求（民634条以下），注文者からの解除制限[9]（民635条但し書）を実現することなど，当事者間の関係を瑕疵担保責任規範（民634条以下）に委ねることが実際上の要請として求められてきたからである。

このような，二つの完成概念（瑕疵のない完成と瑕疵を伴いうる完成）による処

理は，特に，建設請負契約の実際の当事者関係を考えれば，結論的には妥当な処理といってよいように思われる。ただ，それを導く理論構成と判断基準の内容に関してはなお問題が残されていることも事実である。

すなわち，予定工程を終えたことによって仕事が完成し，履行が完了したとすると，その後の瑕疵の問題は不履行の問題ではないことになってしまい，瑕疵を一種の不履行状態とみることの説明に窮することになるはずである[10]（「瑕疵を伴いうる完成」の余地を認めてそれに対する適用規範として瑕疵担保責任規範を予定するならば，請負の瑕疵担保責任規定は，何らかの不履行責任に対する規範ではないことになる[11]）。また，請負は，仕事の完成という「結果」の実現を債務内容とするものであるのに対し，予定工程の終了という「役務提供行為」自体に着目して履行の完了を判断することにもやや未整理な面がある。

ここでは，「瑕疵を伴いうる完成」は，履行の完了を意味しないものとすることになるが，なお，その位置付けに未解決の問題を残しているといえる。

(b) 「仕事の完成」の要件事実

では，このような理解に基づくと「仕事の完成」の要件事実はどのように理解されるか。

㋐ 「瑕疵のない仕事の完成」

まず，「瑕疵のない仕事の完成」は，上記のような事情を考慮すると，要件事実上の意味はあまりない。つまり，そのような意味における「完成」の主張立証が何らかの法的効果と結びついているわけではない。報酬請求（民632条）の請求原因事実としての仕事の完成も，瑕疵担保責任（民634条以下）を追及するための請求原因事実としての完成も，そのような意味における完成ではない（瑕疵担保責任の要件としての瑕疵の評価そのものも完成とは切り離されている）。「瑕疵のない仕事の完成」が争われることは実際上なく，このような完成概念は，理論的に，瑕疵担保責任を不完全履行責任と性格付けるため，さらには，せいぜい瑕疵修補と報酬支払いの同時履行関係を裏付けるために（修補はなお完了していない本来の履行行為の一部であると理論構成するために）働くものに過ぎない。

㋑ 「瑕疵を伴いうる仕事の完成」

問題となるのは，「瑕疵を伴いうる仕事の完成」についてである。この意味における「完成」は，まず，①請負人の報酬請求の要件であり（民632条），注

文者からの「未完成」の主張（完成の否認）を封ずる意味を持つ。また、このような「完成」は、②瑕疵担保請求の請求原因事実の一つである。瑕疵担保としての修補請求や損害賠償請求をする場合には、注文者の側から、仕事の「完成」を主張立証しなければならないことになる（ただ、仕事の完成が本来請負人の債務であることを考えれば再考の余地はないであろうか。請負人からの報酬請求に対して注文者が瑕疵担保請求を持ち出す場合には、実際上あまり問題にはならないが）。

(ウ) 「仕事の完成」の規範的要件化

「予定工程の終了」をその内容とすると、「完成」も事実であるかにみえる。しかし、「完成」概念の上のような機能やそれが採用される事情をみると、それは、一定の（完成に準じた）履行水準の高まりに対し、報酬請求を認めることが妥当か、以後の仕事の不具合を瑕疵として瑕疵担保責任規範の適用に服せしめることが妥当かなどの、一種の規範的判断による部分が大きいことがわかる。そうすると、「仕事の完成」概念は規範的要件と理解することが正しいものと思われる。

では、その評価根拠事実は何か。①請負人からの報酬請求の請求原因事実、あるいは、②注文者からの瑕疵担保請求の請求原因事実として、「仕事の完成」の評価を根拠付ける事実は、①②のそれぞれの場合ごとに区別して、考え直す必要があろう。

たとえば、①の報酬請求においては、「仕事の完成」の基準を維持しつつも、その内容につき、「予定工程の終了」はあくまで役務提供行為のレベルにおいて予定された履行行為の完了に一定の法的価値を与えるものであり、請負契約のような一定の結果を実現することを債務内容とする契約において、報酬請求を可能にする判断要素として適切かはなお問題であろう[12]。

そこで、むしろ①の場面での「仕事の完成」は、より「実質化」するべきものと思われる[13]。現に裁判例においてもそのような判断方法をとったものがある[14]。そのような立場に立つと、規範的要件としての「仕事の完成」につき請負人によって主張立証されるべき評価根拠事実としては、予定の工程を終えたことのほか、実質的に建物の躯体部が完成していること、社会通念上建物の完成とみることができることなどの要素を考慮するべきことになろう。

これに対し、②の場面での「仕事の完成」については、注文者は、瑕疵担保

第2章 要件事実・事実認定——各論

請求のために請負人の仕事の完成を主張立証することになり（この点について疑問が残ることは上に述べた），この場合には，予定工程の終了のようなより客観的な事実を主張立証の対象事実とするべきであろう。

なお，②の瑕疵担保請求においては，そもそも「仕事の完成」の基準によることなく，一定の「受領」「引渡し」「引取り」「承認」などの要素に着目する諸学説[15]が主張されていることも注目されるが，いくつかの疑問もある。たとえば，「承認」が瑕疵担保請求の請求原因事実になるとすると，引渡しがなされた後は，注文者は自らが承認したと主張して瑕疵担保請求をすることも，承認していないとして債務不履行の一般原則に基づく責任追及することも，仕事の完成度にかかわりなくほぼ自由に選択可能となろう。請負人が完成に準ずる水準の履行を行った場合にも，なお，解除のリスクにさらされたり，逆に工程上終了していない部分を残していても，瑕疵担保責任を負うべきかは，疑問である。「承認」を基準とすることにはなお問題が残されている[16]。

(4) たとえば，我妻栄・債権各論中巻二（岩波書店，1962）632頁。「瑕疵のない仕事の完成」が請負人の債務である（瑕疵があれば仕事は完成しない）としながら，同時に，これと矛盾するかに見える「完成した仕事の瑕疵」の出現を認めるのであれば，二通りの「完成」概念が用いられていることになる。

(5) 後に述べるように，筆者の立場では「仕事の完成の評価を根拠付ける事実」となる。

(6) ただ，未完成の場合も，既成工事部分が注文者にとって有益であればその出来高を考慮して，未完成部分に即した一部解除に制限されるのが一般的であるから（最判昭56・2・17判時996号61頁），そのような扱いがなされる限りでは，部分的な救済の可能性はある（藪重夫「工事請負契約における瑕疵担保責任の法的性質」判評263号18頁も参照）。

(7) 東京高判昭47・5・29判時668号49頁，大阪地判昭49・6・6判時779号91頁，横浜地判昭50・5・23判タ327号236頁，大阪地判昭51・6・29金商513号40頁，東京地判昭57・4・28判時1057号94頁，山形地新庄支判昭60・2・28判時1169号133頁，大阪高判昭61・12・9判タ640号176頁，東京地判平3・6・14判時1413号78頁，東京地判平14・4・22判タ1127号161頁。ここでは，請負人の債務の履行について，二つの評価の観点を切り替える仕組みがとられている（完成する前は，役務提供が予定されたとおりかが問われ，完成すると，完成した仕事の物的性質が吟味される）。

(8) 滝井繁男・逐条解説工事請負契約約款〔5訂新版〕（酒井書店，1998）11頁，栗田哲男・現代民法研究(1)（信山社，1997）379頁，後藤勇・請負に関する実務上の諸問

題（判例タイムズ社，1994）17頁，定塚孝司・主張立証責任論の構造に関する一試論（判例タイムズ社，1992）430頁，園尾隆司「請負代金の支払要件となる『仕事の完成』の意義」判タ677号（1988）112頁。
(9) 仕事の目的物が建物その他土地の工作物である場合には，瑕疵があっても解除権は認められないが，仕事の目的物が何であるかは，請求原因としての請負契約の成立においてすでに明らかであるから，そのような場合には，報酬請求に対する解除の抗弁が主張自体失当となるのであり，635条但し書が再抗弁の規定となるのではない（定塚・前掲注(8) 163頁）。
(10) 北川善太郎・債権各論〔第3版〕（有斐閣，2003）84頁は，完成基準説のように解すると，「請負人の瑕疵担保責任は仕事完成つまり債務の履行後の問題となり債務不履行の特則とする自らの前提（瑕疵があれば仕事は完成しない）と合わなくなる」と指摘する。
(11) 一般には瑕疵も不完全履行であるとしているが，両者の規律の内容はかなり異なる扱いをすることになる。それにもかかわらず，これらを区別する「仕事の完成」概念の意義や不履行と区別された瑕疵の判断基準の必然性については，十分な検討がみられなかった。またその前提として，性質を同じくするにもかかわらず，なぜ未完成（不履行）のほかに瑕疵の状態を認めてその担保責任規定をおいたのかについても，必ずしも明確ではない。
(12) 現に裁判例の中にも，「仕事の完成」を基準として維持しながら，より実質的な観点から，建築された建物が社会通念上の建物として完成されているかどうか，建築基準法上，主要構造部分が約定どおり施工されているかどうかも含めて「完成」の有無を判断するべきであるとした例もある。東京地判昭48・7・27判時731号47頁参照。また，学説の中にも，仕事の完成とは工事の全工程のうち重要な部分（基礎部分，躯体部分）が瑕疵なく施工されており，かつ他の部分について一応最後の工程まで終了していることをいうとするものがある（山本重三＝五十嵐健之「建築請負契約における瑕疵担保責任」遠藤浩＝珍田龍哉編・不動産法大系V〔改訂版〕（青林書院新社，1975）203頁）。また，工事そのものがいかに杜撰であっても全部の工程さえ終了すれば完成とみてよいかは問題であり，社会通念からみて，契約内容に照らして各工程を終えたとみることができる場合にのみ完成とする見解もある（滝井繁男・建設工事契約（ぎょうせい，1991）138頁）。
(13) この点において，アメリカ法の実質的履行（substantial performance）の法理における実質性の判断が参考になる。この法理について，笠井修「建設請負契約における不履行判断のあり方について」小島武司先生古稀記念論文集（商事法務，2008）951頁以下参照。
(14) 東京地判昭48・7・27判時731号47頁参照。
(15) たとえば，目的物が引渡しを必要とするときは「引渡し」の時，目的物が引渡しを

必要としない場合には完成の時から瑕疵担保責任が生じるとする見解（石田穣・契約法（青林書院新社，1982）333頁），注文者による「引取」が，それが含む完成（完全履行）の「承認」の重要な効果として，債務不履行の責任をすべて消滅させることになるとする見解（三宅正男・契約法〔各論〕下巻（青林書院，1988）900頁），さらに，「引渡し」に「履行認容」がそなわることにより請負人の責任が瑕疵担保責任規範に収斂すると解する見解（下村正明・法時58巻10号119頁），「仕事の完成を承認しての引取り」の時とする見解（潮見佳男・契約規範の構造と展開（有斐閣，1991）246頁），「受領」の時とする見解（大村敦志・基本民法Ⅱ債権各論〔第2版〕（有斐閣，2005）136頁）などである。これらの説に対する批判として，滝井・前掲注(12) 138頁，定塚・前掲注(8) 432頁以下参照。また，ドイツ法における「引取り」（Abnahme）が果たす役割にも注目するべきである。この点について，笠井修・保証責任と契約法理論（弘文堂，1999）253頁以下参照。

(16) 滝井・前掲注(12) 138頁，定塚・前掲注(8) 432頁以下参照。また，大阪地判昭57・5・27判タ477号154頁（引渡し後に施工基準に達しない鉄骨の使用の事実が判明し，請負人の債務不履行責任が問われた事例）も参照。

(2) 完成した仕事の「瑕疵」

(a) 仕事の瑕疵の意義と法的性質

現に上のような基準で請負契約の仕事が「完成」したものの，仕事の目的物に「瑕疵」があるとはどのような状態をさすか。この点に関する裁判例は多いが，例えば，瑕疵とは，「完成された仕事が契約で定められた内容どおりでなく，使用価値若しくは交換価値を減少させる欠点があるか，あるいは，当事者があらかじめ定めた性質を欠くなど不完全な点を有すること」[17]とするものや，「仕事の結果が請負人の保証した性質を有せず，通常もしくは当事者が契約によって期待していた一定の性状を完全には備えないこと」[18]をいうとするものが一般的である[19]。

ただ，このような瑕疵概念によりつつも，具体的な瑕疵の要件の判断それ自体は，純粋な事実の問題ではなく，評価の問題と理解される[20]。

(b) 瑕疵の評価根拠事実

規範的要件としての瑕疵の評価根拠事実としては，多様なものがありうるが，裁判例をみると以下のような要素があげられる。

すなわち，まず，契約内容・約定との不一致[21]が重視され，設計図書[22]や，

建築基準法等の行政法規の基準[23]，さらに，工事代金[24]なども，合理的意思解釈の拠り所とされることが多い（他方で社会通念に拠った判断もみられる[25]が，これもそのような通念によるという，黙示の意思を根拠とすることがある）。合理的意思解釈の名の下にこれらの多様な要素を意思の中に取り込むのであれば，結局，建設請負の場合には，瑕疵の評価根拠事実は，当事者意思に一元化されることになり（売買における瑕疵判断よりもこの傾向が強い），それとの乖離がすなわち瑕疵ということになる。このような評価方法は，たとえば，次の判例にもよく表れている。

【1】最判平15・10・10判時1840号18頁は，注文者が震災直後において耐震性を高めるために当初の設計を変更してより太い鉄骨を使用することを求め，請負人も承諾し，鉄骨の太さが契約の重要な内容になっていたとして，そのような約定と実際の工事内容との乖離を瑕疵と評価した。これは，上記の通説的な瑕疵概念を前提としたものである。そして，瑕疵の存否に関する判断が評価的判断である以上，建設請負における約定違反の事実が，軽微なものも含めてすべて瑕疵と評価されるのではなく，約定の内容が契約上一定の重要性を持つ場合に，それとの乖離が評価根拠事実として瑕疵評価を導くことを述べたものと理解される。

他方，学説は，売買における瑕疵概念に比べ，請負における瑕疵概念を必ずしも十分議論してこなかったが（売買における瑕疵との区別すらあまり意識せずに議論することが多い），一般に，瑕疵とは「完成された仕事が契約で定めた内容通りでなく，——使用価値もしくは交換価値を減少させる欠点があるか，又は当事者が予め定めた性質を欠くなど——不完全な点を有すること」[26]とする見解が，ほぼ共通のものとなっている。瑕疵をこのようにとらえれば，性質に関する合意ないし性質保証に反する状態も契約違反ではなく瑕疵の中に取り込まれることになる[27]。

近時は，このような瑕疵概念に関する実際の判断基準として，特に建築請負における実務の観点を考慮して，より多様な要素を取り込んだ，具体的かつ精密な基準が主張されるようになってきた。たとえば，契約書・見積書の記載内容，設計図書，法令，日本建築学会等の権威ある団体の技術基準，住宅金融公庫（現在は改組されている）の基準，工事代金額，社会通念などが判断要素として指摘されてきた[28]（瑕疵の概念そのものにかかわる指摘ではない）。これらの要素も

評価根拠事実として位置付けられるべきであろう。

- (17) 東京地判平 6・9・8 判時 1540 号 54 頁。
- (18) 東京地判平 3・6・14 判時 1413 号 78 頁。
- (19) 山地進「請負人の瑕疵担保責任における『瑕疵』概念について」判タ 1148 号 4 頁。
- (20) 難波孝一「規範的要件・評価的要件」伊藤滋夫＝難波孝一編・民事要件事実講座第 1 巻（青林書院，2005）207 頁。「瑕疵」が事実か規範的要件かについては，議論もあるが，司法研修所の立場は，文献の上からははっきりしない。
- (21) 福岡地判昭 61・7・16 判タ 637 号 155 頁，神戸地判昭 63・5・30 判時 1297 号 109 頁，東京地判平 3・6・14 判タ 775 号 178 頁，東京地判平 6・9・8 判時 1540 号 54 頁。
- (22) 大阪地判昭 62・2・18 判タ 646 号 165 頁，神戸地姫路支判平 7・1・30 判タ 883 号 218 頁。名古屋高判昭 49・11・27 判時 774 号 80 頁〔設計図どおりに施工されることはまれであり工事現場の状況に応じて工事内容を変更することは避けられないとして，仔細の相違については瑕疵ではないとした〕も参照。
- (23) 東京地判昭 47・2・29 判時 676 号 44 頁〔特段の事情のない限り，建築基準法所定の最低基準の工事は，発注者も期待し請負人も保証したとする〕，大阪高判平元・2・19 判タ 705 号 187 頁，神戸地判平 12・1・26 判タ 1045 号 181 頁。
- (24) 東京高判昭 48・9・21 判時 724 号 35 頁，発注者が企図した用途（東京高判昭 52・9・20 判タ 366 号 239 頁，東京地判平 3・6・14 判時 1413 号 78 頁。
- (25) 名古屋地判昭 54・6・22 判タ 397 号 102 頁，神戸地判昭 63・5・30 判時 1297 号 109 頁。
- (26) 我妻・前掲注(4) 631 頁。
- (27) ただ，約定違反については，完成の前後を問わず，保証違反として不履行責任を追及することも可能であるはずである。
- (28) 齋藤隆編著・建築関係訴訟の実務〔改訂版〕（新日本法規出版，2005）168 頁以下〔高橋譲〕。

3 仕事の「完成」と「危険」に関する要件事実

(1) 請負契約における危険分配の問題性

さらに，請負契約の特質は危険負担の規範にも反映される。それは，要件事実論的にみるとどのような問題を含むか。

(a) 請負契約をめぐる危険の特質

建設請負契約の危険について，かつての判例・多数説は，請負人の仕事完成義務または民法536条1項を根拠に，仕事の「引渡し」まで請負人にその危険を負担させていた[29]。しかし，このような危険分配は，請負人がその仕事に関する特殊な技術者であることが多く，また保険制度の利用の可能性があることを考慮しても，理論的にも価値判断の上でも問題を含んでいることが指摘されてきた。

というのは，受注生産型の契約である請負契約はその危険分配においても，一回的な物の給付を内容とする契約の場合と比べ種々の特質がみられるからである。すなわち，①請負債務は，現在存在しない仕事を将来において作出することを内容とするものである。そのため仕事の完成または引渡しにいたる過程でも，しばしば請負人はその目的物を完全に支配することができず，それに及んでくる多様な不確定要素もまた十分にコントロールすることは困難であることが多い。そして，このような要素の中にはむしろ注文者の側に属するものもある。したがって売買の場合とは異なり，従来学説によって危険移転の中心的要素とされてきた目的物の支配の移転を，何らかの一つの「時点」によって区切ることは困難でありまた適切でもない。②しかも，請負契約の場合には，完成前の仕事が途中で滅失・損傷してもなお，その再履行が可能であることが多く，最終的に不能となるまでに請負人にはきわめて大きな負担が課されることになる。この点で，請負契約の危険負担は種類物売買の危険負担と類似した性格を有することになる[30]。③さらに，仕事完成前に目的物が滅失・損傷して危険負担が問題となることが多いが，この場合には，まだ完成した目的物が存在していないにもかかわらず，すでに提供した役務に対応する部分的な報酬の請求を問題とすることにならざるをえない。

(b) 建設請負契約の特質に即した解決の試み

このような事情を考慮すると，請負契約において問題となる危険については，主として売買型の物の給付をモデルとして作られている危険負担規定を，請負契約の特質に即して解釈し直したうえで，規律するべきものと思われる。

すなわち，仕事の製作過程においては，給付の対象たる仕事に対して双方の当事者を含む多面からの多様な不確定要素が影響を及ぼしている。このような場合の危険の分配においては，いずれの当事者が全危険を負担するべきかと

いうオール・オア・ナッシングの処理ではなく，負担されるべき危険の発生源に目が向けられるべきであろう。このような観点からみることによってはじめて，多様な危険原因（その範囲を「危険領域」と呼ぶ）のなかのいずれの原因から生じた危険をいずれの当事者が負担するべきかという発想が可能になる。このような発想は，実はすでにわが国の判例[31]，各種建設請負約款やさらにはドイツ民法をはじめとする外国法にも見い出されるのである。今日ではこのような発想に基づいて請負契約にふさわしい危険分配の指針を設定することが求められている。以下，やや詳しく見てみよう。

(29) 笠井修「請負契約と危険領域の確定」成城法学51号（1996）7頁以下。
(30) つまり，滅失・損傷が生じても請負契約の場合には容易に履行不能とはならないから，請負人はなお仕事完成義務，やり直しの義務を負っている。そこで，そのやり直しにつき，当然，無駄となった労力（仕事の目的物の滅失・損傷したとはいえすでに費やした労力）にみあった報酬の負担と報酬に含まれない出捐や損害があればその負担の問題が生じてくる。これは対価危険の問題でも給付危険の問題でもなく，あえていえば，給付危険の負担に伴う予定外の増加費用（履行のための費用）の危険の問題である。このような増加費用，給付に伴う計算外の出捐は，他の，繰り返しが可能な債務や種類債務においてもありうることである。ただ，請負債務の場合にはまだ市場に存在せず将来作出されるべき仕事のための役務がその中心であるから，予定外の出捐のリスクが特に大きく集約的に現れ，問題となってくる。予定外の出捐，増加費用の原因が契約後の経済事情の変動に基づくものである場合には，いわゆるスライド条項（事情変更の原則の具体化）の問題として検討されてきた。増加費用が主として滅失・損傷によるものである場合には，それを「請負の危険負担」と呼んできたものにほかならない。
(31) 後述の【2】判決，【3】判決参照。

(2) 従来の危険分配と領域的発想

(a) **請負債務の特性と請負契約における危険分配**
(ア) **請負契約独特の危険分配**

まず，建設請負契約において独特の危険分配が問題となる状況を以下のように分けておきたい。

まず，(α) 仕事完成前に履行不能が生じた場合である。この場合には，報酬全額またはいわゆる出来高に応じた部分報酬が認められないかが問題とされ

てきた。つぎに（β）仕事完成前に仕事の滅失・損傷が生じたが、なお履行が可能な場合である。この場合には、その滅失・損傷を原因とする増加費用、予定外の出捐の危険が問題となる（工事設備の損害なども含む）。そして第三に（γ）仕事完成後（引渡し前）に滅失・損傷が生じた場合である。この場合には、全額の報酬請求が認められないか、あるいは、請負人の給付危険からの解放が認められないかが問題となる。

　(イ)　判例・学説の対応

　これらの請負独特の問題に対する判例・学説のかつての対応は、請負人に厳しいものであったが、その後の学説の実際上の関心も、この偏りの克服ということに集中していた。

　(i)　請負の危険負担に関する先例の大部分は、（α）の場合である。請負人が履行不能となった原因を注文者の側の事情に求めて、民法536条2項を権利発生根拠規定として報酬請求するというケースである。注文者に明確に過失がある場合もあり、その場合はあまり問題はないが、それに対し、ここでは次のようなケースに着目したい。

　まず、【2】最判昭52・2・22民集31巻1号79頁は、注文者宅の地下室の冷房設備工事を元請人が受領し、その工事を下請に出したが、その工事が8割ほど完成したものの、注文者自身が地下室の防水工事を行わなかったために、下請人は残りの工事を行うことができなかったとして、下請人が元請人に対し請負代金の支払を求めたというケースにおいて、「右履行不能は〔元請人〕の責に帰すべき事由によるものとして」、下請人は民法536条2項に基づいて元請人に請負代金「全額」を請求することができる、と判示した。注文者が防水工事をしなかったことを、元請人の責めに帰すべき事由と同視したものである。ここでは、完成が不能となった原因（注文者の工事の不実行）が元請人側の「領域」にあったことが決め手となったものとみることができる。

　また、【3】東京地判昭58・1・27判時1089号68頁は、台所改修工事の請負において、施工中の火事によって工事の完成が不可能となったというケースにおいて、注文者の老齢の母が台所にあったガステーブルの操作を誤ったことがこの火災の原因となったことを、「注文者みずからの行為によった場合と同視して」民法536条2項の責めに帰すべき事由にあたるとし、請負人に出来高

第2章　要件事実・事実認定——各論

に相当する報酬請求権を認めた。これもいわば，火災の原因が注文者側の「領域」にあったことが決め手となったものとみることができる。

　この2例を含めてこれまでの裁判例をみると，民法536条2項の「責めに帰すべき事由」の評価を根拠付ける要素には，請け負われた仕事の滅失・損傷に対し，注文者に故意過失がある場合から，注文者がなんらかの意味で関与しているにすぎない場合までかなりの幅があり，多様でゆるやかに評価されている例があることがうかがえる。その中には，この2判決のように，注文者が直接危険の原因を与えているわけではないものの，注文者の領域内にその原因があると考えられる場合に，これを責めに帰すべき事由の中に取り込み，注文者に危険を負担させたとみられる場合[32]も見いだされる。このような民法536条2項の柔軟性が，請負独特の危険分配を可能にする一つの方策となっているのではないか，そのような機能を果たしているのではないかと思われる。

　すなわち，仕事完成前に履行不能が生じたが両当事者に故意過失がない場合に，民法536条1項の問題として出来高報酬を否定する立場，あるいは，そもそも完成した目的物が存在しない以上報酬請求をなしえないとする立場ではなく，本来抽象度の高い規定である民法536条2項の責めに帰すべき事由の内容を，それぞれの契約類型に応じて明らかにするべきであるとする立場である。そして，これは，この帰責事由要件の区別を報酬請求権の範囲に結び付けようとする発想[33]へと発展するのである。

　(ii)　次に，仕事完成前に製作中の仕事が滅失・損傷し，その再履行の増加費用の負担を求めて争いとなる（β）のケースは，学説においては請負人の負担として論じられるものの，判例に現れたものは見当たらない。学説は，しかしこれでは，不確定な要素から生じる負担が請負人にとって重くなりすぎるとし，特約や信義則，事情変更の原則により，相当の報酬増額を請求するかまたは仕事のやり直しをする債務を免れるとして，その負担を緩和しようとする主張もみられた。建設請負では各種の約款による危険分配が行われてきた場面である。

　(iii)　さらに，（γ）の完成後（引渡前）の場合については，判例は，請負人が仕事の引渡しまで危険を負担するものとしているが，それを明言した先例は多くはない。

　【4】東京地判昭52・7・11判時879号101頁は，ゴルフ場の芝の張付工事の

完成後に，フェア・ウェー部分の芝が請負人・注文者いずれの責にも帰すべからざる事由により枯れてしまったため，その危険負担が問題になったケースにおいて，危険は引渡しによって注文者側に移るものとした。多数の学説は，請負人が仕事を完成したときに，請負人の債務はその完成されたものを引き渡すことに「集中」し，容易に修補できる場合を除き，履行不能が生じるものとしてきた[34]。対価危険については，「引渡し」を基準とし，引渡前に履行不能を生じた場合には，注文者が受領遅滞にあるときを除いて，民法536条1項を適用し，請負人が危険を負担するべきであるとしてきたわけである[35]。

(iv) これらをみると，まず，判例は，（α）の場合には請負の特性に応じた危険分配を行っていることがうかがえるものの，原則として引渡しまで請負人が対価危険を負担するものとしている。学説も一般に同様の傾向にあった。しかしこれは，すでに指摘した請負契約に基づく債務の特質，特に多様な不確定要素の影響を十分に考慮に入れたものではない。その危険負担のあり方と要件事実論上の位置付けを検討することが求められている。

(ウ) 各種の約款による危険分配

他方，約款は，主として（β）の場合について，まさに種々の危険原因から生じる損害の一部を注文者に分配する作業を進めてきた。

すなわち，建設業法19条6号は，両当事者の責に帰すべからざる事由による「損害」の負担について特約を設けるべきことを規定している。これを受けて，今日各種の建設工事に関する請負契約約款は，このような「損害」ないし「増加費用」に関する危険の負担について規定を設け，多くは，民法の原則を修正し発注者負担主義をとっている。

まず，損害の種類について，多くの約款は，工事既設部分，工事仮設物，工事現場の建設機械などというように限定を加えている。他方，危険の性質については，不可抗力（天災等）とするものが多いがあまり具体的ではない。特徴的なのは，負担されるべき損害について基準を定めていることである。公共工事標準請負契約約款29条4項は，請負代金の1パーセントを超える損害としており，民間（旧四会）連合協定工事請負契約約款21条2項は，重大な損害については注文者負担としている。

結局，各種約款では，請負人は仕事の完成義務を負っているからその履行過

程における予定外の出捐は当然請負人が負うべきであるという考え方は大きく修正され，むしろ，当事者間のリスクの負担について，その原因・損害の対象・損害の程度を基準に具体化する努力が行われてきたということができる。注文者負担の原則がとられるとともに，民法のオール・オア・ナッシングの処理が修正されていることに注目するべきである（また，この危険分配は，所有権の帰属の問題とは切り離したかたちで処理されている）。

(エ) 危険の発生源の分析

以上のように，請負契約においては，特に（α）のケースのように，多様な危険の発生源そのものに着目した危険分配が必要になってくる。【2】判決，【3】判決のような判例は，このような危険原因の所在の観点を考慮したものとみることもできる。これらが根拠としたのは民法536条2項であるので，その沿革をさかのぼって，次に，ドイツ法の状況を一瞥したい。

(b) ドイツ法における危険領域の確定の概観

日本民法536条2項はドイツ民法旧324条1項（現行326条2項）を参考にして起草されたものであるが，ドイツ民法では，さらに請負契約の特性に即した危険負担規定を特則として設けており（日本民法はこれを継受しなかった[36]），その明文規定によって日本法と同様の領域的な危険分配が実現されているのである。

(ア) 請負における危険分配の特性

ドイツにおいても，危険負担に関する原則的な規定による危険分配を請負契約，特に，建設請負契約に適用した場合の問題性，すなわち，請負人がきわめて大きな危険を負担することになるという点は，古くから気付かれ，問題とされてきた。

そのため，請負契約の特質に即した特別の危険負担規定が請負契約の節に設けられ，これらの規定に基づき，判例・学説は，早くから請負人の「危険領域」を確定するという手法によって適切な危険分配の問題に取り組んできた。特に注目される点は，まず，①民法の明文において特定の「原因」に基づく危険を注文者が負担すべきことが定められていること，②その危険によって不能になった場合の「部分的な報酬」についても明文の規定を有すること，さらに③滅失損傷しても履行不能にまでいたらない場合の「増加費用の負担」の分配，つまり不能にいたらない場合の危険分配が民法典のなかで正面から規律されて

きたこと，である[37]。

（i）ここでは，請負における危険分配の特則として，特にドイツ民法644条と645条の二つの規定[38]（この両規定は，2002年債務法現代化においても変更されなかった）に着目する必要がある。

まず，危険負担債務者主義の原則（ドイツ民法旧323条，現行326条1項）に対し，請負契約では，644条1項[39]の規定により，対価危険は仕事の「引取り」（Abnahme）によって注文者に移転し，請負人は，仕事が引取りの後で偶然に滅失・損傷した場合にも報酬を請求できることになる。

つぎに，ドイツ民法645条[40]は，注文者に帰責事由がなくても，仕事が引取りの前に，注文者によって提供された「材料の瑕疵」または注文者の「指図」が原因となって，滅失・損傷または実行不能になったときは，それによって必ずしも履行不能とならなくても，請負人は「提供済みの役務に応じた部分的報酬」と「報酬に含まれない出捐」の賠償を求めることができるものとしている。つまり請負では，注文者に帰責事由がなくても一定の「危険の発生原因」（材料の瑕疵，指図）については，請負人は「部分」報酬を確保できることになる（再履行可能なときの増加費用の危険も不能となった場合の対価危険も）。この規定は，ドイツ民法旧324条を，請負契約の特質に即して修正し，請負人を増加費用や無益な出捐の危険から保護するものである。日本民法はこのドイツ民法旧324条1項を承継し536条2項をおいたが，請負契約におけるその特則たるドイツ民法645条に相当する規定は承継しなかった。この645条においてドイツ民法は，危険の発生源を軸にした危険分配の考え方，危険領域確定の発想によって，増加費用や無益な出捐の危険の分配をはかっているのである。これは，わが国における仕事完成が不能とならなかった場合の，部分的報酬や増加費用の問題に対応するものである。

（ii）では，このような，売買契約にはない規定が請負契約について特におかれたのはなぜか。これについて，ドイツ民法の起草者は，材料の瑕疵によって仕事が完成できなくなった場合や必要な費用が増加した場合において，その危険をすべて請負人の負担とすることは，妥当ではない[41]という価値判断を示していた。その後，民法起草過程では，この考え方をより一般的に拡大して，「注文者の『もとで』生じた状況」の結果については請負人は免責されるとす

る領域的発想の修正提案[42]が行われた。しかし，委員会の多数意見は，この提案を退け，ある出来事がどちらの領域から生じたとみるべきかについて区別できないことが多いから，この提案は結局法的安定性を危うくすることになるとした[43]。この結果，ドイツ民法645条は，「危険の発生源」について注文者の提供した「材料の瑕疵」と「指図」に絞り，対価性が崩れてもなお，部分的報酬及び増加費用の支払いを注文者に義務付けるものとなった。

(イ) 判例による危険分配の修正——特にドイツ民法645条1項の解釈について

しかし，この限定は，大胆な判例法の発展によって大きく修正されてきた。すなわち，判例は，645条の類推適用を通して，より抽象的な領域的判断により危険の負担者を決定する規範を発展させてきたのである。

たとえば，【5】連邦通常裁判所1963年7月11日判決（BGHZ 40, 71）は，被告は，請負人たる原告に納屋の建設を発注し，この納屋がまだ未完成のうちに，被告がその中に干し草を搬入したところ，それがたまたま自然発火し納屋が焼失してしまったというケースである。原告は請負代金を訴求した。連邦通常裁判所は，これは自然発火であって注文者の過失ではないとしつつ，この請負人の出来高分の請求を認めた。その理由として，このようなケースは，注文者が自分からの行為により仕事の滅失の危険を高め，この危険の増大なくしては仕事も滅失しなかったであろうという点で，ドイツ民法645条に規定されている構成要件に類似している。そのような場合には同条の類推適用が認められるべきである，とした。同条の「指図」を「行為」をも含むものと解したのである。

このような類推適用は，その後も，【6】連邦通常裁判所1972年11月30日判決（BGHZ 60, 14）[44]，【7】連邦通常裁判所1980年11月6日判決（BGHZ 78, 352）[45]，【8】連邦通常裁判所1982年5月11日判決（BGHZ 83, 197）[46]などの諸判決においてより明確となる。その過程において，「注文者からの材料の瑕疵」「注文者の指図」「注文者の一身的事情」「注文者の行為」などから，危険原因に対する注文者の「近さ」へと，要件がさらに抽象化されるようになった[47]。しかし，判例は，645条1項1文から，一般的に妥当する「領域説」を導きうるか，については，現在もその態度を明らかにしていない。

(ウ) 学説上のいわゆる「領域説」による危険分配

他方，学説は，危険領域確定のためのいくつかの提案を行ってきた。
　(i)　学説の中には，ドイツ民法645条1項1文の類推適用をとおして，いわゆる「領域説」により請負人の負担する危険の範囲を限定する主張があった。すなわち，同条1項は注文者からの「材料の瑕疵」，注文者の「指図」によって仕事が滅失・損傷した場合を前提としているが，仕事がこの原因以外の原因によって滅失損傷しまたは実行不能となったような場合にまで，同条同項の類推適用により注文者負担の範囲を広げようとする見解が，古くから主張されてきた。つまり，明文の限定をこえて，領域的思考をより一般化することが主張されてきたのである[48]。
　ただ，領域説は，この発想の有用さとともに，領域の確定の困難さという問題をつねにともない，この点こそがこの理論の最大の弱点となってきた。いわば，伸縮自在な枠として利用され注文者に危険を負担させてきたという面もある。
　(ii)　他方で，領域説に従った一般的な危険分配を導こうとするのではなく，判例のように，ドイツ民法645条1項を，個別の場合ごとに慎重に類推適用することにより危険領域を確定すれば足りるとする見解が，むしろ近時は多くみられる[49]。すなわち，注文者の処置や行為が仕事の危険を高め，この危険から仕事の滅失・損傷が生じるような場合のように，注文者が危険状況の「近く」にいるような場合にのみ，同条を類推適用するという方法である。
　このような類推適用においてその典型例とされるのは，危険が，注文者の一身的事情や注文者自身のなんらかの行為（注文者の態度，不作為，協力義務の不履行など）に起因している場合である。しかし，このような類推適用も，拡大されるにつれ具体性という点では希薄になっていくのであり，一般的な領域説と同様の問題をはらむことになる。
　このようにして，一般的な領域説によるか，個別のケースごとの類推による領域確定によるかは別にしても，請負の分野でこのような領域確定が必要であるとする認識は共通のものとなっているように思われる。
　(iii)　請負の危険負担に関して，建設工事請負規則（VOB）のB編（建設工事の施工のための一般的契約条件。A編は発注）は対価危険に関して特別の規定を持っている（7条・12条6号）。危険原因として，不可抗力，戦争，暴動その他の受注

者の責に帰すべからざる避けえない事情があげられ，負担されるべき損害の程度として，工事施工部分の費用があげられている。ここでは，わが国約款と同様の，危険原因，損害の限定が行われている。

(c) **請負契約における危険領域の確定**

以上をながめたうえで，次のようにいうことができる。日本民法起草者は，民法 536 条 2 項をドイツ民法旧 324 条 1 項を参考に起草したものの，ドイツ民法同条の請負契約における特則であるドイツ民法 645 条のような規定は設けなかった。しかし，一部の裁判例[50]は，民法 536 条 2 項の「責めに帰すべき事由」を緩やかに解することにより，注文者に故意過失があるとまではいえずその間接的な関与があるにとどまる場合，また，注文者自身の関与はないものの注文者の側に危険の原因が存在した場合にも同条を利用して注文者負担とした。このような判断の一部は，すでに学説により指摘されているように，実質的には領域による危険分配の性格を持っていたとみてよいのではなかろうか。そこでは，請負契約における民法 536 条 2 項の解釈として，注文者の危険領域にある要素に基づく危険は注文者の負担とするという準則が，認められる可能性がある。それはまた，民法 536 条 2 項の沿革からみても合理性があることのように思われる[51]。

(32) 【2】判決に関する研究である，能見善久・法協 95 巻 9 号 182 頁，斎藤次郎・曹時 32 巻 10 号 107 頁，笠井・前掲注(29) 12 頁は，同判決が「危険領域」ないし「支配領域」の考慮によるものであると指摘する。

(33) 能見・前掲注(32) 182 頁。

(34) たとえば，我妻・前掲注(4) 625 頁，広中俊雄・債権各論講義〔第 6 版〕（有斐閣，1994）268 頁。

(35) なお，仕事の完成によってその仕事に特定すると解することで多数説は一致しているが，従来は請負債務の対象がどのように特定するか（民法 401 条が請負の場合にそのまま適用になるか）について，明確な議論が存在しなかった。

(36) その理由につき，法典調査会民法議事速記録四（商事法務研究会版，1977）545 頁参照。

(37) 詳しくは，笠井・前掲注(29) 32 頁以下。

(38) これらの規定は，かつては，旧 323 条の原則によって，請負人はその報酬請求権を失うとされていたこと，および注文者の責に帰すべき場合には，旧 324 条 1 項によって注文者が危険を負担するとされていたことの修正と位置付けられていた。

(39) ドイツ民法644条
「(1)請負人は，仕事の引取りまでは危険を負担する。注文者が受領遅滞に陥るときは，危険は注文者に移転する。注文者によって提供された材料の偶然の滅失および偶然の損傷については，請負人は責任を負わない。
(2)請負人が注文者の請求により，仕事を履行地とは別の地点に送付するときは，売買に適用される447条の規定を準用する。」
(40) ドイツ民法645条
「(1)仕事が，引取りの前に，注文者によって提供された材料の瑕疵または注文者によって実行につき与えられた指示によって，滅失し，損傷または実行できなくなった場合において，請負人の責めに帰すべき状況がそれに寄与していなかったときは，請負人は，給付された労務に応じた割合の報酬および報酬に含まれない費用の賠償を請求することができる。その契約が，643条によって解消されたときも同様とする。
(2)注文者の過責に基づく責任は，排除されない。」
(41) ただ，その妥当性という評価基準自体については起草段階ではこれ以上明らかにされなかった。
(42) 詳しくは，笠井・前掲注(29) 43頁参照。
(43) しかし，スイス債務法378条1項では「注文者のもとで生じた偶然」という広い定式化が採用されている
(44) 請負契約とされた旅行契約の事例である。被告は原告の旅行会社において家族とともにスペインへのパック旅行を申し込んだ。その後，スペインへの入国にはたまたま天然痘の予防注射が必要となったが，4歳になる娘にはその注射ができないため被告はこの旅行に参加できなくなったというケースである。原告の旅行会社が被告に約4000マルクの支払いを求めた。連邦通常裁判所は，旅行会社の請求を認めた。その理由としてまず，請負の危険負担規定が注文者の提供した材料の瑕疵に基づく滅失損傷を注文者負担としているのは，その材料を提供した注文者が請負人よりも危険のより「近く」にいるからであるとした。そして，この「材料」の概念は広く解されなければならないとして，旅行参加者もまたこの「材料」に含まれるとした。
(45) 従来の先例と同様に，ドイツ民法645条1項1文の類推適用は，危険との「近さ」に配慮した妥当性に基づくものであることを確認した。そして，その「近さ」をしぼるメルクマールとして，注文者の「一身的事情」やその「行為」を持ち出し具体化した。
(46) 請負人たる原告が被告との間で，イランで用いる食肉処理装置を現地で引渡し組立て・据付けを行う契約を締結し，この引渡しは行われたが，1978年以降のイランの政治的混乱により，組立て・据付けは行われないままとなったというケースである。そこで被告は原告に報酬の残額を支払わなかったために，原告がこの残額と利息の支払いを訴求した。連邦通常裁判所は，発注者たる被告に右の額の支払いを命じた。そ

の理由として，本件の危険の発生源であるイランの政治情勢につき，注文者は，この危険に対して，原告よりも「近く」にいる，とした。注文者の一身的事情ともその行為とも関係のない危険についてもドイツ民法645条1項1文の類推適用が問題となった。これまでの諸判決よりもさらに一般的な危険原因を分配の対象とするに至ったとともに，その「近さ」や「領域」の概念により，基準となる危険原因がより抽象化したことをみてとることができる。

(47)　詳しくは，笠井・前掲注(29) 44頁以下参照。わが国であれば，履行不能か受領不能かも問題となりうるケースが多い。

(48)　「注文者のもとで生じた事情」というその定式化は十分に明確ではなくて，実用的ではないというのがその理由であった。領域説に対する批判は，その後もほぼこの1点に集中している。このような批判は，ドイツ民法成立後も続いてきた。また，今日では，実定法上の根拠を645条に求めることの困難さも問題とされ，それを回避するために領域説は一種の慣習法であるという主張も行われている。

(49)　詳しくは，笠井・前掲注(29) 43頁参照。

(50)　【2】判決，【3】判決。ドイツ民法645条と日本の判例法は独自に発展してきたものであるが，その双方が領域的思考において符合することは注目するべきであるとともに，この考え方の合理性をうかがわせるものである。

(51)　しかし，ドイツ民法645条が日本民法536条2項に比べいくつかの点で性質を異にすることもすでにみたとおりである。すなわち，ドイツ民法645条では，請負債務が不能とならない場合も含まれており，そのことから増加費用の危険をも対象としていること，注文者の負うべき危険原因が限定されていること，また，同条の部分報酬とは提供された役務に対応するものであり，出来高とは計算額が異なることがあることである。さらに，ドイツの請負における領域説ないし領域確定論は644条，645条の狭さを補うために主張されたという面がある。

(3) 実体法上の領域的思考と要件事実

(a) 建設請負契約における危険領域的判断

これらの点をふまえて，特にさきに指摘した（α）と（β）の場合について，次のように考える。（α）の仕事完成前の滅失・損傷により仕事完成が不能となった場合については，領域的処理が適切に働くように思われる。不能が注文者の領域の危険に基づく場合には，民法536条2項の適用によって報酬請求の道が開かれる(52)。これは，提供された役務に対する適切な評価と言いうるように思われる。特に，注文者の利益となる仕事が残っているような可分の請負の場合には，注文者にとっても合理性が認められる。

また，(β) の仕事完成前に滅失・損傷が生じたが仕事完成がなお可能な場合には，仕事完成義務がなお残っており，その場合の増加費用が問題となる。この場合について，日本民法上は直接の手がかりになる規定が存在しない。そこで，注文者の領域の原因に基づく増加費用の危険については，事情変更の原則を根拠に，提供した役務とそれに含まれない出捐の償還を認めるべきものと考える。そこでは，事情変更の原則の適用において，また，各種建設請負約款により，精密な領域的思考を持ち込むことも可能であるように思われる。

(b)　領域的危険分配と要件事実

　(α) の場合につき，民法536条2項の「債権者の責めに帰すべき事由」の要素を，注文者の危険領域にあると評価される事由をいうものとするならば，それを根拠付ける事実をどのように考えるべきか。

　注文者の危険領域にある事由によって仕事完成前に請負人の債務が履行不能となった場合には，領域的思考を用いて，請負人が民法536条2項に基づき，注文者に対して報酬請求をすることが考えられる。これはこの民法536条2項を権利発生根拠規定とするものであり，この場合に，請負人は，報酬請求するために，①建設請負契約の成立，②建設工事の不能の各事実，さらに，③建設工事の不能が注文者の「責めに帰すべき事由」によるものであることを根拠付ける具体的事実を主張立証しなければならない。

　そして，上に論じた立場に立てば，民法536条2項にいう，注文者の「責めに帰すべき事由」とは，民法415条にいう「責めに帰すべき事由」とは異なることになる。つまり，請負人は，特定の危険（履行不能をもたらした原因でありかつ両当事者の支配の及ばない要素）について，それが注文者の危険領域に属するものであることの評価根拠事実を主張立証するべきこととなる。ここでは，ドイツ民法で採用されている危険領域の判断基準が，「注文者からの材料の瑕疵」「注文者の指図」「注文者の一身的事情」「注文者の行為」などから，危険に対する注文者の「近さ」へと発展してきた事実が参考になる。

　ただ，このような要素を参考にしつつも，危険領域説ないし領域的危険分配説は，その基準の明確性の点で批判を受ける面があった。ここでは，請負契約に適用した場合における，民法536条2項の「責めに帰すべき事由」として，種々の危険の要素が注文者の領域に由来することの根拠事実をさらに具体化す

るべきであろう。

　先にみた，最高裁昭和52年判決（【2】判決）では，「注文者の責めに帰すべき事由」の評価において，まさにこのような領域的判断が働いているものと思われるのである。

(52)　今日ではこのような考え方が有力である。前掲注(32)の文献のほか，川井健・民法概論4（有斐閣，2006）289頁，近江幸治・民法講義5（契約法）〔第3版〕（成文堂，2006）251頁参照。

4　むすび

　要件事実に評価的な要件の多い契約類型においては，契約類型，紛争類型の特質が明らかになるレベルまで具体性のレベルを調整したうえでの議論が必要となる。役務提供型の契約においてはこれが特に大きな意味を持つように思われる。ここでは，その一類型としての建設請負契約をとりあげ，その受注生産型契約としての特質が顕著に現れる解釈論上の論点をみたうえで，そこに現れる「完成」，「瑕疵」，「危険」の要素につき，それが要件事実にどのような意味を持つかを検討した。いずれも，建設請負の特質が実体法上の解釈論に反映された問題であるが，それがさらに要件事実論としても課題を抱えていることの一端は，明らかにできたものと考える。

　伊藤滋夫先生が主唱してこられた，民法学と要件事実論との「協働」を発展させ，両者にとって実りあるものにする取組みにはまだ遠い，ささやかな試みであるが，これからも歩みを進めて行きたい。

保険診療における診療報酬と患者の一部負担金について

河上 正二

1 はじめに

　診療契約は，特別の場合を除き書面で明確な定めをすることがないため，その当事者・成立・内容・終了などについて，どうしても曖昧さを伴う。しかし，ひとたび医療機関と患者の間に，医療結果に対する期待のズレや，医療事故，診療報酬をめぐる問題などについて紛争を生じた場合，その解決の必要上も，法律関係についての確定が求められる。医師あるいは医療機関と患者の法律関係をいかなるものと考えるべきかについては，これまでも，民事責任等を語る前提として，しばしば論じられてきたことは周知のとおりである。

　診療契約において，医師・医療機関の負う債務が原則として（結果保証を伴わない）手段債務的なものであること，その債務が，一般的には「法律行為にあらざる事務処理の委託」として，準委任契約に基づく債務と法的性質決定されるものであることなどについては，今日では大方の意見の一致を見ている。さらに，医師法等に基づく諸義務とともに，「専門家」としての医師に，高度な注意義務が観念され，同時に，広範な裁量権が認められることなども，しばしば論じられている。とはいえ，人の生命や健康を対象とする診療給付は，なお多くの割り切れない問題を残している。結局のところ，医療事故紛争の多くは，建築紛争などと同様，純粋な法的判断というよりも専門家による鑑定を重視した特殊な訴訟形態をとらざるを得ず，さらに，今日のように，高度医療や組織化されたチーム医療が一般化しているところでは，従来の単純な二当事者を前

第2章 要件事実・事実認定──各論

提とする議論も，かかる事態に充分適合的であるかどうかの吟味が必要だからである(1)。また，医療の現場は，決して自由市場型の契約モデルによって貫徹されるわけではなく，社会保障・社会福祉の措置モデルとも複雑に絡み合っている。特に保険医療の場合，国民皆保険の下で誰もが国の責任において必要な医療を受けることができるようにすべきであるという福祉国家的発想と，逼迫した財政状況の下で，医療もまた自己責任と市場原理に委ねざるをえないとする発想が，せめぎ合っているようにも見受けられる(2)。

本稿は，主として患者の診療報酬債務，とりわけ保険診療に際して患者が負担する「一部負担金」の性格に焦点を合わせつつ，保険診療における医師・患者・保険機関の関係を検討することを直接の課題としている*。というのも，保険医療の場面では，そもそも誰と誰の間での法律関係を問題にすべきかという出発点のところが，必ずしも自明ではないからである。この論点が，昨今話題となっている患者負担金の未収金問題の扱いにも深く関わるものであることは言うまでもない(3)。

(1) 従来の議論の簡単な整理は，河上正二「診療契約と医療事故」磯村保ほか・民法トライアル教室（有斐閣，1999）352頁以下。

(2) 2000年に介護保険法が，「措置から契約へ」のスローガンの下で，従来型の現物給付や措置の体制から，民間による介護サービスを要介護者自ら購入する資金を介護保険金として交付する形に大きく転換したのは象徴的である。患者の診療報酬一部負担金制度は，別の側面から眺めると，医療保険における保険者からの現物給付への保険料追加的負担などではなく，医師・患者間の診療契約で発生した費用の何割かを保健機関が患者に代わって支払う治療費助成制度への移行といえなくもない。結局のところ，公的関与や費用負担が小さくなればなるほど，当初の福祉国家的理念から遠ざかる結果となるのは避けられない。とはいえ，医療提供システムが市場原理では運営できないことについては，遠藤久夫「わが国の医療提供システムと準市場──ネットワーク原理に基づく医療提供システム」季刊社会保障研究44巻1号19頁（2008）の指摘するとおりである。

(3) 厚生労働省における「医療機関の未収金問題に関する検討会」の模様は，審議禄 http://www.mhlw.go.jp/shingi/2007/06/txt/s0601-1.txt, http://www.mhlw.go.jp/shingi/2007/08/txt/s0803-3.txt, http://www.mhlw.go.jp/shingi/2007/10/txt/s1005-14.txt 等で知ることができる。

　四病院団体協議会治療費未払問題検討委員会報告書「診療における患者自己負担金の未収問題について」（2006.8）によれば，加盟5570病院が抱える未収金総額は，毎

保険診療における診療報酬と患者の一部負担金について

年373億円にのぼり[1施設平均716万円], 3年間の累積が853億円余[1施設平均1620万円]に及ぶという。また平成17年に実施された調査では, 四病院団体協議会に加入する病院の約3270病院における累積未収金額が1年間で約219億円, 3年間で約426億円にのぼるとされ, 国立病院機構, 東京都立病院においても, 未収金額がそれぞれ約41億円(平成19年7月時点), 約9億円(平成18年度末)となるという。未収金が発生する原因は様々であるが, 関係者の説明によれば,「やはり一番多いのは経済的な困窮者の方であろう。例としては生活保護を現在は受給しているのだけれど, 受給開始前の部分が未収金になっているという人。それから自己破産を申し立てて免責決定を受けたというような人。それから一括支払いが困難なため, 分割で納入を続けていらっしゃる方の未収金。患者さんの居どころがそもそも不明になってしまっているもの。それから外国人の方で帰国してしまって音信不通になったケース。それから交通事故の被害者で加害者との示談がまとまらずになかなか払っていただけないというケース。分娩で出産の一時金がしばらくすると35万円出ますが, それで支払うと約束したのですが結局受領した金銭を支払いに回していただけないケース。お亡くなりなった患者さんで, 相続人が不存在であること, あるいは相続を放棄されているというケース。それから支払いを拒否している。支払い能力があるにもかかわらず支払っていただけないといったケース, こんなところが主な理由かと思っております」という。http://www.mhlw.go.jp/shingi/2007/08/txt/s0803-3.txt

* 要件事実論の第一人者である伊藤先生の喜寿をお祝いする記念論文集にとって, かかるテーマは相応しいものではないかもしれない。しかし, 要件事実論を展開する大前提として, 起点となる法律関係の「当事者」をどのような「関係」で措定するかという問題が先行すべきところ, 従来の議論ではその点が必ずしも十分考えられていないように思われることや, 実質的社会関係の中での政策的配慮にも目配りすることの重要性を説いてこられた伊藤先生には, きっとお許しいただけるのではないかと考えた次第である。

2 保険診療行為の当事者関係をどう捉えるか?

(1) 診療行為は「契約」に基づくのか?

実のところ, 自由診療の場面においてさえ, 診療行為が医療機関と患者の間の「契約」に基づいて行われるものかについて, 関係者の間で疑義がないではない。とくに, 医療活動における締約強制・応招義務の存在(医師法19条)は,

医療関係者のメンタリティーとして，自ら締結した契約上の債務の履行として診療行為を観念することにも一定の抵抗感を生み出している。医師・医療機関は，自分たちが医療の担い手として，国家により，病気の患者の治療に当たることを法的に義務づけられ，自由な当事者間での「契約」とは性格の異なる半ば公的義務の履行をなしているに過ぎない，というものである。なるほど，給付内容の特殊性や医療の独占を前提とした関連諸法の存在を前提にすると，医療行為を通常の財産的取引活動と同一の契約法の枠組みで論ずることには問題が多い。しかしながら，たとえば締約強制の例は，医療の場面だけではなく，市民の生活必需の給付に関して広く存在しており，決して珍しいことではない(電気事業法18条1項，ガス事業法16条，道路運送法15条1項・65条，海上運送法12条，倉庫業法5条など)。「契約自由の原則」の重要な内容の一つである「締約自由」は，当該給付の社会的重要性・公共性の観点から重大な制約を受ける結果となるが，この点は，あくまで業法的・行政的な規制として観念されるものであって，当事者の「合意」と無関係に診療関係が発生するというような性格のものではない。医師は，患者から診察・治療の求めがあった場合に正当な理由がなければこれを拒んではならないとされるが，それは，医療行為が人々の生存(生命・健康)に密接に関係することと，高度な専門性と医業の独占という業態の特殊性に応じた制約に他ならない[4]。しかも，医師の応招義務の存在は，患者にとってみれば，必要に応じて診療を受けることができるという期待利益ともなっており，それは単なる反射的利益ではなく，社会における一つの保護法益と観念されるところから，応招義務違反が不作為不法行為となる可能性も否定できない[5]。裁判例（千葉地判昭61・7・25判時1220号118頁，神戸地判平4・6・30判タ802号196頁など）にも，「医師法19条1項が患者の保護のために定められた規定であることに鑑み，医師が診療拒否によって患者に損害を与えた場合には，医師に過失があるとの一応の推定がなされ，診療拒否に正当事由がある等の反証がないかぎり医師の民事責任が認められる」とするものが現れている。おそらく違法な診療拒否は，「契約締結上の過失」とも目され，損害賠償責任を導くことにならざるをえまい[6]。

　いずれにしても，診療契約は，労務提供型の契約の一種ではあるが，その給付内容や対象において著しい特性を有していることは事実である。第一に，契

約締結時においては，具体的な債務内容が確定しておらず，病状の改善という漠然とした目標設定のもとで，大きな枠組みが形成され（枠契約），個々の債務（支分的債務）は患者との応答や治療の経過の中で具体化されていく。第二に，診療行為には，多かれ少なかれ身体に対する侵襲的性格があり，救命的かつ専門的性格及び専門性にともなう裁量的性格がある。第三に，労務の投入対象が人の身体・生命という重要な法益であり，主として生体機能の複雑性からくる支配不可能要因を多く含み，同時に患者との協力関係や信頼関係なしには充分な成果を期待しがたいという点にも注意が必要である。これらの特性は，診療契約において，患者の自己決定権の保障，専門的水準にある労務提供の確保，医師の裁量や説明義務など，様々な面に反映する。そして，同時に，医師と患者の間での合意的要素が不可欠のものとして組み込まれざるを得ない宿命を帯びているのである。

　ちなみに，保険医療に限って言えば，医療行為は，国民皆保険のもとでの公的給付の代行として患者に必要な医療給付が提供される制度的仕組みの一端と考えられないではない。結果的に給付されるべき内容が，ある程度定型化されて点数による費用計算が実施されていることもあって，自由診療の場合とは大いに様相が異なることにも留意すべきである。

　(4)　応招義務の立法趣旨は，憲法13条及び25条をうけて，医師には「医療及び保健指導を掌ることによって……国民の健康な生活を確保する」責務が課せられており（医師法1条），その診療能力と，公的資格に結びついた医業独占（医師法17条）から，治療活動ができるのが医師のみであるという点に求められている（野田・後掲注(5) 110頁以下，なお三上八郎「診療契約強制（応招義務）の系譜的・機能的再検討」北法52巻4号133頁（2001）も参照）。ここでいう「正当な理由」とは何かが，まさに問題であるが，現状では社会通念によるというほかない。一般には，単に診療時間外であるとか，天候不順・人手不足，満床，過去の診療報酬不払いだけでは「正当な理由」とはいえないとされており，厚生労働省の解釈によれば，①医師自身が病気の場合，②休日・夜間診療所などが整備されている地域で，休日・夜間などの通常の診療時間外に来院した患者に対して，休日・夜間診療所にいくよう指示する場合（ただし応急処置を施さなければ生命・身体に重大な影響を及ぼすおそれがある場合を除く），③その他社会通念上妥当と認められる場合に限られ，単なる軽度の疲労などは正当な理由とはならない，とされている（加藤良夫編・実務医事法講義（民事法研究会，2005）457頁以下など）。応招義務に違反しても罰則はない職業倫理的行為規範

であるが,違反行為が繰り返されると,「医師としての品位を損するような行為」として,免許の取消し,医業停止処分の対象とされる可能性がある(医師法7条2項)。応招義務との関連では,いわゆる「患者のたらい回し」の場面がしばしば問題となるが,これも,その地域における医療資源と配分の全体的枠組みの中で考えていかねばならない問題である。ちなみに,応招義務を考える際に注意を要するのは,医師の締約義務と,履行義務をひとまず区別して考えておくべきであろうという点である。患者が(正当な対価の支払いを前提に)治療を求めているときに,医師が理由なく治療を拒絶したり,患者を選り好みをするようなことは許されず,その求めに応じて可能な範囲で応急診療をなすこと(その内容に従った責務を尽くすこと)が求められるとしても,いかなる場面で,どこまでの内容の治療行為を強制されるかは,別問題と考えるべきである。つまり,診療契約関係が成立するかどうかと具体的履行義務の発生は直結しない。たとえば,患者が,診療に対する対価を支払うことを予め拒絶しているような場合にまで,医師の抗弁が排除されて,無償あるいは不払いを覚悟で治療活動を強要されるというような性格のものではないように思われる(医療機関は決して公的福祉団体や慈善事業体ではない)。

(5) 野田寛・医事法(上)(青林書院,1984)116頁以下など。
(6) 前田達明=稲垣喬=手嶋豊・医事法(有斐閣,2000)221頁以下〔前田〕。

(2) 医師と患者の関係

一般に,自由診療における診療契約の当事者は,「医師」と「患者」である。しかし,若干変則的な事態を想定すると,これは,必ずしも自明でない。たとえば,出産とそれに続く新生児の保育治療では,出産を境に,母親と新生児は別々の契約当事者と考えざるを得ない。また,意識不明のまま通行人にかつぎ込まれた患者と病院の場合などは,緊急事務管理としての処理が相応しい面もある。とはいえ,診療行為は,患者の一身専属的な法益である生命や身体の健康を対象とするものであるから,患者本人の意思が最大限反映される必要があり,契約を観念する場合の一方当事者としては,患者本人が立つのが原則である。しかし,ことは,単純ではない。契約当事者の確定は,様々な局面で問題となるもので,契約の法的性質決定とともに,契約名義・契約締結行為・契約利益(費用)の帰属に照らして実に総合的な判断が要求される[7]。

診療関係における契約当事者確定の意味は,多くの場合,「誰が誰に対して診療報酬請求権を有するのか」という点と,医療事故などが生じた場合に「誰

から誰に対して契約上の責任を追及すべきか」という問題を考える上での前提となる点にある。単に不法行為責任のみを問題とするのであれば，被害者と有責加害者を捉えて当事者とすればよいから，さほど悩む必要がないかもしれないが，契約では債権債務関係の起点を得ることがどうしても必要となる（この点が医療過誤における債務不履行構成の難点の一つとも言われる[8]）。無論，不法行為責任を論ずる際も，被害者に対する関係で医療従事者がいかなる立場で，いかなる注意義務を負っていたのか，どの範囲の者を責任あるものとすべきかを具体的に確定しようとすると，やはり当事者論を完全に捨象するわけにはいかない。

実際に治療にあたる医師と患者が質問や応答を繰り返し，具体的な治療方針や措置の内容（結果としてこれが債務内容の中核を構成する）を確定していくところからすると，少なくとも自由診療に関しては，当該医師が契約当事者の一方の有力候補となる。ただ，小さな医院であっても医療法人となることができ（医療法46条ノ2），その場合の診療報酬請求権は，医師個人にではなく法人に帰属することを考えると，契約当事者は，厳密には病院や診療所の開設者と見られよう。このことは，総合病院の場合を考えれば，さらに明瞭で，多数の医師や技術者の関与，担当医師の交替可能性，診療報酬の帰属といった事情からすると，個々の医師は（診療行為について一定の裁量権と独立性を有するとはいえ），開設者の履行補助者的立場にあって[9]，必要に応じ，具体的債務内容の決定権限などが病院開設者から主治医に付託されていると考えることになろうか。

これに対して，保険診療の場合は様相を異にする。そこでは選択されるべき診療内容や水準がある程度まで枠付けて定型化され，当事者には，保険対象となる一定メニューの中からの選択権しかないように見えるからである。しかし，診療内容が定型的枠組みの中にあることよって，その契約的性格が全く否定されるというわけではなく，何が選択されるべきかは，最終的に当事者の意思によって定まり，追加的債務の形成も当事者の自由に委ねられている。保険診療を超えた部分が自由診療契約に基づく債務になることに問題がないとすれば，保険対象診療と自由診療は並存する形で債務内容を構成しており，それらは結局のところ当事者の意思に支えられていることになる。このとき，保険診療における債務内容の確定が，保険者による現物給付内容の選択・確定の方法に過ぎないと観念されるなら，背後に控えている保険者こそが診療契約の一方当事

者としてクローズアップされることになるが，患者の個体差を含めて考えると，実際には，個々の債務内容は極めて個性的な合意で微調整されていることにならざるを得ない。保険診療の場合の法律関係は，制度的現物給付と契約による債務の創設という二面性を持つのである。

(7) 北川善太郎・民法講要Ⅳ（有斐閣，1993）152頁，河上正二「当事者の認定」新民法の争点166頁（2007）参照。
(8) 辻伸行「医療契約の当事者について」独協法学31号149−150頁（1990）。
(9) 加藤一郎「医師の責任」我妻還暦『損害賠償責任の研究』（上）（有斐閣，1957）505頁以下，507頁など。

3　保険医療の場合

(1) 沿革と法的構成

　自由診療の場合と異なり，社会医療保険制度が組み込まれた診療行為について，その法的構造をどのように考えるのがふさわしいか。この点は，公的保険給付の本質に関わる問題であるにもかかわらず，今もって意見の一致を見ない。実のところ，制度理解が意識的に詰められないまま，医療の公共性・特殊性の強調と医療費抑制論・財政調整論とがかろうじて折り合いを付けながら，現在のシステムが運営されてきた結果ではないかとさえ思われる。以下では，厚生労働大臣から指定を受けた保険医療機関が，登録された保険医に担当させて，保険者（地方自治体・国民健康保険組合）と加入契約を結んだ被保険者（患者）の診察を行い，保険者は支払い委託をなした国民健康保険団体連合会又は社会保険診療報酬支払基金を通じて，指定保険医療機関に診療報酬を支払うという基本的な関係の存在を前提に，いくつかのあり得べき考え方を整理してみよう。

(2) 規定の沿革から

　まず，関係規定そのものについて，いかなる構想の下で作られたのか，沿革に照らして検討しておこう。

(a) 「療養の給付」をめぐって

保険診療における診療報酬と患者の一部負担金について

　健康保険法（大正11年法70号）63条1項は，「被保険者の疾病又は負傷に関しては，次に掲げる療養の給付を行う」と述べ，この「療養の給付」に含まれる5項目（①診察，②薬剤又は治療材料の支給，③処置，手術その他の治療，④居宅における療養上の管理及びその療養に伴う世話その他の看護，⑤病院又は診療所への入院及びその療養に伴う世話その他の看護）を定めた。さらに，同条3項は，「第1項の給付を受けようとする者は，厚生労働省令で定めるところにより，次に掲げる病院若しくは診療所又は薬局のうち，自己の選定するものから受けるものとする」として，指定病院等の指定医療機関・保険薬局（以下，指定保険医療機関等という）に関する規定を置く。

　この書きぶりを見る限り，同法によって，「療養の給付」をなすことを引き受けているのは，明らかに国や自治体といった保険者自身であり，実際にこの給付を行うのが厚生労働省令で定める指定保険医療機関等のうち被保険者が選択したものとなっているのは，被保険者に給付を受ける医療機関の選択権を与えたと考えるのが素直である。保険における「現物給付方式」の採用である。つまり，被保険者は，保険者に一定の保険料を支払うことによって，必要に応じ，この「療養の給付」を「受ける」地位を取得し，指定保険医療機関や保険薬局などの選定権を有する。その限りで被保険者が医療機関と直接の契約関係に立つことは前提とされていない。被保険者は，保険者との関係で，いわば給付請求権を有する制度利用者と位置付けられるわけである。他方，「療養の給付」が保険給付として指定医療機関等によって行われるのは，健康保険法の定めに基づくものであるが，この関係が生じるのは，「療養の給付」に関する保険者から指定医療機関等への業務委託に基づくと考えるほかない。したがって，このときに発生する診療報酬債権は，実際に行った「療養の給付」を担当したことについての委任事務処理費用及び報酬として，指定医療機関等から保険者に対する請求権という形で発生することになる（これに対応する健康保険法76条の書きぶりも参照）。

　ただ，健康保険法76条は「保険者は，療養の給付に関する費用を保険医療機関又は保険薬局に支払うものとし，保険医療機関又は保険薬局が療養の給付に関し保険者に請求することができる費用の額は，療養の給付に要する費用の額から，当該療養の給付に関し被保険者が当該保険医療機関又は保険薬局に対

して支払わなければならない一部負担金に相当する額を控除した額とする」と定める。つまり、指定医療機関等の事務処理費用の一部が患者自身の債務となることを規定しており、その性格が問題となるわけである。

(b) 一部負担金の性格
(ア) 健康保険法の場合

健康保険法における一部負担金は、当初、濫受診の防止と診察費増嵩による保険経済の安定策として昭和17年の法改正で導入されたもので、昭和18年4月1日から実施された。一時廃止されたこともあったが、結局、保険経済の均衡を図るべく復活して、幾度かの改正を経ながらも現在に至っている。当初、この一部負担金の徴収方法には、保険者自身が徴収するものと、指定医療機関等の窓口徴収のものが並存していた。しかし、昭和32年の抜本改正により、国保法の改正に先立って「窓口払い」に一本化され、保険医療機関等に対して支払うべきものとされた。この時点で、一部負担金の未払いについての保険者徴収の規定は未整備であったが、昭和55年改正で、保険医療機関又は保険薬局の一部負担金の受領上の注意義務（善管注意義務）を規定するとともに、その義務を尽くしてもなお未払いとなった場合は、保険医療機関の請求によって保険者が未払い一部負担金を徴収する旨の規定が設けられた（保険薬局については、昭和59年に法改正によって同様とされた）。

ここにいう被保険者の「一部負担金」については、同法74条に定めがあり、年齢に応じて「療養の給付に関する費用」の3割ないし2割とされている。医師・患者の当事者意識はともかくとして、この「一部負担金徴収権」は、必ずしも通常の自由診療における診療報酬債権と性質を同じくするものではない。被保険者の一部負担金については、「保険医療機関又は保険薬局が善良な管理者と同一の注意をもってその支払を受けることを努め」る義務を負うものとされ、それでもなお未払いの場合には、保険者は「同法の徴収金の例によってこれを処分できる」ものだからである（同法74条2項）。患者の一部負担金が、単に、医療機関と患者の間の債権・債務に過ぎないとすれば、かかる義務づけの根拠を説明するのはやや困難であろうし、その後の「徴収金の例による処分」も意味不明なものとなりかねない。むしろ、徴収代行を医療機関の窓口に一元的に委託し、善良なる管理者としての注意をもって徴収に当たるべきことを求

めつつ，それでもなお徴収不可能であった場合には処分に移行することを規定したものと読むのが素直なように思われる。また，このように解してはじめて，生活困窮者に対する一部負担金の減免措置の可能性も説明が容易となる（他人の債権を一方的に消滅させるとすれば免責的債務引受か第三者弁済のようなものを観念するほかない）。

(イ) 国民健康保険法の場合

国民健康保険では，昭和13年の制度創設以来「一部負担金制度」が設けられており，当初，一部負担金徴収権者は健康保険組合（普通国民健康保険組合・特別国民健康保険組合・非営利社団法人）とされ，その徴収方法は，各組合の方針に委ねられていた（窓口徴収もあったが，当初，多くの場合は保険者徴収の方法がとられていたようである）。しかし，その後，昭和23年に国保の「市町村公営原則」がとられた結果，療養担当機関における窓口払いを正当化することが法制上困難となった（地方自治法上，公営の徴収等を私団体もしくは個人に委任し，又はその権限をこれらの者に行わせてはならないとの制約がある）。にもかかわらず，受診率（ひいては療養給付額）の増大とともに，地方自治体における一部負担金徴収率の低下に直面し，窓口徴収への依存度が高まる結果となった。そこで，昭和26年，療養担当者の一部負担金徴収を可能にするための法改正が行われ，晴れて窓口徴収が法制上の根拠を得ることとなったという経緯がある（旧8条の8「保険者ハ療養ノ給付ニ要スル費用ノ一部ヲ……徴収スルコトヲ得」→改正8条の9「保険者ハ療養ノ給付ニ要スル費用ノ一部ヲ……徴収又ハ其ノ者［療養の給付を受ける者］ヲシテ療養担当者ニ支払ハシムルコトヲ得」）。現行国民健康保険法42条は「保険医療機関等について療養の給付を受ける者は，その給付を受ける際，……各号に掲げる割合を乗じて得た額を，一部負担金として，当該保険医療機関等に支払わなければならない」とする（ある種の法定債務ともとれる書きぶりであるが，誰に対して負う債務かは必ずしも明確ではない）。ただ，当初から，療養の給付を受ける者に，災害，貧困等の特別事由がある場合には，保険料や国民健康保険税と同様に，一部負担金についても減免や徴収・支払猶予が認められた。さらに，昭和33年の全面改正に際し，それまでの窓口払い方式と保険者徴収方式の2本立てを廃し，療養取扱機関において療養の給付を受ける場合は，原則として療養取扱機関に支払うべきものとして「窓口払いの原則」が確立した。

第2章　要件事実・事実認定——各論

　この場合にも，被保険者が療養取扱機関に一部負担金を支払わなければならない場合には，療養取扱機関は，善良なる管理者としての注意をもって，その支払いの受領に努めるものとし，なお支払いがない場合には，療養取扱機関の請求に基づいて保険者が被保険者から徴収し，それを療養取扱機関に交付することで，地方公共団体の強制徴収権を媒介にして一部負担金の徴収を確保するものとした。規定ぶりは，「保険医療機関等は，前項の一部負担金……の支払を受けるべきものとし，保険医療機関等が善良な管理者と同一の注意をもってその支払を受けることに努めたにもかかわらず，なお被保険者が当該一部負担金の全部又は一部を支払わないときは，保険者は，当該保険医療機関等の請求に基づき，この法律の規定による徴収金の例によりこれを処分することができる」というものである。国民健康保険法においても，一部負担金の免除・減額・支払猶予等の措置がとられ得ること，健康保険法の場合と同様である（国健保42条，43条1項，44条1項，52条3項など）。

　こうした規定を受けて，保険医療機関及び保険医療養担当規則5条ならびに保険薬局及び保険薬剤師療養担当規則4条では，保険医療機関及び保険薬局が一部負担金の支払いを受けるものとして，その受領権限が明記されている。

(c)　沿革の理解

　以上のような経緯や沿革をいかに評価するかは微妙である。

　まず考えられるのは，保険者が被保険者に対して有する一部負担金請求権の取立て・受領権限を指定療養取扱機関に委譲し（回収代行），療養の給付に伴う費用の一部としてこれによって精算することを企図するものとの理解である。被保険者一部負担金の指定保険医療機関等による回収代行あるいは徴収事務委託の発想が潜んでいるからこそ，保険者は，窓口機関に徴収に関する善管注意義務を課し，補充的な徴収処分の可能性や，一定の政策的判断による当該一部負担金の減額措置を講ずることも予定された，と考えられるわけである。さらに，窓口の統一による一部負担金受領権限の規定によって，制度的に，事前の一括債権譲渡があったと同視できる法律関係を発生させたと考えることも不可能ではない。ただ，これまでの改正の経緯から考えて，そこに，通常の意味での債権譲渡があったと考えるのは困難である。一括譲渡された債権が回収不能となった場合，ある種の担保責任として事後的な徴収処分等が用意されたと言

えるかも知れないが,このあたりも不明確である。このほか,保険者のもとで一旦は発生する一部負担金請求権を,指定医療機関にその都度債権譲渡し,その場合の附款として,善良なる管理者としての注意を尽くしても回収できない場合には,再度,引き受けるという保証をつけたという説明も成り立たないわけではない。ただ,その場合には,保険者による処分権等の説明に困難を伴うことは否めない。

あるいは,介護保険や他の年金保険の場合のように,従来の現物給付方式から発想を転換し,指定療養機関と患者の間で,自由診療の場合と同様,契約に基づく診療報酬債権を発生させ,その一部について保険者が債務引受したり,第三者弁済をなすというスキームへと抜本的変更を生じたのだと考える余地もないではない。ただ,国民皆保険による行政サービスとしての現物給付を確保するという理念が,一部負担金の導入によって放棄されたとは考え難いのも事実である。法律によって,医療機関の受領権限や患者の窓口での支払義務が定められたということと,(事実上にせよ)現物給付方式の放棄の間には明らかに飛躍がある。なるほど,厚生労働省の解釈によれば,医療機関と患者の間で一部負担金に関する直接の債権債務関係が発生し,善管注意義務を尽くしたことを前提とする徴収処分や他の処分は,政策的な「協力」に過ぎず,窓口機関の善管注意義務は,そのような協力を受けるための前提として規定されているに過ぎないようである。しかし,そのような理解をもたらすには,従来の現物給付型の医療保険制度観から離れ,保険による単なる医療費助成制度への根本的制度転換が図られたと考える必要があるが,はたしてそうであろうか。

(3) 法的構成の可能性

(a) 第三者のためにする契約

社会保険は,保険メカニズムによって,社会の構成員全体又はその一部を強制加入の保険者,国などの公的機関を保険者として,被保険者やそれと密接な関係にある者(使用者など)から集めた保険料を基本財源として,疾病・死亡・老齢などの保険事故が発生したときに,被保険者やその家族へ医療給付や金銭給付を提供する制度であり,そこでの保険関係(保険料納付と保険給付受給の関係)は,基本的に保険者と被保険者との間で成立する。もっとも,周知のように,

第2章 要件事実・事実認定——各論

社会保険医療給付は，いわゆる医療費償還方式によるものや出産一時金等を例外として，原則的に「現物医療給付方式」を採用している[10]。したがって，通常の生保や損保のように，保険者と被保険者との関係だけではなく，保険者に代わって保険医療給付を担当する医療機関（療養取扱機関）が組み込まれ，しかも保険財政上の理由から，医療給付の範囲や準則が法定されるとともに，それらを通じて保険者や行政庁の医療機関への指導・監督がなされるという三面関係を生ずることになる。

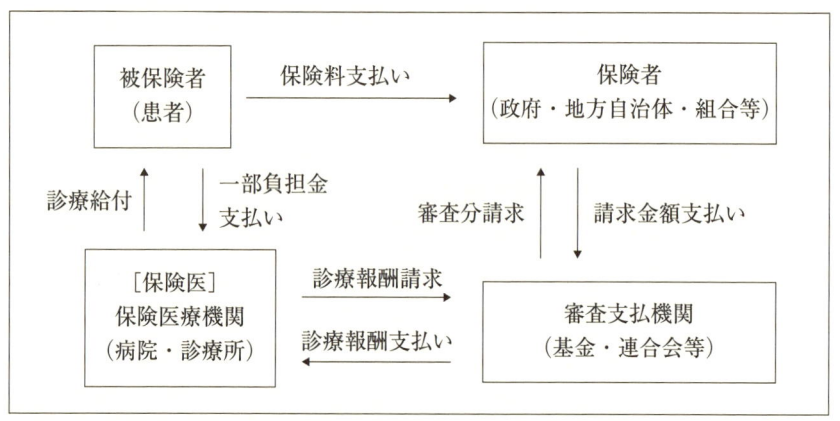

```
被保険者          保険料支払い         保険者
（患者）        ──────────→      （政府・地方自治体・組合等）

   ↑   │ 一部負担金
診療給付 │ 支払い         審査分請求       請求金額支払い
   │   ↓
[保険医]           診療報酬請求
保険医療機関      ──────────→     審査支払機関
（病院・診療所）   ←──────────     （基金・連合会等）
                   診療報酬支払い
```

（a-1） 保険者・被保険者による第三者のためにする契約　　保険者・被保険者の保険契約を基軸として問題を考えるとすれば，「第三者のためにする契約」としての説明が比較的素直な構成となることは言うまでもない。すなわち，指定保険医療機関である病院や診療所・薬局が，保険者である国や各種健康保険機関に代わって，被保険者（＝患者）に治療・薬剤等の給付をなし，保険者（国・地方自治体・組合）が支払基金を通じて保険医療機関にこれに要した診療報酬を支払うというものである。敢えて二当事者関係になぞらえれば，指定保険医療機関を，保険者のいわば履行補助者的な地位にあると見ることもできる。これは，保険者直営医療機関での診療の場合などには，比較的すわりの良い構成である。もし，被保険者である患者の一部負担金が，現物給付を受ける際の被保険者の分担金（保険料の追加費用）として，本来，保険機関に対する関係で発生するものであるとすれば，それは利用者負担の「追加保険料」として租税などと同様の性格を有するものとなる。したがって，たとえば，消滅時効など

でも，単純な診療報酬債権（民法170条1号の3年）と同一に論ずることができず，むしろ国税に準じた扱いを受けることになりそうである（国税通則法72条では5年）。また，指定医療機関等に発生した未収金に関する回収不能のリスクは，医療機関窓口における善管注意義務を前提としつつ，最終的には保険者にもあることになり（その場合のリスク分担がいかなる形で調整されるべきかは医療機関による一部負担金の徴収にかかる善管注意義務の程度や内容，政策的配慮によって定まる），一方的に指定医療機関等の債権であるからとして損金処理に委ねることは許されまい。また，真の診療契約における当事者は保険者と患者もしくは被保険者となり，債務不履行責任についても，履行補助者たる医療機関の過失や帰責事由を問題としつつも（連帯責任？），保険者が真の相手方ということになりそうであるが，このような構成が一般化できるかには疑問も多い[11]。沿革的には，もっとも忠実な構成のように思われるが，患者が自由に医療機関を選択し，支払以外の点で保険者が診療に関与する余地のない現状には，必ずしも適合的ではないからである。

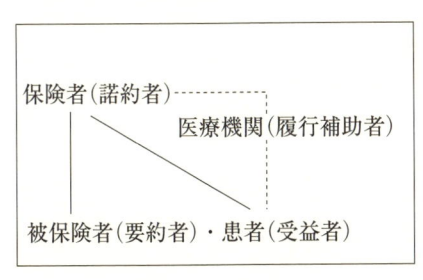

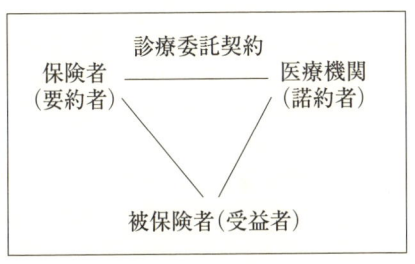

（a-2）　保険者・医療機関による第三者のためにする契約　　他方で，保険者と医療機関の関係における医療行為委託と診療報酬に関する契約を中心に問題を眺めれば，患者のために，保険者と保険医療機関との間で成立する「第三者のためにする契約」と考えることも可能であり，患者の受益の意思表示（民537条2項）によって，実際の治療が行われると理解することになる。医療機関の指定は，医療機関に対する療養の給付の委託を目的とした公法上の準委任契約であって，保険医療機関は，制度上，命令の定めるところに従って療養の給付を担当し，その診療に当たるべきことになる（健保70条1項・72条1項）。医療機関は，この委任の趣旨に従った事務処理及び事実行為（療養の給付）をなす

ことでその費用及び報酬として診療報酬請求権（患者の一部負担金を除いた額）を保険者［支払い委託を受けた基金］に対して獲得する（大阪高判昭58・5・27判時1084号25頁）。患者を含めた全体の関係は，「第三者のためにする契約」としての性格を有することになり，大阪地判昭60・6・28判タ565号170頁*の採用する立場である（保険者証の提出（健保規53条，療養担当規則3条）が受益の意思表示であるとする福岡高判平8・10・23判時1595号73頁も参照）。

いずれにせよ，このように考えることで，健康保険法や療養担当規則等によって医療機関等に課された様々な義務や診療基準，診療報酬に関する諸規定の根拠を説明することが比較的容易になることは，事実である[12]。療養の給付という現物給付方式（健保63条1項，国健保36条1項），療養担当規則による診療内容の制限（健保72条，国健保40条1項），厚生労働大臣・都道府県知事による指導・監督による診療内容決定の制限（健保73条1項，国健保41条1項等）は，医療機関を保険者の被用者ないし履行補助者あるいは受任者的地位においた義務づけとの説明が可能となるからである。

* 大阪地判昭60・6・28判タ565号170頁は，次のように述べる。「通常，診療契約は，患者の病気の診断・医療に関して医療機関と当該患者又はその監護義務者との間に締結される諾成・双務・有償契約と解され，医療機関は患者の病気を治療して健康を回復増進することを義務内容とする準委任契約と解される。右準委任契約に基づき，医師は，善良なる管理者の注意をもつて誠実に患者の治療にあたり（民法644条），また，療養に関して適切な指導をし，助言を与える（医師法19条1項，23条）等の義務を負い，患者は診療費を支払う等の義務を負う関係にある。ところが，保険診療においては，診療の本質は，右の診療契約と差異はないものの，それが，社会保障の一翼としての医療保障制度の具体化されたものであることから，その構成・手続きを異にする。……国民健康保険につきみると，医療機関ないし医師は，知事（国の機関として保険者＝市町村等に代つて）の指定（国民健康保険法37条）ないし登録（同38条）を受けることによつて療養担当者となるのであるが，その法的構成は，（私法上・公法上の点はさておき）保険者との間で療養の給付・治療方針・治療報酬等につき国民健康保険法に規定されている条項（法定約款）を内容とする第三者（被保険者）の為にする双務的・附従的契約を締結したものと理解され，従つて，被保険者は，その反射的効力として保険医療機関に対して，保険診療を求める権利を有するものと解される。つまり，療養担当者となることにより，保険医は，保険事故である「疾病」その他の事故（同法2条）が被保険者に発生した場合，保険の目的である「療養の給付」を行なう義務を有することとなるのである（同法36条）。右「療養の給付」

は，実質においては，「診療行為」と異ならず，患者との間では，患者から診療を求められた際，その提出された被保険者証によつて，その者が「療養の給付」を受ける資格があることを確認した上で行なう（同法 36 条 5 項）という差異があるにすぎず，また，被保険者証の提出もいわゆる急患や，やむを得ない事由によつて被保険者証を提出することができない場合など，患者が被保険者であることが明らかであると認められるときには被保険者証の提出すら要しない。従つて，被保険者が保険診療を求めた際には，保険医は応招義務（医師法 19 条 1 項）を負い，正当事由のない限り「療養の給付」を拒否し得ない。……原告は，Y1 が救急車で搬入され，Y2 から被保険者証を提出された時点において，当初からの保険診療，つまり療養の給付をなすべき具体的療養給付義務を負つたものというべきである。」

ただ，やっかいなことに，診療行為においては保険診療の部分と自由診療の部分が不可分に絡み合っている場合が多く，医療機関・患者の意識の面でも当該治療について「保険がきくか，どうか」という点にしか着目されていない。つまり，患者側の感覚からすると，あくまで医師・患者関係における合意で形成された債務関係における対価の支払・精算手段として保険を考えているために，いたずらに混乱を生じさせているのである。しかも，現物給付として定型化され，点数化された医療給付をこえて，様々な付随的義務を含む当該契約における債務内容を確定する際には，契約当事者として（保険者ではなく）医療機関自身と患者の関係を措定する方が望ましい場合も少なくない。また，第三者のためにする契約と考えた場合，たとえ自由診療部分がない場合でも，患者の診療報酬一部負担は，単なる受益の意思表示をこえた債務負担であるから，かかる債務負担の意思表示が，受けるべき医療行為と結びつけられて医療機関に向けて発せられている点も無視できない。医師・患者の間には，受益の意思表示と同時に一定範囲での双務的関係も創設されていることになりそうである。

(b) 医師・患者関係を基軸とした三面契約

患者が保険医療機関を自由に選択し，一部負担金の支払義務を直接に保険医療機関に対して負い，患者と保険医療機関との合意を通じて具体的な診療内容を確定していく過程を重視すると，保険診療といえども，その本質は「自由診療」と連続していると見るのが当事者の意識にも合致する。医療保険は，そこで発生する医療費の支払システムとして組み込まれたにとどまり（その限りで「三面契約」が構想される），各種の公法上の権利義務関係は，私法上のそれとは

切り離して理解するのが適当であると解する見解も有力である＊。

＊ 東京地判昭 56・2・26 判タ 446 号 157 頁など，また野田・後掲注(11) 148 頁，辻・前掲注(8) 154 頁など，近時の多数説はこの立場か。東京地判昭 56・2・26 は，次のように述べる。「X 主張の日時に X が Y らに対し，X 主張の病状について診療を求め，Y らがこれに応じたことは当事者間に争いがない。したがって X と各 Y との間においては，右により，X 主張の病状について診療及び治療行為を行うことを目的とする診療契約（準委任契約）がそれぞれ締結されたものというべきである。これに対し，Y らは健康保険制度を利用して診療を受ける場合には医療機関と患者との間に直接の私法上の契約関係は成立しない旨主張するところ，本件においては，X が Y に対し国民健康保険を利用して治療を求めたものであることは当事者間に争いがない。しかしながら，国民健康保険法による保険制度上においても，患者（被保険者）は診療機関を自由に選択でき（国民健康保険法 36 条 5 項），また医療費の一部を自己において負担する（同法 42 条）等の関係にある以上，医療機関と患者との間では，右の公法上の健康保険制度に基づく関係とは別個に，私法上の契約関係が成立するものと解するのが相当である。」

なお，この関連で，いわゆる「混合診療」の扱いをどうするかという技術的問題が生ずることは周知のとおりであるが［東京地判平成 19・11・7 社会保障判例百選〔第 4 版〕31 事件］，それ自体は特定療養費制度の運用に係る制度的問題であって，契約の法的性質決定には直接影響するものではない。

この立場では，医療機関の診療上の債務は，基本的に患者との間で発生し，たとえば健康保険による制限診療は必ずしも免責事由とはならず（京都地舞鶴支判昭 26・3・23 下民集 2 巻 3 号 414 頁），診療報酬債権も，第一義的に，医療機関において給付の対価として患者に対して発生する。医師と患者の関係が固有の債権債務関係であることを基軸として考えるとすれば，公的保険は，そこで患者が医療機関に対して本来負うべき診療報酬債務の保険者による肩代わり（第三者弁済）を約したもの（医療費支払いシステム）と理解されることになる。一種の公的医療費補助の仕組みである。社会保険診療報酬の支払義務者が保険者となることは法定されているが（健保 43 条の 9，国健保 45 条），支払い審査機関としての社会保険診療報酬支払基金や国民健康保険団体連合会などが業務委託を受けて実際上の支払義務者となる（最判昭 48・12・20 民集 27 巻 11 号 1594 頁）。この場合に，医療保険によって，どの医療機関による如何なる診療に対して，どの程度の肩代わりが認められるかが定められているに過ぎないと考えるならば，保険者・医療機関・患者の法律関係は比較的単純である。診療契約と医療保険

契約は，各々独立した契約関係にあり，医療機関と保険者の間で第三者弁済の方法と前提要件に関する合意が加わった形を考えればよいからである。つまり，健康保険制度は，国民が安価に医療を受ける機会を保障する社会保障制度にとどまり，保険者自ら診療に関与する余地はない。このとき，患者の支払うべき一部負担金は，そもそも保険ではカバーされていない固有の残債務に過ぎないと理解される。保険者は，点数計算で算出された金額の何割かを医療機関に払えば，その役目を終え，あとは医療機関と患者の債権債務関係のみが残る結果となるわけである。保険医療機関に対する種々の規制は，基本的に社会保険医療の適正な運用確保と医療費抑制の観点から加えられた公法上の規制であり，保険医療機関の診療上の義務の性質自体を左右するものではないということになろう。

　このような構成によれば，契約関係を通して，医師と患者の具体的な債権債務関係が構築され，これに基づいて両当事者の諸義務が具体化されるため，おそらく，医療事故紛争を具体的事案に即して解決するには適した見方である。実際問題としても，もっぱら保険料の徴収と，保険医療機関等からの点数計算による診療報酬請求への支払いの局面でしか関与しないことの多い保険者が，医療事故紛争の当事者として登場する必然性は乏しい。かつて，療養取扱機関（現在は保険医療機関）を被告とする債務不履行訴訟において，被告側が，本件診療契約の相手方は保険者（荒川区）であると争った事件で，東京地判昭47・1・25判タ277号185頁[13]が下した次のような説示も，かかる理解を支持しよう。すなわち，

「①国民健康保険法上の被保険者は，自己の意思で療養取扱機関を自由に選択できること（同法第36条第3項），②療養を受けた被保険者は療養取扱機関に対し直接一部負担金の支払義務を負うこと（同法第42条第1項），③療養取扱機関は所在地の都道府県知事に申し出ることにより他の都道府県区域内の被保険者に対しても療養をする義務を負うこと（同法第37条第5項）等，同法各条の法意と④保険診療開始後，当該療養取扱機関において治療に従事する医師が保険診療における療養の給付では支給することのできない薬剤ないし治療材料を使用する必要を認めた場合，いわゆる自由診療への切替えが行われうること等を併せ考えると，保険診療において保険者と療養取扱

機関との間にどのような公法上の権利義務関係が生ずるかとはかかわりなく，保険診療の被保険者である患者と療養取扱機関との間には，診療に関する合意によつて直接診療契約が締結されると見るべきものであつて，それは，被保険者が別途保険者に対しても何らかの公法上の法律関係に立つことと相容れないものではない」

という。ここでは，医療機関と患者の診療契約関係を前提に，被告についての**債務不履行責任を論じており**（結果は被告の責任を否定），その後も同趣旨の判決が続いている[14]。

(10) 佐藤進＝河野正輝・現代社会保障法入門〔第3版〕（法律文化社，2005）77頁以下〔加藤智章〕。
(11) 野田寛「保険医療と損害賠償訴訟」唄孝一＝有泉亨編・現代損害賠償法講座第4巻（日本評論社，1974）135頁以下。
(12) 新美育文「診療契約論では，どのような点が未解決か」椿寿夫編・現代契約と現代債権の展望(6)〔日本評論社，1991〕260頁。
(13) 医事判例百選88頁〔森島昭夫〕，社会保障判例百選〔第1版〕72頁〔西原道雄〕，社会保障判例百選〔第2版〕46頁〔平川亮一〕，社会保障判例百選〔第4版〕40頁〔後藤勝喜〕。
(14) 詳しくは，野田寛・医事法（中）〔増補版〕（青林書院，1994）382頁以下，藤本知彦「社会保険医療制度と診療契約の当事者」日本法学67巻1号169頁以下など参照。

4 小　括

　少なくとも，現状を見る限り，医療保険の組み込まれた診療関係は，医師・患者関係を基軸とした三面契約と見るのが，医療事故をめぐる問題解決にとっては適切であるように思われる。それは，医師・医療機関に対する患者の主体的地位を承認し，期待利益を保護すべしとの要請にもかなうものであろう。しかし，このような理解が，これまでの医療保険の沿革や規定の書きぶりと必ずしも整合的でないことは，既に見たとおりである。医師・患者関係を基軸とすることは，医療機関の民事責任やその要件事実を考える局面では妥当しても，診療報酬に関する最終的負担をめぐる問題では，そのまま妥当しえないことに留意する必要がある。「当事者」を考える場合には，さしあたって「何が争われているか」に配慮した，問題の処理が必要であるように思われる。少なくと

も自由診療報酬・一部負担金をめぐる当事者関係を，適切に反映した法律構成を考えるには，現時点では，保険及び療養給付の事務処理委託を中核とする「第三者のためにする契約」と通常の医師・患者間の準委任契約の組み合わせを基本とした複合的契約関係を措定するのが素直である。

　とはいえ，昨今，問題となった患者一部負担金の未収問題の最終的負担が誰によって担われるべきかを確定することは容易ではない。国民皆保険によって，国民の誰もが安心して，比較的低い患者負担で，一定の質の確保された医療サービスを公平に受けることができるようにという医療保険制度の維持が求められるとすれば，医療保険制度が変質をとげつつあることを正面から認めて，従来の現物医療給付方式から医療費支払システムへの転換のツケを指定医療機関のみに押しつけるのではなく，公平な回収不能リスクの分配という発想で，あらためて未収金の分担ルールを構想すべき時期にきているように思われる。

攻撃防御方法としての民法717条1項

山本 和敏

1 占有者の責任を問う訴訟

(1) 土地工作物責任における占有(者)の概念

(a) 物権法上の占有概念との異同(同義説と再構成説)

　民法717条1項に基づいて占有者責任を問うに当たって、この「占有」は物権法上の占有(180条以下)と同義と理解してよいか、という土地工作物責任の根本に関わる問題がある。この問題については以下のように2つの見解(同義説・再構成説)が対立する。

　伝統的には、法概念の統一性あるいは同義性を理由にして、物権法上の占有と同義と理解する学説が通説的地位を占めてきた[1](以下、これを「同義説」と呼ぶ)。これに対して、民法717条1項の「占有」の概念は、物権法上の占有概念に終始すれば足りるものではなく、同条項が定める土地工作物責任の本質に照らして再構成すべきものであるとの見解が、次第に有力になってきた(以下、これを「再構成説」[2]と呼ぶ)。

　ここに挙げた学説の対立は、民法717条の占有者責任を論じるに当たって、間接占有者をどう扱うかという問題に直面する場合に一層鮮明になる。たとえば、民法717条1項は、土地工作物責任を規定するに当たって、土地工作物の占有者を第1次的責任者とし、占有者の無過失が証明されたときは当該占有者は免責されると定め、占有者が免責される場合(無過失である場合)には、当該

土地工作物の所有者が第2次的に責任を負うものとしている。そうすると、土地工作物の瑕疵に起因して損害を受けた被害者が所有者責任を訴求するためには、占有者に免責事由があることが必要になるが、当該土地工作物の占有者には、直接占有者のほかに間接占有者も存在するとなると、被害者は、直接占有者だけでなく間接占有者についても、およそ物権法上の占有者といえるかぎりは、その全員について本条項に基づく免責事由があることが証明されなければならないのかという問題に直面する。

物権法上は、間接占有（者）もまた占有（者）にほかならない。そうすると、民法717条1項の「占有」の概念を物権法上の「占有」概念と同義だと理解する同義説に立てば、間接占有者全員についても免責事由があることを立証しなければならないはずである。しかし、そのような立証を要求するときは、この訴訟は大変煩雑となって[3]、被害者の救済が遅延することは明白である。このような煩雑さをあえて是認した上で、なお、伝統的とされる同義説が、物権法上の占有と同義とする見解を貫徹するのかどうか、疑問に思われる[4]。

(b) 再構成説の占有（者）の要件

(a)に挙げた再構成説に立って民法717条1項の「占有（者）」の概念を定めるときは、次のⓐⓑ2つの要件を満たしたものが同条項の占有（者）であると理解すべきである[5]。

ⓐの要件は「工作物を事実上支配」すること、すなわち物権法上の占有概念と同じであり、これが必要なことでは再構成説と同義説との間に差異はない。両説の実質的差異は、ⓑの要件、すなわち<u>「その瑕疵を修補し得て損害の発生を防止し得る関係にあるもの」</u>の要否にある。同義説はこの要件を必要としないが、再構成説は、ⓐ要件のみでなく、ⓑ要件もまた必要であると理解し、そう解釈することによって、土地工作物の瑕疵に起因する占有者責任が危険物責任であることを的確に説明できるとする[6]。

判例の流れは、この問題について一義的に確定しているとはいい難いが、最判昭31・12・18民集10巻12号1559頁は<u>同義説</u>の立場をとっているものと理解されている。

しかし、最判平2・11・6判時407号67頁には、再構成説への志向が読み取れるとする指摘もある（内田貴・前掲注(2)民法Ⅱ472頁）。また、国賠法2条の営

第2章　要件事実・事実認定——各論

造物の設置又は管理の瑕疵に因る責任についての最判昭50・6・26民集29巻6号851頁は，瑕疵がある道路の管理者責任について，単なる物権法上の占有があることだけで管理者（国）の賠償責任が定まるものではなく，その瑕疵の管理が可能なことも責任の有無を決定するために必要であるとの趣旨を判示している。国賠法2条の営造物の設置又は管理の瑕疵に因る責任は，民法717条1項の土地工作物の設置又は保存の責任と実質的には差異がないと理解してよいから，この営造物責任の判旨にも，判例の再構成説への接近を読み取ることができ，一概に判例は同義説に立っているとは言いきれないものがある[7]。

以下，土地工作物の占有者責任を論じるに当たって「占有（者）」と呼ぶときは，とくに断らないかぎり，上述の再構成説に依拠することにする。

(c)　共同占有

土地工作物を複数の主体が占有していれば共同占有であるが，その中で民法717条の適用上とくに問題となるのは，雑居ビルなどに見られる共同占有である。雑居ビルでは，1棟のビルの中の各店舗あるいは事務室ごとに賃借人が存在し，それぞれが賃借部分を直接占有して営業し，あるいは執務している。この賃借人各自の専用賃借部分については，当該賃借人が直接占有しているのが常態であるが，同ビルの玄関（出入口）・廊下・トイレ・エレベーターや避難口（避難階段などの避難設備）等の共用部分は，同ビルの賃貸人が直接占有している場合もあり，各室の賃借人とビルの賃貸人とで共同占有している場合もある[8]。居住用賃貸マンションでも，共用部分については，雑居ビルと同じ若しくは類似の共同占有が成立しているのが通常である。

このような共同占有が成立している雑居ビル等では，賃借人各自の専用賃借室の部分と玄関（出入口）・廊下・トイレ・エレベーターや避難設備（避難口・避難階段など建物と一体をなしている避難設備）などの共用部分とが一体となった土地工作物として把握されるべき場合が少なくない。この場合の共用部分の使用権限は，賃貸借契約において賃借人に与えられていることが明記されている場合はもちろんのこと，明記されていない場合でも，黙示に賃借人に与えられているものと解される。したがって，共用部分の瑕疵から発生した損害について占有者責任が問題となる場合には，同ビルの賃貸人が単独で直接占有している場合，賃貸人と賃借人とが共同で直接占有している場合，賃借人が直接占有し，

賃貸人は間接占有者である場合など，当該共用部分の占有の実態に応じて，被告とすべき占有者が定まることになる[9]。また，共用部分の瑕疵と賃借室部分の瑕疵とが複合して損害を発生させた場合であって，前者の部分について賃貸人の占有があり，後者の部分について賃借人の占有があると認められるときは，民法719条の共同不法行為が成立すること[10]も考えられる。

(1) 通説と見ることにつき，平井宜雄・債権各論Ⅱ（弘文堂，1992）67頁，奥田昌道＝潮見佳男編・法学講義民法6（悠々社，2006）223頁〔奥田剛〕など参照。

(2) 再構成説を採る学説として，平井・前掲注(1) 67頁「占有者帰責根拠（危険な工作物を創出・支配・管理する地位）の観点から判定すべきで，物権法の占有概念にこだわるべきでない。」，内田貴・民法Ⅱ〔第2版〕（東京大学出版会，2007）483頁「当該工作物に対し直接的・具体的な支配をし，損害の発生を防止しうる立場にあったかどうかを基準に判断すべきであろう。」がある。なお，間接占有につき奥田＝潮見編・前掲注(1) 223頁は「間接占有者が，工作物の支配可能性を有し，かつ瑕疵の修補をなし得べき地位にある場合に『占有者』性が肯定される」という。

(3) 理論構成は詳らかでないが，名古屋地判昭53・12・15判タ388号144頁は，いきなり所有者を被告として出訴した場合に，直接・間接すべての占有者について無過失（免責）が証明される必要はないとする。

(4) 最判昭31・12・18の評釈である末川博・民商35巻6号79頁参照（末川・最高裁民事判例批評：最高民集第10巻（有斐閣，1968）97頁も同じ）。

(5) 本文で引用したⓐⓑ2つの表現は，間接占有者"国"（賃借人兼転貸人）の占有者責任を否定した東京高判昭29・9・30下民集5巻9号1646頁以下（最判昭31・12・18の原審）の「ここにいう占有者は，本来，工作物を事実上支配し，その瑕疵を修補し得て損害の発生を防止し得る関係にあるもの」との判示（アンダーラインは筆者）からの引用である。この判決の結論自体の賛否は別として，民法717条1項の「占有者」の概念を考える上で，アンダーライン部分が核心であることを判示している。

(6) 学説によっては，民法717条1項の「占有者」の概念は，物権法上の占有者の概念と同義・同一であると説き，本文でいう伝統的な通説を支持しつつ，間接占有者が民法717条1項の「占有者」に該当するというためには，ⓐの要件だけでは足りず，ⓑの要件もまた必要であると説く例がある。この説は，たとえ間接占有においてであるとしても，占有概念にⓑを要件として取り込む思考を示している点で，民法717条1項の「占有（者）」の概念は物権法上の占有概念に終始することではまかなえないことを認めたものである。この意味で，同説は，伝統的通説の枠を踏み越えて，本文の再構成説への同調があるものというべきである。

(7) 本文(b)所掲の最判昭50・6・26は，公道に掘穿工事中を示す標識板・赤色灯標識・バリケードを設置していたところ，先行車が夜間にこれを損壊し，その夜同所を通り

かかったバイクが同掘穿工事個所に転落・死亡した事案において，道路管理者が同夜中に管理することは不能であることを理由に，国家賠償責任を否定している。この結論は，営造物の設置・管理を物権法上の占有と同義に解釈する立場では導けない。すなわち，道路管理者に本件道路の物権法上の占有があったことは明白であり，当該道路に標識板等の欠損という瑕疵があったことも明白な事案であるにもかかわらず，同夜中の管理不能を理由に国の損害賠償責任を否定しているからである。

このほか，「瑕疵ある工作物の『占有者』を損害賠償責任の第一次的負担者とし，右『占有者』が損害の発生を防止するに必要な注意をなしたとして免責されるときにのみ，『所有者』が第二次的に損害賠償責任を負担するとしているのは，危険責任の見地に立ちつつ，危険な工作物に対する支配関係の強弱によって，その責任負担の順序を定めようとする趣旨と解することができるのである。」との横浜地判昭51・9・9判タ352号253頁（アンダーラインは筆者）の判示にも，同じ思想がうかがわれる。

(8) 東京地判昭55・4・25判タ412号73頁・判時975号52頁,新潟地判昭58・6・21判タ508号175頁・判時1083号36頁などはこの種の共同占有の事案である。
(9) 内田・前掲注(2) 484頁は，所有者の責任が2次的となっている点について，解釈論としては，所有者に土地工作物の事実上の支配を認めうるなら，所有者についても占有者としての地位を与え，本来の占有者と「併存的に責任主体とすべきだろう。」と説く。
(10) 新潟地判昭58・6・21判タ508号175頁・判時1083号36頁は，この理により，パブスナック部分の再転借人と有効に避難できる開口部を欠いたビルの賃貸人との共同不法行為を認めた例である。

(2) 直接占有者に対して責任を問う訴訟

(a) 請求原因と抗弁

Yが瑕疵のある土地工作物を直接占有している場合に，その瑕疵によって損害を被った被害者Xが占有者Yに対して損害賠償を請求する訴訟において，一般に現れる攻撃防御方法をブロック・ダイアグラムの形式[11]で表すと，その請求原因及び抗弁は次のように整理される。

【請求原因】直接占有者に対して
㋐　Xの権利（保護法益）の存在（あるいは，その取得原因）
㋑　土地工作物の瑕疵（設置又は保存の瑕疵）
㋒　㋑によって㋐に生じた損害とその数額（評価）

㋓　|①と㋒の因果関係[12]|
㋔　|㋒の際，Ｙは①の土地工作物を占有|　　　Ｙの直接占有を示す

【抗弁】直接占有者Ｙの免責
㋕　|Ｙは㋒の時までに，㋒の損害防止に必要な注意義務を遂行|

　①の土地工作物の瑕疵は，その土地工作物が本来備えるべき安全性を欠いていることを示す具体的な事実である。

　土地工作物に瑕疵があっても，㋒の損害が①の瑕疵とは関わりなく発生したものであるときは，瑕疵と損害との間に㋓の因果関係がないことになるから，Ｙの土地工作物占有者としての責任は否定される[13]。

　㋒の損害は①の瑕疵によって発生したものであるが，この損害の発生について第三者に不法行為責任がある場合には，占有者又は所有者はこの第三者に対して求償することができる（民717条3項）。

　損害の発生が自然力のみによって惹き起こされたものであり，これに関与する原因行為をした者がいないならば，その損害は不可抗力によるものであって，瑕疵との因果関係である㋓がない（否定される）ことになる[14]。

　㋔は，Ｙが㋒の時点で土地工作物を直接占有していた事実を示す。この「占有」について，1(1)(b)で述べたⓑ要件の要否をめぐる同義説と再構成説との対立がある。しかし，以下では，とくに断らないかぎり，717条1項の占有であることを直接あるいは間接に表した「占有」は，両説を一括して「占有」（していた。する。）と表現している。

　民法717条1項但し書は，占有者が損害の発生を防止するのに必要な注意をしたときは免責されるが，免責事由の存在は占有者が証明すべきものと定めているから，占有者の危険物責任にあっては，一般の不法行為において被害者が立証責任を負担する過失責任を加害者側に転換したものと理解される。このことから，占有者の危険物責任は，過失責任と無過失責任との中間の責任（中間責任）とも説明される。

　(b)　免責（占有者無過失）の抗弁
　㋐　占有者免責の抗弁

民法717条1項但し書は，土地工作物の「占有者が損害の発生を防止するのに必要な注意をしたときは，所有者がその損害を賠償しなければならない。」と定め，土地工作物の占有者の免責要件及び占有者が免責される場合の土地工作物所有者の損害賠償責任（無過失責任）を定めている。

この文言の形式及び意味内容と法的効果（本文に対する但し書の形式で本文の適用を排除していること）から判断して，占有者の免責が認められることに利益を受ける側（通常は占有者側）が，同条項に示された要件を充足する事実の存在を主張・立証すべきであると解することについては，判例・通説ともに大筋で一致している。すなわち，「占有者が損害の発生を防止するのに必要な注意をした[15]」との評価を成立させるだけの具体的事実[16]がこの免責の抗弁の内容をなすものである（占有者の無過失の抗弁とも呼ぶ[17]）。

ただし，瑕疵のある土地工作物すなわち危険物を直接占有する者について，免責の可否を判定するのだから，たやすく免責の抗弁が認められるわけではない。しかしながら，賃貸借の場合には賃貸人に修理義務（民606条・607条）が負わされているところから，直接占有者である賃借人（あるいはの転借人）の免責が認められる可能性は，その他の一般的な占有者の場合よりも大きいといえる[18]。また，目的物を引き渡した後の賃貸人も間接占有者として目的物の占有者であるが，賃貸後に発生した危険の状況を日常直接に認知できる立場にはないのが常態であるから，直接占有者の場合よりも免責が認められる可能性が大きいといえよう（間接占有者の免責については後記(3)(d)参照）。

(イ) 立法論としての所有者責任の第2次性

土地工作物についての責任を第1次的には占有者に負担させ，その無過失が証明されたときに所有者が負担するものとする717条1項については，立法論として批判がある[19]。すなわち，上記(ア)で指摘したように，占有者の免責の立証は容易ではないために，所有者責任を追及するに到らないで被害者の法的救済が終わるケースは稀ではないことから，当該占有者の資力が乏しい場合には，せっかくの被害者の救済も有名無実に終るという指摘である。

このようなケースが実際にありうることを考慮すれば，所有者責任を第2次的とする現行法の合理性，妥当性は，あらためて問い直されるべきであろう。また，このような批判は，立法論の域に踏みとどまらず，717条1項の解釈論

にも影響を及ぼすことになるのである（後記2(2)(c)参照）。

(ウ) 直接占有者が所有者でもある場合の占有者免責の抗弁

土地工作物の直接占有者Yが被告となっているが，Yは同時にその所有者でもある場合に，Yの占有者免責の抗弁が認められるということは，所有者としてのYの責任（無過失責任）を決定付けることを意味する。すなわち，この場合の占有者免責の抗弁は，実体法的には，占有者Yの責任を所有者Yの責任に置き換える機会をもたらすだけの機能でしかなく，損害賠償責任の主体がYであることには変わりがない。そうであるならば，この抗弁は，被告の防御方法としては一見無意味なように見える。そこで，このような場合には，占有者免責の抗弁は認められないとする見解もある[20]。

しかし，このような場合でも，訴訟法的には，占有者免責の抗弁が認められることによって，占有者責任を訴求する従前の訴えは原告の敗訴となって終了する（原告が，被告である占有者の同意を得て，従前の訴えを取り下げることにより終了させる方法もあるが，それは別の議論である）。この結果が示すとおり，占有者免責の抗弁は訴訟法的に意味（法的効果）がある被告の防御方法であるから，占有者が同時に所有者であるとしても，この抗弁の主張・立証は許されなければならない[21]（上述したところは，伝統的な訴訟物観すなわち旧訴訟物理論に立っているが[22]，後述する民訴法41条も，占有者責任を訴求する訴訟と所有者責任を訴求する訴訟とは，訴訟物を異にすることを前提としていると解される（3(2)(a)参照））。

(11) 「ブロック・ダイアグラム」の用語の解説は，司法研修所編・改訂問題研究要件事実（法曹会，2006）19頁以下参照。

(12) ㊀すなわち，㋐と㋒の因果関係の存在は，通常は㋒の中の「㋐によって生じた」という摘示でまかない，㊀を別個の要件として摘示することはしない扱いが多い（窪田充見・不法行為法（有斐閣，2007）455，457頁参照）。本稿もそのような扱いに従って摘示することもできないわけではないが，学説上争いがある因果関係論を強調するために，山本和敏「損害賠償請求訴訟における要件事実」新・実務民事訴訟講座Ⅳ（日本評論社，1982）347頁において㊀を独立させた摘示事項（ブロック・ダイアグラム）としたので，本稿でもこの例を踏襲して㊀を摘示したものである。このように㊀を独立の摘示事項とした場合には，㋒の中の「㋐によって生じた」という摘示は条件説的な因果関係のある損害（厳密には条件説的な因果関係のある損害のうち原告が主張した損害）を示し，㊀は，相当因果関係説あるいは保護範囲説など論者によって説明方法が異なるものの，要するに「法的賠償義務がある損害」との因果関係を示す

第 2 章 要件事実・事実認定——各論

ものと理解することになる。

(13) 自然力（天災その他の不可抗力）と土地工作物の瑕疵が因果関係として競合した損害の場合は，いわゆる割合的責任を肯定するか否か議論がある。また，特別法には，損害の発生につき天災その他の不可抗力が競合したときは，賠償について斟酌すると明記したものもある（水質汚濁防止法 20 条の 2，大気汚染防止法 25 条の 3 参照）。川井健・民法概論 4 債権各論（有斐閣，2006）455 頁は，不可抗力が競合した一般の場合にも，割合的責任化を図ることに賛成している。

(14) 国賠法 2 条の営造物責任に関する名古屋地判昭 37・10・12 下民集 13 巻 10 号 2059 頁は，伊勢湾台風時の高潮による堤防決壊について，堤防は通常備えるべき安全性は保有しており，堤防築造当時予見できなかった高潮等による決壊であるとして，不可抗力を理由に堤防の設置・管理の瑕疵の存在を否定した。広中俊雄・債権各論講義〔第 6 版〕（有斐閣，1994）477 頁も「純粋な不可抗力による場合にも免責されるべきものと解される。」とする。これに対して，飛騨川バス転落事故についての名古屋地判昭 48・3・30 判時 700 号 3 頁・訟月 19 巻 4 号 45 頁は，事案を営造物の瑕疵と自然力との競合による事故と認め，営造物責任による損害賠償義務を全損害の 6 割と判断した（控訴審で変更）。潮見佳男・不法行為法（信山社，2002）460 頁は，通常備えるべき安全性すら欠いていたところに異常な自然現象が発生し，被害を生じた場合には，「因果関係不存在とされる場合もあろうし，因果関係ありとしたうえで，規範の保護目的による制限を受けることもある。」として上掲名古屋地判昭 48・3・30 を引用する。

(15) 「必要な注意をした」とは，「無過失」ということであり，そのような法的評価が成立することを基礎付ける具体的な危険防止行為の事実（いわゆる評価根拠事実）が抗弁の内容である。

(16) この抗弁において立証の対象となる事実は，注意義務を尽くした（あるいは「無過失であった」）との法的評価を根拠付ける具体的事実である。このような具体的事実（行動・措置など）の存在を抜きにしては，注意義務を尽くしたか（あるいは「無過失であったか」）どうかの判断）はできないことについては，司法研修所編・前掲注 (11) 118 頁参照。

(17) この占有者の責任は，原則的には被害者が負うはずの過失の立証責任が，加害者側の無過失の立証責任へ転換されたものなので，中間責任（過失責任と無過失責任との中間）であるが，抗弁の機能の面からいえば，占有者責任の発生障害事由の抗弁である。

(18) 内田・前掲注 (2) 483 頁参照。ちなみに，1 (3)(e)(イ)の①ないし④の判決（後掲注 (29) 所掲）は，直接占有者の免責を認めなかったけれども，すべて建物賃貸借に関連した事件である。

(19) 川井・前掲注 (13) 452 頁Ⅲ，内田・前掲注 (2) 484 頁，平井・前掲注 (1) 68 頁 (ウ) 及び同

書引用の学説，五十嵐清・注釈民法 (19) (有斐閣，1965) 304頁(イ)及び304頁(2)参照。
(20) 加藤雅信・新民法大系V事務管理・不当利得・不法行為 (有斐閣，2002) 350頁は，ビルの事案について，「仮に占有者と所有者とが同一人であるときには，その者に免責は認められない。」と説く。村上博巳・証明責任の研究〔新版〕(有斐閣，1986) 298頁も「所有者について免責が許されない以上，占有者に免責事由がある事実は証明の必要を生じない。」とする。しかし，占有者免責の抗弁を許さないときは，占有者を被告とする占有者責任訴訟については，どういう判決をするのかが問題となる（訴訟費用負担の裁判についても同じ）。「無過失」の被告に占有者責任を強いる形で，原告を勝訴させることは，法論理性を冒し，あまりにも技巧的であろう（なお，次注(21)参照)。
(21) 占有者免責の抗弁が認められ，占有者責任を訴求する訴訟（旧訴）は原告の敗訴となっても，旧訴係属中に原告が訴えの追加的変更により，所有者責任を訴求する訴え（新訴）を追加するならば（民訴143条），新訴については原告勝訴となるけれども，新訴の追加には旧訴を当然消滅させる効力はない。旧訴の取下げには被告の同意が必要である（民訴261条2項）から，旧訴の取下げを被告が同意しないときは，旧訴は原告の敗訴となる。
(22) 717条1項の土地工作物の占有者責任と所有者責任との関係は，民訴法41条1項の同時審判の申出が許される場合である「訴訟の目的である権利が法律上併存し得ない関係にある場合」の典型例であることが，広く承認されている。このことが示すように，伝統的（旧）訴訟物理論に立てば，両権利は相互に両立し得ない関係にあって，単一の権利を構成する因子の差異にとどまるものではない。この理は，占有者と所有者とが同一主体である場合でも変わらないから，占有者責任を訴求する訴えを所有者責任を訴求する訴えに変更する手続は，民訴法143条の訴えの変更手続に従ってなされるべきことになる。

(3) 間接占有者に対して責任を問う訴訟

(a) 間接占有者の要件

土地工作物の占有者の責任を考察するに当たって，民法717条の占有には間接占有も含まれるのかが議論された時期が過去にはあった。

この論点について，最判昭31・12・18民集10巻12号1559頁が，「民法717条にいわゆる占有者には特に間接占有者を除外すべき法文上の根拠もなく，またこれを首肯せしむべき実質上の理由もないから，国は右建物の設置保存に関する瑕疵に起因する損害については当然に右法条における占有者としてその責

第2章　要件事実・事実認定——各論

に任ずべきものと解するを至当とする。」と判示した（事案は，国が賃借して占領軍に占有，使用させている建物の瑕疵によって，第三者が損害を被ったことを理由に，直接占有者である占領軍に対してではなく，間接占有者である国に損害賠償を訴求したもので，結果は，原判決破棄，原審差戻しとなった）。この最判昭31・12・18を契機として，間接占有者も民法717条1項の占有者であり得ること自体については，ほぼ異論を見なくなった。

　しかし，上記判決を卒然と読めば，間接占有者は，ただ間接占有を有するということだけで，当然に民法717条の占有者責任を負担すると判示したように読めるところから，直接占有の場合と同様に，間接占有にあっても，ただ単に土地工作物の間接占有（者）であることで足りるのか（同義説の立場），それとも，「間接占有（者）である」という要件（要件ⓐ'）のほかに，「その瑕疵を修補し得て損害の発生を防止し得る関係にあるもの」という要件（要件ⓑ）も兼ね備えて，初めて土地工作物の占有者としての責任を負うと解する（再構成説）かが，直接占有（者）の占有要件の場合と同様に問題となる（直接占有については1⑴(a)，(b)参照）。

　ちなみに，上記最判昭31・12・18の原審である東京高判昭29・9・30下民集5巻9号1646頁は，「民法717条にいわゆる占有者とは，工作物を事実上支配し，その瑕疵を修補し得て損害の発生を防止しうる関係にあるものを指す」と解釈し，「（占領）軍において右建物を占有支配し，その修理工事についても，その要否，時期，資材，方法及び範囲に亘りこれを指揮し，その監督の下になされた」事実を認定した上で，国は同条にいわゆる右建物の占有者に当たらないと説き，国に対する損害賠償請求を退けている。

　このように，上記判決の理由の核心は，民法717条の占有者であるためには，工作物を事実上支配し，かつ，「瑕疵を修補し得て損害の発生を防止しうる関係にあるもの」という要件（同義説では要件としないが，再構成説では1⑴(b)で要件ⓑとしたものと実質的には同じ要件である）も必要であるかという点にあって，まさに土地工作物の「占有者」概念の核心に触れるものである。

　(b)　同義説及び最判昭31・12・18の立場
　(a)の最判昭31・12・18を，その原審である東京高判昭29・9・30と対比して検討すれば，次のように言える。

東京高判昭 29・9・30 は，1(1)(b)に挙げた ⓑ の要件すなわち，「その瑕疵を修補し得て損害の発生を防止し得る関係にあるもの」という事実を重視し，国の間接占有者たる地位を否定しているから，再構成説と同じ考え方に立っているといえる。これに対して最判昭 31・12・18 は，1(1)(b)で述べた ⓑ の要件については全く言及せず，間接占有も当然民法 717 条の「占有」に含まれるとの単純で素朴な理由付けによって，原審判決を破棄している。この判旨から見ると，最判昭 31・12・18 は伝統的通説である同義説と同じ考え方に立っているものとみてよい[23]。

同義説の立場では，物権法的に土地工作物を間接占有する者は，それだけで 1(1)(b)で述べた ⓐ の要件を満たすから，民法 717 条 1 項の「占有者」に該当し，同条項に定める占有者責任を負うことになるはずである（「はずである」と曖昧に表現したのは，最判昭 31・12・18 の理解の仕方について問題があることが指摘されているからである。後述 1(3)(e)(ア)参照）。

(c) 再構成説及び東京高判昭 29・9・30 の立場

民法 717 条 1 項の「占有者」とは，直接占有（者）に限られるものではなく，間接占有（者）でもよいことについては，前掲最判昭 31・12・18 が明言するとおりであり，一般論としてはこれについて異論をみない。しかし，肝心なことは，その間接占有（占有代理人に直接占有があること，すなわち ⓐ の要件を満たす事実と占有代理関係があること，すなわち ⓒ の要件（次の(d)(ア)で述べる占有代理関係）を満たす事実とが複合して，間接占有により「工作物を事実上支配」するという事実が成立すること）のほかに，同条の占有者責任を問うためには，「その瑕疵を修補し得て損害の発生を防止し得る関係にあるもの」という前記 ⓑ の要件（直接占有において，1(1)(a)及び(b)で同義説と再構成説とを分かつ要件として取り上げたもの）も必要と解釈するかどうかにある[24]。

再構成説の立場では，先に直接占有（者）について ⓐⓑ 2 つの要件が必要であるとしたのと同様に（1(1)(a)及び(b)参照），間接占有についても ⓑ 要件は不可欠であり，民法 717 条 1 項の占有に該当する間接占有は，物権法上の間接占有とこの点で違いがあり，物権法上の間接占有と同義ではないと理解する。具体的にいえば，土地工作物について ⓐⓒ 及び ⓑ の要件を備えた場合に民法 717 条 1 項の「(間接)占有者」となるのであって，ⓑ の要件を欠く間接占有（者）は同

条項の占有者責任を負わないことになる。前掲東京高判昭29・9・30は，まさに国の立場がこれに該当するとして，ⓑ要件を欠く国の国家賠償責任を否定したものである。

このように，再構成説では，物権法上の占有者をすべて無条件に民法717条1項の「占有者」とはせず，物権法上の占有者であってもⓑ要件を欠く占有者は除くから，所有者責任の訴求はそれだけ簡明かつ容易になるという結果をもたらすことになる(25)。

　(d)　間接占有者に対する請求原因と間接占有者免責の抗弁
　㋐　間接占有者に対する請求原因

土地工作物の瑕疵による損害の発生時に，ZがYを占有代理人として当該物件を間接占有していたといえるためには，ⓐ要件（Yが同物件を直接占有していること）のほかに，ⓒ要件（間接占有者Zと直接占有者Yとの間になんらかの占有代理関係を発生させた事実，たとえば賃貸借など）が必要である(26)。このⓒ要件は，下記ブロック・ダイアグラムで㋳'として表示してある。ちなみに，この占有代理関係は，Y・Z間に事実上存在すれば足り，法律上有効であることは必要でないことは，物権法で一般に説かれているとおりである。

なお，間接占有の場合でも，上述のⓑ要件の要否について，再構成説と同義説とで見解が分かれることは，直接占有の場合と同様である。

【請求原因】間接占有者に対して
㋐
㋑
㋒　│　1(2)(a)の請求原因㋐〜㋳と同じ
㋓
㋔

㋳'　│㋒の時までに，Y・Z間に占有代理関係を発生させた事実│

【抗弁】間接占有者の免責
㋕'　│Zは㋒の際，㋒の損害防止に必要な注意義務を遂行│

【不利益陳述】直接占有者の存在
　㋐　1(2)(a)の請求原因の㋐と同じ
　㋑　抗弁：間接占有者の免責（無過失）
　上記㋐の請求に対して，間接占有者Zは，民法717条1項但し書に基づく免責（無過失）を抗弁とすることができるのは，直接占有者Yを被告とする場合の免責の抗弁と同様である（直接占有については1(2)(a)及び(b)参照）。
　ただし，ブロック・ダイアグラム㋕'のうち「損害防止に必要な注意義務」の具体的な内容は，直接占有者の場合と全く同一ではない。間接占有にあっては占有代理人が土地工作物を直接占有しているので，損害防止に必要な注意義務にも自ずと差異があるのは当然である。上記㋐のブロック・ダイアグラムの上で，直接占有者（被告）Yの注意義務の遂行（免責）は㋕であったが，間接占有者（被告）Zの注意義務の遂行（免責）は㋕'と表示してあるのはこの差異に基づくものである。
　具体的には，たとえば建物の瑕疵が後発的なものである場合に，借家人（あるいは転借人）からその旨の通知若しくは修理請求が賃貸人に対してされない場合には，賃貸人に危険の発生及び認識がないのが通常であろう。そうであれば，間接占有者である賃貸人あるいは転貸人の免責に必要な注意義務の遂行（順守）は，瑕疵の認識がある直接占有者の注意義務の遂行（順守）よりも縮減するのが通常であろうから，その分だけ直接占有者よりも免責が認められ易くなる[27]。
　㋒　不利益陳述：直接占有者の存在
　上記㋐㋑で述べたように，間接占有者に対する請求原因を構成する要件事実のうち㋐（Yの直接占有）は，㋐'（Y・Z間の占有代理関係）とあいまって，Zが間接占有（者）であること，その占有代理人としてYが土地工作物を直接占有していることを示している。したがって，被害者Xが間接占有（者）Zを被告として損害賠償請求をする場合には，㋐も㋐'も請求原因として必要不可欠なために，Xによる請求原因の主張・立証の段階で，不可避的に当該土地工作物の直接占有者Yの存在が訴訟上に（口頭弁論において）現れざるをえないのである。
　間接占有者Zを被告とする訴訟において，上述のようにして直接占有者Yの存在が口頭弁論に現れた場合に，これが攻撃防御にどのように影響するかは，直接占有者と間接占有者の関係の理解の仕方に係わる問題であるので，項を改

めて取り上げる (次の(e), (f)参照)。
　(e)　間接占有 (者) と直接占有 (者) の相互関係
　(ｱ)　最判昭 31・12・18 における間接占有 (者)
　民法 717 条 1 項の占有者責任を論じるに当たっては，間接占有者の責任と直接占有者の責任との相互関係をどう理解すべきかについて明文がなく，もっぱら解釈に委ねられているので，同義説と再構成説の対立がここにも投影することは避けられない。
　間接占有者の責任を認めた最判昭 31・12・18 (1 (3)(a)) は，間接占有者の責任と直接占有者の責任との相互関係について，「民法 717 条にいわゆる占有者には，特に間接占有者を除外すべき法文上の根拠もなく，またこれを首肯せしむべき実質上の理由もないから」と説くだけで，相互関係についてはなんの考慮も示していない。そのため，「代理占有が成立している場合には，直接占有者と間接占有者とが全く同じように—あるいは連帯して—責任を負うべきことを一般的に認めたことになって，誤解を招くおそれがある」と指摘されている (前掲注(4)掲出の末川評釈参照)。
　上掲末川評釈は，最判昭 31・12・18 の判旨について，「第 1 次の責任者が占領軍であり，当時においては，恐らく，占領軍の責任を問うことが許されなかったであろうから，第 2 次の責任者としての間接占有者たる被上告人国が責任を負わなければならないのである。」と説く。
　この評釈の理解するところに従うと，最判昭 31・12・18 は，直接占有者の責任を問うことが難しい特異な事案について，間接占有者の責任を肯定した単なる事例判決に止まり，一般的に間接占有者と直接占有者との関係を判断したものではないことになる。同義説の立場を貫徹するならば，物権法上の間接占有者も民法 717 条 1 項の占有者に該当することは，しごく当然の論理であって，上掲判文は，直接占有者の責任と間接占有者の責任との間に優先劣後の序列はなく，並立的な責任であるとの理解に立って判断したものとみることも不可能ではない。
　このように，上掲判決が先例としてどれだけの意義をもつものかが論議され，上掲判決後の下級審判決及び学説は，間接占有者の責任と直接占有者の責任との間に一定の関係があるべきだとする考えに立って，解釈上，両占有の間の優

劣あるいは順序付けを明らかにしようと試みてきたといえる[28]。

　(イ)　間接占有者第2次責任説

　このような経緯を経て，現在までの下級審判例は，直接占有者を第1次責任者とし，その免責が成立する場合に間接占有者が第2次的責任を負担するが，この間接占有者の責任は所有者責任には先立つと理解する方向にある（以下，この方向を支持する見解を「間接占有者第2次責任説」と呼ぶ）[29]。

　それでは，間接占有者第2次責任説は，どのような理由ないし根拠に基づいて間接占有者の責任を，直接占有者との関係で，第2次的なものと位置付けるのであろうか。この問題についてある程度踏み込んだ見解を示している横浜地判昭51・9・9（後掲注[29]③所掲）は，民法717条1項は，「危険責任の見地に立ちつつ，<u>危険な工作物に対する支配関係の強弱によって，その責任負担の順序を定めようとする趣旨と解することができる</u>」（アンダーラインは筆者）とし，この解釈を根拠に，間接占有は「危険な工作物に対する支配関係」が直接占有よりも弱いという判断に基づいて，間接占有者の土地工作物占有責任は，直接占有者の責任が免責された場合に成立する第2次的責任と位置付けている。

　確かに，所有者対占有者の範囲に限定して考えれば，民法717条1項は上掲判旨のとおり解釈されるべきであると思う。そうであれば，横浜地判昭51・9・9がいう「危険な工作物に対する支配関係の強弱」とは，再構成説が掲げる占有の要件のⓑ（1(1)(b)参照），すなわち，「その瑕疵を修補し得て損害の発生を防止し得る関係」（「瑕疵修補・損害防止関係」と略する）と実質において同じか，大差のない理解であると考えられる。この把握が正しいとすれば，同判決が説くところは，実は再構成説（1(1)(b)所掲）の立場又はこれに準じた立場であり，実質的には再構成説に属するものと理解してよいであろう[30]。

　間接占有者第2次責任説に立っていると解される下級審判決は少なくない（後掲注[29]参照）。しかし，横浜地判昭51・9・9を除いて，なぜ直接占有者が第1次責任を負い，間接占有者が第2次責任となるのか，その実質的理由を詳らかにしていない。おそらくは横浜地判昭51・9・9と同じか，あるいはこれに近いと推測されるが，横浜地判昭51・9・9では，「危険な工作物に対する支配関係」あるいは「瑕疵修補・損害防止関係」が，間接占有より直接占有に強く存在するとの認識が支えとなっているように理解できる。そして，多くの場合

に，支配関係もしくは瑕疵修補・損害防止関係が間接占有者より直接占有者に強く存在することは肯定してよいであろうから，間接占有者第2次責任説のいうように，直接占有と間接占有の間で責任の序列化を行うことを肯定してよいようにも見える。

しかし，支配関係もしくは瑕疵修補・損害防止関係が，間接占有よりも直接占有に強く存在するとの上記の認識は，事実認定上の経験則を述べたにとどまり，直接占有者を第1次責任者，間接占有者を第2次責任者と定めた法規範を認識したことにはならない。民法717条1項は占有者と所有者との間での責任の序列を定めているが，だからといって直接占有者と間接占有者との間にも同様の序列を民法が定めていると解釈するのは早計である。わずかに，民法717条1項を直接占有者・間接占有者という占有者相互の関係に類推し，適用することの当否を問題とする余地があるくらいであろう。

そうだとしても，同条項の所有者責任は，占有者が無過失の場合に所有者に無過失責任を負わせて，被害者の保護を厚くする目的でとくに設けられた日本民法独自の規定である。そして，同条項は，このように所有者責任を加えたことに伴い，占有者責任との相互関係を明らかにするために第1次責任・第2次責任という序列を定めたものである(31)。このような立法趣旨を踏み越して，占有者相互間に第1次責任と第2次責任という序列を設けることは，意図したかどうかにかかわりなく，占有者に対する損害賠償請求を掣肘（制約）するものであって，被害者の保護を厚くしようとする同条項本来の目的に逆行した解釈である。このように考えるので，本条項の類推適用は合理性を欠いた解釈論であって，支持できない。

(ウ)　再構成説の立場

再構成説は，土地工作物の占有におけるⓑ要件すなわち支配関係もしくは「瑕疵修補・損害防止関係」を危険物責任の本質に由来する核心的な基準として定立し，その存否・強弱によって占有者責任の存否を定める立場であり，そうすることが危険物責任の本質に適った解釈であると考えるものである。観点を変えて言えば，再構成説は，危険物責任の核心である支配関係若しくは「瑕疵修補・損害防止関係」を基準にして，占有者責任の存否を定めるべきであって，直接占有・間接占有という占有の種類は，占有者責任を第1次と第2次と

に分別し，序列化する基準としては機能しないと理解すべきである[32]。

そして，直接占有か間接占有かを問わず，上述の基準に照らして占有者責任を負うべき者が複数いる場合には，各自のⓑ要件（すなわち，危険の支配関係もしくは「瑕疵修補・損害防止関係」）の相対的な強弱・大小に応じて，占有者責任に基づく損害賠償義務の内部的負担割合を定めるのが公平である。このような内部的負担割合決定の基準という局面で，「危険の支配関係もしくは『瑕疵修補・損害防止関係』」がはじめて意味を持つと理解すればよい。

(f) 間接占有者責任の第2次性をめぐる攻撃防御方法

(ア) 不利益陳述：直接占有者の存在

(d)(ウ)で触れたように，間接占有者第2次責任説に立つときは，損害発生当時，直接占有者（第1次責任者）Yが土地工作物を占有していたこと（1(3)(d)の請求原因㋐と同じ事実）が主張・立証されれば，間接占有者（第2次責任者）Zはとりあえず損害賠償責任を免れる。

間接占有者第2次責任説に拠った場合の下記ブロック・ダイアグラムの抗弁㋕（間接占有者の責任の2次性＝直接占有者の存在）は，このような効果を生む防御方法であるから，本来ならばこの効果の享受を欲するZ（被告・間接占有者）が㋕の要件に当たる事実を抗弁として主張・立証することになるはずである。

しかし，この抗弁に該当する事実は，原告により請求原因の要件事実㋐としてすでに主張されており，その立証責任も請求原因として原告が負っている（1(3)(d)参照）。つまり，原告による㋐の事実の主張は，民訴法上の対立当事者間における主張共通の原則により，同時にZの上記抗弁としても機能するから，原告にとって不利益をもたらす抗弁事実をXが自ら主張・立証することになる。このような原告の不利益陳述は，被告Z自身が㋕の事実を抗弁として主張していない場合でも，民訴法上はその主張があったと同じ効果をもたらすから，原告Xはこれに対する再抗弁をも請求原因の中で主張・立証する必要に迫られる[33]。

【抗弁】間接占有者第2次責任説に拠った場合の「直接占有者の存在」

㋕　　㋒の際，Yは㋑の土地工作物を占有　　実は請求原因㋐で原告が不利益陳述

第2章　要件事実・事実認定——各論

　(イ)　再抗弁（不利益陳述㋖に対して）：直接占有者の免責
　間接占有者第2次責任説に立つときは，上記(ア)のとおり，請求原因㋖（Yの直接占有）の事実が「間接占有者Zの責任の第2次性」の抗弁としても機能するから，この抗弁に対する再抗弁に当たる事実をXが提出しないときは敗訴の危険にさらされる。そこでXは，下記ブロック・ダイアグラムの㋕（直接占有者Yの免責（無過失））を主張・立証することになる。
　㋕の事実は，これによってXに有利な効果をもたらす攻撃方法である。すなわち「直接占有者Yの存在」という本来なら抗弁事項であるものを，Xが請求原因㋖として自ら主張・立証するので，直接占有者Yは免責されること（これにより間接占有者Zの第2次責任が発生すること）をも合わせて主張・立証することによって㋖の効果を破るのである。つまり㋕は，本来なら再抗弁事項となるはずのものであるが，㋖が請求原因に現れているために，㋕もまた請求原因の中でXが主張・立証せざるをえないのである[34]。

【請求原因】直接占有者Yの免責（無過失：実は不利益陳述㋖に対する再抗弁）
　㋕　　　Yは㋑の時までに，㋒の損害防止に必要な注意義務を履行　　　1(2)(a)の
　　　　抗弁㋕と同じ

　(ウ)　再構成説と間接占有（者）
　他方，再構成説は，直接占有者に対する関係で間接占有者の責任を第2次的なものと定めた法規範は存在しないと考えるから，直接占有者の存在という㋖の事実だけで間接占有者がとりあえず損害賠償責任を免れるということ（次の2参照）にはならないことになる。
　それよりも再構成説にとって重要なことは，土地工作物について前述のⓑの要件，すなわち土地工作物の瑕疵に対する「支配関係」若しくは「瑕疵修補・損害防止関係」の具備であり，これを具備した間接占有者は，ⓑ要件を備えた直接占有者と同列に（区別することなく），民法717条1項の損害賠償責任を負うことになる（両者が損害賠償責任を負担するとなれば，共同不法行為の成立が考えられよう）。
　したがって，再構成説に立てば，㋖（直接占有者の存在）単独では独立した抗

弁となりえないから，間接占有者Zが自分の占有者責任の免責を得るためには，㋕'の抗弁（1⑶⒟㋐及び㋑）の間接占有者の免責（無過失））を主張・立証する必要がある。

⑳ 同義説を支持する学説としては，末川・前掲注⑷が挙げられる。末川・上掲は，最判昭 31・12・18 の原審である東京高判昭 29・9・30 のように占有者を限定的に理解する再構成説には反対し，瑕疵のある工作物を占有する者は，全て民法 717 条の占有者に当たると解釈すべしと説く。ただし，末川・上掲は，間接占有が成立している場合には，先ず代理人たる直接占有者が責任を負い，次に，本人たる間接占有者が責任を負うものと解するのが妥当であるとするので（末川・権利濫用の研究（岩波書店，1949）240 頁参照），単純に占有（間接占有）があるとの一事で一律に占有者責任を負わせるものではないことを説いているから，修正された同義説とでも呼ぶのが適切かもしれない。しかし，修正された同義説に対しては，危険物責任を負担する占有者と負担しない占有者とを分かつ要件は何かを問わなければならない（後述「⒠ 間接占有（者）と直接占有（者）の相互関係」で改めて検討する）。

㉔ 同旨，平井・前掲注⑴ 67 頁，内田・前掲注⑵ 472 頁，奥田＝潮見編・前掲注⑴ 223 頁など。

㉕ 所有者責任の訴求には，第 1 次責任者である占有者の免責の立証が必要な場合が多いから，直接・間接を問わず，占有者の人数が少ないことは訴求を簡明にする。ビルの 1 室を転貸して転居した者は単なる間接占有者にすぎないとして，民法 717 条 1 項の占有者性を否定した判例に東京地判昭 48・10・22 判時 736 号 61 頁がある。

㉖ 東京地判平 5・7・26 判タ 863 号 232 頁・判時 1488 号 116 頁は，工場板張りの床に賃借人が据え付けた製綿機械について，電源コードと共に土地工作物に当たるとし，建物賃借人の直接占有を認めたが，建物賃貸人の直接占有は当該機械についての契約上又は事実上の管理支配関係が認められないとして，否定した。

㉗ 後掲注㉙②掲出の東京地判昭 50・3・30 は，民法 709 条の過失の有無についての判断において，「建物の所有者兼賃貸人は，自己が賃貸している建物及びその敷地の状況を常に（細部にわたってまで）知っている必要はないというべきである」と判示しているのが参考になる（括弧内は筆者の推測で挿入）。

㉘ 名古屋地判昭 53・12・15 判タ 388 号 144 頁は，いきなり所有者を被告として出訴した場合に，直接・間接すべての占有者について「無過失（免責）」が証明される必要があるものではないと説く。

㉙ 川井・前掲注⒀ 452 頁は，「占有者の中には間接占有者が含まれるが，直接占有者が第 1 次的責任を負う場合には，間接占有者の占有は生じないとする裁判例が多い。」とする。間接占有者の責任は直接占有者が免責された場合の第 2 次的責任であり，所有者責任には先立つとの趣旨を判示する下級審判例に下記のものがある。

第2章　要件事実・事実認定——各論

㉖　福岡地小倉支判昭47・8・28判タ283号172頁：土地工作物の間接占有者の責任は，直接占有者が免責される場合に，所有者に先立って損害賠償責任を負うという二次的責任である。
㉗　東京地判昭50・3・30下民集26巻1～4号284頁：土地工作物（汚水層の蓋）の1次的責任者である直接占有者の責任が認められることを理由に，2次的責任者である間接占有者の責任を否定し，間接占有者の所有者としての責任も同じ理由で排斥した（さらに，民法709条の過失責任も証拠がないとして排斥）。
㉘　横浜地判昭51・9・9判タ352号253頁：（民法717条1項が）瑕疵ある工作物の「占有者」を損害賠償責任の第1次的負担者とし，右「占有者」が損害の発生を防止するに必要な注意をなしたとして免責されるときにのみ，「所有者」が第二次的に損害賠償責任を負担するとしているのは，危険責任の見地に立ちつつ，危険な工作物に対する支配関係の強弱によって，その責任負担の順序を定めようとする趣旨と解することができるのである。このような理解が正しければ，間接占有者は，直接占有者の占有支配を通じて観念的に工作物を支配するに過ぎないものであるから，間接占有者は，直接占有者が免責されるときにのみ，所有者であるときは所有者として，所有者以外の間接占有者であるときは，占有者に準じて，第2次的に責任を負担するものと解した判例として理解するのが相当であろう。
㉙　前掲注㉖の東京地判平5・7・26：民法717条1項にいう占有者には間接占有者も含まれるが，その責任は，土地の工作物の直接占有者が免責される場合に，所有者に先立って損害賠償責任を負うという第2次的責任であるから，間接占有者の責任を追及する場合には，直接占有者が同条1項但し書にいう損害の発生を防止するに必要な注意をしたことを主張・立証することを要するものというべきである。
㉚　同義説は，物権法上の間接占有があれば必ず民法717条1項の間接占有があるとする立場であるから，「危険な工作物に対する支配関係」の存否・強弱を基準にして同条項の占有があるか否かを判断する余地はないはずである。
㉛　717条の立法に際して所有者責任が取り込まれた経緯については，五十嵐・前掲注⑲303頁「工作物責任の沿革及び性質」，星野英一ほか編・民法講座6「工作物責任・営造物責任」（有斐閣，1985）530頁〔植木哲〕。
㉜　平井・前掲注⑴67頁が指摘するところである。もっとも，概して言えば，直接占有の方が間接占有よりも「瑕疵修補支配関係」が強かったり，大きかったりすることが多い，という程度のことは，経験則上言えないことはない。しかし，常に直接占有の方が「瑕疵修補支配関係」が強いとは言えないことは，本文1⑵(b)(ア)の賃貸人（間接占有者）が修繕義務を負う場合を引合いに出せば十分であろう。
㉝　上記1⑶(f)(ア)の㋒と1⑵(a)の抗弁㋒とは事実として同じである。しかし，1⑵(a)の請求原因では直接占有者Yを被告とするため，請求原因に㋐が存在する。他方，上記1⑶(f)(ア)の㋒では，間接占有者Zを被告とするため，請求原因に㋐と㋐'は必要なの

だが，㋐によって生じるYの責任が，間接占有者第2次責任説の下では，Zの責任の訴求の妨げとなるために，原告は上記㋑を主張・立証する必要がある。

(34) このように原告の主張・立証責任と解することについては，反対説も考えられる (2(1)(a)(ウ)及び2(2)(d)の抗弁説参照)。しかし，前掲注(29)の④の事案では，㋑の事実を主張・立証せず，間接占有者の責任追及の点は敗訴している。

2　所有者の責任を問う訴訟

(1)　所有者責任の性質と攻撃防御方法

(a)　いきなり所有者責任を追及する訴訟の場合

(ア)　所有者責任の補充性（第2次性）

民法は土地工作物の所有者については，たとえ損害を防止するために必要な注意を尽くしたとしても，占有者のような免責の規定がないから損害賠償責任を免れず，この危険物所有者の責任は無過失責任であると説明するのが判例・学説の大勢である。ただし，この点については異なる理解もある(35)。

責任の性質をどう理解するかは別として，土地工作物の所有者の責任は，占有者の責任が免責される場合の第2次的責任であることは，民法717条1項但し書の規定から明らかである。しかし，占有者が第1次的責任を負うからといって，被害者Xが，占有者Yに対して損害賠償請求訴訟を提起しないで，いきなり所有者Eに対して損害賠償請求訴訟を提起することが不適法になるわけではない。民法717条1項但し書は，所有者を被告として訴えを提起する場合の訴訟要件を定めた規定ではなく，実体法上の第2次性（占有者に免責事由が存在して損害賠償請求権が発生しない場合には，所有者に対する損害賠償請求権が発生するとの「補充性」）を定めたにとどまるからである。この責任（権利）の補充性（第2次性）を攻撃防御方法の観点からいえば，次のとおりである。

(イ)　所有者責任の補充性（第2次性）に基づく攻撃防御方法

被害者Xがいきなり土地工作物の所有者Eを被告として損害賠償請求訴訟を提起し，占有者Yに対しては損害賠償請求訴訟を提起しない場合には，原告Xが請求原因事実を漏れなく主張・立証できたとしても，被告Eが抗弁として，「損害発生当時は訴外Yが土地工作物を占有していた」との事実を主

張・立証できれば，訴外Yの占有者としての第1次責任が免責されないかぎり，被告Eの所有者責任を問うことはできない。したがって，Y免責の事由が主張・立証されない場合には，被告Eが勝訴する。もし，訴外Yに免責事由があって，Xが再抗弁として，「損害発生当時，訴外Yには免責（無過失）事由があった」ことを主張し，立証できた場合には，第2次責任である被告Eの所有者責任を問うことができるから，前の例とは違って，原告Xが勝訴し，被告Eは結局敗訴することになる[36]。

「訴外Yの占有」という抗弁を主張・立証するかどうかは被告Eの自由である（この抗弁の性質は，保証人の催告（民452条）・検索の抗弁（民453条）と同じ性質の延期的抗弁であろう）。したがって，この抗弁が主張されないか，主張されても立証できない場合には，所有者責任の第2次性を考慮する余地がないから，Eの所有者責任の存否をストレートに判断することになる。

(ウ) 再抗弁説と抗弁転換説

以上を要約すると，攻撃防御方法としての民法717条1項但し書は，

① 「占有者の存在」を抗弁として主張・立証でき[37]，
② この抗弁に対する再抗弁として，「占有者の免責（無過失）」を主張・立証できる，

ことを規定したものと理解することになる（以下，これを「再抗弁説」と呼ぶ）。

この再抗弁説とは異なり，②の点の主張・立証責任を転換させて，所有者側に②の反対の事実の主張・立証責任を負わせるべきであるとの見解もある（以下，これを「抗弁転換説」と呼ぶ）。抗弁転換説は，②の「占有者の免責（無過失）」の主張・立証責任を被害者側（原告）に負わせるのは酷であるとの理由により，主張・立証責任の転換を図った解釈である[38]。民法717条1項をこのように解釈した場合の攻撃防御方法については，項を改めて検討する（後記2(2)(d)参照）。

(b) 所有者の間接占有

上記(a)は，所有者Eの責任を追及するに当たって，土地工作物の直接占有が訴外Yにあることを前提として論じてきたが，このような場合には，Yの直接占有を介して所有者Eが当該土地工作物を間接占有しているのが通常である。そして，同義説か再構成説かによって民法717条1項の「占有」の概念には差異があるけれども，その点を別にすれば，いずれの説によっても間接占

有が民法717条1項の占有に該当することは，1(3)で検討したとおりである。

　そうすると，いきなり所有者Eを被告として，被害者XがEの所有者責任を追及する訴訟を提起した場合には，次の①②の攻撃・防御方法を主張・立証できるかが問題となる余地がある[39]。

　① 被告Eは，所有者責任の第2次性（補充性）を根拠に，上記(a)の場合に準じて，「Eの（間接）占有の存在」（間接占有者の要件事実は1(3)(d)(ア)参照）を抗弁として主張・立証すること。

　② 原告Xは，上記①に対して，「（間接）占有者Eの免責（無過失）」を再抗弁として主張・立証すること[40]。

　この問題については，1(2)(b)(ウ)及び同所の注(20)，注(21)で述べたように，民法717条1項の所有者責任（損害賠償債権）と占有者責任（損害賠償債権）とは請求原因（事実）を異にし，それぞれ別個の債権を訴求するものである（民訴法41条もこれを予定している）から，2つの訴訟は訴訟物を異にするものと理解されるべきである。そうであれば，従前の所有者責任を訴求する訴えは，①の抗弁が認められ，②の再抗弁が認められないときは原告敗訴となり，①の抗弁が認められ，②の再抗弁も認められるときは原告勝訴となって，決着がつくことになるから，上記①②を主張・立証することは許容されなければならない（②の再抗弁が認められないときのために，原告が被告Eの占有者責任を訴求する訴えを追加することについても，1(2)(b)(ウ)及び同所の注(20)，注(21)の場合に準じて処理されるべきである）。

　　(35) 瑕疵は過失が客観化された注意義務違反の状態であるから，厳密な意味での無過失責任とは趣を異にすると理解する学説として，五十嵐・前掲注(19) 307頁。なお，同書引用の学説参照。

　　(36) 名古屋地判昭53・12・15判タ388号144頁同旨。この点は単純保証人の催告の抗弁権，検索の抗弁権が一時的履行拒絶の効果を生じる延期的抗弁権であることと類似する。

　　(37) 本文①の抗弁（占有者の存在）は，土地工作物の占有概念を再構成説によって理解する場合と同義説によって理解する場合とでは，著しく趣を異にする。同義説に立つときは，物権法上の占有者全員について①の抗弁を主張・立証できるが，再構成説に立つときは，①の抗弁を主張し，立証することができる占有者は，物権法上の占有者であるだけでは足りず，前記1(1)(b)及び1(3)(e)(ウ)で検討した⑥要件を具備していなければならないから，両説がもたらす訴訟手続の煩瑣・簡明の差は大きい。

　　(38) 内田・前掲注(2) 484頁は，「所有者の責任を追及するには，原告の方で占有者が免

責されることを主張・立証しなければならないのだろうか。それでは余りに原告の負担が大きくなるので，所有者の方に立証責任があると解すべきである。」と説く。この見解に基づけば，所有者（被告）は，占有者の免責がないこと，すなわち民法717条1項但し書の「占有者の存在」及び「（占有者が損害の発生を防止するのに必要な注意をしたことの）反対事実」を主張・立証する責任を負うことになるであろう。また，平井・前掲注(1)68頁は，責任主体をできるだけ占有者に一元化するという解釈論に立って，請求原因としてではなく，所有者側の抗弁事由になると説明する。このような立証責任の転換をどう取り扱うかについては，後掲注(47)参照。

(39) これは，1(2)(b)(ウ)の場合（被告である直接占有者が所有者でもあるとき，占有者免責の抗弁を許すかどうかを問題とした場合）の占有者と所有者とが入れ替わった形であるから，同所の注(20)で示した否定説と同じような理由で，本文の場合についても抗弁を許さないとする見解があり得る。

(40) 内田・前掲注(2) 484頁は，「解釈論としては，（中略）所有者に土地工作物の事実上の支配を認めうるなら，所有者にも占有者としての地位を与え，本来の占有者と併存的に責任主体とすべきだろう。」と説く（原文では，所有者，占有者はA，Cとなっているが，便宜上，筆者が置き換えた）。

(2) 請求原因・抗弁・再抗弁のブロック・ダイアグラム

(a) ブロック・ダイアグラム

上記(1)で述べたところを踏まえて，土地工作物の瑕疵によって損害を被った被害者Xが，その所有者Eに対して損害賠償を請求する訴訟における一般的な攻撃防御方法をブロック・ダイアグラムの形式で表すと，請求原因，抗弁及び再抗弁は次のようになる。

【請求原因】所有者責任
㋐
㋑
㋒   1(2)(a)の請求原因㋐～㋔と同じ
㋓
㋔″ | ㋒より前，Eが㋑（土地工作物）の所有権を取得した原因・行為（年月日） |

【抗弁1】Eの所有権喪失（売却）
㋖ i | E・A ㋑（土地工作物）を売買 ㋔の後，㋒に先立って（年月日） |

ⅱ　A ㊝i 売買に基づく所有権移転登記経由　㋒に先立って（年月日）

【抗弁2】占有者（第1次責任者）Yの存在
㋔　㋒の際，Yが㋑（土地工作物）を占有　　　直接占有を示す

【再抗弁1】所有権の復帰（抗弁1に対して，合意解約）
㋕　E・A ㊝i 売買契約の解約を合意　㋒に先立って（年月日）
　　　　　　　　　　　　　　　　　　　　　　　　所有権復帰原因の例示

【再抗弁2】占有者免責（抗弁2に対して，所有者責任の成立）
㋖　1(2)(a)の抗弁㋕〔占有者Yは注意義務を遂行〕と同じ

(b)　所有者責任の第2次性と請求原因
　いきなりEの所有者責任を問う訴訟を提起する場合に，その請求原因をどのように構成すべきかについては，二つの考え方がある。
　一つは，上掲ブロック・ダイアグラムのように，㋐～㋓及び㋔'を請求原因とし，この請求原因に対して㋔（第1次責任者＝占有者の存在）が抗弁（抗弁2）となり，㋖が再抗弁（再抗弁2）となるとする考え方である（本稿では「㋖再抗弁説」と呼ぶ）。
　他の一つは，㋐～㋓及び㋔'に㋖（占有者の免責（無過失））を加えたものが請求原因であるとする考え方である[41]（本稿では「㋖請求原因説」と呼ぶ）。しかし，㋖は，その論理的な前提として㋔（Yの土地工作物占有）の事実を伴うものである（Yの土地工作物占有がなければ，Yの過失・無過失を論じる余地はない。以下，㋖請求原因説と呼ぶときは，㋔を請求原因に加えたものとして扱う）。
　前記2(2)(a)に掲げた請求原因㋐～㋓及び㋔'は証明できるが，抗弁2の㋔は証明できない場合を例にとると，㋔を証明できない場合とは，たとえば，土地工作物占有者はYでなくAであることが証明された場合，あるいは，占有者がYであるかどうか疑わしい場合（ノン・リケット）が考えられる。このような場合には，㋖再抗弁説であれば，その再抗弁の対象（前提）である抗弁2の㋔の事実（Yの土地工作物占有）が証明できないのだから，再抗弁2の㋖について

判断する必要はなく，Xの請求は認容される。他方，㋕請求原因説によるときは，上述のとおり㋐も請求原因に加わるところ，その㋐が証明できないということは請求原因事実の証明がないことになり，Xの請求は棄却を免れない。㋕請求原因説のこの結論は，所有者責任の不当な軽減であって，合理性を欠くから賛成できない[42]。

以上のとおり，占有者を第1次責任者，所有者を第2次責任者とする民法717条1項但し書は，いきなり所有者責任を訴求する訴えの提起を禁じたり，このような提訴を不適法とする訴訟要件を定めたものと解釈する根拠とはなり得ない。このような訴えが提起された場合には，所有者側に㋐の抗弁（占有者の存在）を許し，被害者側に㋕の再抗弁（占有者の免責）を許しているものと解釈すれば十分である[43]。なお付け加えると，民訴法41条の同時審判共同訴訟は，占有者を被告とする訴訟と，所有者を被告とする訴訟の2つが各別に提起された場合をも想定して創設されている。

(c) **所有権喪失の抗弁・再抗弁**（所有権の移転と復帰）

上記の抗弁2（所有権喪失の抗弁）は，損害発生時にはEは当該土地工作物の所有者でなかった（したがって，所有者責任を負わない）との抗弁である。

この抗弁事実のうち㋖ⅱは，いわゆる登記名義人責任説に従った場合に要件事実となるものとして摘示した。最判平6・2・8民集48巻2号373頁（多数意見）は，所有者Eが主張する所有権喪失が争われる場合には，その所有権の移転（譲渡）行為だけでは足りず，その所有権移転登記も終えていることが必要であると判示したが，従前の判例・学説では，実質的所有者責任説も有力であり，不法行為法の領域では登記を終えたか否かは関係がないとする見解がむしろ実務の大勢であった[44]。本稿では，被告確定の容易さを重視して，登記名義人責任説に拠っているが[45]，実質的所有者責任説に拠るときは㋖ⅱは不要である。

なお，再抗弁2の所有権復帰（合意解約・解除・取消しなど）については，Eに登記が備わったことの主張を摘示していない。これは，登記名義人責任説といえども，Eへの所有権復帰について登記が備わっていない場合に，Xの方で進んでEの所有権復帰を認めることまで否定するものではないと解したからである。したがって，再抗弁2は㋺の事実で足り，Xが登記（合意解約に基づく㋖ⅱ

の登記の抹消など）を具備したことは再抗弁2の要件とならない。

　(d)　**占有者免責**（所有者の補充責任の発生）**と再抗弁説・抗弁転換説**

　再抗弁2は，抗弁2すなわち「Yの土地工作物占有」に対して，X（原告・被害者）は，再抗弁として，占有者Yには民法717条1項但し書所定の免責事由（無過失）があることを主張・立証するものである。Xがこの再抗弁事実を主張・立証できれば，第2次責任者である所有者Eに対して，直ちに勝訴できる（所有者責任は無過失責任である）。

　ただし，先にも触れたが（2(1)(a)(ウ)〔再抗弁説と抗弁転換説〕参照），占有者免責を原告（被害者）の再抗弁として位置付けることに対しては，原告（被害者）の立証責任の負担の軽減を図る観点から，反対する見解（被告すなわち所有者側の立証責任とする抗弁転換説）がある[46]。この見解に従うときは，所有者（被告）が責任を免れるためには，抗弁として，「占有者が損害の発生を防止するのに必要な注意を怠ったこと」をも主張・立証しなければならない[47]。

　(e)　**所有者が直接占有者でもある場合の占有者免責の抗弁**

　土地工作物の所有者Eが同時にその直接占有者でもある場合には，被告Eは，「直接占有者（E＝自分自身）の存在」を抗弁とすることができるかが問題となる[48]。

　この場合でも，占有者存在の抗弁（2(2)(a)における抗弁2の㋔及び2(2)(b)参照）によって，Eがその所有者責任を一旦はかわせるとしても，占有者免責の再抗弁（2(2)(a)の再抗弁2である㋙）が立証されれば，現に訴求されている被告Eの所有者責任（無過失責任）が認容されるから，結果的には特に問題とすべき事由はないように見える。

　しかし，占有者免責の再抗弁を証明できない場合には，1(2)(b)(ウ)で取り上げたと同様の問題が起こる余地がある。すなわち，被告Eは所有者でもあるが，実体法的に第1次的責任である占有者責任を負い，第2次的な所有者責任は発生しない場合であるにもかかわらず，1(2)(b)(ウ)の場合と同じように，その損害賠償債権は金額・履行方法その他の債権の態様において所有者責任と占有者責任との間にはまったく差異がないところから，所有者と占有者とが同一主体である場合には，所有者である被告Eが究極の責任者であることを理由として，所有者責任を訴求する訴訟では「占有者存在の抗弁」を許さないとか，所有者

第2章　要件事実・事実認定——各論

責任のみを認容すれば足りる等の意見が出る余地があるからである[49]。

　この問題については，1(2)(b)(ウ)で検討したように，伝統的な訴訟物観（旧訴訟物論）に立つかぎり，訴訟の目的となっている権利すなわち訴訟物は，当該土地工作物の所有者であることを理由とする損害賠償請求とその占有者であることを理由とする損害賠償請求とでは発生原因が異なるから，両者は別個のものと理解すべきである（民訴法41条1項も両者を別個の権利として扱っている）。そうであれば，2次的責任である所有者責任を訴求する訴訟において，1次的責任である占有者責任が肯定されるときは，所有者責任訴訟の請求は理由がないものとして棄却すべきであり，そのためには所有者責任訴訟において「占有者存在の抗弁」を許さなければならない。

(41)　村上・前掲注(20) 298頁は「所有者に対して損害賠償の請求をする者は，（717条1項）本文の要件事実のほか，占有者に免責事由がある事実の証明責任を負うと解すべきであろう。」と説く。名古屋地判昭53・12・15判タ388号114頁も「被害者は，工作物の占有者に過失がないことを前提として，その所有者に直ちに損害賠償を請求し得るのであって，この場合占有者に過失のないことは被害者の主張，立証すべき請求原因となるに過ぎないのである」と判示するから，結論は同旨であろう。

(42)　所有者責任を訴求する訴訟において，土地工作物の占有者が誰であるかが争点になった場合に，その争点に近い距離にある者つまり，占有者を特定して主張・立証することがより容易な立場にある者は，その土地工作物の所有者であって，被害者ではないのが通常である。それゆえ，㋐の主張・立証責任は所有者に負担させるのが合理的である。ちなみに，請求原因となる事実とは，数量的に可分な請求の場合は別として，その事実の全部が認定できて初めて請求が認容されるものである。したがって，もし，㋺請求原因説が，請求原因㋐の証明がない場合でも請求を認容できると説くならば，㋐は請求原因でないことを自認したことになる。

(43)　ちなみに，抗弁転換説（2(1)(a)(ウ)参照）に立つ場合には，「所有者側が，㋐の事実及び㋑の反対事実をもって抗弁とすることを許したもの」と解釈することになろう。

(44)　最判平6・2・8民集48巻2号373頁は，甲所有地上の建物の所有権を取得し，自らの意思に基づいて，その旨の登記を経由した乙は，たとえ右建物を丙に譲渡したとしても，引き続き右登記を保有するかぎり，甲に対し，建物所有権の喪失を主張して建物収去土地明渡しの義務を免れることはできないと判示し，いわゆる登記名義人責任説を採った。この説を支持するのは，我妻栄＝有泉亨（補訂）・民法講義Ⅱ（物権法）〔新訂〕（岩波書店，1983）172頁，鈴木禄弥・物権法講義〔4訂版〕（創文社，1994）132頁，於保不二雄・物権法（上）（有斐閣，1966）143頁，広中俊雄・物権法〔第2版増補〕（青林書院，1987）245頁，幾代通・不法行為（筑摩書房，1977）162

頁，前田達明・民法Ⅵ2（青林書院，1980）165頁，四宮和夫・不法行為（青林書院，1985）747頁，半田正夫・叢書民法総合判例研究7（一粒社，1977）88頁などで，現在は有力である（登記名義人責任説でありながら実質的所有者責任の訴求も許容する見解は選択説と呼ばれる）。近江幸治・民法講義Ⅵ〔第2版〕（成文堂，2000）232頁。

　実質的所有者責任説を支持するのは，柚木馨＝高木多喜男・判例物権法総論〔補訂版〕（有斐閣，1972）234頁，林良平・物権法（青林書院，1986）81頁，舟橋諄一・物権法（有斐閣，1960）198，43頁，加藤一郎・不法行為〔増補〕（有斐閣，1974）200頁，平井宜雄・不法行為（弘文堂，1992）68頁など。判例として最判昭35・6・17民集14巻8号1396頁，最判昭47・12・7民集26巻10号1829頁等があり，従前の実務はこの説に依拠する例が多かった。

(45)　取引法上の権利変動の対抗要件については多様な議論がある（司法研修所編・改訂紛争類型別の要件事実（法曹会，2006）56，117頁以下参照）。不法行為法上も，登記名義人説の下では，被害者が加害者の所有権喪失を争うことにより「登記の具備を要する第三者」であることが現れるので，加害者に対抗要件具備の主張・立証責任があると解してよい。

(46)　内田・前掲注(2) 484頁。

(47)　717条1項但し書の「占有者の無過失」の反対事実の証明とは，厳密には，①占有者が損害の発生を防止するのに必要な「注意を怠ったこと」を積極的に証明できた場合と，②上記立証がノン・リッケット（non liquet＝真偽不明）に陥り，「注意を怠った疑いがある」場合との2つであるが，本文の抗弁転換説が被害者側の立証責任の軽減を意図したものであることから推して，同説がいう「占有者の無過失」の反対事実とは，上記①のみを指すもののように思われがちである。しかし，そのように理解するときは，占有者責任と所有者責任とが両立し，併存するという事態を生む。すなわち，上記②の立証がノン・リッケット（真偽不明）に陥った場合を考えると，「占有者の無過失」を証明できなかったことになるから，占有者責任を訴求する訴訟で原告（被害者）は占有者に対して勝訴する。他方，所有者責任を訴求する訴訟においても，上記②の立証がノン・リッケットに陥ったということは，「占有者の過失」を証明できなかったことになるから，原告（被害者）は所有者に対しても勝訴するのである。そうすると，民訴法41条1項の同時審判共同訴訟は，2つの請求が法律上併存し得ない関係にあることを要件とするから，この訴訟手続によることはできなくなる。このように2つの請求の両立・併存という事態を招いたのは，所有者責任については，民法717条1項が占有者の無過失を要件としているのに，上記②の占有者の過失の存否が真偽不明（ノン・リッケット）である場合に，所有者の免責を認めないことから生じたもので，証明責任の転換が厳密になされなかったためである。

　この結果が示すように，抗弁転換説がいう「占有者の無過失」の反対事実の証明と

は，上記①が証明された場合に限るのではなく，上記②のノン・リッケットの場合も含めたものでなければならないのである。

(48) 本文で取り上げた所有者を被告とする訴訟と1(2)(b)(ウ)の直接占有者を被告とする訴訟との攻撃防御方法上の決定的な違いは，前者では占有者の免責（無過失）が再抗弁事項であり，原告がその主張・立証責任を負うところにある。占有者免責の立証は必ずしも容易でないことを考慮すれば，いきなり所有者責任を問う本文のような訴訟提起の仕方は，原告にとって危険が大きい。このことは，3で検討する同時審判共同訴訟により，占有者に対する訴求と所有者に対する訴求とを同時に1つの訴訟手続で審理する方法の長所を再認識させる。

(49) 1(2)(b)(ウ)の場合には，占有者責任を問う訴訟において，被告が所有者でもある場合は，占有者免責（無過失）の抗弁を許すかどうかを問題にしたが，ここでは所有者責任を問う訴訟の場合なので，所有者の究極的責任は1(2)(b)(ウ)の場合よりも明瞭であることを指摘できる。

3　占有者と所有者の双方を被告とする訴訟

(1)　民訴法41条制定まで

(a)　主観的予備的併合

民法717条1項の土地工作物の占有者Yと所有者Eとの相互関係をみると，一方に対する訴訟の目的である権利（損害賠償債権）と他方に対する訴訟の目的である権利（損害賠償債権）とは，実体法上は併存することが許されない関係にある。ところが，被害者Xが各別の訴訟手続によってYとEの責任を訴求する場合には，いずれの被告に対する請求も認容され（積極的併存），あるいは棄却される（消極的併存）という事態を生じる可能性があることは否定できない。

民訴法上，このような判断の相互矛盾を防止する法技術として，当事者を異にし，実体法的に両立しないYとEとに対する請求を，1つの訴訟手続で訴求できる主観的予備的併合の許否が議論されてきた(50)。

この理論によるときは，被告を主位的（占有者）と予備的（所有者）とに分け，主位的被告に対する請求が認容されるときは，予備的被告に対する請求は審判されず，主位的請求が認容されないときに，はじめて予備的被告に対する請求が審判されることになるので，予備的被告の訴訟上の地位が不安定なものとな

ることが問題とされ，学説上も支配的見解となるにいたらず，実務にも浸透しなかった。

平成8年の民訴法改正に際しても，主観的予備的併合の導入が問題となったが，採用は見送られて，これに代わる制度として，現行民訴法41条の同時審判共同訴訟の手続が新設され，平成10年1月1日施行された。この同時審判申出の制度の創設までは，民法717条1項の占有者責任と所有者責任との関係をめぐって，訴訟法上は主として主観的予備的共同訴訟の可否として，実体法上は主として占有者責任と所有者責任との相互関係として，否定説から肯定説まで学説は多様な展開を見せたが，最高裁判例は主観的予備的併合について否定説に立っていた[51]。

(b) 同時審判共同訴訟の創設

このような経緯を経て，民訴法の改正に当たっては，主観的予備的併合の導入を見送ることのいわば代償として，同時審判申出に基づく訴訟手続の併合形態が創設された。ただし，同時審判共同訴訟の創設によって，主観的予備的併合（主観的予備的共同訴訟）の必要性が消滅したと見るかどうかは，訴訟法学上まだ決着がついていない[52]。

同時審判共同訴訟では，弁論及び裁判の必要的併合・分離禁止によって，その審級限りではあるにせよ，各別の訴訟手続によった場合に起こりうる判断の相互矛盾を防ぎ，審判の統一が図られる。それとともに，主観的予備的併合の理論の下での予備的被告に付きまとっていた訴訟上の地位の不安定は，同時審判を義務付けることによって払拭された。これを実体法的にみると，同時審判申出が原告にもたらす最大のメリットは，土地工作物の占有者及び所有者の双方を同時審判共同訴訟の被告とすることによって，占有者免責の有無という争点については[53]，いずれに決着するとしても，立証責任の分配の上で原告はいずれか一方の被告に対して必ず勝訴する訴訟構造という点にある。

[50] 新堂幸司・新民事訴訟法〔第3版補正版〕（弘文堂，2005）722頁，高橋宏志・重点講義民事訴訟法（下）〔補訂版〕（有斐閣，2004）274頁。
[51] 主観的予備的共同訴訟を否定した最判昭43・3・8民集22巻3号51頁参照。なお，主観的予備的共同訴訟等をめぐる学説の展開については，ほとんどの民訴法の教科書で取り上げられている。

第2章 要件事実・事実認定——各論

　実体法の分野における占有者責任と所有者責任との関係をめぐる議論も，共同訴訟の形態をめぐる訴訟法上の議論と交錯し，錯綜した。たとえば，「共同占有を有する」所有者に対しては，直接占有者との併存請求を許す見解（併存的責任主体説。平井・前掲注(1) 68頁），所有者の方は資力がありそうな場合でも，裁判では占有者の免責が認められにくいため，責任追及ができない場合があるので，所有者に占有者としての併存的な責任を認めるべきであるとする見解（内田・前掲注(2) 484頁），所有者も危険の創出等に関与していれば，共同占有者とする見解（平井・前掲注(1) 68頁），民法717条の解釈論として占有者と所有者の責任とは並列的なものとする見解（加藤・前掲注⒇ 352頁），占有者と所有者の双方に対して同時に訴訟を提起できるとする見解（五十嵐・前掲注⒆ 352頁，幾代・前掲注㊹ 162頁，四宮・前掲注㊹ 744頁），そのほか多様な見解が発表されてきた。

(52) 高橋・前掲注㊿ 287頁以下及び同290頁注17参照。
(53) 1(2)(a)の㋥，(3)(f)(イ)の㋥，2(2)(a)の場合は【再抗弁2】占有者免責（所有者責任の成立）の㋥など。

(2) 同時審判共同訴訟

(a) 同時審判と攻撃防御方法
(ア) 攻撃防御方法からみた2個の権利の異同

　前述のとおり，民法717条1項の土地工作物についての占有者責任と所有者責任とは，実体法上両立し得ない関係にある。このことは，占有者及び所有者に対する訴訟上の「請求」すなわち訴訟物である損害賠償債権は，民訴法41条1項に規定する「法律上併存し得ない関係」にあることを意味する。この「法律上併存し得ない関係」を攻撃防御方法の視点から説明するために，直接占有者Yを被告とする訴訟を［甲］，所有者Eを被告とする訴訟を［乙］と呼ぶならば，両訴訟の攻撃防御方法は次のようになる。

［甲］　占有者Yに対する損害賠償請求訴訟の部分の請求原因は，1(2)(a)に掲げるとおりであり，これに対するYの防御方法は，同所に掲げた抗弁を主張・立証することである（㋥の前提であるYの直接占有の事実は，請求原因において㋑として主張・立証される）。

［乙］　他方，所有者Eに対する損害賠償請求訴訟の部分の請求原因は，2(2)(b)に掲げるとおりであるが，これに対する被告Eの防御方法は，同所に掲げる㋺の「占有者（第1次責任者）Yの存在」の抗弁を主張・立証すること

である[54]。この㋺の抗弁に対して，原告Xは，再抗弁2すなわち㋻「占有者Yの免責（所有者責任の成立）」を主張・立証することになる（2⑴(a)(ウ)の㋻再抗弁説によった場合である）。

(イ) 土地工作物責任に現れる「法律上併存し得ない関係」

上記(ア)の［甲］［乙］2つの訴訟が，民訴法41条1項に基づく同時審判の申出により，訴え提起時あるいはその後に併合され，1個の訴訟手続（弁論）で審理されたときは，「法律上併存し得ない関係」にある［甲］［乙］2つの権利（訴訟物である2個の損害賠償債権）についての判断が相互に矛盾しないように1つの判決で判断される。

このことを上記(ア)の［甲］［乙］訴訟の攻撃防御方法に即して検討すると，次の(a)(b)のとおり言える。

(a) ［甲］訴訟の被告Y（占有者）が，抗弁㋺（占有者Yの免責（無過失））の事実を主張・立証できた場合には，占有者Yは損害賠償責任を免れるから，［甲］訴訟は原告Xの敗訴となる。しかし，この立証奏効は，同時に，同一訴訟手続で審判されている［乙］訴訟の抗弁㋩「占有者（第1次責任者）Yの存在」の事実及び再抗弁㋻（占有者Yの免責＝無過失）の事実が証明されたことでもある。したがって，［乙］訴訟の原告Xは［乙］訴訟の被告E（所有者）に対しては勝訴する。

(b) 逆に，被告Y（占有者）が［甲］訴訟の抗弁㋺（占有者Yの免責（無過失））の事実を主張・立証できなかった場合には，占有者Yの損害賠償責任は免責されないから，［甲］訴訟は原告Xの勝訴となる。しかし，この立証不奏効は，同時に，同一訴訟手続で審判されている［乙］訴訟の再抗弁㋻（占有者Yの免責＝無過失）の事実が証明できなかったことでもあるから，［乙］訴訟の被告Eの抗弁㋩（占有者Y（第1次責任者）の存在）は理由があることになる。したがって，［乙］訴訟の原告Xは［乙］訴訟の被告E（所有者）に対しては敗訴する。

上記(a)(b)を整理すれば，一方の被告Yに対する権利と他方の被告Eに対する権利とを「法律上併存し得ない関係」に立たせる攻撃防御方法は，「㋻（占有者Yの免責＝無過失）」であり，これが［甲］訴訟では抗弁として機能し，［乙］訴訟では再抗弁として機能しているので，［甲］［乙］両訴訟の損害賠償

第2章　要件事実・事実認定——各論

債権は「法律上併存し得ない関係」にあるわけである。

　(ウ)　無権代理行為の責任に現れる「法律上併存し得ない関係」

「法律上併存し得ない関係」として，民訴法上しばしば引き合いに出されるもう一つの典型例は，民法117条の無権代理人の履行責任と本人の債務履行責任との関係である。本稿の主題からは外れるが，こちらの例では，両責任（原告からいえば両債権）を「法律上併存し得ない関係」に置く攻撃防御方法は，「代理権の発生（原因）」である[56]。

すなわち，「代理権の発生（原因）」は，本人を被告として当該契約上の債務の履行責任を訴求する訴訟では，請求原因となる要件事実の一つであるから，原告が主張・立証責任を負うことになる。他方，無権代理人を被告としてその履行責任を訴求する訴訟では，無権代理人と名指しされた被告が，「代理権の発生（原因）」を抗弁として主張・立証する責任を負うことになる[56]。

　(エ)　抗弁転換説における「法律上併存し得ない関係」

2(1)(a)(ウ)の抗弁転換説による場合でも，所有者Eに対する損害賠償請求訴訟の請求原因は，2(2)(a)に掲げるとおりであり，再抗弁説と同一である。しかし，再抗弁説では再抗弁2である攻撃方法㋐「占有者Yの免責（所有者の補充責任の発生）」（2(2)(a)参照）は，抗弁転換説では主張・立証責任が転換されて抗弁㋐"「占有者Yは免責されないこと」となり[57]，これを抗弁㋕（土地工作物の占有者Yの存在）に加えたものが，所有者E側の免責の抗弁となる。

この主張・立証責任の転換を踏まえて，3(2)(a)(ア)の［甲］［乙］訴訟の例にならい，［乙'］訴訟として，抗弁転換説によった場合の攻撃防御方法の骨組みをまとめると次のようになるであろう。

　［乙'］　所有者Eに対する損害賠償請求訴訟の部分の請求原因は，2(2)(a)に掲げるとおりであるが，これに対する被告E（所有者）の防御方法は，2(2)(a)に掲げる㋕「占有者（第1次責任者）Yの存在」に㋐"「占有者Yに免責（無過失）がないこと」を加えた抗弁として，Eが主張・立証することになる。

そうすると，［甲］［乙'］両訴訟の請求（訴訟物である権利・義務）を「法律上併存し得ない関係」にしているものは，［甲］訴訟の抗弁㋐と［乙'］訴訟の抗弁のうち㋐"とが排斥しあう関係にあり，㋐が肯定されるときは㋐"は成り立

たず，㋕”が肯定されるときは㋕は成り立たないという利害相反関係である。この関係は，3⑵⒜㋐の［甲］［乙］両訴訟の例で見たような共通する同じ攻撃防御方法があって，それが一方の訴訟では原告の攻撃方法となり，他方の訴訟では被告の防御方法となることによって生じた利害相反とは違っている。

しかし，抗弁転換説に拠った場合の「法律上併存し得ない関係」は，元をただせば再抗弁説における再抗弁㋕を，主張・立証責任の転換によって抗弁㋕”としたことから発生したものに他ならない。その意味では，抗弁転換説に拠った場合の「法律上併存し得ない関係」のルーツは，再抗弁説の利害相反関係にあり，これと異質な利害相反関係ではないといってよい。

㋪　攻撃防御方法としての「法律上併存し得ない関係」

3⑵⒜㋑及び㋓で見たとおり，2つの訴訟の訴訟物である権利が「法律上併存し得ない関係」にあるといえるためには，両方の訴訟に共通する同じ攻撃防御方法があって，この攻撃防御方法が，一方の訴訟では原告の攻撃方法となり，他方の訴訟では原告の相手方の防御方法となるために，その攻撃防御方法の立証の成否によって，一方の訴訟で原告の請求が認容されたときは，他方の訴訟で原告の請求は棄却される，という利害相反関係の存在が必要である[58]。

2つの訴訟における攻撃防御方法の間に上記の利害相反関係があるときは，その攻撃防御方法が証明され，あるいは証明されないことによって，原告の一方の被告に対する勝敗と他方の被告に対する勝敗とは反対になる。

㋕　事実上の択一関係との違い

これに対して，「事実上併存し得ない関係」あるいは「事実上の択一関係」と呼ばれるケースが存在する。たとえば，加害車両の事故時の運転者は乙，丙のいずれか一方であるが，訴え提起時までにいずれかを確定する資料が得られないために，被害者甲は，乙を運転者として，また丙を運転者として，それぞれに対して同じ損害賠償を訴求する共同訴訟を提起したような場合である（弁論の併合により中途から共同訴訟となった場合も同じ）[59]。

原告甲としては，いずれか一方の被告に対して勝訴したくて共同訴訟としたのだが，この共同訴訟には，甲乙間の攻撃防御方法と甲丙間の攻撃防御方法との双方に共通する攻撃防御方法であって，それが両請求（損害賠償請求権）を「法律上併存し得ない関係」に置くものは存在しないのである。言い方を換え

れば，本設例の両請求（2つの損害賠償債権）は，運転者が乙であったか，丙であったかという事実認定上の争点が「運転者」という点で同種・共通であるにとどまるものである。このように争点の判断が事実認定の上で（経験則上）両立し得ないというだけならば，それは民訴法41条1項が定める「法律上」併存し得ない関係には該当しない（運転者は甲でも乙でもないという判断もあり得るのである。このような場合にまで民訴法41条1項の適用を拡大するかは，別の議論であり，本稿では立ち入らない）。

(b) 同時審判の申出
(ア) 弁論及び裁判の分離の禁止

原告甲の被告乙に対する権利と，被告丙に対する権利とが，「法律上併存し得ない関係」にある場合であっても，同時審判の申出をするか否かは原告の自由である。

しかし，訴え提起時に，あるいはその後に，原告が民訴法41条1項に基づいて裁判所に同時審判の申出をすれば，2つの訴訟は併合して審理・判決されなければならず，共同訴訟となった2つの訴訟の弁論及び裁判を分離することは許されない（民訴法152条1項による弁論の分離，併合，その取消しの例外となる）。

(イ) 占有者責任訴訟中に所有者責任訴訟の同時審判申出があった場合

先ず，土地工作物の占有者Yに対して民法717条1項の損害賠償責任を問う訴訟（1(2)参照）が係属中に，同時審判の申出に基づいて所有者Eの同責任を問う訴訟（2(2)(a)参照）が併合された場合には，原告Xと被告Y間の占有者訴訟ですでにYの抗弁㋐として「Yの免責（無過失）」が主張されているならば，それを原告Xが被告Eとの間の所有者責任訴訟の再抗弁2として援用すれば足りる。そして，特段の事情があれば別であるが，Xの同時審判申出によって黙示的にこの援用がなされていると解される。

なお，X・E間では，再抗弁2の前提として抗弁2すなわち㋐「占有者（第1次責任者）Yの存在」の事実の主張が必要だが（2(2)(a)参照），弁論の併合によって㋐は裁判所に顕著な事実となっているから，特段の事情がないかぎり，㋐については被告Eの黙示の援用があると解してよい。

そして，この同時審判申出に基づく併合によって，原告Xは，被告Yが行う㋐「Yの免責（無過失）」の立証が奏効すれば所有者Eに対して勝訴し，不奏

効に終われば占有者Yに対して勝訴する（Xが抗弁㋕の立証に進んで加わる場合については次の(c)参照）。

　(ウ)　所有者責任訴訟中に占有者責任訴訟の同時審判申出があった場合

　次に，土地工作物の所有者Eに対して民法717条1項の損害賠償責任を問う訴訟（2(2)(a)参照）が係属中に，同時審判の申出に基づいて占有者Yの責任を問う訴訟（1(2)参照）が併合された場合には，原告Xと被告E間の訴訟において再抗弁2となっている㋕「Yの免責（無過失）」の事実は，原告Xと被告Y間の訴訟における抗弁㋕と同じ事実である。

　したがって，通常なら，被告Yが抗弁㋕の事実の立証に努めるから，その場合には，XはYの抗弁㋕の立証の成否を待てばよく，Yの立証が奏効すればXは所有者Eに対して勝訴し，不奏効に終わればXは占有者Yに対して勝訴することになる（Xが抗弁㋕の立証に進んで加わる場合については次の(c)参照）。

　(エ)　直接占有者・間接占有者の相互関係

　以上の場合とは違って，土地工作物の直接占有者と間接占有者との間には，間接占有者第2次責任説を採用しないかぎり（1(3)(e)(イ)参照），第1次・第2次という責任の序列はない（1(3)(e)及び(f)参照）。まして，直接・間接の占有者の間には民訴法41条1項の「法律上併存し得ない関係」にはない（両占有者とも民法717条1項の占有者にあたるときは，共同不法行為が成立すると解してよい）。

　(c)　同時審判共同訴訟の立証における当事者の地位

　(ア)　立証活動における被害者Xの地位

　土地工作物の瑕疵を理由とする損害賠償請求が，占有者Yに対しては「甲」訴訟として，所有者Eに対しては「乙」訴訟として提起され，原告Xの同時審判申出によって両訴訟が併合された場合には，この共同訴訟でXのYに対する損害賠償債権とXのEに対する損害賠償債権とを「法律上併存し得ない関係」に立たせる攻撃防御方法は，㋕「占有者Yの免責（無過失）」の抗弁である。この攻撃防御方法㋕が，「甲」訴訟においては占有有YのXに対する抗弁となり，「乙」訴訟においては所有者Eに対するXの再抗弁となっていることは，すでに見たとおりである（3(2)(a)(イ)参照）。

　すなわち，「甲」訴訟と「乙」訴訟との同時審判共同訴訟にあっては，両訴訟に共通する攻撃防御方法である㋕「占有者Yの免責（無過失）」が立証される

ことによる利益は,「甲」訴訟ではYにあり,立証できないことがXの利益となる。これに対して,「乙」訴訟では立証されることによる利益はXにあり,立証できないことがEの利益 (Xの不利益) となる。

このように,「甲」訴訟と「乙」訴訟とではⓐの立証の成否から生じる利益は相反し,衝突する関係にあるが,民訴法41条1項は,これによっていずれか一方の訴訟でXが勝訴できる道を開いたものである[60]。

それゆえに,同時審判共同訴訟であるかぎり,Xは,「甲」訴訟におけるYの抗弁ⓐを否認しながら,「乙」訴訟においてはⓐ「占有者Yの免責 (無過失)」を被告Eに対して再抗弁として主張・立証することが許されるのである (Xが「乙」訴訟においてⓐを主張しても,それが「甲」訴訟におけるYの抗弁ⓐを自白したことにはならない)。このように一見矛盾した訴訟行為を可能とするのが同時審判共同訴訟であるが,そもそも,「甲」訴訟はX対Yの訴訟であり,「乙」訴訟はX対Eの訴訟であって,この訴訟の基本構造は同時審判共同訴訟になっても崩れない。同時審判共同訴訟とは,両訴訟の訴訟物である権利が法律上両立し得ない関係に立たせる攻撃防御方法に関わるかぎりで,矛盾した主張・立証を許すものと解すれば十分である。

(イ) 立証活動における占有者Yの地位

3(2)(a)(ア)の「甲」訴訟と「乙」訴訟とが同時審判申出により併合された場合でも,Yは「甲」訴訟の抗弁ⓐ「占有者Yの免責 (無過失)」について立証責任を負担するだけであるから[61],Xに生じたような立証活動の相反・衝突はない。

しかし,「乙」訴訟の再抗弁ⓐについての所有者Eの反証活動の結果として口頭弁論に現れた証拠方法 (反証) は,共同訴訟における証拠共通の原則によって,原告Xの援用を要しないで,「甲」訴訟の抗弁ⓐについての反証ともなる。したがって,「甲」訴訟の抗弁ⓐについて立証責任を負担するYには,相被告Eのこの反証について争う機会が保障されなければならない。

(ウ) 立証活動における所有者Eの地位

上記(ア)の「甲」訴訟と「乙」訴訟とが同時審判申出によって併合された場合でも,所有者Eは「乙」訴訟の再抗弁ⓐについては反証を提出して争うだけの立場であるから[62],Xに生じたような立証活動の相反・衝突は起こらない。

しかし,「甲」訴訟の抗弁ⓐについての占有者Yの立証活動の結果として口

頭弁論に現れた証拠方法（本証）は，共同訴訟における証拠共通の原則によって，原告Xの援用がない場合でも，「乙」訴訟の再抗弁㋕の証拠方法（本証）ともなる。したがって，この再抗弁㋕の相手方である所有者Eのために，相被告Yが提出したこの本証について争う機会が保障されなければならない。

(54)　Eは，㋑を抗弁とするほかに，同所に㋩ⅰⅱとして掲げる【抗弁1】Eの所有権喪失も抗弁とすることができるが，E自身の所有権喪失はYと関わりのない攻撃防御方法であるから，ここでの議論の対象としない。

(55)　これについては，司法研修所編・増補民事訴訟における要件事実第一巻（法曹会，1986）105頁以下及び107頁（三）及び同編・改訂紛争類型別の要件事実（法曹会，2006）40頁「代理」参照（ちなみに，「代理権の発生原因」は，「代理権の授与行為」あるいは単に「授権」と呼ぶこともある）。これとは異なり，「代理権あり」が無権代理人に対する請求の積極否認に当たるとの見解もある（高橋・前掲注(50) 280頁注10）。この見解に立つときは，積極否認の対象となる請求原因事実は「代理権がないこと」（代理権の不存在）であるはずである。このような消極事実を請求原因の要件事実とすることの当否は別として，「代理権あり」との要件事実が真偽不明（ノン・リケット）の場合は，原告は，本人に対する債務履行責任請求訴訟で敗訴するだけでなく，無権代理人に対する履行責任請求訴訟でも敗訴せざるを得ない（「代理権あり」との要件事実が真偽不明であるということは，請求原因中の「代理権がない」という要件事実もまた証明できなかったことを意味するからである）。双方に対して敗訴することもあるならば，この2つの権利（請求）は民訴法41条1項の「法律上併存し得ない関係」に当たらないことになる。

(56)　民法117条1項の「自己の代理権を証明すること」という要件に該当する事実であるから，被告の抗弁事項である。前掲注(55)所掲の各文献参照。

(57)　2(2)(d)の注(47)で述べたように，再抗弁説ではXの攻撃方法である再抗弁㋕「占有者Yの免責（Yは無過失）」（所有者の補充責任の発生）を，抗弁転換説が㋕′「占有者Yは免責されないこと」に転換するということは，①「占有者Yに過失がある」という反対評価（具体的事実に基づいて成立する法的評価）を積極的に証明することだけを指すものではなく，②「占有者Yは無過失か否か真偽不明である」というノン・リケット（過失・無過失が真偽不明という心証状態）に置いた場合も，㋕「占有者Yの免責（Yは無過失）」という評価の成立を妨げるから，これも㋕′「占有者Yに免責（無過失）がされないこと」に含まれるべきものである。

(58)　抗弁転換説では，一方の訴訟の抗弁と他方の訴訟の抗弁とが排斥しあう関係にあるために利害相反関係が発生するが，これは主張・立証責任を転換したからであって，元をただせば本文で述べたところに帰着することについて，3(2)(a)(イ)及び(エ)参照。

(59)　高橋・前掲注(50) 281頁注12を参考にした設例である。

第2章　要件事実・事実認定──各論

(60) XがYとEのいずれか一方に勝訴するということは，他方に敗訴することであり，攻撃防御方法の視点からみれば，このような衝突を許容することである。したがって，Xは，相反するいずれの立証活動もできることになる。

(61) ただし，「甲」訴訟の抗弁㉕は「占有者Yの免責（無過失）」であるから，抗弁の内容をなす事実は，無過失という規範的評価を成立させるに足りる具体的事実でなければならない。そうすると，「無過失」という規範的評価を成立させるに足りる具体的事実に対しては，当該具体的事実自体の存在を争う反証とは別に，当該具体的事実と両立する事実であって，しかも「無過失」という規範的評価の成立を妨げる事実（評価障害事実）を，抗弁㉕に対する再抗弁として主張し，本証として立証する余地があるが，本稿では，このような評価障害事実については立ち入らない（司法研修所編・前掲注(55)要件事実第一巻30頁以下及び33頁2以下参照）。

(62) 「乙」訴訟の再抗弁㉘についても，評価障害事実を再々抗弁として主張・立証する余地があることは前掲注(61)と同様だが，このことについても本稿では立ち入らない。

親権者指定変更・面接交渉審判事件の要件事実的事実

梶 村 太 市

1 はじめに

　離婚の際に未成年者の親権者が決まらずその指定が必要であるとか，一旦は指定されたがその後何らかの事情で他の親に変更する事情が生じたとして，民法819条5項・6項，家事審判法9条1項乙類7号の規定に基づき親権者指定変更審判の申立てをした場合，あるいは未成年者の親権者を相手方と定めて離婚したが，子どもと面接交渉したいとして民法766条1項・2項，家事審判法9条1項乙類4号の規定に基づき面接交渉審判の申立てをした場合，の各判断基準（比較基準か明白基準か），ひいては各事件の要件事実は何かに関して，東京家裁の一部の裁判官による当事者主義的な運用の提言をきっかけに最近議論が活発化してきた。
　そこで，本稿では，これらの乙類審判の要件事実の検討を通して，非訟事件としての乙類審判の要件事実等について若干の考察を加えるものである。以下では，2において親権者変更審判の判断基準について，3において面接交渉審判の判断基準について，それぞれその問題点を検討し，最後の4において，最近の要件事実論の視点から，親権者指定変更・面接交渉審判事件の要件事実的事実に関して問題のありかを探り，その判断基準である「子の利益」について考えてみようと思う[1]。

(1) 家事事件の要件事実的事実の特殊性につき，伊藤滋夫「民事訴訟における事実認定に関する若干の考察——家事事件における調査実務との関連を念頭において」調研紀

要54号16頁（1988）参照。

2 親権者変更審判の判断基準

(1) 問題の所在

　民法819条は，離婚の場合の未成年の嫡出子の親権者，あるいは非嫡出子の親権者の指定変更について，「(1項) 父母が協議上の離婚をするときは，その協議で，その一方を親権者と定めなければならない。(2項) 裁判上の離婚の場合には，裁判所は，父母の一方を親権者と定める。(3項) 子の出生前に父母が離婚した場合には，親権は，母が行う。ただし，子の出生後に，父母の協議で，父を親権者と定めることができる。(4項) 父が認知した子に対する親権は，父母の協議で父を親権者と定めたときに限り，父が行う。(5項) 第1項，第3項又は前項の協議が調わないとき，又は協議をすることができないときは，家庭裁判所は，父又は母の請求によって，協議に代わる審判をすることができる。(6項) 子の利益のため必要があると認めるときは，家庭裁判所は，子の親族の請求によって，親権者を他の一方に変更することができる。」と規定する。すなわち，協議又は裁判によって親権者の指定変更をする場合の判断基準は「子の利益」である（指定の場合の直接の規定を欠くがそのように解されている）。

　親権者指定変更（監護者指定変更も同じであるがここでは親権者変更に絞って検討し，また指定と変更とはこの場面では区別の必要がないのでここでは一括して扱う）の一般的・抽象的な判断基準は，上記のとおり「子の利益」であるが，その具体的な判断基準としては，今日では通常，①監護の継続性（現状尊重）の原則，②主たる養育者優先の原則，③乳幼児につき母性優先の原則，④子の意思尊重の原則，兄弟不分離の原則，⑤離婚に際しての有責性からのテストの考慮（有責性と親権適格性は逆比例），⑥面接交渉の許容性からのテストの考慮（面接交渉寛容性と親権適格性は比例）等の総合判断によるとされている。あくまでも，これらの事情の示す諸事情・諸ファクターの比較による総合判断によって，当該ケースにおいていずれを親権者とすることが「子の利益」に適うかを個別・具体的に

比較考量することによって判断する必要があるとするものである。このような相対的な「比較基準」による判断手法は，これまで家裁実務では当然のこととして運用されてきた。「子の利益」の判断は微妙であるため，調査官調査などを経て慎重に審理し，子の利益に適う事情・要素が少しでも多く認められれば，そちらの方を親権者に指定変更するというものであり，これは戦後長く続いた一般的な審理判断手法であった。

しかし，その後1970年代に入って，ゴールドシュタイン等が提唱する「子の利益」に関する以下のような精神分析学の定式（継続性のガイドライン）が紹介された。すなわち，継続性のガイドラインとは，子（幼児）の利益が守られるのは，①（幼児期の感情の展開と集中のために）愛情のニーズ，②（内在的な機能や能力を引き出すために）刺激のニーズ，③（子どもの初めての愛情対象との別離や愛情対象の死亡又は失踪の結果生ずる情緒の混乱は，不可避的に機能喪失及び能力の破壊をもたらすが，これらのことによって人格に加えられる損害を防止するために）不断の継続性のニーズ，という3条件が満たされる場合であり，子の監護権をめぐる紛争においては，この3条件が具備される場合に限って現状変更が認められるべきであり，分かりやすくいえば「奪われたら速やかに元に戻せ，時間がたったらもう動かすな」とするものである[2]。

この考え方は，端的にいえば，「特段の事情」がない限りは継続性のガイドラインに従うべきだということであり，いわば現状変更の必要性が明白である場合に限り認めるべきである，という，いわば一種の「明白基準」の提唱であるが，家裁実務へ実際上の影響は多くはなかった。この常識的な継続性のガイドラインが実務において原則的に採用されたわけではなく，調査官を中心に，そのような形式的なガイドラインで子の監護紛争の解決基準が決められてしまったのでは，調査官による「子の利益」に関する総合的調査をしないままの粗雑な審理判断になってしまうとして，相当な反発があった。私自身は当時この継続性のガイドラインに親和的・好意的だったが[3]，当時の実務の一般的な傾向は，そのような形式的なガイドラインに満足せず，前述した「比較基準」に依拠し，もっと「子の利益」の所在をあらゆる観点から綿密に調査して，比較考量的な相対的総合判断をすべきであるとするものであった。

しかるに，最近，先祖がえりともいうべき，「明白基準」の考えによる当事

者主義的な実務の運用が東京家裁の一部で始まったようである。
(2) いわゆるゴールドシュタイン学説であり，ジョセフ・ゴールドシュタイン＝アンナ・フロイト＝アルバート・ソルニット・子の福祉を超えて──精神分析と良識による監護紛争の解決（1990）参照。
(3) 梶村太市「別居中の夫婦間における幼児引渡をめぐる諸問題」家月28巻8号1頁以下。

(2) 最近の東京家裁の（一部の）審理の実情

最近発表された東京家裁の当事者主義的運用の基準によると，上記継続性のガイドラインに依拠したと思われる（先祖がえりの）新たな判断枠組みに従うべきだというのである[4]。

その論稿によると，親権者変更の「基本の枠組み」として，「親権者の変更については，父母双方の比較考量に加えて，父母の一方による実際の監護の実情をふまえてこれを変更すべき事情の有無を検討して判断すべきものとされる（中略）。このため，監護の現状を変更すべき事情の存否が実質的な争点となることが多くなるといえよう。なお，親権者の変更の事件では，未成年者を監護していない非監護者が申立人となって親権者の変更を求める場合と，未成年者を実際に監護している非親権者が申立人となって親権者の変更を求める場合とがある。前者の場合には，申立人から『変更すべき特段の事情』を主張させ，後者の場合には，相手方に『変更すべきでない特段の事情』を主張させることになると考えられる」としている。

そして，「審理の例」として，「当事者の利益ではなく子の福祉を図ることが第1の目的であること，15歳以上の子の意向の確認（15歳未満は年齢に応じて適宜確認する。），子の監護状況の確認，学校や児童相談所等の関係機関との連絡調整など，当事者に委ねることが相当でない立証活動も多いことから，当事者の主張を整理した上で，家裁調査官による調査が実施されることが多い。」として，以下のような審理の例を挙げている。

「① 期日を開いて，事案に応じて，申立人から『変更すべき特段の事情』を確認し，又は相手方から『変更すべきでない特段の事情』を確認する。主張が多そうな場合には，次回期日までに，主張を書面化し，かつ，裏

付資料があれば整理して，それぞれ写しを2部準備して持参するように指示する。反対当事者の認否を確認する。」

（①を必要に応じて繰り返す）

「②　重要な事実関係について家裁調査官の調査をする。」

「③　重要な事実関係について当事者本人尋問的な審問を実施する。」

「④　審判」

というものである。

(4) 古谷健二郎「家事審判手続における職権主義と手続保障——実務の観点からの整理及び実感」判夕1237号23頁以下。

(3)　東京家裁の審理方法の問題点

東京家裁の審理方法の特色は，親権者変更事件について，継続性のガイドラインを前提に，そのガイドラインに沿わない主張をする当事者には，そのガイドラインが適用されるべきでない「特段の事情」について主張立証責任を負わせ，職権調査も含めた事実の調査でその「特段の事情」が認められない限り，そのガイドラインの適用をもって「子の利益」に合致するものと看做すという審理判断手法である。

このような審理判断手法は，結局は，非監護者が親権者の変更を求めるという通常の場合は，申立人が「子の利益」に適うことを主張立証した場合に限り審判で認められるということを意味し，これを実体法的に表現すれば，「子の監護の現状の変更を求める親権者変更は『子の利益』となる特段の事情がある場合に限り認められる」ということになる。すなわち，このような判断基準は，「親権者変更はその変更すべき事情の存在が明白なときに限って認められるべきであるという『明白基準』に従うべきだ」という趣旨と解される[5]。

確かに，このような「明白基準」による審理方法は，当事者が「特段の事情」を主張立証しない限り，原則的には裁判所は調査をする義務を免れるので，随分審理の簡素化・省力化に役立つ。これがこの説の目指すところであるわけだが，しかしこのような子の監護に関する分野にまで当事者主義的運用を広げることにはすこぶる疑問がある。やはり，「子の利益」の確保と増進のため，家庭裁判所は最後の最後まで努力を惜しむべきではない。わずかな差でも見逃

さず,「子の利益」がいずこにあるかを見極めて親権者変更の審判をすべきである。親権者変更の審判は,親権者変更請求権という実体法上の請求権を根拠にするものではなく,権利の有無や形式的基準を安易に当てはめて判断してはならない。権利があるから「子の利益」になるのではなく,「子の利益」になるから権利を創設できるのだという非訟手続の基本を忘れてはならない。明白基準は「子の利益」の判断には適さず,あくまで比較基準によらなければならない。

(5) 比較基準と明白基準に関しては,梶村太市「子の奪い合い紛争を巡る諸問題」戸籍779号1頁以下参照。

3　面接交渉審判の判断基準

(1) 問題の所在

民法766条は,離婚後の子の監護に関する処分について,「(1項) 父母が協議上の離婚をするときは,子の監護をすべき者その他監護について必要な事項は,その協議で定める。協議が調わないとき,又は協議をすることができないときは,家庭裁判所が,これを定める。(2項) 子の利益のため必要があると認めるときは,家庭裁判所は,子の監護をすべき者を変更し,その他監護について相当な処分を命ずることができる。(3項) 前2項の規定によっては,監護の範囲外では,父母の権利義務に変更を生じない。」と定める。

面接交渉は,上記の「監護について必要な事項」に該当することは,今日では判例・通説とも争いがない。それは,面接交渉が実体的権利であるか否かに関わらないことであるが,しかしその権利性の有無は面接交渉許否の判断基準には影響する。

この点に関しては,本稿は,最決平12・5・1民集54巻5号1607頁の担当調査官解説が,面接交渉の実体的権利性 (実体的請求権説ないし実体的権利説) を否定し「子の監護のために適正な措置を求める権利」(手続的権利説) であると性質決定したことを支持した上で,面接交渉の判断基準については以下のように考える。すなわち,実体的権利説に従えば,権利の濫用等の「子の利益」に

反する「特段の事情」が抗弁事実として相手方（監護者）によって主張立証されない限り，原則的には権利として肯定されるということになるが，実際は子の利益の有無の判断は微妙な場合が多く，原則的に認めるべきだというような性質のものではない。家庭裁判所調査官等の人間関係諸科学の知見を借りた丁寧な審理をすれば，子の利益の観点から一定の結論が得られ，例えば双方の事情を相対的に比較し子の利益を害する蓋然性が高く面接交渉は認めるべきではないということになる場合であっても，実体的権利説に従えば相手方が「特段の事情」の存在を主張立証しない限り，面接交渉は原則的に認められることになり，この見解に従えば最早調査官調査は不要となり，家事審判官だけで審理判断が可能ということになる。

　しかし，前記手続的権利説に従えば，「子の利益」の存否について抗弁的発想に立つのではなく，どちらかといえば逆に，当該事情において申立人と子との面接交渉をさせることを相手方に命ずることが「子の利益」に適うことが認定判断できる場合に限りこれを認めるという意味で，否認的・請求原因的発想に立つべきだということになる。いわば，権利の存在という法的観点を離れて，純粋に事実的な観点から「子の利益」に適うかどうかを相対的・比較衡量的に判断してそれが肯定されたときに初めて面接交渉を命ずるべきであり，いわばこのような相対的判断説とでもいうべき見解こそ，判例の依って立つ適正手続請求権説＝手続的権利説に親和的である，と解するのである。

　すなわち，面接交渉の権利性についての従来の一般的な見解であった実体的権利説ないし実体的請求権説に従えば，面接交渉の許否に関する判断基準としては，それが実体的権利である以上，相手方（監護者）が子の利益に反することを主張立証しない限り面接交渉の実施は免れないことになり，それは相手方が子の利益に反する事情の存在を明白に主張立証しない限り申立て認容ということになる。いわば，一種の明白基準といってよい。もとより，民法766条，家事審判法9条1項乙類4号による子の監護に関する処分としての面接交渉許否の審判手続は非訟手続であるから，職権主義・職権探知主義による変容を受けるけれども，非訟手続でも客観的挙証責任の所在は問題となるから，基本的には同様に解してよい。

　これに対し，前述の適正手続請求権説＝手続的権利説に従えば，子の利益の

第2章　要件事実・事実認定——各論

存否の判断基準としては，非訟手続としての性格や面接交渉の強制不適性等の観点から見ても，面接交渉を原則として認めるという考え方でも，逆に面接交渉を原則として認めないという立場でもなく，このような法的視点を止揚した立場，すなわち純粋に子の立場に立って双方の事情を総合的・相対的に比較衡量していずれが子の利益に適うかを審理判断すべきだということになる。いわば，一種の比較基準といってよい。

前記最高裁判例の担当調査官解説も指摘しているように，従来の家裁実務は，「面接交渉を認めることが子の福祉に適合するかどうかの観点から面接交渉の許否が決せられている」のであって，誰も疑いなく比較基準に則って審理判断され，決して明白基準に則って行われていたわけではないのである。ところが，最近明白基準に従うかのような見解が出始めた。

(2) 最近の家庭裁判所実務の（一部の）傾向

最近の東京家裁の（一部の）実務の運用に関する報告によると，その基本的理論ないしスタンスは明確にはしていないが，面接交渉が実体法上の請求権（権利）であることを前提としていると解さざるを得ないような実務の運用を妥当なものとして今後積極的に推進していく決意が述べられるに至った[6]。

すなわち，その報告によれば，「そもそも面接交渉の権利性については諸説が提唱されており，また抽象的には子の福祉の観点から実施の可否を判断することになると思われるが，実務上は，基本的に，非監護者との面接交渉が実施されることが子の福祉に資するとの考え方の下で，面接交渉の実施により子の福祉が害されるような事情がない限り，（回数や時間等の条件は調整するとしても）これを実施すべきものであるとの考え方をとる審判例が多くなっているものと思われる」と，これまでの審判例を総括する（その総括自体に疑問があり，まず前段部分と後段部分とのつながりが不明確であるし，また後段の審判例の現状認識はミスリーディングであって，そのような考え方は後述の東京高決平19・8・22によって否定されたことに注意する必要がある）。そして，そのような理解を前提として，「したがって，審理の際には，専ら監護親から，面接交渉の実施が子の福祉を害するかどうかに関する事情を確認することになる」という。あくまで面接交渉審判の申立ての相手方たる監護親において，当該面接交渉が子の利益に反することを主張立

証しない限り，面接交渉は審判で強制されることになるとする。

そして，「審理の例」として，面接交渉の許否自体に関しては家事審判官が原則認める方向で審理判断し，家事審判官が面接交渉の実施を命ずると判断した場合には，「頻度，実施の曜日，時間，第三者の立会い等の諸条件を決定する必要があり，裁判所が積極的に情報を収集する必要があることから，家裁調査官による調査が実施されることが多い。」とする。調査官の役割は面接交渉許否の判断からは解放され（見方によっては排除され），実施の条件等に限定されることになるというのである。

申立人が監護者相手方に対し子との面接交渉を求める審判手続における審理の方法を具体的にいうと，

「① 期日を開いて，相手方から『面接交渉を否定すべき事情』について確認する。申立人の認否を確認。併せて，面接交渉の諸条件を決定するために必要となる諸事情を確認する。主張が多そうな場合には，次回期日までに，主張を書面化し，かつ，裏付資料があれば整理して，それぞれ写しを2部準備して持参するように指示する。申立人の認否を確認する。

（①を必要に応じて繰り返す）

② 重要な事実関係について家裁調査官の調査を実施する。
③ 重要な事実関係について当事者本人訊問的な審問を実施する。
④ 審判」

という経過をたどることになるという。

このような明白基準による考え方は，面接交渉を実体的請求権（権利）であると捉え，「面接交渉を否定すべき事情」を相手方の主張立証責任に属する抗弁であるとする考え方にほかならない。しかし，このような解釈は従来の家庭裁判所の実務を180度転換させるコペルククス的展開である。いわば地方裁判所的な，民事訴訟的な審理方法への転換である。

(6) 古谷・前掲注(4) 23 頁以下。

(3) 東京家裁の審理方法の問題点

このような乙類審判（非訟事件）としての子の監護に関する処分審判の民事訴訟化＝要件事実化傾向の台頭は，やはり来るべきものが来たかという感想で

第2章 要件事実・事実認定——各論

ある。私がひとえに面接交渉の実体権利的な構成に反対してきたのは，権利的構成を強めていけばこのような考え方がいずれ頭をもたげてくるであろう，そうすれば家事事件の非訟手続の根幹が崩壊し，民事訴訟化して家庭裁判所の存在意義が減少ないし消滅するであろうと危惧したからであった。家庭裁判所の象徴的存在である家庭裁判所調査官の存在意義も同様であって，既に始まりかけているともいわれる裁判所書記官との職務の一体化ないしそれへの発展的解消に向けての動きが加速するであろうという危惧があったからである。そして，裁判所関係者の問題は差し措くとしても，何よりも問題なのは当事者に主張立証責任を負わせて裁判所の負担を軽くしようとするこのような発想は，当事者の自己責任の強調による家庭裁判所の専門裁判所としての責任放棄であり，責任転嫁であるといわざるを得ないことである。このような傾向は，非訟手続における家庭裁判所の職権探知主義の後退に更に拍車をかけるであろうことは間違いないからである。

　実際，最近のこのような家庭裁判所の実務の傾向は最高裁事務総局（家庭局）の家庭裁判所政策の反映であるといわざるを得ないであろう。その政策とは，従来の家庭裁判所の社会福祉的機能，人間関係調整機能，ケースワーク的機能の重視から司法的機能の重視への方針転換であり，それはひいては裁判所における少数精鋭主義の貫徹を目指すための家庭裁判所の人的機能・物的機能の軽量化であり，地方裁判所化である。つまり，わかりやすくいえば，家庭裁判所も司法裁判所なのだから権利の有無という明白基準で判断すればよいのであって，子の利益の比較衡量だとか人間関係調整とかに余計な首は突っ込むなという発想である。それをアメとムチによる人事政策を通じて，着実に成果を収めつつあるようである。

　しかしながら，制度運営の管理者的立場に立ったいわば官僚法学からは支持されるかもしれないが（最近はこのようないわば御用学者が多くなったという印象を感じるのは筆者ばかりでなく，多くの識者が憂慮している），制度を利用する当事者の側に立ったいわば市民法学の立場からは到底受け入れることはできないであろう。家庭裁判所がこれ以上地方裁判所化＝民事訴訟化が進むことは何としても阻止しなければならない。現在，家庭裁判所は大きな曲がり角に差し掛かっており，方向付けを間違ったら大変なことになる。国民にとって不利益となるような方

向にだけは向わせてはならないであろう。家庭裁判所の裁判官や調査官・書記官が自由な発言が封じられるようなことだけは阻止しなければならないであろう。

4　要件事実論からの再検討

(1)　問題の所在

そこで，親権者変更審判や面接交渉審判におけるこのような判断基準の明白基準の採用，ひいては審理方法の民事訴訟化＝要件事実化への傾向に対して，看過しがたい多くの問題点があるとの視点に立ち，近時の要件事実論の成果を踏まえて，両審判における要件事実的事実について今日的視点から再検討を加えてみようと思う。

要件事実論からは，各事件において判断基準とされている「子の利益」の位置づけ，否認説（請求原因説）を採るにせよ抗弁説を採るにせよ，その規範的要件，評価的要件としての問題点が検討されることになる。

(2)　要件事実論からの判断基準

親権者変更審判や面接交渉審判の要件事実的事実について言及する最近の代表的なお二人の文献を見ていこう。まず，大江忠著『第3版要件事実民法(5)親族・相続』（第一法規，初版，1995，第三版，2005）160頁は，親権者変更審判の要件事実に関して，子の親権者変更の申立理由として，非親権者Xが親権者Yに対し未成年である子Aの親権者変更を申し立てる場合には「1　YはAの親権者と定められたこと，2　Aの利益のために親権者の変更が必要であることを基礎づける事実」の2点を挙げる。本書はそれ以上の説明はしていないが，「子の利益」は申立理由（要件事実）として，申立人に客観的挙証責任があるとする趣旨であろう。

また，大江忠著『図解要件事実　親族相続』（第一法規，2007）25頁は，面接交渉の事案である「XとYは離婚（事実上も含む）し，別居しているが，Yが両者の子Aを監護している。XはYに対してAとの面接交渉を求めているが，

第2章　要件事実・事実認定――各論

Yはこれを拒絶する」とする事案の場合について，以下のように解説する。まず審判物として，前述の最決平12・5・1民集54巻5号1607頁が，子と同居していない親が子と面接交渉することは，子の監護の一内容として，民法766条を類推適用するとしていることを挙げ，「『子の福祉に関する事情』が申立理由的ものか，抗弁事実的なものかについては争いがあるが，子の福祉への適合性を，申立理由（評価根拠事実）として位置づけ，子の福祉に反することを基礎付ける事実は，その評価障害事実として抗弁に位置づけることとする。」とする。そして，申立理由は「⑴XY（事実上）離婚，⑵A（XY間の子）とXは別居，⑶XとAの面接がAの福祉に適うこと（評価根拠事実），⑷面接の時間・場所・方法」，抗弁は「XAの面接がAの福祉に適うことの評価障害事実」であるとする。これは，「子の利益」の存在が申立理由とした上で，規範的要件（評価的要件）の性質を有することから，評価根拠事実と評価障害事実とに分配するという見解であることが明らかである。

　次に，関口喜市著『要件事実マニュアル別巻家事事件編』（ぎょうせい，2008）53頁以下では，親権者指定変更の判断基準は「現在の親権者の監護実績を踏まえ，これを変更する必要があるか」という観点から検討されるとしているので，上記の大江説と同趣旨と思われる。また，同書79頁以下では，面接交渉権といわれているものは，面接交渉を求める請求権というよりは，子の監護のために適正な措置を求める権利であるとする前記調査官解説を支持し，民法766条を類推適用して家庭裁判所が処分を命ずるものとしているので，この点も上記大江説と同趣旨と解されよう。

　本稿は，上記のような最新の要件事実論における考え方，すなわち「子の利益」を監護者の抗弁的主張として扱うのではなく，否認的請求原因的主張として扱うのである。そしてそれを規範的要件（評価的要件）の一種と考え，その客観的主張立証責任についてその評価根拠事実を申立人側に，評価障害事実を監護者側にあるとする判断手法である。そのような基本的な判断手法を用いて，「子の利益」のありかを比較基準によって審理判断するというものである。これに対し，前記の東京家裁の一部の判断手法は，「子の利益」を抗弁的なものと考え，監護者側が「子の利益」に反する事情をその評価的根拠として主張立証しなければ，親の実体的権利としての面接交渉権を認めるというものである。

親権者指定変更・面接交渉審判事件の要件事実的事実

しかし、このようなやり方はこれまで家庭裁判所が伝統的に行ってきた判断手法ではなく、前記担当調査官解説の非実体的請求権説に適合するものでもないことは明らかである。

　最近の東京家裁の一部が始めている上記のような判断手法による審判が、最近東京高裁によって否定されるに至ったことは極めて注目される。家庭裁判所の伝統は今なお消え失せていないという印象を強く抱かせるもので、歓迎されるべきである。すなわち、子の監護事件の判断手法が明白基準のみで動いているわけではなく、比較基準との間で揺れ動いていることがうかがわれる最近の面接交渉に関する東京家審平19・2・26家月60巻2号141頁とその抗告審である東京高決平19・8・22家月60巻2号137頁がその例である。これらの裁判例を比較検討することによって、家庭裁判所の将来の動向を占ってみることとしよう（以下、強調部分（傍点）は筆者が追加記載）。

　事案の概要は以下のとおりであった。Ｘ男（昭和42年生）とＹ女（昭和46年生）は平成6年に婚姻し、平成6年に長男Ａが、平成9年に2男Ｂが出生した。Ｙは平成13年に休養のため単身帰省して、そのままＸと別居することとなったが、平成14年未成年者らを通園先から連れ帰って、以後、未成年者らを監護養育するようになった。それ以来、ＸはＹと未成年者らの居所すら知らされず、Ｘと未成年者との交流は途絶えている。Ｘが提起した離婚訴訟において、平成16年、離婚請求を認容し、未成年者らの親権者をＹと定める等の判決が言い渡され、控訴棄却、上告不受理により、同年判決が確定した。その間、Ｘは平成14年未成年者らとの面接交渉の調停を申し立て、平成15年になってＹらの所在を突き止めるため、未成年者らの誕生日祝いと称してGPS等を利用した位置情報確認装置を内部に潜ませたラジコン入りの小包を宅配便で送ったが、Ｙはこれを発見し、居所を知られるのを恐れて転居するなどした。同年Ｘの面接交渉申立ては却下された（前件審判）。Ｘは平成17年になって本件面接交渉を求める審判を申し立て、調停に付されたが平成18年不成立となった。

　東京家裁は、詳細な経過事実を認定した上、「離婚の際に親権者と定められなかった親は、子の監護に関する処分の一環として未成熟子との面接交渉の実現を求めることができ、その可否は、面接交渉を認めることが未成年者の福祉

に反するか否かという観点から判断されるべきところ」，前件の経過等に照らせば，本件においては，「面接交渉の可否は，前件審判後の当事者双方及び未成年者らの状況等もふまえ，現時点において，Xと未成年者らとの面接交渉を認めることが未成年者らの福祉に反するか否かという観点から具体的に検討されなければならない」とし，本件においては，①XYの離婚判決確定後既に2年経過していること，②YはXに居所の探索や未成年者の奪取されることへの不安が強く居所等を秘匿しているものの，申立人は上記ラジコン入りの小包送付については反省していて，再度の探索や奪取など法に違反することはしないことを約束しており，前件審判後未成年者らの福祉に重大な支障をもたらす危険性のある具体的な行為に及んだ事実は認められないこと，③その他XYの離婚に至る経過を含む認定事実の諸事情を総合すると，「現時点においてもなおXと未成年者らとの面接交渉を全面的に禁止しなければならない事情が存続していると認めることは困難である」とし，その他未成年者らの意向（担当調査官には消極的な意向を示しているが完全に拒否しているわけではない）やXと未成年者との面接交渉が平成14年以来途絶えていること，Xは面接交渉実施の方法はYの提示する条件に従う意向を示していること等の諸事情を考慮の上，学校の夏季休暇中に年1回，Yの指定する日時に2時間，Y指定の者立会いの下に面接交渉をさせることをYに命じた。

これに対し，東京高裁は，「離婚の際に未成年の子の親権者と定められなかった親は，子の監護に関する処分の一つとして子との面接交渉を求めることができるが，その可否は，面接交渉が現実的に子の福祉に合致するかどうかという観点から判断されなければならない」とした上で，①未成年者らは原審の担当調査官に対し将来はともかく現在はXと面接はしたくないと明確にその意思を述べており，その基礎にはラジコン入り小包送付による不信感がありそれは相当根深いものがあること，②Y等の居所探索の目的でラジコン送付事件やYの親類や恩師に対する脅迫的言辞などから，Yは今なおXによる奪取行為に強い恐怖感を抱いており，XYの信頼関係が回復しているとはいい難いこと，③Xが今後居所調査や奪取などはしないと述べていることも，Yによる不信感はこの程度では拭い去ることができない程度に深いものであること等から見ると，「現在の状況において，未成年者らとXとの面接交渉を実施しよ

うとするときには，未成年者等に対してXに対する不信感に伴う強いストレスを生じさせることになるばかりか，未成年者らを父親であるXと母親であるYとの間の複雑な忠誠葛藤の場面にさらされることになるのであり，その結果，未成年者らの心情の安定を大きく害するなど，その福祉を害するおそれが高いものといわなければならない」とし，したがって現在の状況においては，未成年者らとXとの面接交渉を認めるのは相当でないとして，Yの抗告を容れ，原審判を取り消し，Xの面接交渉の申立てを却下した。

原審の東京家裁は，前述の明白基準に従い，「面接交渉を認めることが未成年者の福祉に反するか否か」という観点から許否の判断をすべきものとし，監護者（本件ではY）から「面接交渉を否定すべき事情」（抗弁事実）について確認し，審理判断している。まさに前述の古谷論文そのままに忠実に実行している。しかし，面接交渉を否定すべき事情について監護者側に主張立証責任を課し，それが認められない限り面接交渉の実施を命ずるという判断基準によるのであれば，そのような抗弁事実が認められる可能性はほとんどないのだから，よほど極端な事例でない限り面接交渉の申立ては原則的に認容されることになろう。原審のような判断手法は，もう審理を進めるまでもなく結論が見えているようなものなのである。

さすがに抗告審の東京高裁決定は，明確にそのような明白基準を否定し，その可否の判断基準は，「面接交渉が現実的に子の福祉に合致するかどうか」という観点から判断されるべきものであるとした。すなわち，未成年者の福祉に関する判断について決して抗弁事実的に「未成年者の福祉に反すること」の主張立証責任を監護者に求めることなく，あくまで面接交渉を認めるための請求原因事実的なものとして「子の福祉に合致するかどうか」の審理判断を求めているのである。そして，合致する事情と合致しない事情の存否について丁寧に双方の事情を比較衡量して，結論として子の福祉を害するおそれが高いと判断したのである。本件のような事情がある以上，高裁決定は経験則に合致し，落ち着かせるべきところに落ち着かせており，よほどの権利崇拝論者でない限り，認めざるを得ない結論であろう。この高裁決定は高く評価されるべきであり，まだまだわが司法は捨てたものではないと再び希望がわいてくるのである。勇気ある判断を毅然として示された高裁決定に深甚なる敬意を表したい[7]。

(7) 梶村太市「『子のための面接交渉』再々々論」同・家族法学と家庭裁判所（日本加除出版，2008）。

(3) むすび（子の利益とは何か）

　面接交渉が実体法上の請求権（権利）であるとする論理は，結局はこの原審のようなところに走ってしまうのである。これでは，しかし民法766条が目指す子の利益の確保と増進の目的に明らかに反してしまうのである。権利論者の目指すところは，実は子の利益の確保にあるのではなくて，司法における少数精鋭主義の墨守と司法の効率化・軽量化と家庭裁判所の地方裁判所化にあることがここで明らかになったであろう。だから，権利論者の誤りを正し，明白基準ではなく比較基準に従って審理判断すべきこと，そして家庭裁判所調査官の復権を目指すべきことをここでは強調する必要があるのである。

　権利論者は，面接交渉の実施は監護者の納得が得られなくても，間接強制によってでも実現すべきでありそれが子の利益に適うゆえんであるということを強調する。面接交渉権が実体的請求権であり実体的権利である以上，権利の帰属者であることが要件事実的に確定されれば，権利の濫用的事情（評価的要件＝規範的要件）が確定されない限り，それが実現されるべきであるのは当然であるということになろう。その限りで，実体的権利であることを前提とする限り，原則認容となるのは見やすい道理である。権利論者は，我が国の現行民法に明文規定にあろうがなかろうが，当然に認めるべきであるというのであって，その確信には揺るぎないものがあり，それはそれで一貫している。

　権利論者は，面接交渉を強制的にでも実現することが子の利益に適うという。面接交渉は親の権利なのだから，監護者がその実施が子の利益にならないということを主張立証しない限り，原則的に認められるべきだという。そこでは，面接交渉の実施に伴う個別的事情は無視され，そもそも実施することが子の利益に適うという揺るぎない確信がある。しかし，その場合の子の利益とは何であろうか。子の利益とは，それぞれの子が持つ特性・個性・能力を最大限に発揮向上させ，人類が共倒れになる危険性が高まった時代の共生の思想の下で，自己の権利利益だけを追求するだけでなく，自己の責任と義務を誠実に履行し，相手方への思いやりと謙譲の精神を身につけるように育つことができるという

ことであるから，そのような子を育てることのできる環境作りに，親も親族も地域社会も，そしてもちろん地方公共団体も国家も最大限に努力することが求められる。それは権利的発想では実現できず，価値観とライフスタイルの多様性を承認した上での共生と調整的発想でしか育みえず，まさに「科学の知」ではなく，「臨床の知」(中村雄二郎) の下に子を育て上げることではないのだろうか。

　問題は，権利論者がいうように，審判で親の権利として強制して，それで本当に子の利益が守られ推進されることになるかということである。親子等の面接交渉について法が関与し干渉した場合，裁判所が最後まで責任がもてるかということである。我が国で最初に面接交渉をした東京家裁昭 39・12・14 のいわゆる沼辺審判では，「相手方は，毎月 1 回当裁判所の指定する日時および場所において事件本人を申立人と面接させよ。申立人および相手方は，前項による面接の実施については，家庭裁判所調査官○○の指示に従え」と命じており，裁判所は審判後も家庭裁判所調査官が面接交渉の実施についてケアすることを忘れなかったのである。しかし，その後家庭裁判所には審判後までその実施に関与する権限は履行確保の場合を除いてはないという最高裁事務総局家庭局の見解をうけて，その後の審判では面接交渉の実施を命じたままで，その後の実施について審判で命ずることはしなくなった。すなわち，審判のしっ放しでその後の実施については，強制執行の問題だということになり，最近では面接交渉の間接強制がしばしば行われることになったという。

　しかし，監護者が反対しているのに，調停で納得させることができないまま面接交渉を金銭の支払命令で強制的に実現させても，権利者は満足するかもしれないが，子の利益に適うとは思われない。子に対する愛情を金銭で売買することになり，このことを後で知った子はどう感じるだろうか。NPO 法人 Wink 編『面接交渉実態調査アンケートとインタビュー──離婚家庭のこどもの気持ち』(日本加除出版, 2008) における子どもの率直な気持ちを読んでも，監護親の反対を押し切り養育費以上の金員の支払を命じる間接強制の方法により面接交渉を強制実現しなければならないようなニーズは伝わってこない。子どもは権利論者の思い込み以上にクールに対応している。そのような方法ではなく，一般的にいえば，調停で合意が成立せず，強制審判になった場合，面接交渉の実

施には，そのたびごとのケアが不可欠である。そこで現職の家庭裁判所調査官の関与が無理ならば，せめてそのOBで組織する家庭問題情報センター（FPIC）の活用を考えようということで，実際にもその利用が増え，家裁の審判でもそれに言及するものも現れるようになった。それはそれでよいことであるが，問題は家裁の調停・審判で決まった場合ばかりでなく，およそ当事者間で自主的な実施に困難を伴う場合には，面接交渉の実施に伴うさまざまな弊害を取り除くケアをするための組織作りをすることであろう。やはり，面接交渉では可能な限り強制的要素を取り除き，当事者の納得の上で子の利益に適う実施方法が採られるべきであるからである。破産法に対する民事再生法や会社更生法があるように，離婚法に対する家族再生法あるいは家族支援法があってしかるべきである。司法もこれまで以上の行政的手法の取り入れはもはや不可避であり，それを推進するためにも家庭裁判所が地方裁判所化してはならないのである[8]。

[8] 梶村太市「家族法学と家庭裁判所の発展のために──ともに原点に立ち返ろう」家族〈社会と法〉24号1頁以下（日本加除出版，2008）参照。

遺産分割事件における客観的証明責任（試論）

長　秀之

1　はじめに

　遺産分割審判は，家庭裁判所が，被相続人の遺産について，民法の定める各共同相続人の具体的相続分に応じ，民法906条の基準に従って，分割することにより，共同相続人各自の権利内容を具体的に形成する一連の手続である。
　この手続は，民法の定める各共同相続人の具体的相続分を確定する段階と，それに基づき分割方法を裁量的に定める段階とに分けることができるが，前者の各共同相続人の具体的相続分を確定する段階では，事実認定が重要な意味をもっている。
　職権探知主義を採用する遺産分割審判における事実認定を理解するには，この手続において，客観的証明責任がいかなる意味を有しているのかを理解することが不可欠の前提となるので，以下この点を検討したい。

2　遺産分割事件の法的構造

(1)　実体法と手続法

　民法は，共同相続人が相続によって取得すべき具体的相続分の算定方法を904条，904条の2において規定するとともに，共同相続人の取得した具体的相続分に基づき，遺産に関する物又は権利の種類及び性質，各相続人の年齢，

職業，心身の状態及び生活の状況その他一切の事情を考慮して分割を行うこと（民906条）を定めた上，共同相続人間の協議分割を原則とし，協議が調わないときは，各共同相続人は，その分割を家庭裁判所に請求することができる旨規定する（民907条2項）。

これを受けて，家事審判法は，遺産分割事件及び寄与分事件を乙類審判事件として，規定する（家審9条1項乙類9の2号・10号）。

このように，遺産分割審判については，民法が共同相続人が相続によって取得すべき具体的相続分の算定方法及び分割の基準ならびに家庭裁判所に対する申立権[1]を定め，家事審判法がその審理手続について規定している[2]。

現行民法が上記請求権の行使を家事審判事項としたのは，家庭裁判所に，相続人の権利の範囲を画する具体的相続分に応じて，民法906条の基準に従ってその内容を具体的に形成させることにするということを意味する[3]。

(1) 相続人に認められた遺産分割審判の申立権は，形成権としての遺産分割請求権に基づくものであるという考え方（谷口知平編・注釈民法25巻（有斐閣，1970）285頁〔山本正憲〕）と，家庭裁判所に手続の発動を促す請求権という考え方（加藤令造編・家事審判法講座第2巻（判例タイムズ社，1965）51頁〔岡垣学〕）とがある。泉久雄「家事審判例の軌跡（七・1）」家月37巻6号16頁（1985）は，一種の物権的請求権的なものであるという。

(2) 遺産分割事件は，旧民法下では訴訟事件であったが，現行民法下では，家庭裁判所の審判事件とされた。

(3) 最判昭50・11・7民集29巻10号1525頁は，「遺産分割審判は，遺産全体の価値を総合的に把握し，これを共同相続人の具体的相続分に応じ民法906条所定の基準に従って分割することを目的とする」と説示する。伊藤昌司・相続法（有斐閣，2002）344頁は，具体的相続分が実体的権利であるとの前提で，一応確定した権利を具体化するのが，遺産分割であるとする。

(2) 民法と具体的相続分

遺産分割審判は，民法の定める各共同相続人の具体的相続分に応じて権利を形成し実現する手続である。

具体的相続分を算定する過程は，次のとおりである。相続開始時に存在し被相続人に帰属した積極財産の価額に生前贈与の価額を加え（遺贈の対象財産は，上記積極財産に含まれるものとして処理するので加算しない），寄与分がある場合には

これを控除し，以上の修正を加えたものを「みなし相続財産」とする。みなし相続財産の価額に，共同相続人の指定相続分又は法定相続分を乗じて算出されたものが，共同相続人の本来の相続分である。特別受益のある者については，本来の相続分から，遺贈及び生前贈与の価額を控除し，寄与分のある者については，寄与分額を加え，各相続人の具体的相続分額を算出する。これを比率で表現したものが具体的相続分率である。相続開始時と遺産分割の時点とには間隔があり，時点によって相続財産の時価評価額が異なるので，遺産分割時点の相続財産の評価額に，相続開始時点で算出した具体的相続分率を乗じて，共同相続人各自の遺産分割取得分額を算出する。

　遺産分割取得分額は，相続開始時点の具体的相続分額を遺産分割時点を基準として換算し直したものである。

　具体的相続分及び遺産分割取得分は，相続人の範囲，指定相続分，遺産の範囲及び評価，特別受益，寄与分が確定すれば，自動的に算定される法律効果である。

　これに基づき，遺産に関する物又は権利の種類及び性質，各相続人の年齢，職業，心身の状態及び生活の状況その他一切の事情を考慮して分割を行う。

　このように，遺産分割審判は，各共同相続人の具体的相続分に応じて相続財産を分割する手続であるということができ，各共同相続人の具体的相続分こそが，遺産分割審判という手続によって形成される実体法上の権利の中心にあるということができよう。民法は，共同相続人には，相続財産に対する具体的相続分が発生し，これに基づいて相続財産の分配を求めることができる権利を保障し，その分配手続を家庭裁判所において実現できる手続上の権利を規定した。ただし，判例上，具体的相続分は，遺産分割審判における分配の前提となる計算上の価額又は割合であって，民事訴訟における確認対象としての適格性を有する実体的権利とは解されていない[4]。

(4) 最判平 7・3・7 民集 49 巻 3 号 893 頁，最判平 12・2・24 民集 54 巻 2 号 523 頁。学説の状況は，水上敏・最判解説民事篇平成 7 年度 302 頁以下，生野孝司・最判解説民事篇平成 12 年度 68 頁以下に詳しい。

(3) 民事訴訟と遺産分割審判との相違

　民法は，共同相続人が最終的に取得できる権利の具体的な内容を規定してはおらず，その具体的な内容の形成を，家庭裁判所の家事審判に委ねた。

　民事訴訟は，法律要件に該当する事実が存在すれば，一定の効果が当然に発生するという構造をもった実体法規を前提にしており，裁判所は，要件事実の存否とそれに基づく実体法規の適用不適用の判断をするものである[5]。

　これに対し，遺産分割審判において適用される実体法規（民法）は，法律要件に該当する事実が存在すれば，一定の効果が当然に発生するという構造をもつものでなく，法律に該当する事実が存在することを前提とした上で，さらに，裁判所の裁判により法律効果を具体的に形成することが必要である。そのため，遺産分割に適用される民法の法律要件に該当する事実を「要件事実」と呼んだとしても，その意味するところは民事訴訟における「要件事実」とは異なるものといわざるを得ない。しかし，遺産分割審判は，実体法規（民法）において認められた共同相続人の権利を実現するための手続である以上，実体法規である民法の定める法律要件に該当する事実を認定し，これに民法を適用するという段階を経なければならないから[6]，その意味するところが異なっているとしても，民法の定める法律要件に該当する事実を認定するという作業は避けることができない。そこで，遺産分割に適用される民法の定める法律要件に該当する事実を「要件事実」という用語を用いて以下検討を進める[7]。

[5] 伊藤眞・民事訴訟法〔第3版再訂版〕（有斐閣，2006）8頁。

[6] 中島弘道・非訟事件手続法〔第3版〕（巌松堂，1932）280頁は，非訟事件手続は新たに私権関係を形成する手続であり，非訟事件の裁判には，民事訴訟の裁判におけるような意味の「法律の適用」は存在しないが，一定の私権関係を形成しようとするならば，これに関する法律を知りこれによってその形成行為をすることを要するという。

[7] 「要件事実」の用語については，長秀之「家事審判訴訟と要件事実論」伊藤滋夫＝長秀之編集・民事要件事実講座第2巻総論Ⅱ（青林書院，2005）107頁以下。

3 客観的証明責任

(1) 総　説

　各共同相続人の具体的相続分は，遺産分割審判という手続によって形成される実体法上の権利の中心にあり，相続人の範囲，指定相続分，遺産の範囲及び評価，特別受益及び寄与分が確定されれば自動的に算定される法律効果である。これを導き出す法律要件に該当する事実が証明の対象となる以上，その存否の心証が形成できないという状態が生じることは不可避である。そこで，証明対象となる事実についての客観的証明責任が問題となる。以下，立証責任（証明責任）に関する代表的な学説を取り上げて，その内容をみることにする。

(2) 学　説

　㋐　従来の伝統的な学説（根本松男・非訟事件手続法釈義（帝国判例法規出版社，1948）48頁以下）は，次のように説明する[8]。
　非訟事件手続法は，事実の認定について，絶対的真実発見主義を採る。非訟事件手続法11条は，職権主義を採用し，裁判所に対し，自由に，あらゆる方法を用いて，事実の調査をし，絶対的真実を発見する義務を負わせたものである。
　非訟事件手続における事実認定は，すべて裁判所の職権をもって行われ，民事訴訟手続におけるような当事者の処分は許されない。民事訴訟においては，自白，擬制自白等が認められるが，非訟事件手続においては，このようなことは一切認められない。それらの事情は，単に，裁判所が自由な立場から真実を発見するための一資料となるにすぎない。
　民事訴訟手続においては，当事者に立証責任があり，当事者がその責任を果たさず，証拠を提出しないときは不利益を受けるのであるが，非訟事件手続には，当事者の立証責任なるものはない。裁判所が，当事者の申立ていかんにかかわらず，職権をもって証拠調べをするのであり，当事者はみずから証拠の提出をしなくとも，特にそのために不利益を被ることはない。立証責任は，むし

第2章 要件事実・事実認定——各論

ろ裁判所にあるというべきである。

　(イ)　加藤令造編・家事審判法講座第1巻（判例タイムズ社，1966）55頁以下〔綿引末男〕は，次のように説明する。

　裁判所は，職権をもって事実調査をする義務を負っているので，事実認定について，挙証責任の分配のないのを本則とする。「しかし，裁判所の職権による資料の蒐集も決して万能ではなく，当事者の協力をまたなければ，真実を究明することは困難であり，ある場合には不可能ですらある。……ある事実の存在について利益あるものが，その事実の存在について証明の得られないときはそのものの不利益に帰せしめられることはいうまでもない。かかる意味においての挙証責任の存在することは否定できないであろう。」

　(ウ)　伊東乾＝三井哲夫編・注解非訟事件手続法（青林書林，1995）180頁以下〔栂善夫〕は，次のように説明する。

　「非訟事件は，公益に関係するから，いわゆる絶対的真実の発見が要求される。このため裁判所は，職権をもって，自主的に事実の確定をなす必要がある。そこで本条（筆者注—非訟事件手続法11条）は，非訟事件においては，弁論主義を採用せず，職権探知主義を採用することを明らかにした。」

　「非訟事件の審理では，資料収集の範囲も方法も，裁判所が職権で自由に決するのであり，民事訴訟における証明責任といったものはない」

　(エ)　最近，家事審判法の基礎理論が体系的に整理された教科書が発表された（佐上善和・家事審判法（信山社，2007）231頁）。証明責任に関する部分を摘記すると，次のとおりである（以下「佐上説」という）。大変参考になるので，少し長くなるが，次に紹介させていただく。

　「家事審判事件においては証明責任は観念されない。」

　「職権事件において，職権を行使する要件が証明されないかぎり，具体的な処分がなされることはなく，申立事件において申立てを理由づける事実が証明されないかぎり，申立てが認容されない。こうした意味で，証明責任という概念を用いるならば，たしかに家事審判においても妥当するといえる。」「ドイツの非訟事件においては，こうした意味で確定責任が理解され，これは非訟事件においても存在するとされている。その証明責任分配は，請求を根拠づける事実，請求の発生障害および消滅に関する事実によってなされると説明する。通

常，申立事件においては，申立人は原則として権利根拠事実についての，相手方は権利障害ないし権利滅却事実についての確定責任を負い，……具体的に最も問題の多い相続証明書（実体法上，相続開始時の相続法上の諸関係に関する証明をする文書であり，誰が相続人であるか，いかなる相続持分権を有するか，被相続人の相続人に対する指示が証明される）に即して説明がなされる。相続証明書は申立てに基づいて交付されるが，その前提として遺言の効力（その真正，遺言能力）等の訴訟事項に関する前提問題が争われることが多い。この事件において，確定責任はどのように作用するかが説明される。しかしそこで説かれる内容は，遺言の効力に関する争点についての証明責任の分配であり，遺言能力に関する争点についての証明責任である。それは，通常の訴訟において争われるところと異なるところはない。」

その上で，家事審判事件においては，証明責任の分配ということはないと説かれる。その理由として，①家事審判事件においては，証明責任の対象とされる主要事実が存在しないから，民事訴訟と同様の証明責任を想定できないこと，②家事審判の対象となる事件の多くは，具体的な法律関係を形成するもので，将来指向的判断形式をとっているので，特定の事実についてその存否の確定を目的とする証明責任を考えることは不適切であること，③家事審判においては，関係人の申立てには拘束力がなく，一応の提案にすぎないもので，当事者に責任を負わせることはできず，裁判所が自ら正当と認める具体的法律関係を形成する義務を負うものであって，関係人相互の主張を請求原因，抗弁，再抗弁などに整序できないことを指摘する。

(8) 中島・前掲注(6) 238 頁以下も同旨である。

(3) 検　　討

上記学説についての検討は，家事審判事件一般の理論としてでなく，特に断らない限り，遺産分割審判についての理論という観点から行うこととする。

(a) 客観的証明責任

(ア) 伝統的学説（(2)(ア)(ウ)）は，非訟事件手続には，当事者の証明責任はないという。家事審判も非訟事件であるから，家事審判には，証明責任がないということになる。民事訴訟では，証明責任には，客観的証明責任と主観的証明責

第2章　要件事実・事実認定——各論

任があると指摘されている[9]が，伝統的学説が家事審判には証明責任がないという場合の証明責任は，主観的証明責任にとどまるのか，それとも客観的証明責任もないというのか，明確でないように見える。文言からすれば，客観的証明責任がそもそも観念できないというようにも読める。

　しかし，家事審判においては，裁判所には，あらゆる方法を用いて，事実の調査をし，絶対的真実を発見する義務があるといっても，収集した証拠等に基づいて，実体法規を適用する上で存在することが必要な事実が存在するとも，存在しないとも確定できないという事態は，常にあり得ることである。そのような場合には，立証責任が裁判所にあるといっても，実体法規を適用する上で存在することが必要な事実が存在するものとして解決すべきか（つまり，適用されるべき実体法規を適用するか），それとも，法律を適用する上で存在することが必要な事実が存在しないものとして解決すべきか（つまり，適用されるべき実体法規を適用しないか）という問題を解決できるものではない。その実体法規がその事実の存在を条件としてそれを適用することを規定していると解釈される場合には，その事実が存在すると認められない以上，その実体法規を適用することはできないというべきである。伝統的見解もこのような事態が生じることを否定できないであろうし，それであれば，その場合には，実体法規を適用する上で存在することが必要な事実について，当事者に客観的証明責任を認め，裁判所が職権をもって調査を尽くしてもその事実が存在すると認められないことをもって，実体法規の適用をしないという処理をすることになる。

　このような処理を否定し，裁判所は，あくまで絶対的真実を発見するための努力を続けるべきであって，実体法規を適用する上で存在することが必要な事実について，当事者に客観的証明責任はないという考え方もあり得よう[10]。しかし，裁判所が全ての資料を収集しても，上記事実の存否いずれとも確定できないという心証を抱く事態の生じる可能性を否定することはできない。裁判所は，このような場合であっても，実体法規を適用するか否か決断をしなければならないのであるから，結局は，その実体法がその事実の存在を条件としてそれを適用することを規定していると解釈される場合には，その事実が存在すると認められない以上，その実体法規を適用しないという処理をすることになるのである。このことを説明したのが，(2)(イ)の見解である。

(イ)　佐上説は，申立事件において申立てを理由づける事実が証明されない限り，申立てが認容されないという意味で，証明責任という概念を用いるならば，家事審判においても妥当するといえ，ドイツの非訟事件においては，こうした意味での確定責任が理解され，これは非訟事件においても存在するとされているとされる。

　上記の確定責任を認める立場であれば，私見の客観的証明責任を認める立場と同じであることを意味する。上記客観的証明責任を認めるのであれば，それは，申立事件に適用される実体法規の定める法律要件に該当する事実についての証明責任であるから，民事訴訟と同一の意味のものではないにせよ，証明責任の対象となる法律要件に該当する事実すなわち要件事実に対する客観的証明責任を認めることにならざるを得ない。

　(ウ)　家事審判には，民事訴訟における主要事実が存在しないので，客観的証明責任はないという見解があるとすれば，これにも賛成できない。

　民事訴訟の客観的証明責任は，次のように説明される[11]。すなわち，民事訴訟において適用される実体法規は，法律要件を充たす事実（主要事実，要件事実のこと。この論考では，主要事実と要件事実とを同一の意味のものとして使用する）が存在すれば，一定の法律効果が当然に発生するという構造を持っており，民事訴訟における訴訟物は，実体法規の適用によって発生する法律効果の組み合わせによって導き出される法律効果としての権利又は法律関係である。法律効果を発生させるものが要件事実であり，当事者には，これについて主張立証責任が生じる。これに対し，非訟事件に適用される実体法規は，法律要件を充たす事実が存在すれば，一定の法律効果が当然に発生するという構造を持っておらず，当事者が求める一定の法律効果が発生するには，実体法規が定める要件に該当する事実の存在が確定された上で，裁判所による法律効果の形成＝裁判という行為が必要とされるのである。したがって，家事審判を含む非訟事件において，民事訴訟と同一の意味の要件事実はなく，それゆえ，民事訴訟と同一の意味の客観的証明責任はないということは正当である。

　しかし，それだけでは，裁判所が全ての資料を収集しても，上記事実の存否いずれとも確定できないという心証を抱く事態の生じることを避けることはできないし，その場合に，その事実の存否についてどのように判断し，実体法規

を適用するか，それとも適用しないのかという問題は解決しない。実体法規がその事実の存在を条件としてそれを適用することを規定していると解釈される場合には，その事実が存在すると認められない以上，その実体法規を適用することはできないという処理をすることになるのであれば，民事訴訟と同一の意味ではなく，家事審判を含む非訟事件特有の概念としての客観的証明責任ということを検討すべきである。遺産分割審判において，民法は，共同相続人の権利の中心である具体的相続分に従って遺産の分割を請求できる権利を保障しており，具体的相続分は，相続人の範囲，指定相続分，遺産の範囲及び評価，特別受益及び寄与分が確定されれば自動的に算定される法律効果であることに照らせば，民法は，具体的相続分を導き出す法律要件に該当する事実の存在を条件として法律を適用することを規定しているというべきであり，これを家事審判の要件事実と考え，その客観的証明責任を考えることは合理的ということができよう。

(b) 証明責任の分配

(ア) 家事審判には，民事訴訟における主要事実が存在しないので，民事訴訟における証明責任の分配といったものはないという見解（佐上説，(2)(イ)の見解も同様であると考えられるが，佐上説は，詳細に説明されるので，以下，佐上説をもって代表とする）について検討する。

私見では，家事審判において，実体法規がその事実の存在を条件としてそれを適用することを規定していると解釈される場合において，その実体法規が定める法律要件に該当する具体的事実を，家事審判の要件事実と呼んでもよいのではないかと考える。

上記の意味の家事審判の要件事実について客観的証明責任を考えることができるとすれば，その帰属主体が誰なのかが問題となる。

当事者として申立人しか現れない相続放棄の申述受理事件において，裁判所が収集した全資料によっても，申立人が民法の定める期間内に相続放棄の意思表示をしたか否かの心証が形成できなかった場合には，申立ては却下されることになるが，この場合，民法915条に定められた要件に該当する具体的事実についての客観的証明責任は，申立人にあるということができるのではないか。

このように，家事審判の要件事実について客観的証明責任を考えることがで

きるとすれば，その帰属主体が誰なのかという問題を意識的に検討する必要があると考えられる。その結果，複数の紛争当事者が家事審判の当事者となって現れる事件において，ある法律効果の発生に関する要件事実と，その法律効果の発生を阻害し，消滅させる要件事実とで，その客観的証明責任が異なった当事者に帰属するという事態が生じるとすれば，客観的証明責任が分配されたのと同視できる場合があるのではないか。

　(イ)　佐上説は，証明責任の分配ということが観念できない根拠として，第2に，家事審判の対象となる事件の多くは，具体的な法律関係を形成するもので，将来指向的判断形式をとっているので，特定の事実についてその存否の確定を目的とする証明責任を考えることは不適切であることを指摘する。

　ここで論じている遺産分割審判については，そこで扱う事実は，寄与分額又は寄与分率の決定（これは民法が裁判所の裁量による形成を認めているのであるから，当然のことである），遺産分割の方法の選択を除けば，いずれも過去の事実を認定し，これを法律要件に当てはめ，一定の解決を引き出すという構造のものである。このことは，寄与分を基礎付ける事実についてもいえることである。

　したがって，遺産分割審判で判断すべき事項のうち，過去の事実に対する認定の問題については，証明責任の分配ということが観念できないとされる根拠の第2は，当てはまらないというべきである。

　現に，佐上説は，証明責任の定義の仕方によれば，家事審判にも証明責任は妥当するとした上，ドイツの非訟事件における相続証明書についての証明責任の分配の議論を取り上げ，遺言能力に関する争点についての証明責任は，通常の訴訟において争われるところと異なるところはないと説明され，「しかし，問題にしなければならないのは，たとえばわが国に即していえば，婚姻費用の分担請求，財産分与請求，寄与分の請求等々の典型的な乙類審判事件（非訟事件）において，申立人がどこまでの事実を主張するべき責任を負うのか，あるいはどのような事実が請求の発生を障害する事実となるかということである。」とされ，証明責任の議論に一定の理解を示されるのである[12]。このような見解からすれば，本来民事訴訟事項に属すべき法律効果に関する要件事実については，家事審判手続においても，客観的証明責任の分配を認めることができる場面があるのではないか。また，寄与分を基礎付ける事実についても，そ

の客観的証明責任が誰に帰属するかという問題が生じることは，後に検討するとおりである。

　(ウ)　佐上説は，第3に，家事審判においては，関係人の申立てには拘束力がなく，一応の提案にすぎないもので，当事者に責任を負わせることはできず，裁判所が自ら正当と認める具体的法律関係を形成する義務を負うものであって，関係人相互の主張を請求原因，抗弁，再抗弁などに整序できないことを指摘する。

　ここで指摘された内容は，主張責任に相当するものであるが，職権探知主義においては，当事者に主張責任が認められておらず，主張がなくとも証拠によって認められる事項は考慮しなければならないから，そのような意味では，主張を整序するということは意味をもたないというべきである。しかし，まず，当事者が主張すると否とにかかわらず，国民にとって分かり易い裁判を実現するという目的のためには，取り上げるべき争点を取り上げて，これを調査し，審判において判断をすることが必要である。審判手続を指揮する上でも，審判書を作成する上でも，取り上げた争点が遺産分割審判をする上でいかなる位置付けになるものかを明らかにすることは，上記目的に照らして有用なことであり，かつ，審判官の思考を整理し，誤りを防ぐことができるという意味で効果的である。そして，共同相続人の具体的相続分を算定するための要件事実を分析し，これを整序することは可能であり，審理の適正化円滑化のためには，その客観的証明責任を負うものがいずれの当事者であるかを検討することが有用であると考えられる。

　(9)　伊藤・前掲注(5) 328頁。同書は，主観的証明責任の所在は，証明責任の分配によって決定され，証拠提出責任とよばれることもあるとする。
　(10)　石川義夫「主要事実と間接事実」鈴木忠一＝三ケ月章監修・新実務民事訴訟講座Ⅱ判決手続通論(2)（日本評論社，1981）9頁注(5)は，「(証明責任は) 当事者の立証を許さない純粋な職権探知主義のもとではやはり成立しないのではあるまいか。」とされる。
　(11)　長・前掲注(7) 110頁。
　(12)　佐上善和・家事審判法 232頁。なお，倉田卓次訳・ローゼンベルク証明責任論〔全訂版〕（判例タイムズ社，1987）51頁は，「非訟事件手続において，申立人は申立の要件事実について確定責任を負う。非訟事件でも証明責任規範が働く」「申立人が負

うのは主観的証明責任でなく，客観的証明責任のみである」「申し立てられた非訟事件手続が申立人以外の者に向けられる場合—殊に，後見裁判所における夫婦の争いや民法 2358 条による相続証書手続—には，申立人と相手方との間の証明責任分配さえ考えられるのであって，適用されるべき民法法規の定めに従って分配しうる。」とされる。

(4) 私　見

　非訟事件においても，申立てを理由付ける事実が証明されない限り，申立ては認容されない。申立てを理由付ける事実とは，実体法規がその事実の存否を条件として適用を認める場合に，その実体法の定める法律要件に該当する具体的事実である。これを家事事件における要件事実と呼ぶ。遺産分割審判にあっては，遺産分割を行う前提となる相続人の範囲，相続分を指定する遺言，分割対象財産が遺産であること及び各相続人の具体的相続分を基礎付けるところの民法 904 条，904 条の 2 の定める要件に該当する具体的事実がこれに該当する。職権探知主義のもとであっても，これらの具体的事実について，裁判所が審理を尽くしてもその存否についての心証が形成できないという事態が生じることを避けることはできない。この場合，当該事実が存在するとの前提で裁判をするか，存在しないという前提で裁判をするか，いずれかに決しなければならないというのであれば，そこには，その具体的事実についての客観的証明責任が観念される。そして，客観的証明責任が観念されるという以上，その具体的事実についての客観的証明責任が誰に帰属するかという問題が生じる。すなわち，ある事実が存在するとはいえないことにより，実体法規の適用を受けることができないために，申立てを却下しなければならない場合，又は，その事実が存在すれば得られる申立人の権利が得られない場合には，当該申立事件に適用される実体法規の定める法律要件に該当する事実についての客観的証明責任は，申立人にあるというべきである。以上のとおり，家事審判事件の要件事実は，民事訴訟のそれと同一の意味のものではないにせよ，その客観的証明責任というものが観念でき，その責任を負うものが誰かということが問題となるのである。

　次に，遺産分割は，遺産である財産権が相続開始時に被相続人に帰属してい

第2章 要件事実・事実認定——各論

たこと，また，それが遺産分割時に相続人の遺産共有の状態にあることを前提として，各共同相続人の具体的相続分に基づいて，遺産を分割する手続である。相続人の範囲，法定相続分，指定相続分，遺産の範囲，各共同相続人の具体的相続分は，実体法規の適用によって発生する法律効果の組み合わせによって導き出される法律効果によって決定される。これらのうち，まず，訴訟事項であるものについて，その事項＝法律効果を導き出す要件事実（この場合には，まさに民事訴訟及び人事訴訟と同様の要件事実である）について，裁判所が審理を尽くしてもその存否についての心証が形成できないという事態が生じることを避けることはできない以上，客観的証明責任を考えることができる。これらの事項を家事審判で審理した場合，相続人には，権利根拠規定，権利障害規定，権利消滅規定に該当する事実についての主張責任はないが，裁判官がその事項について結論を得るためには，請求原因事実，抗弁事実，再抗弁事実等の要件事実が認定できるかどうかという判断過程をたどることになる。そして，それぞれの要件事実について，その存否についての心証が形成できないという事態が生じることを避けることはできない以上，客観的証明責任の所在が問題となる。したがって，各要件事実ごとに，その客観的証明責任が誰に生じるのか，申立人か，共同相続人全員か，相続人の一部かが検討されるべきである。

　遺産分割は，有限の遺産を共同相続人が分け合う関係にあり，一人の権利が拡大すれば，他方の権利は縮小するという関係にある。その意味では，各共同相続人が対立する関係にある。具体的相続分を算定するに当たり，特別受益により生前贈与分について持戻し計算されるのは，権利消滅規定の適用を受けた結果であるといえるが，特別受益に該当する生前贈与の存否についての心証が形成できないために，それが適用されないという場合には，その結果，他の当事者は，それが適用された場合と比較して，その分自己の取得分が減少するという関係になる。これは，権利消滅規定に該当する具体的事実は，その適用によって利益を受ける他の相続人すべてにその客観的証明責任があるからであるというように考えられる。弁論主義の支配する民事訴訟では，主張した当事者との関係でのみ判断されれば足りるが，職権探知主義のもとでは，当事者の主張責任がないから，利害関係の生じる全ての当事者との関係で問題となる点に違いがあるのである。また，寄与分が認められる相続人は，寄与分の権利根拠

規定の適用を受けることになるが、そのことは、他方で、他の相続人の取得できる具体的相続分の範囲を縮減する効果を生む。したがって、寄与分は、それが認められる相続人の権利取得事由であるが、寄与分の法律要件を評価的要件であるとすると、ここでも、権利根拠事実と権利障害事実とで客観的証明責任が異なるという状態が生じることになる。

4　個別的な法律要件と客観的証明責任

(1)　相続人，法定相続分

　遺産分割審判をするには、共同相続人全員が当事者となっていることが必要であり、一部の相続人を除外してされた審判は、そのとおりの効力が生じないという意味で無効である[13]。

　したがって、申立人及び相手方全員が相続人であり、それ以外には、相続人が存在しないといえなければ、遺産分割審判をすることはできない。

　例えば、被相続人Aの相続人Bが、相手方をCDとして遺産分割審判を申し立てた場合、BCDが共同相続人であることが証明されなければ、BCDを共同相続人とする遺産分割審判を受けることができない。共同相続人の範囲の問題は、一つには、民法の適用を受ける条件として捉えられるが、もう一つには、共同相続人の具体的相続分算定の前提となる自己の法定相続分という権利に関する要件事実の問題である。これを分けて考えるかどうかは措くこととして、申立人Bは、BCDが共同相続人であることが証明されなければ、BCDを共同相続人とする遺産分割審判により権利を取得することができず、申立てが却下（一部却下を含む）されるのであるから、共同相続人の範囲について客観的証明責任があるいうことができるのではないか。遺産分割事件は、申立人Bの申立てにより開始される手続であるが、開始の契機という点を除けば、当事者は全員対等であり、各共同相続人の権利が形成されるという立場にある。遺産分割の前提となる共同相続人の具体的相続分の確定という点に焦点を合わせて考えると、CDも、BCDが共同相続人であり他には相続人がいないことの客観的証明責任を負うという考え方があり得るのではないか[14]。共同相続人全員が

第2章 要件事実・事実認定──各論

申立人となって申立てをすることは適法であると考えられているが[15]，その場合との違いをどのように考えるかという問題について，この見解は，BCDが共同相続人であり他には相続人がいないということの客観的証明責任を負う点では同一であると答えることになろう。

(13) 東京高決昭55・4・8家月33巻3号45頁，善元貞彦「共同相続人の一部を除外した遺産分割審判等の効力」野田愛子ほか編・家事関係裁判例と実務245題（判タ1100号412頁（2002））。例えば，被相続人Aに相続人BCDがいる場合に，申立人Bが，共同相続人Dを欠落させて遺産分割審判の申立てをしたとき，誤記は別として，実務では，申立人Bが新たにDを相手方とする遺産分割審判の申立てをすれば，両事件を併合する取扱いがされているほか，参加の手続によることもできる。従来の考え方では，Dが当然に当事者と扱われるべきであり，理論的には，参加の手続は必要なく，参加の形式を借用したにすぎないとされるが（斎藤秀夫＝菊池信男編・注解家事審判法〔改訂〕（青林書院，1992）588頁〔山口幸雄〕），遺産分割審判においては，申立人によって当事者として表示された者が，その事件の当事者として扱われるべきで，表示内容を基準として申立ての適法性を検討すべきではないか。

(14) 長秀之「法定相続分と具体的相続分」野田愛子＝梶村太市総編集・新家族法実務大系③相続Ⅰ（新日本法規出版，2008）186頁は，Bには，①申立人自身が相続人であること，かつ，②BCDのみが相続人であることの客観的証明責任があるとし，CDについても，Bと同一の事実について客観的証明責任があるといえそうであると指摘した。①は，申立人が相続人であることが民法の適用を受ける条件となっていると解されるので，付加したものであるが，申立ての要件として，Bのみが①の客観的証明責任を負うという見解も考えられる。また，①を申立ての適法要件として，客観的証明責任の問題とは別個に位置付ける見解も考えられる。しかし，少なくとも，共同相続人の具体的相続分算定の基礎となる法定相続分に焦点を合わせると，BCD各自に，法定相続分という法律効果を導き出す要件事実である相続人の範囲（BCDのみが共同相続人であること）についての客観的証明責任があるというのが相当ではなかろうか。形式論理的には，このような見解とは異なり，申立人Bは，相続人の範囲についての客観的証明責任を負うとすると，それが果たされれば，相続人全員に共通の効果が発生し，それが果たされなければ，BCDを共同相続人とする申立てが却下されるだけであるから，BのほかにCDが，相続人の範囲についての客観的証明責任を負うと考える必要はないという見解が考えられる。要件事実論は，必要最小限の論理の組立てを前提としており，これをより徹底させようとすれば，この見解もあり得るようにも思えるが，この見解では，遺産分割審判により，各共同相続人の権利が各別に形成されるという本質的な部分への配慮が足りないように思われる。

(15) 斎藤＝菊池編・前掲注(13)516頁〔石田敏明〕。

(2) 遺産の範囲及び評価

　被相続人の積極財産を分割するのが，遺産分割審判であり，遺産の範囲及び評価は，共同相続人が証明しなければならない。遺産の範囲の問題は，被相続人が遺産を取得したという法律効果を発生させる原因事実を中心にして認定される。ここで問題となるのは，過去の事実であり，民事訴訟で問題となる事実と同様である。そして，遺産に対する各共同相続人の権利が形成されるのであるから，被相続人の遺産取得原因の要件事実について，共同相続人は，客観的証明責任を負うということができるのではないか。

　実際の紛争では，ある財産（甲財産）が被相続人の遺産であるか，共同相続人のある者（ここでは，B）の個人財産であるかどうかが問題となることがある。この場合，共同相続人としては，甲財産が遺産であることにより利益を受ける。その点では，被相続人Ａが取得した事実については，共同相続人全員が客観的証明責任を負うということができるのではないか。しかし，B個人としては，それによって，自己の権利が害される関係に立つ。Bが個人の財産として主張するところが，被相続人Ａから売買で取得したというものであれば，その取得原因の客観的証明責任は，Bにあるというべきであろう[16]。

[16] 田中壮太＝岡部喜代子＝橋本昇二＝長秀之・遺産分割事件の処理をめぐる諸問題（法曹会，1994）217頁。なお，実務では，遺産分割の前提問題（訴訟事項）について，当事者間に争いがあり，訴訟での解決が必要な場合には，調停，審判の申立てを取り下げ，民事訴訟を提起する扱いとなっている。

(3) 特別受益

　共同相続人中に，被相続人から，遺贈を受け又は婚姻，養子縁組のため若しくは生計の資本として贈与を受けた者があるときは，被相続人が相続開始の時において有した財産の価額にその贈与の価額を加えたものを相続財産とみなし，民法900条から902条に基づいて算定した指定相続分ないし法定相続分の中から，その遺贈又は贈与の価額を控除し，その残額をその者の相続分とする（民法903条1項）。

　特別受益による指定相続分ないし法定相続分の修正（これは，「持戻し」と呼ば

れる)を行うための要件事実は,当該共同相続人が「被相続人から,遺贈を受け又は婚姻,養子縁組のため若しくは生計の資本として贈与を受けたこと」である。

　特別受益のうち,生前贈与についてみると,その要件事実は,①被相続人から共同相続人の中のある者に対し,生前にある財産が贈与されたこと,②その贈与が婚姻,養子縁組のため若しくは生計の資本としてされたことである。

　①の生前贈与という事実は,過去の出来事であり,通常民事訴訟における事実認定と同様の手法により,これを認定することができる。この事実について,客観的証明責任を考えることについて,事実の性質上は問題がない。

　②のその贈与が婚姻,養子縁組のため若しくは生計の資本としてされたことという事実の判断は,制度趣旨に照らし,当該生前贈与が相続財産の前渡しといえるかどうかを基準にしながら,共同相続人間の衡平の観点から行われるべきである[17]。当事者間の衡平の観点から判断するということになれば,被相続人の生前の資産,収入,家庭状況などを考慮して,総合的に判断することになる[18]。

　ただし,通常民事訴訟の要件事実の認定においても,多かれ少なかれ評価的要素は含まれているのであって,贈与が婚姻,養子縁組のため若しくは生計の資本としてされたことという事実が,総合的に認定されるからといって,その認定の構造は,通常民事訴訟における事実認定を遙かに超える特殊性や裁量性があるというのは相応しくなく,通常民事訴訟の事実認定と同一のものであるというべきである[19]。

　ある相続人に特別受益が認められると,持戻し計算される結果,分割対象となる遺産に対するその相続人の具体的相続分は減少し,他の共同相続人の具体的相続分は増加する。したがって,ある相続人に特別受益に該当する生前贈与の事実があったことについては,他の共同相続人全員の利益となるので,それらの者全員に上記特別受益に該当する事実の客観的証明責任があるというべきである。

　そして,生前贈与を受けた相続人は,被相続人により持戻し免除の意思表示がされたことが証明された場合には,生前贈与分を持戻しされない。上記意思表示は,被相続人と生前贈与を受けた相続人との生活関係など諸般の事情に照

らして黙示の意思表示として認定判断されることが多く，この場合には，評価的な判断要素を含む事実である。このような持戻し免除の意思表示については，生前贈与を受けた相続人に客観的証明責任があるということができる。この場面では，証明責任が分配されている[20]。

(17) 野田愛子・遺産分割の実証的研究120頁（司法研究報告書11輯5号（1962）），谷口知平＝久貴忠彦編・新版注釈民法(27)（有斐閣，第4刷，1989）228頁〔有地亨〕。
(18) 大阪家堺支審昭35・8・31家月14巻12号128頁。
(19) 現に，遺留分減殺請求訴訟において認定の対象とされている。若林昌子「特別受益の確定——訴訟事項か審判事項か」判タ688号48頁（1989）は，「特別受益，みなし相続財産，具体的相続分の認定は，裁判所の単なる裁量的事項ではなく，法定相続分，特別受益等の各要件事実を認定したうえで導き出されるものであって，その過程において裁判所の裁量の入る余地はない。」とされる。また，生野・前掲注(4) 79頁は，特別受益の判断が家事審判事項とされていないのは，「特別受益の有無は法定の要件（裁判規範）に基づいて一義的に判断されるもので，認定基準が裁量の余地の乏しい一定の具体的事実であるため，右基準に従って客観的に認定するべき事項であるからであると考えられる。」とする。
(20) 長・前掲注(7) 125頁以下。

(4) 寄 与 分

寄与分については，その権利取得の前提となる法律要件を民法904条の2が定め，家事審判によってその具体的内容が形成される（家審9条1項乙類9の2号）。

民法の定める法律要件は，①寄与行為の存在，②寄与行為が「特別の寄与」と評価できること，③被相続人の財産の維持又は増加があること，④寄与行為と被相続人の財産の維持又は増加との間に因果関係があると評価できることである[21]。

①及び③は，過去の事実の問題である。④の因果関係は，通常の事実認定の問題であるという考え方と評価の側面を強調する考え方とがあり得る[22]。②は，通常の事実認定であると考えることもできるが，評価的要件[23]と位置付けることもできよう。

以上の要件のうち，それが過去の事実の認定の問題であれば，その事実が認定できない以上，寄与分の主張をすることができないから，寄与分の主張をす

る相続人にその客観的証明責任があるということができる。「特別の寄与」が評価的要件であるとすれば，これを積極的に裏付ける方向で作用する事実群（特別の寄与評価根拠事実）ａと消極的な方向で作用する事実群（特別の寄与評価障害事実）ｂとに分類することができる。民事訴訟における規範的要件の手法を用いれば[24]，ａについては，寄与分の主張をする相続人にその客観的証明責任があり，ｂについては，これを争う側の相続人がその客観的証明責任を負うことになる。このように考えることができるのであれば，客観的証明責任は，分配されることになる。ａに関して証明された事実群だけで「特別の寄与」と評価できる場合には，ｂに関して証明された事実群と総合評価を行うが，ａに関して証明された事実群だけでは「特別の寄与」と評価できない場合には，ｂに関して証明された事実群と総合評価を行うまでもなく，寄与分の主張は認めることができない。

これらの法律要件に該当する事実が認められた上で，家事審判により，寄与の態様（期間，方法及び程度），相続財産の額その他一切の事情を総合考慮して，寄与分額又は寄与分割合が形成される。この場面では，裁判所の裁量的判断が行われるので，客観的証明責任を問題にすることは適当でなかろう。

[21]　田中ほか・前掲注[16] 268頁，長・前掲注[7] 128頁。
[22]　田中ほか・前掲注[16] 268頁は，評価の側面を強調する。
[23]　伊藤滋夫・要件事実の基礎（有斐閣，2000）126頁は，評価的要件という概念を提唱し，いわゆる規範的要件も評価的要件の一種であるという。
[24]　司法研修所編・増補版民事訴訟における要件事実第一巻（法曹会，1986）30頁。

(5)　具体的相続分

相続人の範囲，指定相続分，遺産の範囲及び評価，特別受益の範囲及び評価が認定され，寄与分額ないし寄与分割合が審判により形成された場合には，共同相続人の具体的相続分額又は具体的相続分率は，当然に算定される。

具体的相続分は，法律効果であり，それを導く指定相続分，法定相続分，遺産の範囲，特別受益，寄与分も法律効果であり，それらの法律効果を導く法律要件に該当する要件事実について，存否いずれの心証も形成できなかった場合に，いかなる処理をするかを決定するのが，要件事実についての客観的証明責

任の問題である。客観的証明責任が問題となる場面を認める以上，それがいかなる事実についての客観的証明責任か，その責任は誰に帰属するのかを解明することが必要となる。

この具体的相続分に従って，民法906条の規定する基準により，分割方法が決定されるのである。

(6) 分割の方法

遺産分割審判における分割方法は，「家庭裁判所が民法906条に則り，遺産に属する物または権利の種類および性質，各共同相続人の職業その他一切の事情を考慮して，当事者の意思に拘束されることなく，後見的立場から合目的的に裁量権を行使して具体的に分割を決定」する[25]。

後見的立場から合目的的に裁量権を行使して具体的に分割を決定する場合であっても，裁量権の行使の仕方を合理的に基礎付ける事情の有無が問題になるが，それらの個々の事情について，客観的証明責任を問題にすることは適当ではなかろう[26]。

[25] 最大決昭41・3・2民集20巻3号360頁。
[26] しかし，長・前掲注(7) 129頁のとおり，分割の方法として，現物分割，代償分割，換価分割，共有分割という原則的な分割方法の順位付けをし，これを基礎付ける事情を類型化するということになると，そこには，要件事実論的な発想に通じるところがあるということができよう。

5　むすび

遺産分割審判における客観的証明責任の問題について検討するに当たり，要件事実が存在するかどうかの心証を形成できないために，相続人の権利の形成にかかる実体法規の適用を受けることができないことを客観的証明責任と概念規定し，各共同相続人の具体的相続分に影響のある法律要件に該当する事実（要件事実）を中心に客観的証明責任を検討した。具体的相続分には，民事訴訟における確認対象としての適格性を有する具体的権利という性格はないが，法律効果の積み重ねからなる一応の到着点という意味において，民事訴訟の訴訟

物と類似の役割をするという側面があり，これに注目すると，客観的証明責任の問題を理解しやすいように思われる。この側面は，いわば実体的権利に関する問題である。この問題を検討する際に留保した申立ての利益や適法性の問題をどのように扱うべきかなどの問題点は，今後の検討に委ねたい。

　引用させて頂いた諸論文は，いずれも大変に参考となった。

　拙稿を提出するのは，未熟な思考を残すことになるだけであるが，他山の石となれば幸いである。

第2章
要件事実・事実認定―各論

第2節
民法以外の諸問題

最近の弁護士実務から見た
善管注意義務規範の諸相

河野 玄逸／北川 恵子

1 本稿の目的

　高度情報化社会の出現により，法人や個人の権利・利益が第三者の手に付託される場合の規範整備が急がれているが，現状では，善管注意義務という抽象的規範に準拠せざるを得ない部分が大きい。

　弁護士実務でも，権利・利益の付託を受けた第三者（「受託管理者」と呼ぶことにする）が負うべき法的責任の範囲（有責リスクの領域）を，根拠となる善管注意義務規範ごとに適切に予測・解明するプロセスが，リスク管理という時代精神からも，喫緊の課題となっている。

　本稿では，規範的要件と解される善管注意義務違反[1]について，要件事実的思考を手がかりとして，責任主体である受託管理者の属性及び根拠法令に応じた判断枠組みを順次検討することを通じて，現行諸法令中に点在している善管注意義務規範の比較的考察を，弁護士実務の視点から試みてみたい。

　善管注意義務違反が問われる受託管理者として，委任契約の受任者（民644条）を最初に取り上げ，その後，株式会社取締役（会社330条・329条）及び非営利法人理事（一般法人64条・172条），そして破産管財人（破85条）へと，検討対象を広げることとする。

[1] 善管注意義務違反は，要件事実の観点から考察すれば，規範的評価が法律要件となっているいわゆる規範的要件であると考えられる。規範的要件については，当該評価を根拠付ける個々の具体的事実が主要事実となるとする考え方が支配的であり，法

律実務も多くはこの考え方に従っているとされる（難波孝一「規範的要件・評価的要件」伊藤滋夫＝難波孝一編・民事要件事実講座第1巻（青林書院，2005）211頁）。

2　委任契約受任者の善管注意義務

(1)　役務給付の非定型性

受任者は，委任の本旨に従い，善良な管理者の注意をもって，委任事務を処理する義務を負う（民644条）。受任者に求められる役務給付の水準（善管注意義務の内容）は，個々具体的な委任契約の趣旨・内容を踏まえて決定されるということである。したがって，要件事実的思考に立って，①善管注意義務違反を基礎づける評価根拠事実，②これと両立しつつ義務違反を妨げる評価障害事実を順次取り上げ，有責リスクを総合予測する過程では，「債務者の職業，その属する社会的・経済的地位などにおいて一般に要求されるだけの注意」[2]という一般基準の措定に加えて，「定型的な基準がある場合でも，契約で定められた内容や契約が締結された経緯等から，それと異なる基準が合意されたとみることができるときにはその基準による」[3]という合意原則的な視点[4]，とりわけ，「債権者が，当該契約の中で，債務者の給付能力に対していかなる期待を抱き，自己の権利・利益領域への介入に同意し，すなわち権利・利益領域の管理に関する注意を債務者に託したのか」「債務者は，当該契約の中で，債権者に対してどこまでの給付能力の引受けをしたのか」[5]等，リスク分配・引受けに係る合意内容の確定プロセスが，実務上は重要となる。

(2)　我妻榮・新訂債権総論（岩波書店，1964）26頁。
(3)　山本敬三・民法講義Ⅳ—1契約（有斐閣，2005）713頁。
(4)　合意原則につき，内田貴ほか「特別座談会・債権法の改正に向けて—民法改正委員会の議論の現状（上）」ジュリ1307号119-121頁〔山本敬三発言〕（2006）。
(5)　潮見佳男・債権総論〔第2版〕Ⅰ（信山社，2003）87頁。

(2)　外部委託取引を素材として

企業活動の分業・協働化が著しい現代社会においては，法人業務の一部を他

の事業法人に外部委託（アウト・ソーシング）する取引が，頻繁に行われる。

(a) 一般的判断枠組み

この種現代型の委任契約において，外部委託先（受託管理者）が善管注意義務違反に問われるかどうかは，委託企業から付託された権利・利益を損なう結果となった不注意ないし不具合が，一定の評価根拠事実から，外部委託先のリスク管理領域で発生したと基礎づけられるのか，仮にそういえるとしても，一定の評価障害事実から，委託企業側のリスク管理領域に止まる特別の事情はなかったのかという要件事実的思考によって，段階的に解明していく手法が，実務上有効である。

当事者双方が，自律的なリスク判断のできる法人事業者であることから，リスク管理領域を線引きする際の判断要素は，個々の契約によるリスク分配・引受合意（合意原則）から誘導される部分が大きく，(3)で後述する信認関係による補完の余地はそれほど大きくないと，一応はいえよう。

具体的な判断要素としては，①委託企業の属性，②外部委託先の属性（専門性・有資格性を含む），③契約上付与される裁量権，④委託企業の協力態勢（提供されるリスク情報），⑤委託企業に提供される委託業務遂行情報，⑥合意されたリスク引受の程度（手段債務か結果債務か），⑦委託業務の対価，⑧付託される権利・利益（その帰属主体を含む），⑨外部委託先が遵守すべき法令その他の規範，⑩善管注意義務を加重・軽減する合意等が考えられよう。

当然のことながら，各要素は，その内容及び態様いかんで，評価根拠事実とも，評価障害事実とも，親和性を有する可能性がある。

(b) 金融機関の外部委託取引

委託企業の属性によって，外部委託取引の契約自治（自律的なリスク判断）が統制される場合がある。その代表的な例は，金融機関が委託企業となる外部委託契約である。

我が国の金融機関は，「預金等受入金融機関に係る金融検査マニュアル」（平成20年8月）[6]によって，経営管理（ガバナンス）態勢，法令等遵守態勢，顧客保護等管理態勢，総合的リスク管理態勢その他，業規制に適合する内部統制システムの構築を義務づけられているが，係るシステム統制は，外部委託先との委託契約内容まで踏み込んだ「顧客保護等管理態勢の確認検査用チェックリス

第2章　要件事実・事実認定——各論

ト」[7]や「オペレーショナル・リスク管理態勢の確認検査用チェックリスト」[8]等によって，個々の外部委託先にまで，広げられている[9]。

　ここでは，外部委託先の善管注意義務違反を基礎づける評価根拠事実として，金融検査マニュアルに適合しない役務提供等が，評価障害事実としては，金融機関側に起因する契約管理態勢の未整備等が，とりあえず検討の対象となる。

(c)　**善管注意義務違反の責任追及主体**

　外部委託先の善管注意義務違反によって損なわれた権利・利益が，委託企業に付託された第三者の営業秘密や個人情報等である場合でも，善管注意義務違反を理由とする責任追及は，契約当事者である委託企業のみが行い得る。

　損なわれた権利・利益の受託管理者である委託企業は，当該権利・利益の帰属主体に対し，委任契約受任者や信託受託者等の立場で善管注意義務を負う場合（民644条，信託29条2項）が多いと思われるが，この場合には，委託企業から外部委託先に対する善管注意義務違反の責任追及を通じて回復された権利・利益が，結果的に被害法益の帰属主体側に還流することになる（民646条，信託16条）[10]。

　(6)　金融庁のホームページ（http://www.fsa.go.jp/manual/manualj/yokin.pdf）から，金融検査マニュアル全文のダウンロードが可能である。

　(7)　例えば，同マニュアル52頁以下に，「業務を第三者……に委託する場合，当該業務の規模・特性に応じ，その的確な遂行を確保するための措置（委託契約等において外部委託先に対して態勢整備を求めることを含む。）を講じているか。」（Ⅱ—4—(2)—①），「外部委託先に対する必要かつ適切な監督等を行うための措置を講じているか。例えば，外部委託先との間の委託契約において，監督，モニタリング，報告に関する条項を適切に規定する等により，適時適切な対応が可能なものとなっているか。」（Ⅱ—4—(2)—④），「外部委託先における顧客情報管理のための措置……例えば，外部委託契約において顧客情報の目的外使用の禁止，守秘義務を課する等の措置が講じられているか。」（Ⅱ—4—(2)—⑧）等の記述があり，検査対象金融機関のミニマム・スタンダードとされている。

　(8)　例えば，同マニュアル269頁に，「委託契約において，提供されるサービス水準，外部委託先との責任分担（例えば，委託契約に沿ってサービスが提供されない場合における外部委託先の責務，又は委託に関連して発生するおそれのある損害の負担の関係）について定めていることを確認するための措置を講じているか。」（Ⅲ—3—②）等の記述がある。

　(9)　一定の場合，外部委託先は，金融検査における報告・資料徴求（銀行24条2項），

376

立入検査(銀行25条2項)の対象ともなる。
(10) 信託受託者の外部委託取引につき,委託先である代人の直接責任を規定していた旧信託法26条3項は,平成18年の信託法改正により廃止されたが,この点の立法担当者解説(寺本昌広・逐条解説新しい信託法(商事法務,2007)142頁以下)が,大変参考になる。

(3) 弁護士業務と善管注意義務

(a) 検討の視点

弁護士と依頼者との間の契約関係は,委任(民643条)ないし準委任(民656条)と考えられる。したがって,弁護士は委任契約に基づき,依頼者に対して善管注意義務を負う(民644条)。また,弁護士は,弁護士法1条2項により,誠実にその職務を行う義務(誠実義務)を負う。この誠実義務の法的性質については,通常の善管注意義務を加重するものと考える見解が有力である[11]。

受任者たる弁護士の善管注意義務についても,(1)で指摘した考え方が妥当するが,一般的な判断枠組みを検討するに当たっては,さらに専門家の役務提供契約としての特色,すなわち,①契約当事者の非対等性(=プロとアマの契約関係),②依頼当事者の個人的・主観的信頼,③専門家への大幅な裁量権付与,④専門家の職務の利他性,公共性,あるいは高度の倫理性の要求等にも着目する必要がある[12]。

(b) 個人顧客と弁護士業務

個人顧客との関係で,弁護士の善管注意義務の内容を検討するに当たっては,(a)で取り上げた特徴のうち,①の契約当事者の非対等性が特に重視される。法人顧客の場合と比較して,個人顧客の場合は,相対的に,法律的知識を十分に有しないのが通常であるから,両者の関係は,当事者の対等を原則とする契約関係の形をとりつつも,個人顧客が,自己の有しない高度な法的知識を有する弁護士に自己の権利・利益の処分に関する広範な裁量権を与えて,その受託管理に委ね,他方,弁護士はその白紙委任的信頼に応えるという信認関係の要素が多分に含まれていると考えられる。

(c) 法人顧客と弁護士業務

法人顧客の場合,個人顧客に比べ,相対的に,より自律的なリスク判断ので

きる当事者であると考えられるため，一方が他方に依存するという信認関係的要素よりも，対等な当事者を前提とする合意原則的要素に重きをおいて判断すべき場合が少なくないであろう。特に，大規模企業や外資系企業，サービサー等の法人顧客の場合，弁護士側の裁量権が小さい反面，顧客側への委任業務遂行情報の適時提供が重視される傾向があると思われる。

(d) 継続的・回帰的給付と裁量権

弁護士には大幅な裁量権が与えられることが多いが，その範囲は常に一定というわけではない。弁護士業務の中には，期間（上訴期間，異議申立期間等）の徒過のように，裁量権の働く余地がなく，期間の徒過自体が善管注意義務違反となるものもあるが，その他ほとんどの業務は，継続的・回帰的給付（＝刻々と変わる状況の変化に応じて，とるべき適切な行為を決定しなければならない給付）であることから[13]，その状況に応じて裁量権の範囲が定まることになる。

例えば1回限りの法律相談においては，委任関係は発生するものの，相談者は法的助言を求めているのみで，問題の解決までを委任するものではない。弁護士は，相談者から聴取した事情を前提に，法的に成り立ちうる見解に基づいて助言を行えば足り，裁量権はほとんど問題とならない。

他方，依頼者から問題の解決について受任し，任意交渉の開始ないし民事訴訟提起を行うと，交渉の進展ないし訴訟の進行に応じて，弁護士の裁量権の広狭が定まることになる。

この場合の弁護士の裁量権の範囲についてどのように考えるべきかであるが，裁判例の中には，民事訴訟において弁護士は，刻々と変わる状況の変化に応じて，要件事実を踏まえた適切な主張立証活動を行わなければならないが，「訴訟においてどのような主張立証を行い，その他いかなる訴訟行為を選択すべきかは，原則として弁護士の専門的な知識，経験等に基づく適正な判断によって決すべき事項であり」，「弁護士の判断に基づく行為が著しく不適正なものであったなどの特段の事情のない限り，右選択の適否が委任契約上の善管注意義務その他の義務違反を招来するものではない」が，事件の「終局的結果に重大な影響を与える事項については，当該事件の帰趨に関する依頼者の最終的な自己決定権を保障するために，依頼者に右事項を報告し，必要な範囲で説明，打合せ等をする義務を負」い，また，「事件の終局的解決に際しては，特段の事

情のない限り,これを依頼者に報告し,その内容等について十分に説明して,依頼者が上訴その他の措置を採る上で適切な判断材料となる情報を提供すべき義務がある」とするものがある[14]。

営利事業に関し広範な裁量権を付与される会社取締役(後述3(1))の善管注意義務については,「①取締役の情報収集・検討過程に不注意な誤りがなく,②これを前提とする判断内容が企業人として著しく不合理なものといえない場合には,取締役の経営裁量を尊重して司法介入=触法判断を謙抑的に行なう傾向が一般的である」[15]が,上記裁判例では,取締役の免責ルール類似の考え方で原則として弁護士に広い裁量権を与える一方,依頼者に対する情報提供義務や説明義務を課して,依頼者の自己決定権を保障しようとする視点が注目される。

(e) 弁護士の公益的責任

弁護士は「社会正義の実現」を使命としており(弁護1条1項),依頼者の「正当な利益」の実現に努めなければならないとされる一方(弁護士職務基本規程21条),依頼の目的又は事件処理の方法が明らかに不当な事件を受任してはならないとされていること(同31条)等,公益的責任も負うと考えられていることから,弁護士の善管注意義務の内容を考えるに当たっては,当事者間の合意内容に加えて,「弁護士が依頼者との契約に基づいて負う責任と社会のために負う公益的責任の二面性の調和」[16]を考える必要がある。その意味で,弁護士の公益的責任は,「弁護士の依頼者に対する契約上の責任の限界を画する機能」[17]を果たしているともいえる。

(f) 報酬との対価性

委任は無償であっても善管注意義務を負うのが原則であるから(民648条・644条),報酬が低額であったからといって,直ちに善管注意義務が免除ないし軽減されるわけではない。しかし,当事者間のリスク分配・引受けに係る合意の過程において,報酬額は当事者間のリスク分担領域の決定の重要な要素の一つであると考えられるので,弁護士の善管注意義務違反の有無を検討するに当たっては,報酬額も判断要素の一つとするべきではないかと考える[18]。

(g) 利益相反行為の禁止

弁護士法25条は,「職務を行い得ない事件」として,利益相反行為を原則と

して禁止している。本条は，「①当事者の利益の保護，②弁護士の職務執行の公正の確保及び③弁護士の品位の保持」[19]という趣旨から規定されたものであり，双方代理（民108条参照）とまではいえない行為についても，上記各趣旨を害するおそれのある行為については規制の対象としている。

したがって，本条に違反する利益相反行為があった場合には，直ちに善管注意義務違反が基礎づけられる。

実務上問題となりうるのが，大規模法律事務所における顧問先同士が事件の対立当事者となった場合である。顧問先については，1回限りの依頼者と異なり，弁護士・各顧問先間にそれぞれ信頼関係が形成されているため，弁護士の職務執行の公正の確保という趣旨からすれば，当該事件につきいずれの委任も受けない対応が望ましい。仮に事件にまで発展しない場合であっても，他の顧問先との利害衝突が想定される顧問先については，助言担当弁護士を明確に分け，担当弁護士間にファイアーウォールを設ける等，大規模事務所としてのリスク管理態勢整備が求められよう。

(h) 弁護士業務の拡大と善管注意義務

近時，弁護士の業務分野は拡大し，従来の訴訟代理人としての活動とは異なる性質の業務が多数発生している。例えば，契約書や意見書の作成においては，委任契約でありながら，請負的要素が含まれていると考えられるし，コンプライアンス・チェック（不祥事発覚時の調査等）では，中立的，客観的立場からの調査が要請されることから，一方当事者の利益代表という弁護士本来の役割だけでなく，弁護士の職務の利他性，公共性に着目した役割も期待されていると思われる。

したがって，弁護士の善管注意義務の内容を検討するに当たっても，従来の訴訟代理人としての注意義務を前提とするだけでなく，業務内容に応じた善管注意義務の内容を多面的に考える必要がある[20]。

(i) 守秘義務，情報管理

インターネットが爆発的に普及した高度情報化社会においては，一旦情報が第三者に流通すると，その被害の回復は極めて困難となることから，情報管理は極めて重要である。特に，個人情報の保護に関する法律（個人情報保護法）が施行されてからは，その重要性はますます高まっている。

弁護士は守秘義務を負っているため（弁護23条，刑134条），職務上知り得た秘密を第三者に漏洩してはならないのは当然であるが，依頼者から預かった情報の管理についても細心の注意を図らなければならない。

裁判例では，自己の担当した家事調停事件の申立書（依頼者のプライバシーに関する事項が記載されていた）及び同事件の依頼者から入手した仮処分決定書の写しを，同事件とは当事者を含め全く関連のない別の類似の仮処分事件の資料として提出した事案で，弁護士にプライバシー侵害の不法行為が認められたものがある[21]。

弁護士が事件処理をするに当たっては，依頼者からどの範囲で情報の利用・開示等が委ねられているのかを確認する必要があり，その範囲を超えた利用や開示は，弁護士の善管注意義務違反を構成する可能性があると思われる。

(j) 一般的判断枠組み

以上を前提に，弁護士の善管注意義務違反の有無の判断枠組みとなりうる具体的な判断要素を拾い上げると，評価根拠事実としては，①当事者間で想定された委任事務と現実の役務提供との間に齟齬（裁量逸脱行為を含む）があったこと，②情報提供義務違反・説明義務違反，③利益相反行為，④守秘義務違反・情報管理義務違反等を基礎づける事実が，評価障害事実としては，⑤弁護士の公益的責任の観点から，依頼者の期待した契約利益が正当性を欠くものであったことを基礎づける事実，⑥報酬が極めて低額ないし無償であること，⑦依頼者の意向・指示に従った行動であったこと，⑧委任事務の遂行に重要な影響を与える事実を依頼者が秘匿していたこと等が考えられる。

(11) 髙中正彦・弁護士法概説〔第3版〕（三省堂，2006）28-29頁，日本弁護士連合会調査室編・条解弁護士法〔第4版〕（弘文堂，2007）12-13頁。なお，東京地判昭62・10・15判タ658号149頁は，「弁護士は社会正義を実現すること等の使命に基づき，誠実にその職務を行い，社会秩序の維持に努力しなければならないとされている（弁護士法1条）のであるから，自己の受任した法律事務に関連して違法な行為が行なわれるおそれがあることを知った場合には，これを阻止するように最大限の努力を尽くすべきものであり，これを黙過することは許されないものであると解される。そして，これは単に弁護士倫理の問題であるにとどまらず，法的義務であるといわなければならない」としている。

(12) 浦川道太郎ほか「〔座談会〕『専門家の責任』法理の課題」法時67巻2号45頁以下

〔下森定発言〕(1995)。下森発言によれば，専門家側の債務内容として，最終的には個々の契約の解釈によるとしたうえで，誠実・忠実義務については，裁量権の委譲との関係が非常に重要であり，利他性，公共性への配慮も求められるとされる。
(13)　浦川ほか・前掲注(12) 46 頁〔下森発言〕。
(14)　千葉地判平 9・2・24 判タ 960 号 192 頁。
(15)　河野玄逸「会社関係事件と要件事実」伊藤滋夫＝長秀之編・民事要件事実講座第 2 巻（青林書院，2005）236 頁。
(16)　小林秀之「弁護士の専門家責任」私法 57 号 26 頁（1995）。加藤新太郎・弁護士役割論〔新版〕（弘文堂，2000）6 頁も同旨と思われる。
(17)　小林・前掲注(16) 26 頁。
(18)　報酬の有無・程度と善管注意義務の関係については，山本・前掲注(3) 713−714 頁参照。また，内田貴・民法Ⅱ〔第 2 版〕債権各論（東京大学出版会，2007）273 頁は，「単に報酬の多寡によるというより，報酬が低廉な場合は当該委任契約が高度な注意義務に対する期待を含まない趣旨の場合がある，と理解すべき」としている。
(19)　日弁連調査室編・前掲注(11) 202 頁。髙中・前掲注(11) 120−121 頁も同旨。
(20)　小林・前掲注(16) 26 頁。
(21)　東京高判平 11・9・22 判タ 1037 号 195 頁。

3　会社取締役等の善管注意義務

(1)　株式会社取締役の場合

(a)　取締役の善管注意義務と委任の本旨

株式会社と取締役との関係は，委任に関する規定に従うので（会社 330 条・329 条 1 項），取締役は株式会社に対し，委任の本旨に従った善管注意義務を負うことになる（民 644 条）。

もっとも，株式会社制度は，営利事業への出資者（株主）が当該事業に係る基本財産や事業活動に伴う権利義務の帰属点を出資者から分離するために用意される法技術という側面を強く有しており，実質的には，各出資者の権利・利益（リスクマネー）が，法人という「器」を通じて，法人機関（受託管理者）としての取締役に付託されている関係ともいえる。当然のことながら，民法の委任契約とは異なり，委任者とされる法人自身が受任者とされる取締役との間で，自律的なリスク判断やリスク分配合意を行うことは，制度上想定されておらず，

委任の本旨から善管注意義務規範を理解する過程でも，契約自治や合意原則的視点に立脚することはできない。

(b) **善管注意義務と忠実義務**

会社法355条は，「取締役は，法令及び定款並びに株主総会の決議を遵守し，株式会社のため忠実にその職務を行わなければならない。」として，取締役の忠実義務に関する規定を設けている。(a)で述べた善管注意義務との関係については，裁判実務上，「善管注意義務を敷衍し，かつ一層明確にした」ものが忠実義務であるとの一体的理解が確立しており[22]，旧商法・会社法学説上も，忠実義務規定について，「商法の個別規定および取締役の地位の特質を配慮して具体化される善管注意義務を法定義務とする機能を有(する)」[23]とか，「判例の見解によれば，右の規定《忠実義務》の存在意義は，委任関係に伴う善管注意義務を取締役につき強行規定とする点にある」[24]等の見解が示されている。本稿でも，株式会社取締役の善管注意義務については，付託利益の営利性に由来する広範な裁量権（リスク・テイク）が保障される反面，会社法355条の忠実義務という形で，一定の規格化がされている[25]という理解で，以後の検討を行う。

(c) **会社法上の大会社と内部統制**

高度情報化社会の到来とともに，私人間の法律関係においても，多様化・細分化の流れと規格化・システム化の流れとが，同時並行的に進んでいる。平成18年5月に施行された会社法により，取締役会設置会社である大会社（会社2条6号・7号）等に対し，「取締役の職務の執行が法令及び定款に適合することを確保するための体制その他株式会社の業務の適正を確保するために必要なものとして法務省令で定める体制の整備」（内部統制システム構築の基本方針）が，取締役会の決定事項として法的に義務づけられたこと（会社362条5項・4項6号，会社施規100条）等は，このような時代の流れと整合的である。

それまで，委員会等設置会社（旧商特21条の7第1項2号，旧商施規193条）を除いて，内部統制システムに関する法規制はなく，企業統治（リスク管理）システムの欠陥に関する取締役の設計者責任は，抽象的規範としての善管注意義務違反の有無（民644条）という形で複合的に判断されてきたが，今後は，取締役会設置会社である大会社の取締役会において，上記法令が義務づける内部統制システムの基本設計を怠っていた場合等には（評価根拠事実），それだけで関

係取締役の善管注意義務違反が基礎づけられる可能性がある。
　(d)　**上場会社と金融商品取引法**
　平成19年9月に施行された金融商品取引法は，すべての上場会社に対し，平成20年4月以後に開始する各事業年度において，「当該会社の属する企業集団及び当該会社に係る財務計算に関する書類その他の情報の適正性を確保するために必要なものとして内閣府令で定める体制について，内閣府令で定めるところにより評価した報告書」（内部統制報告書）を，有価証券報告書と併せて内閣総理大臣に提出することを，新たに義務づけた（金商24条の4の4，同法附則15条）。

　その後，「財務計算に関する書類その他の情報の適正性を確保するための体制に関する内閣府令」1条1項・4項によって，上記内部統制報告書の用語，様式及び作成方法については，同内閣府令及び企業会計審議会が平成19年2月に公表した「財務報告に係る内部統制の評価及び監査の基準」[26]に準拠すべきことが明らかになった。

　そして，企業会計審議会の上記評価・監査基準Ⅰ1によれば，「内部統制とは，基本的に，業務の有効性及び効率性，財務諸表の信頼性，事業活動に関わる法令等の遵守並びに資産の保全の4つの目的が達成されているとの合理的保証を得るために，業務に組み込まれ，組織内のすべての者によって遂行されるプロセスをいい，統制環境，リスクの評価と対応，統制活動，情報と伝達，モニタリング（監視活動）及びIT（情報技術）への対応の6つの基本的要素から構成される。」という形で，内部統制の定義づけがなされるとともに，Ⅰ2において，上場会社が構築する内部統制の有効性評価の基準となる上記6つの基本的要素について，マニュアル的な指針が示されている。

　会社法が大会社に対して求める内部統制システムについては，具体的にどのような内容，水準での構築・整備が必要かという目標設定までは踏み込んでおらず，会社経営者の自律的判断に委ねられているが，金融商品取引法の内部統制報告書作成の前提として指導されている内部統制については，財務報告の信頼性確保という目的限定はされているものの，内部統制戦略の一体性という視点から考えても，全上場会社に対する規制色の強いものとなっている。

　すべての上場会社経営者に対し，企業会計審議会が評価・監査基準で示した

内部統制モデルと同水準の内部統制システムの構築・整備を求め、かつ、会社経営者自らの責任で当該内部統制の有効性評価を表明・保証させるという今回の金融商品取引法規制は、高度情報化社会において顕在化したエンロン社やワールドコム社の巨額粉飾経理に対する反省から制定されたといわれる2002年の米国サーベンス・オクスリー法 (SOX法)[27]を参考にした立法 (J-SOX法) ともいわれるが、SOX法施行後も、米国発のサブプライムローン等、世界経済を震撼させる不良金融商品の問題が噴出しており、規制の実効性という面で、未知数の部分がないとはいえない。

その一方で、企業組織のIT化・システム化が加速する現在、財務情報の信頼性を監査法人等の他覚的所見で検証する方法は限界に近づいており、企業システムの中核にいる会社経営者の自覚的所見に依拠せざるを得ないという現実がある[28]。とくに上場会社の場合、取締役 (受託管理者) に付託される権利・利益の実質的帰属主体は、不特定多数の投資家 (市場参加者) ということになるので、そのマス利益を代弁する行政当局の業規制が、会社法の定立する私人間規範に代わって、内部統制戦略という善管注意義務の中核部分まで及んでくることは、避けようがないことのように思われる[29]。

今後、内部統制報告書に係る金融商品取引法規制の実務が定着することになれば、上場会社取締役の善管注意義務違反を基礎づける評価根拠事実を考えるうえで、企業会計審議会の示した評価・監査基準、さらには、これを実務レベルで詳細に敷衍した実施基準のマニュアル的記述[30]が大きく影響してくる可能性がある。

(e) 善管注意義務違反の責任追及主体

第1に、委任関係の当事者である株式会社自身 (会社423条)、ないしその利益代弁者である代表訴訟提起株主 (同法847条) からの責任追及が考えられるが、第2に、取締役の会社に対する善管注意義務違反が悪意・重過失に基づく場合[31]には、当該義務違反によって損害を受けた第三者から直接に、取締役の個人責任追及が可能な点 (同法429条) に、民法の委任契約の場合との大きな違いがある。

さらに第3に、投資助言業務を行う金融商品取引業者が顧客に対して負うとされる善管注意義務 (金商41条2項) については、行政取締法規上の業者の義

第2章 要件事実・事実認定——各論

務という位置づけをするもの[32]や,「投資運用業者の忠実義務や善管注意義務などの履行状況の適正性は,業者自身や自主規制機関によるほか,つまるところ,監視委《証券取引等監視委員会》による検査によってチェックされなければならないという強い期待が生じている」とするもの等[33]がある。この立場からは,顧客のマス利益を代弁する行政官庁が,善管注意義務違反の判断主体(ないし業規制という形での責任追及主体)と解することになるのであろう。

(22) 最大判昭45・6・24民集24巻6号625頁。
(23) 森本滋「取締役の善管注意義務と忠実義務」民商81巻4号477頁(1980)。同論文475頁には,「民法644条は極めて弾力的な包括的規定である。英米法上の信認関係上の義務の多くのものも善管注意義務の中に包摂しうるのである。」との記述があり,民法の委任契約の関係でも参考になる。
(24) 江頭憲治郎・株式会社法(有斐閣,2006)390頁。
(25) したがって,取締役に具体的法令違反行為等があった場合(評価根拠事実),取締役・会社のいずれを名宛人とする法令であるかを問わず,それだけで善管注意義務違反が基礎づけられる(最判平12・7・7民集54巻6号1767頁)。
(26) 企業会計審議会が意見書の形で公表した評価・監査基準及びこれに基づく実施基準の全文については,商事1794号11頁以下・1795号43頁以下(2007)。
(27) サーベンス・オクスリー法については,柿崎環・内部統制の法的研究(日本評論社,2005)280頁以下。
(28) 倒産法制においても,企業システムの中身を熟知した現経営陣に事業・財産の受託管理を委ねる民事再生手続が設計されたことについて,河野玄逸「大変革期の金融法務と地域金融機関《第5回》債権回収・倒産法制最前線(1)——知価社会の責任財産—」金法1707号94頁以下(2004)。
(29) 「上場会社にとって今後は会社法ではなく金融商品取引法というのが恐ろしく重要になる」(神田秀樹「金融商品取引法の構造」商事1799号51頁(2007)),「新たな法領域の出現は,裁判所での法律家による紛争解決というモデルからの離脱の契機を含んでいる。……法の実現の担当者も,伝統的な法律家(法曹)から新しい・広い意味での法律家(法制官僚)へとシフトすることとなった」(大村敦志・消費者法〔第3版〕(有斐閣,2007)42頁)といった実体法学者の指摘からも,システム型社会(マス利益重視社会でもある)に親和的な行政優位時代の到来が感じられる。
(30) 例えば,評価・監査実施基準Ⅱ3(4)①が「内部統制の重要な欠陥となる全社的な内部統制の不備」として例示する6項目(商事1795号50頁(2007)),同実施基準Ⅱ3末尾(参考1)に「財務報告に係る全社的な内部統制に関する評価項目の例」として示された42項目(同号52-54頁)。
(31) 最大判昭44・11・26民集23巻11号2150頁は,明らかにこの見解をとる。

(32) 中村聡「金融商品取引法と実務上の課題」商事 1791 号 27 頁（2007）。
(33) 内藤純一「金融商品市場・市場監視当局の現状と今後の課題」商事 1812 号 6 頁（2007）。

(2) 非営利法人理事の場合

　平成 20 年 12 月施行の公益法人改革関連 3 法[34]によって，従来，民法公益法人（平成 18 年法律第 50 号による改正前民 37 条以下）と有限責任中間法人（中間法人 10 条以下）とに大別されていた一般非営利法人制度は，一般社団・財団法人制度へと一本化された。

　新法で一般社団・財団法人の業務執行機関とされる理事については，会社法に準じた詳細な規定が整備されており（一般法人 60 条以下・170 条以下），当該法人に対し，忠実義務という形で規格化された善管注意義務を負うことになる（同法 64 条・83 条・172 条・197 条，民 644 条）[35]。

　その一方で，受託管理者としての理事に付託される権利・利益の実質的帰属主体が誰であるかは，営利（事業によって得た利益を構成員に分配すること）[36]を目的とする株式会社の場合と異なり，自明ではない。新法の制度設計（一般法人 11 条 2 項・35 条 3 項・153 条 3 項 2 号）は，剰余金分配禁止原則と社員等が持分を有しない点とを非営利法人の属性と位置づける学理上の見解[37]と整合しており，非営利法人制度自体，いわば「所有者のいない財産を作り出す法技術」「『所有者のコントロールの及ばない財産』を作り出し，構成員と法人の間の利益相反が生じる状況を最小限にする法的技術」[38]とも考えられる。

　かかる前提で，新法の非営利法人理事の受託管理者としての善管注意義務規範を捉えた場合，個々の社員は，責任追及主体として登場することはあっても（一般法人 278 条），付託利益の実質的帰属主体とは言い難いので，具体的法令違反等が認められない事案において，個々の社員・設立者の権利・利益といった視点から，新法理事に共通した善管注意義務違反の評価根拠事実を抽出することは困難である。

　この点，例えば，従来の中間法人に相当する一般社団法人の理事については，社員共通の利益（中間法人 2 条 1 号）を損なうような業務執行を基礎づける事実が，また，従来の民法公益法人に相当する公益法人（公益法人認定 2 条）の理事

については，公益目的事業を行うのに必要な経理的基礎・技術的能力を損なう業務執行その他法定の公益認定基準（公益法人認定5条各号）に適合しないような業務執行を基礎づける事実が，評価根拠事実として検討対象になるのではないか。

(34) 「一般社団法人及び一般財団法人に関する法律」「公益社団法人及び公益財団法人の認定等に関する法律」及び「一般社団法人及び一般財団法人に関する法律及び公益社団法人及び公益財団法人の認定等に関する法律の施行に伴う関係法律の整備等に関する法律」。
(35) これに対し，従来の民法及び中間法人法には，会社法355条の忠実義務に相当する規定がなく，民法公益法人については，主務官庁の実質的監督により職務の適正が確保されるとの建前からか（四宮和夫＝能見善久・民法総則〔第7版〕（弘文堂，2005）101頁），民法644条を誘導する根拠規定すら存在しなかった。
(36) 相澤哲＝谷口園恵ほか「中間法人法の概要(1)」NBL716号7頁の注(2)（2001）。
(37) 神作裕之「非営利団体のガバナンス」NBL767号24頁（2003）。
(38) 能見善久「法人の法的意義の再検討」NBL767号46頁（2003）。

4　破産管財人の善管注意義務

(1)　善管注意義務の発生根拠

　破産管財人は，善良な管理者の注意をもってその職務を行わなければならないとされ（破85条1項），破産管財人が善管注意義務を怠ったときは，利害関係人に対し，連帯して損害を賠償する義務を負う（破85条2項）。
　破産管財人の善管注意義務は委任契約に基づいて発生するものではなく，破産法85条1項に基づいて発生する義務である。したがって，破産管財人の善管注意義務規範を検討するに当たっては，契約自治の原則や合意原則の働く余地はなく，もっぱら破産法上定められた義務（破86条・88条等参照），もしくは破産法上破産管財人に要請されていると思われる義務を履行しているか等が判断要素となる。
　また，破産管財人は，裁判所から選任され（破74条1項），裁判所の監督を受けるものの（破75条1項・2項），善管注意義務の責任追及主体は裁判所ではな

く利害関係人であること（破85条2項），破産管財人に付託された権利・利益の帰属主体であると解される「利害関係人」の中には，破産債権者，財団債権者，別除権者等，必ずしも利害が共通ではない多様な当事者が含まれており，破産管財人に対しては，利害関係人間の利害を適切に調整することが期待されているという点で（破1条），他の受託管理者とは異なる性質を有している。

(2) 破産管財人の法的地位

破産管財人の法的地位については，従前から，職務説，代理説，破産財団代表説，管理機構人格説，受託者説等，様々な学説が主張されているが[39]，破産法1条の制度目的，財産拘束を受ける財団債権者・破産債権者（利害関係人）のためにする破産財団の管理・換価及び弁済・配当権能，上記利害関係人から破産管財人個人に対して善管注意義務違反に基づく損害賠償請求ができるとされていること（破85条2項）等からすれば，破産管財人の法的地位を信託における受託者（信託2条5項）に類似するものと捉え，破産管財人の負う責任は，契約責任というよりも，上記利害関係人（受益者等）に対する受託者責任（同法40条1項）と一面で共通する部分があるとも考えられる[40]。

[39] 破産管財人の法的性質に関する旧破産法下の学説については，斎藤秀夫ほか編・注解破産法〔第三版〕（下巻）（青林書院，2001）281頁以下〔安藤一郎〕参照。

[40] 再生債務者財産について，同様に信託的側面からの検討を試みるものとして，河野玄逸「民事再生手続と実体担保制度」堀龍兒ほか編・伊藤進先生古稀記念論文集『担保制度の現代的展開』（日本評論社，2006）390頁以下。

(3) 責任負担の主体と破産財団との関係

破産管財人に善管注意義務違反が認められた場合，破産管財人は損害賠償責任を個人として負担する[41]。この場合，当該損害賠償請求権は破産財団との関係で財団債権となる（破148条1項4号）との見解が有力である。この見解を前提とした場合，破産管財人の責任と破産財団の責任は不真正連帯債務となる[42]。

[41] 髙木実「破産管財人に対する任務違反を理由とする損害賠償請求」判タ210号94頁，東京地判昭14・11・28新聞4522号11頁。

[42] 砂山一郎「破産管財人の任務違反行為」道下徹＝高橋欣一編・裁判実務大系第6巻

破産訴訟法（青林書院，1985）295頁。

(4) 破産管財人の善管注意義務が問題となった判例

　破産事件において破産管財人は，利害関係人に対して善管注意義務を負うが（破85条），利害関係人間の利害は時として対立関係に立つことから，破産管財人の善管注意義務規範についてどのように考えるべきか，悩ましい問題が生じることがある。

　近時，この点が問題となったのが，最判平成18年12月21日民集60巻10号3964頁である。

(a) 事案の概要と判旨

　本判決は，建物，駐車場などを賃借していた賃借人が，賃貸人に対する敷金返還請求権に質権を設定した後，破産したという事案（旧破産法適用事案）において，破産管財人が，上記各賃貸借契約の解除に当たり，原状回復費用及び破産宣告後に発生した未払賃料債権について，これらを支払うのに十分な破産財団が形成されていたにもかかわらず，敷金から充当する合意を賃貸人との間で行ったことが，質権者（別除権者）との関係で破産管財人の善管注意義務違反に当たるかどうかが問題となった事案である[43]。

　本判決は第一に，質権設定者（＝破産者）である賃借人には担保価値維持義務があり，「正当な理由」に基づくことなく賃貸人に対し未払債務を生じさせて敷金返還請求権の発生を阻害することは，同義務に違反するとした上で，破産管財人は同義務を承継するとした。

　そして，原状回復費用については，敷金からの控除が広く行われており，質権者もこれを予定した上で担保価値を把握しているので，敷金をもってその支払いに当てることは「正当な理由」があるが，破産宣告後に発生した賃料については，賃料の支払に十分な銀行預金が存在したにもかかわらず，現実の支払をせずに賃貸人との間で敷金充当の合意をすることは敷金返還請求権の発生を阻害したものであって，特段の事情のない限り（本件においては特段の事情はなかったと認定している）「正当な理由」があるとはいえないとして，担保価値維持義務違反になるとした。

　しかし，上記担保価値維持義務違反行為が破産管財人の善管注意義務違反に

当たるかどうかについては,「正当な理由があるか否かは,破産債権者のために破産財団の減少を防ぐという破産管財人の職務上の義務と質権設定者が質権者に対して負う義務との関係をどのように解するかによって結論の異なりうる問題であって,この点について論ずる学説や判例も乏しかったこと」や,破産管財人が本件行為につき破産裁判所の許可を得ていることを考慮すると,破産管財人が,「質権者に対する義務に違反するものではないと考えて本件行為を行ったとしても,このことをもって破産管財人が善管注意義務違反の責任を負うということはできない」として,最終的に本件では破産管財人に善管注意義務違反の責任はないと結論付けた。

(b) 判決の検討

本判決は,本件で破産宣告後の賃料について敷金充当合意をすることは「正当な理由」が認められず,担保価値維持義務に違反するが,善管注意義務違反の責任は負わないとしている。

そこで,担保価値維持義務と善管注意義務の関係をどのように解すべきかが問題となる。

この点,本判決は,善管注意義務違反の責任を否定するに当たり,(破産管財人が)「質権者に対する義務に違反するものではないと考えて本件行為を行ったとしても」という表現を用いていることから,担保価値維持義務違反=(客観的)善管注意義務違反だが,本件では破産管財人に故意・過失がないので結論として破産管財人に善管注意義務違反の責任はないと判断しているようにも見える。しかし,破産管財人は,破産者の地位の承継者として,破産者が破産宣告前にした法律行為の当事者としての権利義務を承継するが[44],当該義務に違反した行為が直ちに破産管財人の善管注意義務違反になるわけではなく,破産法の観点から修正が必要と思われるので,上記のような解釈は適切ではない。

本件は,才口裁判官の補足意見でも言及されているとおり,「破産債権者のために破産財団の減少を防ぐという職務上の義務と破産者である質権設定者の義務を承継する者として質権者に対して負う義務が衝突する場面において,破産管財人がいかに適正に管財業務を処理するかの問題」であり,まさに利害関係人間の利害調整(破1条)が問題となった事案である。このような場合の破産管財人の善管注意義務の内容について才口補足意見は,「総債権者の共同の

利益のため，善良な管理者の注意をもって，破産財団をめぐる利害関係を調整しながら適切に配当の基礎となる破産財団を形成する義務」として，利害関係人間の利害調整も破産管財人の善管注意義務規範の判断要素の一つになることを示している。

　そして，才口補足意見が，「破産管財人の上記行為を善管注意義務に違反する行為であるとまでは評価できない」という表現を用いつつ，本件は「破産債権者の利益の保護と質権者に対する義務の履行のいずれを優先すべきかという困難かつ微妙な問題であって，これらの義務の関係等について論ずる学説や判例も乏しく，破産債権者の利益のために破産財団を維持することを優先させた破産管財人の判断を一概に不合理であるとはいえない」と述べていることからすれば，本判決は，破産管財人の善管注意義務違反の有無を責任の段階で否定したものと断定するべきではない。本判決は，担保価値維持義務違反と善管注意義務違反を区別した上で，担保価値維持義務違反行為が善管注意義務違反に当たるか否かを判断するに当たっては，「利害関係人間の利害調整」という破産法上別の考慮が必要であり，その観点からすれば，破産管財人の本件行為は破産管財人の裁量権の範囲内の行為であり，善管注意義務違反に当たらないと判断したと理解する余地があるのではないだろうか[45]。

　破産手続における利害関係人には，破産債権者や財団債権者のように破産者の財産拘束に伴って自由な権利行使が禁止され，権利行使について全て破産管財人に委ねるしかない者，本件の別除権者のように，原則として自由な権利行使が認められているが，破産管財人が対象物に対する管理権を有する（＝対象物が破産財団を構成する）ために，その権利行使について破産手続との関係を無視することができない者（破規56条，破186条以下参照），後述する破産会社所有不動産の近隣住民のように，偶発的に破産管財人と利害関係が生じる可能性がある者等，様々なものが考えられる。

　したがって，破産管財人の善管注意義務規範を検討するに当たっては，ある特定の種類の利害関係人との関係を考えるだけでなく，他の利害関係人との利害調整の観点が重要となる。

　　(43)　この事案は当初の質権者から債権を譲り受けた外国会社から債権回収委託を受けた会社（①事件）と①事件とは別の質権者から債権を譲り受けた外国会社（②事件）が

それぞれ破産管財人に対して損害賠償又は不当利得返還を求めた事案である。事案及び判示の内容はほぼ共通であるが、破産管財人の善管注意義務違反の成否が主要な争点となったのは①事件であるため、本稿で①事件を前提に検討する。

(44) 山本和彦ほか・倒産法概説（弘文堂、2006）181頁〔沖野眞已〕。
(45) 中井康之「破産管財人の善管注意義務」金法1811号40頁ないし42頁（2007）。

(5) 破産管財業務の現代的課題と善管注意義務

破産管財業務の現代的課題として、破産会社が保有していた顧客情報の管理・処分や、PCB等有害物質の保管された建物、土壌汚染された土地等、第三者に危害を及ぼす可能性のある不動産の管理・処分等の問題がある。

顧客情報の管理・処分については、法人破産で、顧客情報の含まれた破産会社所有のパソコンや書類を処分する場合に、当該データを消去する等、漏洩のおそれがないような措置を講じることなく処分してよいか等の問題がある。

顧客情報の管理・処分については、それが必ずしも破産財団の増殖に結びつくものではないが、当該顧客の利益保護のため、データの消去等一定の措置を講じた上で処分をする必要があるのではないかと考える。

また、第三者に危害を及ぼすおそれのある不動産の処分については、破産財団の増殖に結びつかないばかりか減少をもたらす場合が多く、破産管財人としては破産財団から当該不動産を放棄するという選択肢も考えられるところであるが、放棄により近隣住民等に危害が及ぶ可能性がある場合、破産管財人としては、破産財団の状況、当該不動産の担保権設定状況等を勘案した上で、破産財団である程度の費用を負担して、危険防止措置を講じる必要が生じる場合も考えられる。

なお、東京地方裁判所では、土壌汚染や危険物の存在する不動産については、安易な放棄を認めず、管財人報酬見込額を除いた破産財団全額を投入してでも土壌汚染調査、除去に務めるよう管財人に要請しており、実務の参考として、実際に管財人が土壌汚染等の除去を行った事例を紹介している[46]。

このように、破産管財人の善管注意義務規範を検討するに当たっては、破産債権者、財団債権者、別除権者等、破産法上厳密な意味での利害関係人だけでなく、場合によっては破産会社が所有していた顧客情報の情報主体や不動産の近隣住民等、多様な利害関係人の利益も考慮する必要が生じることがあり、そ

の場合，破産管財人の善管注意義務規範を検討するに当たっては，これらの者に対する目配りも判断要素の一つとなる。

(46)　東京地方裁判所破産再生部・管財業務の手引2008　34頁，103－104頁。

(6)　一般的判断枠組み

以上を前提に，破産管財人の善管注意義務違反について，一般的判断枠組みを検討すると，評価根拠事実に親和性を有する判断要素としては，①利害関係人の権利・利益を毀損する行為，②破産財団の増殖に逆行する行為，③実体法・手続法の義務に抵触する財産管理・処分・分配，④付託された情報の不十分な管理・処分，⑤危険物の不十分な管理・処分等が，評価障害事実に親和性を有する判断要素としては，⑥利害関係人間の適切な利益調整，⑦破産管財人の裁量権，⑧裁判所の許可・利害関係者への事前説明，⑨破産財団の状況（配当の見込み，費用対効果等）等が考えられる。

消費者契約法5条の要件事実論的検討

中里　真

1　はじめに

　要件事実論と消費者法との関係については，社会的にも学納金返還請求訴訟が話題になったこともあり，近時では消費者契約法9条（以下，消費者契約法については単に条数のみで示す）の消費者が支払う損害賠償の額を予定する条項等の無効の問題で論じられることが多い[1]。しかし，同法は勧誘規制と不当条項規制とに関する規定で構成されており，契約法上の問題としては，勧誘規制についての検討も重要である。実際に消費生活相談件数は4条関連が法施行後毎年85％前後の数値を示している[2]。筆者はかつて4条の困惑行為について要件事実論的検討を行ったことがあるが[3]，本稿においては，4条とも関連する5条についての要件事実論的検討を行うこととしたい。
　5条は，そもそも要件について明確な解釈がいまだ確立していない条文の一つである。既に，消費者契約法については，いくつかの概説書や注釈書が存在するが，4条や5条についての説明には，従来の民法の理解からは同意しがたい部分もあると指摘される[4]。そのように疑義の残る条文であるにもかかわらず，実務では，消費者信用契約等の紛争に5条の利用が期待されている[5]。周知のとおり，消費者信用契約に関しては，消費者と商品販売を行った加盟店との契約が取り消される場合に，残存する信用債務の支払いが停止できるか，さらには既払い金を返還請求できるかどうかが最大の問題関心となっている。消費者を救済する手段としては，割賦販売法30条の4に基づく抗弁の接続規定

第 2 章　要件事実・事実認定——各論

を利用する法的手法が存在している。しかし，そこには指定商品制や，支払い回数，既払金返還を請求できない点などいくつかの制約があるため，これらの制約の存在しない 5 条により抗弁権の接続と同等かそれ以上の効果を導くことが期待されてきた*。また，消費者被害の多くがクレジットを組み込んだ不当契約によって生じていることに鑑み，「販売業者が，不当な勧誘行為によって契約を締結させ，同時に，クレジットによる支払いに関する書面を作成させる場面では，販売業者との契約のみならず，5 条の適用によるクレジット契約の取消しの可能性が十分検討に値」するとも指摘される[6]。事実，後に検討するように，5 条に関する下級審判決も既にいくつか下されており，この問題に同条の射程は及ぶと考えてよいだろう。それでもなお，5 条そのものに対する十分な検討がなされている状況ではなく，下された判決の判旨においても十分な説明がなされているとは言いがたい。そこで，本稿は，同条の要件を要件事実論の視点を加えて検討することで，既に下された判決の問題点や，今後の適用条件等を明らかにしたい。もっとも，下級審判決で扱われた事案が 5 条 1 項に偏在している点や，筆者の能力等から，本稿では特に 5 条 1 項についての検討を行う。

　*本稿は，特定商取引法及び割賦販売法の改正（平成 20 年 6 月 18 日公布）以前の法状況を前提として執筆されたものであり，改正法によって事態は大幅に改善された。指定商品制・指定役務制の廃止のみならず，与信契約のクーリング・オフを認めて既払金の返還を認めたことは，本稿にとっても大きな意味を持つ。しかし，既払金返還規定制定には，消費者契約法 5 条の規定が参照されたとの指摘もあり，また消費者契約法 5 条に反対解釈の力学が作用することを否定するためにも，本稿には存在理由があろう。

(1)　朝倉佳秀「消費者契約法 9 条 1 号の規定する『平均的損害』の主張・立証に関する一考察—問題点の検討と裁判例の紹介—」判タ 1149 号 27 頁，伊藤滋夫＝山崎敏彦編著・ケースブック要件事実・事実認定〔第 2 版〕（有斐閣，2005）287 頁〔山崎敏彦〕等。
(2)　ハンドブック消費者 2007（大蔵省印刷局，2007）279 頁。
(3)　中里真「消費者契約法に関する一考察——同法に定める『困惑行為』を中心として」大東法政論集 10 号 35 頁（2002）。
(4)　「座談会 消費者契約法の役割と展望」ジュリ 1200 号 16 頁〔潮見発言〕。「少なくと

も，民法の今までの理解からすると説明になっていないか，あるいは民法でこうなっていると書いてあるのだけれども違うのではないかという部分が，……少なからず見受けられるのです。……この点を明らかにする作業こそ民法学者の仕事」，と述べる。
(5) 野々山宏「消費者の立場から見た運用上の問題点と課題」金法 1644 号 27 頁 (2002)。
(6) 河上正二・民法総則講義（日本評論社，2007）401 頁。

2　本稿で取り扱う要件事実論について

(1)　要件事実論とは

　要件事実論が前提とすることには，いくつか重要な点があるので，はじめにまとめておきたい。まずは，用語法の問題がある。要件事実論の意味するところは論者によって相当異なることが指摘されているが[7]，筆者は，「要件事実論」とは単に民事訴訟における技法やスキル面が強調されるためだけの理論ではないと考える[8]。すなわち，要件事実論とは，民事実体法（以下同様の意味にて「民法」という用語を用いることがある）の法律要件に該当する具体的事実＝要件事実についてその意味内容を分析し，その分析した意味内容を意識した上で，その上に立って民法の内容の構造や，民事訴訟において原告・被告がそれぞれ何を主張・立証すべきであるかという攻撃・防御の方法を含めた民事訴訟の審理・判断の構造を検討整序する思考方法であり[9]，こと民法を裁判における規範として考えた場合，その民法の要件が，権利発生要件であるか，権利障害要件であるのかあるいは消滅要件であるのか等を示す基準となる理論であると考える。そして，ここで扱う要件事実とは，権利の発生，障害，消滅等の各法律効果を発生させるための要件に該当する具体的事実のことであり，主要事実と同義である[10]。

　上記のように要件事実論では，民法を裁判における規範として考えた場合の要件を検討対象とするが，ここでの要件はどのように決定されるべきか。本稿では，伊藤説に従い「裁判規範としての民法」という考え方を採って検討を行いたい。「裁判規範としての民法」とは，事実が存否不明になったときにも，裁判官が判断をすることが不能にならないように立証責任のことまで考えて要

件が定められている民法規範のことである[11]。実務においては,「修正法律要件分類説」が通説であるとされているが[12],「裁判規範としての民法」説は,「修正法律要件分類説」が実体法規を解釈した結果導き出した要件事実と実体法規との関係について何も触れていない点を問題とする。他方,「裁判規範としての民法」説は,条文の形式にこだわることなく立証の公平の観点から,実体法規を解釈して,要件事実は何かを定め,その結果を踏まえて立証責任の分配を考え,実体法規を解釈した結果導き出された要件事実を「裁判規範としての民法」の発生要件に該当する具体的事実であると説明する。もっとも,「裁判規範としての民法」説は,「修正法律要件分類説」の理論的根拠を示したものであるとする評価もあり[13],それゆえ,実際の訴訟の場においては,「裁判規範としての民法」説から導かれる結論と「修正法律要件分類説」から導かれる結論には,差異がないとも説明されている[14]。したがって,本稿の検討は通説を基に述べられている要件事実論にも十分寄与しうると考える。

(7) 大塚直「要件事実論の民法学への示唆(3)」大塚直＝後藤巻則＝山野目章夫編著・要件事実論と民法学との対話(商事法務, 2005) 64頁。
(8) これと反対に,要件事実論の技法性やスキル面が強調されることこそが正しいという立場は,神田英明「要件事実論と民法理論との関係」法時78巻9号69頁参照。
(9) 河上正二「法科大学院における民法教育と『要件事実論』」法セ610号48頁(2005),伊藤滋夫・要件事実の基礎(有斐閣, 2000) 14頁(以下「伊藤・基礎」として引用),田尾桃二「要件事実論について―回顧と展望小論―」曹時44巻6号3頁等参照。
(10) 司法研修所・増補民事訴訟における要件事実第一巻(法曹会, 1998) 3頁,伊藤・基礎14頁等参照。
(11) 伊藤・基礎183頁以下,伊藤滋夫・要件事実・事実認定入門(有斐閣, 2004) 55頁以下参照。
(12) 問題研究要件事実――言い分方式による設例15題〔改訂〕(法曹会, 2006) 8頁。
(13) 田尾・前掲注(9) 16頁,難波孝一「4 主張責任と立証責任」伊藤滋夫＝難波孝一編・民事要件事実講座第1巻(青林書院, 2005) 176頁参照。
(14) 難波・前掲注(13) 176頁。

(2) 要件事実論と民法解釈学との関係

次に,要件事実論と民法解釈学とは峻別して考えるべきであるという批判に

応えるため，両者の関係についても述べておきたい。

　既に述べたように，要件事実論とは，民法を裁判規範として考えるに当たって，要件事実が存否不明の場合においても裁判所が裁判をできるように考えられた理論である[15]。このような理論の基となっているものが「裁判規範としての民法」という考え方であるが，その要件は，当然民法解釈学によって導かれた要件を扱う[16]。ゆえに，要件事実は，基本的には，従来の民法学において論じられてきた要件として取り上げるべき事項（それらは個々の条文や判例・学説において論じられてきた結果による）について，立証の公平な分担を考慮して決定される[17]。

　また，要件事実論は，民法の裁判規範としての側面についての理論であるがゆえに，民法解釈学の一場面でしかないことも否定し得ない。民法解釈学において法律の要件は，法典上でも学説上でも，多くの問題について，色々な視点から総合的な考察，判断がなされたうえで決められるものであり[18]，田尾元判事によれば，ある事項が，民法上の要件であるか否かは，それが積極要件であるか消極要件であるかより，はるかに重要であると述べられている[19]。その理由は，「事実関係が明らかな場合には，裁判規範としての民法の要件がどういう形式のものか不明であっても，行為規範としての民法の要件さえ明らかであれば，それについての法的判断は可能であるが，行為規範としての民法の要件が不明であると，そうした場合を含めて，およそ全ての場合に法的判断が全く不能になる」[20]ためである。

　とはいえ，本稿でいう，要件事実論的検討とは，裁判規範としての民法の要件の決定方法に基づくものであり，その基準は，先ずもって法の制度趣旨によって決まる[21]。よって，要件事実論的検討は民法解釈学の一部であり，かつ訴訟における判断構造を分析する上でも重要なものであるといえる。また，要件事実論のルールに照らして論理的に帰結を導く際には，相手の言い分を予想しながら，解釈上の議論を組み立てることはいわば当然のことであるから，規範の分析・確定・整序・具体的事実との関連付けは，民法解釈学の本来の作業でもある[22]。

　さらには，実体法の研究者が提示する解釈学説は，それが裁判実務において，どのように活かされるか，という展望を常に意識しながら考案されなければ，

その解釈学説は，いわば裁判実務における市場性を有しないということになる[23]との指摘もある。このように考えるならば，民法解釈学と要件事実論とには密接な関係があり，本稿のような検討も重要であるといえる。

以上の前提に立ち，以下では，5条1項についての具体的な検討を行う。

(15) 伊藤・基礎33頁。
(16) 伊藤・基礎162頁。
(17) 河上・前掲注(9) 48頁，伊藤・基礎162頁。
(18) 田尾・前掲注(9) 17頁。
(19) 田尾・前掲注(9) 29頁。
(20) 伊藤・基礎164頁脚注(3)参照。
(21) 伊藤・要件事実・事実認定入門補訂（有斐閣，2005）66頁以下，伊藤滋夫「要件事実論と民法学」伊藤滋夫企画委員代表・要件事実の現在を考える（商事法務，2006）7頁を参照。
(22) 河上・前掲注(9) 52頁。
(23) 村田渉＝山野目章夫編・要件事実論30講（弘文堂，2007）56頁。

3 消費者契約法5条

(1) 立法の趣旨

消費者契約の締結においては，事業者・消費者以外の第三者が関与する場合があるが，その第三者の不適切な勧誘行為に影響されて消費者が自らの意に沿わない契約を締結させられることがある。この場合，契約の成立を前提に消費者が当該契約に拘束されることは衡平を欠くものであるため，消費者は当該契約の効力を合意の瑕疵を理由に否定することができるとすることが適当であると考えられた。つまり，本条の趣旨は，本法の取消権に関する民事ルールの第三者の取扱いにつき，その適正化・明確化を図ることにある。具体的には，第1に，事業者が第三者に対し，消費者契約の締結の媒介（消費者に勧誘をすることを含む）を委託し，事業者から媒介の委託を受けた第三者（「受託者等」という）の行為については，基本的に事業者の行為と同様に取り扱うこと（1項），第2に，事業者・消費者・受託者等の各代理人は，それぞれ事業者・消費者・受託

者等とみなすことを定める（2項）[24]。

　この際，消費者契約は，事業者と消費者との間で締結されることになるので，媒介の委託を受けた第三者は，その成立へ尽力するが，厳密な意味では契約当事者とはならない。また，第三者が行う「媒介」は当事者の間に立って，それらの者の間に法律行為を締結させることに尽力する活動（事実行為）であって，法律行為そのものではない。5条1項が「媒介者」を対象としているのは，事業者が「自己の行為でない」ことを理由に責任を回避しようとする主張をすることを避ける趣旨であり，事業者が第三者に媒介を委託して事業活動を拡大している以上，それにともなう責任を事業者にも負担させるのが適当と判断されるからである[25]。このことについては，媒介者を事業者の「履行補助者」と同様に扱うことが本法の趣旨を徹底することになり，消費者の契約環境を守る上で適当であるとの判断によるものとの評価もある[26]。

[24]　落合誠一・消費者契約法（有斐閣，2001）96頁，内閣府国民生活局消費者企画課編・逐条解説消費者契約法〔新版〕（商事法務，2007）138頁以下（以下「逐条解説」として引用）参照。
[25]　落合・前掲注[24] 97頁。
[26]　続けて「その意味では，『当事者』の枠を，『信義則上本人の行為と同視できる履行補助者』からさらに一歩拡張していることになる。」とも述べられている。河上正二「消費者契約」牧野利秋ほか編・民事要件事実講座第3巻（青林書院，2005）461頁参照。

(2) 要　件

　5条1項による取消権の発生要件は，次のようになる。①当該契約が消費者契約であること，②事業者が第三者に対して消費者契約締結の媒介を委託したこと，③当該委託を受けた第三者が，消費者に対して4条1項から3項までに掲げる行為をしたこと，④消費者が，③の行為により，誤認・困惑して契約を締結したこと，⑤消費者が取消しをしたことである。そして消費者は，これらの要件全てに該当する事実ついて主張立証責任を負う[27]。

　主張立証責任は，取消権行使による利益を受ける当事者に配分されることが原則である。加えて，本条は，委託した事業者に特段の帰責事由がなくても，消費者は，委託事業者との間の契約を媒介者の行為を理由に取り消すことがで

きるとされる⁽²⁷⁾。さらには，当事者の合意によって消費者に不利益に変更することはできない片面的強行規定である⁽²⁸⁾。これらの点も勘案すれば，消費者が主張立証責任を負うことは妥当であろう。

　もっとも，上述のとおり，消費者契約法の趣旨は消費者契約の適正化を図り，事業者側に責任を逃れさせないようにすることである。この点を重視すれば消費者に全ての要件についての主張立証責任を課すことは，消費者契約法における消費者保護の趣旨に反するという意見もあろう。しかし，筆者はその意見には賛同できない。それは，消費者保護の趣旨を各要件に該当する具体的事実の決定の際に考慮することで，上記の批判を回避できると考えるためである。そこで，以下では，各要件をどのように解釈すべきか検討して示したい。

(27)　落合・前掲注(24) 98 頁は，特に②③の要件について詳細な分析を行う。
(28)　松本恒雄「消費者契約法の意義と概要」市民と法 7 号 20 頁（2001）。
(29)　落合・前掲注(24) 96 頁。

(3) 検　　討

(a)　①当該契約が消費者契約であること

　消費者契約であることを主張立証するためには，契約当事者が，2 条 1 項の「消費者」と 2 項の「事業者」であることを主張立証する必要がある。この際，消費者性の主張立証をどのように行うかが重要な検討課題である。2 条 1 項は「『消費者』とは，個人（事業として又は事業のために契約の当事者となる場合におけるものを除く。）をいう。」と規定しており，「個人」と「非事業性」とに該当する事実が要件事実と考えられている⁽³⁰⁾。「個人」とは，自然人を示すものであり，他方で「非事業性」は，消費者と事業者との間の情報の質・量と交渉力の格差を示すものである。そして，ここで検討すべき点は，「非事業性」を「消費者」であることを認めるための権利発生要件として解釈するか，「消費者」であることを否定するための障害要件として解釈するのかである。

　まず，「非事業性」を権利発生要件として考えると，「消費者」に事業者ではないことについて主張立証責任を負わせることになる。その場合，事業者であるか，消費者であるか不明の場合には，事業者であると評価することになる。

　他方，「非事業性」を障害要件として考えると，事業者側が「事業として又

は事業のため」契約当事者となったこと，すなわち，事業性を主張立証することになる。この場合，非事業性が存否不明となった場合には，事業者ではないと扱うことになる。

　権利発生要件として非事業性を考えると，その要件を具備させるためには，事業性に該当する全ての要素を否定しなければ消費者と認められなくなる。しかし，事業として認められる事情というのは様々な状況が考えられるのであり，それらをすべて挙げることは現実的には難しい。そして，そのような状況を強いることは，明らかに本法の適用範囲を狭くするため妥当ではないと考える。一方の障害要件として構成した場合には，事業性を主張立証することと同義になる。消費者契約法で「事業者」の要件を認定するためには，消費者契約を援用する側が契約の相手方当事者の事業性を主張立証することになっている。非事業性を権利障害要件と構成すると，事業性についての主張立証が成功すれば，事業者である（ないし消費者ではない）と消費者契約法の中で統一的に解釈できることになる。また，一般的には，個人として行動する際，「事業として又は事業のために」契約当事者となることは例外的な状況と考えられる（自然人であることが必ずしも「消費者」であるとはいえないとは言え，少なくとも原則的には消費者であると観念することは間違いとは言えまい）。このように考えれば，契約の相手方たる「事業者」に例外的な事情である「事業性」を主張立証させることが不都合とはいえない。よって，「消費者」であることについては，「個人」についての主張立証責任は消費者が負い，「非事業性」については，事業者が主張立証責任を負うと考えるのが適切であろう。

　このように考えると，消費者性の主張立証責任は事業者に課されているのではないかとの意見があろうが，そうではない。本要件の消費者であることの主張立証責任は，同条3項の消費者契約の主張立証責任と関係しており，両者は一致すると考えるのが自然である。消費者契約の成立には契約当事者が消費者と事業者である必要があるため，これらの主張立証責任の所在を分けて考えるというのは難しいからである。主張立証責任の問題と結び付けて考えれば，消費者契約であるかどうかが不明の際には，消費者契約ではないと取り扱うことになるので，このことにより不利益を受ける側がどちらなのかを考えればよい。そうであれば，消費者契約であることにより，利益を受けるのはあくまでも消

費者であるから，消費者契約であることの主張立証責任は，消費者側に課されると考える。

そうである以上，「消費者」の主張立証責任についても消費者側に存すると考えることが自然であろう。そのように解釈しても，上記で示したとおり，「個人」であることの主張立証によって消費者であることが認められるとすれば，上記の非事業性の問題とも整合性が取れる。このような構造と捉えることによって，筆者は「消費者」の主張立証責任は消費者側に存在していると考える。

本条では，媒介委託者である事業者と消費者との契約が取消しの対象となっている。したがって，媒介委託者が消費者である場合には，媒介する第三者が事業者であり，相手方が消費者であっても，第三者の行為を理由として相手方消費者はその意思表示を取り消すことができない。なぜならば，媒介によって締結される契約は消費者間の契約ということになるからである。たとえば，不動産仲介業者が，消費者である売主・買主の双方から媒介の委託を受けているような場合，当該仲介業者が4条該当行為を行ったとしても，当然に売買契約が取り消せたり，無効となったりするわけではない[31]。あくまでも，買主である消費者が仲介業者の行為を理由に媒介契約を取り消しうるだけである。

5条は，第一義的には，直接に法律効果の及ぶ当事者同士の契約（仮に主契約と呼ぶ）を中心に問題の解決を図ることを目的としているため，媒介者自身と消費者との間に媒介契約が締結された場合は，4条の問題となる。このため，媒介者の行動が4条の各行為に該当することが必要となる。媒介契約について媒介者自身が行った行為が委託された行為に含まれるかどうかは，後に検討する。

(b) ②事業者が第三者に対して消費者契約締結の媒介を委託したこと

事業者（委託者）が第三者（受託者）に消費者契約締結の媒介の委託をした場合，両者の間には委託契約が成立する。そして，この委託契約の性質は，第三者による尽力の義務の有無により「準委任ないしそれに近い性質の契約」と「請負ないしそれに近い性質の契約」の二つに分けられる[32]。前者の場合は，商事仲立と同じ双方的仲立契約としての性質を有し，当事者双方が義務を負担する。すなわち，一般に，媒介の委託を受けた受託者は契約の成立に尽力する

義務を負い，他方，契約が成立すれば，委託者である事業者は報酬を払う義務を負う。これに対して後者の場合は，一方的仲立契約としての性質を有し，一般に，受託者は契約の成立に尽力する義務は負わないが，その尽力により契約が成立したときには，委託者は報酬を払う義務を負うことになる。商法に規定のある商事仲立は，前者のみを適用対象としているが，本条は両者ともに適用対象としていると解される。事業者が第三者を利用してその活動範囲を広げている場合に，当該事業者が当該第三者の行為につき責任を負うのが本法の趣旨であって，本法の予定する消費者と事業者との主契約の内容により影響を及ぼされるべきではないと解すべきだからである[33]。そして，第三者の不適切な行為から消費者を保護する必要性は，報酬合意の有無に関わらないので，当該委託が無償契約であったとしても，本要件に該当する[34]。

　以上のことを前提にすると，消費者は消費者契約締結について，事業者から第三者へ媒介の委託がなされたことを主張立証する必要があるが，具体的には，委託契約の性質にかかわらず，契約締結についての媒介がなされているという事実を主張立証すればよいことになろう。では媒介については，どのように解すべきであろうか。「媒介」とは，ある人と他の人との間に法律関係が成立するように，第三者が両者の間に立って尽力することである[35]。立案担当者は，この「両者の間に立って尽力する」という点について，契約締結の直前までの必要な段取り等を第三者が行っていて，事業者が契約締結さえ済ませればよいような状況を要求する[36]。そして，宣伝契約はこれに該当せず，勧誘行為についても一部は5条の適用外となるとする[37]。また，勧誘の委託の場合には，顧客の意思形成に決定的影響を与える場合に5条の適用対象となると述べている説明がある[38]。たとえば，保険業において，単なる顧客の紹介だけを委託され，それ以外の尽力をしないいわゆる紹介代理店は，顧客の意思形成に決定的影響を与える場合に5条の適用対象となるというのである。しかし，消費者契約法での媒介を，事業者が契約締結さえ済ませればよいような状況や，顧客の意思形成に決定的影響を与えた場合に限定してしまうと，消費者は第三者の当該契約へのいわば貢献度を証明しなくてはならなくなってしまう。本条の趣旨は，事業者が委託した第三者による不適切な行為を事業者の行為として扱うことにより，本法の定める消費者の取消権の保護を確保するところにある。この点を

第2章 要件事実・事実認定——各論

鑑みれば，委託する「尽力」の対象が，契約締結に至る一連の過程の全部であろうと，一部であろうと，等しくカバーされるべきである[39]。契約の一部について尽力している場合というのは，もはや，契約締結を残すのみという状況とはいえないであろう。また，意思形成に決定的影響を与える段階になくとも，例えば動機形成において第三者が尽力している場合であっても，それは媒介行為として評価できるものと思われる。消費者契約法の趣旨に鑑みれば，消費者契約の場合は，事業者が第三者に委託する尽力の対象が，契約成立に至る直前までの関与がない場合であっても本要件の「媒介」に該当しうると考えられるため，消費者は，具体的に契約成立への貢献度についてまで主張立証責任を負うものではないと解される。よって，主張立証内容については，「契約締結に尽力した」，あるいは，「契約締結に積極的な関与をした」といった事情で足りると解されよう。実際に証明が必要なのは，外形的に事業者・媒介者の両者に委託があったと評価できる事情が存在することで足りると考えるべきである。その意味で，本条の趣旨は，「当事者」の枠を「信義則上本人の行為と同一視できる履行補助者」からさらに一歩拡張しているものと捉えることができ，それならば，明確に委託をなしたかという要件は緩和されるべきだと考えるためである。実際の下級審判決には，信販会社が加盟店に対し，加盟店の顧客との間の立替払い契約について顧客を勧誘することの委託をすることは5条1項所定の委託に当たり，加盟店の従業員による勧誘は，5条の受託者等の代理人による媒介に当たるとしたものがある[40]。

上記の裁判例は，特に勧誘の委託について条件を付けていない。もし，媒介の内容に，特段の事情として一定程度の貢献ということを考慮に入れる必要があると解する場合であっても，それは権利発生のための要件事実としてとらえるべきではない。また，相手方からは，媒介ということを否定するために，単に勧誘を委託しただけという事情が述べられるとしても，それのみでは抗弁には当たらないと解すべきであろう。確かに，ここでは意思形成への決定的影響という事情を考慮すべきだという考え方もあるかもしれないが，むしろ②の要件としては，紹介や勧誘のみの委託を受けたものを排除すると解する必要はなく，意思形成への影響という事情は，③④の要件との関連で考慮すべき事情であろう。

(c) ③当該委託を受けた第三者が，消費者に対して4条該当行為を行ったこと

　当該委託を受けた第三者には，直接委託を受けた者のほか，更にその者から委託を受けた者（以下，第三者からの委託を「復委託」と呼ぶ）も含まれる。そして，復委託は，二段階以上の多段階に及んでいる場合も本条に含まれると明文で規定されている。また，この要件に示される「第三者」は，事業者であるか否かを問われない。実際には，事業者から委託を受ける第三者は，不動産仲介業者などのように媒介を業とするものである場合が多いであろうが，事業者から委託を受けた第三者に雇われている従業員が勧誘を行う場合も十分に想定され，そのような者を除外することは本条の趣旨からも妥当ではない。先の事例でも示したとおり，裁判例においても従業員は5条の第三者に当たることが明示されている。さらに，従業員が，仮に契約締結の代理権までは与えられていなかった場合（消費者からの申込みの書類を営業所に持ち帰って上司の決済を受けて初めて契約が成立することになっているような場合）にも，媒介者の行為として消費者は事業者との間の契約を取り消せることになる[41]。このように解する背景には，そもそも，どのような者に媒介の委託をするかが，もっぱら事業者に任されているため，不適切な契約により生じたリスクは，事業者が負うべきとの判断が含まれているためと考えられる。また，本項の趣旨が，消費者を第三者の不適切な行為から保護するというものであることから，この趣旨は，第三者が事業者であるかどうかにかかわらず貫徹されねばならないとの指摘もある[42]。これに対し，仮に第三者を事業者に限定した場合，事業者に含まれるかどうかを判断する必要があるため，当該第三者が媒介を業としているのかどうかによって，5条に該当するかどうかを判断する可能性が生じる。例えば，先の事例でいえば，加盟店自身は媒介自体を業としている事業者ではないと考えられ，このような場合に5条を適用しないという解釈の余地を残すことになる。しかし，このような結論は，消費者契約法の趣旨と相容れず妥当ではない。

　第三者の範囲をどのように考えるかに関しては，復委託について事業者（委託者）の承認が必要かどうかという問題がある。すなわち，事業者と第三者（委託者＝復委託者）間で復委託について承認がなかった場合に，復委託を受けた者が4条行為を行った際，消費者が取消権を行使し得るかどうかである。ま

ず，事業者と第三者との関係についてみてみると，事業者が承認をしないのに復委託がなされた場合には，第三者は媒介契約について債務不履行になり，例えば，第三者から事業者に対して報酬請求権などの効力が生じないことについては争いがない[43]。では，そのような事情を知らないで契約締結の意思表示をした消費者は，事業者との関係においてどのような主張をすることができるだろうか。これには二つの考え方がある。第一に，事業者の復委託についての承認の有無に関わらず，消費者は契約を取り消せるとする考え方である[44]。この立場は，受託者を選択し，契約したのは，消費者ではなく，まさに事業者であり，委託者は委託契約により，そのコントロールが可能であったということを根拠に挙げている。そして，コントロールを十分になしえなかった不利益は，消費者ではなく事業者が負うことこそが公平なのだという。これに対して，第二の考え方は，多段階委託を事業者が承認していたか，やむを得ない事情から多段階委託のなされた場合にのみ5条1項の適用を認め，消費者の取消権を肯定するものである[45]。後者に拠れば，第一の考え方にいうコントロール可能性は，理論的に相手方が消費者であるか否かに限らず広く私法取引一般に妥当すべき帰責性であるが，本条がそこまで企図しているとは考えにくいと批判する。

　この点についての解釈には，消費者契約法上に明文規定がない以上，民法上第三者が詐欺を行った場合の契約取消準則を参考とすべきだろう[46]。そして，さしあたり民法上では，96条2項と代理人による詐欺がこれにあたる。まず民法96条2項は，本人が，第三者詐欺について悪意であれば対抗できるとされている。しかし，5条は委託者が善意であるか悪意であるかを問題とせずに取消しという解決を図ろうとしているので，民法96条2項は，本人，すなわち5条でいう委託者に当たる者が媒介人の行為につき，悪意である場合にのみ取消しの対象となるのと比して，特に善意の場合に全く異なる結果となる可能性が高い[47]。確かに，復委託を承認していない場合の受託者による4条該当行為はそもそも消費者契約法の適用対象外であるのだから，前記のような結果の違いも甘受すべきであるという考え方もあろう。しかし，筆者は，民法96条2項を参考にして解決を図ろうとする考え方には同意できるものの，消費者契約法の制度趣旨等から考えて悪意の場合のみに取消しを認めるという結論は認めるべきではないと考える。

他方，民法96条2項とは異なり，代理人による詐欺は，契約取消しの可否を，第三者による詐欺について委任者が善意であるか悪意であるかに関係なく処理するという結論を採っている[48]。5条は委託者の主観的態様のいかんにかかわらず取消しを認める立場を採っているため，この代理人による詐欺の準則と同様の構造である。したがって，5条1項の射程となる復委託の問題は，代理人による詐欺の準則を類推して考察すべき問題であると指摘される[49]。しかし，この見解に拠ると，代理法においては，代理人が復委任を受けたものの行為につき法的結果を引き受けなければならないのは，事業者が復任を承認していたか，復任がやむを得ない事情からなされたときだけであるため，5条にもこの限定が付されるべきであるという結果をとる。契約締結の代理を委ねた場合にすらこのような限定のある以上，契約締結の媒介を委ねたに過ぎない事業者がこの限定以上の責任を負う解釈は難しいからである。

　確かに代理人による詐欺の準則を類推して考察する立場は，構造的に説得的であり，96条2項の場合に比べ，善意にも適用可能である点が評価できる。しかし，筆者は，同立場に全面的には同意できない。なぜならば，私見は，5条1項が，代理人による詐欺の場合と異なり，第三者に対して契約の媒介を依頼したに過ぎない点に注目するためである。代理の場合には，契約の効果帰属のみを引き受けることが予定されているため，その他の行為は代理人に任されている。それゆえ，代理人のコントロール可能性の観点から，準則が定められていると解される。しかし，5条1項の場合，契約の効果帰属のみならず，法律行為自体も最終的には契約当事者間で行われる構造となっている。つまり，媒介を行った第三者が事業者の承認していない復委託者であったとしても，事業者がその復委託者の媒介を前提として契約を締結する場合には，事後的にその媒介を承認したのと同様であると評価できよう。

　以上の点から，次のように考える。まず本条にも民法の法意を類推して事業者が悪意であった場合に，4条該当行為に乗じて契約を締結したような場合には，消費者に取消しを認める[50]。そして，原則としては事業者が復委託者の4条該当行為について善意であった場合にも消費者が取り消しうると考える。民法96条の悪意者に帰責性を認める根拠が，第三者の行為に準じて自らが利益を得ようとした点に求められるとすれば，消費者契約法で適用対象としている

第2章　要件事実・事実認定——各論

行為が限定されている点，消費者契約締結についての委託契約によるコントロール可能性などから，消費者契約法違反から生じる不利益は，消費者ではなく委託者である事業者が負担するのが公平ではないか[51]。私見では，上記で示したとおり，消費者は事業者と媒介者との客観的態様から両者に媒介関係があるかどうかを判断すればよいと考えている。もちろん，そこには客観的な状況とそれを信じるに値する事情，さらには，媒介者のなした行為により消費者が瑕疵ある意思表示を行ったことなどを併せて判断する必要があり，それらについては消費者側で主張立証することになろう。このように考えるのは，媒介者が4条該当行為を行ったことについて善意であっても悪意であっても，また，事前にそれを承認していようがいまいが，結果的に事業者が契約締結を行った場合には，消費者から見ればそれは媒介の委託があったものと評価しうるはずだからである。なお，前述のとおり，代理人による詐欺を類推適用する場合にも，本人が悪意であるか知り得べきであった場合には取消しを認めてよいとしている。そうであれば，もともとは契約関係としては有効でない復委託者の行為を利用して，事業者が自らの本契約を有効なものにしようとした点に，媒介の復委託の事後的な承認という評価を与えることが可能ではあるまいか。このように解することで代理法との調整が必要であるとしても，3条の消費者の努力義務規定で対処可能である。例えば，取消しを主張する消費者に対しては，4条該当行為の影響がなくなった，あるいは薄まった状況であるにもかかわらず，本契約を締結したということを特段の事情として考える方法が挙げられる。そして，この特段の事情により3条を介する形で民法の信義則を援用して，消費者の取消権を認めないという結果を導くことなどが考えられよう[52]。こうした方法により，特段民法の原則と乖離した特別なことを主張する必要もなく，また消費者契約法の趣旨を十分に含んだ解決を図ることができよう。

これに関連して，復委託ではなく，直接の委託者の場合はどのように処理すべきかも重要である。例えば，明確に事業者から委託を受けたわけではないが，消費者と事業者との間の契約に尽力した者（いわば見かけ上の媒介人）が，4条に該当する行為を行った場合がこれに当たろう。これについても先の問題同様に，消費者契約法上には明文規定がないため，「たとえ，事業者がそれらの事実について悪意であっても，消費者契約法上は消費者に取消権がないことを意味す

410

る」と解す結果となると指摘される[53]。上述の検討結果から考えれば，第三者がそのような状況を作出したことについて事業者が悪意だったならば 5 条を適用してもよいということになろう。さらに，善意の場合であっても，契約締結に関し，第三者の尽力があり，事業者も契約締結について依存しているという客観的事実が認められれば，5 条の適用を認めてよいと考える。先の検討でも述べたとおり，5 条による契約締結は，あくまでも事業者と消費者との間で行われる。しかも，事業者は契約締結について自らが最終的に決定を行うという構造にあるため，第三者の行為については，最終的に追認を与えたのと同じはずだからである。

　以上の点に加え，複合的な契約関係についても検討する必要がある。5 条に関連する裁判例では，第三者も別途消費者と契約を締結している複合的な契約関係が問題とされている。この点は，学説においても，不動産仲介業が，分譲マンションの販売を媒介する場合や，販売店が信販会社の委託を受けて割賦購入斡旋を媒介する場合，銀行や証券会社が関連会社・提携会社の金融商品について販売の媒介を行う場合（住宅ローンの設定に際し火災保険契約を媒介した銀行等）が 5 条の媒介にあたると指摘されている[54]。そこで，次いで視点を変え，4 条該当行為という点について，具体的な事案を基にさらに検討を加えたい。

(30)　落合・前掲注(24) 56 頁，前掲注(24) 逐条解説 69 頁。
(31)　松本・前掲注(28) 20 頁。
(32)　落合・前掲注(24) 98 頁。
(33)　落合・前掲注(24) 98 頁。「商法の規定する仲立契約は，前者の準委任ないしそれに近い契約の場合のみであるが，本要件の『委託』は，前者の場合のみに限定する合理的理由は無く，したがって，後者の場合も含むと解すべきである。」と述べる。
(34)　落合・前掲注(24)。
(35)　落合・前掲注(24) 98 頁，前掲注(24) 逐条解説 139 頁。
(36)　前掲注(24) 逐条解説 139 頁。
(37)　前掲注(24) 逐条解説 139 頁。もっとも，同書においても「媒介の委託」に「勧誘」が含まれていることは説明されており，「尽力しない勧誘」が存在するのかといった，疑念を呈される記述もある。
(38)　落合・前掲注(24) 99 頁。
(39)　落合・前掲注(24) 98 頁。
(40)　札幌地判平 17・3・17 消費者法ニュース 64 号 209 頁。判例集未登載のため詳細は

不明であるが，高齢の女性Yが，宝石貴金属販売会社Aの従業員から，ホテルでの展示会に連れ出され，そこでネックレスを購入し，X信販会社と立替払契約を締結したために立替払請求を受けた事例である。

(41) 松本・前掲注(28) 20頁。
(42) 落合・前掲注(24) 98頁。
(43) 落合・前掲注(24) 100頁，佐久間毅「消費者契約法と第三者・代理」ジュリ1200号65頁 (2001)。
(44) 落合・前掲注(24) 100頁。
(45) 佐久間・前掲注(43) 65頁。
(46) 同趣旨，佐久間・前掲注(43) 63頁。
(47) この点，佐久間毅教授は消費者契約法5条1項の準則を考察する上で，第三者による詐欺に関する民法上の準則を参考にされている。佐久間・前掲注(43) 63頁。
(48) 法律構成の点では，学説・判例とで対立があるものの，結論についてはほぼ一致していると指摘される。佐久間・前掲注(43) 63頁。
(49) 佐久間・前掲注(43) 63頁。
(50) 河上正二・民法総則講義（日本評論社，2007）401頁参照。
(51) 同旨，落合・前掲注(24) 100頁。
(52) 3条も民法の信義則規定と結合して効力を及ぼすことができることはすでに主張されているところであり（河上・前掲注(50) 455頁），本条にも適用が可能であると考える。ただし，前掲書で指摘されているのはあくまでも事業者側の責任についての説明であり，消費者契約法の趣旨を踏まえれば，消費者側の努力義務についてこの点が過度に強調されることは避けられるべきであろう。
(53) 佐久間・前掲注(43) 62頁。ただし，佐久間教授は条文の文言解釈からこのようになると述べられているに過ぎない点を付しておく。同65頁においては，このように第三者の範囲を限定することは，民法上の準則により認められるべき消費者の取消権を排除しているかに見える点で妥当ではない旨主張されている。
(54) 松本・前掲注(28) 20頁，日本弁護士連合会編・消費者法講義〔第2版〕（日本評論社，2007）101頁。

(4) 複合的契約関係についての検討

(a) 誤認惹起行為と困惑行為の個別考察の必要性

上記に示した5条の要件③，④にあるとおり，媒介の受託者の行った4条該当行為が，消費者の取消権を認めるための重要な役割を担っている。その際，まず，4条1項，2項と3項とを分けて考察する必要がある。一般的に，4条1項，2項の誤認惹起類型は，民法における詐欺・錯誤の拡張であり，同条3項

の威迫・困惑行為は，強迫の拡張であると捉えられている。そして，周知のとおり，第三者詐欺と第三者強迫ではその要件が大きく異なる。5条の場合，威迫・困惑行為について対象が限定的であることなどから民法の第三者詐欺に準じて考察すれば十分という意見もある[55]。しかし，第三者詐欺に限定したとしても4条3項の場合，事業者の行為の不当性を重視して，一定の要件の下で取消しを認めるとすると，その一定の関係とはどのようなものであるのかが問題となる。なぜなら，1項や2項の場合は，「情報提供について一定の委託がある場合」がこれに当たるが，これを3項の場合に当てはめて考えると「勧誘についての一定の委託があった場合」とは直ちにならないためである。すなわち，情報提供の際に，一定の情報を正確に伝えることを要請するという点については，委託者側の帰責性を問いやすいかもしれないが，勧誘の際に不適切な行動をしないことを要請するというのは，ごく一般的な信義則の要請の範疇を出ないことが指摘されている[56]。その限りにおいては，3項のような場合は，1項，2項のような場合とは異なり，委託者に認識あるいは認識可能性のない場合に責任を課すための付加的要件と解すことは難しいのではないだろうか。そう考えると，強迫の拡張的要素をも同条の趣旨として読み込み，その限りでは消費者の意思の「瑕疵」を重視して，当該行為が主契約においても威迫・困惑行為となっているという事情と併せて，取消し対象とするのが妥当である。

　もう一点両者を区別して検討する必要があることを指摘する。第三者が自己契約のために勧誘を行うといった紛争事案の場合，威迫・困惑については，複数の契約が介在していた場合であっても，受託者が自らの契約締結過程について行った威迫・困惑行為が，受託者と消費者との契約に加え，委託者と消費者との契約の原因となっていると評価することは容易である。両契約は観念的には当然別個のものであるが，例えば，威迫行為・困惑行為は両契約が連続して行われた場合には，両契約の締結過程において継続して存在しているからである。他方で，誤認惹起類型の場合には，まさに当該契約との関係で誤認惹起に当たるかを検討する必要がある。それは，この類型が民法の詐欺類型の拡張として捉えられるため，先に検討した威迫・困惑類型の場合と異なり，複数契約が介在している間において誤認状態が継続しているということのみならず，何について誤認をしているのかということが必要であると考えるためである。こ

の誤認については，委託者との契約ならびに受託者との契約それぞれに要件事実の判断をする必要があろう。

(b) 威迫・困惑行為

以上で示した契約締結過程における威迫・困惑行為の連続性及び継続性については，確認できる5条関連の裁判例3件（東京簡判平15・5・14⁽⁵⁷⁾，札幌地判平17・3・17⁽⁵⁸⁾，名古屋簡裁平17・9・6⁽⁵⁹⁾）で指摘できる。これらはいずれも，信販会社からの立替払請求がなされた事案であり，かつ販売店（ないしその従業員）が販売行為の際に退去妨害を行ったために契約を締結したという事案である。そして，各裁判例は販売店の販売行為の際の退去妨害をそのまま立替払契約に適用している。上記各裁判例の判示を見ると，威迫・困惑類型については，契約の勧誘の委託がなされたとして，そこにどのような内容が含まれていたか（例えば，不当勧誘をしないことが要請されていたか）が重視されるのではなく，威迫を受けたり，困惑をしたりしたといった事情を重視して5条の適用を判断していることが窺われる。このことから，威迫・困惑類型の場合，一種のコントロール可能性の観点から一定の関係を考えているといえる⁽⁶⁰⁾。ここにさらに踏み込んだ解釈を加え，一定のコントロール可能性を認める際には，認識の有無に関わらず取消権行使が可能となると解すれば，より第三者強迫の場面へ近接することとなる。もちろん，判決は特に信販会社の認識可能性に言及することもなく，また，信販会社の行為の不当性や媒介者との関係性を強調してもいない。ゆえにどのように解釈するべきかについては上記各判決からは確定しているわけではないと見るべきであろうが，少なくとも，消費者が威迫を受け，あるいは困惑したという事情と，信販会社による加盟店契約などに一定の関係性を認めていることを要素として5条適用を判断していると解することは可能であろう。

(c) 誤認惹起行為

一方の誤認惹起行為についても，上記威迫・困惑類型のように具体的な事案を基に検討を加えよう。誤認惹起類型を検討するに当たっては，直接5条を取り扱った裁判例は1件しか見当たらないため，はじめに，信販会社と消費者との間で問題となった他の2件の4条事案を取り扱う。これらは，当事者関係に着目した場合，5条の要件を考察する上でも重要な要素を持っている事案だか

らである。はじめは，神戸簡判平 16・6・25[61]である。同事案は，X の取扱店 A による誤認惹起行為を理由に Y が契約取消しを争ったものであったが，判決は，本件において X と A との関係が，「割賦販売契約の場合における販売業者と割賦購入あっ旋業者との関係よりもさらに密接な関係にある」ことを理由に，「このような X と A との関係に基づけば，A の Y に対する不実告知は，これによる X の責任を解除するのが相当であるような特段の事情のない限り，事業者である X による不実告知と評価すべきであるところ，本件においては，右のような特段の事情を認めうる証拠はない」と述べ，Y の X に対する 4 条 1 項に基づく取消しを認めた。この事案では，事業者が訴外 A との関係を争い，消費者側も事業者へ直接 4 条の適用を求めたため，判決は，事業者 X とその取扱店である A との関係を判断するに至っている。その限りでは，本件で A の述べた虚偽の事実が，XY 間の契約の内容であることは当然だが，両者の関係性に着目した解決を判示している点に注目すべきである。すなわち，本判決は，4 条による取消しの射程を販売業者と割賦購入斡旋業者との関係よりも密接であれば及ぶとしており，消費者契約法による解決の根底が委託者と受託者との関係を念頭においていることを窺わせる。このような解釈は，東京地判平 17・3・10[62]についても妥当しよう。同判決は，Y_1 が，建物補修工事に伴う商品設置の必要性及び相当性に関する重要事項について，事実と異なることを告げ，X はそれらを事実と誤信して当該商品の売買契約を締結した後，4 条 1 項 1 号に基づき，契約を取り消した事案である。信販会社 Y_2 は，X に対して立替払金請求を行ったが，判決は，信販会社 Y_2 が，Y_1 との加盟店契約に基づき反復継続して多数の契約を締結していたものと認められ，Y_1 との各種の契約の締結及び顧客管理等を通じて，消費者と多数のトラブルがあったなどの構造的な問題状況について認識していたものと推認できるし，また，両者の前記関係に照らすと，これを認識することが十分に可能であったと認められるとした。そのため，「原告が行った消費者契約法に基づく本件売買契約の取消に関する事情は，Y_1 の訪問販売営業に伴う問題点を典型的に反映したものであること，前記のような信販会社 Y_2 と Y_1 の間には，加盟店契約に基づく密接な関係が存すること等に照らすと，信義則上信販会社 Y_2 に主張することのできる相当な事情が存する場合に該当するものと認められる。」と判示した。

第2章　要件事実・事実認定──各論

　このことから，信販会社と販売店との関係に加え，割賦販売法や，債権譲渡における債務者が抗弁を主張しうる場合を参考に，割賦金支払いの停止を信義則上認め，4条の射程が及ぶことを示しているといえよう。しかし，消費者が不実告知を受けた内容は，販売店との契約についてであり，信販会社との立替払契約についてではないため，5条の適用はなされていない。すなわち，直接5条を適用するためには，上記威迫・困惑類型のような委託者と受託者の密接な関係性や，誤認状態の継続という事情のみでは足りないことが窺われるのである。

　では，実際に5条を適用した事案ではどのような解決が図られていようか。東京簡判平16・11・29[63]は，まず抗弁権の接続について，次のように述べた。「本件立替払契約は，Xが割賦購入斡旋業者として行為したもので割賦販売法の適用になる事案であり，平成13年12月10日頃販売店……を通して本件販売契約の解約が成立しているものとみるのが相当であるから，この事由をもって原告に対抗できるのか否かが問題になる。しかるに，本件合意解約が割賦販売法30条の4の抗弁事由となりうるのかについては，その合意解約が購入者である被告の一方的に作出された事由であるとすれば，これを認めることは一般的には困難であろう」が，「本件は，……その締結に際し信義則に反する特段の事情があったとみるのが相当である。よって，販売業者に帰責事由があるものであるから，抗弁事由に該当するものと解する。」とした上，加えて，5条による媒介の委託についての責任を認めて，裁判所は請求を棄却した。すなわち販売員の手法は「詐欺的手法で，結局，金額という重要事項について事実と異なることを告げていたということ（不実告知）であり，消費者契約法第4条第1項に該当する取消事由となるものである。また，訴外会社の販売員個人が教えに来るということは訴外会社のシステムとしてはありえないにもかかわらず契約内容の役務提供であるかの如く誤認せしめる等の言動があり，それによって消費者が誤認するような仕方での勧誘行為が介在していた本件販売行為についても不実告知と解される。……そして，本件クレジット契約は，事業者たるXが販売店に消費者契約の締結につき媒介をすることを委託したものであるから，消費者契約法5条の適用のあるものであり，本件立替払い契約は取り消されている」とした。

消費者契約法5条の要件事実論的検討

　本件では，上記二つの裁判例と異なり，Xと販売店の関係について，より密接な関係性があるかどうかは認定していない。これは，5条の要件認定にはそこまでの関係性は必要ではなく，媒介の委託という事実さえ存在すれば足りるとの判断からであろう。不実告知の内容は，金額について異なる事実を告げていたこと，ならびに，目的物についての説明が事実と異なることとして4条・5条適用の判断を行っている。立替払契約を締結する際には，金額の記載と共に必ず商品名が記載されるものであり，商品と立替払契約は密接に関係している。したがって，商品についての不実告知があれば，それはすなわち立替払契約についての不実告知と評価できるという主張もあろう。しかし，立替払契約における重要事項とは，支払い手数料，支払い条件（回数，期間，1回あたりの支払い金額）がこれに当たるとの指摘がある[64]。立替払契約はあくまでも立替払についての契約であり，商品販売とは切り離されて考えられるべきものである。それゆえ，販売行為の不実告知と立替払契約の取消しとの関係はすぐには結びつかないように思われる。本件では，口頭での説明と書面記載金額に大きな隔たりがあり，結果としてはその点を捉えて立替払契約についての不実告知があったという評価が可能かもしれない。しかし，少なくとも判文上は，金額面についての説示は，商品の販売についての不実告知に言及しているように見え，5条の要件判断としては不十分なように感じる。先に見た2つの判示からも推察できるように，消費者契約において各判決は，委託者と受託者との関係を重視して，信義則等を媒介にしたうえ，委託者へ直接4条を適用する道を探っている。本件もそのような方法を考慮したうえでの判示であるとの解釈も可能であろうが，本件判示は，両者の密接な関係を問わず，委託の事実のみを5条の要件として認定している点に注意が必要である。5条の枠内で解決を図る場合，上記2つの判示とは異なり，主契約についての不実告知のより明確な判断が必要なはずである。なぜならば，委託者が，契約について取消しという効果を甘受するのは，あくまでも主契約について「誤認惹起」があったことが要件として必要とされているからである。仮に，上記に示したような商品についての不実告知が即座に立替払契約についての不実告知となるとの解釈であるならば，その旨の判示が必要であろうし，なぜそのように解するのかの説示が必要であろう。

(55) 佐久間・前掲注(43) 63 頁。
(56) 沖野眞已「契約締結過程の規律と意思表示理論」別冊 NBL54 消費者契約法立法への課題（商事法務，1999）53 頁。
(57) LEX/DB 文献番号 25410513。
(58) 判例集未登載，消費者法ニュース 64 号 209 頁，「消費者契約法の評価及び論点の検討等について・平成 19 年 8 月国民生活審議会消費者政策部会消費者契約法評価検討委員会」（内閣府，2007）61 頁参照。同資料は http://www.consumer.go.jp/seisaku/shingikai/hokokusyo/hokokusyo.html にて閲覧可能。
(59) 判例集未登載，国民生活審議会資料・前掲注(58)参照。
(60) 沖野・前掲注(56) 53 頁。
(61) 事案については，訴外 A は，X の取扱店であり，X のリース契約の締結に至る手続の重要な部分を，前もって X から任されている立場にあった。A の従業員は，平成 14 年 3 月 18 日 Y に対し，「現在の電話は NTT の回線がアナログからデジタルに変わるため使えなくなる」等と虚偽の事実を述べ本件リース物件を勧めた。そして，Y は，A の従業員の述べることを真実と誤認して，X に対し，本件リース契約を申し込んだ。そこで，X が，Y に対してリース代金の支払い請求をしたのが本件である。Y は，詐欺取消し，錯誤無効，消費者契約法 4 条 1 項による取消し，又は，X の請求は権利濫用・信義則違反であるなどと主張して支払いを拒んだ。判例集未登載事案だが，兵庫県弁護士会ホームページ消費者問題判例検索システム（http://www.hyougoben.or.jp/hanrei/）にて原本を確認できる。
(62) 判例マスター文献番号 20053100009。
(63) LEX/DB 文献番号 28100407。事案は，訪問販売会社の販売員が，中国人母子家庭に教材販売に訪問し，信販会社 X との間で立替払契約をしたものである。契約の内容は，単なる教材販売ではなく，通信添削指導，入試情報の提供，フリーダイヤルによる学習，教育相談等を内容とした実質的には役務提供契約を含むものであった。その際，販売員がすぐに説明に来ること，教材内容については，ファックスで先生がすぐに答えてくれ，さらに不明な点は先生が家まで教えに来てくれるという説明を行った。また，同時に立替払契約を，販売員持参の契約書で契約したが，Y の捺印前には本件契約の明確な金額を示していないのみならず，口頭で販売員が伝えていた金額（1 万 2000 円）と実際の契約金額とは倍額以上の開きがあったというものである。
(64) 横田康裕「簡易裁判所における消費者契約法の活用状況と解釈等の問題点」市民と法 33 号 33 頁（2005）。

4 おわりに

以上，要件事実論による考察という形で，5 条の要件を詳説し，その検討を

行った。各要件は多方面と複雑な関係をもった性質を有しているが，本稿では次のように整理している。まず，消費者契約法が消費者への不利益を排除すべくルール化されていることを考慮して，5条の主張立証責任は原則として消費者に課すべきであると考える。ただし，消費者契約法の趣旨を考察すれば，その適用範囲を限定的に解すべきではなく，媒介者の範囲は「委託」と評価できる客観的な事実によって認められるべきであろう。ここで取り上げた下級審判決でも，この点は十分に考慮されていると思われ，さらには，5条の適用のない場合においても，委託者と受託者との関係を重視して4条の適用を認める方向にある。このような方向性は，支持されるべきであるが，今後はその理論的根拠についても明らかにされることが望まれる。

　本稿では，4条該当行為について，特に誤認惹起類型を重視し，判示への疑問を呈した。具体的な問題の解決を行う際には，5条に対する理論構成が不十分であるという指摘に対して，十分に答えられるような解決を図らねばならない。そうでなければ，5条の適用ルールが不明確となり，ひいては消費者への不利益を生じる結果ともなりかねないであろう。たとえば，東京簡判平16・11・29は，抗弁の接続，ならびに5条のいずれによっても被告の抗弁が認められることを判示し，Xの請求を棄却している。しかし，割賦販売法30条の4の抗弁の接続は，立替払契約の効力に関してはひとまず置いて，消費者の支払い停止を正当化するYの権利であり，他方5条は，立替払契約そのものを取り消すというものである。そのため，割賦販売法と異なり，5条の場合，契約当事者には原状回復義務が生じる可能性がある。このように，判示された構成のうちどちらで解決を図るかによって，効果が大きく異なるはずであり，両者を並列したことは疑問である。仮に5条の解釈につき，抗弁の接続規定と同様の効果のみを導くものであると裁判所が判断を下したと解するならば，5条の効果に大きな影響を与えることとなるが，その旨の説示もなく，不明瞭といわざるを得ないであろう。この点については，本稿で検討することはできないが，今後の課題としたい。

会社の機関設計に関する要件事実

大　江　　　忠

1　はじめに

　株式会社は，自らが選択するところによって，取締役会，会計参与，監査役，監査役会，会計監査人又は委員会を置くことができる[1]。各会社における機関設計の選択は，株主総会を含む各機関の権限が異なることとなり（会社295条・362条・367条等，以下，単に条文数のみの表記は，会社法の条文を示す），株主をはじめとする会社関係者に大きな影響を与える。

　訴訟実務に限ってみても，株式会社の機関の行為の存否・是非が争点となる場合に，まず，その特定の機関を備えた会社であることが前提となるが，そのために，いかなる事実が主張・立証されなければならないかは，基礎的な課題である[2]。

　本稿は，要件事実論の立場に立って，特定の機関設計をした株式会社であることを示すために，どのような事実を主張・立証する必要があるかを検討するものである。まず，2において要件事実論から見た株式会社の原型を呈示した後，3において機関設計の選択の枠組みを決める「大会社」「公開会社」の要件の立証責任，4ないし7において4種類の枠組みにおける各種機関設計の会社についての立証責任を概観することとする。

　(1)　会社法において，株式会社の機関設計の選択肢は大きく拡大された。立案担当者によると，ある機関設計の採用についての社会的要請（ニーズ）がどれだけあるかという点に拘泥せず，原則として，特に禁ずべき理由のない限り，あらゆる組合せの機関

420

設計を認める方針を採用したという（相澤哲＝石井祐介「株主総会以外の機関」別冊商事法務 295 号 91 頁）。これに対しては，立法作業の大前提として，まず，社会的なニーズの存在を正確に把握し，そのニーズに応えることが正当かどうかの吟味が不可欠であるとする批判があるが（稲葉威雄・会社法の基本を問う（中央経済社，2006）10 頁），ここでは立ち入らない。

(2) 株式会社の機関設計は，全くの自由ということではなく，その設置の強制の有無，機関の組み合わせ（株式会社の機関設計の基本的な規制）については，以下①ないし⑦の原則があるとされる（相澤哲「『会社法』の解説上」曹時58巻72-73頁）。すなわち，①株式会社は，株主総会と取締役とが置かれる（295条・326条1項），②公開会社は，取締役会を置かなければならない（327条1項），③取締役会設置会社の場合は，委員会設置会社を除いては，監査役を置かなければならない（327条2項本文）。④取締役会を置かない場合には，監査役会又は三委員会を置くことはできない（327条1項2号，3号），⑤大会社には，会計監査人を置かなければならない（327条5項・328条1項，2項），⑥会計監査人を置く場合には，監査役若しくは監査役会又は三委員会のいずれかを置かなければならない（327条3項，5項），⑦会計監査人を置かない場合には，三委員会を置くことができない（327条5項）ことであるとされるが，この原則だけでは，本稿の課題に対する整合性のある説明は，困難である。

2 要件事実論から見た株式会社の原型

まず，「ある法主体が株式会社であること」を主張すると，どのような機関設計をした株式会社であることを主張したことになるかを検討してみよう。一見すると，株式会社であることが顕れれば，株主総会と取締役のみが機関として存在するもの（295条1項及び326条1項）といえるかのようであるが，この解釈はとることができない。

なぜならば，会社法は，株式の譲渡が自由であることを原則（すなわち，譲渡制限の定款規定が置かれていないことが原則）とするから（127条），2条5号の定義規定によって，株式会社は公開会社であることが原則であることとなる[3]。しかるに，327条1項1号は，公開会社は取締役会を置かなければならないとしており，さらに同条2項本文は，取締役会設置会社が監査役を置かなければならないとしている。したがって，「ある法主体が株式会社であること」さえ主張されておれば，取締役会設置会社であり，かつ，監査役設置会社であることが顕れていることになる[4]。そして，この場合，その会社が非公開会社である

ことは抗弁に位置づけられるのである。
　(3)　株式会社の原初型は従来の有限会社（持分は譲渡制限がされている）型の株式会社であるといわれることがあるが，それはあくまで，株式会社の中に従来の有限会社が取り込まれた状況を前提として，会社の機関構造を比較的簡単なものから複雑なものに並べたときに，おおよそ非公開会社から公開会社の順になるということに由来する。しかし，会社法は，譲渡制限制度を採用していた有限会社の中に株式会社を取り込んだものではない。あくまで，譲渡制限を定款で定めるというのは，株式会社の法制においては例外的なものである。
　(4)　したがって，要件事実論の観点からすると，少なくとも，「株式会社は，公開会社であって，取締役会設置会社であり，かつ，監査役設置会社である」ことが，原則形態であるということになる（株式譲渡自由の原則が存在する以上，要件事実論を別として，会社法の解釈上も，このように言えると考える）。なお，大会社の場合（公開会社でないもの及び委員会設置会社を除く）は，監査役会（及び会計監査人）を置かなければならない（328条1項）ので，大会社である事実が顕れれば，その会社は監査役会設置会社であることとなるから，大会社は，当然，監査役設置会社である（328条1項においては，「公開会社でないもの」は除かれることとなっているが，前述のとおり，株式会社である事実が顕れる限りにおいて公開会社と取り扱われるのが原則であるから問題はない。また，同項においては，「委員会設置会社」も除かれるが，単に株式会社が顕れているにとどまり，委員会設置会社であることの主張がないかぎり，その会社は委員会設置会社でないとして取り扱われる）。また，大会社以外の会社であって公開会社でないものは，会計参与を置く場合は，監査役を置く必要がない（327条2項但し書）。委員会設置会社の場合は，監査機関として，監査役（したがって，当然，監査役会）を設けることはできない。なぜならば，監査役又は監査役会と三委員会とをともに置くことはできない（327条4項）という規制があるからである。そのような規制がされるのは，委員会設置会社においては，監査委員たる社外取締役が当該会社の業務監査・会計監査を行うことが予定されているので，監査委員と権限が大幅に重なることとなる監査役は不要と考えられたためである（328条1項）。

3　機関設計の選択の枠組みを決める2要素

　大幅に自由化された機関設計を説明する場合，一般に，公開会社であるか否か，大会社であるか否かという要素の組み合わせによって株式会社を4つに区分し，それぞれの範疇ごとに選択しうる機関設計の説明がされている。すなわち，本法は，機関設計を自由に選択することを認めるが，会社の一定の性質に

従って，株主保護等の観点から，法が後見的にある機関の設置を義務付けるべき場合があるとの認識の下に，会社の区分の基準として，①会社の資本金及び負債の額の大小の観点と，②会社の構成員の緊密性（株式の譲渡の自由度）の観点から区分をしたからである。①は「大会社」（2条6号）か否か，②は「公開会社」（2条5号）か否かの区分である。②は，全部株式譲渡制限の定款規定を置くか否かという会社の一存で決まるのに対し，①は，当該会社の資金需要によって事実上決定される要素が強いといえよう。

(1) 公開会社[5]の立証責任

会社法は，株式会社の本質をなすものとして，127条が株式譲渡の自由の原則を定めているから，法律上は，株式会社は公開会社（正確には，公開会社のうち，全ての株式について譲渡制限を置いていない会社）であることが原則である（前記2参照）。

訴訟において，ある株式会社が公開会社であるか否かが争点となった場合には，上記の原則からして，それが非公開会社であることを主張する側が，当該会社が発行する全部又は一部の株式の内容として譲渡による当該株式の取得について株式会社の承認を要する旨の「定款の定めを設けている株式会社」であることの主張・立証責任を負うと解すべきである。会社法2条5号の定義規定によると，公開会社は「定款の定めを設けていない株式会社」であるとされるが，株式会社の本質（株式の譲渡自由の原則を定めた127条）からすると，譲渡制限を一切設けていない会社（これは，公開会社のうちに含まれる）が原則形態なのであるから，ことさら「公開会社」を定義づけて特別の類型とするのは，理論的でない[6]。要件事実論の観点からみると，定款の定めの設けられていない場合とそれが設けられている場合を比較すると，立証すべき事実が少ない方，すなわち，定款規定が置かれていない場合（すなわち，このような会社は公開会社に含まれる）が原則であって，定めが置かれている場合が例外である。これは，株式は譲渡することが自由なのが原則であり（127条），譲渡制限株式は特に定款で定めなければ存在しないという実体法の構造と照らすと当然のことである。

【訴訟物】XのY株式会社（以下，Y会社という）に対する株主総会決議取消権

第2章　要件事実・事実認定——各論

＊本件の請求の趣旨は，「Y会社の平成○年○月○日の臨時株主総会におけるAを取締役に選任する旨の決議は，これを取り消す」とする。

＊299条1項の法構造からすると，公開会社の場合が非公開会社の場合に比して原則規定とされている。株式会社は公開会社であることが原則なのであるから，請求原因において，既に株式会社であることが顕れているといえるから，「Y会社が公開会社であること」という主張は不要である。

【請求原因】1　Xは，Y会社の株主であること
2　Y会社は，平成○年○月○日に臨時株主総会を開催し，Aを取締役に選任する旨の決議をしたこと
3　本件総会の招集通知は，その会日から10日前に各株主に対し発送されたこと
＊請求原因3の事実は，299条1項（「2週間」）に違反する取消事由である。
4　本訴は，請求原因2の日から3か月以内に提起されたこと

(5)　公開会社の定義
　　公開会社とは，「その発行する全部又は一部の株式の内容として譲渡による当該株式の取得について株式会社の承認を要する旨の定款の定めを設けていない株式会社をいう」と定義される（2条5号）。この定義規定の反対解釈からすると，公開会社でない株式会社（非公開会社）は，「発行する全部の種類の株式について，その譲渡につき承認を要する旨の定款の定めがある株式会社」（全株式譲渡制限会社）ということになる。その発行する一部の株式についてのみ譲渡制限の定款規定を置く会社は，なお公開会社である。また，定款において，その発行する株式の内容として，譲渡制限株式と譲渡制限株式以外の株式の両者を定めているが，実際には，譲渡制限株式のみを発行している場合であっても，上記の定義からすると，公開会社である。
(6)　稲葉・前掲注(1) 27頁。

(2)　大会社[7]の立証責任

　大会社であることによる法律効果を主張する側が，その会社が①「最終事業年度に係る貸借対照表に資本金として計上した額が5億円以上の株式会社」で

424

あること，又は，②「最終事業年度に係る貸借対照表の負債の部に計上した額の合計額が200億円以上の株式会社」であることを主張・立証する責任を負うと解される。

(7) 大会社の定義

大会社には，①資本金基準による「最終事業年度（2条24号）に係る貸借対照表に資本金として計上した額が5億円以上の株式会社」と，②負債基準による「最終事業年度に係る貸借対照表の負債の部に計上した額の合計額が200億円以上の株式会社」とがある（2条6号イ及びロ）。

①資本金基準

資本金の額は，株主から出資を受けることによって増加し，その額が一定以上であれば，一定の会社規模になっているといえるから，旧商法特例法と同様に，5億円以上の資本金の額の会社を大会社（本条6号）として特別な規制に服するという規制を維持している。ただし，資本金の額の減少は自由に行うことができるので，資本金を基準とした会社規模の規制の意義は，会社がそのような資本金の額を維持することによって，大会社に係る規制を大会社として適用を受けるという選択をしたということができる（郡谷大輔＝岩崎友彦「会社法における債権者保護」別冊商事法務295号287頁）。

②負債基準

負債の額は，その会社の資本金の額にかかわらず，信用度を示すものであり，その額が一定以上であれば，一定の会社規模になっているといえるから，旧商法特例法と同様に，200億円以上の負債の額の会社を大会社の基準とした。負債の多寡は，会社の必要に応じて決定される面があるから，その額は必ずしも会社の完全な自由選択とはいえない。しかし，きわめて消極的ではあるが，会社がそのような負債の額の増減を通じて大会社としての適用を受けるか否かという選択をしたといえよう。

4 非公開会社，かつ，非大会社における機関設計

公開会社でない会社であって大会社でないものは，会社法が用意するすべての機関設計類型の選択が可能である。④以外の機関設計については，さらに会計参与を任意に設置することも可能である。以下，①ないし⑨の類型について，繰り返しが多くなるが，その主張・立証の内容を述べることとする。

①取締役（326条1項）

株主総会以外の機関として取締役のみが存在する会社（①類型という）は，株

主と取締役が実質的に同一であって，株主が直接経営に当たる場合等に適する会社形態である。この場合，監査機関は不要である。旧有限会社法で認められていた機関設計を株式会社にも取り入れたものである。①類型の会社であることを主張するものは，326条1項によって，当該法的主体が株式会社であることさえ顕れていれば足りるように見えるが，それでは足りない。なぜならば，会社法は，株式会社の本質をなすものとして，127条が株式譲渡の自由の原則を定めているから，法律上は，株式会社は公開会社（正確には，公開会社のうち，全ての株式について譲渡制限を置いていない会社）であることが原則である。すなわち，株式会社であることが顕れれば，その会社は取締役会設置会社であることとなってしまう（前記2参照）。したがって，株式会社以外の機関として取締役のみ存在する会社であることを主張するためには，特に非公開会社であることの主張・立証（譲渡による当該株式の取得について株式会社の承認を要する旨の「定款の定めを設けている株式会社」であることの主張・立証）をする必要がある。

　なお，大会社でないことは，①類型の会社であることを示すためには，主張する必要はない。当該会社が①類型の会社でないことを主張するものが，当該会社が大会社であることを（通常は，抗弁として）主張・立証すべきこととなるが，ここでの4の枠組みは，非大会社を前提とするものであるから，この抗弁は成立する余地がない。

②取締役＋監査役（326条1項，2項）

　株主総会以外の機関として取締役と監査役とが存在する会社（②類型という）は，同族会社であるが，複数の株主集団があって，監査機関として監査役を置くに留める場合などに選択される。旧有限会社法で認められていた機関設計を株式会社に認めたものである。②類型の会社であることを主張するものは，上記①類型において述べた理由によって，非公開会社であることの主張・立証（譲渡による当該株式の取得について株式会社の承認を要する旨の「定款の定めを設けている株式会社」であることの主張・立証）に加えて，当該会社が監査役設置会社であること（事実レベルでいうと，監査役を置く旨の定款規定を置いた株式会社であること）を主張・立証しなければならない。

②'　取締役＋監査役（会計監査権限のみ）

　株主総会以外の機関として取締役と監査役（会計監査権限のみ）とが存在する

会社（②'類型という）は，旧有限会社法で認められていた機関設計である。②類型の会社のうち，監査機能は，会計に絞るだけでよく，業務監査は不要とする場合に選択される。したがって，②'類型の会社であることを主張するものは，当該会社が非公開会社であること（譲渡による当該株式の取得について株式会社の承認を要する旨の「定款の定めを設けている株式会社」であること），当該会社が監査役設置会社であること（事実レベルでいうと，監査役を置く旨の定款規定を置いた株式会社であること）の主張・立証に加えて，監査役の権限が会計監査に限られている定款規定が置かれていることを主張・立証しなければならない。

③取締役＋監査役＋会計監査人（326条1項，2項）

株主総会以外の機関として取締役と監査役とが存在する会社（③類型という）の会社であることを主張するものは，(i)当該会社が非公開会社であること（譲渡による当該株式の取得について株式会社の承認を要する旨の「定款の定めを設けている株式会社」であること），(ii)当該会社が監査役設置会社であること（事実レベルでいうと，監査役を置く旨の定款規定を置いた株式会社であること）の主張・立証に加えて，(iii)会計監査人を置く旨の定款規定が存在することを主張・立証しなければならない。(ii)に代えて，一般的には，当該会社が大会社であることを主張・立証する道がある。なぜならば，非公開会社である大会社は，会計監査人を置かなければならないからである（328条2項）。しかし，4の枠組みがもともと非大会社であるから，この代替主張は成立する余地がない。

④取締役会＋会計参与（326条1項・327条2項但し書）

株主総会以外の機関として取締役会と会計参与とが存在する会社（④類型という）の会社は，同族会社であるが，金融機関などから特に計算書類の正確性が求められる場合などに選択される。④類型の会社であることを主張するものは，(i)当該会社が株式会社であること（取締役会設置会社であることについて単に株式会社であることで足りる点については，前記2参照）と，(ii)会計参与を置く旨の定款規定が存在することを主張・立証しなければならない。

上記の主張においては，当該会社が公開会社であるか否かは確定していない。そこで，当該会社が非公開会社であることが抗弁として主張・立証されると（生の事実としては，非公開会社であるから立証は可能である），327条1項1号の適用がなくなる（そのルートを通じての取締役会設置会社ではありえなくなる）。この場合

第2章　要件事実・事実認定——各論

に，なお④類型の会社であることを主張するためには，(ii)当該会社には取締役会を設置する会社である旨の定款規定が存在することと，上記(ii)の主張・立証が必要となる。

⑤取締役会＋監査役（327条2項）

　株主総会以外の機関として取締役会と監査役とが存在する会社（⑤類型という）の会社は，旧商法で認められていた機関設計である。⑤類型の会社であることを主張するものは，(i)当該会社が株式会社であること（取締役会設置会社であることについて単に株式会社であることで足りる点については，前記2参照）の主張・立証が必要である。なお，当該会社が監査役設置会社であることについては，327条2項本文があるので主張・立証は不要である（327条2項本文括弧書は，「委員会設置会社を除く」としているが，その反対事実（「委員会設置会社である」）が抗弁に回る事柄である）。

　当該会社が非公開会社であることが抗弁として主張・立証されると，327条1項1号の適用がなくなる（そのルートを通じての取締役会設置会社ではありえなくなる）。この場合に，なお⑤類型の会社であることを主張するためには，(ii)当該会社には取締役会を設置する会社である旨の定款規定が存在することの主張・立証が必要となる（監査役設置会社であることは，327条2項本文により改めて主張・立証することは不要である）。

⑤'取締役会＋監査役（会計監査権限のみ）

　株主総会以外の機関として取締役会と監査役（会計監査権限のみ）とが存在する会社（⑤'類型という）は，旧商法特例法で，小会社（資本の額1億円以下かつ負債総額200億円以下）に認められた機関設計である。⑤'類型の会社であることを主張するものは，(i)当該会社が株式会社であること（取締役会設置会社であることについて単に株式会社であることで足りる点については，前記2参照）の主張・立証が必要である。なお，当該会社が監査役設置会社であることについては，327条2項本文があるので主張・立証は不要である（327条2項本文括弧書は，「委員会設置会社を除く」としているが，その反対事実（「委員会設置会社である」）が抗弁に回る事柄である）。あわせて，(ii)監査役の権限が会計監査に限られている定款規定が置かれていることを主張・立証しなければならない。

　当該会社が非公開会社であることが抗弁として主張・立証されると，327条

1項1号の適用がなくなる（そのルートを通じての取締役会設置会社ではありえなくなる）。この場合に，なお⑤'類型の会社であることを主張するためには，(iii)当該会社には取締役会を設置する会社である旨の定款規定が存在すること（監査役設置会社であることは，327条2項本文により改めて主張・立証は不要である）と，上記(ii)の主張・立証が必要となる。

⑥**取締役会＋監査役会**（327条1項2号，2項）

　株主総会以外の機関として取締役会と監査役会とが存在する会社（⑥類型という）であることを主張するものは，(i)当該会社が株式会社であること（取締役会設置会社であることについて単に株式会社であることで足りる点については，前記2参照）と，(ii)当該会社が監査役会設置会社であること（事実レベルでいうと，監査役会を置く旨の定款規定を置いた株式会社であること）を主張・立証しなければならない[8]。

　当該会社が非公開会社であることが抗弁として主張・立証されると，327条1項1号の適用がなくなる（そのルートを通じての取締役会設置会社ではありえなくなる）。この場合に，なお⑥類型の会社であることを主張するためには，(iii)当該会社には取締役会を設置する会社である旨の定款規定が存在することと，上記(ii)の主張・立証が必要となる。

⑦**取締役会＋監査役＋会計監査人**（327条2項，3項）

　株主総会以外の機関として取締役会，監査役及び会計監査人が存在する会社（⑦類型という）であることを主張するものは，(i)当該会社が株式会社であること（取締役会設置会社であることについて単に株式会社であることで足りる点については，前記2参照）の主張・立証が必要である。なお，当該会社が監査役設置会社であることについては，327条2項本文があるので主張・立証は不要である（327条2項本文括弧書は，「委員会設置会社を除く」としているが，その反対事実（「委員会設置会社である」）が抗弁に回る事柄である）。それに加えて，(ii)会計監査人を置く旨の定款規定が存在することを主張・立証しなければならない[9]。

　当該会社が非公開会社であることが抗弁として主張・立証されると，327条1項1号の適用がなくなる（そのルートを通じての取締役会設置会社ではありえなくなる）。この場合に，なお⑦類型の会社であることを主張するためには，(iii)当該会社には取締役会を設置する会社である旨の定款規定が存在すること（監査役

第2章　要件事実・事実認定——各論

設置会社であることは，327条2項本文により改めて主張・立証することは不要である）と，上記(ⅱ)の主張・立証が必要となる。

⑧**取締役会＋監査役会＋会計監査人**（327条1項2号，2項，3項）

　株主総会以外の機関として取締役会，監査役会及び会計監査人が存在する会社（⑧類型という）は，旧商法で認められていた機関設計である。⑧類型の会社であることを主張する者は，(ⅰ)当該会社が株式会社であること（取締役会設置会社であることについて単に株式会社であることで足りる点については，前記2参照）と，(ⅱ)当該会社が監査役会設置会社であること（事実レベルでいうと，監査役会を置く旨の定款規定を置いた株式会社であること）と，(ⅲ)会計監査人を置く旨の定款規定が存在することを主張・立証しなければならない。

　当該会社が非公開会社であることが抗弁として主張・立証されると，327条1項1号の適用がなくなる（そのルートを通じての取締役会設置会社ではありえなくなる）。この場合に，なお⑧類型の会社であることを主張するためには，(ⅳ)当該会社には取締役会を設置する会社である旨の定款規定が存在することと，上記(ⅱ)(ⅲ)の主張・立証が必要となる。

⑨**取締役会＋三委員会＋会計監査人**（327条1項2号，2項，3項）

　株主総会以外の機関として取締役会，三委員会及び会計監査人が存在する会社（⑨類型という）は，旧商法・旧特例法で認められていた機関設計である。⑨類型である会社であることを主張する者は，(ⅰ)当該会社が株式会社であること（取締役会設置会社であることについて単に株式会社であることで足りる点については，前記2参照）と，(ⅱ)委員会設置会社である旨の定款規定が存在することの主張・立証が必要である。会計監査人については，委員会設置会社は会計監査人を置かなければならないから（327条5項），委員会設置会社を置く旨の定款規定の存在が顕れている以上，改めて，会計監査人についての主張・立証は，不要である。

　当該会社が非公開会社であることが抗弁として主張・立証されると，327条1項1号の適用がなくなる（そのルートを通じての取締役会設置会社ではありえなくなる）。しかし，当該会社は委員会設置会社であるから，同条1項3号の適用があり，取締役会設置会社であることは動かない。結局，当該会社が非公開会社であることは，抗弁として主張自体失当となる。

(8) 株式会社であれば、原則として監査役設置会社であるといえるが、当然に監査役会設置会社であるとはいえない。したがって、監査役会設置会社を前提とする法律効果を主張する者が、当該株式会社が、監査役会を置く株式会社又はこの法律の規定により監査役会を置かなければならない株式会社であることを主張・立証すべきである。「法律の規定により監査役会を置かなければならない」ケースとして、大会社であること（具体的には、資本金額5億円以上又は負債額200億円以上であること）を主張・立証することとなる。

(9) 会計監査人設置会社であることを主張するものは、当該株式会社が、①大会社であること、②委員会設置会社であること、③任意に会計監査人を置く株式会社であることのいずれかを主張・立証することとなる。

5 非公開会社、かつ、大会社における機関設計

公開会社でない会社であって大会社であるものは、会計監査人の設置が義務づけられる一方で、監査役会又は三委員会の設置が義務づけられず、また、取締役会の設置も義務づけられない。⑧⑨は旧商法特例法上の大会社に認められてきたが、③⑦は、本法により認められることとなった。いずれの場合も、任意に会計参与を設置することが可能である。

③取締役＋監査役＋会計監査人

株主総会以外の機関として取締役と監査役とが存在する会社（③類型）の会社であることを主張するものは、(i)当該会社が非公開会社であること（譲渡による当該株式の取得について株式会社の承認を要する旨の「定款の定めを設けている株式会社」であること）、(ii)当該会社が監査役設置会社であること（事実レベルでいうと、監査役を置く旨の定款規定を置いた株式会社であること）の主張・立証に加えて、(iii)会計監査人を置く旨の定款規定が存在すること、又は、当該会社が大会社であることを主張・立証しなければならない。(iii)の後段は、非公開会社である大会社は、会計監査人を置かなければならないことによる（328条2項）。

⑦取締役会＋監査役＋会計監査人

株主総会以外の機関として取締役会、監査役及び会計監査人が存在する会社（⑦類型という）であることを主張するものは、(i)当該会社が株式会社であること（取締役会設置会社であることについて単に株式会社であることで足りる点については、前記2参照）の主張・立証が必要である。なお、当該会社が監査役設置会社で

あることについては，327条2項本文があるので主張・立証は不要である（327条2項本文括弧書は，「委員会設置会社を除く」としているが，その反対事実（「委員会設置会社である」）が抗弁に回る事柄である）。それに加えて，(ii)会計監査人を置く旨の定款規定が存在することを主張・立証しなければならない。

　当該会社が非公開会社であることが抗弁として主張・立証されると，327条1項1号の適用がなくなる（そのルートを通じての取締役会設置会社ではありえなくなる）。この場合に，なお⑦類型の会社であることを主張するためには，(iii)当該会社には取締役会を設置する会社である旨の定款規定が存在することと(ii)の主張・立証が必要となる。また，(ii)に代えて，大会社であることを主張・立証してもよい（328条2項）。**5**の枠組みは，もともと大会社であるからこの立証は可能である。

⑧取締役会＋監査役会＋会計監査人

　株主総会以外の機関として取締役会，監査役会及び会計監査人が存在する会社（⑧類型）は，旧商法で認められていた機関設計である。⑧類型の会社であることを主張する者は，(i)当該会社が株式会社であること（取締役会設置会社であることについて単に株式会社であることで足りる点については，前記**2**参照）と，(ii)当該会社が監査役会設置会社であること（事実レベルでいうと，監査役を置く旨の定款規定を置いた株式会社であること）と，(iii)会計監査人を置く旨の定款規定が存在することを主張・立証しなければならない。

　当該会社が非公開会社であることが抗弁として主張・立証されると，327条1項1号の適用がなくなる（そのルートを通じての取締役会設置会社ではありえなくなる）。この場合に，なお⑧類型の会社であることを主張するためには，(iv)当該会社には取締役会を設置する会社である旨の定款規定が存在することと，上記(ii)(iii)の主張・立証が必要となる。また，(iii)に代えて，大会社であることを主張・立証してもよい（328条2項）。**5**の枠組みは，もともと大会社であるからこの立証は可能である。

⑨取締役会＋三委員会＋会計監査人

　株主総会以外の機関として取締役会，三委員会及び会計監査人が存在する会社（⑨類型）は，旧商法・旧特例法で認められていた機関設計である。⑨類型の会社であることを主張する者は，(i)当該会社が株式会社であること（取締役

会設置会社であることについて単に株式会社であることで足りる点については，前記2参照）と，(ⅱ)委員会設置会社である旨の定款規定が存在することの主張・立証が必要である。会計監査人については，委員会設置会社は会計監査人を置かなければならないから（327条5項），委員会設置会社を置く旨の定款規定の存在が顕れている以上，改めて，会計監査人についての主張・立証は，不要である。

当該会社が非公開会社であることが抗弁として主張・立証されると，327条1項1号の適用がなくなる（そのルートを通じての取締役会設置会社ではありえなくなる）。しかし，当該会社は委員会設置会社であるから，同条1項3号の適用があり，取締役会設置会社であることは動かない。結局当該会社が非公開会社であることは，抗弁として主張自体失当となる。

6 公開会社，かつ，非大会社における機関設計

公開会社であって大会社でないものは，取締役会の設置が義務づけられる。会計監査人や監査役会，三委員会の設置も義務づけられないが，これらを任意に設置することは可能である。また，いずれの場合においても，任意に会計参与を設置することができる。

なお，以下の⑤ないし⑧については，一般的には，当該会社が非公開会社であることが抗弁として主張・立証されると，327条1項1号の適用がなくなる（そのルートを通じての取締役会設置会社ではありえなくなる。なお，⑨については，抗弁として主張自体失当である）。ここでの枠組みは，公開会社であるから，この抗弁が成立する余地はない。

⑤取締役会＋監査役

株主総会以外の機関として取締役会と監査役とが存在する会社（⑤類型）の会社は，旧商法で認められていた機関設計である。⑤類型の会社であることを主張するものは，(ⅰ)当該会社が株式会社であること（取締役会設置会社であることについて単に株式会社であることで足りる点については，前記2参照）の主張・立証が必要である。なお，当該会社が監査役設置会社であることについては，327条2項本文があるので主張・立証は不要である（327条2項本文括弧書は，「委員会設置会社を除く」としているが，その反対事実（「委員会設置会社である」）が抗弁に回る事柄

である)[10]。

⑥取締役会＋監査役会

株主総会以外の機関として取締役会と監査役会とが存在する会社（⑥類型）の会社であることを主張するものは，(i)当該会社が株式会社であること（取締役会設置会社であることについて単に株式会社であることで足りる点については，前記2参照）と，(ii)当該会社が監査役会設置会社であること（事実レベルでいうと，監査役会を置く旨の定款規定を置いた株式会社であること）を主張・立証しなければならない。

⑦取締役会＋監査役＋会計監査人

株主総会以外の機関として取締役会，監査役及び会計監査人が存在する会社（⑦類型）であることを主張するものは，(i)当該会社が株式会社であること（取締役会設置会社であることについて単に株式会社であることで足りる点については，前記2参照）の主張・立証がまず必要である。そして，(ii)会計監査人を置く旨の定款規定が存在することを主張・立証しなければならない。なお，当該会社が監査役設置会社であることについては，327条2項本文があるので主張・立証は不要である（327条2項本文括弧書は，「委員会設置会社を除く」としているが，その反対事実（「委員会設置会社である」）が抗弁に回る事柄である）。

⑧取締役会＋監査役会＋会計監査人

株主総会以外の機関として取締役会，監査役会及び会計監査人が存在する会社（⑧類型）は，旧商法で認められていた機関設計である。⑧類型の会社であることを主張する者は，(i)当該会社が株式会社であること（取締役会設置会社であることについて単に株式会社であることで足りる点については，前記2参照）と，(ii)当該会社が監査役会設置会社であること（事実レベルでいうと，監査役を置く旨の定款規定を置いた株式会社であること）と，(iii)会計監査人を置く旨の定款規定が存在することを主張・立証しなければならない。

⑨取締役会＋三委員会＋会計監査人

株主総会以外の機関として取締役会，三委員会及び会計監査人が存在する会社（⑨類型）は，旧商法・旧特例法で認められていた機関設計である。⑨類型の会社であることを主張する者は，(i)当該会社が株式会社であること（取締役会設置会社であることについて単に株式会社であることで足りる点については，前記2参

照）と，(ii)委員会設置会社である旨の定款規定が存在することの主張・立証が必要である。会計監査人については，委員会設置会社は会計監査人を置かなければならないから（327条5項），委員会設置会社を置く旨の定款規定の存在が顕れている以上，改めて，会計監査人についての主張・立証は，不要である。

(10) 株式会社は公開会社であることが原則であるから，取締役会を置かなければならない（327条1項柱書）。すなわち，株式会社でありさえすれば，取締役会設置会社であることとなる。しかるに，取締役会設置会社である以上，監査役を置かなければならないのが原則であるから（327条2項本文），株式会社でありさえすれば，監査役設置会社であるのが原則形態である。この法構造からみて，ある株式会社が監査役設置会社であることを前提とする法律効果を主張する者は，原則として，その会社が監査役設置会社であることを主張・立証する必要はない。

7　公開会社，かつ，大会社における機関設計

　公開会社であって大会社であるものは，取締役会と会計監査人に加えて，監査役会か会計監査人のいずれかを置かなければならない。なお，任意で会計参与を設置することができる。
　なお，以下の⑧については，一般的には，当該会社が非公開会社であることが抗弁として主張・立証されると，327条1項1号の適用がなくなる（そのルートを通じての取締役会設置会社ではありえなくなる。なお，⑨については，抗弁として主張自体失当である）。ここでの枠組みは，公開会社であるから，この抗弁が成立する余地はない。

⑧取締役会＋監査役会＋会計監査人
　株主総会以外の機関として取締役会，監査役会及び会計監査人が存在する会社（⑧類型という）は，旧商法で認められていた機関設計である。⑧類型の会社であることを主張する者は，(i)当該会社が株式会社であること（取締役会設置会社であることについて単に株式会社であることで足りる点については，前記2参照）と，(ii)当該会社が監査役会設置会社であること（事実レベルでいうと，監査役を置く旨の定款規定を置いた株式会社であること）と，(iii)会計監査人を置く旨の定款規定が存在すること，又は大会社であることを主張・立証しなければならない。(iii)の後段は，大会社であることが顕れれば会計監査人設置会社となるからである

(328条1項)。

⑨取締役会＋三委員会＋会計監査人

　株主総会以外の機関として取締役会，三委員会及び会計監査人が存在する会社（⑨類型）は，旧商法・旧特例法で認められていた機関設計である。⑨類型の会社であることを主張する者は，(i)当該会社が株式会社であること（取締役会設置会社であることについて単に株式会社であることで足りる点については，上記①参照）と，(ii)委員会設置会社である旨の定款規定が存在することの主張・立証が必要である[11]。会計監査人については，委員会設置会社は会計監査人を置かなければならないから（327条5項），委員会設置会社を置く旨の定款規定の存在が顕れている以上，改めて，会計監査人についての主張・立証は，不要である。

[11]　株式会社は公開会社であることが原則であるから，取締役会を置かなければならない（327条1項柱書）。すなわち，株式会社でありさえすれば，取締役会設置会社であることとなる。しかるに，取締役会設置会社である以上，監査役を置かなければならないのが原則であるから（327条2項本文），株式会社は，委員会設置会社でない会社であることが原則形態ということになる。この法構造からみて，ある株式会社が委員会設置会社であることを前提とする法律効果を主張する者は，その会社が委員会設置会社であることを主張・立証しなければならない。

会社法362条4項1号, 2号の要件事実的考察

今出川 幸寛

1 はじめに

　要件事実論は一般には実体法を代表する民法とのかかわりの中で深く研究されているが、要件事実論の適用範囲は、「裁判規範としての実体法」の適用範囲と同じだけ広いものである[1]。筆者が法科大学院で会社法の演習[2]を受け持ち、会社法の判例解説などをする際に、要件事実論的に説明をすることが有用であると感じた問題について報告する。

(1) 伊藤滋夫教授の著書においては、「裁判規範としての民法」という場合、民法で実体法を代表させて説明する、という断り書きがある（伊藤滋夫・要件事実・事実認定入門〔補訂版〕（有斐閣、2005）1頁）。

(2) 筆者は、伊藤滋夫教授からのお勧めをいただき、平成18年4月から、創価大学法科大学院で民事法総合Ⅰ（要件事実・事実認定基礎理論）と商事法総合Ⅰ（会社法判例研究）を担当し、また、伊藤滋夫教授が所長である要件事実教育研究所の研究員として、ほとんど日夜、伊藤教授から要件事実論についてのご指導をいただいている。本論稿にしても然りで、伊藤教授からは、多くの貴重なご意見、ご示唆をいただいている。この場を借りてお礼を申し上げるしだいである。

2 要件事実論について

　その前に、まず、要件事実論について、その概略を述べておこう。
　訴訟のテーマは権利や法律関係の存否であり、その対象である権利や法律関

第2章 要件事実・事実認定——各論

係を訴訟物という。訴訟物の存在が認められれば，その権利や法律関係はあるものとの判断を受ける。しかし訴訟物は目に見えない観念的な存在であるから，その存否については，その権利が発生するための原因事実がすべて整っているか否かで判断する。権利発生のために必要最小限の事実，特に，請求を基礎づけるための必要最小限の事実を「請求原因事実」(Kg) と呼ぶ。そして請求する側（原告）が，請求原因事実を訴訟において主張しかつ立証したなら，当該権利・法律関係は発生し，その後，何事もなければ，口頭弁論終結時においても，当該権利・法律関係は存在するものと判断される。しかし必要最小限の請求原因事実のうちひとつでも主張を欠いていた場合には，「主張自体失当」として，また，必要最小限の請求原因事実のうちひとつでも立証ができなかった場合には，その事実は存在したものとは取り扱われず，その結果，請求は認容されず，原告は敗訴することとなる。さて，請求原因事実がすべて主張立証された場合で，相手方（被告）から他に何の主張も立証もされない場合には，権利・法律関係は口頭弁論終結時においても存在するものとして，原告は勝訴する。これに対して，被告は，原告が主張立証し，権利や法律関係がいったん発生し，現在においても存在すると判断されるのを手を拱いて見てはいないであろう。却って，その権利・法律関係を消滅させるのに必要最小限の事実を主張し，立証することになる。ここで被告が主張立証する対象事実を「抗弁事実」(E) という。抗弁事実の主張立証がされると，いったんは請求原因事実の主張立証によって原告の権利が発生したとされても，その後，法律効果が障害され，消滅させられ，又は阻止されることになり，原告は，権利・法律関係を有していると判断されずに，又は行使できずに敗訴することになるのである。以下，原告は，被告の抗弁事実から発生する権利消滅などの効果を排斥すべく，再抗弁事実を主張立証することができる。

　以上が，訴訟の仕組みであるが，ここで重要なことは，何が必要最小限の事実なのか，ということである。

　実体法を代表する民法は，立証のことを明示的には考えずに規定されているようにみえる[3]が，ある事実の存在立証の成功・不成功は，現実の訴訟においては，以上のように，その勝敗を左右するのである。確かに，事実関係の有無がすべて確定されれば，必要最小限の事実などという観念を持ち込まずに，民

438

法の適用によって，法律効果の発生，不発生は決まり，困難な問題は少ない，といえる。しかし，現実の訴訟において，ある事実の存在を立証できるかどうか不明の場合も多々ある。その場合を，どのように取り扱うかということが大きな問題となるのである。

その際に，要件事実論は，原則と例外，その又例外という考え方をもって，民法の規定を平面的にではなく，立体的な構造をもつものと解釈することによって主張立証責任対象事実を決定していくのである。

例えば，「請求原因事実」として，売主と買主とがある目的物を代金いくらで売る，買うという合意ができる（売買契約を締結する）と，それだけで売買契約は原則として有効であり，まずは，それだけで売主は代金請求権を取得する，と考える。しかし契約の締結に当たり買主に錯誤があった（民95条本文），などという事実は，原則として一応は有効であった売買契約を例外的に無効にするから，売買契約から発生する効果を障害するものとして，被告の主張立証責任に属する「抗弁事実」と考えるのである。次に，錯誤があったとして例外的に無効であった売買契約であっても，さらにその例外として錯誤者に重過失がある場合には，表意者は無効を主張することができないとの規定（民95条但し書）があることから，結局，当初の売買契約は有効と取り扱われることとなる。このことは，被告に重過失があった[4]，という主張は抗弁から発生する法律効果を覆滅させるものであるから，再抗弁としての機能を果たすことになるのであり，原告の主張立証責任に属する「再抗弁事実」と考える。

民法の条文上は，請求原因，抗弁，再抗弁との区分けがされているようにはみえないが，このように民法を解釈することによって，民法規範の構造を立体的に捉えて，真偽不明ということがある訴訟においても使用可能なように主張立証責任を決定していく作業をする必要がある。そして，そのときの拠り所となるのは，結局のところ，民法の解釈であるから，主張立証責任をどのように決定するかは，民法の制度趣旨に立ち返り，考察する必要があるのである。

このような考え方に従って，民法の制度趣旨から，民法規範の構造を解釈によって構築し，裁判において使用に耐えるように立証責任のことまで考えて構成された民法を，伊藤教授は，「裁判規範としての民法」と名づけている[5]。

本稿は，その意味で，いわば，「裁判規範としての会社法」にかかわるもの

であるといえる。
  (3) 善意の反対は悪意,悪意の反対は善意という位置づけであって,そのどちらか不明の場合にどのように扱うかについての考慮が明示的にはされていないように見受けられる。例えば,民法561条第2文と民法563条3項との関係など。
  (4) 重過失は,後述するように評価的要件であるから,重過失があったと主張するだけでは,主張責任を尽くしたことにはならないと考えるが,ここでは,説明の便宜のためにあたかも事実的要件であるかのように扱っておく。
  (5) 伊藤滋夫・要件事実の基礎(有斐閣,2000),伊藤滋夫・要件事実・事実認定入門〔補訂版〕(有斐閣,2刷,2008)は,その考え方で貫かれている。

3 取締役会決議を要する会社の行為

　会社法362条4項は,「取締役会は,次に掲げる事項その他の重要な業務執行の決定を取締役に委任することができない。」としており,取締役会の決議を要する対象となる行為として,第1号で重要な財産の処分及び譲受け,第2号で多額の借財,そのほか,第6号で取締役の職務の執行が法令及び定款に適合することを確保するための体制とその他株式会社の業務の適正を確保するために必要なものとして法務省令で定める体制(いわゆる内部統制システム)の整備,などを挙げている。

　この規定は,取締役会設置会社に関する規定であり,重要な業務執行については取締役会の決議で決定しなければならず,定款の定めによってもその決定権限を取締役,代表取締役,常務会などに委ねることができないとしているが,その趣旨は,ここに列挙された行為が,会社の存続に重大な影響を与えかねない行為であることから,取締役全員で組織する取締役会で充分な審議を経た上で慎重かつ適切な意思決定がされることを期待するというにある[6]。

　会社法以前の商法時代にも,同趣旨の規定として商法265条があった。
　本稿は,会社法362条4項1号,2号にかかわるものである。
  (6) 江頭憲治郎・株式会社法〔第2版〕(有斐閣,2008)376頁。

4 「処分・譲受け」及び「借財」に関する要件事実

(1) 財産の処分及び譲受け

会社法362条4項1号は「財産の処分及び譲受け」であるから，典型的には，売買契約となろう。

ここで，要件事実を考える場合には，まず，原告がどのような権利に基づいて何を請求しているのかを問題としなければならない[7]。そして，それが決まった上で，その請求権の発生のために必要最小限の事実は何かを考えるという順になるからである。

そこで，ここでは，原告（X）が，被告（Y）に対し，大型機械1台（「本件大型機械」という）を代金5億円で売った，機械は既に引渡し済みであるが，被告がいまだに代金を支払わないので，原告は，被告に対し代金支払請求訴訟を提起した，という事例を想定して考えてみよう。

この場合，訴訟物は，売買契約に基づく代金支払請求権1個ということになる。

代金請求権の発生については，目的物を特定しその代金額の合意がされるという売買契約の締結の事実を主張立証すればよい[8]から，原告は，請求原因事実としては，「原告は，被告に対し，平成20年9月15日，本件大型機械を代金5億円で売った。」と主張することになる。この主張がされ，その立証ができれば，さし当っては，売買契約時に原告の代金請求権が発生したものとされるのであるが，この主張の一部を欠いていたり，又は主張事実の一部についてでも立証ができないと，請求は棄却されることになる。しかし，代金支払時期が何時であるとか，機械を既に引き渡した，とか，代金を受領していない，などという事実は，請求原因としての代金請求権発生の要件事実ではない。したがって，請求原因にこれらを記載しても無意味である。否，無意味にとどまらず，必要最小限の事実について理解が不十分であると評価され，さらには，迅速・的確な審理の障害になるものという評価を受けることにもなるのである[9]。

請求原因としては売買契約の締結という具体的事実でよいとして，次に，被

441

第2章 要件事実・事実認定——各論

告としてその効果を障害，消滅，阻止する抗弁事実としては何が考えられるであろうか。

　仮に「原告と被告は，本件機械の代金支払時期を平成22年9月15日と合意した。」という事実があれば，その事実は代金請求権の行使を阻止する抗弁事実と考えることができる。また，さらには，機械の引渡しが未だされていない場合には，「被告は，原告から本件機械の引渡しがあるまで，代金の支払を拒絶する。」との同時履行の抗弁権を行使し[10]，代金支払請求を阻止することができる。仮に，買主が既に代金を支払済みであるなら，「被告は，原告に対し，平成20年9月20日，本件機械の代金として5億円を支払った。」との抗弁事実を主張立証し，原告の代金請求権を消滅させることができるのである。

　なお，この際に，代金が多額であるとか，少額であるとかの事実も，売買代金請求にはまったく関係がないものと考えるが，この点については，さらに後述する。

(7) この点，判例研究などでは，単に争点についての判断のみが研究され評釈されていることが多く，その訴訟の中心となるべき訴訟物，請求原因，抗弁というような枠組みの中に争点を位置づけて研究されることが少ないことに，筆者は不満を覚えるものである。

(8) 売買契約において代金請求する場合に，単に代金支払約束のみを主張立証すれば足り，目的物引渡約束のことを主張する必要はないという考え方もあるが，これは売買契約について一般が想定する，ある目的物を一定の代金で買う，という観念に反するので，取りえない。売買契約は，目的物引渡請求権と代金支払請求権とがセットになった契約という観念が一般人の持つイメージであろうから，それを前提として契約の要件を考えるべきである。

(9) 要件事実として主張すべき必要最小限を超えて請求原因や抗弁，再抗弁等に事実を記載することを，過剰主張というが，この過剰主張部分に争いがある場合でも当事者が必要的に立証すべきこととの区別をしておかないと，結局は立証させることにならざるを得ない。過剰主張は，迅速・的確な審理の妨げになるから，許さないこととする。

　なお，実際の訴訟においては，訴状に要件事実だけを記載すればよいということではない。事案の全体像を捉えるためには，重要な間接事実などの記載も必要である。しかし，それらは，要件事実とは区別して記載するべきである（民訴規53条1項，2項）。

(10) 同時履行の抗弁権を主張することを「権利主張」と呼び，権利主張であるから相手

方は，権利主張に対し認否を要しない，とする考え方があるが，このように同時履行の抗弁権を主張することは権利の行使そのものであるから，相手方は認否を要しないとすることが正しい。伊藤滋夫編著・要件事実講義（商事法務，2008）71 頁。

(2) 借　　財

会社法 362 条 4 項 2 号は「借財」であるから，典型的には，消費貸借契約であろう。

この場合においても，具体的な事例として，X が，Y に 5 億円を貸し付けたことから，Y に対して 5 億円の貸金返還請求権を行使するため，訴訟を提起したものと考えてみよう。

貸金返還請求においては，通常，元本請求権，利息請求権，遅延損害金請求権などが問題となるが，それらは，それぞれ別の訴訟物であって，要件事実もまったく同じというわけではない。しかし，ここでは，元本返還請求権のみを考えることとする。まずは消費貸借契約の成立を主張立証する必要があるが，この要件事実は何であろうか。「原告は，被告に対し，平成 20 年 9 月 15 日，5 億円を貸すことを約した。」ということは必要であるが，それに加えて，消費貸借契約が要物契約であることから，「原告が，被告に対して，5 億円を交付した。」という事実も必要である。また，金員を貸すということは，金員を贈与することとは異なるので，貸した金員相当額の返還を約束したという合意も含むことになる。以上の 3 つの要件を，「原告は，被告に対し，平成 20 年 9 月 15 日，5 億円を貸し付けた。」と表現することができる。

売買契約とパラレルに考えれば，これで充分のようにも見えるが，消費貸借，賃貸借，使用貸借といった貸借型の契約においては，返還時期の合意が不可欠であると考える。当事者が返還時期の合意をしておかないと，要件事実的には，貸したとたんに返せといえることとなって，貸借型の契約が意味を成さなくなるからである[11]。そこで，貸主は，返済期の合意も要件事実として主張立証する必要が出てくる[12]。この 4 つ目の要件をも組み込んだ主張は，「原告は，被告に対し，平成 20 年 9 月 15 日，弁済期を平成 21 年 9 月 15 日と定めて，5 億円を貸し付けた。」と表現する。

次に，ここまでの請求原因で，既に，弁済期の定めが現れていることから，

貸金返還請求権の行使には，弁済期の到来，すなわち「平成21年9月15日が到来した。」を要件事実として主張立証しなければならない。この点において，弁済期未到来が抗弁となるとの考え方もあろうが，自ら弁済期の定めを主張しておいて，その到来を主張しないまま，貸金請求権の行使ができるとすることには抵抗がある。

　以上が，貸金返還請求権を訴訟物とした場合の請求原因としての要件事実であるが，このほかに，貸金を依頼した事情などは要件ではない。

　これに対して，弁済の抗弁，時効消滅の抗弁などが考えられるが，ここではこれを省略する。

　また，借財とは，前述のとおり，金銭消費貸借契約に基づいて借入れをすることが，その代表的な形態ではある。しかし，ここでは会社が多額の金銭債務を負うこととなることを，その会社にとって大変危険な行為であると位置づけ，慎重な取締役会の決議を要するとしているものであるから，債務負担に直結する保証契約の締結，保証予約なども含まれる[13]。

(11) 売買型契約と貸借型契約とを対比して，貸借型の契約において，弁済期の定めを要件とする考え方を，「貸借型理論」という。売買型において，履行期の定めは，附款として，それを主張立証することによって有利な効果を取得する者に主張立証責任があると考える。

(12) 弁済期の定めをしたかどうか明確でない場合，どのように理解するべきかについて，消費貸借契約の当事者の合理的意思として，「弁済期を催告のときとするとの約定で」，又は，「弁済期を定めないこととして」を，弁済期の定めに代わり主張することとする。そうではなく，弁済期の合意が欠缺しているものとして，弁済期の合意を請求原因においては不要であると解すると，弁済期の定めは抗弁に回ることになるが，貸借型理論を前提とするとこの考え方をとることには躊躇がある。

(13) 東京高判平11・1・27金商1062号12頁。

5　「重要な」及び「多額の」に関する要件事実

(1)　重要な財産の処分及び譲受け

財産の処分及び譲受けに関する規定であるから，その対象となる契約の代表

会社法362条4項1号，2号の要件事実的考察

例は売買ということになるが，売買に関する要件事実については前述した。そこでここでは，「重要な財産」という要件について考えてみる。

会社法は，「重要な財産」が具体的にどのようなものであるかを定めていないが，判例は，当該財産の価額，その会社の総資産に占める割合，保有目的，処分行為の態様及び会社における従来の取扱等の事情を総合的に考慮して判断すべきである，と判示している[14]。このように重要な財産であるか否かは，当該会社の状況に応じて，上記の諸事情を総合的に考慮して判断すべきである，としていることから，「重要な財産」は評価的要件である[15]。

ここで，評価的要件については，「（処分の対象となった）ある特定の財産は重要な財産である。」と主張すれば，要件事実を主張したこととして，それが当該会社にとってどういう理由で重要であるかについての具体的な事実は，間接事実であると考える説（間接事実説）がある。その説によると，当事者が間接事実として各種の主張をし，仮に主張された間接事実の存在を他方が認めたとしても，裁判所は，当事者が主張立証するそれらの間接事実には拘束されることはなく，さらには，当事者が間接事実をなにも主張しなくても，当事者がその訴訟では問題としていない別の間接事実から当該財産が当該会社にとって重要であるか否かを判断することができることになってしまう。しかし，それでは両当事者とって不意打ちとなり，また，無駄な審理をしていることにもなってしまうから，妥当ではない。

そこで，当事者の一方には，当該財産が当該会社にとって重要な財産であるという評価を根拠づける事実（評価根拠事実）を主要事実として主張させ，他方に対しては当該財産が当該会社にとって重要であるという評価を障害する事実（評価障害事実）を主要事実として主張させ，裁判所はそれらの主要事実の立証を待ち，当事者によって立証された主要事実のみを評価対象として重要な財産か否かを総合的に判断することとするという立場がある。この立場は，重要な財産であるという評価根拠事実や評価障害事実を主要事実（＝要件事実）であると考える説であって，「主要事実説」と呼ばれるが，不意打ちを防ぎ，審理の適正を確保するという観点から，主要事実説の立場が妥当である。

主要事実説の立場にたつ場合，「○○は重要な財産である。」と主張するだけでは要件事実を主張したことにならず，当該会社にとってその財産が「重要で

445

ある」という評価を根拠づける事実を主張立証しなければならない。

逆に，当該会社にとってその財産が重要ではないとする立場からは，当該会社にとってその財産が重要であるという評価を障害する事実を主張立証する必要がある。

このように，評価的要件における評価根拠事実や評価障害事実は，事実的要件のようにその内容が一義的に確定しているものではないし[16]，また，それらの事実からされる評価は，ある一定の方向に向かって常に量的なものである[17]。この考え方は，後記 (3)「過剰主張」との関係で特に重要である。

判例は，重要性の基準として，当該財産の価額，その会社の総資産に占める割合，保有目的，処分行為の態様及び会社における従来の取扱い等の事情を挙げているが，上述の観点から，評価根拠事実も評価障害事実も，各事案に応じて柔軟に発見されるべきであって，これらの基準に限る必要はない。ややもすると判例で用いられた用語をそのまま重要性の基準であると硬直的に考える向きもあるが，そう考えるべきではない。

例えば，会社の総資産割合からみるとほんのわずかな株式であっても，それが取引先としては重要な会社の株式である場合と，そうではない会社の株式である場合とでは，当該株式が重要な財産になる，ならない，の差をもたらすことが充分にある。

(14) 最判平 6・1・20 民集 48 巻 1 号 1 頁〔1〕。
(15) 司法研修所の書物では「規範的要件」というが，規範的というと善悪判断を含むような響きがあることから，そのような倫理的な要素を含まない価値中立的な「評価的要件」という用語を使用する。いずれの場合でも，評価根拠事実，評価障害事実をもって主要事実（要件事実）とする構造に変わりはない。伊藤・前掲注(5)要件事実の基礎 125 頁。
(16) 一般に，事実的要件は，その内容は一義的に確定しているものである。例えば，どのような事案においても，「善意」といえば，ある対象となる事実を知らない，ということであり，「悪意」といえば，ある対象となる事実を知っている，ということである。これに対して，評価的要件の場合には，その要件事実としての評価根拠事実や評価障害事実は各事案に応じて，それぞれ内容が異なるものである。どのような事案においても評価根拠事実や評価障害事実の内容が一義的に確定している，というようなものではない。
(17) 伊藤編著・前掲注(10) 257 頁。なお，評価的要件における各評価根拠事実は，それぞ

れ「重要な」の評価を増す方向に働き，各評価障害事実は，反対に，それぞれ「重要な」の評価を減ずる方向に働くが，立証された評価根拠事実と評価障害事実だけを総合して判断した結果，「重要な」の程度が，例えば，事案に応じて，−5，−3，0，+3，+5などと評価されることになると観念することができる。そしてこのことを，比ゆ的に，「一定の方向に向かって常に量的なものである。」と表現しているのである。

(2) 多額の借財

商法でもそうであったが，会社法でも，「多額」についての具体的な数額の定めをおいていないことから，判例も，当該借財の額，その会社の総資産・経常利益などに占める割合，借財の目的及び会社における従来の取扱いなどの事情を総合的に考慮して判断すべきものである，としている[18]。このように，多額か否かは，判例も上記の諸事情（当該会社の規模，資産状況，収益力など）の総合的な判断により決まるものとしているから，「多額」は，絶対的な数額をいうものではなく，会社ごとに相対的な概念であり，これも前述の「重要な」と同じく評価的要件である。

したがって，「借財した額は多額である。」と主張するだけでは要件事実を主張したことにはならず，当該会社にとって多額であるという評価を根拠づける事実（評価根拠事実）を主張立証する必要がある。また，逆に，「多額でない」と主張したい者も，そのような主張をするだけでは要件事実を主張したことにはならず，多額であるという評価を障害する事実（評価障害事実）を主張立証しなければならない[19]。

多額か否かについて，当該借入金額が会社の総資産の一定割合以上とか，負債総額の一定割合以上とか，説明することもあろうが，それは特定の事案解決のために用いられる一応の基準になるとしても，他の事案の判断基準として直ちに利用できるほど決定的なものではない。

多額は，評価的要件であるから，いろいろな要素を総合的に勘案して，事案ごとに決められるべきものである。

[18] 東京地判平9・3・17判時1605号141頁。
[19] 「重要な財産」のところでも述べたが，評価的要件の要件事実について，「多額」と主張すれば十分であって，それを基礎づける事実は間接事実であるとする考え方（間

接事実説）と，基礎づける事実を要件事実であるとする考え方（主要事実説）がある。後者が通説であり，妥当であると考える。

(3) 過剰主張

　要件事実を考える場合には，原則として，常に必要にして最小限の事実を考え，過剰な主張をすることは許さない。例えば，a事実の主張立証により，甲効果が発生するとした場合に，a事実に加えてb事実の主張立証をすることは甲効果を得るためには無駄であるから，b事実については主張も制限することとする。
　b事実について主張を制限せず，争いがある場合に，b事実まで立証させるとすることは，迅速・的確な審理に悖ることになるから，主張の段階で制限するのであるが，このことを，過剰主張は許さない，という。
　しかし，これは，事実的要件について当てはまるのであって，評価的要件にかかわる評価根拠事実，評価障害事実の主張については，別の考慮を要する。
　評価的要件の場合，仮に，原告が，評価根拠事実としてa，b，c，d，eと5個の事実を主張し，被告が，評価障害事実としてx，y，zと3個の事実を主張したとしよう。主張されたすべての事実が立証されたとした場合を想定して，その場合には原告のd，eの主張が過剰になるとしても，d，eの主張を過剰であるとして制限すべきではない。評価根拠事実であるa，b，cのすべてが立証されるとは限らないから，d，eの主張もさせ，d，eについても立証させる余地を残さなければならないのである。仮に，すべての事実が立証された場合，d，eは過剰主張，過剰立証となるが，それは立証の結果であって，やむをえないのである。
　また，被告がx，y，zの立証に失敗した場合には，原告としては，aだけの立証で充分であったのかもしれないのであるが，これも，双方の立証の結果，そうなるだけの話で，やむをえないのである。
　以上から，評価的要件については，双方，過剰主張を許すことにならざるを得ないのである。
　なお，この部分については，項を改めて具体例をもって説明することとする。

(4) 具体例に即して

(a) 「重要な財産」について

「重要な財産」については，最判平6・1・20民集48巻1号1頁の事案を取り上げて検討してみよう。この事案は，甲の保有する乙の株式を処分することが重要な財産の処分に当たるかが争点となったものである。この判決要旨では，まず，「商法260条2項1号（現会社法362条4項1号）にいう重要な財産の処分に当たるか否かは，当該財産の価額，その会社（甲）の総資産に占める割合，保有目的，処分行為の態様及び会社（甲）における従来の取り扱い等の事情を総合的に考慮して判断すべきである。」と抽象論を述べているが，「株式が，帳簿価額では7800万円で会社（甲）の総資産の約1.6％に相当し，適正時価を把握し難く，その譲渡が，代価いかんによっては会社（甲）の資産及び損益に著しい影響を与えうるものであり，会社（甲）の営業のため通常行われる取引に属さないなど判示の事実関係の下においては，右株式の譲渡は，商法260条2項1号（現会社法362条4項1号）にいう重要な財産の処分に当たらないとはいえない。」と二重否定を使って，当該事案における甲による乙の株式処分が重要な財産の処分に当たりうることもあるとして，その点の審理を尽くさせるべく原審判決を破棄し，差し戻しをしている。

以上の判旨から見れば，①当該株式の帳簿価額7800万円は当該会社（甲）の総資産の1.6％に相当する，②当該株式の適正価額を把握し難い，③株式の代価いかんによっては当該会社（甲）の資産及び損益に著しい影響を与えうる，④当該株式の譲渡は甲の営業のため通常行われる取引に属さない，の4個が評価根拠事実と考えられていることがわかる。

ここで，仮に，異なる事案において，⑤当該株式の帳簿価額は7億8000万円であり，甲の総資産の16％にあたる，という場合には，①よりはるかに「重要な」の評価を強める評価根拠事実になる。また，仮に，⑥当該株式の時価が帳簿価額の3倍である，などという事実があれば，それも「重要な」を強める評価根拠事実となろう。⑦この会社（甲）は株式の売買を業とする，というような事実は評価障害事実となろう。

なお，このほかに，⑧当該会社（甲）においては，従来この種の取引をする

場合には，取締役会決議をもってしていた，という事実もあれば，この事実は「重要な」の評価根拠事実となろう。さらには，⑨当該会社（甲）が保有する乙の株式が乙の発行済株式総数の34%を占める，などという事実があれば，これも甲の資産としての乙の株式の「重要さ」を増す方向に働く評価根拠事実となろう。また，逆に，⑩当該株式の帳簿価額780万円は当該会社（甲）の総資産の0.16%に相当する，⑪当該株式は下落傾向にあり，現在の時価は帳簿価格の10分の1である，などという事実は，株式が「重要な」財産であるとの評価を弱める事実として，評価障害事実となるであろう。

ここで，評価的要件について，評価根拠事実や評価障害事実については「過剰主張を許す」という意味について，再度説明をしておこう。

仮に評価根拠事実として⑤と⑨が主張されれば，他の事実の主張がなくとも，「重要な」財産の処分と評価されるような場合でも，他の評価根拠事実の主張を許すことを，過剰主張を許す，という。過剰主張を許さなければ，⑤又は⑨の立証に失敗した場合，他の評価根拠事実の主張を制限されていることから，それだけで「重要な」の立証に失敗したことになってしまうが，それでは不都合である。なぜなら，⑨と別の評価根拠事実によって，「重要な」の要件を満たすことも考えられるからである。

このことは，評価障害事実の主張についても同じようにいえることである。

評価根拠事実の主張について，5個だされたとし，それだけで+6の「重要度」をもつとしても，評価障害事実については，-7を超えて-10の「重要度」をもつ6個の主張をすることが許される。評価障害事実の6個すべてが立証できるとは限らないからである。

(b) 「多額の借財」について

「多額の借財」について，借財の「多額性」そのものについて争われた事案はないようである。

福岡高那覇支判平10・2・24金商1039号3頁の事案においては29億円の借入れ，東京高判平11・1・27金商1062号12頁の事案においては10億円の債務保証予約が問題となったが，当事者は多額の借財である点については争っておらず，争点となっていないため，いずれの判決においてもこれらの借財が「多額の」借財かどうかについては判断していない。

そこで，例えば，29億円の借入れに対し，①借入れをした会社（甲）の資産が100億円である，②当時の甲の借入れ総額は30億円であった，③当時の甲の年間の売上げ総額は50億円であった，などは，借財が「多額」であるという評価根拠事実となろう。これに対し，異なる事案において，④甲の資産は1兆円である，⑤当時の甲の借入れ総額は1000億円あった，⑥当時の年間売上げ総額は2000億円であった，などという事実があるとすれば，それらは「多額の」借財に関する評価障害事実となろう。

借財が多額であるか否かは，借財の額と当該会社の資産との比較，負債との比較，売上げや経費などから算出される返済能力との関係，借財の使途，従前この額の借財において取締役の決議を求めていたか，などの各事実を総合的に判断して，されることになろう。

(5) まとめ

評価的要件については，まったく事案ごとに異なることになるが，主張すべき評価根拠事実や評価障害事実は，当該事案に応じてそれらの内容が決まるということになる，ということは一義的にはその内容を定めることができないということである。そして，それぞれの評価根拠事実は，例えば，「重要な」や「多額の」という評価をプラスの方向に向かわせるが，各事実にはプラスに向かわせる強弱があり，また，それぞれの評価障害事実は，例えば，「重要な」や「多額の」という評価をマイナスの方向に向かわせるが，各事実にはマイナスに向かわせる強弱があるものということになるのであるが，主張のすべてが立証されるとは限らないから，それぞれ過剰主張を許すこととし，立証が終わった段階で，立証された評価根拠事実と評価障害事実のみを総合的に判断し，結局，「重要な」や「多額の」の評価をプラスにしているのかマイナスにしているのかによって，当該財産が「重要な」財産の処分に該当するのか否か，また当該借財が「多額の」借財に該当するのか否かを判断するという構造になっているのである。

6 取締役会決議を欠く行為の効力

(1) 最高裁判所の判断

　重要な財産の処分及び譲受けも多額の借財も，取締役会設置会社においては，取締役会の決議を要する（会社362条4項1号，2号）。
　ところで，取締役会の決議の内容・手続に瑕疵がある場合，それが軽微な手続上の瑕疵にとどまらなければ，その決議は当然に無効である[20]。また，取締役会が開かれておらず単に，形式上だけ議事録が存在し，あたかも取締役会決議がされたような外形だけが残っているような場合には，決議は不存在である。
　いずれの場合にも，取締役会の決議がないままに取引行為がされたことになる。
　取締役会決議を必要とする場合であるにもかかわらず，適法な取締役会決議なしにされた会社の行為の効力については，それが当然に無効であるということはできない[21]。もし当然に無効であるとするなら，会社側は，ある取引がされたが，その取引に必要な取締役会決議がされていない，ということだけを主張立証すれば，取引は無効となってしまうこととなる。しかし，それでは，取引の相手方が，大変危険な立場におかれ，会社との取引には大きな危険が付きまとうことになるから，その結果，会社との取引にブレーキがかかり，社会全体にとっては非常に不都合な事態となる。したがって，このような場合に，取引の相手方の保護を考慮する必要がある。
　会社と取引の相手方とは以上のような利益状況にあるが，この点に関して，最高裁判所[22]は，取締役会決議が必要であるにもかかわらず取締役会決議がされないまま，会社の代表取締役が，重要な財産の処分及び譲受けをしたり，多額の借財をした場合の取引行為の効力について，代表取締役は，会社の業務に関し一切の裁判上又は裁判外の行為をする権能を有する（会社349条1項，4項）から，取締役会決議なしに対外的取引行為をした場合でも，取締役会決議は内部的意思決定を欠くにとどまり，原則として，会社の行為は有効とされるとして，まず一般的に取引の安全を図っている。すなわち，代表取締役が会社の機

会社法362条4項1号，2号の要件事実的考察

関としてした代表行為は，内部手続が適正にとられていたか否かにかかわらず，原則として有効であるとして取引の相手方を保護し，取引の安全を図っている。

しかし，当該取引につき，内部手続をとる必要があることについてその認識があり，かつ，内部手続がとられていないことを知っている（＝悪意の）相手方を保護する必要はないから，当該会社は，取締役会決議のないことを知っていた取引の相手方に対しては取引の無効を主張しうる，としている。そして，判例は，さらにすすんで，取締役会決議のないことを知らなかったが，知らなかったことについて過失がある（＝善意有過失の）相手方も保護する必要はないという価値判断をして，当該会社は，善意有過失の相手方に対しても取引の無効を主張しうる，とした。

これを要件事実で整理すれば，次のようになるであろう。

取引の相手方Xが売買契約に基づいて会社Yに対して代金支払を請求する場合，訴訟物は売買契約に基づく代金支払請求権1個である。Xの請求原因としては，判旨によれば，このような場合であっても，売買は一応原則として有効であるとしているから，（あ）売買契約の締結のみでよいことになる。

売買の成立であるから，目的物と代金の摘示を必要とするが，それ以外の事実，例えば，履行期の合意，目的物の引渡し，などと言う事実は，売買成立の本質的な要素ではないから，代金請求に当たっての請求原因としては，それらの主張立証は不要である[23]。

この請求原因に対する抗弁としては，（イ）当該売買契約の目的物がYにとって重要な財産であることの評価根拠事実，（ウ）Yは当該売買契約の締結を取締役会で決議していないこと，（エ1）Xは目的物がYにとって重要な財産であることの評価根拠事実を知っていたこと[24]，又は，（エ2）Xは目的物がYにとって重要な財産であることの評価根拠事実を知りうべきであったこと，（オ1）Yが当該売買契約の締結を取締役会で決議していないことをXが知っていたこと，又は，（オ2）Yが当該売買契約の締結を取締役会で決議していないことを知りうべきであったことの評価根拠事実（善意ではあるが過失があったことの評価根拠事実）[25]，である。

この抗弁に対して，さらにXの再抗弁としては，（エ2）に対して，（か）過失があったとの評価を障害する事実，（オ2）に対して，（き）過失があったと

453

の評価を障害する事実，を主張立証することができる。

　本件判旨及び本件判決にかかる判例解説[26]によれば，以上のように整理することができるであろう。

　Xが代金請求するには（あ）のみを主張立証すれば足り，Yが売買の効果を障害するためには，（イ），（ウ），（エ1）又は（エ2）のほかに（オ1）又は（オ2）を主張立証する必要がある。

　このことは，Xが（あ）を立証できなかった場合[27]にはXは敗訴することを意味し，Xが（あ）を立証できた場合で，Yが（イ），（ウ），（エ），（オ）のいずれかを立証できなかった場合にはXが勝訴するが，Yが（イ），（ウ），（エ）及び（オ）を立証することができた場合には，Xが敗訴することを意味する。

　注意すべきは，（エ2）や（オ2）については，（か）や（き）との総合判断によって，それぞれ「過失あり」との評価的要件を満たすことになるか否かが決まるものであり，（エ2）や（オ2）のみを単独で判断することはない。

　次に，仮に売買代金が100億円とか1000億円であった，すなわち誰が見てもまたどのような当事者の場合であっても重要な財産に関する取引であると認識できるようなものであったとすると，売買契約の成立として請求原因中に代金額が現れ，重要な財産にかかる取引であることを，原告があわせて主張してしまっていることとなる。すなわち被告が抗弁として主張すべき事実を，請求原因で主張していることになるから，それだけでは請求原因の主張を失当にしてしまうこととなると考え，その手当てとして，請求原因中で，併せて，売買に先立って，当該売買をすることについてYにおいて取締役会決議がされたという，いわば，再抗弁的な働きをする事実をXが主張立証しなければならなくなる場合もあるのではないか，という考え方もあろう。

　なお，このように，論理的には後に主張されるべき事実ではあっても，自己が不利益な事実主張をしてしまっているために，繰り上げて主張せざるを得ないことを「せり上がり」[28]と言う。

　しかし，仮に，このように請求原因を整理することになると，今度は，当事者が会社である売買については，売買代金の請求に当たって，請求原因段階で常に重要財産の処分か否かを問題として，「せり上がり」を考えなくてはならなくなってしまうが，これは妥当ではない。売買における代金請求のためには，

売買契約の成立だけでよいとの一般原則にまずは従い，重要な資産の処分か否かが問題とされる場合にだけ，売買契約を無効にする原因事実である抗弁の一部としてそのことを取り上げるように整理すべきである[29]。

筆者としては，売買代金の請求には，他の原則的な場合と同様に，いかなる場合であっても，単に，売買契約の成立を主張立証するだけで充分であると考える。

(20) 江頭・前掲注(6) 388頁。ここでは，「瑕疵の性質いかんに関わらずその決議は当然に無効であり，誰から誰に対しても，何時いかなる方法でも，無効を主張できる。もっとも，①軽微な手続上の瑕疵により決議が当然無効になると解すべきではない」との記載がある。

(21) 江頭・前掲注(6) 388頁には，前掲注(20)の記載に続き，「②無効（不存在を含む）な決議に基づく代表取締役等の行為が当然に無効となるわけでもない。」とある。

(22) 最判昭40・9・22民集19巻6号1656頁〔67〕。

(23) 司法研修所編・改訂問題研究要件事実―言い分方式による設例15題―（法曹会，2006) 12-13頁。

(24) （エ1）は，「重要な財産であるという評価を認識していた」，ということではなく，「（イ）にいう評価根拠事実を知っていたこと」，というように理解すべきものであろう。（エ2）も同様に，「（イ）にいう評価根拠事実を知りうべきであった」ということになる。

(25) 過失も評価的要件であるから，Yはここでは過失ありという評価を根拠づける事実を主張立証する必要がある。また，Xは過失ありとの評価を障害する事実を主張立証する必要がある。

(26) 最判解説民事篇平成6年度1頁。

(27) （あ）を立証できなかった場合とは，証拠調べの結果，（あ）が真偽不明の結果に終わった場合をも含む。

(28) 司法研修所・増補民事訴訟における要件事実第一巻（法曹会，1986) 62頁以下。

(29) なお，売買無効原因となる抗弁としては，重要財産の処分に該当することだけでは不十分であり，それ以外に，当該売買について取締役会決議がないこと，及びその事実を取引の相手方が知り又は知りうべきであった，が必要であると考える。

(2) 本件事例における要件事実の考え方

最高裁判所の考え方を脇において，相手方Xが会社Yに対して売買代金請求する事例の要件事実を理論的に考えてみると，次のような3つの考え方ができるであろう。

第2章　要件事実・事実認定——各論

A説：請求原因として「売買契約の締結」，抗弁として「重要な取引」，再抗弁として「取締役会の決議あり」

B説：請求原因として「売買契約の締結」，抗弁として「重要な取引」＋「取締役会の決議なし」，再抗弁として「取締役会決議なしにつきX善意・無過失」

C説：請求原因として「売買契約の締結」，抗弁として「重要な取引」＋「取締役会の決議なし」＋「取締役会決議なしにつきX悪意又は善意・有過失」

　このうち，A説は，Xに対してYの内部手続である取締役会の決議ありを主張立証させるものであるから，結果的には，取引において，Xにとって必ずしも明らかではないがYにとっては重要な取引であると認定されることになると，Xは，Yの取締役会決議ありを主張立証しなければならないこととなるので，どんな取引においても，Xは，原則としてYの取締役会決議ありの確認をするという姿勢をとらざるを得ないことになろう。これでは，会社が当事者となる取引の円滑を妨げることとなってしまうから妥当ではない。

　B説もC説も，すべての事実が証明され真偽不明となるところが残らないのであれば，結論は同じことになる。しかし，裁判の場では，すべての証明が行われるとは限らず，真偽不明の部分が残る場合のことも考えなければならない。

　その場合にどちらに立証責任を負わせるかということが問題である。

　B説の場合，Xの善意・無過失が真偽不明となると，Xの再抗弁事実があったとは取り扱われないため，Yの抗弁がたって，Xの請求は棄却されることとなる。

　C説の場合，Xの善意・無過失の反対である，Xの悪意又は善意・有過失が真偽不明となると，Yの抗弁の一部があったとは取り扱われないため，結局，抗弁がたたず，Xの請求が認容されることとなる。

　B説によれば，Xの請求認容のためには，Xは，Xの善意・無過失を立証する必要があるが，C説では，Xの請求を棄却するためには，Yが，Xの悪意又は善意・有過失を立証する必要があるということになるから，B説では，Yの

保護に厚く，C説ではXの保護に厚いということになるが，B説とC説とではどちらが妥当であろうか。

ここでは，会社法の関係条文の全体から，重要な財産の処分について取締役会の決議を要求して会社の利益を守ろうとする一方，その会社と取引をした相手方の保護を適切に図ることも含めて，その利害調整を図ることを制度趣旨と理解し，その制度趣旨に従って主張立証対象事実を決定して結論を出すべきものであろう。

筆者としては，Yは当該取引がYにとって重要な財産処分に当たるということをXより容易に認識できる立場にあること，そのYが自身で整えることのできる内部手続を欠いておきながら，手続を欠いたリスクを外部のXに負わせるB説を前提とすると一般的に会社と取引をするXに過大な負担を負わせることになることから，B説は妥当ではないと考える。したがって，C説を支持したい。

なお，この判断も制度趣旨から導かれるものであるが，制度趣旨が何かは，言うまでもなく，実体法（この場合は会社法）の解釈によるものであるから，従来の会社法に関する解釈の学説が重要な役割を有することは当然である。

また，C説をとるという結論は，前記最高裁判決の立場とも符合するものである。なぜならば，この判決は，(1)取締役会決議を欠く取引も原則として有効である。(2)取引に当たり，当該会社の取締役会決議を欠き，そのことを相手方が知り，又は，知りうべかりしときは，その取引は無効である，ということを判示しているから，原則として，会社の代表取締役が会社の機関として取引行為をした場合，取引行為は有効であるが，その例外として，取引の相手方が，決議のないことを知り，又は，知りうべき場合には，取引行為は無効である，という規範構造を示していることになる。そして，また，ここで(1)でいう原則の主張立証をすることによって有利な効果を得る者は，取引の相手方（X）であるから，(1)の原則の主張立証責任はXにある。そして，また，(2)でいう例外事実を主張立証することによって有利な効果を得る者は当該会社（Y）であるから，(2)の例外事実の主張立証責任はYにあることになる。ということになるからである。

なお，この判決は，重要な財産であることの評価根拠事実の認識又は認識可

能性については触れていないが，この判決の調査官による解説によれば，この場合における悪意重（ママ）過失（知り又は知り得べかりしこと）の対象は，①「重要なる財産の処分及び譲受」に当たること，及び，②取締役会決議のないこと，の2点であり，いわば，「二重の悪意（有過失）」が問題とされることになろう，と記載されている[30]。

　(30)　最判解説民事篇平成6年度15頁。

7　取締役会規定に違反する行為

　会社によっては，取締役会規定などで，重要な財産の処分及び譲受けの規制とは別に，例えば，「会社が1億円以上の財産を処分し又は譲り受けるには取締役会の決議を要する。」などとしているが，これと重要な財産の処分及び譲受けとの関係も問題となる。

　ここで，重要な財産の処分及び譲受けにつき取締役会の承認を要するとする規定は会社法上のものであるから，取引の相手方は会社法の規定の存在自体を知らないということはできない。しかし，一般的にいえば，取引の相手方は，取引先会社が，会社法上の制限とは別に，上記のような取締役の権限を制限する取締役会規定をもっていることについて認識のないことがむしろ多いであろう。取締役会規定のあることを知っていたとしても，特に取締役会決議を要することになる具体的な金額そのものを知っていることは多くはないであろう。

　そのような状況を前提として，次に，取締役会規定に取締役の権限を制限した会社の内部規定があるにもかかわらず，取締役会の決議なしに，決議を要すべき取引をした場合について考えてみる。

　ここでは，原告（X）が，被告（Y）に対し，大型機械1台（「本件大型機械」という）を代金2億円で売った，原告は，被告に対し代金支払請求訴訟を提起したが，Yには，「1億円以上の資産の譲り受けについては取締役会の決議を要する」，との取締役会規定があった，という事例を想定して考えてみよう。

　原告の請求原因としては，「(あ) XはYに対し本件大型機械を代金2億円で売った。」となる。これは，重要財産の処分及び譲受けの場合と同じである。

　被告の抗弁としては，前記重要財産の処分及び譲受けにおいてした議論をこ

こに応用するために，XがYに対し売買に基づいて代金請求するに当たっての要件事実を再度確認してみると，重要財産の処分においては，（イ）Yにとって重要財産の処分であること（評価根拠事実），（ウ）Yにおいて取締役会の決議を欠くこと，（エ）Xは（イ）を知り，又は，知らなかったことにつき過失ありの評価根拠事実，（オ）Xは（ウ）を知り，又は，知らなかったことにつき過失ありの評価根拠事実，であった。

これを，取締役会規定違反に当てはめてみれば，抗弁中，（イ）の部分は，（イ1）Yには代金1億円以上の売買には取締役会決議を要するとの取締役会規定がある，と（イ2）本件売買の代金は1億円である，の2要件に分解できるであろう。

重要財産の処分及び譲受けという会社法の規定があることを知っており（法律の規定ゆえ，規定の存在を知っているものと擬制されているが），当該取引がその規定に該当するものである，ということは，取締役会規定による制限の事例に引き直せば，一定以上の価値の財産の取引について取締役会の決議を要するという取締役会規定があること，当該取引がその規定の適用を受けるものであることを知っていること，と等価値[31]となるものである。

なお，（イ2）は既に売買の請求原因事実で現れているものであり，請求原因としてXが主張立証責任を負う事実であるから，抗弁としてYが主張立証することにはならない[32]。

重要財産の取引の要件と同じく，（ウ），（オ1）及び（オ2）も，等価値の要件として，やはり，抗弁としてYに主張立証責任があるものというべきであろう。

そしてこの立場から，要件事実として整理すると，次のようになる。

請求原因：XはYに対し，ある目的物を代金1億円で売った。

抗弁：1　Yには代金1億円以上の売買には取締役会決議を要するとの（取締役会）規定がある。

　　　2　Xは抗弁1記載の取締役会規定の存在を知り，知りうべきであった。

　　　3　Yは請求原因記載の売買について取締役会の決議を欠く。

　　　4　Xは，3を知り，知りうべきであった[33]。

(31) 要件事実論においては,「等価値」という概念は重要である。有権代理における「先立つ授権」は,表見代理(民110条)の「基本代理権の存在,当該取引の代理権があると信じた,信ずるにつき正当事由ありとの評価根拠事実」と等価値であるというような言い方をする。

(32) 抗弁で主張立証させることとすると,同一事実を原告と被告に立証責任を負わせることとなり,真偽不明となったときに判断不能となるし,また,抗弁の定義である,請求原因と異なるが両立する事実であって,請求原因から生じる法律効果を障害する法律効果をもつ事実,といううちの両立する事実という要件を満たさなくなるからである。

(33) 「知りうべき」とは,「善意有過失」のことであり,知らなかったことにつき過失ありとの評価根拠事実を主張することとなる。また,これに対応して,再抗弁として,過失ありとの評価を障害する事実を主張することとなる。

8 おわりに

以上,会社法362条4項1号,2号を題材として,その要件事実を考えてみたが,このほかにも,利益相反行為,募集新株の発行等に関する主要目的ルールなどの解釈にあたり要件事実的考察が有用であると感じている。これらも取り上げる予定ではあったが,他日を期することとした。

保険金請求訴訟における偶発性・外来性に関する主張立証責任の所在

永石 一郎

1 はじめに

　現在，裁判において主張立証責任の所在が正面から問題となっているものは，保険金請求訴訟における偶然性・外来性に関してのみである。本稿は，最近の盗難事故の偶発性（偶然性）に関する平成19年4月17日，同19年4月23日の最高裁判決（本稿末尾「『偶発性（偶然性）』・『外来性』の主張立証責任に関する最高裁判所判例一覧」（以下「一覧」という）7，8記載）と，外来性に関する平成19年7月6日，同19年10月19日の最高裁判決（一覧9，10記載）をもとに，その内容と判例の傾向を検討するものである。なお，平成20年に保険法が商法から分離独立したが，判例は旧商法下のものであるから，判例の検討は旧商法に基づいて記述する。

2 偶発性（偶然性）の主張立証責任の所在

(1) 「盗難」に関する2つの最高裁判決

(a) 2つの判例
　車両保険における盗難保険事故に関して次の2つの最高裁判決が相次いで下された。1つは最判平19・4・17〔①事件・一覧7記載〕であり，2つは最判平

第 2 章　要件事実・事実認定——各論

19・4・23〔②事件・一覧8記載〕である。以下，2つの判例から盗難における偶発性の主張立証責任の構造を検討する。

【事件の概要】（以下の事実の摘示は金商1267号25頁以下に基づく）
〔1〕　①事件

X_1 は，その所有する普通乗用車（本件車両①）につき，平成13年11月12日，Y_1 との間で，被保険自動車を当該車両とする家庭用総合自動車保険契約[1]を締結した。当該契約に適用される保険約款には，Y_1 は，「衝突，接触，墜落，転覆，物の飛来，物の落下，火災，爆発，台風，こう水，高潮その他偶然な事故によって被保険自動車に生じた損害及び被保険自動車の盗難による損害に対して，被保険者に保険金を支払う。」（以下「支払条項」という）との条項がある。また，保険契約者，被保険者等の故意により生じた損害に対しては，保険金を支払わない旨の条項（以下「免責条項」という）もある。

X_1 は，平成14年10月12日午後1時ころ，X_1 の肩書住所地のマンション1階にある駐車場に本件車両①を駐車し，同日午後4時発の便でフィリピンに出発し，同日22日午後3時ころ，フィリピンから帰国した。

平成14年10月12日午後7時21分ころ，本件車両①は，X_1 以外の何者かによって，X_1 の肩書住所地のマンション1階にある駐車場から持ち去られた。持ち去りの状況は，上記駐車場に設置された防犯ビデオカメラにより撮影されていた。

〔2〕　②事件

X_2 は，その所有する普通乗用車（本件車両②）につき，平成13年12月11日，Y_2 との間で，被保険自動車を当該車両とする一般自動車総合保険契約[2][3]を締結した。当該契約に適用される保険約款には，Y_2 は，「衝突，接触，墜落，転覆，物の飛来，物の落下，火災，爆発，台風，こう水，高潮その他偶然な事故によって被保険自動車に生じた損害及び被保険自動車の盗難によって生じた損害に対して，車両条項及び一般条項に従い，被保険自動車の所有者に保険金を支払う。」との条項がある。

平成14年5月22日午後2時ころ，X_2 は，大阪府富田林警察署小金台交番に赴き，買物のために訪れたショッピングセンターの5階駐車場に本件車両②を駐車していたところ，同日午後0時ころから同日午後1時40分ころまでの

間に盗難にあった旨の盗難届を提出した。

(1) 車種や走行距離，加入者の年齢，性別などによって保険料の設定を細分するリスク細分型保険商品である。車両保険の担保内容としては，盗難を含め偶然な事故を担保するオールリスク型商品である。

(2) 前掲注(1)の家庭用総合自動車保険契約と異なり，リスク細分型保険商品ではない。ただし，車両保険の担保内容としては，上記家庭用総合自動車保険契約同様であり，差異はない。要は，保険担保条件は同一であるが，保険料の設定方式が異なるというものである。

(3) 一般に自動車保険と通称される保険商品は，自動車を運行の用に供する場合に締結が義務付けられている自動車損害賠償責任保険（通称「自賠責保険」）と異なり，その締結が任意に委ねられているものである。自動車保険には様々な種類があるが，主な担保種目として，対人賠償保険，対物賠償保険，搭乗者傷害保険等があり，車両保険（車両の損害をカバー）は，これらと同様，担保種目の一部を構成しているものである。正確にいうならば，自動車保険普通保険約款に特約条項として，賠償責任条項，車両保険条項等を組み合わせることによって自動車保険が成り立っている。

(b) ①，②事件の裁判推移

①，②事件各審の判決結論が分かれた事情を知るために事実関係も併せてみる必要がある。

	①事件（最高裁平19・4・17判決）	②事件（最高裁平19・4・23判決）
事実の時系列	H12.11（又はH12.12） 　X_1 はそれまで所有していた車両の下取価格を60万円とし，これに加えて頭金80万円，割賦支払金263万5500円を支払う約定で自家用普通乗用車（本件車両①）を購入 　本件車両①には盗難防止装置の一種であるイモビライザーが搭載されていた。（同年マンション1室購入） H13.10 　本件車両①のドアを何者かに開けられ中を物色された（被害なし）。 H13.11.12 　X_1 は保険会社代理店Hを介して Y_1 との間で本件家庭用総合自動車	H7.9.28 　X_2 は，X_2 所有車両のフロントガラスを割られる被害を受けたとして，車両保険金83万円を受領 H8.1.29 　X_2 は，X_2 所有車両が盗難に遭ったとして，車両保険金93万円を受領 H9.2 　X_2 の元従業員S名義の車両盗難事故によりSが保険金受領 H10.5.22 　X_2 保険金詐欺事件で起訴（知人の車両盗難165万5000円受領） H10.6.1 　X_2 保険金詐欺事件で起訴（車両

保険契約締結（保険金額450万円）
H14.7
　本件車両①ローン完済
H14. 夏ころ
　本件車両①の接触事故で車両保険金請求・受領
H14.10.12　午後1時ころ
　X₁本件車両①駐車（マンション1階駐車場）
　同日午後4時
　X₁福岡空港からフィリピンへ出発
　同日午後7時21分ころ
　本件車両①持ち去り（防犯ビデオカメラによる撮影）
H14.10.22　午後3時ころ
　X₁帰国
　同日午後9時から10時ころまでの間
　X₁本件車両①の持ち去りに気づき盗難届提出
H14.10.22以降
　X₁保険金請求
H14.10.23
　X₁管理室で防犯カメラのテープの内容確認・ダビング（本件持ち去り後、ベンツ購入）
　Hに本件持ち去り報告
H14.10.24
　X₁警察にダビングテープ持参
H14.11.5
　X₁調査員Dと面談
H14.11.12
　保険期間満了
H14.12.1
　X₁再びDと面談「キーについ

盗難369万円受領）
　X₂、1,000万円以上の負債あり
H12.2.4
　X₂上記2つの刑事事件で有罪判決
　被害者と示談成立
H13.7
　本件車両②無償譲受
H13.11.2
　本件車両② X₂名義登録
H13.11
　示談金完済
H13.12.11
　X₂は保険会社代理店Mを介してY₂と本件一般自動車総合保険契約締結
H14.5.22　午後0時ころ
　X₂清掃会社退社
　本件車両②をショッピングセンター5階屋上駐車場にドアをロックし盗難防止装置をセットして駐車。同駐車場には防犯カメラは設置されていない。
　同日午後0時ころから午後1時40分ころまでの間
　（この間本件車両②持ち去り）
　同日午後2時ころ
　X₂大阪府富田林警察署小金台交番に盗難届提出
H14.8.22
　X₂、Y₂に本件保険契約②に基づき車両保険金の支払請求
　同日
　Y₂保険金支払を拒否（X₂がH8盗難被害について車両保険金を受領していたにもかかわらず、被害歴の

	て」（本件車両①のキーは1本のみ所有していた旨）の書面作成 H14.12.20 　Dが博多警察署にテープの分析を依頼 H15.1.7 　Y₁保険金支払拒絶（内容証明）	調査に「なし」と回答したため，不実記載に該当すること，本件車両②の盗難被害申告は信憑性に乏しく，偶然性に疑問の余地があるので保険事故に該当しないことが理由） H14.12.11 　保険期間満了
第一審	福岡地裁（平16.7.5判決・金商1267号37頁） 請求認容（X₁勝訴・Y₁敗訴） 　本件車両①の盗難事故は，X₁以外の犯人により行われており，原告と犯人との結びつきが疑われるような事情がまったく認められない以上，偶発性は立証されたものと処理されてもやむをえない。したがって，偶然に起きた事故と認められ，これを覆すに足りる事情はないというべきである。よって，X₁の請求は理由がある（X₁の請求金額450万円）。	大阪地裁堺支部（平16.10.26判決・金商1267号51頁） 請求棄却（X₂敗訴・Y₂勝訴） 　本件車両②が持ち去られたときの客観的状況から，X₂がこの本件車両持ち出しに関与している可能性が高く，また，X₂が通常よりも保険事故に遭遇することが多いこと，本件車両②の取得理由がやや不自然であることなどから，保険金の不正請求をする動機がないわけではなく，保険価格の設定につき納得できる根拠は見当たらない。これらを総合考慮すると，本件車両の遺失が，盗難事故・偶然の保険事故であるとは認められない。よって，X₂の請求は理由がない。
控訴審	福岡高裁（平18.2.23判決・金商1267号33頁） 第一審判決取り消し　請求棄却（X₁敗訴・Y₁勝訴） 　本件「家庭用総合自動車保険約款」に基づきに保険金を請求するX₁は，本件車両①の盗難その他偶発的な事故の発生を主張，立証すべき責任を負担するものと解される。 　本件の具体的事情を総合すれば，本件車両を持ち去った人物が，X₁	大阪高裁（平17.6.2判決・金商1267号44頁） 第一審判決変更　請求一部認容（X₂一部勝訴・Y₂一部敗訴） 　本件「一般自動車総合保険約款」によれば，本件車両②の盗難は保険金請求権の成立要件であり，X₂において本件車両②に盗難事故が発生したことを主張，立証すべき責任がある。しかし，車両の盗難は，所有者の不知の間に秘密裡に行われ，多

	と意を通じていたのではないかという疑念を払拭することができない。したがって，X₁は本件車両①の持ち去りが盗難その他偶発的な事故によるものであることを証明するに至っていない。	くの場合，その痕跡を残さないものであるから，その立証の程度については，当該事故前後の状況や所有者，使用者の行動，管理使用状況等に照らし，外形的・客観的にみて第三者による持ち去りとみて矛盾のない状況が立証されれば，盗難事故であることが事実上推定されるというべきであり，これに対し，その推定を覆すには，Y₂の側で，その事故がX₂の意思に基づき発生したと疑うべき事情を立証しなければならない。 　本件において，本件事故前後の状況やX₂の行動，とりわけ本件車両②の駐車状況に照らし，外形的・客観的にみて第三者による持ち去りが立証されているということができる一方，本件事故がX₂の意思に基づき発生したと疑うべき事情は立証されていないから，本件事故は盗難に該当する。本件車両②の本件事故当時である平成14年の時価額は150万と評価するのが妥当である（X₂の請求金額240万円のところ，150万円を認容）。
上告審	原判決破棄　差戻し 1　本件車両①の盗難がX₁の意思に基づいて発生したことは，本件契約条項①の2によりY₁において免責事由として主張，立証すべき事項であるから，本件事故が発生したとして本件契約条項①の1に基づいて車両保険金の支払を請求する者（X₁）は，「被保険者（X₁）以外の者が被保険者（X₁）の占有に係る被保険自動車（本件	原判決破棄　差戻し 1　商法上の各規定が適用されると解される本件契約②においては，本件車両②の盗難という保険事故が保険契約者又は被保険者（X₂）の意思に基づいて発生したことは，保険者（Y₂）が免責事由として主張，立証すべき事項であるから，上記保険事故が発生したとして，本件契約条項②に基づいて車両保険金の支払を請求する者（X₂）は，

車両①）を所在場所から持ち去ったこと」という外形的な事実を主張，立証すれば足り，本件車両①の持ち去りがX_1の意思に基づかないものであることを主張，立証すべき責任を負わないというべきである。

2　原審は，本件契約条項①の1に基づいて車両保険金の支払を請求する者（X_1）は，本件車両①の持ち去りが，X_1の意思に基づかないものであることにつき主張，立証責任を負うと解した上，本件においてはその証明がないとして，X_1のY_1に対する請求を棄却したものである。しかし，上記事実関係によれば，X_1以外の者が本件車両①をその所在場所から持ち去ったことは明らかになっているというべきであるから，保険事故の発生が立証されていないとしてX_1の請求を棄却することはできない。

3　したがって，原審の判断には法令の解釈を誤った違法があり，この違法が判決に影響を及ぼすことは明らかである。これと同旨をいう論旨は理由があり，原判決は破棄を免れない。そしてY_1は，本件車両①の持ち去りがX_1の意思に基づくものであるという免責事由の主張をしているから，これについて更に審理を尽くさせるため，本件を原審に差し戻すこととする。

本件車両②の持ち去りが被保険者（X_2）の意思に基づかないものであることを主張，立証すべき責任を負うものではない。しかしながら，上記主張立証責任の分配によっても，X_2は，「被保険者（X_2）以外のものが被保険自動車（本件車両②）をその所在場所から持ち去ったこと」という盗難の外形的な事実を主張，立証する責任を免れるものではない。そして，その外形的な事実は，「被保険者（X_2）の被保険自動車（本件車両②）が保険請求者（X_2）の主張する所在場所に置かれていたこと」及び「被保険者（X_2）以外の者がその場所から被保険自動車（本件車両②）を持ち去ったこと」という事実から構成されるものというべきである。

2　原審は，本件保険契約に基づいて車両損害保険金を請求する者は保険事故の偶発性を含めて盗難が発生した事実を主張，立証すべき責任を負うとする一方，「外形的・客観的にみて第三者による持ち去りとみて矛盾のない状況」が立証されれば，盗難の事実が事実上推認されるとした上，本件では上記「矛盾のない状況」が立証されているので，盗難の事実が推定されるとしている。しかしながら，X_2は，盗難という保険事故の発生としてその外形的な事実を立証しなければならないところ，単に「矛盾のない状況」を立証するだ

第2章 要件事実・事実認定――各論

けでは，盗難の外形的な事実を合理的な疑いを超える程度にまで立証したことにならないことは明らかである。したがって，上記「矛盾のない状況」が立証されているので盗難の事実が推定されるとした原審の判断は，上記立証責任の分配に実質的に反するというものである。

3 そうすると，原審の判断には法令の解釈を誤った違法があり，この違法が判決に影響を及ぼすことは明らかである。論旨は上記の趣旨をいうものとして理由があり，原判決は破棄を免れない。そして，盗難の外形的な事実，すなわち「X_2の占有に係る本件車両②がX_2の主張する所在場所に置かれていたこと」及び「X_2以外の者がその場所から本件車両②を持ち去ったこと」が証明されたものといえるのかなどについて更に審理を尽くさせるため，本件を原審に差し戻すこととする。

(c) ①事件判決のポイント

1 ①事件判決は，保険金請求者は事故の偶発性（被保険自動車の持ち去りが被保険者の意思に基づかないこと）についての主張立証責任は負わないが，「被保険者以外の者が被保険者の占有に係る被保険自動車をその所在場所から持ち去ったこと」の外形的事実の主張立証は要するとした。

2 支払条項は，保険事故として「偶然」な事故と規定しているが，これは，保険契約時に発生するかどうかが不確定な事故を「被保険自動車の盗難」も含めてすべて保険事故とすることを明らかにしたもので，商法629条にいう「偶然ナル一定ノ事故」に即して当該保険契約を規定したものといえる。そして，免責条項は，商法641条と同様に，保険契約者，被保険者等が故意に

よって保険事故を発生させたことを免責事由として規定したものといえ，一覧4，5記載判決と同様の判断を示した。

3 支払条項では「被保険自動車の盗難」が他の保険事故と区別して記載されているが，「被保険自動車の盗難」についても他の保険事故と同じく免責条項が適用されるのであるから，「被保険自動車の盗難」が他の保険事故と区別して記載されているのは，当該約款が保険事故として「被保険自動車の盗難」を含むものであることを保険契約者や被保険者に対して明確にするためのものと解すべきであり，少なくとも保険事故の発生や免責事由について他の保険事故と異なる主張立証責任を定めたものと解することはできない。

4 事実関係によれば，被保険者であるX_1以外の者が本件車両①をその所在場所から持ち去ったことは明らかになっているというべきであるから，保険事故の発生が立証されていないとしてX_1の請求を棄却することはできない。

5 原審が，支払条項に基づいて車両保険金の支払を請求する者は，被保険自動車の持ち去りが被保険者の意思に基づかないものであることにつき主張立証責任を負うと解したことは，法令の解釈を誤った違法があり，この違法が判決に影響を及ぼすことは明らかであること，そして，Y_1は本件車両①持ち去りがX_1の意思に基づくものであるという免責事由の主張をしているから，これについて更に審理を尽くさせるため，原審に差し戻すこととした。

(d) ②事件判決のポイント

1 ②事件判決は，保険金請求者は事故の偶発性について主張立証責任は負わないが，「X_2の占有に係る本件車両②がX_2の主張する所在場所に置かれていたこと」及び「X_2以外の者がその場所から本件車両②を持ち去った」という事実の証明が必要であるとした。

2 ①外形的事件に関する上記(c)2，3の判断は，②事件においても同様である。

3 上記1の外形的事実については「矛盾のない状況」の立証では足りない。

4 外形的事実が証明されたものといえるかどうかの審理を尽くさせるために原審に差し戻した。

(2) **偶発性（偶然性）に関する①，②事件以前の判例**

(a) ①，②事件判決以前判例の大要

第 2 章　要件事実・事実認定——各論

　①,②事件以前の最高裁判所判決の推移等は,末尾一覧 **1**～**6** に記載したが,大要は次のとおりである。

1　平成 13 年の傷害保険についての 2 つの判例（一覧 **1**,**2** 記載）のうち,災害特約付生命保険の傷害保険については,不慮の事故とは「偶発的な外来の事故で,かつ昭和 42 年 12 月 28 日行政管理庁告示 152 号に定められた分類項目のうち約款の別表 2 に掲げられたものをいう」の意味であるから,同様,保険金請求者に偶発性の主張立証責任があるとした（一覧 **1** 記載）。また,損害保険の傷害保険に関するものについては,「偶然」という文言を偶発性の意味に解して保険金請求者に偶発性（保険事故の発生に関して保険金請求者側の故意ないし関与はない）の主張立証責任があるとした（一覧 **2** 記載）。

2　平成 16 年判決（一覧 **3** 記載）は,火災保険について保険金請求者は偶発性の主張立証責任を負わないとした。火災保険においては,保険金請求者に偶発性の主張立証責任を肯定する最近の下級審判例（東京高判平 15・1・30 判時 1817 号 153 頁,名古屋高判平 15・10・28 判タ 1152 号 262 頁）と,否定する最近の下級審判例（名古屋高判平 15・1・29 判タ 1133 号 232 頁,東京地判平 15・6・23 判時 1141 号 227 頁）が対立していたが,最高裁は,火災保険約款では,火災の発生により損害が生じたことを火災保険金請求権の発生要件とし,その損害が保険契約者,被保険者又はこれらの者の法定代理人の故意,重過失によるものであることを免責事由としたものであるとした。その理由は,ⅰ商法 665 条と 641 条の条文構造,ⅱ火災保険契約は,火災によって被保険者の被る損害が甚大なものとなり,時に生活の基盤すら失われることがあるため,速やかに損害がてん補される必要があることから締結されるものであること,ⅲ火災によって保険の目的とされた財産を失った被保険者が火災の原因を証明することは困難であること,である。

3　平成 18 年の車両水没,車両引っかき傷に関する判決（一覧 **4**,**5** 記載）は車両保険に関するものである。約款に「偶然」な事故という文言が入っているが,その意味は商法 629 条に定める「契約成立時の不確定性」を例示的に記載したものにすぎないとして,平成 13 年判決とは異なり,最高裁判所は,偶発性の主張立証責任は保険金請求者にないとした。「盗難」事故についてはその射程にあるのかまだ分明でなかった[(4)]。

4 さらに，平成18年の火災事故事案（一覧6記載）は加盟店総合保険に関するものであるが上記3と同じく保険金請求者に偶発性の主張立証責任はないとした。考え方は上記2と同じである。

以上のように，最高裁は，上記1の傷害保険と上記2，3，4の損害保険では約款中の「偶然」の意味は異なるものと解した。その結果，偶発性の主張立証責任の所在は逆のものとなった。

(4) 末尾一覧の中で 6，7，8 はオールリスク保険に関するものである。オールリスク保険とは，損害保険約款の保険事故の規定の仕方はおおよそ3つの類型に分類されうる。すなわち，Ⅰは，火災などの具体的事故を限定列挙するもの。Ⅱは，車両保険に典型的で，具体的な事故を列挙したうえで，「その他偶然の事故」という包括的な事故類型を保険事故とするもの。Ⅲは，保険事故を「すべての偶然な事故」とするものである。ⅡとⅢ類型の条項は，オールリスク保険と呼ばれている（山下友信「オール・リスク損害保険と保険金請求訴訟における立証責任の分配」川井健＝田尾桃二編集代表・転換期の取引法（商事法務，2004）515頁）。

(b) 「偶発性（偶然性）」の判例の検討における傷害保険と損害保険のちがい

(ア) 傷害保険の偶発性に関する最高裁判決

一覧 1，2 記載の最高裁判決は傷害保険に関するものである。ここで傷害保険について若干触れておく。

〔1〕 傷害保険とは　　傷害保険は，被保険者が急激かつ偶然な外来の事故によりその身体に損傷を受けた結果（死亡，後遺障害，入院等）に対して保険者が保険金を支払う保険契約をいう。事故が発生するか否か及びその結果が不確定である点において損害保険と共通し，定額給付方式の傷害保険は定額保険である点において生命保険と共通している。そこで，傷害保険は，損害保険と生命保険の中間的性格を有するものとされ，第3分野の保険と呼ばれていた。実損塡補方式の傷害保険契約も存在するが，それは第3分野の保険に区分けされず，損害保険契約の一種とされている。

傷害保険は，人の傷害を保険事故とする保険か，又は保険事故の構成要素の一部とする保険を総称するものであり，それには損害保険の傷害保険と生命保険の傷害保険がある。損害保険の傷害保険としては，普通傷害保険，家族傷害保険，交通傷害保険，海外旅行傷害保険，自動車総合保険などいろいろなものがある。生命保険の傷害保険に当たるものとしては，傷害による死亡を対象と

する災害入院特約，傷害による後遺傷害及び死亡を対象とする傷害特約等がある[5]。損害保険会社の傷害保険は，傷害が保険事故とされているのが通例であり，生命保険会社の傷害保険では，傷害の結果として死亡したこと，後遺障害が生じたこと，あるいは傷害の結果として入院・通院したことなどが保険事故とされ，傷害は保険事故の構成要素の一部となっている[6]。傷害保険契約は，商法上の生命保険契約（商673条）とは異なる。商法上の生命保険契約は，人の生死，すなわち「人の死亡」及び「一定の時期における人の生存」のいずれか一方又はその両者を保険事故とする契約である。これに対して，傷害保険契約は，「急激かつ偶然な外来の出来事による身体の損傷」，すなわち，傷害を保険事故として，傷害の結果として死亡のみならず後遺障害や入院に至った場合も保険金を支払うものである。傷害による死亡を対象とする傷害保険である災害割増特約付生命保険と商法上の生命保険は，人の死亡に対して保険金を支払う点では同じであるが，傷害保険契約では傷害の結果としての死亡のみが保険金支払の対象となる点において異なる。商法は傷害保険についての規定を欠いていたが，平成20年の保険法改正において，第二章損害保険，第三章生命保険と並んで，第四章傷害疾病定額保険に関する規定が新たに設けられた。

〔2〕 傷害保険における傷害とは　　損害保険と生命保険の傷害保険は，「急激，偶然，外来」の事故による身体傷害を保険事故とする点において共通する。

いずれも，「急激，偶然および外来の傷害」が保険金請求権の要件であるから，各々の要件について保険金請求者が主張立証責任を負うのか，それとも保険会社が抗弁として免責を主張するのか，議論があるところである。しかし，急激性に関しては，偶然性及び外来性の要件に比べれば問題が少なく，過労死は急激性の要件を満たさないとした判例（東京地判平9・2・3判タ952号292頁）があるくらいである。なお，「傷害」の意義については最判平19・5・29判タ1255号183頁がある。

(イ)　傷害保険（一覧1，2記載事案）と損害保険（一覧3，4，5，6記載事案）とで結論が分かれた理由

傷害保険は，生命保険や医療保障保険などと異なり，疾病や既往症の告知義務もなく事前の身体検査もない。したがって，疾病をかかえた高齢者でも，被保険利益による制約がないから，低廉な保険料で高額な保険金額を設定して保

険に加入できるなど，モラルハザードが問題とされてきた。最高裁はその点を考慮して，傷害保険においては偶発性の主張立証責任を保険金請求者に課したものと考えられる。その結果，約款における免責の定めは保険金が支払われない場合を確認的注意的に規定したものという無理な解釈をせざるを得なくなっている。

(5) 山下友信・保険法（有斐閣，2005）56頁。
(6) 山下・前掲注(5) 448頁。

(3) 「偶発性（偶然性）」の主張立証責任に関する①，②事件判決以前の判例のまとめ

(a) 主張立証責任分配の基本的考え方

主張立証責任の分配に関する通説である法律要件分類説によると，主張立証責任の分配は，法規・特約（約款）の解釈により定められると解されている。損害保険における偶発性の主張立証責任に関係する法規は，商法629条で，偶然なる一定の事故の発生によって保険金を支払うという保険金請求権発生要件を定めており，他方，保険者の免責に関する条項である641条がある。商法の規定は任意法規であるから，約款によりその内容を変更することができる。したがって，主張立証責任の分配に関しては，商法629条，同641条，約款の規定を総合的に勘案して偶発性の主張立証責任を分配しなければならない。そこで，商法629条，641条の法意を検討し，次に約款の「偶然」の文言の位置づけを検討する。

(ア) 商法629条

商法629条における「偶然」の意は，保険契約時において保険事故が発生するかどうかは判明していない，すなわち，「保険契約成立時において事故の発生と不発生が確定していないこと[7]」と解するのが通説・判例である。

(イ) 商法641条

商法641条は，「保険契約者若しくは被保険者の悪意若しくは重大なる過失に因りて生じたる損害は保険者之を塡補する責めに任ぜず」として，保険金支払の対象となる保険事故が，保険契約者又は被保険者の「悪意」（故意と同義と解されている）又は「重大なる過失」を原因として発生したものであるときは，

第2章 要件事実・事実認定——各論

保険者は，保険金支払義務を免れると規定している。この規定は保険事故招致免責規定といわれ，損害保険に関する総則規定であるからすべての損害保険契約に適用される。

(ウ) 約款の免責規定

各種保険約款においては，その保険の特性に応じて商法641条とは異なる免責規定をおいている。たとえば，

① 火災保険（一覧3記載の事案）

　保険金支払事由：火災によって保険の目的について生じた損害に対して損害保険金を支払う。

　免責事由：保険契約者，…の故意若しくは重大な過失又は法令違反によって生じた損害に対しては保険金を支払わない。

② 車両保険（一覧4，5記載の事案）

　保険金支払事由：衝突，接触，墜落，転覆，物の飛来，物の落下，火災，爆発，盗難，台風，こう水，高潮その他偶然な事故によって保険証券記載の自動車に生じた損害に対して，この車両条項及び一般条項に従い，被保険自動車の所有者に保険金を支払う。

　免責事由：保険契約者…等の故意によって生じた損害に対しては，保険金を支払わない。

以上のように，①，②の免責約款は商法641条の「悪意」と異なる「故意」という表現を用いているが，通説は両者は同一の意味であると解している。

(b) 傷害保険，損害保険約款における「偶然」の意味

(ア) 一定額の給付を受領できる傷害保険は，改正保険法においては傷害疾病定額保険契約とネーミングされ，その定義は，「保険契約のうち，保険者が人の傷害疾病に基づき一定の保険給付を行うことを約するもの」とされている（2条9号）。改正前は，傷害保険には，生命保険に特約を付したもの（一覧1記載の事案）と損害保険としての傷害保険（一覧2記載の事案）があった。

(イ) 傷害保険金支払の対象となる傷害は，「急激，偶然，外来の保険事故によって被った傷」と傷害保険約款に規定していた。これに対して，損害保険における保険事故の発生については，約款に「急激，偶然，外来」という要件はなかった。

474

(ウ) 商法は損害保険に関する規定は設けていた（旧商629条〜672条）が、傷害保険に関する規定を設けていなかった。そのため、傷害保険約款に規定する「急激、偶然、外来」の主張立証責任が保険金請求者又は保険者のいずれに存するのか、商法の規定を併せて主張立証責任の所在を解明することができず、学説、下級審判例の結論が分かれていたが、平成13年から同18年までの一覧**1〜6**記載の最高裁判決により判例の傾向が確立された。

(エ) 平成13年の2つの判決（一覧1，2記載）は、モラルリスク事案が増大していることを危惧して、約款の解釈のみから事故の「偶然」性は偶発性であると解した上で保険金請求者にその主張立証責任があるとした。

偶発性を請求原因事実とするこの見解によると、非偶発性（人為性）に関する事実は偶発性の推認を妨げる、いわゆる偶発性の消極的間接事実になるが、その事実は免責事由（故意・悪意）の推認事実とほとんど重なる。その結果、保険金請求が認められるかどうかの主戦場は請求原因となる。すなわち、非偶発性に関する間接事実（偶発性の推認を妨げる間接事実）により偶発性の推認を妨げることができず、請求原因で保険金請求権が認められたら、免責事由の主張は意味をもたなくなることとなる。

(c) **約款における「偶然」は傷害保険と損害保険とでは意味が異なる**

損害保険における保険事故（火災保険における火災、海上保険における沈没など）は、偶然の事故でなければならない。「偶然」とは、契約成立時においてその事故の発生が不確実であり、いつ発生するかわからないことを指す。したがって、損害保険約款においては「偶然」は「偶発」の意味を有しないから、約款の「偶然」は偶発性の主張立証責任の所在について決め手とならない。つまり、商法629条，641条、及び約款の解釈問題から結論を導き出さなければならないということになる。商法629条は偶発性に関し意味を有しないこと、また、641条は保険金請求者の「悪意もしくは重大な過失」は免責事由としているので、「故意に基づくこと」が抗弁となり、「故意に基づかないこと」、すなわち偶発性は請求原因事実とならないということになる。これが、一覧**3〜6**記載の最高裁の考え方である。しからば、同じ損害保険である自動車総合保険における盗難事故も、同じ考え方でよいのかが問題となった。

(7) 山下・前掲注(5) 356頁。

(4) 「盗難」事故における「偶発性」の主張立証責任の構造に関する考え方

「盗難」事故における「偶発性」の主張立証責任の構造に関する諸説は次のとおりである。

(ア) 請求原因説（盗難保険事故も平成13年判決（一覧1，2記載）の射程にあると考える立場）

保険金請求者は，請求原因において「車両の占有の喪失は被保険者の意思に基づかない」（偶発性）ことを主張立証する責任があるとする立場。

(イ) 一応の推定説[8]

「非偶発性」は請求原因（事故が被保険者の故意に基づいて発生したこと）であるが，その立証の程度は「一応の推定」でよいとする立場。

(ウ) 外形的事実説[9]

請求原因において，偶発性の主張立証責任はないが，盗難の外形的事実の一応の主張立証が必要であるとし，「被保険者の故意に基づいて発生したこと（非偶発性）」は免責事由として抗弁と考える立場。

(エ) 隠匿の場合は請求原因説[10]

事案が被保険者による隠匿の場合は盗難にならない。そのような疑いがある場合は，保険金請求者は盗難の偶発性について主張立証責任を負うとする立場。

[8] 大阪民事実務研究会編著『保険金請求訴訟の研究』判タ1161号12頁。
[9] 山下友信「オール・リスク損害保険と保険金請求訴訟における立証責任の分配」川井健＝田尾桃二編集代表・転換期の取引法　取引法判例10年の軌跡（商事法務，2004）541頁以下参照。
[10] 滝澤孝臣「金融・商事判例の1年を振り返って2006年（上）」金商1256号7頁。

(5) 盗難に関する①，②事件の本件判決

(a) ①，②事件の判決と学説の関係

①，②事件判決は，(4)(ウ)説に近い立場を採っている。(4)(ウ)説は「一応外形上は盗難らしい事実」で足りるとしているが，①，②判決は「外形上盗難」の証明が必要であるとしている。盗難の外形的事実の証明を要すると解することは，

盗難事故においては保険金請求者に偶発性の主張立証を要すると解する見解と親近性を有することとなる。しかし，盗難という特殊な保険事故においては，盗難の外形的事実に他人の窃盗という内容が必然的に含まれるため，折衷的解決策として提示されるものである。モラルハザード回避を考慮すると妥当な判決といえよう。次に，①，②事件判決の異同について述べる。

(b) ①，②判決の異同

(ア) ①，②事件判決の類似点

(i) 「被保険者の意思に基づく」いわゆる非偶発性は請求原因事実とならず，免責事由としたこと

(ii) 盗難の外形的事実は原告が主張立証責任を負うこと　①，②事件判決ともに「盗難」の外形的事実の内容を判例により定めているが，その内容は同じであるものといってよい。しかし，②事件判決においては，「盗難」の外形的事実の内容が①事件判決より明快になっている。かかる例は，取得時効の成立要件のひとつである民法162条の「所有の意思」の判断枠組について，「所有の意思」は，占有者の内心の意思によってではなく，占有取得の原因である権原又は占有に関する事情により，外形的，客観的に定められるべきものとした最判昭58・3・24民集37巻2号131頁（「お綱の譲り渡し」判決）と同様の手法（判例による新たな立法）で解決を図ったものといえる。「お綱の譲り渡し」判決は，「所有の意思がないこと」，すなわち「他主占有」は，「他主占有事情（固定資産税の支払など）」（規範的要件）ないし「他主占有権原（賃貸借契約締結の事実など）」と評価できる事実で構成されるとしているが，①，②判決も「盗難」の立証内容は「被保険者の被保険自動車が保険請求者の主張する所在場所に置かれていたこと」及び「被保険者以外の者がその場所から被保険自動車を持ち去ったこと」の外形的事実で足りるとしたものである。

(iii) 「盗難」の事実の証明の程度　盗難の事実は「一応の証明」（②事件判決の言う「矛盾のない状況の立証」を「一応の証明」と考えれば）では足りず，証明を必要とした。

②事件の判決要旨は，原審の「外形的，客観的にみて第三者による持ち去りとみて矛盾のない状況」を立証するだけでは盗難の外形的事実は推定されないとしている。「矛盾のない状況の立証」とは，いわゆる「一応の証明（推定）」

ないし「表見証明」の意味か,「一応の証明（推定）」を盗難事故事案に限り認めないとする趣旨なのか，判旨からは明らかでない。

(iv) 攻防の中心の所在　今後，盗難事故における先例となるであろう②事件判決によると，盗難保険金請求事件においては，防犯ビデオカメラが設置されている場合のほかは請求原因での争いが訴訟の中心となる。なぜなら，盗難の外形的事実である「被保険者以外の者がその場所から被保険自動車を持ち去ったこと」を推認する積極的間接事実（後述の「盗難」の外形的事実を規範的要件的に解する私の立場では，盗難の外形的事実の評価根拠事実），その推認を妨げる消極的間接事実（後述の私の立場では，「盗難」の外形的事実の評価障害事実として抗弁となる）の有無が請求原因の攻防となるからである。消極的間接事実からの推認に成功し，「盗難の外形的事実」が認められなくなるということは保険金請求権の発生が認められないということを意味し，もはや抗弁の検討は不要となる。なお，盗難の外形的事実の推認を妨げる消極的間接事実（規範的要件的に解した場合は盗難の外形的事実の評価障害事実）の内容は，保険会社の免責事由である「悪意若しくは重大な過失」の積極的間接事実（規範的要件的に解した場合は悪意若しくは重大な過失の評価根拠事実）と重なる部分もあるが，重ならない部分が多いものと解する。

(v) 判決の結果　ともに差し戻した。

(イ)　①，②事件判決の違い

(i) ②事件判決は盗難の外形的事実を明確にした　②事件判決は盗難の外形的事実を,

ア 「被保険者の占有に係る被保険自動車が，保険金請求者の主張する所在場所に置かれていたこと」

イ 「被保険者以外の者がその場所から被保険自動車を持ち去ったこと」

の2つの事実であるとして,「盗難」の主張立証責任の対象を明確にした。その結果，差戻審では，とくに「買物のために訪れたショッピングセンターの5階駐車場に，同日午後0時ころから同日午後1時40分ころまでの間本件車両②を駐車していた」が証明の対象となったところに意義があるものと考えられる。

(ii) ②事件判決は盗難保険金請求事件において盗難の外形的事実については

「矛盾のない証明」では足りないとした　②事件判決は，上記(i)の証明度についても最高裁判所として初めて触れている。原審は，盗難の外形的事実は「矛盾のない状況が立証されれば」足りるとしていたが，②事件判決は証明が必要であるとした。①事件判決も同じく外形的事実を主張立証すれば足りるとしている。ここにいう外形的事実とは，単に盗難届だけでは不充分としたものと解される。

　(iii)　③差戻しの理由の違い　①事件判決は，請求原因の「被保険者（X_1）以外の者が被保険者（X_1）の占有に係る被保険自動車（本件車両①）を所在場所から持ち去ったこと」の証明がある（防犯ビデオカメラに映像がある）ので，請求権は発生したが免責事由（盗難事故に X_1 が関与している）の有無の審理をせよとして差戻ししている，しかし，②事件判決は，請求原因の証明の有無を審理せよとして差戻ししている。すなわち，②事件判決が示した上記(i)ア，イ盗難の外形的事実の証明の有無を審理せよとして差戻ししているのである。

(6)　残された問題——外形的事実とは，盗難とは

　(2)(a) 1，2，3，4 の各判決及び①，②事件判決により，偶発性の主張立証責任は，傷害保険を除いて保険金請求者にないことが確立したものといえるかどうかであるが，盗難の外形的事実については保険金請求者に主張立証責任があるとしていることから判断すると，必ずしもそう言いきれない。判例の蓄積により，盗難の外形的事実の明確化がなされた後に結論を出すことになろう。次に検討されるべきは，最高裁判決のいう外形的事実の意味である。最高裁判決のいう「外形的事実」という用語は，前記(4)(ウ)の山下友信教授の学説を判決に採り入れたものと考えられるが，その意味，内容は明らかでない。一応の推定，表見証明のことなのか，証明度の軽減のことなのか，その関係はどうなるのかなど，今後の検討を待たざるを得ない。外形的事実に関する文献としては園尾隆司「医療過誤訴訟における主張・立証責任の転換と外形理論」（青山善充ほか編・民事訴訟法理論の新たな構築下巻（有斐閣，2001）215頁）があるのみである。さらに，最高裁が他の損害保険事故に関する判決と異なって一刀両断的明快な結論を出せなかったのは，滝澤孝臣判事が(4)(エ)記載の文献の中で指摘されているように，「盗難」という語義は「被保険者の意思によらないこと」が本来的に

含まれているので、「盗難」の外形的事実の判断に際しては、「被保険者の意思によるかよらないか」ということを考慮しなければならないからである。①，②事件の判決の射程が車両保険事故に限られるのか、それとも他の盗難事故（たとえば、運送保険の一種であるコーポレートマネーガード保険における金庫内の金銭等の盗難事故）にも及ぶのか、及ぶとすると、その場合、原告が負担すべき外形的事実の内容はどのように解すべきか、約款における「盗難」の定義を刑法の盗難とは異なる保険法独自の概念として考えることになるのか、というまだ未解決の問題が残っている。

(7) 「盗難」判決の実務への影響

①，②事件判決も、平成13年判決（一覧1，2記載）以外の判決同様、保険事故における偶発性の主張立証責任の所在は保険者にあるとしたが、「被保険者の占有に係る被保険自動車が保険金請求者の主張する所在場所に置かれていたこと」の外形的事実の証明責任は保険金請求者にあるとしているので、防犯ビデオカメラを設置していない、あるいはカメラ映像がない場合には、②事件判決のいう保険金請求者の盗難の外形的事実の主張立証に苦労を強いられるものとなる。しかし、この点において、保険金の不法請求の歯止めをかけることができると最高裁判所は考えたのであろう。

①事件では、防犯ビデオカメラが設置されていたので保険金請求者は「盗難」の外形的事実の立証負担を免れているが、②事件では、防犯ビデオカメラの設置がないので「盗難」の外形的事実の主張立証が必要となる。その結果、今後は防犯ビデオカメラの設置が進むであろうし、それを設置しないことが常習的保険金請求者には不利な間接事実となることもあろう。

3　外来性の主張立証責任の所在

(1) 外来性の主張立証責任に関する2つの最高裁判決

外来性の主張立証責任の所在及びその内容に関し、平成19年に2つの最高裁判決が出された。1つは最判平19・7・6〔③事件・一覧9記載〕であり、2つ

は最判平19・10・19〔④事件・一覧10記載〕判決である。以下，2つの判決を検討する。
　　(ア)　事件の概要
　〔1〕　③事件
　(1)　事件の経過
　　①A（当時82歳）は，平成17年2月30日，昼食のもちをのどに詰まらせて窒息し，低酸素脳症による後遺障害が残り，常に介護を要する状態となった（以下「本件事故」という。Aは平成15年8月，医師からパーキンソン病（嚥下機能に障害の症状が出ることがある）と診断されていた）。
　　②そこで，中小企業を対象とした災害補償共済事業等を行う財団法人であるYの会員であるXは，被共済者Aは急激かつ偶然の外来の事故により身体に傷害を受けたと主張して，Yに対し補償費の支払を求めて本件訴えを提起した。
　(2)　保険契約の内容
　　有限会社であるXは，創業者で前代表者であるAを被共済者として，財団法人Yの中小企業災害補償共済に加入していた。
　　財団法人中小企業災害補償共済福祉財団規約（以下「本件規約」という）には，災害補償について，次のような定めがあった。
　　①（共済金受取人）
　　　Yは，会員の定めた被共済者に災害が発生したときは，本件規約に基づき，会員に補償費を支払う。
　　②（災害の定義）
　　　本件規約の災害とは，急激かつ偶然の外来の事故で身体に傷害を受けたものをいう。
　　③（補償の免責）
　　　Yは，被共済者の疾病，脳疾患，心神喪失，泥酔，犯罪行為，闘争行為，自殺行為又は重大な過失によって生じた傷害については，補償費を支払わない。
　〔2〕　④事件
　(1)　事件の経過

第2章　要件事実・事実認定——各論

①昭和57年頃，Aは狭心症との診断を受け，狭心症発作予防薬を定期的に服用していた。
②平成15年6月10日，Aは普通乗用車を運転中にブレーキ操作することなく，ため池に転落して溺死した。
③Aの相続人であるXらが保険会社Yに対し自動車総合保険契約の人身傷害補償特約に基づき保険金の支払を請求した。
(2) 保険契約の内容
①本件車両を被保険車両とする自動車総合保険契約には，次のような内容の人身傷害補償特約（以下「本件特約」という。この保険は運転者が自ら保険契約を締結して自身が被害者となる事故に備えるもので，自身が加害者となる事故に備える責任保険とは異なる）があった。本件特約の被保険者は記名被保険者及びその親族のほか，被保険自動車の正規の乗車装置又は当該装置のある室内に搭乗中の者である。
　ア　Yは，日本国内において，次の各号のいずれかに該当する急激かつ偶然な外来の事故により，被保険者が身体に傷害を被ることによって被保険者又はその父母，配偶者若しくは子が被る損害に対して，この特約に従い，保険金を支払う。
　　(ア)　自動車の運行に起因する事故（運行起因事故）
　　(イ)　被保険自動車の運行中の，飛来中若しくは落下中の他物との衝突，火災，爆発又は被保険自動車の落下（運行中事故。上記運行起因事故と併せて，「運行事故」という）
　イ　アに記載された傷害には，日射，熱射又は精神的衝動による障害を含まない。
　ウ　Yは，被保険者の極めて重大な過失によって生じた損害については，保険金を支払わない。
　エ　Yは，被保険者がアに記載された事故の直接の結果として死亡したときは，死亡による損害（葬祭料。逸失利益，精神的損害及びその他の損害）につき保険金を支払う。
②本件特約と同様に被保険者が急激かつ偶然な外来の事故によってその身体に被った傷害に対して保険金を支払う旨定めた傷害保険普通保険約款

には，被保険者の脳疾患，疾病又は心神喪失によって生じた傷害に対しては保険金を支払わない旨の条項（疾病免責条項）が存在するが，本件特約に疾病免責条項に当たる規定は存在しない。

(イ) ③，④事件の裁判推移

	③事件（最高裁平19・7・6判決）	④事件（最高裁平19・10・19判決）
第一審	東京地裁（平18.1.19判決）掲載誌なし 請求認容 　補償費を請求する者は，被共済者が外来の事故で身体に傷害を受けたことを主張，立証すべき責任を負うが，被共済者の疾病など内部的な原因がなかったことまで主張，立証すべき責任を負わない。	松山地裁（平18.2.23判決）掲載誌なし
控訴審	東京高裁（平18.10.25判決）掲載誌なし 請求認容 　同上	高松高裁（平18.11.28判決）掲載誌なし 請求棄却 　保険金請求者は，外来の事故の主張立証として，保険金請求に係る事故が被保険者の疾病等の内部的原因によるものではないことを主張立証する責任を負うところ，本件事故の原因はAの狭心症の発作である疑いが強いから，外来の事故の主張立証がされたとはいえない。
上告審	上告棄却 　本件規約は，補償費の支払事由を被共済者が急激かつ偶然の外来の事故で身体に傷害を受けたことと定めているが，ここにいう外来の事故とは，その文言上，被共済者の身体の外部からの作用（以下，単に「外部からの作用」という。）による事故	原判決破棄　差戻し 　本件特約は，運行事故に該当する急激かつ偶然外来の事故を保険事故としている。本件特約にいう「外来の事故」とは，その文言上，被保険者の身体の外部からの作用による事故をいうと解されるので，被保険者の疾病によって生じた運行事故も

をいうものであると解される。そして，本件規約は，この規定とは別に，補償の免責規定として，被共済者の疾病によって生じた傷害については補償費を支払わない旨の規定を置いている。 　このような本件規約の文言や構造に照らせば，請求者は外部からの作用による事故と被共済者の傷害との間に相当因果関係があることを主張，立証すれば足り，被共済者の傷害が被共済者の疾病を原因として生じたものではないことまで主張，立証すべき責任を負うものではないというべきである。 　これを本件についてみるに，前記事実関係によれば，本件事故がAの身体の外部からの作用による事故に当たること及び本件事故と傷害との間に相当因果関係があることは明らかであるから，Aは外来の事故により傷害を受けたというべきである。	これに該当するというべきである。本件特約は，傷害保険普通約款には存在する疾病免責条項をおいておらず，また，本件特約によれば，運行事故が被保険者の過失によって生じた場合であっても，その過失が故意に準ずる極めて重大な過失でない限り，保険金が支払われることとされていることからすれば，運行事故が被保険者の疾病によって生じた場合であっても保険金を支払うこととしているものと解される。 　このような本件特約の文言や構造等に照らせば，保険金請求者は，運行事故と被保険者がその身体に被った傷害との間に相当因果関係があることを主張，立証すれば足りるというべきである。

(2) 問題の所在

　外来性に関しては2つの問題がある。1つは，傷害の結果が「外来の事故」を原因として生じたものか否かの問題であり，2つは，「外来性」の主張立証責任の所在及びその範囲の問題で，後者については傷害の結果の発生は疾病が原因ではないことまで主張立証しなければならないとする請求原因説と，傷害の結果の発生は疾病が原因であることを抗弁と考える抗弁説の対立がある。

　請求原因説に立つと，外部からの作用が生じた原因が疾病である場合には，疾病が原因でないことまで主張立証しないと外来性が否定され請求原因が認められないことになるので，疾病免責条項による免責の可否を問題にするまでも

なく，請求は棄却される。この考え方によると，疾病免責条項は，傷害保険の偶然性に関する最高裁平成13年判決（一覧1，2記載）で述べられたのと同じ理由で，独自の存在理由がなく，保険金が支払われない場合を確認的注意的に定めただけの規定ということになる。

(3) 「外来の事故」とは

(a) 外来の事故の意味

傷害保険金の支払事由とされている「外来の事故」とは，傷害の原因が被保険者の身体の外からの作用に基づく事故であること，すなわち，身体の内部に起因するものを除くという意味である。端的にいえば，過去の疾病が原因でなく，傷害の結果が発生したこと，これが「外来性」であり，「外来の事故」の意であることについて争いはない。

たとえば，歩行中に落下物が頭部に当たり，けがをした場合などがその典型的な例である。もっとも，傷害の原因が外来のものであれば，傷害自体の外在は必ずしも必要ではなく，被保険者の身体の内部に傷害が生じた場合であっても，傷害事故の外来性は認められる。たとえば，重い物を持ち上げたときに背骨やヒザ関節，腰などを痛めた場合，又は打撲により骨折した場合においても，傷害事故の外来性が肯定される[11]。

(b) 「外来の事故」に関する裁判で外来性を認めた近時の判決

外来の事故に当たるかどうかについては裁判例が多い。近時では次のようなものがある。

(ｱ) 大阪地判平18・11・29判タ1237号304頁（保険金請求事件）

認知症に罹患していた被保険者がメロンパンを喉に詰まらせて死亡したことにつき，急激かつ偶然な外来の事故に当たるとして，保険会社に対する傷害保険契約に基づく保険金請求を認めた事案。

(ｲ) 大阪高判平17・12・1判時1944号154頁（保険金請求控訴事件）

一人暮らしの老齢の女性の浴室での溺死について外来の事故に該当するとして，死亡保険金の請求が認められた事案（一審神戸地判平17・6・14）。

(ｳ) 最判平19・7・19保険毎日新聞平成19年11月21日号5面

〔1〕 判決要旨　てんかんの持病を持つ傷害保険契約の被保険者Aが，知

的障害者の更生施設の浴室で入浴中に，監視・介護を行う施設の職員が同浴室を離れていた間に，てんかんの発作を起こして溺死した事案について，被保険者以外の作為義務を負担する者の不作為によって生じた事故は外来の事故に当たるとの立場から，本件施設の職員が被保険者Ａに対する安全確保義務に違反したとすれば，それによって生じたＡの溺死事故は外来の事故に該当するとする。

〔2〕 事案の概要　被保険者Ａは，平成14年4月に，Ｂ社会福祉法人が設置運営する知的障害者入所更生施設に入所した。Ａは，以前からてんかんの持病があり，その発作は，症状が軽いときは1分程度，重いときは7ないし8分程度続いていたが，症状が重いときであっても，命に別状がなかった。Ａの入所に際し，その家族から，Ａがてんかんの疾患を有する旨が告知されているが，入所後は，本件施設内で発作を起こしたことはなかった。

Ａは平成15年1月14日午後5時ころから，本件施設の浴室に一人で入浴した。本件施設の職員は，ほかの施設利用者の入浴の監視・介護を行った後の午後5時10分ころ，Ａが入浴している浴室に行き，同人に入浴を終えるよう指示した。その際に，Ａの様子に異常がなかったため，すぐに入浴を終えると思い，ほかの施設利用者の様子を見るために同浴室を離れて食堂に行った。ところが，Ａは，午後5時10分ころから20分ころまでの間にてんかん発作を起こし，意識を喪失して浴槽内でおぼれ，病院に搬送されたが，まもなく死亡が確認された。Ａの死因は溺死であった。

原審（大阪高判平18・2・21掲載誌なし）は，Ａの入浴中の溺死は，てんかん発作というもっぱら身体の内部に起因するもので，本件事故前における本件施設職員の行動が施設利用者に対する安全確保義務に違反するか否かはさておき，その行動とＡがおぼれたこととの間に相当因果関係を認めることはできないし，またその行動をもって外来の事故に該当することを肯定することもできないと判示して，Ａの遺族の傷害保険金請求を棄却した。

これに対し，最高裁は，傷害保険における「外来の事故とは，被保険者の身体の外部からの作用による事故をいうものであると解され」，「被保険者以外の者の行為は，被保険者の身体の外部からの作用であるから，これによって生じた事故は外来の事故に当た」り，「被保険者以外の者の行為が作為義務を負担

する者の不作為であれば，それは作為義務を負担しない者の不作為とは異なり，被保険者の身体の傷害の主要な原因となり得るものであって，作為による行為と同等に評価すべきであるから，それによって生じた事故は外来の事故に当たるというべきである」との一般論を述べた上で，「本件施設の職員は，Aが入浴中にてんかん発作を起こして意識を喪失し，浴槽内でおぼれることがないようにその病状に応じた適切な方法により安全を確保すべき義務（以下「安全確保義務」という）を負っていたというべきである」ところ，「本件事故前のAのてんかん発作の発生頻度や発作時の症状に照らして，本件事故発生時の具体的状況等によっては，上記職員にはAの入浴を監視するなどして安全を確保すべき義務の違反があったという余地があり，仮に上記安全確保義務違反の存在が認められるのであれば，それによって生じた事故は本件約款における外来の事故に該当するというべきであ」り，また「上記職員がAがてんかん発作を起こしたことに遅滞なく気付いたとしても救助することができなかったであろうということをうかがわせるような事情も見当たらないので，安全確保義務違反の内容によっては，上記安全確保義務違反によって生じた事故とAが身体に傷害を被ったこととの間に相当因果関係が肯定される可能性があるというべきである」と判示して，原判決を破棄して，本件施設の職員の安全確保義務違反の有無や内容等についてさらに審理を尽くさせるため，原審に差し戻した。

(c)　上記(b)(ウ)記載事件における最高裁判断の特徴

従来は，心臓病者が，風呂場で溺死したり，運転車両を池などに転落させて溺死した場合などは，直接の死因は溺死であるが，その溺死をもたらした原因が心臓病である場合には事故の外来性は認められないと解されていた。上記(b)(ウ)記載の大阪高裁や④事件の原審である高松高裁の判断がそれである。これは，外来性を疾病が事故の原因である以上外来性は存在しないと解する立場である。しかし，上記(b)(ウ)記載事件の最高裁判決は，そのような一刀両断的判断をせず，従来の見解においては請求原因において外来性が認められれば，次に，保険者に疾病原因の抗弁の成否が問題となっていたのであるが，上記最高裁判決によると，被保険者の重大な過失がない限り安全確保義務違反の評価障害事実しか抗弁として主張できなくなることとなった。

(11)　西嶋梅治・保険法〔第3版〕（悠々社，1998）381頁。

(4) 外来性の主張立証責任の所在とその内容

　傷害保険の「偶然性」に関する最高裁平成13年判決（一覧1，2記載）は請求原因説である。すなわち，保険金請求者は，請求原因において被保険者が故意に事故を招来したものではないことの主張立証責任を負わなければならないこととなる。

　傷害保険の外来性については，保険金請求者に主張立証責任がある（一覧1，2記載事案はそのことを前提とする判決である）が，その内容については争いがある。すなわち，外来性が認められるために保険金請求者は疾病が原因でないことまで立証すべきか（請求原因説），疾病が原因であることは保険者が立証すべきであるから，保険金請求者は事故の事実と傷害の事実及びその間の相当因果関係を主張立証すれば足りるとする（抗弁説）の対立である。

　(a) 学　説
　㈎　抗弁説（原告は外部からの作用により傷害が生じたことを主張立証すれば足り，外部からの作用が生じた原因が疾病ではないことまで主張立証をする必要はないとする説）

「通常，外来（external）という用語は，内在（internal）の反対用語として用いられるものであり，傷害保険においては，身体の障害を外来的原因によるものと限定し，肉体的欠陥（physical defect）から生ずる障害と区別するために用いられている。このように，傷害保険の事故の外来性は傷害の原因または媒介（means）を意味するのみであるから，約款に別段の規定がないかぎり，傷害の原因が外来的なものであれば事故の外来性は認められることになり，傷害自体の外在は必ずしも必要としない[12]」。この考え方は，外来性の主張立証責任の所在については抗弁説につながる。

　㈏　請求原因説（原告は外部からの作用により傷害を生じたことの主張立証のほか，疾病が原因ではないことまで主張立証しなければならないとする説）
　西嶋梅治教授（「保険法」〔第2版〕（筑摩書房，1980）417―418頁），石田満教授（「商法Ⅳ（保険法）」（青林書院，1997）349頁）ほか多数の学者が請求原因説の立場を採っている。

山下友信教授も，大阪地判平 4・12・21 判時 1474 号 143 頁「高血圧の既往症をもつ者が低温下の作業中に急性心不全で死亡した場合は外来性の要件をみたさない」を引いて外来性の説明をしておられる[13]ことから判断すると，請求原因説の立場に立つものといえる。

(b) 判　　例
(ア) 抗弁説
(i) 名古屋高判平 14・9・5 掲載誌なし
〈傷害保険〉

高齢者の溺死事案である。保険金請求者は，内因的な原因がないことまで立証しなければならないものではない。

(ii) 大阪高判平 17・12・1 判時 1944 号 154 頁
〈傷害保険〉

保険金請求者は，直接の死因が被保険者の身体の外部にあるものであることを立証すれば，その間接的な原因については，それが原因でないことまで明らかにする必要はない。

(iii) ③事件の 1，2 審，本判決は抗弁説に立っている。
(イ) 請求原因説
(i) 名古屋高判平 4・11・4 判タ 823 号 236 頁
〈傷害保険〉

交通事故を起こした被保険者が死亡した事案において，脳内出血が原因でないとの立証がないとして外来性を否定。

(ii) 福岡高判平 8・4・25 判時 1577 号 126 頁
〈傷害特約付生命保険〉

高齢者 A の入浴中の溺死の原因は A の疾病にあるとして外来性を否定。

(iii) 東京地判平 8・6・7 判タ 927 号 242 頁
〈傷害保険〉

白血病治療のための化学療法を受けていて発生した神経症状による高度障害の外来性を否定。

(iv) 東京地判平 8・11・21 判タ 942 号 231 頁
〈傷害保険〉

第2章　要件事実・事実認定——各論

Aが路上で転倒し脳挫傷で死亡したのは，Aの脳疾患によるものとして外来性を否定。

(v)　東京高判平9・9・25判タ969号245頁
〈傷害保険〉

上記(iii)の控訴審判決。外来性否定。

(vi)　東京地判平12・9・19判タ1086号292頁
〈傷害保険〉

高齢者のホテル入浴中の溺死事案において，直接の死因が溺死であってもその原因が内因性の疾患に起因する場合は，外来性がないとした。

(vii)　大阪高判平19・4・26判時2006号147頁
〈傷害保険〉

高齢者（当時73歳）の被保険者が入浴中に浴槽内で溺死した場合に普通傷害保険契約にいう「急激かつ偶然な外来の事故」により死亡した場合に当たるとしてその保険金受取人である法定相続人による死亡保険金の支払請求が認容された事例。

　　(12)　林輝榮「傷害保険の法的構造」田辺康平＝石田満編・新損害保険双書3　新種保険（文眞堂，1985）357頁。
　　(13)　山下・前掲注(5)454頁。

(5)　③，④事件のポイント

(a)　③事件判決について

(ア)　③事件判決（一覧9記載）は，傷害保険と同様の機能・構造をもつ中小企業災害補償共済における災害（保険事故）の「外来性」についての初の最高裁判決である。

(イ)　中小企業災害補償共済とは

共済とは，同種の職業・地域又は事業等に従事する者が，一定の事故（組合員，家族の死亡・受傷・疾病・火災）に関して一定の給付を行うため，組合員同士の相互扶助・相互救済を目的として組織され，監督官庁がある組合を共済組合という。特別法に基づき設立されたもの（国家公務員共済組合，地方公務員共済組合，JA共済組合など）もあるが，特定の根拠法規によらず設立された共済制度（無認

可共済という）も多い。多額の資産や資金を騙し取った平成 9 年のオレンジ共済事件などがあったため，保険業法の改正により規制が強化され，数百ある無認可共済は平成 20 年 3 月末日までに保険会社になるか，少額短期保険業者になるか，既存の契約を移転して廃業するか，のいずれかの選択を強いられることとなった。中小企業災害補償共済は傷害保険ではないが，どちらも多数の人が資金を出し合い，万一の事故に備え補償し合うという仕組であるから，傷害保険と同一の構造であり，同一の機能を有している。そこで，その規律は同じであることが望ましいという要請から，中小企業災害補償共済における災害の外来性の意味は，傷害保険の事故の外来性の意味と軌を一にするものと考えられている。したがって，中小企業災害補償共済における「外来性」は，傷害保険における外来性の解釈が参考となる。

(ｳ) ③事件判決の意義

(ⅰ) 外来性の主張立証責任の内容　災害補償共済における補償費請求権の外来性の主張立証責任の内容について，抗弁説を採ることを明らかにした。

(ⅱ) 外来性の主張立証の内容　もちがのどに詰まるという外部からの作用による事故と傷害との間に，相当因果関係が認められれば外来性の主張立証があるとした。この結果，ほとんどの事案において外来性が認められることとなる。わずかに，ウォーキング途中に倒れたとかいう事案において，外部からの作用による事故がないから外来性が認められないとされるケースが考えられる。

(ⅲ) 疾病免責条項の位置づけ　疾病免責は抗弁事由であるとした。すなわち，疾病（パーキンソン病）がもちをのどに詰まらせる原因だったことを被告が主張立証すれば免責されるとした。しかし，本判決の後に出された次の損害保険の傷害保険の事案においては，約款に疾病免責条項がないことから疾病原因の抗弁を提出できないとされているので，保険者の不利益をどのように救済するかが問題となる。

(b) ④事件判決について

③事件判決の後に，損害保険としての傷害保険の外来性に関する④事件の判決があった。原審は外来性の主張立証責任の内容について請求原因説を採ったが，最高裁は請求原因説を採らなかった。しからば，最高裁は抗弁説を採ったかというとそうでもない。なぜなら，④事件は自動車総合保険契約の人身傷害

補償特約が,「自動車の運行に起因する事故等に該当する急激かつ偶然な外来の事故により被保険者が身体に傷害を被ること」を保険金支払事由と定め,被保険者の疾病によって生じた傷害に対しては保険金を支払わない旨の規定を置いていないので,保険金の支払を請求する者は,自動車の運行に起因する事故等が被保険者の疾病によって生じたときであっても,上記事故等と被保険者がその身体に被った傷害との間に相当因果関係があることを主張立証すれば足りるとしているからである。④事件判決は,疾病免責条項がないから疾病免責の抗弁を提出できないといっているので,いわゆる抗弁説でもない。抗弁説なら疾病免責条項がなくとも事故が疾病に基づくものであるとの抗弁を提出できるからである。結局,④事件判決は外来性の主張立証責任の内容に関する従来の請求原因説,抗弁説の対立という枠組からはずれた判決といえる。人身傷害補償保険は責任保険でないことという保険の性質から,判示のような判断をしたものと考えられるが,④事件のように疾病免責条項のない傷害保険におけるモラルリスク事案では,偶然性の抗弁をもって保険会社は対抗するよりほかになくなる。最高裁が,疾病免責約款がある場合においてどのような判断を下すかは今後の判決を待たなければならない。とりあえず,疾病免責条項がある場合の外来性の主張立証責任の内容は,③事件判決の抗弁説が最高裁の見解ということになろう。抗弁説においては,疾病免責条項は当然のことを確認的に規定したものということになる。これに対して請求原因説は,「事故は疾病によらない」ことを請求原因で主張立証しなければならないが,抗弁で「事故が疾病によるもの」であることを主張立証させることになり,証明責任の観点からは矛盾することとなる。すなわち,請求原因説においては免責条項は意味をもたないことになる。

(c) ③,④事件の実務への影響

③事件判決は,中小企業を対象とした災害補償共済事業等を行う財団法人であるYの作成した本件規約の解釈に関する判断を示したものである。災害補償共済と,傷害保険とはほぼ共通する構造を有しているから,③事件判決の射程は,疾病免責約款が存在する傷害保険の解釈にも及ぶものと考えられている。その後に出された自動車総合保険契約に関する④事件判決から判断すると,疾病免責約款がない場合傷害保険に関してはモラルリスクが心配されるが,それ

は次のように解釈されるであろう。すなわち，最高裁は障害保険においてはモラルリスクを勘案して偶発性の主張立証責任を請求原因とした（一覧1,2記載）が，外来性が問題となっている事案においては疾病原因が抗弁になるということになる。そうすると，傷害保険訴訟においては，保険会社は疾病原因の主張立証が困難と判断したら偶発性にウエイトを置いて訴訟を進めるということになろう。④事件判決は，疾病免責約款がない，すなわち疾病原因の抗弁を提出できない事案において，保険金請求者は，運行事故と被保険者の傷害との間に相当因果関係があることを主張立証すれば外来性の主張立証は足りるとしたものである。忖度するに，最高裁は，平成13年の偶然性に関する判決（一覧1,2記載）は保険金請求者に酷と考え，外来性でそのバランスを図ったものとも考えられる。ともあれ，災害補償共済や損害保険会社は年齢別・疾病別の損害率の統計を採り，今後，加入制限を設けるか，あるいは，損害保険会社は④事件判決を踏まえて，外来性については疾病免責規定を設けるか等の検討に入ることになろう。その結果，疾病免責規定が設けられれば，④事件最高裁判決の理由の大きな基盤がなくなるので，外来性についての判断枠組が改めて検討されるということになろう。

4　ま　と　め

本稿で検討した保険事故における偶発性，外来性の主張立証責任に関する4つの最高裁判決及びそれ以前の最高裁の判決の概観は，末尾一覧のとおりである。

傷害保険に関しては，平成13年の偶発性要件に関する2つの判決（一覧1,2記載）と外来性に関する③，④事件の判決（一覧9,10記載）は，主張立証責任の負担が逆となっている。偶然性に関しては保険金請求者の負担を重くし，外来性に関しては保険金請求者の負担を軽くしている。最高裁は，偶発性において保険金請求者の負担を重くしたので，バランスをとるために，外来性については保険金請求者の保険金請求を容易にするという政策的考慮から抗弁説を採ったものとも考えられる。もともと修正法律要件分類説においては免責約款は抗弁に位置づけられるのであるから，偶発性（故意に基づく事故でないこと）は

請求原因の主張立証責任の内容ではないとすることが素直な解釈ということになるが，前掲平成13年の偶発性に関する最高裁判決（一覧1，2記載）は，モラルハザードの観点から無理な解釈をしたものともいえる。したがって，外来性に関する③，④事件判決は，主張立証責任の構造からいえば当然の解釈といえる。このことからすると，傷害保険における偶発性については判例変更が検討されるべきではないのかとの感を抱くが，最三判平19・5・29判タ1255号183頁「夜間高速道路において自動車を運転中に自損事故を起こし車外に避難した運転者が後続車にれき過されて死亡したことが自家用自動車保険契約普通保険約款の搭乗者傷害条項における死亡保険金の支払事由に該当するとされた事例」の「傷害」を拡く解釈する判決等から判断すると，最高裁は，保険金請求者と保険会社の利害のバランスを図りつつ，しばらくこのままの状況を続けるものと考えられる。

5　保険法改正の影響

　商法から分離独立した保険法は平成20年5月30日成立し，同年6月6日に公布され，公布の日から起算して2年を超えない範囲内において施行されることとなった。保険法は保険契約の類型として損害保険，生命保険のほか，本稿で問題となった傷害疾病定額保険に関する規定を新たに設けた。そこにおいては傷害疾病保険契約において被保険者等の故意免責規定を設けた（80条）。これは保険者が被保険者等によって故意に保険事故が招致されたことを主張立証すべきであることを定めたものである。本稿で既に述べたように，傷害保険契約では，保険金請求者は，事故の偶然性（被保険者の故意によらない事故であること）を主張立証しなければならないとされている（最判平13・4・20民集55巻3号682頁）。その理由は傷害保険約款においてそのように定められていたので約款の解釈としてそのような判断がなされたものである。しかし，その後の火災保険契約などの損害保険契約の判例は，商法641条の解釈論を展開しながら，約款に偶然な事故であることを要件とする文言があっても，保険金請求者側が故意でないことを主張立証するのではなく，故意免責規定によって保険者が被保険者等の故意の事故であることを主張立証して免責の効果を得なければなら

ないとした（最判平 16・12・13 民集 58 巻 9 号 2419 頁，最判平 18・6・1 民集 60 巻 5 号 1887 頁，最判平 19・4・17 民集 61 巻 3 号 1026 頁等）。

　改正新法は，傷害疾病保険契約において被保険者等の故意免責規定を置く。これは平成 13 年の最高裁とは異なる考え方である。平成 13 年判決以後に出された判例の流れを法律上の枠組みとして組み入れたものと解される。すなわち，保険者が被保険者等によって故意に保険事故が招致されたことを抗弁として主張立証すべきとしたのである。この結果，平成 13 年の偶然性に関する判例は変更される可能性がでてきたといえる。なお，80 条は，任意規定であるから，約款によって別の約定をすることができる。しかし，保険会社と消費者とでは情報量に差があるので任意規定といえども，それと異なる保険契約者側に不利益を生じさせる場合には，消費者契約法 10 条の見地からその有効性が問われるであろう。

〈参考文献〉（年代順）
(1) **偶発性及び保険事故の主張立証責任に関して**
中野貞一郎『過失の推認』（増補版）（弘文堂）1987.10.25
小長光馨一「過失の推定」『現代民事裁判の課題⑦（損害賠償）』山口和男編 299 頁（新日本法規出版）1989.6.10
蓑田孝行「過失の推定」『裁判実務大系第 15 巻不法行為訴訟(1)』篠田省二編 571 頁（青林書院）1991.9.10
長谷川仁彦＝宮脇泰『生命保険契約法　最新実務判例集成』山近・矢作法律事務所監（保険毎日新聞社）1995.12.15
江頭憲治郎「自殺か偶然の事故かの立証責任」別冊ジュリ『損害保険判例百選』（第 2 版）174 頁 1996.6.10
小倉博「法定免責事由」『裁判実務大系第 26 巻損害保険訴訟法』金澤理＝塩崎勤編 85 頁（青林書院）1996.11.30
宮川博史「保険事故と証明責任」『裁判実務大系第 26 巻損害保険訴訟法』金澤理＝塩崎勤編 127 頁（青林書院）1996.11.30
松本久「疾病と障害」『裁判実務大系第 26 巻損害保険訴訟法』金澤理＝塩崎勤編 432 頁（青林書院）1996.11.30
松本博之「保険金請求訴訟における証明責任と具体的事実陳述義務」『昭和商法学史』倉沢康一郎＝奥島孝康編 669 頁（日本評論社）1996.12.20
宮崎裕二「偶然の事故か自殺か」『Q&A 生命保険損害保険をめぐる法律と税務』保険実務研究会 433 頁（新日本法規））1997.5

第2章 要件事実・事実認定——各論

志田原信三「生命保険契約に付加された災害割増特約についての約款に基づき災害死亡保険金の支払を請求する場合における偶発的な事故についての主張立証責任」『最高裁判所判例解説（民事篇）平成13年度（上）』442頁（法曹会）
山野嘉朗「傷害保険における『偶然性』の立証責任と最高裁判例—問題点と今後の課題—」（最二判平13.4.20についての論文）
園尾隆司「医療過誤訴訟における主張・立証責任の転換と外形理論」『民事訴訟法理論の新たな構築（下巻）』青山善充ほか編215頁（有斐閣）2001.10.25
伊藤眞「証明，証明度および証明責任」法学教室254号33頁2001.11
吉村良一「公害裁判における因果関係論の展開」『現代民事法学の理論（上巻）』佐藤進＝斎藤修編集代表355頁（信山社）2001.12.22
加藤新太郎「確信と証明度」『民事訴訟法の史的展開（鈴木正裕先生古稀祝賀）』福永有利ほか編551頁（有斐閣）2002.1.31
中西正「過失の一応の推定」『民事訴訟法の史的展開（鈴木正裕先生古稀祝賀）』福永有利ほか編583頁（有斐閣）2002.1.31
西嶋梅治＝石田満＝平沼高明＝麻生利勝ほか「座談会（第一部）：モラルリスク事案に関する判例法理」安田火災ほうむ48号4頁2002.3
垣内正「事実認定のプロセスについて」『民法学の軌跡と展望』潮見佳男編集代表561頁（日本評論社）2002.3.24
甘利公人「傷害保険契約における偶然性の立証責任」判時1773号197頁2002.4.1
座談会「民事訴訟における証明度」（出席者伊藤眞ほか）判タ1086号4頁2002.6.1
木下孝治「傷害保険契約における偶発性の要件と主張・立証責任」ジュリ1224号107頁2002.6.10
竹濱修「生命保険契約の災害割増特約に基づく災害保険金請求における偶発的事故の主張立証責任」私法判例リマークス2002（下）106頁2002.7.26
蛭田円香「生命保険契約に付加された災害割増特約についての約款に基づき災害死亡保険金の支払が請求される場合における偶発的な事故についての主張立証責任の帰属」判タ1096号122頁2002.9.25
堀田佳文「生命保険契約に付加された災害割増特約約款に基づく災害死亡保険金請求訴訟における『偶発的な事故』の主張立証責任」（最二判平13.4.20）最高裁判所民事判例研究119巻12号2533頁（東京大学判例研究会）
伊藤眞「証明度をめぐる諸問題」判タ1098号4頁2002.10.15
小林登＝山下友信「不慮の事故の立証責任」保険事例研究会レポート176号1頁（生命保険文化センター）2003.1
寺本嘉弘「火災保険金請求の立証責任」判時1868号12頁2004.11.11
中川孝博『合理的疑いを超えた証明 刑事裁判における証明基準の機能』（現代人文社）2003.2.20

保険金請求訴訟における偶発性・外来性に関する主張立証責任の所在

大阪地方裁判所金融・証券関係訴訟等研究会「保険金請求訴訟について」判タ 1124 号 24 頁 2003.9.15

岡田豊基「傷害保険契約における偶然性の立証責任」(最二判平 13.4.20 及びそれ以降の判例についての論文)

松並重雄「保険金の支払事由を火災によって損害が生じたこととする火災保険契約の約款に基づき火災保険金の支払を請求する場合における火災発生の偶然性についての主張立証責任」『最高裁判所判例解説(民事篇)平成 16 年度(下)』771 頁(法曹会)

山下友信「オール・リスク損害保険と保険金請求訴訟における立証責任の分配」『転換期の取引法 取引法判例の軌跡』川井健=田尾桃二編集代表 517 頁(商事法務)2004.10.22

寺本嘉弘「火災保険金請求の立証責任」判時 1868 号 12 頁 2004.11.11

『保険金請求訴訟の研究』大阪民事実務研究会編著 判タ 1161 号 2004.12.10

滝澤孝臣「事故の証明」金商 1211 号 170 頁 2005.3

山野嘉朗「火災保険における保険事故の偶然性とその主張立証責任」判タ 1170 号 110 頁 2005.4.1

西本強「火災保険約款事由の主張立証責任」銀行法務 21 647 号 65 頁(経済法令)2005.6

坂田宏「間接証明に関する一覚書」『企業紛争と民事手続法理論福永有利先生古稀記念』高田裕成ほか編 387 頁(商事法務)2002.6.2

新堂幸司『新民事訴訟法』(第 3 版補正版)(弘文堂)2005.11.15

西嶋梅治「火災保険金請求訴訟と立証責任」損害保険研究 67 巻 3 号 26 頁 2005.11

山野嘉朗「盗難保険における事故状況の立証責任」愛知学院大学論文法学研究 47 巻 1 号 46 頁 2005.12.20

大澤康孝「1『衝突,接触……その他偶然な事故』を保険事故とする自家用自動車総合保険契約の約款に基づき車両の水没が保険事故に該当するとして車両保険金の支払いを請求する場合における事故の偶発性についての主張立証責任」,「2『衝突,接触……その他偶然な事故』を保険事故とする自動車保険契約の約款に基づき車両の表面に傷が付けられたことが保険事故に該当するとして車両保険金の支払いを請求する場合における事故の偶発性についての主張立証責任」判時 1965 号 196 頁 2006.6.6

笹本幸祐「火災保険金の支払いを請求する場合における火災発生の偶然性についての主張立証責任」私法判例リマークス 32 号 100 頁(日本評論社)2006.2.25

石田満=出口正義=甘利公人「保険法と要件事実」『要件事実の現在を考える』伊藤滋夫企画委員代表 146 頁(商事法務)2006.5.30

村田渉「推認による事実認定例と問題点」判タ 1213 号 42 頁 2006.9.1

長谷川俊明『Q&A 保険の活用と法務・税務』(新日本法規)2006.10

春日偉知郎「『民事裁判における事実認定と事案解明』点描」『融合する法律学(下巻)』青柳幸一編 505 頁(信山社)2006.11.10

第 2 章　要件事実・事実認定――各論

野口恵三「判例に学ぶ」（最一判平 18.6.1，最三判平 18.6.6）NBL847 号 47 頁 2006.12.15
高田裕成「過失の一応の推定」ジュリ増刊号　伊藤眞＝加藤新太郎編 2006.12.15
信濃孝一「『すべての偶然な事故』を保険事故とするテナント総合保険普通保険約款に基づき火災による什器備品等の焼失および休業が保険事故に該当するとして保険金の支払いを請求する場合における事故の偶発性についての主張立証責任」金商 1255 号 28 頁 2006.12.15
滝澤孝臣「金融・商事判例の一年を振り返って 2006（上）」金商 1256 号 2 頁 2007.1.1
奥田隆文＝西岡繁靖「判例紹介」（最一判平 18.6.1，最三判平 18.6.6）法の支配 144 号 50 頁 2007.1.30
西嶋梅治＝平沼髙明＝南出行生ほか「座談会：保険金請求における立証責任―主として実務の見地から―」ほうむ 53 号 7 頁（損害保険ジャパン）2007.3
中山幾次郎＝上田真史＝森脇志郎「保険金請求訴訟における事実認定及び訴訟運営上の諸問題」判タ 1229 号 49 頁 2007.3.15
肥塚肇雄「自家用自動車総合保険約款に基づき車両保険金を請求する場合における事故の偶発性についての主張立証責任の所在」ジュリ 1332 号 111 頁 2007.4.10
岩井泉「車両保険金請求権についての立証責任―盗難事故の場合」ジュリ 1334 号 249 頁 2007.5.15
野口恵三「判例に学ぶ」（最三判平 19.4.17，最一判平 19.4.23）NBL857 号 71 頁 2007.5.15
最高裁判例速報 2（最三判平 19.4.17，最一判平 19.4.23）金商 1267 号 25 頁 2007.6.1
榊素寛「法人の取締役による被保険者故殺と保険者免責の可否」京都大学総額研究会　森本滋監修　商事法務 1802 号 45 頁 2007.6.15
栗田和彦「車両保険における保険事故の偶然性の主張立証責任」私法判例リマークス 35 号 100 頁 2007.7.20
倉田卓次『民事裁判論集』（判例タイムズ社）2007.7.20
滝澤孝臣「民事判例研究」（最一判平 18.6.1，最三判平 18.6.6，最一判平 18.9.14）金商 1275 号 2 頁 2007.10.1
正木祐史「『合理的な疑いを超えた証明』の意義」法セ 636 号 123 頁 2007.12.1
豊浦伸隆「保険金請求事件における故意等の立証責任に関する最高裁判例の系譜」判タ 1248 号 62 頁 2007.11.1

(2)　とくに外来性に関して

古瀬政敏「外来の事故による死亡の意義」別冊ジュリ『損害保険判例百選』（第 2 版）172 頁 1996.6.10
西嶋梅治「浴槽内の溺死（風呂溺）と外来性の要件」（名古屋高判平 14.9.5 等についての論文）
（大阪高判平 19.4.26 判時 2006 号 147 頁（囲み記事）

(3) とくに急激性に関して
山下典孝「保険事故―急激性」『傷害保険の法理』損害保険事業総合研究所 23 頁 2000.3.20

第2章　要件事実・事実認定——各論

<「偶然性（偶発性）」・「外来性」の主張立証責任に関する最高裁判所判例一覧>

	判　　　　　旨	保険の種類等	約款の内容	偶然性の主張立証責任	理　　由　　等
1	最判 平13.4.20 第二小法廷 民集55巻3号682頁 判タ1061号65頁 金商1121号3頁	本件約款に基づき、保険者に対して災害割増特約における災害死亡保険金の支払を請求する者は、発生した事故が偶発的な事故であることを主張、立証すべき責任を負うものと解するのが相当である。けだし、本件約款中の災害割増特約に基づく災害死亡保険金の支払事由は、不慮の事故とされているのであるから、発生した事故が偶発的な事故であることがその請求権の成立要件であるというべきであるのみならず、その解されなければ、保険金の不正請求が容易となる結果、保険制度の健全性を害し、ひいては誠実な保険加入者の利益を損なうおそれがあるからである。本件約款の故意免責事由により災害死亡保険金の支払事由に該当しないときは災害死	災害割増特約付生命保険に基づく傷害保険死亡事案	①保険金支払事由 不慮の事故を直接の原因として被保険者が保険期間中に死亡したとき。 ②免責事由 被保険者の故意により…支払事由に該当したときは災害死亡保険金を支払わない。	保険金の支払いを請求する者は、発生した事故が偶発的な事故であることを主張、立証すべきである。	(1)約款における「不慮の事故」とは、「偶発的な外来の事故で、」が昭和42年12月28日行政管理庁告示152号に定められた分類項目のうち約款の別表2に掲げられたものをいう。 (2)モラルリスクの防止 (3)約款②は、被保険者の故意により災害死亡保険金の支払いときは災害割増保険金を支払わない旨の定めにすぎず、災害死亡保険金が支払われない場合を確認的に規定したものにとどまる。 ※亀山裁判官の「法廷意見は当該事項間の衡平の理念に照らして適切ことが多当事者間の衡平の理念に照らして適切ことと判断する」との補足意見は、要件事実上

500

保険金請求訴訟における偶発性・外来性に関する主張立証責任の所在

No.	判例	理由	事案	免責事由・支払事由	立証責任	判示理由
		亡保険金を支払わない旨の定めは、災害死亡保険金が支払われない場合を確認的注意的に規定したものにとどまり、被保険者の故意により災害死亡保険金の支払事由に該当しないことの主張立証責任を保険者に負わせたものではないと解するべきものである。				
		の位置づけがむずかしい。また、同裁判官指摘の約款の改正は今日まで行われていない。				(1)約款における偶然と偶発は同義である。(2)モラルリスクの防止
2	最判 平13.4.20 第二小法廷 判時1751号171頁 判タ1061号68頁 金商1121号14頁	本件各約款に基づき、保険金に対して死亡保険金の支払を請求する者は、発生した事故が偶然な事故であることについて主張、立証すべき責任を負うものと解するのが相当である。けだし、本件各約款中の死亡保険金の支払事由は、急激かつ偶然な外来の事故とされているのであるから、発生した事故が保険金請求権の成立要件であるというべきであって、そのような立証をしなければ、保険金の不正請求が容易となるおそれが増大する結果、保険制度の健全性を阻害し、ひい	損害保険契約に基づく傷害保険死亡事案	①保険金支払事由 被保険者が急激かつ偶然な外来の事故によってその身体に被った傷害に対して約款に従い保険金を支払う。②免責事由 被保険者の故意、自殺行為によって生じた傷害に対しては保険金を支払わない。	保険金の支払いを請求する者は、発生した事故が偶発的な事故であることについて、主張、立証すべきである。	

第2章　要件事実・事実認定——各論

3	最判平16.12.13 第二小法廷 民集58巻9号2419頁 判タ1173号161頁 金商1221号32頁	商法は、火災によって生じた損害はその火災の原因いかんを問わず保険者がてん補する責任を負い、保険契約者又は被保険者の悪意又は重大な過失によって生じた損害は保険者がてん補責任を負わない旨を定めており（商法665条、641条）、火災発生の偶然性いかんを問わず火災の発生によって損害が生じたことを要件とするとともに、保険契約者又は被保険者の故意又	火災保険	①保険金支払事由　火災によって保険の目的について生じた損害に対して損害保険金を支払う。 「偶然な」事故という言葉が入っていない。 事故が限定列挙されている。 ②免責事由　保険契約者、…の故意若しくは重大な過失又は法令	本件約款に基づき保険保険金の支払を請求する者は、火災発生が偶然のものであることを主張、立証すべき責任を負わない。
				(1)判旨に至る理由　①速やかな損害填補要請　②偶発性立証困難性 (2)約款に「偶然」という文言がない (3)13年判決と事案異なる (4)損害説採用

ては誠実な保険加入者の利益を損なうおそれがあるからである。本件各約款のうち、被保険者の故意等によって生じた傷害に対しては保険金を支払わない旨を定めたものは、保険金が支払われない場合を確認的に規定したものにとどまり、被保険者の故意等によって生じた傷害であることの主張立証責任を保険者に負わせたものではないと解するべきである。

502

保険金請求訴訟における偶発性・外来性に関する主張立証責任の所在

違反によって生じた損害に対しては保険金を支払わない。

は重大な過失によって損害が生じたことを免責事由としたものと解される。火災保険契約は、火災によって被保険者の被る損害が甚大なものとなり、時に生活の基盤すら失われることがあるため、速やかに損害がてん補される必要があるものであるから締結されるものである。さらに、一般に、火災によって保険の目的とされた財産を失った被保険者が火災の原因を証明することは困難でもある。商法は、これらの点をかんがみて、保険金の請求者（被保険者）が火災の発生によって損害を被ったことさえ立証すれば、火災発生が偶然のものであることを立証しなくても、保険金の支払を受けられることとする趣旨のものと解される。このような法の趣旨及び本件約款の規定に照らせば、本件約款は、火災の発生により損害保険金請求権の成立要件とし、同損害保険金請求権が保険契約者、被保険者又

第2章　要件事実・事実認定——各論

4	最判平18.6.1第一小法廷	商法629条が損害保険契約の保険事故を「偶然ナル一事故」と規定したのは、損害保険契約は保険契約はこれらの者の法定代理人の故意又は重大な過失によるものであることを免責事由としたものと解するのが相当である。 したがって、本件約款に基づき保険者に対して火災保険金の支払を請求する者は、火災発生が偶然のものであることを主張、立証すべき責任を負わないものと解すべきである。これと結論において同旨をいう原審の判断は正当である。所論引用の最高裁平成10年4月20日第二小法廷判決・民集55巻3号682頁、最高裁平成12年4月20日(受)第458号同13年4月20日第二小法廷判決・裁判集民202号161頁は、いずれも本件と事案を異にし、本件に適切でない。論旨は採用することができない。	車両保険水没事故事案	①保険金支払事由　衝突、接触、墜落、転覆、物の飛来、物の落下、火	本件条項に基づいて車両保険金の支払を請求する者は、事故の発生が	(1)約款に「偶然」という文言と偶発性の関係 ①商法629条、成立時の偶然性

504

②商法641条、保険金請求権を妨げる免責事由	被保険者の意思に基づかないものであることについて主張、立証すべき責任を負わない。	災、爆発、盗難、台風、こう水、高潮その他の偶然な事故によって保険証券記載の自動車に生じた損害をてん補するものであり、保険契約成立時において保険事故が発生することを明らかにしなくてもよいと解すべきである。同法641条は、保険契約者又は被保険者が故意又は重過失によって保険事故を発生させたことを免責事由として規定したものと解される。本件条項は、「衝突、接触、墜落、転覆、物の飛来、物の落下、火災、爆発、盗難、台風、こう水、高潮その他偶然な事故」を保険事故として規定しているが、これは、保険契約成立時において保険事故が発生するかどうか不確定な事故をすべて保険事故とすることを分かりやすく例示してものであり、商法629条にいう「偶然ノ一定ノルール」を本件保険契約に即して規定したものと解される。	民集60巻5号1187頁 判時1943号11頁 判タ1218号187頁 金商1244号43頁 金商1255号54頁
(2)約款は629条によるもので「偶然」という文言は事故の偶発性を意味するものではない。		②免責事由 保険契約者…によって生じた損害に対しては、保険金を支払わない。	
(3)火災保険と偶発性立証の困難は著しく異ならない		具体的な事故を列挙したうえで「その他の偶然の事故」という包括的表現（オールリスク保険）。	
(4)13年判決と事案異なる		被保険者の所有する車両事項に従い、被保険自動車の所有者に保険金を支払う。	
(5)損害説採用			

No.	判例	事案	約款・条文	理由	論点
5	最判平18.6.6第三小法廷 判時1943号11頁 判タ1218号187頁 金商1244号43頁 金商1255号54頁	車両保険引っかき傷事案	①保険金支払事由 衝突、接触、墜落、転覆、物の落下、火災、爆発、盗難、こう水、台風、高潮その他偶然な事故	本件条項に基づいて車両保険金の支払を請求する者は、被保険者の事故の発生の意思に基づかないものであることについて	(1)商法の解釈 ①629条、成立時の偶然性 ②641条、保険金請求権の発生を妨げる免責事由 (2)約款は629条に即し

というべきである。本件条項にいう「偶然な事故」を、商法の上記規定にいう「偶然ナル」事故とは異なり、保険事故の発生時において事故が被保険者の意思に基づかないこと（保険事故の偶発性）をいうものと解することはできない。原審が判示するように火災保険契約と車両保険契約とで事故原因の立証の困難性が著しく異なるともいえない。

したがって、車両の水没が保険事故に該当するとして本件条項に基づいて車両保険金の支払を請求する者は、事故が被保険者の意思に基づかないものであることについて、立証すべき責任を負わないというべきである。

	主張、立証すべき責任を負わない	
偶然」という約款の「偶発性（保険事故が被保険者の意思に基づかないこと）を意味するものではない。(3)車両保険契約と火災保険契約としては、保険金請求権保険成立要件に関する保険約款の規定の内容が異なる。(4)13年判決と保健の性質が異なる。		故によって保険証券記載の自動車に生じた損害について、この車両条項および一般条項に従い、被保険自動車の所有者に保険金を支払う（オールリスク保険）。②免責事由：保険契約者…等の故意によって生じた損害に対しては、保険金を支払わない。

発生するかどうか不確定な事故をすべて保険事故とすることを分かりやすく例示して明らかにしたもので、商法629条にいう「偶然ナル一定ノ事故」を本件保険契約に即して規定したものであり、他方、約款第4章第1節第3条の条項「故意による事故の場合保険金を支払わない旨の条項」は、保険契約者、被保険者が故意によって保険事故を発生させたことを、同法641条と同様に免責事由として規定したものというべきである。本件条項にいう「偶然な事故」を、同法629条にいう「偶然ナル事故」とは異なり、保険事故の発生時において事故が被保険者の意思に基づかないこと（保険事故の偶発性）というものと解することはできない。したがって、傷がつけられたことが保険事故に該当するとして本件条項に基づいて車両保険金の支払いを請求する者は、車両事故の発生が被保険者の意

第2章　要件事実・事実認定——各論

	判例	事案	請求原因等	抗弁等	解説
6	最判平18.9.14 第一小法廷 判時1948号164頁 金商1255号28頁	加盟店総合保険 火災事案	①保険金支払事由 すべての偶然な事故（オールリスク保険） ②免責事由 保険契約者、被保険者又はこれらの者の法定代理人の故意若しくは重大な過失によって生じた損害に対しては、保険金を支払わない。	本件約款を契約内容とする本件保険契約に基づき火災による什器備品等の焼失及び休業が保険事故に該当するとして保険金を請求する者は、事故の発生が保険契約者等の意思に基づかないものであることについて、立証責任を負うべきである。 保険契約者等の故意又は重過失によって保険事故が発生したことは、保険者において、免責事由として主張、立証すべきである。	(1)約款は、保険契約成立時に、発生するかどうかが不確定な事故をすべて保険事故とするものなので、約款の「偶然な事故」と商法629条の事故は同趣旨であり、保険契約における事故の不確定性を意味するにすぎない。(2)商法641条の「悪意・重過失」は免責事由として規定されたものである。一、二審は請求棄却。最高裁で逆転。

思に基づかないものであるとと証すべきであるというべきである。原審の引用する前記平成13年4月20日第二小法廷判決については、傷害保険についてのものであり、本件とは事案を異にする。

「すべての偶然な事故」を保険事故とするテナント総合保険普通保険約款に基づき、火災による什器備品等の焼失及び休業が保険事故に該当するとして保険者に保険金の支払を請求する者は、事故の発生が保険契約者等の意思に基づかないものであることについて、立証すべき責任を負わない。

		家庭用総合自動車保険盗難事案		立証する責任を負うと解すべきである。	
7	最判 平 19.4.17 第三小法廷 判時1970号32頁 判タ1242号104頁 金商1267号25頁	「衝突、接触…その他偶然な事故」及び「被保険自動車の盗難」を保険事故と規定している家庭用総合自動車保険約款に基づき上記盗難に当たる保険事故が発生したとして車両保険金の支払を請求する者は事故の偶発性についての主張立証責任を負わない。	①保険支払事由 衝突、接触、墜落、転覆、物の飛来、物の落下、火災、爆発、台風、こう水、高潮その他偶然な事故によって被保険自動車及び被保険自動車の盗難による損害に対して、被保険者に保険金を支払う（オールリスク保険）。 ②免責事由 当会社は、保険契約者、被保険者、保険金を受け取るべき者、所有権留保条項付売買契約に基づく被保険自動車の買主等の故意により生じた損害に対しては、保険金を支払わない。	被保険自動車の盗難という保険事故が発生したとして車両保険金の支払を請求する者は、「被保険者以外の者が被保険者の占有に係る被保険自動車をその所在場所から持ち去った」という外形的な事実を主張立証すれば足り、被保険自動車の持ち去りが被保険者の意思に基づかないものであることを主張、立証すべき責任を負わない。	(1)商法の解釈 ①629条、成立時の偶然性 ②641条、保険金請求権の発生を妨げる免責事由 (2)約款の「偶然」とは同629条の「偶然」は同じ (3)被保険自動車の盗難について他の保険事故と異なる主張立証責任を定めたものと解することはできない。

第2章　要件事実・事実認定──各論

8	最判 平 19.4.23 第一小法廷 判時1970号106頁 判夕1242号100頁 金商1267号25頁	一般自動車総合保険契約盗難事案	①保険金支払事由 衝突、接触、墜落、転覆、物の飛来、物の落下、火災、爆発、台風、こう水、高潮その他偶然な事故に よって被保険自動車に生じた損害及び被保険自動車の盗難によって生じた損害に対して、被保険条項及び一般条項に従い、被保険自動車の所有者に車両損害保険金を支払う（オールリスク保険）。 ②免責事由 保険契約者又は被保険者が、事故内容等の通知について不実のことを告げた場合、警察への届出もしくは保険者から必要として求めた書類に故意に不実の記載をしたとき。	被保険自動車の盗難という保険事故が発生したとして本件条項に基づいて車両保険金の支払を請求する者は、被保険自動車の持ち去りが被保険者の意思に基づかないものであることを主張、立証すべき責任を負うものではない。しかしながら、上記保険金請求者は、上記保険金請求者は、「被保険者以外の者が被保険自動車の占有に係る被保険自動車の所在場所から持ち去った」という外形的な事実を主張、立証する責任を免れるものではない。盗難の外形的事実は ⅰ 被保険者の占有	(1)商法の解釈 ① 629条、成立時の偶然性 ② 641条、保険金請求権の発生を妨げる免責事由 (2)約款の「偶然」は同条の「偶然」と異なる主張立証責任を定めたものと解することはできない。 (3)被保険者が他の保険事故について異なる主張立証責任を定めたものと解することはできない。

(1)「衝突、接触…その他偶然な事故」及び「被保険自動車の盗難」を保険事故として規定している一般自動車総合保険約款に基づく保険金の支払に当たるとして保険金の支払を請求する者は事故の偶然発生についての主張立証責任を負わない。
(2)被保険自動車の盗難を請求する者が盗難立証責任を負う事由に車両保険の立証責任を負うだけの盗難の外形的事実について第三者による持ち去りとみて矛盾のない状況にみて客観的・客観的にみて第三者による持ち去りとみて矛盾のない状況にみて立証されるだけで盗難の事実が推定されるとした原審の判断には違法がある。

510

保険金請求訴訟における偶発性・外来性に関する主張立証責任の所在

9	最判平19.7.6 第二小法廷 判時1984号108頁 判タ1251号148頁	請求者は、外部からの作用による事故と被共済者の傷害との間に相当因果関係があることを主張立証すれば足り、被共済者の傷害が被共済者の疾病を原因として生じたものではないことまで主張立証すべき責任を負うものではないというべきである。	災害補償共済契約に基づく傷害保険もらそのに基づき塞まらせて窒息し、低酸素脳症による後遺障害が残った事案	①共済金受取人が事故に災害が発生したときは、本件規約に基づき、共済組合は会員に補償費を支払う。 ②災害の定義 本件規約にいう災害とは、急激かつ偶然の外来の事故で身体に傷害を受けたものをいう。 ③補償の免責 被共済者の疾病、脳疾患、犯罪行為、泥酔、闘争行為、自殺行為又は重大な過失	請求者は、外部の作用による事故と被共済者の傷害との間に因果関係があることを主張、立証すれば足り、被共済者の傷害が被共済者の疾病を原因としてしてじたものではないことまで主張、立証すべき責任を負うものではないというのである。 「疾病が原因でない」ことまで主張立証責任を負うのか（外来性）、解釈が分かれる。

（に至る被保険自動車が保険請求者の主張する所在場所に置かれていたこと ii被保険者以外の者がその場所から被保険自動車を持ち去ったことという事実の証明が必要。）

第2章　要件事実・事実認定——各論

10	最判平19.10.19第二小法廷判時1990号144頁判タ1255号179頁	保険金請求者は、運行事故と被保険者がその身体に被った傷害(本件傷害除外条項に当たるものを除く)との間に相当因果関係があることを主張立証すれば足りるというべきである。	自動車総合保険契約に基づく人身傷害補償特約	①保険金支払事由 i 日本国内において、次の各号のいずれかに該当する急激かつ偶然な外来の事故により、被保険者が身体に傷害を被ること又はよって被保険者が身体又はその父母、配偶者若しくは子が被る損害に対して、この特約に従い、保険金を支払う。 (ア) 自動車の運行に起因する事故。 (イ) 被保険自動車の運行中の、飛来中若しくは落下中の他物との衝突、火災、爆発又は被保険自動車の落下。 上記の傷害には、日射、熱射又は精神的衝動による障害を含まない。	請求者は、運行事故と被保険者がその身体に被った傷害(本件傷害除外条項に当たるものを除く)に相当因果関係があることを主張証すれば足りるというべきである。	(1)被保険者の疾病によって生じた運行事故も「外来の事故」に該当する。 (2)本件特約には、傷害に該当する疾病免責条項は存在しておらず、また、運行事故が被保険者の過失によって生じた場合であっても、その過失が故意又は重大な過失であるときに限られ、運行事故によって被保険者の疾病であっても保険金を支払うこととしているものと解される。

512

ⅱ 被保険者がⅰに記載された事故の直接の結果として死亡したときは、死亡による損害(葬祭料、逸失利益、精神的損害及びその他の損害)につき保険金を支払う。
②免責事由
被保険者の極めて重大な過失によって生じた損害については、保険金を支払わない。

手形変造と立証責任

高橋 宏志

1 はじめに

　手形が変造された場合，変造後の署名者は変造後の現文言に従い，変造前の署名者は変造前の原文言に従い責任を負う（手形法69条・77条1項7号）。その変造についての立証責任（証明責任，挙証責任とも言う。真偽不明の際に裁判を可能とする客観的立証責任を指す）は，どちらの当事者が負担するか。たとえば，手形所持人（権利者）が現文言金額1千万円，支払期日（満期）平成20年2月2日を陳述し，手形署名者（義務者）が原文言金額百万円，支払期日（満期）平成20年8月2日と陳述するとき，どちらの当事者が立証責任を負うか。

　この問題は，手形の記載上に変造の証跡が残っているかによって訴訟の実際の展開が異なること，手形への署名（捺印を含むものとする）の真正が手形全体を真正に成立したものと「推定」する規律（民訴228条4項）が関係すること，手形が輾転流通するものであることから取引の安全への考慮が関わること，等々が絡みいくつの見解が提唱されてきた。本小稿は，従来の見解に新たな知見を加えるものではなく，整理するにとどまる。伊藤滋夫先生の喜寿を言祝ぐ力に欠けるが，ご宥恕を乞いたい。

2　従来の通説

　従来の通説は，手形上に変造の証跡が残っていない場合と残っている場合と

を区別し，残っていない場合（手形の外形に異状がない場合）には，手形所持人（普通は原告）は一応現文言（変造後の文言）に従って請求することができ，手形署名者（普通は被告）が現文言による責任を免れようと思えば，自己の署名後に変造が行われた事実（かつ変造前の原文言）を証明しなければならない。手形上に変造の証跡が残っている場合は，手形署名者は一応現文言によって責任を負う必要がなく，したがって，手形所持人が変造後の現文言によって手形署名者に責任を問うためには，手形所持人の方で，手形署名者が変造後に署名したことを立証しなければならない，また，変造前の原文言によって手形署名者に責任を問うためには，署名が変造前に行われたこと及び原文言を立証する必要がある，と論じていた[1]。

　この説は，訴訟の実際の展開過程に即している利点がある。手形証券上に変造の証跡がない場合には，手形所持人は現文言に従って請求していくのが通常であり，それに対して手形署名者が変造の事実と原文言を主張するという展開になるのが普通だからである。また，変造の証跡がある場合で変造前の原文言による責任を手形所持人が追及するときは，署名が変造前になされたこと及び原文言を手形所持人が主張し立証していくのが通常であろう。しかし，訴訟のこの実際の展開過程は，訴訟の具体的局面に応じてどちらの当事者が次の主張活動，立証活動をする必要に迫られるかに焦点を当てたものである。それは，民事訴訟上の「立証の必要」を論じているにとどまり，証拠調べを尽くしたけれども要証事実が真偽不明にとどまるときに当事者のどちらが不利益を負うかの（客観的）立証責任を論じているのではない。手形変造の立証責任の議論としては，この説は説得力を欠くというべきである[2]。

　しかし，議論は反転し，客観的立証責任ではなく行為責任としての立証責任（主観的立証責任とも言われる）でものごとを考えていくべきだという説が登場する。すなわち，真偽不明のときの不利益の負担，それによる裁判の可能化を論ずべきではない。それは，裁判を中心として結果から後を振り返る古い発想に引きずられている。訴訟手続内の動き行く具体的局面において，一定の事実の証明という行為責任を尽くす義務を論ずべきであり，それが実践的にも理論的にも新しい意味ある営為だというのである。立証の必要とされたものは，この説では「立証責任」（主観的な立証責任）の中に積極的に取り込まれてゆく。そ

の結果，手形の外形に異状がない場合には，手形署名者が，署名後の変造，自己に帰責事由のなかったこと，又は手形所持人の悪意について「(主観的)立証責任」を負う，とする。これらの事実が立証されれば，署名と手形記載内容との結びつきが壊れたのであるから，手形所持人が原文言を立証すべきだとする[3]。

けれども，理論としては，まずは客観的立証責任の所在を探求すべきであろう。その上で，立証の必要を加味した実践論を展開するか否かは論者の学問論に委ねられるのであろう。

(1) 鈴木竹雄・手形法・小切手法（法律学全集）（有斐閣，1957）169頁，伊沢孝平・手形法・小切手法（有斐閣，1949）168頁，石井照久・商法Ⅱ〔改訂版〕（勁草書房，1959）439頁，菱田政弘「手形の変造・抹消」鈴木竹雄＝大隅健一郎編・手形法小切手法講座1（有斐閣，1964）259頁，ほか。
(2) 立証の必要と立証責任の混同を強く戒めるのは，三ケ月章・民事訴訟法（法律学全集）（有斐閣，1959）411頁。
(3) 伊沢和平「手形金請求における立証責任」立教法学24号1頁（1985），岩原紳作・解説・手形小切手判例百選〔第四版〕（有斐閣，1990）46頁。
この説は，民事訴訟法学上のいわゆる「手続保障の第三の波」学派の強い影響下にある。この学派については，井上治典・民事手続論（有斐閣，1993）の諸論考参照。

3 現在の多数説

立証責任の一般原則によれば，権利者は権利発生の根拠事実につき立証責任を負う。手形で言えば，手形署名者が手形行為をしたことが権利発生の根拠事実の根本であるから，手形所持人（権利者）は，手形署名者の手形行為の内容をなす署名当時の手形の文言につき，請求原因事実として立証責任を負うことになる。手形所持人が手形の現文言に基づき請求をした場合，手形署名者はそのような手形行為を行っていないとして請求原因事実を否認すれば足りる（変造との主張は理由付き否認となる）。

立証の方法として，手形所持人は現文言が記載された手形を訴訟に提出し，この手形の署名の真正を立証する。署名の真正を主張立証できれば，民訴法228条4項により，手形の記載の全体の真正が「推定」される。しかし，民訴法228

条4項は，真の法律上の推定規定ではなく，証拠法則を条文化したものに過ぎないから，手形の記載内容が手形署名者の意思に基づくものであるか否かが真偽不明となったときは，立証責任は手形所持人にあるので，手形所持人が不利益を負担する。

これが，現在の多数説だといってよい(4)。判例も，最判昭42・3・14民集21巻2号349頁が「約束手形の支払期日（満期）が変造された場合においては，その振出人は原文言（変造前の文言）にしたがって責を負うに止まるのであるから（手形法77条1項7号・69条），手形所持人は原文言を主張，立証した上，これにしたがって手形上の請求をするほかはないのであり，もしこれを証明することができないときは，その不利益は手形所持人にこれを帰せしめなければならない」と判示し同旨を説くとされる(5)。

以上の多数説は，民事訴訟法の立証責任の一般原則に従うものであり，また民訴法228条4項の通説の解釈論に従うものであるから説得力に富む。しかしながら，この説では，手形所持人に立証責任が課され，その意味で手形所持人に重い負担が課される結果となる（裏から見ると，署名をしたにもかかわらず，手形署名者を強く保護する結果となる）。これが，手形の流通性を阻害するのではないかという疑問を生じさせ，近時の有力説を生むことになる。

(4) 坂井芳雄・約束手形金請求訴訟における要件事実とその立証（司法研究報告書14輯2号，1963）45頁，同・裁判手形法（一粒社，1968）167頁以下特に180頁，鴻常夫「約束手形訴訟における要件事実」鈴木忠一＝三ケ月章監修・実務民事訴訟講座(4)（日本評論社，1969）227頁［鴻常夫・手形法・小切手法の諸問題（有斐閣，2001）175頁所収］，菅原菊志「判批」民商57巻3号461頁（1967），大隅健一郎＝河本一郎・注釈手形法・小切手法（有斐閣，1977）390頁，大塚龍児「有価証券の偽造・変造」竹内昭夫＝龍田節編・現代企業法講座第5巻（東京大学出版会，1985）197頁以下特に229頁，ほか。

(5) ただし，事案からすると，変造ではなく，白地補充権の濫用であったと解されている。竹内昭夫・判例商法Ⅱ（弘文堂，1976）250頁，岩原・前掲注(3)，菅原・前掲注(4)，高橋宏志・解説・手形小切手判例百選［第六版］（有斐閣，2004）46頁。

第2章　要件事実・事実認定——各論

4　近時の有力説

　多数説への異論は，その嚆矢となった坂井説が手形の現文言（あるいは甲第1号証としての手形証券）を，あたかも消費貸借契約における借用証書の役割と同様に，手形署名者の手形行為の内容を推測する有力な証拠であるに止まるとすることへの違和感からまず生じてきた。設権証券性や文言証券性に鑑みれば，手形の意義と役割はもっと本質的に重要なものではないかとするのである(6)。

　理論的な疑念はそこにあるが，さらに実質的にも，手形署名者は，ともかくも署名をしたのであるから，もっと負担を課せられてよいのではないかとする疑念を生む。そこから，変造の事実は手形署名者が立証責任を負う抗弁だという構成が生ずる。ただし，前記の西説では，手形署名者が変造後に署名した，あるいは，原文言はなになにでありしたがって手形署名者はその限度において責任があるというのは手形所持人が立証責任を負う再抗弁事実だと構成された。

　署名をした手形署名者の負担を重くすること，すなわち，手形の流通性を高め取引の安全を保障し手形所持人をより保護することへの関心は，さらに徹底して，変造の事実の立証責任が手形署名者にあるにとどまらず，原文言の立証責任も手形署名者にあるとする説を生む(7)。変造後に手形を取得した所持人は，原文言を立証することが困難であること，多数説によれば，手形所持人が変造前の原文言を立証できなかったときは手形金請求をまったく認められなくなるが不当であること，人的抗弁や白地手形補充権の濫用の場合とバランスを取るべきこと（手形署名者がこれらの事実の立証責任を負う），できるだけ変造されやすいように振出人が金額欄等重要な要件を鉛筆で書いた方が有利になるという奇妙な結果になること，等々を根拠とする(8)。

　さらに，民訴法228条4項と具体的事実陳述＝証拠提出義務から精緻に論ずる有力説が生じた(9)。通説と異なり，この松本説は，民訴法228条4項の「推定」規定を真の法律上の推定規定だと把握する。そうだとすると，署名が真正であれば文書（手形）全体の真正が推定され，手形は処分証書であるから現文言で手形債務が証明されたことになる。それを覆すためには，手形署名者の方が変造を主張立証しなければならないとするのである。ただし，変造の事実は

518

証明されたけれども原文言が真偽不明のとき，原文言の立証責任は手形所持人に負担させる点で上記の森本説・竹内説と異なる（文言が不明のときは，松本説では請求棄却となる）。手形署名者に原文言の立証責任を負担させると，変造だと分かっていても現文言（変造後の文言）で手形署名者の責任を認めることが生ずるがそれは行き過ぎだ，とするからである。しかし，原文言を見ていないことも多いであろう手形所持人の立証活動の困難さを救うため，松本説は，原文言について，手形署名者に具体的事実陳述＝証拠提出義務ないし解明義務を負わせるという手段を用意する。原文言について，手形署名者は知っていることを具体的に陳述することを求められ，その陳述を手掛かりに原文言を解明していこうとするのである。手形署名者が具体的事実陳述＝証拠提出義務ないし解明義務を果たさない場合には，裁判所は義務違反を自由に評価し制裁として手形署名者に不利益に判断することができる（手形署名者敗訴，請求認容とすることができる）。したがって，手形署名者は具体的陳述をし事案が解明されるのが通常であろうが，手形署名者が知っている限りの事実を陳述し証拠を提出してもなお原文言が真偽不明であるときは，立証責任の負担に応じて手形所持人が敗訴（請求棄却）となる。

　以上，松本説は芸の細かい巧みな説だと評することができる。

　(6)　西理「変造の主張」村重慶一編・裁判実務大系2手形小切手訴訟法（青林書院，1984）179頁以下特に186頁。服部榮三「手形の変造に関する諸問題」民商94巻1号1頁以下（1986）も同旨。

　　松本・後掲注(9)171頁も，坂井説は，手形変造の陳述は被告の手形行為の成立の有無の証拠［提出された手形証券］に関する弁論（証拠弁論）として現われるに過ぎず，弁論たる主張としては現われないことを論拠とする。しかし，手形の変造の陳述が単なる証拠意見としての性質しかもたないというのは，現象にとらわれた皮相な見方ではないだろうか。設権証券・文言証券であり，流通性が重んぜられる手形証券に化体された手形金請求権を行使する訴訟において，手形証券を中心にして弁論が展開することは，単なる便宜ではなく，手形の本質に合致した弁論のあり方というべきではなかろうか，と批判する。

　　これらの理論面での坂井説批判は，もっともなところがある。しかし，それは坂井説のいわば勇み足を指摘するに止まり，現時の多数説全体を否定するものとはならないのではなかろうか。変造は，確かに主要事実ではないが，積極否認だと位置づけられ，それで十分なのではなかろうか（単なる証拠意見ではない）。

(7) 森本滋「手形金の請求と立証責任」吉川大二郎博士追悼論集『手続法の理論と実践（上）』（法律文化社，1980）165頁以下特に172頁。
(8) 竹内・前掲注(5) 264頁。
(9) 松本博之・証明責任の分配〔新版〕（信山社，1996）168頁以下。具体的事実陳述＝証拠提出義務については，松本博之「民事訴訟における証明責任を負わない当事者の具体的事実陳述＝証拠提出義務について」曹時49巻7号1611頁（1997）参照。事案解明義務については，春日偉知郎「証拠の蒐集および提出行為における当事者行為の規律」民訴28号60頁（1982）参照。

5　私見——多数説への回帰

　かつての通説は，立証の必要と立証責任を混同するものであった。実際の訴訟過程に即しているとはいえ，客観的立証責任の所在を論ずる理論としては，取るべきでない[10]。

　近時の有力説のうち松本説は，手形署名者に具体的事実陳述＝証拠提出義務ないし解明義務を課すことで斬新である。多くの事件は，この調整方法によって適切に処理されるであろう。しかし，前提とする民訴法228条4項を真の法律上の推定規定だと解する点に若干の疑問がある。印字された文書の中に手書きの部分が混じっていたとしても，署名が真正であれば文書全体の真正が「推定」される。反対証明によって，手書きの部分は他人が書き込んだ可能性があるがそうも断定できない，つまり真偽不明のとき，松本説では真の法律上の推定であるので，文書は手書き部分を含めて真正だと扱われることになる。これは，おそらく妥当でなく，民訴法228条4項は通説のように，証拠法則を条文化しただけのものだと解し手書き部分を真正だと扱わない方がよいのではあるまいか[11]。そうだとすると，具体的事実陳述＝証拠提出義務ないし解明義務は魅力的であるけれども，理論全体としてはこの説に賛成しがたい面が残る。

　しかし，手形に署名をした以上，相応の責任を負うべきだ，それによって手形取引の安全を保障すべきだという近時の有力説に共通する発想に対してどう考えるべきであろうか。確かに，手形は輾転流通することを念頭に置いて法技術的に構成されたものであるから，流通性を無視することはできない。けれども，過度に考慮することはどうか。日本の現実の社会では，手形は輾転流通す

るものではないようである⒓。そうだとすると，手形署名者に具体的事実陳述＝証拠提出義務ないし解明義務を課す程度で取引の安全を考慮し，立証責任の分配としては，多数説と同様，手形所持人が立証責任を負担するということでよいのではなかろうか⒔。

⑽　前田庸・手形法・小切手法（有斐閣，1999）280頁は，基本的には手形所持人が立証責任を負うが，変造について帰責事由のある手形署名者（たとえば，変造されやすい手形を作成した者）は変造前の署名者であっても変造後の現文言によって責任を負うという説を展開する。多数説と近時の有力説との折衷説だという。その上で，「手形の外形上異常がない場合には，手形署名者は変造されやすい手形に署名したという事実上の推定が働くのが通常であろうから，手形取得者としては，容易に現在の文言による責任を追及することができ，その利益が保護されることになる」と論ずる。

　これは，なお手形の外形を考慮した議論だと見ることもできよう。ただし，実体法の解釈を加味している。

⑾　吉村徳重＝小島武司編・注釈民事訴訟法⑺（有斐閣，1995）178頁〔太田勝造〕，高橋宏志・重点講義民事訴訟法（下）〔補訂版〕（有斐閣，2006）121頁（注143）。

　ただし，松本・前掲注⑼証明責任の分配176頁は，文書が抹消，改ざん，挿入など外形上の瑕疵を持つ場合には，文書は直ちに真正との推定を受けることができない，と論ずる。これらを除くことによって松本説は，「推定」を真の法律上の推定だと扱うのであろう。

⑿　関俊彦「手形法における第三者保護の点検」法学54巻6号114頁（1991），同「金融信用による手形侵食と手形法学の五〇年」法教179号24頁（1995）。近時の有力説を提唱した森本教授も，同じく，取引の安全重視を戒めている。森本滋「『手形小切手法の理論と実務』連載に当たって」法教181号89頁（1995）。森本論文は，「振出人と裏書人の信用の集積が約束手形の特色なのであり，少なくとも株券と同様の意味において，転々流通するものではない。とりわけ，都市銀行が割り引く手形には原則として裏書がなされておらず，取立委任を受ける手形についても裏書のあるものは少ないようである」とする。

⒀　竹内説からの批判には，次のように答えることができよう。手形所持人が原文言を立証することが困難であることは，具体的事実陳述＝証拠提出義務ないし解明義務によって対処することができる。手形所持人が原文言を立証できないときは，請求棄却となるという点については，手形署名者に具体的事実陳述＝証拠提出義務を課せば原文言は出てくるであろうし，この法理を認めなくとも現文言を積極否認するとき手形署名者（被告）から陳述があるはずである。その主張のある限りで，等価値主張の法理により，手形所持人の権利を肯定することができるのではなかろうか。たとえば，現文言は1千万円であるところ，手形署名者はそれを署名時には百万円であったと積

第2章 要件事実・事実認定——各論

極否認した場合，百万円の限りでは原告の主張によっても被告の主張によっても肯定できるのであるから証拠調べを要せずに百万円を認容してよいように思われる。前掲最判昭42・3・14民集21巻2号349頁も，手形所持人の請求棄却ではなく，手形所持人に最も不利な支払期日（満期）で請求を認容した。等価値主張の法理については，鈴木正裕「弁論主義に関する諸問題」司法研修所論集77号1頁以下（1986）参照。人的抗弁や白地手形補充権の濫用とのバランスは一個の問題であるけれども，それぞれ別の局面なのであるから，バランスをどう取るかが慎重に議論されるべきものであろう。最後に，不誠実な振出人を利するという点は，これも，具体的事実陳述＝証拠提出義務を課すことによって防止することができ，また鉛筆書き云々はやや極端な議論であろう。

労働訴訟と要件事実
―整理解雇の主張立証責任の所在についての一考察―

難波 孝一

1 はじめに

　筆者は，平成14年1月から同19年3月までの間，東京地方裁判所労働部に在籍し，数多くの労働事件を担当する機会に恵まれた。労働事件においては，解雇権濫用の有無，就業規則変更等の必要性，合理性など，評価的要件（規範的要件）の存否が問題となる事案に数多く接した。とりわけ，整理解雇をめぐる事案においては，使用者側は，「業務上やむを得ない都合」で人員削減のために多くの従業員を解雇せざるを得ないと主張し，労働者側は，そのような事情は存在しないと反論するのが常であった。そして，整理解雇の有効性をめぐっては，「業務上やむを得ない都合」とは何か，誰がどのような事実を主張立証するべきかが問題になるところ，この点については諸説が乱立しており，定説はない状況にあるとの認識を持っている。このため，整理解雇をめぐる事案の審理に当たっては，主張立証責任の所在について悩まされるとともに，労使双方の対立が激しく，訴訟運営に難渋した記憶が残っている。労働者・組合側と会社側が互いに譲歩し，和解に至った事案もあったが，和解交渉が決裂し，判決・決定に至ったケースもあった[1]。そこで，本稿において，少なからぬ整理解雇事案の審理を実際に担当した者として，その経験等に照らし，整理解雇をめぐる主張立証責任の所在をどのように考えるべきかについて，これまでの判例・学説等を概観しながら，私見を述べることにする。

(1) 筆者が，単独体で言い渡した整理解雇についての主な判決，決定としては，東京地

判平15・8・27判夕1139号121頁・ゼネラル・セミコンダクター・ジャパン事件，東京地判平18・1・13判時1935号168頁・コマキ事件，東京地判平18・11・29判時1967号154頁・東京自転車健康保険組合事件などがある。

2 整理解雇の概念について

(1) 整理解雇の意義

(ｱ) 整理解雇の意義については，確定した定説はないと思われる。その理由は，整理解雇自体，法律上の根拠があるわけではなく，これまでの裁判例の積み重ねにより生み出された概念のため，学説上，十分に明瞭かつ厳密に定義された概念ではないからである[2]。これまでの裁判例を整理したうえで，下井隆史教授は，「使用者が経営不振等のために従業員数を縮減する必要に迫られたという理由により，一定数の労働者を余剰員として解雇する場合」と定義しており[3]，これが一般的に受け入れられているようである[4]。

(ｲ) 次に，これまでの整理解雇をめぐる裁判例は，整理解雇の有効・無効を判断するに当たって，どのような事実を基礎に判断しているかについてみてみると，僅かな例外[5]を除き，ほとんどの裁判例は，①人員削減の必要性，②解雇回避努力を尽くしたか，③人選の合理性，④手続の相当性（不相当性）の4点（以下「上記①ないし④の4点」という）を考慮しながら，整理解雇の有効性・無効性を判断している[6]。

(ｳ) 以上のとおり，整理解雇は多くの裁判例の積み重ね等により確立された概念であること，裁判例においては上記①ないし④の4点に照らし有効性の存否を判断していることを直截に捉えると，整理解雇とは，上記①ないし④の4点に照らし，有効性の存否が判断される解雇の類型であるということができよう。

(2) 三浦隆志「地位確認等請求事件（整理解雇）」山口幸雄ほか編・労働事件審理ノート〔改訂版〕（判例タイムズ社，2007）34頁（以下「労働事件審理ノート」という）。
(3) 下井隆史「整理解雇の法律問題」日本労働法学会誌55号23頁（1980），同・労働基準法〔第3版〕（有斐閣，2001）141頁（以下「下井・労働基準法」という）。なお，

菅野和夫・労働法〔第8版〕（弘文堂，2008）457頁（以下「菅野・労働法」という）によれば，整理解雇について，人員削減のために行う解雇と述べられている。
(4) 労働事件審理ノート35頁参照。下井・前掲注(3)「整理解雇の法律問題」24頁によれば，学説として，整理解雇の概念が採り上げられたのは，三島宗彦「解雇権の濫用」石井照久＝有泉享編・労働法大系5（労働契約・就業規則）（有斐閣，1963）298頁以下が「個別的解雇」に対するものとして「整理解雇」の概念をあげているのが最初であると紹介している。
(5) 東京地決平12・1・21労判782号23頁・ナショナル・ウエストミンスター銀行第3次仮処分事件
(6) 長崎地大村支判昭50・12・24判時813号98頁・大村野上事件，東京高判昭54・10・29判時948号111頁・東洋酸素事件などが代表的である。上記①ないし④の4点に着目して判断を行ってきたことを指摘するものとして，菅野・労働法458頁，下井・労働基準法115頁以下，和田肇「整理解雇法理の見直しは必要か」季刊労働法196号13頁（2001），奥田香子「整理解雇の事案類型と判断基準」日本労働法学会誌98号47頁（2001）など。

(2) 要件説と要素説（総合考慮説）

(a) 問題の所在

上記①ないし④の4点に該当する事実を，解雇権の行使が有効であるという法律効果を導くための要件（正確には要件事実）と捉えるか，それとも，上記①ないし④の4点に該当する事実は解雇権の行使が有効か否かを判断するに当たっての要素と考えるべきかについての争いである。要件説に立てば，上記①ないし④の4点すべての要件に該当する事実の存在が主張立証されて初めて整理解雇は有効とされるのであり，4つの要件に該当する事実のうち1つでも欠ければ整理解雇は無効となる。これに対し，要素説によれば，上記①ないし④の4点に該当する事実（要素）を中心にそれ以外の事情も総合判断したうえで整理解雇が有効か否かを判断することになり，4つの要素のうち1つが欠けたからといって当該整理解雇が直ちに無効になるわけではないということになる[7]。

(b) 裁判例

4要件説を採った代表的な裁判例としては，長崎地大村支判昭50・12・24判時813号98頁・大村野上事件，長野地上田支判平9・10・29労判727号32

第2章　要件事実・事実認定——各論

頁・丸子警報器事件などがあり，最近でも，山口地決平12・2・28労判807号79頁・三田尻女子高校事件，熊本地判平16・4・15労判878号74頁・九州日誠電気事件などが4要件説を採用している。

　これに対し，4要素説を採ったものとしては，比較的古いものでは東京地八王子支判平5・2・18労判627号10頁・ゾンネボード薬品事件があり，最近では，大阪地判平12・12・1労判808号77頁・ワキタ事件，東京地決平12・1・21労判782号23頁・ナショナル・ウエストミンスター銀行第3次仮処分事件，大阪地判平13・4・12労判829号79頁・塚本正太郎商店事件，東京地判平15・8・27判タ1139号121頁・ゼネラル・セミコンダクター・ジャパン事件，東京地判平17・9・30労経速報1928号3頁・印南製作所事件，東京地決平18・1・13判時1935号168頁・コマキ事件，名古屋高判平18・1・17労判909号5頁・山田紡繽事件，東京地判平18・11・29判時1967号154頁・東京自転車健康保険組合事件など枚挙にいとまがなく，4要素説が判例の主流を占めている[8]。

(c)　学　　説

　上記①ないし④の4点を要件と捉えるか要素と考えるかについて意識的に議論されるようになったのは，東京地決平12・1・21労判782号23頁・ナショナル・ウエストミンスター銀行第3次仮処分事件が要素説に従った決定を出したことを契機としてである[9]。上記仮処分決定は，上記①ないし④の4点について，「解雇権の濫用に当たるかどうかを判断する際の考慮要素を類型化したものであって，各々の要件が存在しなければ法律効果が発生しないという意味での法律要件ではない」として，要素説の立場に立つことを明らかにした。

　上記仮処分決定を契機に，上記①ないし④の4点は整理解雇の効力を判断するに当たっての定型的に重要な要素であるとする考え方が多数を占めるようになったと思われる[10]。また，裁判実務家は，いずれも要素説を採っていることを明らかにしている[11]。なお，4要素説を採る学説は，いずれかの要素を欠く場合には解雇は無効になるのが通常であろうから，4要件説と実質上の差はほとんどないと説明されている[12]。しかし，上記考え方には賛成することができない。なぜなら，4要件説に立つならば，4要件のうち1つでも欠ければ整理解雇は無効となるが，4要素説に立つと，1つの要素が欠けても他の要素が重

要でかつ立証できている場合には，整理解雇は有効になる可能性があり，4要件説と4要素説で結論が同一になると通常いえるか否か疑問があるからである。また，4要件説に立てば，1つの要件でも欠ければ整理解雇は無効となるのであるから，他の3要件については判断する必要はないのに対し，4要素説は，上記①ないし④の4点に関する事実を総合考慮して整理解雇の有効性を判断するのであるから，両説では判断の思考過程が異なり，両説を実質上の差がほとんどないとの考え方には違和感を覚えるからである。

なお，4要素説に対し，上記①ないし④の4点を，権利濫用該当性の単なる判断要素でなく，労働契約上の信義則から抽出される解雇権の行使要件と位置づけ，その全てを充足していなければならないとして要件説を採る学説も存在する[13]。

(d) 私　　見

(ア)　要件説，要素説（総合考慮説）に対する評価であるが，私は次のように考える。要件説は，上記①ないし④の1つでも欠けた場合に，整理解雇を無効とする点で，結論的妥当性に問題がある。例えば，要件説によれば，④の要件が欠けたものの，手続的違法の程度が大きくない場合においても，①ないし③の要件は具備されている場合には，整理解雇は無効という結論になると思われるが，事案によっては整理解雇は有効となる余地を残しておいた方がバランスのとれた（すわりのよい）解決を図ることができるように思われ，要件説の考え方はいささか硬直的と考えられる。また，要件説は，上記①ないし④に該当する事実が要件事実であり，当該要件事実と整理解雇との関係が明確ではないように思われる。他方，要素説は，上記①ないし④の4点の要素が要件事実なのか間接事実なのかが不明確であり，もう少し，理論的正確性を期する必要があると思われる。

(イ)　整理解雇の意義については，前記(1)で見てきたとおりであり，下井教授の定義に従えば，「使用者が経営不振等のために従業員数を縮減する必要に迫られたという理由により，一定数の労働者を余剰員として解雇する場合」を指すが，これは評価そのものであり，事実とはいえない。すなわち，「整理解雇」はそれ自体評価そのものというべきである。そうだとすると，このような整理解雇が有効か否かを判断するに当たっては，上記①ないし④の4点に該当する

第2章　要件事実・事実認定——各論

事実が，主張立証責任対象事実（攻撃防御の対象となる事実）となる。その意味で，判断の構造としては，「整理解雇の有効性」を評価的要件[14]と捉え，上記①ないし④の4点に該当する事実は，整理解雇が有効か否かを判断するに当たって，その基礎となる評価根拠事実，評価障害事実に位置づけるのが相当である[15]。上記①ないし④に該当する事実のうち，何が評価根拠事実で何が評価障害事実かは，後記4で検討することにする。

(7)　労働事件審理ノート36頁，土田道夫「整理解雇」労働判例百選〔第7版〕別冊ジュリ165号172頁（2005）（以下「土田論文」という）。

(8)　同様の分析をするものとして土田論文172頁がある。また，菅野・労働法459頁は，「裁判所は，近年まで，ほぼ一様に，これらの4つの事項を，整理解雇が有効となるためにはすべてを満たすべき『4要件』と解してきた。しかし，バブル崩壊後の長期かつ深刻な経済変動のなかで，従来にない広がりと多様性をもって人員削減が行われた様相に接して，それら4つの事項を整理解雇の有効性を判断する4つのポイント（要素）と理解し，整理解雇はそれら要素に関する諸事情の総合的な判断によるとの判断枠組みを採用する裁判例が増加している。」と説明されている。

(9)　この点を指摘するものとして，土田論文172頁，山川隆一「解雇訴訟における主張立証責任」季刊労働法196号52頁（2001）（以下「山川・主張立証責任」という）。

(10)　要素説を採る学説としては，山川・主張立証責任52頁，下井・労働基準法142頁，荒木尚志・雇用システムと労働条件変更法理（有斐閣，2001）205頁，岩出誠・実務労働法講義下巻（民事法研究会，2006）627頁などが代表的である。

(11)　三浦隆志「整理解雇」現代裁判法大系第21巻（新日本法規出版，1998）141頁，松本哲泓「整理解雇」新・裁判実務大系第16巻（青林書院，2001）143頁など。

(12)　山川・主張立証責任52頁。

(13)　川口美貴「解雇権法理の展開（下）経営判断上の理由による解雇」季刊労働法217号152頁（2007）。同様の考え方を採るものとして古川景一「解雇権濫用の法理と要件事実・証明責任，及び解雇に関する正当事由必要説の再構成試論」季刊労働法194号77頁（2000）（以下「古川論文」という）が存在する。古川論文は，解雇権濫用の法理は実質上解雇に正当事由を要求しているのと同様であるとの理解に立って，解雇権濫用の法理を通常の権利濫用法理とは異なるものと捉え，4つの点を要件とした上で，これらについては裁判所の釈明権を媒介として使用者に対し主張と証拠提出を促し，使用者がこれに成功しない限り解雇権行使は権利濫用となるとする。しかし，何故，このように解するのかについて，根拠を見い出し難いという難点があるように思われる。

(14)　法律要件のうち，事実ではなく，評価が記載されている規定を評価的要件と呼び，評価のうち，規範的要素を含んでいるものを規範的要件と呼んでいる。以上の点は，

難波孝一「規範的要件，評価的要件」伊藤滋夫＝難波孝一編・民事要件事実講座第1巻（青林書院，2005）204頁を参照されたい。
(15) 評価的要件においては，評価自体が要件事実ではなく，評価を根拠づける具体的事実（評価根拠事実）及びそのような評価を障害する具体的事実（評価障害事実）が要件事実であることにつき，難波・前掲注(14) 210頁以下参照。

3 整理解雇をめぐる主張立証責任の構造について

(1) 問題の所在

　整理解雇が有効か否かをめぐり，労働者，使用者双方から主張された事実，具体的には上記①ないし④の4点に該当する事実を，訴訟法上，どのように位置づけるのかが問題になる。具体的にはどのような事実を抗弁に，どのような事実を再抗弁と位置づけるのか等，攻撃防御方法の構造をどうみるかの問題である。解雇，整理解雇をめぐる主張立証責任の法的構造について，従前は，意識的に論じた論文等はなかったが，山川隆一教授の書籍・論文がきっかけとなり，この点についての議論が展開されるようになったと思われる[16]。
　整理解雇をめぐる主張立証責任の所在をめぐっては，山川説，古川説，大江説が対立し，輻輳している。その原因は次の3点にあると思われる。第1の点は，民法627条は「当事者が雇用の期間を定めなかったときは，各当事者は，いつでも解約の申入れをすることができる」として解雇自由の原則を規定しているが，使用者側は，同規定を根拠に，抗弁として，「解雇の意思表示をした」とだけ主張立証すれば足りるのかという点である。第2の点は，就業規則に解雇事由として「やむを得ない事業上の都合がある場合には解雇することができる」という規定が記載されている場合には，当該規定を整理解雇についての規定と捉え，就業規則に上記のような記載がある場合とない場合を区別して主張立証責任の所在を考える必要があるか否かという点である。第3の点は，整理解雇の有効性を考えるに当たり上記①ないし④の4点に該当する事実以外に別の事実を捉え，上記①ないし④の4点に該当する以外の事実から解雇権濫用の主張[17]を構成する必要があるのかという点である。以上の3点を意識しながら，

山川説，大江説を検討しつつ，私見を展開してみたいと思う。なお，山川教授の書籍・論文は複数あるので，最新の注(16)山川・要件事実を山川説ということで検討することにする。

(16) 解雇，整理解雇の主張立証責任の構造についてブロックダイヤグラムを使用して自己の見解を発表されたのは山川隆一・雇用関係法〔初版〕（新世社，1996）250頁が最初と思われる。山川教授は，解雇，整理解雇の主張立証責任の所在について，「労働訴訟における要件事実」筑波大学大学院企業法学専攻10周年記念論集『現代企業法学の研究』（信山社，2001）613頁，山川・主張立証責任53頁，「労働事件と要件事実」伊藤滋夫＝長秀之編・民事要件事実講座第2巻（青林書院，2006）288頁（以下「山川・要件事実」という）と次々に精力的に自己の見解を発表されている。山川教授の見解にいち早く反応されたのは古川景一弁護士であり，前掲注(13)のとおり古川論文を発表されている。さらに，平成15年に入り，大江忠弁護士が，要件事実労働法（第一法規，2003）128頁（以下「大江説」という）で解雇，整理解雇の主張立証責任の所在について自説を展開されている。これを踏まえて，労働事件審理ノート30頁以下で，山川教授の考え方，大江説に説明を加えている。

(17) 平成20年3月1日施行の労働契約法16条によれば，「解雇は，客観的に合理的な理由を欠き，社会通念上相当であると認められない場合は，その権利を濫用したものとして，無効とする。」と解雇権濫用の法理を明文化している。

(2) 解雇自由の主張を抗弁に位置づける考え方の当否

(a) 請求原因

整理解雇が有効か否かを考えるに当たり，整理解雇が無効であり，依然として労働者の地位を有していることの確認を求める労働者としては，請求原因事実として，通常，①雇用契約の締結，②使用者が契約終了の主張（確認の利益）を主張立証すれば足りる(18)。これに対し，古川説は，上記①の事実に加え，「労働関係上の信義則に基づく継続性配慮義務」及び「継続性配慮義務の具体的内容（例として整理解雇4要件の遵守）」を主張する必要があるという(19)。しかし，何故，労働者側に，上記①に加え，信義則に基づく継続性配慮義務及びその義務の具体的内容まで負わせなければならないのか疑問である。のみならず，そもそも，一般の雇用契約において，使用者側に信義則に基づき継続性配慮義務があることまで導き出すことは困難なように思われる。

【請求原因】

① 雇用契約の締結
② 使用者が契約終了の主張（確認の利益）

(b) 抗　弁

　問題は，抗弁として，使用者としては，民法627条の解雇自由の原則に基づき解雇の意思表示をしたという事実を主張立証すれば足りるのかという点である。山川説，大江説はいずれも，抗弁として，解雇の意思表示だけで足りると考えている[20]。その根拠は，整理解雇を普通解雇の一類型と捉え，使用者としては解雇自由の原則に基づき，解雇の意思表示をしたことを主張立証すればよいと考えていることにあると思われる[21]。

　私は，以上の考え方に賛成することができない。理由は次の2点である。第1の点は，整理解雇を普通解雇の一類型と捉えることに疑問を持っており，民法627条の解雇とは別に，社会的にみて独立の類型の解雇とみるのが相当であるからである。例えば，普通解雇と懲戒解雇との関係については，懲戒解雇は企業秩序違反に対する制裁罰として普通解雇とは制度上区別されたものであり，実際上も普通解雇に比べ特別の不利益を労働者に与えるとして，懲戒解雇の意思表示はあくまで懲戒解雇として独自にその有効性を検討すべきであるとされている[22]。同様に，整理解雇も普通解雇と区別して，独自にその有効性を検討すべきかという点である。普通解雇は，民法627条に基づき，解雇自由の原則から出発する。普通解雇においては，①欠勤や勤務成績の不良等の労務給付義務の不履行及び傷病等による労働能力の欠如，②服務規律違反が問題となる。これに対し，整理解雇においては，労働者に帰責事由のない，労働者自身が予防することのできない事由により身分を喪失するものである[23]。すなわち，普通解雇においては，債務不履行や履行不能といった契約責任の有無が問題となるが，整理解雇では，上記①ないし④の4点に照らし，解雇の合理性，正当性があるかという契約責任とは異なる点が問題となるのであって，両者では支配する法理が異なると思われる。以上のように，整理解雇は，普通解雇とは判断構造の異なる類型の解雇である。そうだとすると，このような判断の枠組みを，主張立証の判断の構造に反映するのが相当と考えるからである[24]。

　第2の点は，使用者側が整理解雇を主張する場合には，抗弁として民法627

第2章　要件事実・事実認定——各論

【山川説，大江説】による主張立証責任の構造
【請求原因】　　　　　　　　　　　　　　【抗弁】
① 雇用契約の締結　　　　　　　　　←　解雇の意思表示
② 使用者が契約終了の主張（確認の利益）

条の解雇の主張をしているという意識を持っていないのが通常である。司法研修所編・改訂紛争類型別の要件事実57頁（法曹会，2006）は，「当事者の主張については，弁論主義を機械的に適用するのではなく，当事者の意識したものを採り上げ，法的観点についても当事者に一定の関与の機会を付与しようとするのが最近の実務，学説の考え方である」としている。この考え方は訴訟実務に根ざした合理的な考え方であり，このような考え方に従えば，使用者は民法627条の解雇ではなく，整理解雇を主張しているのだから，端的に，整理解雇による解雇の主張を抗弁に据えるのが相当であるからである。

(18)　山川・要件事実300頁，大江説148頁，労働事件審理ノート31頁。
(19)　古川論文89頁。
(20)　山川・要件事実300頁，大江説148頁。
(21)　三浦・前掲(11) 141頁は，「整理解雇も，普通解雇の一種であるから解雇権濫用の法理による制約に服する」とされていおり，松本・前掲注(11) 143頁も同様の立場に立っている。
(22)　菅野・労働法456頁。
(23)　下井・労働基準法138頁。
(24)　前掲注(6)和田論文12ないし13頁は，整理解雇法理についての東京地裁の平成11年から同12年にかけての一連の決定が，民法627条の解雇自由から出発していることに関し，「期間の定めのない労働契約の解約を定めた民法627条から出発し，民法における解約の自由のアナロジーとして解雇の自由を積極的に説く。そして，使用者は解雇の意思表示をなしたことを主張・立証すればよく，解雇権濫用を基礎付ける事実については労働者が主張・立証責任を負うとする。また，就業規則の解雇事由を限定列挙と解する。こうした見解は，かつて存在した解雇自由説への先祖返りの感があり，これまでの判例法理とは明らかに異なっている」と批評されている。すなわち，和田教授は，これまでの整理解雇の判例法理に照らすと，整理解雇において，解雇自由から出発する判断の枠組みに異論を唱えているが，傾聴に値する指摘と思われる。

(3) 就業規則に規定がある場合とない場合で攻撃防御方法の位置づけを変えることの当否
　(a) 従前の考え方
　(ア) 就業規則に整理解雇の規定が設けられていなくても整理解雇を行うことができ，上記①ないし④の４点に該当する事実が認められれば，当該整理解雇が有効であることについて異論を差し挟む者はいないであろう[26]。また，就業規則に解雇事由として「やむを得ない事業上の都合がある場合には解雇することができる」という規定が記載されている場合には，当該規定を整理解雇についての規定と捉えるのが通常であろう。当該規定を例示列挙と捉えれば，主張立証責任の構造は，就業規則に整理解雇による解雇事由が記載されていない場合と同じ結論になることも自然の帰結である。問題は，当該就業規則の規定を制限列挙であると考えた場合，整理解雇による解雇の主張を攻撃防御方法としてどう位置づけるかが問題となる。
　(イ) 以上の点につき，山川説，大江説ともに次のような考え方である。すなわち，就業規則に整理解雇の規定がない場合，規定はあっても例示列挙と考える場合には，抗弁として，民法627条の解雇の意思表示を位置づけ，再抗弁として，解雇権濫用の評価根拠事実を，再々抗弁として解雇権濫用の評価障害事

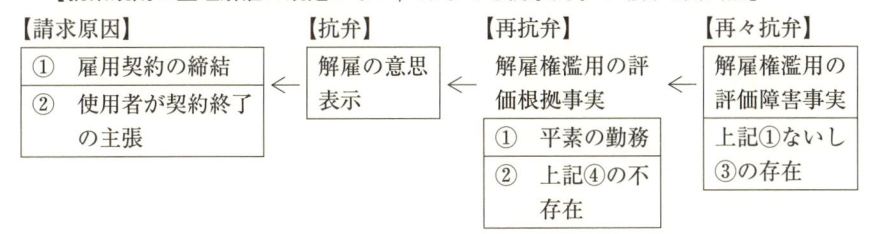

【就業規則に整理解雇の規定がない，あっても例示列挙の場合の山川説】

【請求原因】	【抗弁】	【再抗弁】	【再々抗弁】
① 雇用契約の締結 ② 使用者が契約終了の主張	解雇の意思表示	解雇権濫用の評価根拠事実 ① 平素の勤務 ② 上記④の不存在	解雇権濫用の評価障害事実 上記①ないし③の存在

【就業規則に整理解雇の規定がない，あっても例示列挙の場合の大江説】

【請求原因】	【抗弁】	【再抗弁】
① 雇用契約の締結 ② 使用者が契約終了の主張	解雇の意思表示	解雇権濫用の評価根拠事実 上記①ないし④の存在

533

第2章　要件事実・事実認定――各論

実を主張立証することになるとしている。そして，解雇権濫用の評価根拠事実（再抗弁）として，山川説は，「平素の勤務状況が労働者として通常のものであったこと，ないしは，特に問題がなかったこと」及び「上記④の手続の不相当性を基礎づける事実」を主張立証するべきであると述べ，大江説は，上記①ないし④の4点の不存在を基礎づける事実を主張立証するべきであると主張する[26]。そして，山川説は，解雇権濫用の評価障害事実（再々抗弁）として，上記①ないし③を基礎づける事実を主張立証するべきであると述べる。以上の関係を図示すると，前頁のとおりとなる。
　(ウ)　次に，就業規則に整理解雇の規定が存在し，当該規定が限定列挙と考え

【就業規則に整理解雇の規定があり，限定列挙の場合の山川説】

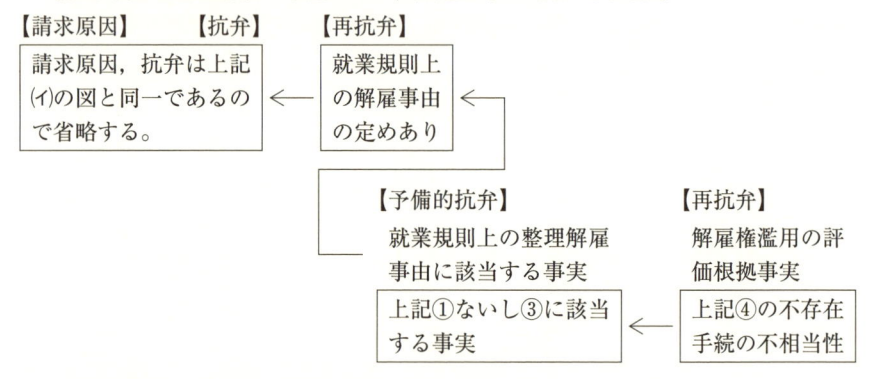

【請求原因】	【抗弁】	【再抗弁】	【予備的抗弁】	【再抗弁】
請求原因，抗弁は上記(イ)の図と同一であるので省略する。	←	就業規則上の解雇事由の定めあり ←	就業規則上の整理解雇事由に該当する事実　上記①ないし③に該当する事実	← 解雇権濫用の評価根拠事実　上記④の不存在　手続の不相当性

【就業規則に整理解雇の規定があり，限定列挙の場合の大江説】

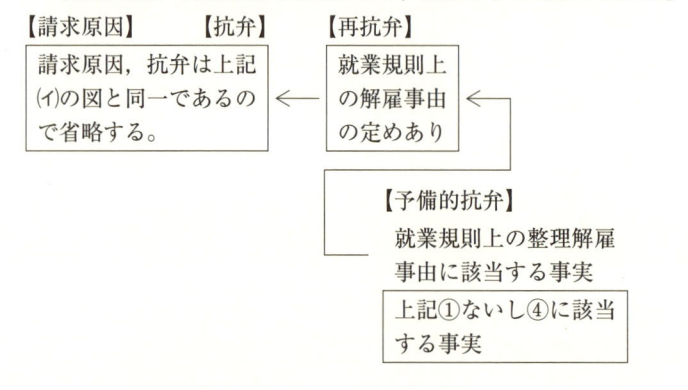

【請求原因】	【抗弁】	【再抗弁】	【予備的抗弁】
請求原因，抗弁は上記(イ)の図と同一であるので省略する。	←	就業規則上の解雇事由の定めあり ←	就業規則上の整理解雇事由に該当する事実　上記①ないし④に該当する事実

られる場合の山川説，大江説の考え方は次のとおりである[27]。すなわち，抗弁として，民法627条の解雇の意思表示を位置づけ，再抗弁として，就業規則に整理解雇の事由の定めがあること（限定列挙）を位置づけ，これら抗弁，再抗弁を前提として，予備的抗弁として，就業規則上の整理解雇該当事由として，上記①ないし③に該当する事実（山川説），上記①ないし④に該当する事実（大江説）を主張立証するべきであるとする。なお，山川説は，前記予備的抗弁の再抗弁として上記④の手続の不相当性を基礎づける事実を主張立証するべきであるとされる。以上の関係を図示すると，前頁のとおりとなる。

(b) 私 見

(ア) 従前の考え方（山川説，大江説）に対する私の根本的な疑問は，就業規則に整理解雇の規定があることを根拠に，ある場合（限定列挙）とない場合とで整理解雇の攻撃防御方法の構造ががらりと変わってしまっていいものかという点である。なぜなら，そもそも，前記2で述べたとおり，整理解雇は上記①ないし④の4点に該当する事実を基礎に整理解雇の有効性を考えるものとして判例上認められてきた概念である。換言すれば，就業規則に根拠を持つものではない。しかも，就業規則には通常，上記①ないし④の要件（要素）が記載されているわけではなく，単に「やむを得ない事業上の都合がある場合には解雇することができる」としか記載されておらず，要件としては抽象的すぎて，この規定の文言から有効，無効の判断ができるものではないことがほとんどである。そうだとすると，直截に，整理解雇の有効性の判断に当たっては，就業規則に規定があるか否かにかかわらず，攻撃防御方法について同一の位置づけをするのが相当であると考える。そう考えることが，整理解雇の法理が判例に根拠を持つことと整合するからである。

また，従前の考え方は，いずれも，整理解雇の有効性を考えるに当たって，民法627条の解雇自由の原則から出発する点で問題があることは先に(2)で述べたとおりである。なお，大江説は，就業規則に整理解雇の規定が存在しないか，存在しても例示列挙の場合には，整理解雇が解雇権濫用に当たるとして，労働者側に上記①ないし④の要件に該当する事実が存在しないことを主張立証させるべきであるとするが，上記④の手続の不相当性については理解できるが，上記①ないし③の不存在を労働者側に主張立証させることは立証の困難性に照らし，

第2章　要件事実・事実認定——各論

相当とは思われない。また，山川説は，就業規則に整理解雇の規定が存在しないか，存在しても例示列挙の場合に，解雇権濫用の評価根拠事実（再抗弁）として，判例で問題とされていない上記①ないし④に該当する事実以外の「労働者の平素の勤務態度」を持ち込んでいるが，問題があるように思われる。私の実務経験に照らすと，整理解雇の有効性が争われている場合に，労働者側から再抗弁として平素の勤務態度が主張立証されることはまずないように思われるし，上記①ないし④の4点以外に問題を拡散させることは訴訟審理上好ましくないと思われるからである。以上のとおり，山川説，大江説，ともに難点があり，採用することができない。

　(イ)　私は，就業規則に整理解雇の規定があろうとなかろうと，あったとしてそれが例示列挙であろうと限定列挙であろうと，使用者側は，抗弁として，整理解雇の意思表示をしたこと，整理解雇が有効であることを根拠づける事実として上記①ないし③に該当する事実（評価根拠事実）を主張立証するべきであり，再抗弁として，労働者側で，整理解雇が有効であるとの効果を障害する事実である上記④の手続が相当ではなかったという事実を主張立証するべきであると考えている[28]。上記①ないし④の事実の主張立証責任を誰にどのように分配するのが相当であるかについては，後で，再述する。

(25)　広島地判昭51・7・26判時833号118頁参照。
(26)　なお，大江説152頁は，上記①ないし④の4点の事実を間接事実であると記載しており，「やむを得ない事業上の都合」を要件事実と捉えられているのかもしれない。そうだとすると，いわゆる規範的（評価的）要件に関し，間接事実説を採るものとして，相当ではないであろう。
(27)　山川・要件事実300頁，大江説151ないし153頁。
(28)　以上のような点を考慮してか，多くの裁判例で，就業規則上の解雇事由を論じないで，上記①ないし④の4点から整理解雇について解雇権濫用の有無を判断している。このような裁判例として，長崎地大村支判昭50・12・24判時813号98頁・大村野上事件，松山地西条支決昭54・11・7労判334号53頁・住友重機愛媛製造所事件，大阪地判昭57・9・30労民集33巻5号851頁・高田製鋼所事件，大阪地判平11・3・31労判765号57頁・日証事件，東京地判平11・7・23労判775号71頁・ナカミチ事件，東京地決平12・1・12判タ1038号194頁・明治書院事件，大阪地判平12・6・23労判786号16頁・シンガポール・ディベロップメント銀行事件，大阪地判平13・4・12労判829号79頁・塚本正太郎商店事件，熊本地判平16・4・15労判

536

878号74頁・九州日誠電気事件などがある。

(4) **上記①ないし④の4点に該当する以外の事実から解雇権濫用の主張を構成する必要があるのか**

(a) 必　要　説

　就業規則に整理解雇についての規定があり，当該規定が限定列挙の場合，前記(3)(a)(ウ)のとおり，大江説に従えば，整理解雇による解雇の主張は予備的抗弁に位置づけられ，使用者側は，上記①ないし④の事実に該当する事実を主張することになる。そして，大江説によれば，上記予備的抗弁に対し，再抗弁として，解雇権濫用の評価根拠事実が，再々抗弁として，解雇権濫用の評価障害事実が考えられるであろうとされている[29]。

(b) 私　　見

　大江説が，労働事件審理ノートで図示したような考え方に立っておられるか否かは定かではないが，理論上は成り立ち得る考え方ではある。しかし，整理解雇の有効性を考えるに当たって，上記①ないし④の4点に該当する事実以外に考慮するべき必要のある事実が存在するのか否か，疑問である。そもそも，上記①ないし④の4点に該当する事実は，使用者による整理解雇が解雇事由に該当するのか及び当該解雇権の行使が解雇権濫用に当たるのかを判断するために考えられてきたツールである。すなわち，上記①ないし④の4点に該当する事実は解雇権濫用を判断するに当たっての要件事実であり，上記①ないし④の4点を基礎づける事実として主張立証されている点を判断すれば，解雇権濫用の判断は既に終了しているとみるのが相当と思われる。そうだとすると，上記必要説は相当ではないであろう。

[29] 大江説153頁は再抗弁として解雇権濫用の評価根拠事実を摘示し，具体的には上記④の手続の不相当性を挙げておられる。また，労働事件審理ノート31頁によれば，大江説に従えば，整理解雇による解雇の予備的抗弁に対し，再抗弁として解雇権濫用の評価根拠事実（具体的には，手続の相当性の欠如等）を，再々抗弁として解雇権濫用の評価障害事実が考えられるとして，同31頁には，大江説に従ったブロックダイヤグラムを図示している。

4　整理解雇の有効性についての主張立証責任の分配

(1)　主張立証責任の分配についての原則

　主張立証責任の対象事実である要件事実を決める最終的基準をどのように考えるかについては，いろいろな考え方が存在する[30]。この点については，立証責任の負担の公平という観点から要件事実を導き出すのが相当であり，また，何をもって公平とみるかは実体法の制度趣旨を根本に据えた上，立証の難易をも視野に入れながら決定していくのが相当である[31]。

　　(30)　立証責任の分配をめぐっては，規範説，利益衡量説，修正法律要件分類説，証明責任規範説，裁判規範としての民法説等の諸説があることにつき，難波孝一「主張責任と立証責任」伊藤＝難波編・前掲注(14) 173頁以下参照。
　　(31)　裁判規範としての民法説が相当であることにつき，伊藤滋夫・要件事実・事実認定入門〔補訂版〕（有斐閣，2005）34頁以下，66頁以下，難波・前掲注(30) 178頁。

(2)　整理解雇についての規範の内容

　上記のとおり，整理解雇は数多くの裁判例の積み重ねにより形成された概念である。そして，その有効性を判断するに当たっては，上記①ないし④の4点に該当する事実に基づき判断してきた。以上の点と，整理解雇の有効性という要件が事実的要件ではなく評価的要件であることを考慮すると，上記①ないし④の4点に該当する事実，あるいは該当しない事実をもって，整理解雇の有効性を判断するに当たっての主張立証対象事実（要件事実）と考えるのが相当である。そして，整理解雇の有効性を判断する際の規範の内容としては，次の2つが考えられる[32]。

　　ア　上記①ないし④に該当する事実が存在するときは当該整理解雇は有効である。
　　イ　上記①ないし③に該当する事実が存在するときは当該整理解雇は有効である。ただし，手続の不相当性が存在するとき（上記④に該当する事実の不存在）はこの限りではない。

ところで，上記ア説の根拠は，整理解雇の有効性をめぐっては，解雇したのは使用者であり，上記①ないし④に該当する事実が存在するときに整理解雇は有効になること，かつ，上記①ないし④の立証は使用者側が立証するのが容易であり，何ら責任のない解雇される立場の労働者側に主張立証させるのは相当ではないというところにあると思われる。他方，上記イ説の根拠は，上記①ないし③は整理解雇の効力要件といえるが，上記④の手続の相当性は，手続の不相当性が存在するときが解雇の効力を妨げる事由となるのであって，解雇事由該当性が肯定されてはじめて問題になると位置づけられるからと思われる[33]。

(32) 規範内容を構成するについては，伊藤滋夫編著・要件事実講義（商事法務，2008）229，232，241頁を参考にした。伊藤滋夫教授は，所有権に基づく目的物返還請求について「ア ある物の所有者は，その物を占有している者に対して，その占有がその物に対する占有権原に基づいていないときは，その物の返還請求権を取得する。イ ある物の所有者は，その物を占有している者に対して，その物の返還請求権を取得する。ただし，その占有がその物に対する占有権原に基づいているときは，この限りではない。」という2種類の規範を提示している。また，履行遅滞に基づく損害賠償請求について，「ア 債権者は，契約上の弁済期が経過し，かつ，同弁済期までに債務の履行がされておらず，損害が発生したときは，債務者に対して，その損害の賠償請求権を取得する。イ 債権者は，契約上の弁済期が経過し，損害が発生したときは，債務者に対して，その損害の賠償請求権を取得する。ただし，同弁済期までに債務の履行がされているときは，この限りではない。」という2種類の規範を提示している。

(33) 山川・要件事実306頁。

(3) 私　見

先に述べたとおり，整理解雇は判例法上形成された概念であるところ，その主張立証責任の所在を明らかにしたものとしては，リーディングケースとして，東京高判昭54・10・29判時948号111頁・東洋酸素事件が存在する。同判決は，上記①ないし③を整理解雇の効力要件と捉え，使用者側で主張立証するべき事項とし，他方，上記④の事実が存在しないこと，換言すれば，整理解雇の手続が相当でなかったことについては労働者側で主張立証するべきであると位置づけている。最近の裁判例は，前記東洋酸素事件の判断の枠組みを踏襲しているものが多い[34]。整理解雇が判例上認められた法的制度，概念である以上，これら裁判例の積み重ねにはそれなりの重みがあるとするのが相当である。

また，上記①ないし③に該当する事実は，解雇の有効性を判断する実体的な要件であり，他方，上記④についての事実は，手続の相当性であり，実体的な要件とは異質な面が存在する。さらには，上記①の人員削減の必要性は，使用者側しか分からない部分が多く，これを労働者側に主張立証させるのは立証の困難性に照らし酷である。同様に，上記②の解雇回避努力，③の人選の合理性はいずれも使用者側で行ってきたことであり，立証の側面からみると使用者側の方で立証するのが容易である。これに対し，上記④の手続の相当性については，労働協約等の協議事項が存在するか否か，使用者側及び労働者側（労働組合を含む）が交渉してきた経過等の立証であり，労働者側も立証することが容易であることが認められる。

　以上のような諸点を考慮すると，立証の公平な分担という観点からは，上記東洋酸素事件で示された立証責任の分配に従うことには合理的かつ相当性があると考える[35]。

[34] 東京地判平 15・8・27 判タ 1139 号 121 頁・ゼネラル・セミコンダクター・ジャパン事件，東京地判平 18・1・13 判時 1935 号 168 頁・コマキ事件，名古屋高判平 18・1・17 労判 909 号 5 頁・山田紡績事件（原審・名古屋地判平 17・9・30 労判 892 号 42 頁），東京地判平 18・11・29 判時 1967 号 154 頁・東京自転車健康保険組合事件など。

[35] 同旨，山川・要件事実 307 頁。

5　結　論

　以上の検討結果によれば，整理解雇の有効性をめぐる主張立証責任の構造は，次のとおりとなり，当事者は下記のとおり主張を立証すればよいと思われる。

(1) 請求原因
　　ア　雇用契約の締結
　　イ　使用者による契約終了の主張（確認の利益）
(2) 抗弁（整理解雇の有効性を根拠づける事実）
　　ア　整理解雇の意思表示
　　イ　解雇有効性の評価根拠事実
　　　①　人員削減の必要性を根拠づける事実

② 解雇回避努力を尽くしたことを根拠づける事実
　　③ 人選の合理性を根拠づける事実
(3) **再抗弁**（整理解雇の有効性を障害する事実）
　　④ 整理解雇の手続が相当ではなかったことを根拠づける事実
　以上のとおり，整理解雇をめぐる主張立証の構造，換言すれば攻撃防御の構造はきわめてシンプルであり，実際の審理にも合致していると考える。

特許権侵害訴訟の要件事実概要

永 井 紀 昭

1 はじめに

　本稿は，知的財産法関係訴訟のうち，代表的な特許権侵害訴訟の要件事実を概観することを目的とし，現在実務的に採られている考え方にほぼ沿って整理し，紹介をするものである。要件事実は，必ずしも具体的事実を記載しておらず，一般的ないし規範的な要件事実を示すにとどまっている。

　特許権侵害訴訟の要件事実に関する比較的新しい文献として，以下のものがあり，これらを参考にさせていただいた。

(1)　設樂隆一「侵害差止訴訟の要件事実と抗弁事実」西田美昭ほか編・民事弁護と裁判実務第8巻知的財産権（ぎょうせい，1998）242頁

(2)　古城春実「損害賠償」上記民事弁護と裁判実務第8巻知的財産権 324頁

(3)　牧野利秋「特許権侵害訴訟における差止請求及び損害賠償請求の要件事実」牧野利秋ほか編・新・裁判実務大系第4巻知的財産関係訴訟法（青林書院，2001）54頁

(4)　岡口基一「特許権侵害訴訟における要件事実」永井紀昭ほか編・秋吉稔弘先生喜寿記念論文集『知的財産権その形成と保護』（新日本法規出版，2002）88頁

(5)　田村善之・知的財産権と損害賠償（弘文堂，2004）308頁以下

(6)　今井弘晃「知的財産権事件と要件事実」伊藤滋夫ほか編・民事要件事実講座第2巻総論Ⅱ多様な事件と要件事実（青林書院，2005）346頁

(7) 髙部眞規子「特許権に基づく差止請求訴訟の要件事実」武藤春光先生喜寿記念論文集編集委員会編・武藤春光先生喜寿記念論文集『法曹養成と裁判実務』(新日本法規出版, 2006) 569 頁
(8) 牧野知彦「特許権侵害に基づく差止請求及び損害賠償請求の要件事実」牧野利秋ほか編・知的財産法の理論と実務 2 巻特許法〔Ⅱ〕(新日本法規出版, 2007) 31 頁
(9) 竹田稔・知的財産権侵害要論 特許・意匠・商標編〔第 5 版〕(発明協会, 2007) 291 頁以下
(10) 知的財産裁判実務研究会「知的財産訴訟の実務(2)～(5)」曹時 59 巻 1 号 36 頁〔中島基至〕, 3 号 788 頁〔髙部眞規子〕, 5 号 1460 頁〔西森みゆき〕, 7 号 2189 頁〔西理香〕(法曹会, 2007)

2 差止請求訴訟の要件事実

　特許権に基づく差止請求 (侵害停止, 予防請求) 訴訟における原告の請求原因は, 要約すると, (A)原告の権利, (B)被告の業としての実施行為, (C)被告の権利侵害である。
　これに対し, 被告の主な抗弁は, (a)特許権・専用実施権等の権利の消滅, 移転, (b)特許権の無効, 権利行使の制限, (c)特許権の効力の及ばない場合 (試験研究等, 特許権の消尽), (d)被告の実施権, (e)特許発明の技術的範囲の限定 (公知技術の参酌, 出願経過の参酌), (f)非均等侵害等である。

(1) 請 求 原 因

(A) 原告の権利

『Ⅰ-Ⅰ　原告は, 本件特許権を有している。』
『Ⅰ-Ⅱ　原告は, 本件特許権につき, 特許権者から専用実施権の設定を受け, その旨の設定登録を了している。』
　【補説】差止請求は, 特許権者又は専用実施権者のみに認められている (特許 100 条)。特許権は, 設定の登録によって発生し (特許 66 条 1 項), 特許権の移転, 専用実施権の設定・移転も登録によって効力が生じる (特許 98 条 1 項)

ので，権利関係が争われた場合は，権利の取得，登録の存在を主張立証しなければならない。

　特許権の特定，効力発生日等を主張するため，特許番号，発明の名称，出願日（優先権主張日），登録日，特許請求の範囲を記載し，書証として特許登録原簿，特許公報等を提出する。

(B)　被告の業としての実施行為

『Ⅱ―Ⅰ　被告は，業として，特定の物（被告物件，被告製品，イ号物件）を生産，使用，譲渡等，輸出若しくは輸入又は譲渡等の申出（実施）をしている（実施をするおそれがある）。』

『Ⅱ―Ⅱ　被告は，業として，特定の方法（被告方法，イ号方法）を使用（実施）をしている（実施をするおそれがある）。』

『Ⅱ―Ⅲ　被告は，業として，特定の物を生産する方法（被告方法，イ号方法）により生産した物の使用，譲渡等，輸出若しくは輸入又は譲渡等の申出（実施）をしている（実施をするおそれがある）。』

【補説】特許権の効力は「業として」の「実施」にのみ及ぶ（特許68条）。「業として」とは，営利を目的とするものに限られない。個人的あるいは家庭的な実施を除外することに意味がある。「実施」とは，特許法2条3項に定義されている生産，使用，譲渡等，輸出，輸入，譲渡等の申出などの行為である。平成14年法律第24号による改正で，「物」には「プログラム等」（2条4項に定義あり）を含むことが明確にされ，平成18年法律第55号による改正で，実施行為に「輸出」も含まれることとなった。

　被告物件の特定は，請求の趣旨との関係では，その「製品名，商品名，又は製品番号，型式番号等」で特定すれば足りると解されているが，請求原因との関係では，具体的な構成を特定する必要から，その構成を文章，図面等によって表現した「被告物件目録」で特定し，両者を併用することが多い。

　被告方法は，その具体的な手順，方法を文章，図表等によって表現した「被告方法目録」で特定することが多い。

　なお，特許法104条の2は，侵害訴訟において，被告は，原告が主張する被告物件又は被告方法の具体的態様を否認するときは，自己の行為の具体的態様を明らかにしなければならないと定めているが，これによって，主張立

証責任が変更されるものではない。具体的態様を争う被告に対し，争点の早期明確化，審理の充実を図るため理由付きの積極否認を促すものであって，信義則上の責務（民訴2条）である。
   (c) 被告の権利侵害
『Ⅲ　本件特許発明の技術的範囲は，特許請求の範囲記載のとおりである。特許請求の範囲を構成要件に分説すると，A，B，C，Dとなる。』
　【補説】特許発明の技術的範囲は，原則として「特許請求の範囲（クレーム）」の記載に基づいて定められる（特許70条1項）。特許請求の範囲に記載された用語の意味が明確でないときは，明細書の「発明の詳細な説明」に記載された内容や図面を参照して解釈することができる（同条2項）。しかし，特許請求の範囲に記載されていない事項は，明細書中に記載されているからといって，当然に特許請求の範囲に記載されているものと解釈されるわけではないし，逆に，特許発明の技術的範囲が明細書中に記載された実施例に限定して解釈されるものでもない。実務上，被告物件又は被告方法と対比するために，特許請求の範囲をいくつかの構成要件に分説している。
『Ⅳ　被告物件又は被告方法は，本件特許発明の技術的範囲に属する。』
　(ｱ)　文　言　侵　害
『Ⅳ—Ⅰ　①　被告物件又は被告方法を，本件特許発明の構成要件と対応させて構成要件に分説すると，a，b，c，dとなる。
　　　　②　被告物件又は被告方法の各構成要件（a，b，c，d）は，対応する本件特許発明の各構成要件（A，B，C，D）をそれぞれ充足する。』
　【補説】被告物件又は被告方法を具体的に特定したうえ，その構成又は方法をいくつかの構成要件に分説して主張し，これと本件特許発明の分説した構成要件（上記Ⅲ）とを対比し，両者の対応する各構成要件がそれぞれ一致することを主張する。
　　特許発明は，作用効果と切り離して発明の技術思想は存在しないから，被告物件又は被告方法が特許発明と同じ構成を有すること及びそれにより同じ作用効果を奏することを主張する必要があると解する説がある（設樂・前掲文献(1)248頁）。被告物件等の各構成要件が，特許発明の構成要件をそれぞれ充足している場合は，通常，両者の作用効果も同じであるから，原告が請求原

因として「作用効果の同一」を明確には主張してはいないことが多い。むしろ，被告において，作用効果の差異を主張し，被告物件等の構成要件の一部が特許発明の構成要件と異なっていること，すなわち被告物件等が特許発明の技術的範囲に属しないことの積極否認の理由として主張し，はじめて争点となることが多い。

(イ)　生産方法の推定——特許法104条

『Ⅳ—Ⅱ　①　被告物件は，物を生産する方法である本件特許発明の方法により生産される物と同一の物である。

②　本件特許発明の方法により生産される物は，本件特許出願前に日本国内において公然知られた物ではなく，新規物である。』

【補説】特許法104条は，特許発明が「物を生産する方法の発明」についてされている場合，一般的には被告の生産方法を立証することが極めて困難であるため，①②の要件の下に，同一の物は本件特許発明の方法により生産したものと推定し，立証責任を転換している。104条は，事実推定規定であって，通説・判例によれば，被告は，【抗弁】として，『被告物件は，本件特許発明の技術的範囲に属さない方法で製造されたものである。』ことを主張立証して，推定を覆すことができると解されている。

(ウ)　間接侵害——特許法101条

特許発明を直接侵害しない行為であっても，定型的に特許発明の実施行為の幇助ないし予備的行為とみられるような行為を特許発明の侵害行為とみなして，特許権の保護を図っている（特許101条）。このような特許権侵害とみなされる行為を「間接侵害」という。

直接侵害と間接侵害の関係については，独立説（101条各号の行為があれば，直接侵害の有無にかかわらず特許権侵害を認める）と，従属説（直接侵害が成立しないときは，101条各号の行為があっても，間接侵害は成立しないとする）がある。原則的には，従属説を取りながら，「重要なことは，間接侵害の規定を本来の特許権の効力の拡大とみるかどうかにあるのでなく，結果的終局的に特許発明を実施する中間的過程において，業としてその物の生産にのみ，あるいはその発明の実施にのみ使用する物を製造等しこれによって利益を挙げる行為が直接侵害と法律的に同等の評価を受ける行為に当たるかどうかにある」とする考え方が妥当であ

る（竹田・前掲文献(9) 245頁以下）。この判断基準によれば，被告が特許発明の実施に不可欠な部品を業として製造販売する行為は，直接実施者が個人的あるいは家庭的に使用する場合でも間接侵害が成立するが，被告のその行為が直接実施者の試験研究のためにのみされるときは，特許法の目的からみても，間接侵害を否定することになろう。

　被告が101条各号に該当する行為を実施しているとの請求原因に対して，被告は，【抗弁】として，『直接実施者の行為には，本件特許権を侵害しないものとして適法とされる抗弁事由（例えば，試験研究のための実施，実施権の存在等）がある。』ことを主張することができる。しかし，直接実施者の行為が，業とする実施ではないとか生産等の実施に当たらないなどの侵害行為の不該当，不存在の主張は，抗弁ではなく，積極否認である。

（1号――物の特許発明について「のみ」型の客観的間接侵害規定）

『Ⅳ―Ⅲ―ⅰ　被告物件は，第三者が実施する本件特許発明の技術的範囲に属する物の生産にのみ用いる物（部品等）である。』

【補説】101条1号及び4号の「その物の生産にのみ用いる」，「その方法の使用にのみ用いる」とは，特許発明の実施の用途以外の「他の用途に使用できない」ことであり，通説・判例によれば，「他の用途」とは，それが抽象的ないし試験的な使用の可能性では足りず，社会通念上，経済的・商業的に実用性のある用途を意味すると解されている。そうとすれば，「他の用途」の存在は，被告が『抗弁』として主張すべきであるとも考えられるが，条文上，被告物件が特許発明の技術的範囲に属する物の生産（1号）又はその方法の使用（4号）「にのみ用いられる物」であることが，要件とされているのであるから，主張立証責任を転換するまでもなく，原告は，被告物件が「～に専ら用いられる物」であることを主張し，「他の用途」の存在は，被告の積極否認と位置付けてよい。

（2号――物の特許発明について幇助的・予備的行為型の主観的要件を加えた間接侵害規定）

『Ⅳ―Ⅲ―ⅱ　①　被告物件は，第三者が実施する本件特許発明の技術的範囲に属する物の生産に用いられる物（部品等）であって，その発明による課題の解決に不可欠なものである。

　　　　② 被告は，その発明が特許発明であること及び被告物件がその発明の実施に用いられることを知っている。』

【補説】101条2号及び5号は，平成14年の特許法改正により，行為者の主観的要件を加えた間接侵害類型として設けられたものである。1号，4号のいわゆる「のみ」型の客観的間接侵害規定では，特許侵害につながる蓋然性の高い幇助的，予備的行為に及ばないことから，これらをも間接侵害とするものである。

　これらの類型の請求原因に対して，被告は，【抗弁】として『被告物件と同様の，本件特許発明の技術的範囲に属する物の生産に用いる物が，日本国内において広く一般に流通している。』ことを主張することができる。

(3号——物の特許発明について予備的行為としての「所持」を侵害とみなす間接侵害規定)

『Ⅳ—Ⅲ—ⅲ　被告は，本件特許発明の技術的範囲に属する物(被告物件)を，業としての譲渡等又は輸出のために所持している。』

【補説】3号は，平成18年法律第55号による特許法改正によって，6号とともに新たに設けられた規定である。特許発明の技術的範囲に属する物を業としての譲渡等又は輸出(平成18年改正により，特許法2条3項の「実施」「使用」の定義規定に，「輸出」する行為が追加された)を目的として「所持」する行為自体は，特許発明の実施としての譲渡等又は輸出に該当しないが，予備的行為であることから，特許権保護の強化のため，侵害とみなす行為として追加されたものである。

(4号——方法の特許発明について「のみ」型の客観的間接侵害規定)

『Ⅳ—Ⅲ—ⅳ　被告物件は，第三者が実施する本件特許発明の技術的範囲に属する方法の使用にのみ用いる物である。』

【補説】1号と同じく，間接侵害の基本的行為態様である。

(5号——方法の特許発明について幇助的・予備的行為型の主観的要件を加えた間接侵害規定)

『Ⅳ—Ⅲ—ⅴ　① 被告物件は，第三者が実施する本件特許発明の技術的範囲に属する方法の使用に用いる物であって，その発明による課題の解決に不可欠なものである。

②　被告は，その発明が特許発明であること及び被告物件がその発明の実施に用いられることを知っている。』

（6号——物を生産する方法の特許発明について予備的行為としての「所持」を侵害とみなす間接侵害規定）

『Ⅳ—Ⅲ—ⅵ　被告は，本件特許発明の技術的範囲に属する方法によって生産された物（被告物件）を，業としての譲渡等又は輸出のために所持している。』

　㈏　均等侵害

最判平10・2・24民集52巻1号113頁（ボールスプライン軸受事件）は，特許請求の範囲に記載された構成中に，対象製品等（被告物件又は被告方法）と異なる部分が存する場合であっても，①右部分が特許発明の本質的部分でなく，②右部分を対象製品等におけるものと置き換えても，特許発明の目的を達することができ，同一の作用効果を奏するものであって，③右のように置き換えることに，当該発明の属する技術の分野における通常の知識を有する者（当業者）が，対象製品等の製造等の時点において容易に想到することができたものであり，④対象製品等が，特許発明の特許出願時における公知技術と同一又は当業者がこれらから右出願時に容易に推考できたものではなく，かつ，⑤対象製品等が特許発明の特許出願手続において特許請求の範囲から意識的に除外されたものに当たるなどの特段の事情もないときは，右対象製品等は，特許請求の範囲に記載された構成と均等なものとして，特許発明の技術的範囲に属するものと解するのが相当であるとし，均等論を肯定した[1]。

『Ⅳ—Ⅳ　被告物件又は被告方法を，本件特許発明の構成要件と対応させて構成要素に分説すると，a，b，c，d'，eとなるところ，a，b，c，eは，それぞれ本件特許発明の構成要件A，B，C，Eを充足し，d'はDと異なる構成であるとしても，次のとおり，d'とDとは均等である。

①　構成要件Dは，本件特許発明の本質的部分ではない。

②　構成要件Dを，被告物件等の構成要素d'の構成に置き換えても，本件特許発明の目的を達することができ，同一の作用効果を奏するものである。

③　上記のように置き換えることは，当業者が，被告物件の生産，譲

渡等又は被告方法の使用などの実施の時点において，容易に想到し得たものである。』

【補説】上記最判が示す均等侵害が認められる場合の5要件のうち，上①②③の要件が請求原因であることは争いないが，④の被告物件等が特許発明の出願当時の公知技術と同一又は当業者が当時容易に推考できたものではないこと，⑤被告物件等が，本件特許発明の出願手続において，特許請求の範囲から意識的に除外されたものに当たるなどの特段の事情がないことの要件については，④の要件を請求原因とする見解もある[2]が，多数説及び判例は，④⑤の要件について，その不存在を，すなわち，④の容易推考及び⑤の特段の事情の存在を，被告の抗弁と解している。被告は，均等侵害の請求原因に対し，次の【抗弁】を主張することができる。

『ⅰ 被告物件等（又はd'）は，本件特許発明の出願当時における公知技術と同一である，又は当業者が当時容易に推考できたものである。』

『ⅱ 被告物件等（又はd'）は，本件特許発明の出願手続経過において，特許請求の範囲から意識的に除外されたなどの特段の事情がある。』

(1) 三村量一・最判解説民事篇平成10年度（上）112頁。
(2) 三村・前掲注(1) 162頁。

(2) 抗　　弁

(a) 本件特許権の消滅・移転

(ア) 特許権の存続期間の満了——特許法67条

『Ⅰ'—Ⅰ　本件特許権は，出願の日から20年が経過した。』

【補説】被告の存続期間満了の抗弁に対して，原告は，存続期間延長登録（特許67条の2）の【再抗弁】を主張することができる。なお，特許法67条の2第5項によれば，延長登録の出願があったときは，存続期間が延長されたものとみなされている。

　　【再抗弁】——『原告は，本権特許権につき，延長を求める期間を5年として，存続期間の延長登録の出願をした。』

(イ) 特許料不納による消滅——特許法112条

『Ⅰ'—Ⅱ　本件特許権は，特許料を追納することができる期間内に，特許料及

び割増特許料を納付しなかったことにより，所定期間の経過の時にさかのぼって消滅した。』

【補説】特許法112条の2に基づき特許料の追納による特許権の回復があった場合，原告は，これを【再抗弁】として主張することができる。特許権の回復があった場合でも，同法112条の3に該当する回復前の実施行為等については，回復した特許権の効力が制限されるから，被告は，これを【再々抗弁】として主張することができる。

(ウ) 本件特許権の移転——特許法28条，98条

『Ｉ'—Ⅲ　本件特許権又は専用実施権は，原告から第三者へ譲渡され，その旨の登録がされている。』

(b) 本件特許権の無効，権利行使の制限

(ア) 無効審決の確定——特許法125条

『Ｉ'—Ⅳ　本件特許権については，これを無効とすべき旨の審決があり，その審決が確定した。』

(イ) 権利濫用・権利行使の制限（無効の抗弁）——特許法104条の3第1項

最判平12・4・11民集54巻4号1368頁（キルビー特許事件）は，特許に無効理由が存在することが明らかであるときは，その特許に基づく差止め，損害賠償等の請求は，特段の事情のない限り，権利の濫用に当たり許されないとした[3]。特許無効の抗弁を権利濫用の抗弁の一態様として認めたものと解される。その後，平成16年法律第120号により特許法104条の3が設けられ，侵害訴訟において，当該特許が特許無効審判により無効にされるべきものと認められるときは，相手方に対しその権利を行使することができない旨が規定され，平成17年4月1日から施行されている。実務上「無効の抗弁」と呼ばれている。

『Ｉ'—Ⅴ　本件特許権は，無効審判により無効とされるべきものと認められる。』

【補説】本件特許権が無効とされるべき理由を，具体的に主張しなければならない。無効審判を請求している必要はないが，侵害訴訟における抗弁としての無効の主張も，無効審判における主張と同様に，具体的な引用例，周知例，周知慣用技術等を示して，特許法29条の新規性，進歩性，36条の明細書の記載要件等に関する無効理由を主張しなければならない。

第2章 要件事実・事実認定——各論

　例えば，特許請求の範囲の請求項について進歩性（容易想到性）の無効理由があるとの被告の抗弁に対しては，原告は，【再抗弁】として，『①訂正審判請求又は訂正請求をしたこと，②当該訂正が特許法126条の訂正要件を充たすこと，③当該訂正により，当該請求項について無効の抗弁で主張された無効理由が解消すること，④被告物件又は被告方法が，訂正後の請求項の技術的範囲に属すること』を主張することができる[4]（東京地判平19・2・27判タ1253号241頁）。

(3)　髙部眞規子・最判解説民事篇平成12年度（上）418頁。
(4)　清水節「無効の抗弁（特許法104条の3等）の運用と訂正の主張について」判タ1271号36頁（2008）。

(c)　**特許権の効力が及ばない場合**
(ｱ)　特許権の効力が及ばない試験研究のための実施等——特許法69条

『Ⅱ'—Ⅰ—ⅰ　被告は，試験又は研究のために，被告物件を製作した（又は被告方法を使用した）ものである。』

『Ⅱ'—Ⅰ—ⅱ　被告物件は，本件特許出願の時から日本国内に存在していた物である。』

【補説】特許法69条2項2号が適用される場合は，極めて少ないであろう。特許出願当時存在していたものであれば，特許出願前に公知であるとされ，設定登録を受けられない可能性があり，特許登録がされても，少なくとも79条の先使用による通常実施権を取得するからである。2項2号の存在理由があるとすれば「当該物を秘密に所持していて，その所持が当該発明の実施又は実施の準備には該当しないような場合である」とされている[5]。

(ｲ)　特許権の消尽，並行輸入

　特許権者又は実施権者が適法に流通においた特許発明の実施品は，当該販売行為等により特許権は用い尽くされているとされているから，その後，業として使用したり転売する行為に対しては，特許権の侵害を主張して差止めや損害賠償を請求することはできないとするのが，消尽論である。国内における特許発明の実施品の使用，転売については，消尽論が認められている。国際消尽とは，特許権者又は実施権者が自らあるいはその同意の下に外国において日本特許の実施品である特許製品を流通においた場合，その特許製品を日本に輸入し

て販売することは特許権の侵害となるか，という並行輸入の問題である。

最判平9・7・1民集51巻6号2299頁（BBS並行輸入事件）は，まず，特許権の国内消尽を肯定した上，並行輸入については，「我が国の特許権者又はこれと同視し得る者が国外において特許製品を譲渡した場合においては，特許権者は，譲受人に対しては，当該製品について販売先ないし使用地域から我が国を除外する旨を譲受人との間で合意した場合を除き，譲受人から特許製品を譲り受けた第三者及びその後の転得者に対しては，譲受人との間で右の旨を合意した上特許製品にこれを明確に表示した場合を除いて，当該製品について我が国において特許権を行使することは許されないものと解するのが相当である。」と判示している[6]。

『Ⅱ'―Ⅱ―ⅰ　被告物件は，本件特許権者又は実施権者が，日本国内において譲渡したものである。』

【補説】国内消尽が問題となる場合の一つとして，フィルム一体型カメラ（使い捨てカメラ）やインクカートリッジ（インクタンク）のような使い捨ての特許製品を，再使用可能な状態にリサイクルして販売する行為が，消尽論の例外として特許権侵害になるのか否かが争われるケースが少なくない。議論の多いところであるが，最判平19・11・8民集61巻8号2989頁・判時1990号3頁・判タ1258号62頁（知財高裁（大合議）判平18・1・31判時1922号30頁・判タ1200号90頁）は，「被告製品は，加工前の原告製品と同一性を欠く特許製品が新たに製造されたものと認められるときは，特許権者は，その特許製品について我が国において特許権を行使することができる」旨判示しており，原告は，被告の国内消尽の抗弁に対し，例外的に消尽しないことを基礎づける事実を【再抗弁】として主張しなければならない。

『Ⅱ'―Ⅱ―ⅱ　被告物件は，本件特許権者又はこれと同視し得る者が，国外において譲渡したものである。』

【補説】上記最判平9・7・1は，「特許権者と同視し得る者」とは，「子会社又は関連会社等」としている。

　上記最判によれば，この抗弁に対して，原告は，【再抗弁】として，被告が譲受人である場合，『原告と譲受人である被告との間で，被告物件について販売先又は使用地域から我が国を除外する旨の合意をした』ことを主張す

第 2 章　要件事実・事実認定——各論

ることができ，また，被告が転得者である場合は，『①　原告と譲受人との間で，被告物件について販売先又は使用地域から我が国を除外する旨の合意をした。②　被告物件に上記①の合意を明確に表示した。』ことを主張することができる。

(5)　特許庁編・工業所有権法逐条解説〔第 17 版〕221 頁（発明協会，2008）。
(6)　三村量一・最判解説民事篇平成 9 年度（中）764 頁。

(d)　実 施 権

(ア)　専用実施権——特許法 77 条

『Ⅱ'—Ⅲ　被告は，本件特許権者から専用実施権の設定を受け，その旨の登録を了している。』

【補説】専用実施権の設定，移転等は，登録しなければ効力を生じない（特許 98 条 1 項 2 号）。

(イ)　通常実施権——特許法 78 条

『Ⅱ'—Ⅲ—ⅰ　被告は，本件特許権者又はその承諾を得た専用実施権者から通常実施権の許諾を受けた。』

『Ⅱ'—Ⅲ—ⅱ　被告は，上記 ⅰ の許諾を受けた通常実施権についてその旨の登録を了している。』

【補説】通常実施権は，両当事者の合意によって成立し，その登録は，専用実施権のように効力発生要件ではなく，対抗要件である。被告が通常実施権の登録を受けた後に，原告が本件特許権若しくは専用実施権の移転を受けた者又は新たに専用実施権を取得した者であれば，被告は原告に対し対抗することができる（特許 99 条 1 項）。

実施権に関し，契約の期間満了，解除等の終了事由があれば，原告は，これらを【再抗弁】として主張できることは当然である。

(ウ)　法定通常実施権

特許法 35 条 1 項，79 条，80 条 1 項，81 条，82 条 1 項，176 条の規定による法定通常実施権は，登録しなくても効力を生じ，対抗することもできる（特許 99 条 2 項）。80 条の「無効審判の請求登録前の実施による法定通常実施権」（中用権），81 条，82 条の「意匠権の存続期間満了後の法定通常実施権」，176 条の「再審請求の登録前の実施による法定通常実施権」はいずれも極めて特殊

な場合に関するものである。要件事実の記載は省略する。

　(エ)　職務発明についての法定通常実施権──特許法35条1項

『Ⅱ'─Ⅳ─ⅰ　① 　被告は，○○○の製造・販売等を目的とする株式会社であり，原告は，被告会社の従業者である（あった）。
　　　　　　　② 　本件特許発明は，その性質上被告会社の業務範囲に属し，かつ，原告が発明をするに至った行為が被告会社の従業者としての現在又は過去の職務に属するもの（職務発明）である。』

『Ⅱ'─Ⅳ─ⅱ　① 　被告は，○○○の製造・販売等を目的とする株式会社であり，Aは，被告会社の従業者である（あった）。
　　　　　　　② 　Aは，本件特許発明を出願し，その後特許を受ける権利を原告に譲渡し（原告が本件特許を受け）た。
　　　　　　　③ 　本件特許発明は，その性質上被告会社の業務範囲に属し，かつ，Aが発明をするに至った行為が被告会社の従業者としての現在又は過去の職務に属するもの（職務発明）である。』

【補説】特許法35条1項は，職務発明について従業者等が特許を受けたとき，又は特許を受ける権利を承継した者がその発明について特許を受けたときは，使用者等がその特許権について通常実施権を有すると規定している。しかし，職務発明については，多くの会社等において，従業員から会社等にあらかじめ特許を受ける権利を承継することを定めた職務発明規程等の勤務規則があり，法定実施権が主張されることは少ない。実務上は，職務発明の成立要件としての職務該当性や権利承継に対する相当の対価が問題となる事件が多い。

　(オ)　先使用による法定通常実施権──特許法79条

『Ⅱ'─Ⅳ　① 　被告は，本件特許発明の内容を知らないで自らその発明をし，又は本件特許発明の内容を知らないでその発明をした第三者から知得し，本件特許出願の際現に日本国内において，本件特許発明に属する発明の実施である事業をし又は事業の準備をしていた。
　　　　　② 　被告物件又は被告方法は，被告が現に実施又は準備をしている発明及び事業の目的の範囲内にある。』

【補説】最判昭61・10・3民集40巻6号1068頁（ウォーキングビーム式加熱炉

事件）は，「発明の実施である『事業の準備』とは，特許出願にかかる発明の内容を知らないでこれと同じ内容の発明をした者又はこの者から知得した者が，その発明につき，いまだ事業に実施の段階には至らないものの，即時実施の意図を有しており，かつ，その即時実施の意図が客観的に認識される態様，程度において表明されていることを意味すると解するのが相当である」とし，また，「『実施又は準備をしている発明の範囲』とは，特許発明の特許出願の際（優先権主張日）に先使用権者が現に日本国内において実施又は準備をしていた実施形式に限定されるものではなく，その実施形式に具現されている技術思想すなわち発明の範囲をいうものであり，したがって，先使用権の効力は，特許出願の際（優先権主張日）に先使用権者が現に実施又は準備をしていた実施形式だけでなく，これに具現された発明と同一性を失わない範囲内において変更した実施形式にも及ぶものと解するのが相当である」と判示している。

(カ) 裁定実施権——特許法83条・92条・93条

特許法83条以下には，特許発明が不実施（継続して3年以上日本国内において適当にされていない）の場合に，その特許発明を実施しようとする者が，特許権者又は専用実施権者との協議を求め，協議不成立又は協議不能のときに，特許庁長官の裁定を請求することができ，特許庁長官の裁定による通常実施権の設定を受け得ることが規定されている（不実施の場合の裁定による通常実施権）。

同法92条は，特許発明が，他人の特許発明等を利用するものである場合や他人の意匠権・商標権と抵触する場合に（特許72条），特許権者又は専用実施権者は，当該他人との協議を求め，その間の協議不成立又は協議不能のときに，特許庁長官の裁定を請求して，裁定による通常実施権の設定を受け得ることを規定している（利用発明の場合の裁定による通常実施権）。

また，同法93条は，特許発明の実施が公共の利益のため特に必要である場合，その特許発明の実施をしようとする者は，特許権者又は専用実施権者との協議を求め，協議不成立又は協議不能のときに，経済産業大臣の裁定を請求して，裁定による通常実施権の設定を受け得ることを規定してる（公益のための裁定による通常実施権）。

しかし，以上の裁定による通常実施権が設定された事例は希有のことと思わ

れる。要件事実の記載は省略する。
　(e)　**特許発明の技術的範囲の限定**
　(ｱ)　公知技術の参酌，公知技術の除外
『Ⅲ'—Ⅰ　本件特許権の特許請求の範囲には，出願時における公知技術が含まれており，当時の技術水準によれば，本件特許発明の技術的範囲は，限定して（公知部分を除外して）定められなければならない。』
【補説】特許発明の技術的範囲の確定は，特許法70条に規定されているとおり，特許請求の範囲の記載に基づいてされなければならない（1項）が，特許請求の範囲に記載された用語の意義は，明細書の記載及び図面を考慮して解釈するものとされており，実務上の取扱いを反映させたものである。さらに，実務上，技術的範囲の認定に当たって，出願当時既に存在していた公知技術，周知技術を参酌すること，つまり当時の技術水準を考慮して特許請求の範囲の記載を解釈し，技術的範囲を確定することは許されると考えられているが，同法104条の3のいわゆる無効の抗弁との関係を含めて異論もある。実務的に無効の判断をするまでの必要がない場合や訂正があれば必ずしも無効とはいえない場合に，出願当時の公知技術をも参酌して特許請求の範囲の記載を解釈した上，被告物件等が特許発明の技術的範囲に属するか否かを判断することは，70条の趣旨に反するものではないであろう。
　(ｲ)　出願経過の参酌，包袋禁反言
『Ⅲ'—Ⅱ　本件特許権の出願人又は特許権者は，出願手続，無効審判手続等において，特許請求の範囲の記載の意義を限定する旨の主張をした。』
【補説】多くの判例は，特許発明の技術的範囲の認定に当たっては，出願経過等の資料を参酌することが許されるとしており，出願経過の参酌は，明細書の記載や周知技術等から一義的に解釈できない場合ないし特許成立に影響を与えた場合に限られないとしている。出願人が特許査定手続において，特許請求の範囲の記載の意味を限定するなどの意見書を提出し，特許査定を受けた場合に，侵害訴訟において，これと異なる矛盾する主張をすることは，民事訴訟一般に妥当する信義誠実の原則ないし禁反言の法理に照らして許されない。特許権者が，無効審判手続や審決取消訴訟において，特許請求の範囲の記載の意味を限定しあるいは構成の一部を除外する（技術的範囲の一部を

放棄する）旨の陳述をしていた場合も，同様である。
(f) **均等侵害に対する抗弁**
『Ⅲ'—Ⅲ—ⅰ　被告物件又は被告方法は，本件特許発明の出願当時における公知技術と同一であるか又は当業者が容易に推考できたものである。』
『Ⅲ'—Ⅲ—ⅱ　被告物件又は被告方法は，本件特許発明の出願手続等において，特許請求の範囲から意識的に除外されたなど特段の事情がある。』

【補説】前記のとおり，最判平10・2・24民集52巻1号113頁が示す均等論の5要件のうち，①ないし③の要件は請求原因であり，④⑤の要件については，その不存在すなわち，④の容易推考及び⑤の特段の事情の存在が被告の抗弁と解されている。

3　損害賠償請求訴訟の要件事実

(1) 請求原因

　特許権等に基づく損害賠償請求訴訟の原告の請求原因は，要約すると，まず，差止請求訴訟の場合と同様の(A)原告の権利，(B)被告の業としての実施行為，(C)被告の権利侵害，に加えて，(D)被告の故意又は過失，(E)損害の発生及び損害額である。
　(A)原告の権利には，独占的通常実施権も含まれる。
　民法709条による不法行為に基づく損害賠償請求であるから，(D)被告の故意又は過失が要件となる（特許102条参照）が，特許法103条は過失の推定規定を置いているから，「無過失」が被告の抗弁となる。
　(E)損害の発生及び損害額については，本来であれば，被告の権利侵害と「相当因果関係のある損害」を具体的に主張立証しなければならないが，その性質上困難が伴うところから，特許法は，特則として102条を設け，逸失利益の損害額算定の困難さを解消している。当然のことであるが，逸失利益以外の損害を，民法709条，710条に基づき，被告の権利侵害と相当因果関係のある財産

的損害，非財産的損害の発生及び損害額を主張立証して，損害賠償を請求することもできる。

　原告の請求原因は，基本的には(E)損害の発生及び損害額以外は，前記2の差止請求訴訟と同一であるが，異なる点及び特許法102条を中心に若干の説明をする。

　(A)　原告の権利

『Ⅰ―Ⅰ（前記）　原告は，本件特許権を有している。』

『Ⅰ―Ⅱ（前記）　原告は，本件特許権につき，特許権者から専用実施権の設定を受け，その旨の設定登録を了している。』

『Ⅰ―Ⅲ　原告は，本件特許権につき，特許権者から独占的通常実施権の設定を受けた。』

　【補説】特許権者又は専用実施権者は，民法709条に基づき，自己の特許権又は専用実施権を侵害した者に対し，損害賠償請求をすることができる（特許102条参照）が，独占的通常実施権者も，特許権侵害者に対し損害賠償請求をすることが学説・判例上認められている。

　(B)　被告の業としての実施行為

『Ⅱ―Ⅰ，Ⅱ，Ⅲ（前記）　被告が業として被告物件又は被告方法を実施している（た）。』

　(C)　被告の権利侵害

『Ⅲ（前記）　本件特許発明の技術的範囲。』

『Ⅳ（前記）　被告物件又は被告方法が本件特許発明の技術的範囲に属している。』

　(D)　被告の故意又は過失

　上記(B)，(C)の事実を主張立証することにより，通常，被告の故意を基礎付ける事実を主張立証したことになり，それ以上の特段の事実を請求原因として主張立証する必要はない。

　また，前記のとおり，特許法103条により，被告の過失が推定されるから，請求原因として過失を主張立証する必要はない。

　(E)　損害の発生及び損害額（特許102条）

　(ア)　逸失利益――102条1項

この規定は，因果関係の立証責任を軽減するために設けられたが，損害額の推定規定ではなく，損害額の算定方法を定めた規定である。侵害品と権利者の製品が市場において補完関係に立つという擬制の下に設けられたものと解し，侵害品の販売による損害を，特許権者等の権利者の市場機会の喪失とする考え方が有力である。

特許法102条は，請求権者を「特許権者又は専用実施権者」としているが，「独占的通常実施権者」にも類推適用されると解されている[7]。

侵害者の譲渡数量に，権利者の製品の単位数当たりの利益額を乗じた額を，実施能力に応じた額の限度において，損害額とする（本文）が，侵害者の営業努力その他の要因により，侵害者の譲渡数量をもって権利者の喪失した販売数量とすることができない事情が存在する場合は，侵害者がその事情を主張立証することにより，その事情に応じた額を控除する（ただし書）。

『Ⅴ―Ⅰ　① 原告が本件特許発明を実施している。
　　　　② 被告が譲渡した被告物件等の数量。
　　　　③ 侵害行為がなければ原告が販売することができた製品の単位数量当たりの利益の額。
　　　　④ ②の譲渡数量に③の単位数量当たりの利益額を乗じた額。
　　　　⑤ ④の額が原告の実施の能力に応じた額を超えないこと。』

【補説】　上記③⑤との関係で，①の「原告が本件特許発明を実施していること」の主張立証が必要である。もっとも，実施主体は，権利者である原告と実質的に同一と認められればよく，例えば，権利者である個人が代表者である会社が実施している場合や，権利者である親会社が系列会社に実施させている場合でもよい。しかし，通常実施権を設定したような場合までも，実質的同一ということはできず，権利者は，102条3項により実施料を請求するほかない（竹田・前掲文献[9] 407頁）。また，⑤の「実施の能力」は，侵害に対応した期間において現実に実施し得る能力であることを要するが，一定限度で金融機関等から融資を受けて設備投資を行うなどして，特許権の存続期間内に一定量の製品の製造販売を行う潜在的能力を備えている場合には，原則として「実施の能力」を有するものと解される（竹田・前掲文献[9] 406頁）。

②の被告の「譲渡」は，有償，無償を問わない。

③の「単位数量当たりの利益の額」は，侵害行為がなければ原告である権利者が販売することができたはずの製品の数量の売上額から，当該数量の権利者製品を追加して販売するために追加的に必要であったはずの費用を控除した額を，当該数量で除して，権利者製品の単位数量当たりの額としたものとするいわゆる限界利益説（権利者製品の売上げの増加に応じて増加する変動経費のみを売上額から控除し，単位数量当たりの額として算出する）を採用する判例が多い。具体的には，原則として，販売することができたはずの数量の権利者製品の売上額から，その数量の増加生産販売するための原材料費や仕入れ価格を控除し，更に，権利者製品の増加に応じて増加する変動経費（例えば，下請けに支払った加工費用，運送賃，保管費，保険費用等）を控除した金額である。研究開発費や本社等の管理部門の設備費・人件費等は，控除されない。もっとも，製造販売部門の設備費・人件費については，新たな製造設備の導入と製造員・販売員の追加雇用が必要な場合などには，特に増産に必要な追加経費として，売上額から控除されるべきであろう。売上額から控除されるべき変動経費に該当するか否かは，判例によっても一律ではなく，諸般の事情を総合考慮して，個別の事案に即して判断される[8]。

【抗弁】被告は，102条1項ただし書の『①　譲渡数量の全部又は一部に相当する数量を権利者が販売することができないとする事情がある。②　当該事情に相当する数量に応じた額を控除する。』との抗弁を主張することができる。

どのような「事情」が控除理由となり，どの限度で控除が認められるかは，具体的事案における裁判所の裁量的な認定・判断による。一般的に考慮され得るのは，権利者の製品に固有の問題点，被告の特別な営業努力による販売量の増加，権利者との地域的不競業，市場における侵害品（被告物件）以外の代替品や競合品の不存在，侵害品の特別な機能や価格などが想定されるが，これも事案による。

(7)　反対説として，三村量一「損害(1)特許法102条1項」牧野利秋ほか編・新・裁判実務大系第4巻知的財産関係訴訟法（青林書院，2001）295頁がある。
(8)　三村量一・前掲注(7) 301頁以下，古城春実「損害1　特許法102条1項に基づく請求について」牧野利秋ほか編・知的財産法の理論と実務2巻特許法〔Ⅱ〕（新日本法規出版，2007）256頁以下。

(イ) 侵害者利益——102条2項

　本項は，侵害者がその侵害行為により利益を受けているときは，侵害者が得た利益を損害額と推定するものである。損害額と因果関係を事実推定する規定であるが，損害の発生を推定していないから，損害が発生した事実は，原告が主張立証すべきであり，原告が当該特許発明を実施していること，原告が侵害者の実施行為により損害を被ったこと，及び侵害者がその実施により得た利益額を主張立証すべきであると解されている。

『Ⅴ—Ⅱ　① 　原告は本件特許発明を実施している。
　　　　　② 　原告は被告の実施行為により損害を被った。
　　　　　③ 　被告が譲渡した被告物件等の数量。
　　　　　④ 　③の譲渡による被告物件等の単位数量当たりの利益の額。
　　　　　⑤ 　③の譲渡数量に④の単位数量当たりの利益額を乗じた額。』

【補説】　本項にいう侵害者の受けた「利益の額」については，判例・学説が分かれている[9]。

　比較的多い考え方は，純利益説と限界利益説である。要約的にいえば，「純利益説」は，侵害品の売上額から製造原価又は仕入額を差し引いた粗利益から，更に販売費，宣伝広告費，人件費，管理費を含む全ての必要経費を控除するというものであり，「限界利益説」は，売上額から控除されるべき経費としては，侵害製品の販売数量に応じて増加する変動経費，すなわち製造販売に直接関係する原材料費，仕入額，販売費，人件費等の変動費用に限り，一般的な人件費，一般管理費等の固定費用は控除の対象としないとするものである。限界利益説に対しては，現行の特許法102条1項が新設される前の旧102条1項（現行2項）のみの状況下で提唱された権利者保護のための救済解釈であり，現行の1項の存在下において2項の意義を考えた場合には，限界利益説は取り得ないとの批判があり[10]，粗利益から，製造販売のために直接必要であった費用のみを控除するという「直接費用控除説」もある。

【抗弁】102条2項は，損害額を推定する事実推定規定であるから，侵害者とされる被告は，この推定を覆すためには，推定事実の不存在を主張立証しなければならない。『権利者の現実の損害額は，推定される損害額よりも少ない額である。』又は『被告の実際に得た利益の額が，権利者が蒙った損

害額を超える。』ことを基礎付ける事実を主張立証することにより，推定を覆すことができるとされている。しかし，実際には，被告がこの推定を覆滅させることは極めて困難である。そこで，『権利者と侵害者の営業力やブランド力の相違，通常実施権者の存在，営業活動地域の相違など，侵害者が受けた利益の全額について権利者の逸失利益額とまでいえない事情』を，被告が主張立証した場合には，推定の一部覆滅を認めて減額するのが，平成10年改正によって新設された1項の考え方との整合性もあるとする見解がある[9]。反対説もあるが，多くの判例は，合理的な減額要素が主張立証された場合には，減額を認める傾向がある[12]。

(9) 高松宏之「損害(2)――特許法102条2項・3項」牧野利秋ほか編・前掲注(7) 310頁以下，吉川泉「損害2 特許法102条2項に基づく請求について」牧野利秋ほか編・前掲注(8) 281頁以下，竹田稔・前掲文献(9) 416頁以下。
(10) 青柳昤子「第102条（損害の額の推定等）」中山信弘編・注解特許法（上）〔第3版〕（青林書院，2000）1030頁，高松・前掲注(9) 315頁。
(11) 高松・前掲注(9) 318頁。
(12) 吉川・前掲注(9) 289頁。

(ウ) 実施料相当額――102条3項

3項は，実施料相当額を損害の額として請求することができると規定しているから，権利者において侵害行為及び実施料相当額を主張立証すれば足り，損害の発生，損害額，相当因果関係を主張立証する必要はない。したがって，特許発明を実施していない特許権者も実施料相当額を請求することができる。ただし，専用実施権を設定している場合は，3項の実施料相当額を請求できないが，民法709条により，本来専用実施権者から受け取ることのできたはずの実施料相当額の賠償を請求することができる場合はあろう[13]。

独占的通常実施権者は，3項の類推適用により，実施料相当額を請求することができると解されている。

『Ⅴ―Ⅲ ① 被告が譲渡した被告物件等の総売上額。
　　　　② 本件特許発明の実施料率。』

【補説】実施料率は，各種の考慮要素を評価して決定されるものであって，一義的に定まるものではない。現実に本件特許発明について実施許諾契約で合意された実施料率，当該業界で取られている相場的な実施料率が参考にな

るが，ほかにも，本件特許発明の技術的評価，本件特許発明の寄与度，被告物件等の販売価格・数量・期間，被告の販売努力，市場における当事者の地位（占有率）等が考慮要素とされよう[14]。

【抗弁】被告は，『損害が発生し得ないこと（損害不発生）』を抗弁として主張することができる（商標権につき，最判平9・3・11民集51巻3号1055頁（小僧寿し事件））。特許権者が専用実施権を設定して実施料を得ている場合は，3項の適用がないとして，抗弁となり得るとする考え方がある[15]。

[13] 髙島卓「損害3　特許法102条3項に基づく請求について」牧野利秋ほか編・前掲注[8] 293頁。
[14] 髙島・前掲注[13] 294頁。
[15] 青柳・前掲注[10] 1061頁，竹田・前掲文献[9] 434頁等。

(2) 抗　　弁

既に述べた差止請求訴訟における抗弁は，原則として，損害賠償請求訴訟における抗弁となる。

損害賠償請求訴訟における個別の抗弁については，上記の請求原因に関する記載中に【抗弁】として説明した。

一般的な抗弁としては，Ⅳ'無過失，Ⅴ'消滅時効がある。

(a) 無過失の抗弁

特許法103条は，侵害行為について過失が推定されているから，原告である権利者は，請求原因として，被告の過失を主張立証する必要はなく，被告が抗弁として無過失（過失の評価障害事実）を主張立証することができる。

『Ⅳ'　被告物件又は被告方法を実施するに当たり，被告には過失がなかったことを基礎付ける具体的事実の存在。』

【補説】これに対し，原告は，「被告の過失を基礎付ける事実（過失の評価根拠事実）」を再抗弁として主張立証することができる。

(b) 消滅時効——民法724条

『Ⅴ'　①　権利行使が可能になってから，3年が経過した。
　　　②　被告は，原告に対し，時効を援用する旨の意思表示をした。』

【補説】①の権利行使が可能になったという事実は，原告の請求原因事実か

ら明らかな場合が多いが，例えば，被告の実施行為（権利侵害行為）の日と，原告が請求原因において主張する実施行為を知った日とが異なっている場合，被告が「実施行為の日から3年が経過した」ことは，抗弁とならない。

商標の類否判断の要件事実

牧野 利秋

1 商標法における商標の類似概念

「商標」とは，商標法2条1項において，「文字，図形，記号若しくは立体的形状若しくはこれらの結合又はこれらと色彩との結合（以下「標章」という。）であって」，「業として商品を生産し，証明し，又は譲渡する者がその商品について使用をするもの」（商品商標）と，「業として役務を提供し，又は証明する者がその役務について使用をするもの」（役務商標，サービスマーク）をいうと定義されているが，商標の類似あるいは類似の商標という概念は，商標法の多くの規定に表れ，商標の同一及び商品・役務の同一・類似と並んで重要な役割を有している。

すなわち，商標の類似は，不登録理由として商標法4条1項1号～6号，9号～11号，13号，14号，19号，先願主義を定める8条，出願拒絶理由・登録異議理由，登録無効理由を規定する15条，43条の2，46条，商標権の侵害とみなす行為を規定する37条，商標権の効力制限についての22条，32条，33条，33条の2，同条の3，60条，商標権の移転に係る混同防止表示についての24条の2，登録取消審判についての51条，52条の2，53条，同条の2等の要件になっている。

このうち4条1項11号に規定する「商標の類似」は，登録を拒絶する行政処分，登録異議における登録を取り消す行政処分又は無効審判請求において登録を無効とする行政処分を行うための法律要件（15条1号・43条の2第1号・46

条1項1号，以下「登録要件に関する商標の類否」という）であり，侵害訴訟の場においては商標権侵害を基礎づける法律要件（37条各号，以下「侵害判断における商標の類否」という）の一つである。

本稿では，その要件事実について考察する。

2 商標の類否の判定基準

(1) 商標の同一と類似

商標の類似とは，対比される2つの商標がまったく同一ではないが，相似していることであるが，どのような場合に同一ではないが互いに似ているというべきかの判定基準については，法文上規定はない。

商標は，上記のとおり，「文字，図形，記号若しくは立体的形状若しくはこれらの結合又はこれらと色彩との結合」という標章から構成されるものであるから，その標章の持つ外観，外観から生ずる観念及び称呼がその構成要素となる。

したがって，対比される2つの商標がこの3要素において一致するときは同一の商標であり，3要素において一致はしないが相似しているときが類似であると一応はいうことができる。しかし，不使用商標の取消審判を定める商標法50条1項には，登録商標の使用とは，3要素が一致する態様での使用のみならず，登録商標の「書体のみに変更を加えた同一の文字からなる商標，平仮名，片仮名及びローマ字の文字の表示を相互に変更するものであって同一の称呼及び観念を生ずる商標，外観において同視される図形からなる商標その他の当該登録商標と社会通念上同一と認められる商標を含む。」と規定されているから，このような態様の商標（実質的に同一の商標）は，類似の商標の範疇から除かれると解されよう。

ただ，この規定の趣旨が他の規定における同一の商標にも同じく適用されるかどうかについては，定説がない。例えば，商標法25条本文は，商標権の効力として「商標権者は，指定商品又は指定役務について登録商標の使用をする権利を専有する。」と規定し，指定商品又は指定役務（以下，「指定役務」・「役務」

は省略し,「指定商品」・「商品」についてのみいう)と同一の商品に登録商標と同一の商標を権原なく使用すること(同一商品に同一商標の使用)が商標権の侵害となることを示す一方,37条において,指定商品と同一の商品について登録商標に類似する商標の使用(同一商品に類似商標の使用),指定商品に類似する商品についての登録商標と同一の商標又は類似商標の使用(類似商品に同一商標又は類似商標の使用)につき,これを侵害とみなす行為として規定し,商標権の本来的効力の範囲に含めていない。そして,一般に,前者を商標権の本来的効力である専用権を定めた規定であり,後者は専用権の範囲には含まれない禁止権を定めた規定であると解されている。このように区別した場合,前者の登録商標の範囲を50条における同一の範囲と同じに解してよいのかの問題が生ずるのである。また,4条1項12号は,登録防護標章と同一の商標であって,その防護標章登録に係る指定商品と同一の商品に使用する商標は登録しないと規定しているが,この場合の同一の範囲も50条における同一の範囲と同じに解すべきかの問題が生ずる。

このように,商標法自体においても,商標の同一と類似の範囲の区別は必ずしも明確に規定されてはいないのである。

(2) 商標の類否の判定基準

商標の類否の判定基準については,次のような考え方ができ,そのいずれを採るかにより類否の判断は異なることになる。

(a) 構 成 自 体

対比される商標の構成自体の相似のみにより判定する。その場合,商標を構成する外観,観念,称呼の3要素のうち,いずれか一つが相似すれば,他は相違していても商標は類似とするか,それとも3要素を総合して類否を判定するかにつき,相対立する考え方がある。

(b) 商品の混同惹起

対比される商標を付した商品が商品自体において需要者に混同されるおそれが生ずる程度に両商標が相似しているかどうかにより類否を判定する。

(c) 商品の出所の混同惹起

対比される商標を付した商品の出所が需要者に混同されるおそれが生ずる程

度に両商標が相似しているかどうかにより判定する。

この点については，判例学説の変遷があった[1]。以下，代表的な判例を中心にこれを見ることとする。

(1) 小野昌延編・注解商標法〔新版〕上巻（青林書院，2005）257-366頁〔工藤莞司＝樋口豊治〕に，登録要件についての商標の類否についての学説，判例，審決例の紹介があり，同書下巻（青林書院，2005）891-909頁〔古城春実〕に，侵害判断における商標の類否についての検討がある。学説判例等の詳細は，これに譲る。

3 登録要件に関する商標の類否

(1) 大判昭2・3・5民集6巻3号82頁（YONE FLUSH VALVE事件）

(a) 事案の概要と判旨

上告人は，大正14年12月5日，指定商品を第17類フラッシュバルブとし，「YONE FLUSH VALVE」と「ヨネ　フラッシュ　バルブ」を2段に横書きした構成よりなる商標を登録出願した。

特許庁は，指定商品を旧第16類濾過器その他諸機械及び機械類の各部一切とする登録商標「㊚」を引用して，これに類似するとして拒絶査定をした。抗告審判においても，出願商標の構成中のYONEは「ヨネ」との称呼を生じ，「米」の観念を生ずるから，同じく「米」を構成要素とする引用登録商標に類似するとして，拒絶査定を維持した（現行商標法4条1項11号に該当する大正10年法2条1項9号適用）。

大審院は，出願商標と引用商標とが外観を異にすることは明らかであるが，引用商標の「㊚」は，ヨネ印又はコメ印と呼ばれるのが普通であり，出願商標の称呼である「ヨネ」と類似しているから両商標は類似であるとし，上告を棄却した。

(b) 当時の判例学説

これに続き，大判昭2・6・7民集6巻8号337頁（花鳥図事件）は，「商標法上商標ノ類似トハ其ノ外観又は称呼ノ類似若クハ其ノ観念ノ同一ナルコトヲ意味スルモノナルヲ以テ商標ノ類否ヲ甄別セントスルニハ其ノ孰レニ該当スルモ

569

ノナルヤヲ明示スルコトヲ要ス」と判示している。

このような外観，観念，称呼のいずれかが同一又は類似であれば，他が相違しても商標として類似であるとの判断基準は，特許庁の審査実務で古くから用いられていた基準であり，判例学説も概ねこれに賛成していた。

(2) 大判昭15・11・6民集19巻22号2024頁（楠公事件）

(a) 事案の概要と判旨

上告人は，昭和14年1月13日，第43類菓子及び麺麭を指定商品とし，烏帽子姿の武士が着座した図形を描き，その上方に「楠公」の文字を横書きにした構成の商標を出願した。

特許庁は，旧39類菓子及び麺麭類一切を指定商品とし，「南湖」の文字を縦書きにした登録商標を引用して，出願商標は引用商標に類似するとして拒絶査定した。抗告審判においても，出願商標からは「ナンコウ」印，引用商標からは「ナンコ」印との称呼を生ずるところ，両者は語尾音に長短の差異はあるが全体として発音上近似し取引上混同のおそれがあると認めるのが相当であり，両商標は外観及び観念において相違するが，なお類似の商標であることを免れないとして，拒絶査定維持の審決をした。

大審院は，次のように判示し，審決を破棄した。

「二個ノ商標カ其ノ外観及観念ニ於テ何等類似ノ点ナク，唯称呼ニ於テ相類似スルトキト雖モ亦類似商標ナリト謂フヲ妨ケサレトモ称呼ノ類否ヲ判定スルニ当リテハ単ニ発音ノ近似スルヤヲ唯一ノ標準ト為スヘキニ非ス」「発音近似スルモ取引上用イラルル音ノ長短其ノ他ノ音調ノ差異ニ依リ一般取引上普通ノ注意ヲ以テ容易ニ之ヲ判別シ得ルヤ否ヤヲ審査セサルヘカラス」

「而シテ本願商標ト引用商標トヲ比較スルニ両者ハ孰レモ其ノ外観及観念ニ於テ何等類似ノ点ナキコト明カニシテ其ノ称呼ニ於テモ本願商標ノ『ナンコウ』ト引用商標ノ『ナンコ』トハ語尾音カ前者ハ長音ナルニ後者ハ短音ナルノ差アリ且両者語義ヲ異ニスルコト明瞭ナル以上之カ為メ音調ニ於テモ差異ヲ生スルコトナキヲ保シ難ク従テ両者カ如何ナル音調ヲ以テ称呼セラルルカヲ審究シ其ノ異同ヲ明ニスルニ非サレハ其ノ類否ヲ判定シ得ヘキニ非ス」「然ルニ原審決ハ単ニ両者ハ称呼ノ発音近似ストノ故ヲ以テ輙ク類似商標ナリト断シ去リ

タルハ審理不尽ニ由ル理由不備ノ違法アルモノニシテ破棄ヲ免レサルモノトス」

(b) 本判決の意義

　この事件は、商標を構成する1要素、特に称呼のみの類似でもって商標全体が類似するとの基準が一般の取引観念上からみて妥当な結果を生じない場合があることを如実に示した事案であるといえる。特に昭和15年当時の社会常識からすれば、出願商標が南朝の忠臣楠正成を表わしていることは自明であり、引用商標の「南湖」との区別は歴然たるものがあり、ただ称呼が類似するだけの理由で両商標の類似を認定することは無理であった。

　この判決の評釈(2)において、末弘厳太郎博士が次のように述べられていることは正鵠を射ており、その後の最高裁判決に影響を与えたものということができる。

　「私の考えでは、通説のごとく外観上の類似、称呼上の類似及び観念上の類似を厳密に分析し、……類似がいずれの点に存するかを形式的に明示すべしと主張するのは、分析に偏したものと思う。すなわち、各種の観点から商標を観察した上、結局それが与える印象、記憶、連想如何等を綜合して、当該商標を同一又は類似の商品に使用することを許すと一般需要者の間に混同誤認を惹起すおそれありや否やを全体的に考えることが必要であって、上記3つの類否判定標準も実質的に極めて密接に相関連しているものと考えざるを得ない。……この理から考えると、外観上も観念上も全く類似点なき本件商標に付き単に称呼が多少紛らわしいというだけの理由で類似商標なりとしているのが、審決の根本的欠点であると私は考えるのである。」

　(2) 末弘厳太郎「判評」判例民事法昭和15年度111事件。

(3) 最判昭35・10・4民集14巻12号2408頁（SINKA事件）

(a) 事案の概要と判旨

　上告人（出願人）は、昭和29年2月24日、第17類ミシンその他本類に属する商品を指定商品とし、「SINKA」というローマ字を横書きにした構成からなる商標を出願した。

　特許庁は、登録異議において、第17類裁縫機械を指定商品とし、「シン

ガー」のかな文字をゴシック体で縦書きにした登録商標を引用して，これに類似するとして拒絶査定をした。抗告審判においても，称呼が極めて紛らわしく，その称呼において取引上混交を免れないから類似であるとして拒絶査定を維持する審決をした。

この審決取消訴訟において東京高裁は，「SINKA」がミシンに使用された場合，その称呼は，ミシンにおいてもっとも著名な商標「シンガー」と誤り聞き取られ混同する事態の発生することが，決して少なくないものと解せられ，このような事情のもとにおいて観察すれば，右商標は類似するものと判断せざるを得ない，として審決の結論を維持した。

この判決を不服とした上告人は，上告理由で，現行商標法4条1項11号に該当する大正10年法2条1項9号は引用された登録商標が周知・著名であることを登録拒絶理由としていないのに，原判決が著名性を考慮に入れて類否を判断したのは違法であると主張した。

本件最高裁判決は，次のように判示した。

「商標法2条1項9号の関係では，当該登録商標が周知・著名であることは同号適用の要件ではなく，その適用を肯定するためには，商標自体が同一若しくは類似する場合でなければならないことは所論のとおりである。しかし，原審も，商標が周知・著名であることが9号適用の要件であるとしたものではなく，また，『シンガー』の商標と『シンカ』の商標とが商標自体として同一若しくは類似のものと認められないにかかわらずその適用があるとしたわけではない。原審は右両商標の称呼を抽象的に対比すれば（すなわち『シンガーミシン』がその呼称で世界的に著名な裁縫機械として取引されているという具体的取引事情をはなれて抽象的に比較考察すれば）必ずしも類似するとはいえないかも知れないが，右のような具体的取引事情を背景として考えれば，『シンガー』と『シンカ』は紛らわしいこととなり，結局，具体的取引事情の下では，両商標は呼称が類似するものと認むべきである，との趣旨の判断をしたものである。原審の右認定は相当であり，右認定が経験則に反するとはいい得ない。」

(b) 本判決の意義

本判決も，当時の判例通説に従い，称呼の類似のみで商標の類否を判断して

いる。しかし、引用商標を付した商品がその称呼により世界的に著名な裁縫機械として取引されているという具体的取引事情を類似性判断の考慮に入れたところに先例的意義がある。

(4) 最判昭36・6・27民集15巻6号1730頁（橘正宗事件）

(a) 事案の概要と判旨

被上告人（出願人）は、昭和30年5月18日、指定商品を第38類清酒及びその模造品とし、「橘正宗」の文字を楷書体で縦書きした構成からなる商標を出願した。

特許庁は、指定商品を第38類焼酎とし、「橘焼酎」の文字を縦書きにした登録商標を引用して、両者は、「橘」の文字を要部とするものであるから、「タチバナ」の称呼及び「橘」の観念を共通にし、取引上誤認混同を生ずるおそれのある類似商標であるとの理由で拒絶査定した。そこで、出願人は、指定商品から焼酎を除く旨訂正したが、抗告審判においても、同様の理由で拒絶査定が維持された。

これに対する審決取消訴訟において、東京高裁は、「商標が類似するかどうかを判断するについては、……その商品が商品として具有する特質に関連し、取扱業者や需要者がその商品の同一性を認識する指標として、取引上、商標をいかに称呼し、かつ観念するかの実際の態様を考慮して判断する必要がある。」とし、清酒と焼酎とでは、使用者の感覚において両者はきわめて鋭敏に区別され、また、営業者の常識としても両者を混同するごときは有り得ないから両商標は類似とは認められないとし、審決を取り消した。

本件最高裁判決は、次のように判示し、原判決を破棄し、両商標及び両指定商品を類似であるとして拒絶査定を維持した審決は正当であり、審決の取消しを求める被上告人の請求は失当として棄却した。

「商標が類似のものであるかどうかは、その商標を或る商品につき使用した場合に、商品の出所について誤認混同を生ずる虞があると認められるかどうかということにより判定すべきものと解するのが相当である。」

「そして、指定商品が類似のものであるかどうかは、原判示のように、商品自体が取引上誤認混同の虞があるかどうかにより判定すべきものではなく、そ

れらの商品が通常同一営業主により製造又は販売されている等の事情により，それらの商品に同一又は類似の商標を使用するときは同一営業主の製造又は販売にかかる商品と誤認混同される虞があると認められる関係にある場合には，たとえ商品自体が互に誤認混同を生ずる虞がないものであっても，それらの商品は商標法（大正10年法律99号）2条9号にいう類似の商品にあたると解するのが相当である。」

「本件においては『橘正宗』なる商標中，『正宗』は清酒を現わす慣用標章と解され，『橘焼酎』なる商標中『焼酎』は普通名詞であるから，右両商標は要部を共通にするものであるのみならず，原審の確定する事実によれば，同一メーカーで清酒と焼酎との製造免許を受けているものが多いというのであるから，いま『橘焼酎』なる商標を使用して焼酎を製造する営業主がある場合に，他方で『橘正宗』なる商標を使用して清酒を製造する営業主があるときは，これらの商品は，いずれも，『橘』じるしの商標を使用して酒類を製造する同一営業主から出たものと一般世人に誤認させる虞があることは明らかであって，『橘焼酎』なる商標が著名のものであるかどうかは右判断に影響を及ぼすものではない。それ故『橘焼酎』と『橘正宗』とは類似の商標と認むべきであるのみならず，右両商標の指定商品もまた類似の商品と認むべきである。」

(b) 本判決の意義

本判決の意義は，商標の類似はその商標を商品に使用した場合に商品自体につき誤認混同のおそれがあるかどうかではなく，商品の出所について誤認混同が生ずるおそれがあるかどうかによるとの判断基準を明言したことにある。商標法の目的は，「商標を保護することにより，商標の使用をする者の業務上の信用の維持を図り，もつて産業の発達に寄与し，あわせて需要者の利益を保護すること」(商標1条)にあるのであるから，商標の使用をする者の業務上の信用の維持を図るためには，商標が使用された商品（又は役務）が特定の出所から市場に提供されているとの認識の形成，維持が必要であり，そのために出所の誤認混同が生ずるおそれがある類似商標の登録を拒絶し，あるいはそのような類似商標の使用を排除することが必要となる。したがって，本判決が類似性の判断基準として商品の出所の誤認混同防止を挙げたことは肯認されるところである。

商品の類否についても，商品自体が取引上誤認混同のおそれがないものであっても，それらの商品に同一又は類似の商標を使用するときは同一営業主の製造又は販売にかかる商品と誤認混同される虞がある場合には，類似の商品に当たるとした点に先例的価値がある。

(5) 最判昭 43・2・27 民集 22 巻 2 号 399 頁（氷山印事件）

(a) 事案の概要と判旨

被上告人（出願人）は，昭和 34 年 9 月 23 日，指定商品を旧第 26 類「硝子繊維糸」とし，黒色の円形輪郭内を上下に 2 分して，上半部には淡青色の空を，下半部は濃青色の海を表わし，その中央には海面に浮き出した氷山の図形を白色と淡青色とをもって明瞭に描いた図形において，上部周縁に沿って黒く縁取りした白抜きの「硝子繊維」の文字と氷山図形の下に黒く縁取りした白抜きの「氷山印」の文字と，さらに下部周縁部に沿って「日東紡績」の文字とを記してなる文字・図形・色彩との結合に係る構成の商標を出願した。

特許庁は，指定商品を旧 26 類「糸」とし，「しようざん」の文字を，そのうち「し」と「ん」の文字だけをやや大きく表わし，左横書きした登録商標を引用し，両者はこれを一連に呼称すると音調相近似し全体としての称呼において彼此相紛れるおそれある類似の商標と認めるのが取引の実験則に照らして相当であるとの理由で拒絶査定をし，抗告審判においても，同様の理由で拒絶査定を維持する審決をした。

この審決の取消訴訟において，東京高裁は，比較的高価なガラス繊維糸が一般市民を取引の相手方とせず特定範囲の取引者間で取引されるなどの実情に照らせば，商標の称呼のみで商品の出所を知ることはほとんどなく，外観，観念において全く異なることは明瞭であり，称呼においても類似するものではないと認めるのが相当として，審決を取り消した。

この高裁判決に対して，特許庁は，原判決は取引の実情につき誤認がある，また，称呼のみ類似すれば商標は類似であるとする従前の判例学説を詳細に挙げて原判決の判断を誤りであると主張して，上告した。

本件最高裁判決は，次のとおり判示し，原判決を維持し，上告を棄却した。

「商標の類否は，対比される両商標が同一または類似の商品に使用された場

合に，商品の出所につき誤認混同を生ずるおそれがあるか否かによって決すべきであるが，それには，そのような商品に使用された商標がその外観，観念，称呼によって取引者に与える印象，記憶，連想等を総合して全体的に考察すべく，しかもその商品の取引の実情を明らかにしうるかぎり，その具体的な取引状況に基づいて判断するのを相当とする。」

「論旨は，硝子繊維糸取引の実情に関する原判示をもって，それは実験則といえるほどの普遍性も固定性もないもので，新製品開発当初の特殊事情に基づく過去の一時的変則的な取引状況のように主張するが，原判決がその挙示の証拠および弁論の全趣旨によって適法に認定したところは，本件出願商標の出願当時およびその以降における硝子繊維糸の取引の状況であって，かつ，それが所論のような局所的あるいは浮動的な現象と認めるに足りる証拠もない。」

「商標の外観，観念又は称呼の類似は，その商標を使用した商品につき出所の誤認混同のおそれを推測させる一応の基準にすぎず，従って，右3点のうちその1において類似するものでも，他の2点において著しく相違することその他取引の実情等によって，なんら商品の出所に誤認混同をきたすおそれの認めがたいものについては，これを類似商標と解すべきではない。」

(b) **本判決の意義**

本判決の「商標の類否は，……商品の出所につき誤認混同を生ずるおそれがあるか否かによって決すべきである」とする点は，前掲橘正宗事件判決の判示を踏襲したものである。

これに続くところの，「それには，そのような商品に使用された商標がその外観，観念，称呼によって取引者に与える印象，記憶，連想等を総合して全体的に考察すべく，」として，総合的・全体的考察が必要なことを明示し，外観・観念・称呼のうち一において類似すれば商標は類似であるとしていた従来の考え方を改めた点が，この判決の最も重要な判示である[3]。

原判決もこれまでの判例も，外観，観念，称呼を総合して全体的に考察するということを明示的には述べていない。商標が外観，観念，称呼を有する以上，これらを総合して全体的に観察すべきことは，むしろ自然なことというべきであるが，特許庁の審査実務はこれを採らず，判例学説も審査実務での考えを是認する傾向が強かったのが，本判決で改められたのである。

「取引の実情の考慮」については，前掲シンガー事件判決の例もあり，商標が業として商品の生産，販売等をする者（役務については，業として役務の提供等をする者）が使用するものとして本来的に市場取引に供されることを前提にするものである以上，これを無視して商標の類否を決することは，妥当とはいえないことは明らかである。

本判決は，一つの事例判決として民事判例集に登載されたものであるが，その判旨はその後の判例・学説・特許庁の商標審査基準に受け入れられるに至っている。

(3) 本判決が，従来の考えを改めるに至ったのは，前示楠公事件の末弘評釈によるところが大きいと思われる。このことは，本判決の調査官解説（最判解説昭和43年度56頁8事件）において，「このような見解は，従来の学説判例にも見られるとことである」として，楠公事件大審院判決及び末弘評釈を引いているところからも明らかと思われる。

4 侵害判断における商標の類否

(1) 最判平4・9・22判時1437号139頁・判タ800号169頁（木林森事件）

(a) 事案の概要と判旨

上告人X（原告，控訴人）は，指定商品を第4類「せっけん類，歯みがき，化粧品，香料類」とし，「大森林」の漢字を楷書体で横書きした構成の登録第1856899号商標（X商標）権を有している。Xは，X商標権につき通常使用権を許諾し，通常使用権者がその製造に係る薬用頭皮用育毛料（X商品）にX商標を付してその関連会社に販売させている。被上告人Y（被告，被控訴人）は，「木林森」の漢字を行書体で横書き又は縦書きした構成を有する商標（Y商標）を付した頭皮用育毛剤及びシャンプー（Y商品）を製造販売している。

Xは，Yの行為は，X商標権を侵害するものとして，Y商標を付したY商品の製造販売の差止めを求めて提訴した。

第1審東京地判平2・6・22は，両商標は外観，観念，称呼のいずれも類似

しないとしてXの請求を棄却し，控訴審東京高判平3・7・30も，控訴を棄却した。

上告審判決は，次のように判示し，原判決を破棄し，原審に差し戻した。

「商標の類否は，同一又は類似の商品に使用された商標がその外観，観念，称呼等によって取引者に与える印象，記憶，連想等を総合して全体的に考察すべきであり，しかもその商品の取引の実情を明らかにし得る限り，その具体的な取引状況に基づいて判断すべきものであって（最高裁昭和39年（行ツ）第110号同43年2月27日第3小法廷判決・民集22巻2号399頁参照），綿密に観察する限りでは，外観，観念，称呼において個別的には類似しない商標であっても，具体的な取引状況いかんによっては類似する場合があり，したがって，外観，観念，称呼についての総合的な類似性の有無も，具体的取引状況によって異なってくる場合もあることに思いをいたすべきである。」

「本件についてこれをみるのに，X商標とY商標とは，使用されている文字が『森』と『林』の2つにおいて一致しており，一致していない『大』と『木』の字は，筆運びによっては紛らわしくなるものであること，Y商標は意味を持たない造語にすぎないこと，そして，両者は，いずれも構成する文字からして増毛効果を連想させる樹木を想起させるものであることからすると，全体的に観察し対比してみて，両者は少なくとも外観，観念において紛らわしい関係にあることが明らかであり，取引の状況によっては，需要者が両者を見誤る可能性は否定できず，ひいては両者が類似する関係にあるものと認める余地もあるものといわなくてはならない。」

「原審は，(中略)Y商品が訪問販売によっているのかあるいは店頭販売によっているのか，後者であるとしてその展示態様はいかなるものかなどの取引の状況についての具体的な認定のないままに，X商標とY商標との間の類否を認定判断したものであって，原判決には，判決に影響を及ぼすことが明らかな法令の解釈適用の誤りないし理由不備の違法があるというべきである。」

(b) **本判決の意義**

本判決は，侵害判断における商標の類否の判定基準を前示氷山印事件最高裁判決に示された登録要件に関する商標の類否の判定基準によることを明示したことに先例的意義がある。それとともに，考慮されるべき取引の実情として，

訪問販売か店頭販売か，後者とした場合の商品の展示態様という極めて具体的な取引の状況を取り上げている点が注目される。

(2) 最判平9・3・11民集51巻3号1055頁（小僧寿し事件）

(a) 事案の概要と判旨

上告人X（原告，控訴人）は，指定商品を旧第45類「他類に属しない食料品および加味品」とし，「小僧」の漢字を縦書きした構成の登録第0505891号商標（X商標）権を有している。

被上告人Y（被告，被控訴人）は，持ち帰り品としてのすし（Y商品）を製造販売する株式会社であるが，訴外小僧寿し本部との間でフランチャイズ契約を締結してその加盟店になるとともに，自らも四国地域におけるフランチャイザーとして各加盟店との間でフランチャイズ契約をしており，小僧寿し本部，Yを始めとする各地の加盟店及びY傘下の加盟店は全体として1個の企業グループを形成し，外食産業において店舗数，売上高などの点で我が国有数の規模の企業グループとなっており，遅くとも昭和53年には，「小僧寿し」の名称は小僧寿し本部又は小僧寿しチェーンを示すものとして需要者の間で広く認識されていた。

Yは，昭和47年ころから四国地域において，Y商品を製造販売している店舗の看板，壁面，車両等に，「小僧寿し」との漢字を縦書き又は横書きした標章（Y標章一(1)ないし(9)），「KOZO」のローマ字を横書きした標章（Y標章二(1),(3)），「KOZO SUSHI」，「KOZO SUSI」，「KOZO ZUSHI」のローマ字を横書きした標章（Y標章二(2), (4), (5)）及び「ちょんまげ頭にねじり鉢巻きを締め，胸にさらしを巻き，着物の上にはんてんを羽織り，前掛けをして高下駄を履いている人物が，前掛けの前で両手を揃えてお辞儀をしている姿を正面から描いた図形」からなる標章（Y標章三(1)ないし(6)）を表示して使用するとともに，その参加の加盟店にこれらの標章を使用させている。

Xは，X商標権に基づき，Yに対しY標章の使用により被った昭和55年から57年までの3年間の損害の賠償，Y標章の使用差止め，表示抹消を求めて提訴した。

第1審高知地判平成4・3・23判タ789号226頁は，Y標章二(1), (3)（「KOZO」

標章)のみにつきX商標に類似するとして、その使用差止め、表示抹消請求を認容したが、他の標識に係る請求は商標法26条1項1号の著名な略称の使用であるとして、損害賠償請求を含め全て棄却した。控訴審高松高判平成6・3・28も、原判決を維持し控訴を棄却した。

本判決は、原判決と一部理由を異にするが結論として原判決を維持し、上告を棄却した。

本判決は、商標の類否につき前掲最判昭43・2・27（氷山印事件）を引用し同判決の判断基準によることを明らかにした上で、「小僧寿し」が小僧寿し本部又は小僧寿しチェーンの略称として一般需要者の間で広く認識されていて、一連のものとして称呼されるのが通常であるとし、Y標章二(1), (3)（「KOZO」標章）を除くその余のY標章につき、次のように判示した。

「X商標とY標章とを対比すると、外観及び称呼において一部共通する部分があるものの、Y標章中の右部分は独立して出所の識別標識たり得ず、Y標章から観念されるものが著名な企業グループである小僧寿しチェーン又はその製造販売に係るY商品であって、右は商品の出所そのものを指し示すものであることからすれば、右Y標章の付されたY商品は直ちに小僧寿しチェーンの製造販売に係る商品であると認識することのできる高い識別力を有するものであって、需要者において商品の出所を誤認混同するおそれがあるとは認められないというべきである。したがって、Y標章は、本件商標に類似するものとはいえない。」

「Y標章三(1)ないし(6)（執筆者注：上記図形標章）は、小僧寿しチェーンの各加盟店において『小僧寿しチェーン』又は『小僧寿し』の名称と共に継続して使用されたことから、右標章のみを見ても著名な企業グループである小僧寿しチェーンを想起し、右各標章から『コゾウズシ』又は『コゾウスシ』なる称呼を生ずる余地はあるが、そうであるにしても『商家で使われている年少の男子店員』の観念や『コゾウ』の称呼を生ずるものとは認められず、また、右標章から生ずる観念、称呼が商品の出所たる著名な企業グループである小僧寿しチェーンそのものであることに照らせば、称呼においてX商標と一部共通する部分があるとしても、需要者において商品の出所を誤認混同するおそれを生ずるものではないから、右Y標章がX商標に類似するものとはいえない。」

(b) 本判決の意義

本判決は，上記木林森事件最高裁判決に引き続き，侵害訴訟においても商標の類否の判定基準を氷山印事件最高裁判決が判示した基準によることを民集登載判例として初めて確認したこと，Y標章がYがその一員であるフランチャイズチェーン全体を示す標章として著名であることを，商標の類否判断において考慮されるべき取引の実情と捉えた点にあるといえる。

5 小　括

以上のとおり，商標の類否の判断基準について，当初の判例通説は，対比される商標の構成自体の類似のみにより判定すべきものとし，その場合，商標を構成する外観，観念，称呼の3要素のうち，いずれか1つが類似すれば，他は相違していても商標は類似とするという基準をとっていた。

この基準に従えば，商標の類似をいうための要件事実は，外観，観念又は称呼の3要素のうちいずれか1つが類似していることになる。

しかし，上記氷山印事件最高裁判決以降，登録要件に関しても侵害判断に関しても，「商標の類否は，同一又は類似の商品に使用された商標が外観，観念，称呼等によって取引者，需要者に与える印象，記憶，連想等を総合して考察すべきであり，かつ，その商品の取引の実情を明らかにし得る限り，その具体的な取引状況に基づいて判断すべきもの」であり，その場合，「商標の外観，観念又は称呼の類似は，その商標を使用した商品につき出所の誤認混同のおそれを推測させる一応の基準にすぎず，したがって，右3点のうち類似する点があるとしても，他の点において著しく相違するか，又は，取引の実情等によって，何ら商品の出所を誤認混同するおそれが認められないものについては，これを類似商標と解することはできない。」との判断基準が確立された。

これによれば，類似性は，証拠によって直接認定される事実そのものではなく，認定された外観，観念，称呼によって取引者，需要者に与える印象，記憶，連想等を総合し，明らかにされた取引の実情に基づき，その商標を使用した商品の出所の混同が生ずるおそれがあるかとの観点からの評価を加えて結論が得られるものであるから，評価的法律要件に該当する。

6 商標の類否判断の要件事実

(1) 外観，観念，称呼の総合的判断

(a) 類否判断の基礎となる3要素

商標は，標章すなわち「文字，図形，記号若しくは立体的形状若しくはこれらの結合又はこれらと色彩の結合」という視覚的要素に基づいて構成され，この構成を願書に「商標登録を受けようとする商標」として記載し（商標5条1項2号），これにより審査を受け登録に至るものであるから，まず外形的要素である外観が基礎的要素としてあり，これに基づいて意味的要素である観念，音声的要素である称呼が生ずる。

商標の類似性を根拠付けるためには，対比される両商標の各外観，観念，称呼を認定し，各要素が類似である（1又は2の要素において同一である場合を含む）ことを主張する必要があり，この3要素は，いずれも商標の類否を決するうえで欠くことのできないものであるが，外観は基礎的要素として常にあるのに対し，観念又は称呼については，例えば，造語標章の場合にみられるように観念の生じないものもあり，また，図形標章の場合にみられるように図形から意味を汲み取れないため観念及び称呼が生じない場合もある。

いずれにせよ，この3要素における類似性あるいは非類似性は，評価的要件である商標の類似性を根拠付けるための評価根拠事実あるいは類似性を否定する評価障害事実となる[4]。

(b) 総合的判断の指標としての出所の混同のおそれ

前掲氷山印事件最高裁判決が，「商標の外観，観念又は称呼の類似は，その商標を使用した商品につき出所の誤認混同のおそれを推測させる一応の基準にすぎず」と述べたことから，商標の類似とは出所の誤認混同を生ずるおそれがあることと同義であると理解する考えもありうるところであるが，登録要件に関しては，既存の登録商標と同一又は類似の商標は登録を受けることができないとする商標法4条1項11号のほかに，同項15号において，商標の類否にかかわらず「他人の業務に係る商品又は役務と混同を生ずるおそれのある商標」

は登録要件を欠くと規定していることからして，この考えは採り得ない。また，侵害判断においても，上掲木林森事件及び小僧寿し事件の両最高裁判決が，同旨の判示をしているが，この判示も，商標権侵害の成立要件が「他人の業務に係る商品又は役務と混同を生ずるおそれのある商標」の使用それ自体とする趣旨ではないことは判文上明らかであり，商標の類似を出所の誤認混同を生ずるおそれがあることと同義と理解することはできない[5]。

出所の混同のおそれは，3要素を総合的に判断をして商標の類否を決定する際の指標ないし基準であると考えるべきである。

(4) 3要素の各類似性は事実概念ではなく評価概念というべきであろうが，ここでは，一応，評価根拠事実，評価障害事実といっておく。
　　この点につき，「商標が類似する理由の説明については，裁判所は当事者の主張にとらわれない」と判示する最判昭35・9・13民集14巻11号2135頁（蛇の目ミシン事件）につき，商標の類似が主要事実であり，外観，観念，称呼の類似は間接事実であると解説されている（最判解説昭和35年度327頁105事件）が，この説がかつては有力であった。

(5) 不正競争防止法2条1項1号の規定する商品等主体混同惹起行為においては，他人の周知である商標その他の商品等表示と類似の商品等表示を使用して他人の商品又は営業と混同を生じさせる行為をもって不正競争行為としているから，商品等の出所の誤認混同を生じさせることが差止請求権及び損害賠償請求権発生のための評価的法律要件であり，商品等表示の類似性はその評価根拠要件（類似性自体も評価的要件である）となると考えられる。

(2) 取引の実情

(a) 要件事実論における位置付け

取引の実情は，外観，観念，称呼とは異なる事実であるから，商標の類否判断に影響する3要素とは別個の要素ということになる。対比される各商標が使用されている商品のそれぞれについて上記3要素の総合判断の際，類似性を肯定する要素にも否定する要素にも用いられる。その意味で3要素と並ぶ別個の評価根拠事実又は評価障害事実というべきであろう。

この場合，取引の実情を3要素とは別個の商標の類否を決し得る独立の要素であるとする考え方と，3要素が商標の類否判断にどれほどの影響力を有するかを決める補助的要素であるとする考え方があるように思われる。

第2章 要件事実・事実認定――各論

　前説は，取引の実情は，3要素の類否判断に加えて，出所の誤認混同が生ずるおそれがあるかどうかを判断するための独立した第4の要素とする考えである。これによると，外観，観念，称呼がすべて類似である場合にも，これだけでは，両商標が全体として類似であると判断するには不十分で，取引の実情を更に考慮して，出所の誤認混同が生ずるおそれがあることまでも認定しなければならないことになるし（ただし，出所の誤認混同が生ずるおそれがないことを抗弁と位置付けることは可能であろう），取引の実情から出所の誤認混同のおそれがないと認められる場合，これのみで商標の類似性を否定できることになる。しかし，この考えを貫くと，外観，観念，称呼が類似であっても，取引の実情からすれば出所の誤認混同が生ずるおそれがないと認定されれば，類似商標とは認められないということになって，この結果は，上記商標法4条1項11号と同項15号を別に規定した法の趣旨に反することになると考えられる。

　後説は，取引の実情は，3要素の類否判断における補助的要素，例えば，外観，観念の類似が称呼の類似よりも重視されるべきであるとか，称呼の類似が他の要素の非類似性を超える影響力を有するか，といった3要素が商標の総合的類否判断に及ぼす影響力をみるための要素とする考えであり，判例の立場であるとみてよい。

　例えば，登録要件に関する前掲氷山印事件最高裁判決は，両商標の称呼は「ヒョウザン」と「ショウザン」とで近似するが，外観，観念において著しく相違しており，硝子繊維糸の取引において，称呼は商品の出所を識別するうえで重要性がないから両商標は類似しないとの原判決の認定判断を是認しているが，これは，商標の類否判断において，称呼の類似性よりも外観，観念の差異を重視すべきことを取引の実情から判断した事例である。

　また，侵害判断に関する前掲小僧寿し事件最高裁判決は，Y標章から観念されるものが著名な企業グループである小僧寿しチェーン又はその製造販売に係るY商品であって，Y標章の付されたY商品は直ちに小僧寿しチェーンの製造販売に係る商品であると認識することのできる高い識別力を有するといった具体的な取引の実情を考慮して，外観及び称呼において一部共通する部分があるものの，この共通部分は独立して出所の識別標識たり得ないとして両商標は類似しないとしている。これは，観念の差異という類似性判断における評価障

害事実と外観，称呼の相似という評価根拠事実を具体的取引の実情の下で，出所の誤認混同を生ずるおそれの有無という判断基準に基づいて総合判断し，後者よりも前者を重視するべきものと評価して商標の類否を決めた例ということができよう。

(b) 取引の実情の考慮

㋐ 商標の類否判断において考慮されるべき取引の実情は，浮動的・一時的・局所的なものであってはならない[6]。

審査の段階では，未使用商標も出願されるから具体的な取引の実情を把握することは事実上困難であることが多い。その場合は，出願商標が使用される商品市場における取引に関する経験則をもって取引の実情とされる。

これに対し，侵害判断においては，現実に使用されている商標についての取引の実情であるから，より具体的な取引状況も考慮されることになる。前掲木林森事件最高裁判決は，当該商品が訪問販売か店頭販売か，後者とした場合の商品の展示態様という極めて具体的な取引の状況を取引の実情として考慮すべき旨を判示している。

㋑ 商標の類否判断においては，基礎的要素である外観につき，取引者，需要者の注意を一番引きやすい部分を要部として取り出し，これに基づき，どのような観念，称呼が生ずるかを決め，これに基づき両商標を比較する手法がとられる場合がある。何が要部で何が付加的部分かを判断するためには，当該商標が使用される商品の取引の実情，一般経験則によらなければならない。

また，当該商標から複数の観念，称呼が生ずるような場合，どの観念，称呼が取引上通常用いられるのかの認定についても，取引の実情を考慮する必要がある。

㋒ 前掲小僧寿し事件にみられるように，侵害とされる商標が著名ないし周知であるという取引事情の下では，当該商標に高い識別力があることを意味するから，外観，観念，称呼のいずれかにおいて差異がある以上，登録商標とは出所の誤認混同が生ずるおそれがないとして，両商標の類似性を否定するように働く評価障害事実となる場合がある。

逆に，前掲シンカ事件にみられるように，登録商標が著名ないし周知である場合には，差異があっても商標の類似性が肯定される場合もある。

取引の実情としてどのような事情を取り上げるべきかも，各事案により異なるというほかはなく，これを類型化することは困難である。

(6) 最判昭 49・4・25 審決取消訴訟判決集昭和 49 年 443 頁は，登録要件に関する「商標の類否判断において考慮することのできる取引の実情とは，その指定商品全般についての一般的，恒常的なそれを指すものであって，単に該商標が現在使用されている商品についてのみの特殊的，限定的なそれを指すものではないことは明らかであり，所論引用の判例（執筆者注：前掲氷山印事件最高裁判決）も，これを前提とするものと解される。」と判示している。

7 おわりに

　知的財産法の分野では，評価的要件に属する法律要件が極めて多い。本稿で取り上げた商標の類似性のほか，ごく少数の例を挙げても，例えば特許登録要件に関する発明の新規性，進歩性，特許権の侵害判断における侵害態様が特許発明の技術的範囲に属するとの要件，意匠の登録要件及び侵害判断における意匠の類似性，著作権の侵害判断における著作物の複製，翻案等々，訴訟で問題となるような法律要件は大多数が評価的要件である。この場合，評価に影響を及ぼす諸要素のうち当事者のいずれかに主張立証責任が分配される要件事実というべきか等々について，要件事実論からみた解明が十分であるとは未だいいえない状況である。

　本稿は，その解明に一歩でも近づこうとした努力の跡であるが，理論的解明には程遠い結果に終っている。

　伊藤滋夫先生の喜寿をお祝いする論稿としては極めてお恥ずかしいものであるが，司法研修所民事裁判教官室で御一緒に議論させていただき，その後も折につけ多大の御教示を賜っている先生への感謝の意を汲んでいただければ幸甚である。

相殺の抗弁と弁論の分離
―最高裁平成 18 年 4 月 14 日判決における法律構成の課題―

安見 ゆかり

1 問題の所在

　民事訴訟においては，相殺の抗弁は特殊な位置を占める。それは相殺の抗弁が一抗弁でありながら，相殺に供された自働債権の存否の判断について，既判力を認められるからである（民訴114条2項）。そもそもこの相殺の抗弁に用いられる自働債権は，訴訟で請求することができる。したがって(1)被告が，相殺の抗弁に供した自働債権について原告となって請求した場合（抗弁先行型），(2)原告が訴訟で請求している債権を，自らを被告とする訴訟における相殺の自働債権に供した場合（別訴先行型），(3)複数の訴訟を提起された被告が，同一債権を複数の訴訟の相殺の抗弁の自働債権として主張した場合には，実体法上同一の債権が二重に審判され既判力を生じることになる[1]。しかしながら民事訴訟法は，重複訴訟禁止に関する規定（民訴142条。二重起訴禁止，重複起訴禁止。以下「重複訴訟禁止」と呼ぶ）は置くものの，このように同一の債権を訴訟上相殺の自働債権に供しつつ，かつ別途訴えにより請求する場合については触れていない。だがこの場合にも同様に，既判力抵触や裁判所の矛盾判断（及び相手の応訴の煩瑣さ）が生じる慮れは存在する。したがって，訴訟係属中に同一事件（同一当事者・同一審判対象及び同一の事情）について重ねて訴訟を係属することを禁じた重複訴訟禁止に抵触し[2]，142条（重複訴訟禁止）が適用又は類推適用されて，抗弁又は訴訟が不適法になると考える余地はある。明文規定がない結果この問題の解決はもっぱら解釈に委ねられ，訴訟上相殺の法的性質（併存説，訴訟行為説，

第2章　要件事実・事実認定――各論

新併存説，解除条件説，停止条件説といったもの），相殺の抗弁の機能（防御及び権利実現機能），抗弁（予備的抗弁）と訴訟上の請求の異同，重複訴訟禁止の原則の趣旨の再検討（とりわけ既判力抵触の可能性についての再検討），相殺当事者の期待（債権担保機能），一部請求後の残部請求の可否等といった広範な領域に関する論者の見解を反映しながら，白熱した議論を展開してきた。また判例も，学説とは異なる立場から，判例理論をより精緻なものへと積み上げてきた。

ところが近年に至って，最高裁は，従来の判例理論によれば不適法と考えられてきたはずの（判例理論にいう）別訴先行型事件（反訴請求債権を自働債権とし本訴請求債権を受働債権とする相殺の抗弁）において，これを適法と認める判断を下した（最判平18・4・14民集60巻4号1496頁，以下「平成18年判決」と呼ぶ）[3]。また同年7月7日には，この最高裁判決を受けた大阪地方裁判所が，最高裁の反対事例（本訴請求債権を自働債権とし反訴請求債権を受動債権とする相殺の抗弁）において[4]，この場合に相殺を適法とするには，相殺の自働債権について既判力ある裁判所の判断が下されることを条件とした訴えの一部取下げと構成することになるが，このような条件付きの取下げは違法である旨を判示して，相殺の抗弁を斥けた[5]。

ところで最高裁平成18年判決の先例には，確固たるリーディングケースとして最判平3・12・17民集45巻9号1435頁（以下「平成3年判決」と呼ぶ）が存在する。平成18年判決は，平成3年判決を形式的には継承しているものの，実質的にはその例外を認め，新たな判例理論の方向性を示すものと理解されている[6]。そこで本稿では，平成18年判決の再検討を通じて，別訴先行型についての新たな判例理論の動きを確認し，その上で本判決についての評釈の立場を前提に，弁論分離の際の基準として，要因規範論から提示された考慮要因（要因規範）を紹介する。

以下ではまず次章で従来の学説及びその論拠（判例理論においても当然考慮されているであろう）を整理し，3章で最高裁平成3年判決を中心に先例の動向を簡単に紹介する。4章で最高裁平成18年判決について若干の検討を行い，最後に5章において，論旨のまとめを前提に要因規範論の紹介を行うこととする。この要因規範論の紹介も本稿の重要な目的であるが，その検討は今後の課題とさせて頂きたい。なお本稿のテーマについては，日本民訴学会関西支部の会員でおられる研究

相殺の抗弁と弁論の分離

者及び実務家の諸先生方から，数多の大変貴重な御指導を賜った。この場をお借りして深く感謝申し上げたい。本稿の第一の目的は，その貴重な御指摘の一部を取り上げて検討することであるが，本稿で検討できなかった部分については，今後の検討課題とさせて頂く。したがって本稿は，非常に限定された領域についての甚だ不十分な検討をやや変則的な形式で紹介するものであり，恐縮の極みである。要件事実及び事実認定の大家でおられる伊藤滋夫先生の喜寿の祝賀論集の末席にお加え頂けることに深く感謝申し上げつつ，学恩深甚たる伊藤滋夫先生の御海容をひたすら願うばかりである。

(1) もっとも現実に既判力の抵触が生じるのは，同時に内容の矛盾した判決が確定する場合だけである点も指摘されている。なお相殺の抗弁と既判力について松本博之「相殺に対する判断と既判力」松本博之＝徳田和幸責任編集・民事手続法研究第2号2006年11月号161頁所収参照。

(2) フランスにおいて相殺は，原則として，実体法上相殺適状となった段階で，当事者の意思表示も裁判所の裁判も経ずに自働的に行われる。フランスの相殺については，深谷格「相殺の構造と機能―フランス法を中心として―(1)(2)(3)(4・完)」法政（名古屋大学) 133号33頁，134号339頁，136号335頁，137号397頁が詳しい。また松本博之「相殺の抗弁と訴訟上の要件」徳田和幸ほか編・谷口安平先生古稀祝賀『現代民事司法の諸相』（成文堂，2005）113頁（とりわけ133頁）にも，フランスの相殺と請求について紹介されている。他方重複訴訟に相当する制度はフランスにも存在し，これは事件係属の抗弁（litispendance）と呼ばれる。この場合，当事者の請求があれば，後に事件係属された裁判所は，先に事件係属された裁判所のために職務を解除（訴訟係属を離脱する状態）しなければならず，また自ら職権で行うこともできる（Guinchard (S.) et Ferrand (F.) Procédure civile; Droit intercommunautaire, 28ᵉ éd., Dalloz, 2006, p.401.）相殺の抗弁が主張された段階で，移送や弁論併合がなされるとともに，弁論分離が解釈により制約されるならば，平成3年判決の示す危惧には対処できるであろう。この点に関するドイツの理論状況については松本博之「相殺の抗弁と重複起訴」高田裕成ほか編・福永有利先生古稀記念『企業紛争と民事手続法理論』（商事法務，2005）507頁参照。なおフランスでは，訴訟係属の抗弁以外に，一方の裁判所が他方の裁判所のために職務を解除（訴訟係属を離脱する状態）する場合が存在し，これを関連性（connexité）の抗弁と呼ぶ。この関連性が認められるのは，フランス法でいう原因も目的も同一でない二つの法律問題が複数の裁判所に係属し，二つの法律問題の間に，一方に与えられた結論が他方に与えるべき結論に影響を与えるような緊密な関係が存在する場合，つまり二つの関連請求を同時に審理し判決することが良き司法の利益にかなうような場合（たとえば契約の履行請求と取消請求な

ど）である。我が国の重複訴訟に関する議論を彷彿させる。
(3) この判例の評釈は，三木浩一「判批」ジュリ 1332 号 127 頁，我妻学「判批」金判 1263 号 14 頁，増森珠美「判解」曹時 59 巻 9 号 361 頁，徳田和幸「判批」判評 584 号 12 頁（判時 1974 号 190 頁），和田吉弘「判批」法セ 621 号 112 頁，二羽和彦「判批」リマークス 2007 年（下）112 頁など多数存在する。
(4) 大阪地判平 18・7・7 判タ 1248 号 314 頁。
(5) 最高裁判決は，反訴請求について自働債権部分につき判断しないとする予備的反訴と構成し（「しかし，本訴及び反訴が係属中に，反訴請求債権を自働債権とし，本訴請求債権を受働債権として相殺の抗弁を主張することは禁じられないと解するのが相当である。この場合においては，反訴原告において異なる意思表示をしない限り，反訴は，反訴請求債権につき本訴において相殺の自働債権として既判力ある判断が示された場合にはその部分については反訴請求としない趣旨の予備的反訴に変更されることになるものと解するのが相当であって，このように解すれば，重複起訴の問題は生じないことになるからである」），大阪地裁判決は，本訴請求から自働債権部分を取り除く訴えの取下げと構成する（「これに対し，本訴及び反訴が係属中に，本訴請求債権を自働債権とし，反訴請求債権を受働債権として相殺の抗弁をする場合においては，重複起訴の問題が生じないようにするためには，本訴について，本訴請求債権につき反訴において相殺の自働債権として既判力ある判断が示された場合にはその部分については本訴請求としない趣旨の条件付き訴えの取下げがされることになるとみるほかないが，本訴の取下げにこのような条件を付すことは性質上許されないと解すべきである。」）。両者は同じく既判力ある判断がなされたことを条件とするが，最高裁判決の場合は言渡しと同時に判決が確定して既判力を発生する一方で，地裁判決の場合は確定まで上訴の余地があるため直ちに既判力を発生しない。この点が考慮要素となる可能性が指摘されている。また最高裁平成 18 年判決が「反訴は，反訴請求債権につき本訴において相殺の自働債権として既判力ある判断が示された場合にはその部分については反訴請求としない趣旨の予備的反訴に変更されることになるものと解するのが相当であって」と述べた点については，①相殺部分の既判力も，他の部分と同時に判決言渡し（判決確定）時に発生するが，同時に発生するものによって他方を条件付けることが可能かどうか，②自働債権部分のみの変更が，本来の訴えの変更と呼べるのか，といった点も指摘されている。なお停止条件説・解除条件説による異同も後日検討したい。
(6) 三木・前掲注(3) 128 頁，二羽・前掲注(3) 115 頁。

2　相殺の抗弁と二重起訴に関する理論状況

(1)　従来の学説——非同一訴訟手続型を中心とした議論

　本章では，相殺の抗弁と二重起訴の禁止に関して現時点までの主要な理論及び各説の論拠を分類し，平成18年判決を検討するに際して必要とされる考慮要素を確認する。

　従来の学説の議論は，相殺の抗弁が提出される訴訟と，相殺の自働債権が請求される訴訟とが，別々の訴訟手続で行われることを前提として展開されていた（以下では「非同一訴訟手続型」と呼ぶ）。それは周知のごとく，一般には(1)適法説，(2)不適法説，(3)別訴先行（抗弁後行）型における相殺の抗弁は適法であるが抗弁先行（別訴後行）型における別訴は不適法と解する説，(4)別訴先行（抗弁後行）型における相殺の抗弁は不適法であるが抗弁先行（別訴後行）型における別訴は適法と解する説の4つに分類される[7]。以下ではこの非同一訴訟手続型に関する各説の論拠を確認するが，それは，判例理論が　後述する同一訴訟手続型に該当する事案にさえ弁論分離の可能性を認めて（したがって同一訴訟手続型という類型を否定し）もっぱら非同一訴訟手続型について論じる以上，学説から提示された諸観点については当然に配慮しているものと考えるからである。もっとも学説の趨勢は，平成18年判決のような，相殺の抗弁と別訴による請求が弁論の併合や本訴・反訴の関係によって同一訴訟手続で行われる事案を「同一訴訟手続型」と称し，この場合には既判力の抵触も矛盾判断も生じないことを根拠に，適法視する立場にある。したがって学説の論拠がそのまま判例理論に該当するわけではない。しかしそれでもやはり，非同一訴訟手続型に関する各説の論拠は，判例理論を検討する際の重要な考慮要素を構成しているものと考える。

(a)　適法説の根拠[8]

　相殺の抗弁適法説とは，別訴先行型においても抗弁先行型においても，いずれも適法と解する立場である。以下では，その論拠を(イ)一般的な適法性の根拠，(ロ)別訴先行（抗弁後行）型の適法性根拠，(ハ)抗弁先行（別訴後行）型の適法性根

拠という3類型に分類する。

　(イ)一般的な適法性の根拠としては以下の4点が挙げられる。①相殺の抗弁が，現行法142条（重複訴訟禁止）の文言にいう訴訟係属に該当しない点，②相殺の抗弁は，通常予備的抗弁として提出されるので，実際の審理が行われるか（既判力が発生するか）どうか未必的であり，抗弁提出を封じることは防御権を剥奪するに等しい点[9]，③相殺の抗弁が主張される訴訟も，自働債権を請求する別訴も，共に同一当事者間の紛争であり，裁判所の適切な訴訟指揮によって既判力の抵触を回避できる点，④相殺の抗弁が認められなければ，相手方の強制執行を回避するために，訴訟外で相殺を行い，これを異議事由として請求異議の訴えを提起しなければならないという負担を生じる点である。

　(ロ)別訴先行（抗弁後行）型において抗弁を適法とする論拠には，以下の2点が存在する。①先に訴訟を提起した者が，相手方が提訴した別訴において，自己の請求債権を自働債権とし相手方の請求債権を受働債権として相殺の抗弁を主張しようとすると，まず自己の訴訟を取り下げた上で別訴における抗弁を主張しなければならないが，訴え取下げには相手方の同意が必要であり，これが得られない場合にはもはや相殺の抗弁を主張することができない点（相殺の抗弁の防御的機能に関するもの），②別訴で債務名義を得ても，相手方無資力の場合には自らの強制執行は空振りとなるが，他方で相殺の抗弁の主張を封じられることによって相手方は債務名義を取得し，相手方の強制執行のみが実現されるという不公平が生じかねない点（相殺の抗弁の簡易・迅速・確実な権利実現機能に関するもの）である[10]。

　これに対して(ハ)抗弁先行（別訴後行）型において別訴を適法とする根拠は，相殺に供した自働債権が受働債権である請求債権を上回る場合には，請求債権との差額について別途訴えを認める必要があるというものである。

　以上のほか，さらに社会的配慮として以下の2点が挙げられる。それは①取引社会では，敗訴判決や強制執行を受けないこと自体に経済的信用確保の意義がある点，②相殺の抗弁が認められない結果生じる強制執行の掛け合いは，社会的・経済的に無益であり，強制執行回避手段は相殺機会の先延ばしに過ぎない点である[11]。

　(b)　不適法説の根拠[12]

不適法説とは，別訴先行型・抗弁先行型のいずれも不適法とする立場である。その根拠は明瞭ではあるが，やや理念的側面が強い。それは①審理の重複の回避，②既判力抵触の回避である。この立場の根底には，相殺の抗弁が反訴類似（もしくはそれ以上）の機能を有するという認識が存在する。審理の重複及び既判力抵触の危険性は，とりわけ請求債権（相殺の受働債権）の存在に争いがなく，かつ請求債権に対する抗弁が相殺の抗弁だけである場合に顕在化する[13]。この場合には，相殺の自働債権の存否だけが，請求及び抗弁の自働債権として二重に審理判断されるからである[14]。

(c) 別訴先行型適法・抗弁先行型不適法説及び別訴先行型不適法・抗弁先行型適法説の論拠[15]

別訴先行型適法・抗弁先行型不適法説が主張する論拠は以下の2点である。①先に訴訟を提起したものは後の相手方からの別訴提起を防ぐことができず，この相手方から提起された別訴についても上記(a)(ロ)（適法説の別訴先行（抗弁後行）型に関する根拠）摘示の理由から防御は必要である点，②逆に，相殺の抗弁を提出した者は，反訴提起の要件を満たし反訴提起が可能なはずであり，にもかかわらず別訴提起を認め，審理の重複や矛盾判断の危険性を生じる必要はないと考えられる点である。

以上の別訴先行型適法・抗弁先行型不適法説に対しては，別訴先行型不適法・抗弁先行型適法説が対立する。その根拠は3点存在し，うち2点は上述(a)(イ)(ハ)（適法説，一般的な適法性の根拠及び抗弁先行（別訴後行）型に関する根拠）と同様のものといえる。すなわち，①相殺の抗弁は通常予備的抗弁であって，その審理や判断が必ずしも行われる保障はない（したがって既判力抵触回避や矛盾判断回避の必要性も未必的である）点，②自働債権の額が訴求債権の額を上回る場合や，抗弁を提出した訴訟の進行が遅い場合には，別途判決による債務名義を得る必要も考えられる点，③既に訴訟で請求している場合は債務名義も得られるので，それに加えて相殺の抗弁による消極的防御を認める必要はないという点である。ただし③の論拠は，抗弁独自の機能を重視する近年の傾向とは異なるものといえる。

(7) 近年，本訴と反訴の場合及び弁論が併合された場合のように，相殺の抗弁を主張された訴訟と自働債権を請求する訴訟の両者が，同一訴訟手続で行われる場合について，

従来の類型から独立した新たな類型をたてる立場もあり，この議論はますます複雑さを増している。梅本吉彦・民事訴訟法〔新版〕（信山社，2006）275 頁（とりわけ 276, 277 頁）。
(8) 中野貞一郎・民事訴訟法の論点Ⅱ（判例タイムズ社，2001）136 頁，中野貞一郎＝酒井一「平成 3 年判批」民商 107 巻 2 号 82（250）頁〔中野〕。松本博之＝上野泰雄・民事訴訟法〔第 4 版補正版〕（弘文堂，2007）284 頁ほか。なお三木浩一「重複訴訟の再構築」法学研究（慶応）68 巻 12 号 115 頁（とりわけ 177 頁以下）は重複部分と他の部分の処理を区別して取り扱うことを提唱し，本稿で取り扱う平成 18 年判決に通じる見解である。
(9) この点については徳田・前掲注(3) 12 頁（190 頁），松本・前掲注(2)「相殺の抗弁と訴訟上の要件」113 頁など多数が指摘している。
(10) そもそも互いに債権を有する当事者間には信頼関係があり，実体法がこの合理的期待を相殺の公平機能・担保的機能として，あるいは防御機能と権利実現機能として保護しているのに，これらの機能を訴訟法が制約すべきではない，とされる。
(11) 三木・前掲注(3) 128 頁。
(12) 河野正憲・当事者行為の法的構造（弘文堂，1988）75 頁，梅本吉彦「相殺の抗弁と二重起訴の禁止」鈴木忠一＝三ヶ月章編・新・実務民事訴訟講座第 1 巻（日本評論社，1981）381 頁，住吉博・民事訴訟論集Ⅰ（法学書院，1978）293 頁ほか。
(13) 東京高判平 4・5・27 判時 1424 号 56 頁の事案参照。
(14) さらに，相殺の抗弁を提出している訴訟が進行中に，自働債権を訴訟物とする別訴が確定し執行も完了し，その後に相殺の抗弁が認められて確定した場合，再審制度でも執行法上の制度でも是正することはできない，という点も挙げられるが，この点については自己責任の当然の帰結という再反論がある。
(15) 高橋宏志・重点講義民事訴訟法（上）（有斐閣，2005）124 頁，中野＝酒井・前掲注(8) 88（256）頁〔酒井〕，流矢大士「二重起訴と相殺の抗弁」宗田親彦＝坂原正夫編・伊藤乾教授古稀記念論文集『民事訴訟の理論と実践』（慶応通信，1991），岡田幸宏「重複起訴禁止規定と相殺の抗弁により排斥される対象－別訴において訴訟物となっている債権を自働債権とする相殺の抗弁を中心にして―」高田裕成ほか編・福永有利先生古稀記念『企業紛争と民事手続法理論』（商事法務，2005）301 頁ほか。

(2) 小　　括

以上の論拠を整理すると，適法説と不適法説の異同は，(1)予備的抗弁の際の具体的審理可能性と抽象的審理可能性に伴う懸念のいずれを重視するか，(2)抗弁独自の機能と反訴類似機能のいずれを重視するか，(3)訴求債権が自働債権を上回る場合の別訴の必要性，同一当事者間の訴訟における事実上の情報入手可

能性をどこまで重視するか，(4)敗訴判決や強制執行の信用への影響，回避手段の事実的機能（相殺の抗弁の事実上の延期機能）などを論拠に取り込むか等についての立場の相違に起因する。

なお近年有力な見解は，別訴先行型適法・抗弁先行型不適法説（ただし反訴提起であれば適法）であるが，この立場は，適法説と一部論拠を同じくしながら，さらに(1)抗弁提出者の反訴可能性（この立場は別訴を禁じて反訴を認める），(2)先行する訴訟の提起者には後訴提起についての帰責性が認められない点（当事者の行為責任），(3)取引活動における相殺の債権担保的機能への期待（当事者の期待保護）を加えている。

以上の論拠の内でも，近年有力な考え方は，とりわけ当事者意思及び相殺の抗弁に固有の機能（権利実現機能・債権担保機能）を重視する傾向が強い。この背景には，やはり（実体私法で認められた権利を享受する）当事者の期待保護という当事者主義的傾向が存在するように思われる。この傾向は，平成18年判決の評釈や，本稿の最後で紹介する要因規範論にも通ずるものである。またこのような当事者主義的観点は，平成3年判決の実質的例外とされる後述の（裁）判例においては，妥当な結論に導くための考慮要素となったことであろう。

なお，上述のように多くの学説は，相殺の抗弁の自働債権を請求する訴訟が，相殺の抗弁が提出された訴訟と同一訴訟手続内で審理される場合には，既判力抵触や矛盾判断の危険は存在せず適法であるとするので，最高裁平成18年4月14日判決の事案は，これら多くの学説によれば，何ら問題なく適法とされるものであった[16]。もっとも最高裁平成18年判決以降に公刊された教科書の中には，同一訴訟手続型をも議論の射程に含め，この場合に相殺の抗弁の適法性を一部否定する立場も存在する[17]。したがって平成18年判決以降，学説にも多少の変化が生じることが予想される。

[16] この論拠は，後述東京高判昭42・3・1判時472号30頁の理由と同様である。
[17] 梅本・前掲注(7)275頁（とりわけ276頁以下）。

第 2 章　要件事実・事実認定――各論

3　最判平 3・12・17 民集 45 巻 9 号 1435 頁――裁判例及び判例の動向

　裁判例は，前章で紹介した理論状況に関わりなく，別訴が先行する場合（以下「別訴先行型」と呼ぶ）と抗弁が先行する場合（以下「抗弁先行型」と呼ぶ）を区別し，かつ別訴先行型の中に学説のいう同一訴訟手続型をも含めた上で，前者を不適法，後者を適法と解する傾向にあった[18]。

　もっともこの傾向は，最高裁が後述の平成 3 年判決において「同法 231 条（現行法 142 条―筆者挿入―）の趣旨は，同一債権について重複して訴えが係属した場合のみならず，既に係属中の別訴において訴訟物となっている債権を他の訴訟において自働債権として相殺の抗弁を提出する場合にも同様に妥当するものであり，このことは右抗弁が控訴審の段階で初めて主張され，両事件が併合審理された場合についても同様である。」と判示した後に改められ，現在では，別訴先行型・抗弁先行型のいずれかを問わず，基本的に不適法と解する傾向へと転換したと評価されている[19]。

　このような理論状況の中で，平成 18 年判決は，反訴で請求された債権について（したがって判例理論にいう別訴先行型において），これを自働債権として相殺の抗弁を主張することを適法と判示した点で，画期的なものといえる。この平成 18 年判決に関連する著名な先例としては，(1)本判決が引用する上述の最判平 3・12・17 民集 45 巻 9 号 1435 頁（(1)判決の先例として最判昭 63・3・15 民集 42 巻 3 号 170 頁），(2)東京高判昭 42・3・1 判時 472 号 30 頁，(3)最判平 10・6・30 民集 52 巻 4 号 1225 頁等が存在する（なお先例ではないが，この 1 章に挙げた大阪地判平 18・7・7 判タ 1248 号 314 頁が存在する）が，以下では，このうち(1)の平成 3 年判決を取り上げて，平成 18 年判決を再検討するための素材とする[20][21]。

　平成 3 年判決は，別訴先行型のリーディングケースとして著名な判決である。この事件においては，同一当事者間における二つの訴訟手続がいったん弁論併合され，しかも相殺の抗弁が主張された時点では未だ弁論が併合されていたにもかかわらず，その後弁論が分離されている。最高裁は，分離された事件を前に，以下のように判示した。

　「係属中の別訴において訴訟物となっている債権を自働債権として他の訴訟

において相殺の抗弁を主張することは許されないと解するのが相当である（最高裁昭和58年(オ)第1406号同63年3月15日第三小法廷判決・民集42巻3号170頁参照）。すなわち，民訴法231条が重複起訴を禁止する理由は，審理の重複による無駄を避けるためと複数の判決において互いに矛盾した既判力ある判断がされるのを防止するためであるが，相殺の抗弁が提出された自働債権の存否または不存在の判断が相殺をもって対抗した額について既判力を有するとされていること（同法199条2項。現行法114条2項──筆者挿入──），相殺の抗弁の場合にも自働債権の存否について矛盾する判決が生じ法的安定を害しないようにする必要があるけれども理論上も実際上もこれを防止することが困難であること，等の点を考えると，同法231条の趣旨は，同一債権について重複して訴えが係属した場合のみならず，既に係属中の別訴において訴訟物となっている債権を他の訴訟において自働債権として相殺の抗弁を提出する場合にも同様に妥当するものであり，このことは右抗弁が控訴審の段階で初めて主張され，両事件が併合審理された場合についても同様である。」。

　この平成3年判決には，上述のごとく先例があり（上述最高裁昭和63年判決），本判決はその理論を一般規範化したものと理解されている。またこの平成3年判決の背景には，弁論併合後に弁論が分離され，又は上告審で一方もしくは双方が破棄差し戻しされ，弁論分離後に事実審で別々に審理される可能性への配慮が存在すると説明される[22]。

　しかしこの平成3年判決に対する学説の反応は厳しく，とりわけ①「相殺の抗弁の場合にも自働債権の存否について矛盾する判決が生じ法的安定を害しないようにする必要があるけれども理論上も実際上もこれを防止することが困難であること」として相殺を不適法とする姿勢を明確に打ち出した点及び②「同法231条の趣旨は，同一債権について重複して訴えが係属した場合のみならず，既に係属中の別訴において訴訟物となっている債権を他の訴訟において自働債権として相殺の抗弁を提出する場合にも同様に妥当するものであり，このことは右抗弁が控訴審の段階で初めて主張され，両事件が併合審理された場合についても同様である。」という点については，(i)外国の立法例を参照しても，理論上矛盾する判決を防止する方法が存在しないとはいえない（①の点について），(ii)そもそも併合された弁論を分離する必要があるのか（②の点について）等，激

しい批判が存在する。にもかかわらず平成3年判決の理論は，その後②の理由を不動のものとするに至り，別訴先行型だけでなく抗弁先行型についても不適法と考える絶対的不適法説の立場へと，現在の判例理論を導いたものと評価されている[23]。

平成18年判決は，このような平成3年判決の影響の下に，形式的にはこの理論を踏襲しながら，実質上の例外を認めるために，非常に技巧的な理論構成を採用している。平成3年判決が，最高裁平成18年判決の理論構成に与えた影響については，次章4で再度確認する[24]。

(18) たとえば抗弁先行型につき東京高判昭59・11・29判時1140号90頁，別訴先行型につき東京地判昭55・7・30判タ424号118頁など。
(19) 本間靖規「平成8年判批」リマークス1998（上）127頁，三木・前掲注(3)127頁，著名な判決として大阪地判平8・1・26判タ911号218頁，東京高判平8・4・8判タ937号262頁。
(20) 平成3年判決については，数多の評釈が存在する。中野＝酒井・前掲注(8)241頁，吉村徳重「判批」リマークス1993（上）124頁，松本博之「判批」別冊ジュリ169号92頁，加藤哲夫「判批」法セ37巻7号138頁，高田昌弘「判批」法教142号98頁，山本克己「判批」平成3年重判解121頁，田中敦「判批」平成4年主判解228頁ほか多数。平成3年判決の判例理論をさらに推し進めた判決として東京地判平4・6・30判時1457号119頁・判タ807号225頁。
(21) 本文(2)判決は，「群馬県教組賃金カット事件第二審判決」と呼ばれる著名な判決である。群馬県立校に勤める教員が，群馬県に対して，欠勤分として減額された給与の未払分を本訴で請求し，これに対して群馬県が反訴で不当利得返還請求を提起するとともに，反訴で請求している不当利得返還請求権を自働債権として本訴で相殺の抗弁を主張したという事件である。本件では，賃金債権が性質上相殺禁止債権であることから，本訴と反訴の各主文において給付命令がいいわたされている。この判決を最高裁平成18年判決の先例と位置づける理解も多い（この点については，徳田・前掲注(3)判評584号12頁など）。ここでは，本稿に関係する範囲で判示部分を紹介する。とりわけ「しかし少なくとも本件におけるように同一訴訟手続について審理判断される反訴において，しかも予備的反訴という形式で……」以下の部分では，反訴で請求する債権を自働債権として本訴で主張する場合には，同一訴訟手続において審理判断される結果（とりわけ予備的反訴の形式による場合には），既判力の抵触もなく，許容されてしかるべき旨を明示している。「まず本件反訴が適法であるか否かの点について判断するのに，被控訴人の反訴請求は，被控訴人が控訴人等に対して有するとする昭和33年10月分及び12月分の給与支払の際の過払を原因とする不当利得返還請求

であるところ，被控訴人は本訴において控訴人らの本訴請求に対する抗弁として，右不当利得返還請求権を自働債権とする相殺を主張していたこと前述のとおりである。そうして相殺の抗弁については，民事訴訟法第199条第2項（現114条2項－筆者挿入―）により自働債権の存否についての判断が相殺を以て対抗した額につき既判力を生ずる旨定められている。従って本訴において相殺の自働債権に供した旨主張した債権につき，同時に反訴その他の別訴においてその同一部分を訴求することが許されるか否かについては疑問があり，裁判所に二重の判断を求めることとなるし，既判力の抵触を生ずる可能性があるとの理由をもとにこれを否定する見解もある。しかし少なくとも本件におけるように同一訴訟手続において審理判断される反訴において，しかも予備的反訴という形式で本訴において相殺に供した旨主張した自働債権を訴求する場合には，右のような恐れはないのであるから，このような反訴は許容されてしかるべきである。すなわち被告が本訴で勝訴すればもちろん反訴請求に対する判断はその必要がなくなるのであるし，また本訴で敗訴しても相殺の抗弁が相殺不適状ないし本件におけるように相殺禁止等の理由で排斥された場合には，自働債権についての既判力は生じないのであって，このような場合には被告としてはまさに反訴において自働債権の存否につき訴求する利益を有するものというべきである。また仮に本訴において自働債権不存在の理由で相殺の抗弁が排斥されて被告が敗訴した場合においては，重ねて反訴において同一事項についての判断を求めることは許されず，反訴は，不適法として却下を免れないと解するのが相当であり，このように解するならば，二重の判断ないし既判力の抵触というような問題は生じない。以上に述べたところから明らかなとおり，被控訴人の本件反訴請求の目的が本訴における相殺の抗弁の自働債権それ自体であるという理由だけでは，本件反訴が不適法になるということはできないし，また本訴における相殺の抗弁の方も不適法となることはないと解する」。

上述の判断は，その後平成3年判決が，同一訴訟手続型においても相殺の抗弁が不適法である旨を説き（さらに東京高判平8・4・8判タ937号262頁は，同一訴訟手続型の抗弁先行型の事例につき不適法である旨判断した），完全に否定されることになったが，平成18年判決の理論構成は本判決と同様の観点から下されたものではないだろうか。両者の関係については徳田・前掲注(3)判評584号12頁が参考になる。

また本文(3)判決は，本判決以前に，非同一訴訟手続型の事案について，明示的一部請求の残部債権を，他の訴訟において相殺の自働債権に供することを認めた著名な判決である。この事件は二当事者間の相続を巡る紛争で，不当な仮処分により損害を被ったと主張して損害の一部につき損害賠償請求をした者が，残額を自働債権として相殺の抗弁を主張したものである。（残額による）相殺の抗弁の可能性を認めた本判決に対しては，平成3年判決を実質上変更したものと位置づける見解も存在する（高橋宏志「平成10年判批」リマークス1999（下）127頁，三木浩一「判批」別冊ジュリ169号96頁ほか）。平成18年判決の事案では自働債権が受働債権より少額であっ

たため，この平成10年判決は明示的に引用されていないが，平成18年判決は相殺の自働債権部分を反訴の審判請求から取り除くことを一般的に認める構成であり，同一債権の分割ということで当然に意識されて然るべき事案である。本判決についても多くの評釈が存在する。

(22) 増森・前掲注(3) 361頁（とりわけ365頁）。
(23) 三木・前掲注(3) 127頁。なお平成3年の理論を受け，同4年には，別訴訟物である債権を自働債権とする相殺は，相殺に係る部分につき別訴請求を減縮した場合においても不適法である，とする東京高判平4・5・27判時1424号56頁が存在する。本件については畑瑞穂「判批」平成4年重判解152頁参照。絶対的不適法説への転換事例として著名なものは，前掲大阪地判平8・1・26判夕911号218頁，東京高判平8・4・8判夕937号262頁。
(24) 平成18年判決が，平成3年判決を形式的に踏襲しながら，実質的な例外を認めたとするのは，三木・前掲注(3) 128頁，二羽・前掲注(3) 115頁など。

4　最判平18・4・14民集60巻4号1496頁について[25]

前章で触れたような幾つもの著名な判決を経て下された平成18年4月14日判決は，瑕疵修補に代わる損害賠償請求の本訴に対して請負残代金請求の反訴が提起され，相続人によって被告の地位が承継された後に相殺の抗弁が提出された（破棄自判）事案である[26]。

本件は，判例理論に従えば，平成3年判決と同じく別訴先行型に該当するものであったが，最高裁は以下のように判示して，反訴請求債権を自働債権とする相殺の抗弁を適法と認めた。「本件相殺は，反訴提起後に，反訴訴求債権を自働債権とし，本訴請求債権を受働債権として対当額で相殺するというものであるから，まず，本件相殺と本件反訴との関係について判断する。係属中の別訴において訴訟物となっている債権を自働債権として他の訴訟において相殺の抗弁を主張することは，重複起訴を禁じた民訴法142条の趣旨に反し，許されない（最高裁昭和62年(オ)第1385号平成3年12月17日第三小法廷判決・民集49巻9号1435頁）。しかし，本訴及び反訴が係属中に，反訴訴求債権を自働債権とし，本訴請求債権を受働債権として相殺の抗弁を主張することは禁じられないと解するのが相当である。この場合においては，反訴原告において異なる意思表示をしない限り，反訴は，反訴請求債権につき本訴において相殺の自

働債権として既判力ある判断が示された場合にはその部分については反訴請求としない趣旨の予備的反訴に変更されることになるものと解するのが相当であって，このように解すれば，重複起訴の問題は生じないことになるからである。そして上記の訴えの変更は，本訴，反訴を通じた審判の対象に変更を生ずるものではなく，反訴被告の利益を損なうものでもないから，書面によることを要せず，反訴被告の同意も要しないというべきである。本件については，前記事実関係及び訴訟の経過に照らしても，上告人らが本件相殺を抗弁として主張したことについて，上記と異なる意思表示をしたことはうかがわれないので，本件反訴は，上記のような内容の予備的反訴に変更されたものと解するのが相当である」。事案の概要は後注に譲り，以下では平成18年判決の特徴を，平成3年判決との関係から検討する。

　まず平成18年判決は，本訴と反訴の併合された事件で，学説でいえば同一訴訟手続型事件であり，手続の同一性を問題としない判例に従えば別訴先行型事件であった。したがって2章で述べたように，多くの学説に従えばそもそも相殺の抗弁は完全に適法なもので，あえて論じる必要もなかったものといえる。しかし平成3年判決によって築かれた判例理論に従えば，本来は相殺の抗弁を却下しなければならない事案である。

　ところでこの平成3年判決は，上述のように，「相殺の抗弁が提出された自働債権の存否または不存在の判断が相殺をもって対抗した額について既判力を有するとされていること（同法199条2項），相殺の抗弁の場合にも自働債権の存否について矛盾する判決が生じ法的安定を害しないようにする必要があるけれども理論上も実際上もこれを防止することが困難であること，等の点を考えると，同法231条の趣旨は，同一債権について重複して訴えが係属した場合のみならず，既に係属中の別訴において訴訟物となっている債権を他の訴訟において自働債権として相殺の抗弁を提出する場合にも同様に妥当するものであり，このことは右抗弁が控訴審の段階で初めて主張され，両事件が併合審理された場合についても同様である。」と判示している。したがって逆にいえば，平成3年判決に相殺の抗弁を不適法と判断させた弁論分離の危険性を除去しさえすれば，相殺の抗弁は適法と判断され得ることになる。

　そこで最高裁平成18年判決は，相殺の抗弁が提出された場合に本訴と反訴

第2章　要件事実・事実認定——各論

を分離せずに済むように，両者を次のような条件関係で結合した。つまり，㈲単純反訴請求原告から，本訴請求に関して相殺の抗弁が提出された場合には，当事者の反対の意思が表示されない限り，相殺の抗弁の提出行為そのものから，反訴請求を予備的反訴請求に変更するという当事者の意思解釈を行う，㈹この意思解釈による変更の内容は，請求債権と相殺の自働債権との間の実体的関連性にかかわらず，対当額の部分について裁判官による既判力ある判断が下されることを条件として，この部分を反訴における審判対象から取り除く，というものである[27]。

㈲の点に対しては，手続保障の観点から，当事者への釈明の機会を保障すべきとする批判が強い。それは，最高裁判決の場合は，判決の言渡しと同時に判決が確定するために，当事者に意見を述べる機会は与えられないにも関わらず，本判決は当事者による変更の申立てもないまま判決釈明を行い，その結果当事者に不意打ちを与えたことによる[28]。

㈹の点については，本判決が弁論分離の危険性を排除する観点から，本訴請求と反訴請求とを条件関係で結合したものであろう。この条件関係におかれた範囲について，多くの見解は「反訴は，反訴請求債権につき本訴において相殺の自働債権として既判力ある判断が示された場合にはその部分については反訴請求としない趣旨の予備的反訴に変更される」という文言のうち「その部分については反訴請求としない趣旨の予備的反訴に変更される」という点に着眼し，相殺の自働債権に相当する反訴請求額の部分についてのみ条件関係で結合し，解除条件成就とともにこれを当初の全額無条件反訴から取り除き（残額についてはそのまま維持し），そのような内容の反訴を予備的反訴と表現したものであると理解する[29]。この見解に従えば，（本件のように自働債権の額が本訴請求債権額より低い場合には顕在化しないが）もし当初の単純反訴の請求額が本訴請求債権よりも多額の場合には差額が生じ，この差額部分は条件にかからないので，（明示の一部請求理論を採用する立場を前提とすれば当然に）裁判官が必要と判断すれば弁論を分離することも可能である。そして反訴請求が全面勝訴となった場合には，この部分についての債務名義が生じることになる[30]。この解釈によれば，弁論分離が妥当でない相殺部分についてだけ，自働債権の性質を問わずに，本訴請求との条件関係で結合され，他の部分の処理について裁判所の裁量に委ねられる。

その結果，裁判所からすれば柔軟な運用が可能になるであろう。しかも同年7月7日の大阪地裁判決とも整合的な理解を無理なく行える。したがってこれが自然な解釈であろう[31]。

ところで，本判決をこのように解する評釈の多くは，それにもかかわらず予備的反訴への変更という構成を認めていない。その根拠は，①そもそも同一訴訟手続での相殺及び請求であれば，当初の単純反訴をそのまま維持したところで，相殺の自働債権部分については，相殺の抗弁の性質の理解によって請求棄却になる[32]，②この平成18年4月14日判決は，当初から本訴・反訴の関係にある点で，平成3年判決とは異なる，③抗弁を認めなければ交互履行又は交互執行になり，この不都合を回避する目的で，判決で認められた債権相互で相殺することは，単に相殺を先延ばしするに過ぎない，というものである[33]。

さらに，2章で紹介した（全面的）適法説によれば，そもそも別訴提起が適法である以上，弁論分離自体が問題にならない。またたとえ不適法説（の大半？）によっても，同一訴訟手続内での審理であれば，判断の矛盾や既判力の抵触は生じないのであるから，後は相殺の自働債権が分離されることを制限すればよく，それは解釈によって可能であるとされる。

このように未だ判例理論と学説との隔たりは大きい。もっとも平成18年4月14日判決の登場によって，判例理論の結論と学説との間に多少の接近が見られるかもしれない。

(25) 本章で挙げたもののほか，訴訟行為に条件を付すこと及び書面によらない変更なども一応検討課題となりうる。

(26) 最判平18・4・14の事案の概要は以下のとおりである。X（本訴原告・反訴被告，控訴人兼被控訴人，被上告人）は，建築業を営むA（本訴被告・反訴原告）との間で賃貸用マンションの新築工事請負契約を締結し，Aは本件建物を平成3年3月31日までにXに引き渡した。平成5年12月3日，XはAに対し，本件建物につき瑕疵修補に代る損害賠償（又は不当利得）に基づき，5304万0440円，及びこれに対する完成引渡日の翌日である平成3年4月1日から支払済みまで商事法定利率年6分の割合による遅延損害金の支払を求めて本訴を提起した。Aは，第一審係属中の平成6年1月21日，Xに対し，本件請負残代金2418万円及びこれに対する平成3年4月1日から支払済みまで商事法定利率年6分の割合による遅延損害金の支払を求める反訴を提起，この反訴状は同年1月25日にXに送達された。その後Aは第一審係属中の平成13年4月13日に死亡し，Aの相続人Y₁Y₂（本訴被告・反訴原告，被控訴人兼

第2章 要件事実・事実認定——各論

控訴人，上告人）がAの訴訟上の地位を承継した。Yらは，本訴の第一審口頭弁論期日において，Yらが相続によって取得した請負残代金（反訴請求債権）を自働債権とし，本訴請求債権を受働債権として，対当額で相殺する旨の意思表示を抗弁として主張した。第一審（大阪地裁）は，XはYらに対し2745万3120円の債権を，YらはXに対し1647万8438円の債権を有することを認定し，相殺の抗弁の適法性について触れることなく，Xの本訴請求について，相殺の結果，1097万4682円及び相殺の意思表示の翌日である平成14年3月9日から支払済みまで年6分の割合による遅延損害金の支払いを認容した。控訴審（大阪高裁）は，XはYらに対して2474万9798円の債権を，YらはXに対し1820万5645円の債権を有すると認定し，同じく相殺の抗弁の適法性について触れることなく，Xの本訴請求について，654万4153円及び反訴状送達の日の翌日である平成6年1月26日から支払済みまで年6分の割合による遅延損害金の支払いを認容した。この控訴審判決に対し，Yらは，原判決が反訴状送達の翌日から履行遅滞の責任を負うとする点について重要な法令の解釈の誤り及び判例違反が存在する旨を主張して，上告受理の申立てをした。Yの上告受理申立てに対して，最高裁が，判決の前提問題として，相殺の抗弁について判示したのが本判決である。

(27) 二羽・前掲注(3) 115頁は，平成18年判決の理論構成は，①最高裁平成3年判決の判例理論との整合性，②債務名義を得る目的と相殺の担保的機能への期待の保護，③併合されている弁論の分離制限を意図して行われたものと理解する。

(28) 仮に弁論終結後，判決言渡し以前の段階で，当事者が判決釈明の内容を察知し，単純反訴に固執した（反対の意見を表示した）場合に，最高裁は，原審を覆すべく弁論を再開するであろうか，という疑問も示されている。

(29) 徳田・前掲注(3) 14 (192) 頁。

(30) 増森・前掲注(3) 361頁は残部についての判決を説明している。

(31) これに対して今一つの可能な解釈は，当初の単純反訴請求金額全額が予備的反訴に変更され，変更後の内容は，相殺の自働債権部分に既判力が発生するという解除条件が成就すれば，自働債権部分は反訴請求金額の全額から控除され，自働債権の金額が本訴請求債権より多い場合には，その残額についても本訴との条件関係が維持されるとするものである。もっともこのように解すると，当事者が相殺の抗弁を主張しさえすれば，事件の性質を考慮することなく，常に硬直的に条件関係によって弁論の分離を禁じる結果を招くことになってしまう。現実には本訴請求と反訴請求の間に特に密接な関係が存在しない場合や，訴訟の進行の程度に鑑みるとむしろ分離が妥当な事件も存在する。また同年7月7日の大阪地裁判決との整合性についても若干の工夫が必要となる。したがって，多くの見解が示すように，相殺の自働債権部分だけが条件関係に変更されると考える方が自然といえる。

(32) 解除条件説に顕著。三木・前掲注(3) 128頁は停止条件説でも同様とされる。

(33) 三木・前掲注(3) 128 頁。

5 まとめとして——要因規範論による考慮要素

　本稿では，平成 18 年判決を素材に相殺の抗弁と重複訴訟の問題についての判例理論の新たな動きを紹介するために，先ず 2 章で学説の論拠を確認し，3 章及び 4 章において，近年の判例理論及び平成 18 年判決の位置づけを確認した。

　平成 18 年判決の理論構成は，反訴請求債権を自働債権とする相殺の抗弁の主張を認めるために，平成 3 年判決を踏襲しつつ社会的に妥当な結論を導くことを可能とした，非常に技巧的なものである。本判決は，事実審の弁論分離の判断を裁判所に委ねる結果，同一訴訟手続の事案を一つの類型としては認めない立場を前提とする。この立場は最高裁平成 3 年判決が築いたもので，同判決以降，判例理論は，絶対的不適法説に近い立場を取りつつ，必要に応じて個別的な救済を試みるようである（たとえば最高裁平成 10 年判決，同平成 18 年判決のように）。しかしこのような立場は，訴訟主体たる当事者にとって予測可能なものということはできない。本判決についての評釈の大半が，当事者の主張する単純反訴を維持しつつ（予備的反訴に切り替えずに）相殺の抗弁の主張を適法と認めるべきである旨を主張する背景にも，単に同一訴訟手続型についての理解の相違だけでなく，当事者意思の尊重や結果の予測可能性，ひいては手続の可視性への配慮という観点も働いているのではないだろうか。そしてこれらの評釈が主張するように，同一訴訟手続型における相殺の抗弁を適法と考える場合には，次の段階として弁論の分離を制約する解釈が必要となる。この弁論分離の制約に関しては従来から議論が存在したが，通説・判例に従えば最終的には裁判所の裁量に委ねられることとなろう。

　ところでこの点について，近年，加藤新太郎判事[34]及び山本和彦教授の著述[35]を契機として，裁判所の裁量権全体について，これを統制し手続を可視化するとともに当事者の主体性を確保しようとする試論が展開されている[36]。

　この一連の議論では要因規範という用語が用いられる。要因規範とは，山本和彦教授に従えば，「要因（ファクター）の列挙及び規範目的に基づくその重要

第 2 章　要件事実・事実認定——各論

性の明示により構成される規範類型」で,「①規範により達成すべき目的の措定,②考慮すべきである要因・考慮すべきでない要因の列挙,③要因の重要度の設定がされ,個々の具体的状況を当て嵌めていく形で適用される」[37]ものである。またその具体例としては,移送に関する民訴法 17 条を挙げることができ,それは「要件に該当する事態を例示するのではなく,要件該当性を判断するための要因を列挙するという規範類型」で,「要件効果型規範を前提とした一般条項とは規範類型を異にする」[38]ものと理解されている。つまり要因規範とは,従来の要件効果的発想と異なって,列挙された複数の要因を総合的に考慮して状況対応的に効果を発生させる規範類型であると説明されるのである[39]。

　本章では,本稿のまとめとして,最判平 18・4・14 の事案につき,多くの評釈が主張するように,単純反訴を維持した場合に必要とされる弁論分離制約の 1 基準として,要因規範論において提示された弁論分離又は併合に関する考慮要素を紹介する[40]。それは,この考慮要素が,(1)提示された要因の明確性及び客観的説得力並びに(2)裁判所の要因規範遵守の審査及び制裁根拠の明確性(説明義務効果及び判決取消事由)といった点において優れたものと考えるからである。以下ではこの考慮要素を紹介し,本件事案への当て嵌め作業を行う[41]。

　論者に従えば弁論の併合又は分離は,以下の 4 要因の総合考慮によって決定される。それはまず(i)請求ないし事件又は当事者の関連性ないし同一性,裁判の矛盾抵触の回避や一回的解決の必要性といった観点である。具体的には,請求相互の関連性が強くかつ当事者が同一であるか,実体法上主従の関係にあることを意味し,これらの関連性が強ければ強いほど分離は妥当でなく,併合が妥当とされる余地が広がる。この究極の例として,法が併合を命じる場合(人訴・会社訴訟など),裁量の余地が存在しない二重起訴に当たりうる場合,又は必要的共同訴訟の場合が挙げられる。さらに,関連的併合と呼ばれる場合(所有権確認請求と所有権から派生する物権的請求など請求相互間に論理的先決関係が存在する場合,又は所有権に基づく引渡請求と所有権侵害に基づく損害賠償請求など基本的権利もしくは法律関係が共通する場合)も,この観点から分離の妥当性を欠く場合が多いとされる。そこで関連的併合事件で弁論を分離する場合には,裁判所は,当該事例は関連的併合事件ではあるが,例外的に弁論の分離が妥当する事案であると判断した理由(たとえば主債務者と保証人を共同被告とする訴訟で,主債務者は主債務の

存在を争い，保証人は主債務の存在を争わなかった場合には，原告には一方に対して早期の勝訴判決を得るという合理的期待が存在し，これを保護する必要があるといった，弁論の分離を正当化するに足る理由）を開示する義務を負うことになる。この理由開示義務については，義務でなく裁判所の手続裁量であるとの見解も存在する(42)。しかし義務と構成した方が，裁判所の裁量権を維持しながら，その行使の際の「判断の慎重と合理性を担保し恣意を抑制する」ことが可能になるので望ましいといえよう(43)(44)。なおこの理由説明義務は，当事者の異議権行使を契機とするとの見解も存在するが，裁判所により自発的に行われる場合も考えられる。そして裁判所が考慮すべき要因に反し，その違反が重大な場合は，上訴による取消事由になると考えられている。この点については後述する。

　第二の考慮要因は(ii)弁論や証拠調べを同時又は別々に行うことによる便宜（具体的には事実・争点や人証・書証等の質・量・共通性の程度）である。さらに分離については併合審判による手続の複雑さを回避できるという要素，併合については手続の複雑さが増加する程度，が挙げられる(45)。

　第三の要因は(iii)訴訟の進行度合い，弁論終結，判決の時期及びその内容の見通しである。たとえば併合された請求について被告の一方が争い他方が争わない場合など，弁論終結時期が異なると予想される場合には，早期に勝訴判決を取得する原告の利益を尊重して先に決着をつけるという要素も考慮される。

　最後に(iv)当事者の意思も一要因とされる。論者によれば，この当事者意思が本領を発揮する場面とは，たとえば主債務者と保証人が共同被告とされた訴訟において，主債務者は請求原因事実のみを，保証人は保証債務のみを争った場合などである。この例では，上述(i)要因（請求ないし当事者の同一性，紛争の一回的解決の要請など）によっても(ii)要因（弁論や証拠調べを同時又は別々に行う便宜）によっても，併合審理の是非についての決定的解決が得られない。そうであれば，この場合の弁論分離や併合審理については，当事者の意思を尊重すべきものとされる。また同様に，民訴法38条などの併合要件が存在せず，裁判所が裁量によって事件を併合する場合にも，当事者の意思を尊重すべきである（反対の意思が存在すれば行うべきでない）旨が主張される。このように当事者の意思を重視することは，紛争の一回的解決にも資するとされるが，実はこの当事者意思を重視する度合いは論者によって異なる(46)。

第2章　要件事実・事実認定——各論

　以上の4要因が裁判所の考慮すべき要因であり，もし裁判所がこの4要因を考慮せずに弁論を分離（又は併合）し，かつ，それが裁判所の裁量権の逸脱と評価できる場合には，論者によれば，民訴法305条，同308条2項によって控訴審における取消事由に該当し，また民訴法325条1項，2項によって上告審における破棄事由に該当する[47]。

　この理論の魅力は，既に述べたように，第一には提示された要因の明確さ及び選択された要因の妥当性にある。複数の要因の明示により，当事者は多少とも指標を提示され，不意打ち（的帰結）を回避できるであろう。第二に，裁判所の訴訟指揮が要因規範に反した場合について，違反の程度に応じた段階的な制裁方法を提示している点も魅力的である。つまりまず考慮要因の違反が疑われる程度の状況では，裁判所に理由説明義務を課すことで，裁判所の裁量権行使の判断に慎重さと合理性を担保する。そしてより強度の要因規範違反（裁量権逸脱）の場合は，上訴による取消事由と構成するのである。

　そこで平成18年判決にこの4要因を当て嵌めてみる。そもそも本判決は(イ)瑕疵修補に代る損害賠償と請負残代金請求という実体法上牽連関係にある債権の事件であり，(ロ)反訴の訴訟物を本訴の自働債権として相殺の抗弁を主張する場合である。したがって，実体面からは第1の要因（請求ないし事件又は当事者の関連性ないし同一性）を充足し，さらに被告による相殺の抗弁提出行為が，手続面から裁判の矛盾抵触の回避を要請する。第2の要因についていえば，本事案の実質は同一当事者間の同一建物に関する損害賠償と報酬請求の精算問題であり，社会的に同一の紛争から派生している以上，事実や争点及び証拠が共通する。しかも本件では弁論を分離しなければならぬ程の複雑さもみられないようである。第3の要因（訴訟の進行度合い，弁論終結等の要素）に関しても，本件では当初より本訴・反訴として同時に審判されており，分離の必要性など全く問題にならない。第4の要因である当事者の意思についてみても，被告は当初より反訴を提起しており，当事者の併合審理を望む意思は明白である。以上を総合的に判断すれば，本件は分離が妥当とされる場合ではなかろう。

　これら4つの考慮要因を用いれば，多くの評釈が主張するように，相殺部分についてだけ条件関係で結合した予備的反訴に変更するという構成を用いなくても，単純反訴を維持したまま相殺部分については請求棄却と判断すれば足り

るのではないだろうか。またこのような考慮要因の提示は，本件のような状況において，より柔軟な対応を生み出す可能性も考えられる。この点の検討は今後の課題としたい(48)。

(34) 加藤新太郎・手続裁量論（弘文堂，1996）。加藤判事は手続裁量（論）について以下のように説明される。手続裁量（論）とは，「現行の訴訟基本原則である職権進行主義から出発」し，「手続運営を主宰する責任を委ねられた裁判官の活動のあり方（状況適合的訴訟運営）を考える。その理念は，『裁判に求められる諸要請を満足させるために効率的な審理を目標として，事案の性質・争点の内容・証拠との関連性等を念頭に置き，加えて，手続の進行状況，当事者の意向，審理の便宜等を考慮し，手続保障にも配慮した上で，当該場面に最も相応し合目的的かつ合理的な措置を講じていくこと』である」。また「裁量を発揮すべき問題状況に応じた考慮要素とその優劣を抽出した上で，ガイドラインないし行動準則を設定して，裁量を有効に機能させるとともに，制御していこうという実践的かつ解釈論提言である」（加藤新太郎「民事訴訟の審理における裁量の規律」ジュリ1252号117頁）。

(35) 山本和彦「民事訴訟における裁判所の行為統制——『要因規範』による手続裁量の規制に向けて」青山善充ほか編．新堂幸治先生古稀祝賀『民事訴訟法理論の新たな構築（上）』（有斐閣，2001）341頁，同「審理契約再論—合意に基づく訴訟運営の可能性を求めて—」曹時53巻5号（2001）23頁等。

(36) たとえば審理計画の中での裁量を取り上げるものとして，日渡紀夫「裁判所の裁量の統制方法について」徳田和幸ほか編・谷口安平先生古稀祝賀『現代民事司法の諸相』（成文堂，2005）241頁，山田文「合意と民事訴訟」法セ501号79頁。ジュリ1252号114頁以降続けられた民事訴訟審理「理論と実践の架橋」研究会〔加藤新太郎判事，村田渉判事，三角比呂判事，大江忠弁護士，山本和彦教授，笠井正俊教授，山田文教授〕の一連のレポートでは，手続裁量と裁量権統制について，総論から個別論点に至るまで幅広い検討が行われている。なおこのレポートは，大江忠＝加藤新太郎＝山本和彦編・手続裁量とその規律（有斐閣，2005）として公刊されている。

(37) 山本（和）「民事訴訟の審理における裁量の規律等」ジュリ1253号158頁。

(38) 山本（和）「17条移送における手続裁量と要因規範」ジュリ1263号154頁。

(39) 従来訴訟指揮は裁判所の裁量で行われ，訴訟指揮の裁判も裁判所の裁量権に服し，これは独立の上訴の対象にならないとされていたが，要因規範論は，この部分を明確化する試みである。要因規範の詳細については，山本（和）・前掲注(35)341頁に詳述されている。また山本克己「手続進行面におけるルール・裁量・合意—『三者合意』モデルの検討を中心に—」民訴43巻115頁参照。なお山本和彦教授（前掲注(37)158頁）に従えば，「『要因規範』とは，要因（ファクター）の列挙および規範目的に基づくその重要性の明示により構成される規範類型」であり，「従来の要件効果型規範に

代わる緩やかで状況対応的な規範類型の定立を目指すものである。そこでは，①規範により達成すべき目的の指定，②考慮すべきである要因・考慮すべきでない要因の列挙，③要因の重要度の設定がされ，個々の具体的状況をそれに当てはめていく形で適用される」。さらに山本和彦教授は，前掲注(35)「民事訴訟における裁判所の行為統制」361頁において，弁論分離を例に挙げ，まず制度目的について「弁論分離の制度が達成すべき目的は『紛争の統一的な解決を害しない範囲で手続を簡易化し迅速な紛争処理を図ること』にある」と述べられた後に，「要因規範を定立する作業は，一方では制度の趣旨目的を訪ねる理論的な作業であり，他方では考慮すべき具体的要因を探る実務運用と密接に関連する実務的な作業であり，理論家と実務家との協力が不可欠なものであると言えよう。」と説明される。

(40) 本章では，要因規範論について，笠井正俊教授の「口頭弁論の分離と併合に関する裁判所の義務と裁量」（ジュリ1256号135頁）及び同「口頭弁論の分離と併合」（前掲注(36)手続裁量とその規律141頁所収）（ジュリ1256号ではとりわけ140，141頁）を取り上げる。笠井論文は，相殺の抗弁と重複訴訟の場合も含め，明確かつ可視的で効果的な要因規範を提示されている。

(41) 笠井・前掲注(40)の2論文参照。

(42) 加藤新太郎「口頭弁論の分離と併合　コメント」大江ほか編・前掲注(36)手続裁量とその規律156頁。

(43) 理由開示強制については前掲注(39)山本（克）報告125頁にも詳述されている。なお本文の表現は日渡・前掲注(36)254頁による。

(44) 理由は決定書の中で詳細に記載されることになろう。

(45) とりわけ併合の場合は，一方で資料整除の問題や（当事者が異なる場合は）他人の訴訟行為の受容の問題が生じ，他方で判断の矛盾抵触の回避や紛争の全体的解決，司法資源の効率的活用というメリットが存在するが，以上の点も重要な要素であると指摘される。

(46) この当事者の意思は，おそらく書面又は期日における口頭の弁論分離（もしくは併合）の職権発動の申立て，又は裁判所の釈明によって確認されるのであろう。なお山田・前掲注(36)79頁は，今後，社会の個別化が進み，裁判官の手続裁量により紛争に応じたハンドメイドの手続が実現されるであろうこと，手続裁量権にも逸脱・濫用の可能性を認める必要があり，目的に対して裁量権の行使が合理的か否かという観点から，訴訟指揮を客観的に評価する基準を設けるべきこと，その評価基準としては「紛争を最もよく知り，最も深刻な解決ニーズをもって手続の適切さを判断できる当事者」の意思が重要であること，この当事者意思による裁量統制方法は，裁判所に対して，当事者からの異議に応じ，裁量権の合理性を説明する理由を開示する義務を認める形で行うべきこと，当事者からの不服申立てという裁量規制は，第一次的には裁量の修正を促すとともに逸脱による無効を主張させ，第二次的には裁判官の裁量権行使

に際して合理性を事前に再確認させ，その上当事者に手続進行に主体的に関与する道を拓くという効果を有することなどを指摘されている。

(47) もっとも一般には，弁論が不適法に分離され，かつ一部の当事者から分離の違法を理由として上訴された場合には，分離された他方の請求に係る判決の確定を遮断する目的で，上訴をしなかった者も含めた全員との関係で，確定遮断と移審の効果が生じると理解されている（東京高判平 6・6・29 判時 1506 号 116 頁，東京高判平 13・5・30 判時 1797 号 131 頁）。それゆえに裁判所は，後に下された判決に対する上訴が，先に下された判決の確定を遮断する場合に配慮して，取消しや破棄を慎重に行わねばならない旨示唆される。また不適法な分離により，複数の請求が別々の審級に係属した場合には，上級裁判所が係属事件を破棄又は取り消して，下級審裁判所に差し戻し併合審理させるべきことも主張されている（笠井・前掲注(40)「口頭弁論の分離と併合」143 頁）。

(48) 笠井教授も，前掲注(40)「口頭弁論の分離と併合」153 頁の中で（本判決のリーディングケースである）最判平 3・12・17 事件を取り上げ，控訴審が弁論を分離したことに対して，(i)の観点から疑問とされる。なお本件については，手続的に当初より本訴・反訴の関係にあり，実体法上の関係も強いので，平 3・12・17 事件と同様のケースとはいえないという指摘もある（三木・前掲注(3) 128 頁）。

既判力・執行力の主観的範囲の拡張についての覚え書き
―要件事実の視点による整理―

中 西　　正

1　はじめに

(1)　伊藤滋夫先生は，私の司法修習生時代の民事裁判教官でいらっしゃり，私は伊藤先生より民事裁判につき様々なご教示を賜った。その中の一つに，要件事実論がある。伊藤先生が，要件事実論や実体法の諸規定の要件事実の明確化に，極めて大きな貢献をされた点に，異論はないであろう。

私の拙い理解によれば，要件事実とは，民事実体法が規定する要件を直接的・具体的に基礎づける事実であり，民事裁判の場面で具体的事実に適用される際に実体法が見せる姿であるといえよう。そして，要件事実論とは，このような要件事実を実体法の各規定から導く際にガイドラインとなる理論のことである。そこでは，民法，商法のような実体法に関する理論が基礎となり，証明責任に関する理論のような民事訴訟法の理論なども加わって，抽象的な規定が具体化され，複数の規定が民事裁判においてもつ相互関係も明らかにされていく。

現実の裁判の法律構成は，要件事実論だけで決着がつくわけではない。つまり，はじめに原告が訴訟物を決定し，それにより，当然に，訴訟での主張（請求原因・抗弁・再抗弁……）が決まり，それにより，当然に，間接事実，証拠，補助事実などが決まってしまうというわけではないであろう。一方で，原告が主張する事件のストーリーと，被告が主張する事件のストーリーがあり，他方で，それらを証明するとされる証拠があり，これら双方を睨みながら，当該事件の

解決に最適となるよう，訴訟物，主張，間接事実，証拠，補助事実などが組み立てられていくと思われる。つまり，事件全体を睨みながら紛争解決に適した訴訟物・主張・証拠等の構成をいくつか組み立て，その中から1つ最適な構成を選択するのだと思われる。

しかし，そうだとしても，その1つ1つの選択肢を組み立てる上で，また最適な構成を選択する上で，要件事実や要件事実論は極めて重要な指針となると思われる。

(2) このように，民事裁判による紛争解決のための設計図を作る際，重要な役割を果たしている，要件事実論・要件事実は，民事手続法の解釈にどのような影響を与えるのだろうか。本稿は，このような視点に立って，民事訴訟法115条1項3号と，民事執行法23条1項3号の「口頭弁論終結後の承継人」の概念につき，ささやかではあるが，検討を試みるものである。

実務法曹の方々にとっては，民事訴訟法の規定を要件事実・要件事実論的観点から解釈することは日常的なことであろうが，そうした経験のない私が，拙い民訴法・民執法の理解の下で，このようなテーマに挑戦したこと自体，はなはだ無謀な試みであるといわざるを得ない。実際，検討により得られた結果は，これまでに発表された学説の一部を要件事実を利用しながら私なりに整理するにとどまってしまった。そして，このような論考を伊藤先生に献呈することは，誠に申し訳なく思われる。しかし，不肖の教え子が，要件事実論と民事裁判をテーマにした論文を何とか献呈しようと悪戦苦闘したのだということで，先生や皆様からご容赦を賜れば幸いである。

(3) なお，本稿では，訴訟物を実体法上の権利とする裁判実務上一般的であるとされる見解に従っているが，これは，いわゆる訴訟物論争に対して何らかの提言をしようという趣旨ではない。

2 民事訴訟法115条1項3号の「口頭弁論終結後の承継人」

(1) はじめに

民事訴訟法115条1項3号は，確定判決の既判力を口頭弁論終結後の承継人

に拡張している。すなわち，115条1項が，確定判決は，次に掲げる者に対してその効力を有すると規定し，1号で当事者，2号で，当事者が他人のために原告又は被告となった場合のその他人を挙げた後，3号で，前2号に掲げる者の口頭弁論終結後の承継人と規定している。ここでいう「効力」が既判力であることはいうまでもない。

このように，当事者が確定判決の既判力を受けた場合に，その当事者の口頭弁論終結後の承継人にも既判力が及ぶ理由として，以下の2点が挙げられている[1]。

第1は，紛争解決の実効性維持（権利関係安定）のためである。例えば，XがYに対し1000万円を1年間で金利10%の約定で貸し渡し，1年後に返済を請求したところ，Yが既に全額弁済したと主張したため，Xが，Yに対して，YはXに対し金1100万円の支払を求めるとの訴えを提起し，裁判所はYの主張を認め，Xの請求を棄却する判決を出し，この判決は確定した。ところが，その後，Xより，Yに対して，本件1100万円の金銭債権をZに譲渡したという通知が届き，ZがYに対しその支払を求めて訴えを提起して来た，とする。この場合，YはZとの間でも本件債権の存在につき争わなければならないとすると，具体的には，YがXに弁済した事実を主張・立証せねばならないとすると，X・Y間の訴訟（の確定判決）は，それが解決しようとした民事紛争を完全には解決できなかったことになる。当該民事紛争を解決するために既判力は存在するという既判力の根拠論からは，このような場合にも既判力は拡張されねばならないことになる。

以上は，口頭弁論終結後に原告側に承継があった場合であるが，その趣旨は，口頭弁論終結後に債務者側に承継があった場合にも妥当しよう。

第2は，承継人についての手続保障の充足である。通説的見解によれば，既判力の根拠は，紛争解決という民事訴訟の制度目的の達成に必要不可欠である上，当事者には手続保障が与えられ自己責任を問える点に，求められる。とするなら，既判力を口頭弁論終結後の承継人に拡張する場面でも，手続保障の有無が問題となる。この点，前主は，その時点では存在していなかった承継人のためにも訴訟をしたと事後的に評価することができ，辛うじて手続保障はあったといえる，あるいは，紛争解決の実効性を維持するため，この程度の手続保

障で十分であるとせねばならない，とされている。これに関しては，別の角度から，前訴の段階で紛争の主体たる地位を有していた者が，訴訟を追行した結果として出された判決であるから，その内容的正当性は高いということができると，いわれることもある。

　民訴法115条1項3号による既判力拡張の趣旨は以上のように解されるが，「承継人」の意義・範囲や，既判力の拡張の態様（形式説・実質説）については，見解が対立している。そこで，以下では，訴訟物や，それを基礎づける要件事実（請求原因，抗弁，再抗弁…）等を踏まえて，この問題に若干の分析を加えることにしたい。

(1) 高橋宏志・重点講義民事訴訟法（上）（有斐閣，2003）606頁以下。

(2) 既判力拡張の基本原則

　民訴法115条1項3号の既判力拡張の趣旨からすれば，承継人に拡張される既判力の内容は，当事者（前主）に及ぶ既判力の内容と一致すれば十分で，これを越えてはならないと，考えられる。以下，その理由を説明したい。

　民訴法115条1項3号の第1の趣旨は，前訴判決の紛争解決の実効性を維持することである。したがって，前訴判決が当該紛争を解決するため生ぜしめた既判力が，後訴でも維持されれば，必要にして十分であろう[2]。上述した例（(1)「はじめに」で挙げた例）で説明すれば，Yが弁済した事実の存在をめぐる紛争が蒸し返されなければよいわけである。もちろん，正確には，既判力である以上，紛争解決は権利の存否のレベルまで高められるので，前訴の最終口頭弁論終結時にXのYに対する1100万円の金銭債権が存在していた（あるいは存在していなかった）という内容の既判力が，ZのYに対する訴訟に及んでいることが必要であり，それで十分であると，いうことができよう。

　民訴法115条1項3号の第2の趣旨は，いわば既判力の拡張の正当化根拠で，前主は承継人のためにも訴訟をしたと事後的に評価できる，というものである。とするなら，既判力を承継人に及ぼすことを正当化する手続保障は，前訴判決の既判力の範囲にのみ及ぶことになる。前主に与えられた手続保障は前訴判決の既判力の範囲にとどまるからである。そうでなくとも，「辛うじて手続保障はあったといえる」とされるのであるから，この範囲設定は厳格でなければな

らない。第2の趣旨を，前訴の段階で紛争の主体たる地位を有していた者が訴訟を追行した結果として出された判決であるから，その内容的正当性は高いということができるとしても，内容的正当性が保障される範囲は，前訴の既判力の範囲であるといえよう。

したがって，XとYの間で訴訟が行われ，判決が出され，これが確定し，口頭弁論終結後にYにつき承継人Zが生じた場合であれば，X・Z訴訟では，X・Y訴訟の訴訟物の既判力を前提としつつ，この既判力の遮断効に触れない範囲でXとZが主張・立証した事実に基づいて，判決が出されることになる。

(2) X・Y間で訴訟が行われ，判決が出て，これが確定し，口頭弁論終結後にXもしくはYの承継人が生じ，判決の既判力が拡張されたとする。以下では，このような場合に，X・Y訴訟を前訴，XもしくはYとZの間の訴訟を後訴と呼ぶことにする。

(3) 当事者間に既判力を及ぼす際の基準

承継人に拡張される既判力の内容は，当事者（前主）に及ぶ既判力の内容と一致すれば十分で，これを越えてはならないとしても，当事者が異なり，それゆえ，前訴の訴訟物と後訴の訴訟物も異なるのだから，前訴の既判力が後訴にどのように及ぶのか，検討が必要である。以下でこの問題を検討するが，最初に，原告（X）と被告（Y）の間で訴訟が行われ判決が確定した場合，その確定判決の既判力は，以後X・Y間の訴訟でどのように及ぶかを，確認しておきたい[3]。

(3) 高橋・前掲注(1) 527頁以下，伊藤眞・民事訴訟法〔第3版〕（有斐閣，2004）466頁以下，中野貞一郎ほか・新民事訴訟法講義〔第2版補訂版〕（有斐閣，2006）445頁ほか。

(ア) まず，訴訟物が同一の場合，前訴の既判力は後訴に及ぶ。例えば，XがYに対し甲地の所有権がXに帰属することの確認を求めて訴えを提起し，Xの請求を認容する判決が確定したが，その後も，Yが甲地の所有権は自分に帰属すると主張するので，Xは再びYに対し甲地の所有権がXに帰属することの確認を求めて訴えを提起したとする。この場合，前訴と後訴は訴訟物が同一なので，前訴の既判力（甲地の所有権はXに帰属する）は後訴にも及ぶ。したがって，後訴の裁判所は，前訴の口頭弁論終結時には甲地の所有権はXにあった

ことを前提とし，前訴口頭弁論終結時前に生じたとされる，甲地の所有権をXが喪失することを基礎づける事実の主張（例，前訴口頭弁論終結時前にX・Y売買によりYが甲地を買い受けた）については，甲地の所有権がXにあったことを基礎づける事実の否認とともに前訴既判力の遮断効に基づきこれを排斥し，前訴口頭弁論終結時より後に生じたとされる，同様の事実主張（例，前訴口頭弁論終結時より後にX・Y売買によりYが甲地を買い受けた）については，主張・立証させ，これが認められるなら，Xは甲地の所有権を喪失したと見て，Xの請求を棄却し，認められないなら，前訴口頭弁論終結時に甲地の所有権がXに帰属していた状態が継続していると見て，Xの請求を認容することになる。既判力は確定した終局判決の内容たる判断の通有性と定義されるのだから，以上のように解すべきだと思われる。

　(イ)　前訴の訴訟物が後訴の訴訟物の前提となる場合も，前訴の既判力は後訴に及ぶ。XがYに対し甲地の所有権がXに帰属することの確認を求めて訴えを提起し，Xの請求を認容する判決が確定し，その後XがYに対し甲地の所有権移転登記手続を求めて訴えを提起した場合が，その例である。後訴の受訴裁判所の審判の方法は，(ア)の場合と基本的に同じである。

　(ウ)　前訴の訴訟物と後訴の訴訟物が矛盾関係に立つ場合も，前訴の既判力は後訴に及ぶ。例えば，XがYに対し甲地の所有権がXに帰属することの確認を求めて訴えを提起し，Xの請求を認容する判決が確定し，その後YがXに対し甲地の所有権がYに帰属することの確認を求めて訴えを提起した場合が，その例である。甲地の上に同時にXの所有権とYの所有権が同時に成り立つことはあり得ない（一物一権主義）ので，既判力が及ぶといわれる。すなわち，前訴で，Xが，(a)甲地のYもと所有，(b)Y・X売買を主張し，裁判所がこれを認め，請求認容判決が出され，これが確定した場合に，後訴で，Yが，前訴の(a)の主張，(b)の主張は認めるが，(b)のY・X売買は錯誤により無効であるから，甲地の所有権はYに帰属していると主張したときは，この錯誤無効の主張は前訴確定判決の既判力により遮断されると，解される。前訴と後訴の訴訟物は異なっており，前訴の訴訟物が後訴の訴訟物の前提問題となる関係にもないため，前訴確定判決の既判力の積極的効力が後訴に及ぶことはない，とするなら，既判力の積極的効力を支える機能を有する既判力の遮断効も後訴には及ばない

と，なりそうである。しかし，甲地の上にXの所有権とYの所有権が同時に成り立つことはあり得ない（一物一権主義）。そこで，前訴確定判決の既判力（甲地の所有権はXに帰属する）を崩す主張は，これにより遮断されると，解するのである。

なお，当然のことであるが，前訴の口頭弁論終結後の事実であれば，遮断されることはない。例えば，Yが，前訴口頭弁論終結時に甲地の所有権がXに帰属したことを前提としつつ，前訴口頭弁論終結後に，X・Y売買により，Yは甲地の所有権をXより取得したと主張するなら，前訴の訴訟物が後訴の訴訟物の前提となる場合として，処理されることになろう。

(4) **既判力が承継人に拡張される基準**

既に検討したように，口頭弁論終結後の承継人に対しては，前訴の当事者に対して及んでいる既判力を拡張することで，必要かつ十分である。そして，既判力は，当事者間では，前訴と後訴の訴訟物が同一の場合，前訴の訴訟物が後訴の訴訟物の前提問題となる場合，前訴の訴訟物と後訴の訴訟物が矛盾関係に立つ場合に及ぶ。そこで，以下では，前訴口頭弁論終結後に当事者の一方につき承継人が生じ，他方の当事者と承継人の間で後訴が争われたとして，(a)前訴の訴訟物が後訴の訴訟物の前提問題となる場合，(b)前訴の訴訟物と後訴の訴訟物が矛盾関係に立つ場合につき，民訴法115条1項3号の既判力拡張を検討したい（前訴と後訴は当事者が異なるので訴訟物が同一となることはない）。また，(a)(b)に該当しない場合でも，既判力の拡張が問題となる場合がある。この問題を，(c)で論ずることにしたい[4]。

(4) 中野貞一郎「弁論終結後の承継人」同・民事訴訟法の論点 I（判例タイムズ社，1997）225頁以下。しかし，後掲注(5)を参照。

(a) **前訴の訴訟物が後訴の訴訟物の前提問題となる場合**

XがYに対し甲地の所有権がXに帰属することの確認を求めて訴えを提起した。Xは，甲地の登記簿上の所有者はYであるが，その所有権はXに帰属すると主張し，Yは，Xが甲地をもと所有していたことは認めるが，YはX・Y売買により甲地の所有権をXより取得したと主張し，Xはこれに対しX・Y売買は通謀虚偽表示であったと主張した。裁判所は，Xの通謀虚偽表示の主張

を認め，Xの請求を認容する判決を出し，この判決は確定した。ところが，最終口頭弁論終結後にYはZに甲地を譲渡し，その旨の所有権移転登記もなされた。Zも，自分が所有者であると主張するので，Xは，Zに対し，甲地の所有権がXに帰属することの確認を求めて，訴えを提起した，とする。

　Zは，X・Y訴訟の口頭弁論終結後に，Yと甲地の売買契約を締結しているので，民訴法115条1項3号により，X・Y訴訟確定判決の既判力が，X・Z訴訟に及ぶ可能性がある。及ぶか否かは，X・Y訴訟の訴訟物とX・Z訴訟の訴訟物の関係によるが，前者（X・Yの関係でXに帰属する甲地の所有権）は，後者（X・Zの関係でXに帰属する甲地の所有権）の前提問題となるので，及ぶと解される。

　拡張される既判力は，前訴口頭弁論終結時に甲地の所有権はXに帰属していたという内容である。115条1項3号の趣旨は前訴判決の紛争解決の実効性の維持であるから，X・Y訴訟の紛争解決の結果である，前訴口頭弁論終結時に甲地の所有権はXに帰属した（より具体的には，X・Yの甲地の売買は通謀虚偽表示に該当する）という判断＝既判力が，X・Z訴訟でも維持されれば十分だからである。また，これを超えれば，手続保障の点でも問題が生じるからである。

　そこで，裁判所は，X・Z訴訟において，X・Y訴訟の最終口頭弁論終結時に甲地の所有権がXに帰属していたことを前提に，審理判決することになる。既判力には時的限界があるので，Zは，遮断効に触れることなく，X・Y訴訟の訴訟物との関係で，前訴の基準時以後の事実を主張することができる。例えば，基準時後に，XよりYが甲地を買い受け，YがこれをZに売り渡したとの事実を主張し立証することができる。

　X・Z間に生じたと主張される事実（いわゆる「固有の抗弁」である）についても，以上と同様で，前訴口頭弁論終結時前に生じた事実は遮断されると思われる。前訴口頭弁論終結時に甲地の所有権はXに帰属したという紛争解決を維持するため，X・Z訴訟に既判力が拡張されたのだから，X・Zとの関係で生じた事実とはいえ，同様の遮断効に服すべきだからである（ただし，X・Y訴訟の既判力の客観的範囲から遮断効に服さない場合もあろう）。したがって，Zは，前訴確定判決の既判力の基準時より後に生じた固有の抗弁につき，主張・立証できる。例えば，民法94条2項の善意の第三者の主張，すなわち，XとYが所有権移

転の意思表示を伴わずに甲地のX・Y所有権移転登記を行い，Y・Z間で甲地の売買契約が締結され，その時点でZは移転登記に関する事情を知らなかった旨の事実は，遮断効に服することなく，主張・立証できる。

(b) 前訴の訴訟物と後訴の訴訟物が矛盾関係に立つ場合

Xが，Yに対し，甲地の所有権がXに帰属する旨の確認を求めて訴えを提起し，YはXのもと所有を認め，X・Y売買によりXは所有権を喪失していると主張したが，裁判所はこの抗弁を認めず，Xの請求を認容する判決を出し，この判決は確定した。しかし，Yは，この訴訟の口頭弁論終結後に，Zと，甲地の売買契約を締結していた。判決確定後，Zは，Xに対し，甲地の所有権がZに帰属することの確認を求めて，訴えを提起した。Zは，請求原因として，甲地につき，Xもと所有，X・Y売買（Yが主張したものと同じ売買とする），Y・Z売買を主張した。Xは，X・Y売買を否認している。以上の事例に基づき，検討することにしたい。

まず，X・Y訴訟の口頭弁論終結後にY・Zの売買契約がなされているので，民訴法115条1項3号の適用がある。判決の既判力が拡張されるか否かは，X・Y訴訟とY・Z訴訟の訴訟物の関係による。この場合，両者は矛盾関係に立つので，既判力は拡張され，X・Y訴訟の口頭弁論終結前の事実であるX・Y売買の主張は遮断される。

しかし，これは，X・Y間の事実に関してである。口頭弁論終結後のX・Y間の事実やX・Z間の事実の主張は，遮断されない。例えば，Zが，Xの甲地もと所有，前訴口頭弁論終結後のX・Y売買，Y・Z売買を主張した場合は，前訴の訴訟物は後訴のそれの前提問題となり，そのような形で既判力は及ぶため，裁判所は，前訴口頭弁論終結時に甲地の所有権はXにあったことを前提に，X・Y売買，Y・Z売買の存在を審理し，判決することになる。X・Z売買が主張された場合にも，同様に審判される。ただし，Yの承継人（Y・Z売買の事実が認定されている）であることからくる制約があることを看過してはならない。

(c) 前訴の訴訟物も後訴の訴訟物も同一の所有権に基づく物上請求権で，その目的物が前訴被告から後訴被告に承継された場合

(ア) まず，以下の事案で検討したい。甲地の登記簿には売買を原因としてX

からYへの所有権移転登記がなされていたが，XはX・Y売買は通謀虚偽表示であるとして，Yに対しXへの所有権移転登記手続を請求したが，拒絶された。そこで，Xは，Yに対し，真正な登記名義の回復を原因とする所有権移転登記手続を求めて訴えを提起した。請求原因は，甲地の所有権がXに帰属することと，及び登記簿上Yに甲地の所有名義のあることであり，Yは，これに対し，X・Y間で甲地の売買契約がなされたことを主張し，Xは，これに対し，X・Y売買は通謀虚偽表示であったと主張した。裁判所は，Xの通謀虚偽表示の主張を認め，Xの請求を認容する判決を出し，この判決は確定した。ところが，口頭弁論終結後にYはZに甲地を譲渡し，その旨の所有権移転登記もなされた。Zも，自分が所有者であると主張するので，Xは，Zに対し，真正な登記名義の回復を原因とする所有権移転登記手続を求めて訴えを提起した。

(イ) Zは，民訴法115条1項3号の口頭弁論終結後の承継人なので，X・Y訴訟の既判力はX・Z訴訟に拡張される可能性がある。しかし，これまでに検討した結果に従えば，ここで，X・Z訴訟に拡張されるのは，XのYに対する物権的移転登記請求権が前訴の口頭弁論終結時に存在したことである。とするなら，ここに拡張される既判力は無意味になってしまう。なぜなら，後訴の訴訟物は，XのZに対する物権的移転登記請求権で，Xに甲地の所有権が帰属していること，甲地の登記簿上の所有名義がZにあることが要件（請求原因）であるから，XのYに対する物権的移転登記請求権の存在という既判力がここに拡張されても，XのZに対する物権的移転登記請求権存否の判断に資するところがないからである。別の視点からは，X・Y訴訟の訴訟物とX・Z訴訟の訴訟物との関係上，X・Y訴訟の確定判決の既判力はX・Z訴訟に及ばないということもできよう。

仮に，実体法のルールが，XのYに対する物権的引渡し請求権の存在に，YからZへの当該引渡し請求権の目的物の占有の移転の事実が加われば，XのZに対する物権的引渡し請求権が成立する，あるいは，XのYに対する物権的移転登記請求権の存在に，YからZへ所有権移転登記がなされた事実が加われば，XのZに対する物権的移転登記請求権が成立するとなっていれば，ここでの既判力の拡張には大きな意味がある。Xが，拡張された既判力（XのYに対する物権的移転登記請求権の存在）を前提に，Y・Z所有権移転登記を主張・立

第2章　要件事実・事実認定——各論

証するなら，裁判所はXのZに対する物権的移転登記請求権を認めることになるからである。ところが，物権的引渡し請求権の要件は，Xに甲地の所有権があること及びZに甲地の占有があることであり，物権的移転登記請求権の要件は，Xに甲地の所有権があること及びZに登記簿上甲地の所有名義があることなので，ここにXからYに物権的移転登記請求権が存在する旨の既判力が拡張されても，無意味なわけである。

(ウ)　しかし，以下のように考えるなら，この結論は不当であると思われる。この事案で，X・Y訴訟が既判力をもって解決したのは，XのYに対する物権的移転登記請求権の存否であるが，そこでの主要な争点は，甲地の所有権がXに帰属するか否かであり，当事者は，甲地の所有権がXに帰属することの確認を求める訴訟の場合と同様の攻撃・防御を，尽くしているはずである。この例でいえば，X・Y売買が通謀虚偽表示であったかが争点となり（Xもと所有には権利自白が，X・Y売買には自白が成立していると考えられる），当事者はこの点につき攻撃・防御を尽くしているはずであるが，それは，XがYに対し甲地の所有権確認訴訟を提起した場合と同じであろう。とすれば，X・Z訴訟では，X・Y間の前訴の口頭弁論終結時にXに甲地の所有権が帰属していたことを前提に審理がなされ，Zに登記簿上甲地の所有名義があるという事実が主張・立証されれば，XのZに対する物権的移転登記請求権が認められるべきである。Zには前訴の口頭弁論終結時以後に生じた，Xが甲地の所有権を失うことを基礎づける事実（例，口頭弁論終結後にYはXより甲地を買い受けた）や，いわゆる「Zの固有の抗弁」（例，Zは民法94条2項の善意の第三者である）などの主張・立証が認められれば，手続保障として十分である。以上の点で，X・Y訴訟の訴訟物が賃貸借契約終了に基づく甲地の明渡し請求権である場合（XがYに甲地を賃貸していたが，XがYに対し賃貸借契約の終了に基づき甲地の引渡しを求め，Yが賃貸借契約は更新されたと主張し，裁判所はXの請求を認容する判決を出し，この判決は確定したが，訴訟の口頭弁論終結後に，YはZに甲地の占有を移転し，XがZに対して甲地の引渡しを求める訴えを提起した場合）とは，異なるものと，思われる。この場合，前訴口頭弁論終結時にXのYに対する賃貸借契約に基づく甲地の明渡し請求権が存在したという，前訴確定判決の既判力が，X・Z訴訟に及び，X・Z訴訟では，このX・Y請求権の存在を前提に，審理・判決がなされるが，これに，Yから

Zへの甲地の占有移転の事実を加えても，実体法上XのZに対する甲地の明渡し請求権は成立せず，Xの請求は棄却されると思われるが，この結論には物権的請求権の場合に述べたような不当性は存在しないと思われるのである。

(エ)　そこで，以上の結論を，どのように法律構成すべきかが問題となる。上述のように，X・Y物上請求権が存在するという既判力をX・Z訴訟に妥当せしめても，既判力が及ぶ基準に従えば，民訴法115条1項3号の趣旨に沿った結論は出てこないからである。

最初に考えられるのは，X・Z訴訟において，X・Y訴訟の口頭弁論終結時に甲地の所有権がXに帰属していた点に，既判力を及ぼす構成である。しかし，これは妥当でない。X・Y訴訟の当事者（X・Y）間でも，X・Y物上請求権が訴訟物になった場合には，甲地の所有権がXに帰属した点に既判力は及ばないからである。民訴法115条1項3号の趣旨からすれば，当事者に及ぶ既判力を超える既判力を承継人に拡張してはならないと，思われるのである。

そこで，X・Y訴訟の確定判決の既判力の遮断効により，Zは，X・Z訴訟において，X・Y訴訟の口頭弁論終結時に甲地の所有権がXに帰属していたことを争えないという構成が，問題となる[5]。すなわち，X・Z訴訟では，X・Y訴訟の口頭弁論終結時にX・Y間に物権的登記請求権が存在した旨の既判力が拡張されており，これを覆す結果となる，X・Y訴訟口頭弁論終結時より前に生じたとされる全ての事実の主張が排斥されると，構成するわけである。具体的には，以下のようになろう。XがZに対し甲地につき所有権移転登記請求を求めて訴えを提起した場合，請求原因は，甲地の所有権がXに帰属すること（これに関しては，(i) 甲地の所有権がXに帰属する，X・Y売買，X・Y売買は通謀虚偽表示を主張する，(ii) 甲地の所有権はXに帰属することだけを主張するの，2つの場合があり得よう），甲地の所有名義がZにあることとなる。Zは，遮断効により，X・Y訴訟の口頭弁論終結時より前に生じた事実に関する主張で，X・Y請求権の存在を否定するもの（例，(ii) の場合にはX・Y売買を主張する，(i) の場合にはX・Y売買が通謀虚偽表示であることを否認する）を，主張できない。しかし，X・Y訴訟口頭弁論終結時以後に生じた事実については，主張・立証が可能である。例えば，口頭弁論終結後にYはXより甲地を買い受けた（X・Y間で別の売買契約がなされた），Zは民法94条2項の善意の第三者である等（(ii)の場合，X・Y売買，X・Z

623

売買，X・Y通謀虚偽表示，Zは民法94条2項の第三者を主張する。X・Y売買は残りの事実と一緒であれば，X・Y訴訟の確定判決の即判力によっては遮断されないと解される）を主張・立証することができる。そして，裁判所は，Xの請求を，このような事実の主張・立証がなければ認容し，主張・立証があれば棄却することになる。

　以上の結論自体は正当であると思われる。問題は，この構成を，当事者間に既判力が及ぶ基準と，どのように関係づけるかである。すなわち，X・Y訴訟の訴訟物がX・Y物権的請求権，X・Z訴訟の訴訟物がX・Z物権的請求権であり，前者に関する既判力が後者に遮断効を及ぼすという関係は，当事者間に既判力が及ぶ基準のどれと対応するのか，という疑問である。X・Y訴訟の既判力が，民訴法115条1項3号により，X・Z訴訟に拡張され，XやZがその遮断効を受けるのは，X・Y訴訟の訴訟物とX・Z訴訟の訴訟物が，前提関係に立つ場合や，矛盾関係に立つ場合でなければならない。言い換えれば，Zが口頭弁論終結後にYより目的物の占有の移転を受けたことにより，直ちに，X・Y訴訟の既判力（遮断効）がX・Z訴訟に及ぶといえるわけではない。このことは，ある不動産につき，(a)甲が乙に対して明渡しを求める訴えを提起し，その判決が確定した後，(b)甲が乙に対して所有権移転登記手続請求訴訟を提起した場合，所有権確認請求訴訟を提起した場合に，(b)訴訟は(a)訴訟の既判力（遮断効を含む）を受けないと解される点からも，明らかであろう（最判昭44・6・24判時569号48頁を参照）。このような問題（既判力が及ぶことへの障壁）があるからこそ，判決理由中の判断の拘束力が問題とされているのである。

　そして，これについては，前訴の訴訟物が後訴の訴訟物の前提問題となる場合に準ずると解することはできないであろうか。より一般的にいえば，ある物の引渡し請求権（明渡し請求権や登記請求権も含む）につき確定判決による既判力が生じた場合，既判力の基準時より後にその物の占有（あるいは登記名義）の承継が生じたときは，既判力拡張（民訴115条1項3号）との関係では，既判力により確定された請求権（前訴の訴訟物）を前提として承継人に対する請求権（後訴の訴訟物）が発生したと見るのである。前訴確定判決の既判力の紛争解決機能を維持すること，つまり民訴法115条1項3号の趣旨から，このような法律構成が導けるのではないかと思われる。より具体的にいえば，民訴法115条1項3号の趣旨からすれば，X・Y訴訟が当該紛争につき既判力をもって行った

既判力・執行力の主観的範囲の拡張についての覚え書き

紛争解決（X・Y請求権を基礎づける事実を否認できない，X・Y訴訟口頭弁論終結時までに生じたX・Y請求権を消滅させる事実を主張できない）を，X・Z訴訟に移すべきであるが，これを可能ならしめるために，X・Y訴訟物の存在と，Y・Z間の目的物の占有の移転により，X・Z訴訟物が生じた，つまり両者は前提関係にあると，解するわけである（訴訟法のレベルでは，X・Y請求権に，Y・Z占有移転を加えると，X・Z請求権が生ずると解することになる）。ただ，前訴の訴訟物と後訴の訴訟物の関係から，前訴の訴訟物の既判力は，後訴の訴訟物に関しては，積極的効力については意味がなく，遮断効のみ意味をもつと解するのである（実体法のレベルではX・Y請求権にY・Z占有移転を加えるとX・Z請求権が生じるというルールはない）。

上述の事例でいえば，民訴法115条1項3号との関係では（即判力の主観的範囲という訴訟法のレベルでは），X・Zの甲地の移転登記請求権は，X・Yの甲地の移転登記請求権を前提とすると解されるが，実体法上のレベルでは，X・Y訴訟の訴訟物は，X・Z訴訟の訴訟物の前提問題ではない（X・Y間に移転登記請求権が存在すること及びY・Z間で移転登記がなされたことからX・Z請求権が導けるわけではないので）。したがって，X・Yの甲地の移転登記請求権の既判力の積極的効力は，X・Z訴訟では意味はないが，その遮断効は実益があるということである。他方，上述した，X・Y訴訟の訴訟物が賃貸借契約終了に基づく甲地の明渡請求権である場合にも，既判力は同様に後訴であるX・Z訴訟に及ぶが，X・Z訴訟の請求原因は，Xの甲地の所有，Yの甲地の占有とならざるを得ないので，XのYに対する賃貸借契約に基づく甲地の明渡し請求権が存在したという既判力は，その積極的効力も，遮断効も，無意味であることになる。

(オ) このほか，民訴法115条1項3号の問題としてしばしば挙げられるので，以下の事例を検討したい[(6)]。Xが甲地を所有し，X・Y間で甲地の賃貸借契約が締結され，Yは甲地の上に建つ家屋乙を所有していた。Xは，Yに対し，乙の収去と甲地の明渡しを求めて訴えを提起し（請求原因はXの甲地所有Yの乙所有であるとする），Yが抗弁として，X・Y間の甲地の賃貸借を主張し，Xが賃貸借契約の終了（期間満了・更新拒絶・正当事由）を事実主張し，Yが正当事由の不存在を基礎づける事実の主張をし，裁判所はXの請求を認容する判決を出し，この判決は確定した。ところが，口頭弁論終結後，YはZに乙を譲渡した（そ

の旨の所有権移転登記もなされた)。そこで，Xは，Zに対し，甲地の所有権に基づき（請求原因はXの甲地所有Zの乙所有であるとする)，乙の収去と甲地の明渡しを求めて訴えを提起した。

　X・Y訴訟の訴訟物は甲地の所有権に基づく甲地の明渡し請求権，X・Z訴訟の訴訟物は甲地の所有権に基づく甲地の明渡し請求権で，目的物である甲地の占有がX・Y訴訟の口頭弁論終結後にYからZに移転している。したがって，X・Y訴訟の訴訟物とX・Z訴訟の訴訟物は前提関係に準ずる関係にあると見ることができ，民訴法115条1項3号により，X・Y訴訟確定判決の既判力が（X・Y訴訟の最終口頭弁論終結時に甲地所有権に基づくXのYに対する乙収去甲地明渡し請求権が存在した)，X・Z訴訟に拡張される。ただし，両訴訟物の関係上，既判力の積極的効力は及び得ず，遮断効のみ及ぶことになる。

　したがって，X・Z訴訟で，Zは，甲地の所有権がXに帰属することを否定できないと解される。すなわち，甲地所有権のX帰属を基礎づける事実を否認することはできないし，X・Y訴訟の口頭弁論終結時までに生じた事実で，Xの甲地所有権の喪失を基礎づける事実を主張することはできないし，X・Y甲地の賃貸借契約，借主の地位のYからZへの移転も主張できない（ただし，この主張が認められても，Xは賃借権の無断譲渡で解除すればよい)。Zとしては，X・Y訴訟の口頭弁論終結後に，Xが甲地の所有権を喪失した，（口頭弁論終結後でYからZへの譲渡前に）X・Yの間で甲地の賃貸借契約が締結された，（口頭弁論終結後でYからZへの譲渡後に）X・Zの間で甲地の賃貸借契約が締結された等の主張・立証を，行うことが可能である。

(5)　中野・前掲注(4) 228頁以下。さらに，上野泰男「既判力の主観的範囲に関する一考察」関西大学法学論集41巻3号907頁以下，を参照。
　　中野・前掲注(4) 228頁以下では，前訴の訴訟物と後訴の訴訟物の関係をどのように理解されるのか，明らかでない。しかし，両者が前提関係にあるか，矛盾関係にあることが論証されなければ，前訴確定判決の遮断効は後訴に及び得ず，中野博士が主張されるような法律構成も不可能であると解される。後述するように，両者は，民訴法115条1項3号との関係では，前提関係に準ずると見ることができ，それゆえ遮断効による構成も可能となるのだと，思われる。
(6)　中野・前掲注(4) 228頁以下。なお，前掲注(5)参照。

(5) **他説との関係**

㋐　民訴法115条1項3号の「承継人」の範囲については，当事者適格の移転を以て承継人の範囲を画する見解（適格説）[7]，紛争の主体たる地位の移転（第三者と相手方当事者との紛争の対象たる権利義務関係が当事者間の前訴の訴訟物から口頭弁論終結後に発展ないし派生したと見られる場合）により承継人の範囲を画する見解（紛争の主体たる地位移転説）[8]，そして，これらの訴訟法上の地位の移転ではなく，第三者の実体法上の地位と当事者のそれとの間の依存関係を承継の基準とする見解（依存関係説）[9]などが，対立している。このうち，紛争の主体たる地位の移転説は，問題の本質を，それぞれ異なる位置から正しく捉えていると，思われる。上述した事例（XがYに対し甲地の所有権移転登記手続請求をし，YがX・Y売買を主張し，Xが通謀虚偽表示を主張し，X勝訴の判決が確定したが，口頭弁論終結後に甲地につきYからZに移転登記がなされた）に即していえば，X・Z間には，X・Y間の甲地の所有権をめぐる紛争（より具体的にはX・Y売買が通謀虚偽表示であるか否かという紛争）が移転した上で，さらに，新たな紛争（例，前訴口頭弁論終結後にXがYに甲地を売り渡したか否か，Zは民法94条2項の善意の第三者に該当するか否か等に関する紛争）が加わることになるが，民訴法115条1項3号の趣旨からすれば，移転した紛争に関してはX・Y訴訟の確定判決の既判力をX・Z訴訟に拡張しなければならず，新たに生じた紛争はX・Z訴訟で解決せねばならない。紛争の主体たる地位の移転説は，このような（実質的）側面を合理的に説明するのではないかと思われる。しかし，既判力拡張の実質的根拠だけでは，明確な基準がないため，それが及ぶ範囲を正確に切り分けることはできない。そこで，実質的根拠を基礎としながら，「第三者と相手方当事者との紛争の対象たる権利義務関係が当事者間の前訴の訴訟物から口頭弁論終結後に発展ないし派生したと見られる場合」をより具体化して，口頭弁論終結後の承継人に既判力が拡張される基準を，明確に法律構成しておく必要があると思われる。

　このように，移転した紛争の範囲を明確に切り取る基準が必要となるが，本稿ではそのような範囲設定を要件事実のレベルで試みたつもりである。

㋑　民訴法115条1項3号の既判力の拡張が，どのように行われるかについては，形式説と実質説の対立がある。

以上で検討した結果は，形式説に属すると思われる。後訴で承継人が独自の法律上の地位をもつか否かを問わず，前訴と後訴の訴訟物が前提関係ないし矛盾関係に立つ場合という基準に該当する限り，既判力は拡張されることになり，その限りで形式説が正当であると思われる。紛争解決の実効性維持（権利関係安定）が，115条1項3号の既判力拡張の根拠（趣旨）であるが，後訴において承継人が独自の法律上の地位をもつか否かにかかわらず，前訴で解決された紛争は解決されたものとして扱われなければならないからである。既判力の拡張と執行力の拡張を別の問題と見る以上，既判力の拡張につき実質説をとる理由はないように思われる。

なお，判決理由中の判断に争点効という拘束力を認め，この争点効が口頭弁論終結後の承継人にも及ぶとする理論が，有力に主張されている[10]。(4)(c)で扱った問題は，判決理由中の判断の拘束力によらなければ，合理的に解決できないのではないかとも思われる。しかし，これを論ずることは，私の能力を超えることであるので，ここでは以上の点を指摘するに留めておきたい。

(7) 小山昇「口頭弁論終結後の承継人について」北大法学論集10巻1—4号28頁以下（1960），中田淳一「既判力（執行力）の主観的範囲」中田ほか編・民事訴訟法演習Ⅰ（有斐閣，1963）200頁以下，ほか。
(8) 新堂幸司「訴訟当事者から登記を得た者の地位」同・訴訟物と争点効（上）（有斐閣，1988）346頁以下，ほか。
(9) 上田徹一郎「口頭弁論終結後の承継人への判決の効力の拡張」同・判決効の範囲（有斐閣，1985）171頁以下，吉村徳重「既判力の第三者への拡張」新堂ほか編・講座民事訴訟第6巻（弘文堂，1985）139頁以下，伊藤・前掲注(3) 496頁以下，ほか。
(10) 新堂・前掲注(8) 327頁以下。

3　民事執行法23条1項3号の「口頭弁論終結後の承継人」

(1)　はじめに

民事執行法23条1項3号は，確定判決の執行力を口頭弁論終結後の承継人に拡張している。そこで，以下では，ごく簡単に，民執法23条1項3号の「承継人」の意義につき検討を加えたい。検討は，既判力の拡張の議論に対応

させるため，原則として確定判決の執行力の拡張に限定したい。また，民訴法115条1項3号の「承継人」の意味を対比するという趣旨（限度）に留めたい。

(2) 執行力が拡張される場合・その1

(ア) 先ず，以下の事例に基づいて検討することにしたい。〔1〕AがBに対して1000万円の金銭債権を有しており，これにつきAが確定判決（BはAに対して1000万円を支払えと命ずる給付判決）を有していたが，A・B訴訟の口頭弁論終結後AはCに当該債権を譲渡した。しかし，BはCに対しても支払おうとしないので，CはBに対する強制執行の開始を申し立てようと考えた。〔2〕AがBに対して1000万円の金銭債権を有しており，これにつきAが確定判決（BはAに対して1000万円を支払えと命ずる給付判決）を有していた。その後，Bが亡くなり，Dがその相続人となった。しかし，DもAに対して支払おうとしないので，AはDに対する強制執行の開始を申し立てようと考えた。

(イ) 債権者が既に債務名義を得て，強制執行をなし得る地位にあった場合に，債権者の関知しない債務者側の承継あるいは債権者側のやむを得ぬ承継により，この既得的地位が簡単に覆滅され，承継人につき新債務名義の形成を図らねばならないというのでは，債権者にとっては酷であり，債務者側は執行遅延による不当な利益を得て，当事者間の衡平が害されるし，執行制度自体も非効率となり，社会的信頼も失う。これを回避するために創設されたのが，承継執行の制度である[11]。とするなら，承継執行が認められる場合とは，債務名義に表示された請求権が，債権者から承継人に移転するか，その請求権に対応する債務が債務者から承継人に承継されたときだといえよう。したがって，「承継」とは，既に存在している（それゆえ債務名義に表示された）請求権を移転せしめる事実，あるいはこれに対応する債務の承継（引受）を基礎づける事実であることになる。したがって，〔1〕の場合は，A・C間の債権譲渡が，〔2〕の場合は，B・D間の相続が，承継に該当する事実となる。

したがって，〔1〕の場合を例にとれば，承継人・Cは，確定判決と承継の事実（A・C間の債権譲渡）を証する文書を提出し，承継執行文の付与を受け，債務者・Bに対して強制執行できる。Bは，承継の事実（A・C間の債権譲渡）を，執行文の付与等に関する異議の申立て（民執32条），執行文付与に対する異議

の訴え（民執34条）により争うことができる。執行文付与機関が承継の事実（A・C間の債権譲渡）を認めない場合には、Aが、執行文の付与等に関する異議の申立て、又は執行文付与の訴えにより、これを認めさせることができる。債務名義たる確定判決の遮断効に服さない、当該請求権を消滅せしめる事実（前訴口頭弁論終結後にBがAに弁済した、BがCに弁済した等の事実）（なお、本稿である権利を消滅させる事実という場合、特に断りのない限り、それはその権利の権利障害事実と権利消滅事実の双方を指すものとする）の存在は、Bが請求異議の訴え（民執35条）により主張・立証する。すなわち、承継執行文付与（執行力拡張）の問題としては、考慮されることはない。

(ウ) しかし、承継執行文付与の際、Bに、(i) 債務名義たる確定判決の遮断効に服さない、当該請求権を消滅せしめる事実（前訴口頭弁論終結後にBがAに弁済した、BがCに弁済した等の事実）を主張・立証する機会が保障されていない点や、(ii) 承継を基礎づける事実を争う（A・C債権譲渡の存在につき反証する、A・C債権譲渡を無効にする事実を主張・立証する）機会が保障されていない点は、強制執行の要件の理論から見ると、問題があるようにも思われる。すなわち、強制執行の実体的な正当化根拠（強制執行の要件）は、即時請求可能な請求権が債権者・債務者間に存在することである[12]。したがって、この場合には、債権者と承継人の間に即時請求可能な請求権は存在すると（執行文付与機関が）認めることはできなければならない。しかし、上述の (i) や (ii) の事実につき債務者・Bの主張・立証がないにもかかわらず、このような請求権の存在を認めることができるのであろうか。

もちろん、承継執行の場合、承継執行文を付与されても、債務者あるいはその承継人は、執行文付与に対する異議、請求異議などにより、承継人・債務者あるいは債権者・承継人間に請求権が存在していることを、争うことができる。つまり、承継執行文の付与は強制執行を最終的に正当化するものではなく、その意味で、承継執行文の付与された債務名義は、実質的には簡易・迅速な債務名義に等しい。しかし、そうであっても、新たな当事者の間での強制執行を可能ならしめるものである以上、その効力（実質的には簡易・迅速な債務名義であるという効力）の強度に応じた形での、強制執行の正当化根拠（C・B間に即時請求可能な請求権が存在するとの認識）が、要求されると考えるわけである[13]。

承継執行文の付与された債務名義が，実質的な意味では新たな当事者についての簡易・迅速な債務名義であるという点を考慮するなら，上述の問題は次のように言い換えることもできよう。債務名義の正当化根拠は，債務名義に表示された請求権が存在する蓋然性の高さと，債権者・債務者（とりわけ債務者）が当該債務名義の形成に関与したこと（手続保障）に求められる。そうであるなら，上述の (i) (ii) の事実の主張・立証が，Bに許されない以上，請求権が存在する蓋然性の高さについても，手続保障についても，正当化根拠は備わっていないと思われる。また，このような主張・立証がなされないため，判断の基礎となった資料の点からは，請求権の存在の蓋然性の点にも問題があるといえる[14]。

このような疑問は，別の事例を検討すれば，より一層鮮明になるように思われる。

(11) 中野貞一郎・民事執行法〔増補新訂5版〕（青林書院，2006）129頁以下。
(12) 強制執行の実体的正当化根拠（強制執行の要件）については，竹下守夫「民事執行における実体法と手続法」同・民事執行における実体法と手続法（有斐閣，1990）47頁以下，中野・前掲注(11) 146頁以下，ほか。
(13) このような見解（権利確認説）については，吉村徳重「執行力の主観的範囲と執行文」竹下守夫ほか編・民事執行法の基本構造（西神田編集室，1985）155頁以下，新堂幸司・前掲注(8) 339頁以下，竹下・前掲注(12) 72頁以下，ほか。
(14) 債務名義の正当化根拠については，竹下・前掲注(12) 53頁以下を参照。

(3) 執行力が拡張される場合・その2

(ア) そこで，次のような具体的な事例を挙げて，この問題を検討したい。〔3〕Xがある絵画（以下甲）を所有していたが，これをY画廊に預けていた（Yが甲を占有していた）。Xは，Yに対し，甲の返還を求めたが，Yは，甲は自分が所有する物だといって，返還を拒んだ。そこで，Xは，Yに対し，甲の返還を求める訴えを提起した。請求原因は，甲の所有権がXに帰属すること，Yが甲を占有していることである。Yは，これに対し，Xの甲もと所有は認めたが（権利自白），YはXより甲を買い受けたと主張し，Xはこれを否認した。裁判所は，X勝訴の判決を出し，この判決は確定した。ところが，X・Y訴訟の口頭弁論終結後に，YはZに甲を売り渡してしまった。この場合，Xは承継執行

文の付与を得て，Zに対し，甲の引渡しの強制執行を求めることができるだろうか。

(イ) 承継執行制度の趣旨（債務者側の承継により，債務名義を獲得した債権者の地位が失われ，債権者は承継人につき新たな債務名義を獲得せねば強制執行できないとすることにより，債権者と債務者側間の公平，強制執行制度の信頼性，効率性などにつき問題が生じることを，回避する）からすれば，この場合承継執行は認められるべきだと思われる。承継執行制度は，この場面で認められることをも念頭に置いて，創られた制度であるということも，できるのではないかと，思われる[15]。

しかし，この事例では，確定判決が表示するX・Y請求権（XがYに対し甲の引渡しを求める請求権）が，X・Y間から，X・Z間に同一性を保ちながら移転していないのだから，上述の(2)「執行力が拡張される場合・その1」で認められた承継執行の要件は満たされておらず，民執法23条1項3号の「承継」の事実は存在しないことになる。X・Yの間にXの所有権とYの占有に基づく物権的返還請求権（移転登記請求権なども含む）が存在し，その目的物の占有がYからZに移転（登記の移転も含む）した場合には，X・Z間の物権的返還請求権（物権的移転登記請求権）が成立するというのが，実体法のルールであるなら，ここでは何の問題も生じない。しかし，そうではないので，上述の承継執行の要件は存在しないといわざるを得ないと，思われるわけである。

(ウ) では，強制執行の実体的な正当化根拠（強制執行の要件）の観点からは，この場合の承継執行は正当化されるであろうか。つまり，この場合に，債権者と承継人の間に即時請求可能な請求権は存在すると（執行文付与機関が）認めることはできるだろうか。認めることができるなら，債権者・承継人間で強制執行はできることになる。

本事例では，X・Y間の物権的請求権の存在が既判力をもって確定され，この既判力はX・Z訴訟にも拡張されると解される。したがって，既に検討したように，仮にXがZを相手に甲の引渡しを求める訴えを提起し，Xに甲の所有権が帰属していることを主張し，甲の占有がYからZに移転したことを主張・立証すれば，Zが，X・Y訴訟の口頭弁論終結時より後に，X・Y間で甲の売買契約がなされた，X・Z間で甲の売買契約がなされた，ZがY・Z売買により甲の所有権を即時取得した等，Xに所有権を喪失させる事実で，X・Y

訴訟の確定判決の既判力により遮断されないものを，主張・立証しない限り，XのZに対する請求は認容されることになる。承継執行文付与の手続においても，以上の既判力拡張のルールが妥当すると解される。したがって，Xが，執行文付与機関に，Yに対し甲をXに引渡すことを命ずる（X・Y請求権を既判力をもって確定した）確定判決を示し，甲の占有がYからZへと移転した事実を証明する文書を提出し，X・Z請求権の存在を主張した場合には，Xに所有権を喪失させる事実で，X・Y訴訟の確定判決の既判力により遮断されないものを証する書面が提出されない限り，執行文付与機関はX・Z間の物権的返還請求権を認識できると解される。

しかし，強制執行の実体的正当化根拠（強制執行の要件）に鑑みれば，やはり，この場合にも，X・Z間の承継執行は認められないことになる。承継執行文付与の手続では，制度的に，Zには，上述の事実（Xに所有権を喪失させる事実で，X・Y訴訟の確定判決の既判力により遮断されないもの）を主張し立証する機会が保障されていないからである。これでは，執行文付与機関はX・Z間の物権的返還請求権を認識できないであろう[16]。

さらに，債務名義の正当化根拠との関係でも，執行力が認められないことも，明らかであろう。

  [15] 民訴法115条の前身である旧民訴法201条の立法趣旨については，以下のように説明されている（加藤正治・民事訴訟法案概説61頁以下，中田淳一「既判力（執行力）の主観的範囲」中田ほか編・民事訴訟法演習Ⅰ（有斐閣，1963）203頁以下）。確定判決の効力は，別段の定めのない限り，当事者及びその一般承継人にのみ生じ，特定承継人には及ばないとするのが判例の大勢であった。しかし，これによれば，敗訴の被告は，訴訟の目的物件を他人に譲渡し又はその占有を移転することによって，容易に勝訴原告による判決の執行を妨害できるという弊害があった。これを除去するため，立法者は確定判決の主観的範囲に関し明文を置き，かつその範囲を拡張して，上記のような譲渡や占有移転があった場合にも，判決の効力は現在の占有者にも及び，これに対しても強制執行ができるように改めた。

  [16] 竹下守夫「執行力の本体」同・民事執行法の論点（有斐閣，1986）60頁以下。これに対し，中野・前掲注[11]160頁は，執行力の根拠は，当該債務名義に基づいて強制執行をすることを認めた法律にあるとして，これを批判する。

第2章　要件事実・事実認定──各論

(4) 検　　討

(ア)　以上で行った検討に鑑みれば，先ず，強制執行の実体的正当化根拠（強制執行の要件）が認められない以上，〔1〕〔2〕〔3〕いずれの場合も，承継執行を認めないという見解が，あり得る。しかし，この見解は，承継執行制度を事実上廃止する結論となるので，正当であるとはいえない（承継執行の制度は公平で合理的であると思われる）。〔3〕の事例のように，Zがいわゆる「固有の抗弁」を有する可能性のある場合に限り，承継執行を認めないとする見解もあり得るが，承継執行を認めない場合をこのような事例に限る論理的必然性はないのではないかと思われる[17]。

(イ)　そこで，反対に，承継執行制度においては，強制執行の実体的正当化根拠（強制執行の要件）を厳格には要求しないという見解が考えられよう。債権者と債務者の承継人（あるいは債権者の承継人と債務者）の間に請求権が存在することではなく，両者の間の承継を基礎づける事実（〔1〕であればA・C間の債権譲渡，〔2〕であればB・D間の相続を，〔3〕であればY・Z間の甲についての占有の移転）を，執行文付与機関に文書により証すれば，承継執行が認められる（執行力が拡張される）と，解するわけである（以下第1の見解という）。そして，債権者，債務者，又は承継人に異議がある場合には，承継の事実に関しては，執行文付与等に関する異議（民執32条1項），執行文付与の訴え（民執33条1項），執行文付与に対する異議の訴え（民執34条1項）により，処理されることとなり，それ以外の，債権者・承継人間（あるいは承継人・債務者間）に存在する請求権の存在に関する事実（より正確には，前訴確定判決の既判力により遮断されない事実で，当該請求権を消滅させる事由に該当するもの）に関しては請求異議の訴えで処理される，ということになろう[18]。

(ウ)　しかし，承継執行文を付与された確定判決は，新たな当事者（債権者と承継人，あるいは承継人と債務者）間での強制執行を可能にする簡易・迅速な債務名義の実質をもつ以上，承継執行文付与の時点で，新たな当事者間に請求権が存在することが認識されているのでなければ，強制執行は正当化されないものと思われる。具体的には，債務者（債務者の承継人）は，「承継執行文が付与された債務名義」が発令される際に，「承継」の事実を争うだけでなく，それ以

外の，債権者・承継人間（あるいは承継人・債務者間）に存在する請求権の存在に関する事実（前訴確定判決の既判力により遮断されない事実で，当該請求権を消滅させる事由に該当するもの）に関して，主張・立証する機会を与えられなければならないと思われる。

　このように考えるなら，執行文付与手続で債権者は承継人に抗弁事実が存在しないことを立証せねばならないとする見解[16]や，民執法174条3項を準用して，執行文付与機関は，承継人に対し，自ら主張すべき抗弁があるならその事実を証明する文書を提出するよう催告し，債務者がその期間内にそのような文書を提出しない場合に限り，承継執行文を付与すべきであるという見解（以下第2の見解という）[19]が，正当であるように思われる。そして，債権者・承継人（承継人・債務者）間での請求権の存在に関する問題は，執行文付与等に関する異議，執行文付与の訴え，あるいは執行文付与に対する異議の訴えにより，処理されることになると，考えることになろう。

　これら見解は，基本的に正当であると思われるが，債権者にこのような立証を課すのは酷ではないか，このように柔軟な民執法174条3項の解釈が可能であるのか（解釈論の範囲を超えるのではないか），仮に可能であるとしても，民執法174条3項を準用して，債務者（債務者の承継人）に当該請求権を消滅させる事由の主張・立証の機会を与える簡易・迅速な手続を行った直後に，執行文付与等に関する異議の手続（民執32条）において，同様の事実に関して，当事者双方が主張・立証を行う機会を与えられることになり，手続的な効率性に疑問が生ずる。つまり，債務者（債務者の承継人）に，上述の如き事実（前訴確定判決の既判力により遮断されない事実で，当該請求権を消滅させるもの）に関して，主張・立証する機会を与えるのは，執行文付与等に関する異議の手続（民執32条）だけでよいのではないかと，思われる。

　(エ)　そこで，承継執行の制度趣旨，強制執行の実体的正当化根拠，そして制度の効率性を調和させるものとして，以下のような見解（「承継人」概念）が存在し得ると思われる[20]。

　まず，承継執行文の付与を受けた債務名義は，新当事者（債権者の承継人と債務者，債権者と債務者の承継人）間での強制執行を可能ならしめる以上，新当事者間に即時請求可能な請求権が存在している旨の認識を不可欠の前提としていな

ければならない。これは，強制執行の実体的な正当化根拠（強制執行の要件）からの要請である。そこで，民執法23条1項3号の「承継人」は，債権者の承継人と債務者の間，あるいは債権者と債務者の承継人の間に，（債務名義と執行文が合わさって表示する）請求権が存在することを前提とする概念であると解すべきである。口頭弁論終結後に，債務名義に係る請求権が移転し，あるいはこれに対応する債務が承継された場合でも，債権者に所有権が帰属し，債務者の目的物の占有が承継人に移転した場合でも，かまわない。承継執行文の付与された債務名義が表象する請求権の存在が本質的であり，「承継」を要求するのは，善意・悪意を問わず執行力を及ぼすためである。

これに対して，民執法27条2項が前提とする「承継人」は，承継執行文の制度趣旨を前提とし，第1の見解と同様，債務名義が示す請求権を移転せしめる事実，これに対応する義務を承継させる事実，目的物の占有の移転の事実などであると解すべきである。

そして，執行文付与機関は，民執法27条2項が前提とする「承継」があったと判断すれば，承継執行文を付与する。執行機関は，債務名義（前訴確定判決）と，執行文付与機関が「承継」の事実を認識したことを証する文書（承継執行文）に，債務者（債務者の承継人）による，執行文付与等に関する異議の手続における，承継を争う主張・立証，債権者・承継人間（承継人・債務者間）に存在する請求権の消滅を基礎づける事実の主張・立証を加えたものを資料として，当該請求権の存否を認識する（もちろん債権者・債務者の承継人による主張・立証も資料となる）。執行文付与等に関する異議の手続の申立てがなかった場合は，このような主張・立証が失敗に終わったときと等価値であると，構成する。強制執行を効率的に行うために執行機関は強制執行の対象となる請求権の存否に関する判断をしないというのが，民事執行法の原則であるが，この場合は，強制執行の実体的正当化根拠と承継執行制度を両立させるために認められた例外であると，理解すべきである。承継人と債務者あるいは債権者と承継人間の請求権存否の問題（「承継」自体に関する問題も含む）は，さらに，執行文付与の訴えや，執行文付与に対する異議の訴えにより，審理・判決されることになる[21]。このように構成すれば，債務名義の正当化根拠との関係でも，問題はないと思われる。

以上のように解すると，執行文付与等に関する異議の手続の対象の問題や，執行文付与・執行文付与に対する異議の訴えと請求異議の訴えの関係という問題が生じるが，本稿では検討する余裕がない。

(17) 上原敏夫ほか・民事執行・保全法〔初版〕（有斐閣，2004）58 頁を，参照。
(18) 中野・前掲注(11) 128 頁以下。
(19) 吉村・前掲注(13) 159 頁。
(20) 卑見の及ぶ範囲では見出すことができなかったが，民事保全法 63 条などに鑑みれば，このような見解も既に存在するのではないかと思われる。なお，山崎潮・新民事保全法の解説〔増補改訂版〕（きんざい，1990）412 頁以下も参照。
(21) 新堂・前掲注(8) 341 頁。権利確認説でこのように解さない見解として，吉村・前掲注(13) 162 頁，竹下・前掲注(12) 74 頁。

4　結　　び

(1)　以上，はなはだ拙い検討を重ねてきたが，その結論を示せば，以下のようになろう。

(2)　民訴法 115 条 1 項 3 号は，確定判決の既判力を口頭弁論終結後の承継人に拡張している。その意味は，口頭弁論終結後の承継人が生じた場合（例として，当事者を X・Y，Y の承継人を Z とする），X・Y 訴訟の確定判決の既判力（X・Y 訴訟の訴訟物に関する既判力）が，X・Z 訴訟にも妥当するということである。したがって，現実に既判力が及ぶのは，X・Y 訴訟の訴訟物が X・Z 訴訟の訴訟物の前提となる場合，及び，X・Y 訴訟の訴訟物と X・Z 訴訟の訴訟物が矛盾関係に立つ場合である。また，X・Y 訴訟の訴訟物が物権的請求権で，その目的物の占有（登記も含む）が口頭弁論終結後に Y から Z に移転した場合には，X・Y 訴訟の訴訟物は X・Z 訴訟の訴訟物の前提となる場合に準ずると見て，X・Y 訴訟確定判決の既判力の遮断効が，X・Z 訴訟に及ぶと解すべきである。

(3)　民執法 23 条 1 項 3 号は，確定判決の執行力を口頭弁論終結後の承継人に拡張している。これを前提に，民執法 27 条 2 項は，承継執行制度を規定している。執行力の拡張の意味は，承継執行文の付与された債務名義（本稿では確定判決）に示された請求権が，債権者・承継人，あるいは承継人・債務者間に存在しているという認識に，執行力が付与されたものである。その認識は，

債権者・債務者間に請求権が存在するという債務名義の判断を前提とするため，執行力（債務名義が示す請求権が存在する旨の判断）の拡張という形式をとるものと思われる。そこで，(1)当該確定判決の口頭弁論終結後に，X・Y間で生じた当該請求権を消滅させる事実，X・Z間で生じた当該請求権を消滅させる事実，(2)承継を基礎づける事実の主張，(3)承継の事実を争う主張（(i) 承継の事実を否認する，(ii) 承継の事実の効力発生の障害となる事実の主張，(iii) 承継の事実の効果を消滅させる事実の主張）については，(2)は承継執行文の付与の手続で主張・立証させ，(1)(2)については，執行文の付与等に関する異議の申立て（民執32条）の手続で主張・立証させて，簡易・迅速な債務名義を作成せしめ，さらに，(1)(2)(3)を執行文付与の訴え（民執33条）や執行文付与に対する異議の訴え（民執34条）により主張・立証できる途を開いておくべきである。

破産者の不作為を対象とする
否認権行使の本質とその機能の限界
　　　—要件事実論的考察を踏まえて—

　　　　　　　　　　　　　　　　　　北　　秀　昭

1　本稿の趣旨

　破産手続上，時効中断の懈怠等の不作為が否認権の対象となることは，多数の学説[1]及び判例（大判昭10・8・8民集14巻19号1695頁）の認めるところである。しかし，筆者が弁護士として関与した再生手続から破産手続に移行した大型倒産事件で，表題の不作為の否認権行使問題に直面した際，否認権の対象となる不作為の範囲やその否認権行使の効果等について，倒産実務の依拠ないし指標とすべき基準が必ずしも明確になっていないように思われた。文献上，不作為について否認権行使を認めた判例として唯一挙げられる前掲大判昭10・8・8は，時効中断の不作為を否認すれば，「時効ニ罹リタルコトヲ以テ破産債権者従テ破産管財人タル上告人ニ対抗スルコトヲ得サルモノト謂ハサルヲ得ス」と判示するが，時効中断の不作為の否認によって「訴えの提起」があったとみなされるわけでなく，また，消滅時効の完成は，実体法上，その不作為自体の直接的な効果でもないのに，なぜその否認が消滅時効援用の「対抗不可」を導くのか，その「対抗不可」を導く実質的根拠は何かについて疑問が生じた。確かに，否認権制度がもともと破産者の行為の否定を目的とせず，行為によって生じた法律効果の否定を目的とするので，不作為の否認によって「訴えの提起」があったとまでみなす必要がないこと，また，害意ある時効中断の懈怠と時効完成との間に因果関係が認められれば，それが実質的に「債務の免除」と同一視できるものとして，「対抗不可」を導く論拠となり得ることが一応理解でき

ても，旧破産法下で破産者の時効中断の懈怠が無意識又は過失による場合でも危機否認を認める学説が有力であることを知ると，上記の理解の正しさに疑問を抱かざるを得なかった。

　また，上記のとおり，不作為を否認して「対抗不可」の効果を導くことができたとしても，それだけでは否認の目的を達することができない場合があるように思われる。例えば，一般に不作為否認の対象として挙げられる手形の支払呈示の懈怠について，仮に手形の支払呈示が裏書人に対する遡求権発生の積極的要件であると考えると（ただし，その支払呈示の主張責任の所在については，後述のとおり議論がある），その手形の支払呈示の不作為を否認しても，「手形の支払呈示」があったとみなすことができない以上，否認の目的論だけでは遡求権の発生要件（請求原因事実）を充足させることはできず，結局，その不作為否認の機能には一定の限界があることを認めざるを得ないのではないかとの疑問も生ずる。

　本稿は，以下の二つの判例を素材にして，不作為の否認の攻撃防御方法の中での位置付けに留意しながら，不作為否認の要件及び効果についての要件事実論的考察を行って，否認権の対象となるべき不作為の範囲の基準を探り，破産管財人による不作為否認の機能には一定の限界があるのではないかとの，倒産実務家としてのささやかな問題提起を試みることを目的とするものである。

(1)　①中田淳一・破産法・和議法（有斐閣，1959）159頁，②兼子一・強制執行法・破産法〔新版〕（弘文堂，1962）213頁，③山木戸克己・破産法（青林書院新社，1974）217頁，④谷口安平・倒産処理法（筑摩書房，1976）256頁，⑤加藤哲夫・破産法〔第4版〕（弘文堂，2005）288頁，⑥宗田親彦・破産法概説〔新訂第2版〕（慶應義塾大学出版会，2005）371頁，⑦竹下守夫ほか編・大コンメンタール破産法（青林書院，2007）624頁〔山本和彦〕等。

2　不作為の否認に関する二つの判例

(1)　前掲大判昭10・8・8（以下「本判決①」という）について

(a)　事案の概要

　Y_1は，昭和6年10月26日，Y_2宛に約束手形を振出し，Y_2はA銀行に裏

書譲渡したが，本件手形は満期日の昭和6年12月24日に支払拒絶された。A銀行は，昭和7年1月22日，Bとの間でA銀行を受益者，Bを受託者とする信託契約を締結し，本件手形もその信託財産の一部としてBに裏書譲渡したが，BはY$_2$に対する償還請求権について時効中断の措置をとらないまま満期日より1年を経過した。その後A銀行は，昭和8年1月14日，破産宣告を受け（支払停止は昭和6年12月17日であり，破産申立てを受けたのは昭和7年1月17日である），Xが破産管財人に選任された。X（上告人・控訴人・原告）は，破産宣告の翌日に信託契約を合意解約してBから本件手形の裏書譲渡を受け，Y$_2$（被上告人・被控訴人・被告）に対して償還請求の訴えを提起した。Y$_2$に対する償還請求権について，Y$_2$は，抗弁として時効を援用し，Xは，Bが時効中断の措置を怠った不作為を（旧）破産法72条1号又は2号により否認する旨の再抗弁を提出したが，一審，原審ともにXが敗訴した。原審判決の理由の要旨は，本件手形債権の行使の権能はBに属する，本件の時効中断の懈怠はBの不作為に基づくもので，Bの不作為はA銀行の破産に際し否認することはできない（Bの不作為がA銀行の承認を得てなしたか否かはその内部関係に止まり問題とならない）というものであった。これに対し，Xは，①BとA銀行が協議の上，時効中断の措置をとらなかった事実を主張して，Bの不作為を承認したA銀行の行為を否認の対象としているにもかかわらず，この点について判断していない，②否認権の対象は必ずしも破産者の行為に限られず，殊に破産者A銀行を委託者兼受益者とする信託関係の受託者Bの行為は信託の実質上より考察して否認し得るとして上告した。

(b) 判　　旨

本判決①は，次のとおり判示して，原審判決には，上告人主張の上記(a)①の事実が存在するか否かを審理した上で否認権行使の当否及びその効力について判断すべきであるのに，その審理を尽くさなかった違法があるとして，これを破棄し，原審に差し戻す判決を下した。

「按スルニ，破産法第七十二条以下ノ規定ニ依リ否認セラルヘキ行為ハ，破産債権者ニ損害ヲ與フルモノタルヲ要スト雖，其ノ行為ノ範囲ニ付テハ何等ノ制限ナキヲ以テ必スシモ積極的行為タルコトヲ要セス。不作為モ亦債権者ヲ害スル限リ否認ノ目的トナルコトヲ得ルヤ勿論ナリ。故ニ破産者カ其ノ債務者ニ対スル債権

第2章　要件事実・事実認定——各論

ニ付キ消滅時効ノ進行スルコトヲ知リナカラ破産債権者ヲ害スルコトヲ知リテ債務者ニ対スル時効中断ノ行為ヲ為サス，遂ニ債権ヲ消滅セシメタルトキハ，破産管財人ハ破産法ノ規定ニ依リ之ヲ否認スルコトヲ得ヘキコト明ナリ。而シテ破産者カ破産宣告ヲ受クル以前ニ於テ，破産財団トナルヘキ財産ニ付キ自己ヲ受益者トシテ信託契約ヲ締結シ，之ヲ受託者ニ譲渡シタル場合ニ於テ，……受託者カ該信託財産ヲ処分スルニハ委託者即破産者（破産宣告前ノ）ノ承諾ヲ経ルヲ要スルモノト定メタルコト上告人カ……主張スルカ如クナリトセハ其ノ財産ハ実質上ハ破産者ニ属スルモノナレハ委託者カ破産者ノ承諾ヲ得テ之ヲ処分シタルトキハ破産法第七十二条以下ノ規定ノ適用ニ付テハ破産者自ラ之ヲ為シタルト同一ノ効力ヲ生スルモノト謂フヘク，従テ受託者カ破産債権者ヲ害スルコトヲ知リナカラ破産者ノ承諾ヲ得テ右財産ニ属スル手形債権ニ付手形債務者ニ対スル時効中断ノ手続ヲ為サスシテ時効ニ因リ之ヲ消滅セシメタルトキハ，破産者カ右ノ中断行為ヲ為ササリシ場合ト同シク破産法第七十二条ノ規定ニ依リ之ヲ否認スルコトヲ得ヘキモノト解スルヲ相当トス。……而シテ上告人ハ破産管財人トシテ破産債権者ノ為ニ否認権ヲ行使スルモノナレハ若シ上告人主張ノ如キ事実アリトセハ被上告人ハ本件手形債権ノ時効ニ罹リタルコトヲ以テ破産債権者従テ破産管財人タル上告人ニ対抗スルコトヲ得サルモノト謂ハサルヲ得ス（句読点は筆者）。」

(c)　本判決①に内在する問題点

本事案は，BとA銀行間の信託契約との関係で，受託者Bの不作為が破産者A銀行の行為（不作為）といえるかどうかが主たる争点となっており，その前提となる不作為の否認の可否は当事者の大きな争点になっていない。本判決①は，(旧)破産法の否認規定がその対象範囲に何等の制限を加えていないことを根拠にして不作為の否認をたやすく認めている。しかし，本件のような時効中断の不作為に限らず，一般的に不作為は，廉価売買等の積極的行為と異なり，その性質上，一種の黙示の意思表示（沈黙）的なものであり，その表示価値（表見的明確性）が極めて低いため，財産減少行為としての有害性（狭義の詐害行為性）が明確とは言い難く，その「有害性」をどのように捉えるかを明確にしなければ，不作為については，否認できる対象の範囲が極めて不明確なものとなる。しかるに，本判決①は，不作為の「有害性」要件について，どのような理解を前提に説示しているのか判旨上必ずしも明らかになっていない。

また，不作為の否認の効果について，本判決は，「被上告人ハ本件手形債権ノ時効ニ罹リタルコトヲ以テ破産債権者従テ破産管財人タル上告人ニ対抗スルコトヲ得サルモノト謂ハサルヲ得ス」と判示して，不作為の否認によるXの再抗弁によって，抗弁で出されたY_2の消滅時効援用の「対抗不可」を導くが，その「対抗不可」を導く実質的根拠が何かについて，判旨中に特段の説示はない。通常の廉価売買等の否認の場合は，対象となる廉価売買の行為が否認されると，当該行為が相対的に無効となり，当該行為の法的効果である所有権移転が破産財団との関係で否定されることになるが，消滅時効の完成は，時効中断の不作為自体の実体法上の効果ではないので，当該不作為を否認しても，直ちに消滅時効の「対抗不可」(抗弁喪失)を導くことができるわけではない。期日における不出頭が擬制自白の効果 (民訴159条3項) を生じるような不作為自体が一定の法的効果を生じる場合は別として，一般的に不作為を否認して，否認の目的である何らかの法的効果を否定する実質的根拠をどのように解するべきか，そのような否認の効果を導く理論構成 (不作為否認の攻撃防御方法上の機能) をどのように解するべきかについても，本判決①に内在する問題点として残っている。

　本判決①は，不作為の否認をたやすく認めているが，上記の同判決に内在する問題点を解明しなければ，本判決①の射程はもとより，否認対象となるべき不作為の範囲を明確にすることはできない。

(2)　大阪區判大15・6・17新聞2663号16頁 (以下「本判決②」という) について

(a)　事案の概要

　原告Xは，破産者Aの債権者で，Aの妹婿に当たる親族である。Xは，Aに対する大正13年11月1日以降翌14年4月末日までの破産者宅家屋の賃料債権について支払命令に付せられた執行命令に基づき本件動産物件 (以下「本件物件」という) に対し強制執行を行い，大正14年8月21日，X自ら本件物件を競落により取得したとして，Aの破産管財人であるYに対し，本件物件の所有権確認及び本件物件に対する封印解除並びに保証を条件とする仮執行の宣言を求めて訴え提起した。これに対し，被告Yは，破産管財人として本件物件に封印をした事実やX主張の債務名義に基づきXが本件物件に強制執行を

第2章　要件事実・事実認定——各論

行い，これを自己競落した事実は争わなかったが，次の抗弁を提出した。すなわち，破産管財人Yは，Xは破産者Aの妹婿に当たり，破産者Aは大正14年1月20日午後4時に支払停止していたところ，Xの本件物件の所有権取得は，その支払停止後の行為であり，かつ破産債権者を害する行為であるので，その所有権移転行為を否認すると主張した。また，Yは，仮定抗弁として，破産者AがX主張の支払命令に対し適法な期間内に異議の申立てをなすことができ，右期間が破産者Aの支払停止の後に属していたのに，破産債権者を害することを知りながら異議申立てをなさなかったので，当該不作為の行為を否認する（この不作為の否認により，執行命令は無効となり，競売は不適法となるので，Xは，本件物件の所有権を取得することができないことになる）旨を主張して，Xの本訴請求は失当であると答弁した。なお，Xは，Yの抗弁に対し，Xによる本件物件の所有権取得は，代物弁済又は所有権移転を受けるべき債務の履行によるものではなく，競売によって取得したものであるから，競売の売得金による弁済に対して否認権が行使されるのは格別，所有権移転行為に対して否認権行使はできない旨反論した。

(b)　判決要旨

本判決②は，所有権移転（取得）についての被告Yの否認の抗弁を容れて原告Xの請求を排斥しているので，不作為の否認の（仮定）抗弁についての判断を示していない。その判決要旨は，次のとおりである。

「破産者カ一般ニ支払ヲ停止シタル時ハ，大正十四年一月二十日午後四時ナルコトヲ認ム。而シテ破産者カ本件物件ノ所有権ヲ原告ニ移転シタルハ，強制執行ニ因ル競売ノ結果ナリト雖モ，猶且該行為ハ破産債権者ノ共同担保ヲ減少セシムルモノニシテ結局破産債権者ヲ害スル行為ナルヲ以テ原告カ右破産者ノ一般ニ支払停止ヲ為シタル事実ヲ知ラサリシ旨主張セス且之ヲ立証セサル本件ニアリテハ被告ニ於テ否認権アルモノト認定ス。原告ハ被告ノ否認シ得ルハ原告ノ受領シタル弁済ニ対シテノミナリト再抗弁スルモ競売ニヨル所有権取得ト雖モ，破産法第七十二条各号ニ該当スルモノハ之ヲ否認シ得ルモノナルヲ以テ右再抗弁ハ理由ナシ（句読点は筆者）。」

(c)　本判決②と加藤正治博士の判例評釈[2]

本判決②が不作為の否認についての判断を示していない下級審（區裁判所）

644

判決であるにも拘わらず，本稿でこれを取り上げたのは，不作為の否認に関する先例がほとんどない中で，本件がその典型的な否認対象として取り上げられることが多い訴訟行為に関する不作為の否認の主張を含んだ事案であり，また，本判決①当時の判例評釈[3]で，不作為の否認を認める代表的学説として，本判決②について判例評釈を行っている加藤博士の学説[4]が引用されていることによるものである。

加藤評釈は，本判決②について先ず，競落による本件物件の所有権取得においては相当価額の代価を伴っているので，支払停止後であっても直ちに詐害行為に当たらない旨を指摘して判旨を批判される。この批判については，本件物件の所有権取得がたとえ競落によるものであっても，本件のような債務者の支払停止時以降の競売では，その代価が廉価であった可能性も少なくなく，その場合には，競落による所有権取得行為が廉価売買と同様に否認できる余地が生ずるので，上記批判が直ちに正当なものとは言い難い（後述3(6)参照）。

次いで加藤評釈は，判旨を上記のとおり批判した上で，仮定抗弁について，「本件ノ場合ノ如ク支払命令ニ対スル異議ヲ述ヘス……如キハ破産者カ破産債権者ヲ害スルコトヲ知リナカラ之ヲ為ササル場合ニ於テ否認ノ目的タルコトハ学者ノ皆認ムル所ナリ」とされたうえで，「故ニ本件ノ場合ニ於テモ破産者カ支払命令ニ対シテ異議ヲ述ヘサリシ不作為ノ行為ハ被告ノ主張ノ如ク否認ノ目的タリ得ルモノト為スヲ正当ト為スナリ故ニ否認権トシテハ判旨ハ被告ノ此ノ点ノ主張ヲ容レ以テ被告ニ勝訴ノ判決ヲ與フルヲ以テ其ノ当ヲ得タルモノナリトス（註　支払命令ニ対シ異議ヲ述ヘサリシコトノ不作為ノ行為ヲ否認シ得ルコトニ付テハ Mentzel, KO 2 Aufl. §29 2 b. S. 123; Petersen-Kleinfeller, KO 4 Aufl. §29 Anm. 5 S. 128; Jaeger, KO 5 Aufl. §29 Anm. 32 等ハ皆同説ナリ）」と述べられる。

加藤博士が上記不作為の否認の効果をどのように解されているかについて上記叙述だけでは明らかでないが，仮に上記評釈が本件の被告の主張と同趣旨であるとすると，なぜ，異議申立ての不作為という訴訟行為の否認によって被告主張のような執行命令の無効と競売の違法を導き，競落による所有権移転の効果を覆すというような，作為（異議申立て）があったとみなす場合以上の強い効果を導くことができるのか，との疑問が残る。もっとも，本事案では，破産者と受益者Xが親族関係にあったことに照らし，両者の間に本件物件の所有権

移転に関して何らかの「仕組まれた」通謀関係があった可能性をも否定できないが，被告Yがその親族関係を主張しただけでは，破産者の「仕組まれた」通謀関係を主張したとはいえず，また，（自己競落を経由した）本件物件の所有権移転という法的効果が当該不作為によって生じたものといえるか否か疑問が残る。それゆえ，不作為の否認を肯定される先駆者である加藤説からも，その実質的根拠をどのように解されていたかを窺うことができない。

(2) 加藤正治・破産法研究第8巻（「支払停止後競落ニ因ル所有権取得ノ否認及ヒ支払命令ニ対シ異議ヲ申立テサル不作為ノ否認」）（有斐閣，1932）115頁以下。
(3) ①小野木常「破産管財人の否認と時効の完成」法学論叢34巻2号159頁（1936），②菊井維大「否認－信託財産に属する債権の時効中断を受託者が為さざりし場合その不作為を委託者の破産管財人が否認し得るか」法学協会雑誌54巻3号162頁（1936）。
(4) 加藤正治・破産法要論（有斐閣，1934）156頁。加藤博士は，同書で，否認対象行為には，「消極的の行為例へば時効の中断，訴訟の防御，執行異議，手形の保存行為を怠るが如きものを含む。」とされたうえで，その末尾の注記で，「不作為の行為の否認に付ては拙著研究第8巻119頁参照。」として，前掲注(2)の本判決②の評釈を引用されている。

3　検討―不作為の否認についての学説を踏まえて―

(1)　時効中断の不作為等についての否認の可否

岡村玄治教授は，否認の対象行為に不作為は含まないと解して本判決①を批判し，「時効の中断に必要な訴えの提起……の不作為を否認したからとて破産財団の為め訴えの提起の効力を生ずるものと解すべき根拠はない」[5]とされる。この岡村説は，不作為を否認しても，作為があったとみなされるわけではない，との論理に基づくものであるが，この論理に基づく否定説は，中田淳一教授から，「否認によって中断事由たる起訴があったことになるか否かを問題にするのは，否認ということが，もともと破産者の行為によって生じた法律効果の否定を目的とすることを知らない議論である。」[6]との批判を受け，以後この否定説を積極的に支持する学説は見当たらない。しかし，時効の完成は，破産者

の時効中断行為の不作為自体の法律効果ではないから，当該不作為を否認しても，否認の目的論から直ちに時効完成の否定を導くことができるわけではない。この点につき，中田説は，「相手方と通じて故意に債権の消滅時効を完成させるのは，実質的には債務の免除と同じである」[7]ことを時効による債権消滅の効果を否定する実質的根拠とされる。また，山木戸兇己教授も，「結局，不作為の否認は破産者が相手方と通謀して故意に不作為に及んだような場合に限られよう。」[8]と解される。中田・山木戸両説に共通する考えは，不作為の否認による「作為（時効中断行為）みなし効果」を明確に否定した上で，法的効果（消滅時効の抗弁）を否定するための不作為否認の要件として破産者と相手方との通謀が必要であると解するものであるが，この立場では，破産者がうっかり時効の中断を怠ったというだけでは，否認を認めない。これに対し，不作為否認の肯定説に属する谷口安平教授は，危機否認においては，破産者の行為が不要であることを前提として，不作為が無意識又は過失による場合でも否認ができると解される[9]。この無意識又は過失による場合には，当該不作為と法的効果との間に因果関係が存在するのか（時効による債権消滅が当該不作為により生じた効果といえるのかどうか）さえ疑問が生ずるが[10]，この点について，本間義信教授は，手形の支払呈示の不作為を取り上げて，次のように反論される。「故意にもとづこうと，そうでなかろうと，不作為の結果，時の経過により一定の法律効果（遡求権の喪失）が生ずる点においては差異がないのであるから，故意か否かにより因果関係の存否を異別に判断する見解は，実は，故意による不作為の中に一種の意思的行為の存在を認め，この（意思的）行為と法律効果との間の因果関係を考えているといわざるをえない。したがって，通説は，不作為の否認を認めるといいながら，故意による不作為の中に作為（意思的行為）をみることによって，結局は作為の否認を認めているのではないか。」と批判し，谷口説と同じ結論を導かれる[11]。

　上記の中田・山木戸説と谷口・本間説では，同じ肯定説でも，不作為の否認を認める範囲について大きな差異が生ずることに留意する必要があろう。その理解を前提にして異なる両肯定説の問題点を検討すると，後者の肯定説に属する本間説は，「時効の中断の懈怠は，法的効果としては，債務の免除と，支払呈示の不作為も，債務の免除ないし担保の放棄と択ぶところがない。」[12]と指摘

されつつ，通説（中田・山木戸説）は不作為の中に作為（意思的行為）をみることによって，結局は作為の否認をみていると批判される。しかし，この本間説については，時効の中断の懈怠と債務の免除が，法的効果（結果）として，いずれも債権の消滅を招く点で同一であるとしても，否認の対象としての行為（不作為）の属性（詐害性）は全く異なるのではないか，との疑問が残り，この見解では，不作為によって生じた法的効果を否定する実質的根拠をどの点に求めることになるのかが不明である。不作為否認の目的は不作為によって生じた「法的効果を否定する」ことにあるが，その否認の対象はあくまでも「詐害性のある当該不作為自体である」との視点が本間説には欠けているように思われる。他方，前者の肯定説に属する中田説は，「相手方と通じて故意に債権の消滅時効を完成させるのは，実質的には債務の免除と同じである」として，時効中断の不作為否認を肯定する実質的根拠を明らかにされるのであるが，この中田説の問題点は，「相手方との通謀」を含めた債務者の意思的要素を不作為否認の要件の中でどのように位置付けるのかを明確にされていないことである。このような両説の問題点を踏まえ，次に不作為否認の要件についての要件事実的考察を行うことにしたい。

(5) 岡村玄治・破産法要義（明玄書房，1954）76頁。
(6) 中田・前掲注(1)① 159頁。
(7) 中田・前掲注(1)① 159頁。
(8) 山木戸・前掲注(1)③ 217頁。
(9) 谷口・前掲注(1)④ 256頁。
(10) 中田・前掲注(1)① 159頁は，「破産者が単に時効の中断を怠っただけでは，……中断しない破産者の不作為と権利消滅には間接的にも因果関係がないので，否認の余地はなく，……」とされる。
(11) 本間義信「不作為の否認」宮脇幸彦ほか編・新版破産・和議法の基礎（青林書院新社，1982）265頁。
(12) 本間・前掲注(11) 265−266頁。

(2) 不作為否認の「有害性」要件についての要件事実論的考察

現行破産法160条1項1号が規定する財産減少行為（狭義の詐害行為）の故意否認の要件は，客観的要件としての①財産減少行為（有害性）と，主観的要件

としての②債務者の詐害意思及び③受益者の「有害性」についての認識である。客観的要件としての①の財産減少行為は，債務者の財政状態が破綻した時期に債権者全体に対する債務者の責任財産を絶対的に減少させる行為であるが，この「有害性」要件の要件事実的性質は，いわゆる「規範的要件」に当たるものと解される。「有害性」の成立を根拠付ける具体的な「評価根拠事実」は，主要事実（要件事実）として，否認権を行使する破産管財人が主張立証し，「有害性」の成立を妨げる具体的な「評価障害事実」は，主要事実（要件事実）として，否認の相手方である受益者が主張立証しなければならない。この点，学説には，否認の客観的要件と主観的要件を充足し，さらにその行為が一般的要件としての「不当性」を具備することによってはじめて否認権が発生するという見解[13]が有力である。しかし，「破産者の行為の不当性の判断基準として考案されたものが，法規における客観的要件と主観的要件という判断枠組みであったのであり，『不当性』といってみても，その判断基準は必ずしも明確であるわけでなく，また，両要件と重複する面があることは否定できない。」[14]だけでなく，その一般的要件としての「不当性」の要件事実的性質も，客観的要件としての「有害性」と同じく，「規範的要件」に当たると解されるところ，それぞれの規範的要件の評価根拠事実や評価障害事実をどのような基準や要素により区分するかの問題を残すことになる。旧破産法の否認権の有害性体系を大幅に改正した現行破産法は，否認対象行為を財産減少行為と偏頗行為とに峻別したうえで，それぞれの否認要件を明確化・厳格化するとともに，その内容を合理化しているので，財産減少行為と偏頗行為のそれぞれの否認の「有害性」判断のなかに，諸般の事情を吸収包摂せしめて否認権制度の妥当な運用を図るべきものと考える[15]。

　かかる見地から，時効中断の不作為を取り上げて不作為否認の「有害性」要件を検討すると，不作為は，その性質上，廉価売買等の作為の「有害性」と異なり，その「有害性」の評価根拠事実が何かを明確にして考察することは困難である。その困難性は，その「有害性」が評価的要件であることに加え，表示価値（表見的明確性）の極めて低い不作為（沈黙）を対象とするものであること[16]に因るものである。しかし，その困難な評価根拠事実を直接的に考察することに代えて，その評価根拠事実と実質的に等価値の「作為」（時効中断の不作為の場

合には，例えば，債務の免除）を基礎付ける具体的事実は何かを考慮して評価根拠事実の内容を考察することは容易であり，不作為の否認訴訟における攻撃防御の対象や審理の対象を明確にすることができる点でも有益である。このような要件事実論上の「等価値」という考え方は，伊藤滋夫教授が，製造物責任法上の評価的要件である「欠陥」概念について，被害者にとってその評価根拠事実の主張立証が困難な場合に，「欠陥の評価根拠事実の主張立証を要求することが公平に反すること」及び「欠陥現象の存在すること」の両事実が合わさって「欠陥」の評価根拠事実と等価値となると捉え，被害者の主張立証の負担の緩和策として提言されているものであるが[17]，その考え方を活用して時効中断の不作為の「有害性」の評価根拠事実の内容を考察することは，極めて有益であると考える。この「等価値」という考え方を時効中断の不作為に応用すると，時効中断の不作為の「有害性」の評価根拠事実は，実質的に「作為（例えば，債務の免除）」を基礎付ける具体的事実と等価値に評価できる内容を有したものでなければならないと解される。例えば，被告である受益者の消滅時効の抗弁に対し，原告である破産管財人が破産者の時効中断の不作為を対象として否認権を行使する際，再抗弁で，「破産者が経済的に破綻した時期以降（消滅時効期間が経過するまでの間）債務者が時効中断の措置をとらなかった（怠った）」事実を主張するだけでは，実質的に「作為（例えば，債務の免除）」を基礎付ける具体的事実を主張したものと等価値に評価することは困難である。この再抗弁では，「破産者は経済的に破綻した時期に相手方（受益者）に対する債権につき消滅時効の進行することを知りながら，あえて法的効果（時効の完成）を阻止する措置をなんらとらずに消滅時効期間を経過させた」旨の要件事実を主張して，実質的に「作為（例えば，債務の免除）」を基礎付ける具体的事実を主張したものと等価値に評価し得るものと考える。この点で，本来は客観的要件である「有害性」要件の評価根拠事実の中に，「債務者の意思に基づいて，あえて法的効果の発生を阻止する措置をとらない不作為があったこと」，すなわち，そのような「債務者の意思的不作為の存在」（主観的要素）を介在せざるを得ないところに，不作為否認の「財産減少行為性（有害性）」判断の特質があるものと解される（換言すれば，不作為に上記のような意思的不作為が介在して初めて否認対象行為としての「財産減少行為性」をもつものと解される）。

このようにして，不作為の中に上記のような法的効果に向けた破産者の意思的不作為が介在することは，不作為否認の「有害性」要件として位置付けるべきものであり，この「有害性」要件の充足が，否認の効果として，その不作為によって生じた法的効果の否定を導く実質的根拠になり得るものと考える。したがって，不作為にこのような意思的不作為が介在する場合は，（否認の目的である）その法的効果が当該不作為によって生じたものと評価するのが相当である，と考えられる。そして，そのように評価することを妨げる特段の事情がある場合には，その特段の事情に当たる具体的事実は，受益者の主張立証すべき「有害性」の評価障害事実として位置付けるべきものと考える。

　因みに，前記の本判決①がどの時点のＢないしＡ銀行の時効中断の懈怠行為を否認対象行為として捉えているかは定かではないが，少なくとも破産申立て（昭和7年1月17日）がなされた危機時期以降で，信託契約を締結した昭和7年1月22日以後の不作為（時効中断の懈怠）がその対象であることは明らかである。そうであれば，当該不作為は，旧破産法72条1号の故意否認の対象にも，同条2号の危機否認の対象にもなり得るところ，本判決①の「破産者カ其ノ債務者ニ対スル債権ニ付キ消滅時効ノ進行スルコトヲ知リナカラ破産債権者ヲ害スルコトヲ知リテ債務者ニ対スル時効中断ノ行為ヲ為サス，遂ニ債権ヲ消滅セシメタルトキ」との説示部分は，時効中断の不作為の中に，前記のような破産者の意思的不作為が否認の「有害性」要件として必要である旨を判示したものと解されないわけではない。

　なお，上記の立論は，否認の対象が破産者の行為（不作為）であることを前提とするものであるが（法的行為説），否認の対象が法的効果であると解する見解もある[18]。この法的効果説を唱える学説は，「例えば，債務者が相手方とはかって故意に時効中断の行為をしなかった場合，中断行為をしなかったことを否認しても中断行為をしたことにならない。従って，中断行為があれば生じた債権消滅の防止の効果も発生しない。法的効果説によれば，不作為により生じた債権消滅の効果が除去されるので理論的によく説明できる。」[19]と主張される。この法的効果説は，不作為否認の肯定説の難点（否認の目的である法的効果は，否認の対象行為である不作為自体の実体法上の法的効果ではなく，当該不作為を否認しても，「作為みなし効果」が生ずるわけではないこと）を鋭く指摘したものであるが，訴訟

上，法的効果を直接の攻撃防御方法（主張立証）の対象にはできず，要件事実としては，否認の対象となる行為（不作為）をその対象とするほかないのであるから[20]，要件事実論の観点からは，この法的効果説を採用することはできない。

(13) 山木戸・前掲注(1)③190頁以下等。
(14) 林屋礼二＝上田徹一郎＝福永有利・破産法（青林書院，1993）158頁。
(15) 北秀昭「倒産関係事実と要件事実—新破産法の否認権制度の見直しにみる否認要件の明確化と要件事実論—」伊藤滋夫＝長秀之編・民事要件事実講座第2巻総論Ⅱ（青林書院，2005）139－143頁参照。
(16) 司法研修所編・増補民事訴訟における要件事実第1巻（法曹会，1998）37－39頁参照。
(17) 伊藤滋夫「裁判規範としての民法に関する一考察—製造物責任法を題材として—」小野幸二教授還暦記念論集『21世紀の民法』（法学書院，1996）26－29頁。
　　　因みに，刑法上の不作為の可罰性についても，その判断に当たり，「法的義務を怠って法益侵害の結果を阻止・回避しないことが，積極的な作為によって法益侵害の結果を生じさせることと同じであると認められること（同価値であること）が必要なのです。」（山口厚・刑法入門（岩波書店，2008）136－137頁。なお，その詳細は同・刑法総論〔第2版〕（有斐閣，2007）73頁以下参照）とされて，要件事実論上の「等価値」という考え方と同旨の考え方がなされている。不作為についての倒産法上の「有害性」の問題と刑法上の「可罰性」の問題は，もとよりその本質を同じくするものではないが，いずれも，「不作為」と「（積極的）作為」とを比較する場合における視点として，「不作為」と「（積極的）作為」との「等（同）価値性」を問題とすべきであるとする点では，共通性を有するものと解される（どのような場合に等（同）価値と判断すべきかは，それぞれの法域における問題の性質に着目して考えるべきであることは言うまでもない）。
(18) ①宗田親彦・否認権の対象（酒井書店，1979）118頁以下，②荒木隆男「債権者取消権及び破産法上の否認権について」青山法学論集24巻1＝2合併号105頁以下（1982）。
(19) 荒木・前掲注(18)② 105－106頁。
(20) 霜島甲一・倒産法体系（勁草書房，1990）310頁。

(3) 不作為の否認要件における「有害性」と「詐害意思」との関係

不作為の中に，前記のような法的効果に向けた破産者の意思的不作為が介在することを不作為否認の「有害性」要件として位置付けると，否認の要件であ

る財産減少行為としての「有害性」と「詐害意思」との関係が問題となる。この詐害意思の内容については，行為の結果として，債権者全体に対する責任財産が減少し，債権者の満足が低下することの認識があれば足りるか（認識説），より積極的な加害の意思まで必要とするか（意思説）の対立があり，かつての判例（大判昭8・12・28民集12巻24号3043頁，大判昭15・9・28民集19巻21号1897頁）は意思説を採用していたが，その後の最高裁判決（最判昭35・4・26民集14巻6号1046頁〔詐害行為取消権〕，最判昭50・12・19金法779号24頁〔詐害行為取消権〕等）は認識説を採ることを明らかにし，現時点ではこの認識説が通説判例である[21]。このような詐害意思は，通常，財産減少行為としての「有害性」が立証されれば，事実上推認されることになる。例えば，財政的危機状態にある債務者が財産を廉価で処分した場合，その破綻した財政状態が立証されれば，詐害意思が事実上推認されることになる。債務者は自己の財政状態を最も知るものであるからである[22]。不作為の否認が廉価売買等の積極的行為の否認と異なるのは，後者の廉価処分の場合には，通常，債務者の財政状態が破綻した時期の客観的な行為自体から財産減少行為としての「有害性」が明らかとなるが，前者の不作為の場合には，その「有害性」要件充足のために，不作為の中に，法的効果に向けた前記のような債務者の意思的不作為の存在することが必要となり，そのような主観的要素としての意思的不作為の中に「詐害意思」も含まれることになるので，「有害性」要件が立証されれば，同時に「詐害意思」の立証もなされたことになることである。

　上記の私見の立場では，無意識又は過失による不作為の場合には，財産減少行為としての有害性を欠如するがゆえに，当該不作為に危機否認（破160条1項2号）を適用する余地はなく，また，当該不作為が時効中断の懈怠のような無償行為に当たる場合にも，同様の理由により無償否認（破160条3項）の適用を否定することになる。この法的効果に向けた債務者の意思的要素を否認要件としての「詐害意思」としてのみ位置付けた場合には，無意識や過失による不作為の場合にも，詐害意思を否認要件としない危機否認や無償否認を否定することができなくなると解される[23]。

　なお，不作為の「有害性」要件を充足するために，破産者と受益者との「通謀」（相手方と通じていること）まで要すると解するべきか否かについては，その

653

有害性の実質が，(受益者との意思表示の合致を要しない)「債務の免除」のような破産者の「作為」と等価値と評価する点にあるので，受益者との「通謀」までは要しないものと考える(24)。ただし，不作為の財産減少否認において受益者が主張立証責任を負うべき消極的要件としての善意は，「財産減少行為性（有害性）」を根拠付ける評価根拠事実，すなわち，破産者の「作為」(例えば，債務の免除)を基礎付ける事実と等価値の，前記のような意思的不作為についての善意であり，この場合においては，廉価売買等の作為を否認する場合と異なり，通常，不作為自体から受益者に「有害性」についての認識があることを推認できないので，実務上は，破産者が受益者と通じてことさらに不作為に及んだ場合などの限られた局面で，不作為の故意否認が認められることになるのではないかと考える。また，現行破産法 160 条 1 項 2 号但書は，危機否認における受益者の主観的要件（善意）の範囲を，旧法の①「行為ノ当時支払ノ停止又ハ破産ノ申立ノアリタルコト」に，②「破産債権者を害する事実」（有害性）を加えて拡大しているが(25)，②について善意であっても，①について善意を立証することができなければ否認は認められることになるので，危機否認については，当該不作為に前記の「有害性」が認められる限り，受益者との「通謀」がない場合でも，不作為否認が認められることになる。

(21)　伊藤眞・破産法・民事再生法（有斐閣，2007）385 頁。
(22)　鈴木正裕「否認権をめぐる諸問題」鈴木忠一ほか監修・新実務民事訴訟法講座(13)（日本評論社，1981）101 頁。なお，北・前掲注(15) 141 頁参照。
(23)　林屋ほか・前掲注(14) 161 頁は，「債務者がついうっかりして時効の中断を怠ったような場合については，不作為と権利の消滅との間に因果関係がないから否認できない（この場合，破産者の詐害意思および受益者の悪意のないことを理由とする説もあるが，その理由では，危機否認を否定できなくなる）。」とされる。
(24)　谷口・前掲注(1)④ 256 頁は，「大判昭 10・8・8 民集 14 巻 1695 頁は，相手方と通じて故意に債権の時効を完成させるのは免除と同じで故意否認の対象となるとする」とされるが，本判決①登載の民集からは，「相手方と通じた」事実を当事者が主張したことや，判決がそれを前提に判示していることは窺えない。
(25)　北・前掲注(15) 144－145 頁参照。

(4) 不作為否認の効果の理論構成と実質的根拠

否認権の行使により，当該対象となった行為は遡及的に無効となり，破産財

団は原状に復する（破 167 条 1 項）。否認対象行為を否認してもたらされる無効は，破産財団との関係で，かつ，行使の相手方（受益者）との関係での，相対的な無効である[26]。例えば，不動産の所有権移転をもたらす廉価売買行為が否認されると，その廉価売買は破産財団及び受益者との関係で相対的に無効となり，目的不動産についての所有権が当然に破産財団に復し，破産財団に属する（物権的効果説）。しかし，前記の法的効果説が法的行為説の難点として指摘したように，例えば，時効中断の懈怠（不作為）が否認されても，「作為（時効中断行為）みなし効果」が生ずるわけではなく，また，時効完成による債権の消滅は当該不作為自体の法的効果ではないから，否認の目的論から直ちに債権の破産財団への帰属につながるわけではない。

　本判決①は，前記のとおり，時効中断の懈怠否認の効果として，抗弁で出された受益者（Y₂）の消滅時効援用の「対抗不可」を導くが，この点につき，山木戸説は，「その理論構成としては，時効による放棄ないし債務承認と同じように，否認によって相手方が時効援用権を喪失するもの」[27]と解される。否認の効果として，時効援用権を喪失させる実質的根拠は，時効完成後の時効による放棄ないし承認の場合と異なり，前記のとおり，実質的に「作為」（例えば，「債務の免除」）と等価値の，否認対象の時効中断の不作為の「有害性」にあるものと解されるが，この山木戸説の時効援用権の（抗弁）喪失構成は，破産財団及び受益者との関係でのみ効力を生じさせる否認の相対効とも適合した理論構成であると考える。けだし，不作為の否認を，攻撃防御方法の再抗弁として，受益者の消滅時効援用の抗弁の成立を妨げる障害（阻止）事由あるいは抗弁を消滅させる消滅事由として機能させることは，第三者への否認の影響を最小限に抑えた破産財団の増殖に必要かつ合理的な否認の効果であると解され，また，不作為の「有害性」を前記のように捉える限り，そのような否認の効果を生じさせる実質的根拠を有すると解されるからである。

　問題は，不作為の否認を，攻撃防御方法の構造上，請求原因の中で権利発生の要件事実として主張し，その不作為否認の効果として，実質的に権利発生の法律効果を生じさせる機能までもたせることができるかどうかである。この点を，手形の支払呈示の懈怠を取り上げて次に検討したい。

[26]　山本和彦ほか・倒産法概説（弘文堂，2006）278 頁〔沖野眞已〕。

⑵ 山木戸・前掲注⑴③ 217 頁。

(5) 不作為否認の攻撃防御方法上の機能とその限界

　約束手形の裏書人に対する満期後の遡求の実質的要件は,「支払呈示期間内に支払場所において手形の支払呈示をしたが支払が行われなかったこと」(手43条)であり, その形式的要件は,「支払拒絶証書作成期間内に支払拒絶証書が作成されたこと」(手44条1項) であるが, 後者の拒絶証書は統一手形用紙では免除されている。前者の実質的要件のうち, 手形の支払呈示が裏書人に対する遡求権発生の権利根拠事実としての要件事実なのか, それとも, その欠缺が遡求権の権利消滅事実としての要件事実なのかについては議論がある。

　この点については, 手形法46条2項後段により, 支払拒絶証書の作成が免除された場合に支払期間内における支払呈示の推定が働くため, 原告に支払呈示の主張立証責任はなく, その不呈示が被告の抗弁となるとする見解[28]が通説である。これに対し, 手形の呈示については, その立証責任は被告にあるが, その主張責任は原告にあるとする有力な見解[29]があり, これに沿った運用がなされている庁もあると指摘されている[30]。さらに, 原告に支払呈示の主張責任があり, 被告に不呈示の主張責任があるとする見解[31]もある。支払呈示という同一事実について, 主張責任と立証責任を分離したり, 主張責任を重複させることは, 主張責任と立証責任の一致を前提とする要件事実論の見地からは是認しがたい見解であるが[32], この点の議論は本稿の目的ではない。ここでは, 攻撃防御方法の構造の上から, 通説に従い手形の支払呈示が遡求権の発生要件であると解した場合と有力反対説に従い手形の不呈示が遡求権発生の消滅事由と解した場合の不作為否認の機能上の異同を考察したい。

　攻撃防御方法の構造上, 通説に従った場合の不作為否認の機能は, 手形の不呈示 (不作為) を否認してその不呈示による遡求権喪失の抗弁を喪失させる (遡求権喪失という法的効果を否定する) ことにあるが, 有力反対説に従った場合の不作為否認の機能は, 不呈示 (不作為) を否認して, 実質的に遡求権の発生を認めさせる (遡求権発生という法的効果を肯定する) ことにある。前者の場合の不作為否認の機能は, 時効中断の不作為を否認することによって被告の消滅時効援用の抗弁を喪失させて権利消滅効果を否定するのと同じである。しかし, 後者

の場合，この支払呈示の不作為を否認したとしても，「作為（支払呈示）みなし効果」が生ずるわけではないから，遡求権の発生原因事実が充足しないことになる。否認訴訟のこの局面で裏書人に対する遡求権を認めることは，その不作為の否認をもって，実質的に権利発生の法律効果を生じさせる機能までもたせることであり，否認の目的を超えるものと考える。

上記の私見の立場からは，一般に不作為の否認対象の例として挙げられる拒絶証書の不作成などは，その不作為を否認しても，その否認の効果として，遡求権の形式的要件を充足させて遡求権を発生させることはできないから，その否認の目的が遡求権行使のためのものである限り，否認の対象にならないものと解することになる。

否認権制度の目的が行為（不作為）を否認対象としてその法的効果を否定することにある以上，要件事実論の観点からみた攻撃防御方法の上で，権利発生の請求原因事実に当たる事実の不作為を否認しても，権利発生の法律効果を生じさせることはできないものと解すべきであり，そこに不作為否認の機能上の限界があるものと考える。

(28) ①村重慶一・裁判実務大系第2巻手形小切手訴訟法（青林書院新社，1984）51頁〔稲守孝夫〕，②西村則夫編・現代裁判法大系18手形・小切手（新日本法規出版，1998）283頁〔畠山稔〕，③司法研修所編・8訂民事判決起案の手引・事実摘示記載例集（法曹会，1999）8頁，④豊田健夫「手形小切手事件と要件事実」伊藤滋夫＝長秀之編・民事要件事実講座第2巻総論Ⅱ（青林書院，2005）269頁。
(29) 坂井芳雄・裁判手形法〔再増補〕（一粒社，1988）79-86頁。
(30) 豊田・前掲注(28)④ 269頁。
(31) 大隅健一郎＝河本一郎・注釈手形小切手法（有斐閣，1977）339頁。
(32) 難波孝一「主張責任と立証責任」伊藤滋夫＝難波孝一編・民事要件事実講座第1巻総論Ⅰ（青林書院，2005）180頁以下参照。

(6) 訴訟行為の不作為の否認とその効果

一般に，口頭弁論期日への欠席，攻撃防御方法の不提出，上訴提起の懈怠などの訴訟行為が不作為否認の典型例として挙げられるが，倒産実務上，この否認が問題となる事例は，ほとんどみられないように思われる。そこで，本稿では，本判決②の事案に即して，その支払命令に対する異議申立て（現行法下では，

支払督促に対する督促異議の申立て）の不作為否認の要件及び効果上の問題点について考察した上で，このような事案での妥当な解決を図るため，一連の過程の中でのどのような行為等を否認権行使の対象として捉えるべきかについて検討したい。

　訴訟行為の否認については，作為・不作為を問わず，その結果として債務名義が作成されている場合には，現行破産法165条（旧破75条）の執行行為の否認規定の規律によるべきものと考える。一般的に同規定は，新たな否認類型を認めたものではなく，債務名義や執行行為が介在した場合であっても，否認の要件を具備するものである限り，これを否認できることを明らかにした注意規定であると解されている。そして，本条前段の「否認しようとする行為について執行力のある債務名義があるとき」に当たる一つの場面として，請求の認諾，裁判上の和解，裁判上の自白など，債務名義を成立させる行為（作為）を否認する場合があり，これらの行為が否認されると，債務名義の執行力が消滅すると解されている(33)。

　上記の一般的理解を踏まえ，本判決②に即して否認の対象となる訴訟行為が不作為である場合の否認の要件とその効果について検討する。

　まず，否認の要件について考える。本判決②の事案においても，支払命令の異議申立ての不作為について，「作為（例えば請求の認諾）」の「有害性」と等価値に評価される「有害性」が認められるのであれば，その不作為は，本条前段により，債務名義を成立させた行為（不作為）として否認できるものと解される。この「有害性」の評価根拠事実については，前述の時効中断の不作為における「作為（例えば債務の免除）」などと異なり，その「作為（例えば請求の認諾）」自体の有害性をどのように解するべきかについての難しい問題を内在しているが(34)，その評価根拠事実の意思的不作為の中に，少なくとも「破産者Aが経済的に破綻した時期に異議申立てをしなければXに債務名義を取得されることを認識しながら，あえてその法的効果を阻止する異議申立てを行わずにXに債務名義を取得させた」旨の意思的要素が含まれていることが必要であると考える。

　問題は，上記の否認の効果をどう考えるべきかである。その効果として，債務名義の効力（執行力）を失効させるにとどまらず，その債務名義による執行

後の本件物件の所有権移転の効果まで否定できるかどうかが問題となる。本判決②の加藤博士の前記評釈は，後者の効果まで否定できると解されるのであるが，疑問である。訴訟行為は，訴訟法上の効果を生じさせる行為なのであるから，作為か，不作為かにかかわらず，訴訟行為を否認の対象として捉える限り，その否認の効果は，その訴訟上の効果としての債務名義の効力（執行力）を失効させるにとどめるべきものと考える[35]。いかに否認の効果が相対的な効力しか有しないとはいえ[36]，訴訟行為（作為・不作為）を否認した効果として，所有権移転という実体法上の権利関係の否定まで導くのは行き過ぎであると考える（債務名義の内容となっている請求権が本件物件の所有権についてのものであっても，このように考えるが，本判決②の事案でのその請求権は賃料債権に過ぎない）。学説上，このような訴訟上の法的事実の否認の場面では，「個々の作為不作為に分解して否認の対象を構成すべきではなく，むしろ債務名義自体の否認と考えるべきであろう。」とされた上で，その否認の効果について，「債務名義の内容が執行によって実現されているときは，なされた給付を返還させる効果を導く意味がある。」と解する見解[37]がある。しかし，債務名義を成立させた個々の訴訟行為の作為・不作為を否認の対象とするのではなく，その訴訟行為の訴訟上の効果である債務名義自体を否認の対象とする上記の見解には，否認の対象についての「法的効果説」と同様の問題（前記3(2)参照）があると言わざるを得ず，直ちに賛同することができない。

　本判決②のような事案で，倒産実務上，否認権行使の必要性が生じるのは，破産者と受益者との間の通謀に基づく「仕組まれた競売」が疑われる場合であると考えられる。破産法165条の一般的理解を前提に，そのような場合の否認権行使の対象を，①債務名義を取得させた個々の訴訟行為（作為・不作為）→②債務名義の成立→③債務名義に基づく執行行為（所有権移転行為）又は執行行為による債権者の満足という一連の過程の中のどの時点で捉えるべきかを検討すると，本判決②の事案がそのような事案で，仮に競売の代価が廉価であったとするならば，廉価売買の否認と同様に，同法165条後段により，当該執行行為としての競売（所有権移転行為）自体を財産減少行為に当たるとして否認することができると解され[38]，また，仮に競売の代価が相当価額であったとするならば，当該執行に基づく債権者の満足を偏頗行為に当たるとして否認することが

できると解される[39]。

　すなわち，本判決②のような事案で，受益者との通謀に基づく「仕組まれた競売」が疑われ，執行行為による実現結果（競売による所有権移転や債権者の満足）を否定する必要が生じた場合には，異議申立ての不作為のような個々の訴訟行為を否認権行使の対象とするのではなく，破産法165条後段により，執行行為自体又は執行による債権者の満足を対象として捉えて否認権を行使し，その事案の妥当な解決を図るべきものと考える。

(33) ①山本ほか・前掲注(26) 273頁〔沖野眞已〕，②竹下ほか編・前掲注(1)⑦ 671頁〔三木浩一〕。

(34) 「作為」が債務の免除のような場合には，その「作為」自体からその「財産減少行為性（有害性）」が明らかとなるが，請求の認諾のような訴訟行為の「作為」の場合には，その「作為」自体から「有害性」が直ちに明らかになるわけではなく，その意味でどのような請求の認諾が「有害性」の要件を具備すると解するべきか難しい問題である。

(35) 訴訟行為である限り，不作為に限らず，作為の場合も同様であると解される。ただし，裁判上の和解などの訴訟行為は，その性質上，訴訟行為と私法行為とが併存し得るが，その場合には，訴訟行為としての「有害性」と私法行為としての「有害性」を峻別して考察し，その上で否認の効果を検討するべきものと考える。もっとも，否認の対象となり得る可能性のある訴訟行為の不作為は，私法行為の性質を併有しない訴訟行為が多いと考えられる。

(36) 現行破産法165条と同旨の規定がドイツの倒産法や破産外詐害行為取消法に存在するが，船越隆司「詐害判決論－債権者取消権と管理処分権に関する考察－」法学新報74巻4＝5号（1967）123－124頁は，その（旧）破産外詐害行為取消法6条（現行法では10条）の規律の下での訴訟における不作為の詐害行為取消しの効果について，「ドイツ法は，債務名義自体は温存させたままで，相対無効の概念を極限まで駆使することにより，債権者を詐害する財産権移転の効果を否定するのである。」と紹介されている。このような相対無効概念を極限まで駆使した規律を現行破産法の否認権（165条の規律）の中に取り込むことは，妥当ではないと考える。

(37) 三ケ月章ほか・条解会社更生法〔中〕（弘文堂，1992）102頁。

(38) 三ケ月ほか・前掲注(37) 100頁は，前記の加藤博士の評釈のように，競売の代価が任意売却の場合に比して相当であることを論拠として否認を否定するのは，日本の現実ではその前提が失われ，また，それを指摘して否認を否定するのも現実ばなれしていると批判する。

(39) 山本ほか・前掲注(26) 273－274頁〔沖野〕参照。

4 　総　　括

(1) 不作為否認の「有害性」要件の特質

　不作為が否認権行使の対象となることは，多数の学説の認めるところであるが，例えば時効中断の不作為は，その不作為を否認しても，「作為（訴え提起）みなし効果」が生ずるわけではなく，消滅時効の完成は当該不作為自体の法的効果でもないから，否認の対象を不作為自体として捉える限り，否認の目的論から直ちに債権消滅効果の否定を導くことはできないと解される。その不作為否認の効果として，債権消滅の法的効果を否定する実質的根拠は，否認の対象とすることができる「作為（例えば，債務の免除）」と実質的に等価値の，不作為の「財産減少行為性（有害性）」にあるものと解するべきである。よって，この規範的要件としての「有害性」の評価根拠事実は，「作為（例えば，債務の免除）」を基礎付ける具体的事実と実質的に等価値と評価できる内容を有したものでなければならないと解される。具体的には，「破産者は経済的に破綻した時期に相手方に対する債権につき消滅時効の進行することを知りながら，あえて法的効果（時効の完成）を阻止する措置をなんらとらずに消滅時効期間を経過させた」旨の評価根拠事実（要件事実）を主張して，実質的に「作為（例えば，債務の免除）」を基礎付ける具体的事実を主張したものと等価値に評価し得るものと考える。時効中断の不作為に限らず，本来は客観的要件である「有害性」要件の評価根拠事実の中に，上記のような「作為」と等価値の，「債務者の意思的不作為の存在」（主観的要素）を介在させざるを得ないところに，不作為否認の「財産減少行為性（有害性）」判断の特質があるものと解される。
　一般に不作為は，「作為と同視すべき効果を生じる場合」に否認の対象となるといわれるが，不作為を対象とする否認権行使の本質は，上記の「有害性」にあり，むしろ，不作為は，「作為と等価値に有害性を評価すべき場合」に否認の対象となるというべきものと考える。

(2) 不作為否認の攻撃防御方法上の機能とその限界

不作為否認の肯定判例として唯一挙げられる本判決①は，不作為否認の効果として，再抗弁での破産管財人による不作為の否認によって受益者の消滅時効援用による債権消滅の抗弁を喪失させるものであるが，不作為の否認を，受益者の抗弁の成立を妨げる障害事由あるいは抗弁を消滅させる消滅事由として機能させることは，否認の相対効とも適合した破産財団の増殖に必要かつ合理的な否認の効果であると解される。しかし，攻撃防御方法の構造上，不作為の否認を，請求原因の中で権利発生の要件事実（の一部）として主張し，その不作為否認の効果として，実質的に権利発生の法律効果を生じさせる機能までもたせるのは，不作為否認の効果として，実質的に「作為みなし効果」を認めるものであり，否認の目的を超えるものと解される。この私見の立場では，一般に不作為の否認対象の例として挙げられる拒絶証書の不作成などは，その不作為を否認しても，その否認の効果として，遡求権の形式的要件を充足させて遡求権を発生させることはできないから，その否認の目的が遡求権発生のためのものである限り，否認権の対象とはならないものと解することになる。

(3) 訴訟行為の不作為の否認とその効果

本判決②の事案で破産管財人によって（仮定抗弁で）主張された，支払命令に対する異議申立て（現行法下では支払督促に対する督促異議申立て）の不作為否認も，一般に不作為否認の対象例としてよく挙げられる。このような訴訟行為の否認については，作為・不作為を問わず，その結果として債務名義が作成されている場合には，現行破産法 165 条（旧破 75 条）の執行行為の否認規定の規律によるべきものと考える。本判決②の事案において，支払命令の異議申立ての不作為に「有害性」が認められるのであれば，その不作為は，同条前段により，債務名義を成立させた行為（不作為）として否認できるものと解されるが，その「有害性」の評価根拠事実は，「作為（例えば請求の認諾）」と等価値に有害性が評価されるものでなければならないものと考える。また，訴訟行為は，訴訟法上の効果を生じさせる行為なのであるから，訴訟行為としての不作為を否認した場合の効果は，その訴訟上の効果としての債務名義の効力（執行力）を失効させるにとどめるべきものと考える。

本判決②のような事案で，受益者との通謀に基づく「仕組まれた競売」が疑

われ，執行行為による実現結果（競売による所有権移転又は債権者の満足）を否定する必要が生じた場合には，異議申立ての不作為のような個々の訴訟行為を否認権行使の対象とするのではなく，破産法 165 条後段により，執行行為自体又は執行による債権者の満足を対象として捉えて否認権を行使し，その事案の妥当な解決を図るべきものと考える。

(4) おわりに

否認権の対象となる不作為は，その性質上，その範囲が限りなく広がり得る可能性（リスク）を内在しているが，以上の考察結果を踏まえると，その否認対象となる不作為の範囲は，財産減少行為の「有害性」要件の充足の観点から相当に絞られ，かつ，その否認権の行使には，上記のような機能上の限界があるものと考える。

子の引渡しをめぐる人身保護請求事件の要件事実論的考察

瀬戸口 壯夫

1 人身保護請求事件と要件事実論

　人身保護請求事件は，法律上正当な手続によらないで身体の自由が拘束されている場合に，その拘束からの救済をはかるものである（人身2条1項）。このような救済を請求する権利が人身保護請求権であるが，その性質は，民法上の人格権である身体の自由（民710条）に対する侵害を現実に排斥するための回復請求権であるなどと説明され[1]，いわば私法上の人格権に基づく妨害排除請求権と位置付けることができる[2]。

　人身保護請求権は，人身保護法及び同規則の定める要件をみたした場合にこれらの定める手続によってのみ行使することができ，裁判所が，拘束者に対し，被拘束者を審問期日に出頭させることと同期日までに拘束の事由を明らかにした答弁書を提出することを命ずる決定（人身保護命令）をした上で，審問期日における判決で，釈放その他適当であると認める処分をすることによって実現されるものとされている（人身保護2条）。そして，審問期日の手続については，立証は疎明によるとされるものの（人身15条2項参照），請求者側と拘束者側が陳述した上で裁判所が疎明方法の取調べを行うこととされるほか（人身規29条1,2項），その性質に反しない限り，民事訴訟の口頭弁論の方式に関する規定に従うものとされ（人身規33条），人身保護請求手続全般に関しても，人身保護法及び同規則に定めるもののほか，その性質に反しない限り，民事訴訟の例によるとの包括的準用規定が設けられている（人身規46条）。

以上のように，人身保護請求権が基本的に私法上の人格権から派生する権利であり，その審理に当たっても民事訴訟の例によるとされていることに照らすと，人身保護請求事件は，少なくとも形式的には人身保護請求権を訴訟物とする民事訴訟の特別手続と位置付けられているということができ，要件事実論的な考察になじむものと思われる[3]。特に，人身保護制度が，あらゆる種類の不当な人身の拘束から被拘束者を解放することを目的とし（人身1条・2条参照），扱う領域が広範囲にわたる反面，人身保護法及び同規則の定める人身保護請求権の要件は，多分に抽象的であるから，実務においてこれを運用する場合には，適用される領域に応じた具体化，類型化を行う必要性が強く感じられる[4]。このような観点からも，適用される領域毎に要件事実論的な検討を行う有用性は高いということができよう。とりわけ，その中でも実務的に多数を占める男女間の紛争に起因する子の引渡請求事件[5]については，最判平5・10・19民集47巻8号5099頁，最判平6・4・26民集48巻3号992頁をはじめとする一連の最高裁の判例によって，一定の判断基準が示されているが，これを要件事実論的にどのように位置付けるかは，必ずしも明確とはいい難い。

 もっとも，その一方で，人身保護請求は，裁判所に迅速な裁判が義務付けられる反面（人身6条），他に救済の目的を達するのに適当な方法があるときは，その方法によっては相当の期間内に救済の目的が達せられないことが明白でなければすることができず（人身規4条），要件の立証も疎明によるなど（人身7条・15条），いわば非常応急的な特別の救済手続と位置付けられている（最大判昭33・5・28民集12巻8号1224頁参照）。また，人身保護請求は，制度上は，拘束者に直接向けられるのではなく，裁判所に対してするものとされ，裁判所は，人身保護命令を拘束者に送達することによって観念的には被拘束者の身柄をその支配下に移した上で（人身規25条1項），審問の結果，請求を理由があるとするときは，拘束者に対して被拘束者の釈放を命ずるのではなく，自ら釈放の状態を形成し，被拘束者に特別の事情があるときは，自由裁量によって被拘束者の利益のために適当と認める処分をすることができるとされており（人身16条，人身規37条），その実質は，むしろ非訟事件に近い。しかも，拘束者が人身保護命令に従わないときは，裁判所は，拘束者を勾引し，又は命令に従うまで勾留することもでき（人身18条），この場合の勾引及び勾留の手続には，刑事訴

訟法の被告人の勾引又は勾留に関する規定が準用されるし（人身規39条），人身保護請求を認容した判決に当事者が従わない場合には，2年以下の懲役又は5万円以下の罰金という刑事罰が適用され得る（人身26条）など，刑事手続に接近した面もある。以上のように，人身保護請求事件には，通常の民事訴訟事件と異なる側面も多く，要件事実論的な観点からの検討においても，このような人身保護請求事件の特質を考慮する必要がある。

　本稿は，以上のような問題意識から，人身保護請求事件の要件事実論的考察を試みようとするものである。ただし，前述のとおり，人身保護請求手続の対象となり得る領域は広範に及び，その全部を取り上げることは紙幅の関係上も筆者の能力からも不可能であるので，現在までのところ実務上申立てが多く判例も比較的集積されている子の引渡しをめぐる事件に検討の対象を絞ることとする。以下では，まず通常の民事訴訟事件と比較した人身保護請求事件の審理構造の特殊性を検討し，次に人身保護法及び同規則の定める人身保護請求権の要件について概観し，さらに各要件毎に分けて，関係する人身保護法及び同規則の条文及び判例の内容を見た上で，若干の要件事実論的な検討を加えることとしたい。

(1)　最高裁判所事務総局編・人身保護法解説（民事裁判資料8号。以下「解説」という）22頁。
(2)　丹野達「人身保護事件としての子の引渡請求の実際」家月32巻6号8頁。
(3)　要件事実論とは，要件事実というものが法律的にどのような性質のものであるかを明確に理解して，これを意識した上，その上に立って民法の内容・構造や民事訴訟の審理・判断の構造を考える理論と定義される（伊藤滋夫「要件事実論の現状と課題」伊藤滋夫＝難波孝一編・民事要件事実講座第1巻（青林書院，2006）4頁）。具体的には，当事者の多種多様な主張の中から，訴訟物と関係を有する具体的事実を抽出し，それらの事実が訴訟物との関係で持つ意味を前提にして，ある特定の法律効果を発生するための本質的部分を確定し，それらが相互にどのような影響を及ぼし，どのような関係に立っているかといった各事実の機能を考えた上，何が原則で何が例外かという考え方を重視して，これらの事実を請求原因，抗弁，再抗弁というように段階的に順序付けて論理的に整理していく理論ということができる（伊藤滋夫・要件事実・事実認定入門（有斐閣，2003）189頁以下参照）。換言すれば，従来の民法等の実体法の解釈学によって各法条の要件として取り上げられる事項について，主張立証責任の分配に合わせて，攻撃防御方法の体系に組み立て直そうとする考え方であるというこ

とができよう（原田和徳「要件事実の機能—裁判官の視点から」伊藤＝難波編・前掲87頁）。
(4) このような具体化，類型化を試みた比較的近時の文献として，中田昭孝＝斎藤聡「子の監護をめぐる人身保護請求事件の諸問題」判タ 950 号 81 頁，東京地裁民事第 9 部人身保護研究会「東京地裁における最近の人身保護請求事件の処理状況」判時 1961 号（以下「9 部報告」という）3 頁がある。なお，後者は，東京地裁本庁で人身保護請求事件を集中的に受け付けて審理している民事第 9 部（保全部）に平成 19 年 1 月から 3 月にかけて在籍した裁判官及び書記官による共同研究報告であるが，筆者は，その一員としてこの研究に参加する機会を与えられ，本稿もこれに負うところが大きい。ただし，本稿で意見にわたる部分は，すべて筆者の個人的見解であり，現在の民事第 9 部の見解はもとより当時の同研究会の見解とも全く無関係である。
(5) 9 部報告 30 頁に掲載された事件の一覧表によれば，平成 16 年 1 月から平成 18 年 12 月までに同部で終局処理に至った人身保護請求事件は合計 43 件あり，その約半数の 22 件を子の引渡しをめぐる事件が占めていたことが見受けられる。

2 人身保護請求事件の審理構造の特殊性

　人身保護請求事件の審理構造について特筆すべきは，人身保護命令という制度の存在とその位置付けであると思われる。人身保護法及び同規則による救済は，終局的には審問を経て判決で実現されることとされているが，その実効性を高めるため，同法は，審問を行う場合には，拘束者に対し，審問期日に被拘束者を出頭させることと同期日までに答弁書を提出することを命じる決定をすることとしており，この決定を人身保護命令という（人身 12 条 2 項，人身規 2 条）。人身保護命令につき，他の民事事件の手続と比較して最も特徴的なのは，拘束者がこの命令に従わなかった場合には，勾引し，又は命令に従うまで勾留することができるとされ（人身 18 条），拘束者に対する直接の強力な強制手段が定められていることである[6]。もっとも，人身保護命令は，あくまでも審問期日を経て判決に至る過程での中間的な手続と位置付けられているにとどまる。そして，人身保護法及び同規則は，一定の場合には，人身保護命令を発して審問期日を指定するまでもなく，人身保護請求を決定で却下（人身 7 条，人身規 8 条 1, 2 項）又は棄却（人身 11 条，人身規 21 条）することができるものとする一方，審問期日を開くか否か等の判断と審問期日を開いた場合にこれを円滑に進行させ

第2章　要件事実・事実認定——各論

る準備をするために，事件関係者を審尋することのできる準備調査という手続を設けている（人身9条）。その結果，人身保護請求事件の審理は，準備調査期日を通じて人身保護命令を発して審問期日を指定するか否かを判断する第1段階と，審問期日を指定して請求の当否を判決で判断する第2段階に大別されることとなる。このように審理が2段階構造を成していることも，人身保護請求事件の審理構造の特質として挙げることができる。

　ところで，最終的な救済であるはずの判決については，強制執行は認められないとするのが通説である[7]。もっとも，人身保護法26条は，同法による救済を妨げる行為をした者につき，2年以下の懲役又は5万円以下の罰金を科することとしており，引渡しを命ずる判決に従わないことも，これに当たるといえるから，一見すると，強力な制裁が用意されているかのように見える。しかし，実際には，これを科するには刑事裁判手続が必要で，検察官の起訴を待たねばならず，刑罰による威嚇は間接的なものにすぎない上，迅速性にも欠け，実効性は薄い[8]。実務では，被拘束者の出頭した審問期日の終結後に即日判決を言い渡すなどして引渡しが実現できるよう運用上の工夫を図ってはいるが[9]，被拘束者自身が判決言渡後に請求者に引き渡されることを拒絶しているような場合に裁判所から被拘束者に引渡しに応じるよう強制する方法は存しないなど，このような運用にも一定の限界があることは否定できない[10]。

　以上のように，人身保護請求においては，勾引，勾留といった強力な直接強制手段を有する人身保護命令という制度が設けられているものの，それは審理の第1段階から第2段階に移行するに当たって人身保護請求の審理を迅速・円滑に行うための手段として位置付けられているにすぎない。その一方で，第2段階の審理における最終的な救済であるはずの判決については，執行力は認められておらず，その実効性には一定の限界がある。そして，人身保護手続が非常応急的な特別の救済手続であることにも照らすと，第1段階の審理においても，最終的な結論の見通しを念頭に置いた上で，人身保護命令を発すべき事案と同命令を発するまでもなく決定で処理すべき事案とを適切に選択するとともに，人身保護命令を発すべき事案については，紛争の実態を十分に把握した上で事件の進行方針を定めておくことが望まれる。そのための手段として，準備調査手続の果たすべき役割は大きい。とりわけ子の引渡しをめぐる人身保護請

求事件では，子の福祉の観点から見て，ただちに審問期日を開いて判決をすることが相当でない場合が多く，従前から実務においては準備調査手続を積極的に活用し，請求者及び拘束者双方の審尋を行うとともに，必要に応じて陳述書や意見書を提出させることによって，双方から拘束の経緯や手続の進行についての意見等を聴取し，さらには監護養育状況等の詳細な調査を実施し，また適当と思われる事案では和解勧告を行うといった運用が行われてきた。そして，その結果，第1段階の準備調査の過程で，面接交渉についての暫定的又は最終的な和解に至る事例や，当事者間で一定の信頼関係が醸成されて自主的な解決が図られるか，又は判決になった場合に請求認容の見通しがないことが明らかになった結果，請求が取り下げられる事例が多く見られ，第2段階まで審理が進むことは比較的少ないというのが実情である[11]。人身保護請求権の要件事実は，本来は第2段階の審理の終結時点で問題となるものであるが，この種事件における第1段階の審理の重要性を考慮すると，第1段階の審理においても，その方向性を示す役割を果たすことが期待される。

そこで，第1段階の審理に関する規定を見るに，まず，人身保護規則7条は，人身保護請求をするには，請求者の氏名及び住所（1号），拘束者の氏名，住所その他拘束者を特定するに足りる事項（2号），被拘束者の氏名（3号），請求の趣旨（4号）に加え，拘束の日時，場所，方法その他拘束の事情の概要（5号），拘束が法律上正当な手続によらない理由（6号）及び他に救済手段があるが，この方法では相当期間内に救済の目的が達せられないことが明白であるとして人身保護請求をする場合にはその事由（7号）を明らかにし，かつ，2,3,5ないし7号の事項については関係者，参考人の陳述書その他の疎明方法を提出することを義務付けている。そして，これらの記載が欠けている場合や疎明方法の提出がない場合は，裁判所は，3日以内にその不備の補正を命じ，請求者が不備を補正しないときは，決定で請求を却下することとしている（人身7条，人身規8条1, 2項）。

また，人身保護請求の管轄は，被拘束者，拘束者又は請求者の所在地を管轄する高等裁判所又は地方裁判所のいずれかであれば足り，かなり広範に認められている一方（人身4条），裁判所は，請求者の申立てにより又は職権をもって適当と認める他の裁判所に事件を移送することができる（人身8条）。特に審理

第2章　要件事実・事実認定——各論

の迅速性や被拘束者の出頭確保の観点からは，被拘束者の所在地の裁判所で審理するのを適当とする事案が多いと考えられ，このような事案がこれ以外の裁判所に請求された場合には，上記の移送の規定が活用されることとなろう[12]。

　裁判所は，上記のように請求を却下する場合や事件を移送する場合を除いて，審問期日を開くか否か，すなわちその前提としての人身保護命令を発するか否かを決するため，拘束の事由その他の事項について事件関係者を審尋する準備調査を行うことができる（人身9条1項）。そして，人身保護法11条は，請求の理由のないことが明白なときは，決定で請求を棄却することができるものと定め，同規則21条は，これを具体化して，請求が不適法でその不備が補正できないとき（1号），請求が被拘束者の自由に表示した意思に反してされたとき（2号），拘束者又はその住居が明らかでないとき（3号），被拘束者が死亡したとき（4号），被拘束者が身体の自由を回復したとき（5号），その他請求の理由のないことが明白であるとき（6号）を挙げている。最後の6号については，要するに人身保護命令の発令や審問期日での審理に値しない程度に請求の理由のないことが明白である場合をいい，後述する人身保護規則4条所定の補充性の要件を欠くことが明白である場合などがこれに当たるとされている[13]。

(6)　人身保護法18条は，これらの他に，遅延1日につき500円以下の過料という制裁も定めてはいるが，金額的に強制手段として十分といえず（田中英夫「人身保護手続」鈴木忠一＝三ヶ月章編・新実務民事訴訟講座第8巻（日本評論社，1981）431頁），裁判所が相当と認める金額を定めて履行に応ずるまでその支払を命ずることができる子の引渡しを命ずる審判に基づく間接強制と比較すると，実効性は乏しい。

(7)　解説124頁，丹野・前掲注(2)26頁，瀬木比呂志「子の引渡しと人身保護請求」東京地裁保全研究会編・詳論民事保全の理論と実務（判例タイムズ社，1998）（初出・判タ919号）472頁。これに対し，田中・前掲注(6)436頁は少なくとも間接強制か直接強制のどちらか一方は認めるべきとする。

(8)　解説159頁，丹野・前掲注(2)27頁，9部報告15頁。

(9)　中田＝斎藤・前掲注(4)89頁。

(10)　9部報告15頁。

(11)　9部報告12頁。

(12)　この移送決定又は移送の申立てを却下した決定に対しては，法令違反がある場合を除いて不服を申し立てることができない（人身規14条）。

(13)　解説80頁。

3 人身保護法及び同規則の定める諸要件の概要とその性格

　人身保護法2条及び同規則4条によれば，人身保護請求が認められるためには，身体の自由が拘束されていること（拘束性），その拘束が違法であることが顕著であること（顕著な違法性）及び他に救済の目的を達するための適当な方法があるときは，その方法によって目的を達せられないことが明白であること（補充性）の3要件が必要とされている。これらの要件は，いずれも人身保護請求権の発生を基礎付ける実体的要件と解される[14]。

　これら3要件のうち，拘束性は一見すると事実的概念のように見える。しかし，人身保護規則は，同法及び規則にいう拘束とは，逮捕，抑留，拘禁等身体の自由を奪う行為だけではなく，制限する行為もいうと定義している（3条）。しかも，同規則は，人身保護請求をするには拘束の日時，場所，方法その他拘束の事情の概要を明らかにすることを義務付けている（7条5号）。法及び規則のこれらの規定は，どのような行為が人身保護法及び同規則における拘束に当たるとするのかを可能な限り具体的に主張するよう求めるものと解することができ，厳密には拘束は事実的概念でなく，被拘束者の身体の自由を奪い，又は制限する何らかの具体的行為に対する規範的評価であることを示すものということができる。そうすると，拘束は，いわゆる規範的要件に当たるというべきである。

　また，その他の2要件である顕著な違法性及び補充性については，いずれも事実的概念でなく，規範的概念であって，いわゆる規範的要件に当たることは，一見して明らかであろう。

　以上のような規範的要件の要件事実については，従前は当該評価それ自体が要件事実であり，その評価判断の対象となる具体的事実は間接事実にすぎないとする考え方（間接事実説）が支配的であった。しかし，現在は，規範的評価自体は，具体的事実が当該規範的要件に当てはまるという法的判断であり，その評価を根拠付ける具体的事実，すなわち評価根拠事実が要件事実であると解する考え方（主要事実説）が支配的とされている。そして，この評価根拠事実に対しては，この事実と両立して規範的評価を妨げる事実，すなわち評価障害事実

が存在する場合がある(15)。

　以下においては，子の引渡しを求める人身保護請求における各要件毎に，人身保護法及び同規則の関係条文を指摘し，関連する判例を概観した上で，主要事実説の観点から，これらの判例を適用するに当たって，いかなる事実が評価根拠事実や評価障害事実とされ，主張立証責任がどのように振り分けられるかについて検討を試みたい。

(14) 顕著な違法性については，異説もあるが，判例は一貫して実体的要件と解しており（最大判昭29・4・26民集8巻4号848頁，最大判昭30・9・28民集9巻10号1453頁，前掲最大判昭33・5・28），後述する顕著な違法性に関する平成5年判決以降の最高裁判決も，これを前提としていると解される。

(15) 司法研修所編・増補民事訴訟における要件事実第一巻（法曹会，1986）30頁以下，伊藤・前掲注(3)入門84頁，難波孝一「規範的要件・評価的要件」伊藤＝難波編・前掲注(3)211頁，217頁。

4　拘束性

(1)　関係する条文等

　人身保護法2条は，「身体の自由を拘束されている者は，この法律の定めるところにより，その救済を請求することができる」と定めて，拘束性が人身保護請求権の要件であることを明らかにしている。そして，同規則3条は，ここにいう「拘束」を定義して，「逮捕，抑留，拘禁等身体の自由を奪い，又は制限する行為をいう」としている。同法1条に「現に不当に奪われている人身の自由」とあることからも，拘束は現に行われていなければならない(16)。

　また，人身保護規則7条は，前述のとおり，拘束者の氏名，住所その他拘束者を特定するに足りる事項（2号），被拘束者の氏名（3号），拘束の日時，場所，方法その他拘束の事情の概要（5号）を明らかにし，これらにつき疎明方法を提供することを義務付けており，同法7条，同規則8条は，請求がこれに違反し，その不備が補正されないときは，決定で請求を却下せねばならないとしている。

　さらに，人身保護規則5条は，何人でも被拘束者のために人身保護請求がで

きるとされていること（同法2条2項）を受けて，この請求は被拘束者の自由に表示した意思に反してすることができないと定め，同規則21条2号は，請求が自由に表示された意思に反してされたときは，決定で請求を棄却することができるものとしている。この規定の根拠については，任意の拘束は違法性を欠くからであるかのようにいう文献もあるが[17]，後述する昭和61年判決は，少なくとも意思能力のある子の監護に関する限り，このような場合は拘束に当たらないとしており，むしろ被拘束者が任意に拘束者のもとにとどまっている場合には拘束の要件が欠けることを示唆しているように思われる。なお，同規則21条は，被拘束者が死亡したとき（4号），被拘束者が身体の自由を回復したとき（5号）も，同様に決定で請求を棄却することができるとしているが，これらについても拘束性の要件が欠けることが明白な場合を類型化したものと説明することができよう。

(16) 解説29頁。
(17) 解説41頁。

(2) 判例の概観

子の引渡しをめぐる人身保護請求においては，判例は，意思能力のない幼児を監護することは，当然幼児に対する身体の自由を制限する行為が伴うから，監護方法の当，不当又は愛情に基づくか否かにかかわらず，拘束に当たるとしている（最判昭43・7・4民集22巻7号1551頁）。その一方で，人身保護請求は，被拘束者の自由に表示した意思に反してこれをすることができないから（人身規5条），子に意思能力があり，拘束者のもとにとどまりたいとの意思表明をしている場合は，原則として拘束には当たらないこととなる。判例は，ここでいう意思能力を，自己の境遇を認識しかつ将来を予測して適切な判断をする十分な能力ととらえている（最判昭46・2・9裁集民102号157頁・家月23巻9号99頁）[18][19]。

ただし，判例は，上記のような場合でも，子が意思能力のない時点から監護権を有しない者のもとで養育され，その間，監護権者に対する嫌悪と畏怖の念を植え付けられるなど，自由意思に基づいてこの者の下にとどまっているといえない特段の事情がある場合には，例外的に拘束に該当するとしている（最判昭61・7・18民集40巻5号991頁。以下「昭和61年判決」という）[20]。

また，被拘束者の意思に反しないか否かを決する基準時は審問の口頭弁論終結時とされるから[21]，意思能力の有無も最終的にはこの時点を基準に判断されるが，規則21条2号は請求が被拘束者の自由に表示した意思に反してされたときは決定で請求を棄却することができるとしているから，第1次的には請求時又は遅くとも準備調査の終了時を基準に判断されることとなろう。

(18) 意思能力の有無については，10歳程度を一応のメルクマールとして，諸般の事情を考慮した上で決すべきとの見解が有力であり，判例や下級審裁判例の動向もこれに従っているといわれている（田中壮太・最判解説民事篇昭和61年度371頁）。本文で後述する昭和61年判決は，11歳10か月（小学6年生）の子について，意思能力を有するとの前提で判断している。また，大阪地判平2・9・7判時1366号96頁は，宗教団体に入信した妻が3人の子を連れて入信したところ，夫から人身保護請求がされたという事案において，8歳4か月の子につき意思能力なしとして請求認容，12歳8か月の子（入信当時11歳4か月前後）につき昭和61年判決のいう特段の事由ありとして請求認容とする一方，14歳9か月の子（入信当時13歳5か月前後）については意思能力を有するとして請求を棄却しており，これに対する拘束者（妻）側からの上告は棄却されている（最判平2・12・6判時1374号42頁）。

(19) 東京地裁民事第9部においては，成長の度合等がその子によって異なることから，意思能力の有無については年齢のみを基準とすることはせず，個別事案毎に総合的に判断している（9部報告5頁注4）。具体例として，請求者を強く拒絶する内容の自己主張をし意思能力があると推測される7歳の男児につき，認容判決をしても子自らが請求者を拒絶する可能性が高いと考えられる事案であったことも考慮して，拘束者に暫定的に監護を委ねる内容の和解が成立した事例や，被拘束者が11歳の女児で意思能力があると認められる可能性が高いこと等を考慮して，取下げにより終了した事例が報告されている（9部報告21頁，24頁，28頁）。

(20) 田中・前掲注(18)372頁は，子に意思能力が認められるということは，抽象的，一般的にはその判断を尊重して差し支えないことを意味するから，その表明する意思は，原則としてその自由な意思決定に基づくと認めてよいが，当該意思表明が自由な状態でされたと認められない特段の事情が示されたときは，なおこれを拘束と認めて妨げないとし，昭和61年判決はこのような趣旨に出たものとする。

(21) 解説41頁。

(3) 拘束性と要件事実

以上の判例理論の要件事実を検討すると，請求者が拘束者の監護が人身保護法及び同規則にいう拘束に当たると主張する場合の請求原因事実（評価根拠事

実）は，次のとおりとなると思われる。
　①　拘束者が現に未成年者である子を監護していること
　②　A　子が現在意思能力を欠いていること
　　又は
　　　B　子が拘束者の監護開始当時意思能力を欠いており，以後，請求者に対する嫌悪と畏怖の念を植え付けられるなど，自由意思に基づいて拘束者のもとにとどまっているとはいえないことを裏付ける具体的事実

以上の見解に対しては，請求原因は上記①で足り，拘束者がこれに対する抗弁（評価障害事実）として「子が現在意思能力を有すること」を主張立証すべきであるとする考え方もあり得る。この考え方によれば，②のBの事実は，上記抗弁に対する再抗弁又は上記抗弁の成立を前提とした予備的請求原因と位置付けられることとなろう。しかし，判例が幼児の監護が身体の自由の制限を伴うとして拘束に当たるとしている根拠は，まさに幼児に意思能力がないという点にあり，子の引渡しをめぐる事案では，被拘束者に意思能力が欠けることが拘束の中核的部分をなしているということができる。そうすると，被拘束者の意思能力の有無が明らかでない場合には，拘束に当たらないと解するのが妥当であり，意思能力が欠けることも拘束の評価根拠事実に含まれると考えるのが相当と思われる[22]。この考え方は，意思表示一般について，意思能力の存在がその効力要件として請求原因となるのではなく，むしろ意思能力を欠くことが意思表示の無効原因として抗弁となると解されていること[23]とも合致しよう。そして，意思能力を欠くことを拘束の評価根拠事実と位置付けるのであれば，昭和61年判決の説示する子が自由意思に基づいて拘束者のもとにとどまっているとはいえないことを裏付ける事実は，拘束者の監護を拘束と評価するための②のAとは別個の評価根拠事実と位置付けられることとなろう[24]。

　　[22]　丹野・前掲注(2) 19頁は，拘束の事実について請求者が主張立証責任を負うことは明らかであるとする。田中・前掲注(6) 432頁も，拘束の疎明は人身保護命令発給の前提であり，したがって挙証責任は請求者にあるとする。
　　[23]　大江忠・第3版要件事実民法(1)総則（第一法規，2005）71頁，遠藤浩＝伊藤滋夫ほか編・民法注解財産法第1巻民法総則（青林書院，1989）144頁〔定塚孝司〕。
　　[24]　もっとも，本文のような考え方は，昭和61年判決における「特段の事情」という表現とはいささかそぐわないようにも思われる。この表現を重視するのであれば，拘

束の評価根拠事実としては上記①だけで足りるとした上で，子が意思能力を有し拘束者のもとにとどまる意思を表明していることをこれに対する抗弁，子が自由意思に基づいて拘束者のもとにとどまっているとはいえないことを裏付ける具体的事実を再抗弁とする見解も考え得る。しかし，この見解は，いささか技巧的にすぎるように思われる上，これを突き詰めていくと，幼児に限らず，他人を監護する行為は，被監護者の意思能力の有無にかかわらず，すべて原則として人身保護法及び同規則にいう拘束に当たることになり兼ねず，人身保護規則3条における拘束の定義から離れすぎるきらいもあって，この見解を採用するにはなお躊躇を感じざるを得ない。疑問を留保しつつも，ここでは本文のように解しておきたい。

5 顕著な違法性

(1) 関係する条文等

　人身保護規則4条は，人身保護請求は，「拘束又は拘束に関する裁判若しくは処分がその権限なしにされ」又は「法令の定める方式若しくは手続に著しく違反」し，このことが「顕著である場合に限り」することができるとしている。ここにいう違法が顕著である場合とは，書面等の迅速かつ容易な疎明方法による取調べにより裁判所が拘束の違法性をすぐに判断できるような場合をいうとされている[25]。

　また，人身保護規則7条6号は，人身保護請求をするには，「拘束が法律上正当な手続によらない理由」を明らかにし，その疎明方法を提出しなければならない旨規定し，同法7条，同規則8条は，請求者がこれに違反し，3日以内に補正を命じられたのに応じないときは，請求を決定で却下しなければならないとしている。

　その一方で，人身保護規則27条1項3号は，人身保護命令で拘束者に提出を命じる答弁書の記載事項として，「拘束の日時，場所及びその事由」を挙げ，同法15条2項，同規則29条3項は，拘束者は拘束の事由を疎明しなければならないとしている。ただし，同規則29条4項は，裁判によって行われている拘束は，適法なものと推定すると定めている。ここにいう「拘束の事由」とは，拘束の方法その他の事情及び理由をいうものとされる[26]。

人身保護請求における立証責任に言及する従前の学説は，人身保護法15条2項，同規則29条3項を根拠に，人身保護請求においては，拘束者が拘束の適法性につき立証責任を負うと解しているようである[25]。しかし，顕著な違法性を規範的要件とし，この評価を基礎付ける具体的事実を要件事実とする近時の考え方や，後述する現在の判例の示す判断基準との関係で，この点については，評価根拠事実と評価障害事実に分けて，さらに細かく検討する必要があるように思われる。

[25] 9部報告5頁。なお，解説37頁は，顕著とは一見して明白という意味であり，迅速かつ容易な疎明方法による取調べが適当である程度に顕著であればよく，結局は社会通念によって定められることとなろうとする。

[26] 解説97頁。

[27] ただし，この場合の立証の対象が何かについては，学説にもニュアンスの差があり，解説113頁は「拘束の事由」の立証責任を拘束者に負担させたものとし，田中・前掲注(6)432頁は，「違法が顕著とはいえないということを示す事実の存在につき，(中略)一応確からしいとの推測を裁判所がなすにいたるまでの立証をすることについて，拘束者が立証責任を負う」とする。これに対し，丹野・前掲注(2)19頁は，違法の顕著性を無権限の事実と言い換えた上，「条文自体の体裁からいえば，請求者において立証責任を負担するとの解釈もなり立ちうるが，人身保護法15条により，拘束者において正当の権限を有することが拘束者の立証責任とされているので，請求者は『権限のないこと』を疎明する責任を負担しない。正当の権限のあることが疎明されるならば，当然に『権限のないことが顕著』とはいえないであろう。もちろん正当な権限のあることが疎明できないが，『違法であることが顕著とはいえない』ということは論理的にはありうる。しかし，正当な権限の存在の疎明責任を負担する以上，少なくともその疎明に成功しなければ，権限が存在しないという不利な判断を甘受すべき危険を負担せざるをえないことになるのであるから，『権限のないことが顕著』という評価を受けざるをえないであろう。」(傍点筆者)とする。

(2) 判例の概観

(a) 総　説

　子の引渡しを求める人身保護請求における顕著な違法性の要件について，現在の判例は，拘束者が親権又は監護権を有するか否かで判断基準を異にしており，①拘束者が親権又は監護権を有する場合には，原則として拘束に顕著な違法性はないものの，拘束者が幼児を監護することが子の幸福に反することが明

白な場合（いわゆる明白性の要件）には例外的に顕著な違法性が認められるとし，②逆に拘束者が親権も監護権も有しない場合は，原則として拘束に顕著な違法性が認められるが，被拘束者を監護権者である請求者の監護下に置くことが拘束者の監護下に置くことに比べて子の幸福の観点から著しく不当であるときは，例外的に顕著な違法性を欠くとしているものと理解されている(28)。以下，主要な判例に即してやや詳しく検討する。

(28) 中田＝斎藤・前掲注(4) 85頁参照。

(b) 拘束者が共同親権者である場合

最判平5・10・19民集47巻8号5099頁（以下「平成5年判決」という）は，夫婦の一方が他方に対して人身保護法に基づき共同親権に服する幼児の引渡しを請求した場合において「拘束者による幼児に対する監護・拘束が権限なしにされていることが顕著である（人身保護規則4条参照）ということができるためには，右幼児が拘束者の監護の下に置かれるよりも，請求者に監護されることが子の幸福に適することが明白であることを要するもの，いいかえれば，拘束者が右幼児を監護することが子の幸福に反することが明白であることを要するものというべきである。けだし，夫婦がその間の子である幼児に対して共同で親権を行使している場合には，夫婦の一方による右幼児に対する監護は，親権に基づくものとして，特段の事情がない限り，適法というべきであるから，右監護・拘束が人身保護規則4条にいう顕著な違法性があるというためには，右監護が子の福祉に反することが明白であることを要するものといわなければならない」（傍点筆者。以下同じ）と判示した。この判決は，ともすればそれ以前の下級審裁判例では単に請求者と拘束者による子の監護状態を相対的に比較して人身保護請求の許否を決すべきものとする理解ないし運用がみられたこと(29)に対し，この種の事案でも非常応急的な特別の救済手段であるという人身保護請求の枠内で判断する以上は顕著な違法性が要求されることを明示し，その判断基準としていわゆる明白性の要件を示したものと解されている。さらに，この判決における可部恒雄裁判官の補足意見（園部逸夫裁判官同調）は，「親権を有する別居中の夫婦の間における監護権をめぐる紛争は，本来，家庭裁判所の専権的守備範囲に属し，家事審判の制度，家庭裁判所の人的・物的の構成・設備は，このような問題の調査・審判のためにこそ存在するのである。しかるに，幼児

の安危に関わりがなく，その監護・保育に格別火急の問題の存しない本件のごとき場合に，昭和55年改正による審判前の保全処分の活用をさしおいて，手続の面において民事刑事等の他の救済手続とは異なって，簡易迅速なことを特色とし，非常応急的な救済方法である人身保護法による救済を必要とする理由は，とうてい見出し難い。」としており，子の引渡しをめぐる事案においては，本来人身保護手続よりも家庭裁判所の手続が適当であり，これを優先すべきであるとの考え方を示している。

　次いで，最判平6・4・26民集48巻3号992頁（以下「平成6年4月判決」という）は，結論的には請求を退けながらも，夫婦の一方が他方に対し，人身保護法に基づき，共同親権に服する子の引渡しを請求するに際し，例外的に明白性の要件がみたされる場合として，①他方の配偶者の親権の行使が家事審判規則52条の2の仮処分等により実質的に制限されているのに右配偶者がこれに従わない場合（審判等違反類型），又は②幼児が，一方の配偶者の監護の下で安定した生活を送ることができるのに，他方の配偶者の監護の下においては著しくその健康が損なわれ，若しくは満足な義務教育を受けることができないなど，他方の配偶者の幼児に対する処遇が親権の行使という観点からも容認することができないような例外的な場合（虐待・親権濫用類型）の二つの類型を挙げた[30][31][32]。

(29)　最判昭43・7・4民集22巻7号1441頁（以下「昭和43年判決」という）は，「夫婦の一方が他方に対し，人身保護法に基づき，共同親権に服する子の引渡請求をした場合には，夫婦のいずれに監護させるのが幼児の幸福に適するかを主眼として子に対する拘束状態の当不当を定め，その請求の許否を決すべきである」旨判示した。この判決は，以後，共同親権に服する子の引渡請求に関する指導的な判例となったが，下級審の実務では，同判決は，いずれの親に監護させることが子の幸福に適するかという相対的な比較によって，請求の許否を決すべきとしたものと解釈して，この観点から判断を下す傾向があった。その際の考慮要素は，親の監護能力，愛情の度合い，家庭環境，従来の監護状況，親族の援助可能性，子の年齢，性別，発育状況等，家庭裁判所の審判等で子の監護者を決定する場合とほぼ同様であったといわれている（瀬木・前掲注(7) 459頁）。しかし，このような実務に対しては，幼児にとっては父親よりも母親の下で監護・養育される方が幸福に適するといった安易な判断に流れる傾向があったとの批判（大内俊身・最判解説民事篇平成5年度923頁，西謙二・最判解説民事篇平成6年度341頁）や，家庭裁判所調査官のような専門家がいない地裁において，厳格な当事者主義をとる人身保護請求の手続の中で対立する内容の報告書等の主

観的なものを中心とする証拠を適切に評価し，子の幸福の相対的な比較に基づいた判断を行っていくことは，必ずしも容易ではない上，子の引渡しを求める人身保護請求にも拘束の違法性が顕著である場合のみなしうるとする規則4条本文が適用されることを確認した昭和33年大法廷判決との関係で理論的な側面からも問題があったとの指摘がされていた（瀬木・前掲注(7) 461頁）。平成5年判決は，このような従来の実務の状況に対する批判を踏まえて，昭和43年判決の下においても子に対する引渡しの事案に人身保護規則4条の違法の顕著性の要件が必要とされていたことを再確認し，その判断基準を明確にしたものということができると指摘されている（9部報告7頁注6）。

(30) これらの各類型のネーミングは，瀬木比呂志「子の引渡しに関する家裁の裁判と人身保護請求の役割分担」判タ1081号53頁に負う。

(31) 西・前掲注(29) 345頁は，平成6年4月判決が，共同親権者の一方から他方に対する人身保護請求が認められる場合として，虐待・親権濫用類型の他に審判等違反類型を挙げた背景には，次のような考え方があると指摘する。すなわち，虐待・親権濫用類型のように親権者の監護が親権の濫用に当たることが客観的に明白な場合を除いては，幼児は，とりあえず拘束者の監護の下でも幼児としての安定した生活が成り立っているのであるから，本来非常救済手段であるはずの人身保護手続によるよりも，むしろ第一次的には家庭裁判所の人的・物的な機構・設備を動員して監護権者を判断する方が，幼児にとってより幸福をもたらす解決を図ることができる。そして，家庭裁判所による仮処分や審判が既に出されている場合には，請求者の監護の下におくことが幼児にとってより幸福であることが一応公権的に確認されているとみることができるから，顕著な違法性を要件とする人身保護手続においても，その請求を認めるのに不都合はなく，裁判所としても迅速に対応できることとなるというのである。

(32) もっとも，平成6年4月判決以降に公刊物に登載された最高裁判決の中で，虐待・親権濫用類型に当たるとして人身保護請求を認めたものは見当たらない模様である。これに対し，審判等違反類型に準じるとして請求を認めたと解されるものとしては，最判平6・7・8判時1507号124頁（共同親権者間で調停手続においてなされた合意に基づき，請求者である母が拘束者である父に対して子を預けたにもかかわらず，父が約束の日になっても母の下に子を返さず，無断で住民票を父の住所地に移転させてしまったという事案において，明白性の要件に言及せずに顕著な違法性を肯定），最判平11・4・26判時1679号33頁（調停手続において，父が子らとの面接を強く希望し，調停委員会もこれを勧めたため，請求者である母がこれを承諾したところ，父が弁護士事務所において行われた面接の場から，2人の子のうち1人を強引に連れ去ってしまったという事案において，明白性の要件を充足しないとして請求を棄却した原審を破棄し，調停手続において形成された合意を実力で破ったことを重視して顕著な違法性を肯定）が挙げられている。いずれも家庭裁判所における手続において，

子の監護を念頭に置いた上で、調停委員会が関与して形成された中間的合意に拘束者が違反したことが、家庭裁判所における仮処分の審判等に従わない場合に準じる程度の違法性があるとして、違法の顕著性を認めたものと考えられると指摘されている（吉田彩「子の監護をめぐる人身保護請求と家裁における保全処分の関係について」右近健男ほか編・家事事件の現況と課題（判例タイムズ社、2006）（初出判タ 1038 号）139 頁、瀬木・前掲注(30) 60 頁、9 部報告 8 頁注 9）。なお、前掲吉田論文 145 頁は、虐待・親権濫用類型の事案については、児童相談所や保育所、学校等関係機関と連携して当事者以外からも正確な情報を収集し、子の安全の確保のため、監護親との接触の仕方ひとつにも気を遣い、場合によっては児童相談所に対し児童福祉法 28 条の申立てを促す必要も出てくるなどと指摘して、このような事案についての判断適格は家裁にあり、人身保護の手続を利用することはむしろ子にとって危険性が高いのではないかと思われるとして、このような事案でも家裁における子の引渡しや監護者指定の審判を経なければ人身保護請求は認められないと解すべきとする。

(c) **監護権者**から**非監護権者**に対する請求の場合

監護権者から非監護権者に対する人身保護法に基づく子の引渡請求については、従前の判例（最判昭 47・7・25 裁集民 106 号 617 頁・判時 680 号 42 頁、最判昭 47・9・26 裁集民 106 号 735 頁・判時 685 号 95 頁）も、一貫して監護権者である請求者の監護の下に置くことが子の幸福の観点から著しく不当なものでない限りは顕著な違法性が認められ、請求を認容すべきものとしてきた。そして、最判平 6・11・8 民集 48 巻 7 号 1337 頁（以下「平成 6 年 11 月判決」という）は、これらの判例を引用の上、「法律上監護権を有しない者が幼児をその監護の下において拘束している場合に、監護権を有する者が人身保護法に基づいて幼児の引渡しを請求するときは、請求者による監護が親権等に基づくものとして特段の事情のない限り適法であるのに対して、拘束者による監護は権限なしにされているものであるから、被拘束者を監護権者である請求者の監護の下に置くことが拘束者の監護の下に置くことに比べて子の幸福の観点から著しく不当なものでない限り、非監護権者による拘束は権限なしにされていることが顕著である場合に該当し、監護権者の請求を認容すべきものとするのが相当である」との一般論を示し、平成 5 年判決が示した明白性の原則は、このような場合には適用されないことを明らかにした。

監護権の有無を重視するこれらの判例の判断基準は、親権や監護権の指定が審判や離婚訴訟の判決に基づいている場合には、先行する地家裁の公権的判断

を重視するという意味で，前記(b)の共同親権者間の事案のうちの審判等違反類型に通じるものがあるということができる。これに対し，親権者や監護権者が裁判所の関与のないままに当事者の協議で決定された場合にも平成6年11月判決の判断基準を一律に適用してよいかには疑問がある。離婚の際の当事者間の協議に基づく親権者の届出の中には，必ずしも十分な協議に基づかず，実際には一方当事者だけの意思によってされたとうかがわれ，必ずしもそのような指定が子の福祉や離婚後の子の監護養育状況の実情に合致するとは思えない例も見受けられるし，協議の有効性自体が争われる場合も少なくない。このような点を考慮すると，親権を有する離婚後の夫婦の一方から他方に対する人身保護請求の事案でも，既に裁判で親権者が指定されている場合を除いては，原則として上記(b)の審判等違反類型に準じて家裁の手続を経てからでなければ人身保護請求は認められないと解するのが相当ではないかと思われる[33]。後述する補充性の問題とも関連するところであるが，平成6年11月判決の射程距離については，このような観点からも，なお考慮を要するように思われる。

　なお，子の監護権を有しない者から子の監護権を有する者に対する人身保護請求の事案については，顕著な違法性が認められるとした原審の判断を是認できるとした最判昭49・2・26裁集民111号181頁・判時749号46頁[34]が見受けられる程度で，一般的な基準を説示した判例は，少なくとも公刊物に登載されたものでは見当たらない[35]。

[33] 吉田・前掲注[32] 145頁は，本文のような解釈論を提言し，少なくとも事実上そのような運用をすることによって子の福祉の観点から妥当な結論を導き得るとする。また，9部報告8頁注11も，このような場合には，裁判所としては，まず家裁の審判や保全処分を利用するよう促すのが相当であるとしている。なお，9部報告27頁は，協議離婚に際して請求者（母）を親権者とする届出がされているものの，実際には離婚後も拘束者（父）が子（決定時9歳）を監護しており，その後，請求者が偽計に等しい方法でいったん子の監護を開始したものの，2週間程度で子が自発的に拘束者のもとに戻り，以後は再び拘束者と共に生活しているという事案において，形式上は請求者が親権者とされているものの，その実質は極めて希薄であって，親権及び監護権の最終的帰属につき家庭裁判所の公権的な判断を得ていない段階においては，請求者の監護権は確定的なものとはいえないと指摘した上，このような事実関係の下では別居中の夫婦の一方が他方に対して人身保護請求をしている場合に準じて拘束者の監護が被拘束者の幸福に反することが明らかな場合に限って顕著な違法性が認められると解

するのが相当であるなどとして，母の父に対する人身保護請求を棄却した東京地裁民事第9部の平成18年9月11日付けの決定を紹介している。

(34) この判決の事案は，幼児を実子として届け出て出生以来監護養育していた事実上の養親である請求者夫妻が，この子を実力で奪取した親権者である未婚の母親に対して人身保護請求をしたというものである。母親は，当初自らの意思で子の監護養育を請求者らの意思に委ねたにもかかわらず，後に翻意して親子関係不存在の審判を提起して子を請求者らの実子とする戸籍を抹消させ，自らの子として届け出て親権者となった後，請求者らに対して子の引渡しを求める人身保護請求をしたが棄却され，上告棄却によってこの判断が確定した。この間，子の父親から認知届が提出されるとともに親権者指定の審判の申立てがされ，請求者らからも監護者指定の審判の申立てがされたところ，母親は，これらの審判の係属中に，買物途中の請求者妻から暴力で子を奪取して車に引きずり込み，その際に請求者妻に傷害を負わせ，さらに航空機に乗り継いで逃走した。請求者らが人身保護請求をしたが，母親は子の居場所を明らかにせよとの人身保護命令にも応じなかった。この判決における天野武一裁判官の補足意見は，先行の人身保護請求事件の確定判決にあえて逆らって異常に苛烈な手段で子を実力で奪取し，裁判所の人身保護命令に反して子の居場所を明らかにしないといった母親の態度は親権の行使としての正当な限度を超えると指摘している。この判決は，先行する確定判決に逆らって家庭裁判所の審判による紛争の確定的解決を待たずに子を実力で奪取したという手続違反の側面を重視し，上述のような特異な具体的事実関係に即した判断をした事例判決と位置付けられている（三村量一・最判解説民事篇平成6年度561頁）。また，この事案については，拘束者が親権者であるといっても，その適格性について家庭裁判所等の公的判断を経ているわけではなく，この点をめぐる家裁の審判が係属中であって，その地位は必ずしも確定的なものとはいえなかったという点を指摘する意見もある（9部報告8頁注12）。

(35) このような場合には，監護権者から非監護権者に対する請求における判例の判断基準に照らして，例外的に幼児を監護権者の監護の下に置くことが子の福祉の観点から著しく不当と認められるときに限り，顕著な違法性が認められることとなろうとの指摘がある（大内・前掲注(29) 923頁，三村・前掲注(34) 559頁）。ただし，実際にはこのような疎明ができる事案は稀であろう。

(3) 顕著な違法性と要件事実

上記(2)の諸判例，特に共同親権者間の請求に関するものをみると，必ずしも従前の一部の学説のように拘束の適法性について拘束者が一律に立証責任を負うというだけでは割り切れないように思われる。そもそも，人身保護法15条2項，同規則29条3項が拘束者が疎明しなければならないと定める拘束の事

第2章　要件事実・事実認定——各論

由とは，拘束の方法その他の事情と理由をいい，換言すれば，拘束の権限をいうと解されるから，規則4条のいう「拘束が権限なしにされていること」とは両立し得ないが，同条のいう「拘束が法令の定める方式若しくは手続に著しく違反していること」とは両立し得るものである。そうすると，上記の諸規定は，あくまでも拘束者に拘束の権限があることの立証責任を負わせたにとどまるというべきであり，これを根拠に拘束の適法性全般について拘束者に立証責任があるかのようにいうのは疑問がある。そして，人身保護規則4条が顕著な違法性（の存在）を積極的要件として規定し，同規則7条6号でも「拘束が法律上正当な手続によらない理由」，換言すれば拘束が違法とされる理由の主張と疎明を人身保護請求の要件として義務付け，さらに同規則8条が請求者がその補正をしない場合には請求を却下するとしていることに照らすと，顕著な違法性を基礎付ける何らかの評価根拠事実についても，第1次的には請求者が請求原因として主張立証すべきであると考えられる。そして，上記(2)の諸判例が，拘束者の監護権の有無，ひいてはこれと密接に関係する請求者の権限のいかんによって顕著な違法性に関する判断枠組みを異にしていることをも考慮すると，請求者は，顕著な違法性を基礎付ける請求原因たる評価根拠事実として，まず自分が監護権を有すること，換言すれば「自己の親権又は監護権の発生原因事実」を最小限主張立証すべきとするのが相当といえよう[36]。そして，これに対し，人身保護請求を受けた拘束者は，拘束が権限に基づくこと，すなわち自己の監護権の発生原因事実について主張立証責任を負うが，拘束者がこの疎明に成功した場合であっても，請求者は，なお拘束者の権限に基づく拘束が他の面で違法であることが顕著であることを基礎付ける具体的事実を再抗弁として主張立証することができ，この疎明に成功した場合には，人身保護請求が認められることとなる。図式的には一応以上のように考えることができよう。

ところで，共同親権者間の子の引渡しをめぐる事案では，請求者が請求原因として自己の親権の発生原因事実を主張することによって，拘束者にも親権があって拘束がこれに基づくことが裁判所に明らかとなり，抗弁の存在も疎明されてしまう。その結果，いわゆるせり上がり[37]によって，請求者は，本来は再抗弁であるはずの「権限に基づく拘束者の拘束が他の面で顕著な違法性を有することを基礎付ける評価根拠事実」を併せて請求原因として疎明することが必

要となる。判例のいう明白性の要件は，実はこの「権限に基づく拘束者の拘束が他の面で顕著な違法性を有することを基礎付ける評価根拠事実」として位置付けることができるのではなかろうか。そして，その具体的な内容が，拘束者の親権の行使が家事審判規則52条の2の仮処分その他これに準じる家庭裁判所の判断により実質的に制限されていること（審判等違反類型の場合）又は拘束者の監護態様が親権の行使という観点から容認することができないとすべき具体的事実（虐待・親権濫用類型の場合）となると解することができよう。

一方，監護権者から非監護権者に対する請求においては，請求者は自らの監護権の発生原因事実を請求原因として主張立証すれば足り，これに対し，無権限の拘束者は，拘束が権限に基づくとの抗弁を主張立証することはできない。しかし，この場合においても，拘束者が，平成6年11月判決のいう「被拘束者を監護権者である請求者の監護の下に置くことが拘束者の監護の下に置くことに比べて子の幸福の観点から著しく不当であることを基礎付ける具体的な事実」を抗弁たる評価障害事実として主張立証した場合は，請求者の監護権の行使は，一種の濫用に類するものとして許されなくなり，監護権者の人身保護請求を退けることができると考えることができよう。

(36) もっとも，人身保護請求は何人も被拘束者のためにすることができるとされていること（人身2条2項）を重視すると，請求者が何らかの権限を有することは請求原因とはならず，請求原因段階では特に拘束の顕著な違法性についての主張立証は要しないとする見解も考えられないではない。しかし，このような見解は，本文で見た人身保護規則4条，7条6号や8条の規定にそぐわないきらいがある上，この見解に立つと，請求者と拘束者のいずれもが無権限の場合には，請求者が何らの立証をしなくても人身保護請求が認容されて子の引渡しを命ずることとなり兼ねず，違和感がある。少なくとも子の引渡しをめぐる人身保護請求においては，現在の判例の下では請求者が親権ないし監護権を有するか否かが人身保護請求の帰趨に密接に関係するというべきであるから，本文のように解するのが相当と考える。

(37) せり上がりについては，司法研修所編・前掲注(15) 291頁参照。

第2章　要件事実・事実認定——各論

6　補　充　性

(1)　関係する条文等

　規則4条但し書は，「他に救済の目的を達するのに適当な方法があるときは，その方法によつて相当の期間内に救済の目的が達せられないことが明白でなければ」人身保護請求をすることができないと定めている。これが，いわゆる補充性の要件といわれるものである。人身保護請求は，他の事件に優先して迅速に審理裁判せねばならないものと規定され（人身6条，人身規11条），しかも勾引，勾留（人身18条）や刑事罰（人身26条）といった刑事的手段を伴う重い非常救済手続である。そうすると，他の法的手続でこれと同様の目的を達することができる可能性があるのであれば，まずその手続によらせることが相当であり，あえて人身保護手続を発動する必要はない。その意味で，この要件は，非常応急的な特別の救済手段であるという人身保護手続の性格に内在するものと解されている[38]。

　[38]　9部報告9頁。

(2)　判例の概観

　子に対する引渡請求における補充性に関する判例としては，昭和55年に設けられた審判前の保全処分（家審15条の3，家審規52条の2）との関係が問題となった最判昭59・3・29裁集民141号499頁がある。この判決は，妻からの人身保護請求で子の引渡しを命じる判決を受けた夫からの，審判前の保全処分によるべきで人身保護請求は補充性の要件を欠くとの主張による上告に対し，「一般的には，そのような方法によっては，人身保護法によるほどに迅速かつ効果的に被拘束者の救済の目的を達することができないことが明白であるというべきであるから，本件において，被上告人が上告人に対し人身保護法による被拘束者の引渡を請求することを妨げるものではない」と説示して，これを退けたものである。もっとも，この判決は，既に人身保護請求に基づく認容判決がされ，おそらく子の引渡しまで現実にされた後に，敗訴した拘束者が補充性

の要件が欠けると主張してこれを争った事案で，手続の安定を重視する必要性が高い局面であったということができ，しかも上記に引用した理由中の一般論も，あくまでも審判前の保全処分の制度が新設されて間もない時点でのこの制度の運用状況を前提とするものであって，その射程距離は実際にはそれほど広くはないということができよう。

そして，平成5年判決における可部裁判官の補足意見を受けた家庭裁判所の積極的な取組みにより，東京家裁では子の引渡請求を認容する場合には，申立てから保全命令の発令までに早ければ2週間，通常でも1か月あれば可能という実績を作りつつあると報告されており，もはや迅速性の面では，審判前の保全処分は，従前の人身保護手続による審理期間と比較してもむしろ早いくらいであるといってよいとの指摘がつとになされている[39]。

また，従前，審判前の保全処分については，執行方法として間接強制しかないと考えられており，この点で勾引，勾留や刑事罰といった強力な手段を有する人身保護請求と比べて実効性が劣るとの指摘が少なくなかった。しかし，近時，東京地裁執行官室では，意思能力のない子について一定の要件の下で直接強制を認める運用を実施しており，現実にこれによって引渡しが実現された例も報告されている[40]。そもそも，人身保護請求においても，勾引や勾留は，被拘束者を審問期日に出頭させるよう命ずる人身保護命令に従わない拘束者をこれに従わせるための手段であるにすぎず，被拘束者を直接に審問期日に出頭させる手続は用意されていないし，これらは請求認容判決を強制するための手段ではない。そして，人身保護事件の請求認容判決には審判前の保全処分とは異なって執行力はなく，法26条による刑事罰しか予定されていない。しかも，この刑事罰については，拘束者に「被拘束者の移動，蔵匿，隠避その他この法律による救済を妨げる行為」という構成要件に該当する行為があることを要し，拘束者が請求認容判決に従わないこともこれに当たるとはいわれているものの，立件するか否かは最終的には検察・警察に委ねられている[41]。実務においては，このような執行力の欠如という難点を，審問期日に先立って裁判所が子を別室で事実上預かり，審問期日終了と同一期日に判決を言い渡した後に事実上請求者に渡してしまうといった運用で何とかカバーしてきたというのが実情で，実効性の点を見ても，もはや必ずしも人身保護請求の方が優れているとはいい難

第2章　要件事実・事実認定——各論

いというのが実感と思われる。特に，平成16年4月1日に施行された人事訴訟法が，離婚の訴えに付帯する子の監護に関する処分についての裁判における家庭裁判所調査官による事実の調査等の活用を期待して，離婚訴訟を地方裁判所から移管して家庭裁判所の専属管轄としていること（人訴2条・4条・33条・44条参照）をも考慮すると，子の監護に関する処分はできる限り家庭裁判所で一元的に判断するのが法の意図に沿うものと考えられる。この点に加え，前述した家裁の審判や保全処分の迅速性や実効性の向上といった点も考慮すると，現に子の監護権の帰属をめぐって争いがあり，未だこの点に関する家裁の公権的判断を経ていない事案については，前述のとおり原則として顕著な違法性の要件を欠くのみならず，家裁への子の引渡しの審判や保全処分の申立てによっては相当の期間内に救済の目的が達せられないことが明白であるといった特段の事情が認められない限り，補充性の要件も欠くとする考え方も可能ではなかろうか(42)。そして，前掲最判昭59・3・29自体が「本件において」という事案限りの判断であることを示す留保を付していること，その理由とする一般論も，上記のような法制度の変更及び審判前の保全処分の迅速性や実効性の高まりといった運用上の変化に照らすと，必ずしも現在は妥当しないことに照らすと，このような考え方は上記の判決に抵触するものではないといえよう。

(39)　吉田・前掲注(32)143頁，瀬木・前掲注(30)52頁。
(40)　青木晋「子の引渡しの執行実務」家月58巻7号93頁。なお，同論文99頁によれば，子の引渡しの直接強制の申立てを受けた執行官は，債権者代理人から家事事件の調査報告書の写し等必要な情報を収集し，さらに必要が認められる場合には，民事21部裁判官を通じて，担当家庭裁判所調査官などと事前ミーティングを実施して参考事項について聴取しているとのことである。また，同論文111頁によれば，現在は大阪地裁執行官室でも，一定の幼児については直接強制を認める運用をしているとのことである。
(41)　瀬木・前掲注(30)55頁，中田＝斎藤・前掲注(4)88頁。
(42)　前掲注(33)で紹介した9部報告27頁の平成18年9月11日付けの東京地裁民事第9部の決定は，付加的にこのような説示もしている。

(3)　補充性と要件事実

規則4条但し書のいわゆる補充性の要件は，①他に救済の目的を達するのに適当な方法があるときは人身保護請求はできないが，②①の方法によって救済

の目的を達せられないことが明白であるときは人身保護請求をすることができるという二つの部分に分けることができる。

そして，①の他の救済方法の存在の事実については，顕著な違法性を有する拘束の事実があれば原則として人身の自由の回復を求めることができるが，例外として，他に適当な救済方法があれば，これを許さないこととした法意と解することが，但し書という規定形式からも実質的理由からも妥当であるから，人身保護請求権の発生障害事実として抗弁となると解すべきである[43]。

これに対し，②の相当の期間内における目的達成不能の明白性の事実については，他に適当な救済方法があっても，例外的に相当の期間内に目的を達するのが不可能なことが明白であるときは，なお人身保護請求権が認められるという意味において，上記発生障害事実の効果を障害する再抗弁となると位置付けるのが，文理にも合うし，当事者間の衡平の観点からも妥当であろう[44]。もっとも，規則7条7号は，規則4条但し書の規定により請求をするときは，同条但し書に当たる事由を人身保護請求書で明らかにし，かつ，これにつき疎明方法を提供しなければならないとしており，請求の内容自体から他の救済方法の存在が前提となると認められる場合には，結局，上記の再抗弁事実の主張も必要となる。前述のように，人身保護請求に先立って家裁の審判，判決や保全処分といった公権的判断を経ることが原則として必要とする考え方に立つと，人身保護請求の内容からこのような公権的判断を経る途があると認められる場合（この点は人身保護請求の基礎となる親権ないし監護権の発生原因事実の主張によって多くの場合明確となると思われ，特に共同親権者間の請求の場合には，家裁の手続を経る途があることは明らかである）には，家裁での手続を経ていたのでは相当の期間内に救済の目的を達せられないことが明らかであることを基礎付ける具体的事実を主張することが必要となろう。そして，実際にこのような事由が認められるのは，家裁での手続を現に先行させたが，その実効性がなかった場合を除くと，拘束者の被拘束者に対する虐待が明らかで家裁の手続を経ていたのでは間に合わないと認められるような，相当に例外的な場合となるのではなかろうか。

[43] 丹野・前掲注(2) 19頁。
[44] 丹野・前掲注(2) 20頁，田中・前掲注(6) 433頁。

第2章　要件事実・事実認定──各論

7　総　括

(1)　総　説

　以上をまとめると，子の引渡しをめぐる人身保護請求事件の要件事実は，次のとおりとなる。なお，前述のとおり，共同親権者間の請求（拘束者が共同親権者の場合）と監護権者から非監護権者に対する請求とでは，内容が一部異なるので，便宜上，両者を分けて整理することとする。

(2)　共同親権者間の請求

(a)　請求原因は，次のとおりとなる。
①　拘束者が現に未成年者である子を監護していること
②　Ａ　子が現在意思能力を欠いていること
　又は
　　Ｂ　子が拘束者の監護開始当時意思能力を欠いており，以後，請求者に対する嫌悪と畏怖の念を植え付けられるなど，自由意思に基づいて拘束者のもとにとどまっているとはいえないことを裏付ける具体的事実
③　請求者の親権の発生原因事実（請求者と拘束者の婚姻，被拘束者の出生及び請求者と拘束者の別居）
④　Ａ　拘束者の親権の行使が家事審判規則52条の２の仮処分その他これに準じる家庭裁判所の判断により実質的に制限されていること（審判等違反類型）
　又は
　　Ｂ　拘束者の監護態様が親権の行使という観点から容認することができないとすべき具体的事実（虐待・親権濫用類型）
⑤　家裁での手続を先行させたが実効性がなかったこと，その他家裁での手続を経ていたのでは相当の期間内に救済の目的を達せられないことが明らかであることを基礎付ける具体的事実
(b)　以上に対する抗弁としては，理論上は，上記④Ｂに対する評価障害事

実が考えられるが，具体的には想定しにくいように思われる。

(3) **監護権者から非監護権者に対する請求**

(a) 請求原因は，次のとおりで足りる。
①及び②　上記(2)に同じ。
③　請求者の親権又は監護権の発生原因事実
(b) 抗弁としては，次の2種類が考えられる。うち①は請求原因③を妨げる事実であり，②は補充性の要件に基づくものである。
① 　被拘束者を監護権者である請求者の監護の下に置くことが拘束者の監護の下に置くことに比べて子の幸福の観点から著しく不当であることを基礎付ける評価根拠事実
② 　他に救済の目的を達するのに適当な家裁その他における手続があること
(c) さらに各抗弁に対する再抗弁として，次のものが考えられる。
① 　抗弁①に対する評価障害事実
② 　抗弁②の手続を経ていたのでは相当の期間内に救済の目的を達せられないことが明らかであることを基礎付ける具体的事実

8　おわりに

　人身保護請求には，本稿で検討した子の引渡しをめぐるもの以外にも，刑事施設に収容中の者の請求や国外退去強制をめぐるものなど多様な類型があり，それぞれの類型に応じて拘束性，顕著な違法性及び補充性の具体的内容は異なってくると思われる。このような各類型毎に，主要事実説の観点から，評価根拠事実や評価障害事実に当たる具体的事実の内容とその主張立証責任の分配を検討していくことが，人身保護請求事件の要件事実論的考察の今後の課題となろう。本稿がそのような検討のためのささやかな試みとなれば幸いである。

第3章
基礎法学と実定法学との協働

客観的実質的価値提示の可能性
―トマス形而上学が開く規範と価値の世界―

河見　誠

1　はじめに

　伊藤滋夫先生とは，先生のご編集による『基礎法学と実定法学の協働』に寄稿させていただいた頃から，親交をいただいている[1]。先生の法哲学に対するご関心と造詣は広くまた深いものがあるが，私にとって，特に鋭く投げかけられていると感じる先生からの問いかけは，法はどうあるべきかという法価値論の問題に対し法哲学は正面から答えているのかあるいはそもそも答えられるのか，というものである。上掲書における拙稿は，その問いかけに対する私なりの応答であった。そこでは，実質的価値を提示することの現代的意義とそのことに向けた新自然法論のアプローチについては，ある程度論じることができたかも知れない。しかしそのようなアプローチにより提示される実質的価値が客観的と言いうることについては，なおさらなる説明の余地が残されているように思われる。

　「われ思う，故にわれ在り」という主観を基盤とするデカルト的な知の構造転換を経験した現代において，価値の客観性を正面から主張するということは，近代以降の知の構造を再転換させることの主張でもある。したがって，再転換された知の構造がどのようなものであり，その構造の中に基本善をはじめとする客観的実質的価値がどのように位置づけられるのかという，より深いレベルの知の構造に関する説明が，その主張をする者に対し求められるであろう。そしてそのような説明をすることが，価値の客観性の意味と意義を，より確かな

ものとして提示することにつながると期待される。

こういった問題意識に基づき，本稿では，近代が否定し超克しようとしてきた中世思想の代表者と言えるトマス・アクィナスの形而上学に着眼し，その客観的な知の構造の中で規範や価値の世界がどのように開かれうるのかという検討を通して，客観的実質的価値提示の可能性を探ってみることにしよう。

(1) 河見誠「客観的実質的価値提示の現代的意義——新自然法論の主張をもとに」伊藤滋夫編・基礎法学と実定法学の協働（信山社，2005）31-56頁。

2 生得的でない知と徳の種子

本稿では，「客観」性を，実在，真，確実性といった観念と結びついたものと捉える。すなわち，客観的な知とは，確実で真なる知であり，個々の主体の主観的認識や見解に左右されず，むしろその認識や見解の正しさの基準として実在する知ということになる。このような「客観」性は，主体の認識から独立しても存在すると想定されるものがあるという前提に基づいて成立すると言えよう[2]。ところがトマスは知性は「何も書かれていない書字板のようなもの」とする[3]。つまり「人間精神は元来認識に対して可能態にあって生得観念を持たない」のである[4]。とすれば，人間は，ものごとの認識以前に，その正しさを保証する独立した基準を有しているとは言えないのではないだろうか。トマスは，思弁的知性における正しさ，客観的知の把捉のためには学知（scientia）さらには知恵（sapientia）という知的徳が，実践的知性における正しさ，客観的知の把捉のためには賢慮（prudentia）という知的徳そして剛毅（fortitudo），節制（temperantia），正義（iustitia）という倫理的徳が，大きな役割を果たすと考える。すなわち「思弁的知性の諸徳とは，思弁的知性を真（verum）の考察に向けて完成させるところのものである」[5]。そして「選択の正しさ（rectitudo electionis）のためには二つことを必要とする。すなわち，正しい目的（debitum finem），そして正しい目的へと適切に秩序づけられた（convenienter ordinatur）ところのもの」であり，「人間は正しい目的に向けては，その対象が善及び目的であるところの魂の欲求的部分を完成する徳によって」つまり剛毅，節制，正義といった倫理徳によって，また後者に向けては「賢慮（prudentia）」という知的徳に

よって「適切に秩序づけられる」、と述べるとおりである[6]。

このように，我々が生得的には何も観念を持たず，知は徳によって形成され獲得されていくのだとすれば，知を構成する何らかの実質的な内容を，知の正しさを担保するものとして客観的に提示することは不可能であり，不必要ということにならないだろうか。その場合，知の正しさ，客観性は，知の内容ではなくて，より完成された徳の働きによるものであるか否か，という知の形成プロセスによって担保されることになろう。しかし，そもそもその徳が美徳か悪徳か，徳の働きが善いものか悪いものかを，さらに客観的に判断する基準はあり得ないのであろうか。

この点に関し，トマスは，徳による知の形成を正しいものへと導く「徳の種子」がある，と述べる。「徳の習慣は，完全に形成される以前に，徳の始まり（virtutum inchoationes）であるところの一定の自然本性的傾向の形で我々の中に存している。……同じことが学知の獲得に関しても言えるのであり，我々の中に学知の諸種子（scientiarum semina）が先在する」とする[7]。また実践的な知が関わる欲求能力においても，「習慣が自然本性的であるのは，その根源（principia）に関してのみである。共通的な法・正しさの諸原理（principia juris communis）が諸々の徳の種子（seminalia virtutum）であると言われるごとくである」とする[8]。トマスによれば，認識における「学知」の種子として「直知」（intellectus）[9]，行為における「賢慮」の種子として「良知」（synderesis）が[10]，人間には植え付けられているということになる。それでは，この「直知」「良知」は，知の正しさ，客観性を支える内容を有するのであろうか。

(2) Cf. "Objectivity," *The Internet Encyclopedia of Philosophy*.
(3) *Summa Theologiae* I, q. 79, a. 2, c. なお本稿では，「知性」と「理性」を同義に用いる（cf. *ST* I, q. 79, a. 8, c.）。
(4) F. コプルストン・中世哲学史（創文社，1970）427 頁。Frederick Copleston, *A History of Philosophy, Vol.2*, Doubleday, 1993, pp. 392.
(5) *ST* I-II, q. 57, a. 2, c.
(6) *ST* I-II, q. 57, a. 5, c.
(7) *Quaestiones Disputatae de Veritate*, q. 11, a. 1, c.
(8) *ST* I-II, q. 51, a. 1, c.
(9) *ST* I-II, q. 57, a. 2, c.

(10) *ST* I q. 79, a. 12, c; a. 13, ad. 3.

3 直知・良知による超越的概念

トマスによれば，知性の働き (operatio intellectus) には第一に「不可分なものの認識」(intelligentia indivisibilium) すなわち「単純把捉」(simplex apprehensio)，第二に「結合したり分離したりする」(componit et dividit) 働きがある。第一の働きによって事物が何であるか (本性，何性)，すなわちその定義 (ratio) が知られ，第二の働きによって事物の存在 (esse) が知られる[11]。

そして，直知により知られる第一の諸概念 (primae conceptiones intellectus) には[12]，まず単純把捉という知性の第一の働きに関わるものとして，「有」(ens) がある。また，結合分離という第二の働きに関わるものとして，「同時に肯定し，かつ否定するということはできない」という第一の論証不可能な原理が挙げられる[13]。これに加え，トマスは「同時にあり，かつあらぬことは不可能である」なども例にあげている[14]。

良知により知られる第一の諸概念には，まず思弁的認識における有に対応するものとして，「善」(bonum) がある。「有が端的に把捉される第一の事柄であるのと同様に，善が，行為へと方向づけられているところの実践的理性によって把捉される第一の事柄である。というのは，すべての行為者は目的のために行為するが，目的は善の側面 (rationem boni) を有するからである。それ故，実践的理性における第一原理は善の観念 (rationem boni)，すなわち，善とはすべての事物が欲求するところのものである，という観念のもとに建てあげられるものである」。したがって，上記のような矛盾律に対応するものとして，「善は為すべく追求すべきであり，悪は避けるべき」が挙げられる。これは，実践的理性が判断を進めていく際の第一の原理であり，人間行為を導く「自然法の他のすべての規定はこの規定に基礎を置く。実践的理性が本性的に人間の善と把捉する事柄はすべて，為されるべきあるいは避けるべき何かとして自然法の規定に属するのである」[15]。

これらが学知あるいは賢慮という知的徳の「種子」であるということは，あらゆる真実な知はこれらを含むはずであり，逆に言えばこれらを含まなかった

りこれらを排除するような知は真ではない，ということを意味する。しかし我々の知の全域にわたって，知を支える種子であるためには，現実に存在する様々なものに共通し通底するものでなければならない。その意味で，「有」すなわち「存在するもの」である（以下，二つの表現を互換的に用いる），という直知による概念は，あらゆる存在とその知にとって第一の種子と言えるだろう。しかし，それは確かに客観的であるかも知れないが，最も抽象された，超越的なものでもある[16]。そのような「超越的」な概念から，何らかの内容的な拡がりを見ることができるのか。まずは直知から検討を始めよう。

(11) *In Librum Boethii de Trinitate*, q. 5, a. 3, c. Cf. *Questiones Disputatae de Veritate*, q. 24, a. 4, ad. 4. なお，晩年のアリストテレス『命題論註解』(*In Libros Periherme-neias*, lb. 1, n. 1.) においては，さらに第三の働きとして，既知のものから未知のものへと「推論する」(ratiocinandi) 働きが付加されている。

(12) *Quaestiones Disputatae de Veritate*, q. 11, a. 1, c.

(13) *ST* I-II q. 94, a. 2, c.

(14) *In Duodecim Libros Metaphysicorum Aristotelis Expositio*, lb. 1, lc. 6. また「すべて全体は部分より大きい」も，しばしば論証不可能な諸原理の例として挙げられる（*ST* I-II q. 51, a. 1, c; q. 66, a. 5, ad. 4)。

(15) *ST* I-II, q. 94, a. 2, c.

(16) 「超越論的概念とは，存在するものすべてに，その存在の度合いに従って帰属する規定のことである。」K. リーゼンフーバー「トマス・アクィナスにおける超越論的規定の展開」K. リーゼンフーバー＝山本耕平＝谷隆一郎＝荒井洋一編・中世における知と超越（創文社，1992) 187頁。

4　「有」の概念的拡がり

我々の知が成り立つためには，ともかくも何らかの知の対象が「有る」ことが必要である。理性が何かを認識する際，まず第一に把握するのは，それが「有」(ens) すなわち「存在するもの」であるということである。「知性が，ある意味で最も明白なものとして第一に認識するもの，したがってすべての概念をそれへと還元するものは，有である」[17]。

さて，ある存在が「存在するもの」であると言えるためには，「それ自体の内に完結した意味の全体性」[18]を持つことが必要である。もっとも意味の全体

第3章　基礎法学と実定法学との協働

性それ自体は,「存在するもの」と同一ではない。存在するものの統一をもたらす意味（例えば「人間」）を我々が観念できるとしても,それだけでは我々の前に何か（例えば「ソクラテス」）が存在するとは言えない。しかし存在するものは,それを統一的に貫く意味を持たなければ,存在することができないのである。この,存在を存在として成り立たせる意味の全体性が,「本質」(essentia) あるいは「何性」(quidditas) と言われる。「あるものの存在 (esse) はその本質 (essentia) とは別のものであるけれども,附帯性の仕方に従って (ad modum accidentis) その本質に付加される何かではなくて,むしろいわば本質の諸原理によって構築される何か (quasi constituitur per principia essentiae) と解されるべきである」と述べられるとおりである[19]。そして,本質に貫かれているという存在の側面が「もの」(res) と言い表されるとすれば,「存在するもの」は,何らかの「もの」として存在するということになる。「すべての有 (omni ente) について肯定的にそして同時に無条件に述語となりうるものは,それによって存在が叙述されるところの本質 (essentia) 以外には見いだすことができない。このことを言い表すために『もの』(res) という用語が用いられる。『もの』が有とは異なるのは,アヴィセンナ『形而上学』によると,有はその名前を現に存在することから得るが,ものという用語はその存在するものの何性あるいは本質の表現であるが故にである」[20]。このようにしてトマスによれば,「もの」は,「有」を前提にしつつ,すべての「有」の一側面として見出されるところの,さらなる「超越的」概念として導出されうるものとされる。

「存在するもの」が「それ自体の内に完結した意味の全体性」を持つということはまた,それが「一」(unum) として実在すること,すなわち実在的にはそれ以上「分割されない」(indivisum) ということを意味する。「もの」は「存在するもの」の肯定的側面であるが,「それ自体において考察される場合すべての有に伴う否定的側面とは非分割性 (indivisio) である。これは『一』と言い表される。というのは,『一』とは分割し得ない有ということ以外の何ものでもないからである」[21]。有は複数の部分により構成されるものでありうるが,その有は「諸部分がばらばらに分割されるときには存在を持たず,諸部分がそれを構成し複合するに及んで初めて存在を持つ (esse habet)。従って,あらゆるものの存在は非分割性において成立するのであり,それ故それが存在である

限り一性（unitatem）を保持する」[22]。

　ある有が分割されない「一」として存在するということは，それが別の有とは区別された存在を持つということである。つまり，有は「他の何か」（aliud quid）の存在を前提とし，またその有自体も他の有に対して「他の何か」となる。この側面が「或るもの」（aliquid）と言い表される。「有はそれ自体として非分割である限りにおいて『一』と言われるのと同じように，他の有から分割される限りにおいて『或るもの』と言われる」[23]。

　「一」であるものの「或るもの」性すなわち「他」性は，存在するもの同士に相互的関係があることを示唆する。「存在するもの」同士が自らを他のものに対して「他」であると位置づけ合うことによって，それぞれの独立した存在が確保され合うことになるからである。したがって「或るもの」という側面は，「存在するもの」同士が相互に存在を支え合う秩序を形成するということを説明するものであると言える[24]。

　このように相互に支え合う秩序形成をなすところの「有」に対して，人間はどのような関わりを持つものと位置づけられるのか。人間は「存在するもの」を，まず感覚によって把握し，さらにそれを知性に照らして認識するが[25]，そのことによって「存在するもの」が，知ひいてはその知を形成する人とは異なる「他の何か」として位置づけられるとともに，そのような「存在するもの」の位置づけによって知とその人自身もまた，認識された「存在するもの」とは異なる「他の何か」として存在するものと位置づけられる。つまり知性的存在としての人間が独立した自立的存在たりうるためには，他の「存在するもの」がやはり独立した「一」なる存在として確実に認識される必要がある，ということである。一なる存在であるということは，上述のところに従えば，それが完結した意味の全体性を持った「もの」（res）であるということである。したがって，知性には，他の「存在するもの」がどのような「もの」であるかということの完全な把握を自らのうちに獲得することが，相互に存在を支え合うために必要とされる。この完全な把握は，知性の，他の「存在するもの」との「もの」のレベルにおける合致と言うことができよう。知性によって人の中において把握された「もの」は，他の「存在するもの」における「もの」と合致しなければならないのである。トマスによればこの「ものと知性との合致」が

第3章 基礎法学と実定法学との協働

「真」である[26]。有は知性との関係においては「真」なるもの、と位置づけられるのである。

　「もの」は、しかしながらそれだけでは「存在するもの」とはなり得ない。「存在するもの」がそのものとして完全性を有するには、「存在」(esse)すなわち現にあること、現実世界の中に現れることが必要である。もっとも、「存在するもの」(ens)は、必ずしも存在を十全に獲得した状態（現実態）として現れているとは限らず、なお可能的に存在するに過ぎない状態（可能態）にある場合もあろう。しかしいずれにせよ、「もの」は「存在」の獲得に向かい、現実への現れのプロセスへと入っていくのであるとすれば、「ものと知性の合致」はその合致に留まることにはならない。「もの」の側は、より完全な形での「存在」の実現に向かおうとするものとして「他者」に関わっていく。そして人間の側は、その「存在」の実現を自らも希求するとともに、実現の担い手としても関わる可能性を持つ。というのは、「存在するもの」がより完全な存在を獲得するほど、人（のみならずあらゆる他者）にとってより完全な「一」として現れることになるが、そのことによって人（他者）は、自己の「一」たる存在性をより確実に確保しうることとなる。したがって、人（他者）はそのものが存在することを自らも希求すると言えるであろうからである。それに加えて、自らの有する能力（可能的な力）を現実に働かせることは、自身にとってより完全な存在の現れに至ることである。したがって、人が何かを主体的に実現する行為能力とそのことを自由に希求しうる意志能力を有するのであれば、「他の何か」の存在の実現を希求しその担い手となることは、その人自身の存在の実現として、その人自身が内発的に希求することでもあると言えるであろうからである。それ故、思弁的知性における「ものと知性の合致」（真）は実践的知性における「知性の正しい欲求との合致」[27]に展開することになるのであり、後者において正しい欲求により希求されている目的が「善」と言われる[28]。確かに、ものが正しい欲求によって、より完全な形の存在へと方向づけられることは、たとえそれが未だ現実に実現されない場合であっても、ものにとっても人間にとっても望ましく希求されるべきこと、すなわち善と言えよう。

　(17)　*Quaestiones Disputatae de Veritate*, q. 1, a. 1, c.
　(18)　リーゼンフーバー・前掲注(16) 205頁。

(19) *In Duodecim Libros Metaphysicorum Aristotelis Expositio*, lb. 4, lc. 2, n. 558.
(20) *Quaestiones Disputatae de Veritate*, q. 1, a. 1, c.
(21) *Ibid*.
(22) *ST* I, q. 11, a. 1, c.
(23) *Quaestiones Disputatae de Veritate*, q. 1, a. 1, c.
(24) 花井一典「超越概念と経験—トマスの場合—」K. リーゼンフーバーほか編・前掲注(16) 170 頁参照。
(25) *ST* I q. 78, aa. 3-4; q. 85, a. 1, c.
(26) *ST* I, q. 16, a. 2, c. この合致は，あくまで知性と「もの」との合致であり，知性が他の有と実在的に完全に一致するというのではない。実在として合致してしまったならばそこには新たな「一」が生じるのであり，その場合，知性及び人も，他の有も，いずれももはや独立した「一」とは言えなくなってしまうからである。
(27) *ST* I-II, q. 57, a. 5, ad. 3.
(28) *ST* I, q. 6, a. 1, c; ad. 2.

5　賢慮の種子における規範の世界の拡がり

　学知の種子としての超越的概念「有」から，トマスはなお超越的レベルに留まりつつも，「有の」在り方の規定として，「もの」「一」「或るもの」「真」，さらには「善」という規範の世界につながっていく概念を導出するまでに至る。これらはあらゆる「有」が存在すると言えるためには必ず随伴するはずの客観的規定とされる。その導出の到達点とも言える「善」は，実践的知に関わる賢慮の種子とされるが，この到達点の側から逆に上記の超越論的概念の概念的拡がりを振り返ることによって，内容的拡がりのある規範的要請が見出される可能性を，次に探ってみよう。
　まず第一に，存在秩序の中における人間の「一部分性」から見出される規範的要請があろう。善は何らかの「存在するもの」をより完全な形で実現することを内容とするが，その実現は「存在するもの」同士の相互関係の中で生み出される。つまり人もまた，他の「存在するもの」との関係の中に常にあるのであって，決して孤立した存在ではない。さらにまた，「他の何か」の存在によって初めてその人の存在が確立されるのである。人は他者に対する独断的支配者になり得ない。それは他者の否定であると同時に自己の否定でもある。人

第3章 基礎法学と実定法学との協働

間は常に他者との「相互関連性」の中にあり，その関連の中では存在秩序の中の，なお「一部分」に過ぎないのである。ここから，人間が存在に向き合う際に，自然理解においても，人間理解においても，人間と自然（さらには超自然）を含んだ存在理解においても，関係論的すなわち「全体論的視座」をもったアプローチが要求されることとなろう。そしてそのような視座に基づかない人間の独断的振る舞いは否定されることになろう。

　この規範的要請は，さらに具体的な規範的帰結を生み出しうる。例えば自然の秩序においては，あらゆる「存在するもの」がそれぞれ固有の存在実現へと向かうことへの資格を有するはずであるから，それを自然や動物が何らかの意味での「権利」を有すると表現することも可能となるかも知れない（人間とは異なる「他の何か」である以上，人間の有する「権利」とは異なるものと位置づけうるとしても）。また，人間の秩序においては，例えば宗教間の激しい対立に直面した際に，宗教間の単なる棲み分けや，政治（世俗）を宗教から完全に徹底分離するという「孤立」による解決ではなく，むしろ異なる「他の何か」との「相互関連」を積極的に模索する姿勢を基本とし，宗教間対話や，政治と宗教の協力による人間的な秩序形成に建設的に向かっていくべき，という主張が可能となるかも知れない。

　第二に，「存在実現」における人間の役割から見出される規範的要請があろう。確かに人間は存在秩序の「一部分」に過ぎないとしても，依然としてその不可欠で重要な構成者である。人間は上述のように，「存在するもの」の在り方と向かうべきところを把握する認識能力とともに，その存在実現を主体的に希求する意志能力と行為能力を有している。これを存在秩序全体の観点から見たとき，人間には，自ら及び他の「存在するもの」の存在を最大限実現させるという目的が設定されていると言うことができよう。つまり，人間は存在秩序において特別な地位と権限を有しているのであるが，しかしこの地位と権限は，任務であり責務を伴う。つまり人は自分の思うように目的実現すればよいというのではなくて，実践的知性における真理が「知性と正しい欲求との合致」と定義されているように，「正しい」欲求すなわち客観的目的に向けての責務を負うのである。

　この「存在実現」の責務は，例えば，いわゆる環境問題への取り組みに関し

て言えば，現存する人々にとっての不便不利益を根拠とするのではなく，また責務と言っても将来世代への責務というやはり人間にとっての不便不利益だけに基づくのでもなく，第一義的には自然それ自体に対する人間の責務という観点から，よりラディカルで直接的な取り組みを求めることになろう。また人間社会の問題への取り組みに関しても，相互の「存在実現」のために協力し合う責務という観点から，より相互連帯的な関係形成，規範形成を求めることになるのではないかと思われる。

　第三に，存在実現の「試行錯誤的プロセス」性から見出される規範的要請があろう。「存在するもの」の「何性」がどのようなものであり，それがどのようにすればより完全な形となっていくかということは，人の理性が直ちに知り得るものではない。思弁的知性においても実践的知性においても，真理のスタートとして生じた「ものと知性との合致」「知性と正しい欲求との合致」は，学知という徳，賢慮その他の徳によって，完成に向けて深められていく。したがって存在実現もまた，多様なプロセスを経て展開されうるものとなろう。ただし，その営みは決して恣意的に展開されてよいものではない。修練による徳の形成に加え，存在実現という目的に照らして，行ったことの冷静な振り返りと，これから行うことへの周到な準備検討と，軌道修正に常に対応可能な慎重さが求められる。

　この第三の点に関連して，第四に，人間の「不完全さ」から見出される規範的要請にも着目すべきであろう。人間は「存在するもの」に関して試行錯誤的にしか存在実現できないだけでなく，そもそも究極的には「存在するもの」を完全に理解したり実現することは不可能である。人間は他の「存在するもの」と抽象という形でしかつながることはできないのであり，したがって真理すなわちもの（及び正しい欲求）と知性との完全な合致それ自体，厳密な意味では，自然本性的には到達不可能と言わざるを得ない[29]。ここから，認識の絶対化や意志の無制約性を主張するヒューマニズムに一線を画する「謙虚さ」が求められることになろう。しかし，逆に全く合致が不可能であったり実現が不可能であるということにはならないのであり，その意味で相対主義に陥ることなく，「試行錯誤的プロセス」を歩んでいく役割を果たす「忍耐強さ」もまた求められるであろう。

(29) 河見誠「トマス・アクィナス哲学から見た近代法思想」日本法哲学会編・法哲学年報 2007（有斐閣，2008 刊行予定）の第三章を参照。

6 実質的価値内容に関する第一諸原理への拡がり

　このように，善という超越的概念は，その超越的な性格を保持したまま，一定の有意味な規範的要請を展開することが，かなりの程度まで可能であると思われる。ここに提示されたような規範的要請は，超越的概念の拡がりをもとに導き出されたものであり，したがってその導出に論理的誤りがない限り，誰のどんな行為に関しても効力を持つ客観的なものである。しかしこれらの規範的要請はなお，善の実質的内容に関しては何も語っていない。それらは，存在実現に向けた姿勢の在り方に関しての規範的要請であると言えよう。ここから進んで，我々はさらに，人間がどのような内容の実現を実質的に目指すべきかということについても，客観的に提示することが可能なのであろうか。この点について検討していこう。

　周知のように，トマスによれば，自然法の第一原理は「善は為すべく追求すべきであり，悪は避けるべき」(bonum est faciendum et prosequendum, et malum vitandum) である[30]。これは実践の世界における超越的原理であり，確かに自明と言うことができるが，善の「実質的」内容に関しては，トマス自身は明確には語らないように思われる。しかし，善の内容を示す自明の規定が存在しえないというわけではない。例えばリーゼンフーバーは次のように述べる。「このように目的を比較しながら個別的に認識することの根底には，善のより深い認識があり，そこでは認識された存在者はそれ自体において善なるものとして，その内的な価値性において把握される。こうした善の認識は，人間精神の構造に属する善一般の根源洞察と，認識されるものを一定の目的へと関わらせる表立った実践的認識との間に位置する。このような善の認識は，人格，行為，対象ないし対象領域といった一定の存在者や存在様式を把握するのであるから，善一般への超越論的洞察から区別される。また，そのような認識は，存在者をそれにとって外的な個別的働きである目的に関わらせることはなく，存在者に内在的価値性において照らし，それにより存在者を認識において善なるものと

してあらしめることによって，具体的な実践的認識からも区別される」⁽³¹⁾。

このように，自然法の中には，超越的な自然法の第一原理と，個別具体的な自然法規定のほかに，両者をつなぐ，非超越的で実体的ではあるけれども自明の第一諸原理がある，と考えることも可能であろう。

自然法がこれらを含め，複数の第一原理を有するということは，必ずしもトマスによって否定されているわけではないように思われる。確かに，「善を為し悪を避けよ」という自然法の第一規定 (primum praeceptum legis naturalis)，実践的理性における第一原理 (primum principium in ratione practica) は単数形で表され，「自然法の諸規定 (praecepta legis naturae) はすべて，それらが一つの第一の規定 (ad unumprium praeceptum) から引き出される限りにおいて，一つの自然法たる特質 (rationem unius legis naturalis) を有することになる」とされるが⁽³²⁾，しかし自然法の共通原理に関しては複数形が用いられているからである。すなわち，「自然法はその第一の共通的『諸』原理 (ad prima principia communia) に関しては，その正しさについても認識についても，全ての人に対して同じであると言わなければならない。しかし，共通的諸原理からの言わば結論であるところの特殊的なものについては，……大抵の場合全ての人に対して同じである。しかし，少数の場合においては，自然法はその正しさに関しても……その認識についても当てはまらないことがありうる」⁽³³⁾。

自然法はさらに幾つかの段階に分類できると思われるが，「人間精神の構造に属する善一般の根源洞察」としての第一原理と，「それ自体において善なるものとして，その内的な価値性において把握される」善認識内容としての第一諸原理は，（「認識されるものを一定の目的へ関わらせる表立った実践的認識」としての自然法的諸規定と区別された，それらを導出するための）賢慮の種子としての「良知」に属する，と考えることもできるのではないだろうか。

そのことは，リーゼンフーバーの次のような論述からも裏付けられよう。すなわち，「実践的認識は，存在者を欲求する者の本性という観点から，それゆえ欲求する者の完成化との連関において考察すべきであることになる」が，「実践的理性のもともとの領域は，このような欲求によって実現されるべき働きをその有意義性において判定するために，目的がある限定された一定の傾向と比較されるような認識にかぎられる。したがってこのような実践的認識は，

欲求の特殊的な方向をとおして一定の働きを目ざし，つまり比較し判定する悟性，すなわちラティオの行為である。欲求が特殊的な目的に向かうとき，それはそのつど別個の行為である実践的認識の，区別し，価値づける判断の導きを必要とするのである」[34]。つまり，個別具体的な実践的判断は悟性，ラティオの行為であるということであるが，その根底に「善のより深い認識」としての善それ自体の把握がある，という論述が続けられていくのである。この論述に従うならば，善それ自体の把握は悟性，ラティオを超えたレベル，すなわち良知に属するということになるのではないか。

このことに関連してトマスは次のように述べる。すなわち，「我々に本性的に授けられた第一の実践的諸原理もまた，ある特殊な能力に属しているのではなく，ある特殊な本性的ハビトゥスに属しているのであり，それが良知(synderesis)と呼ばれるものである。それ故，良知は善へと励まし，悪につぶやくと言われるのであるが，それは第一諸原理を通して我々が発見へと進み，発見したものを判断する限りにおいてである」[35]。

「善一般への超越論的洞察から区別される」けれどもなお，「賢慮」にではなくむしろ「賢慮」の種子に属する，内容を伴った第一諸原理を，「良知」に属するものとして認めるか否か。この点がトマス自然法論理解の分かれ目であり，また一般的に言っても自然法に関する学説の分かれ目であると言えよう。

(30)　*ST* I-II, q. 94, a. 2, c.
(31)　K. リーゼンフーバー・中世における自由と超越 (創文社，1988) 286頁。
(32)　*ST* I-II, q. 94, a. 2, ad. 1.
(33)　*ST* I-II, q. 94, a. 4, c.
(34)　リーゼンフーバー・前掲注(31) 285-286頁。
(35)　*ST* I q. 79, a. 12, c.

7　おわりに

新自然法論は，事実から価値や当為を導出することを否定する。また，実践的理性の第一諸原理（基本諸善）を，超越論的観点から導出するということも認めない。あくまで行為の世界の中においてそれらを「明らかにする」ことを試みるのである。しかし，上述のような自然法の各段階を念頭に置いた上でそ

の主張を捉え直すと，必ずしもトマスの形而上学的・超越論的な存在論を否定しているということにはならないように思われる。善という超越的概念あるいは善を為すべしという極めて一般的な超越論的第一原理と，個別具体的な規範との間をつなぐところの，善の客観的実質的内容規定とその具体化に向けた展開の原理をいかに明らかにするか，ということが新自然法論の課題とするところだ，と考えることもできるのである。「善一般への超越論的洞察」によらないで，現実の行為の世界に議論を移行させてその中で内容の伴った自明の基本諸善や道徳の第一原理を明らかにしようとすることは，超越論的な存在論から見ても，むしろ適切なアプローチであると言うことができよう(36)。

　もちろん，そこで明らかにされる基本諸善や道徳の第一原理の探究は，それが超越論的レベルのものでない以上，上述のように「試行錯誤的プロセス」に置かれることになる（5の第三）。つまり，完全に客観的なものと言い切ることは究極的な意味においては不可能と言わざるを得ないだろう。しかし，その探究プロセスを継続することは可能であり，決して不当なことではない。むしろ真摯に現実の規範問題に答えを見出そうとする誠実な姿勢として評価されると共に，人間の「責務」とすら言いうることも上述のとおりである（5の第二）。超越論的な存在論を前提にする限り，謙虚さを備えつつ，客観的実質的価値提示の試みを放棄することなく，「忍耐強く」続けることが求められるのである（5の第四）。逆に言えば，客観的実質的価値提示の試みの可能性を持続的に開き続けるためには，超越論的な存在論が必要とされる，ということでもある。

　様々な場面で噴出している規範問題に対し，根本的レベルからの問い直しを迫られる中で，試行錯誤的にせよ，責任ある答えを忍耐強く求め続けなければならない現代においては，客観的実質的価値提示を模索する，新自然法論のような試みが必要であると思われる。少なくとも，そのような試みの可能性それ自体を否定することは，時代の要請に対する不誠実な姿勢であると言えよう。しかしその可能性を開くためには超越論的な存在論に，耳を傾けざるを得ない。現代は近代の矛盾への対応が迫られている時代であると考えるならば，近代が否定し超克しきったとされるこの形而上学的・超越論的な存在論に対し，今一度真摯に向き合ってみることの意義はあるのではないだろうか。

　(36)　新自然法論の主張に関しては，河見・前掲注(1) 41頁以下参照。

「人間の尊厳」の根拠を求めて

陶久 利彦

1 はじめに

　「人間の尊厳」は，極めて魅力的な概念である。特にそれが，実際の個人の資質や現実的状況のいかんに関わりなく全ての人間に尊厳を認めるべきであるという主張と解されるならば，当人の現実が悲惨であればあるほど，我々の心に強く訴えかける力を持つ。世の中で全く尊敬されず，あるいは極悪人とされ，差別され，あまつさえ無視され，社会から排除されがちな人にも人間の尊厳があると主張することは，他者を侮辱し排除するそれらの態度を道徳的もしくは宗教的に非難する最も大きな理由となりうる。人間の尊厳は，他者に関わる我々の行為を評価する強力な基準であり，隣人に対する我々の実践的行為を二方向に導く。一つは，彼（女）に対する侵襲を「尊厳」を侵害しない限度で差し控えるという消極的作用である。二つは，「人間の尊厳」を他ならぬ彼（女）その人の中に確認するよう，彼（女）に接する努力を促し，その実現に向けて具体的行動を起こすという作用である。いずれの作用も，理念と現実との乖離が大きければ大きいほど激しい心理的葛藤を引き起こす可能性があるが，それは本概念の強い規範性と高邁さを示すものでもある。

　本稿は，今日わが国で「人間の尊厳」を論じる意味を問いかけようとする。そのために，本概念をまずは特定の歴史的背景と関連づけて理解し，わが国での用法を確認する。そのような視点からすると，人間の尊厳は個人の尊厳と区別されるべきであり，どのような人間関係の中で他ならぬ「人間の」尊厳が感

じ取られるのかが，問われるべきである。目指すのは，法的概念としての「人間の尊厳」について，その意味や機能を探求し具体的展開を図ることではない。むしろ，それらを手掛かりとしながら，本概念の根拠を法的次元の向こう——あるいは，手前——へと問いかけることである。換言すれば，我々が現に「人間の尊厳」を感得する現場へと視線を向けようとする。

2 「人間の尊厳」をめぐる言説と歴史

　本概念は，ヨーロッパ哲学・思想の領域では長い歴史を持つと言われる。例えば，ローマ時代の文書に，例えばキリスト教の教えに，引き続き近世ヨーロッパの著作の中に，そして近代哲学の代表者・カントの学説に，といった具合である[1]。それぞれに歴史的文脈を踏まえつつ，その思想史的意義と現代的意味が考察されている。しかし，本概念が明確なことばとして法の次元に登場するばかりか一般に議論の対象になったのは，比較的新しい。よく知られているように，法的概念としての「人間の尊厳」は第二次世界大戦後にようやく現れた[2]。哲学・思想の分野でも同様である[3]。上述の古い歴史的あとづけは，「人間の尊厳」ということばについてではなく，むしろその内実に関する洞察の断片的歴史と言うべきだろう。では，「人間の尊厳」は第二次大戦後何を契機にして活発な議論の対象になったのだろうか。

　本概念は，何よりも先の大戦の実に悲惨な体験に根ざしている。例えばホロコーストや原爆は，一人一人の人間をというよりも，①大量の人間の生命を，②到底正視し得ないほど悲惨なやり方で，③彼らが自らの責任では容易に変更できない属性——宗教，民族，障害，敵国民など——を持っていることだけを理由として，④一挙に，奪うものだった。そのような行為を可能にする技術・政治・物理的力・意志・相互交流等が，それ以前とは比較にならないほど質・量共に大きくなったのである。奪う側と奪われる側との圧倒的力の差を前にして人々が感じたのは，私や彼（女）の尊厳の侵害ばかりではなかっただろう。個人の尊厳ばかりではなく，男や女の尊厳ばかりではなく，特定の民族の尊厳ばかりではない。他ならぬ人間の尊厳が侵害された，と感じられたのである。被害者がこのように一般化され深化されることに対応して，同一行為は加害者

第3章 基礎法学と実定法学との協働

の地位をも変化させる。加害者もまた，固有名詞を持った個人でもなければ，小さな集団の一員でもなく，民族の一成員でもなく，性別のどちらかでもなく，端的に人間として行為する。彼（女）は，自分の行為によって自らの内にある人間の尊厳を侵害したのである[4]。

このような歴史的背景を踏まえ，本概念の効力は通常の法的・道徳的原理以上に強いものとして位置づけられると同時に，適用範囲を拡大していく。第二次世界大戦後の各種憲章や国際条約は言うまでもなく，近時は特に生命科学の法的規制等，生命倫理上の諸問題への対処に当たり「人間の尊厳」概念は大きな役割を果たしている[5]。ドイツ基本法とそれを取り巻く法実践は，その代表例である。そこでは，本概念の内実がおおよそカント倫理学に求められる一方，尊厳の担い手である人間は胎児から死者にまで，更には未来の人間や人類にまで拡大される[6]。その過程で上記①〜④の特徴のうち，特に価値判断に大幅に依拠している②の「到底正視し得ない悲惨なやり方」という要件にあてはまるような事例は，表に出てこなくなる。その一方で，技術の進歩と人為的介入の新たな可能性が押し進める事態は，①，③，④の条件を十分に満たしている。言うまでもなく，このような事情はドイツ基本法が「人間の尊厳は不可侵である」という規定を持っているばかりか，その規定に絶対的効力を認めていることと密接に関連している[7]。加えて，従来何も法的規定が無く一致した道徳観も見あたらない生命倫理の領域にあっては，とりあえず基本法上の本規定に訴えかけるしか方法がないという事情もあるだろう。だがともあれ，このような事態を前にして人は，ドイツにおける「人間の尊厳のインフレーション」ということさえ語る[8]。

以上のような歴史と現状の一端を垣間見るだけで，今日「人間の尊厳」を話題にするときの問題次元が確認できる。一つは，宗教的議論にまま見られるのとは違って，他の生物体や存在との比較の下に「人間の尊厳」を論じる必要はないということである。人間の尊厳はもはや，種としてのヒトが他の生命体に対して持っているとされる特殊性や優越性を論証しようとして持ち出される概念なのではない。それはあくまで，人間が人間をどのように取り扱うべきなのかという問いから生まれてきた。したがって，人間の尊厳と対比されるべきは，「動物や植物の尊厳」なのではなく，個人や集団成員等々，人間の様々な具体

的姿に帰属する尊厳である。二つは,「人間の尊厳」をこのような局面で理解する考えには,特殊歴史的体験が背景にあるということである。それは,ギリシャ時代とも,ヨーロッパ中世や近代とも,第二次世界大戦に至るまでのわが国の長い歴史とも,根本的に異なる体験に裏付けられた概念であると言うべきだろう。今日「人間の尊厳」の含意とその射程を探るに当たって,このような歴史的背景を無視することはできない。そして第三に,ドイツにあって本概念は,生命倫理上の諸問題の一切を解決する拠り所であるかのような扱いを現に受けている,ということである。一つの抽象的概念をあたかも打ち出の小槌のように使う態度は,必ずしも好ましいとは言えない。本稿で詳論する余裕がないとはいえ,我々は,本概念の意味と射程とを明確に見定め,適切な領域確定をする必要性に迫られている。

　ここで,わが国の状況に視線を向けてみよう。わが国でも,「人間の尊厳」ということばがそれとして法的あるいは道徳的議論の中で一定の役割を果たしているのだろうか。

(1) 以上については,例えば,水波朗「人間の尊厳と基本的人権(一)」三島淑臣ほか編・人間の尊厳と現代法理論(成文堂, 2000) 229–256 頁参照。

(2) 国内法でもっとも有名なのは,本文後述のようにボン基本法 1 条である。そこでは,die Würde des Menschen と表現されている。同様に,戦後の国際規約も大きな役割を果たしている。表現が human dignity そのものではないとはいえ,例えば「世界人権宣言」(1948 年) 1 条参照。

(3) 身近な例証は,『哲学事典』(平凡社, 1971) に「人間の尊厳」という項目が存在しないという事実である。これに対し,最近の『哲学・思想事典』(岩波書店, 1998) でも,本概念それ自体の説明はなく,15 世紀の著作のみが紹介されている。欧米諸国の潮流に極めて敏感なわが国にあって「人間の尊厳」ということばが哲学界の主要な話題でなかったということは,これらの国々でも当時,本概念が人口に膾炙していなかったことを窺わせるのに十分である。

(4) 本文後述のように,関係性の中で「人間の尊厳」を捉えようとすると,一方の行為の性質づけは他方のそれの反映であり,同時に,他方のそれへと一定の影響を及ぼす。性質づけはいわば浸潤し合うのである。それ故,相手の「人間の尊厳」に鋭敏になるとき,実は当人も自らのうちに「人間の尊厳」を意識する。関係者相互のこのような影響のあり方について,例えば,種村完司・コミュニケーションと関係の倫理(青木書店, 2007) 124–166 頁参照。

(5) ユネスコの the Universal Declaration on the Human Genome and Human Rights,

1997, the International Declaration on Human Genetic Data, 2003, Universal Declaration on Bioethics and Human Rights, 2005 やヨーロッパでの Convention for the Protection of Human Rights and Dignity of the Human Being with regard to the Application of Biology and Medicine: Convention on Human Rights and Biomedicine, 1997 など参照。

(6) 因みに，本稿をも含め，「人間の尊厳」をめぐるわが国法学者の議論の大半は，ドイツの圧倒的影響下にある。文献は多数あるが，近時の憲法学の例として例えば，玉蟲由樹「人間の尊厳保障の絶対性？」福岡大学法学論叢 50 巻 4 号 601－652 頁参照。「人間の尊厳」から，多くの具体的な結論を一刀両断的に導き出す例として，E-W. Böckenförde, Menschenwürde als normatives Prinzip, in JuZ. 58 Jg.(2003), S. 809－815. 中絶に関する判決としては，Entscheidungen des Bundesverfassungsgerichts, Bd.39, S.1ff. 西野基継『『人間の尊厳と人間の生命』試論」法の理論 26（成文堂，2007）29－52 頁参照。

(7) 例えば，F. Klein & Ch. Starck, Das Bonner Grundgesetz, 4. Aufl. München, 1999.

(8) U. Neumann, Die Tyrannei der Würde, in ARSP 84, 1998,S 154ff. 陶久利彦＝早川のぞみ訳「尊厳の専制」青井秀夫＝陶久利彦編・ドイツ法理論との対話（東北大学出版会，2008）113－138 頁。

3　わが国の法学での状況

(1)　従来の「個人の尊厳」，「個人としての尊重」

わが国では戦後長らく，「人間の尊厳」ということばが制定法に現れたことはなかった。似てはいるが同じではないことばが使われてきたのである。「個人の尊厳」あるいは「個人としての尊重」がそれである[9]。憲法典の文言からうかがえる限りでは，それまでの家父長制的・集団主義的思考法を批判し，その代わりに近代的個人という視点に立った国家・社会形成が，この表現によって目指されていたに違いない。「人間」という普遍的存在よりはむしろ，「個人」という個別的存在の意義を強調することが志向されたのである[10]。

ところが，憲法学上の通説は，憲法典上の「個人の尊厳」を例えばドイツ基本法での「人間の尊厳」と同じ意味と解している[11]。これに対してホセ・ヨンパルトから有力な異議が出され[12]，阪本昌成らが「個人の尊厳」を「人間の尊厳」から自覚的に区別した概念として捉えようと試みている[13]。圧倒的通説に

対して，ドイツでの議論の前提や特定の宗教的見解を下敷きにした有力な異議が提起され，その一方で系譜を異にする少数説が形成されつつあるというのが，目下の趨勢と言っていいのだろう。

　非憲法学者として私は，人間の尊厳を個人の尊厳・尊重から明確に区別し，それぞれにふさわしい意味内容を付与すべきであると考えている。理由は二つある。一つは，ことばが違うという単純な事実である。法律制定時のことばの選択は，それが戦後の慌ただしい時期のことであったとしても，慎重で幅広い議論の上に初めて可能となったはずである。ことばの指し示す意味が同一であるならばことばの表現の違いにそれほど神経質である必要がない，とするのは，法律解釈としては推奨されない。第二には，法律上の文言とその背景との関係の違いである。一般的に言って，ことばの背後には必ずやそれを生み出す根本的体験が対応している。国際規約立案者やドイツ人が戦中体験を通じて感じとったものを言語表現しようとするとき，まさに「人間の尊厳」ということばが最適だったのである。一方，わが国にあって「人間の尊厳」ではなく「個人の尊厳」が選択されたのは，当時の圧倒的多数の日本人にとって，戦後復興への旗印としてこのことばが一番腑に落ちたからであろう。何よりもそのことばが含意する，集団主義的傾向からの解放が，当時の日本人を魅了したのだろう。このような歴史的経緯と，その背景にある文化や個人的・集団的体験を度外視することは，適切ではない[14]。

　では，わが国にあっては「個人の尊厳」を問えば足りるのであり，「人間の尊厳」を問題にするのは，——比較法学や哲学一般の課題としてはともかくとして——実践的意味を持たないのだろうか。必ずしもそうではない。というのも，わが国でも「人間の尊厳」に似たことばに言及する法律や，「人間の尊厳」に依拠するような議論が現れ始めたからである。以下では二つの例を取り上げ，それぞれが念頭に置いている「人間の尊厳」の含意を探ってみよう。

(9)　日本国憲法13条，24条参照。ただし，一部警察法旧規定には，「人間の尊厳」ということばが見える。矢島基美・後掲注[13]参照。

(10)　例えば，宮沢俊義・日本国憲法（日本評論社，1955）198頁以下参照。そもそも戦後の「日本国憲法」を指導したアメリカ政府が，「人間の尊厳」という観念を持っていたかどうか疑わしい，との指摘もある。西野基継「アメリカにおける人間の尊厳論

第3章　基礎法学と実定法学との協働

の諸相」人間の尊厳と現代法理論（成文堂，2004）257-280頁参照。
(11)　概念整理として，例えば，青柳幸一「人間の尊厳論の『原点』と『現点』」慶応大学法学研究78巻5号189以下，同・人間・社会・国家（尚学社，2002）参照。
(12)　例えば，ホセ・ヨンパルト＝秋葉悦子・人間の尊厳と生命倫理・生命法（成文堂，2006）など参照。
(13)　阪本昌成・憲法？〔全訂第3版〕（有信堂高文社，2008）参照。その辺の事情については，矢島基美「日本国憲法における『個人の尊重』，『個人の尊厳』と『人間の尊厳』について」樋口陽一＝上村貞美＝戸波江二編・日独憲法学の創造力（上）（信山社，2003）251-272頁が分かりやすく整理している。なお，かけがえのない個人が，代替不可能性というそのことだけで価値を持つという考えは，19世紀後半の歴史主義や個性記述的方法を文化科学の方法として力説した西南ドイツ学派と似通っている。ただ，後者の考えは，普遍的価値に関係づけられるからこそ個体や個人に価値があるという理論構成をとるだろう。その点，代替不可能性だけに価値の根拠を見るわけではない。
(14)　ただし，このように述べることは，歴史的主観的解釈に固執することを意味するわけではない。その後の社会状況の変化に対応した新しい酒を古い革袋に注ぎ込む必要性は，確かにある。このことを，私も否定するつもりはない。ただ，その際にも違ったことばに違った意味合いを明確に付与するような概念形成の努力をするのが望ましいというに過ぎない。

(2)　わが国での変化──「人間の尊厳」に関連する二つの例

(ア)　その一つは，2001年に発効した「ヒトに関するクローン技術等の規制に関する法律」である。本法では，ヒト胚への侵襲行為によって人クローンやキメラ等を生成することが，「人の尊厳への影響が大きい可能性がある」ことを「一つの」理由として，規制される[15]。本法での「人の尊厳」を「人間の尊厳」と同一視して良いならば，次のような問題が浮かぶ。

一つには，本法はヒト胚にも「人間の尊厳」を認めるという立場を表明しているかのようにも見える。もしそう言えるならば，着床前診断や中絶問題と直結する大きな論議を巻き起こす可能性を孕む。あるいは，明確にそのように言うことに躊躇を覚えるからこそ，「人の尊厳への影響の可能性」という婉曲な表現が使われているのかもしれない。つまり，ヒト胚に認められるのは，胎児よりも低い尊重の念だけであり，重点はむしろ人クローンやキメラ生成という行為自体の是非に向けられているとも言えそうである。

「人間の尊厳」の根拠を求めて

　二つは，ヒトの同一遺伝子を持った個体の生成やキメラの生成自体が，直接「人の尊厳」に悪影響を及ぼす可能性がある，とされる点である。ここには二つのことが示唆されている。(i)一つは，代替不可能性を特徴とする「個人の尊厳」を遺伝子の同一性に見るかのような見解が示されているということである（＝人クローン生成の禁止）。この点，一卵性双生児のように，同じ遺伝子を持っていたとしても異なった個体である限り，それぞれに「個人の尊厳」が承認されるべきであるとの反論が，すぐさま提起される可能性がある。とすると，人クローン生成行為を禁止する理由は，再びその意図や目的に求められることになるだろう。(ii)二つはその個体性をヒトという種にまで拡大し，ヒトを他の種から厳格に区別する態度である（＝キメラ生成の禁止）。これを，「人間の尊厳」が「人類の尊厳」を含むようにその意味を拡張し，あるいは多義的になった，と位置づけることもできるかもしれない。だが，「個人の尊厳」が「人類という個体の尊厳」に拡大した，とみなすことも可能である。いずれも，これまでの議論の枠組みからすると，人間の尊厳というよりはむしろ，個体の尊厳に近い意味がそこで念頭に置かれているようである。

　このように本法は，世界的趨勢に対するわが国の対応の一つではあるが，そこで用いられている「人の尊厳」概念の意味内容がそれほど明確にされたとは言い難い。外延がヒト胚へと拡大するように思われる一方で，内包もまた個人の尊厳や人類の尊厳との線引き問題を抱え込んでしまう。確かに前述のようにドイツでは，人クローン生成をめぐる具体的問題処理への処方箋を「人間の尊厳」（＝本法では「人の尊厳」）から導き出そうとする論者が多い[16]。だが，わが国の「人の尊厳」について，似たような試みがどれだけ実り豊かでありうるかについては，本概念の曖昧な位置づけからして定かではない。

　私の関心から何よりも問題なのは第一に，生身の人間がそこに観念されて「人間の尊厳」が論じられているのではないということである。人クローン生成の是非が論じられる場合にあっても，現に人クローンはまだこの世に生まれ出ていない。したがって，議論はどうしても抽象的・観念的に終始する[17]。第二に，本法に言う「人の尊厳」は専ら「個体の尊厳」という概念に収斂するように思われる。これに対し本稿での問いかけは，個人——又は個体——の尊厳とは一線を画する「人間」の尊厳である。人間の尊厳は，確かに一見抽象的で

第3章 基礎法学と実定法学との協働

はあるが，その内実への問いかけは常に生身の具体的人間と接触する場面で浮かび上がる，と言うべきである。そうだとすると，現在のわが国での議論状況からすれば，「人間の尊厳」の内実や機能を探る上でヨリ有益なのは，もう一つの例すなわち尊厳死論に視線を向けることである。

　(イ)　尊厳死論は，未だ生命倫理上の主張に止まっているが，その名称が示す通り，人間の尊厳を考える上で格好の素材を提供してくれる[18]。もっとも，そこでの尊厳が「人間の尊厳」であるのか「個人の尊厳」なのか，はたまた単なる「私の尊厳」なのかは，必ずしも判然としない。けれども，少なくとも「人間の尊厳」を一部含んでいることだけは疑いない。この運動推進論者は，自らが「意味のない生」――これを少なくとも「私の尊厳」喪失と見なしていいのだろう――と思う状態に陥ったならば延命措置を中止してくれるよう医師に依頼し，まだ意識のはっきりとしている時期に表明された当該意思が上記の状態に陥ったときにも有効であるべきだ，と主張する。この見解の独自性は特に，遷延性意識障害つまりいわゆる植物状態に陥ったときの要望に示される。すなわち，そのような状態に陥ったときには，未だ死期が切迫していないにも拘わらず，「無意味な」人為的延命が断固として排除され，自然死を選択する人為的意志が表明されるのである。そこでは何よりも，自らの尊厳ある死を選び取る自己決定権が強調されている[19]。しかし，遷延性意識障害患者の何が「人間の尊厳」を喪失しているのかと問うならば，尊厳死論は，その状態の経験的・具体的内容を指摘するほかない。そこで前提されている考えを私の関心から整理するならば，①現実的意識，②身体的状態，③他者との関係性，が浮かび上がる。章を改めて，順次検討しよう。

(15)　「人間」の尊厳ということばはおそらく意図的に避けられているが，意味的差異を伴う全く別のことばとして意識的に採用されたわけではないだろう。また，規制が必ずしも刑事罰を意味するわけではない。立法資料として，例えば科学技術会議生命倫理委員会「クローン技術による人個体産生等について」（平成11年12月21日），http://www.mext.go.jp/a_menu/shinkou/shikaku/clo00215.html.参照。

(16)　後掲注(30)の文献参照。

(17)　この点で対照的なのは，例えば胎児を「人間の尊厳」の担い手と見なすか否かが問われている場合には，お腹の中にいる生命体を実際に念頭に置きながら議論ができるということである。

(18) 以下で述べる尊厳死論は現に存在する尊厳死協会の活動をそのまま祖述しているのではない。むしろ，尊厳死という概念を認めたときの論理的前提を，私なりに理解し整理した上での尊厳死論である。
(19) ドイツの例ではあるが，W. Jens & H. Küng, *Menschenwürdig Sterben――Ein Plädoyer für Selbstbestimmung――*, 2. Aufl. München, 1995. のタイトルは象徴的である。

4　尊厳死論に見る「人間の尊厳」の具体相

(1)　現実的意識

　もし我々が自己決定にこそ「人間の尊厳」を見るならば，その根拠は自己決定を為しうる意識や意志力を重視していることにある。ただし，自己決定能力が理念的意味でだけ把握されるならば，具体的問題処理にあたっては有効な基準たり得ない。実際に念頭に置かれているのは，むしろ特定の現実的で具体的な状態であり，当該能力の実際の働きである[20]。

　そこで今，専ら意識の「実際の」働きに注目するならば，そこには段階的差異があるという事実に誰もが容易に気づく。大きく分ければ，次元の違いがあり[21]，他方でその強弱の違いがある。強弱問題だけを以下に論じるならば，いくつかのレベルを現実の意識の中に認めることができる。①最も弱いレベルでは，周囲の者からの呼びかけに対して何らかの応答のあることのみが考えられる[22]。次いで，②ことばやそれ以外のサインを通じて，当の意識内容が他者に対して理解可能な形で伝達されうることが意味されよう。さらには，③その応答が，他者からの働きかけに対して常に常識的な範囲に収まっていることを求める場合もあるだろう。もっと言えば，④仮に常識的範囲を逸脱しているとしても，当人の人生を当人自身が決定していることが判明するならば，そこに意識――場合によっては，意志――の働きを認めることはできる。抽象的表現を用いるならば，⑤意識とは，感覚与件をそこへと整序し統合することによって認識を可能にする結節点である，とされることもある。

　このように「意識」は，他者との簡単な応答を可能にする能力としての現実的意識から，応答内容を適切に組み立てる力を経て，自律的決定や他者との言

第3章　基礎法学と実定法学との協働

語的コミュニケーションを可能にする能力，さらにはいわゆる意識一般にまで拡大し抽象化していく。そして，それらの能力のうちどれか一つに尊厳性を求めるのではなく，それらを統括する基本的力にまで視線を遡らせるならば，理性ということばが浮かぶ。その内実については更に論及されるべきだとしても，まさに理性こそが「人間の尊厳」の最終根拠を与えているように見える。

確かに，理性や理念的な自己決定（＝自律）を最高の価値とみなす論者にとってみれば，「自ら」が遷延性意識障害に陥ると想像することは，とてつもない恐怖心を抱かせることだろう。とはいえ，自分以外の誰かが理性的能力のほんのひとかけらでも失うならば，尊厳死論者がその人からもう「人間の尊厳」を奪い取ってしまうかといえば，そうではないだろう[23]。「私の」尊厳は，必ずしも他者にとっての尊厳と同一であるわけではない。他者への態度を考慮するならば，むしろ当初理念的に称揚された自己決定や意識は，だんだんとその要求水準を低下させ，先述の最低限の意識という現実的次元にまで下りてくる。すなわち，ともかくも誰か他の人との間で何らかの意思疎通が認められる限りは，「人間の尊厳」を失ってはいないということを，尊厳死論者も認めざるを得ない。そうでなければ，「人間の尊厳」喪失者が病院や夜の町を占拠してしまうだろう。

以上のように，「何らかの意志疎通」という場合の「何らかの」程度が下がっていくならば，遷延性意識障害を直ちに「人間の尊厳」喪失状態とみなす根拠さえ揺らぎ出す。勿論，遷延性意識障害の状態を意思疎通不可能と同一視する定義を採用するならば，話は別である。しかしそのときには，臨床例からの反論に直面する。実際，遷延性意識障害とされた患者が本当に全く意識を喪失したままであるかどうかが疑われる事例が，少なからず報告されているのである[24]。このように，尊厳死論者の暗黙の前提に沿って考えるとしても，必ずしも理念的自律や大脳の働きに対応する高度の意識だけに——そこにのみ，「私の」尊厳の根拠を求める立場がありうるとしても——，「人間の尊厳」の根拠を求める必要はない。ごくごくわずかであっても他者からの働きかけに反応し，場合によってはごく卑近なことを誰か他の人に伝えるという，最低限のかすかな「現実的意識」も，「人間の尊厳」を保証するのである。

　(20)　とすると，尊厳死論はそのような実際の働きを保障する大脳の働きにこそ，「人間

の尊厳」の物質的基礎を求めるかのようにも見える。理念から現実へと問題次元を移すときに尊厳死論が念頭に置くのは、脳特に大脳という物質であり、その働きである。もしそのように言えるならば、尊厳死論は一種の大脳還元説である。

(21) 次元の違いの典型例は認知症であるが、尊厳死論がこのような状態に陥った人を「人間の尊厳」喪失状態と見なしているかどうかについては、定かではない。

(22) 最低限の段階としては、当人に何らかの認知作用が認められるならば、仮に他者との間での応答が無くても「人間の尊厳」はある、という主張も考えられるかもしれない。しかし、他者が当人を人間として尊重するには、単なる認知ではなくそれが誰かに「向けての」認知であるべきだろう。

(23) このように、事柄を片面的に捉えて、自分についての処遇と自分以外の誰かについての処遇判断とを別にするならば、尊厳死論は内容の如何を問わない自己決定だけにその根拠を求めるということになるだろう。意識というよりもむしろ、意志が前面に出される。

(24) 例えば、http://www6.plala.or.jp/brainx/recovery2000.htm で報告されている諸例参照。勿論、これらの事例は定義の変更に影響を与えるのではなく、単に実際の判定現場での混乱を示しているにすぎない、とする立場はありうる。ちょうど、脳死概念自体への疑問がいくつかの事例によって提起されるときに、それを判定の不確かさへの指摘によって解消しようとする試みのようにである。森岡正博・生命学に何ができるか（勁草書房、2001）参照。

(2) 身体の状態

遷延性意識障害者は、意識を喪失していたり意識内容を他者が理解できるような形で伝達できないばかりではない。何よりも、行動の自由を喪失し、生存自体を自力で維持できない。他者による全面的介助ばかりか、機械による延命を必要とする場合さえある。そこで、尊厳死論者が強調する意識は、今度は身体との関わりという局面で現れる。身体と最も強く結びついているのは「痛み」であるが、遷延性意識障害患者の場合には身体的痛みはそれほど重視しなくてもよい。むしろ、自らの意志によって操ることのできない身体という想像が、自らの存在自体への恥辱と存在意義への疑問を引き起こす。身体の動きばかりか生存の可能性さえ他者に全面的に依存するという事態を想像することは、自己決定を掲げる尊厳死論者の自尊の念を著しく傷つけるに違いない。このような事態は、そこに自律的意識が確保されない限り、自己のプライバシーが全面的に崩壊することをも意味する。誰か他の人から加えられる侵襲を防ぐ手だ

第3章 基礎法学と実定法学との協働

ては,全くなくなったかのように見える。というのも,自らの身体を自ら意識的に支配することこそが,プライバシーの基本だからである。(1)で触れた,応答や意思伝達を担う意識は,(2)にあっては身体を支配する。

　身体支配が不可能になることは,二方向に一定の帰結を導く。一つは,自らが身体の身繕いをできない結果生じるかもしれない「身体の汚れ」である。これは,単に不潔さを表しているだけではない。無防備に自らの身体を他者の視線に晒さざるをえないこと自体への恥辱の念が,ここに潜んでいる。これまた「人間の尊厳」の侵害と見なしてよいならば,本概念の下で観念されているのは,社会的関係の中で語られる身体の尊厳である。実際,きちんとした服装をしていること,清潔な状態に置かれていること,特に褥瘡がないこと,身体の変形が少ないこと,排泄物がすぐさま丁寧に処理されること等は,当人の「人間の尊厳」を尊重することと同義である[29]。

　ただし,いくら身体の清潔さが保たれたところで,自らが身体を支配する可能性が無くなるならば当人の「人間の尊厳」は喪失しているのではないか,と指摘されるかもしれない。しかしながら,自らが身体を支配することによって得られるのと同等若しくはそれ以上の身体の状態が,誰かの補助によって維持されるならば,当人の「人間の尊厳」は失われていないと言ってよい,と私は思う。というのも,身体がそのように清潔に保たれているということは,彼(女)が任意の誰かから十分に尊重されていることを,端的に示しているからである。人間の尊厳は社会関係の中での身体――服を着ることは卑近な例である――のあり方を一部含んでいる。身体は剥き出しなのではなく,社会関係の中で何物かを適切に身にまとい,それ相応の取り扱いを受けるべきなのである。確かに,遷延性意識障害にあって,いやそもそも身体障害だけでも,人は自らの身体を意のままに統御できなくなる。その限りで,身体は自らの意識から離れていくように見える。それ以前の「私」の残像を映し出すのは,今や意識無き「私とされていた身体」だけである,とさえ思われるかもしれない。だが,私が誰かから十分手当を受け身体の清潔さが保たれているならば,それは,私の身体に,他者に対して自らの身体の保持を可能にし促す何らかの力が残っていることを意味する。「私とされていた単なる抜け殻としての身体」が,そこにいるのではない。身体支配が不可能になるからこそかえって表面化する身

体の力が，そこに暗示されている。このように述べることは，「人間の尊厳」の根拠を求める我々の目を，身体を介した他者との関係のあり方に向けさせる。これが，身体支配の不可能性から導かれる第二の点である。次の(3)で簡単に指摘する。

(25) これらを「人間の尊厳」の直接適用として説明することができる。そしてこの点は，「個人の尊厳」では捉えきれない。

(3) 他者との関係性

　尊厳死論者の脳裏をよぎる恐怖は，意識が消滅寸前となり自己支配が途絶えてしまうということだけではない。支配しきれなくなった無防備の身体を，他者の視線や具体的侵襲にさらすということだけでもない。むしろ，その両者から帰結する事態，すなわち他者との関わりが一切途絶してたった一人でベッドにいる――あるいはそれさえ保障されない――ことの恐怖でもあるだろう。意識の喪失は，他者に向かって自らが――その身体的挙動をも含めて――働きかけ，応答し，相互関係を保つことを不可能にしてしまうように思われる。そのことは，他者からの働きかけや応答の可能性も遮断されるかのように感じられることだろう。我々人間は他者との不断の関係性を介してこそ「人」になっていくのであるからには，その可能性が双方向的に途絶えてしまうのは，社会的存在としての人が死滅することと同義と見なされる。

　だが，意識の働きが外部から明確に認識されない状態にあるならば，その人との間にいかなる関係性も作り上げることはできず，またそれを保持できないのだろうか。先に最低限の意識に言及したおりに意味されていたことは，他者との間で何とか意志疎通ないし交流が可能であるということだった。経験的意識のありようにいくつかの段階があったのと同様，このような意志の交流にもまた幾層の違いがある。対話が重視されるときのように，両当事者間の実存的交流がその一形態とされるのも，一例である(26)。しかし，「あるべき」又は「ありうるかもしれない」意志疎通ではなく，現に行われている姿を考えるならば，ともかくも誰か他の人との間で何らかの応答が成り立つとき，そこに意志の疎通ないし交流が図られていると言って差し支えない。そしてその応答の可能性は，意識を媒介とするそれだけに限定されるべきでもない。むしろ，意

識以前の身体を媒介とした原初的なコミュニケーションも可能なのである。そして，そのような場面で開示される関係性こそが，「人間」の尊厳を自覚させる場面へと我々を導くのではないか，と思われる。

このように私は，尊厳死論を素材としつつ，意識の次元をかすかなそれにまで下げていき，果ては身体それ自体の尊厳性を求めたり，身体を介した関係性の重要性を示唆してきた。これまでの素描が確かに不十分とはいえ，このような方向性を導いているのは，どのような関係の中でどのようにして相手が現れ，だからこそ他ならぬ彼(女)の「人間の」尊厳が私に感得されるのか，という問いである。別言すれば，当事者双方を固有名詞をもった人でもなければ，性別や民族の違いをもった人としてでもなく，まさに人間として自覚させ，取り扱いの客体とさせるのはどんな関係なのかが，問われるべきなのである。この問いへの答えを探すべく，以下では些か迂回路を取って，本概念の実際的用法へとひとまず視線を向ける。本概念はどのように機能するのだろうか。そして，どんな場面で本概念が獲得されるのだろうか。

(26) 宗教的意味合いも込めて「対話」が論じられる例として，金子晴勇・対話的思考（創文社，1977）参照。

5 「人間の尊厳」概念の機能

「人間の尊厳」の具体的意味は，上述の人クローン規制法や尊厳死論から導き出したものに限定されるわけではない。新たな状況の変化に応じて，本概念は常に新しい意味と事例とを追加する反面で，古い意味を放棄することもあり得る。このように抽象的で一般的な本概念の使用法を眺めるならば，①産出的と②否定的の二種類に分けることができるだろう。

①産出的用法は，(a)「人間の尊厳」概念からいくつかの新たな具体的意味が導かれる場合に見られる。ここでは，常にその都度の具体的状況とのかねあいで本概念は具体化し，拡大し，分化する。人クローン規制や尊厳死論に触れたときに，その具体例に言及した。(b)新しい事例が，本概念の外延として直ちに位置づけられる場合もある。胎児が「人間の尊厳」の担い手とみなされるのは，その一例である。これに対し②否定的用法は，(a)「人間の尊厳」に訴えること

によって，当該行為を直ちに中止させるよう働きかける場合に見られる。例えば，辱創を直ちに人間の尊厳に反する事態と見なす場合がそれである。あるいは，子宮提供者が妊娠・出産の単なる道具としてだけ見なされるならば，代理母契約を「人間の尊厳」侵害として非難することもあるだろう。これらの事例は，理念不適合性を示す。(b)当該事例や行為が目指している目的が「人間の尊厳」に反することを理由として，当該行為を禁じる場合。例えば，人クローン生成は，その行為自体というよりはむしろ，それが何を目指すかに着目して禁止の対象となる。ここでは，目的不適合性が問題となる[27]。

　全体として見れば，本概念が産出的用法を示すのは稀であり，大部分は否定的・制限的に用いられると言ってよい。産出的である場合でも，当初は否定的作用のみがあるに過ぎない。ただ，それらが積み重なった結果，帰納的にもう少し具体的で積極的な内容が反対の局面として導き出され，「人間の尊厳」の内容が充実していく，と言った方が適切だろう。

　そこで，当面の事案に対して一応従来の問題処理法が用意されているという前提から出発するならば，「人間の尊厳」概念の働きは次のような順序を辿る。(i)仮に従来どおり問題を処理しようとしたときに当該事実関係から帰結するであろう具体的な結果を予測し（＝「尊厳死論」を例にとるならば，「無意味な」延命が継続される），(ii)その帰結を評価する基準が「人間の尊厳」に求められる（＝そのような状態のまま生かされていることが，「人間の尊厳」からどのように評価されるかが検討される）。(iii)その結果，到底耐え難い結果が生じるであろうと思われるときには，当該処理方法が「人間の尊厳」違反という形で否定される（＝延命治療拒否，自然死擁護）。このように，例外設定にあって「人間の尊厳」はまずは当面の事例をさしあたり該当する範囲から排除する最も強力で抽象的な「理由」として働く。(iv)しかしその理由は，私見によれば，必ずしも理論的に十分論証された理由ではない。むしろ，予測される結果が我々の感覚に訴えかけることによって，直接触発されるものを言語表現したものである。最も根源的な表現を用いるならば，端的な「否！」である[28]。

　(v)「人間の尊厳」概念は更に次のような特徴を追加的に持つ。それは，(i)に位置する「従来の問題処理法」もまた，広くは「人間の尊厳」から導かれうるということである。尊厳死論について言えば，それが問題となる時点までは救

命という医療の大前提がある。これまた「人間の尊厳」の一例とみなしうるならば，人間の尊厳に配慮した医療，看護や介護がまずは求められる。とりわけ，苦痛緩和措置はそれ無しでは末期患者の「人間の尊厳」が失われるほどである，と考えられるだろう。人クローン生成の場合でも，ヒト胚への侵襲によって現に生きている成人や将来の人を特定の病気から救うかもしれない研究は，他ならぬ「人間の尊厳」（＝当人以外の人類の尊厳と言ってもいい）に仕える。もしそうでなければ，(iii)の段階での判断にあって，常に「人間の尊厳」と対抗する別の価値との衡量が必要とされるだろう。例えば，人間生命の無条件の尊重とか[29]，研究の自由がそれである[30]。このような価値衡量を認める代わりに，「人間の尊厳」の否定的機能は，「人間の尊厳」内部での整合性確保という形をとる。その意味で，「人間の尊厳」概念は，他の概念よりも効力の点でもっと上位にあり包括的である。

　以上のような本概念の機能と特徴から導き出せることは，我々が「人間の尊厳」を感じとるのは，我々が他者との間で構築する最も根本的な「関係」の中においてである，ということである。そこでこそ我々は，相手に対してそれ以上踏み込むことを躊躇させる壁のようなものに突き当たる。その壁は絶対的な拒否そのものであり，だからこそ「人間の尊厳」は何よりも否定的機能を果たす。そのとき関係する相手は，他ならぬ「人間」として現れる。彼（女）と向かい合う私もまた，同時に自らを「人間」として自覚する。そうすると問われるべきは，どのような関係の下で我々が当の壁に突き当たり，相手方の「人間の」尊厳を語りうるのかということである。

　このような視点から見ると，従来「人間の尊厳」の具体的意味や根拠づけを巡って提示されてきた議論も新たな角度から見直すことができる。いくつかの代表的答えを取り上げた上で，本稿の目指す方向性を示したい。

　[27]　似たような問題を，「原則／例外」という図式と関連づけて，簡単に論じたことがある。陶久利彦「『原則／例外』図式と信頼関係論――民法612条2項を題材にして――」法セ53巻3号（2008）30－34頁参照。

　[28]　本稿では，この端的な「否！」の背景にある心理を恐怖とか不安という言葉で表現してきた。

　[29]　いわゆる「生命の神聖さ」については，生命の質を強調する論者から多くの批判が寄せられた。例えば，H. T. Engelhardt, *The Foundations of Bioethics*, 1986, p.242ff.

(30) 研究の自由については，例えば，H. Hoffmann, Bioethik, Gentherapie, Genmanipulation—Wissenschaft im rechtsfreien Raum？—, in JuZ. 41. Jg.（1986）S. 253－260, E. Fechner, Menschenwürde und generative Forschung und Technik, in JuZ., 41. Jg.（1986），S.653－664, M. Kloepfer, Humangentechnik als Verfassungsfrage, in JuZ., 57 Jg.（2002），S.417－428. 根岸健「科学研究の自由の限界と『人間の尊厳』―人クローン個体産牛研究の禁止を素材に　」前掲注(13)日独憲法学の創造力（上）273－310頁，青柳・前掲注(11) 108－132 頁参照。

6　「人間の尊厳」の根拠――関係のあり方から――

(1)　社会的相互行為への還元

　他者を人間として取り扱うことを社会的約束事として捉え，その有効性をその実際的効果に求めるような方向設定がありうる。この試みは，人間の尊厳を個人の資質に求めるのではなく，社会的関係性の中に探ろうとする点で，共感を誘う。しかし，なぜ約束事であり得るのかという問いかけが，更に投げかけられるべきだろう。そうすると，これまでの論述からも明らかなように，単なる約束事であるかのような「人間の尊厳」には，実は，我々の相互関係を可能にし，その内部で感得される価値が潜んでいることが明らかとなる。そこには，一定の存在論的な根拠がある，と言うべきである。

　似た試みとして，「人間の尊厳」を他者に対する社会的ないし心理的な反応に全面的に還元するようなアプローチもある。確かに，「人間の尊厳」を論じる際に，社会心理的次元へと焦点を合わせ，他者からの軽蔑とか愚弄といったいわれなき非難を差し止めるよう求めるところに，尊厳性の意味を求めようとする試みもありうる。人間の尊厳はこの場合，守られるべき「自尊の念」といった心理的状態に還元され，自尊の念を害するような行為を禁止する命法へと反射的に具体化される[31]。この試みは，具体的で実践的な問題を解決する道具立てを用意するという意味では非常に有益である。ただ，そこで扱われている問題は，社会的相互行為の具体的局面に限定されている。ここでは，人は社会的な役割を担う人である。それ故，端的な「人間」という性質づけが社会的

相互行為のどの局面で表面化するのかは、まだ問われていない。これに対し、「人間の」尊厳が意識される局面は、もっと深く、根本的である。

　(31)　ノイマン・前掲注(8)は基本的にこのような方向を目指しているようである。

(2)　慣習として形成される「人間の尊厳」尊重の心性

　ハビトゥスとして、「人間の尊厳」の心性形成を論じるアプローチもある。これは、「人間の尊厳」の問題を一方では心性の次元で捉え、他方ではその形成という発生的次元で理解しようとする[32]。確かに人が社会的人として自らを陶冶していくのである限り、このようなアプローチも「人間の尊厳」概念の一断面に光を与える。単に理念的な議論を重ねるよりは、遙かに実り豊かな成果を上げるだろうと期待される。そこでは、人間存在が一定の共同体の中でこそ可能となるという立場が同時に主張されているようである。だが、慣習という発生的次元を視野に収めるだけでは不十分である。というのも、そこでは個人と社会的人との相克は解消されるかもしれないが、それだけではまだ「人間」がどのように現れてくるのかが、問われないからである。

　(32)　葛生栄二郎「ハビトスとしての人間の尊厳―人間の尊厳とケア倫理―」前掲注(6)法の理論26 109－132頁参照。

(3)　生物学的アプローチ

　ヒトの生物学的事実や人類の生物としての発展過程だけに尊厳性の根拠を求めようとするアプローチは、人間を作り上げる事実的要素の一つにだけ着目する。すると、生物学的事実だけから尊厳という価値は導出されえないという「自然主義的誤謬」の批判が、直ちに思い浮かぶかもしれない。もっとも、この批判は形式的に過ぎない。生物学的事実に一定の価値が最初から内在しているとされるならば、論理的な誤謬は回避される[33]。先に身体という側面を強調したように、人間が生物としてもっている身体性を強調することに、私も賛同する。ただ、身体性は生物的側面だけに限定されるのではない。それは、常に社会的関係の中で醸成された意味を伴っている。単なる生物性ではないのである。単なる生物性が我々の情緒を揺さぶるときには、その事実を何か価値的なものに結びつけるもっと大きな体験の枠内に組み込まれている、と言うべきで

あろう。

(33) ノイマン・前掲注(8)邦訳116頁参照。

(4) 神学的アプローチ

もし我々が共通の宗教的確信を持っているならば，「人間の尊厳」についての神学的説明は非常に説得的である。例えばカソリック教会は，人間が神の似姿として創造されたと教え，だからこそ人間の尊厳は人間以外の生命体を保護し配慮する管理人としての役目を負う点にある，と論じる(34)。この説明は，人間を関係的人格とみなす点では，大いに示唆的である(35)。ただ，社会的関係の主体相互を超えて，このアプローチには常に「神」という第三のものが介在する。その論理的帰結の一つとして，人間の尊厳は，神と人間とそれ以外の生命体との間で論じられる。つまり，お互いの区別原理を提供しようとする点に特徴を持つ。人間相互でどのような関係が取り結ばれるのかを，神無しで説明することができない。従って，信仰を同じくしない人にとってこのアプローチは殆ど説得力を持たない。

(34) 教皇庁国際神学委員会〔岩本潤一訳〕・人間の尊厳と科学技術（カトリック中央協議会，2006）参照。
(35) 前掲注(34) 54頁参照。更にはアルトゥール・カウフマンやノイマンの基本志向も同様である。A. Kaufmann, Vorüberlegungen zu einer Ontologie der Relationen, in *Rechtstheorie* 17, 1984, S.257-276. ノイマン・前掲注(8)邦訳127頁参照。

(5) 理想主義的アプローチ

例えばカントは，人間を現象界と叡智界という二つの異なった次元にまたがる存在と見る。叡智界に属する人格は，自らの行動原理を常に普遍的道徳法則に合致するようコントロールするという点に，実践理性を働かせる。普遍的道徳律への尊敬の念のみを行為の動機とするような「善なる意志」の主体が，叡智界の住民である。このようにしてカントは，その内容を問わない自己決定ではなく，普遍的道徳律を自らの行動原理に取り込む点にこそ人格の自由と自律を見る(36)。

このアプローチは，それが現象界の人間の有様を離れた理念的姿を描写すれ

ばするほど，ある意味で魅力的である。しかし，理念がある程度の説得力を持つためには，現実にもその理念の一部が具現していなければならない。現実の人間が理念としての理性を分有していたり，理念が現実に臨在している必要がある。だからこそ，現実の姿を「尊厳喪失」と見なそうとする尊厳死論のような議論がでてくる。もし理念と現実が全く没交渉のままに終わるならば，理念の力は失われる。まさにこの点に，本アプローチの最大の問題点がある。「人間の」尊厳が意識されるのは，むしろ理念的ありようが失われるところである。このアプローチでは，具体的経験的人間が表面に出てこない。しかし，我々が探し求めるのは，まさにそのような人間のどこに「尊厳」を感じさせるものがあるのかということである。

(36) Kant, *Zur Grundlegung der Metaphysik der Sitten*, Hamburg, 1965, S. 55f.

(6) 超越論的アプローチ

目の前にいる具体的経験的な人の中に，尊厳が認められた「人間」というヨリ普遍的存在が宿っていることは，我々が当人からの何らかの働きかけに答えようとしたり，逆に当人へと何らかの働きかけを試みるとき，我々によって「既に」前提されているかのようにも見える。その意味で，このような行為を可能にする実践的な超越論的前提として「人間の尊厳」はあると言えるかもしれない。全く交流の無かった人に対しても，その人が眼前に現れるならば，我々はすぐさまその人と一定の関係を作り上げようとする用意のあることを自覚する。我々が現に他者と親密な関係を作り上げているという事実だけで既に，そのような関係を可能にする超越論的前提として，「人間の尊厳」があるという説明も可能であろう[37]。

だが，超越論的説明は少なくとも二つの問題をはらむ。一つは，このアプローチをとると，それ以上の問いが遮断されてしまうということである。すべては，既に人々の間で相互の人格を尊重した関係が成り立っているという事実によって，解消してしまう。しかし，逆にそうではない事実もまた存在するということは否定できない。現に，本稿冒頭でも述べたように，到底座視しえないような残虐な行為が現にあったからこそ，あえて「人間の尊厳」という表現が人々の脳裏に浮かんだのである。事実のみに根ざす議論は，逆の事実によっ

て反駁されてしまう。別言すれば，超越論的条件は必然性の条件ではなく，あくまで可能性の条件のみを示している。別の可能性である「人間の尊厳」侵害行為もまた，事実としては存在したし存在しうるのである。そして第二に，超越論的前提の内容がなぜ「人間の尊厳」であるべきなのかは，この議論自体からは説明できない。「個人の尊厳」でも「理性的存在」でも何ら差し支えないからである。

(37) H-L Schreiber, Menschenrechte und postmoderne Vernunft. ハンス-ルートヴィヒ・シュライバー〔陶久利彦訳〕「人権とポストモダン時代の理性」青井＝陶久・前掲注(8) 91－111頁の見解をそのように理解しても良いと思う。

7　一つのアプローチ
―「人間の尊厳」を感じ取る身体的相互関係―

そこで，未だ素描でしかないが，私は次のようなアプローチをとりたいと思う。

(a)ことばの用法面の考察で確認したように，「人間の尊厳」原理は，何よりも制限的・否定的に働く。ことばの機能的特徴は，我々が「人間の尊厳」を把握する仕方の反映である。つまり我々は，理念的存在ではなく，具体的・個別的・経験的人間との交渉の中で，もはやそれ以上侵襲してはならない限界を感じとるのである。(b)限界を感じとる場は，上述の否定的体験である(38)。そして，そのような体験を通じて獲得される感覚によってこそ，将来の出来事が「人間の尊厳」原理に反しているという直観的判断が可能となる。(c)我々が関係を持つ具体的人間のモデルは，当然のように尊厳性を承認されている人ではない。なぜなら，そのような人については，人間の尊厳それ自体というよりはむしろ，尊厳の具体的局面こそが議論の前面に出てくるからである。我々はむしろ，遷延性意識障害者のように，従来「人間」の周縁部に位置すると考えられたような人にこそ「人間の」尊厳の担い手を捜すべきである(39)。

出発点は，「今・ここに・いる」人とどのような関係があるときに，我々は「人間の」尊厳をその人に対して感じ取るのかということである。いずれも形式面だけに目を向けるならば，抽象的には次のように言えよう。

第3章　基礎法学と実定法学との協働

　まず,「今」という時間的制約は,「今」の中に現出してこないものを人間の尊厳の根拠と見なす試みを拒否する。確かに,「今」という時間の中には, 当人の個人的歴史や周囲の人の追憶や, 未来への希望や絶望などが重畳的に凝縮している。そうであってこそ「今」がある。とはいえ, 目の前に「今」何が現れ,「今」という限界の中で私と相手との間で何が形成されるかを問いかけるとき, 彼（女）の過去の蓄積や未来への開放性あるいは永遠の相だけから今の姿を位置づけることは, 不当である。「今」は, 過去や未来から相対的に独立した時間的枠組である。「今」に示される様こそが,「人間の尊厳」を現れさせる。

　次いで「ここ」という場所的制約は, 他のどこでもない「ここ」という空間を私と相手が共有しているということを示す。それは, 単に観念的な存在を想像したり文字や音声だけを通じて交流を深める関係を意味してはいない。何よりも, 目の前の「ここ」という空間を占めている相手の身体が私に迫ってくる。他方, 相手の「ここ」を位置づける私の「ここ」もまた,「ここ」という表現は含んでいる。身体は不変のものとして眼前にあるのではなく, 私や相手の身体の動きによって伸縮する。その身体相互の距離の変化は, 相互関係に影響を及ぼさないわけにはいかない。例えば, 距離的には「そこ」であったり「彼方」であったりするにも拘わらず, まさしく「ここ」という空間的意識を持ちうるような関係もありうる。しかしそのような場合であっても,「ここ」は,「そこ」や「彼方」とは違う距離の近さを示している。「ここ」に見え・触れ・耳にすることのできる直接性が, 関係の生々しさを突きつけるのである。

　そして「いる」という規定は, 単に「不在」の否定に過ぎないのではない。むしろ, 不在を引き起こす——つまり存在を抹消する——ことを断固として拒否する態度——あるいは明示的態度として現れないときには「壁」——に突き当たることを意味する。不在こそが拒否されるのである。

　上記のような「今・ここに・いる」人が従来周縁部に追いやられていた人であるならば, 私と彼（女）との間で「人間」が現れ出るような関係とは, 次のようなものだろう。①関係の中で相手が全くの無力であると感じられるようなとき, そのときにこそ私は自らの全能と同時に自らが「人間」として相手に向かい合っていることを感じる。逆に相手は無力であるという点で, 剥き出しの

「人間」として私の前に姿を現す。私が感じる全能は，権力と言い換えることもできる。というのは，こうである。②相手は，無力でありながら，その持っている現実的意識と——仮にそれさえ確認できないとしても——身体性の故に，私に対して一定の作用を及ぼす。私に対して人的関係を作り出す用意があることを身体それ自体が私に対して告げるのである。それは，身体の指向性とでも言える作用である[40]。それは，私に対する全幅の信頼の表明でもある。③無力であるということは同時に，私からあり得るかもしれない侵襲すべてをそのままで受け入れるということである。何の抵抗もなく，抗議もなく，対抗する力もなく，ただそのままに私の善意も悪意もすべて受容する。このようなとき，相手は現実的意識をも喪失し，社会的役割も放棄し，しかしながら社会的関係の中で人の身体に付与されるべき意味合いをなお保ちながら，そこにいる。そのようなとき，彼（女）は「人間」としてそこにいる。私もまたそのような場面で，人間として自らを自覚する。力の圧倒的不平等が厳然として両者間に存在し，いやむしろ相手の無条件の受容を前にして，私の指一つが相手の生命を何の必然的理由もなく一挙に奪い取る可能性を持つとき，私は自らの力に驚きおののくことだろう。その制御は，他ならぬ「人間」としての次元で初めて語りうる。④そのような関係の中で，私は相手の無力さと対比して，自らの圧倒的力の保持とそれ故に人間としての醜さをも自覚する。実際，私が相手の壁に触れたかのように感じてそれ以上の侵襲を控えるとき，私は相手の中に人間の「尊厳」を感じとる。対するに，その壁を乗り越えようとした私の企画と指の動きに自らの醜さを自覚し，恥じ入り，相手の無力と無条件の受容という働きかけに威厳を感じることだろう。先述の絶対的「否！」という叫びは，無力な相手が発するのではない。そうではなく，侵襲をしようとする私が，相手との間で形成する上述のような関係の中で，私自身の行為を押しとどめようとする声としてどこからか聞こえてくるのである。

　以上のような見解は，私と相手方との特殊な関係を想定している。対比されるべき一つの関係は，「私」という主体的個人を自覚する場面である。実際，人間相互の関係を論じるとき，我々は通常，関係当事者の平等を前提にするだろう。そこでは，双方の働きかけが双方の従前のあり方へと反省の目を向けさせ，双方がその関係を通じてより高みに昇っていくような作用が見られる。仮

第3章　基礎法学と実定法学との協働

に平等な当事者ではなく知的・身体的に不平等な関係にあるとしても，そのときには一方が他方に対して一定の支援を提供し，他方はその援助を受けることによってかえって援助者の存在意義を確認させる。そのような相補的・協働的関係が相互の間に築かれる。しかし，そのような場面で考えられる両当事者の位置づけは，必ずしも「人間」ではない。人間にまで抽象化しなくても，人間にまで深く立ち入らなくても，上記のような関係にあって両当事者はお互いを認め合い，援助しあい，協働の関係に入り，それを進展させることができる。「私」の成立と相互承認はその適例である。人的関係の中で当事者が感じ取る第一番目のものは，自我の自覚である。自我の自覚は人間の自覚を一部含んでいるかもしれないが，そこから端的な人間の自覚へと飛躍するのは，決して自明のことではない。同じ事は，男女の愛憎関係や社会的に規定された一定の役割を担う人の成立についても，言えるだろう。

　ここで，本稿冒頭に挙げた世界大戦中の体験に帰ってみたい。大戦中に経験した「人間の尊厳」侵害の時，人々の脳裏にくっきりと焼き付いたのは，圧倒的力の不平等だった。そして，その不平等を是正しないまま完全に恣意的な線引きによって生命を奪われてしまう人々の姿だった。もし相手が立ち向かってくる力を持っているならば，こちら側も全力を尽くすことができる。そのときには，闘争と策謀を通じて「生の充実」を感じ取ることもできるかもしれない。だが，そうではなく自らの恣意が全面的に許されているかのような状況にあるとき，私からは，それまで社会関係の中で構築してきた「私」や「役割の担い手」がそぎ落とされる。そこに現れるのは，剥き出しの意志や身体からなる圧倒的権力が一方的に支配する世界である。そのとき我々が自らを振り返って感じ取るのは，権力者になったという快感だけではないだろう。むしろ，無防備の赤裸々な姿で目の前に現れる相手に対して，自らの恣意が相手の生命を一挙に奪ったり，生活を一変させたりする力を持つことへの恐れである。自らのうちに見る，人間の醜さ・傲慢さ・醜悪さである。総じて，私の「人間」としての悪を自覚するときにこそ，人間の尊厳を語る場面に我々は現にいる。そのときに，我々はそれ以上の侵襲を差し控え，あるいは何か現状を変えるべき作為へと自らを駆り立てる原動力として，「人間の尊厳」を感じ取るのである。

「人間の尊厳」の根拠を求めて

　本稿で私が試みようとしたことは，法的・道徳的議論で「人間の尊厳」という概念が使われる様を手掛かりとしながら，人と人とのどのような場面で他ならぬ「人間の尊厳」が露わになるのかという問いを立てることである。我々は，いかにして他者との関係の中で「人間の尊厳」を感じ取るのだろうか。本稿では，その方向性がほんの少し示されたにすぎない。

(38)　そこは同時に，積極的に尊厳性を感じとる体験でもあり得る。
(39)　というのも，冒頭で掲げたような悲惨な集団的体験は，今日すべての人にとって必ずしも可能ではないからである。そしてもし周縁部の人に対しても「人間の」尊厳が認められるならば，その現場は，我々の価値感得の最も根底的な場所である。
(40)　この点については，陶久利彦「妊婦の自己決定と生命の尊重―覚書―」法学69巻6号119-146頁で簡単に触れた。

人間性と公共性に関する法思考
―人間の尊厳をめぐって―

松 岡　誠

1　はじめに

　伊藤滋夫先生は，実定法の根底にある基礎法学を常に重視し，要件事実研究においても，「主張立証責任対象事実の最終的決定基準は，民法の制度趣旨である」という見解から，基礎法学への探究とその方法論の必要性を強調する。そして要件事実論にとって，決定基準を支える揺るぎない客観的価値とは何か，またそれをどのようにして証明するのかという課題に殊の外関心を示し，その中でも人間の尊厳を「根源的価値」と名付けて，諸価値のうちで第一の価値として論じている[1]。

　さてこのことを考察するには，まず人間の尊厳が，人道かつ人権の究極的な価値思想であり，個々の実定法規に明らかな条文が存在しなくても，実定法の解釈や適用の基準として常に斟酌され，実現化されねばならない基本精神であるという思想から検討する必要がある。そして人間の尊厳のような多義的な思想が，現実の法的実践プロセスにおいて単一的な意義で適用が可能であるや否やという問題とともに，さらに法律に関連する基本的な価値は単一かそれとも複合的あるいは重層的な関わりなのかという問題も考えねばならない。加えて人間の尊厳思想の法的事実への適用において，実定法の解釈や適用に関わる他の諸価値との間における優劣問題や，さらに法律の価値判断において客観性が真に得られるのかという問題も検討しなくてはならないであろう。

　ときに人間の尊厳思想は，現今の医療現場で具体的な事例をともなって，

「生命倫理」の中心的な基準として再考され援用されている。けれどもその理念は最優先されるべきであっても，実際の適用場面において判断に困る事例はいくつか出されており，先端の医療技術における「生命科学」においては何が第一義的に適用されるべき基本価値であるのかという問題が生じているのである。すなわち「生命の尊厳」と「人格の尊厳」と「人間の尊厳」とに関する受けとめ方や適用の問題についてである。そして人間の尊厳については，生命倫理と生命科学との軋轢の中で，従来のような形而上学的な理論展開ではなく，実践的で具体的な医療現場との比較検討的な解決の必要性が問題にされており，それはまた哲学的思考の実践的な適用という点でも重要な現代的課題になっている[2]。

さらに人間の尊厳が実現化されるのは社会生活の場であり，その実現を単に人間性の理念のみを論じることで終わることはできない。その実現化には，人間同士の利害調整において，すなわち共生・共存しなくてはならない社会生活の中で，人間の尊厳を勝ち取らねばならないゆえに，共生社会の実現化は必要な考察となり，そして法規範も，共生社会における人間の尊厳を実現化するために必要なものである。つまり社会における人間は，人間性の核心としての人間の尊厳を確保しなくてはならないので，人間の尊厳を考察するということは，公共的な社会に置かれた人間の生活を論じることにほかならないと言えよう。

(1) 伊藤滋夫「要件事実論と基礎法学の協働・序説」法セ639号11頁以下 (2008)。伊藤滋夫「基礎法学への期待—民事法研究者の立場から—」伊藤滋夫編・基礎法学と実定法学の協働 (法曹養成実務入門講座〔別巻〕) (信山社, 2005) 107頁以下, 112頁。伊藤滋夫「民事法学と基礎法学——民事法研究者の立場から」東北学院大学編法学政治学研究所紀要第15号28, 35頁以下 (2007)。
(2) 葛生栄二郎＝河見誠・いのちの法と倫理〔第3版〕(法律文化社, 2004) 11頁以下。甲斐克則「人体構成体の取扱いと『人間の尊厳』」ホセ・ヨンパルトほか編・法の理論26 (成文堂, 2007) 18頁以下。

2　法的な人間性—尊厳の態様—

人間性については，ギリシアのストア哲学においても重要な課題であった。それは人間と動物との相違という点で考察されたが，その後ローマの自然法思

第3章　基礎法学と実定法学との協働

想に引き継がれ，さらに人間性は，キリスト教において被造物概念の中心的な課題でもあった。「人間の尊厳」思想にはギリシア・ローマの哲学以来，一つは非宗教的な基礎づけ，もう一つは宗教的な基礎づけがあるが，とくに近代哲学において，カントが人間の尊厳論を展開したことは知られるところである[3]。

　ホセ・ヨンパルトによれば，人間の尊厳については三つの思想的視座に分けられている[4]。すなわち宗教上の視座，世俗上の視座，法学上の視座である。これらは重複や関連し合う内容をもつが，そのうち法に関する人間の尊厳は，法的な形式を通して実現化をはかってきたのであり，それはいわば法における文化的な主導の面でもある。さらにヨンパルトは，憲法上の「個人の尊重」「人間の尊厳」「個人の尊厳」を分類し，それぞれが本来の歴史的な基本思想を正当に実定法化しているや否やを問題にすべきというのである。

　その際，生命の尊厳，人格の尊厳，人間の尊厳については，どのような相違があるのかという点も重要である。とくに先端医療の現場では，いつ人間の生命が始まるのか，あるいはいつ人格としての人間が始まるのかという問題に関心がもたれている。つまり「ヒト」と「人間」とは同じなのか違うのかということでもある。例えば受精卵からの胚の利用問題，また何週目までを法的中絶期間にするのかという問題，さらに日本の場合なら妊娠22週目未満の中絶胎児の生命尊厳性と人格尊厳性の問題について，未だコンセンサスの得られない諸問題などである。あるいは末期で医学的に絶望的な患者で，かつ七転八倒の苦痛を余儀なくされている場合，ただ生命の尊厳ということだけで，患者の医学的な内容を考えずに，検討なく生命尊厳を適用してよいのかどうかという問題もある。生命の尊厳は同時に人格の尊厳と人間の尊厳とを充足しなくてはならないので，これらの間の優劣問題ではなく，いかにこれらを同時に実現化するのかが考察の対象となるであろう[5]。

　とするならば，生命の尊厳，人格の尊厳，人間の尊厳は，各個の単独的な適用ではなく，三つの側面を同時に実際問題で止揚するというような，弁証法的な展開を要する問題として扱われなくてはならない。つまり実際の医療現場でこれら三つの側面を同時に充足できるような解決方法に人知を尽すことであり，その際の価値判断は倫理委員会やその他衆知を集めての判断が必要である。そのようなプロセスでの判断は尊重されねばならないし，それは実践的な価値判

断でもあり，また生命・人格・人間という三つの尊厳を同時に内容化されていると言えよう。

それゆえ人間の尊厳にとっても，それを解釈し適用するプロセスが重要なのであり，ただ観念的かつ形式的に人間の尊厳を実際問題に適用すればよいということでもない。こうして，実際の医療現場では，具体的な所見が出されるのであるが，それゆえ尊厳死の場合も，本人の意思を尊重するという人間の尊厳からの側面，限りある残り少ない生命を苦痛緩和のもとで尊重するという側面，そして何よりも人間の人格を尊重するという側面などが，織り交ぜ合った形から，綜合的に三つの尊厳性を実現化していかねばならない[6]。

このように三つの尊厳もそれぞれのみで単独に用いられ適用されるのではなく，三つの尊厳の間で同時に釣り合いのとれた解決がはかられる必要がある。ということは尊厳思想の価値的なヒエラルヒーを求めることは，とくに法学上の人間の尊厳には無意味なのであり，それぞれの一応の概念規定ができるにせよ，それぞれの実際の適用プロセスにおける弁証法的な展開こそ意味があると言えよう。この点に関して小林直樹[7]によれば，善悪の相反する本性を併せ持つ人間の尊厳性は「正と負の弁証法的動態の中で捉えられることによって，基本的人権の根拠となる」と述べた。したがって一つの尊厳だけを規定するのは，形而上学的になるし，同じく一つの尊厳だけを現実に適用することも避けねばならないであろう。

(3) 金子晴勇・ヨーロッパの人間像―「神の像」と「人間の尊厳」の思想史的研究―（知泉書館，2002）17頁以下，170頁など。カント（加藤新平＝三島淑臣ほか訳）・人倫の形而上学（野田又夫編・世界の名著32）（中央公論社，1972）363頁以下。カント（白井成充＝小倉貞秀訳）・道徳哲学（岩波文庫，1954）100頁。

(4) ホセ・ヨンパルト＝秋葉悦子・人間の尊厳と生命倫理・生命法（成文堂，2006）11頁，40頁以下。

(5) ドイツ連邦議会審議会答申「人間の尊厳と遺伝子情報―現代医療の法と倫理（上）―」松田純監訳・中野真紀＝小椋宗一郎訳（知泉書館，2004）17頁以下。生命倫理と法編集委員会編（内山雄一編集監事）・資料集生命倫理と法（太陽出版，2003）7頁以下。西野基継「人間の尊厳と人間の生命試論」ホセ・ヨンパルトほか編・前掲注(2)35頁。只木誠「遺伝情報及び承諾と人間の尊厳」ホセ・ヨンパルトほか編・同59頁。

(6) 山崎康仕「死の迎え方と自己決定権」ホセ・ヨンパルト他ほか編・前掲注(2)90頁

以下,葛生栄二郎「ハビトスとしての人間の尊厳―人間の尊厳とケア倫理―」ホセ・ヨンパルトほか編・同 119 頁。
(7) 小林直樹・法の人間学的考察 (岩波書店, 2003) 43 頁。

3 規範の価値性―自由と共生―

(1) 諸価値の共生性

　人間の尊厳が実現化される社会は,諸価値が入り乱れる多文化社会であり,その乱れを種々の方法と制度とで妥協的に秩序立てている共生社会でもある。そこにおいては常に諸価値間の衝突と錯綜の中で,人々によって一定の価値が決断され,実現化されるのであるが,その際,人間の尊厳思想が理想通りの形で第一次的に適用され,実現化されているとは限らない。
　そして多文化内の各種個別文化間において,相互に思想や価値が相容れなくても,各個別が近代市民社会で共生するためには,何らかの共通的基本価値がなければ,社会における共存関係を危うくするのみであろう。それゆえ多文化社会における共通の基本的な倫理・道徳思想を探究し,対立する各個別に通じるようなルール作りこそ共生への第一歩なのであって,さらにそこには近代市民社会における共生的かつ基本的な法価値観に基礎づけられた「正義」が形成されねばならない。
　そこで社会的な対立関係から人間の尊厳を根幹とする共生関係への創造は,平和な社会を築くためにも急務である。その際,人間の尊厳にとって大切なことは,とくに少数者の権利を承認しなくてはならないことである。ゲオルク・イェリネク[8]によれば,民主的多数者は「思慮がなく残酷で,個人の最も根源的な権利に敵意を抱き,寛大さと真実を憎み軽蔑している」という。それを克服するために「社会が,荒廃した精神的倫理的軽薄さと頽廃から自分を防御することが唯一可能な道」として,イェリネクは「少数者の権利の承認」を提唱した。つまり近代社会において生活が営まれているところでは,程度の差はあるにせよ,人々は少数者を尊重するという寛容の精神を有して生き,それと著しく矛盾しないように,近代市民生活における合意形成の手段として,多数決

原理を用いて物事を決めることを容認するのである。

　さらに諸価値の基礎づけをめぐっては，自然法論と法実証主義との葛藤がある。法の根拠に関して，自然法論は実定法の外にあると考え，法実証主義は実定法の内にあるとするが，しかし自由・平等・博愛という諸価値の根拠は，現代では「書かれた自然法」[9]として条文化された。例えば基本的人権について，それを法価値の根幹とする各国では憲法に明記され，人権の内容を任意に変更してはならないものとして解されている。その点で，自然法の内容的な価値性は現代でも有意義であり，法実証主義者のH.L.A.ハート[10]も「自然法の最小限の内容」として単純な自明の真理を指摘したが，このハートの見解をニール・マコーミック[11]は「普遍的価値と自然法の最小限の内容という彼自身の見解においては，法は常に道徳的要請でもあるような，一連の要請を簡潔に表明していなければならない」という意味であると解釈している。

　ロナルド・ドゥウォーキン[12]の場合は，「法における統一性」について述べている。ドゥウォーキンによれば，「法を越える法」は「自らが目指す企てをはっきりと示している。この純粋な法は，完璧に純粋な統一性によって定義される。この法は，現実の法に対し最善の解釈を与える正義原理の中に存する」という。すなわち統一性（integrity）という法理論の展開は，法実証主義の柔軟な展開というより，むしろ現代的な自然法論との差はあまりないようにも思われる。

　ジョン・ロールズ[13]は，諸価値の共生性という点に関しての現代的な解決を目指して，「公正としての正義」という実質的正義論を提唱した。それは社会契約論の復権でもあるが，その功利主義批判とともに，ロールズによって社会的正義論や福祉国家論が基礎づけられた。その後ロールズは，正義の実践理論として「政治的リベラリズム」を構想し，さらに「万民の法 (The Law of Peoples)」[14]を提唱したが，万民の法は「国際法と国際慣習の諸原理や諸規範に適用される，正しさ (right) と正義 (justice) にかんするある特定の政治的構想」であり，そして万民の法に従う社会を「万国民衆の社会 (Society of Peoples)」と述べた。

　ロールズによれば，万民の法は「現実主義的なユートピア」であっても，そこには公共的理性における重層的なコンセンサスを基礎としているので，それ

ゆえ万民の法の実現について,「それが互恵性の基準を満たし,リベラルな諸国と良識ある諸国の民衆が形づくる万国民衆の社会の公共的理性に属するものであるか否かということにかかっている」と説き,万民の法は普遍的という。こうしてロールズの「万民の法」は,国際社会に人間の尊厳と正義と共生とを到来させる基礎理論として参考になるであろう。

(8) ゲオルク・イェリネク(森英樹＝篠原巌訳)・少数者の権利―転機に立つ憲法政治と憲法学―(日本評論社,1989)47頁以下。
(9) 松岡誠「法的自然法の可能性―書かれた自然法への道―」ホセ・ヨンパルト教授古希祝賀(成文堂,2000)499頁以下。
(10) H.L.A.ハート(矢崎光圀監訳)・法の概念(みすず書房,1976)211頁以下。
(11) ニール・マコーミック(角田猛之編訳)・ハート法理学の全体像(晃洋書房,1996)346頁。
(12) ロナルド・ドゥウォーキン(小林公訳)・法の帝国(未来社,1995)352頁以下,620頁。
(13) ジョン・ロールズ(矢島釣次監訳)・正義論(紀伊國屋書店,1979)3頁以下。田中成明・法理学講義(有斐閣,1994)223頁以下。
(14) ジョン・ロールズ(中山竜一訳)・万民の法(岩波書店,2006)3頁以下,177頁,訳者あとがき。

(2) 共生と自由との諸問題

「放縦なる自由」が人間の尊厳を実現できるとは限らない。対立し合い,争い合う社会では,無秩序による混乱は人間性を傷つけるだけである。そこで人間の自由活動とその限界の問題が生じる。「愚行権」を広く有し,際限なき自由は現代的な人格の尊重にも符合するが,それはまた社会における自由の許容範囲の課題でもある。そして人間同士が相互に争っても,確立された法秩序で解決が得られるならば,その社会では人間は共生性をもって生活しているのである。それゆえ争い合う相互が認め合うような「基本的な法価値」の存在が必要であり,それは社会倫理の基本的な諸価値に関わるのである。

共生社会の基本価値として,法哲学的な考察には自然法論からの援用がある。争い合う人間同士が,共生社会で妥協的に融和するには,「善をなし悪を避けよ」という自然法的な命題と,また生命の尊厳,人間の尊厳,人権の尊重などの近代自然法思想を是認するや否やにかかっている。加えて争い合う人間の間

で，共通の正義感覚があるや否やということも重要である。それに争いでは，正義観念が異なる場合もあるので，共生社会を実現するには，相手の諸思想を許容できるや否やという問題も生じる。それは寛容性に関わるので，それはまた「価値相対主義」の可能性によることでもあろう。

そこで放縦なる自由の抑制理論として，ジョン・スチュアート・ミル[15]は，「自分自身の責任と危険とにおいてなされる限り」，人間は自由であるが，そのとき，「個人は，他人の迷惑となってはならない」し，また「正当な理由なしに他人に害を与える行為」があってもならないと述べた。ミルの功利主義からは，放縦なる自由のみでは社会が成り立たないと指摘された。

この点マッキンタイア[16]によれば，リベラリズムやリバタリアニズムには真価（desert）の観念が欠けているという。そしてロールズやノージックは，個人から構成される社会に重点を置くので，「個人が第一で，社会が第二」となり，人々の利害と「諸個人を結ぶ道徳的・社会的絆」とを異なる別問題にしたとマッキンタイアは述べた。マッキンタイアの場合は，「〈人間にとっての善〉と〈その共同体の善〉」が共有される「共同体という文脈の中」でのみ，真価の観念を得ることができるという。それゆえ個人の利害は，「善に言及する」ことで決められねばならないので，真価の観念が，「共有される善を追求する際のその共同体共通の仕事に対する貢献との関係で認められ，その観念が徳と不正についての判断の基礎となりうる」と説いた。

コミュニタリアンのマッキンタイアは，まさに共生社会の実現を目指しており，そして近代の政治は道徳に基づいておらず，また正義の合意もないので，合理主義や個人主義は，正義を実現できないと指摘する。こうしてマッキンタイアのような共同体主義は，正義や共通善を，共同体の文化から捉えようとするのである[17]。

なおロールズは基本的人権と自由原理を，ノージックは個人的自由権と最小国家論を，ドゥオーキンは権利基底的自由権と平等原理を，自然権の基礎理論として構想している。あるいはリバタリアンのマリー・ロスバード[18]は，「理性と理性的探求とに基礎を置く自然法」という観念を援用する。またロスバードは，自然法理論がジョン・ロック的な個人主義を有することを示し，「自然権論的リバタリアニズム」を提唱した。

第3章　基礎法学と実定法学との協働

　人間の尊厳思想は，近代の自然権論に関連する。レオ・シュトラウス[19]は，「自然権の否定は必然的に悲惨な結果に至らざるを得ない」と説き，その際，古代ギリシア的かつアリストテレス的な目的論的宇宙観や目的論的人間観への再考を促した。またジョン・フィニス[20]は，自然法や自然権論を総合的に検討し，政治，社会，法律，倫理の基礎理論を統合するような自然法・自然権論を提唱している。あるいはロイド．L．ウェインレブ[21]も，法哲学と政治哲学との関係性を示唆して，自然法と自由・平等・正義との架橋理論を提唱した。

　多文化社会において，平和な共生社会は実現化されねばならない。ウィル・キムリッカ[22]によれば，「マイノリティの権利が人権とどのように共存するのか」，また「マイノリティの権利が個人の自由，民主主義，社会的正義といった諸原理によってどのように制約されるのか」について検討する必要があるという。キムリッカによれば，「自由主義と寛容とは，歴史的にも概念的にも密接に関連している」と説いている。

　さらにキムリッカによれば，文化とは「社会構成的文化（societal culture）」であり，すなわち「公的領域と私的領域の双方を内包する人間の活動のすべての範囲」において，「有意味な生き方をその成員に提供する」ことであるという。その際，キムリッカは，諸価値や正義観念の共有のみでは，社会的な統一に対して十分ではないと述べる。なぜなら社会的統一は，「アイデンティティの共有という観念」が必要なのである。

　キムリッカが示唆するように，民族間あるいは多文化間における共有のアイデンティティこそ，平和を到来させるキーワードであろう。キムリッカによれば，共有のアイデンティティには，歴史，言語，宗教などに連帯的な共通性があり，それらは「市民権をテーマとした彼らの文学や学校のカリキュラムにおいて絶えず強化されている」という。

　そこで争い対立し合う人間において，相互に不寛容で，また相互が固有のアイデンティティを主張して譲らずに紛争状態にあるとき，その両者ともに受け入れ可能な秩序とは何か，またどのように実現するのかという問題が生じる。この点に関してコミュニタリアンから，新黄金律（The New Golden Rule）が提唱された。アミタイ・エチオーニ[23]によれば，「新しい黄金律とは，自己のほしいままの選択と，美徳に則った選択との間の乖離を埋めようとするものであ

る」とし、「あなたは、社会に対してあなたの自律を尊重し支持してほしいと願うように、社会の道徳秩序を尊重し支持しなさい」と述べた。それゆえ黄金律が実現される社会こそ善き社会であるが、エチオーニによれば、「善き社会とは、社会的な美徳〈秩序〉と個人の権利とを、ともに生かすような社会である」という。そして社会的な美徳についてエチオーニは、一つは「自発性にもとづいて形成される道徳秩序」、もう一つは「個人とサブグループが保有する節度ある自律」であると説いた。すなわち「価値規範としての道徳秩序と自律」こそ基本的な美徳であると指摘するのである。

なおエチオーニにとっては、コミュニティにおける人格的な関係が重視される。そしてコミュニティの人々は、相互に連帯性 (solidarity) と、補完性 (subsidiarity) とをもち、コミュニティでは、共有的な価値が尊ばれることになる。例えば、環境、生命、健康、安全、伝統などの諸価値であるが、コミュニタリアンは、これらの諸価値を実現するため、教育を重んじるのである[24]。

こうして人間性を高め、人間の尊厳を強固にする社会の実現は、その社会が基本的な価値を受け入れるや否やにかかっている。対立状態から共生状態への可能性は、基本的な規範価値が共有されるとき、法秩序の確立も可能になるのである。それゆえ、ハートの「自然法の最小限の内容」や、またロールズの「万民の法」、さらにエチオーニの「新しい黄金律」の思想には、社会の基本的な価値規範が含まれており、それらは共生社会の基礎理論として不可欠であろう。そしてアルトゥール・カウフマン[25]が述べるように、生命の優位とともに、理性ある者のコミュニケーション共同体が実現されるまで、人々は歩み続けることである。

(15) ジョン・スチュアート・ミル(塩尻公明＝木村健康訳)・自由論(岩波文庫, 1971) 113頁以下。
(16) アレスデア・マッキンタイア(篠崎榮訳)・美徳なき時代(みすず書房, 1993) 301頁以下。
(17) マッキンタイア・前掲注(16) 303−307, 298, 309頁。田中・前掲注(13) 254頁以下。
(18) マリー・ロスバード(森村進＝森村たまき＝鳥澤円訳)・自由の倫理学—リバタリアニズムの理論体系—(勁草書房, 2003) 1, 4頁以下。
(19) レオ・シュトラウス(塚崎智＝石崎嘉彦訳)・自然権と歴史(昭和堂, 1988) 6, 10頁以下, 403頁。

(20) John Finnis, Natural Law and Natural Rights,1980, preface, pp.23-25.
(21) Lloyd L.Weinreb, Natural Law and Justice,1987, preface, pp.8-10.
(22) ウィル・キムリッカ（角田猛之＝石山文彦＝山崎康仕訳）・多文化時代の市民権―マイノリティの権利と自由主義―（晃洋書房，1998）8，113，231，283頁以下，訳者解説。
(23) アミタイ・エチオーニ（永安幸正監訳）・新しい黄金律―「善き社会」を実現するためのコミュニタリアン宣言―（麗拓大学出版会，2001）10，19，350頁，解説。
(24) アミタイ・エチオーニ・前掲注(23) 464，485頁以下。あるいはアミタイ・エツィオーニ（小林正弥監訳）・ネクスト―善き社会への道―（麗拓大学出版会，2005）13，22，33頁以下，212頁以下（この訳書ではエツィオーニと呼んでいる）。
(25) アルトゥール・カウフマン（竹下賢監訳）・正義と平和（ミネルヴァ書房，1990）115，137頁以下。またアルトゥール・カウフマン（上田健二訳）・法哲学〔第2版〕（ミネルヴァ書房，2006）315頁以下（第17章）。

4 人間性と市民社会の公共性

(1) 人間性実現の場としての市民社会

　人間の尊厳思想が実現化される場は市民社会でもある。そして近代の市民社会は，人間の尊厳を尊重し，社会を秩序づける際の基本的な価値とした。その点で，市民社会の構造に関して人間の尊厳は，どのように関連し，またその価値を実現化するのかという問題が生じる。つまり万人に等しく人間の尊厳を旨とする人間性を確保することの理論と実践との架橋問題である。

　この点ジョン・ロールズ[26]は，「良識ある階層社会」について，ヘーゲル思想を評価したが，最近の哲学では，ヘーゲルによって公共哲学を基礎づけるという考え方がある。福吉勝男[27]によれば，ヘーゲルの市民社会論は，自由な市場社会，貧困問題への福祉，相互扶助の職業団体が基本課題であり，これこそ社会福祉を基礎づける公共哲学であるという。そのヘーゲルは，市民社会において「各人は，他の人々と関連することなくしては，おのれの諸目的の全範囲を達成することはできない」[28]と述べ，市民社会は人間の欲求が実現化される場と解した。ただしヘーゲルの示す市民とは，ブルジョアを意味し，またブルジョアとは「共同体のなかで自分の欲求を満たす活動に従事する人びと」とい

う意味で捉えている[29]。

　ヘーゲルは，市民社会の成立[30]について，まず各人の欲求は自己の労働と人々の労働とによる媒介で満たすということ。すなわち「欲求の体系（das System der Bedürfnisse）」のことである。次に欲求の体系内にある普遍的な自由を確保するということ。すなわち所有は司法で護ることである。さらに欲求の体系内にある貧困などの偶然性に気を配らねばならないということ。そのためには利益の一部を共同体に帰すことというのである。すなわちそれは福祉行政と職業団体（Korporation）とが担うと指摘した。

　山辺知紀[31]によれば，市場経済を根幹とする市民社会では，人間の欲求は「直接的で自然的な欲求よりも，次第に社会化された精神的なものへと変化」するので，人々は直截的な欲望とは異なる「精神の自由を知る」ことにもなるが，その自由の実現化過程において「奢侈と貧困の拡大」という問題をもヘーゲルは認めていたという。

　また小林靖昌[32]によれば，ヘーゲルは近代市民社会の推進には，「その突破口を市民の教養・陶冶に求めた」という。そこで市民は労働を通して自己を磨き，市民社会に参加するが，市民社会は「単に形式的・法的にのみならず，実質的・経済的さらには文化的・精神的にも人倫的な社会状態ないし市民状態として変革される」という意味でヘーゲルは考えていたと解する。そして小林靖昌は，古い身分制国家観から個人の自由と権利とを最大限に尊重する近代的な市民社会観への「思想的展開」を，ヘーゲルは企図していたとも指摘する。あるいはマンフレッド・リーデル[33]によれば，ヘーゲルの市民社会においては，国家領域から市民的な社会領域を分離させたという。それゆえリーデルは，ヘーゲルが「古い政治世界との断絶を表現し，市民社会に関する新しい概念をつくりあげた」と指摘している。

　加藤尚武[34]によれば，ヘーゲルの市民社会は「権利を発生させる」場であり，それは「教養過程」の場でもあるという。とくに権利とは，「他人のパンは，私が絶対に盗んではならないという尊厳をもっている」という例えでヘーゲルを解説し，それはまた「他人の人格の尊厳」をも示しているというのである。すなわち所有権の尊重は「人格の尊厳」の現実化であることをヘーゲルは示したと加藤尚武は説く。

第3章 基礎法学と実定法学との協働

　ヘーゲルは，人間が自由に意欲して社会生活を過ごす場として，市民社会を論じたが，それは人間が人間として尊重されて生き続ける実際を考察する理論でもあった。とくに個人の欲求と他人の欲求とは，普遍的な市民社会で関わり合うのであるが，しかし市場経済制度における市民社会では，貧富の差も生じる。そこでヘーゲルは，福祉行政と職業団体とについて提唱している。その際，福祉行政は国家の公的な行政が担い，また職業団体は国家と市民社会との中間的な存在として考えられた。

　(26)　ジョン・ロールズ・前掲注(14) 105頁以下，187，256頁以下，264，285頁以下。
　(27)　福吉勝男・ヘーゲルに還る―市民社会から国家へ―（中公新書，1999）11頁以下，17，23頁以下。福吉勝男・使えるヘーゲル―社会のかたち，福祉の思想―（平凡社新書，2006）51頁以下，66頁。
　(28)　ヘーゲル（藤野渉＝赤沢正敏訳）・法の哲学Ⅱ（中央公論新社，中公クラシックス，2001）89頁。
　(29)　ヘーゲル（長谷川宏訳）・法哲学講義（作品社，2000）365頁。
　(30)　ヘーゲル・前掲注(28) 103，181頁以下。
　(31)　山辺知紀・ヘーゲル「法の哲学」に学ぶ―自由と所有，そして国家―（昭和堂，2005）106頁以下。
　(32)　小林靖昌・ヘーゲルの人倫思想―市民社会再生への道―（以文社，1992）17，299頁。
　(33)　マンフレッド・リーデル（清水正徳＝山本道雄訳）・ヘーゲル法哲学―その成立と構造―（福村出版，1976）154，156頁以下。また小林・前掲注(32) 301頁以下。
　(34)　加藤尚武・ヘーゲルの法哲学（青土社，1993）234頁以下，237頁以下。

(2)　人間性の陶冶と法文化

　ヘーゲルによれば，「国家の法律は普遍」であると説かれ，司法は立法とは関係がないと述べられ，立法と裁判とは「一人格のなかで結合し得ない」と指摘された[35]。さらにヘーゲルは，抽象的な法及び権利は，人間相互の関係的な秩序から来るが，それに現存在を与えるのが教養であり，また抽象的な法及び権利は，その教養により知られることによって，「効力と客観的現実性」を有するのであるという[36]。

　またヘーゲルは，法と法律とを区別しているが，法の内容が法律化されることにより，法律も正しい内容をもつというのである。その際，法とは自然法で

あり，法律とは実定法を意味するが，けれども「自然法ないし哲学的法が実定法とはちがっているということを，両者はたがいに対立し抗争し合っているというふうに変じてしまうのは，大きな誤解であろう」[37]と述べている。ただしヘーゲルの自然法とは，伝統的な自然法ではなく，哲学的法（すなわち法哲学）としての理性法ないし概念法のことである。それゆえ「自然法と実定法」は，「理性法と実定法」あるいは「法哲学と実定法」の関係のことにほかならないであろう。そしてヘーゲルは，自由な人間性が発揮できるような安定した市民社会を実現するためにも，不文法は成文法へ，それも不文法から制定法への転換が望ましいという。

　チャールズ・テイラー[38]によれば，ヘーゲルは「人間への関心の集中」と「状況内にある自由」とを持ち続けたという。そして人間を原点とする「ヘーゲルの哲学は自由の近代的観念の発展における重要な一歩である」とテイラーは解した。このようにヘーゲルは自由なる欲求を観念論的に把握するのではなく，人々の利害関係を調整するような具体的基準を，ヘーゲル哲学が提供できる可能性を有するということでもある。

　　[35]　G.W.F. ヘーゲル（P. ヴァンネンマン手稿）（尼寺義弘訳）・自然法および国家学に関する講義（晃洋書房，2002）167頁。
　　[36]　ヘーゲル・前掲注[28] 135, 138頁。
　　[37]　ヘーゲル（藤野渉＝赤沢正敏訳）・法の哲学Ⅰ（中央公論新社，中公クラシックス，2001）52頁。また小林・前掲注[32] 374頁以下。
　　[38]　チャールズ・テイラー（渡辺義雄訳）・ヘーゲルと近代社会（岩波書店，2000）257頁以下，265頁以下，292頁以下，314頁。

(3) 人間性を擁護する近代国家

　ヘーゲルの法哲学では，市民社会論と国家論とは切り離すことができない。両者は弁証法的な関係にあるので，一方のみ論じることでは不十分であろう。ヘーゲルの法哲学では，家族，市民社会，国家という弁証法的な展開が示され，客観的精神としての国家論が論じられる。そしてヘーゲルの国家論の特色は，社会契約説論に対して批判的な点である。

　ヘーゲルによれば，国家には契約関係が含まれず，国家関係へ私的な契約関係が混入するのは誤りであるという。ヘーゲルは，人間は産まれた時点から一

第3章 基礎法学と実定法学との協働

定の国家市民であって，国家から自らを切り離すようなことは個人の恣意では不可能であるという。すなわち「国家は恣意を前提とする契約にもとづくものではない」と解した[39]。こうしてヘーゲルは社会契約論を拒絶し，ルソーの社会契約論が誤りであると述べている[40]。それゆえ国家は人々の恣意によって創設されるのではなく，国家の創設は人間の「理性の要求」であるとし，そしてヘーゲルでは，人は産まれた時点で国籍を取得し，国家の一員になると考えられた。

アラン・パッテン[41]によれば，ヘーゲルは国家が個人の恣意に基づくというルソーの説を批判していると述べ，そしてパッテンは，国家が個人の同意に基づくや否やを，社会契約論が「特定することができない限り，極めてあいまいなままである」と説いた。そしてパッテンによれば，ヘーゲルと社会契約論者たちとの相違は，ヘーゲルが自然状態下の人間を「子供のようなものである」と解していた点にあると指摘するのである。

あるいはディーター・ヘンリッヒ[42]によれば，ルソーは「自立的諸個人はアトムとして，国家の基礎を形成する」と説いたが，しかしヘーゲルは「国家は，まさにこのアトミズムが溶解しているところの実体的なもの」とした。それゆえヘーゲルは「個人の恣意は国家の中に没すべきもの」と解し，「国家はむしろ理性の威力によって生じるもの」と解したのである。

ヘーゲルは，人々が国家に所属し，国家の義務を負うことは，個人による同意や契約とは無関係であり，それは前提されていることであるとした。その際，ヘーゲルが考える自然状態とは「自然のままの粗野で不自由な状態」のことであって，ホーマイヤーの講義録でも自然状態とは未開の状態であるとヘーゲルはいう[43]。それゆえヘーゲルは陶冶（Bildung）の必要性をも説いた。すなわち「陶冶としての教養」であるが，この点ヘーゲルによれば，陶冶こそ人間の即時的な欲望から，さらに対自的な文化的精神へと高まることを意味し，文化的な精神は教育による人間形成によって育まれるという。そして教育によって，人間は相互の承認ができるほどに己れが高められ，理性が発達するのであるとヘーゲルは見ていたのである。それゆえヘーゲルの国家は，人間の恣意に基づき創造されるのではなく，人間の理性に基づき，自由な人間性を実現するために前提されるのであると言えよう[44]。

(39)　ヘーゲル・前掲注(37) 229-231頁。
(40)　ヘーゲル・前掲注(29) 164頁以下。
(41)　アラン・パッテン（形野清貴訳）・ヘーゲル政治哲学における社会契約論と承認の政治（ロバート・R・ウイリアムズ編（中村浩爾ほか訳）・リベラリズムとコミュニタリアニズムを超えて―ヘーゲル法哲学の研究―（文理閣，2006）所収217-226頁）。
(42)　ディーター・ヘンリッヒ（中村浩爾ほか訳）・ヘーゲル法哲学講義録1819/20（法律文化社，2002）36，153頁。アラン・パッテン・前掲注(41) 219-220頁，221頁。
(43)　ヘーゲル・前掲注(28) 114頁。アラン・パッテン・前掲注(41) 223-226頁。G.W.F.ヘーゲル（C.G.ホーマイヤー手稿）（尼寺義弘訳）・自然法および国家法―「法の哲学」第2回講義録1818/1819年冬学期ベルリン―（晃洋書房，2003）11頁。
(44)　ヘーゲル・前掲注(28) 99-101頁。岩佐茂ほか編・ヘーゲル用語事典（未来社，1991）234頁以下。加藤尚武ほか編・ヘーゲル事典（弘文堂，1992）109頁以下。

5　おわりに

　本稿は，まとまらないままのモノローグのような論考であるが，ただ「生命の尊厳」が大切なのか，それとも「人間の尊厳」が大切なのかという現代における先端的な生命医療問題については，このような二者択一的な問題提起自体の問題性を述べてきた。むろん大前提としての生命の尊厳は揺るぎないものであり，論じ方の第一前提として扱われるにしても，その概念の中に人間の尊厳が含意される場合の考え方を再検討しなくてはならないであろう。つまり生命の尊厳における「生命」をただ単に息をしている生物一般を呼称する存在ではなく，この概念の中に含まれる人間は，同時に精神的な存在でもあり，またその能力を有する存在でもあるので，生命の尊厳も人間の尊厳を中心にその理念適用が尊重されねばならないと思われる。
　とにかく人間の尊厳問題は，究極的な価値であっても，それの具体的な適用段階で，他の諸価値と内的葛藤させられながら具体化されるのである。その中でも「生命の尊厳」と「人間の尊厳」とは，実践的な適用の場面で，その場面における総合的な適用が望まれるのであって，一概にどちらかの優位性を抽象的に論じることは相応しくないであろう。結局，具体的な適用事例に即して，生命の尊厳と人間の尊厳とを，比較考量しながら判断する全体的な決断に依るということと，さらなる事例を通しての考察の積み重ねと討議が必要な事柄な

第 3 章　基礎法学と実定法学との協働

のである。

　以上で不十分ながら考察を終えるが，とりわけ医療問題では，「生命の尊厳」と「人間の尊厳」とは，医学界の見解のみならず，社会における全ての諸価値も併せて，弁証法的に決められねばならない。またその基礎的な法思考では，人間性をめぐる法哲学的な分析として，近代の市民社会の中で人間の尊厳がどのように基礎づけられてきたのかという考察も必要である。それはまた近代市民社会における人間の位置づけとも関連する。そこで本稿は，ヘーゲルの市民社会論における見解にそのヒントを見い出そうとし，さらに公共哲学的な観点から，人間の尊厳の考察を試みたものである[45]。

　[45]　なお本稿は，以下の拙稿の一部を再構成しつつ，共同体主義的かつ公共哲学的なアプローチを試みている。松岡誠「共生社会の法哲学」創価法学 36 巻 2 号（2006），「市民社会の法哲学―ヘーゲルに関する再考―」前掲 36 巻 3 号（2007），「近代国家の法哲学―ヘーゲルに関する再考―」前掲 37 巻 1 号（2007）。

意思能力の判断と自律支援
―英国成年後見法体制から見えるもの―

菅　富美枝

1　はじめに――行為能力制限から自己決定支援へ

　日本社会の高齢化が指摘されて久しい。社会の構成員が高齢化しているということは，高齢者が社会生活に参加する（し続ける）可能性が増大していることを意味している。だが，実際には，加齢とともに判断能力が減退しうる傾向にあることも否定できず，高齢者が財産取引上のトラブルに巻き込まれることも少なくない。さらに，家族や地域社会の変容に伴い，一人暮らしの高齢者が増えていることから，悪質な業者らの狙いとなりやすく，不利な取引行為へと言葉巧みに誘われてしまうこともある。こうしたことから，高齢者の社会参加は望ましいとしても，狭義の意味での社会参加，すなわち，経済取引については，高齢者を行為主体そのものとして捉えることに慎重であるべきではないか，という声も聞かれる。非常に大雑把ではあるが，高齢者を「保護」する法制度の必要性を求める世論の背景には，以上のような問題認識があると思われる。
　判断能力の十分でない者を保護・救済する法制度としては，2000年に全面改正された成年後見制度がある。成年後見制度は，それまでの「行為無能力者制度」を，「自己決定権の尊重」「ノーマライゼーション」「残存能力の活用」といった理念を制度の中心に据え，自律支援の達成に向けて大きく転向させたものである。それまでの財産管理を中心とした制度とは異なり，本人の身上監護に目が向けられるようになった（「身上配慮義務」：民858条）ことも，大きな改正点である。だが，権利擁護（アドヴォカシー），あるいは，社会保障システム

第3章　基礎法学と実定法学との協働

の一環として成年後見制度を考えるとき[1]，わが国の成年後見制度は，未だに，「行為能力を制限する制度」――これは，経済取引からの排除を意味すると同時に，パターナリズムを招く――としての側面が強い点が危惧される。このことは，法定後見制度における「後見」類型が一般的に好まれている点に表れているが[2]，それに留まらず，成年後見法体制全般として，「ディス・エンパワーメント (disempowerment)」ともいうべき方向性が未だ十分には注意（警戒）されていない点が危惧される。だが，比較法的にみるならば，本人の意思決定に対する「介入」は，ますます最少化が図られているというのが，現代の世界的動向である[3]。

　他方で，他者による支援を必要としながら，取引行為に限らず日常生活全般において，生活上の障害を（あるいは，潜在的問題として）被りながらも一人で立ち向かっている（立ち向かわざるを得ない）高齢者が社会に多く存在することも指摘されている。こうした人々が，一方的に不利な契約を締結してしまった場合には，後に，契約締結時に意思能力が存在しなかったとして，契約を無効とすることによって救済を図る道がある。これは，一般に，「事実上の無能力者」の保護の問題として捉えられている[4]。ただし，意思能力の不存在の立証責任は本人に課されていること，意思能力の有無に関する裁判判断の基準は個別・事例ごとであって常に無効主張が認められるとは限らないこと，また，そもそも紛争は未然に防がれることが望ましいと考えられることから，成年後見制度のさらなる普及と活用が唱えられている。

　しかしながら，成年後見制度について，既述のように，少なくとも現在の多数を占めているような援用実態に関していうならば，旧制度との違いを理念の上で感じる（「管理」から「支援」へ）ことは難しい。たしかに，そのままでは詐欺や強迫などの被害を受けかねない弱者を，「保護」しようとする法の視点は，重要である。だが，成年後見制度改革にあたって，「自己決定権の尊重」「ノーマライゼーション」「残存能力の活用」を基本理念とした趣旨は，判断能力が低下しつつある状況にあっても，社会生活を継続できるよう，本人を支援することであったはずである。そうであるならば，社会の中で彼らを孤立無援にさせないための社会的インフラの拡充こそが必要なのであって，これが不十分であるとの問題認識を避け，本人から行為能力を奪い，他人の意思決定を本人に

よる意思決定に代える（例：取消権行使や同意権不行使という形で）ことをもって，「あるべき保護」と考えるならば，それは，成年後見制度の根本理念に反することになろう[5]。そして，同様に，事実上の無能力者を「保護」するためとはいえ，意思無能力法理の多用は，こうした成年後見制度の根本理念に抵触する可能性も否定しきれないのである。

　本稿は，以上の問題意識に立って，判断能力が衰えた状態にあろうとも，残存（現有）している部分が着目され，そこに最大限の可能性を見出され，周囲の支援によって，各人がその人らしい生活を継続しうるような社会構築の必要性を認識するものである。そして，こうした「自己決定が支援される社会」実現の一翼を担いうるものとして，成年後見制度及び，昨今，ますます成年後見制度との関連性が指摘されている意思無能力の法理に着目するものである。

　考察にあたって，まず，「意思無能力」の法的判断をめぐる議論に着目する（後述2）。判断能力の不十分な状態においてなされた法律行為を無効とすることによって，表意者を契約の拘束力から救済する「意思無能力の法理」[6]をめぐっては，援用に積極的な立場と消極的な立場とが存在する。両者の対立は，成年後見制度と意思無能力法理を補完関係にあるものとして捉えるのか否かに関わり，さらには，意思無能力をめぐる法的枠組みの再構成につながる問題である[7]。この点について，2005年の法改正によって，成年後見制度と意思能力に関する法理とを，ひとつの理念の下，より明確に関連づける英国法の立場が参考となろう（後述3）。そこでの考察を受けて，4では，任意後見契約の締結と解除をめぐる意思能力の問題を検討する。任意後見契約の有効性が意思能力の有無の観点から検討された最初の判決としては，東京地判平18・7・6判時1965号75頁がある。だが，本判決は，任意後見契約の締結／解除という文脈において本人の意思能力が問題となった場合，本人が理解すべき具体的内容とは何であるかという点について明確な答えを与えるものではないことから，さらなる検討が必要と考える。そして，最後に，5では，本稿のむすびとして，判断能力の低下した者に対する保護のあり方について，そうした人々の「ディス・エンパワーメント」，すなわち，「依存化」を避け，かつ，社会的排除が行われていく構造を阻止し，むしろ，社会的包摂を可能にするような方法を探る。

(1) 同様に，成年後見制度において，本来的に権利擁護機能が内包されており，また，

第 3 章 基礎法学と実定法学との協働

運用上も，知的障害者福祉法，老人福祉法，精神保健福祉法，高齢者虐待防止法といった他の諸制度との連携が図られている点に着目し，成年後見を社会福祉法制の一環に位置付けるものとして，上山泰・専門職後見人と身上監護（民事法研究会，2008）8-25 頁。
(2) 後見審判とは，いうまでもなく，後見人に対して，取消権のみならず代理権を包括的に付与するものであり（民 7 条・8 条・9 条），その反射的効果として，本人による意思決定が制限されるものである。すなわち，一般的な社会参加は許されるものの，経済取引に関しては，後見人に取り消されない限り，又は，日用品に関する限りという条件付きでの参加が認められるに過ぎず，また，後見人は法定代理権を得ることによって，単独で有効に法律行為を行うことができ，むしろ，これこそが本人の保護に資すると考えられている。後見類型の他に，保佐（一定又は特定の法律行為について，法律上，保佐人に同意権，取消権，代理権が付与されるという形で，本人の行為能力が制限されるもの：民 11 条・12 条・13 条・120 条・876 条の 4）や，そして今回新たに加えられた補助類型（特定の法律行為について，補助人に同意権，取消権，代理権が付与されうるが，そのためには本人の同意が必要であるという形で，行為能力の制限を本人の意思にかからしめるもの：民 15 条・16 条・17 条・876 条の 9）がある。代理権のみが付与される場合の補助においては，本人の行為能力が制限されることはないが，利用数が著しく少ないことが問題視されており，少なくとも，わが国の法定後見制度において，原則として捉えられるまでには至っていないというのが現状である。さらに，補助が法定後見制度であることを忘れ，任意代理制度の安易な代替物として利用される可能性を危惧するものとして，内田貴・民法 I〔第 4 版〕（東京大学出版会，2008）117-118 頁。
(3) この点につき，わが国と同様，大陸法型の成年後見制度を有しながらも，条文において，行為能力が制限されないことが原則であることを明記しているフィンランドの制度について，菅富美枝「フィンランドの成年後見制度――福祉国家における『制度としての後見行為』」成年後見法研究 5 号（日本成年後見法学会，2008）157 頁。
(4) これに関連して，石田穣・民法総則（悠々社，1992）106 頁以下，河上正二「無能力者制度の現状と問題点」金法 1352 号 7-14 頁（1993）参照。
(5) 今日の成年後見制度が有する社会福祉法的性格に着目して，判断能力の著しい低下がみられ身近に支援を頼れるべき人がいない高齢者について，市町村長申立制度（老人福祉法 32 条）のさらなる活用とともに，第三者後見人の量的・質的確保や関係諸機関の連携を説くものとして，村田彰「成年後見制度――市町村長申立てを中心として――」法と精神医療 22 号 38-58 頁（2008）。
(6) 須永醇「権利能力，意思能力，行為能力」星野英一編・民法講座 I（有斐閣，1984）97，128 頁。
(7) これに関連して，わが国における意思無能力法理の根拠や判断枠組について詳細に

検討し，判断能力の低下した者の保護を含む三つの枠組を導出した上で，意思無能力法理の拡張弾力化と縮減化の両方向性を論じるものとして，熊谷士郎・意思無能力法理の再検討（有信堂，2003）。

2 意思能力有無の判断の背後にあるもの

(1) 意思能力の有無が問題となる場合の判断要素

わが国の民法上，意思能力を有さない状況においてなされた法律行為については，無効と判断されることによって，表意者を契約などの拘束力から解放する[8]という法理（いわゆる「意思無能力の法理」）がある。この背後には，「各個人は，原則として自己の意思に基づいてのみ，権利を取得し又は義務を負担する」という近代法の根本原理があると考えられてきた[9]。だが，最近では，同法理を，弱者保護の観点から，対極にある取引の安全（取引の相手方の保護）とのバランスを図りつつも，より積極的に用いていこうとする動きがある。客観的に見て不合理だと考える取引から，本人を救済し保護を図ろうとする趣旨である。しかしながら，こうした，判断力の不十分な者の保護という機能面から意思無能力を捉える動きに対しては，自立支援の観点から，慎重な受け止めが必要であるという見解もある[10]。

そもそも，意思能力とは，一般に，「自分の行為の結果を判断することのできる精神能力」であって，正常な認識力と予期力を含むものと解されている[11]。そして，明文の規定はないものの[12]，これを欠く者の法律行為は無効と解されている（大判明38・5・11民録11輯706頁）。おおよその目安としては，7歳から10歳の子供の判断能力と言われるが，それ以上に具体的な基準を示すものはない。実際の裁判において，行為者が意思無能力であったか否かについては，「問題となる個々の法律行為ごとにその難易，重大性なども考慮して，行為の結果を正しく認識できていたかどうかということを中心に判断されるべきもの」として，個別の事例ごとに検討されてきた[13]。

たとえば，意思能力の有無が争点となった事例として，①遺言能力を争うもの，②婚姻・養子縁組における能力を争うもの，③抵当権・根抵当権設定契約，

第3章　基礎法学と実定法学との協働

連帯保証契約，金銭消費貸借契約，贈与契約，土地交換契約，（自己居住家屋の）売買契約に関して，契約能力を争うもの，④訴訟委任に関して委任能力を争うものがある[14]。そして，個々の事例の背景に照らした実質的・個別的判断がなされるとともに，類似の法律行為においては，一定の裁判判断の基準が存在しているという主張もある[15]。

　他方，同種の法律行為であっても，判断能力が争われている「当該場面」に必要と考えられる能力の程度は異なりうる。たとえば，同じ金銭消費貸借契約であっても，単なる借入にとどまらない複雑な取引条件の含まれたもの——特に，本人へのリスクの高いもの——については，より高度な判断能力が必要と考えられる結果，認知能力の障害が極度のものでなくとも，当場面において客観的に必要と考えられる意思能力を有しなかったとして，否定されることがある[16]。

　このように，意思能力有無の判断をめぐっては，「個別・具体的判断」と「類型的判断」とが併存している。そこで，意思能力の有無の判断にあたって考慮すべき要素として考えられるものを整理することを試みる。

　第一に，判断の対象範囲を限定すべく，「何」について，判断能力の有無が問題になっているのかが明らかにされる必要があろう。この点，これまでの裁判例において，当該事例において問題となっている法律行為の特定（例：財産の処分行為，借財，保証）とともに，取引の内容，種類，性質が注目されてきた。

　第二に，一般的に，その法律行為に必要だと考えられる判断能力の程度が，医学的，そして，社会通念上，示される必要があろう。この点について，これまでの裁判例においては，客観的に必要とされる判断能力が独立して着目されるというよりは，実際の精神的能力の程度に関する判断と渾然一体として，あるいは相関的に捉えられてきたように思われる。

　第三に，本人の当該行為に関する理解度を推認させうるもの（客観的本人要素）として，医学上の評価，及び，行為者の心身の状況の把握が必要になる。この点，これまでの裁判例において，前者については，精神的障害の存否，内容・程度，後者については，行為の前後の言動，行為時の状況，行為の意味についての理解の程度が注目されてきた。両者を区別した上で統合するアプローチは，精神的障害の存在それ自体よりもむしろ，あくまで，実際に，表意者の判断力に影響が起きているかという点に目を向けさせうる（次項参照）。

第四に，行為者の当該行為に関する意思や意欲（主観的本人要素）を探るべく，当該行為に至るまでの経緯が注目される。この点，裁判例において，本人が取引行為を行うに至った動機，背景，経緯が，意思能力有無の判断において考慮されているものもある[17]。意思能力の有無の判断を，単に一般的・形式的に行うにとどまらず，判断能力の不十分な者が享有している自己決定権の行使と関連させながら考慮するためには，重要な観点となろう。

　以上の作業を通して，各場面における意思能力の有無を判断するとき，そこでの意思能力判断とは，「状況依存的」であることを超えて，「文脈依存的」なものとなり，本人の意思をより個別・具体的に尊重しうるものとなると考える。

　さらに，これらと異なる（あるいは，むしろ，背景に控えている）観点に立つものとして，裁判例において，行為の難易度，本人に対する効果の軽重が着目されている。これらは，判断能力の減退した「社会的弱者」の保護についての法政策的判断―法的効果を「社会的弱者」たる表意者に帰属させることが適当か否か―に関わる要素であると考える。

(8)　須永・前掲注(6) 97，128頁。
(9)　我妻榮・新訂民法総則（民法講義1）（岩波書店，19刷，1983）60頁。
(10)　新井誠・高齢社会の成年後見法〔改訂版〕（有斐閣，1999）。
(11)　我妻・前掲注(9) 60頁。
(12)　梅博士によれば，行為能力を有しない例外的な権利主体として，かつてのドイツ法で区別されていた「無能力者」と「限定能力者」のうち，「無能力者」とは，わが国の民法上，「意思無能力者」のみを指しており，これらの者については，そもそも法律行為の要素である意思を欠いているために法律行為が不成立であるということであるから，あえて（「無能力者」として）規定しなかった，という。梅謙次郎・民法要義総則編（有斐閣，1984・明治44年版復刻版）12-14頁。他方，岡松博士は，各国の立法において，意思能力について規定したものがほとんどなく，あるとしても，「幼年」「精神障害」を理由として一律に無能力としてしまうことの問題性―心理作用面の軽視―を指摘している。岡松参太郎「意思能力論（二）」法学協会雑誌33巻11号60-62頁（1915）。
(13)　福岡高判平16・7・21判タ1166号185頁・判時1878号100頁・金商1204号26頁。
(14)　財産上の契約や遺言，婚姻・養子縁組，民事上の訴訟行為のそれぞれに必要とされる意思能力や，不法行為における責任能力を取り上げ，それらの有無についての「裁判判断の基準」（＝裁判の判断過程，判断基準，判断要素）を探究したものとして，

第3章 基礎法学と実定法学との協働

高村浩編・民事意思能力と裁判判断の基準（新日本法規出版，2002）。
(15) 意思能力の有無に関する裁判所の判断基準を，問題となっている法律行為の類型ごとに比較検討しながら，抽出・分析を試みているものとして，高村編・前掲注(14)のほか，澤井知子「意思能力の欠缺をめぐる裁判例と問題点」判タ 1146 号 87 頁，升田純・高齢者を悩ませる法律問題――成年後見制度をめぐる裁判例（判例時報社，1998）などがある。
(16) 東京高判平 11・12・14 金法 1586 号 100 頁の事件を参照。
(17) たとえば，東京高判平 2・5・31 判時 1352 号 72 頁の判決において，養子縁組のなされた状況・経緯の異常性に着目して，意思能力の判定として，本人の縁組意思ないし届出意思に対する疑いを否定するに足りる客観的事情の存在が明らかにされない限り，本人が正常な判断能力のもとに養親子関係に入ることを理解し，真意に基づいてその届出を行ったものではないと推認すべきとされた。これについて，須永教授は，「意思無能力の判定自体に無理がないだけではなく，届出の局面にまで立ち入って意思能力の有無の判定をしたかにも見受けられる点で妥当な判決だった」と評価している。須永醇「いわゆる形成的身分行為の問題性」新井誠−西山詮編・成年後見と意思能力：法学と医学のインターフェース（日本評論社，2002）87 頁。

(2) 医学上の評価と意思能力判断

以上のように，「意思能力の有無を判断する」とは，特定の法律行為に関して，行為時に，その行為をなすにあたって客観的に必要と考えられる意思能力を，本人に関する諸情報に照らして，「有していた」あるいは「有しなかった」と判断することを意味する。その際，本人に関する諸情報についての評価が，結論を左右することになろう。本人に関する諸情報の評価にあたり，裁判実務でとられているのは，伝統的な意思無能力法理を基礎として，そこに医学上の判断を加味するというアプローチである。前項で検討した第三判断要素に関わる問題である。

たとえば，贈与契約や金銭消費貸借契約において被告の意思能力が争われた場合，問題となっている法律行為時（贈与の意思表示時，金銭の受領時）の前後における本人に関する医学的情報（診察記録，検査結果，診断書など）が，実質上，重要な役割を果たしている。また，後になって後見開始の審判がなされたような場合には，当時もなかったとする判断に傾きやすい。近時，公正証書遺言の効力をめぐる裁判例では，長谷川式簡易知能評価スケールや，頭部の CT 検査

の結果などが判決に影響を及ぼすことも少なくないという[18]。また，任意後見契約の解除能力をめぐる裁判例においても，委任者の臨床経過が注目されている（後述）。このように，医学的検査，特に，医師による診断書の内容が，意思能力の有無の判断に際して，大きな影響を与えているように見える。

　たしかに，医学の進歩により，それまでは明らかではなかった精神的障害の存在が，客観的に把握しうるようになった。だが，意思能力の有無を法的に判断することの意味は，一つには，それらの精神的障害の存在が，実際に，当該行為における本人の判断過程に影響を及ぼしたといえるのか否か，いいかえれば，意思決定が実際に精神的障害によって妨げられた（あるいは，歪められた）といえるのか否かの判断であると考える。この意味で，「認知的な障害がある」ということと，それが実際に，「意思決定の場面において影響した」ということとの間には，ずれが生じうる。精神上の障害が医学的に認定されれば，常に判断能力を欠いていると考えることは適切ではない[19]。同様に，行為者の高齢を，意思能力の存在を否定する本人情報として評価することについても，慎重な態度が要請されよう。

　このように考えるとき，本人の当該行為に関する理解度を推認させうるもの（本人に関する客観的要素）として，医学上の評価（精神上の障害の存否，内容・程度）は，あくまで，行為者の心身の状況（行為の前後の言動，行為時の状況，行為の意味についての理解の程度）を裏づけるものにとどまり，両者は統合的に着目されることが求められよう。そして，このことは，たとえ認知的障害があろうとも，様々な支援方策よって，意思決定が可能になる場合があることを示唆する。すなわち，意思決定を行うにあたっては，「情報の取得―情報の維持（＝短期記憶）―優先順位の付与（＝結果の取捨選択）―選択した結果の表明」の過程を経ることが通常であるが，各段階において適切な助言者の支援を得ることによって，障害を有しながらも適切な意思決定がなされる可能性もあるのである[20]。

　判断能力の不十分な人々を「保護」するという視点は重要であるとしても，法が人々の自律的存在性を前提としていると考えるならば，一旦意思表示された法律行為については，判断能力が欠けていたとして安易に否定することには，慎重であるべきであろう。むしろ，意思無能力判断のもたらす「保護の客体」化という象徴的効果は，判断能力の不十分な者が取引から排除されていくとい

第3章 基礎法学と実定法学との協働

う社会構造を生じかねない点—保護から排除へ—が危惧される。

(18) こうした傾向を危惧するものとして，村田彰「自筆証書遺言に必要な精神能力」私法判例リマークス 20 号 87 頁，同「遺言に必要な精神能力」新井＝西山編・前掲注(17) 94-113 頁。

(19) こうした「生理主義」を批判し，精神的障害があって，かつ，その障害によって実際に当該意思決定に支障が生じている場合のみを「無能力」と判断すべきだとして（「心理主義」），「混合主義」を主張するものとして，岡松・前掲注(12) 48-53 頁。また，同様に，遺言内容との関係での遺言時における遺言者の心理状態が判決理由に全く触れられていなかった点を指摘するものとし，村田・前掲注(18) 87 頁。

(20) この点に関連して，英国成年後見法における「判断能力存在の推定」原則，及び，「二段階（two-steps）」アプローチ（障害の有無よりも，現実の場面における本人の理解度に着目）が注目される。英国の精神鑑定においては，精神あるいは脳の障害や機能不全が存在しているか否かを問う「状態判定法」に加えて，その障害や機能不全が，当該決定を行う時点において，当該決定を行うにあたり，自ら為し得ないと判断される程度に達しているかを問う「機能判定法」の二段階に分けて考えられる。五十嵐禎人「イギリス新成年後見制度における精神鑑定」実践成年後見 25 号 64-69 頁。さらに，あらゆる支援行為が試みられた後でなければ「判断能力が無い」と判断してはならないとされている（後述 **5**）。

(3) 自律の尊重と保護

では，自律の尊重という観点から，意思能力の存在を推定するという原則（意思能力の存在推定原則）を確認し，安易に契約を無効とはしないという立場に立つとき，判断の不十分な人々の「保護」は，どのように図られるべきであろうか。こうした見解は，表意者たる本人の保護と相手方との利益の調整を図るという観点に立ち，前者を後者と対立するものと捉えた上で，当該場面において，取引の安全を犠牲にしてまで本人保護を図る理由があるかを見定める，といった発想とは異なったものとなるであろう。

たとえば，取引の安全に焦点をあて，これを中心に論じる見解においては，意思無能力の抗弁の立証が困難であることについて，意思能力の不存在が相手方から予知・予防の可能性が少ないことに照らして，妥当であると考えられる。同時に，行為無能力の主張は表意者にとって立証が容易であるが，これは，相手方に予知・予防の可能性が与えられていることと整合的であると考えられる[21]。また，「事実上の無能力者」について公示方法がない点を問題視して，

「事実上の無能力者」は、自己が行った法律行為について、自己の意思能力が不十分であったことを「知っているか重過失で知らない相手」に対して（のみ）、民法13条1項に規定あるいは類推適用されうる行為を取り消すことができるとする見解[22]も、同様の観点に立ったものと考える。

他方、意思能力の有無が問題となった裁判例において、契約の相手方によるその場限りの巧みな説明や、時には威圧的な言動によって、話が不自然に進められたケースもみられる[23]。また、本人になんらの利益をもたらさないばかりでなく、本人の財産を「著しく毀損することを認識しつつ」、かつ、本人の「判断能力の低下に乗じて」商品を過剰に販売するなど、相手方による本人の脆弱性の作為的利用が認められた例もある[24]。こうした事実が認められる事例において判断能力の不十分な者が行った契約の有効性を考察するにあたっては、本人の意思無能力を説くよりも、本人の脆弱性に乗じて契約がなされたという経緯に着目し、取引の公正に関わる問題として捉えることが自律の尊重という理念に適うという見解もある[25]。リスクの高さに比して本人にリターンがほとんどなく、相手方が一方的に利益を得る状況においては、弱者保護よりむしろ、公正、公平、良心性の観点から、強制や詐欺とまでは認定できなくとも、公序良俗に反して無効と考える余地を見出す立場である[26]。

最近では、公序良俗違反を理由として契約を無効とする見解や裁判例もみられる。同様の手法、理論構成については、英国契約法において、これまでにも議論されてきたところである。2005年、英国では、判断能力の不十分な者の権利擁護をより積極的な形で実現すべく（エンパワーメントの実現）、成年後見制度改革が行われた。本改革によって、判断能力の不十分な者の自己決定権を最大限に尊重し、かつ、支援する法体制が確立した。法改革の過程において、意思無能力を理由として、一律に、本人を契約の拘束力から救済しようとする動きもなかったわけではない。だが、こうした理論構成は、新制度において明示された「判断能力存在の推定」原則と抵触する恐れがあると結論された。次節では、成年後見制度改革と関連づけながら、英国契約法について考察する。

(21)　須永・前掲注(6) 118頁。
(22)　この場合の立証責任は、意思能力の不十分性、相手の悪意・重過失について、事実上の無能力者にあるとされる。石田・前掲注(4) 107頁。

(23) 前掲注(13)参照。本事件においては，原告の一般的な知的障害の程度が検討されたと同時に，「余計な事は言うな」や「大丈夫大丈夫」といった言葉によって，被告の連帯保証契約を拒否する「自由な意思決定」を妨げた訴外Aの行為が強迫行為と認定された。これらの事情から，被告は，契約締結当時，「連帯保証契約締結の結果を正しく認識し，これに基づいて正しく意思決定を行う精神能力を有していなかった」と認定され，意思無能力者のした行為として，契約は無効とされた。同判決についての評釈として，熊谷士郎・私法判例リマークス31号10－13頁，野口恵三・NBL805号83－86頁。

(24) 大阪地判平18・9・29の事件では，原告である買主からの，意思能力欠如による売買契約及びこれに付随する立替払契約についての無効主張は斥けられた。他方，被告らが，原告の判断能力の「一定程度の低下」を知りながら，それに乗じて，「客観的にみて購入の必要のない高額かつ多数の」商品を「それと知りつつ過剰に販売した」と認定し，被告の原告に対する勧誘・販売方法を「社会通念上，取引道徳に反し，社会的相当性を著しく逸脱するものであって，法律上の保護を与えることのできないもの」として，売買契約の一部について，公序良俗に反し無効と判示した。一方，立替払契約については，被告らが「原告の判断能力低下を知り得たとまでは認められない」として，有効とされた。

(25) 身体的な拘束をともなわない行為によって困惑が惹起された場合や，その他の威迫・眩惑行為についても，消費者の自己決定権侵害を理由として，公序良俗違反による無効を認めることの必要性について示唆するものとして，山本敬三「契約関係における基本権の侵害と民事救済の可能性」田中成明編・現代法の展望――自己決定の諸相（有斐閣，2004）28頁。また，前掲注(22)を参照。

(26) 近時，「状況の濫用」とよばれている理論も，これに関係しよう。法律行為が取り消されうる場合として，オランダ法民法3編44条には，強迫，詐欺にならんで，「状況の濫用」が規定されているが，これは，相手方の「窮迫，従属，軽率，異常な精神状態または無経験」といった事情について悪意・善意有過失の者が，法律行為の成立を促進することを意味しており，わが国の学説においても注目されている。山本豊「不都合な契約からの離脱（その1）――民法規定による対処」法教332号109－114頁，大村敦志・消費者法〔第3版〕（有斐閣，2007）113頁以下，内山敏和「現代市民社会と法律行為法―オランダ民法典を視点として―」季刊企業と法創造5号（商事法務，2005）125－133頁。また，前掲注(24)参照。同判決を，契約内容の不当性に着目する「暴利行為論」を拡張して適用したもの，あるいは，契約内容よりむしろ契約方法に着目する「状況の濫用論」の先駆けとなりうるものとして評価するものとして，本注・山本114頁。

3　意思決定能力（mental capacity）と英国法

(1)　判断能力の欠缺と契約の無効主張

　英国のコモン・ローにおいて，単に，契約締結時において，本人に意思決定をなしうるだけの判断能力がなかった（mentally incapable）[27]というだけでは，契約の取消しや，目的物返還請求の根拠とはならない。「人は，判断能力が無かったとして，自己の締結した契約から免れられるべきではない」という格言は，16世紀末のコークの頃までには，コモン・ローの中に受け入れられていたと考えられている[28]。他方で，完全に判断能力のない状態と，部分的にない状態を区別し，後者において契約は取り消しうる（voidable）に過ぎないものの，前者において契約は無効（void）だとする見解もでてきた。しかしながら，19世紀には，新しい動きが生じる。

　第一に，一方当事者が判断能力の不十分な状態にあり，かつ，相手方がそれを知って契約を締結したとしても，本人が「受領した（sold and delivered）」商品のうち，それが「本人の置かれた状況に照らして必要なものである」と考えられる「必要品（necessaries：たとえば，食べ物，衣服，宿泊，雇用契約）」については，「合理的な対価（reasonable）」を支払う義務を免れえないとする判決がだされたのである[29]。その後，同法理は確立する（*Re Rhodes*（1890）4 Ch D 94, CA）[30]。

　第二に，契約締結時における判断能力の欠缺を抗弁として主張するためには，契約締結時における自己の判断能力の欠缺を立証するのみならず，相手方が悪意であったことを立証しなければならないと考えられるようになった（*Gore v Gibson*（1843）13 M&W 623; *Molton v Camroux*［1849］4 EX 17；［1848］2 EX 487）。これは，未成年者の契約の取消しについては，相手の善意・悪意が問われないことと対照的である[31]。ただし，相手方の悪意を要求する前提として，契約が公正（fair）かつ信義誠実（bona fide）であること，また，すでに履行がなされておりもはや原状回復は難しい（executed and completed = restitutio in integrum must be impossible）段階にあることが暗黙の前提であった[32]。

　一方，判断能力の不十分な状態で締結された契約について，それが無効であ

第3章 基礎法学と実定法学との協働

るのか，取り消しうるに過ぎないのかという点については，依然，議論の対象であった．だが，Stone 判決によって，とりあえずの終止符が打たれるに至る（Imperial Loan Co v Stone［1892］1 QB 599）．相手が，自分が何をしているかを理解することができないほど異常な状態にある（so insane as not to be capable of understanding what he was about）ことについて本人が悪意であった（knew）ことが証明できなければ，本人は契約の拘束力を免れることはできないと判示されたのである．その結果，借用書への署名時における本人の判断能力の欠缺については陪審によって認定されたものの，相手方の悪意については陪審の確信を得るに至らなかった本件において，無効主張は認められなかった．その後，Stone 判決は，いくつかの批判を受けながらも[33]，立証責任を示した先例として確立されていくことになる．

さらに，Stone 判決は，Jubb 判決によって，補強されるに至る（York Glass Co Ltd v Jubb［1927］134 LT 36）．同判決において，契約を無効にできる条件について，Molton 判決や Stone 判決の示した条件が確認されたとともに[34]，判断能力の欠缺に関する相手方の悪意について，有過失（ought to）も同様に捉えられることが示されたのである[35]．

さらに，Molton 判決で示された，「相手方による利用，契約内容の不公正がない限り」契約は有効であるとする留保が注目されるに至る．こうした留保を取引の相手方に有利に解し，判断能力の欠缺を理由に契約を無効とするためには，相手方の悪意のみならず，それを利用しようとしたこと（take advantage of）が必要であるとする見解もある[36]．一方で，Stone 判決や Jubb 判決は，いずれも相手の悪意が認定されなかった事件である以上，この点は傍論に過ぎないとする見解もある[37]．この見解は，さらに，相手方の悪意（Stone 判決）や善意有過失（Jubb 判決）を立証できなくとも，判断能力の欠缺を理由として契約の取消しを主張できる余地を見出す[38]．

この点，最近の契約法において，契約の不公正（unfairness）の問題が注目を集めつつある．ニュージーランドの裁判所（O'Connor v Hart［1984］1 NZLR 754）において，契約が不公正な内容であった場合には，相手方の悪意を立証する必要はないとする判決が出されたのである．また，相手方の判断能力の欠缺を知っていたという要件は，スコットランド法においては，そもそも必要とされ

766

ていない。こうした背景もあり，従来のコモン・ローの立場では，判断能力の不十分なまま契約関係に入った者の保護に欠けるのではないかとする批判が起こったのであった[39]。

だが，ニュージーランドの判決で示された法理は，明確に否定されることになる。*Hart* 判決において，契約の不公正がエクィティ上の詐欺（equitable fraud）——特に，不当威圧（undue influence）——の程度にまで達するようなものでない限り，相手の悪意を立証できない以上，契約の無効を主張することはできないとされたのである（*Hart v O'Connor*〔1985〕AC 1000, 1019）。*Stone* 判決で示された要件（契約内容の公正・不公正を問わず，相手方が悪意であることを立証すること）が再確認されたのであった。判断能力の不十分な者を搾取から保護しなければならないという要請と，他方当事者の事情を知らずに締結された契約の完全無欠性（the integrity of contracts）を保護する要請とのバランスが注目された結果，*Hart* 判決以降，後者に重点が置かれていくようになる[40]。

他方，こうした取引の安全を重視する立場においても，コモン・ロー上の「強迫（duress）」やエクィティ上の「不当威圧（undue influence）」が認められる場合には，必ずしも判断能力がないとまではいえなくても，判断能力の不十分な状態でなされた契約を取り消しうる余地がある[41]。たとえば，取引について一応の理解はあるものの，自己に不利な内容を見極めることのできない者が契約した場合である。ここでは，判断能力の欠缺や，契約条項の内容ではなく，「他方当事者がその者の弱点を利用した」という事実が問題となる。この点，*Hart* 判決の中にも，こうした視点を見出せると考える見解もある[42]。後にあらためて議論することにしたい。

(27) 具体的には，自己の締結したあるいはしようとしている契約の意味が理解できないことを指している。WALKER, RRA., *Principles of Law of Contracts*（Stevens and Sons 8th edn 1931）432 参照。コモン・ロー上，契約における意思能力の問題は，個別具体的な状況に即して考えられる。精神的障害を有していても，契約締結時に理解しうる状況であれば，契約は有効であり，また，すでになした契約を追認する（ratify）こともできる。*Matthews v Baxter*〔1873〕LR 132.

(28) 契約と判断能力との関係について，歴史的考察の重要性を指摘するものとして，RENTON, AW., *The Law of and Practice in Lunacy*（Stevens & Haynes1896）8-16。なお，精神保健法（The Mental Health Act）上の保護（commission）の宣告（inquisi-

第3章 基礎法学と実定法学との協働

tion)を受けていないが,自己の法律行為の内容や効果を理解することが著しく困難であるという意味で,いわゆる「事実上の意思無能力者」を意味する lunacy (not so found) という単語については,最近の法律文献では用いられない。だが,1960年頃までは,こうした語(lunacy, lunatics, insanity, persons of unsound mind)が頻繁に用いられている。他方,こうした環境においても,同語を避けるべきだと指摘した文献として, THEOBALD, HS., *The Law Relating to Lunacy* (Stevens and Sons 1924) iv がある。なお,1960年以降は,こうした語に代わって,徐々に, mental incompetency, mental disorder, unsoundness of mind といた用語が使われるようになりつつある(とはいえ,1970年代,1990年代の文献においても, insanity の語はまだ見られる)。そして,最近では, mental patients や mental disability の語が用いられてきた。2005年の新成年後見法体制確立以降,判断能力のない状況については mental incapacity の語が用いられ,法定後見の開始を受けた者については, protected persons の語が使われるようになった。このように,用語の変化に人権意識の向上が認められる。

(29) *Brockwell v Bullock* (1889) 22 QB 567. ただし,必要品の引き渡し当時,提供者が対価を期待していなかった場合にはその限りでない。

(30) これは,準契約的な責任(quasi-contractually liable)として考えられる。SALMOND & WILLIAMS, *Principles of the Law of Contracts* (1945) 321. POLLOCK, F., *Principles of Contract* (13th edn 1950) 74-5. WINFIELD, PH., *The Law of Quasi-contracts* (Sweet & Maxwell 1952) 88-9. その後, The Sale of Goods Act 1893, section 2 (現行の制度では,動産売買法 The Sale of Goods Act 1979, section 3 (2)において,未成年者,精神的障害を有する者,泥酔状態にある者も同様に扱われることが,制定法上,明らかになった。ただし,厳格には,商品(goods)のみが規定されている。この点について,2005年成年後見法(the Mental Capacity Act 2005)第7項において,商品のほか,すでに提供されたサービスについても適用されることが明示されるに至った。また,金銭消費貸借の場合には,現に必要品に使った限度で返還することになる(*Re Beavan* 〔1912〕1 Ch 196)。

(31) 年齢を偽るなど,自らいわゆる詐術を行った場合でも,契約を取り消しうる。PEASE, JG. & LANDON, PA., *Law of Contract* (Butterworth 1925) 72.

(32) *Molton* 判決において,精神的障害などによって判断能力を欠いた状態にある者につけこむような行為が相手方に認められなかった(no advantage was taken of the lunatic)点が注目された。ただし,既履行(grantinghim relief)の要件については,後の *Stone* 判決において,未履行か既履行かで結論は異ならないことが明らかにされた。

(33) 自由(free)かつ理解した上での(intelligent)同意がない以上,契約法の根本原理に従って契約を無効とした上で,別途,不当利得の法理(nemo cum detrimento alterius locupletari potest)を用いることによって相手方の保護を図ればよいと主張するものとして, GOUDY, H., "Contracts by Lunatics" 17 LQR 147 (1901)。

(34) ポロック判事（Pollock, MR）は、判断能力のない状態にある者による契約は取り消しうるに過ぎず、無効でないことは明らかな法理であると述べている（"it is quite plain and quite clear law that the contract of a lunatic [sic] is voidable and not void"）。*Jubb*, 39.

(35) ワリントン判事（Warrington, LJ）によって、*Stone* 判決に対する若干の補足として、相手方が本人の判断能力の欠缺を知らなかったことに過失があった場合にも、有過失（imputed knowledge）として、相手方悪意（knowledge）の場合と同様に扱われることが示された（would be taken to know）。*Jubb*, 41.

(36) LEAKE, SM., *Principles of the Law of Contract* (1931) 432-5.

(37) FRIDMAN, G.,"Mental Incompetency" 79 LQR (1963) 502, 513.

(38) FRIDMAN, 515. 彼によれば、契約に必要とされる能力を、遺言能力に比べて低く理解した上で、そうした低い能力すら有しないものについては、相手の悪意・過失を問うことなく、無効とすべきだと考えており、こうした理解は、*Stone* 判決や *Jubb* 判決以前のコモンローに反していないと考えている。FRIDMAN, 516.

(39) HUDSON, "Mental Incapacity Revisited" Conveyancer & Property Lawyer (1986) 178.

(40) POOLE, J., *Textbook on Contract Law* (OUP 8th edn 2006) 624.

(41) 当事者の一方が、相手方の不当な影響ないし非良心的な強迫を受け、そのために自由な判断を行使することができなかった場合をいい、そのような事情のもとに締結された契約、財産処分の合意などは、取り消しうるものとされる。威圧の方法としては、当事者間の知識・経験などの不平等性や信頼関係の悪用が含まれ、相手の判断能力の不十分性もここに含まれうる。特に、契約当事者間に特別の関係（例　弁護士と依頼人、医師と患者、受託者と受益者など、信認関係がある場合）が存在する場合には、不当威圧の存在が推定される（擬制詐欺）ことから、被害者の側で不当威圧の存在を主張・立証する必要はない。以上に関連して、アメリカ法との比較については、小林秀文「英米の法制〔1〕能力制度論」須永醇編・被保護成年者制度の研究（勁草書房、1996）109-147頁を参照。

(42) *Hart* 判決を、「非良心的取引（unconscionable bargains）」の法理に関わるものとして捉える立場である。CARTWRIHT, J., *Contract Law* (Hart Publishing 2007) 177; *Hart*, 1024, 1027.

(2) 契約能力──成年後見法と契約法の交錯

さらに、わが国の旧制度における「禁治産者」に相当する"patient"(the Mental Health Act 1983 における用語) や"lunatics so found by inquisition"(それ以前の制定法における用語) によってなされた契約の有効性をめぐる問題がある。この点につ

第 3 章 基礎法学と実定法学との協働

いては，法で明らかにされていないと解するか，あるいは明らかでない以上，有効と考える立場[43]と，常に無効，あるいは無効とすることが論理的ではないかと考える立場とがある[44]。

　無効説は *Re Walker* や *Re Marshall* (1920) の判決を根拠としているように思われる。だが，前者は，不動産譲渡証書 (deed) に関する事例であり，後者は遺言に関する事例である。状況によって，必要とされる能力は異なると考えるならば[45]，単純な類推適用は難しいと考えられよう。特に，「判断能力存在の推定」原則に立つ 2005 年成年後見法 (the Mental Capacity Act 2005) において，法定後見の審判 (deputy order) を受けた者であっても契約能力を制限されないことは，本制度を貫く前提となっていると考える[46]。

　2005 年成年後見法については，高齢者，精神的障害者を問わずすべての人には判断能力があるとする「判断能力存在の推定」原則を明らかにした点が着目されている[47]。E・マッケンドリックによれば，2005 年成年後見法は，「繊細なバランスを打ち出す (strike a delicate balance)」道を選択しており，契約法との関係では，2005 年成年後見法は，契約する自由 (contract freedom) を守りながら，弱者が被害にあわないよう，保護的な体制 (protective regime) を設けるという態度を明示しているという[48]。そして，契約法において必要とされる意思能力，すなわち，契約能力について，「同意する能力 (the capacity to consent)」という点では[49]，2005 年成年後見法における判断基準は，それまでのコモン・ローとほぼ同じであると考えられている[50]。

　この点に関連して，2005 年成年後見法の正式名称である Mental Capacity Act 2005 に示された "mental capacity" について，これまでコモン・ローにおいて特に法的なものとして注目されてきた，契約，贈与，結婚，遺言，訴訟に関する能力[51]を包括する，より広い概念として捉えられている点が注目される[52]。この中には，医療行為についての同意・不同意のほか，より日常的な事柄に対する決定も含まれている。すなわち，英国法における "mental capacity" は，法律行為についての判断能力という意味での（わが国の民法における）「意思能力」の射程を超えるものである。"mental capacity" においては，あらゆる決定（例 どこに住むか，どうしたリハビリテーションを受けるか，誰とつき合いをもつか，何を食べるか）が対象とされ，法律行為に限られない点で，むしろ，より一般的な「意思

決定能力＝判断能力」とよぶべきである。

そして，2005年成年後見法は，そうした広い意味での判断能力について，各場面に限って，その有無を判断するという，徹底した個別・具体的アプローチ──「決定限定的（decision-specific）」アプローチ──をとっている。その際，端的に一定の能力の有無について結論を出す点に主眼があるのではなく，「有」という結論が導き出されるべく，周囲が積極的に支援することこそが意図されている。この意味で，能力判断という契機を通して，本人のエンパワーメント（empowerment, empowering）が図られているのである。ここにあるのは，本人が自ら判断をなしうる余地が認められる場合に，本人の意思決定を妨げてはならないという意味での「消極的権利としての自己決定権」の実現から，判断能力が一見不十分であっても，周囲の支援によって最大限に可能性が引き出されるべきという「積極的権利としての自己決定権」の実現である。このように，能力判断と意思決定支援とが意識的に関連づけられているのが，英国の成年後見制度の特徴である。

この点を押さえた上で，2005年成年後見法の法案段階で，上院（House of Lords）でなされた議論において，いわゆる悪質な訪問販売（abusive doorstep selling）問題への効果的な対処という観点から，判断能力の不十分な者について，一律に契約の無効を主張しうるとする条項を追加する旨の提案がなされた点が注目される[53]。

だが，修正案に対しては，こうした「保護」の在り方が，2005年成年後見法のエンパワーメントの理念に反しかねず，特に，取引の相手方が契約の無効を恐れて，（それが客観的にみて適切な契約内容であっても）判断能力の不十分な人との取引を控えるという「予期できない効果（unintended consequences）」を招きかねないとして，強い反対を受ける結果となった[54]。こうして法案修正は見送られることになったが，そこでの議論を通して，2005年成年後見法の趣旨が支援を必要とする人々のエンパワーメントである点が確認され，議会内で共有される契機となった点は，注目に値しよう。その上で，判断能力の不十分な者による契約締結の問題について，消費者問題の一環として，今後，政府による調査活動が続けられることが決まった。

なお，コモン・ローや制定法で認められてきた「必要品をめぐる合理的な対

価の支払い義務」については，2005年成年後見法において確認されるとともに，「商品及びサービス」として統合的に示されることになった（Mental Capacity Act 2005 S.7：既述）[55]。こうした法の趣旨は，（売主が対価の支払い拒絶を恐れず，安心して）本人に必需品が渡されることを，間接的に保障することであると理解されている。あくまで，取引の安全ではなく，本人のエンパワーメントに立って制度設計がなされているといえよう。

(43) THEOBALD（n28 above）217. SASLMOND & WILLIAMS（n30 above）322.

(44) WILSON, *The Principles of the Law of Contract*（Sweet & Maxwell 1957）195, SUTTON & SHANTON , *On Contracts*（Butterworth 7th edn 1970）228; POLL（n40 above）624（無効となる理由を，真の同意を与えることができないためとする），KOFFMAN, L., & MCDONALD, E., *The Law of Contract*（OUP 6th edn 2007）472.

また，宣告前になされた契約の無効が主張されている場合には，意思能力の不存在について，立証責任が転換される一方，宣告後の契約は，一切有効とする余地はないとする見解がある。WAKER, R., *Principles of the Law of Contract*（Stevens & Sons 8th edn 1931）432－3．この他，宣告後になされた契約は無効であるとして，宣告の前後を区別するものとして，WINFIELD, P.,*Pollock's Principles of Contract*（Stevens & Sons 13th edn 1950）74.

(45) 判断能力の有無の判断にあたっては，そもそも，法律行為の内容によって，必要とされる能力の程度が異なると考えられている（RENTON n28 above）7。大きく分けて，コモン・ロー上，遺言能力，贈与能力，契約能力，婚姻能力，訴訟追行能力が注目されてきた。そして，遺言能力は，契約能力よりも高度な判断を要すると考えられている（FRIDMAN n37 above）516。最近の文献として，O'SULLIVAN,J. & HILLIARD. J., *The Law of Contract*（OUP 2nd edn 2006）295.

(46) 他方，保護裁判所の管理におかれた財産については，何人も処分する能力を有しないとする見解をとるものとして，STONE, R., *The Modern Law of Contract*（Cavendish 2005）186。また，2005年成年後見法において，保護裁判所によって，本人の判断能力の有無を宣言（declarations）することができるとされていることから（section 15），契約能力についても宣言がされうると考えるものとして，POLL, (n40 above)624。だが，判断能力の有無に関する宣告について，2005年法が予定しているのは，主として，任意後見契約の締結をめぐる能力や，訴訟手続を遂行できる能力，遺言能力などであると思われる。また，契約能力に関して保護裁判所が何らかの宣言をすることが求められる場合であっても，保護裁判所の管轄・成年後見法の趣旨に目を向ける限り，あくまで，一回限りの判断（例　当該契約についてのみ，判断能力がなかった，とする）であると考える。

(47) 菅富美枝「英国新成年後見制度の一考察」実践成年後見 18号84－92頁（2006），

同「ベストインタレストの実現に向けた社会構築」成年後見法研究4号（日本成年後見法学会，2007）66-74頁。
(48) McKENDRICK, E., *Contract Law*（Palgrave 7th edn 2007）351-3.
(49) これに関連して，法的に有効な同意を与えうる「同意主体（subjects of consent）」について論じるものとして，BROWNSWORD, R., *Consent in the Law*（Hart Publishing 2007）および *Contract Law*（OUP 2nd edn 2006）参照。
(50) PEEL,E., *The Law of Contract*（Sweet & Maxwell 12th edn 2007）587. すなわち，決定を下すにあたっての本人の情報分析力に力点をおく2005年法の立場は，取引にあたって自分がどのような義務を負うことになるのかの理解を問う従来の立場と基本的に異なることはないと考えられている。
(51) 英国法において，それぞれについての意思能力の有無の判断は互いに影響しないと考えられている。特に，訴訟能力の有無をめぐって，英国において，最近さかんに議論がなされている。Ashton, G., "Protected parties, protected beneficiaries and protected judges—Guidance fot the District Bench" 19 *LAW BULLETIN*（2008）20.
(52) 2005年成年後見法における「判断能力（mental capacity）」は，これらと何ら矛盾するものでなく，意思決定する対象の範囲を広げるものであるとするものとして，ASHTON, G.,(ed) *Mental Capacity*（Jordans 2006）79。
(53) グッドハート卿（Lord Goodhart）から明確な提言がなされたのである。House of Lords, Public Debate (Hansard) col 1396 (27 January 2005), 1469-1472 (17 March 2005).
(54) 前掲注(53)。
(55) 前掲注(30)。

(3) 「交渉力の不均衡（inequality of bargaining power）」理論，「非良心的取引（unconscionable bargaining）」の法理

以上の主張と異なる観点に立つものとして，判断能力の不十分な状態で締結された契約について，公正の観点から，「交渉力の不均衡（inequality of bargaining power）」を指摘して，解放されるべきであるとする主張がある。こうした見解は，通常の精神状態（sound mind）にあるものの，一方が「貧しくて無知な者（poor and ignorant man）」であり，「中立な第三者の助言（independent advice）」を受けることなく取引行為を行った場合において，その内容が著しくその者にとって不利なものであるとき，当該契約が公正（fair），正当（just），合理的（reasonable）であることが立証されない限り，取り消されうるとする衡平法上の法理—「非良心的取引（unconscionable bargains）」の法理（*Fry v Lane*（1888）40 Ch. D.

第3章　基礎法学と実定法学との協働

312)—⒃に目を向けるものである。

　だが,「交渉力の不均衡」を理由として,より広く一般的に契約を取り消すことができるとする見解については,こうした法理の存在自体をめぐって,長く議論の対象であった。肯定説としては,*Lloyds Bank v Bundy* [1975] QB 326において,デニング判事によって示されたのが最初であるが,その後の他の控訴審では受け入れられなかった⒄。そして,これまでのところ,「交渉力の不均衡」の法理を,直接的にあるいは単独で適用して契約を無効にした判決はみあたらない。実際には,「不当威圧」や「非良心的取引」が認められる場面であることも多いことから,あえて「交渉力の不均衡」に触れるまでもなく,契約を取り消しえたのである⒅。これに対して,デニング判事の主張する「交渉力の不均衡」理論は,より広く,一般法理として,契約の公正を問題にしようとするところに特徴がある⒆。

　この点に関連して,既述の *Hart* 判決において,被告は,取引の相手方の（被告の判断能力の欠缺についての）悪意を立証できなかったことから,契約の不公正を理由として,契約の取消しを主張した⒇。だが,本件において,判断能力のない状態にあった被告に対して,原告による「詐欺（equitable fraud）」「詐取（victimisation）」「つけこみ（taking advantage）」「支配（overreaching）」,その他一切の「非良心的な行為（unconscionable doing）」が認められなかった結果,衡平法の介入する余地はないとして,契約は有効とされた。*Hart* 判決において,ブライトマン判事（Lord Brightman）は,たとえ不公正にみえる契約であっても,取引の相手方が（被告の）判断能力の欠缺を知らなかった以上,契約を取り消すことはできない点を強調した(21)。*Hart* 判決は,相手方悪意を契約の取消要件とした *Stone* 判決に対する批判を退け,その正当性を明言する役割を果たすこととなったのである（前述）。

　他方,*Pigott* 判決は,やや異なる様相を呈している（*Boustany v Pigott* (1995) 69 P & CRPC 298）。家主である Miss Pigott は,認知症が原因で,判断力のかなり不足した状況にあった。そうした状態にある彼女が,代理人である従兄が不在の間に,自己所有物件の賃借人である Mrs Boustany によって,一方的に不利な賃貸借契約の更改をしてしまったというのが,本件である(22)。あえて代理人が不在である間を選んで Miss Pigott をお茶に招き,上機嫌にした（had "lav-

774

ished flattery and attention") 上で，彼女のソリシターの所ではなく，自分の懇意にしているソリシターの元に連れて行き[63]，一方的に自己に有利な契約を締結した点が問題視された。なお，Miss Pigott は任意後見契約の締結はしておらず，代理権は通常のもの（power of attorney）である。

本判決において，Mrs Boustany は，ソリシターとの面談が有利に進むよう，その前後に，Miss Pigott を巧みに利用（have taken advantage of）しており，また，自らの行為が「非良心的（unconscionable）」な行為にあたることを認識していた（with full knowledge）と認定された[64]。状況を有利に働かせ，代理人からは決して引き出すことのできない契約内容（更改契約への合意）を，代理人が不在である間をねらって，被告から引き出した点が注目された。本件において，Mrs Boustany の一連の行為は，全体として，Miss Pigott の脆弱性の利用にあたる（has taken advantage of the party who lacks capacity）と考えられたのである。

このように，Pigott 判決において，実際に問題となっていたのは不公正な契約についてであるものの，契約の取消しを認めた直接の理由は，実際になされた行為（conduct）の非良心性（unconscionability）であった。契約の不公正性よりも，Miss Pigott が自己に不利な契約を締結するに至った具体的経緯こそが注目されたのである。

他方，本事例は，「交渉力の不均衡」が問題となりえた場面であったことも確かである。実際，Pigott 判決を，同理論が適用された最初の判決と捉える立場もある[65]。だが，G・カートライトは，Pigott 判決を，「交渉力の不均衡」の法理を明示した判決ではなく，むしろ，従来の「非良心的取引」法理をより明確にしたことに意義のある判決であったと見ている[66]。

この点について，Pigott 判決において，テンプルマン判事（Lord Templeman）によって，契約が取り消されうるための５つの要件として，①支配的な立場にある者が，道徳的に非難されるべき方法（morally reprehensible manner）を用いて，自己に都合の良い契約条項を押し付けたこと，②支配的な立場にある者のなした行為（behaviour）が道徳的に問題であること，③交渉力の不均衡（unequal bargaining power）や客観的に見て不合理な契約条項（objectively unreasonable terms）が存在するのみでは衡平法の救済を受けることはできず，あくまで，そうした交渉力の格差を悪用したこと（unconscientious or extortionate abuse of power）が必要

775

第3章 基礎法学と実定法学との協働

であること，④当該契約によって得をする者の行為がその非良心性を非難される (guilty of unconscionable conduct) ことがない限り，契約は取り消されないこと (Hart 判決と同様の立場)，⑤契約の取消しを主張する側が，相手方の非良心的な利用 (unconscientious advantage) を立証すべきこと，が挙げられている[67]。これはまさに，本判決において，契約条項の不公正な内容それ自体（本件では，5年間の賃貸借であり，更新の際には市場価格に応じて賃料見直しが定められていた原契約に対して，新契約は，10年間の賃貸借であり，さらに，賃料据え置きのまま更新できることが定められていた）よりも，不当な手段によって賃貸人から契約締結を引き出した点が注目されたことを示している。この意味で，本判決においては，契約内容の不公正さが多いに意識されながらも，従来通りの「非良心的取引」法理の適用による解決がなされたといえよう[68]。

以上をまとめると，判断能力の不十分な者によってなされた，彼らにとって一方的に不利な内容の契約を取り消すにあたっては，「強迫」，「不当威圧」，「非良心的取引」そして「交渉力の不均衡」を根拠となしうる可能性がある。これを，順に，立証責任との関係で整理することを試みるならば，①強迫や不当威圧にあたるような行為が明らかに存在するならば，取消しを主張する側がこれを立証することによって，契約は取り消されうる。あるいは，②不当威圧が推定されるような場合には，有効を主張する側がこれを立証しない限り，取り消されうる[69]。①の不成功あるいは②の成功によって契約が取り消されない場合には，さらに，契約の不合理性が着目されうる。そして，判断能力の不十分な者が，中立な第三者の助言なしに，自己に不利な内容の契約を締結したことが認定された場合には，③相手方は，当該契約内容の公正さと合理性を立証しない限り，契約は取り消されうる。ただし，そうした立証は比較的容易なもので足り，むしろ，不公正性や不合理性が客観的・潜在的に存在しているとしても，④そうした契約内容が，支配的な立場にある当事者が，自らの交渉力と相手方のそれとの格差に目を付け，これを巧みに利用した結果であるという事実が立証されない限り，契約は有効である。このように，客観的な基準として，公正—「交渉力の不均衡」の理論—の問題を持ち出すのではなく，現実の搾取の存在，別の言い方をすれば，本人の意思決定が相手方の言動によって妨げられた（あるいは，その具体的可能性があった）ことに注目するのが英国法の立場で

あるといえよう。

　以上，判断能力の不十分な者が契約当事者である場面に関しては，交渉力の不均衡に着目する方向性（Bundy 判決におけるデニング判事の見解）と，従来から存在する「非良心的取引」の法理を修正適用する方向性[70]が考えられうる。この点，最近の傾向は，後者の方向性に立つものであるようにみえる。さらに，その際，「非良心的取引」の法理における従来の要件に加えて，意図的に相手の脆弱性を利用したことを必要とする姿勢は，司法による私的自治への過度な介入を防ぐ意義を有すると考えられている[71]。また，こうした姿勢は，英国成年後見制度がとる「判断能力存在の推定」原則にも適合的であると思われる。他方，後者の方向性に立っているとしても，どこまで同法理を修正・拡張していくのかについては，改めて議論されるべきとする指摘もある[72]。

　[56]　さらに，条件を洗練化したのが（Cresswell v Potter〔1978〕1 WLR 255）である。
　[57]　単に支配的な立場を利用して契約締結を不公正に行ったというのみでは，契約を取り消すことはできず，強迫に相当することが必要であることが確認された（Pao On v Lau Yiu Long〔1979〕3 WLR 435）。さらに，スカーマン（Scarman）判事は，様々な法理や立法（例 Consumer Credit Act 1974; Consumer Safety Act 1978）がある以上，こうした法理の必要性はないのではないかとする見解を示している。at 450.
　[58]　Bundy 判決においても，契約を取り消すにあたり，信認義務の存在が認められた本事例の特殊性に照らして，「不当威圧」の法理を適用する意見が多数であった。他方で，これまで，「不当威圧」の定義があいまいにされてきた結果，「不当威圧」を理由として契約を取り消す法理と，「強迫」や「非良心的取引」といった，同様に契約を取り消しうる他の法理との関連性について，明確な答えが与えられていない点を指摘するものとして，BEYLEVELED, D. & BROWNSWORD, R., Consent in the Law（Hart Publishing 2007）165-170。同書は，「不当威圧」の法理について，表意者の意思の自由が妨げられた点に根拠を求め（表意者の視点），不当な行為を行った者に目を向ける「非良心的取引」の法理とは対照的なものとして捉えている。他方，現実には，不当威圧が認められなかった事例において，非良心的取引が認められることはありそうにないとも考えられている。CARTWRIGHT, J., Contract Law（Hart Publishing 2007）176.
　[59]　デニング判事は，判決の中で，「交渉力の不均衡」の法理が，様々な救済ルール（三類型）を一本化しうるものとして捉えている。Bundy, at 337. 他方，デニング判事は「交渉力の不均衡」理論を説くものの，同時に，交渉力の不均衡がそのほかの不当な影響や圧力とあいまって取引の不公正をもたらしているとも述べていることから，それまでの理論とさほど違いはないとするものとして，CARTWRIGHT, J., Unequal

第3章 基礎法学と実定法学との協働

　　　Bargaining（Clarendon 1991），at 218-9．
(60)　*Hart*, at 1017-8．そもそもは，原告の共同受益者たる兄弟が，本人の精神状態の異常を理由に，当時契約締結能力がなかったとして，契約の無効を主張していた事例である．
(61)　不公正な方法で契約がなされる「手続き上の不公正（procedural unfairness）」と，契約条項が一方当事者に有利である「内容の不均衡（contractual imbalance）」とが慎重に区別されている．ただし，後者の中で特に極端なものは前者を疑わせるとも考えられている．
(62)　もともとの建物賃貸借契約の契約期間は5年であり，更新の際には賃料が見直されることになっていた．それが，契約期間終了をまたずに，新契約として，10年の賃貸借契約とされ，賃料は定額とするという内容になってしまった．
(63)　なお，Mrs Boustany のソリシターは，新契約が不利な内容であることを，Miss Pigott に伝えてはいた．
(64)　*Pigott*, at 304．
(65)　裁判所はこれまで，「交渉力の不均衡」理論の適用に消極的であったが，時代の流れを受けて，契約条項の不公正や当事者の立場の不均衡に着目して契約を取り消す判決が下されるのは時間の問題だと注目される中，ようやく下されたのが *Pigott* 判決だという捉え方である．
(66)　単に，契約条項の不合理性や不公正，一方が強い立場にあったということだけでは契約を取り消すのに十分ではなく，一方がそうした地位を悪用した(the key is that one party has abused his or her position vis-a-vis the other) ことが必要であるということ，すなわち，一方が他方に対して非良心的な行為を行ったことが必要である（there must be unconscionable conduct)点が強調された，と考えられている．CARTWRIGHT, J., "An Unconscionable Bargain" 109 LQR 530（1993）531．カートライトは，錯誤，強迫，不当威圧，非良心的取引に共通するものとして，「取引の不平等（the inequality of bargaining between the parties)」があることは認めているが，不公正や交渉力の不均衡のみでは契約の有効性に影響はなく，契約両当事者の立場の不平等と実際の取引との間に「関連性（link)」―すなわち，取引上の立場の濫用―のあることが必要であると考えている．CARTWRIGHT（n59 above）197-220．
(67)　*Pigott*, at 303．
(68)　BAMFORTH, N., "Unconscionability as a Vitigating Factor"(1995)．この点について，E・マッケンドリックは，結局，契約が取り消された真の理由・根拠が，①当事者間の交渉力の不均衡，②契約条項の不公正，③相手方の弱点につけこんだこと，のいずれにあるのか，あるいは，④以上の要素の組み合わせなのか，について「曖昧さと矛盾をはらんでいる」として，*Pigott* 判決を批判している．MCKENDRICK（n48 above）369．また，テンプル判事の提示した5要件について，これら相互の関連性

が不明確だとする批判がある。O'SULLIVAN & HILLIARD（n45 above）282-3.
(69)　さらに，こうした法体制がとられていることによって，少なくとも，支配的な立場にある者（dominant agents）は，交渉にあたって，自らの優位性が相手（subordinate agent）に影響を与えたと後になって主張されないよう，自らの支配力に注意したり，相手方に第三者に助言を求めるよう勧めるなど，本人（ここでは特に，弱い立場にある相手方当事者）の意思の真意性の担保について，インセンティヴが与えられていると考えるものとして，BEYLEVELED & BROWNSWORD（n58 above）168-170。
(70)　Marden 判決におけるブラウン—ウィルキンソン判事の見解である。格差の具体的濫用を必要としてきた従来の判例の姿勢に対して，不当な手段によって締結された取引を取り消すことへの裁判所の積極性を説く。
(71)　BAMBORTH（n68 above）.
(72)　取引の「非良心性」を主張するにあたって，一方当事者の脆弱性や判断能力の不十分性の程度，また「非良心的」とみなされる他方当事者の行為がなされうる状況について，裁判所による類型化の必要性を指摘するものとして，CARTWRIGHT（n66 above）533。

4　任意後見契約と意思能力判断

　前節までのところで，判断能力の不十分な状態でなされた契約の有効性をめぐって，本人の判断能力に医学的に注目する日本法の姿勢と，本人と相手方との関係（特に，いわゆる力関係，交渉力の格差）に目を向けた上で，相手方の（本人の判断能力の不足についての）悪意や相手方による本人の脆弱性の作為的利用の実態に着目する英国法の姿勢を考察してきた。本節では，判断能力の不十分な状態でなされたとの疑義が申し立てられた場合の，任意後見契約の有効性について，考察する。任意後見契約の有効性は，他の一般的な財産取引契約の場合とは異なり，相手方の期待の保護や取引の安全を配慮する必要性は少ない。この意味で，本人の意思が独占的に尊重されるべき種類の契約であるといえよう。
　これまでのところ，わが国において，意思能力の点で任意後見契約の有効性が争われた事件に対する判決は，わずかに１件あるのみである（東京地判平 18・7・6 判時 1965 号 75 頁)(73)。本判決において，任意後見契約の締結及び解除時における意思能力有無の判断は，主として，各行為時前後における本人の精神状態に関する医学的判断（具体的には，診断書）に依拠してなされていた。一方，本人の意思の実現が最大限に図られるべきとする任意後見契約の特殊性や，締結

行為と解除行為の差異については,特に認識されることはなかった。

以下では,任意後見契約の有効性をめぐって,意思能力有無の判断がどのように行われているのか,英国法と日本法について比較法的考察を行う。

(1) **英国法の場合**——任意後見契約の締結において求められる理解の「内容」

英国の任意後見制度の概要については,字数の制約上,他稿に譲り[74],ここでは,本稿の趣旨に関連する限りで言及するに留める。英国の任意後見制度の特徴を一言で表すならば,公的不干渉を原則とする「私事性」の担保である。その背後にあるのは,時に家族の意思と衝突することがあろうとも,本人の(表明された)意思の実現を徹底することこそが本人の福祉に適うという「自律型」福祉観である[75]。以下,順に見ていくことにする。

まず,任意後見契約の締結にあたっては,委任者の判断能力の確認として,任意後見を委任することについての理解の確認が不可欠である。そこで,「能力証明(certificate of capacity)」が求められ,この点について,証人による署名が必要とされている。証人となることに法的資格は問われないものの[76],能力証明制度は,本人の意思に反した契約締結に対する「予防的セーフガード」として,極めて重要な役割を担っている(Mental Capacity Act 2005, Sch 1, para 2(1)(e))。他方,「事後的なセーフガード」といえるのが,「異議申立(Objection)」制度である。

(a) **異議申立制度**

異議申立制度とは,任意後見の委任者あるいは受任者から,保護裁判所に対して任意後見契約の登録(registration)の申立てがあった場合に,それを許可せぬよう,同じく保護裁判所に対して,異議を申し立てることが認められた制度である。すなわち,「異議申立て」とは,任意後見契約についてその有効性を争う者が,保護裁判所に対して任意後見契約の登録拒否を求めて行う申立てのことである。任意後見の適正化のための「私的な規制」として,1985年の旧法(Enduring Powers of Attorney Act 1985)以来,その機能を期待されてきた。だが,旧制度においては,登録が任意後見契約発効の停止条件であり,かつ,登録に際して,一定の親族に対し自動的に通知がなされる制度であったことから,任意後見契約の締結の事実を初めて知るに至った家族が契約発効を阻止すべく

異議申立てを行うといった例が多く，家族間紛争勃発の温床でもあった。

一方，2007年10月以降新たに施行された永続的代理権(Lasting Powers of Attorney)授与制度においては，登録時期が契約締結以降と早められ（1985年法においては，登録は，本人の判断能力の喪失を待つ必要があった），それに伴って，関係者への通知時期が早められることになった。登録及び通知が本人の判断能力が存在する契約締結時に行われることになった結果，異議申立てがなされる件数は，従来に比べて著しく減少するものと思われる[77]。さらに，登録時期の早期化は，登録の目的が，本人の判断能力の喪失の証明ではなく，本人の意思に基づいて任意後見契約がなされたことの証明であることを意味することになった。この点においても，本人の意思の尊重（確保）を第一と考える，新成年後見法制度の理念を認めることができよう。

(b) **異議申立制度と家族間紛争**

次に，具体的な異議申立てのあり方に目を向ける。これまでの事例において多くみられた異議申立理由は，①契約締結時，本人が既に判断能力を喪失していた，②詐欺や不当威圧（fraud or undue influence）によって契約締結がなされた，③既に契約が本人によって解除されている，④任意後見受任者は後見人として「不適切」である，などであった。これらは，選択的に主張される場合もあり，現実には，相互に入り組んでいる。なお，登録時期の早期化に伴い，「本人は，未だ任意後見を必要としていない」ことを理由とする，かつて多くみられた異議申立ては妥当しないことになった。

いずれを根拠にして任意後見契約の有効性を争うにせよ，英国の判例法においてとられてきたのは，任意後見契約の無効を訴え，契約の登録に異議を唱える者に立証責任を課すという立場である（*In re W*（*enduring powers of attorney*）[2000] Ch 343；[2000] 3 WLR 45；[2000] 1 All ER 175）。すなわち，裁判所としては，本人に意思能力があったかなかったかについて自ら判断を下す必要はなく，異議を申し立てる者によって「意思能力がなかった」ことが立証されない限り有効とする（むしろ，登録を命じなければならない），とされている。この点，遺言の場面などにおいて，文書の有効性を主張する者に立証責任が課せられるというコモン・ローの立場（*In re Beaney, decd* [1978] 1 WLR 770）は，1985年法（Enduring Powers of Attorney 1985, section 6(6)）には適用されないと理解されており（*In re*

第3章 基礎法学と実定法学との協働

W（*enduring powers of attorney*）［2001］Ch 609, 614, 618-9；［2001］1 FLR 832；［2001］2 WLR 957；［2003］3 FCR 662），これは2005法においても同様である[78]。

具体的には，任意後見契約の登録に対する異議が認められるためには，契約締結があったと認定される時点において，委任者は契約を締結する「能力を有していなかった」ということを，明確かつ有力な証拠（clear and compelling evidence）の提出によって立証する必要がある（先述①を根拠とする場合）。また，裁判所は，任意後見契約を破棄（revoke）するための固有の権限を有しているが，この場合にも同様に，任意後見契約を無効とすべき確固たる証拠が要求される（Mental Capacity Act 2005, s 22(3), (4)）。そして，ここで留意すべきは，任意後見契約に関する意思能力の有無を判断するにあたって，精神的障害の有無ではなく，何が理解されているべきか，が重視される点である。

一般に，意思能力の不存在を理由として契約の無効を主張するにあたっては，当該契約の「本質（nature）と効果（effect）」を本人が理解していたか否かが争点となる。この点，ホフマン判事（Lord Hoffman）は，任意後見契約における「本質と効果」とは何であるかという問題提起をした上で，任意後見制度の趣旨から，任意後見契約を締結するにあたって本人に理解することが求められる4要件を明示した（*In re K*（*Enduring Powers of Attorney*）［1988］Ch 310, 316; *Re K, Re F*［1988］1 All ER 358）。すなわち，①任意後見人は，自分に関する事柄について完全な管理権限を有することになるということ，②任意後見人は，自分の財産を如何様にもすることのできる権限を有することになるということ，③自己の判断能力喪失後も，そうした権限は継続されるということ，④後に任意後見契約を解除（revocation）できるとしても，自分が意思能力を喪失した後は，裁判所によってしか解除なされえないということ，についての理解が要求されている。

この背景にあるのは，任意後見契約締結において理解すべきことと，財産を運用したり処分するにあたって理解すべきことは異なっているという捉え方である。そして，4要件に対する本人の理解の有無については，本人自身の言葉で，自らが行おうとしている任意後見契約の法的効果を本人が具体的に語っていたか否かの事実が重要とされている。任意後見契約の締結においては，自ら財産取引を行う場合と同程度の判断能力が求められているのではない一方，

「受任者を信頼し,任せる」ことに対する積極的理解が求められているのである。そこでは,任意後見契約は,財産取引よりも低い能力で足りるといった発想はとられておらず,この意味で,財産管理能力と任意後見契約締結能力とは,単に「量」の問題として比較されているわけではないことに留意されるべきである[79]。

次に,立証責任について,再び In re W 判決に注目すると,本件は,91歳の女性が締結したとされる任意後見契約の有効性をめぐる争いであった。登録に際して,意思能力がなかったことを根拠として,他の家族構成員から異議が申し立てられた。(後見問題に関しての)第一審にあたる保護裁判所は,本人が任意後見契約の意味を理解していたとする証拠がないとして,登録を認めなかった。これに対して,(後見問題に関しての)第二審にあたる英国高等法院は,登録を認めた (既述。In re W (enduring powers of attorney) [2000] Ch 343; [2000] 3 WLR 45; [2000] 1 All ER 175)。そこで,上告人は,立証責任が異議を申し立てる側にあるという原則を認めつつも,いったん本人が任意後見契約の「本質や効果」について理解していないと疑うに足りる証拠が示された以上,立証責任は,任意後見契約の有効性を主張しようとする者(具体的には,本事例においては,受任者である任意後見人)に移行し,契約締結時において,実際に本人が契約締結に必要な4要件を理解していたことが立証されない限り,無効であると主張した。あるいは,立証責任の移行がないとしても,正当に示された疑い (valid objection) を反駁 (rebut) できない限り,判断能力の不十分な者が保護されるためにも,任意後見契約は無効とされるべきだとした。

だが,控訴院において,立証責任の移行は認められず,本人が任意後見契約を締結するにあたって不可欠な内容を理解していなかったとする立証に成功しなかった(言い換えれば,本人には契約内容を正しく理解できていた節があり,締結への意思もあったとする幾つかの証拠を完全には論駁できなかった)以上,第二審において裁判官が登録を命じたことは正当であると判断された (既述。In re W (enduring powers of attorney) [2001] Ch 609, 614, 618-9; [2001] 1 FLR 832; [2001] 2 WLR 957; [2003] 3 FCR 662)[80]。

こうした解釈は,本人の意思を尊重するという任意後見制度の趣旨に適うと考えられてきた。改正後の任意後見制度において,この点をより一層明確にす

るため，新制度において成年後見を統括する行政機関たる「後見局（The Public Guardian）」は，有効な異議申立てを受けない限り，登録への積極的義務を負うことが明記された[81]。

このように，立証責任が異議を申し立てる側，すなわち，任意後見契約の無効を主張する者に重く課せられていることによって，新制度においても，判断能力の不存在を理由に裁判所が任意後見契約を無効にすることは稀であろうと考えられている[82]。そして，こうした，任意後見の「適正性の推定（presumption of due execution）」に基づいた法構造は，本人意思の実現という制度趣旨に適合的と考えられてきた。また，効率的な運用が図られる一方で，裁判所の許可がなければ贈与は行えない等セーフガードが整えられている点も指摘されている（先述 In re W におけるアーデン判事（Arden, LJ）の見解）。

こうした立証責任のあり方については，医師の診断書よりも本人の理解状況に着目する英国法において，状況証拠によらざるを得ない部分が多いことを考えると，やや硬直に過ぎるようにも見えるかもしれない。だが，この背景には，意思能力が無いと判断することについて少しでも疑いが残る場合に，裁判所が意思無能力と判断して本人の自律を侵害する恐れのあることこそを，むしろ大きな人権侵害であると捉える視点がある[83]。

(73) 本判決については，本稿のほか，評釈として，神野礼斉「民法判例レビュー判例評釈家族法②任意後見契約と意思能力」判夕 1256 号 44－47 頁，菅富美枝「任意後見契約の締結，解除の効力と委任者の意思能力」実践成年後見 27 号（2008）がある。

(74) 菅富美枝「任意後見の濫用防止とセーフガード――英国における『ベスト・インタレスト』尊重の取り組み」法政論叢 43 巻 2 号（日本法政学会，2007）52－67 頁。

(75) 本人の意思と家族の意思との相違・対立を前提とする英国の成年後見制度を「自律型」の福祉と捉えるものとして，菅富美枝「任意後見制度の活性化と家族のゆくえ――英国における成年後見制度改革を手がかりに」法社会学 67 号（日本法社会学会，2007）59－73 頁参照。

(76) なお，本人の任意後見契約締結能力を証明するに際して，証人は，本人の理解の程度を正しく判断すべく，医師の判断や法律家の判断を仰ぐことが推奨されている。また，事務弁護士といった専門家が能力証明を行う場合には，注意義務は高くなる。

(77) さらに，異議申立てを行うにあたっては，そもそも任意後見契約の存在を知ることが不可欠である。この点につき，1985 年法においては，任意後見契約（正確には，持続的代理権授与契約）の登録を申請する者は，申請に先立って，委任者本人に対し

てのみならず，3名以上の親族に対して，その旨を伝えなければならないとされていた。どの親族を選ぶかについては，優先順位が規定されていた。本人の「選択」の適正を背後で支える者として，親族に一定の役割が期待されてきたのである。だが，実際には，家族間の争いが最も表面化するのが，この過程であった。この段階で初めて，家族の契約締結の事実を知るとともに，「自分ではなく，なぜ他の兄弟姉妹が後見人に指名されたのか」といった感情的な問題が起こることが多いためである。これに対して，2005年法においては，委任者本人が契約書において「通知すべき者（to be notified）」と明記した者に対してのみ通知がなされ，一定範囲の親族について自動的に通知されるという仕組みが外されることになった。ここに，英国社会における家族の変容の一端を垣間見ることができよう。

(78) Ashton（n52 above）147.
(79) これは，任意後見契約締結能力は，財産管理能力よりも低度の判断能力で足りるとする捉え方とは異なることになろう。むしろ，意思決定内容に関する，両者の「質」的違い（本契約は自己に有利な内容か，という視点に対して，相手を信頼したいという自分の気持ちは本物か，についての判断）が注目されているのである。
(80) この点で，*In re K*におけるホフマン判事の示した4要件は，立証責任の所在にまで言及したものではないと捉えられたのである。
(81) 2005年法体制における新保護裁判所や新後見局の役割については，菅富美枝「英国成年後見制度における身上監護」実践成年後見23号（2007）を参照。
(82) Ashton（n52 above）147.
(83) *In re Cumming* [1852] 1 De GM&G 537, 557における，ブルース判事（Knight Bruce LJ）の言葉を参照。また，医学的評価を参考にしつつも，判断能力が「無い」と結論することについて最後まで疑い続けることを，むしろ裁判所の役割であると認識するものとして，*Masterman-Lister v Brutton & Co and Jewell & anor* [2002] EWCA Civ 1889.

(2) 日本法の場合——任意後見契約の締結において求められる理解の「程度」

任意後見契約の有効性が意思能力の有無の観点から検討された判決として，東京地判平18・7・6判時1965号75頁が注目される。本判決は，任意後見契約の締結，解除の有効性を主たる争点とするものであるが，意思能力の有無を個別に判断するにあたって一定の判断が示された最初の事案である点で，重要な意義を有している。ただし，任意後見契約の締結や解除という文脈において本人の意思能力を問う場合，本人が理解すべき具体的内容は何かという点について，本判決は，明確な答えを与えてはいない。この意味で，今後，本判決が，

第3章　基礎法学と実定法学との協働

任意後見契約に関する意思能力の肯定／否定事例として判断基準・判断要素を提供しうる先例となりうるかどうかについては，さらなる検討を要しよう。事件の概要についての詳細は他稿に譲り[84]，以下，要約する。

本件において，Y_1（Xの養親）は，Y_3（弁護士）を受任者とする任意後見契約を締結し（以下，第1任意後見契約），登記を経由したものの（以下，登記1），約1年後にそれを解除した。第1任意後見契約の解除後ほぼ時期を同じくして，Y_1は，今度はY_2（Y_1と最初に養子縁組をした者：第1養子）を受任者とする任意後見契約を締結し（以下，第2任意後見契約），登記を経由した（以下，登記2）。だが，締結から約3年半後，未だ第2任意後見契約が発効しないうちに，Y_1につき，成年後見人としてC（弁護士）を選任する審判がなされ，確定した。

この一連の経緯について，X（Y_1との間で，Y_2に遅れて養子縁組をした者：第2養子）は，第1任意後見契約の解除当時，Y_1には意思能力がなく，解除が無効であること，したがって，本件登記1の終了登記は無効であると主張し，Y_1及びY_2に対し，Y_3がY_1の任意後見人受任者の地位を有することの確認を求めた。さらに，Xは，Y_1とY_2との間でなされた第2任意後見契約が無効であること，及び，登記2に無効原因があることの確認を求めた。

本件における主たる争点は2つある（①Xについて，本件訴えの確認の利益の有無[85]，②Y_1の各行為時における意思能力の有無）。以下，本稿の趣旨に関連する限りで，争点②に焦点を当てて，考察を進める。本事例においては，具体的に，Y_1は，いつまで意思能力を保持し，どの段階で意思能力を喪失したのか，Y_1に関する事柄を段階的に，(a)第1任意後見契約締結時，(b)解除時，(c)第2任意後見契約締結時，(d)後見開始の審判時，と分けて考えるとき，(a)，(b)，(c)のそれぞれの時期におけるY_1の意思能力の有無が問題となった。

本判決では，Y_1の病状，検査結果，医師の診断書など，Y_1の心身の状態に関わる客観的事情が考慮され，Y_1は，(a)の段階における意思能力は確認できたものの，その後，(b)の段階に至るまでの間に意思能力を喪失した，と認定された。その結果，Y_1は，第1任意後見契約の締結時には意思能力を有していたものの，解除時にはすでに意思能力を有していなかったことから解除は無効である（よって，第1契約は，有効に成立し，存続している）とされた。さらに，(b)の時期以降，(c)の時期になっても，Y_1の意思能力に医学的な回復が認められ

なかったことから，第2任意後見契約の締結があったとされる当時，Y_1 にはすでに意思能力がなく契約は無効とされた。

　本判決の特徴は，第一に，任意後見契約の締結及び解除時における意思能力有無の判断にあたり，主として，各行為時前後における本人の精神状態に関する医学的判断（具体的には，長谷川式簡易知能評価スケール，頭部のCT・MRI検査画像や診断書）に依拠してなされたようにみえる点にある。その結果，第二に，法律行為の違いに対応して法律上必要とされる意思能力の程度は異なると考えられながらも，必ずしも，事例ごとの具体的な「差異」が注目されなかった。すなわち，本判決においては，任意後見契約に関する意思能力の有無を判断するにあたって，遺言作成能力や贈与能力，あるいは（財産取引に関する一般的な）契約能力と比較して検討する姿勢はみられなかった。これに関連して，第三に，本判決においては，美容院の経営状況といった本人の（任意後見契約締結に至った）動機に対して一応の着目がなされてはいるものの，「本人の意思」の実現が最大限に図られるべきとする任意後見契約の特殊性・独自性が特に認識されることもなかった（もっとも，これらは，そもそも，当事者にそうした問題意識がなく，主張・立証がされなかったためと思われる）。だが，これらは，先に見た英国法の場合とは対照的である。

　すなわち，英国法においては，任意後見契約独自の意思能力が着目され，他の諸能力と明確に区別された上で精神的障害の有無よりも，任意後見を委任するにあたっての現実的・具体的な意味での理解が問われていた（精神的障害の存在は，それを裏づける一要素にすぎない）。任意後見契約締結においては，本人の，自己の信頼した相手方に対する代理権の付与であることが明確に意識されており，自ら財産取引を行う場合と同程度の判断能力が求められているのではない一方，「受任者を信頼し，任せる」ことに対する積極的理解が求められていたのである。この背景にあるのは，当該契約が自己に有利な内容になっているかについての判断であるよりむしろ，相手は信頼するに足る人物かについての判断である。ここでは，任意後見契約は財産取引よりも低い能力で足るといった発想はとられていない。その上で，本人によって真摯になされた意思決定については，家族であっても容易に介入させるべきでないと考えられていた。

　この点に関連して，本件の背後には，任意後見契約の登記をめぐる家族間紛

争の存在を否定することができない。実際のところ，第1養子Y₂と第2養子Xとの間の不和が，本人Y₁の任意後見契約の締結や解除にあたっての意思能力の有無の問題を惹起したともいえる。本人の自己決定権の具現化であるはずの任意後見制度において，理念と現実の齟齬が露呈している場面でもあり，法社会学的にも興味深い事案である。

特に，本件は，問題となっている任意後見契約が，身上監護よりむしろ財産管理，ひいては，養子縁組とも絡み合って，財産承継の側面に重きが置かれていた点に注意が必要であろう[86]。遺産分割の前哨戦として任意後見が用いられる可能性については，社会一般の意識改革が求められるが，裁判所が個別の訴訟を通して示す姿勢としての判決は，この点に貢献し得る可能性を有していたと考える。

以上から，本判決による結果の妥当性や，本判決に対する一定の意義を認めつつも，任意後見契約に関して問題とされるべき「本人の意思」とは何かについて明らかにされたならば，英国法と同様，「本人を中心に位置づける (principal-centred)」視点をより明確に示すことが可能となり，今後の裁判例に対してのみならず，任意後見制度を運営していく上で，影響力を与えることができたように思われる。任意後見契約に関わる意思能力の問題を，単に「量」(＝任意後見契約の締結や解除における理解の「程度」)の問題としてだけではなく，「質」(＝任意後見契約について理解すべき「内容」)の問題として把握することは，任意後見制度の目的が，まさに成年後見制度全体の基本理念である「自己決定権の尊重」「ノーマライゼーション」「残存能力の活用」の実現に直接的に関わっていることについて，社会的認識を高め得るように思われる。

[84] 菅・前掲注[73]。
[85] 本件においては，第1，第2の任意後見契約に遅れてはいるもの，法定後見開始の審判がなされていることから，もはやXには，Y₃がY₁の任意後見受任者の地位にあることを確認する利益はないのではないかという点が争われた。これについては，任意後見の法定後見に対する優越性を前提として，Xの確認の利益が肯定された。
[86] この点に関連して，養子縁組についての意思能力の有無の判定において，身分行為の財産権に関係する局面に配慮した下級審の姿勢を評価する（ただし，本事例において，意思能力有りとした結論には無理があるとした）ものとして，須永・前掲注[17] 85-86頁。さらに，須永教授は，形成的身分行為においては，財産の包括的な移転・

承継が複合して起こる可能性や,扶養なども問題を生じうるため,「財産関係において必要とされる意思能力よりむしろ高度の能力」が要求される場合もあると指摘される。同 88 頁。他方,そもそも,任意後見契約締結,遺言,養子縁組のそれぞれについて,必要とされる意思能力の有無について,相互関連性を有していると考えるべきか独立して捉えられるべきか,という問題がある。この点,英国法においては,明確に,別個の問題として論じられている点については,前掲注(51)参照。

5 終局的意思能力判断から,継続的自己決定支援へ

(1) 任意後見制度と自律

それでは,日本法において,任意後見契約の締結とは,具体的に何を意味するのであろうか。あるいは,日本社会において,何を意味すべきことと理解されているのであろうか。

この点,英国法や英国社会においては,任意後見契約の締結とは,財産を運用したり処分することとは異なると理解されており,判例法上も明確であった。すなわち,任意後見契約の締結とは,受任者に対する真摯な信頼に基づいた慎重なる代理権授与行為（その裏返しとして,受任者は,信認義務を負っている）であった。こうした理解は,英国法全体を貫く,「自律」型福祉観に適っていた。

これに対して,日本社会においては,任意後見契約の締結を,財産承継の処理として捉える傾向が強い（生前遺贈や事前相続としての任意後見契約）。他方,この分野に関する判例法は未だ形成されておらず,本稿で検討した裁判例をみても,この点は明らかにされていない。

これに関連して,英国法でいうところの「不当威圧」によって任意後見契約が締結された恐れがある場合,特に,そうした圧力を与えた者が推定相続人であった場合,そのような疑わしい状況で締結された任意後見契約について,どのような法的評価が与えられるであろうか。たとえば,先に検討した事例において,争点ではなかったものの,第二任意契約の締結に関して,締結当時すでに本人には意思能力がなかったと医学的に判断されたことから顧みるに,第二任意後見契約の締結がなされ,登記がなされたのは,不当威圧（少なくとも,不

当な誘導）によったものとも考えられる。この点，英国法において，家族構成員による「不当威圧」を用いた任意後見契約の締結については，異議申立ての対象であり，任意後見契約を無効とするための異議申立ての一類型を構成していた点については，既述のとおりである[87]。

さらに，任意後見契約の締結については無効を免れたとしても，任務遂行において，本人の「自己決定権の尊重」「ノーマライゼーション」「残存能力の活用」の実現に寄与しうるような形でなされているか否かについて，本来，評価が継続的になされなければならない（法定後見においても同様）。これは，単に，会計報告書に矛盾がないというだけでは，評価し尽くせない問題でもある。この点，英国法では，威圧的な任務遂行が行われていることは，本人のベスト・インタレストに反する任務遂行であるとして，裁判所による後見人解任事由となりうる（the Mental Capacity Act, section 22(3)(b), (4)）。だが，より着目すべきは，行動規程（Code of Practice）が公開・公刊されており，（わが国でいうところの）家族後見人，第三者後見人，専門家後見人を問わず，全ての任意後見人と，さらには法定後見人に対して，「あるべき後見」を，具体的に，問題となっている場面ごとに詳細に紹介・解説をしていることである[88]。

これに対して，総じて，日本社会は，「家族共同体」型福祉観に立ち，また，他人に対する依存心（自ら決定を行うより，行ってもらうことを好む「甘え」の姿勢）が強いという文化的特徴があるように思われる。こうした，自己決定を支援されるよりはむしろ，決断自体を他人に任せることを好む文化の中にあって，後見人による各段階における「威圧」の事実を疑問視する土壌は未だ確立されていないように考える。他人に決定を預けることは，そもそも，他人からの影響を自ら引き入れているとも言えるからである。高圧的な任務遂行について，それが人権侵害であるとの危機意識は，日本社会においてあまり共有されていないともいえよう。

だが，こうした文化的背景を有する日本社会においても，今後の成年後見制度の発展，及び，判断能力の不十分な人々に対する支援の質的向上を考えるならば，「保護」の中に，本人の自律の尊重という観点からすれば不当ともいうべき過干渉，英国社会において「ディス・エンパワーメント（disempowerment）」として批判される種の，他者の「依存化」を助長する形態がありうる

という点に，もっと目を開くべき必要があるように思われる。

(87) この点に関連して，英国法において，第一任意後見契約が締結された経緯や状況に注目し，その「自然さ」を評価した一方，第二任意契約締結に至るまでの不自然さ（特に，後見受任者の強引さ），さらに，第二任意後見契約を作成した事務弁護士の不適切な行為（わずか15分の簡単な面接によって，能力判定をした）に着目し，第二任意後見契約時に本人が意思能力を喪失していたという確たる医学的報告書はないものの，不当威圧を原因として，無効とした下級審の判決がある（H（*Enduring Powers of Attorney*）〔2001, Court of Protection 公刊判例集未登載〕）。他方，同判決において，第一任意後見契約による後見人（妹）は，母の後見任務遂行にあたり，申立ての却下された第二任意後見契約受任者（兄）に対して，重要な財産取引については知らせることが命じられるなど，家族の再生に向けて配慮がなされた点も注目される。

(88) Department for Constitutional affairs, *Mental Capacity Act 2005 Code of Practice* (TSO 2007).

(2) 「意思能力を判断する」ことの意味──「依存化（disempowerment）」を招かないために──

では，こうした観点から，改めて，「意思能力を判断する」ということの意味について考えてみたい。

先に，精神的障害の存在が医学的に認められるということと，それによって，理解や判断に具体的に影響が生じているということは，密接に関連しているものの，区別されるべき事柄であると述べた（本稿2を参照）。客観的には障害が存在すると判定されても，限定された場面における（例：気を許せる友人や娘の同席，ゆったりと休憩を度々とりながらの懇切丁寧な説明），限定された内容（例：自分の指図・意図通りに働いてくれる人としての任意後見人の選択）については，それなりに理解することが可能であるかもしれないのである(89)。そのため，英国をはじめとする諸外国において，本人に関する報告書として，医学的なもののみならず臨床心理士からのソーシャル・レポートが重要性を与えられている。この点に関連して，英国法において，新法施行後の最初の事例として，複数の神経科医，神経精神病学者，精神科医による報告書，臨床心理学者による本人の理解力（understanding）に関する報告書（相互間に，意見の不一致が見られた）が精読された上で，脳障害から生じる本人の無気力（apathetic and disinterested state and lack of motivation）に着目し，財産管理能力が認められなかったものの，献身的な妻の

第3章 基礎法学と実定法学との協働

存在に着目して，後見命令を 18 カ月に限定した審判が注目される[90]。

　ここで，現代社会において，意思能力判断が，「社会的排除」の契機とならず，むしろ，「社会的包摂」の契機となるためには，どうあるべきか。判断能力の不十分な状態で一定の法律行為がなされたということを，本人の属性（ここでは，特に，本人の精神的障害の程度）の問題に還元することなく，救済を図ることができないであろうか。

　たとえば，英国法における「非良心的取引」の法理（特に，「交渉力の不均衡」の理論の影響を受けた，現代型のもの。本稿 3 (3) 参照）から着想を得て，一方当事者に判断能力に関する脆弱性が認められる場合には，不当威圧が推定される状況として捉え，立証責任を転換させ，優位な立場にある者は，自らの優位性について背信的悪意ではなかったこと，あるいは，契約締結過程が公正であったことを立証できない限り，相手方に一方的に有利な契約は無効とされうる，という解釈を日本法においてとることは困難であろうか。英国法においては，こうした法の運用が，支配的な立場にある者に対して，自らの支配力に注意し，後に訴訟とならないよう，判断能力の不十分な相手に対してより懇切丁寧な説明を試みたり，中立な第三者の立ち会いの元に相手方が助言を受けられるよう配慮するインセンティヴとして期待されるとの指摘がみられた[91]。

　こうしたアプローチにおいて，本人は，彼の有する「弱者性」（目的語は，本人）ゆえに，「意思無能力」と法的に宣言される結果，救済を受ける対象となるのではない。包括的な意味での意思能力については（たとえ，それが極めて限定されたものであったとしても）「有る」ことを前提とし，他方で，個別・具体的な状況において，本人の属性から離れた意味での「脆弱性」（目的語は，判断能力）に注目し，そうした客観的事実として存在する格差が濫用された点に，無効の根拠を見出すのである。

　あるいは，これは，「積極的権利としての自己決定権」の実現に向けた構想に基づくアプローチであるともいえるかもしれない。自己決定権を唯一最高の権利と考える立場においても，自発的意図に依ってなされた決定（のみ）が尊重されることが前提となっている[92]。判断能力が不十分な状態にある人々の自己決定を尊重することと，そうした人々の脆弱性を利用しようとする者の意図を挫く制度を整えることとは両立しうると考える。

以上，本稿は，判断能力の不十分な状態にある人々が，財産取引を含む社会的生活を継続していく中で，「ディス・エンパワーメント」，すなわち，「依存化」を助長されることなく，かつ，社会的に排除されることなく，むしろ，社会的に包摂されていくことを可能にするような保護のあり方について，考察してきた。こうした視点は，判断能力の不十分な人々を「弱者」としてカテゴライズしてしまう危険性を避け，むしろ，（手続の）「公正」の感覚に訴えることを可能とし，かつ，その際，どうした行為が表意者の自律を現に侵害したのかという点に着目することによって，過度の司法介入を招く危険性を抑制しうるものと考える。さらに，本人が精神的障害を有していても，相手からの誠意ある説明や適切な助言者の存在が立証されたならば，法律行為を必ずしも無効とする必要はなかろう。こうした解釈によって，判断能力の不十分な状況にある人々が，取引などから一律に排除されていくような社会構造の形成の阻止が期待される。

(89)　この点に関連して，意思能力の判断においては，医学における「治療の必要性」を探るという目的とともに，司法における「保護の必要性」を探るという目的に従って，両者が役割分担しつつ協働することが望ましいとするものとして，五十嵐禎人「諸外国における能力判定」新井＝西山編・前掲注(17) 242-279頁。なお，同論文は，直接的には，成年後見開始の審判における能力判定のあり方について述べたものであり，「保護の必要性」に関して，具体的には，たとえ医学的見地からは能力障害が重度であると判定されても，周囲の援助を受け入れる環境の整った者については，成年後見開始の審判は必要ないと考えられている。また，民法学の観点から，同問題について検討するものとして，前田泰・民事精神鑑定と成年後見法（日本評論社，2000）。

(90)　P (*the Mental Capacity Act* 2005 [2007], Court of Protection　公刊判例集未登載。

(91)　前掲注(69)。

(92)　Buchanan, A. & Brock, D., *Deciding for Others - the Ethics of Surrogate Decision Making* (Cambridge 2004).

不動産取引・不動産登記と国民の法意識
―基礎法学と実定法学との協働に関する一つのささやかな試み―

鎌 野 邦 樹

1 実定法・実定法学と国民の意向・意識

(1) 本稿の目的と範囲

まず始めに，日常的で，かつ，民法解釈学の基本的な論点を含む不動産取引に係る事例（「不動産取引と登記等に関するアンケート」）を掲げよう。

不動産取引と登記等に関するアンケート

> Aは，B所有の不動産を2000万円で買うこととしました。次のアンケートに回答して下さい。なお，回答は，法律上どのようになるかについて答えるのではなく，あなたがどのように考えるかという点から答えて下さい。

【問1】BからAにどの時点で所有権が移転すると考えるのが妥当だと思いますか。なお，AB間ではその点についての約束はありませんでした。
　1　契約成立時
　2　代金支払時（全額又はほぼ全額）
　3　不動産引渡時
　4　登記移転時

5　上記の時点で少しずつ移転する

【問2】Aは代金を払い不動産の引渡しを受けて住み始めましたが，突如Cが現れて，「私はBからこの不動産を買った者です。あなたが買ったことは知っていましたが，登記が移転していなかったので，私も買って先に登記を済ませました。私の方が優先します。」と言って，Cは，不動産の引渡しをAに対して求めてきました。AとCのどちらが優先すると考えますか。

　　1　登記が優先されるべきであるから，Cの方が優先し，Aは，Cに不動産を引き渡さなければならない。
　　2　Aの方が先に買い，そのことをCは知っていたので，たとえCが登記をしてもAが優先するので，Aは，Cに不動産を引き渡す必要はない。
　　3　いずれも理解でき，迷っている。

　周知のように，【問1】については，判例は，「1（契約成立時）」の立場をとる（大判大2・10・25民録857頁，最判昭33・6・30民集12巻10号1585頁）が，学説は，大きく，①それを支持するもの，②「2・3・4（代金支払時・不動産引渡時・登記移転時）のいずれか」とするもの，③「5（段階的移転）」とするものに分かれている[1]。【問2】についても，判例は，「1（善意悪意不問＝単純悪意者保護＝背信的悪意者排除説）」をとる（大判大10・12・10民録27輯2103頁，最判昭44・1・16民集23巻1号18頁等）が，学説は，大きく，①それを支持するものと，②「2（悪意者排除説）」とに分かれている[2]。これらについて，判例と学説との一致，又は学説間の論争の終結は，永遠に望めないのであろうか。

　本稿は，これらについて，「国民の意向・意識」（以下，「社会意識」ともいう）を探り，これを指標として，判例と学説の接近及び学説間の論争の終結の手掛かりをつかむことを試みるものである。そして，さらに，同様な手法により，民法上のその他の多くの解釈論において，重要な指標が得られるのではないかというところまで視野に入れている。ただ，本稿では，上の2つの問題に限定して考察する。

　(1)　学説の整理については，たとえば，近江幸治・民法講義Ⅱ物権法〔第3版〕（成文

第3章 基礎法学と実定法学との協働

堂,2006）56頁以下。
(2) 近江・前掲注(1) 83頁以下。

(2) 立法・判例と「国民の意向・意識」

立法や判例と「国民の意向・意識」とは，どのような関係に立つのか。本来，実定法，特に国民にとって最も日常的である民法は，民事紛争において，より多くの国民が納得するような法的解決を提供する規範であるべきであり，また，その規範を具体的な紛争の場面で解釈・適用する判決も，より多くの国民の納得するものであることが求められる。立法にあたっての「国民の意向・意識」の反映は，形式的には代議制によって担保されるが，実際の個々の法律（ないし規定）の制定にあたっては，このことが十分に実現できるとは限らない。そこで，近時の多くの立法では，（審議会のほか）パブリック・コメントを実施することによって，（少なくとも形式上は,）可能な限り「国民の意向・意識」を法に反映させようとしている。他方，判決においては，関係する法令の解釈・適用にあたり，「（一般）国民の意向・意識」（社会意識）が，裁判官の判断過程において考慮されることが少なくなく，特に，問題とされる事項に関して立法当時と比べ「国民の意向・意識」（社会意識）に変化が見られるときには，これが主因となって判例の変更に至ることもある[3]。

(3) 以上の点に関し，「受動喫煙問題」について綿密な考察をした労作として，伊藤滋夫「権利の生成過程と内容—主として受動喫煙問題を題材として—」司法研修所論集 2001年2号35頁以下がある。

(3) 民法の解釈と「国民の意向・意識」

(a) 解釈の指標としての「国民の意向・意識」

わが国では，民法をはじめとする基本的な実定法については，明治期に国家主導によって近代化の一環として近代的法制度の樹立が意図された。そこにおいては，（当時の）「国民の意向・意識」（社会意識）に適合する法制度の樹立をめざすというよりは，むしろ近代的法制度の樹立によって「国民の意向・意識」（社会意識）を形成することに重点が置かれたものと思われる。わが民法の財産法部分は，一部は改正がなされたものの，基本的部分は明治期に制定された。

その法制のもとで，現実の社会での財産の取引・利用を背景として，個々の制度・事項についての判例・学説が形成・蓄積され，今日に至っている。判例・学説の形成にあたっては，該当条文（文言）のほか，立法趣旨・立法者意思，法令全体との整合性が検討され，また，比較法的視点からの考察もなされるのが一般的である。さらに，明示的に又は黙示的に，「国民の意向・意識」（社会意識）が，当該紛争における「具体的妥当性」の要請といった形で解釈論に組み込まれることも少なくない。ただ，これまでは，「国民の意向・意識」（社会意識）は，その曖昧性・多義性から，解釈論におけるその位置づけは，はっきりせず，どちらかというと，それほど重きが置かれてこなかったと思われる。

　筆者は，近代法の下で，現実社会を基礎として判例・学説が形成・蓄積され，そのかなりの部分が社会と同様に成熟・安定期を迎えている現状（すでに形成途上の時期を過ぎた段階）においては，あらためて《より多くの国民が望み納得する》法の解釈・適用をめざすべく，民法の解釈論において，「国民の意向・意識」（社会意識）を中核に据えるべきであると考える。すなわち，その位置づけとしては，①該当条文（文言），②立法趣旨・立法者意思，③法令全体との整合性の各点において，どれにも明らかな矛盾点がないような複数の解釈論が並存している場合には，①～③の点におけるさらなる優劣を競うのではなく（優劣が付かないから各説が並存・相対立しているともいえる），「国民の意向・意識」（社会意識）が明らかであるときには，この点を最も重視すべきものと考える。民法（ないし法律）は，国民の紛争解決のために存在するのであり，民事紛争の当事者となり得る者（国民）が一般的に望み納得する解釈・解決が，最も優れているというべきだからである。

(b)　「国民の意向・意識」の探求は必要か

　このような筆者の見解に対しては，「国民の意向・意識」が把握できるのかといった批判のほか（この点に関しては後述），「国民の意向・意識」を探求すること自体に対する次のような批判があり得よう。(イ)「国民の意向・意識」といっても様々な立場の「国民」がおり，その「意向・意識」は，それぞれの紛争の場面では，一般的に「事業者」・「消費者」，「賃貸人」・「賃借人」，「売主」・「買主」といった各立場に規定されるので，「国民」と言った形で「意向・意識」を問うことは無意味である，(ロ)「国民の意向・意識」といっても一

定ではなく，時の経過や社会の変化とともに変化するのではないか，(ハ)「国民」は，一般的に，公益よりも私益を重視し，また少数者の利益を必ずしも配慮しないので，その「意向・意識」を重視することは問題である，(ニ)「国民」は，判例・学説の形成の担い手である裁判官や研究者と比べて，圧倒的に法に関する知識に乏しく，また，論理的思考力も劣っているため，このような「国民の意識・意向」を解釈論の指標とすることは不合理である，などと言った批判である。

(イ)に対しては，たしかに，各人の置かれている社会経済的立場によって「意向・意識」が規定される紛争場面があることは事実であり，その場面では「国民の意向・意識」を重視することはあまり意味はないが（ただ，このような場面は決して多くはないと考える。たとえば，売買や賃貸借の紛争場面を《一般的な形で》問題とする場合に，各人が，「事業者」・「消費者」，「賃貸人」・「賃借人」，「売主」・「買主」のうちのどちらか一方の立場に立ち，そのための利益擁護を徹底的に図るような意向・意識を一般的に有することになるとは思えない），それ以外のより多くの場面（本稿で扱う不動産取引，動産取引や交通事故等の日常的な事故，近隣紛争など）においては，立場の互換可能性があることから，このような批判は一般的には当たらないであろう。(ロ)に対しては，時の経過や社会の変化に影響を受ける「国民の意向・意識」は，たとえば立法当時とは同じではないと思われることから，まさに問題とするのである（「国民の意向・意識」と法の乖離が解釈論で対応できない場合には立法論の問題となる）。その意味で，このような批判は的外れであると思われる。ただ，仮に時々刻々「国民の意向・意識」が移り変わる（「行きつ戻りつする」）事項があるとしたら，そのような事項については，これを問題とすることは無意味であろう。(ハ)に対しては，「国民」は，一定の場合には，公益よりも私益を重視したり，また，少数者の利益を配慮しなかったりすることもあり得るが，それは「一般的」であるとは言えず，少なくても実際に具体の紛争当事者ではない場面での「国民の意向・意識」については，一般的には，公益についても重視し少数者の利益をも配慮するものと考える。ただ，公益的観点から，また，少数弱者の保護の観点から，多数決的に「国民の意向・意識」を問うことにはなじまない事項や領域（憲法上の法秩序に違反したり公序良俗に反するような事項や領域）があることも確かである。(ニ)については，裁判官や研究者が法的知識や論理的

思考力を駆使して形成した複数の解釈論を具体的な民事紛争の場面に適用するときに，どのような解釈・適用を望み納得するのかという選択について「国民の意向・意識」を問題としようというのが本稿の立場であり，その際に，「法の適用の受け手たる国民」については法律知識や論理的思考力の程度を問題とする必要はないと考える。

(c) 「国民の意向・意識」は把握可能か

それでは，「国民の意向・意識」の探求は必要であるとして，「国民の意向・意識」は，どのように把握できるのであろうか，そもそも把握が可能であろうか。把握の方法については，まず，一定数の国民に対してのアンケート形式での調査を実施することが考えられる。ここでは，調査の内容及び方法がまさに問題となり重要となる。それ以外にも，ヒアリング調査，一定の事象の観察調査・データ分析などいくつかの方法が考えられる。これらについては，法社会学，統計学，社会調査学等との協働が必要となろう。そして，これらを駆使することによって，民法等の実定法の解釈論（さらに立法論）にとって意味があるような「国民の意向・意識」の把握ができるものと考える。

本稿は，このような試みの端緒である。「国民の意向・意識」を探求する調査事項については，不動産取引・不動産登記に関する2つの解釈問題に限定し，また，調査対象者の「国民」についても一定の年齢・身分（20歳前後の大学生）の者に過ぎない（ただ，1800名余のサンプル数はある）。本稿の副題として，「基礎法学と実定法学との協働に関する一つのささやかな試み」としたのは，このようなことからである[4]。

(4) 筆者の試みは，伊藤滋夫「基礎法学への期待」同編・法曹養成実務入門講座別巻・基礎法学と実定法学の協働（信山社，2005）と共通の認識を有するものであり，特に同論文119頁以下の論述（「二重譲渡の第三者の範囲」）からは，本稿の執筆にあたり多大の示唆を得た。

(4) 本調査の内容・方法等

本調査の内容，方法などについては，以下のとおりである。

(a) 調査事項

前掲のアンケート用紙を対象者（後述）に配布し，その記載を読み上げ，対

第3章 基礎法学と実定法学との協働

象者に書面で回答してもらった。

(b) 調査対象者・調査方法

　本調査は，民法等の授業科目を担当する教員（筆者のほか6名）の協力を得て，2005年5月より2008年1月までの間に，①千葉大学法経学部（2年次配当「物権法」），②千葉大学（普遍教育〔一般教養〕1・2年次配当「法と経済」（法学）），③立正大学法学部（2年次配当「不法行為法」，3・4年次配当「担保物権法」），④明海大学不動産学部（1年次配当「物権法」），⑤明治学院大学法学部（1年次配当「民法総則」），⑥早稲田大学社会科学部（1年次配当「民法概論」），⑦白鷗大学法学部（2年次配当「債権各論」），⑧白鷗大学法学部（1年次配当「民事法概論」），⑨平成国際大学法学部（3・4年次配当「担保物権法」）の各授業科目の中で，その受講学生（約1820名）を対象に行ったものである（内訳等の詳細は，後掲「アンケート集計結果」を参照）。以上のうち，①，③，⑤，⑦，⑧，⑨は法学を専攻する学生であり，②，④，⑥は，法学を専攻しない学生である。また，①，②，④，⑤，⑥，⑧は，調査事項について概ね未履修の学生が対象であり，③，⑦，⑨は，調査事項について概ね既履修の学生が対象である。

　実施にあたっては，調査者が事前に打ち合わせをして，次の点に留意することを確認した。㈲本調査を実施するにあたっては，本研究の趣旨が「一般国民」の意向・意識を調査することにあるため，当該事項についての予備知識がない状態での調査が適切であると考え，当該事項に関し当該授業で取り上げる前に実施することとした。もっとも，当該事項について学生が既に学習していると思われる場合（前記③，⑦，⑨）や，若干の者は学習している可能性がある場合があったが，それらの場合でも，その学習成果たる法律知識を問うのではなく「あなたの考え」を問うことについて，実施にあたり各調査者が対象学生に対し周知徹底させた。㈺本調査を実施するにあたっては，「通常は，本件のような不動産の売買の場合には，まず，契約をし，その後に，代金を支払い，ほぼそれと同時に，不動産の引渡しと登記がなされます。ただ，契約後のそれらの順序は，決まっているわけではありません」との趣旨や，「将来，あなたが売主になることも買主になることもあるので，できるだけ両方の立場で回答してください」との趣旨のコメントを加えることにした。なお，登記に関しその手続や意義については　事前に説明を加えることはせずに，各回答者が認識

しているところに委ねることとした。

2　不動産売買における所有権の移転時期

(1)　判例・学説の状況と調査の趣旨・目的

(a)　判例・学説の状況

不動産の所有権の移転時期について，前述のように，判例は「契約成立時」説で確立している（前掲・大判大 2・10・25 民録 857 頁，最判昭 33・6・30 民集 12 巻 10 号 1585 頁。これらは，「売主の所有に属する特定物を目的とする売買においては，特にその所有権の移転が将来になされるべき約旨に出たものでないかぎり，買主に対し直ちに所有権の効力を生ずるものと解するを相当とする」と判示する）が，学説はいまだ収束していない。学説は，前述のように，大きく，①契約成立時説，②代金支払い・引渡し・登記時説（ただし，その理由付けについては見解が分かれる），③移転時確定不要説（段階的移転説）に分かれる。国民にとって重要（かつ「日常的」）である不動産取引における基本的な問題について，判例は解答を用意しているものの，「法律学」は，判例を必ずしも支持せず，学説間で論争中であり「一つの解答」を用意できない状態である。

(b)　不動産取引の状況

実際の不動産取引の場面では，「代金の支払い」，「不動産の引渡し」，「登記の移転」の各時期については，各契約において明確に認識され約定されるのが一般的であるが，「所有権」の移転時期については，必ずしも明確に認識されることはないと思われる。ただ，契約書ではこの点が明示されることも少なくない(5)。動産売買については，多くの取引において「契約」と「代金の支払い・引渡し」がほぼ同時になされること（「現実売買」）から，その時に所有権の移転があると考えるため実際上問題は発生しない（ただ，両者が同時でない取引においては，不動産と同様に問題となり得る）。ただ，不動産取引にしろ動産取引にしろ，売買等が成立したか否かとの関連で「所有権の取得（帰属）」をめぐって紛争が生じることは少なくないが，売買等の成立を前提とした上での「所有権の帰属」（「所有権の移転時期」）自体をめぐって紛争が生ずることはほとんどないと

言ってよいであろう。

　(5)　不動産売買契約書の一例として，(財)不動産適正取引推進機構「土地・建物売買契約書」(鎌野邦樹・不動産の法律知識（日経文庫）（日本経済新聞社，2005）53頁以下に掲載）参照。判例・各学説とも所有権の移転時に関して特約があればそれに従うということについては異論がない。

(c)　理論上・実務上の問題

　しかし，この問題は「法律学」としては，民法の体系的理解及び民法176条の解釈論として理論的に解明しておくことが望ましいであろうし，また，実務的にも，たとえば，危険負担（民534条）の問題ほか，所有権確認事件や妨害排除（物権的請求権）事件などにおいては論じる意義があると思われる。後者について言えば，B所有の不動産につきAB間の売買契約成立後まもなくして，第三者Cが同不動産を不法占有した場合に，A又はBがCに対して妨害排除請求をするときの根拠は，学理（理論）上及び実務上問題となろう（Aの請求原因は「所有権」なのか他の権利なのか，また，Bの請求原因が「所有権」なのか占有訴権なのか）。

　ただ，「所有権の移転時期」について，具体の紛争の場面において，判例の立場をとろうが，上記の①〜③の学説のいずれかの立場をとろうが，当事者間の法律問題の解決には実質的に差異はない（紛争当事者の勝ち負けに直接的に影響を与えない）と思われ（先に掲げた例におけるCの不法占拠に対しては，A及びBは，自己の「所有権」を根拠としなくても排除を求めることができようし，また，AB間の売買契約後に直ちに買主Aが売主Bに対して所有権確認訴訟を提起し，それが認められたところで，AとBの具体的債務関係に影響を与えるものではない），専ら学理（理論）上の問題であると考えられる。

(d)　調査の趣旨

　以上で見たように，所有権の移転時期についての問題は，具体の紛争の解決ないし紛争当事者の勝敗に対し直接的に影響を与えるものではなく，専ら学理（理論）上の問題として決着を要するものと理解できよう。そして，判例及び各学説間においては，前述した意味での法律学上の解釈論としての顕著な優劣は見られないから，学理上の決着の指標として，「国民の意向・意識」が重要なものとなると考える。このことから，本調査を実施した。

(2) 調査結果

調査結果（後掲）は，次のようにまとめられよう（調査結果の分析については後に述べる）。(イ)全体では，「4（登記移転時）」が最も多く（34%），ついで「2（代金支払時）」（27%），「1（契約成立時）」（21%），「3（不動産引渡時）」（17%）の順であった。「5（段階的移転）」（1%）は，ごくわずかであった。(ロ)「1（契約成立時）」，「2（代金支払時）」，「3（不動産引渡時）」及び「4（登記移転時）」の間には，それ程大きな差はなく，いずれかが突出して多いことはない（50%を超えるものはない）。(ハ)ただ，「1（契約成立時）」とそれ以外の割合を比べると，前者は後者の5分の1から4分1程度ではあるが，「1（契約成立時）」も，「少なくない割合」を占めている。(ニ)「3（不動産引渡時）」と「4（登記移転時）」とでは，概ね前者の割合は後者の割合の2分の1以下であり，「引渡し」よりも「登記」により重きを置いていることが読みとれる。

問1

	1	2	3	4	5	計
①	58	71	55	113	0	297
②	47	55	26	27	2	157
③	61	135	84	101	3	384
④	10	13	8	12	1	44
⑤	101	59	44	145		349
⑥	23	56	27	67		173
⑦	44	53	48	95	2	242
⑧	21	41	9	33	5	109
⑨	17	13	15	19	3	67
計	382	496	316	612	16	1822

（凡例）＊回答欄の数字は次のとおり。
　　1　契約成立時　　2　代金支払時（全額又はほぼ全額）　　3　不動産引渡時
　　4　登記移転時　　5　上記の時点で少しずつ移転
　＊①〜⑨は調査した大学
　＊⑤⑥については，回答に選択肢5を設けなかった。
　＊表中の数字は回答者数

第3章　基礎法学と実定法学との協働

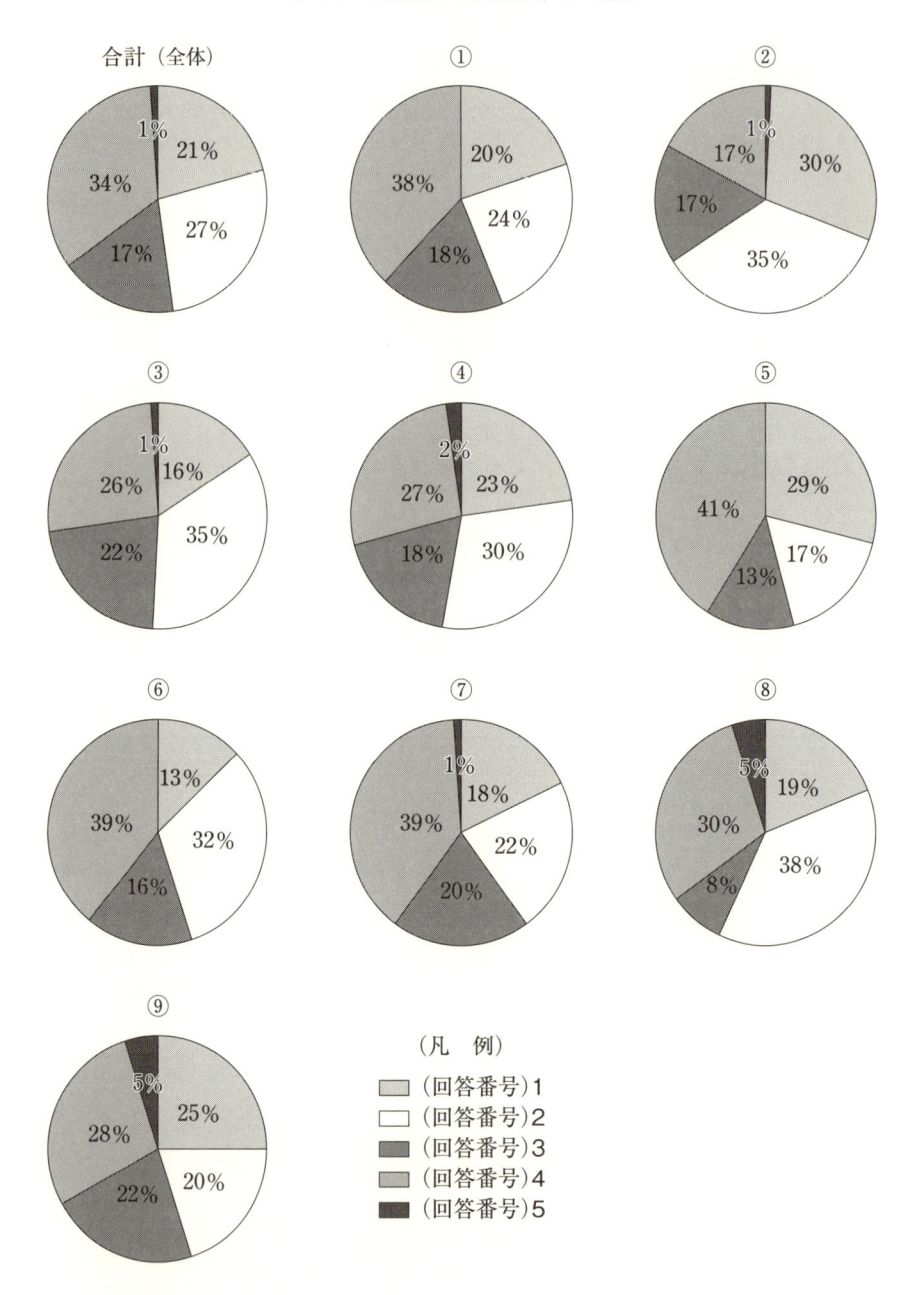

合計（全体）
1%, 21%, 27%, 17%, 34%

①
20%, 24%, 18%, 38%

②
1%, 30%, 35%, 17%, 17%

③
1%, 16%, 35%, 22%, 26%

④
2%, 23%, 30%, 18%, 27%

⑤
29%, 17%, 13%, 41%

⑥
13%, 32%, 16%, 39%

⑦
1%, 18%, 22%, 20%, 39%

⑧
5%, 19%, 38%, 8%, 30%

⑨
5%, 25%, 20%, 22%, 28%

（凡　例）
- （回答番号）1
- （回答番号）2
- （回答番号）3
- （回答番号）4
- （回答番号）5

804

(3) 判例・学説と調査結果の分析

(a) なぜ判例・学説（諸学説）が分かれるのか

所有権の移転に関し，近代法としては，意思表示のみで物権の変動が生じ他に何らの形式的要件も必要としないフランス民法典の意思主義と，物権変動の成立要件として登記・引渡しを要求するドイツ民法典の形式主義が対立するようになるところ（他の諸国の立法例も，若干の相違はあるが，このうちのいずれかに属すると言われている），わが国での所有権の移転時期をめぐる論争は，このような比較法（史）的視点を背景としている。わが民法176条は，フランス民法の影響を受けた規定であるが，これは直接的にはドイツ民法典のような形式主義を採らないことを規定したものであり[6]，「所有権の移転時期」についてまで特に定めたものではなかった。しかし，判例は，前述のように早い時期に「契約成立時説」の立場を明らかにした。これを批判する学説の基本には，当事者の契約の合意だけで所有権が移転するということは明らかに《**一般の意識・社会意識・取引慣行（以下，一括して「社会意識」ともいう）に反する**》ということがあった[7]。

学説は，以上のような「立法（条文の規定の仕方）」，「確立している判例」及び「社会意識（と考えられていること）」を前提としつつも，前述の①，②，③と，大きく3つの立場に分かれ，今日に至っている。

[6] 梅謙次郎・民法要義巻之二物権編（増訂30版・1911〔復刻版・有斐閣，1984〕）6頁。

[7] 鈴木禄弥教授は，それを回避するために契約成立時説は別段の特約（黙示によるものも含む）を広範に認めるが，取引社会ではその特約的効果が原則化しているのであるから，そうすると，自己の原則性をみずからで崩してしまっているという（鈴木禄弥・物権法講義〔四訂版〕（創文社，1994）89頁）。

(b) 「社会意識」と各学説との関係

「社会意識」との関連から見た場合に，①の立場では，これを「特約」を優先することで回避しつつも，基本的には「社会意識」を等閑視し，むしろ「確立した判例」（法的安定性）であること，法的・実務上の明確性（移転時期の一義性）に資すること，及び，このように解することにより特段の実務上・理論上

の不都合は生じないことなどを根拠としていると思われる。②の立場は，まさに「社会意識」を最大の根拠とする。そして，事案との関連で見た場合に①の立場が判例として確立している点をも疑い，また，代金支払い，引渡し，登記のいずれかがなされれば，その時に所有権は移転するとすれば，移転時期は一義的であり，不明確となることはないと説く。③の立場は，①の立場を批判するために「社会意識」を用いた上で，さらに，「社会意識」としても所有権の移転時期については不明確なのではないかという立場を採っていると思われ，むしろ所有権の移転時期を（一点に）決めることは不可能であるし，また，その必要もないと説く。

(c) **本調査結果の分析**

不動産の移転時期に関する「社会意識」について，本調査からは次の点が明らかになった。(イ)契約成立時と回答した者は，全体では2割程度おり，決して多数を占めるわけではないが，他方，決して「ごく少数」だとして「社会意識」から完全に無視できる割合ではない。したがって，《不動産取引において契約成立時に直ちに所有権が売主から買主に移転するなどということは，およそわが国の取引意識からは全く乖離している》とまでは言えない。ただ，8割程度は，契約成立時に所有権が移転するとは回答していない。(ロ)最も多くを占めたのが登記移転時である（3割超）。ドイツのような形式主義を採らないわが国においては，登記と所有権の移転とは無関係である。しかし，「社会意識」としては最も高い割合である。不動産取引における「登記」の重要性を認識している結果とみることができるし，登記制度が深く浸透しているとみることもできよう。また，「引渡し」(17%)や「代金支払い」(27%)よりも「登記」(34%)により重きを置いていることは，いわば「登記」を《契約の最終段階》(契約を点と捉えるのではなく線と捉える意識を前提としている)であるとみて，その段階で所有権も移転するという「社会意識」がうかがえる。(ハ)ただ，他方で，これら3つは，その割合が比較的接近しており，いずれかが決定的に所有権移転の要素であるとの「社会意識」ではないようである。

(4) **結　論**

本調査が「一般国民の意向・意識」を必ずしも完全に表しているものではな

いことを留保しつつも（さらに国民各層の幅広い調査が必要とされよう），「所有権の移転時期」についての解釈論の指標は得られたものと考える。以下では，この結果を踏まえて，従来の判例・学説の今後の課題を掲げた上で，私見を述べておきたい。

　㋐　本調査で，所有権移転時期についての「意向・意識」が，「契約成立時」，「代金支払時」，「引渡時」，「登記移転時」と比較的近い割合で分かれていることは，「段階的移転説（移転時決定不可能・不要説）」が「国民の意向・意識」に沿うものであることを意味してはいないと思われる。なぜならば，本調査結果では，所有権の移転時期に関し「少しずつ段階的に移転する」との回答は1％程度を占めるに過ぎなかったからである。やはり，国民一般は，「売ったもの」ないし「買ったもの」は，通常，ある時点で一体的に売主から買主に移転するものと考えていると思われる。したがって，この立場を採る学説は，「法律学（民法学）」の側から，一般国民の意識である《「売ったもの」ないし「買ったもの」は，ある時点で一体的に売主から買主に移転するとの考え方》を採ることは，具体的な紛争の場面（又は，紛争には至らないが実際の取引の場面）において不都合が生ずること，又は，そのような考え方は法律学（又は政策）として弊害が生ずることを，（国民に向けても）より説得的に説明する必要が生じよう。私には，この立場を採る学説は，いまだ十分に説得的な解答・回答を用意していないのではないかと思われる。

　㋑　判例及びこれを支持する学説（「契約成立時」説）は，「法律学（民法学）」の側から，「判例である」ということ以外に「法律論」としてそのように考えることが最も妥当であることについて，大部分の国民（8割程度）に対して説明できるであろうか。ここで問われるべきは，このように考えることが，大部分（本調査では8割程度）の「意向・意識」を否定してまでも，具体の場面において合理的ないし妥当と言えるような法的（又は政策的）理由があるかどうか，また，そのように考えないと法律論（・政策論）として弊害が生ずるかということである。たしかに，買主にとっては，売買契約の成立と同時に当該目的物が「買主のもの」になったとして所有権の移転を認めることは，法的に，一方では，買主が売主に対して所有権の確認を求めること（所有権確認訴訟）が可能となり，他方では，当該目的物につき第三者の妨害が生じたとき，又は，その

第3章　基礎法学と実定法学との協働

おそれがあるときに，買主自身が所有者として妨害の排除又は予防を請求することができることになる。しかし，大部分（8割程度）の国民が，この段階では，「買主のもの」として買主への所有権の移転を認めていない（売主にとっては，売買契約の成立と同時に「買主のもの」となったとは考えていない）以上，買主に対し，このような所有権に基づく確認請求権や妨害排除（又は妨害予防）請求権を付与する必要は乏しいのではないか。また，このような請求権を付与しないと法律論としての合理性が損なわれるものではない。したがって，大部分（8割程度）の「意向・意識」を否定してまでも，判例の立場に立たないと，法律論として，また，具体の場面における合理性ないし妥当性といった観点から不都合が生じるということにはならないと考えられよう。具体的場面において，上記のように買主から売主に対する所有権確認請求を認めなくても，買主には売買契約に基づく履行請求権は認められるのであるし，また，売買目的物に対する第三者の妨害に対しては，買主には少なくても債権者代位権の行使は認められよう。

　(ウ)　仮に解釈論として，《所有権の移転時期に関する問題は，専ら契約の意思解釈の問題であるから，それ以上にこれを論ずる必要はない》との見解があるとすれば，本調査結果では回答者の「意思」は分かれたことからは，具体の紛争場面における当該「契約の意思解釈」を明らかにすることは困難なことが多いと思われる。やはり，この問題は，個々の契約ごとの「契約の意思解釈」に還元されるべきものではなく，解釈論として，あらかじめ一般的な形で「契約の意思解釈」の内容を提示しておくべきものと考える。

　(エ)　筆者は，今日のわが国における「所有権の移転時期」に関する妥当な解釈論としては，《不動産の場合には登記がなされて所有権が移転する（登記の移転がない状態ではまだ所有権の移転があったとは言えない）》といった国民の意識（34%と最も多くを占めた）や，《代金支払いがなされて所有権が移転する（代金の支払いがない状態ではまだ所有権の移転があったとは言えない）》といった国民の意識（27%と二番目に多くを占めた）を基礎に置くべきであると考える。それでは，この両者の関係について法律論としてはどのように組み立てるべきか。法律論は，調査結果を尊重し重要な指標とはするが，必ずしも調査結果をそのままの形で受け入れて組み立てられるべきものではないと考える。

　私見としては，第一に，登記が移転しなくても，わが法制（形式主義を採らな

い）の下では，「代金の支払い」(27%) があれば所有権の移転があったとみてよく（代金の支払いがあったにもかかわらず所有権がなお売主に止まるという理由は一般的には見出しがたい。従来の学説では，有償性や対価性という概念で説明している），第二に，売買においては実際上はそう多くはないと思われるが，代金の支払いがなくても「登記の移転」(34%) や「不動産の引渡し」(17%) がなされた場合には，売主としては，買主に所有権を帰属させたものとの意思の下にそうしたのであると見られることから（これらがあったにもかかわらず，所有権をなお売主に止めておくとの売主の意思は一般的には見出しがたい。従来の学説では，一種の（わが国独自の）物権行為や物権的合意という概念で説明している），所有権の移転があったと解してよい。

「代金の支払い」と「登記の移転」・「不動産の引渡し」との関係は，前者が不動産の売買契約における買主の行為であり，後者が売主の行為であるが，いずれもが「所有権の移転」がなされたことについての当事者の「意思」が見て取れるべきものと考える。このような法的評価（前述の「あらかじめ行うべき一般的な形での『契約の意思解釈』」）ないし解釈論が，「国民の意向・意識」（社会意識）に最も適合的なのではなかろうか。

3 不動産物権変動における「悪意の第三者」

(1) 判例・学説の状況と調査の趣旨・目的

(a) 判例・学説の状況

不動産の二重譲渡（二重売買）があり，第一譲受人（第一買主）が登記をしていない間に，悪意の第二譲受人（第二買主）が登記をした場合に，どちらが所有権を取得するのか。この点は，民法177条の立法以前から議論があったところであるが，立法にあたっては一応の解決を見た。立法者の意思は，民法177条の第三者は善意・悪意を問わない，すなわち，悪意の第二譲受人（第二買主）でも登記をすれば所有権を取得できるとするものであった[8]。判例も，この立場を維持して今日に至っている（前掲・大判大10・12・10民録27輯2103頁等）。ただ，立法前においては法律家の大勢は悪意者排除説であったし[9]，また，立法

第3章 基礎法学と実定法学との協働

後においても，今日に至るまで「悪意者は排除すべし」との学説が連綿と主張されており，今日では有力になってきている。その背景ないし基礎には，社会意識，取引慣行ないし国民感情といったものがあると思われる。

(8) 鎌田薫「対抗問題と第三者」星野英一編・民法講座2（有斐閣，1984）77頁以下。
(9) 明治20年の法学協会は，「甲者アリ或建物ヲ乙者ニ売払ヒ又之ヲ丙者ニ売払ヒタリ丙者ハ乙者ニ先チ登記シタルモ既ニ甲乙間ニ売買アリタルヲ知リテ買取リタルモノトス乙丙何レカ所有者ナルヤ」という本調査と同様の論題で討論をし，同討論には，城数馬，榊原幾久若，西久保弘道，富井政章，川地金代，川橋慶次郎，柴原亀次，富岡恒次郎，穂積陳重，土方寧が参加して各意見を述べた（富井は結論を留保し，穂積は悪意者排除説を説く）が，最後に議長の富井政章が「論旨已ニ尽キタルヲ以テ決ヲ採ル乙方多数ナルヲ以テ丙即チ事実ヲ知リ乍ラ買取リテ先ニ登記シタル者ハ所有権ヲ得ル能ハスト云フニ決ス」として，悪意者排除説を優勢とした（法学協会雑誌37巻1頁以下・38巻1頁以下。なお，鎌田・前掲注(8) 74頁参照）。

(b) 調査の趣旨

そこで，前述のようなアンケート調査を行うこととした。その設問（問2）の基本的な意図は，具体的紛争場面において，《今日，果たして判例の立場である善意・悪意不問説（悪意者非排除＝保護説）は，一般国民の意識に合致するか，支持を得られるか》というものである。この調査結果は，今後の解釈論又は立法論を展開する上において参考になるものと考える[10]。

なお，本調査の性格上（対象者及び調査方法の制約上），また，上の本調査の意図から第二譲受人の主観要件に関しては，「善意・悪意」のみを問題とし「過失」は問題としないこととした（法理論上の比較的細かな論点に関しての意向については，この種の調査では困難を伴うことが多い）。なお，本問については，Aが保護されるのか，Cが保護されるのかについて二肢択一とするのではなく，「一般的に，いずれとも決めかねる」又は「より具体的な事情によって結論が異なり得る」と考える者も存在すると思われたので，「3 いずれも理解でき，迷っている。」との選択肢も設けた。

(10) 共通の認識として，伊藤・前掲注(4)「基礎法学への期待」119頁以下。

(2) 調査結果

調査結果（次頁グラフ参照）は，全体では，2（「Aの方が先に買い，そのことをCは知っていたので，たとえCが登記をしてもAが優先するので，Aは，

不動産取引・不動産登記と国民の法意識

問2

回答	1	2	3	計
①	98	183		281
②	31	114	10	155
③	130	211	42	383
④	17	23	4	44
⑤	141	187	20	348
⑥	47	98	28	173
⑦	72	148	23	243
⑧	24	77	9	110
⑨	26	37	4	67
計	586	1078	140	1804

（凡例）＊回答欄の数字は次のとおり
　　　　1　C優先　　2　A優先　　3　迷っている
　　　＊問1の表の凡例（804頁）を参照

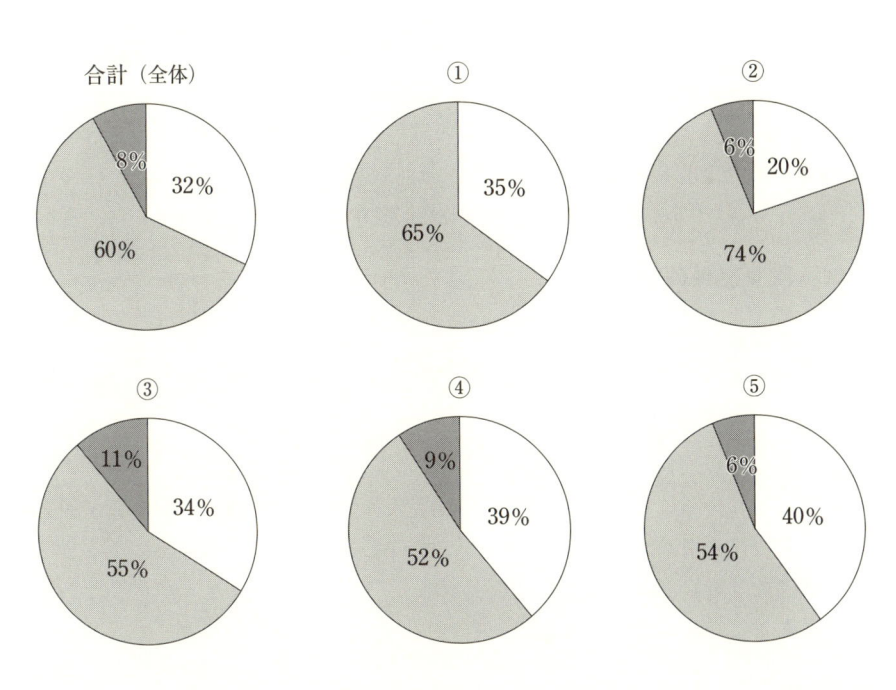

合計（全体）：32%　60%　8%
①：35%　65%
②：20%　74%　6%
③：34%　55%　11%
④：39%　52%　9%
⑤：40%　54%　6%

第3章 基礎法学と実定法学との協働

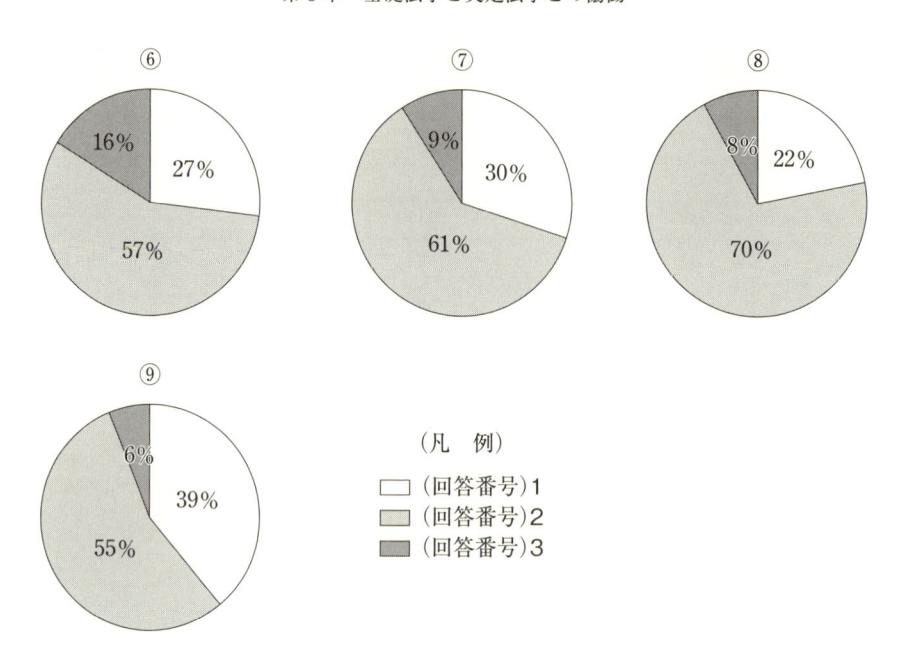

⑥ 16% / 27% / 57%

⑦ 9% / 30% / 61%

⑧ 8% / 22% / 70%

⑨ 6% / 39% / 55%

（凡　例）
- □（回答番号）1
- ▨（回答番号）2
- ▓（回答番号）3

Cに不動産を引き渡す必要はない。」＝悪意者排除説）と回答した者の方が多く（60%），1（「登記が優先されるべきであるから，Cの方が優先し，引き渡さなければならない。」＝善意・悪意不問説）と回答した者（32%）の2倍弱であった。また，3（「いずれも理解でき，迷っている。」）と回答した者も，（設問作成時に予想していたとおり）一定割合（8%）存在した。

(3) 調査結果の分析

(a) 本論争の性格

前述のように，立法者は，民法177条の制定にあたり「第三者」の範囲として悪意者・善意者を不問とする意図をもっていたにもかかわらず，また，判例は，信義則を根拠に背信的悪意者は排除するものの悪意者は排除しないとの立場を堅持しているにもかかわらず，なお悪意者（ないし有過失者）排除説が唱えられ，未だに決着がつかないのは，ここでもまた，立法時から今日に至るまでのわが国の「社会意識」ないし「取引意識」（「国民の意向・意識」）が背景ないし基礎にあることからであると思われる。

(b) 本調査によって判明したこと・判明しなかったこと

物権変動における第三者（民177条）の主観的要件に関する「社会意識」について，本調査からは次の①及び②の点が指摘できる。①既に見たように，本調査では，「Aが先に買ったことを知っていた」第三者（「悪意の第三者」）Cは登記を先にしても保護されないとする悪意者排除説 (60%) が，「登記を先にしたCが優先される」とする善意・悪意不問説 (32%) を大きく上回った。ただ，「いずれも理解でき，迷っている」との回答も一定程度 (8%) あり，国民の「取引意識」において悪意者排除説が圧倒的多数を占めるというところまでは至っておらず，《登記の前後で割り切るべきである》とする善意・悪意不問説も相当数を占める。②悪意者排除説を妥当であると回答した者の理由は，おそらく《他人のものを横取りするような者は保護に値しない》ということであろう[11]。ただ，本調査においては，Cの「悪意」の対象に関して，「AがBから既にこの不動産を買ったこと」だけではなく，「Aが代金を払い不動産の引渡しを受けて住み始めたこと」も挙げたために，主としてこれらのうちどちらを重視して判断したのかは，本調査からは必ずしも明らかではない。仮に，「AがBから既にこの不動産を買ったこと」を知っていただけの状況ではCが優先するが，「Aが代金を払い不動産の引渡しを受けて住み始めたこと」まで知っていたのでCは保護に値しないと考えたとすると，このような考え方は，《純粋の悪意者排除説》とは言えないかも知れない。「Aが代金を払い不動産の引渡しを受けて住み始めたこと」を知りつつ，第一買主に登記がないことを奇貨としてあえて買い受けることは，「背信」（信義則上保護に値しない）行為と見ることもできるからである。

　[11]　既に見たように，同説を採る学説での基本的な根拠もこの点にある。たとえば内田貴・民法Ⅰ〔第3版〕（東京大学出版会，2005）453頁以下。

(4) **本調査からの導かれる私見──今後の課題も含めて──**

「一般国民の意識」に関する上記の調査から，どのような結論が導かれるべきか。暫定的ではあるが，以下で私見を述べておきたい（後述の追加調査により私見の修正もあり得る）。

㋐　まず，民法177条の第三者の「悪意」について現実の場面での具体的内

第3章　基礎法学と実定法学との協働

容が問われるべきであると考える。これまでの学説は，必ずしも具体のこの点について仔細に検討していないと思われる（各学説については後日，別稿で取り上げる予定である。また，裁判例における事案の整理についても同様）。本件設例では，「AがBから既にこの不動産を買った」事実を「知っていた」ことを問題とするが，そもそも，現実の不動産取引において，第三者Cが，「AがBから既にこの不動産を買ったこと（AB間の売買契約が締結されたこと）」を知ることができるのはどのような場合であろうか。CがAB間（必ずしも「A」が特定される必要はない）の売買契約の存在を認識できる場面として想定できるのは，当該不動産に関する広告などの情報（「売物件情報」）において当該不動産については「売却済み」などの表示がなされていたとき，又は，CがA又はBと当該情報を知りうる関係にあるために当該不動産につきAB間の売買を知ったときなどである。

いずれの場合にも，通常は，Cとして当該不動産を買い受けることを断念するであろうし，また，BA間の売買があったことを再度確認した上で断念するであろう（換言すれば，BA間の売買がなかったことを確認してはじめてCはBと契約をする）。Cとして，《BA間の売買（ないしは，Bから何者かへの売買）の可能性はあるが，必ずしも明らかではない》といった状態で，Bにその点を確認をしないまま買い受けることはまずあり得ない。換言すれば，特別の事情のない限り，不動産取引において，CがBA間の売買が既にあったことを認識している（悪意）にもかかわらず，あるいはその疑いがあるにもかかわらず，当該不動産をBから（Bと通謀等をして）買い受けることは，実際には，ほとんど想定し得ないのではなかろうか。たとえ，民法177条ないし判例（現実の裁判）においてCの法的保護が期待できるとしても，Cがその後Aとの間で事実上トラブルに巻き込まれるというリスクや，他方，売主Bの同様のリスクを考えると，Cが悪意である場合の二重譲渡（二重売買）は現実の取引ではほとんど発生しないのではないか（いわゆる「教科書・教室事例」である）。ただ，実際の訴訟では，AがCの（悪意ないし）背信的悪意を主張することが少なくないから，このような場合は——現実の取引から見れば極めて例外的であると思われるが——「悪意」（ほとんどの場合，「背信的悪意」であると思われる）は少なからず問題とされる。

　(イ)　民法177条の「第三者の範囲」の問題として「悪意者」が含まれるか否

かを論じる際には，まず，以上の背景を十分に認識する必要があろう。そして，このような認識を踏まえた場合には，Cが「BA間の売買」について「悪意」である場合（繰り返しになるが，現実の取引においては，このような場合は極めて稀であると思われる）には，すなわち，Cが当該不動産をAを排除して自己が取得すべくBから（Bと通謀等して）買い受けた場合には，Cは，「Aが既に引渡しを受けている（占有している）」ことについては知らなくても（この点については「善意」であっても），また，たとえ先に登記をしたとしても，保護されるものではないと考えるべきではないか。本調査結果による「（国民の）取引意識」（Aの方が優先すると回答した60％のうちの大部分）は，そのように考えているのではないか。ただ，「（国民の）取引意識」として，Cが，単にBA間の売買の事実を認識しているだけではなく，「Aが既に引渡しを受けている（占有している）」ことまでも認識している場合には，Cは保護されるべきではないという考えが大半を占めるのであれば（この点については追加調査が必要となる），上の考えも再検討を要しよう（Cが，単にBA間の売買の事実を認識しているだけではなく，「Aが既に引渡しを受けている（占有している）」ことまでも認識している場合にまで至ればCは保護されるべきではないという考え方は，「単純悪意者排除論」ではなく「背信的悪意者排除論」に繋がるものであろう）。

(ウ) 上で述べたように，Cが悪意である場合の二重譲渡は現実にはほとんど発生しないが，稀にこのような場合が生じた場合には，Cは保護されるべきでないとしたときに，それでは，Cが「善意」の場合（BA間の売買を知らなかった場合）に，Cは，つねに保護されるのか。現実に生じる二重譲渡の大部分は，Bは二重譲渡を認識しているが，Cは善意である場合であると思われる。したがって，二重譲渡の場合の「第三者」の主観的要件を論ずる実益は，このような場合にあると言えよう。ここでは，登記を経由した第二譲受人Cが保護されるためには，BからAへの第一譲渡について，善意のほかに無過失まで必要とされるか否かが問題とされる。すなわち，当該不動産についての登記名義はBにあったが，たとえば，当該不動産の広告表示等には「売却済み」となっていたときにこれに気付かなかった場合や，現地検分をすればAの占有等（居住又は工事の着手等）により第一譲渡の可能性が認識できるのに現地検分をしなかった場合に，BからA（ないし第三者）への物権変動（第一譲渡）がな

かったものと信じた善意者Ｃは保護されるべきか，それとも，第一譲渡を認識できなかった点について過失ありとして，このような善意ではあるが有過失者Ｃは保護されるべきではないか，といった問題である。

　㈎　ところで，このような場合の不動産取引において，何をもって「過失」とするかが問題となるところ，それは，個々の取引ごとに，第二譲受人として通常要求される注意義務に照らして決するほかないが，一般的な不動産の取引においては，Ｃにとって買受後の当該不動産の使用を目的とする場合であれ，転売利益の収受を目的とする場合であれ，売買契約前に現地を検分するのが一般的であると思われる。特殊な不動産取引（専ら自然保全の目的のための所有権の取得，専ら値上がり益のみを目的とした競争的な不動産取得，将来の利用や転売のための遠方の原野の取得等）の場合を除くと，不動産取引の場合には，動産取引の場合に比べて，一般的に目的物が高額であるということのほか，当該物件の状況に関する一般的な情報提供だけでは目的不動産について十分には把握できないことから，その周辺の状況，不動産の現況等について実際に実物（現地）において検分する（「自分の目で確かめる」）のが常態であり（登記の確認のみでの取引は通常は存在しない），これを前提に「過失」の内容を考えるべきではなかろうか。そうすると，（実際には第一譲渡があったにもかかわらず）第二譲受人Ｃが現地を検分しないままＢから買い受けた場合で，現地を検分すれば第一譲渡が認識できたときには，「過失」があるものと解せよう。内田貴教授は，登記による公示の意味は権利の存在を知らせることにあるから，登記がなくても権利の存在を知っている（悪意の）第三者に対しては公示の必要はなく（「悪意者排除」），登記に匹敵する公示として宅地の場合にはその占有であり，これがあれば，第二譲受人の悪意が推定されることになるところ，第三者には，現地の調査義務があることを前提に，「善意・無過失」を要求することになろうと説く[12]（第一譲受人Ａが第二譲受人Ｃの悪意又は過失の立証責任を負う）。私見としても，このような考え方に基本的に同調するが，「調査義務」には程度の差はあるものの，Ｃの側に一般的に「調査義務」を措定する（「過失」を問題とする）ことには若干の躊躇もあり（第二譲受人Ｃは，ＡＢ間の売買契約前には現地検分を行ったが，ＡＢ間の売買契約後，第一譲受人Ａの占有開始後には現地検分をしなかった場合や，大手分譲業者からマンションを買い受けたＣは，帰国後の住居として現地検分をしないまま購入した場合等），こ

の点については,「国民の意向・意識」に委ねたいと考える（追跡調査により,ある程度はっきりとした傾向が表れた場合には,それに従いたい)。なお,第一譲渡の認識に関して,現地検分以外にも先に示した「売却済み」等の情報媒体の調査義務が考えられるが,公示機能として「登記」や「現地」と比べた場合には,これらの情報媒体は著しく不十分であるので,これらの情報媒体は「調査義務」ないし「過失」を問題とする場合には無視してよいと考える（ただ,「悪意」の認定では問題となり得る）。

(オ) 以上で私見の道筋を述べ,そこでは,第三者Cの要保護性に焦点を当てて検討したが,Aの帰責性——登記を売買後に移転しなかったこと——との関連では,どのように考えるべきか[13]。AがBとの売買の後,相当な期間内に登記を移転しなかった（BがCに先に登記を移転することに至った）ことについてのAの「帰責性」(「Aは不利益を甘受すべし」) を重視する見解は,このような場合にはCがたとえ悪意（又は有過失）でもCが権利を取得するものとする善意・悪意不問説の立場と結びつく。悪意（・有過失）者排除説の立場からは,たしかに,AがBとの売買の後,相当な期間内に登記を移転しなかった点について,一種のAの「帰責性」(「Aは不利益を甘受すべし」) は認められるとしても,それは,第三者Cが善意（・無過失）の場合に限定されると考えるべきであり,やはり,たとえ登記の移転がなかったとしても（Bの下に登記があったとしても),BA間の第一売買について悪意（又は有過失）の第三者Cは保護に値しないと考えることになろう。

(カ) 「背信的悪意者」と「悪意者」との関係についても私見を述べておきたい。判例・学説における「背信的悪意」は,単になる「悪意」ではなく,そこに何らかの「背信性」を要するとする。しかし,上の(ア)で述べたように,Cが「悪意」である場合とは,CがABの売買を認識しながら,あえて当該不動産を自己が取得すべくBから（Bと通謀して）買い受けることを言うので,この点に加えて,CのAに対する何らかの「背信性」などがなくても,この点自体に「背信性」が包含されていると解することができるのではないか。本調査における国民の「取引意識」として,多くの者もそのように解したものと思われる（追跡調査によりこの点についてさらに明らかにしたい)。

(12) 内田・前掲注(11) 454頁以下。

第 3 章　基礎法学と実定法学との協働

(13) 藤原正則教授（藤原正則ほか著・アルマ民法 2 物権〔第 2 版〕（有斐閣，2005）258，265 頁）など，学説の中にはこの点に力点を置くものがある。

4　結びに代えて

　本稿では，民法解釈論の指標として「国民の意向・意識」（社会意識）を重視することを指摘し，試みに，不動産取引に関する 2 つの代表的な論争（所有権の移転時期と民法 177 条の「第三者」の主観的要件に関する論争）に関してアンケート調査を実施し，その調査結果を参考にして私なりの解釈論を展開した。ただ，不動産取引に関する解釈論については，暫定的なものであって，本稿の主目的ではない。また，前述のように今回のアンケート調査も必ずしも完全なものではない。今後，追加のアンケート調査（後述）を実施し，他方，今日までの判例・学説を再度検証した上で，最終的な私の解釈論を提示したいと考えている。最後に，「国民の意向・意識」（社会意識）を把握するための今後の調査について若干述べておきたい。

　(ｱ)　民法解釈論の指標として「国民の意向・意識」（社会意識）を把握するためのアンケート調査については，第一に，回答者が質問の意味を容易に理解できるものであることが望ましいし，そのようなものに限定されざるを得ない。したがって，たとえ当該事項の解釈論が日常的に問題となり得るものであっても，その質問の前提として一定程度の法律知識を要するようなものは望ましくない（もっとも，質問の仕方を工夫することによって，この点がある程度解消されることはあり得る）。たとえば，連帯債務において一部免除があった場合の各連帯債務者の残債務と負担部分の割合に関する解釈論については，このような事項に該当するものと言えよう。第二に，第一の点とも関連するが，当該事項が「国民」の「日常的」な問題と直接には関係しないものは，このような調査には適さないと思われる。すなわち，多分に学理上の問題，専ら企業間（商人間）の取引の場面で問題となる事項，専ら一般の国民間で問題となる事項であるが極めて稀に生ずる事項などがこれに当たる。したがって，民法解釈論の指標として「国民の意向・意識」（社会意識）を把握するためのアンケート調査に適する事項としては，たとえば，本稿で取り上げた問題のほか，民法典のほぼ順番で

財産法に限定して思いつくままにそのいくつかの項目（実際にはその中における個別の解釈論）を挙げると，制限行為能力，意思表示（公序良俗，虚偽表示，詐欺，錯誤等），時効，代理，物権的請求権，物権変動，即時取得，（通行等の）地役権，抵当権，留置権，損害賠償の範囲，履行利益と信頼利益，債務不履行における帰責事由，危険負担，瑕疵担保責任，賃貸借・借地借家，請負，各種の不法行為などである（もちろん，家族法の部分にも多くの該当する事項があるが，省略する）。

　(ｲ)　本稿で取り上げた事項（【問2】の民法177条の「第三者」）に関しては，前述した追加調査として，たとえば次のような趣旨の質問について回答してもらうことを予定している。①第二譲受人Ｃが保護されないとした場合に，その理由として，「ＢＡの第一売買を認識していたこと」か，それとも「Ａが既にその不動産の引渡しを受けて居住していたことを認識していたこと」か，②登記を先にした第二譲受人Ｃは，「ＢＡの第一売買を認識していたこと」だけで「信義則に反し」法律上の保護に値しないと言えるかどうか，③善意の第二譲受人Ｃが現地に行けばＡの占有を認識できた場合に，Ｃが現地に行かなかったためにＡの存在ないしその占有を認識できなかったときにも，Ｃは保護されるか。それでは，Ｃが現地に行かなかったのは，売買契約時に外国にいて帰国後の住居を購入するためであった場合はどうか。④前記の点について動産取引の場合についてはどうか。

　(ｳ)　さらに，今回の調査は基本的に当該法律事項の未習者を対象としたが，今後の調査（本問のような不動産取引に限らない）としては，調査対象者に対して判例（ないし学説）を説明した上で，「判例（ないし学説）はこのようになっているが，このような考え方を維持すべきか」といった趣旨の調査を行い，その結果が説明前の調査結果と同じか否かを問題とすることも考えられる。また，「国民の意向・意識」（「できるだけ広い層の国民」に問うことが望ましいことは言うまでもない）を問うのと同内容のアンケート調査を民法研究者等の有識者に対して実施することも意義があるものと思われる。ひょっとすると，多くの研究者が判例に反対していたり，これまで「通説」「多数説」と理解されていたものがそうではなかったということが判明するかもしれない。

　【注記】本稿の基本となったアンケート調査は，平成17年度～平成19年度科学研究費

第 3 章　基礎法学と実定法学との協働

補助金（基盤研究(C)）（課題番号 17530061）「国民が望み納得する民事紛争の法的解決等に関する調査研究」（研究代表者・鎌野邦樹）において実施したものであり，また，本稿は，同調査研究の研究成果の一部である。

近世日本における領主の住職任免
―「寺法」,「訴願」,「問答」に見る―

小 島 信 泰

1 はじめに

　江戸時代の寺院住職の任免権については豊田武氏の研究があるが,それは宗派をこえてその一般的な原則を概観しようとするものであって,住職任免の法的な根拠や大名などの封建領主の有する任免権については論じられることはなかった[1]。その後も,史料上の制約などが影響してか,これらの問題に関してはほとんど研究の進展が見られない。本稿においては,法制史の観点から封建領主による住職任免について考察を進めるが,はじめに本稿が依拠する史料を紹介しておきたい。

　筆者はこれまで,幕府が定めた寺院・僧侶に関する法令を「幕府寺法」,各宗派が定めた寺法を「宗派寺法」,各個別の寺院が定めた寺法を「個別寺法」と呼んで,特に「個別寺法」について研究を進めてきた[2]。寺法にはこれ以外にも,大名などの封建領主が定めた寺法として「領主寺法」があるが,領主の住職任免権を論じるためにはこれについても調べる必要がある。しかし,結論を先取りすると,以上のいずれの寺法においても,管見によると今のところ領主の住職任免権を明確に規定した寺法は見つかっていないので,これら以外の史料も調べる必要がある。そこで,本稿においては,上述の各寺法のほかに,個別の寺院文書やいわゆる問答集などを繙いて,寺院が関与した「訴願」や藩と幕府の「問答」などを読み込むことによって,領主による住職任免の事実にアプローチする。そして,将来,領主による住職任免権について解明するため

第3章　基礎法学と実定法学との協同

の一階梯としたい。

　ところで，住職任免権の所在は，中世ヨーロッパの叙任権闘争を引き合いに出すまでもなく，政教関係を知るための重要なメルクマールである。そして，住職の任免は宗派・寺院内においては人事の中心にあり，これに関する法は宗派・寺院法制の根幹を成すものであるといっても過言ではない。

　また，住職任免をめぐる「訴願」や「問答」の研究は，世俗権力が当時どこまで宗教に介入することができたのかという事実を浮き彫りにするためだけでなく，幕府と藩との間の司法権もしくは行政権の配分の実態を知る上でも避けて通れない問題なのである。そして，こうした前近代の司法権，行政権，さらには裁判制度の実態解明は，現代日本の法や裁判を歴史的な観点から考察するための重要な研究材料になる可能性があるものと思われる。

　なお，筆者は当時，天台宗に所属した浅草寺についてこれまで調べてきた経緯があるので，本稿においても天台宗の寺院に関して論じることにしたい。

　(1)　豊田武『宗教制度史』〔豊田武著作集第5巻〕(吉川弘文館，1982年) 第1編参照。
　(2)　拙著『近世浅草寺の寺法と構造』(創文社，2008年) 参照。

2　豊田武氏の研究

　豊田武氏は，江戸時代の寺院住職の任免権について次のように論じている[3]。

　　この時代の住職任免権は，(1)政府（朝廷・将軍・老中・寺社奉行）・(2)本寺役寺（本山・本寺・僧録・触頭）・(3)僧侶（輪番・協定・先住の指定・弟子相続・血縁相続）・(4)檀家の四つに存在する。此中(1)の朝廷乃至幕府に任免権ある寺院は，朝廷や幕府に特別の関係ある寺院か，または総本山・本寺・触頭・寺院の場合が多く，(4)の檀家に任免権ある寺院は，特殊な開基檀家ある寺院にのみ限られる。したがって多くの寺院は(2)乃至(3)に属し，しかも形式的には(2)が大多数を占める。

　これは，豊田氏が，東京帝国大学国史学科を卒業して文部省宗教局に就職し，宗教制度の調査に従事する傍ら雑誌に掲載した論文を編集して出版した，『日本宗教制度史の研究』(厚生閣，1938年)[4]の一節である。おそらくその背景には，

多くの調査・研究があったものと思われ，この結論も概ね妥当なものであると思われる。しかし，古代から近代に至るこの国の宗教制度を一冊の本で概観するという構想により，その記述内容は多くは概説にとどまっている[5]。その結果，依拠した史料の紹介は決して十分ではなく，住職任免の法的な根拠も明示されていない。しかも，右の引用箇所からもわかるように，大名などの封建領主の任免権にはまったく触れられていないのである。そこで，本稿においては，豊田氏の研究に拠りながら，住職任免に関する具体的な法令・寺法を調べるとともに，領主の住職任免の事実について考察することにしたのである。

では，筆者の言う「幕府寺法」の規定内容について調べることからはじめよう。

(3) 豊田・前掲『宗教制度史』30頁。
(4) 同書は前掲『宗教制度史』の第1編に収録されているので，引用はこれによった。
(5) 豊田・前掲『日本宗教制度史の研究』の辻善之助氏による「序」参照。

3 「幕府寺法」

「幕府寺法」とは，前述したように幕府が定めた寺院・僧侶に関する法令のことである。代表的な「幕府寺法」としては，承応3 (1654) 年の「東叡山法度」[6]，寛文5 (1665) 年の「諸国寺院御掟」[7]，明和7 (1770) 年の「寺社方御仕置例書」[8]などがあるが，そのほか例えば寛保2 (1742) 年の「公事方御定書」下巻[9]の第一四条「寺社方訴訟人取捌之事」，同第五一条「女犯之僧御仕置之事」，第五二条「三鳥派不受不施御仕置之事」，第五三条「新規之神事仏事并奇怪異説御仕置之事」，第五四条「変死之ものを内証ニ而葬候寺院御仕置之事」なども「幕府寺法」と呼ぶことができる。

以下には，住職任免に関係する「幕府寺法」について紹介するが，はじめに幕初の「関東天台宗法度」（全7ヶ条）について見てみたい。これは幕府が慶長18 (1613) 年2月28日に関東天台宗に宛てて下した法度であるが，その第一条には[10]，

一 不伺本寺、恣不可住持之事、

823

第3章　基礎法学と実定法学との協同

とあり，同第三条には[11]，

　一　為末寺不可違背本寺之下知之事、

とある。すなわち，これらの規定によると，(末寺は) 本寺に伺わず後住を思いどおりに決めてはならず，しかも何であろうと末寺は本寺の指図に背くことができないのである。

　また，東叡山及び日光山の成立後に下された，明暦2 (1656) 年2月28日の「天台宗諸法度」(全5ヶ条) の第二条には[12]，

　一　諸末寺、不受本寺之下知、恣不可住持事、

とあり，同第五条には[13]，

　一　一宗之僧徒惣而不可背本山之命事、

とある。すなわち，これらの規定によると，(末寺は) 本寺の下知を受けなければ後住を決めることができないのであり，しかも一宗の僧侶はこれを含むすべての事項に関して本山の命に従わなければならないのである。

　このように，本山・本寺による末寺・僧侶支配は時代を追って強化していったのであり，これらの規定からは，本山・本寺が末寺住職の任免権を事実上掌握したことを読み取ることができる。また，寛文5 (1665) 年7月11日に，諸宗に対する一般規定として定められた「諸国寺院御掟」(全9ヶ条) の第二条には[14]，

　一　不存一宗法式之僧侶、不可為寺院住持事、
　　　附、立新儀、不可説奇怪之法事、

とあり，「一宗法式」を存ぜぬ僧侶を住持 (= 住職) にしてはならないと規定さ

れている。ここでも，明言はされていないが，本山・本寺が末寺住職の任免権を保持していることが前提となっているものと解釈することができよう[15]。

以上のように幕府は，宗派統制の一貫として，本山・本寺による住職任免権を「幕府寺法」によって規定しようとしたものと思われる。こうして幕府は，寺院住職の任免に関与したのであるが，このことは同時に法義に関係した問題でもあったので[16]，後に述べるように，住職任免をめぐっては聖俗に跨る錯綜とした事件が頻発することになる。このように幕府寺法には，豊田氏の論じられた住職任免権の(2)に該当する規定が見られる。これ以外の住職任免権の(1)，(3)，(4)については，今後詳しく調べていく必要がある。

それでは，本稿で問題とする個々の領主による領地内の寺院住職の任免についてはどうであったのだろうか。「幕府寺法」においては，天台宗に関して見る限り，これに関する具体的な規定は定められていないようである。そこで，次には，個別の寺院文書などによりこの問題について考えてみたい。

(6) 「御当家令条」(石井良助校訂『近世法制史料叢書』第2，復刊訂正，創文社，1959年) 67号。
(7) 同上，135号。
(8) 法制史学会編＝石井良助校訂『徳川禁令考』別巻（創文社，1961年）所収。
(9) 同上。
(10) 法制史学会編＝石井良助校訂『徳川禁令考』前集第5（創文社，1959年）2614号。
(11) 同上。
(12) 文部省宗教局篇『宗教制度調査資料』第6巻（原書房，1977年）第16輯「江戸時代宗教法令集」66号。
　　『宗教制度調査資料』は，大正14（1925）年に当時の文部省宗教局が各宗本山に報告させた本末関係の現状や歴史を集成したものであり，江戸時代の幕府の法度や宗派の寺法を考える上で参考になる。収録された法度や寺法については考証の余地があるが，これに関しては今後の課題として，本稿では取りあえずこれを用いることにした。
(13) 同上。
(14) 「御当家令条」135号。『徳川禁令考』前集第五，2574号には，「諸宗寺院法度」として収録されている。
(15) 以上の論述については，拙著・前掲『近世浅草寺の寺法と構造』第7章「二，3」参照。
　　幕府寺法に直接の規定がないということは，本山・本寺の末寺住職任免権に関しては慣習法の領域が存在することを幕府が認めたことを示すものと思われる。

第 3 章　基礎法学と実定法学との協同

(16)　その背景として幕府は，寛保元（1741）年 11 月の触で，
　　諸宗之寺院本末論、或録役座階法系住番世牌等其外法義ニ掛リ候公事訴訟ハ、其録所、触頭、本寺等ニて逐一逐一吟味、依怙贔屓無之、可令裁断事ニ候、申付を致違背、不相請候ハゝ、咎可申付候、其上ニも及難儀候ものハ、奉行所え可差出候、吟味之上急度可申付候、尤他宗又ハ俗人え掛り候出入ハ、只今迄通、添簡を以可差出候、
　　右之通、諸宗一統可相心得候、
　　　十一月

　　（高柳真三＝石井良助編『御触書寛保集成』岩波書店，1976 年，1213 号）

と定め，法義上の問題については，第一次には宗派が取り捌くことを認めた事実を確認しておきたい。

4　「宗派寺法」，「領主寺法」，「訴願」

(1)　粉河寺概観

　以下では，個別寺院の住職任命に領主がどのように関ったのかについて論じるが，取り上げる寺院は，これまで筆者が研究を進めてきた浅草寺と様々な点で類似する紀州和歌山藩の粉河寺としたい。

　粉河寺は，古代に創建された観音信仰の寺院であり，江戸時代には天台宗に所属して，世俗権力に深く関与した本寺の支配下にあったなどの点で，江戸の浅草寺と同様の性格を有する大寺であった。当寺の本称は補陀洛山願成就院施音寺と言い，現在は和歌山県紀の川市粉河町にある粉河観音宗本山で，西国三十三所巡拝第三番の札所に数えられている。

　当寺は，宝亀元（770）年，大伴孔子古が創建したと伝えられており，寺宝として「粉河寺縁起絵巻」一巻（国宝）が現存している。頭坊は御池坊で，江戸時代は後に(3)で紹介する本寺である雲蓋院の末寺に位置した。寺領については，『南紀徳川史』巻之一五二「社寺制第二」に以下のように記されている[17]。

　　（前　　略）浅野家国主たる時新に寺領高四拾六石七斗余を寄せらる
　　南龍公の御時これに依り用ひられ又新に祭礼料五石を賜ふ其余御寄附田并新開田祠堂金等種々あるを以て此等を合せて今時寺産総高七百石に応すといふ

　　　　（中　略）
一　寺領
　　高四十六石七斗二升五合　　　　　　粉川村　　粉　川　寺
　　米五石　　　　　　　　　　　　　　　　　　　辰　祭　料
　　高百石　　　　　　　　　　　　　　粉　河　　御　池　坊

このように，近世には浅野氏より寺領寄進を受け，後に紀州徳川家の寺領寄進も加わり，寺産総高七百石を持つに至っている。

　⒄　堀内信編『南紀徳川史』第16冊（南紀徳川史刊行会，1933年。1992年に復刻版が清文堂出版から刊行された）562－563頁。

⑵　「宗派寺法」

ここからは，『粉河町史』第3巻⒅所収「近世史料」の「一　門前町粉河 1 粉河寺」に収録された文書に依拠して考察を進める。はじめに，宗派が定めた寺法である「宗派寺法」を紹介する。『粉河町史』第3巻には，徳川家康の信任を得て天台宗の大僧正に補任された天海が粉河寺に宛てて定めた「慈眼大師御条目」（全13ヶ条）の写が収録されている。これは，『宗教制度調査資料』第7巻，「第二十輯 江戸時代寺法集」の「三，本山本寺より特定末寺に下したるもの」に「天台宗粉川寺法度」として収録された条目である⒆。『粉河町史』第3巻では，この「慈眼大師御条目」の写が「粉河寺所蔵」であること及び「一六二三年（元和九）慈眼大師（天海）の御条目が定められる」という「綱文」が記されているが，同条目の住職任免に関係した規定としては，次の3ヶ条を挙げることができる⒇。

　　（第四条）
一　補任者本寺執行別当之外不可用事。
　　（第八条）
一　寺僧死去之跡、雖為親類不可取財宝事。
　　（第九条）
一　雖為無主之坊、不可置他宗事。

第 3 章　基礎法学と実定法学との協同

　第四条は，いかなる役職への「補任」，すなわち任命であるかは明言されていないが，おそらく住職をはじめとする役僧への任命については，本寺，執行，別当以外の者が行ってはならないという規定であると思われる。第八条は，寺僧が死去した時は親類の者であっても寺の財宝を持ち去ることはできないという規定であり，第九条は，寺院に住職がいない場合でも他宗の僧侶を住職として置くことはできないという規定である。
　また，『粉河町史』第 3 巻所収「近世史料」の「一　門前町粉河　1　粉河寺」には，同じく「宗派寺法」として，「粉河寺一山掟書」（全 10 ヶ条）が収録されている。これには「粉河寺所蔵」であること及び「一七五五年（宝暦五）粉河寺一山の掟が定められる」という「綱文」が記されているが，同掟書の住職任免に関係した規定としては，次の 2 ヶ条を挙げることができる[21]。

　　（第八条）
　一　諸寺院住職願之節、師匠並実名・生国等書付、雲蓋院江可差出事。
　　（第九条）
　一　住職願之事、縦雖為弟子法器無之者不可願出事。

　第八条にある「諸寺院住職」とは粉河寺の塔頭，すなわち寺中寺院（子院）のことであると思われるが，本条では，その後住を願い出る時は該当する僧侶の師匠，実名，生国などを書き付けて雲蓋院へ差し出すことが規定されている。第九条では，住職を願い出るに際しては，たとえ当住の弟子であっても「法器」，すなわち後住に相応しい器の僧侶でなければならないことが規定されている。
　この「粉河寺一山掟書」の第八条によると，寺中寺院の任免には粉河寺の本寺である雲蓋院が関与したことがわかるが，ここでは住職願が雲蓋院に差し出された後の後住の具体的な任命手続については規定されていない。また，粉河寺一山全体の住職，すなわち御池坊の頭坊の任免についてはどうであったのだろうか。これらの問題については，次に紹介する「領主寺法」によって明らかになる。

828

(18) 粉河町史編さん委員会編（粉河町，1988年）。
(19) 文部省宗教局篇『宗教制度調査資料』第7巻（原書房，1977年）「第二十輯江戸時代寺法集」18号。
(20) 『粉河町史』第3巻，「近世史料」6号［慈眼大師御条目写］243頁。
(21) 同上24号［粉河寺一山掟書］289-290頁。

(3) 「領主寺法」

ところで，右に紹介した「粉河寺一山掟書」の第八条にある雲蓋院とは粉河寺の本寺であるが，この雲蓋院が住職任免に大きく関わっているので，ここでははじめに当寺の概要について述べておきたい。

雲蓋院は，天台宗の寺院で元和7（1621）年に開創，開山は天海である。初代藩主徳川頼宣が造営した和歌浦東照宮の別当寺として創建された天曜寺が，日光法親王の支配下に入った時に下賜された院号が雲蓋院である。二代藩主徳川光貞が菩提所とし，以後歴代藩主によって護持された。『南紀徳川史』巻之一五二「社寺制第二」には，「和歌山天曜寺末門条目掟書」及び「和歌山天曜寺雲蓋院縁起」が記されているので，これらにより雲蓋院の寺院としての格式や住職任免権について考えてみたい。

「和歌山天曜寺末門条目掟書」（全20ヶ条）は，寛永11（1634）年9月に紀州和歌山藩が雲蓋院に宛てて下した掟書，すなわち筆者が言う「領主寺法」である。その第五条には[22]，

一　天曜寺は　東照宮御別当　御家父様方御菩提所にて法義之御役所に候末門之僧徒等閑に相心得自己之鄙懐を存し不相憚傍若無人之働有之間敷儀は勿論之事向来弥右御場所柄之儀に候得は銘々相慎不法不律之振舞并我慢強法申募間敷候若不相守は急度可申付候事

とあり，当寺が「東照宮御別当」であり「御家父様方御菩提所」であって，「法義之御役所」として末寺を支配する地位にあったことがわかる。
第一四条には[23]，

一　諸寺院住職之儀者大地小地に不相拘撰其才器年齢相応学業神妙之僧を寺社役

第 3 章　基礎法学と実定法学との協同

　　所へ相達候上住職可申候事

とあり，「諸寺院住職」，すなわち寺中寺院の住職については，藩の寺社役所に知らせた上で，雲蓋院が任命することになっていたものと思われる。
　なお，第一六条には[24]，

　　一　公儀御触等之儀も従雲蓋院可被触候事

とあるので，雲蓋院は触頭として幕府の触を末寺に通達していたことがわかる。
　次に，「和歌山天曜寺雲蓋院縁起」には[25]，

　　一　住寺住職　日光御門主　公儀へ被　仰窺　御聞添之上被　仰付極官同断右に付　公儀へ継目御礼勤之　御目見有之御暇之節時服二重上京之時任官御礼奉拝　天顔猶又紫衣　御許容之事

とあるので，雲蓋院一山全体の住職については，日光御門主が公儀へ伺った上で任命することになっていたようである。
　さて，和歌山藩が粉河寺に宛てて下した寺法，すなわち筆者の言う「領主寺法」としては，「粉河寺条目」(全13ヶ条)がある。これには「粉河寺所蔵」であること及び「一七五五年（宝暦五年）粉河寺の条目が藩から達せられる」という「綱文」が記されているが，同掟書の住職任免に関係した規定としては，次の4ヶ条を挙げることができる[26]。

　　（第五条）
　　一　御池坊住職進退之儀者、雲蓋院評選之上寺社役所江相届、其上ニ而可願東叡山事。
　　（第六条）
　　一　諸寺院住職進退願之儀者、頭坊吟味之上雲蓋院江相達、雲蓋院許諾之上於頭坊可申付事。
　　（第七条）

近世日本における領主の住職任免

　一　末寺進退之儀者、御池坊添翰を以郡役所より寺社役所江相願可申。尤願相済候
　　　上御池坊より可達雲蓋院事。
　　　　但、寺社役所より直触を受候寺院者、御池坊添翰を以直ニ可願寺社役所事。
（第八条）
　一　諸寺院官職補任相済候節ハ、其旨可達寺社役所事。

　　第五条では、「御池坊住職進退之儀」、すなわち粉河寺一山全体の住職である御池坊住職の任免については、雲蓋院による評選の後に、藩の寺社役所に届け出た上で東叡山に願い出るように規定されている。おそらく、その後、東叡山が任免を行ったものと思われる。第六条では、「諸寺院住職進退願之儀」、すなわち粉河寺の寺中寺院住職の任免については、頭坊である御池坊による吟味の後に雲蓋院へ伝え、雲蓋院の許諾を得てから御池坊において任免を行うように規定されている。第七条では、「末寺進退之儀」、すなわち粉河寺の末寺住職の任免については、御池坊の添翰を持参して郡役所が藩の寺社役所へ願い出ることになっており、その願いが済んだ後に、御池坊が雲蓋院へ伝えるように規定されている。おそらく、その後、雲蓋院が任免を行ったものと思われる。なお、第八条では、諸寺院の官職補任が済んだ時には、その旨を藩の寺社役所に伝えるように規定されている。

　　このように、粉河寺に宛てて下した「領主寺法」の規定により、粉河寺一山全体の住職、寺中寺院住職及び末寺住職の任免についておおよそ知ることができるのである[27]。ただし、藩の寺社役所が住職任免に関与していたことはわかったが、領主の住職任免の事実について具体的に知ることはできなかった。これを解明するために、以下には粉河寺に関する「訴願」及び領主と幕府との間の「問答」について見ることにしよう。

　　(22)　『南紀徳川史』第16冊、443頁。
　　(23)　同上、445頁。
　　(24)　同上。
　　(25)　同上、450頁。
　　(26)　『粉河町史』第3巻、「近世史料」26号［粉河寺条目］290-292頁。
　　(27)　本稿においては、実際の住職任免の実例について調べることはできなかった。今後の課題としたい。

(4) 「訴　願」

(a) 『粉河町史』から

『粉河町史』第3巻所収「近世史料」には，粉河寺の住職任命をめぐる「訴願」が収録されているので紹介する。同「近世史料」の21号及び22号がそれである。21号には，「中山藤井方衆座所蔵」であること及び「某年，粉河寺無住につき後住を入院させるよう願い出る」という「綱文」が記されているが，全文は以下のとおりである[28]。

　　　　　乍恐奉願覚
一　私共先祖者粉川寺之本願大伴孔子古子孫ニ而、代々俗別当職相勤、既ニ三十三年以前粉川寺本堂炎焼之節も方衆五人精進仕、寺中老僧三人と立合、内々陳掃除仕、則六角堂建テ夫ゟ本堂建申候。然処去六月ゟ粉川寺騒動仕、寺僧追放被為　仰付候ニ付、私共先祖ゟ頂戴仕候御願書如何ニ奉存御願申上候処、願之通被為　仰付候ニ付、則御池坊と立合相改、宝蔵江納置難有奉存候。
一　粉河寺之義、右申上候通観音江有縁之我々ニ而御座候処、右騒動ニ付寺中不残無住ニ罷成、御供所ニ御池坊壱人被相勤候得共、寺中惣中相勤来候先例ゟ之御祈念又ハ縁日法事并ニ朝暮之勤行等相勤〆兼可申と嘆ヶ敷奉存候間、何とそ相応之出家夫々入院有之候様ニ被為　仰付被下候様ニ奉願候。尤先年者寺々後住相極〆候節者、方衆へ断、則出生等相改住寺職仕候義ニ御座候処、右之通寺中混乱ニ付、如何計嘆ヶ敷奉存候間、寺々後住入させ被下候様ニ奉願候。左候得者我々見合相応之出家後住ニ入、先格之通年中御祈祷并ニ朝暮之勤行等無怠惰相勤リ候様ニ被為　仰付被下候ハヽ、難有奉存候。右之旨被仰上可被下候。以上。

　　　　　　　　　　　　　　　　　　粉川寺方衆惣代藤井村
　　丑十月日[29]
　　　　　　　　　　　　　　　　　　　　伊　八　郎㊞
　　　　　　　　　　　　　　　　　　同断同村
　　　　　　　　　　　　　　　　　　　　吉　左　衛　門㊞
　　　　　　　　　　　　　　　　　　同断中山村
　　　　　　　　　　　　　　　　　　　　文　　七㊞
　　　　　　　　　　　　　　　　　　同断同村

近世日本における領主の住職任免

　　　　　　　　　　　　　　　　　　　　　　　　　彦　四　郎㊞
　　　　　　　　　　　　　　　　　　同断同村肝煎
　　　　　　　　　　　　　　　　　　　　　　　　　文右衛門㊞
　　　　　　　　　　　　　　　　　　同断同村庄屋
　　　　　　　　　　　　　　　　　　　　　　　　　庄右衛門㊞
　　　　　　　　　　　　　　　　　　同断藤井村肝煎
　　　　　　　　　　　　　　　　　　　　　　　　　次左衛門㊞
　　　　　　　　　　　　　　　　　　同断同村庄屋
　　　　　　　　　　　　　　　　　　　　　　　　　彦　三　郎㊞
桃谷与一右衛門殿
　右之通願書出シ申ニ付指上申候。以上。
　　　　　　　　　　　　　　　　　　　粉川組大庄屋
　　　　　　　　　　　　　　　　　　　　　桃谷与一右衛門㊞
　　　　　　　　　　　　　　　　　　　　　　　　　　＞
笠原忠左衛門様
寺崎恵左衛門様
　　　　　　　　　　　　　　　　（＞は塗抹がある箇所…引用者注）

これによると、この「訴願」がなされた前年に起きた「粉河寺騒動」により「寺中不残無住ニ罷成」、すなわち寺中寺院は残らず無住になり、法事や勤行に差し障りがあるので、後住を仰せ付けてほしいと、「方衆」という俗別当職を務める者や藤井村、中山村の村役人たちが粉河組の大庄屋である桃谷与一右衛門に願い出、これを受けた桃谷与一右衛門が藩に願い出たことがわかる。この「訴願」を受け取った笠原忠左衛門、寺崎恵左衛門とは、和歌山藩の大御番の職にあった者と思われる[30]。

この「訴願」がその後どうなったのかは、『粉河町史』第3巻所収「近世史料」の22号から判明する。22号には、前号と同じく「中山藤井方衆座所蔵」であること及び「某年、寺社奉行から後住についての願書を戻される」という「綱文」が記されているが、全文は以下のとおりである[31]。

（端裏書）

833

第3章 基礎法学と実定法学との協同

「右願出シ申候時，粉河寺之義ハ山門末寺ニ付，
　　御聞ニテ難御取扱申ニ而，戻シ御状」
上那賀粉河寺中無住ニ付、藤井・中山両村方衆之者共、右寺々へ相応之住持被仰付被下候様との願書指出候由ニて候。仍指越御紙面令承知候。
右ハ難取扱筋ニ付、願書一通令返進候。以上。
　　十一月廿七日　　　　　　　　　　　　　　　　　大橋民右衛門
　　　　笠原忠左衛門様
　　　　寺嶋恵左衛門様
寺社奉行中ゟ別紙之通申来候間、右手紙井願書共指越候書面趣可被申付候。以上。
　　十二月七日　　　　　　　　　　　　　　　　　　笠原忠左衛門
　　　　　　　　　　　　　　　　　　　　　　　　　寺崎恵左衛門
　　　　桃谷与一右衛門殿
　右之通申来候ニ付、願書戻申候。御紙面之趣、御申付可有之。以上。
　　極月九日　　　　　　　　　　　　　　　　　　　桃谷与一右衛門
　　　中山村庄屋
　　　　　　庄右衛門殿
　　　藤井村庄屋
　　　　　　彦三郎殿

　これによると，笠原忠左衛門，寺崎恵左衛門は，当該「訴願」を藩の寺社奉行である大橋民右衛門に差し出したが，「端裏書」に「粉河寺之義ハ山門末寺ニ付，御聞ニテ難御取扱申ニ而，戻シ御状」とあるように，粉河寺が山門，すなわち比叡山の末寺であるから藩が後住任命をすることができないという理由によってか，この「訴願」は寺社奉行から笠原忠左衛門，寺崎恵左衛門に戻され，さらに桃谷与一右衛門を経て中山村庄屋の庄右衛門及び藤井村庄屋の彦三郎に戻されている[32]。したがって，当該「訴願」からは，領主の寺院住職任免権について知ることはできないが，領民が領主の住職任命を願い出た事実には注目してよい。この事実は，かつて領主が住職を任命したことがあったからかどうかは不明であるが，少なくとも領民たちは領主による住職任命が可能であると考えていたことを示しているからである。

(b) 『諸家例叢』から

「訴願」については，問答集に記された次の事例も紹介しておきたい。これは，岩手県立図書館が所蔵する二冊本の問答集である『諸家例叢』に収録されている「訴願」である[33]。

一　天明六午年七月廿三日　御用番田沼主殿頭様江左之御吟味願書

　　私領分信州佐久郡平林村天台宗千手院之義、是迄弟子譲ニ而住職仕来、去ル寅年住寺栄俊老衰ニ付（ママ）、檀中一統相談之上致隠居、東叡山明静院ニ相勤居候法泉ハ栄俊弟子ニ付、右江後住譲度段仕来之通東叡山江相願候處、弟子譲之御聞濟無之、御門主様御内御内佛殿役僧圓智院ヲ住職被　仰付、入院之砌検僧として江戸山王地中宝泉院ヲ上野ゟ被差遣、栄俊義是迄段々不束ニ取計共在之由候、押而書付取之法衣類、佛具、其外諸道具等取上、圓智院江引渡、隠居之身分ニハ田畑、山林等ハ取持難成候由ニ而、壱人扶持幷小遣として金弐両弐歩宛被下候段、上野御差図之趣申聞、其上圓智院義ハ上野用向在之由ニ而上野江罷帰、留主之儀ハ平林村百姓与右衛門、源藏、幸右衛門、甚右衛門四人引請取計、殊ニ檀家方共不得心之處、千手院寺修復ノタメ山林可伐採旨、圓智院ゟ申越候、且檀家在之村方ゟ上野領ニ相願、道中傳馬相遇候様可差遣間、金子可差出旨圓智院申候様粗相聞得、其上栄俊ゟ去巳ノ十二月五日、在所役所江願書差出候ニ付、前書与右衛門外三人呼出一通尋之上、月迫ニ付當表呼出、追々可致吟味旨申聞置候處、同月廿六日右四人共欠落仕行衛相知不申候、然所、當二月千手院檀方惣代之者共在所役所江罷出、右之段千手院後住ハ圓智院ヲ上野被　仰付在之候處、無間も帰役被　仰付在之由ニ而上野江罷越、留主居ハ千手院　未（末カ）同郡三分村遍照寺へ申付在之候得共、遍照寺ハ同郡上海瀬村真宗寺とも兼帯致居候ニ付、千手院ニ計も不罷在檀用差支之處如何之義ニ候哉、尚又上野ゟ御差圖ニ而、遍照寺をも千手院留主居取放申付有之、色衣等も取上ニ相成、千手院跡留守居ハ同末同郡天神林満勝寺江申付在之候處、天神林ゟ平林江五里余隔り、且又檀用品々差支候ニ付、圓智院帰寺之義相　持（待カ）罷在候處、又候當春上野　御門主様御上京之御供致候由ニ候得共、圓智院帰寺之程難計、彌千手院法　用（要カ）、檀用等差支候旨書付差出候

835

第3章 基礎法学と実定法学との協同

ニ付、一通相糺候得共、圓智院其外一件打合吟味不仕候而ハ難相分り、上野江も抱り其上檀方之内ニハ、遠藤兵右衛門御代官處同郡宿岩村之者共も加り、三方以他所之引合在之、私方之糺ニハ難相成御座候間、於奉行所吟味在之候様仕度奉願候也、
　　　七月九日　　　　　　　　　　　　　　　　　　　　松平兵部少輔

　これによると，天明6 (1786) 年7月23日，老中田沼主殿頭意次に宛てて，信州佐久郡に領分を有する松平兵部少輔は，領内寺院の住職任命に関する「訴願」を行っている。同郡平林村天台宗千手院の後住はそれまでは住職の弟子譲りであったが，住職であった栄俊に「是迄段々不束之取計共在之」として，本寺の東叡山寛永寺は，弟子の明静院を後住に任命することを認めず，「御門主様御内御内佛殿役僧」の圓智院を任命した。しかし，圓智院は寛永寺の用向きのため千手院を不在にしたため問題が起きたので，寛永寺は佐久郡三分村の遍照寺さらには同郡の天神林満勝寺を留守居として置いたが，これらの僧侶もやはり千手院に常駐することができず，法要や檀用に差支えが生じたというのである。この「願書」には，その内容について明記されていない点もあるが，千手院の檀中は後住任命に関して領主の松平兵部少輔に願い出たものと思われる。しかし，領主は，本件が寛永寺及び代官所である同郡宿岩村の者共も加わり，三方の他所引合の一件であるため，自ら糺すことができず，幕府の吟味を願ったのである。

　これに対する回答が記されていないので，幕府がどう判断したのかは不明であるが，この「訴願」から推測すると，領民の者は領内寺院の後住任命に関して領主に願い出ていることからわかるように，領主も他支配との引合がなければ，自ら吟味して後住任命を行うことがあったのではないだろうか。この推測については，次に紹介する各「問答」によって凡そ証明することが可能である[34]。

　(28)　『粉河町史』第3巻，「近世史料」21号［後住入院につき願書］285－286頁。
　(29)　和歌山市立博物館前館長の三尾功氏より，桃谷与一右衛門の大庄屋在任期間中の「丑年」は「延享2年」であるとのご教示を受けたので，ここに注記する。三尾功氏については，本拙稿の（後記）「四」参照。
　(30)　歌山県立文書館所蔵の「紀州家中系譜並に親類書書上げ」の通番3526・同9227に

よると，この両者は寛政10年ころに同職にあったことを推測できる。
(31)　『粉河町史』第3巻，「近世史料」22号［後住願い返却につき書状］286-287頁。
(32)　「訴願」の経路は，次のように整理できる。
　　　願人（「訴願」を提起した庄屋）→大庄屋→大御番→藩の寺社奉行（＝審理・裁決）
　　　→大御番→大庄屋→願人
(33)　『諸家例叢』第2冊（所蔵番号：新31/K153/2）。同「訴願」は東京大学史料編纂所が所蔵する『寺町勘秘聞集－人の巻－』（所蔵番号：4156/82/3-3）白之部「一四」に収録された「訴願」と同一である。
(34)　筆者が調べたところによると，既刊の藩法集からも，今のところ領主による住職任命に関する明確な規定は見つからなかった。藩法史料叢書刊行会編『藩法史料叢書三　仙台藩（上）』（吉田正志担当，創文社，2002年）に収録された「仙台藩御仕置留書」7号「後住出入一件」には，後住任命をめぐり当仕と本寺が処罰された事件が記されているが，この事件においても藩が直接後住任命に関与したかどうかは不明である。

5　「問　　答」

　さて，江戸時代の代表的な問答集である『三奉行問答』には，領主による領内寺院住職の任命に関する幾つかの「問答」が記されているので，ここではこの問答集を繙くことによって考察を進めることにする。

(1)　『三奉行問答』87号「享和三亥年閏正月廿一日　寺社御奉行堀田豊前守様江左之通御伺書差出」

　同「問答」には，次のように記されている(35)。

一領分寺院咎申付候上、後住職之義本寺へ掛合、本寺より取斗候筋ニ御座候哉、又者相応之弟子も有之候節者、後住職之儀、領主より申付候而も不苦義ニ御座候哉、

　　「書面、寺院咎御申付候分も、御領主より後住職之義御申渡候仕来候ハ、格別、左も無之候者、本寺へ御掛合有之候方と存候、」

右之段、奉伺候、以上、

第3章　基礎法学と実定法学との協同

小笠原信濃守家来

閏正月廿一日
熊谷武左衛門

　ここで領主側は，領分内の寺院を処罰した後の後住任命に関して，本寺に掛け合って本寺がこれを任命すべきか，もしくは処罰された寺院住職に相応の弟子がある場合は後住を領主が任命してもよいのか幕府に問い合わせている。これに対して幕府は，たとえ寺院処罰の場合においても，領主が後住を任命する「仕来」があれば格別であるが，そうでなければ本寺に掛け合うように回答している。

　したがって，本件においては，領主ではなく本寺が後住を任命することになったが，領主が後住を任命する「仕来」がある場合は格別であることが判明する。すなわち，例外的なことなのであろうが，寺院の「仕来」があれば，幕府は領主が後住を任命することを認めているのである。

　ここに述べられている，領主が後住を任命するという「仕来」が形成される具体的な事由については，次の(2)の問答からその一端を知ることができる。また，寺院処罰後ではない通常の場合の後住任命については，(3)で述べる。

　　(35)　石井良助＝服藤弘司編『三奉行問答』〔問答集1〕（服藤弘司担当，創文社，1977年）202－203頁。享和3年は西暦1803年である。

(2)　『三奉行問答』1140「寛政九年閏七月　竹中主殿様より甲斐庄武助様へ御問合」

同「問答」には，次のように記されている[36]。

旧地之寺院住僧弟子譲相続之儀、領主、地頭より申付候義不苦筋ニ御座候哉、又者本寺、触頭より領主へ相届、弟子譲申付候筋ニ御座候哉、但、右体之儀、新規ニ者不相成事ニ候哉、
　　御付札

> 「御書面、寺院住僧弟子譲之義、御領主、地頭より之開基なとニて、住職之僧申付来候義、慥成証拠等有之候分者格別、多分寺院後住等之義者、本寺、触頭より之差図ニ任セ可被置義ニて、容易ニ御領主、地頭ニ而御申付候筋ニハ有之間敷、尤、本寺、触頭より、御領主、地頭へ不相届候而も、本寺、触頭等差図之段、其寺より相届候へ者、御聞置候而可然、勿論新規之義も、本寺、触頭ニ者、其法可有之事ニ付、右本寺、触頭之差図次第ニ而可有之候、」

この「問答」によると，領主が当該寺院の開基などであり，領主が後住を任命してきた確かな証拠がある場合は，領主が後住を任命することを認めるというのが幕府の考え方であったことがわかる。すなわち，領主が寺院の開基であるという特別な事情が，領主による後住任命という「仕来」が形成される具体的な事由の一つであったというわけである。

(36) 『三奉行問答』766頁。寛政9年は西暦1797年である。

(3) 『三奉行問答』九七〇「文化四卯年 阿部主計頭様江堀内蔵頭様より家来柘植兎市ヲ以問合」

同「問答」には，次のように記されている(37)。

領分信州高井郡山村曹洞宗興国寺ハ、内蔵頭菩提所ニ而、隠居或者移転等之節、後住之義者、誰仕度段領主へ願書差出、相応之者ニ候得者、願之通申付候上、本寺、触頭へ、右寺より相届候様仕来ニ御座候、然処、興国（寺カ）等 段々不埒之義共有之、吟味之上今度追院申渡、本寺、触頭江も及掛合候処、承知之旨申越候、右之通、追院等申付候後、後住之義者、触頭より申付候格ニ御座候哉、又者是迄仕来之通、興国寺之隠居又ハ末寺等より、領主江願出承届候筋ニ御座候哉、

> 「書面、興国寺不埒有之退院ニ申付、後住之義ハ、隠居又ハ移転等之節とハ訳違候旨、本寺、触頭へ御任セ可然与存候、」

この回答では，「隠居又ハ移転等之節とハ訳違」，「不埒有之退院」を申し付

けた一件であることを理由に，領主による後住任命は認められないと申し渡しているのであるから，ここからは，寺院処罰後ではない，当住の隠居や移転といった通常の場合においては，領主による後住任命が認められることもあったと解釈することができると思われる。ただし，それは領主の菩提所であったからであって，一般の寺院の場合は認められなかったのではないだろうか。詳しくは今後の課題としたい。

(37) 『三奉行問答』669 頁。文化 4 年は西暦 1807 年である。

(4) 『三奉行問答』一五三「天明三卯年四月」

最後に，天台宗ではなく，浄土宗における後住任命に関する「問答」であるが，補足として述べておきたい。同「問答」には，次のように記されている[38]。

> 浄土宗之寺ニ而、綸旨頂戴不仕僧を後住ニ致度旨、当住職より領主江相願候ハヽ、
> 其通為致候而も、不苦筋ニ可有御座哉、
> 右之趣、御問合申上度奉存候、以上、
>
> 　　　　　　　　　　　　　　　　　　　　　　　　中川修理大夫家来
> 　四月廿六日　　　　　　　　　　　　　　　　　　　長塩千蔵
>
> 「綸旨頂戴不致僧を後住ニ致度旨、当住より領主へ相願候共、御聞届無之方与存候、」

この回答では，浄土宗については，当住が綸旨[39]を受けていない僧侶を後住にすることを領主に願い出たとしても，領主はこれを聞き届けることはできないと申し渡している。これだけでは，綸旨がある場合は領主が後住を任命することができたのか，それとも領主は綸旨がある場合に宗派が任命した後住をそれとして追認することができただけなのか，いずれであったのかを判断することはできないが，領主が浄土宗の後住任命に何らかの関与をすることがあった事実を読み取ることは可能である。

本稿においては，領主の住職任免における宗派間の違いや寺院間の違いなどについては論じることができなかったが，この事例はそうした問題をきめ細か

(38)　『三奉行問答』239頁。天明3年は西暦1783年である。
　　(39)　後住任命における綸旨の役割及び他宗の場合については，今後の課題とする。

6　おわりに

　すでに予定の枚数を超えてしまっているので(40)，ここではこれまで述べてきたことを手短にまとめてから，若干今後の研究課題を述べて締め括りとしたい。
　紹介してきた「幕府寺法」，「宗派寺法」からは，領主の住職任免権を具体的に読み取ることはできなかった。和歌山藩の「領主寺法」及び粉河寺に関する「訴願」，さらには『諸家例叢』に収録された「訴願」からも，領主が住職任免を行ったことを明確に知ることはできなかったが，これらからは住職任免に領主が何らかの関与をしていたことを読み取ることができた。『三奉行問答』に記されたいくつかの「問答」における幕府の回答は，領主の住職任免自体を申し渡したものではないが，間接的に領主の住職任命が行われた事実を示すものであった。今後，諸藩の史料や寺院文書などを調査してそうした事実を集積し，さらに住職の免職についても論及することによって，領主の住職任免権及び実際の任免手続について解明して行く必要がある。
　領主の寺院住職任免権の解明は，筆者の構想する「領主寺法」の研究に関係するものであるが，それは宗教という立場から見た領主の領地支配の一面を浮き彫りにする作業になるものと思われる。また，本稿においても藩と末寺との間に立って活躍した雲蓋院について触れたが，藩内の一宗派を統括した寺院が担った藩政における役割，例えばこのような寺院が末寺や在家の利害調整に果たした役割などを知ることができるのならば，それは近世の世俗権力と宗教勢力との間の支配関係を実証するための一つの試みになるであろう。そして，そうした研究は，現在進められつつある近世寺院の社会的機能の解明にも寄与するものと思われる(41)。
　　(40)　本稿においては，紙幅の関係で，紹介した史料に記された詳しい事実関係や「訴願」及び「問答」の当事者に関して十分説明することができなかった。これらの点については，今後の研究において補っていく予定である。

第3章　基礎法学と実定法学との協同

(41) 近世寺院の社会的機能に関する研究状況については，拙著・前掲『近世浅草寺の寺法と構造』第1章で紹介したので参照されたい。

　　（後　記）

　一　江戸時代の寺院は，幕府より寺領を拝領し，これに対する公法的支配を認められたので，一般に規模は小さいとはいえ領主としての地位を得た。また，寺法，宗義に関わる事件に対する裁判権は，第一次には幕府より宗派，寺院に認められていた。しかし，実際には宗派，寺院では対処しきれない場合が多く，宗派，寺院に代わって幕府の寺社奉行が寺院の裁判を管轄することが多かったのであり，寺領支配については幕府の代官や遠国奉行などに委ねられるのが一般的であった。その結果，寺院支配に関する幕府の法令が定められることになり，寺社奉行の下で寺社に対する専門職とでもいうべき寺社役が，寺院訴訟などに力を振るうことになったのである。特に司法について見ると，江戸時代の裁判権及び裁判管轄が複雑であったことは，当時は法権が統一された時代ではないという事実から当然に理解されることであり，宗派，寺院をめぐる裁判も，その具体的な内容の解明は今後の研究課題とするが，右に述べた理由から極めて複雑なものであったと考えられている。

　筆者はある時，この寺社役などによる裁判実務について伊藤滋夫先生にお伝えすると，先生は長年の判事としてのご経験から，それは裁判における専門職化という優れた制度的進化を示すものではないかと直感されたご様子であった。その時，基礎法学者がまだあまり注目していない視角が近世法制史の研究には残されているのではないかという新鮮な驚きを覚えて以来，筆者は，実務家であり実定法学者である先生から多くのことを学んできた。できるならば，こうした先生の直感を少しでも実証研究の場に活かすことのできるものを書こうと，筆者は思索をめぐらせてきた。力不足のため，この課題は他日を期さねばならないが，「実定法と基礎法の協働」の可能性を先生のお考えの中に発見した，このささやかな出来事をここに記させていただく。

　二　本稿において紀州和歌山藩の寺院を取り上げたのは，伊藤先生から和歌山地方裁判所・同家庭裁判所の所長ご在任中のエピソードを以前お聞かせいただいたことが契機になっている。私事であるが，偶然にも筆者の妻が和歌山地裁の近所に生まれ育ったこともあり，和歌山に残されている史料を用いて何か書きたいと以前よ

り思っていたので，本書の掲載論文執筆のお話を頂戴した時，和歌山に関することを書かせていただこうと決めたのである。お蔭で，年来の構想を少しではあるが形あるものにすることができた。その感謝の気持ちをここに表して，後記とする次第である。

　三　なお，史料の引用においては，漢字を現行の字体に変えた箇所がある。また，「粉河」については，当時の史料では「粉川」と表記される場合があるが，本稿においても史料の引用においてはそのまま記した。

　四　本稿で用いた『粉河町史』の専門委員で，同書第3巻の執筆編集担当をされた三尾功先生から数々の貴重なご教示を頂戴することができたので，記して感謝の意を表する。

第4章

法曹養成の視点から見た
要件事実・事実認定論・基礎法学

法曹養成の視点から見た
法科大学院の教育について

川﨑 直人

1 本稿の目的

　今般の司法制度改革において，質量ともに豊かな法曹を養成し，司法の人的基盤を拡充するために，法科大学院が法曹養成制度の中核として導入され，従来の点だけの選抜ではなく法学教育，司法試験，司法修習を有機的に連携させたプロセスとしての法曹養成制度が整備されることになった（以下「新しいプロセス」という）。

　ところが，法科大学院は，スタート時から懐疑的な意見が強くあった。例えば，前田雅英教授は，受験新報平成16年7月号巻頭言において，期待されるメリットの具体的イメージがあまりにも希薄であり，逆に，積極的にデメリットを生む危険も多い，法科大学院を導入することによって達成される年3000人の法曹の生産は，日本社会にとってお荷物となる可能性が高いようにも思われると述べられている。

　法科大学院がスタートして，4年以上経過した現在において，前田教授が述べられたとおりになり，日本経済新聞において，「日本の社会が払うべき設計ミスの代償はあまりに大きい」と評されるに至っている（平成19年11月23日朝刊）。

　筆者は，平成16年のスタート時から，中央大学法科大学院で，民事訴訟実務の基礎などを担当し，従来，司法研修所の前期で教育してきた，要件事実と事実認定の基礎などを教えている。本稿は，このような経験を基礎として，現

第4章　法曹養成の視点から見た要件事実・事実認定論・基礎法学

在のような新しいプロセスが続く限り，法曹養成そのものが根本部分から崩壊する危険性が高いという観点から，あるべき法曹養成制度という視点から見た法科大学院の教育について，事実から目を背けずに率直に述べることを目的とするものである。

　筆者の考える，あるべき法曹養成制度とは（大多数が弁護士になるので，特に断らない限り，弁護士を想定した議論をする），普通の市民にとって，弁護士という資格に対する信頼（適切に法的紛争の予防と解決を行えること。それを支える法律知識と実務への応用力を有することへの信頼）を裏切らないことを可能ならしめる程度の品質が保障された弁護士を養成するというものである。紛争の予防，解決のために，しばしば弁護士を使い，弁護士をある程度選べる立場にある企業や財産家とは異なり，一生に一度事件を委任する機会があるか否かという普通の市民にとって，出会う弁護士の質はほとんど運によって左右されるので（複数の弁護士の質を比較することは殆どできない），国家が弁護士という資格を付している者に対して，対価を支払って法的サービスを求める以上，少なくとも通常事件（専門的な知見が不要な事件）については，提供する法的サービスの最低限の品質が保障されなければならないからである。法廷を中心とした捉え方をすることには異論もあると思うが，法廷活動を行わなくとも，事実を捉えたうえで法律的に分析し，主張立証の見通しが立てられる能力が求められていることには異論がないと思われる。

　弁護士が，法律のプロとして，最低限の法的サービスを提供できるようになるために，従来は，①旧司法試験に合格できるだけの基本六法の知識，理解等を有し，②2年又は1年6カ月の司法修習を経たうえで，③2回試験（司法修習生考試試験）に合格するだけでは足りず，④少なくとも，数年間は，先輩弁護士のもとで，修行することが必要であると考えられてきた（以下「従来のプロセス」という）。実際の事件では，ヒアリング，法律構成（法律の幅が広い），証拠の収集，事件の見通し，手続の選択など，高度な判断力を要求されるが，経験のない弁護士に事件の依頼が来るわけではなく，これらの力を身につけるには，④が不可欠である。

　以下，新しいプロセスにつき，従来のプロセスと対比して述べるが，今日における就職難の問題の深刻さを無視することは許されない。

2 法科大学院教育の現状

(1) 考査委員のヒアリング

　新司法試験では，平成18年と19年に，考査委員に対するヒアリングが行われており，法務省のホームページで公開されている（以下「ヒアリング」という）。民事系科目の平成19年のヒアリングでは，基礎知識，基礎理論の理解が極めて不正確であること，事例に即して分析する力，文章を書く力が不足しており，「合格すべき水準に達していないような答案の割合が過半数を上回っており，実務修習を受けるに至る能力を備えていない合格者が多数出てしまう」という厳しい意見が複数あり，基礎的知識の不正確さが，法科大学院で改善できるのか疑問であるという悲観的な意見が目立ったことが紹介されている。そして，境界領域や発展的な問題の理解も大事ではあるが，それよりも，事案の分析力を磨き，基本的な理解を確実に得させることに重点を置くべきであろうという意見が示されている（以下「ヒアリングの指摘」という）。実務家が求めている力を，法科大学院では，十分に養成できていないというのであり，法科大学院の問題点が端的に示されている。本来の資格試験ならば合格させるべきではない者が，合格者数の幅が予め決められている試験（緩い競争試験）であるために，新司法試験に合格しているというべき事態である。

(2) 基本的な知識，体系的な理解を正確，確実に得させることについて

(a) 従来のプロセス

　予備校などの答案練習会をペースメーカーとして，基本書を反復して読み，数多くの択一や論文の旧司法試験の問題や答案練習会の問題を繰り返し解くことにより，基本的な知識，体系的理解を得て，深めて，正確にして定着させてきた。基本六法という多数の科目につき，合格を狙えるレベルに達するまでには，このような勉強を，2〜3年，集中的に行う必要があったというのが筆者の経験である。また，このような勉強ができる前提としての入門的な勉強につ

いては，筆者のころは，法学部の講義が，ごく一部を除いて役立たず，自学自習が中心であったが（途中で挫折する者も多かった），予備校テキストが整備され，分かりやすい講義をする講師が選別されることにより，予備校が担っていたのが実態である。

(b) 新しいプロセス

既修者に対しては，基本を正確に理解していることを前提として（現実とは異なるが），重点的に（網羅的ではなく），多くの判例や文献を読ませ，双方向で議論する方法をとっている。現在の既修者のほとんどが，(a)のプロセスを経由しているので，そのような方法が可能になっているが（考える勉強といっても，基本があって初めて考えることができる），それでも，基本書を反復して読み，網羅的に，基本的な知識や体系的理解を，深め，正確にし，定着させるという時間が不足している結果が，ヒアリングの指摘に繋がり，何時までも便利な予備校本に頼る学生がなくならず，司法研修所入所前に，基本書を読むように言われる原因であると考える。多数の未修者が，新司法試験の受け控えをしている理由は，基本的な知識と理解を定着させるのに，2〜3年かかるところを，僅か1年で，研究者教員が講義を担当し，反復，定着させる仕組みもないために，基本的な知識や理解が定着せず，新司法試験の択一試験，論文試験に対応できないことにある。(a)のプロセスを経由してきている者（旧司法試験の経験者）の数が減れば，時間不足から生じる問題点をカバーできない者が相当数出ることも予想でき，未修者と同じ問題状況が，既修者にも現れるし，従来の勉強でおかしな癖を付けている者の数は減るものの，就職難のために優秀な若手が入ってこなくなると，的確な指導をすれば伸びる者の数も減り，一層深刻な問題になる。

(3) 事例に即して分析し，あてはめるという応用力

(a) 従来のプロセス

旧司法試験合格の段階では，ほとんど身についておらず，司法研修所の前期を踏まえた実務修習で基本的な感覚を身につけ，後は，実務の中の具体的な案件の処理で身につけてきた。

(b) 新しいプロセス

新司法試験の問題やヒアリングをみる限り，事例に即して分析する力，あて

はめの力を求めていることが分かるが，適切な事例を用いて適切な指導ができて初めて身につけさせることができるものであり，判例や文献を多数読ませ，事例を多く解かせ，双方向の授業をすれば，当然に身につくというものではない。法科大学院で適切な訓練がなされることが少ないので，ヒアリングの指摘があるとみるべきである。そのうえに，前期修習がなくなり，実務修習の期間が短くなるのだから，従来のプロセスに及ぶべくもない。

(4) 文章力について

(a) 従来のプロセス

答案練習会などで，法律文章を書く訓練をしてきた。5で述べる予備校の問題はあるが，司法修習や実務の中で，修正できる者が多かった。筆者の経験でも，答案練習会における訓練は非常に重要なものであった。

(b) 新しいプロセス

答案作成技法の指導を悪とする方針が強く出され，中央教育審議会大学分科会法科大学院特別委員会によって，それが強力に押し進められようとしている。また，日弁連法務研究財団は，平成20年3月26日に，愛知大学法科大学院を「不適合」と評価し，「司法試験の論文式の受験対策を主眼とする科目で，答案作成の技法指導に著しく偏っている」などと指摘した。

(c) 新しいプロセスの問題

ヒアリングで文章力の不足が指摘されているにもかかわらず，答案作成技法の指導を悪とする方針が，実務を知らない者に，誤った方向で運用されると，実務家に不可欠な文章作成力を著しく低下させることに繋がりかねないので（現在でも，既に萎縮効果が生じている），実務家の立場から，筆者の意見を述べる（この項につき，後藤昭「法科大学院における答案指導のあり方」ロースクール研究№9,25頁を参照させて頂いた）。

㋐ 法律家にとって，文書を作成することが，仕事の大きな部分を占める。的確な文章を書けない法律家に良い仕事はできない。書く力を鍛えることは，実務法曹の養成には不可欠である。新司法試験，2回試験も書く力を試すものであるから，法曹養成の基礎的な指導と，新司法試験，2回試験に合格できるようにするための指導は，本質的に同じである。法律家が書く文章は，具体的

第4章　法曹養成の視点から見た要件事実・事実認定論・基礎法学

な事実に法律をあてはめて結論を出し，必要な部分を論証するものであるが，論証のために必要なことを過不足なく書き，分かりきったことを冗長に説明せず，観念的にならず，事実に即して論じることが基本である。このような基本を共通にしながら，文書の目的や書き手の立場に応じて必要な部分の比重が変わるのが実務である。2回試験の起案も，新司法試験の答案も，これらの法律文書の一種にほかならない。

　旧司法試験では，規範の選択と論証を中心にして勉強してきたので，あてはめの部分が薄く，規範の論証部分の対策として，典型論点と，それについての抽象的な解釈理論及びその論証の論理を覚え込ませ，吐き出させることに，指導の力点を置く予備校があった。それに対して，新司法試験では，規範の選択と論証に加え，事実の選択（必要な事実と不要な事実の仕分け，事実の解釈，評価，意味づけ，過失などの規範的要件の分析と結論）が加わり，バランスのとれた答案に良い点数をつけ，論証吐き出し型の答案には良い点数をつけないことが，2回の本試験の再現答案の分析から，周知されてきている。2回試験では，事実の論証（対立した証拠から，事実を認定する）が加わるのであるが，実務では，この部分の比重が高く，司法修習が短くなっているので，法科大学院で，この部分の導入を指導しなければならない。

　(イ)　起案の指導が，法科大学院の理念に反するおそれがあるからという理由で避けて通ることができるならば，教員にとっては楽であるが（適切な事例の作成と起案を見ることの大変さがないからである），起案の指導は，法律家養成のために必要であり，有効であるから避けて通るべきではない。大事なのは，起案の書き方を教えないことではなく，書き方を正しく指導することである。学生は予備校の参考答案や採点基準に信頼をおいていないが，良い文章のイメージが描けないこともあって，自己流のもの（その多くは，まともに読める形になっていない）にならざるをえず，それが，ヒアリングの指摘に結びついているのが実態であり，その実態を目の前にして，教員として指導しないことが適切だというのは理解不可能である。法律文書の書き方を的確に指導できないならば，不適切な指導は弊害となるから，指導するべきではないが，そのような教員が，法科大学院で教える資格があるか疑問である。指導しないことを正当化するために，法科大学院の理念が持ち出されることがあってはならない。問題の質につ

いては，熱心な教員がおり，予備校と比べて法科大学院が優位に立っているので，起案の指導をしてはいけないとなれば，喜ぶのは，事業機会が増える予備校と指導に手間隙をかけたくない教員であり，悲しむのは，良質な問題に取り組めない学生である。

(ウ) 課題の出し方としては，重要な法律問題を，現実に法律家が直面する問題状況に近い設定で考えさせるのが最もよいと考える。目指しているものが同じである結果として，新司法試験や2回試験と類似してくるのは当然である。法科大学院と新司法試験，司法修習の連携ができれば，出題内容が共通になるのは当然である。前期修習がないことから，実務的な文書の起案もさせるべきである。

(エ) 2回試験や新司法試験の答案の場合は，限られた時間と参照できる情報の中で，手書きで書かなければならないという特殊性がある。そのための練習をしなければ，実戦に対応できないことは事実であるが，(ア)のような基本を弁えたうえでの練習が大事である。基本がないところに，良い起案や答案が書けるわけがないからである。また，新司法試験の場合，実務に通用する力を目指し，それをもって対応するのが最も適切であることを，教員は，具体的に示すべきである。そのうえで，期末試験だけではなく，中間試験など，時間制限の中で文章を書かせる訓練をする必要がある。また，教員の参考答案，学生の参考答案，詳細な講評などを配布することで，文章についての正しい方向付けを示すべきである。

(オ) 起案の心構えとしては，①実際の裁判に通用するものを目指し，②自分の書いたものが，その対価として依頼者に報酬を請求するに値するものかを考えるという，プロ意識を持たせるべきである。

(カ) 司法研修所の後期修習の大部分を占める即日起案は，2回試験の模擬試験というべきものである。その対比で考えても，法科大学院卒業を新司法試験の受験資格とし，新司法試験に合格しなければ意味がない学生に対し，しかも，新司法試験では，法科大学院の理念に即した良問が出題されていながら，法科大学院では，新司法試験の対策を意識してはならないというのは理解不可能である。

3 前期修習がないことの問題

(1) 従来のプロセス

2年又は1年6カ月の司法修習は，実務修習（民事裁判，刑事裁判，検察，弁護，各3～4カ月）を中核とし，導入としての前期修習（3～4カ月），仕上げとしての後期修習（3～4カ月）から成っており（前期と後期は集合修習），実務修習では，裁判官，検察官，弁護士に個別につき，具体的な事件を見聞きし，記録を読み，起案をし，指導を受けることなどにより，実務家としての基本的な能力を身につけていく制度であり，戦後60年以上の実績がある。

旧司法試験に合格しても，事件の記録を読んで起案した経験もなく，その状態で，実務修習に入るのでは，実務修習の成果が上がらないので，前期修習で，基本的な事件につき，事件記録を読み，起案に取り組み，教官から指導を受けることによって，実務修習の成果を上げることができたのである。法曹養成に関心と実績と責任を持ってきた機関（司法研修所，裁判所，検察庁，弁護士会）が，出来るだけコストをかけずに（実務修習の指導は対価を得ていないし，弁護教官の報酬は微々たるものである），充実した内容を提供してきたのである。

(2) 新しいプロセス

前期修習がなく（新60期には1カ月の導入修習があったが，新61期から廃止された），新司法試験合格後，すぐに実務修習に入り（しかも，期間が各2カ月に短縮された），後期修習2カ月（他に2カ月の選択型修習がある）の後に，2回試験を受験するというプロセスになる。以下のとおり，司法修習との連携がない法科大学院の授業では，前期と同じ質と量の内容を提供しておらず（前期修習で訓練してきた起案作成の訓練をしていないケースが少なからずあり），修習期間が短くなったうえに，就職活動に時間をとられるのであるから，実務修習の成果を十分にあげることが難しくなる。従来のプロセスで確保されてきた2回試験終了時の品質の保障を望むことはできない。

(a) 実務基礎科目

法科大学院には，民事訴訟実務の基礎，刑事訴訟実務の基礎，法文書作成，模擬裁判などの実務基礎科目があり，前期修習で行う内容が含まれているが，全てが必須科目ではないし，時間も短いので，前期修習の代わりには到底なりえない。民事訴訟実務の基礎でいえば，要件事実と事実認定の基礎を教えるということが共通の認識であると思うが，何をどこまで伝えるか，3年生で発展させる科目があるか，記録を読み，実務的な文書作成の訓練をする機会があるかなどにつき，法科大学院により異なる。また，刑事弁護が不十分であると指摘されている。

(b) プロセスのちぐはぐさ

法科大学院の学生は司法試験合格前の段階であるから，旧司法試験に合格した者（法律の基礎的な知識理解があることを前提とできる）を対象とする司法研修所前期とは異なり，法科大学院では，実務修習の導入というように端的に目的を絞ることができない。実務基礎科目履修後に，新司法試験の準備のために時間がとられ，合格後，修習が開始するという点で，プロセスがちぐはぐなのである。

(3) 実務修習における工夫

(2)で述べたように，法科大学院が前期修習に代わるだけの内容を提供していないために，実務修習では，次のように，前期修習で行ってきた内容を提供しようとしているが，時間的にも内容的にも前期に代替することは無理である。

(a) 司法研修所の工夫

実務修習が始まる前に課題を出し，起案を事前に提出させたうえで，実務修習期間中に，司法研修所に集めて，教官が講評を行う。

(b) 弁護修習における工夫

日弁連司法修習委員会では，冒頭修習を行うことを提唱し，冒頭修習用の教材を作成し，各弁護士会に配布し，各弁護士会では冒頭修習が行われている。

(4) 筆者の工夫

筆者は，(1)及び(2)を踏まえて，新しいプロセスでは，全体のレベルが著しく下がり，2回試験不合格者が増え，法曹養成制度全般が崩壊するという危機感

を強く持ち，新司法試験が5月に終了してから，9月の発表までの時間を使い，中央大学法職講座という枠組みを使って，以下のような内容の10回の講義を，平成18年と19年に行っている。民事系については，前期修習レベルを目標とし，実務修習に役立つ内容を提供している。前期修習レベルの内容を，法科大学院の正規の授業に組み込むことは不可能であるから，試験終了後発表までの時間を使うしかない。

(a) 1回の時間
即日起案4時間（起案によっては7時間）と講評3時間を1回とする。

(b) 即日起案の内容
前期修習の民事裁判と民事弁護で行うレベルとする。具体的には，公刊されている事件記録，すなわち，民事演習教材2冊（1冊につき3つの事例があるので，6事例），事実認定教材2冊，民事訴訟第一審手続解説という9つの事件記録を使って，民事裁判や民事弁護と同じ起案をさせ，講評の中で，記録を徹底的に使って，実務家の分析方法を伝えるようにしている。他に，仮処分申立書なども起案させ，当事者の意思解釈をきめ細かく分析させる事例，予防法務に関する問題も検討させた。そして，説明の中で，司法研修所のテキスト（民事判決起案の手引など）を用いた説明をし，適宜論文を配付するなどした。

(c) 授業方法
教員が1人であるから，司法研修所のように，個別の起案の添削をするまでの時間をとることはできず，学生の起案2通と筆者作成の起案の合計3通を俎上にあげて検討するという方法を採用した。

4 法曹人口問題（就職難の問題が，法科大学院に与える影響）

(1) 従来のプロセス

2回試験を合格しながら就職ができないという例は，ごく最近を除いてほとんどなかった。OJTの中で，実務家として必要な能力を養うことができた。

(2) 新しいプロセス

　新司法試験の合格者を，平成22年ころまでに3000人にするとされるが，その大部分は弁護士になる。平成19年の段階で2万3154人しかいない弁護士の中に，毎年3000人も採用することが不可能なことは明らかである。ごく近い将来に飽和状態になれば，司法修習生の大部分が就職できず（任官，任検は，毎年一定の数は確保されるが），2回試験に合格して，弁護士登録をしても，OJTで培われる実力を身につけることはできないので，この点だけを捉えても質が著しく低下することは明らかであるし，それにとどまらず，就職ができなければ，多額の借金（奨学金，司法研修所からの貸与など）を背負ったうえに，収入もほとんどないために（経験のない弁護士に仕事を依頼しないのが通常である），道義的に問題がある事件を担当しなければ，弁護士会費を払えずに（弁護士会に登録できなければ，軒弁，宅弁にもなれない），弁護士業務ができない結果として，司法研修所を卒業しながら，フリーターと同じ境遇になる者が，近い将来，多数出るという事態になる。さらに，運良く就職ができても，給与に見合う質の仕事ができない結果，事務所の中に居場所を見出すことができずに辞めさせられる者，出来高給とされた結果，事件数の減少に伴い給与が非常に少なくなる者等が年々増える結果，合格者を増やしても，実際に法曹として活動する者の数は，それ程は増えないことになる．近い将来，過払金返還請求事件の激減に伴い，実務経験を相当に有する弁護士の中にも，事務所を維持することが困難な者が増えることが想定できるので，経験のない弁護士が入り込む余地はますます少なくなる．将来的に改善される見通しも立たない。現時点（平成20年4月）で，最早修復不可能というべき状況であり，従来のプロセスではありえなかった深刻な事態である。

(3) 就職難の問題が，法科大学院に与える影響

　(2)の事実は，就職難ということが報道される中である程度は知られつつあるが，その深刻さが，隠しようもない事実として報道せざるをえなくなれば，多くの法科大学院の崩壊に繋がることは避けられないことである。多額の授業料というコストをかけさせ，必ずしも，新司法試験，司法修習，実務に繋がらな

い内容の授業に多くの時間を使わせたうえに，リスク（新司法試験，2回試験，就職）が高く，リターンが少ないのでは（就職ができても，初任給が減り，出来高給の形態が増え，就職できなければゼロ，借金があればマイナスである。一部には高いリターンを得る者も出るであろうが，ごく限られた者である），一般企業の就職がよくなっている現状と合わせて，法学部から法科大学院に進学しようと考える者がほとんどいなくなるからである。平成22年から司法修習が貸与制になることも，この傾向を助長することは間違いない。このように法曹という職業に魅力がなくなれば，法科大学院に高い授業料を支払う者はいなくなり（予備試験の枠を拡充すれば，高い授業料は不要であるが），若くて優秀な人が法曹界に入らなくなり，法曹としての必要な技術を伝えていくことができなくなる。母集団に，相当数の優秀な方がおり，適切な指導のもとで，切磋琢磨させることで，多くの優秀な法曹が育成でき，司法が強力なものになるが，そのような母集団の形成が，近い将来不可能になる。法律を使えるようになるためには，非常な努力が必要であるが，その努力が経済的に報われないのでは，努力する者が減る。そのうえに，法曹人口を毎年3000人に増やす方向を変えないのであれば，それは，質の如何を問わず新司法試験に合格させることを意味するので，司法全体の質は著しく低下せざるをえない。毎年1000〜1200名の合格者を出し，司法研修所を中心とする法曹養成制度を変えず，時間を使って，法曹人口を徐々に増やすのであれば無理がなかったところを，需要を無視して法曹人口を一気に増やそうとしたことに根本的な無理があり，その無理が続くわけがない。鳩山法務大臣が年3000人は多すぎるという観点での見直しを述べているのも（平成20年1月25日閣議後記者会見），以上のような問題点を端的に捉えたからであろう。

5　新しいプロセスを基礎付ける合理性の有無

　新しいプロセスと比較して，従来のプロセスの方が，優れた法曹を多数生み出すことは，2ないし4で述べたとおり明らかである。新しいプロセスは，6で述べるように，大学の立場からは合理性があるが，優れた法曹を多数養成し，実務で活躍させるという観点からの合理性は全くない。

(1) 建前的な説明

　法科大学院の導入は，法曹人口を 3000 人（又はそれ以上）に増大するという決定と不可分に結びついている。すなわち，法曹人口を増やすにあたって，単に司法試験合格者を増やすだけでは，予備校の弊害などから，質の維持が図られず，質を維持しつつ，法曹人口を増やすために，法科大学院を設置する必要があるというのが建前的な説明である。そして，予備校の弊害として典型的に言われるのは，司法試験と大学法学教育との乖離が著しくなり，受験技術を習得するために予備校依存傾向が強まり，法律学の基礎的知識と体系的理解を身につけることなく，わずか数科目の法律学科目について論点暗記方式で対応する者が増えたということである。

(2) 法曹人口を 3000 人（又はそれ以上）とする需要の有無

(a) 司法制度改革審議会意見書

　同意見書は，法曹人口増大につき，「今後，国民生活の様々な場面における法曹需要は，量的に増大するとともに，質的にますます多様化，高度化することが予想される。その要因としては，経済・金融の国際化の進展や人権，環境問題等の地球的課題や国際犯罪等への対処，知的財産権，医療過誤，労働関係等の専門的知見を要する法的紛争の増加，『法の支配』を全国あまねく実現する前提となる弁護士人口の地域的偏在の是正（いわゆる「ゼロ・ワン地域」の解消）の必要性，社会経済や国民意識の変化を背景とする『国民の社会生活上の医師』としての法曹の役割の増大など，枚挙に暇がない。これらの諸要因への対応のためにも，法曹人口の大幅な増加を図ることが喫緊の課題である。」と記載している。

(b) (a)の問題点

　(a)の中には，次のとおり，全く違う性質のものが混在している。㋐のコスト削減が本音，㋑は，そこに投入される税金の貧弱さから，文章のうえで書いたにすぎないと理解すべきものであるが，いずれにしても，法曹人口を増大すれば解決するという問題ではない。

　㋐　専門的知見を要する法的紛争については，適切に対応できる弁護士が少

第4章　法曹養成の視点から見た要件事実・事実認定論・基礎法学

ないために，需要があるとはいえる。法科大学院で先端科目を学んだ多数の弁護士を養成できれば，自由競争により弁護士を安く使えることを，経済界が目論んだと考えられる。しかし，先端科目を勉強しただけでは実務で使えるわけもないし，数を増やしても，OJT で鍛えられなければ使い物にならず，自由競争の土俵にも乗れないし，専門的知見を要する紛争を処理するためには，頭脳の役割を果たす弁護士と手足の役割を果たす多数の弁護士が必要であるが，頭脳を増やさなければ，弁護士費用は安くはならず，頭脳の育成は簡単にはできないのである。弁護士の数を増やせば，自由競争により価格が安くなるはずであるとの見方は，就職ができずに，OJT の機会がなければ，そもそも自由競争の土俵にも乗れず，就職ができる数が物理的に限られていることを完全に見落としたものといわざるをえない。

　(イ) 法の支配をあまねく実現するための端的な手段は，弁護士の数を増やすことではなく，法律扶助（現在は，日本司法支援センターが事業を引き継いでいる）を拡充することである。筆者は，10 年間，法律扶助協会の法律相談を担当していたので，法律問題を抱えて困っている方に，無料の法律相談をし，弁護士を紹介し，その費用を安く抑え，費用を立て替えるという援助制度を高く評価する者であるが，収入でいえば，下の 2 割程度を援助の対象としているにすぎない。税金を投入して，下から 4 割程度を対象にすることが端的な方法であるが，法律扶助事業費補助金は，法科大学院に投入される税金に比べれば微々たるものであり，「国民の社会生活上の医師」を増やす真意がないといわざるをえない。法律扶助の対象を増やせば，担当する弁護士の数も必要であるが，今まで以上に公設事務所を増やし，弁護士が協力することで，十分対応できるのである。法律扶助協会の事件の多くは，訴額や利用者の資力の関係で，事務所を維持しなければならない弁護士の通常の仕事にはなりにくいのであるが（そうであるから，弁護士の数を増やすことは解決策にならない），事務所の維持を心配しなくとも済む法テラスや公設事務所が中心になるとともに，他の事件の収入で事務所を維持することができる立場にある多くの弁護士が負担を分担することで，対応できるのである。現在では，弁護士会の努力により，弁護士が 0 名の地域が解消し，1 名の地域は，20 カ所余りとなったが，これは，大幅増員によって達成されたものではないし，1 名の地域を解消するために，毎年 3000 人もの

人数を増やし続ける必要がないことは明らかである（1年の増加分だけでもおつりがくる）。

　(c)　現実の需要

　(a)は，平成13年の段階の司法制度改革推進論者の主観的な「予想」にすぎず，客観的な裏付けのあるものではない。現実には，地方裁判所の通常民事訴訟事件は，平成14年の15万9032件から（当時の弁護士数は1万8851人），平成18年には14万3321件に減っている（当時の弁護士数は2万2056人）。弁護士増加のスピードが加速されていながら，訴訟案件は，過払金返還訴訟バブルという平成13年では想定されていなかった著しい需要の増大を加えても，全体として減少しているのである。需要があるならば，就職難という事態が起きるわけもない（過払金返還訴訟バブルは，法律の改正により，平成21年末以降激減する）。(a)の要因が何故，1200〜1500人では駄目で，3000人でなければならないかという部分の論証は全くないばかりか（1500人では司法研修所の枠組みで対応でき，法科大学院を導入する理由がないという以外に理解可能な理由がみつけにくい），(a)の予想が外れていることが既に明らかになっている。裁判沙汰を嫌うという一般的な傾向，予防法務を考えても，知的労働に対して対価を支払うという感覚に乏しい方が少なくないこと（訴訟などは，後ろ向きの仕事で，営業的な利益に繋がらないと捉えられやすい。弁護士の数を増やして，コストを下げようという背景には，この捉え方がある），(d)①〜④で述べるような司法の限界から，裁判の利用が増えないという現実は，それ程変わらないであろう。企業や公共団体からの需要がそれ程増えていないことは，日弁連のアンケートで明らかになっている（平成13年当時から明らかであった）。需要があるから法曹人口を増大させたというより，需要に関係なく法曹人口を増大させたが，長年にわたって弁護士会が職域の拡充に努力しているにもかかわらず，増員に見合うだけの職域がどこにも見出せていないがために，就職難が大きな問題になっているというのが現状である。

　(d)　需要が増えない状態で人口を増やした場合の問題

　法律扶助協会の相談を受けると，①法律問題ではないもの，②証拠が乏しいもの，③相手方の資力がないもの，④訴額が小さいものがあって，実際に弁護士の援助をつけるのは，非常に少ないことがよく分かる（有料の法律相談だと，①の割合は減る。利用者の立場を考える法律扶助協会でも，訴額50万円未満の事件には，

第4章 法曹養成の視点から見た要件事実・事実認定論・基礎法学

弁護士の紹介をしない）。①〜④が，相談者側から見た弁護士の需要と捉えられるのであり（①の中には，非常識なもの，クレーマー的なものがある），その意味では，発掘すれば需要は増えるという議論は成り立つかもしれないが，①〜④の要素により，弁護士の事件になる（収入に繋がる）という意味での需要は，弁護士の数を増やしても，増えるものではない。むしろ，弁護士の数を増やしたら，収入を得るために，濫訴（嫌がらせ目的の株主代表訴訟など），不当に高額な訴訟，濫応訴が増え，審理期間が長くなる方向に進むことが想定できるが（これらが端的な収入を増やす方策だからである），国民に，弁護士に対する不信感を植えつけることに繋がる。

　過払金返還訴訟は，前記①ないし④の問題がなく，仕事を定型化しやすいので，極めて訴訟にしやすい類型であり，弁護士が，数多くの訴訟を提起したので，多くの貸金業者を窮地に追い込んだが，法律の改正により，平成21年末以降には激減する。サービス残業の残業代を請求する訴訟は，前記①ないし④の問題が少ない類型である。会社への帰属意識が乏しく，会社相手の訴訟を躊躇しない者が増えれば（この予想は難しいが），サービス残業は，全国津々浦々にあるから，著しく増えた弁護士が，広告を出して依頼者を募り，数多くの訴訟を提起すれば，法の支配をあまねく実現することが可能になるが，他方で，多くの会社の経営難に繋がりかねないのである。

(e) 地方公共団体や企業に勤務するという選択肢

　平成19年9月に新司法試験に合格した終了生が，文京区の公務員試験にも合格し，新61期として司法研修所に行くか，文京区役所に行くかにつき悩み，結論としては，文京区役所を選んだ。当初，司法研修所に行くつもりで，文京区に断りに行ったところ，数年勤務すれば司法研修所に行き，また文京区役所に戻る道もあること，将来的には，23区全体にかかる法務部門の中心になって欲しい旨の話しを受けて，自己の考え方と合致するということで，文京区役所を選んだということであった。1〜2年前ならば悩むような問題でもないが，現時点では，この選択に不合理さはないのである。地方公共団体や企業に就職したければ，通常の公務員試験や入社試験を受けて合格するという方策を取るべきであり，新しいプロセスを経てきたからといって特別扱いされるわけではないのである。

(f) 最近3年間の合格者増がもたらしたもの

平成16年と平成17年の旧司法試験の合格者各1500人ずつと，平成18年の1000名の新司法試験合格者の大部分を，既存の法律事務所に就職させ，従来ならば，司法試験に合格できなかった者を，多数，法曹界に入れた結果，僅か3～4年間で，しかも，3000人の合格者を出していない段階で，既存の法律事務所は飽和状態になり，平成19年以降の合格者の多くから，OJTの機会を失わせたのである。就職難には打つ手もなく，従来ならば，就職に苦労しなかった優秀な方を苦労させるという結果を招いたのである。面接で法律問題を聞いたり，起案を持参させたり，法科大学院や新司法試験の成績を提出させる事務所があると聞いているが，品質に対する信頼がなくなれば，そのようにせざるをえなくなることは理解できる。このことは，新司法試験の成績が悪く，又は，1回で合格できないと就職が困難になるという結果に繋がりかねない。新司法試験が，極端な一発試験になり，その弊害は極めて大きい。

(3) 予備校の弊害といわれるものについて

法科大学院の必要性を基礎つける事実として，予備校の弊害が指摘されている。予備校が，法曹養成のプロセスの中で，かなりの実績を担っていたにもかかわらず（法学部の教育に問題があったから，学生が予備校に行ったことが背景にある），その実績を無視して（実態を調査もせず），予備校には弊害があるから法科大学院を導入する必要があるという結論ありきの立場（法学部の延長にすぎない法科大学院に，弊害をカバーできるか，法曹養成の中核を担わせることができるかという素朴な疑問に全く耳を貸さない立場）に根本的な問題点があるが，弊害と言われる部分についての筆者の意見を述べる。

(a) 弊　　害

弊害といわれるのは，金太郎飴と言われる論点丸暗記型の答案が多いことである。論点丸暗記では，旧司法試験に合格しないが，金太郎飴現象は，そのとおりである。

(b) 金太郎飴現象の背景

金太郎飴現象は，法律，判例，学説等の情報量が著しく増え，基本六法全てという多数の科目につき（1科目だけを研究すればよい研究者教員とは異なる），どこ

第4章　法曹養成の視点から見た要件事実・事実認定論・基礎法学

から問題が出ても時間制限の中で六法を見るだけで答案が手書きで書けるためには，典型的な論点部分は解答例を準備しなければ上手く対応できないところ（その場で問題に即して考える時間が作り出せない），論証例というコンパクトな解答例を作る作業を予備校が行い，上位合格者の答案の分析を踏まえて，年々改良されていき，誰もが容易に手に入れることができ，それを上回るものを簡単に作れないために，論証例を，理解したうえで頭に入れるのが効率的な受験対策だと考えられてきたことから生じたものである。旧司法試験は，論証例を暗記して吐き出すだけで合格できるほど単純なものではないが，旧司法試験の時代には，典型論点については，他の合理的な方法が示されることはなかった。また，コンパクトな形にすることで，問題の核心を端的に捉え（頭の中を整理でき），試験前の短時間で，全体を見直すことが可能になるというメリットがあった（このメリットは現在でもある）。採点する側がやり切れない気持ちを持つことは理解できるが，予備校の論証例を上回る解答を自ら示す例（ここまでして，初めて，論証例を批判する資格があると考えるし，どのような文章がよいのかという議論に発展する）を見聞きしたことがないので，金太郎飴答案を弊害ということは適切ではない。

(c) 現　　状

新司法試験で問題と採点基準を変えたことにより，金太郎飴答案は減少しているが，新司法試験であっても，コンパクトな形で規範を纏め，長い事例を分析し，規範と事実をバランスよく書く訓練をしなければ，的確に対応できないが，そのような機会が極めて少ないので，ヒアリングの指摘があると見るべきである。法科大学院では，予習に膨大な時間を使わせながらも，問題点を網羅的に取り上げておらず，試験科目が多いことから，試験直前に便利な予備校本や資料を，試験直前の情報の整理のために使う傾向は残っており，試験の現実を踏まえれば，止むを得ない側面がある（多数の科目につき，時間制限の中で六法だけで文章を書き，その結果により，人生が左右されるという経験をもたない方には理解できないことである）。もっとも，この方法は，旧司法試験の勉強の蓄積があって可能なもので，旧司法試験の経験者が少なくなれば，金太郎飴といわれるレベルのものも身についていない者が多数出ることになりかねない。

(d) 金太郎飴現象の真実の問題点

論証例を実務の文書で書くことはないので，旧司法試験のような労力を投入する実益はないのであるが，さらに，大きな問題点は，安易に，予備校本の論証例に頼る者を増やすことから生じる弊害にあると考える。すなわち，筆者のころは (昭和59年合格)，基本書1冊 (又は代表的な参考書1冊を加える) だけで合格した時代とは異なり，文献や判例が非常に増え，他方で便利な資料がなかったため，多くの資料を読み，分析し，総合して，詰めて文章に纏める作業を全部自分でやらなければならず (その過程で良い文章を参照することはあったが)，その過程で鍛えられた力が，実務で役立っているところ，現在では，予備校が，それらの作業をやってしまうために，実務で必要な，それらの力が非常に弱いものになっているというのが，筆者の実感であり，予備校の弊害をいうならば，この点を指摘するのが的確であるというべきである。この弊害は，従来のプロセスでは，司法研修所と，その後の実務の中で修正されてきたが，合格者数が1000名に増え，修習の期間が1年6カ月と短くなり，修正出来ない者が増えたことが，人数が増えてからレベルが低下しているという評価に繋がっていると思われる。

　新しいプロセスでは，法科大学院において，多くの判例や論文を読ませ，双方向の講義で分析もしているが，総合して文章に纏める部分を適切にやらないと，以上の弊害は是正できないばかりか，学説の対立という部分に力点をおくと，学生を混乱させるだけで終わる恐れも強い。前期修習がなくなり，期間が短縮された実務修習の中では，修正できる者の割合が減り，就職難の中で，実務でのOJTで修正できる者の数がさらに減る。

(4)　2回試験の不合格者の増大

　人数が増えれば質が下がることは避けられない。新60期では，レベルとは関係なくして多くの新司法試験の合格者を出したために，2回試験の不合格者を大量に出したが(決まっていた就職先を失うケースも相当にあったと思われる)，新61期以降，新司法試験の合格者が増え，前期修習がなくなったことから，さらに2回試験の不合格者が増えると思われる。就職難の中で，就職が決まらないことの心理的不安から，勉強に集中できないことを原因とする不合格者も増えると思われる。2回試験の不合格者は，翌年も受験できるが，就職が決まらない

中で，モチベーションを保てる者が，どの程度いるのだろうか。そこに至るまでの苦労を考えたら，何と残酷な制度にしてしまったのだろうか。

6　大学の立場から見た合理性と問題の根本にあるもの

(1)　問題の背景

　以上述べてきた問題点は，当初から想定されていた問題ばかりである。問題点が分かっていながら，何故，法科大学院という制度を設計したのか。その背景が，水月昭道『高学歴ワーキングプア』(副題「フリーター生産工場としての大学院」)(光文社新書，2007)に明確に現れているように思う。以下の記述は，この本の70～71頁，21頁，24頁，141頁などを基礎としたものである。
(a)　平成3年に，当時の文部省と東京大学法学部が智恵を出して，大学院重点化政策をとった(予算を25%増やされたという)。
(b)　平成4年には205万人であった18歳人口は平成16年には141万人に激減しており，放置すれば，大学教授のポストが著しく減ることになることが目に見えていた。かかる成長後退期において，なおパイを失わんと執念を燃やす既得権維持のための政策が(a)である。
(c)　大学と短大を合わせた進学者は平成5年に80万人，平成16年には71万人に減少しているが，大学院生は，平成3年に約10万人であったのが，平成16年には24万人までなっている。折からの就職難もあって，大学の教授が，学生に，大学院進学を積極的に勧めた結果である。
(d)　ところが，大学教授のポストが極めて限られているので，博士号をとった者の約4割(医学と薬学を除くと約5割)が常勤の職をもたずに，劣悪な条件の非常勤講師をし，コンビニでバイトをするなどしており，さらに，約1割が，死亡，不詳の者とされる(社会との接点が確認されることなく姿が消えている)。
(e)　多大の授業料を支払い，多額の税金が投入されながら，育てられたはずの博士が，有効に活用されることなく，フリーターとして人材廃棄場に捨ておかれている。
(f)　法科大学院では，ノラ法務博士が大量に排出されようとしている。

(2) 法科大学院の理念の背景

(1)の中に，法科大学院を位置付けてみると，大学の立場（個々の教員を離れた立場）からみれば，下記の合理性があり，そのような合理性に合わせるべく，法科大学院の理念が作られたというべきである。

(a) 法科大学院を設置すれば，極めて大量の教授のポストが生まれることに，最大の合理性がある。法科大学院を設置しなければ，法学部に学生が集まらないので，既得権益を守るために，法科大学院の設置が不可欠である。教授のポストを大量に増やすためには，3年間の未修コースを原則とし（そのために，多様性を理念として，社会人や，他学部から，一定割合以上の数を入学させるのが合理的である），1クラスを少人数とし，基礎法，外国法など出来るだけ多くの科目を単位として取らせ，行政法を新司法試験の必須科目とし，多数の選択科目を設けることが合理的である。

(b) 旧司法試験では，法学部では試験対策ができず，予備校に学生を取られた。試験対策では予備校にかなわないし，研究者教員が的確な試験対策をすることができないので，予備校に学生を取られないために，予備校や試験対策を悪とする理念を設定し（この延長に，答案練習を悪とする姿勢が出てくる），法科大学院卒業を新司法試験受験の要件とし（予備校に行く時間と金銭を失わせることに繋がる），予備試験の枠も出来るだけ狭めるのが合理的である。

(c) 従来の法学部は，実務家養成につき，関心，責任，実績を全く持ってこなかったために，研究者教員だけで法曹養成を行うことは不可能であり，多数の実務家教員の協力が不可欠であるが，実務家教員に仕事に見合う対価を支払えば，人件費が膨らみ，法科大学院の経営が成り立たない。実績のある司法研修所を拡充して法曹を養成するという選択肢は，研究者教員を必要としないのだから（講演やセミナーをお願いする程度であった），大学には何のメリットもない。研究者教員（専任教授）を中心として，担当科目と人件費を割り振り，実務家教員は，①広告塔になりうる有名な方　②実務基礎科目の中心になって欲しい方，③その他とし，①は専任教授として多額の報酬を支払い，②は特任教授として，一応の水準の報酬を支払い，以上で足りない多くの科目につき，③の多くの実務家を非常勤講師として極めて安価（1週2時間の講

義で1カ月5万2000円程度）に使うのが合理的である。さらに，若手弁護士を補助教員として安価に使って，専任教員では対応できない，きめ細かい（手間隙のかかる）指導をさせ，エクスターンシップで個別指導をする弁護士には対価を支払わないことが合理的である（因みに，筆者は，平成16年から18年まで③，平成19年から②である）。

(3) 崩壊の危機に瀕している原因

(2)の中に今までに述べてきた法科大学院の問題点を位置付けてみると，法曹養成制度が崩壊の危機に瀕している原因が，法科大学院の理念にあるというべきである。

(a) 基礎法，外国法などの幅広い科目を履修することを理念とした結果，実務基礎科目の単位数が限られ，司法研修所の前期の代替をすることは不可能となる。学生の限られた時間と能力で出来ることには限りがあり，全てが中途半端になる（全てをこなせるのは，飛び抜けて優秀な方だけである）。

(b) 未修者3年コースが理念とされるが，初心者に対して，法律の基本的な知識，体系的理解を与えることについては，法学部はほとんど機能しておらず，その実態は，法科大学院でも基本的に変わらないのだから，その制度設計自体が無理である。

(c) 予備校や受験指導を悪とする理念にしたため，予備校などの答案練習会で，反復して定着させてきた基本的な知識や体系的な理解につき，法科大学院では，多くの時間を予習に取られるために，身につける機会がない。

(d) 佐藤幸治教授は，平成13年6月20日の参議院・法務委員会において，「法曹プロの教育に大学が責任を担わない国はないと思います」と述べ，予備校の実態を調査していないことを認め，従来のプロセスが，どのように，「法曹となるべき者の資質の確保に重大な影響を与えている」のかとの質問に対し，具体的な回答ができず，単に「あるべき姿に反している」，あるべき姿がプロセス教育であるとだけ回答している。実務を知らない研究者が，実務の要請とは関係なく，大学の立場からあるべき姿と考えたことが，法科大学院の理念として記載され，実務を知らない文部科学省が，その理念を金科玉条として規制するので，実務家養成を本質とする法科大学院の現場に無

用な混乱を招いているのが現状であり（新司法試験の管轄は法務省，司法研修所の管轄は最高裁判所であり，実務を熟知している），この弊害にも著しいものがある。従来のプロセスでは，分かりやすい講義をされる方と，深い理解に到達するのに有益な話しをする方を除けば，研究者教員は，法曹養成のプロセスには居場所がなかったのであるが，居場所を無理やりみつけるために，理念を作ったというのが，佐藤幸治教授の発言を見ての率直な感想である。

(e) 法科大学院に2～3年をあてる制度設計をしたために，実績のある司法研修所の教育を1年間に短縮し（実務に出るまで，これ以上の時間をかけさせるわけにいかないが，他方で，司法研修所を廃止することもできないということから，1年にしたと理解している），前期修習を廃止し，給付制をなくし，貸与制にしてしまった（法曹の出発点で借金を背負わせることのマイナスは途方もなく大きい）。

(f) 法科大学院に投入されている税金は，文部科学省のホームページによると，平成18年の予算では，私学助成として48億円，学生個人に対する経済支援として129億円（奨学金事業），国公私を通じた教育の取組支援に16億2000万円，合計193億2000万円である。財政難の中で，実績のある司法研修所を拡充するという選択肢を取らず，実績が全くない法科大学院を作り，運営するために，多額の税金を使うという発想は，健全な常識からは理解不可能である（既得権を守り，利権を確保するために，政治主導で，短期間に必要性，理念，推進本部を立ち上げ，多額の予算を獲得することに合理性を見出す立場からは，別の立論が成り立つ）。法科大学院には多額の授業料を納めなければならないので，進学できる者が限られることも大きな問題である（多様な人材が集まらない）。法曹養成を目的としながら，実務と関係ない大学を中心とした制度設計をしたために，法科大学院は，多額の授業料，税金，多くの実務家（熱心な授業をされ，学生の評価が高い方が多い）の薄給の犠牲に上に成り立っているのである。実務教育に不可欠な実務家教員は，理念上は弊害があるとされる旧司法試験に合格していることに矛盾を感じないのは理解不可能である。

7 ま と め

(1) 法科大学院，新司法試験，司法修習，実務の架橋，連携，プロセスについて

　筆者が考えるあるべき法科大学院の教育は，法律のプロとしての法曹を養成するという観点から，法科大学院の授業が，新司法試験，司法修習，実務にも全て役立っていく内容を備えたものであり，これが，本当の意味での架橋，連携であると考える。それができるためには，実務に必要な能力の分析から始まって，司法修習，新司法試験の内容を十二分に分析し，学生の現実的な時間や能力を踏まえて，法科大学院の段階で，何をどこまで，どのように教えるかを逆算するべきである。例えば，司法試験で身につけるべき知識，理解は，試験の時点におけるものにすぎず，全体から見れば，ごく一部にすぎないから（その範囲では十分なレベルに達するべきであるが），基本から分析し，徹底的に調べる癖を付けさせる必要がある。新司法試験で試される能力は，ごく一部であるから，ここまでやらなければ，法科大学院と新司法試験，司法修習の連携などはありえないと考えるし，かかる観点を抜かして，理念に即した教育をするとか，実務と理論を架橋する教育と言っても机上の空論にすぎない。教員は，少なくとも自分が教える科目について，新司法試験の問題を徹底的に分析することを怠ること（その言い訳に，法科大学院の理念を使うこと）は許されないと考える。
　ところが，現実には，実務を知らない者が，大学の立場を全面的に押し出して法科大学院の理念を作ったために，各教員が，いかなる内容の教育をしようが，理念に即した教育をしているということが可能になっている。充実した内容の講義がある一方で，手抜きの講義があり，身分保障があるため，排斥する手段を持たないのが現実である。同じ科目であっても，講義の内容が教員によって全く異なるので，法科大学院の教育の実態を反映させた新司法試験の問題を作成することは困難である。試験委員の個性が問題に強く反映すると，平成18年の憲法のヒアリングで述べられているように，出題者の狙いを，受験生ばかりでなく，解説を雑誌に書いている教員が誰も把握できないという事態

になり，その弊害は著しいというべきである。実務家を中心とした出題者が，法科大学院において，この程度は出来る教育をして欲しいというメッセージを問題にこめ，法科大学院が，その方向で努力するのが，連携，架橋を可能ならしめる，現実的な方策であるが，法科大学院の教員が，理念を楯にとって，新司法試験の問題に向き合うことをしなければ，連携や架橋をすることは不可能である。

　この問題の根本には，理念に合致しているとされる教育が，実務の現場で求められているものと一致していないということがある。双方向の講義，多くの基礎法や先端科目の履修が理念に即したものとされるが，実務家は，基本科目の基本を習得し，具体的事例にあてはめ，文書を作成できる者を求めているからである。これらの基本の修得だけでも多くの時間が必要であるにもかかわらず，必ずしも，新司法試験，司法修習，実務に繋がらない内容の講義に多くの時間を費やさせる弊害は非常に大きい（就職後，事務所の給与に見合う仕事ができないことに繋がりかねない）。先端科目は，基本科目の基本的な考え方を理解していれば，実務についてから取り組むことで十分に対応できるし，実務家は，そのようにして多くの法分野を扱っている。むしろ，基礎法，先端科目，新司法試験の科目数の増大という過大な負担のために基礎が疎かになっている弊害が強いというべきである（ヒアリングの指摘のとおり）。履修科目，新司法試験の科目を，学生の現実の時間，能力の限界を踏まえて，負担軽減という方向から全面的に見直す必要がある。

(2) 今後の方向性について

　多額の授業料や税金を使って，多数の三振法務博士だけではなく（5割程度といわれている），多数の実務につけない弁護士登録が出来る資格を有する者や2回試験不合格者（いずれも多額の借金を背負っている）を生み出す実益は皆無である。全ての情報が公開され（法科大学院が，フリーター生産工場ともいうべき事態になっている事実ばかりでなく，文部科学省の天下り先がどの程度増えたかも公開されるべきである），法曹人口に関する国民の意見を問うたうえで，法曹養成制度の今後の方向が早急に決められるべきである。

第4章　法曹養成の視点から見た要件事実・事実認定論・基礎法学

(3) コアカリキュラムを設定すべきであるという議論について

　純粋未修者が対応できるレベルまで，教育内容の質と量を落とすという議論（コアカリキュラムを設定するような議論）は本末転倒である。良き法曹を養成するために，法科大学院が設立されたのであり，純粋未修者のために設立されたものではないことは明らかだからである（質を低下させないために法科大学院を導入したはずである）。例えば，米倉明教授は，『法科大学院雑記帳』(日本加除出版，2007) 132 頁で，契約各論では，売買契約と賃貸借契約だけを教えればよいと主張されるが，請負契約を知らない者など，実務の現場では無用の存在である。また，このように学習範囲を限定して（実際問題として共通の理解が得られるとは思わないが），試験もその範囲から出題するとなると，それ以外の内容を勉強しないことが目に見えている。実務家は，そのような者を求めていない。

(4) 筆者の立場

　筆者は，法科大学院で教える立場から，自分が接する範囲の学生には良質の教育をする責任があるし，その中では力を尽くすが，需要と供給のアンバランスという問題に対しては，無力である。日経新聞が述べるように，設計ミスの代償があまりに大きいのであるが，今後ともに，法曹養成のノウハウが不要になることはないので，将来のために，法曹養成に役立つノウハウを，蓄積し，発展させていく必要があると考えている。

〔補注 1〕
　筆者の見方の裏付けとして，平成 13 年 6 月 20 日の衆議院・法務委員会の議事録の一部を引用する。
○枝野委員　　答申の六十一ページに，「『ダブルスクール化』，『大学離れ』と言われる状況を招いており，法曹となるべき者の資質の確保に重大な影響を及ぼすに至っている。」と答申はしています。どんな重大な影響が出ているのですか。
○佐藤参考人　　（中略）それで，法曹となるためには，私はよく言うのですけれども，人生には踊り場が必要である，その踊り場で自分がどういう道を歩むべきかということを真剣にじっくりと考える期間があって，そして，その上で職業を選択してもらう，そしてプロとしての教育を受けてもらう，そういう形に持っていかないと，中にはどうい

うシステムをとりましてもうまくいく人もいるでしょうけれども，全体のシステムとして考えたときに，そういう大学がプロフェッションの教育を担わなければいけないということ，これは世界的にもそういうことでありますし，我が国が，そこは著しく立ちおくれてきたということでありまして，そこを何とかしなければいけないということであります。

今，重大な問題は何かということでありますけれども，やはりこれは試験一発主義，試験信仰，試験万能，一発の試験ですべてが決まるという，そのシステムの持っている限界ということを私ども考える必要があるのじゃないかということを申し上げているわけです。

○枝野委員　佐藤先生ともあろう方が，質問に正直に，真っすぐに答えていただかないと困るのです。

法曹となるべき者の資質の確保に重大な影響を与えているとここでは書いてあるのです。大学教育に影響を与えているとか，そういうことを言っているのじゃないのです。つまり，ダブルスクール化，大学離れ以降の法曹の資質には問題があると書いてあるのです。どこに問題があるのですか。

○佐藤参考人　それは，さまざまな見方があるかもしれませんけれども，法曹をプロとして考えるときに，あるべき法曹ということをこの最終意見書にも書いておりますけれども，豊かな教養とそれから豊かな専門的な知識，プロとしての知識であります，それをじっくりと育てる必要がある。それが今まで満たされていなかった，十分そういうシステムがなかったということから，大学へ入ってすぐ，例えば大学以外のところに行って，試験に通るようにできるだけ効率的な勉強を目指す。それをまず目指す，大学に入ってすぐ。そういうことは，人間の養成としていかがなものであろうかということを申し上げているわけでありまして，一人一人の法曹がどうだとか，今の法曹がどうだとかということを申し上げているわけではありません。あるべき姿として，そういうことであるべきだと申し上げています。

〔補注2〕

保岡興治氏（元法務大臣）は，「政治主導で，必要性，理念，そしてそれを現にやっていただく審議会，それを実施する推進本部などを立ち上げて，あっという間に，これだけの総合的な体系化された制度を，ほとんど国会で全会一致で通している。そういう政治の力はある」と，「国民の司法を育てる300人委員会」の第3回BBLで述べられている（議事録をホームページでみることができる）。

〔補注3〕

原稿を執筆した平成20年4月から，校正を行っている平成20年10月までの間に，この問題に関し，日弁連の「法曹養成に関する緊急提言」（平成20年7月18日）をは

第4章　法曹養成の視点から見た要件事実・事実認定論・基礎法学

じめとして，最高裁判所，弁護士会，法科大学院協会，文部科学省から多くの重要な文書が出され，元法務副大臣である河井克行氏が「司法の崩壊」を出版されている。「司法の崩壊」では，法科大学院と年間3000人の増員計画の問題点が，率直に述べられている。

法科大学院における要件事実教育の現在と展望

田村 伸子

1 本稿の趣旨

　要件事実論の修得は，法曹実務家として必要不可欠であることは今更ながらいうまでもない。それは，法曹養成制度が変わったとしても，である。2004年4月より法科大学院制度が発足し，それまではもっぱら司法研修所にゆだねられていた要件事実教育であるが，法科大学院もその一翼を担うこととなった。そこで，法科大学院要件事実教育研究所[1]が実施した第1回から第3回にわたるアンケート結果[2]を中心に，法科大学院における要件事実教育の現状を詳しく検討・分析した上で，今後の要件事実教育の充実発展のために何が必要か，検討していきたいと試みるものである。

(1) 　創価大学法科大学院は2004年度文部科学省専門職大学院推進プログラムに「法科大学院における要件事実教育の充実と発展」プロジェクトを申請し，同プロジェクトが認可された。同プロジェクトを推進するために2004年10月1日に同法科大学院に同研究所が設立された。所長は伊藤滋夫教授である。小職は同研究所設立当初から2年半にわたり専属の研究員として従事し，2007年4月から現職にある（専属ではないが現在も研究員である）。

(2) 　各アンケートの結果概要は，各法科大学院研究科長宛に郵送し，また，法科大学院要件事実教育研究所ホームページ http://youkyouken.soka.ac.jp/ からも閲覧できる。2006年度実施第3回アンケート結果概要は，法科大学院要件事実教育研究所報第4号（2006年11月）198頁以下にも登載されている。なお同研究所報は，各法科大学院研究科長，各法科大学院図書館，主要な裁判所及び弁護士会，関係各機関等に配付

第4章　法曹養成の視点から見た要件事実・事実認定論・基礎法学

されているほか，希望者は同研究所ホームページからも申込みができる。

2　法科大学院における要件事実教育の現在

(1)　旧司法試験制度下における司法研修所での要件事実教育[3]

　司法研修所は，戦後まもない昭和22年5月3日に設立され同年12月1日に入所式が行われ司法研修所における法曹教育が開始された。民事科目において，いわゆる要件事実論，要件事実教育が行われるようになったのは，昭和20年代後半ころだと言われている。しかし，司法研修所設立当初より，「要件事実」あるいは「要件事実論」といった言葉自体は存在しなかったかもしれないが，主張立証責任の分配について，当事者の主張立証する事実のうち必要なものと不要なものをいかに識別するか，という視点で講義が行われていたようである。
　要件事実という言葉が用いられた出版物としては，昭和36年3月民事教官室「民事訴訟における要件事実について　第1部」司法研修所論集26号164頁が最初のようである。その後，司法研修所内外において，実に活発な要件事実に関する様々な見解の主張や論争等が行われ，あるいは，司法研修所に対する要件事実教育に対する批判も見られ始める。その中を要件事実は理論として徐々に成熟を見せる。そして，昭和60年8月に司法研修所『民事訴訟における要件事実第一巻』法曹会，昭和61年10月には『増補　民事訴訟における要件事実第一巻』が発行され，それは現在まで一度も改訂されることもなく，出版され続け，司法研修所での教材として利用され続けている。同書は現在も法科大学院における要件事実の授業においても教科書あるいは参考書として広く利用されている。同書の発刊は，まさに要件事実論の成熟の証とも言いうるであろう。
　筆者個人のことで恐縮ではあるが，筆者は50期として平成8年4月から平成10年3月まで司法修習を経験した。まさに要件事実論の安定期であり，その後の法科大学院構想を含む一連の司法改革に突入する以前の，ある意味で平和な時期に研修を経験したといえる。その当時，司法試験合格者は約700名，修習期間は2年間であり，前期修習4ヶ月間を和光市の司法研修所で行い，そ

の後1年4ヶ月の実務修習を経て，後期修習を4ヶ月行うというスケジュールであった。当時も『第一巻』は要件事実総論を習得するための基本的教材であり，その他に『第二巻』『民事判決起案の手引』等が教材として用いられていた。また，後の『紛争類型別の要件事実』の一部も教材として使用されていた。教材を利用しての教官の講義を聞いて理解して記憶し，それを事件記録の形式をした教材（俗に「白表紙記録」と呼ばれる）を用いての起案を作成する際に吐き出して必死に起案を仕上げたといった記憶がある。当時の要件事実論に対する率直な感想としては，研修所における要件事実論はかなり精緻な理論として教わりその精緻さに感動すら覚えた記憶がある。司法試験の勉強で習得した民法その他の実体法がこのように民事裁判実務においては整理され用いられているのかと感心した。一方，司法試験の勉強で民事訴訟法を学んだことにより，民事裁判においては原則として弁論主義が妥当し，主張立証責任の概念が不可欠であることも承知していたので，さほど違和感もなくすんなりと受け入れられたように記憶している。民事裁判科目における判決起案（当事者の主張整理）という側面も非常に重要であり，その言葉遣いなどの細かな点まで指導を受けたものである。

　このように旧司法試験制度下においては，司法研修所に入所してはじめて要件事実論に接することとなる[4]。要件事実教育を受ける側は，旧司法試験に合格した実体法・手続法の知識が十分ある者である。また，教材の点においても，第一巻をはじめとする司法研修所における要件事実論に関する議論の蓄積があり，それに加えていわゆる白表紙と呼ばれる実際の事件記録を元に作成された教材を用いて，修習生は当事者のさまざまな主張の中から必要な事実だけを取り出し要件事実として整理し，そのように考えた理由も記載していくという訓練を受ける。このためには，毎年複数の記録が必要とされるし，毎年新作の白表紙の記録を用いる必要もあり，白表紙記録のもととなる事件記録を全国の裁判所にリサーチを行って収集し，白表紙記録を作成するための教官方の時間と労力はかなりのものであったと思われる。教える側においては，民事裁判教官，民事弁護教官といういずれも実務経験豊富なベテラン実務家であり，教官としての期間は概ね教官の仕事に専念し，教官同士の協議も十分に行われていたものと思われる。

第4章　法曹養成の視点から見た要件事実・事実認定論・基礎法学

(3) 大橋正春「要件事実論略史」武藤春光先生喜寿記念論文集『法曹養成と裁判実務』（新日本法規出版，2006），田尾桃二「要件事実論―回顧と展望小論―」曹時44巻6号1頁（1992）。この2つの論稿を参照させていただいた。
(4) 旧司法試験制度下の司法研修所における要件事実教育と，法科大学院における要件事実教育との相違点については，伊藤滋夫編著・要件事実講義（商事法務，2008）7頁以下参照。

(2) 2004年度実施第1回アンケート結果の分析

(a) アンケート実施時期等

法科大学院要件事実教育研究所は2004年10月に設立された。法科大学院制度が2004年4月より新しく実施されたばかりであるから，その半年後である。発足の数か月前から，研究所の設立準備委員会が存在し，法科大学院設立直後の2004年7月には，要件事実教育に関するアンケートを全国の69校の法科大学院長宛てに送付し，アンケートに対する協力を依頼していた。

1セメスターが終了し，夏休み中にはアンケートの返事が返ってきており，秋からはその内容をまとめる作業に入った。そして第1回アンケート結果は，2004年11月ころにまとめ作業が完成し，各法科大学院研究科長宛に送付された。

アンケートの項目は以下のとおりである。貴法科大学院において，主に要件事実論を扱う授業は行われているか。行われているとした場合に，その科目名，配当年次（学年・前期後期の別），単位数，授業時間，担当教員の人数及び属性（研究者・実務家・元実務家等の別），使用する教材（教科書・参考書），授業方法（評価の方法），授業の特色，複数教員の関与，要件事実教育についての問題提起など。このアンケートに対し，50校から回答をお寄せいただいた。以下にアンケート結果を詳しく検討する。

(b) アンケート結果

〔主に要件事実論を扱う授業が行われているか〕

48校（96パーセント，小数点以下四捨五入，以下法科大学院ごとの割合については同じ）からは1つ以上の科目において行われている（行う予定）との回答があった。「要件事実教育は平成17年度開講予定につき詳細については検討中」との回答も含めれば，49校（98パーセント）で要件事実教育を中心に行う科目がカリ

キュラムとして用意されることとなる。「要件事実教育を中心に行う科目はカリキュラムに用意されていない。」という法科大学院は回答中わずか1校であった。

要件事実論を扱う授業が行われている（あるいは行われる予定でその詳細が決まっている）法科大学院48校において，その科目の配当年次（学年・前期後期の別）について次に見てみる。複数科目を挙げた回答もかなりの数で存在するため，延べ回答科目数における割合で検討してみる。なお，1セメスターは未修1年次前期，2セメスターは未修1年次後期，3セメスターは未修2年次・既修1年次前期，4セメスターは未修2年次・既修1年次後期，5セメスターは未修3年次・既修2年次前期，6セメスターは未修3年次・既修2年次後期を示す。

〔科目配当年次〕
延べ科目数　66
　　　　　2セメ　1（1.5パーセント，0.01の位四捨五入，以下同じ）
　　　　　3セメ　16（24.2パーセント）
　　　　　4セメ　24（36.4パーセント）
　　　　　5セメ　14（21.2パーセント）
　　　　　6セメ　5（7.6パーセント）
　その他　3セメ又は5セメ　3（4.5パーセント）
　　　　　3セメ又は4セメ　1（1.5パーセント）
　　　　　4セメ又は5セメ　1（1.5パーセント）
　　　　　2年次又は3年次（通年）　1（1.5パーセント）

以上の結果については，必修・選択科目の別は不明である。必修・選択の別についても回答するよう依頼したが，その点につき記載のなかった回答が多かったことによる。

配当年次について，最も多かったのが4セメでの実施である。1年次に法律基本科目の知識を得て，2年次に各種演習科目が始まり，ある程度理解が進んだ2年次後期から要件事実を学ぶというのが最も多いようである。

次に多いのが3セメでの実施で，法律基本科目を一通り学んだらすぐに2年次最初から要件事実を学ぶというのが多いようである。3セメでの実施についてその理由を記載していただいた回答が3校からあり，いずれの回答も2年次

第4章　法曹養成の視点から見た要件事実・事実認定論・基礎法学

前期の早い時期に要件事実論を配置したのはその後の民事法の学習においてその成果を活用できるように配慮した旨の記載があったのは特記すべきであろう。

その一方で仕上げの時期ともいえる3年次（5セメ，6セメ）での実施も3割近くあるようである。要件事実論を主に扱う科目としては3年次の配置であるが，1年次あるいは2年次の科目においても要件事実論を意識した授業が行われている旨の記載があった回答も1校あった。

〔教員の概要〕

一科目につき1名から2名で担当する場合が最も多いが，教員の人数については，当該法科大学院の規模によっては複数クラスに分けて受け持つなどということもありうるので，一概にはいえない。

教員の属性では，派遣裁判官又は弁護士（裁判官経験者も含む）がほとんどを占めている。研究者教員も延べ11名の回答があったが，すべて実務家教員と共同で担当し，研究者教員が単独で教えるというところはないようである。

〔教　　材〕

1科目につき複数教材を使用するとの回答が多くあり，1法科大学院において複数科目で要件事実教育を実施する場合に，各教材と配当科目との対応関係までは不明確な回答が多かったため，延べ回答教材数（予定も含む）によって，以下のとおり整理した。延べ回答教材数は，158である。特に記載のないものは教科書として分類し，参考書には副読本も含む。

教材名[5]	教科書	参考書
司研『問研』	18	1
司研『類型別』	13	7
司研『一審解説』	13	1
司研『認定教材（貸金・保証）』[6]	11	
司研『演習教材』	11	
伊藤＝山崎『ケースブック』	10	3
担当者作成オリジナル教材	10	
加藤＝細野『要件事実と実務』	7	2
伊藤『入門』	6	
司研『第一巻』	4	2

加藤『民訴実務の基礎』	4	2
司研『起案の手引』	2	3
伊藤『要件事実の基礎』	2	2
日本弁護士連合会『民事訴訟実務の基礎』	2	
裁判記録をもとにした教材	2	
東孝行「法科大学院における要件事実論教育について」	2	
司研『第二巻』	1	1
司研『民事弁護の手引』	1	1
伊藤『事実認定の基礎』	1	1

その他回答数1の教材として，教科書11，参考書1の教材名が挙がった。教材未定の科目は8科目であった。ここに名前を挙げていない教材名はアンケート回答結果概要を参照されたい。

総体的には，司法研修所編の教材が上位を占めている。また，司法研修所教材の次には，司法研修所民事裁判教官経験者であり，いわゆる要件事実論における第一人者の執筆した定評ある本が多く選ばれている。一方では，担当者作成のオリジナル教材を使用するものがかなりの数あり，適当な出版物の不足を感じる教員がある程度いることも窺うことができる。また，司研『類型別』については，教科書としても比較的多く採用されているが，参考書としても相当数が上がっていて，このことからは，法科大学院設立当初においては教科書として採用するには内容が高度であり，かといって全く必要性を感じないわけでもなく，といった担当教員の悩みが見て取れるようである。

次に法科大学院ごとに結果を検討してみる。

まず，要件事実論の考え方について総論的説明のある教科書的な教材については，司法研修所編の教材『問研』『類型別』『一審解説』『起案の手引』のうち一つ以上を教科書又は参考書として指定しているのが，50校中34校（68パーセント）にのぼる。また加藤＝細野『要件事実と実務』8校，加藤『民訴実務の基礎』7校，伊藤『入門』6校と使用されている。これら上記の教材を一切使用しないのは，全くの未定校6校（12パーセント）を除いては4校（8パーセント）であり，うち3校は担当者作成オリジナル教材のみを使用している。実に80パーセントの法科大学院では，司法研修所の上記教材又は上記の加藤

第4章　法曹養成の視点から見た要件事実・事実認定論・基礎法学

新太郎等，伊藤滋夫の著作，一つ以上を教科書又は参考書として使用している。

いわゆる要件事実総論とでもいうべきものの修得は必要不可欠であるといえるが，多くは司法研修所教材，あるいは，司法研修所教官経験者であり，要件事実論の第一人者が執筆した教科書等が使用されており，おおよそ司法研修所における要件事実総論教育が，法科大学院においても踏襲されているようである。

次に，いわゆる言い分方式の教材について検討する。こちらは，いわば要件事実実践編とでもいうべき，当事者の言い分から法律的に意味のある事実を抽出して整理するという，実践・訓練のために用いられる教材である。従来の司法研修所での民事裁判科目では，いわゆる「白表紙記録」と呼ばれる事件記録教材を使用して，判決起案を行っていた。民事弁護科目においても当然に要件事実論を踏まえて白表紙記録を使用して訴状や答弁書，準備書面等の起案が行われていた。これらいわゆる「白表紙記録」に代わるものとしては，法科大学院においてどのようなものが用いられているだろうか。

まず，前提としては，法科大学院においては，「白表紙記録」と同様のものを作成する人員も時間もない。このような実践・訓練は実務修習においてなされれば足りるという考え方や方針もありうるところではある。一方，当事者の主張する多様な事実の中から必要な要件事実を抽出して整理するという実践・訓練も，要件事実論の修得には不可欠であり，法科大学院においてもそのような実践・訓練の基本的な部分は行われるべきであるという考え方もありうるところではある。

「白表紙記録」に代わる教材としては，まず司法研修所編の『演習教材』『認定教材・貸金』『認定教材・保証』が挙げられるが，これら一つ以上を教科書として用いるのは，12校（24パーセント）であった。伊藤＝山崎『ケースブック』を教科書として使用するのは，10校（20パーセント）であった。上記司法研修所編教材又は伊藤＝山崎『ケースブック』のいずれか一つ以上を教科書として使用するのは，20校（40パーセント）であった。『ケースブック』については，参考書としてのみ挙げられていたものが3校あったのも特筆すべきである。これについては必要性・有益性を感じてはいるが，カリキュラムの時間的な問題や，いわゆる正解が記載していないことなどから，教科書として使用するま

でには至らないということであろうか。その他の教材を指定していたり，オリジナルの事例教材を作成すると回答があった法科大学院もあり，このような実践・訓練を必要と考え実際に法科大学院での教育に取り入れているのは約半数にのぼるという結果となった。

〔授業の方法（評価の方法）〕

大きくは講義方式と演習方式とに分かれる。まったくの講義だけで行うというのは，50校中2校のみ（4パーセント）であり，現時点では未開講のため不明・検討中で回答できないという回答が6校（12パーセント）からあった。

それ以外の回答においては，演習形式，演習に適宜講義を入れる方式，レポートないし小テストなどの実施，学生に発言をさせて討論するといった形式で行うという回答がほとんどであった。多くの法科大学院において，演習形式を中心として，学生の理解度を適宜チェックしながら授業を行うというスタイルがとられているようである。

〔複数教員の関与〕

当該科目の担当者が一人であっても他の関係科目担当者との協議の必要性が全くないとはいえないのではないか。また，民事法科目担当者全体での協議というのも考えられるであろう。しかし，回答のないもの，現時点では未開講のため不明・検討中，全く協議していないとの回答は，17校（34パーセント）であった。何らかの協議が行われているというのが3分の2であったが，その濃淡は実に様々で，協議の方法も多様である。全体的な印象としては，当該担当者の複数教員間の協議に対する意欲と努力に任せられているといった感が強い。

(c) 2006年度実施第3回アンケートへ向けて

以上のとおり，開設まもない法科大学院においては，司法研修所の要件事実教育を基本的には踏襲しながら，教材や人員面での苦労は否めない感がする。しかし，要件事実教育を早期に行うことができるようになり，そのメリットを最大限に生かしていこうとの各法科大学院の意向も見て取ることができる。この時点では要件事実教育をまだ実際に行っていない法科大学院が相当数あり，それらの回答を反映できなかったことが残念である。これが2006年のアンケートの実施につながっていった。

(5) 教材略語一覧を末尾に付したので，教材の正式表示についてはそちらを参照された

い。
(6) 正確には『認定教材・貸金』『認定教材・保証』の二つの教材であるが，このうちいずれを指すものか不明な回答が多かったため，合わせて表示することとした。

(3) 2005年実施第2回アンケート結果の分析

(a) アンケート実施時期等

法科大学院要件事実教育研究所は2005年3月12日にシンポジウム「要件事実教育の在り方―法科大学院3年間の教育を通じて―」を開催し，それに先立って，「法科大学院における民法教育と要件事実」に関するアンケートを全国69校に実施した。回答をいただいた法科大学院は51校であった。アンケート結果概要は，各法科大学院研究科長へ送付するとともに，上記シンポジウムにおいて参加者に対し資料として配付された。

これは，要件事実論が民法をはじめとする実体法の問題であると捉え（無論民事訴訟法といった手続法との関連が深い部分もあるが），民法教育との関係の実態を浮き彫りにするため行ったものである。ここに「民法教育」という多義性を指摘する必要があるが，ここでは，いわゆる従来型の民法の科目における教育をさす[7]。

(b) 未修者における民法教育

「未修者（1年次）における民法の授業において要件事実的視点を加味しているか否か。」との問いに対して「いる」との回答があったのは，15校（29パーセント）であった。これに対し「いない」との回答は35校（69パーセント）であった。ただし，「いない」と回答した法科大学院で，多少の要件事実的観点を加味しているとの回答は3校あった。その他，未回答が1校であった。

「いる」と回答があった法科大学院はそのほとんどにおいて「その方法及び工夫について」の回答をいただいた。その中には，要件事実論を民法そのものととらえる考え方，すなわち「要件事実論を『特別なもの』と考えないことが肝要と思われる。むしろ，裁判規範である民法の法条の意味を理解するのに，法廷の文法である要件事実論を抜きにして教えることのほうが異常である。」といった回答がある一方，他方では，「時々触れる程度である。民法が定める法律要件と，立証責任の分配に従った要件事実とは異なるというように。」と

いう回答まで，その内容には濃淡がある。いわゆる要件事実論を民法そのものと捉えて1年次から要件事実論をまんべんなく扱うといった法科大学院が2校ほど存在する。しかし全体的には民法の一部についてあるいは時々，要件事実論的視点や考え方を取り入れて説明するという程度が大勢である。

やはり時間的な制約からか，1年次に民法の分野全般においてまんべんなく要件事実を踏まえて教育するというのはかなり困難なようである。

(c) 既修者における民法教育

「既修者の民法の授業で要件事実論を取り入れて行っているか否か。」との問いに対して「いる」との回答があったのは，24校（47パーセント）であった。これに対し，「いない」との回答は27校（53パーセント）であった。「いない」との回答の中には，既修者への教育が未実施であるとの回答も含む。

ここで留意しなければならないのは，実務科目を含まない法律基本科目としての民法教育の中での要件事実教育の実施の有無を問うているので，「いない」との回答であっても，実務科目の中で要件事実論が教えられている法科大学院が多いと考えられる（上記(2) 2004年度実施第1回アンケート結果の分析参照）。

「いる」との回答の中では，「民法演習」などといった民法判例又は事例問題を扱う科目，あるいは「民事法総合」などといった民法，商法，民事訴訟法を総合した演習科目の中で，何らかの方法で要件事実論を加味しているとの回答が多かった。要件事実を扱う程度については，実に濃淡さまざまである。「若干，その（要件事実の）視点を取り入れているに過ぎない。」とする回答から，「判例百選の判例を中心に取り上げて，(中略)訴訟物如何，請求原因・抗弁・再抗弁等の分析をさせたうえで，最高裁判例がそのどこの部分の判断に関係するものかを検討させ，それに関連する要件事実ついても言及しているので，時間の3分の2ないし4分の3は要件事実の勉強に充てているといっても良い状況である。」といった回答もあった。

一方，「いない」との回答の中には，「民事法の基礎教育は1年次で完了するカリキュラムを採用し，要件事実論は基礎教育の要素にほかならないと考えているので，既修者には当然それを踏まえたものとしての演習教育を行う。結果として，既修者のための特別な要件事実教育の科目は設けていない。」，「演習はすべて事例研究であるので，必然的に主要事実に触れている。事件の訴訟物，

請求原因，抗弁，再抗弁等に触れるが，要件事実論の立場から詳しい分析を行っているものとはいえない。」というものもあり，上記の「いる」「いない」の回答のパーセンテージだけ見ても，何とも結論づけることはできないようである。

全体の印象としては，担当教員の属性や方針によって大きく左右されている感は否めないようである。

(7) 一方で，要件事実論を実体法そのものとして完全に民法の一部として教育する，その対極にあるものとして，全く要件事実論とは無関係に当事者の主張立証責任対象事実の問題は民法の範疇外として民法を教育するもの，両者の中間に位置するものと，多様である。ここでは，いわゆる従来の法学部での民法教育（一心要件事実論とは切り離した民法教育）をさすこととする。

(4) 2006年実施第3回アンケート結果の分析

(a) アンケート実施時期等

前2回のアンケート実施によって，法科大学院設立初期の要件事実教育の実態がある程度明らかとなったが，その当時は設立1年目又は2年目であり，既修者がいない法科大学院では3年生が存在しない，要件事実教育について検討中・予定であるとの回答もかなり存在したため，2006年7月に第3回アンケートを新たに設立認可された4校を含む全国法科大学院73校に実施した。全国73校中47校の法科大学院から回答をいただいた。2006年11月には，結果をまとめ，各法科大学院研究科長へ送付するとともに，法科大学院要件事実研究所報第4号（2006年11月）に掲載して公表した。

内容は，「① 要件事実教育について」及び「② 民法教育と要件事実について」の2つに分かれる。①については，2004年度実施アンケート結果と，②については，2005年度実施アンケート結果と対比して，それぞれ結果を分析したい。

(b) 要件事実教育について

〔主に要件事実論を扱う授業が行われているか〕

今回のアンケートにおいては，100パーセントの法科大学院が「行っている」との回答であった。回答が返ってこなかった法科大学院では不明であるが，

ほとんどの法科大学院においては，要件事実論を中心に扱う何らかの科目がカリキュラムとして用意され要件事実教育が行われているという実態が明らかとなった。

〔科目配当年次〕

延べ科目数　80

　　　　1セメ　2（2.5パーセント，0.001の位四捨五入，以下同じ）
　　　　2セメ　4（5パーセント）
　　　　3セメ　16（20パーセント）
　　　　4セメ　27（34パーセント）
　　　　5セメ　21（26パーセント）
　　　　6セメ　6（7.5パーセント）
　その他　3セメ又は4セメ　1（1.2パーセント）
　　　　5セメ又は6セメ　2（2.5パーセント）
　　　　2年次又は3年次　1（1.2パーセント）

まず，延べ科目数が2004年度の66から80とかなり増えている点が注目される。要件事実論を扱う科目として，一つの科目だけでなく複数科目を挙げた法科大学院が増えたといえる。おそらくは，未修者又は既修者の民法教育に要件事実を取り入れ，実務科目以外にも要件事実教育を行う科目が増えたことによるものと思われる。

時期については，4セメでの実施が最も多い点は前回と異ならない。3セメでの実施はパーセンテージは下がったが数としては前回と同一である。5セメでの実施が前回は14であったのに対し，今回は21と増大した点も注目に値する。

また，未修者1年次（1セメ及び2セメ）での要件事実を中心に扱う科目が増大している。前回は1セメが0, 2セメが1つであったのに対し，今回は1セメ2セメ合わせて6（7.5パーセント）となった。この点も注目に値する。早期の要件事実教育を行う法科大学院も増加傾向にあるということがいえるであろう。

これらの結果よって，法科大学院設立3年が経過し，設立当初よりも，各法科大学院が要件事実教育を重視していることがわかる。要件事実教育の時期については，多様化傾向にあると言えよう。民法と要件事実論を一体化して早期

第4章　法曹養成の視点から見た要件事実・事実認定論・基礎法学

教育を実施する法科大学院が出現してきた一方で，1，2年次には民法その他の実体法や訴訟法の実力をじっくりと養い，それらが一定のレベルに達してから要件事実教育を行うほうが効率が良い，との考え方も多くなったことが言える。要件事実論の早期教育を行うに当たっては，教員側の問題が非常に大きいことは言うまでもない。法科大学院修了者が研究者となって法科大学院教育に携わるようになる時代が到来すれば，早期教育開始はもしかしたら主流になる可能性も秘めている。また，実務家教員と研究者教員との棲み分けが進化すれば，旧司法試験時代の司法研修所教育に近い，3年次実施が増大するかもしれない。

〔教員の概要〕

　派遣裁判官，裁判官経験者，弁護士といった実務家が大勢を占めることは変わりないが，研究者教員の数が，7名と前回の11名から微減している。確定的なことはいえないが，実務家教員と研究者教員とのすみ分けが進行しているのかもしれない。

〔教　　材〕

　2004年度アンケートと同様1科目につき複数教材を使用するとの回答が多くあり，各教材と配当科目との対応関係までは不明確な回答が多かったため，延べ回答教材数によって，以下のとおり整理した。延べ回答教材数は，211である。特に記載のないものは教科書として分類し，参考書には副読本，準テキストも含む。

教材名	教科書	参考書
司研『問研』	37	
司研『類型別』	29	5
司研『一審解説』	16	
司研『演習教材』	12	
司研『認定教材』（貸金及び保証）	10	
加藤『民訴実務の基礎』	9	
加藤＝細野『要件事実と実務』	6	2
担当者作成オリジナル教材	6	
伊藤＝山崎『ケースブック』	4	1

教材	回答数	
司研『第一巻』	4	1
司研『起案の手引』	4	1
伊藤『入門』	2	1
司研『第二巻』	2	1
日本弁護士連合会『民事訴訟実務の基礎』	2	
裁判記録をもとにした教材	2	
東孝行「法科大学院における要件事実論教育について」	2	
司研『民事弁護の手引』	2	
司研『民事弁護における立証活動』	2	
司研『第一審解説』ビデオ	2	

その他,回答数1の教材は,教科書4,参考書5であった。

　まず,述べ回答教材数がかなり増大した。科目数が66から80に増えたためある程度の教材数の回答は必然であるが,158から211に増大したということは,やはり1科目あたりの使用教材数が増えているといえるであろう。

　これは,要件事実論の高度性の故と,実体法の理解との関係であるように思われる。従来の民法が,裁判規範としてどのように使われるか,どう考えていくべきかといった基礎理論の必要性は,応用力を身につける上で絶対不可欠であるが,それ自体が従来の民法学とは独自の印象を与えることがある。いわゆる「とっつきにくさ」とでも言ってよいかもしれない。そして,要件事実論はある程度完成度の高い理論であるが故に,せりあがり,a+b,予備的抗弁といったものの理解もやはり必要であろう。これらの修得を,民法をはじめとする実体法の理解も深めつつ,同時並行で教育していくためには,やはり複数の程度の異なる教材を組み合わせて,段階を追ってうまく組み合わせていく以外にはないようである。本アンケート結果からは,各法科大学院の担当教員の努力と創意工夫が伺い知れる。

　次に,司研『問研』『類型別』の使用の増加が,顕著である。『問研』を教科書としての使用は18から37へと『類型別』を教科書としての使用は13から29へと,いずれもかなり増大している。いずれも定評のある教科書であり,『問研』は要件事実教育の導入として,『類型別』は法科大学院での要件事実教育完成レベルとして有益であると考える法科大学院が多くなっているといえる

第4章　法曹養成の視点から見た要件事実・事実認定論・基礎法学

であろう。『類型別』の参考書としての使用は7から5へ微減となり，教科書としての増加が大きいこととも合わせ考えるに，『類型別』レベルを教科書として修得することが必要と考える法科大学院が増えているようである。このような『類型別』の取り扱われ方については，法科大学院における要件事実教育のミニマムスタンダードを考える上でも大いに参考になるように思う。

　次に法科大学院ごとに数字を見てみる。

　司法研修所編の教材『問研』『類型別』『一審解説』『起案の手引き』のうち一つ以上を教科書又は参考書として指定しているのが，35校（74パーセント）と微増している。このうち，『問研』を教科書又は参考書として指定しているのが，37校（79パーセント），『類型別』を教科書又は参考書として指定しているのが，32校（68パーセント），上記2つの教材いずれも使用しているのが，28校（60パーセント）であった。

　上記司研の教材，加藤＝細野『要件事実と実務』，加藤『民訴実務の基礎』，伊藤『入門』のうち，いずれも使用しない法科大学院は1校であるが，その代わりに日弁連『民事訴訟実務の基礎』及び司研『一審解説』を用いている。法科大学院における要件事実教育のミニマムスタンダードを考えれば，司法研修所指向の傾向は進んでいるのかもしれない。

　次にいわゆる言い分方式の教材について検討する。司法研修所編の『演習教材』『認定教材・貸金』『認定教材・保証』のうち一つ以上を指定しているのが，12校（26パーセント），伊藤＝山崎『ケースブック』5校（11パーセント），上記いずれか一つ以上を教材として用いているのが15校（31パーセント）と，前回の20校（40パーセント）に比べると減少している。

　このような教材を用いた実践・訓練を重要と感じながらも，時間的な制約から実践・訓練の時間を確保しがたいという実情が浮き彫りになったともいえるであろう。やむをえず，実践・訓練については，新司法試験に合格してからの実務修習に譲るという姿勢がより顕著になったように思われる。

〔授業の方法（評価の方法）〕

　まったくの講義だけで行うというのは，2校のみ（4パーセント）であり，それ以外は，演習形式，演習に適宜講義を入れる方式，レポートないし小テストなどの実施，学生に発言をさせて討論するといった形式で行うという回答がほ

とんどであった。

〔複数教員の関与〕

各担当者の自由な裁量によるという回答が多い一方で，定期的に民事法担当教員の会議等を開催して制度化しているという法科大学院も9校（19パーセント）であった。担当者に任されている場合でも，かなりの割合で毎回の授業において綿密な打ち合わせ等が行われているという回答が多かった。やはり前回アンケート調査時に比べたら，重複等を避けるという必要性から複数教員間相互の調整が行われるようになったのであろう。

(c) **民法教育と要件事実について**

(ア) 未修者における民法教育

「未修者（1年次）における民法の授業において要件事実的視点を加味しているか否か。」との問いに対して，「いる」との回答があったのは，15校（32パーセント）であった。これに対し「いない」との回答は，29校（62パーセント）であった。その他，未回答が3校であった。

前回調査に比べて，「いる」との回答はほぼ変わらず，「いない」との回答が若干減っている。未回答も増えていることから推察するところ，未修者時の民法教育において要件事実的視点を全く加味して「いない」と大腕を振って答えることは憚られるといった雰囲気は感じ取ることができる。要件事実論が民法と緊密な関係を有することが，一般的にも認知されつつあるということがいえる。

「いる」との回答の中で「その方法及び工夫について」については，前回と同様に，かなり濃淡の幅があるようである。スタンダードな回答としては，「未修者でいきなり要件事実論を理解するのも困難であると思われるので，基本的には，民法の要件論を中心に講義を行っているが，講義では，判例及び事例の検討をすることもあるので，その際には要件事実論の基本的な考え方を説明するようにしている。」，「重要な最高裁判決の中から第1審判決を3～5件程度選び，請求の趣旨，請求原因，抗弁，再抗弁，再々抗弁を確認しながら読み，当事者の主張が成立要件や法律効果とどのような関係にあるかを指摘することによって，要件事実に興味を持つことを目的としている。」，「時間的な制約があり理論的な説明をする中で要件事実を導入する目的で，要件の説明に敷衍し

第4章 法曹養成の視点から見た要件事実・事実認定論・基礎法学

て主張立証責任にも触れることを試みている。(中略) 2回を割いてごく典型的なケースを用いて，要件事実・証明責任等を説明している。」(いずれも研究者教員が担当)との回答あたりであろうか。未修者にいきなり本格的な要件事実教育を行うことに対しては，やはり躊躇が感じられるし，かといって民法全般においてまんべんなく要件事実を説明するというのでは時間的制約があって不可能な中で，民法の一部分において要件事実の世界の一端に触れるという程度で行われているという印象である。いずれにしても各担当教員が試行錯誤しながら行っているという実情が明らかとなった。詳細は，アンケート結果をご覧いただきたい。

(イ) 既修者における民法教育

「既修者の民法の授業で要件事実論を取り入れて行っているか否か。」との問いに対して，「いる」との回答があったのは，22校 (47パーセント) であった。これに対し，「いない」との回答は23校 (49パーセント) であった。未回答は2校であった。前回は「いない」との回答が27校 (53パーセント) であったので，未修者と同様に，既修者における民法教育についても「いない」と大腕を振って答えることは憚られるといった雰囲気は感じ取ることができる。

「授業の方法及び工夫」の回答では，やはり未修者における民法教育と同様その程度の濃淡は様々なものがあるが，方法としては，演習形式・対話形式であらかじめ出題される課題を検討する，判例を検討する授業が多いようである。授業内容については，「判決を整理させる中で請求の趣旨，訴訟物，請求原因，抗弁を意識させ，複雑な事件の中で，当事者がどのような主張をしているかだけでなく，抗弁，否認など攻撃防御方法を意識させている。」，「担当者が，典型的な紛争類型を中心に，民法の理論的な視点，要件事実的な視点，事実認定的な視点という3つの視点を軸にオリジナル演習問題を作成し，その演習を通じることで，これを行う。」，「破棄判例を素材として判例演習の上記科目において，講義前の予習として，請求原因の整理を学生に指示している。」，「民集登載の重要判例を分析する講義として，第1審から上告審判決に至る迄を検討しているが，その過程において (並行して学習している) 要件事実論について，確認しておくよう指示をし，講義でも取り上げている。」との回答などが参考になる。

(5) 新試験制度下における司法研修所での要件事実教育

　新司法試験制度が開始して，はじめての合格者は新60期として司法修習生となる。新60期においては，過渡的に従来の前期修習に代わるものとして約1か月の導入研修が行われた。新61期からは，導入研修は行われずいきなり実務修習から行われている。新60期の導入研修に関しては，従来の司法研修所での民裁教育とはだいぶ様変わりしているようである[8]。

　従来との相違点で主なものは以下のとおりである。①いわゆる白表紙記録について主張及び書証部分のみで構成されるものと同じ事件の人証部分のみで構成されるものと2分冊として，主張整理と事実認定とに分けて起案をさせる等の工夫。②起案についていわゆる上下段方式をやめ，要件事実の記載については，文章形式ではなく，ブロックダイアグラムのように要件事実を簡潔に列挙すれば良いとし，下段に記載させていた内容を「要件事実に関する説明」と「攻撃防御の構造の説明」に分けて前者は特定の主張についてのみ記載を求め，後者はすべての主張について記載させる。

　特に②については，司法研修所の民裁修習は実務と遊離しているとの批判に対処したという側面もあるが，要件事実論を暗記科目と誤解している者に対し，単に『類型別』や『起案の手引』の「事実摘示記載例集」などを暗記するだけでは対処できないようにし，自分の頭で考えるようにするためとの配慮からであるとのことである。

　新60期修習生を担当した感想として述べられているものの中では，「期間の短い実務修習を実効的，有意義なものにするためには，法科大学院において基本的な要件事実論を修得してくることが不可欠である」「修習生の中には，要件事実について『覚えるもの』という意識が強く，自分で考える訓練ができていない者がみられた。要件事実の学習において，基本的なことを『覚える』ことも重要ではあるが，要件事実を『覚える』ことが目的ではなく，要件事実の考え方を学んでこれを身につけることが目的であることを，初心の段階でしっかりと認識させる必要があろう。」とは田村教官の言であるが，そうした点は，法科大学院での教育に関わる者としては，心して取り組まなければならないであろうと感じ，印象的であった。

(8) 田村幸一「司法修習における民裁教育の現状」ロースクール研究 No.6（民事法研究会，2007）を参照させていただいた。

3 法科大学院における要件事実教育の展望

(1) 民法その他実体法との関係

(a) 未修者1年次における民法教育

　初学者にいきなり要件事実論を教えることの困難性，要件事実論と従来の民法との違いといった事柄は，現実に大きな問題として我々の眼前に横たわっている。これらの問題は未修者に全面的に要件事実を教えることには消極に働く。この点，1年次から全面的に要件事実を取り入れて果敢に教育しておられる法科大学院の今後の動向などは注目に値するであろう。また，教育方法論や，従来の民法学と要件事実論との距離がどのようになっていくかにも密接に関連する。すぐには結論の出しにくい難しい問題であると言わざるをえない。

　他方，未修者への要件事実教育が全く不要であり，従来の民法を教えればそれで良しとする意見も現在においては，少数であろう。今後は未修者への要件事実教育のミニマムスタンダードも考えていく必要があるかもしれない。

　要件事実論の存在意義，主張立証責任という考え方の必要性などの民法が実際に裁判の場でどのように用いられていくのかといった事柄を理解することは，1年次である程度やっておいて不都合はないどころか，従来の民法の学修の上では有益であろう。むしろ，このような基礎的な要件事実の世界を知らずに従来どおりの民法を学ぶ弊害のほうが大きいかもしれない。このようなごく基本的な要件事実論の基礎を物権的請求権（土地明渡請求）や売買・消費貸借といったごくごく基本的な紛争類型の請求原因，占有権原・弁済・免除などの抗弁といった簡単な具体例を通して説明することは，今後の要件事実教育への興味につながるであろうし，必要であろう。

　また，要件事実論は民事訴訟法とも密接な関連性を有する。訴訟物理論，弁論主義，主張責任，立証責任，法律要件分類説，規範的要件（評価的要件），間接反証などが挙げられる。民事訴訟法の分野との乖離については深刻で，訴訟

物理論や主張立証責任の一致，法律要件分類説，間接反証理論などについては，その考え方の検証を要件事実論において再度やり直すという作業も含まれることが多い。その辺の兼ね合いは非常に難しいかもしれない。

(b) 既修者2年次以降における民法教育

要件事実論はまさに民法をはじめとする実体法の問題であり，民法そのものである。民法の解釈によって要件が変わってきたり，ある要件が請求原因か抗弁かが異なってくるということも多く，なぜそのようになるのか，という点を深く学生に考えさせることが必要であろう。さらに判例の理解においても要件事実論は非常に有益であるように思う。小職自身，2年次以降の判例演習等では，要件事実的分析が不可欠であろうと考えている。2006年度アンケート「民法教育と要件事実について」においてその結果概要を分析したが，比較的多くの法科大学院においても，要件事実論を踏まえて民法判例の分析を行っているようである。1年次あるいは2年次で要件事実教育を中心に行う科目を配置していなければ，要件事実論を前提としたこのような判例演習は難しいであろう。

以下，小職の具体的な経験を通して，2年次以降の民法教育と要件事実論を考えてみたい。自分のことで恐縮ではあるが，小職は勤務校において2年次前期（3セメスター）において民事法総合Ⅰ（要件事実・事実認定基礎理論）を担当し，2年次後期（4セメスター）において民事法総合Ⅲ（民法判例演習Ⅱ）を担当している。民事法総合Ⅰにおいて要件事実論の基礎を十分に学んだ学生が，民事法総合Ⅲでいかなる議論をするかについて，具体的な判例を通してご紹介させていただく。もとより，カリキュラム，判例や課題の作成などは，偉大な先輩教員方のご尽力によるものであり，小職自身はそれを踏襲して粗相のないように授業を行うのに必死であるに過ぎない現状である。

最判昭29・8・31民集8巻8号1557頁は，原告と被告との不法原因を比較して被告の不法原因が著しく大きい場合は，民90条も民708条も適用されない，と判示したものである。結論としては，破棄差し戻しされているから，最高裁判決だけでは確定的なことはいえないが，同じ事例を要件事実的に考えることを学生に要求する。

まず請求原因は，「XはYに対し，昭和○年○月○日，弁済期を△年△月△

第 4 章　法曹養成の視点から見た要件事実・事実認定論・基礎法学

日として，金 15 万円を貸し付けた[9]。」となることは問題ない。次に抗弁であるが，「X の貸付の動機が，Y に出資をして Y が提供する船で禁制品の密輸入・輸出を行い大きな利益をあげることにある。」という事実が抗弁となるか，「Y は X に，禁制品の密輸入・輸出の話をもちかけた。X は一旦断ったにもかかわらず，Y は X に対し，せめて一航海分の経費 15 万円を貸してもらいたいと懇請した。」という事実が再抗弁となるか，あるいは，別の構成が考えられるか，といったことを学生に考えてもらう。

　所有権に基づく返還請求についても，民 708 条が適用され返還請求できないこと（最判昭 45・10・21 民集 24 巻 11 号 1560 頁）を，まず確認する。ところで，昭和 29 年最判は，「(X の) 不法的分子は甚だ微弱なもので，これを Y の不法に比すれば問題にならぬ程度のものである。殆ど不法は Y の一方にあるといってもよい程のものであって，かかる場合は既に交付された物の返還に関する限り民法第 90 条も第 708 条もその適用なきものと解するを相当とする。」と判示している。判例に言う「民法第 90 条も第 708 条もその適用なきものと解するを相当とする」とは，どういう意味であるか，民 708 条但書の適用場面と本件事案とは何が異なるのか異ならないのか，「不法な原因」（民 708 条）あるいは「公の秩序又は善良の風俗に反する事項」（民 90 条）に当たる具体的事実は何か，これらの法条が問題となる場合は，弁論主義が妥当するのか，等を学生と議論を行う。もちろん確固とした結論は出ないかもしれない。少なくとも要件事実論の基本，すなわち民 708 条本文・但書の主張立証責任をどのように考えるか，評価的要件の理解などは当然の前提としなければ，このような議論に何らかの意見を述べることはおぼつかないと思われる。一つの判例にさほど多くの時間もかけられないので，10 分程度で議論を終えて，まとめの説明をして，次の判例に行くことになるが，学生は概ね理解しているようであるし，このような難しい判例については，オフィスアワーで議論の続きを熱く行うこともよくある。

　小職の勤務校では，3 セメスターに要件事実の基礎理論を週 2 回，4 単位かけて集中的に行う[10]結果，このような授業が可能となる。法科大学院生が理解しておかなければならない判例すべてが，要件事実論と関係あるとまではいえないが，それでもなお大多数の判例は要件事実論の理解なしでは，その構造を

真に理解することは難しいように思う。このようなカリキュラムは，伊藤滋夫教授のリーダーシップのもと実現したが，今後もその長所を生かして教育に取り組んで参りたい。

(9) 消費貸借契約の成立には，弁済期が本質的要素である（貸借型理論）し，利息請求する場合には，利息及び利率の合意も必要であるが，これらの点は当然の前提として授業では取り上げない。このような基本的事項は，既に3セメスターの民事法総合I（要件事実・事実認定基礎理論）で学修ずみである。なお，前記昭和29年最判も，これら弁済期・利息について判断していないことを理由として原審に差し戻ししている。

(10) なぜこのようなカリキュラムが採用されたかについて，伊藤滋夫「創刊に当たって——法科大学院要件事実研究所設立の経緯と今後の展望—」法科大学院要件事実教育研究所報創刊号7頁（2005），伊藤・前掲注(4)12頁に詳しい説明がある。

(2) 理論と実務の架橋としての要件事実教育

法科大学院における要件事実教育を考える上で，「従前の司法研修所前期修習終了程度」というのがメルクマールではある。しかし，今までアンケート結果を分析してきたが，どの法科大学院もその具体的なレベルはどの程度かということに悩み，試行錯誤を繰り返している現状であろう。以下3点について，問題提起を試みてみたい。

1点目は，要件事実論は民法その他の実体法の理解のためには密接不可分であって，民法と切り離された技術的側面のみを修得するものではないことが，重要であろう[11]。特に法科大学院においては，1年次であれ3年次であれ実体法の理解が未だ完全ではない者に要件事実教育をせざるを得ないために，実体法の理解と要件事実論との理解をリンクさせながら，いずれについても相互に学習効果を高めるような教育が必要であろう。その上で，法曹の共通言語である要件事実論の修得は，法曹実務家養成にとっては不可欠であるから実務家として使える要件事実の修得が必要であろう。この点においては，もとより民法全般について法科大学院において要件事実を修得するというのが無理な話であるから，『問研』，『類型別』等の定評ある教科書に記載されている基本的な紛争類型について要件事実の基本を理解し，また，なぜそうなるのかという理由を自分の頭で考え，応用力を身につけることが重要であろうと考える。

2点目は，要件事実論特有の難しい議論をどこまで修得させるかという点で

第4章 法曹養成の視点から見た要件事実・事実認定論・基礎法学

ある。いわゆる「a＋b」、「せり上がり」、「予備的抗弁」などの要件事実論特有の議論については、まず用語そのものが難解で非常にとっつきにくい。しかし、これらは、多くの法科大学院が教科書として採用している『類型別』には詳しい説明こそないものの、当然のようにその内容が記載されている。よくよく考えてみるとこれらはさほど理解が難しいことではない。「a＋b」は必要最小限の事実ということから導き出されるし、「せり上がり」は、要件事実論は事実の性質を考えその事実から生じる効果を考えるという理論であることが分かればそのような事態が生じるのも理解できる。また、予備的抗弁も請求原因・抗弁・再抗弁を理論的前提とするという性質を理解し、その事実から生じる効果を考えればおのずと理解できるであろう。要はこれらの定義を暗記しようとするために理解しがたいものとなるのであり、要件事実論の本質的なところから考えれば理解はさほど困難ではないと思われる。ここにおいても、要件事実論は暗記科目ではなく、なぜそうなるかを考えることが重要であることを我々教員側が深く認識しなければならない。

3点目は、言い分方式の問題の中から、訴訟物は何か、請求原因は何か、抗弁は何かと考え摘示する実践・訓練についてもある程度は必要であろう。いわゆる白表紙記録を用いた起案作成は実務修習及び司法研修所での教育に任せるのが適切と考えるが、合格してすぐに白表紙記録を用いた起案を行わせてもそれに耐えうる程度の力をつけさせなければならない。その点では、法科大学院においても、言い分方式の問題を用いての演習については、時間的な問題や方法について困難はあるとは思われるが、科目を越えての連携などまだ工夫の余地があると思われる。

(11) 山野目章夫教授は、「要件事実論の民法学への示唆(1)——民法学の思考様式と要件事実論」大塚直＝後藤巻則＝山野目章夫編著・要件事実論と民法学との対話（商事法務、2005）の中で、「本質提示のための制度記述」と「訴訟実践のための制度記述」とがあることを挙げられている。これに対する、伊藤滋夫教授の「要件事実論と民法学—新たな民法学の動向も視野に入れて—」伊藤滋夫企画委員代表・要件事実の現在を考える（商事法務、2006）37－39頁の意見は非常に参考になる。

4 終わりに

　要件事実論における主張立証責任対象事実の決定基準は，民法をはじめとする実体法の解釈であり，民法を離れて独自に存在するものではない。そしてそれは最終的には民法をはじめとする実体法の制度趣旨によって，何が原則で何が例外かを考えていく作業である[12]。このように要件事実論を「裁判規範としての民法」[13]として構成しなおすものと捉えれば，暗記するものではなく，なぜそう考えるのか理解していくことが必然となる。このように徹底して「なぜ，そうなるのか」学生に考えさせる勉強をさせ，マニュアル思考を排斥すること[14]こそが要件事実教育においては，最も重要であり，それがひいては，その後の法科大学院における民法その他実体法の学修にも有益であることはいうまでもない[15]。「修正法律要件分類説からの脱却」と，民法の制度趣旨から原則・例外を考える「裁判規範としての民法」の理解が，今後の要件事実教育の星となるであろうことを確信している。

[12]　伊藤・前掲注(4) 223 頁以下に，伊藤滋夫教授の主張立証責任対象事実の決定基準についての最新の考え方がまとめられている。

[13]　「裁判規範としての民法」については，伊藤・前掲注(4) 204－207 頁，伊藤滋夫・要件事実・事実認定入門〔補訂版〕（有斐閣，2005）1－4 頁，特に 4 頁，伊藤滋夫・要件事実の基礎（有斐閣，2000）206 頁以下など参照。

[14]　伊藤滋夫教授は徹底して上記のような教育方針を採られ実践されていた。それが小職の勤務校での要件事実教育をはじめとする民事系科目の教育方針となっている。伊藤・前掲注(4) 13 頁参照。小職もそれを微力ながらも受け継ぎ実践しているつもりである。

[15]　創価大学法科大学院における民事法総合 I（2 年次 3 セメスター）以降の授業についての詳細は，嘉多山宗「創価大学法科大学院における要件事実教育の実情―民事法総合 I 以外の授業について―」法科大学院要件事実教育研究所報第 5 号（2007）に詳しい。

第4章　法曹養成の視点から見た要件事実・事実認定論・基礎法学

〔教材略語一覧〕

略　語	正　式　表　示
司研『第一巻』	司法研修所『増補民事訴訟における要件事実第一巻』（法曹会，1986）
司研『第二巻』	司法研修所『民事訴訟における要件事実第二巻』（法曹会，1992）
司研『類型別』	司法研修所『紛争類型別の要件事実　民事訴訟における攻撃防御の構造』（法曹会，1999）
司研『問研』	司法研修所『問題研究　要件事実―言い分方式による例題15題―』（法曹会，2003）
司研『起案の手引』	司法研修所『9訂民事判決起案の手引』（法曹会，2001）
司研『一審解説』	司法研修所『4訂民事訴訟第一審手続の解説―事件記録に基づいて―』（法曹会，2001）
司研『演習教材』	司法研修所『民事演習教材』（司法協会，2003），司法研修所『民事演習教材2』（司法協会，2004）
司研『認定教材』（貸金及び保証）	司法研修所『民事事実認定教材―貸金請求事件―』（司法協会，2003），司法研修所『民事事実認定教材―保証債務履行請求事件―』（司法協会，2003）
司研『民事弁護の手引』	司法研修所『7訂民事弁護の手引』（日本弁護士連合会，2005）
司研『民事弁護における立証活動』	司法研修所『4訂民事弁護における立証活動』（日本弁護士連合会，1984）
伊藤『要件事実の基礎』	伊藤滋夫『要件事実の基礎　裁判官による法的判断の構造』（有斐閣，2000）
伊藤『事実認定の基礎』	伊藤滋夫『事実認定の基礎　裁判官による事実判断の構造』（有斐閣，1996・1刷，2000・5刷＜補訂＞）
伊藤『入門』	伊藤滋夫『要件事実・事実認定入門　裁判官の判断の仕方を考える』（有斐閣，2003）
伊藤＝山崎編『ケースブック』	伊藤滋夫＝山崎敏彦編『ケースブック要件事実・事実認定（第2版）』（有斐閣，2005）
加藤＝細野『要件事実と実務』	加藤新太郎＝細野敦『要件事実の考え方と実務』（民事法研究会，2002）
加藤編『民訴実務の基礎』	加藤新太郎編『民事訴訟実務の基礎』（弘文堂，2004）

要件事実教育雑感

河野　信夫

1　はじめに（教育方法論の必要性）

(1)　初めて学ぶ者が受講後思いもよらぬ発想を口にすることに驚かされることがある。したがって，初学者に対する要件事実の教育方法について論ずることは，実体法規の精緻な要件事実に関する研究と同程度に重要であると考える。この分野では，そのような研究内容も，少数精鋭者だけではなく，多くの者に理解され，利用されてこそはじめて意味があると考えるからであり，そのためには理解しやすい方法を研究する必要がある。教える側で初学者の誤りやすい箇所を知ると知らないとでは，教育の効率に違いが生じる。もっとも，これまで発刊された司法研修所の各種研修教材にもその教育方法に関する考え方が窺われ，また学者のこの点に関する研究結果も公表されている[1]。したがって，本稿は屋上屋を重ねる感なきにしもあらずであるが，これまでの院生との対話などを通じて感じたいくつかの問題点について私なりの考えの一端を述べ，ご批判を仰ぎたいと思う。あえて私が本稿をおこした動機は，院生の中に，要件事実の理論を早期に的確に理解する者がいる一方で，これに拒否反応ではないが初歩的基本的なところで誤解している者がいて驚いたことである。このような事態は何としても回避すべきであり，何が原因かを探る必要がある。

(1) 伊藤滋夫編著・要件事実講義（有斐閣，2008）など。

(2)　さて，周知のとおり，要件事実論で用いられる言葉は，法律家，とりわけ法律実務家にとっての共通言語ともいうべきものであって，これを抜きにし

第4章　法曹養成の視点から見た要件事実・事実認定論・基礎法学

ては，法廷その他の場において法律実務家として十分な訴訟活動をすることは困難であるといっても過言でない。その理由は，民事訴訟手続の弁論過程において，訴訟代理人は要件事実の理解なくしては的確な主張立証活動ができず，裁判官にとっても十分な訴訟指揮や判決書の作成もできないからである。

　弁論活動や訴訟指揮に関していえば，要件事実論は，あたかも車両や歩行者に対する公道上における交通標識や交通信号のようなもので，当事者双方から提出される様々な主張・立証，各種の訴訟行為に対して，ゴー・ストップを明確にし，これを手際よく整理して，行き交う人や車に相当する当事者双方の主張・立証の流れの滞るのを防ぐ道具，そのような機能をもつものであると考える。そして，交通標識や交通信号などがその効用を発揮するために重要なことは，その内容が平易で（平易性の原則），しかも利用者のすべてが，その標識や信号の意味内容について事前に共通の理解をもっていること（共通性の原則）がどうしても必要である。要件事実論の教科が法科大学院の必須科目となり，法曹を目指す院生らに対しかくも多くの時間を割いて教えられ，一方で学者，実務家が日々その研究に力を注いでいるゆえんは，まさにこの点にあるといえよう。しかし，先の共通性の原則を実効あらしめるためには，要件事実の内容や立証責任の分配に関する説があまりに複雑で多様に分かれるのは好ましいことではない。訴訟の場での流れが滞るおそれがあるからである。もっとも，学問の分野ではそうも言っておられない。その意味で，この点に関し，裁判所，特に最高裁判所の判断が多く示されることが望ましい。近時，この点の説示に及ぶ最高裁などの判例に比較的多く接することがあるのは喜ばしいし，今後も意識的に続けてほしいものである[2]。

　(3)　ここで，要件事実の意義に関し，法科大学院要件事実教育研究所長の伊藤滋夫教授は，「裁判において，ある法律効果が発生したり，消滅したりしていると判断するために，その直接の根拠となる法律の要件に該当する具体的事実をいい，要件事実論とは，こうした要件事実というものが法律的にどのような性質のものであるかを，明確に理解してこれを意識した上で，その上に立って民法の内容・規範的構造や民事訴訟の審理・判断の構造を考える理論である。」と説かれる[3]。要件事実及び要件事実論に関し，私もこれと同一の理解の下に以下考察することにする。

以上の次第で，ここでは個々の法規の要件事実に関する考察ではなく，教育方法に限定して論ずることにする。

　(2)　最判平20・2・22　判時2003号144頁等参照。
　(3)　伊藤・前掲注(1)3頁。

2　基本的な考え方（初学者への導入方法）

　(1)　要件事実に関し，基本的な事項でありながら，初学者にとって理解しにくい点や誤りやすい点はいくつかあるが，本稿では，事案の評価と素材となる事実の範囲，もと所有（権利自白との関連で），否認と抗弁，それと再抗弁か予備的請求原因か，について考えたいと思う。

　(2)　要件事実教育では，「はじめに事実ありき」又は「はじめに事件ありき」で進めるのがよいように思われる。院生らには，最初から具体的な法的事実関係の海原に浮かんでもらいたいと思う。その中から試行錯誤的に要件事実の整理のうえで，入用なもの，不用なものの選り分ける能力を会得してもらうのである（事件先行方式）。

　(3)　本稿では，参考のため，1つの事案を末尾（914頁）に別紙資料として掲げた。この事案の事件名は，登記請求事件であり，甲土地の登記手続請求に関するものである。訴訟物は，所有権に基づく妨害排除請求権としての抹消登記手続請求権に代わる所有権移転登記請求権である。かつて私が院生に課題したものを大幅に改めたものである。X・Yの各言い分1ないし3と，7個の設問からなり，瀬戸口壯夫「不動産物権変動と対抗要件」伊藤滋夫ほか編著・ケースブック要件事実・事実認定（第2版）94頁の事例を一部参考にしている。

　(4)　前述のとおり，私はまず事実関係の大海の中から，申立てと主張事実を探し出す作業をすることを勧めている。そして，まず本訴の原告Xなる者が一体被告Yに対し，ごく裸のなまの生活利益として，何を求め，Yがどういう行為（給付）をすることを要求しているかを探るようにさせている。そのなまの生活利益が訴訟物の中核をなし，与えられた事例の中に必ず一つは存在する（Xの最初の言い分欄の末尾に多い）こと，その生活利益が実体法に根拠づけられ，法的に評価されたものが訴訟物（請求権）であることを理解させている。

第4章　法曹養成の視点から見た要件事実・事実認定論・基礎法学

本件では，XがYから，甲土地の所有権移転登記手続を経由してXの土地所有権の対抗要件を具備し（民177条），A・X間の売買（民555条）を完結させるべく，Yに対し，Xと共同して所有権移転登記手続の意思表示をすること（不登60条。なお，民執174条参照）を求めることが，Xの求める生活利益であり，上記各法条に根拠づけられた登記請求権が本件の訴訟物であることを，院生との対話を通じて教えるのである。

(5)　ところで，本件において，原告Xが被告Yに対し一定の請求権（権利）を有するといっても，権利自体は人の目に見えるものではなく，観念的な存在であることはいうまでもない。したがって，相手方が争う限り，自分は権利者であるといくら連呼しても，それを直ちに裁判所に認めてもらうわけにはいかない。裁判所に認めてもらうためには，Xは，権利が存在するに至る根拠事実を主張し立証しなければならない。ここで，私は，権利は屋外で吹く風のようなもので，室内からガラス窓を通して外を見たときに，吹く風は存在すれども目に見えないものであると述べた後，院生らの目を外に向けさせ，教室から窓外に見える街路樹の，葉の繁った小枝の揺れるのを指さしながら，「風そのものは見えないけれども，小枝の揺れているのが見える。これによって風の存在が認識されるであろう。」という。不可視的な風（請求権）の存在を根拠づけるため，Xは可視的な小枝の揺れ動く様を示す必要があるということである。この可視的事実が請求原因である。比喩として十分でないかもしれないが，風（請求権）は，枝葉のそよぎ（請求原因）の主張立証によって，その存在を裁判所に認識させることができるというのである。これまで大方の理解は得られたのではないかと思われる。もっとも，授業中に運良く風が吹いてくれると有り難いのであるが。

(6)　周知のとおり，民事訴訟法（民訴法）及び同規則も，このような申立てや主張の方法について重要な規定を設けている。また，判決書の内容についても規定がある。

例えば，訴状の必要的記載事項として民訴法133条2項はその2号で「請求の趣旨及び原因」を記載することを求め，これをうけて民訴規則53条1項は「訴状には，請求の趣旨及び請求の原因（請求を特定するのに必要な事実をいう。）を記載するほか，請求を理由づける事実を具体的に記載し，……」と規

定している。また，答弁書，準備書面の記載事項に関しては，民訴法161条2項が「1　攻撃又は防御の方法，2　相手方の請求及び攻撃又は防御の方法に対する陳述」の各事項の記載を要求し，これとの関連で民訴規則79条2項は「準備書面に事実についての主張を記載する場合には，できる限り，請求を理由づける事実，抗弁事実又は再抗弁事実についての主張とこれらに関連する事実についての主張とを区別して記載しなければならない。」旨，また同3項は「準備書面において相手方の主張する事実を否認する場合には，その理由を記載しなければならない。」旨それぞれ重要な規定を設けている。これらの規定は，実務の実際において，要件事実の記載場所とその方法を具体的に指示する基本規定といえよう。院生にはこれらの条文の一字一句を吟味して覚えるよう指導している。

(7)　私は，申立てと主張の整理の学習では，判決書を作成する裁判官の立場に立って，裁判官の目から見た整理をするのが一番勉強になると考えている。もっとも，その判決書は，「事実」欄の記載を事案の概要等で足りるとする新様式判決でなく，請求原因，抗弁，再抗弁と順次主張を整理する旧様式判決を前提としている。要件事実の整理と認否の明確化により，争点を浮き彫りにし，審理の充実と的確な判決が導かれるのである。その場合には，弁論主義に関する民事訴訟の大原則が指針となり，一つの規制ともなる。民訴法246条は，判決事項につき訴訟物に関するものであるが，「裁判所は，当事者が申し立てていない事項について，判決をすることができない。」と定め，民訴法253条1項2号は「判決書には，次に掲げる事項を記載しなければならない。2　事実」と定めていることも，上記事項と関連づけて説明している。

　裁判官でなく，専ら当事者の立場に立って事実整理をすると，ややもすると与えられた事実に，当該当事者に有利な何か別の事実を加えかねず，杞憂かもしれないが，いきおい整理がしやすいように問題を変容されかねない。それでは，あまり勉強にならない。それよりも判決書を作成する厳しい裁判官の立場で弁論主義の制約のもとで事実整理をする方が学習効果が上がると考えるのである。

　ところで，私は，ある日，法律を学んだことのない若者Bに実験的に末尾別紙資料の登記請求事件のケースを読んでもらい，いくつかの質問を試みたこ

第4章　法曹養成の視点から見た要件事実・事実認定論・基礎法学

とがある。まず，この事件のXの言い分1と，Yの言い分1だけを読んでもらい，本件Xの請求権（訴訟物）と請求の趣旨とを説明した後，「Xの請求権を根拠づける事実として，Xは最小限度，何を主張立証しなければならないか」を問うてみた。Bの答えは「Xの言い分1の記載の全部である。」というのである。このすべてが一つのストーリーとしてXの請求を根拠づけるのに必要不可欠な事実であると思われるという。そこで私はBに対し「もしそうだとすると，Xは，YのAに対する詐欺の事実や，自分の関与しないAとY間の甲土地売買の事実まで主張立証しないと，Xの請求は認められないことになるが，それでもいいのだろうか。上記の事実が全部請求原因欄に記載すべき要件事実となるとすると，Xがそのうちの一つでも立証に失敗すれば敗訴の憂き目にあうというのは（要件事実の欠落効果），Xにあまりにも酷で負担が重く，逆にYの負担を不当に軽くするもので，不公平ではないか。」と問い返すと，Bは，しばらく考えて，それもそうですねと問題点に気づくのである。もしBの最初の答えのとおりとすると，あまりにも公平に反することを理解させるのである。ここで主張立証責任の分配の問題に必然的に突入するわけであるが，要件事実の内容と主張立証の分配の理論は不即不離の関係にある。その基準については色々と説かれているけれども，実体法規の文言，すなわち，本文と但書，原則と例外，存在（有ること，有ったこと）と不存在（無いこと，無かったこと），善意（知らなかったこと）と悪意（知っていたこと）や当事者間の公平などが検討対象となることは明らかである。とりわけ，ある事実の立証の難易を基準の一つに数えるときは，要件事実論がすぐれて民事訴訟法の分野に属することが理解されよう。これらの説明を聞いて，B君はようやく請求原因とそれ以外の事実の何たるかを知るに至るのである。

3　事案の評価の限界と素材となる事実の範囲

(1)　院生の抱える問題の第1は，与えられた事案のどの範囲内で主張を整理したらよいのか，その限界である。材料は全部提供されているのであるからその範囲内で考えればよく，これはさほど問題にならないもののようであるが，法律知識の比較的豊富な勉強家の院生が抱く疑問の一つである。いろいろ日常

生起する生活事実に直面すると，その事実に対する法的評価や法律構成は一つにとどまらず，事実の加除等によりいくつかの評価や構成が可能な場面に遭遇する。仮に，ある攻撃防御方法Ｐの発生根拠となる要件事実としてa,b,cの3要素があるとする。しかし，与えられた事例の中には，a,bはあるが，cが明確には見当たらない。このcの事実さえあれば，自分が見つけた攻撃防御方法Ｐが根拠づけられるようなときに問題が生ずる。この場合に院生のとる措置としては，次の二つが考えられる。一つはcがないのでＰの構成は無理であるとしてきっぱり断念するもの，いま一つは，折角見つけたＰであるから，これを構成しない手はないとして，勝手にcを付け加えてＰの構成をしレポートなどを提出するものである。後者の方法を選択した院生は，教師から「cは主張されていないから，書き過ぎである。」とお叱りをこうむるのであるが，これがいささか不満のようである。

(2) この場合，一般的抽象的に指導するとすれば，前述のとおり，同一事案でも，裁判官の立場からから見た主張整理と，弁護士など訴訟代理人が直接当事者本人から事情を聞きつつ主張整理を試みるのとでは若干対応が異なってくるように思われる。前述のとおり，民訴法246条は訴訟物に関するものであるが，「裁判所は，当事者が申し立てていない事項について，判決をすることができない。」と定め，民訴法253条1項2号は「判決書には，次に掲げる事項を記載しなければならない。2　事実」と規定しているわけであるが，旧様式判決の事実整理における「事実」は，まさに厳格な弁論主義の原則に基づき，訴訟資料として当事者から提出されていない事実cを加えることは許されないのである[4]。

繰り返しになるが，初学者には裁判官の立場から見た事実整理をさせ，与えられた事実関係に厳しく限定させることが必要であると考える。あるいは法律相談やエクスターンシップなどの影響があるのか定かではないが，訴訟代理人の立場から事案を詮索し，新事実，新構成を探ろうとして新たに事実を加えることは，出題者からみれば想定外のことで，事件をみだりに変容させかねずよくない。これは事実整理の手法として避けるべきであり，弁論主義の枠の中で，隠れた訴訟物や攻撃防御方法を発見する能力を身につけるべくトレーニングを積む必要がある。初学者は，軽率にか，又は苦し紛れか，新事実を加えて自分

第4章　法曹養成の視点から見た要件事実・事実認定論・基礎法学

好みの事件にしてしまう誘惑にかられるきらいがないではないが，許されない。万が一このように付け加えて記載された院生のレポートに対し，教師は間違っても「よく考えました。」とか「よく気がつきました。」などと肯定的な評価を与えてはならない。後々までこの癖が残り，取り返しのつかないことになる。学習の初期段階では，あたかも裁判官の求釈明に当事者が答えてcなる事実主張に及んだように扱ったレポートを容認してはならないのである。

(3)　末尾別紙資料の登記請求事件から，考え過ぎというか，書き過ぎの具体例を挙げてみよう。なお，本件の訴訟物は既述のとおりの登記請求権であり，請求原因の要点は，①Aの甲土地「もと所有」，②A—X間の甲土地売買，③Y名義登記の存在であることも，前記のとおりである。

さて，別紙資料のXの言い分1の第7項で，Xは次のようにいう。「甲土地をYに二重に売られたXは，Aを問い詰めたところ，Yにだまされて売ってしまったことを告白した。Aがいうには，YからA・X間の契約は無効であり，そのことはXも承知しているなどと嘘の事実を告げられ，軽率にもそれを信じて売ってしまった。その後のことは私には分からない，となんとも無責任な話しであった。」と答えている。平易な事例であるが，書き過ぎの者は，請求原因②をターゲットとして，なんとAのYに対する甲土地売買の詐欺による取消しの主張を構成するのである。すなわち，①YのAに対する欺罔行為，②AのYに対する欺罔に基づく売買の意思表示，③AのYに対する上記売買の意思表示の取消しの意思表示を摘示する。しかし，素材から明らかなとおり，③のAのYに対する取消しの意思表示は主張されていない。これは極端な例かも知れないが，回答者に言わせると，本件では詐欺に関するかなり具体的な事実が提示されているし，このくらいは付け加えても許されると考えたというのである。このような弁論主義に反する構成は加点事由どころか減点事由になる。単なる無益的記載では済まされない。訴訟物や攻撃防御方法の数がいたずらに多ければよいというものでないことを，肝に銘じてもらう必要がある。

(4)　最判昭35・2・2民集14巻1号36頁。民法94条2項の第三者の善意の主張がないのにこの事実を認定して第三者を勝たせた例。

4　「もと所有」について

　(1)　上記3の(3)項のXの請求原因①で，さっそく「もと所有」が出現した[5]。あまり聞きなれない言葉であるせいか，初学者は最初はとまどうようである。用法としても，そんなに遠い昔から使用していたものではないと記憶している。これは物権的請求権に関する事件で重要な要件事実であり，あらゆるパターンで使いこなせるよう是非マスターしてほしい要件事実の一つである。いうまでもなく，覚えることと，理解することとでは異なる。覚え込みのみでは，同一パターンの事例では通用しても，応用がきかない。「もと所有」についても同様である。

　本件登記請求事件の訴訟物がXの所有権に基づく妨害排除請求権としての登記請求権であり，Xが現に（つまり事実審の口頭弁論終結時に）甲土地の所有権者であることは，X勝訴のための不可欠な要件事実であるが，Xが甲土地を「現に」所有していることをいくら連呼しても，Yが争う限り，不可視の権利（所有権）そのものの存在を主張立証し得たことにならないことは，前述した。これを根拠づける事実は，例えば前主からの売買などの承継取得であり，前主のもと所有が争われれば，前々主のもと所有及び前々主から前主への権利移転の主張立証がどうしても必要になるわけで，際限がない。不動産でも土地所有権の承継取得であれば，理論的には明治初年の地券交付まで遡る。地券は，明治政府が明治5年の地租改正にあたり，地主及び自作農の土地所有権を法的に確認した証書であり，これは可視的といってよい[6]。また，建物であれば同様にその建築による原始取得まで遡る。そこで，このような訴訟上の不経済を解消するために，権利の現在，又は過去（もと）の帰属（所在）について相手方の「認める」旨の陳述を自白として扱い，その時点より遡った権利移転経過の主張立証を不要としたのであった。一つの法技術であり，この権利に関する自白を，事実に関する自白と区別して，とくに「権利自白」というが，「もと所有」は，相手方からこの権利自白を得るために導き出された要件事実であるとも考えられよう。

　もと所有は，上記のとおり権利主張であり事実そのものではないが，自白が

第4章　法曹養成の視点から見た要件事実・事実認定論・基礎法学

認められれば，裁判所を拘束し（民訴179条），これと異なる証拠資料が提出されても，裁判所はこの自白と異なる認定をすることができないことは，いうまでもない。本件において，Xは，甲土地につき，YがXの現所有を争う以上，Yの権利自白が成立するところまで主張を遡らせればよいということを，院生に繰り返し説き，徹底させている。

(5) 司法研修所編・問題研究要件事実（法曹会，2003）62頁，同・紛争類型別の要件事実（法曹会，1999）45頁イ参照。なお，要件事実の時的要素につき司法研修所編・民事訴訟における要件事実第一巻（法曹会，1985）第1部六，2参照。
(6) 津地裁伊勢支部所蔵の明治10年12月25日付け三重県令発行の地券には「名古屋裁判所々用，山田区裁判所敷地，官用地」「此坪1326坪7合8夕」「右地所検査之上相渡置候也」などと記載されている由である（裁時1064号10頁参照）。

(2)　「もと」であるから，文字どおり「過去に」の意味であるが，それが過去の何時の時点を指すかは事案によって異なる。本件についていえば，「A－X売買契約当時」に「A所有」と解することでは異論がないと思われる。なお，「もと所有」の理論は現在さらに進化しつつあるように思われるが，あまり細かくなりすぎると，整理された要件事実を一読しても，事案のイメージが湧かないことがあるとの指摘もある。

5　否認と抗弁

(1)　主張整理の作業において，相手方の主張事実に対する認否の確認作業をおろそかにしてはならない。地味な作業ではあるが，これを正確に把握しておかないと，否認と抗弁の区別がいつまでたってもつかず，混乱してしまう。前項で自白（権利自白）を扱ったが，その対極に位置する否認，すなわち相手方の主張事実を否定する陳述は，その効果として，相手方に要件事実の立証の必要を生じさせる。前述のとおり，民訴規則79条3項は「準備書面において相手方の主張する事実を否認する場合には，その理由を記載しなければならない。」と規定して，審理の充実を図っているが，その「理由」の内容そのものは，あくまでも相手方の主張と両立しない事実を敷衍するものであるから，否認する側に証明責任があるわけではない。これを「理由付き否認」というが，ここで理由付き否認と，次に述べる抗弁との違いを具体例を用いて十分に指導

する必要がある。

(2) さて、抗弁は、いうまでもなく、請求原因と両立する事実であって、請求原因によって発生するべき法律効果の発生障害、発生した権利の行使阻止、権利の消滅などの法律効果を生ずる要件事実である。ここで、訴訟の相手方が、請求原因を否認した上で、それにもかかわらず請求原因と「両立しうる」抗弁を主張する意味ないし必要性は、至極当たり前のことのようであるが、誤解のないよう念押ししておく必要があろう。すなわち、相手方としては、否認（請求原因と非両立）した後で、その事実に関して主張する抗弁（両立）は、予備的主張、すなわち、「その否認の対象となった事実について相手方の証明が成功した場合」において初めて判断を求める趣旨の予備的主張であることが黙示的に主張されていることを理解させる必要がある。なお、同様の現象は数個の抗弁相互間でも生ずる。いわばブロック・ダイアグラムの縦の関係で、互いに両立しない抗弁事実も、予備的・仮定的主張と構成すれば、主張可能である。また、このことは、主張の前提となる法理について複数説ある場合も同様と解してよいと考える。

(3) 私は、ある特定の請求権 K（及び請求の趣旨）に対応する請求原因（Kg）、抗弁（E）、再抗弁（R）、再々抗弁（D）の、それぞれの主張の効果なり効き目の有無が直接目で見て検知できる装置を作れないか考えてみた。そこで先のB君と一緒に考えたのが次の装置である。用意するものは、いくつかの豆電球とコイル、それに電流の切り替え用スイッチである。まず、ソケットに納まった豆電球は白色と赤色の2色に分けられる。3個の白色豆電球の表面に順次、請求権（請求の趣旨）Kランプ、請求原因1番ランプ、再抗弁3番ランプと表示され、一方、2個の赤色豆電球には順次、抗弁2番ランプ、再々抗弁4番ランプと表示される。そして、電源に繋がる以上5個のランプがKランプを先頭に1番から4番まで番号順に目の字の形に並列し、それぞれ個別に前記切り替えスイッチに接続される。スイッチが操作されて1番ランプが点灯したときは、白色のKランプも点灯する。これは請求認容の表示である。次にスイッチを操作して2番の赤ランプが点灯したときは、1番ランプが消え、Kランプも消える。これは抗弁が採用された結果、請求棄却となった表示である。以下同様の操作をして、3番ランプが点灯したときは2番ランプが消えてKランプが

点灯する。再び請求認容の表示である。しかし，4番の赤ランプが点灯したときは，3番ランプが消え，Kランプも消える。再々抗弁が採用されて請求棄却となった表示である。これが要件事実自働選別器の構想であるが，B君がこれによって抗弁などの反対事実の働きについて理解が深まったかどうかは定かでない。

6　再抗弁か予備的請求原因か

(1)　本項のテーマは，前項の否認と抗弁の応用編であり，末尾別紙資料の課題の設問7（設問1から順次解いていくと要件事実の復習になるように配列してある）に対応する。院生にとって，ある主張事実が再抗弁か予備的請求原因かは，なやましい問題であるようである。具体例の素材は，別紙資料のX・Yの各言い分3で見ることができる。

　Xの言い分3を抽出すると，

「仮に，Aに，Xとの土地売買契約当時，Y主張のような錯誤があったとしても，Xは，上記のとおり，Aとの間で甲土地の売買契約を締結し，所有権を取得したものと信じ，遅くとも本件建物が完成した平成8年7月10日から同土地を占有し，建物の敷地として10年間善意，平穏，公然，かつ無過失で占有してきたから，Xは甲土地を時効取得した。ここに時効を援用する。」とある。

　この事実が再抗弁か，新たな請求原因かであるが，意外にも予備的請求原因と構成する者が少なかったのは驚きであった。いうまでもなく，再抗弁とは，抗弁事実と両立し，かつ抗弁によって生ずる法律効果の発生障害，行使阻止又は消滅の法律効果を生じさせる要件事実である。

(2)　さて，このケースの訴訟物及び請求原因の要点は，すでに述べた。Yの抗弁の一つは，Yが民法177条の第三者であり，Xに登記なければ対抗できない旨の対抗要件の抗弁である。具体的には，「A・Y間の甲土地の売買契約とXが対抗要件を具備するまでXの所有権の取得を認めない。」旨の主張である[7]。これに対するXの再抗弁は，Yの背信的悪意者の主張である。ところが，院生は，上記言い分の取得時効の主張の処理に困り，苦し紛れかこれを前記対抗

要件（又は他にAの錯誤）の抗弁の再抗弁に仕立てようとするのである。取得時効の主張が，果たして再抗弁として抗弁排斥の効力を有するか否かの吟味が全く不十分なのである。

　(7)　司法研修所編・前掲注(5)問題研究要件事実 79 頁以下参照。

　(3)　何故このような誤りをおかすのかを考えてみると，設問 7 の問題文は「設問 1 の訴訟物を前提とした上で主張の整理をすること」を求めているのであるが，これを誤解して，訴訟物でなく請求原因を同一とするものと誤って捉え，設問 2 以下の同じルートで整理することを求められているとして，再抗弁の構成にこだわったかもしれない。しかし，同一訴訟物（例えば物権的請求権）でも，その所有権の取得につき，Xの言い分 1 で主張されている A・X 売買のような承継取得のほかにも，当然のことながら，Xの言い分 3 の時効取得のような原始取得，又は相続のような包括承継の場合など，多種多様なものがあるのであって，これらの新構成に転換し対処する柔軟な発想が必要になってくる。結局，Xの言い分 3 は，取得時効の予備的請求原因なのである。

　ともあれ，院生らには，言い分欄の後半部分に現れた主張であっても，請求原因の素材が含まれていることがあり，言い分の出現場所が末尾であるからといって油断してはならないと注意を促している。

7　結　語

　(1)　初学者が短期間に一気に要件事実をマスターすることは，困難であることはいうまでもない。われわれは，焦らず，彼らが理論の一つ一つを確実に身につけるよう，温かく見守っていく必要がある。しかし，教場での彼らの発言やレポートの記載のあいまいな点は見逃さず，その場，その場で指摘してやらないと折角の矯正のチャンスが失われかねない。教場において院生同士の相互間の指摘を期待するのは，率直のところ現状では難しい。なお，これはどの教科でも共通することであろうが，矯正後の結果の確認作業が当然に伴う。

　(2)　限られた授業時間の範囲内だけで，要件事実論を全員にまんべんなく理解させることは，率直にいって困難を伴う。どうしてもオフィスアワーの利用など，個別指導の機会を作る必要があるように思われる。それと同時に教場を

離れて院生らの任意の自発的な小グループによる課外研究会活動も推奨したい。
　(3)　以上，私の要件事実教育に関する考えの一端を述べたが，未だ考察の僅かな一部に過ぎず，雑感にとどまったが，今後さらに検討を重ねたいと考える。

【別紙資料】

登記請求事件の言い分と設問
　以下のX,Yの言い分を読んで，後記設問に答えなさい。なお，各言い分は平成20年1月の時点のものとする。

(Xの言い分—その1)
1　都心に住む文筆家のXは，平成8年4月ころ，新たに仕事場を設けるため土地を探し求めるうち，眺望の良い甲土地（面積330平方メートル）が気に入った。そこで，同年5月10日，現地に赴き，所有者Aとの間で売買代金1000万円とする契約を締結してこれを買い受け，早速同年7月10日，X所有の建物1棟（以下「本件建物」という。）を完成させ，所有権保存登記を了して，遅くともこの時点から本件土地の占有を始めた。
2　Xは本件建物の完成直後からここに滞在して文筆活動に励むとともに，周辺の自然に親しみながら癒しのときを過ごし，あまつさえ，ここでものした作品「青のささやき」は念願の文学大賞を獲得するにいたった。
3　ところが，平成18年9月10日，Xは，Yから，このたびAから甲土地を買い受けて所有権を取得したから，同土地上にある本件建物を撤去するようにと要求された。Yの話では，Yは同年6月10日，甲土地を1300万円で購入したが，当時登記簿上の所有権名義人はAであり，この土地が売却済みであることは全く聞いていないということであった。Yは，現地を調査したとき，本件建物が建っていることは分かったが，自分がAから所有権移転登記を経由した以上，Xの占有は不法占有になるというのである。
4　登記簿謄本を見てみると，Yの言うとおり，平成18年6月10日付けで甲土地につき売買を原因としてAからYへの所有権移転登記が経由されていた。
5　Xがさらに調査したところ，Xから登記手続を依頼された者が誤って隣地のA所有にかかる乙土地をX名義に移し，甲土地の名義はAのままであったことが分かった。

6 そこでXは，Aを問い詰めたところ，YにだまされてYに売ってしまったことを告白した。Aがいうには，YからA・X間の契約は無効であり，そのことはXも承知しているなどと嘘の事実を告げられ，軽率にもそれを信じて売ってしまった。その後のことは私には分からない，となんとも無責任な話であった。
7 Xは，今回，Yの明渡し要求を拒絶するとともに，Yに対し，甲土地につき抹消に代わる所有権移転登記手続を求めて訴えを提起したいと考えている。

(Yの言い分―その1)
1 私はAとX間の甲土地の売買の事実を知らず，登記を見てAの所有と信じていた。したがって，AとX間の売買の事実を認めるわけにはいかない。強いていえば知らないと答える外ない。
2 私がAと平成18年6月10日，甲土地の売買契約を締結したこと，代金を1300万円と定めたことは，Xの言い分のとおりである。それゆえ，私としては，Xが甲土地の所有権移転登記をするまで所有者と認めるわけにはいかないことは，勿論である。
3 なお，Aの話によると，AはXに平成8年5月10日，本来は乙土地を売却するつもりでいたところ，契約書に誤って乙土地ではなく甲土地と書いてしまったもので，真実甲土地を売却する内心の意思はなく，売買の目的物につき契約の重要な部分に錯誤があったとのことである。そうであるならば，甲土地の売買は無効であり，XがYに対し所有権を主張しうるいわれは全くない。自分に所有権が有るなど，いい加減な出鱈目はほどほどにして欲しいものである。

(Xの言い分―その2)
1 Yの言い分中，Aに売買の目的物につき甲土地と乙土地とを誤った錯誤があったとの事実は否認する。AもXもともに現地に臨んで契約しているのであるから間違いはない。乙土地は甲土地とは5メートルも低い所にある土地で，本契約で甲土地と乙土地とを誤認したというのであればAに重大な過失がある。のみならず，契約の当事者でないYが他人間の契約の錯誤無効を言うのは筋違いで，失当である。
2 AとYが甲土地を平成18年6月10日売買したことは他人間のことで知らない。なお，その後調べたところ，AからYへの所有権移転登記手続は，A作成名義の偽造の委任状によってなされた違法な登記であったことが判明した。よって，Yの登記は無効であり，Yは所有権の取得をもってXに対抗すること

第4章 法曹養成の視点から見た要件事実・事実認定論・基礎法学

はできない。
3 さらに，その後の調査で，平成8年5月のAとX間の土地売買を仲介した業者Dが，実はYの実弟で，当初の買主Xへ甲土地の所有権移転登記手続が未了である旨の情報をYにもたらし買い取らせたことが明らかとなった。このような場合，XはYに対し登記がなくても所有権の取得をもって対抗することができるはずである。

（Yの言い分—その2）
　Xの言い分—その2の事実は，いずれも否認する。前記仲介業者は，Yの実弟ではなく，Yの妻の弟である。

（Xの言い分—その3）
　仮に，Aに，Xとの土地売買契約当時，Y主張のような錯誤があったとしても，Xは，上記のとおり，Aとの間で甲土地の売買契約を締結し，所有権を取得したものと信じ，遅くとも本件建物が完成した平成8年7月10日から同土地を占有し，建物の敷地として10年間善意，平穏，公然，かつ無過失で占有してきたから，Xは甲土地を時効取得した。ここに時効を援用する。

（Yの言い分—その3）
1 Xの言い分—その3の事実は否認する。のみならず，甲土地についてAとの売買によりその所有権を取得したというXが，自己の物について更に所有権の時効取得を主張するのは，民法162条の規定の文言に反し失当である。
2 仮に，取得時効が成立したとしても，Xは登記がないからYに対しては，やはり対抗することができない。したがって，本訴請求はいずれにしても請求棄却を免れない。

〔設問1〕 「訴訟物」の一般的な定義を簡潔に記し，Xの言い分—その1（以下単に「言い分1」という。以下同じ。）に基づいて，XがYに対し訴えを提起する場合の訴訟物は何かを示し，かつ「請求の趣旨」（本件不動産の特定のための表示は甲土地でよい。）を記載しなさい。

〔設問2〕 「請求原因」の一般的な定義を簡潔に記し，Xの言い分1とYの言い

分1に基づいて本件の請求原因（要件事実）とそれに対するYの認否を記載しなさい。（場合により，そのように整理したコメントを付記するのが相当。以下同じ。）

〔設問3〕　設問2のYの認否のうち「権利自白」の意味を簡潔に記し，併せて「否認する。」「知らない。」「認める。」の陳述の訴訟法上の効果の違いを説明しなさい。

〔設問4〕　「抗弁」の一般的な定義を，否認と対比しつつ簡潔に記し，Yの言い分1とXの言い分2に基づいて上記設問2の請求原因に対する抗弁事実（複数）と，それに対するXの認否を記載し，併せて抗弁事実がノンリケット（真偽不明）の場合その事実についてどのような認定判断が下されるのか説明しなさい。

〔設問5〕　「再抗弁」の一般的な定義を簡潔に記し，Xの言い分2とYの言い分2に基づき本件におけるXの再抗弁事実と，Yの認否を記載しなさい。

〔設問6〕　「評価根拠事実」の定義を，間接事実と対比しつつ簡潔に記し，上記設問5の再抗弁事実中の「評価根拠事実」を指摘しなさい。

〔設問7〕　Xの言い分3とYの言い分3に基づき，設問1の訴訟物を前提とした上で，XとYの主張の整理（請求原因，抗弁，それらの認否など順次整理）をするとともに，民事訴訟実務において，このように整理をする意義，目的ないし効用（利点）を挙げなさい。

法曹養成と法哲学教育
―企業家型法曹をめぐって―

山田 八千子

1 はじめに

　本稿は，法科大学院における法哲学教育について，法哲学と実定法学（民法）を担当する立場から，分析・検討を試みるものである[1]。この分析・検討にあたっては，後述の「**3　企業家型法曹と規範企業家**」で展開するように，「企業家型法曹」という，ある行為者類型を提唱した上で，この行為者類型との関連で，法哲学教育の意義を分析・検討するという方法をとる[2]。育成すべき法曹像をある程度具体的に提示して論述した方が，より説得的であると同時に，対立する立場にとっても批判することが容易になるだろう。

　さて，我が国では，従来から，実定法学と法哲学との対話に向けての一定の試みが積み重ねられてきた[3]。加えて，実務法曹の側からも，法哲学などのいわゆる基礎法学の側に対して，相互交流の期待を込めたメッセージも送られてきた[4]。そして，こうした従来からの動向に一種の拍車をかけたのは，2004年度に発足した法科大学院制度である。法科大学院においては，実務家教員と研究者教員が協働して幅広い視野と深い洞察力のある法曹を育成することが要請されている。このことが，法哲学を教授する者にとっても法曹養成と法哲学の問題を考えさせる大きな契機となったと言えよう。新制度の下では，2年間ないし3年間の法科大学院の教育を経た上で初めて新司法試験の受験資格を獲得することができるが，これは従来型の司法試験プラス研修所教育という制度設計とは大きく異なっており，新制度の下では，法科大学院での教育と新司法試

験が有機的に連携することが求められている。そして，新司法試験合格後の司法研修所での教育（いわゆる二回試験と呼ばれる修了試験を含む）も含めた一連のプロセスの中において，実務法曹を育成することが目指されているのである。

では，こうしたプロセスの中で，法哲学をはじめとする基礎法学はどのような役割を果たすのであろうか[5]。基礎法学としての法哲学関連科目は，司法制度改革の目的である「専門的な法知識を確実に習得させるとともに，それを批判的に検討し，また発展させていく創造的な思考力，あるいは事実に即して具体的な法的問題を解決していくため必要な法的分析能力や法的議論の能力等を育成する」ためには必要な科目であることは，少なくとも理念のレベルでは疑うべくもない。実際，法科大学院のカリキュラムの中では，基礎法学や外国法関連科目は，独立した科目群として扱われ，選択必修科目つまり当該科目群の中から一定数の科目を選択する科目とされている。しかし，基礎法学が法科大学院において意義があるのかという点については，いまだに理念としての抽象的なレベルにとどまっているのもまた事実である。よって，実務法曹にとっての基礎法学の役割や重要性については，法科大学院において法哲学を教授している者を中心に，法哲学界の内部からも積極的に考えざるを得ない問題として突きつけられているのである。

(1) 現在（2008年度前期）の担当科目は，法哲学（2単位）及び第2年次の民法（4単位）であるが，過年度においては，第1年次のいわゆる未修者用の民法（4単位）授業も行ったことがある。
(2) 本稿は，2006年度日本法哲学会学術大会統一テーマ「法哲学と法学教育——ロースクール時代の中で」における口頭発表「法曹養成・法科大学院・法哲学教育」ならびに『法哲学年報2006』所収の拙稿［山田　2007］を，同シンポジウムにおける討論ならびに『法哲学年報2006』所収の同統一テーマに関する報告者，コメンテーターの各論文等をふまえて，発展させたものである。
(3) たとえば，［星野＝田中　1989］や［亀本　2003］等が挙げられる。
(4) ［伊藤　2001］，［伊藤　2003］，［伊藤　2005］，を参照。
(5) 本稿では，基礎法学とは，法の原理的考察を行う学問領域を指し，民法や憲法のような実定法学と対置的に用いている。具体的には，法哲学，法社会学，法史学，法と経済学などが，基礎法学に該当する。また，法哲学関連科目あるいは法哲学とは，特段の断りがない限り，法哲学関連科目としての法哲学，法理学，法学方法論，法思想史等を含んだ広い意味で用いる。厳密に言えば，それぞれの科目は異なる構想や内容

第4章　法曹養成の視点から見た要件事実・事実認定論・基礎法学

を有しており，たとえば法理学（Jurisprudence）と法哲学（philosophy of law）は，用語成立の経緯も異なり，論者によっても異なる内容を指す用語として使われる場合もある。しかし，本稿では，法哲学関連科目に通底する要素に焦点をあて，煩雑さを避けるために，法哲学という名称で統一する。法哲学関連科目内の各科目の名称の沿革や性格については，［大橋　1990］，［田中　1994］10－14頁，を参照。

2　法科大学院・法哲学教育・法曹養成

　現在，法哲学が法科大学院のカリキュラムにおいて，どのような状況であるかを簡単に確認しておきたい。まず，法科大学院のカリキュラムにおける法哲学の設置率はどうか。各法科大学院のホームページのカリキュラムに記載されている科目名称によって判断すれば，2008年現在の法科大学院総数74校において，法哲学，法理学，法思想史，法理論等の法哲学関連の科目は，少なくとも80％以上の大学のカリキュラムに設置されている。次に，法哲学の授業内容はどうか。法哲学については，その科目の性格上，法律基本科目で想定されうるような，ある程度統一化されたカリキュラムの設定に馴染むものではないことは，あまり異論がないであろう。つまり，科目担当者の研究内容や教授方針によってバラエティがあって，多様な内容が実施されるのは，法哲学という科目の性格上避けることはできないし，むしろ望ましい。しかし，法科大学院のカリキュラムについては，従来の学部教育とは，やや異なる傾向が見受けられるのは，興味深い。日本法哲学会は，2006年度に，各法科大学院の法哲学担当教員の協力を得て，各法科大学院のシラバスを調査するとともに，実際に行われている教育内容や教員の意識に関するアンケートを実施した[6]。この調査結果によれば，従来の法学部と法科大学院との相違は，シラバスの上でも，教員の意識の上でも，ある程度現れている。たとえば，学部教育と比較した法科大学院のカリキュラムのシラバス分析においては，法哲学の領域の法概念論，法学方法論，法価値論という法哲学の主要な問題領域の中で，法学方法論の占める割合が多いというデータが表れている。この法学方法論とは，法解釈の方法論であり，一般に法的思考論と呼ばれる[7]。これは，特殊な推論形式としての法解釈を原理的に考察する領域であり，たとえば，裁判官の法的思考をどのような角度から捉えるか，裁判官の法適用全体をいかなるモデルで把握するの

か，ひいては裁判官を拘束している法システムをいかに捉えるかという問題を含んでいる[8]。こうした法的思考論は，広い意味では法概念論に含まれるが，特殊な規範としての法秩序の性格を扱うところの，狭い意味での法概念論とは区別される。そして，この狭い意味の法概念論，あるいは法の基礎にある価値の構想や序列を扱う法価値論と比べれば，法的思考論は，法曹を目指す法科大学院生にとって，より一層身近のものであろう。こうした観点からみれば，法科大学院において法的思考論により多くの比重がかけられているというデータは，理に適ったものとも言えよう[9]。さらに，法科大学院において法哲学関連科目を担当している教員のアンケート調査では，約9割が，法哲学関連科目の目的が法に関する原理的知識や反省的理解にあると考え，そしてこれらは法科大学院において一定の役割を果たしていることを意識している。加えて，これらの教員の約半数が，法科大学院と学部における授業内容の異同があるべきであると考えていることも指摘しておかなければならないだろう[10]。

　しかし，残念ながら，以上のようなデータは，法科大学院における法哲学には，まさに固有の役割があるのだ，という主張の実証的裏付けとしては十分ではない。むしろ，法科大学院のカリキュラムをめぐる制度設計の段階において，法哲学科目の役割が具体的な形で認識された上で，法哲学科目の配置がされたとはいえない，という反対方向の主張を基礎づける有力な理由付けも複数挙げられる。まず，いわゆる法律基本科目や実務基礎科目との対比で考えてみよう。法実務科目としての文書作成，リーガルクリニック，ローヤリング，法曹倫理などの実務科目は，日本の大学ないし大学院教育の中では教授されてこなかった科目であることから，法科大学院固有の内容を真剣に検討されることが不可避である。次に，憲法，行政法，民法，刑法，商法，民事訴訟法，刑事訴訟法のような法律基本科目群は，伝統的に法学部の中で基幹科目として教授されてきたが，これらの科目に目を向けてみよう。これらの法律基本科目については，言うまでもなく，法科大学院教育と学部教育とは内容が異なるべきという意識が，制度設計の段階でも，教員の意識でも強く共有されており，その一つの徴表としてのFD活動は，法科大学院において間断なく積極的に行われている。他方，法哲学については，どうか。法科大学院における法哲学の固有の授業内容を確立しなければならない——あるいは，逆に学部と同一内容にすべきであ

第4章 法曹養成の視点から見た要件事実・事実認定論・基礎法学

る——とする意識は，こうした科目と比べれば，相対的に希薄と言わざるを得ないのである。

　さらに，少々過激であるが率直に言えば，法科大学院における法哲学などの基礎法科目の位置づけをめぐるシニカルな捉え方についても言及しておきたい。すなわち，法科大学院において資格試験の結果に直接的な効果を及ぼさないような基礎法学系科目に割かれるべき比重は，資格試験の合格率の高さと相関関係にあるべきだ，という見方である。端的に言えば，司法試験の合格率が一定以上保障されている大学以外の学生は，法哲学のような基礎法科目に使う時間があれば，法律基本科目の修得にあてるべきである，司法試験に合格して法曹になれなければ，原理的知識や反省的な理解などができても仕方がないのだ，という率直で実用的な意見である。こうした意見は，一見すると元も子もないように映るかもしれないが，当初の予想されていた合格率が低下している現状では，よりリアリティを帯びていると言えよう。いわば新司法試験科目以外の科目への比重の問題は，現状の法科大学院数のままでの総量規制を廃止し，代替策，たとえば一定のレベルに達した者はすべて合格させるという資格試験化を導入する，あるいは法科大学院の総数や定員数の強制的削減という強行策を断行することで受験者が精神的余裕をもって試験に臨みうる程度に合格率を上昇させる，などの方策が採用されなければ，事実上解消されることは困難である[11]。というのは，総量型規制の下では，試験の合格率に参加者の行動が決定的な影響を受けてしまうからである。この要因は幾つも考えられるが，その一つは，総量型規制下にある法曹になるための資格試験における競争は，現実社会でありうるタイプの競争とは異なり，多様な目的を模索しあう探求型競争（competition）ではなく，所与の目的の達成度を競う達成型競争（emulation）になってしまうことにあると言えよう[12]。

(6)　この調査は，2006年度日本法哲学会学術大会統一テーマ「法哲学と法学教育——ロースクール時代の中で」の一環として行われたものであり，調査結果については，［北村　2007］，を参照。
(7)　［平野＝亀本＝服部　2002］第5章を参照。
(8)　［青井　2005］16頁。
(9)　統計的データについては，［北村　2007］19-24頁，を参照。また，こうした統計的なデータには基礎づけられていない，いわば授業を実施した印象論にとどまるが，

法的思考論に対する学生の関心は相対的に高いという印象である。
(10) ［北村 2007］24-25頁，を参照。
(11) ただし，実は，アメリカのように総量規制が廃止されたとしても，問題がすべて解消することは必ずしも保障されてはいない。アメリカにある多数のロースクールについて事実上の序列化が行われているのはよく知られているが，ロースクールの序列が高ければ高いほど基礎法学系の科目の数や内容的なバラエティも充実しているというのが歴然たる事実だからである。しかし，これは，ある一定のレベルに達しているロースクールでは，基礎法学教育が充実しているという意味で，日本よりは望ましいとも言えよう。
(12) 探求型競争と達成型競争との区別については，［井上 2003］，を参照。なお，本稿では，総量型規制の是非については直接には扱わない。

3　企業家型法曹と規範企業家

さて，本稿で扱っている法哲学教育の意義についての考察においては，冒頭で示唆したように，積極的に特定の育成すべき法曹像の形を呈示した上で，その法曹像育成のために必要な法哲学教育はどのようなものかについての検討を試みるという手法をとりたい。というのは，どのような教育が望ましいかを検討するにあたっては，当該教育によってどのような人間を育成することを目指しているのかとは切り離して考えられないからである。そこで，本稿で育成すべき法曹像として提示したいと考えているのは，「企業家型法曹」という新たな法曹像である。もちろん，企業家（entrepreneur）という概念を持ちだしてくるからといって，もちろん，いわゆるビジネス法務を扱うような企業法務に特化する弁護士，又は企業内部に勤務する弁護士などを意味しているわけではない。企業家型法曹像とは，一言で表すならば，企業家精神（entrepreneurship）を有する法曹のことである。単純な誤解を排除するために，企業家型法曹は，法曹界を支えている，いわゆる市民生活に密着した弁護士活動をする法曹や，今後益々重要度を増してくる公共政策活動に従事する法曹にも，あてはまりうる。このことを，最初に確認しておきたい。

では，企業家型法曹とは，どのような能力や性質を有する法曹なのか，伝統的な法曹とは，どのような意味で異質な存在なのか，こうした点を検討していきたい。

第4章　法曹養成の視点から見た要件事実・事実認定論・基礎法学

(1) 企業家精神の意義

　「企業家（entrepreneur）」という概念は，経済学で用いられる概念であって経済学の領域では一般的に用いられているが，法律学の領域では必ずしも周知の概念ではない。そこで，まず企業家の意味を簡単に説明しておきたい。

　経済学では，市場における人間類型を表すために，資本家，経営者，生産者などの様々な人間類型が用いられるが，沿革的には，企業家もその一つであり，古くは事業請負人という意味で用いられていた。しかし，本稿で取り上げる企業家という概念の中核は，事業請負人としての企業家ではない。伝統的な意味の事業請負人としての企業家という行為者類型は，20世紀においてオーストリア学派の研究により，質的な変化を遂げたとされている[13]。

　オーストリア学派において，企業家概念の提唱者として，最も著名で今や古典に属するのはJ・A・シュンペーターである[14]。シュンペーターによれば，企業家とは，生産技術の革新や資源の開発のようなイノベーションとしての刷新を生じさせて，潜在的な需要を掘り起こして利ザヤを獲得し，同時に，不確実性の状況の下で予測の失敗という危険も負担している者であるとされる。このシュンペーターの業績を受けて，オーストリア学派内では，企業家概念の研究が蓄積されていった。オーストリア学派内においても企業家の捉え方は様々な相違があるが，企業家について共通して挙げられる特徴は以下の3つであるという指摘がされている。①イノベーションとしての刷新，②潜在的な需要の発見者，③不確実性に基づく危険負担者である[15]。ただし，上で挙げた3つの要素にどれに重点をおくのか，あるいは企業家精神の担い手は誰か等の個別の論点では，オーストリア学派内部でも一致はない。

　市場では，参加者たちは利潤機会の増大を求めて活動するが，その中には革新的な異説を唱える企業家たちの存在が不可欠である。こうした革新的な異説を唱える者たちの動機の一つは潜在的な需要を発見して利潤機会の増大することにあるものの，一種の矛盾的な言い方であるが，異説を唱えることは必ずしも利潤機会の増大としての成功を意味しない。というのは，ルーティンワークに従事して，他の者の後追いをしている者に比べると，異説を唱える者は，今まで経験したことのない不確実な状況に対処せざるをえず，損失を負う危険性

は確実に高まるからである。こうした異説を唱える者の存在こそが市場の発展には欠くことができないから，企業家とはいわば市場で不可避的な不確実性の負担者として特徴づけることができるのである。このような意味では，企業家は，資本家や経営者のように，特定化された機能を有するのではなく，人間の行動の一つの類型であって，企業家精神という言葉の方が，企業家の本質をよく表しているといえよう[16]。なお，企業家精神は，財を供給する事業者だけには必然的に限定されるものではない。不確実な世界で目的を持った人間が行動する場合には，常に企業家的な判断が要求されるわけである。「行為はつねに投機である。実在の生きている経済では，あらゆる行為者がつねに企業家兼投機者である。」と述べた，F・A・ハイエクと並ぶオーストリア学派の代表者L・ミーゼスのように，企業家精神は，一定の社会状況の下で事態を動かしていく，つまり社会の中で動因としての役割を果たす者すべての属性として捉えるべきであろう[17]。

(13) オーストリア学派としては，自生的秩序論を唱えたハイエクが最も有名である。オーストリア学派に関する文献としては，［尾近＝橋本　2003］，を参照。
(14) ［シュンペーター　1998］。本書は，シュンペーターの企業家に関する専門的な論文群の翻訳である。
(15) オーストリア学派の企業家概念の概要については，［江頭　2003］，を参照。
(16) 経済学では，対称的情報などを条件とする完全競争状態や，瞬時に達成できると信じた価格均衡化のプロセスに基づく静的な市場観を展開してきた新古典派経済学が有名である。しかし，このような均衡状態を所与の条件とするならば，企業家が真骨頂を発揮することはできない。企業家は，均衡状態の継続を前提としているモデルでは活躍する場をもたないのである。その意味で，企業家の概念に真価を付与したのは，静的な市場観ではなく動的な市場観に立つオーストリア学派の経済学及びネオ・オーストリア学派の経済学の論者たちであるのは，当然であろう。[Kirzner 1997] 16（18頁），を参照。オーストリア学派の企業家概念については，前掲注(15)の［江頭　2003］271頁以下のほか，［山田　2008］73-80頁，を参照。
(17) [Mises 1949] 253（279頁），を参照。

(2) 企業家精神と問い同定能力

3(1)で展開した文脈との関連で表現するならば，企業家型法曹という概念の核は，企業家精神を有する法曹ということである。では，そもそも企業家精神

第4章　法曹養成の視点から見た要件事実・事実認定論・基礎法学

とは何か，そして，それはどのようにして修得され陶冶されていくものなのか。これこそが，法学教育を考える上で，重要な点である。

　企業家論について，シュンペーターに次いで日本で有名なのは，I・カーズナーであろう。カーズナーは，企業家を他人に先駆けて利益を発見する能力によって定義し，企業家の特徴の中では隠された需要の発見に，その重点を置き，利潤機会の発見に関する敏捷性こそを重視する[18]。このカーズナーと同じく利潤機会の発見に関する敏捷性を重視するものの，カーズナーの議論を批判的に継承し，より広い範囲のインプリケーションを有するものとして捉えたのが，ネオ・オーストリア学派に属するD・ハーパーによる企業家論である。このハーパーの議論こそが，企業家型法曹，つまり企業家精神を備えた法曹像の確立にとって重要であると考える。

　ハーパーは，前述したミーゼスらと同じく，財を需要する側も企業家であると把握する立場であって，カーズナーの重視した敏捷性に加えて，構造的な不確実性や複雑な問題状況の中で，知識の成長論的アプローチの下で，現在の利潤機会を読み取る想像力や決定的才能を生かすことなどを含んだ問題解決のための能力をも重視する。ハーパーによれば，企業家精神とは，「構造的な不確実性や複雑な問題状況の中で，現在の利潤機会を読み取る想像力や決定的な才能を生かすことなどを含んだ問題解決能力」として定義される。こうしたハーパーの企業家精神は，ハイエクに代表されるような，オーストリア学派の特徴である知識に関する立場と密接に関連しているのである[19]。すなわち，オーストリア学派によれば，知識の発生は，常に一定の問題状況を前提とするのであって，未だ知識が獲得されていない場合に，ある問題を合理的に解決しようとする場合に必要な手続には，その問題状況を体系的，明示的に整理することが含まれる。彼らは，自分で問題を見つけて，よりよい解決策を模索していかなければならない。決して，すでに発見され達成されるべき問題が提供されているわけではないのである。この意味で，こうした企業家精神は，失敗を通して，市場の中で陶冶されると考えるべきであろう。ハーパーによれば，企業家精神は，市場の中で，法制度を含む制度に影響を受けて学習つまり陶冶されうると言う[20]。

　さて，このように企業家型法曹の核心部分は，企業家精神を備えることにあ

り，知識の獲得という側面では，企業家精神を備える行為者の分析は，利潤追求することを超えた豊富な含意を有しているとしても，経済学における企業家という概念においては，利潤の追求という側面が重要であることは否めない。この意味では，社会において，法曹の役割は利潤の追求には還元できないとすれば，企業家と法曹を結びつけようとする本稿の企てはやはり違和感を抱く方が一般的かもしれない。それでもなお，企業家型法曹という類型を提唱した主たる動機は，2つである。

　1つ目の動機は，プラグマティックなものである。現在，日本においては，かつてない程の弁護士数の飛躍的増加という現象が進行しつつある。こうした現象に伴い，固定されたパイをより多くの人数で分けあうのではなく潜在的な需要を掘り起こすという職域開発の重要性は，以前から度々指摘されているが，この職域開発と企業家型法曹という発想は密接に関わっている。ここで，上で述べたようなことを述べれば直ちに提起されると想定可能な批判や疑問に対して，あらかじめ一応の対処をしておきたい。企業家型法曹という発想は，決して，個別の依頼者との関係において弁護士が依頼人の信認関係を超えるような需要を掘り起こすという，弁護士倫理に抵触することを意味したり奨励したりするわけではないということである。個別の依頼者と弁護士との関係を超えて，マクロの視座で潜在的な需要を発見すること——たとえば新しい職域や業務内容の発見，他の士業との連携などの新しいモデルの構築など——こそが，まさに企業家精神の発揮される場面なのである。

　2つ目の動機は，より理論的なものである。オーストリア学派の知識論と結びついた企業家ないし企業家精神の理論は，まさに所与の解答の認識ではなく，問い自体を再構成するという能力に着目した議論である。静的ではなく動的つまりダイナミックな社会，そして不確実性に充ちているともしばしば言われる現代社会の中で，法曹集団や法曹養成機関としての法科大学院が果たすべき役割を考えるときに，オーストリア学派の発展させた企業家精神の観念は重要な示唆を与えるのではないだろうか。

　では，従来の法曹たちは，本稿で言うところの企業家精神を備えていなかったのか。否，決してそうではない。しかし，伝統的に法曹の仕事として考えられてきたものの一定部分を占めるルーティン的な仕事には，一時点で一段階を

踏むようなタイプの仕事，仕事の手順の見通しがつくような仕事も多数あるのは事実である。こうしたルーティン的な仕事を扱っていくのが，一方の極としての伝統的な法曹像のモデルとしてみよう。その対極的に，見通しのつかない不確実な状況の下で，新たな需要を発見したり，新たなプロジェクトを提唱したり，そして失敗したらリスクを負うようなタイプの法曹像は，その対極に位置づけることができるだろう。こうした法曹像を，本稿では企業家型法曹と名づけたのである。もちろん，伝統的な法曹像も企業型法曹像はモデルであって，いずれも理念型である以上，現実の法曹の姿は，両者の混合した形態であることはいうまでもない。しかし，従来，あまり注目されてこなかった，不確実な状況で問題を同定・解決していく能力の担い手として，企業家ないし企業家精神に着目すべきではないかと考えるのである。

(18) ［Kirzner 1973］，［Kirzner 1997］，を参照。
(19) ［Hayek 1949］77－91（52－78頁），を参照。オーストリア学派の知識論については，［橋本 2003］199頁以下。
(20) ［Harper 1996］3，20－22．を参照。

(3) 規範企業家としての法曹と法の支配

　さて，本稿のように，問いの同定能力に着目した企業家精神は，実は，利潤を追求する場である市場という枠を超えて拡がりうる観念である。実際，近時，企業家という概念は，経済的な市場に参加する者以外の領域に応用されている。応用例の代表が，C・サンステインの論文で用いられ，近頃注目されている規範企業家（norm－entrepreneur）と呼ばれる概念の用い方である[21]。

　規範企業家とは，社会規範の市場において，言葉や生き方を通じて，新たな，あるいは必ずしも一般的には受け入れられていない規範を主張する者のことである。彼らは，規範が受け入れられれば精神的な利鞘を獲得するが，失敗すれば非難・排斥のリスクを負う[22]。この規範企業家という概念枠組みを採用すれば，在野の法曹だけではなく，裁判官や検察官もその枠組みに取り込むことは可能である。現代の日本社会において，規範企業家としての法曹が同定ないし進展，根づかせていくに相応しい規範の例としては，法の支配原理もその一例として挙げることができよう。法の支配原理は，社会のメンバーの権利，自由

が公正な仕方で保障されるような法体系が整えられている法の支配の制度的条件として機能する[23]。しかし，制度的条件だけではなく，制度を担う者を確保する必要がある。法科大学院卒業生の大量輩出は，こうした制度を担う者の拡大を一見意味するようだが，そう単純ではないだろう。法曹人口が5万，10万，そして12万へと増加していくことにより，私たちの社会において弁護士が担っていたエリートとしての社会的地位は，当然のことながら何らかの深刻な影響を被る可能性がでてくる。そして，こうした変化に伴い従来の法曹ならば，裁判官，検察官，弁護士を問わず，自然と自覚していた法の支配の担い手としての意識も変化しうる可能性すら生じてくるし，同時に，国民の弁護士に対する権威や信頼の質や量が変化しうるかもしれない。この変化が社会のあり方にもたらすものは何であり，そこに存在する問題については，法哲学をはじめとする基礎法学が真剣に取り組まなければならない問題であろう。

さらに，現在の合格率や合格者数が維持されていけば，一定の法的知識を備えた非法曹の大量産出の可能性も一笑に付すことはできない。より極言すれば，法的知識を有してこれを操る技能に長けた者が，他者への暴力装置としての機能を有している法という装置を悪用するという危険性も無視できないのである[24]。こうした，大量の法曹輩出という事態から招かれる帰結が決して楽観視できない状況にあって，法曹になった者はもちろんのこと，たとえ法曹ではない他の途に転身したとしても，法の支配などの理念を社会に広めていく規範企業家として活動していくことを可能とする制度的条件は何だろうか。困難であるが，法哲学教育は，法科大学院における，これらの条件の基盤整備を検討していく際に何らかの役割を担いうるのかも考えていかなければならないだろう。

(21) [Sunstein 1996] 906. を参照。
(22) 規範企業家については，[山田 2008] 78-80頁，を参照。
(23) [那須 2001]，[那須 2007]，を参照。
(24) [萩原 2007]，を参照。

4　法科大学院教育と法哲学

企業家精神を有する法曹としての企業家型法曹とは，ハーパーの言う「構造

第4章　法曹養成の視点から見た要件事実・事実認定論・基礎法学

的な不確実性や複雑な問題状況の中で，現在の利潤機会を読み取る想像力や決定的な才能を生かすことなどを含んだ問題解決能力」を備えた法曹であるとするならば，こうした法曹を育成していくためには，どのような教育が必要であり，法哲学は，この教育において，どのような役割を果たすのか。この問題を考えるにあたっては，法曹養成の教育における2つの教育方法の分析，検討から始めたい。すなわち，教育方法においては，性質が大きく異なる2つの教育方法，いわゆる徒弟教育と理論教育があって，この2つを区別して分析する必要があるからである。

(1) **法曹養成における徒弟教育と合理主義的理論教育との相違**

周知のように，歴史上，法学と大学教育とは密接に関わってきたものの，どのように関わるかについては時代や場所によって異なっている[25]。とりわけ，近代以降の我が国に多大な影響を与えてきた欧米の法曹養成のための法学教育の沿革をみれば，その構造・内容は様々であるものの，伝統的には法学教育の類型は，徒弟教育と合理主義的理論教育に大別できる。

第1番目の教育類型としての徒弟教育は，主として実務家を担い手とする実践を重視したタイプの教育である。この典型例は，13世紀末頃からイングランドにおける，インズ・オブ・コート（Inns of Court 法曹学院）で実施されてきた法曹養成教育に見ることができよう[26]。法曹学院では実務法曹の経験を学生に伝える形でのいわゆる徒弟修行によりバリスターが育成されてきたわけだが，法曹学院がイングランドの法曹教育に果たしてきた機能は極めて大きく，法曹教育の方法が多様化した現在においても，法曹学院は法曹教育にとって重要な一定の役割を担っていると指摘されている[27]。我が国においては，司法試験に合格した後の司法修習，とりわけ裁判所，検察庁，弁護士会で行われている実務修習などは，この徒弟教育にほぼ対応すると言えるだろう。

第2番目の合理主義論的理論教育の淵源は，デカルト流の近代合理主義的考え方に求めることができる。いわば，明晰な概念を基軸として，概念から導出される演繹的な操作によって体系を構築するという近代合理主義の思想を基盤として展開されてきたタイプの法学教育ということができよう。そして，ヨーロッパ大陸や日本では，法の合理主義的理論教育は，批判を受けつつも，現在

でもなお存続していると言われている。いわゆる概念法学に基づく概念から演繹的に操作する形で知識を伝達する教授法は，合理主義的理論教育の典型例と言えよう[28]。

しかし注意すべきは，必ずしも，2つの教育方法は，ある特定の場所や時代によって，判然と分けられるものではない。たしかに，英米における法学教育は，相対的にみれば，ヨーロッパ大陸の法学教育と比較すると，合理主義的理論教育よりも徒弟修行教育に比重が置かれていたかもしれないが，合理主義的理論教育の要素がなかったわけではない。たとえば，19世紀のイギリスにおいて，分析法学者の祖となり，判例法国であるイギリスにあって，法典化を説く側にまわったJ・オースティン（Austin）はロンドン大学で法理学を教授し，その講義ノートは遺著として法理学講義（Lecture on jurisprudence on the philosophy, or the philosophy of positive law）の名称で出版されたが，このことは，徒弟教育が中心であったイングランドにおいて，合理主義的理論教育が導入された一例である[29]。

このように，徒弟教育と合理主義的理論教育との区別は，判例法と制定法との区別には必ずしも対応していない。そればかりか，同一の国や地域においてさえも時代によって大きく異なっており，その顕著な例としてはアメリカのロースクールにおけるソクラティック・メソッドの変化が挙げられる。周知のように，アメリカのロースクールでは具体的な判例を素材とするケースメソッドの方式を一貫して採用しているが，このケースメソッドを用いた教育方法については，その教育方法の形式は，ある時期に大きく転換したのは有名である。ロースクールの初期の時代において，C・ラングデル（Langdell）がはじめたケースメソッドは，法典化の動きへの対抗と判例法の伝統の手直しと維持の動きの中で位置づけられる[30]。しかし，こうしたラングデルの教育方法は，具体的なケースを素材にして質問を積み重ねていく点で徒弟教育的に見えながらも，実は，そのケースの中から，予定されている演繹的に判決理由の核となる理論を導き出させる点で，いわゆる法形式主義に属し，合理主義的な体系的理論に基づいた教育としての法学教育という色彩が濃厚である。実際，リアリズム法学のJ・フランク（Frank）は，ラングデルの教育方法を揶揄的に図書館法学と呼んでいた[31]。プラグマティズム法学に属するとされるO・W・ホームズ

第4章 法曹養成の視点から見た要件事実・事実認定論・基礎法学

(Homes) 裁判官を先駆者とし，フランクやC・ルエリンなどによるリアリズム法学へと結実したプラグマティックな潮流が批判したのは，まさに，こうした合理主義的な理論教育なのであった。すなわち，リアリズム法学は，ラングデル流の演繹的な方法論を形式主義であると批判して，そのアンチテーゼとして登場し，司法制度やロースクールの法学教育に転換をもたらしたのである。

実務法曹にとって，合理主義的理論教育と徒弟教育とは，どのように関わるのか。日本の法学部で教授されてきた合理主義的理論教育は，実務法曹にとって必要な基本的知識を供与することは確かである。しかし，それで本当に十分であろうか。以下で述べるように，必ずしも十分とは言えないであろう。

実務法曹の仕事の特徴としては，まさに自分たちの目の前に突きつけられる問題と取り組まざるをえないということが挙げられる。法曹が扱う業務の中には，取り組む前から処理の仕方がわかっているルーティン的な業務も数多くある。しかし，取り組む前に正しいやり方や解答が把握されていない業務もあり，このような場合には，既存の知識で対応することができない。よって，問題の構造を整理して，自分がどのような問題に取り組んでいるかを知らなければならず，自ら解決すべき問いを立てる能力が必要なのである。すなわち，何が問題であるかについて知った上で問題を整理して，具体的状況に応じて解決していく仕方をも知らなければならない。もちろん，仕方を知ると同時に，問題状況を整理するためには，それを体系的かつ明示的に把握することも必要である。この意味で，合理主義的理論教育が目指していた，個別の概念，科目の概観等に関する記憶，判断及び推理能力を養うことは，極めて重要であることは忘れてはならない[20]。しかしながら，それが，問題がどのようなものかが所与に決定されている，適切な解答が存在している，あるいは適切な問いが存在していると枠組みが存在しているという方向性へと繋がるならば，体系的な合理主義的理論教育の方法論はあまりに一面的である。知識のコンテクストは，一定の問題状況に埋め込まれている場合があり，たとえば問題に取り組んでいる人は，通常，自分の問題がどのようなものであるかについて明確な答えをもっておらず，問題状況は，それに取り組んでみた後で初めてわかるという事態があるからである。すなわち，学習というものは，単に新しい知識を獲得することには尽きない面を有し，それは，問題状況を良く理解することであり，問題を設

置することや，ある一定の問題状況から別の新たな問題状況へと移行することも含んでいる[33]。こうした知識は，法曹資格を有する誰もが共有する理論的知識には限られないような，各人特有の経験的な知識が重要な役割を果たしている。また，こうした知識は，すべてが言語化できるものではないような，いわゆる暗黙知としての要素を有しているが，文字通り，こうした知識は，完全に言語化することはできないのである[34]。そして，こうした知識は，デカルト流の合理主義的理論教育で想定される枠からはみ出している部分である。

　その意味で，合理主義的理論教育に基礎づけられた法学教育方法から導かれる悪しき現れは，法律の理論と解釈のみに興味を示し，それが裁判所で用いられるかなどの実践的な帰結に一向に関心を持たず，概念操作による中立性を標榜することに一抹の疑問を覚えないような理論家，研究者であろう。他方，徒弟教育においても，合理主義的理論教育としての法学教育方法と同じく，その悪しき現れは，想定できる。それは，自ら法を解釈する努力をせず，ルーティンの修得に心を配り，実定法や判例などの権威をいわば物神化して，鵜呑みにするような実務家である。

　以上の，どちらのタイプの法律家ないし法学者も，教育の担い手としても育成すべき法曹像としても不適格だということは明らかである。さらに，合理主義的理論教育と徒弟教育の双方の悪い側面だけが結合した法律家像も想定できる。法律の体系的で演繹的なパタンの用語を用いて，形式的な概念操作の語り口を修得することを目指し，判例などの権威をそのまま鵜呑みにすることをもって実務・実践である（「実務は条文と判例で動いているのだから，条文と判例さえ知っていれば良い。」）と考えているタイプである[35]。法科大学院制度の発足は，こうしたタイプの法曹を減少させることを目指しており，その目論みはある程度は実現するかもしれない。しかし，人数が決められた総量型規制の法曹試験制度が，こうした悪しき傾向を助長してきた主要な要因であるとすれば，問題は完全には解消することはできない。いわゆる論証切貼型の答案が答案練習会で相対的に高い点数が付き，そうでない答案が低い点数が付いたという事実は，法学教育を受ける者に悪しき影響を与えないか。彼らは，そうした方法論に一抹の疑問を持つこともあろうが，周りの多くがそのような態度をとっているならば合格人数が決定している試験ではより安全だというリスク計算を巧みに行

うだろう。人は自らの痛い失敗から学ぶというのが知識の重大な側面だが，そういう意味では，彼らはまさに学んでいるのである。

　こうした悪しき現れを回避するためには，どうしたらよいのか。法曹にとって必要な能力は様々であるが，極めて重要でありながらも，従来の大学教育の中では十分に養成されず，もちろん，いわゆる受験予備校で促成栽培的には育てることができない能力であるが故に，法科大学院でこそ養成するに相応しい能力として想定できるのが，問いの同定・解決能力である。すなわち，解決すべき問いが何かを同定した上で解決する能力である。

(25)　[石部　2006] 153頁以下，を参照。
(26)　[大木　1987] 68-69頁，を参照。大木論文によれば，イングランドにおける法曹教育は，伝統的には法曹学院が担ってきており，イギリスの大学でコモンローを教え始めたのは，1758年にブラクストーンがオックスフォードでそれを開始してからである，と紹介されている。
(27)　現在では，大学を卒業後，法曹学院等における徒弟修行的な教育は続けられているが，事務弁護士（solicitors）か法廷弁護士（barristers）によって，内容は異なる。イギリスの法曹教育方法の歴史及び現状については，[大木　1987]，[長谷部　1994]，[市川　1998]等，を参照。
(28)　[石部　2006] 155，160-164頁，を参照。
(29)　[矢崎　1981] 33，49頁，を参照。なお，オースティンの分析法学については，[八木　1977]，を参照。
(30)　[矢崎　1981] 30，54頁，を参照。
(31)　[大塚　2007] 7-9頁，を参照。
(32)　[石部　2006] 165頁。
(33)　[橋本　2003]。
(34)　暗黙知一般については，[ポラニー　1980]，を参照。
(35)　実は，法律基本科目の試験でのいわゆる悪名高いタイプの答案として，いわゆる「論証切貼タイプ」の答案を信奉する受験生たちが，まさにこれに該当するというのが，法科大学院での講義の実感である。予備校が準備した論証を切り貼りして試験の答案を作成することに慣れ，法科大学院の授業においても一部の者はこれを脱することができず，あまつさえ研修所に進んでも，その習癖が抜けきらない者が残念ながら存在するというのも事実であろう。

(2) 法科大学院教育と法哲学

　法科大学院においては，合理主義的理論教育と徒弟教育双方との接合が図られているが，この接合は，理論と実務との架橋であるという理念や，研究者教員と実務家教員との大学内の意見交換がされたり授業担当が共同であったりという現象面にのみ表れているのではなく，双方向教育という教育方法にも示されていると言えよう[38]。すなわち，法科大学院教育においては，教員の側から学生の側へ知識を伝達することだけでは不十分で，十分に双方向的な授業運営が行われていることが目指されているが，双方向という教育方法こそが，合理主義的理論教育と徒弟教育双方との接合の徴表なのである。

　双方向教育における，合理主義的理論教育と徒弟教育双方との接合は，知識の習得つまり「知ること」に関する二つの類型の視座から分析すると，より深く，その意義が理解できる。一般的には日常言語学派の中心人物として有名なG・ライルによれば，知識には，二つの種類，内容を知ること（Knowing what）と仕方を知ること（Knowing how）とがあり，従来は，前者が中心として扱われてきたとされている。すなわち，伝統的には，哲学の領域では，哲学者たちは，採用すべき理論の内容に専念してきたために，ある事柄を遂行する仕方を知っていることがどのようなことなのかということは，あまり顧みられてこられなかったのである。こうした典型的立場は言うまでもなく主知主義者である。主知主義者の立場では，ある行為が効果的に実践されるためには，実践のための理論が常に存在しなければならないとされてきた。まず理論を立てて，その後実行するという段階で進んでいかなければならないのである。しかし，主知主義者に対しては，次のように反論することができよう。実践のための理論を認識していなくても，つまり自分の行動を理論化していなくても，効果的に実行過程を実現することができる場合もある。また，逆に行動を理論化できる場合であっても，効果的に実行過程を実現することができない場合も多々ある。そもそも方法を学ぶことは，内容を学ぶこととは，別の事柄なのである。というのは，内容については，他人から知識を分かち与えられることにより内容を学ぶことができるし，その学びは一度で達成することも可能である。しかし，仕方についての知識は，他人から知識を分かち与える形で伝達されることはでき

第4章　法曹養成の視点から見た要件事実・事実認定論・基礎法学

ないのであって，身につけることができるに過ぎない。そして，一気にではなく徐々に達成されることができるのみなのである[37]。

このような知識の習得には内容を学ぶことだけではなく仕方を学ぶことも含まれているという，ライルのような立場を前提としてこそ，法科大学院教育で行われている双方向教育の意義が真に理解されることができるだろう。そして，問いの同定・解決能力についても，仕方についての知識という考え方を導入してこそ，より良く理解することができる。こうした，いわば，法科大学院で養成するにふさわしい，この問いの同定・解決能力は，「3　企業家型法曹と規範企業家 (2)　企業家精神と問い同定能力」において展開した企業家精神と共通する基盤を有している。というのは，企業家精神は多義的であるが，ハーパーのように，「構造的な不確実性や複雑な問題状況の中で，現在の利潤機会を読み取る想像力や決定的な才能を生かすことなどを含んだ問題解決能力」という意味と捉え，企業家精神自体を，一般の市場における利潤追求のみならず規範市場における「利潤」の追求まで含んだ広い概念を包含しうる可能性を内在するものとして把握するならば，企業家精神と問いの同定・解決能力とは，密接な関連性を有するからである。

[36]　本稿では，ソクラティック・メソッドという名称を用いず，より広い双方向教育という用語を用いた。ソクラティック・メソッドは，厳密に言えば，まさにソクラテスの対話編におけるように，ソクラテスの対話法で教員が一人の学生と問答する際，他の学生がこの問答を共有して，当てられている一人の学生と同時並行的に，有効な推論方法を習得するという理論に基づいていると考えるが，日本においては，この意味でのソクラティック・メソッドで授業を運営しているだけを双方向と呼ぶのではなく，「クラス全体が上下関係のない状態で意味や真実を探求していく機会を与える」タイプの教育も双方向教育と評価していると考えるからである。また，アメリカにおいては，近時，厳密な意味でのソクラティック・メソッドに必ずしも依拠しておらず，表現はさておき，後者のタイプの教育方法が増大しているという指摘もある。後者の教育方法は，いわば「指導的対話（directed dialogue）」と呼ばれることもある。[チェヴキン　2000] 60頁，を参照。

[37]　[Ryle 1949] 25-61 (23-78頁), を参照。

(3)　法科大学院教育と問いの同定・解決能力

法科大学院発足は，教材の分野でも著しい成果をもたらした。新規の科目で

ある実務基礎科目だけではなく，従来から法学部で教えられていた基幹科目である法律基本科目においても，法科大学院用の優れた教材が多数輩出している。こうした教材は，問いの同定・解決能力を習得させるという視点からは，どのように評価できるか。

　たとえば，筆者の専門である民法の領域においても，優れた法科大学院教育用の教材が複数存在する。こうした教材を評価するにあたって注意すべきは，問いの同定・解決能力を身につけるための知識の習得としては，少なくとも2つの過程を経験することが不可欠であることである。すなわち，a．裁判例から判例法理を抽出する過程と，b．具体的事例から法的問題を構成する過程である。前者のaは，どちらかといえば，上で述べたKnowing What のタイプの知識に対応する。この特定の裁判例から判例法理を抽出する過程を重視した基本書の代表としては，鎌田薫ほか編・民事法ⅠⅡⅢ（日本評論社，2005）を挙げることができよう。全3冊で構成される民事法ⅠⅡⅢは，大変優れた教材であるが，b．具体的事例から法的問題を構成する過程については，必ずしも重視されていない。これは，実は，a．裁判例から判例法理を抽出する過程と，b．具体的事例から法的問題を構成する過程は，同時に進行することは非常に困難であるということからすれば，自然なことである。そうした認識の下に，b．具体的事例から法的問題を構成する過程を重視してつくられた代表的な教材が，松岡久和＝潮見佳男＝山本敬三・民法総合・事例演習（有斐閣，2006）である。これは，事案から法的構成する過程を重視した基本書と言えよう。この書籍は，判例ではなく具体的事例の法的構成を修得することに主眼があり，いわばKnowing How つまり仕方の教育に目を向けた教材なのである。問いの同定・解決能力という視点から見れば，京都大学の教材を用いた授業ないし演習は，一定の基本学力を備えた学生にとっては極めて質の高い，効率的な教育方法を提供するであろう。

　しかし，仮に，こうした質の良い教材が的確に利用された状況を想定したとしても，法律基本科目において，問を同定する能力自体を鍛錬するには，自ずと限界が生まれるように思える。というのは，実務家の基本的なツールであり，このために新司法試験の科目となっている法律基本科目では，判例を明示しない形で授業が行われるにしろ，あるいは判例が絶対ではなく不動の解答はない

という前提での授業が行われるにしろ，受講者は既存の文献に示された法的構成の獲得という「達成度」からの呪縛から，完全には逃れられないからである。

他方，法哲学の領域では，実定法教育の状況とは全く異なっており，「達成度」の呪縛から解き放たれている。そもそも，法哲学という科目の性質上，解答ではなく問いを模索することが，研究の上でも教育の上でも中心に据えられている。あえて極端な表現を用いるならば，問いが面白ければ解答は必ずしも必要ないのである。実務法学からはもちろん，実定法学では，解答は不要であるという姿勢を固持することは困難であろう。他方，法哲学では，既に衰退してしまったと評価されている立場や現在の私たちから見れば常識外とも思えるような極端な立場をも含めて，法思想史，法哲学の領域における一定の基礎的知識を学んだ上で，問題に取り組んだことで生じる成果が重要なのであるが，この成果は解答とは必ずしも同じではない。よって，問題に取り組み格闘する過程の中で，自分の中に既に存在している知識群の引出しの中から解答を探すことの限界を知り，その驚きの中で，問題を発見し，問いを立てて解決する能力が育成されていくのではないだろうか。その際，重要なのは，自分の同定した問いや解答が，周りに認められるとは限らない不確実な状況にあること，むしろ失敗するリスクの方が多い状況にあるということが大切である。というのは，企業家精神の研究が示しているように，多く失敗しなければ，問い同定の能力は身につかないからである。

5 結　語

本論稿で提示した企業家精神を備えた法曹というモデルは，本稿の記述を読み終わった後でも，従来型の法曹を念頭に置くならばある種の違和感や懸念を生じることは回避できないだろう。法曹界という場に，企業家ないし企業家精神という市場倫理に根ざした存在を導入することについては，慎重に扱われなければならないのは，当然である。しかし，法哲学は，たとえば，アメリカにおけるラングデル流のロースクール教育を批判したリアリズム法学の論者たちのように，ときに，当時の支配的なイデオロギーに対して批判的なテーゼを定立し伝統的な法学教育に対するアンチテーゼを投げかけてきた。他方，我が国

においては，法学部・法学研究科における法学教育は強烈なアンチテーゼに晒されることはなかったのではないか。そして，法科大学院の導入が程度の差こそあれ我が国の既存の法曹集団にとって異物として受け止められたことは事実であり，加えて，この異物への違和感は，近い将来に解消されるのか，それとも逆に増大していくのかは，正直言って，現段階では不透明である。本稿は，こうした状況において，あえて，従来の法曹では想定されることのなかった企業家精神ないし規範企業家という概念に基づいて育成すべき法曹を定立することで，いわば現在の法曹界にとって一種の異物である法科大学院教育の意義や役割を捉え直してみる一つの試みである。

【文献表】

青井秀夫「裁判官による法適用への一資格──二種類の『実践理性』に関する疑問」法科大学院要件事実教育研究所年報1号（2005）．

石部雅亮「啓蒙期自然法学から歴史法学へ── 一八世紀ドイツの法学教育の改革との関連について─」原島重義先生傘寿『市民法学の歴史的・思想的展開』（信山社，2006）．

市川多美子「英国の法曹教育」法の支配110号（1998）．

伊藤滋夫「法科大学院における教育内容について──幅広い視野と深い洞察力のある実務法曹の養成のために」自正2001年4月号（2001）．

伊藤滋夫「基礎法学と実定法学との協働──民事法研究者の立場から」自正2003年6月号（2003）．

伊藤滋夫「基礎法学への期待──民事法研究者の立場から」林屋礼二ほか編・法曹養成実務入門講座別巻基礎法学と実定法学の協働（信山社，2005）．

井上達夫・法という企て「九章　公正競争とは何か」（東京大学出版会，2003）．

江頭進「企業家論─カーズナー，ハーパー─」尾近裕幸＝橋本努編・オーストリア学派の経済学（日本経済評論社，2003）．

大木雅夫「イギリスにおける法曹養成」時の法令1313号（1987）．

大塚滋「日本型法科大学院と日本の法学教育」法哲学年報2006（有斐閣，2007）．

大橋智之輔「法哲学の学問的性格」大橋智之輔＝三島淑臣＝田中成明編・法哲学綱要（青林書院，1990）．

尾近裕幸＝橋本努編・オーストリア学派の経済学（日本経済評論社，2003）．

第4章　法曹養成の視点から見た要件事実・事実認定論・基礎法学

亀本洋ほか「特集　法哲学者が最高裁判例を読む」法時75巻8号（2003）．

北村隆憲「法科大学院および法学部における法哲学関連科目に関する実態調査の概要」法哲学年報2006（有斐閣，2007）．

J・A・シュンペーター（清成忠男編訳）・企業家とは何か（東洋経済新報社，1998）．

田中成明・法理学講義（有斐閣，1994）．

D・F・チェヴキン（渡辺千原訳）「アメリカの法学教育におけるカリキュラム改革—日本における改革の示唆—」法時72巻8号（2000）．

那須耕介「法の支配を支えるもの」摂南法学25号（2001）．

那須耕介「非法律家にとっての法学学習の意味について—『法学部無用論』の手前で—」法哲学年報2006（有斐閣，2007）．

萩原金美「法学教育に対する司法制度改革のインパクト」法哲学年報2006（有斐閣，2007）．

橋本努「知識論—リッツォ—」尾近裕幸＝橋本努編・オーストリア学派の経済学（日本経済評論社，2003）．

長谷部由起子「イギリスの法曹制度と法曹養成の実情」ジュリ1038号（1994）．

平野仁彦＝亀本洋＝服部高宏・法哲学（有斐閣，2002）．

星野英一・田中成明編・法哲学と実定法学との対話（有斐閣，1989）．

M・ポラニー（佐藤敬三訳）・暗黙知の次元：言語から非言語へ（紀伊国屋書店，1980）．

八木鉄男・分析法学の研究（成文堂，1977）．

矢崎光圀・法思想史（日本評論社，1981）．

山田八千子「法曹養成・法科大学院・法哲学教育」法哲学年報2006（有斐閣，2007）．

山田八千子・自由の契約法理論（弘文堂，2008）．

D. A. Harper (1996), *Entrepreneurship and the Market Processs : an Enquiry into the Growth of Knowledge* (Routledge).

F. A. Hayek (1949), The Use of Knowledge in *Individualism and Economic Order* (Routledge & K. Paul). F・A・ハイエク（田中真晴＝田中秀夫編訳）「社会における知識の利用」『市場・知識・自由』（ミネルヴァ書房，1986）．

I. M. Kirzner (1997), *How Markets Work : Disequilibrium, Entrepreneurship and Discovery* (Coronet Books Inc). I・M・カーズナー（西岡幹雄＝谷村智輝訳）・企業家と市場とは何か（日本経済評論社，2001）．

I. M. Kirzner (1973), *Competition and Entrepreneurship* (Chicago University of Chicago

Press). I・M・カーズナー（田島義博監訳）・競争と企業家精神：ベンチャーの経済理論（千倉書房, 1985）.

L. von Mises (1949), *Human Action : A Treatise on Economics* (Hodge). L・ミーゼス（村田稔雄訳）・ヒューマン・アクション（春秋社, 1991）.

G. Ryle (1949), *The Concept of Mind* (The University of Chicago Press). G・ライル（坂本百大他訳）・心の概念（みすず書房, 1987）.

C. Sunstein (1996), Social Norms and Social Roles, 96 *Colum. L. Rev.* 909.

民事弁護教育と要件事実

髙橋 順一

1 はじめに

　筆者は，平成17年1月から平成20年3月まで，司法研修所の民事弁護教官として，司法修習生に「民事弁護」科目を教える機会を与えていただいた[1]。本論文は，その時の経験を踏まえて，「民事弁護」科目における要件事実に関する教育の現状をご紹介するものである。今後の，大学・法科大学院・司法研修所における民事系科目の教育のあり方についての考察の一素材になれば幸いである[2]。

(1) 筆者が担任したのは，現行59期前期・現行60期前期・現行59期後期・新60期導入・現行61期前期・現行60期後期・新61期出張である。なお，現行58期後期も「副担任」として講義には参加した。

(2) 以下の論述の文責が筆者にあることはもちろんであるが，司法研修所の民事弁護科目のカリキュラムとその内容は教官室における徹底的な合議の末に確定されているものであるから，以下の論述の内容についての筆者のオリジナリティは全くといってよいほどない。その意味で，民事弁護科目の内容は，歴代の民事弁護教官（所付）相互の努力によって年々更新されてきた偉大な成果であって，筆者の論述はそのほとんどをその成果を拝借することによってかろうじて成り立っているものに過ぎない。冒頭で，このことをまずお断りしておかなくてはならない。

2 冒頭の導入

(1) 要求される技能・能力

　筆者は，修習の冒頭で必ず，修習生として身につけるべき技能・能力（スキル・ハート・マインド）について触れるようにしていた。それを要約すれば，①事実調査能力，②法的分析能力，③事実認定能力，④表現能力（文書・弁論）及び⑤人間関係対応能力等ということになろう[3]。

　(3) 最高裁・司法修習委員会「議論の取りまとめ」（平成16年7月2日）参照。
　　法律実務家の修得すべき技術（能）が何であるかに関しては，様々な議論が行われている。例えば，加藤新太郎「法実践と法学部における民事法教育（上）」NBL536号19頁は，「民事実務関係で10項目をあげるとすれば，①法律的企画，契約書・定款等の作成，②交渉・和解，③事実を法律的に構成する能力，④主張・立証責任を中心とする法律知識，⑤訴訟運営（訴訟慣行を理解するとともに，訴訟法規を駆使して目的的に訴訟運営をしていくための基礎知識の習得），⑥立証技術，⑦事実認定（事件の筋をとらえ，かつ，的確な証拠評価をして真実に迫る洞察力の涵養及び事実認定の手法の習得），⑧紛争解決の見通しをたてる能力，⑨合議の仕方，⑩訴状・準備書面・判決書等の作成ということになろう。民事裁判科目は，要件事実（③④⑩），訴訟運営（⑤），事実認定（⑦）の三本柱で構成されているが，集合研修ではやむを得ない制約があるため，⑤⑦は実務修習に期待されるところが大きい。」とする。
　　なお，ABA（アメリカ法曹協会）のマクレイト・レポートは，すべての弁護士が備えるべき技能として「①問題解決能力　②法的分析及び理論付け　③法律文献調査技術　④事実調査技術　⑤コミュニケーション技法　⑥助言（カウンセリング）技法　⑦交渉技術　⑧訴訟及びADRの知識　⑨法律実務のマネジメント技法　⑩職業倫理上のディレンマを認識・解決する能力」の10項目を挙げる（マクレイト・レポートにつき，加藤新太郎「弁護士教育のこれから－弁護士の助言に関する技法との関連で」井上治典ほか編・現代調停の技法（判例タイムズ社，1999）493頁以下など参照）。
　　司法研修所における民事弁護修習では，事案分析・事実認定・証拠収集・書面作成の基礎力をつけ，紛争予防方法や紛争解決手段の基本を理解し，弁護士としての倫理を習得して，応用可能な実務的技能の基礎の習得と弁護士倫理の再確認をすることを目標としており，上記の加藤氏の見解に依拠すれば，③④⑥⑦⑩がカリキュラムの中心になっているといえるであろう。

(2) 権利実現過程と訴訟の基本構造

さらに，それに続けて，民事の権利実現過程における手続相互の関係（過程）と訴訟の基本構造をまず説明していた。その際，次のような図を示していた。

【民事権利実現過程】

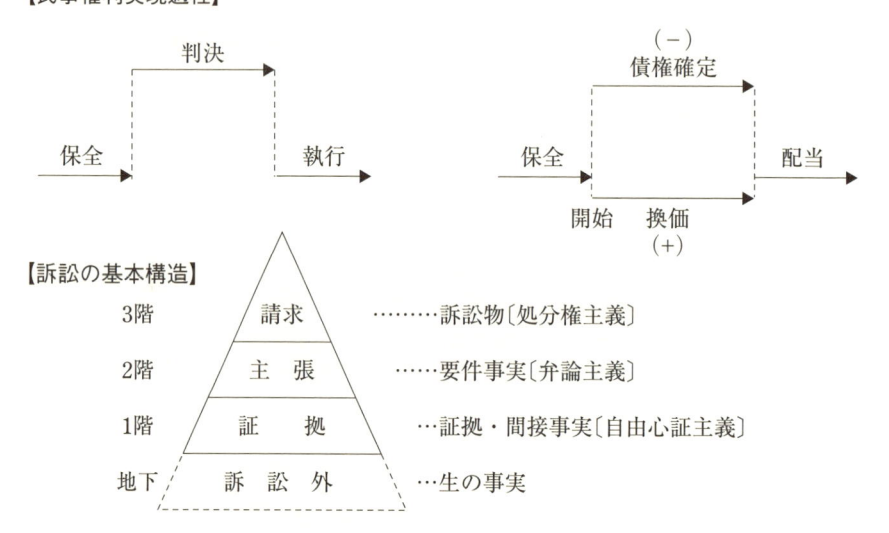

```
                 判決                              (−)
           ┌─────────┐                         債権確定
           ╎         ╎                       ┌─────────┐
           ╎         ╎                       ╎         ╎
    保全 ──┘    執行  └──→          保全 ──┘         └──→ 配当
                                          開始    換価
                                                  (+)
```

【訴訟の基本構造】

```
    3階        請求        ………訴訟物〔処分権主義〕
    2階       主  張       ……要件事実〔弁論主義〕
    1階      証   拠       …証拠・間接事実〔自由心証主義〕
    地下    訴  訟  外      …生の事実
```

講義では，【民事権利実現過程】の図を示して，次のような簡略な説明をしていた。

「保全手続・執行手続の流れと権利の存否を確定する判決手続の流れと二系統の流れがある。保全手続は，後に行われる強制執行が無駄にならないように，実あるものとするための，『保全』手続である。権利の存否を判断する判決手続は慎重・適正で厳格な手続が予定されているが，保全手続・執行手続は迅速で経済な手続が要請される。この民事手続の保全・判決・執行の『三角関係』は民事権利実現の基本型をなしていて，例えば倒産処理手続などでも『三角関係』を変形した手続が採られている。上の右の図は，破産手続を簡略化したものであるが，判決手続に対応するものが債権を確定する手続（債権届出・債権調査など）であり，これは破産者から見ればマイナス財産を確定する手続となる。他方，執行手続（典型的には，差押→換価→配当という流れ

になる）に対応するものが開始→換価→配当の手続であり，このうち換価手続が破産者からみればプラス財産を処理する手続となる。民事執行手続は債務者の個別財産に対する執行の手続であるが，破産手続は債務者である破産者の一般財産に対する包括的な執行の手続とも見うる。」

続いて，【訴訟の基本構造】の図を示して，次のような説明をしていた。

「訴訟（判決手続）では，権利（訴訟物）の存否を判断することになるが，権利は通常見ることも触ることもできないため，法が定めるその権利の発生・障害・消滅・阻止等の要件に該当する事実（要件事実）の存否を確定し，それによって権利（訴訟物）の存否を判断することになる。ところが，要件事実はそのほとんどが過去の事実であったりして，裁判官において直接にこれを認識することができない。そのために，証拠に基づいて要件事実の存否を認定するという構造とならざるを得ない。こうして，権利の存否を判断するためには（3階部分），それを支える要件事実の存否を確定しなければならず（2階部分），要件事実の存否を確定するためには証拠又は間接事実からの認定・推認という判断過程（1階部分）を経なくてはならない。すなわち，民事訴訟（判決手続）の基本構造は，3階建てのピラミッドのような構造となる。なお，この図から明らかなとおり，証拠によって認定されるのは事実であり，そうして認定された事実をもとにして法的判断（評価）・訴訟物存否の判断がなされるのであって，証拠からいきなり法的判断（評価）・訴訟物存否の判断がなされるわけではない。また，訴訟資料（主張）と証拠資料（証拠）とは厳密に区別されなくてはならず，これらを混同することがないように気を付けなくてはならない。」

「しかし，代理人たる弁護士としては，この3階建てピラミッドの下に地下部分（訴訟外の生の事実）があることにも注目しなくてはならない。弁護士は，実際に依頼者から話を聴き取り，また様々な資料を見て，具体的な『生の事実』を把握したうえで，そこからどのような請求（訴訟物）が成り立ち得るのか，仮に複数の請求（訴訟物）が成り立ち得るとして，その場合の請求（訴訟物）の相互関係及びその選択の適否・優劣，要件事実相互の関係，各要件事実の立証のためにどのような証拠・間接事実が必要となるか，現に依頼者が持参した資料がそのような証拠となり得るかどうか等々という問題

を判断しなくてはならない。すなわち,地下1階から最上階である3階までを自由に行き来できなくてはならない。そして,事件全体の構成・方向付け,請求(訴訟物)の選択,したがって要件事実の選択,さらに証拠の選択(様々な資料を証拠として提出するかしないか)について判断する局面にこそ,裁判官とは異なる,当事者法曹としての弁護士の固有の役割がある(訴訟戦略)。」

「請求が認められるためには,きちんと要件事実を主張し,その要件事実を認定できる証拠を提出しあるいはその要件事実を支える間接事実を認定することのできる証拠を提出しなくてはならない。これらの民事弁護活動がきちんとなされるためには,基礎を深くしっかりと打ち込み,その上にしっかりした構造のピラミッドを建設しなくてはならない。つまり,具体的な「生の事実」と資料を徹底的に調査して[基礎を固める],十分に吟味された証拠を提出し[1階部分の建築],その証拠に基づく堂々たる主張弁論をしなくてはならない[1階から2階部分への建築]。標語的に言えば,弁護士は『より広く・より深く・上下自在に』ピラミッドを建設しなくてはならないのである。」[4]

上記のような説明は,現行修習では大学の民事訴訟法の講義で,また新修習では各法科大学院において,当然に習得されていることのいわばおさらいに過ぎないが,それに続く要件事実論の話の導入として,やはりどうしても触れておきたい基礎知識である。

  (4) 主に弁護士の文書の作成に関して,「料理人の心構えで」という比喩を使うことも多い。すなわち,弁護士はその主張が裁判官(食べる人)に採用されるように,「良い食材を使って,おいしい味付け・盛り付けとなるように細心の注意を払うべきで,ただ分量が多ければよいというものではない。」という話も,修習生には分かりやすいようである。

(3) 民事弁護と要件事実

ここまで来てやっと民事弁護と要件事実の話に入ることになる。すなわち,筆者は続けて,次のような話をしていた。

「民事訴訟手続においては要件事実を中心として攻撃防御と審理が行われるのであるから,弁護士としても各種の紛争類型に応じて,何が要件事実で

あるかを正しく理解することなしには，的確な主張・立証を行って依頼者の利益を十分に確保することができない。訴訟を的確に追行するためには，混沌とした生の事実関係のなかから，何が主張・立証の対象となるべき主要事実（骨）や重要な間接事実（肉）にあたるのかを抽出し選別する，優れて分析的な思考能力を養うことが大切である。そして，このようないわば骨と肉を見分ける能力は裁判官のみならず，むしろ代理人として訴訟を追行する弁護士にとってこそ重要な能力である。何が骨であるかを正確に理解してこそ，的確な主張の組立てと肉付けができるのである[5]。弁護士が依頼者の利益に適う法律効果を確保するためには，実体法上何が法律要件になるのかを正確に把握し，提訴前の証拠収集活動から主張の立て方を決定し，的確な訴訟活動の準備と実行が可能でなければならない。だから，要件事実を重視することは，決して要件事実以外の間接事実や背景事情を切り捨てるわけではない。むしろ，弁護士としては，間接事実や証拠からの要件事実の立証にこそその職務の重点があり，その職務を遂行するうえでも，要件事実の理解がまず第一歩となるのである。」[6]

「『要件事実は，争点と証拠の整理を行うための「共通言語」と言ってよいと思いますね。』[7]とか，『要件事実論は，裁判官と弁護士又は弁護士同士の共通言語です』『民事裁判を行う弁護士にとって，要件事実論は必須の職業技術である』[8]というように，要件事実論の位置付けは，民事裁判官・民事弁護士の共通認識となっている。もっとも，クライアントと直接に接する弁護士の立場としては，要件事実は弁護士とクライアントの間の共通言語ではないことに十分に想いを致し，当事者の話を『聴く』技術を磨き，その間の認識のギャップをどのようにして埋めていくかも，法律実務家たる弁護士の重要な課題となる。」[9]

(5) 「第二東京弁護士会『法科大学院（ロースクール）問題に関する提言』に対する意見書」（ジュリ1172号168頁）参照。
(6) 要件事実の理解については，論者がいくつかの比喩を用いて説明されている。
例えば，「要件事実論は，いってみれば，美術におけるデッサン技術と同じだと思います。美術の世界には，抽象画やデザイン，版画，彫刻などいろいろなジャンルがありますが，基礎はデッサンです。これと同じく，民事裁判においては，判決の予測も，和解すべきか否かも，すべて要件事実論を踏まえて判断されます。デッサンの習

第4章　法曹養成の視点から見た要件事実・事実認定論・基礎法学

得をいい加減にやるとその後の伸びがなくなると言われています。野球におけるバッティングは才能ですが，守備は練習により上手になれるのと同じく，絵画の世界においても色彩感覚は先天的なものですが，デッサンは努力により上達するそうです。」（永石一郎「要件事実のすすめ（上）」自正 1999 年 4 月号 80 頁）。

　また，大江忠「要件事実論と弁護士業務」自正 1996 年 1 月号 72 頁は，要件事実論に対して加えられている「骸骨の裸踊り」にすぎないとの批判（というより揶揄）に対して，髙野耕一氏の講演での歌舞伎の「なで肩」（一番大事な基本は肩胛骨を背中で合わせることだという）の話を引き合いに出して，うわべの技巧や衣装に頼る前に，基本ができていることが肝心で，それを確かめるためには裸にして骨の動きを見るに越したことはないのであるとして，基礎的訓練の重要性を説明されている。

　もっとも，実際に講義をした感覚で言うと，「骨と肉」という比喩が修習生には最も素直に理解しやすいようであり，筆者は専らそれによっていた。さらに，それに続けて，「骨」にも骨盤のようにいくつかの骨が組み合わされて一つのまとまりを構成する要件事実もあれば，軟骨のように状況に応じてかなり柔軟に形を変える柔構造の要件事実もある，それぞれの骨にうまく適合するように筋肉を発達させなくてはならない（ボディビル），などと説明していた。

(7)　井上哲男「所有の意思と他主占有事情」自正 2000 年 5 月号 69 頁。
(8)　永石・前掲注(6) 81 頁。
(9)　今日では，弁護士の訴訟外活動の重要性が高まっている。司法研修所の民事弁護教育においても，時間等の許す限り，訴訟外活動も視野に入れたカリキュラムを実施している。

　この点に関して，「現在では，弁護士の活動領域は，法廷活動から法廷外の紛争予防や裁判外紛争解決（相対交渉のアドヴァイスなど）の活動に移行しており，前期修習での裁判書面作成中心の実務教育では完全に不十分である。今後の実務教育は，法廷外の活動の仕方，たとえば，契約書作成，ビジネス・プランニング（あるビジネスを行う場合に生ずる法的問題点を会社法，税法，経済法など多角的視点から検討する），交渉技法，裁判外紛争解決などをむしろ軸にしていくべきであろう。」（小林秀之「法科大学院における教育方法（下）」法セ 2001 年 4 月号 63 頁）といった批判もみられる（また，村島俊宏「企業法務と司法修習」自正 1997 年 11 月号 147 頁以下は，自ら富士通株式会社の法務部に 14 年間勤務した後に 48 期司法修習生となった筆者が，企業法務という観点から，主として当時の民事弁護教育について辛口のコメントをしている）。

　しかし，限られた時間の中で修習の実をあげるためには，どうしても裁判実務を中心とした教育を中核としなければならないであろう。司法修習生一人一人が裁判関連実務の修習を中心とした実務修習を効果的に受けることができるようにするためには，要件事実の理解のうえにたった主張と反論という攻撃防御の構造や具体的事実と実体

法の関わりといった基本的理解と実務修習で必要とされる基本的技能を身につけさせる必要がある。少なくともこれまでの法曹養成制度を前提とする限り，民事紛争を解決する基本的手段である裁判実務の基礎を理解しないうちに，シミュレーションやロールプレイを中心とする裁判外紛争処理の演習を実施することは，あまり効果的ではないだろう。

3　要件事実論と具体的な文書作成——課題（訴状起案）

司法研修所の民事弁護科目において，具体的にどのように要件事実に関する教育がなされていたのか。実際に従前の前期修習生に対して課題として実施した訴状の起案がどのようなものであったか，紹介しよう（ただし，以下の事例等は，実際の課題を大幅に改変・簡略化しているため，実際の課題の原型をほとんど留めていない）[10]。

【問題文】

Xから依頼を受けた甲野太郎弁護士の立場から，別添「法律相談の概要」及び資料①から⑤までに基づき，平成21年1月15日付けの訴状を起案せよ（即日起案200分）[11]。

〔注意〕　請求原因の記載の方法は，『民事弁護の基礎知識』所収「訴状記載例1（「請求の原因」と「関連事実」を区別して記載する方法）」の書式に従って起案すること[12]。

【法律相談の概要】[13]

明太子の製造販売を業とするXは，福岡に本店を置く株式会社である。Xは，リストラの一環で，東京支店の支店長の社宅として東京都世田谷区に保有する土地建物（以下「本件建物」という。）を処分しようとしていたところ，その噂を聞きつけた地元（福岡）選出の衆議院議員Yから強く求められ，本件建物をYに売却した。しかし，Yは内金を払っただけで残代金を支払わない。そのため，Xは甲野太郎弁護士に，残代金の支払を求める訴訟を提起してほしいと依頼した。甲野弁護士が事情聴取したところ，次のような事実経緯が判明した[14]。

平成20年9月27日，XはYと本件土地建物売買の交渉をし大筋で合意したが，その後，細部については10月5日に電話で話し合い，合意に達した。

第4章　法曹養成の視点から見た要件事実・事実認定論・基礎法学

それに基づき，10月10日XとYが「覚書」を締結したが，その内容は，代金総額1億円，内金3000万円は覚書締結時に，残金7000万円は11月14日に登記手続と引換えにそれぞれ支払い，物件の引渡しは覚書締結時に行うというものであった。こうして，覚書に従って，10月10日当日，Xは内金3000万円を受け取り，本件土地建物において室内確認後にYに鍵を交付した。なお，残代金の決済前に本件建物を引き渡すことにしたのは，Yの長男が平成20年12月には司法修習を終了し渉外系の大手法律事務所に就職し，翌年1月には那覇修習で一緒だった彼女と結婚する予定であるから，その長男夫婦の新居として使えるように本件建物を早めにリフォームしたいという，Y側の強い要望に応えたためであった。

ところが，11月11日に，YはXに架電してきて「首相がいきなり解散してきやがった。すぐに選挙活動をしなくてはならなくなった。だから，残金を支払う資金が用意できない。」と言い出し，しまいには「売買契約は成立していない。14日には売買代金を支払わない。支払った内金は返してくれ。」とまくし立てた。これに対して，Xは，「すでに移転登記の準備もしているから，約束どおり14日に決済してほしい。」と懇願したが，Yは一切これに応じようとしなかった。11月12日Y代理人L弁護士の名前で，Xに対して，本件売買契約の不成立を理由に代金支払拒絶及び内金返還請求の内容証明郵便が発送され，翌13日到達した。

11月14日，本件土地建物残代金支払及び所有権移転登記手続の予定日だったが，Xは，もはや無駄と考えて，覚書で約束した東京法務局世田谷出張所には出頭しなかった。

【資料①から⑤】[15]（省略）

 (10) 要件事実を特に意識せざるを得ない課題としては，訴状ないし答弁書の起案がある。そして，訴訟物の選択等についてまで考えさせるという点では，訴状の起案が最も民事弁護の課題として相応しいともいえよう。しかし，現行修習の前期では訴状・答弁書の起案を各1回程度実施できているものの，現行修習の後期及び新修習では，時間等の制約から，ほとんど実施できないのが実情である。この点は，カリキュラム編成等において，何らかの改善を要するところではないだろうか。

 (11) この起案に際しては，判例付六法・司法研修所の白表紙冊子（要件事実1巻，同2巻，類型別，問研要件事実，事実摘示記載例集，民事判決起案の手引，民事弁護の手

⑿　ここで,「請求の原因」と「関連事実」を区別して記載する方法の書式に従って起案するように（民訴規53条2項），との指示を与えている点が肝要である。実務では「請求の原因」と「関連事実」を区別しないで一体として記載する方法による訴状の方がむしろ一般的であろうが，司法研修所ではあえてトレーニングとして，このように「請求の原因」と「関連事実」を区別して記載せよと指示しているのである。この指示によって，各修習生は，与えられた具体的な事件において，何が「請求の原因」に記載すべき要件事実となるか，また，何をどの程度「関連事実」に記載すべきかを，否が応でも意識せざるを得ないことになる。

⒀　実際には，この起案の前に見せた法律相談のビデオ（ビデオ教材は，訴状起案の前の「法律相談と受任」という講義で使用したものである。予算の都合で，シナリオの作成及び配役はすべて民事弁護教官・所付が自作自演し，事務局の職員に撮影してもらって作成したもので，もちろん架空の事例である）のやりとりを要約したもの（A4版9頁程度）を修習生に配布する。

⒁　本課題は，管轄についても難しい問題をかかえており，修習生にはその点についての検討も要求されていたのであるが，その点の解説は割愛する。

⒂　相談者から提出を受けた資料という設定である。修習生に，各資料の法的な意味を考えさせ，それが証拠として使えるものかどうか，どのような要証事実に使えるものかなどの吟味をさせるため，いろいろと工夫が施されている。

4　要件事実論と具体的な文書作成──要件事実の検討[16]

⑴　訴　訟　物

　XがYに対して求める主たる請求は，売買代金1億円のうちの7000万円という一部請求である[17]。訴訟物は，売買契約に基づく代金1億円のうち7000万円の支払請求権1個となる。

　附帯請求[18]については，目的物引渡し後の「利息」（民575条2項）の法的性質をどのように解するかが問題となる。その性質を遅延損害金とする見解では（遅延損害金説。我妻榮・債権各論中（一）312頁），買主の代金支払債務の履行遅滞に基づく損害賠償請求の要件に加えて，売主が買主に対し，売買契約に基づき売買の目的物を引き渡したこと及びその時期を主張立証する必要がある[19]。他方，その性質を法定利息とする見解（法定利息説。大判昭6・5・13民集10巻252

頁）は，売買契約を締結し，売買に基づき目的物を引き渡したこと及びその時期以降の期間の経過を主張立証すれば足りるとする。遅延損害金説が多数説といわれており[20]，それによると，本件附帯請求の訴訟物は「履行遅滞に基づく損害賠償請求権（XとYの売買契約に基づく売買代金1億円のうち，7000万円の支払債務の履行遅滞による損害賠償請求権）1個」となる[21]。

(16) 以下の「検討」及び5の「起案講評」の部分は，起案を添削してそれを返却した後に起案講評の講義（民事裁判との共同の講義で100分）で修習生に説明する内容であるが，実際には時間等の関係もありこれほど詳細に説明できるわけではない。なお，この説明に際しては，「参考起案」として民事弁護教官室としての一応の水準にあると考える模範的な起案（ただし，講義でいろいろと質問をする都合もあり，一部空白部分を設けた）を配布している。

(17) 「一部請求」とする点については異論もあり得るところであろう。この点については，さしあたり最判昭37・8・10民集16巻8号1720頁，最判昭32・6・7民集11巻6号948頁，最判昭34・2・20民集13巻2号209頁，最判昭45・7・24民集24巻7号1177頁，最判平6・11・22民集48巻7号1355頁，最判昭48・4・5民集27巻3号419頁，最判平10・6・12民集52巻4号1147頁など参照。

(18) クラスの3割程度の修習生は，後述の諸問題を避けようとしてか，あえて附帯請求を落とす。それに対しては，実務では，基本的に附帯請求をするのだ（？），と注意している。その理由としては，①年5〜6%の遅延損害金は現在の金利情勢の下では大きい，②解決までに長期を要する場合は，損害金も看過できない金額となる，③和解の際の譲歩の対象として生かせることもある，④附帯請求をしても訴訟費用には算入されない（民訴9条2項）ので，印紙代は増えず，請求することによる不利益もない，などと説明していた。

(19) 詳しくは，倉田卓次監修・要件事実の証明責任契約法上巻（西神田編集室，1993）421－437頁参照。

(20) 要件事実1巻236頁以下。

(21) 「よって書き」では，売買代金1億円のうち7000万円を請求する旨を記載すれば明示の一部請求の記載としては十分であるが，読み手である裁判官に早期に事案を把握してもらうために，3000万円を弁済として受領した事実は，請求の原因に記載するのが通例であり，相当である。

(2) 請 求 原 因

(a) 主たる請求

(ア) 要 件 事 実

(あ)「XとYは，平成20年10月10日[22]，別紙物件目録記載の不動産（以下「本件土地建物」という。）について，代金1億円とする売買契約を締結した。」[23]

(イ) 説　　明

売買契約の成立要件は，財産権移転及びその対価としての金銭の支払の合意（民555条）であるから，売買契約に基づく代金請求の請求原因として，XはYとの間で売買契約を締結したことを主張立証する必要がある[24]。代金額は，売買の本質的な要素であるから，具体的な金額を主張立証すべきである[25]。代金支払請求における売買契約締結の日時は厳密には売買契約の要件事実ではないが，売買を特定するという意味で必要な記載事実となる[26]。

代金支払時期・目的物の引渡し・登記の移転・目的物の所有関係は，いずれもXの売買代金請求（主たる請求）に関しては要件事実とならない。売買契約は，代金支払債務の履行期限を契約の本質的要素とするものではないから，売買代金支払債務の履行について期限の合意がある場合であっても，Xはその期限の合意と到来を請求原因で主張立証する必要はない[27]。目的物の引渡し・登記の移転も売買代金支払請求権の発生要件ではないから，Xが請求原因で主張立証する必要はなく，Yから同時履行の抗弁が主張された場合にこれに対する再抗弁として主張すれば足りる[28]。所有関係についても，他人の財産権を目的とする売買契約が有効であることから（民560条），Xは契約締結当時，目的物がXの所有であったことを主張立証する必要はない[29]。

しかしながら，要件事実の理論上は上述のとおりであるとしても，そのような「骨と皮」だけの事実主張では，事案の実相を的確に表現することができない。そこで，民事弁護の訴状起案では，上記の要件事実の理論を理解したうえで，これらの事実はむしろ積極的に主張すべき事実と捉え，請求原因に記載するように指導している。

(22) 売買契約成立日については，電話で条件を合意した平成20年10月5日とする修習生が多数出てくる（クラスの1割程度）。これに対しては，契約は口頭でも成立するが（諾成契約），実際の取引においては，不動産のような重要な財産の売買を行う場合，契約書を作成し条件の細部を詰めた時点で契約が成立したと考えるのが社会通念であり，本件では現に「覚書」が作成されている。したがって，覚書作成時を契約成

953

立時とするのが当事者の意思である。代理人としては，確定的な合意を確実な証拠で立証できる日はいつかを考えるべきであり，契約書がない事案であれば，やむを得ず10月5日の電話での契約成立を主張せざるを得ないが，書面による覚書がある本件では，特に10月5日を契約日として主張すべき事情はない，などと説明した。

(23) 厳密には，売買代金請求権の発生要件事実は，売買契約締結の申込みとこれに対する承諾という2個の意思表示があったことであるが，これを売買契約締結の事実と表現してよい（要件事実1巻6頁）。なお，民事裁判の事実摘示では，売買契約締結の事実を単に「売った」と表現する（改訂問研要件事実11,13,17頁，事実摘示記載例集3頁）。
(24) 要件事実1巻138頁。
(25) 要件事実1巻140頁。
(26) 要件事実1巻52頁。
(27) 要件事実1巻139頁・改訂類型別3頁。売買型と貸借型との区別から，上記の理論が導かれる，とされる。
(28) 要件事実1巻139頁・改訂類型別4頁。
(29) 要件事実1巻139頁・改訂類型別4頁。

(b) 附 帯 請 求
　(ア) 要 件 事 実
(い)　「(あ)と同じ」
(う)　「Xは，(い)の当時，株式会社であった。」
(え)　「Xは，Yに対し，平成20年10月10日，(い)の売買契約に基づき，本件土地建物を引き渡した。」
(お)　「XとYは，代金7000万円の弁済期を平成20年11月14日とすることを合意した。」
(か)　「Yは，Xに対し，平成20年11月11日，契約不成立・代金不払を口頭で伝え，重ねて同月13日到達の内容証明郵便によって，本件売買契約の不成立を理由に代金支払の意思のないことを通知した。」
(き)　「平成20年11月14日は経過した。」
　(イ) 説　　明
　　(i) 遅延損害金説
附帯請求に関しては，遅延損害金説と法定利息説があることは前述のとおりであるが，ここでは遅延損害金説に立って説明する。

要件事実論によれば，附帯請求としてXが主張立証すべき事項は以下の4つとされている（代金の支払時期について確定期限の合意がある場合）[30]。
① XがYとの間で売買契約を締結したこと
② XがYに対して①の売買契約に基づき目的物を引き渡したこと
③ XとYが代金支払について確定期限の合意をしたこと
④ ②の時期と③の時期のより遅い時期以降の期間の経過

本件では，(い)→①，(え)→②，(お)→③，(き)→④にそれぞれ対応する。

(う)で，Xが株式会社（商行為性）である事実が年6％の商事法定利率に基づく遅延損害金が発生する根拠となる[31]。

④は事実摘示を省略するのが通常である[32]。

　　(ii) 附帯請求における同時履行の抗弁権（存在効果説）について

1) 遅延損害金説による場合，XはYの履行遅滞を主張立証しなければならない。しかし，売買契約は双務契約であり，原則として代金支払債務と目的物引渡義務及び移転登記義務は同時履行の関係（民533条）にあるから[33]，請求原因の売買契約締結の事実(あ)によって，代金支払債務に同時履行の抗弁権が付着していることが既に基礎づけられている。同時履行の抗弁権の存在は，履行遅滞の違法性阻却事由にあたると解されているので（存在効果説。我妻榮・債権各論上153頁），代金支払債務に付着する同時履行の抗弁権の存在効果を消滅させるため，目的物の引渡し及び移転登記の履行（あるいはその履行の提供）が必要である[34]。すなわち，遅延損害金説では，売主が買主に対して代金支払債務の遅延損害金を請求する場合は，民法575条2項の要件と買主の履行遅滞の要件の双方を主張立証する必要があり（要件事実1巻235頁）[35]，本件では，本件土地建物の引渡しだけでなく，所有権移転登記手続の履行の提供まで主張しなければならない。

2) ところで，履行の提供の方法について，民法493条ただし書は，債権者があらかじめ弁済の受領を拒み，又は債務の履行につき債権者の行為を要するときは，弁済の準備をなしたことを通知してその受領を催告すれば足りる（口頭の提供）とする。さらに，最判昭41・3・22民集20巻3号468頁によれば，双務契約の当事者の一方が自己の債務の履行をしない意思を明確にした場合には，相手方が自己の債務の弁済の提供をしなくても，当該当事者の一方は，自

己の債務の不履行について履行遅滞の責を免れることができない（以下「昭和41年最判理論」という），とされている。

本件では，どのように法律構成するべきか。

3）民法493条ただし書の主張

本件では，11月11日にYが電話で不動産移転登記手続債務の受領拒絶の意思表示をしたのに対し，Xは移転登記の準備を整えたので14日に決済して欲しいと口頭で伝え，11月13日にYが内容証明郵便で契約の不成立及び残代金の不払を通知し，11月14日の履行期日はそのまま経過している。そこで，民法493条ただし書に従って，まず，次の①又は②の主張が考えられる。

① 登記手続をする債務は，その性質上債権者の行為を要するので，口頭の提供で足りるところ（我妻榮・新訂債権総論231頁），Xは登記書類の準備を整えたうえ，11月11日に電話でYにX側の登記手続債務の受領を催告し，もって口頭の提供をしたとの主張（民493条ただし書後段）

② Yが11月11日の電話で，登記手続債務の受領を拒絶したが，同日，Xは，登記書類の準備を整えたうえ，Yに同債務の受領を催告し，もって口頭の提供をしたとの主張（同条ただし書前段）

しかし，11月14日の履行期前の11月11日に受領の催告は行われているが，Xは，履行期である11月14日に履行場所である現地に出向いておらず，口頭の提供にはならないのではないかとの疑問がある[36]。すなわち，①の場合は債権者の受領拒絶を前提にしないのであるから，債権者が履行場所に出向くことが予想されるところ，本件では，Xは，約定の11月14日に履行場所として合意した本件土地建物に行っていないことから，口頭の提供というにはいまだ不十分と考えられる。

他方，②の主張については，債権者が弁済受領をあらかじめ拒絶した場合に債務者に要求される弁済の準備の程度は，①の場合よりも低くて足りるであろうし，11月11日の電話による決済の催告で口頭の提供があったという考えも成り立ち得よう。だが，11月11日にYが契約不成立・残代金不払の意思表示をしたとしてもそれは電話でそのような話をしたに過ぎず，また，その時点でのXの履行の準備状況も明らかではない。他方，Xが履行期に履行してほしい旨を訴えており，履行期である11月14日まではまだ3日間あるので，そ

の間にYが翻意して履行場所である現地に出向く可能性は残されていると考えられる。したがって，②の場合でも11月11日の時点では登記手続の必要書類を準備して指定当日である11月14日に履行場所である現地に出頭する必要があるとも考えられる。なお，11月13日に内容証明郵便で改めて契約不成立・残代金不払の意思表示をしているが，これは11月11日にそのような意思表示をした傍証とはなっても，その後改めて受領の催告をしていないので，11月11日の口頭の提供とは結びつかない（民法493条は「債権者があらかじめその受領を拒み」と規定している）。また，Xとしては，Yが受領拒絶したこと，Xが登記書類の準備を整えたこと[37]及びXがYに電話で準備をしたことを通知して受領の催告をしたことを立証しなければならず，かなり困難な立証を迫られる。

4） 昭和41年最判理論の主張

そこで，本件売買契約の成立を否定する内容のYからの通知書がある本件では，上記①あるいは②の主張に代えて，③昭和41年最判理論に従って，Xが反対債務である登記手続の履行の提供をしなくても，Yは自らの代金債務について履行遅滞に陥っているとの主張が可能ではないかを検討しなければならない。もし，YからXに対する通知書の内容が，昭和41年最判理論にいう「双務契約の当事者の一方が自己の債務の履行をしない意思を明確にした場合」に該当すれば，上記①あるいは②の主張による場合よりも，Yの履行遅滞の認定が容易だからである。

昭和41年最判理論にいう「双務契約の当事者の一方が自己の債務の履行をしない意思を明確にした場合」の具体的事案への適用については，厳格でなければならないことが指摘されている[38]。昭和41年の最判の事例では売主である被告は売買対象物件を第三者に賃貸したという客観的事情から，もはや自己の債務を履行することは現実には不可能で，翻意の可能性は全く存在せず受領拒絶の意思を明確にしたものといえる。これに対し，本件では11月13日にXに対して，契約の不成立を理由に代金の不払を内容証明郵便で通知したとはいえ，Yの債務は金銭債務であり客観的事情としては履行期の11月14日までに翻意する可能性は無いとはいえないという考え方もあり，そうだとすれば，Xとしてはさらに受領の催告をすべきだったことになろう。

だが，本件では，Yは11月11日に支払資金が用意できないことを理由に契

約の不成立及び代金支払意思の無いことを通知し、履行を求めるXに対し、翌11月12日付でさらに重ねて代理人L弁護士から内容証明郵便にて契約の不成立・代金の不払を通知し、同通知は履行日の1日前の11月13日に到達している。このようなYの態度からすれば、もはや履行期の11月14日にYが翻意して支払代金を用意して代金を支払うことはあり得ないと考えるべきであろう。

　5)　まとめ

　以上から、本件では、①（債権者の行為が必要な場合の口頭の提供）の主張は取ることは不可能と考えられ、②（受領拒絶と口頭の提供）を主張するには弁済の準備の事実が不足していると思われ、かつ立証方法の点でも問題がある。これらに対し、③昭和41年最判理論に乗ったYが自己の債務を履行しない意思を明確にしたという主張の方が、理論的にも立証方法の点でもすぐれている(39)。

　具体的に主張すべき事実としては、翻意の可能性がないことを明確にするために、Yが「11月11日に契約の不成立・代金の不払を口頭で申し向け」たこと及び「契約の不成立を理由に、代金支払の意思のないことを、内容証明郵便で通知した」ということになる(40)。

　　(30)　改訂類型別4頁。
　　(31)　最判平20・2・22では、「会社の行為は商行為と推定され、これを争うものにおいて当該行為が当該会社の事業のためにするものでないこと、すなわち当該会社の事業と無関係であることの主張立証責任を負うと解するのが相当である。なぜなら、会社がその事業としてする行為及びその事業のためにする行為は、商行為とされているので（会社法5条）、会社は、自己の名をもって商行為をすることを業とする者として、商法上の商人に該当し（商法4条1項）、その行為は、その事業のためにするものと推定されるからである（商法503条2項。同項にいう『営業』は、会社については『事業』と同義と解される。）。」とされた。事実摘示記載例集（平成18年8月版）6頁。商事法定利率で請求した修習生は、クラスの1割に満たなかった。
　　(32)　改訂類型別6頁。
　　(33)　要件事実1巻139頁。
　　(34)　改訂類型別5頁。
　　(35)　民法575条2項の要件である目的物の引渡しとは、目的物が不動産の場合、目的物の占有の移転を意味し、買主への移転登記はこれに当たらない。不動産の買主の履行

遅滞の要件は，移転登記義務の履行（又はその提供。以下同じ）である。代金支払義務と同時履行の関係に立つ債務は不動産の移転登記義務とするのが従来の判例だからである（大判大7・8・14民録24輯1650頁）。なお，建物の売買においては，「代金支払債務」と同時履行の関係に立つのは所有権移転登記及び引渡しであるとする判例もある（最判昭34・6・25判時192号16頁）。これを前提とすると，少なくとも建物に関しては，移転登記義務及び引渡義務の履行（又はその提供）の二つが履行遅滞の要件となっていると解すべきことになる。

(36) 我妻榮・新訂債権総論231-232頁は，債権者の行為が必要な場合の弁済の準備は，債権者の協力があれば直ちにこれに応じて弁済を完了し得る程度のものであることを原則とし，受領拒絶の場合に比して準備の程度は高くなるとする。そして，登記手続の口頭の提供方法としては，登記手続の必要書類を準備して指定当日に登記所に出頭することを要するとしている。

(37) 民法493条ただし書の場合に，弁済の準備をしたことの「通知」のみならず，実際に弁済の準備をしたことを要することにつき，我妻・前掲注(36)228頁。

(38) 我妻・債権各論上165頁。また上記最判解説〔24〕（川嵜義徳）が，「判例理論の安易な適用は，公平維持という判例理論の所期の目的に反する結果をもたらすであろう。それはともかく，本件における判例理論の適用は，債務者が，（書面で）契約の解除を主張するにとどまらず，その目的物を他に賃貸したという事実関係のもとでなされた，という点に注目すべきであろう。」（119頁）と指摘し，昭和41年最判理論の射程範囲を限定的に解そうとしている点は留意すべきである。

(39) なお，昭和41年最判理論に乗った主張のみでは主張自体失当となる危惧も完全に払拭しきれないことから，弁護士の訴訟実務としては，上記②の口頭の提供の事実も併せて主張しておくことも考えられる。

(40) 「双務契約の当事者の一方が自己の債務の履行をしない意思を明確にした」というのは，評価を含む概念であるから，かかる評価を根拠づける具体的な事実の主張が必要である。本件の場合，要件事実として主張が必要な具体的事実は，「契約の不成立を理由に，代金支払の意思のないことを，内容証明郵便で通知した」で足りるとする考え方と，「Yが平成20年11月11日の電話で契約の不成立を主張し残代金を支払えないと述べた」事実も加えるべきとする考え方があり得る。本件では，Yの債務は金銭債務で客観的に履行が不可能な事情は出ていないことから，翻意の可能性が無いことを明らかにするためには，重ねて債務の受領を拒絶する意思を示したとする後者の考え方をとるべきであろう。

昭和41年最判理論にいう「双務契約の当事者の一方が自己の債務の履行をしない意思を明確にした場合」の具体的事案への適用については，厳格でなければならないとされている（前掲注(38)参照）が，本件のように相手方に対して，電話で契約不成立，支払拒絶を通告し，さらに重ねて代理人弁護士から契約の不成立を理由に代金の不払

を内容証明郵便で通知することは，これに該当するといってよいものと思われる（弁護士からの内容証明郵便による意思表示は，発信者の「断固たる意思」を示すものと捉えることができ，翻意の可能性がないことを示す事情の一要素とはなろう）。なお，「Yから甲○号証の通知書（内容証明郵便）を受領した」旨のみ述べて，その内容を具体的に主張しない修習生に対しては，証拠の（標目の）引用だけでは，その証拠の内容を主張したことにはならないことを注意していた。

5　要件事実論と具体的な文書作成——起案講評

(1)　「請求の理由」の記載

以上のような要件事実論的な検討を踏まえて，「請求の理由」の具体的な記載のあり方を解説していた。その要点は，次のとおりである。

「請求を理由付ける事実は，民事裁判の要件事実の摘示とは異なり，骨のみを書けばよいわけではない。法的紛争は，請求権が生じるに至る事実の連鎖を一つのストーリーとして描くことができる。訴訟法的要請としては，要件事実でない事実は，請求原因の項にではなく，関連事実の項に記載すれば足りるのであるが，請求原因の項に記載するのが，より適切と考えられる事実が存在することは，実務において，しばしば経験するところである。この事実は，要件事実を特定，補足ないし補強し，最低限の法的ストーリーを完結させるに足る，いわば要件事実の『つなぎ』として機能するものである。より具体的には，①要件事実を特定するために必要な事実（契約日付など），②要件事実を補強する重要な事実，③法律要件ではなくても当該法律行為が通常備えるべき法律要素たる事実（代金請求における弁済期など），④事実の流れから考えてその事実の存否が疑問に思われる（気になる）事実（逆に言えば，記載した方が自然な事実。代金が1億円で7000万円しか請求していないのはなぜかがわかる一部弁済の事実など）などが考えられる。このような観点から，本件においては，売買契約の日付・Xの物件所有・内金3000万円の支払・残代金の不払といった，要件事実ではない事実を請求原因の項に記載すべきである。」[41][42]

(41)　「よって書き」では，売買契約に基づく請求であること，附帯請求は「弁済期の翌

日である平成20年11月15日から」請求すること，利率の表示は「商事法定利率」であることを明記すること。遅延損害金自体は民法が規定しており，商法は利率に関してのみ規定しているため「商法所定」とはならない（判決起案の手引48頁）。よって書きの記載漏れが直ちに不適法になるわけではないが，研修所の訴状起案では，Xがどのような権利又は法律関係に基づいて，どういう請求をするのかを結論的に要約する「よって書き」の記載は重視されること，などを注意していた。

⑫　文書作成の形式的な注意としては，簡潔な文章と整然かつ明瞭な記載（民訴規5条）を心掛けることとして，次のような点に触れていた。
　①　項目立てや項目記号を工夫する
　　　ひとつの要件事実（テーマ）ごとに項目建てし，項目番号・記号をつける。請求原因事実が長文にわたるときは，適宜，見出しもつける。ひとつの項に複数の段落を設けることは，場合にもよるが，一般的には，被告の認否がしづらくなるので，あまり望ましくない。ひとつの項にはあまり多くの事実を詰め込まずに，項を改めて書く。
　　　なお，本件では訴訟物は主たる請求と附帯請求の2つあるが，それぞれの請求ごとに請求原因をブロック的に分断して書くのではなく，ひとつの事実が両方の請求の要件事実を兼ねるときでも，1度記載すれば足りる（「前記1　と同じ。」というような記載はしない）。
　②　長文は避ける
　　　文章は，その文の主語が何であるかを常に意識し，正確かつ簡潔に書く。判決書（特に刑事）には，往々にして，長文の文章があるが，長文は，主語や文意が不正確になりやすく，また，被告の認否もしづらくなるので，避ける。
　　　時制は，過去の事実は過去形，現在の事実は現在形を用いて書く。修習生の起案では，過去の事実についても，「Xは，○月○日に，Yに××を引き渡している。」というような表現がまま見られるが，不適切。また，一般的に，文末は，単純・明確に言い切る形が適切である。
　③　同一項でも段落分けはできる限り避けるなどして，認否をしやすくする。

(2)　「関連事実」の記載

(a)　記載すべき「関連事実」

　本件で記載すべき「関連事実」としては，①売買の背景・XY双方の動機。Yにも購入の動機のあること（契約成立を示す重要な事情となる），②契約締結の経緯（契約書面としての覚書の調印の事実），③Yが代金決済日として11月中旬を希望し，長男の修習終了前の引渡しを希望したこと，④既に引渡しと内金の支払が行われていること，⑤Yが支払資金の手当てができないことを理由に代金

第 4 章　法曹養成の視点から見た要件事実・事実認定論・基礎法学

支払を拒んできたこと，契約の不成立という主張は真の理由ではないこと（不成立に対する反論）などをあげることができる。

(b)　請求原因と関連事実の書き分け

請求原因と関連事実の書き分けに関しては，次のような注意をしていた。

①　まず，要件事実（請求を理由づける事実）は「請求の原因」の項に書くこと（要件事実を「請求の原因」の項に書かず，「関連事実」の項で書いても，評価しない）。また，「請求の原因」と「関連事実」を別項で区別して記載せよというのが出題の指示であるから，関連事実を「請求の原因」の項であまりに詳細に記載する起案も評価しない。

②　続いて，「関連事実」として何をどの程度書くべきか。この点は，書面を作成する目的を明らかにすることが大切である[43]。訴状の起案であるから，当然 X が依頼者である。依頼者は，自己の法的利益を実現するために弁護士に依頼するのであって，弁護士としては，どのような訴状にするのが（どのような事実をどのような裏付けによってどのように記載するのか，また，どのような書証を添付するのかなど），かかる利益を実現する合理的な近道であるかを考えなければならない。かかる観点からすれば，まず，裁判官をいかに説得するかが最も重要であり，X に有利な事実を裁判官に早期に理解してもらうことに注力しなければならない。また，訴訟は，相手方がいるのであり，相手方（その訴訟代理人）に対しても早期にインパクトを与えて戦意を喪失させたり，早期の和解に応じさせたりできるような努力をするべきである。したがって，相当の裏付けのある立証可能な事実は，関連事実に記載することを積極的に検討すべきである（ただし，一方当事者の主張しか聞いていない段階では，慎重に対応すべきことはもちろんである）。また，相手方に早期に認否を求めたい事実も関連事実に記載しておくべきである。

③　このように，関連事実の項では，紛争の経緯や予想される争点等で，述べておいた方が裁判所の理解を助け，早期に実質審理に入ることに資する事情やこれについてのXの立場，上記のような相手方を意識した主張などを，わかりやすく述べることが適切である[44]。

④　関連事実の記述の文章が冗長・拙劣な起案が多い。修習生の起案に往々にして見られるような，聴き取り書（資料）の記述を，そのままの表現で引き

⑤　書き方は人によって異なり，一定の正解はない⁽⁴⁵⁾⁽⁴⁶⁾。
⑥　被告の言い分に反論する場合には，まず被告の言い分を簡潔にまとめてから反論すべきであり，唐突に反論から始めても，初めて事実に接する裁判官には理解しがたい。
⑦　「関連事実」の記載の程度に関して，7訂民事弁護の手引 (90頁) は，「裁判所に早期かつ的確に事案や争点を把握してもらうため，なぜ本件の法律行為をするに至ったとか，どのようなことから紛争が生じたかなどの紛争の背景や，争点となる要件事実（主要事実）の存否を推認させる間接事実，さらには重要な証拠の証明力に関する補助事実などの関連事実を訴状に記載することが有意義である。」と記載している⁽⁴⁷⁾。

(43) 文書は必ず読者を予定している（日記でも将来の自分自身等が読み手として想定されている）。したがって，想定される読者（裁判所・依頼者・相手方（代理人）など）にとって読みやすい・分かりやすいものを書くべきは当然である。
(44) 基本的には，訴状だけで事案の概要・問題点・争点が把握できる必要がある。
(45) 本件では，例えば，なぜ売買契約書ではなく「覚書」という形式で契約したのか，代金決済前に物件を引き渡したのはなぜか（Y長男の修習終了・結婚予定），Yは実は支払資金の手当てができないという不当な理由で代金支払を拒絶しているものであること，などを記載することが考えられる。
(46) 表現力は意識的に身につけること（例えば，判例雑誌等で判決例での当事者の主張の要約方法，表現方法など意識して読む），起案や事件は「こなす」のではなく「学ぶ」ものである，ただ流される＝事件を「こなす」のではなく，常に知識・ノウハウ・知恵の蓄積を意識して研鑽に励むべきである，などと注意していた。
(47) 何をどの程度記載するかに関しては，筆者はボディビル競技になぞらえて，バルク（筋肉の量）・ディフィニッション（筋肉の切れ）・プロポーション（全体のバランス）のいずれを最も重視すべきかを論じ，あえて（均整の取れた・全体像が分かる）バランス＝プロポーションこそが大切であると説明していたが，この点はもちろん異論もあろう。

6　司法改革と要件事実教育の行方

上記3〜5で紹介したのは，従前の前期修習で実施した訴状起案の一部であるが，現行60期からは前期修習期間が3ヶ月から2ヶ月に短縮されたことか

第4章 法曹養成の視点から見た要件事実・事実認定論・基礎法学

ら，訴状起案の課題は残しているものの，かなり大幅に軽減した課題としている[48]。また，新60期（法科大学院経由1期生）導入修習は1ヶ月弱の期間しか取れなかったため，訴状起案は断念した[49]。さらに，新61期以降については，教官が各修習地に出張して講義をする形態となったため，やはり訴状起案は実施されていない。

司法改革の構想では，法科大学院では従前の司法研修所での前期修習終了程度のレベルまで教育することとされていた[50]。したがって，法科大学院においては当然に訴状・答弁書・準備書面の各起案が一定程度なされて来ることが期待されるのであるが[51]，現状ではかなりお粗末な状況であると言わざるを得ない[52]。確かに，一部の法科大学院ではかなり力を入れて要件事実教育に取り組んでいるところがあり，実際，現行の修習生よりも相当にできる者がいることも承知しているが，法科大学院ごとの「格差」も無視できない程に存在することも事実である[53]。さらに，一部の法科大学院では少々行過ぎの要件事実教育がなされているのではないか，と危惧される点もないわけではない[54]。そのためか，民事弁護教官の間では，現行の修習生に比べて，新修習生は教えにくいという声も聞く[55]。

さらに付言すれば，要件事実以上に「事実認定」については，法科大学院において「従前の司法研修所での前期修習終了程度のレベル」が確保されているのか，極めて憂慮すべき状況のように思えてならない。もっとも，「事実認定」と言っても，具体的な事実を拾い上げる（規範的要件の評価根拠事実や評価障害事実を拾い上げる局面では要件事実論と重なる部分がある）という面と，ある証拠方法（あるいは「生の」資料）をどのように証拠評価し，それを立証命題（要件事実）とどう結び付けていくか（認定・推認の判断過程）という面とでは，そのトレーニングの素材とその教育方法は自ずから異なってくるであろうが，少なくとも前者の能力は，法科大学院において「従前の司法研修所での前期修習終了程度のレベル」までは教育が完了していることが望まれるのである[56]。

(48) その代わり，修習開始前の事前課題として訴状・答弁書の起案を課しており，内容はともかく，文書の形式面ではかなりの成果を挙げている。
(49) ただし，修習開始前の事前課題として訴状起案を課した。
(50) 現行修習生と新修習生とでどう違うか，とよく質問を受ける。能力の点では，現行

60期と新60期とで特に有意の差を見出すことは困難であると感じる（もっとも現行61期と新61期とではまた違った印象を受けている）。確かに，文章作成能力の点で問題のある者が増えてきているが，これは新・旧の差というよりも日本語教育そのものの問題であり，一朝一夕で改善され得るものではあるまい。目立った特長としては，判例・文献の検索能力やプレゼンテーション能力の高さである。気質的な点では，新修習生の方が真面目でありよく勉強するとは言えそうである。また，マニュアル志向がより強く，ビジネス志向がより露わになってきている。最も気になるのは，基本的な法律知識に疑問のある者が散見される点である（例えば，意思表示や代理の基本的な理解を誤っている，二段の推定の基本構造を理解していないため誤った主張を展開する，仮差押えと仮処分の区別ができていない，など）。実体法・手続法の基本的部分の理解が不十分なまま，事例研究や判例研究をしてきたためか，知っている事例については一応の結論を把握しているが，その結論に至る論理過程の理解が充分でなく，チョッとひねった事例になると全く応用することができないというのが実情のようである。法科大学院では，もっと民法や刑法などの基本法の理解に力を入れた教育を施すべきではないか。

(51) 現行59期までは，前期において，訴状・答弁書・準備書面・保全申立書など合計4本程度起案させていた。

(52) 民事弁護教官室が実施したアンケート（ただし，集計は全体の3分の1程度にとどまる）によると，新60期修習生の中で，法科大学院において訴状起案を全くしなかった者は2割強，内容にわたる起案の指導を受けた者（添削指導を受けた者はこれからさらに比率が下がる。以下同じ）が5割程度であった。さらに，答弁書起案を全くしなかった者は5割弱，内容にわたる起案の指導を受けた者が4割程度であった。準備書面起案では，全くしなかった者は6割強，内容にわたる起案の指導を受けた者が3割程度であった。

因みに，筆者が担当したクラスの新61期修習生に対して実施したアンケートでは，訴状起案を全くしなかった者は4割強，内容にわたる起案の指導を受けた者が5割程度で，答弁書起案を全くしなかった者は5割，内容にわたる起案の指導を受けた者が4割程度，準備書面起案は，全くしなかった者は7割弱，内容にわたる起案の指導を受けた者が2割強程度であった。

(53) ある法科大学院では，「せり上がり」や「a+b」についてまで懇切丁寧に説明しているところもあれば，全くそのような説明もしていないところもあるようであり，新修習生間で要件事実の会話が成り立たない状況も現認した。保全・執行の「格差」はさらにはなはだしく，どのレベルの修習生をターゲットに教えるべきか，教官も困惑している。

(54) 例えば，訴状起案では原告が主張立証責任を負わない事実を記載してはいけないという教育がなされているやに仄聞したが，これは明らかに行き過ぎのように思われる。

㊺　各法科大学院ごとの要件事実教育の特色が生かされて，互いに切磋琢磨して理論的に深まっていくのであれば理想的であるが，実際には研修所に入所する前に「刷り込み」がなされていて，法科大学院での授業と教官の説明に僅かな齟齬があっても修習生はなかなか納得しないというような傾向が見られるようである。

㊻　後者の面（証拠評価や認定・推認の判断過程）については，従来司法研修所で実施していたような白表紙記録を使った起案を課題にして，その徹底的な検討を経ることによってしか訓練・習得はできないであろう。それを一定水準で実施するには，これまで司法研修所の各教官室において行われていたような徹底的な合議に基づく素材と講評の検討・吟味を経ることが不可欠と思われる。

7　最後に

筆者は，最後の講義ではいつも次のような話で締めくくっていた。

「『ローマは一日にしてならず』　長い人生の目標を持つこと。

民事紛争処理の専門職としての法律実務家となっていくために不可欠な要件は，次のとおり。

①　実体法の知識を，請求，主張と反論という攻撃防御の構造に組み立て直していくこと。いかなる場合においても，具体的な事実との関わりで，実体法の解釈を展開していく習性を身につけること。

②　事実を見通す力を持つ。その場合，経験則が極めて重要である。人との関わり，知識・経験則を数多く得ること，様々なアンテナを持つこと。法律実務家である前に豊かな人間であれ！あらゆることに興味関心を持て！

③　心構え・姿勢として，安易なマニュアルに頼るな！正解はない！自分の頭で考えること。自分でやってみる，自分の意見を持つことが大事。どうしても必要なら自ら『判例を作る』気概を持て。」

として，最後に，次の二つの言葉を贈っていた。

「民弁は無限である」

「民弁に正解なし」㊼㊽

㊼　民事弁護の扱う領域は，刑事事件・少年事件以外のすべての法的領域であり，それは「無限」に広い。しかも，社会の変化に伴い日々新たに発生する社会問題に取り組んでこれを法的に解決する責務を果たすためにも，扱う領域を新規に開拓していかな

くてはならない。つまり，未来に向かっても「無限」の広がりを持っている。さらに，民事弁護にはこれが正解であるという固定した解はなく，常により良い解決策を模索していくべきで，その意味で「正解はない」，すなわち質的にも「無限」の深みを持っているのである。そして，「正解はない」からこそ，様々な工夫と創造性が発揮できるのであり，そのような意味において民事弁護は「無限」の可能性を秘めた極めてクリエイティブな分野なのである。

(58) 冒頭でも触れたとおり，本論文はそのほとんどを歴代民事弁護教官室で蓄積されてきた成果に依拠している。最後に，歴代の民事弁護教官・所付にこの場をお借りして，感謝申し上げたい。

第5章
特別寄稿　随想

随想

伊藤滋夫さんの喜寿にあたって

田尾　桃二

(はじめに)

　伊藤滋夫さんの喜寿を祝って要件事実法学に関わる多くの法学者，法律実務家の方々により記念論文集が献呈されることとなった。まことにおめでたいことである。そこに随想を寄稿させていただくことになった。光栄なことである。

　伊藤さんとのお付合は半世紀となる。思い出や感想，その他書くべきことは多いが，その中で記念論文集の趣旨にそうよう，次の3項目について述べることとする。

　第一は，「1　要件事実法学以前の伊藤さん──伊藤さんとの共働の思い出」である。そこでは，伊藤さんと共に携わった3つの仕事におけるその姿を紹介したい。伊藤さんの人物を知り，その要件事実法学の理解を深めるのに役立つことを願ってである。

　第二は，「2　『実務としての法律学』の樹立としての伊藤さんの要件事実法学」である。そこでは，伊藤さんの要件事実法学の歩みに簡単にふれ，伊藤さんの要件事実法学が，私らが念願としていた「実務としての法律学」の達成であることについて述べたい。「実務としての法律学」という言葉は分かりにくいし，行きわたっている言葉でもないが，その由来，意味を述べておきたい。要件事実論が実務にとって必要不可欠であり，法律学にとって有用であることはいうまでもないが，司法研修所（以下「司研」という）とその卒業生にとっては，「実務としての法律学」という観点において格別の意義をもっており，伊藤さんの構築された要件事実法学はその実現として貴重なものと慶ばしく思う

からである。

　第三の「3　要件事実教育，要件事実論等についての若干の感想——結びに代えて」においては，紙幅の許す範囲で，これらの問題に関連する雑多な感想を述べたい。

1　要件事実法学以前の伊藤さん——伊藤さんとの共働の思い出

　(1)　司研は，もと毎年，アメリカのロースクールに若手法律家を留学させていた。志望してきた裁判官，検察官，弁護士20名位の中から，筆記試験（英和・和英），面接（英会話）により，毎年3名，年によっては4名位を選び送り出した。行先は，通常，ハーバード大学，サザーンメソジスト大学，シアトルのワシントン大学の3大学の各ロースクールであったが，年により他の大学が入っていたこともあった。この留学を経た者でその後著名な弁護士になったり，高官となった人は多い。

　伊藤さんは，この司研の留学プロジェクトで，たしか昭和35年から36年ハーバード大学ロースクールに留学，帰国した後，司研の所付判事補をされていた。昭和39年頃，私も司研に勤務しており，2人で留学生選考試験の英文和訳を担当した。伊藤さんとの初めての共働である。試験問題は伊藤さんが探してきたものから選び，2人で採点した。私の採点は，無方法あえていえば直観的総合判断によったが，伊藤さんは厳格な減点方式によっていた。かなりの長文につき，周到に，どの語句あるいは語の訳を落したらマイナス何点，誤ったらマイナス何点という表を作り，それに基づき採点されていた。科学的で公平なしかも能率的な方法であった。私の採点と喰い違うときは，雄弁に懇切にしかも礼儀正しく自説の根拠を説明された。私はいつも伊藤説に従った。伊藤さんの秀才であること，勉強家であることはかねて人伝てに耳にしていたが，じかに接し，おそるべき後輩だと思った。なお，伊藤さんが司研を去った後は後任の同じくハーバード大留学より帰った奥山恒朗所付判事補とこの仕事をしたが，この人も素晴しかった。後世おそるべしである。

　(2)　同じ頃，司研で，ミシガン大学のラッセルA・スミス教授の労働法セミナーが行われた。かなり長期にわたり，回数も多いセミナーであり，我が国の学者，法律実務家が参加した。伊藤さんと私はその担当係を命ぜられた。スミ

[随想] 伊藤滋夫さんの喜寿にあたって

ス先生のカリキュラム作成への関与，出席者の選定，そこへの連絡，資料の作成，教室の設営，講義や質疑応答の通訳等々仕事は多かったが，伊藤さんは，精力的に活躍し，あらゆる場面で遺漏なく事を進めた。その働きによりこのセミナーは会合としても学術的にも成功した。その後私はいくつかのセミナーにかかわったが，伊藤さんの仕切ったこの労働法セミナーはもっとも充実したものであったと思っている。教室内だけでなく，見学や夜の遊びなども配慮した。スミス教授は，帰国の折り，自分の著作である分厚い労働法のケースブックを私らにくれたが，その見開きに，「with esteem and sincere appreciation of many valuable and plesant hours together in the Labor Seminar」と書いてあった。

このセミナーにおいても，伊藤さんのたゆみない働き，目配り気配りのきいた周到な事の運びに感服した。

(3) 昭和40年代初，アメリカのコロンビア大ロースクールは，フォード財団の支援のもとに世界各国の民事訴訟を英文で解説する本を刊行することを企てた。この世界民事訴訟シリーズプロジェクトの責任者である同大学のハンス・スミット教授から司研（鈴木忠一所長）に日本版作成の依頼があった。服部高顯判事（後の最高裁長官），ダンF・ヘンダーソン教授（ワシントン大学教授・弁護士）が責任者となって「英文日本民事訴訟（Civil Procedure in Japan）」を作ることとなった。十数名の裁判官，弁護士，学者が協力した。裁判官では，時国康夫（4期，故人），武藤春光（5期），千種秀夫（7期），伊藤滋夫（8期），尾中俊彦（8期，故人），奥山恒朗（12期），私（3期）であった。弁護士では，長島安治（5期），梶谷玄（10期），山崎行造（13期），帆足昭夫（13期，故人），学者では谷口安平京都大学教授であった。

この本は全編12章で各人が1章ずつ担当した（服部さんも1章担当）。この本の中でもっとも大きく，また中心的部分は第7章の第一審の訴訟手続（Adjudicatory process in the Courts of First Instance）であるが，伊藤さんが担当した。そこは全編約500頁の5分の1の100頁であった。伊藤さんは，簡潔な英文で明解な説明をされ，早期に草案を完成，提出された。伊藤さんの文章は通常は長いものが多いが，この英文は割合短い。この中で，後に関心を持たれるようになる立証責任や要件事実について分りやすく書かれている。要件事実について「essential fact」という語を使われている。

このプロジェクトは，各人からのドラフトが提出されたのち，服部判事，ヘンダーソン教授の補正，調整作業，すなわち編纂作業へと進んだが，これに長時間を要した。お二人は忙しい本務をもっておられたし，作業も難しいものがあった。数頁にのぼる引用判例についてアメリカ流に当事者名を付ける，引用文献の英訳，法律用語の英訳（glossariesの作成）等々煩しく難しいことが多かった。ヘンダーソン教授は凝り性でもあった。そのため，このglossariesは好評でもあった。576の言葉を英訳してある。たとえば「rissho sekinin」は「responsibility of adducing proof」としてある（この英訳でよいか否か問題かもしれないが）。

　この編纂作業のおくれのため，この本は昭和60年にようやく刊行された。スウェーデン，イタリィ，フランスに次いでの4冊目である。その後ドイツが出した。

　我が国では，その後，保全法や執行法や更には民事訴訟法までが新しくなったので，この本も改訂せざるをえなくなり，今，谷口安平教授，三宅弘人教授（元判事）等により改訂作業が進められ未完であるが，取りあえず第2版が出版されている。

　この英文日本民事訴訟の第7章は伊藤さんの残された1つの業績である。そのエネルギーと手際よさと英文の美しさに敬意を表する。

2　「実務としての法律学」の樹立としての伊藤さんの要件事実法学

　(1)　伊藤さんの要件事実との関わりについては広く知られているところであるからここに書く必要もないが，ごく手短に触れておく。

　伊藤さんは，長年司研の民事裁判教官として要件事実教育を実践し，要件事実論を研究し，司研の修習生用資料の作成にも努めてこられた。昭和60年代に入ってからは，学界にも要件事実をアピールされた。昭和61年には大学の先生方との研究会をもち（ジュリスト869号参照），雑誌に論文を発表され（ジュリスト869号，881号，882号，945号，946号等）学界に要件事実を広められた。平成になってから，伊藤さんは，要件事実の基礎理論分野において，「事実認定の基礎」，「要件事実の基礎」の名著を刊行されたほか，各論的な著書や多くの論文を発表された。

［随想］　伊藤滋夫さんの喜寿にあたって

　平成16年法科大学院がスタートし，そこで要件事実の教育がされることとなり，伊藤さんの活動は更に広まり高まった。創価大学法科大学院で自ら要件事実を講じられるのを始め，立ち上げた同大学の法科大学院要件事実教育研究所の所長となられ，数々の研究会，シンポジウムを開くとともに，所報を発行し，要件事実についての多くの情報を発信されている。

　伊藤さんは，今やまさに，要件事実論の第一人者であり，要件事実教育の熱烈な伝道者である。上記研究所は司研に代る要件事実の総本山であり，伊藤さんはその貫主である。学問的にいえば，要件事実法学を樹立したといえよう。

　(2)　伊藤さんの要件事実教育への貢献は法律実務の向上進展に大きく寄与したし，その要件事実法学の樹立は法律学として大きい価値があるが，私はそれらとは別に「実務としての法律学」を達成した例として評価し，慶びたい。

　「実務としての法律学」という言葉は，分かりにくい言葉であるが，昭和27年から同33年まで司研の所長をされ今日の司研の基礎を築かれた松田二郎判事が講話等でよく使われた言葉である。同判事の著書「鳳雛への期待」(司研,昭和32年刊) の同名の論文がその内容を明らかにしている。多岐にわたる主張であるが，一言でいうと，司法修習生に対する「学問のすゝめ」であり，士気の鼓舞ないし叱咤激励の言葉である。以下①ないし④でその内容の一端をここに引く。

① 　法律実務家の世界では，実務と学問は別である，学問は実務に必要でないというような風潮がある。「六法全書を溝にたゝきこめ」といった司法大臣もいた。しかし，そのようなことは大きな間違いである。法律実務のどの一つをとっても学問は不可欠であり，法律実務は学問の顕現でなければならない。ドイツでも「Nur‐Praktiker」(単なる実務家) であってはならないといわれている。

② 　実務家の学問は学者の亜流であってはならない。生きた案件にヒントを得てテーマをとらえ，これを理論化，体系化することが望ましい。実務の中にあって法律学的思索を深め，ひいて将来法律学的労作を遂げることを期待する。ドイツにおいては実務家の著作が多い。

③ 　法律実務家の学問は，日本の法律学者の学問が民法とか商法というように極度に専門化しているのに対し，八宗兼学的に民法も民訴法も他の関連

法規をも同時に総合的に考究する点に特色がある。それは大きな長所である。反面，実務家の学問にもいくつかの短所がある。カズィスティックになり，体系的全体的考察が欠けることがある。学者が一つのテーマを長年追究するのに対し，実務家は継続してテーマを追う例が少ない。また，実務家は学者とくらべ，語学の習得が十分でなく，視野がせまい欠点がある。これら短所を克服するよう努めなければならない。

④　法律実務家は，謙虚に専門家である学者の意見をきかなければならない。しかし，往々にして，学者に対して不必要な劣等感を抱き，学者の学理に盲従し，卑屈になっている例も多い。理論を重んじていると自負する実務家の理論が，実は単なる教科書的見解や大学でたまたま習った学説・知識にすぎないことが少なくない。既往の学説にとらわれず実務のうちに理論をたずね，体系を構築して行くべきである。また，誤った判例批評は少なくない。それには review of review（再批判）をすべきである。

　松田所長が「実務としての法律学」を熱烈に主張されていた頃から約半世紀が経った。この間における実務家と学問の関係，実務家と学者のポジション等についての変遷は，それ自体考究すべきテーマであるがここでは深入りしない。結論的に二つだけ指摘しておきたい。①実務家は学問するようになっている。みずから学問しなくては解決できない新しい難しい事案が多くなってきたからである。その学問は既存の学説を学ぶというようなことではなく，事案に即して事理を究めるという学問である。②戦前のような学説の判例に対する，学者の実務家に対する優位はなくなっている。判例が学説をリードし，学者の多くは，判例に従い，更には判例の解説や整理に終始している。松田所長の期待はかなり応えられているといってよい。

　実務家の学問なしには生まれなかった判例も多いし，実務家の学問的業績も多い。しかし，そういう中でもっとも「実務としての法律学」と呼ぶにふさわしいのは，やはり，要件事実論であろう。それは，もとより民事訴訟法の弁論主義や立証責任等の諸理論や民法その他の実体法上の諸理論と深く結びついてはいるが，そういう個々の理論からだけでは生まれることはありえない。それは，手続法や実体法の諸理論を実務というるつぼの中に入れ渾然一体として作られた理論である。まさに実務から生まれた理論である。また，この要件事実

[随想] 伊藤滋夫さんの喜寿にあたって

論は，もっぱら実務家により作られた理論である。広い意味では，民事訴訟の実務にたずさわったすべての実務家によって作られたといえようが，直接的には司研の歴代の民事裁判教官達が，昭和28年頃から今日まで，要件事実教育を進めるに当たって，その基礎となる理論の探求を脈々と続け，その成果の一端を教材として，あるいは資料として公刊しながら練り上げて来た理論である。それは，もとより，訴訟法や実体法の諸学者の諸説に多く依拠しているが，諸々の説を要件事実論に昇華させたのは実務家である民裁教官達である。

伊藤さんの要件事実法学は，実務家が積み上げて来た要件事実論を集大成し，これを完成品に近いものに仕上げたものである。伊藤さんの要件事実法学の樹立はまさに「実務としての法律学」の輝かしい達成である。心から嬉しく思う。

3 要件事実教育，要件事実論等についての若干の感想――結びに代えて

要件事実についての学習は，入門的段階においては学び易いが，そこを通りこえて更に進むと何をどのようにして学ぶべきかは難しい。

入門的段階は，総論としての基礎理論や基礎的概念の習得と各論としての個別的な問題における要件事実の把握の訓練からなるのが普通である。前者は，民事裁判における事実認定の構造，弁論主義，主張立証責任，主要事実と間接事実等々の諸概念や諸理論の習得であり，後者は，消費貸借，物上請求，不法行為による損害賠償請求等々の各訴訟類型に即して要件事実を把握する訓練である。貸金が支払われないときに貸金返還を請求する，そこで貸金返還請求権が発生すると漠然と考えていたのが，貸金返還請求権は契約当初より発生しており，弁済によって同請求権が消滅するとみる要件事実論的思考に初めて接した司法修習生は，いわばその逆転の思考に驚くとともに惹かれ，熱心に入門的段階の学習に取り組み，短期間に基礎知識を習得し，要件事実把握の能力を身につけていった。この点は，初めて要件事実に接した法科大学院の学生も，先生方も同様であろう。

入門段階を終った後の要件事実の勉強の難しさについては，私自身いつも感じている。

総論についていえば，要件事実論は，立証責任論はじめ多くの理論を基礎と

して成立っている。要件事実論の総論を深く立入って勉強するためには，これら基盤となっている諸理論を学ぶべきことになる。これら基盤的理論のうちもっとも理論として発達している立証責任論をとってみても，立証責任の分配基準について法律要件説，規範説，我が国における最近の通説といえる司研や伊藤説の，諸事項を総合して立証責任の分担の公平を重視して判断するという公平説にいたるまで諸説があり，決め手はつかみにくい。主張責任と立証責任，間接反証，規範的要件の要件事実，付款についての抗弁説と否認説，返還約束説等々割り切りにくい問題が多い。

　各論の勉強には別の難しさがある。各論は各訴訟類型における要件事実の把握であるが，それは結局のところ，民法（実体法）の勉強に帰するから，その学習範囲は無限に拡がる。大江忠弁護士が，「要件事実民法」を始めとして数多くの法律について要件事実を明らかにするという偉業を遂行中であるが，一般にはそのような厖大な作業はできない。

　司法修習を終えた法律家の要件事実との関りについてみると，司研において要件事実教育を受け，要件事実的思考とその技法を一応身につけたあと，多くの者は要件事実の総論を理論的に学ぶということはしなくなるが，当面した個々の訴訟において，要件事実的手法によって，訴訟を進め，書面を作成しているようである。各論については，かなり実行されているといえよう。

　司法修習18期生から23期生の方々の修習40周年記念の会がこのところ毎年続いており，教官だった私も会に出席している。多くの方が，「昔は先生に要件事実でしぼられましたが，今はすっかり忘れました。」というようなことを語りかけてくる。忘れたというのは総論的な理論についてであろう。各論的な運用については必ずしも意識しなくても要件事実論に沿った行動をとっていると思う。

　入門段階より後の要件事実論の勉強は難しいのであるが，多くの司研修了者が実践してきているように，個々の実務にあたって，そこにおいて要件事実は何かということを絶えず考え，それに沿った行動をとって行くことがもっとも実効のあるよい要件事実の学習方法でもあると思う。

　法律実務家は以上のようなことでよいが，法学者，法学教育者はどう勉強すべきか。法律を研究するにあたり，いつも，要件事実的視点からするとどうな

[随想] 伊藤滋夫さんの喜寿にあたって

るかを顧ることが大切であろう。それは訴訟においてこの法律，条文はどう働くかに思いを巡らすことであろう。もっとも法律の研究において抽象論としてそういうことを考えるのも煩しい面があろう。一つのよい方法としては，判例研究，特に下級審の裁判例の研究が，要件事実論の各論の勉強にもっとも有用な方法であろう。判決がその案件で訴訟物をどうとらえているか，要件事実をどう考え，どう表現しているか，それでよいのか等々興味深く勉強して行けると思う。

最後に，要件事実教育・要件事実論の将来についての杞憂について述べたい。

新司法修習制度では，旧制度における司法修習冒頭の司研による集合修習・いわゆる前期修習は廃止され，いきなり実務修習が行われることになり，実務修習のあい間に司研による集合修習がいくらか行われることになった（松阿彌＝高原「新司法修習の概要及び司法修習をめぐる現状」法の支配149号72頁）。新法曹養成制度では，法科大学院が主として要件事実その他従来の前期修習相当部分を担当することになったからである。

法科大学院は，どこでも，要件事実教育に力を入れているし，それなりの成果をあげていることは間違いないが，しかし，従前の前期修習における要件事実教育のあげていた大きな成果に比べると，多くの法科大学院のその教育は遠く及ばないと思う。この問題について以前私は多少論じたことがある（『民事要件事実講座』1巻372頁以下）が，ここで簡単に，要件事実教育として，前期修習が法科大学院に優っていた点をあげてみたい。

第1に，体制的問題として，前期修習の民裁科目は要件事実の学習に明暮れ，集中していた。第2に，司研には50年以上にわたる要件事実教育のノウ・ハウの蓄積があり，教材その他資料がある。第3に，常時多くの教官を揃え，しかも教育にあたっては十分な合議をしていた。第4に，教育を受ける側の修習生は，かなり多くの法学知識とかなりの法学的素養をもち，教育の受容力が高かった。

こういう諸点を考えると，法科大学院の要件事実教育が旧前期修習の要件事実教育に代りうるか，私は疑問をもつ。要件事実教育の劣化にならないかと憂える。

また，前期修習がなくなり，司研が要件事実論の研究に力をいれなくなるこ

とによる要件事実論の深化，学問的発展の停滞をもおそれる。
　私は，前期修習を復活してほしいと思う。しかし，おそらくそれはなかなか難しいことであろうから，法科大学院の要件事実教育，要件事実論研究の充実を願うよりほかない。伊藤さんの主宰されている研究所等の発展を祈りたい。

随想

事実認定と死刑の量刑と
――裁判員制度をにらんで――

髙野　耕一

　裁判官も人間です。そして人によって個性も違います。この平凡な事理をよくわきまえませんと、往々、裁判官及びその判決への過剰な期待と深刻な失望の振幅に悩まされかねません。

　そこで、2000人を超す裁判官の一人に過ぎなかった私自身が、往時、関与した判決の二、三を振り返り、それにまつわる思い出などを随想風に記して、ご参考に供したいと存じます。

　ただ、本来、「随想」ですから、思いのままに筆を走らせていい筈ですが、本論文集の基本的なテーマに出来るだけ添うように、「事実認定」の問題と「死刑の量刑」の問題とをとりあげることにしました。そして、これらの問題を扱う職業人としての裁判官と、一市井人としての裁判員との立場の対比にも触れてみました。

　以上の次第ですから、本随想は、もともと裁判官に向けられたものではなく、むしろ、「裁判員制度」に多少なりとも関心のある一般知識人の方々を、主たる語り相手と考えております。裁判員制度自体を論題とするのではありませんが、それを絶えず意識の隅におくという意味で、副題に「裁判員制度をにらんで」とした所以です。

一　事実認定ということ

　民事であれ刑事であれ、およそ裁判での事実認定の重要性については、今さら喋々するまでもありません。

　実際、私の36年間の裁判官生活のうち、第一線の民事・刑事の裁判に携

わった約20年間を振り返ってみますと，法律問題に悩んだ記憶は，勿論，無くはありませんが，数えるほどしかないというのが偽らぬところです。それはもとより，私があらゆる法律問題に精通していたからでは毫もありません。敢えて言えば，判例や学説によって踏み固められた分野を大きく超える未開拓の分野の法律問題が，第一線の裁判に登場するのは，極めて稀だからではないでしょうか。

それにひきかえ，事実認定の問題は，民事裁判の殆どで先ず争われると言っても過言ではなく，とくに刑事では，しばしば有罪か無罪かを分かつ決定的な難問となりますし，民事でも，真偽いずれか不明の場に立たされて往生することがありました。

その意味で，私が裁判長として関わった実例を，民事，刑事各1例ずつ紹介します。いずれも控訴審判決です。

1　民 事 事 件

この事件の控訴審判決は，やや不正確なきらいがありますが，次のような見出しによって紹介されたものです。

「夫婦間の不和の主たる原因は夫の母親の嫁いびりにあるとして，婚姻破綻を認めず，夫からの離婚請求を棄却した事例」（判タ739号197頁）

一審は，かなりあっさりと，民法770条1項5号の離婚事由にあたる夫婦関係の破綻を認めて，離婚認容の判決を下しました。しかし，控訴審は，一旦はほぼ同じような心証で結審したのですが，判決作成過程で記録を精査すればするほど，この婚姻関係の特異性に気付くようになりました。そこで，弁論の再開をして先に不出頭のため却下した証人を出張尋問までして取り調べました。そうしてとうとう，「その婚姻関係は回復不可能とまで言えるかどうか」について，「判断に苦しむ」という心証状況に立ち至りました。理由は，詳細な事実認定により，多岐にわたりますので，判決文を見ていただくほかはありませんが，その中の一つに，次の如く述べているのが注意を惹くでしょう。

「当審における累次にわたる口頭弁論，証拠調べの全過程を通じて，当裁判所は，控訴人（妻）と被控訴人（夫）間に，通常控訴審にまで至った離婚事件の当事者間にみられる定型的ともいえる一種の緊張関係が遂に感得されなかった。より直截に言えば，○○（夫の母）といういわば遮断幕のあちらとこちら

[随想] 事実認定と死刑の量刑と

で相互に非難しあっているのではないかとの心証を払拭しきれないのである。」
　ここに「遮断幕」とは，控訴人と被控訴人との交流を妨げる障碍の一要因というほどの意味あいで，この事実認定もさることながら，控訴審法廷におけるこれらの者の挙措動作からも，破綻の認定をためらわせる心証をもったことがうかがえましょう。この後者は，いわゆる「弁論の全趣旨」（旧民訴法185条，民訴法247条）という，裁判官が自由に心証を形成するための材料ですが，ここまでふみこんで説示したのは稀かもしれません。
　いずれにせよ，この事件は，「婚姻破綻の証明はつかない。」として，一審判決を取り消し，被控訴人の離婚請求を棄却したのでした。
　なお，私は本件の控訴審判決で，人事訴訟という職権探知主義の法理が支配する領域にも，証明責任の法理が通用することを示したつもりなのですが，措辞不十分のせいか，そのような観点からの紹介は見当たりませんでした。
　民法770条1項5号の「婚姻を継続し難い重大な事由があるとき」という離婚原因は，第2項によって左右されませんから，婚姻関係が破綻してその回復の見込みが望めない状態にあることを意味し，これを一口に「破綻」とも言います。この「破綻」の認定は，一見たやすいようですが，考えれば考えるほど難しいものです。言うまでもなく，夫婦の間柄というのは，複雑，微妙ですから，離婚といういわば「死体埋葬許可証」を，裁判官は容易に発行してはならない筈です。そこには，一般的な社会常識のほか，精神医学や心理学等のいわゆる人間関係諸科学のある程度の知識も必要となりましょうから，法律家としての裁判官には，本来不得手な領域と言えばいえるでしょう。それにもかかわらず，裁判官は職責上，その破綻の究明に努めなければならないのですから苦労するわけです。
　私には，36年間の裁判官生活の最後の言い渡しとなったこの判決は，この種事件については一般の裁判官に比べて，格段の知識と経験を持っていると内心ひそかに自負していただけに，私の裁判官としての未熟さのみならず，人間としての洞察力の無さに，内心忸怩たる思いを禁じえませんでした。私は，判決の主たる理由としては，証明責任の法理に頼り，しかも，仮に「破綻」があるとしても，有責者の離婚請求だから認められないという予備的な理由（確定

的な判例法理）を加えて，請求棄却の結論に導くという，いわゆる「つっかい棒判決」でかわすよりほかはなかったのです。その日は，何か祈るような気持ちで，判決を言い渡した記憶があります。

　ちなみに，この上告審判決は，次のように述べています。「所論の点に関する原審の事実認定は，原判決挙示の証拠関係に照らして肯認することができ，右事実関係のもとにおいて，上告人，被上告人間の婚姻関係が回復の見込みがない程度にまで破綻するに至っておらず民法770条1項5号所定の離婚原因があるとは認められないとした原審の判断は，正当として是認することができ，その過程に所論の違法はない。論旨は採用することができない。」と。

　つまり，最高裁は，このような，"準例文的判決"のかたちをとって，控訴審判決の主たる理由を容認したことは明らかです。ただ，証明責任による帰結まで賛同したかどうかは，私は賛同してくれたと思うのですが，評者によって意見が分かれるかもしれません。一つ付け加えておきたいのは，「家裁月報」（42巻6号25頁）です。それは，この控訴審判決を，有責配偶者からの離婚請求が認められなかったという，本判決の予備的理由の事例と紹介したからです。私はただ唖然とするばかりでした。しかしこれも，"つっかい棒判決"のたたりだったのかもしれません。

　夫婦関係がこわれてしまっているかどうかは，一見市井の非法律家の方が，見届け易いかもしれません。ただ易しそうにみえる事実認定にも深い闇があることを，この事例は教えてくれたのでした。

2　刑事事件

　この事件の公訴事実の要旨は，「被告人は，氏名不詳の者数名と共謀の上，〇年〇月〇日の〇時分頃，〇〇市〇〇番地先路上において警備の任に当たっていた〇〇警察警備隊所属の巡査部長某（当時49年）を殺害せんと企て，同人を捕捉し角材，旗竿で殴打し，足蹴りし，顔面を踏みつけたうえ，火炎瓶を投げつけて焼く等の暴行を加え，よって右警察官を前記日時頃，前記場所において，脳挫傷等により死亡させて殺害した」というのです（判タ345号321頁）。

　一審，二審を通じて，事実認定上の最大の争点は，「火焔びんの炎の中に包まれている被害者（警察官某）を炎の中から被告人が1ないし2メートル引きずり出したこと」を「否定し難い事実」であるとした上で，その後なおかつ，

[随想] 事実認定と死刑の量刑と

　被告人が被害者の身体を踏みつける行為をしたのか，それとも，周囲の路上の火を踏み消す行為であったのかということでした。というのは，前者とすれば，被害者を殺害する殺人行為に通じ，後者とすれば，消火による被害者の救助行為に帰するからです。まさに天と地，否それ以上の違いを意味し，事実認定の正念場と言えましょう。

　結論は，一審も二審も，後者即ち救助行為と認定したのでした。二審では，現場の状況を撮った16ミリフィルムを，真暗にした法廷で，何回も映し直して，心証をとる努力を重ねました。その結果は後者に傾いたのですが，決定的とまでは言えず，他のもろもろの間接証拠との積み重ねによる総合的な推認をまたねばなりませんでした。

　と言うのも，この推認を妨げるような間接事実も幾つかあったからです。その中の一，二をあげれば，本件問題の足踏み行為の直前に，被告人が被害者の腰部付近を足蹴りしている証拠写真があり，また，直後には，被告人が機動隊に向かって，「犬だ，殺せ」と叫んでいることが証言によって認められたのでした。

　この前者について，二審判決はこう説示しています。「思うに，生身の人間が焼かれるという異常にして酸鼻な光景を目撃した場合，たとえ数分前数秒前に激しい暴行をしかけた覆面姿の者といえども，一瞬呆然となり，そして我にかえったとき，その意思と行動が，被害者のための消火救出に向けて奔出し，周囲の空気もそのように一変したと考えることは，決して経験則に反することではない。まして，後述のとおり被害者が炎に包まれる前のたった一回の足蹴り行為に及んだとしか認められぬ被告人が，他の者に率先して，炎の中から被害者を引きずり出し，消火行為に挺身したとしても，不合理，不自然のかどはないといわなければならない。」と。

　また，後者については，すでに機動隊がデモ隊を制圧したあとの状況下であって，「平素警察権力ないし機動隊員に対する反感を持っている者が，強力な警察権力の行使を目の前にして，その感情を爆発させ，激しい言葉で野次ったものとみるのが自然であり，被告人の右言動をもって，被告人において機動隊員を殺害する動機，原因があったとするには，なお，論証不足といわざるを得ない。」と判旨したのでした。

このいずれの認定・判断も，裁判官の有する「経験則」が大きく作用していることは明らかです。「経験則」とは，「日常の経験上，世上一般に認められている事実の判断に関する法則一般の総称」とされています。裁判における事実認定には，平たく言えば，間接事実と経験則を的確に使いこなすのが要諦です。そして，経験則とは，鑑定によって補うことができますが，とどのつまりは「常識」ですから，「事実認定は『常識に基づく判断』である」とも言われるのです。

　したがってそれは，法律職である裁判官の専売特許の領域ではありません。本来的には，普通の人なら誰でも手の届く世界です。ただ，裁判である以上，主観に偏らぬ「公平」の心は不可欠であることを銘記しなければなりません。このケースでも，機動隊だ，デモ隊だとか，被害者が可哀想だとかといった思い入れがあると，上記のような経験則をもってこれたかどうか疑問です。事実認定が，難しいようで易しく，易しいようで難しい所以はそこにあります。そして，裁判官が，事実認定上，裁判員と拮抗する場面があるとしても，最後にものを言うのは，この裁判官の職業倫理としての「公平」の心であるに違いありません。

　ちなみに，この事件には，法律問題として，検察官の有する訴因変更権についての刑事訴訟法上の難問が控えており，その解決には，裁判官といえども並大抵の仕事ではありませんでした。本判決のある解説者の判事は，「検察官の訴因変更請求を裁判所が拒否できる場合があるのか，あるとすればどのような場合かについては，これまで裁判例もなく学説にも見るべきものがないので，恐らく，本判決がリーディングケースになるであろう。」と評しました。本判決は上告なく完全無罪が確定しました。

　顧みますと，難しい事実認定を要する重大事件には，往々難しい法律問題が随伴し勝ちです。法律に素人の裁判員については，前者は乗り越えられるとしても，後者の理解と克服には並々ならぬ努力が求められることになるでしょう。

二　死刑の量刑について

　ここに紹介する一審死刑事件の控訴審判決の事実認定は，上告審がその判決にまとめていますが，次のようなものです。

［随想］　事実認定と死刑の量刑と

「被告人は犯行当時心神喪失又は心神耗弱の状態になかったとした原審の判断は，原判決挙示の証拠及びその説示に照らし，正当として是認することができる。また，本件は，妻に家出された被告人が，妻の父母姉弟らが，妻を逃避させているものと思い込み，妻の身内の者らを皆殺しにしてその住居を焼き払おうと決意し，稼働していた大阪市をたって妻の実家のある〇〇県〇〇市に赴き，その途中刃体の長さ約 26 センチメートルのステンレス製料理用包丁 1 本及びガソリン約 27 リットルを買い求めたうえ，ガソリンを妻の実家付近の藪に隠して置き，包丁を隠し持って同家を訪れ，4 日間同家に泊り込んで機会をうかがい，深夜一家の者が寝静まったところを見計って，順次，妻の弟，母及び父を突き刺し，よって弟及び母を即死させ，父に重傷を負わせ，逃走中窃盗を犯したものであって，犯行の動機，計画性，態様，犯行後の状況，被害者遺族に与えた打撃，犯行の社会的影響などを考えると，被告人に有利な事情をすべて参酌しても，被告人の責任は重いものといわなければならず，原審の維持した第一審判決の科刑はやむを得ないものとして，当審もこれを是認せざるを得ない。」（裁判官全員一致の意見，最判三小昭 52・4・26）

この事件の控訴審（上告審判決にいう「原審」）の裁判長として関わった私の記憶では，心神喪失ないし心神耗弱の点（実は，この点は，とりわけ今後裁判員制度下の裁判にとって難しい問題をはらんでいるでしょう）を除く上記の事実関係については，格別の認定上の困難はありませんでしたが，心労はふつうではありませんでした。

話は余談になりますが，先に述べたとおり，私の第一線の裁判経験は，民事，刑事あわせて約 20 年間ですが，そのうち刑事裁判はほぼ 3，4 年にすぎません。しかし，本件の刑事事件を担当した控訴裁判所での僅か 2 年の間に，一審が死刑判決であった控訴事件が 3 件もあり，いずれも私が裁判長として判決を言い渡したのでした。純粋に刑事事件ばかり 20 年 30 年とやった裁判官でも，死刑事件は滅多に取り扱わないと言われますから，私の場合は不思議なめぐりあわせというべきでしょうか。3 件のうち，2 件は，それぞれ理由があって無期懲役に減刑しましたが，残りの 1 件がこの事件で，一審死刑の判決を維持して，被告人からの控訴を棄却したのでした。端的に言えば，死刑を是認したのです。

控訴審は，事実審としては終審とされていますから，慎重な上にも慎重な事

実審理を常としますが，中でも，一審死刑判決事件の審理，判断はまた格別です。先に挙げた無期懲役に減刑した2件のうち，1件の場合は，一審とは様変わり，公判廷で被告人は全面否認に転じました。そこで，控訴審では，控訴趣旨の範囲を逸脱してまでも，事実審理を徹底的にやり直したことでした。

ましてや，一審死刑維持の判決をするときは，並々ならぬ緊張を強いられます。恐らく並の神経ではなかったのでしょう。この事件の判決を言い渡した夜は，異常でした。宿舎のトイレの蛇口から落ちる水滴の音が，私には，あたかもお寺で木魚を叩く音に聞こえたものでした。のみならず，更に言えば，私は，この判決をその後30年間いわば封印してきたのでした。かえりみる機会はありましたが，そうすることが出来なかったのです。

先頃，団藤重光先生が，「死刑廃止なくして裁判員制度なし」と新聞で語られました。私は昔大学で，若かりし団藤助教授から刑事訴訟法の講義を聴いた者ですが，誠実な先生の印象は少しも変らないと思いました。そして私は，この発言の結論に賛意を表したくなったのです。ただ，先生は，その牢固たる死刑廃止論に由来するのでしょうが，私は私の経験に由来するいわば実感なのです。

つまり，あの一審死刑を維持した控訴審判決を言い渡した夜の木魚の音と，それから30年間のあの判決の封印という，いわば異常心理の経験から言うのです。ふつうの会社員やクリーニング屋のおやじさんといった一市井人の裁判員を，このような心理状況に置きたくないからなのです。もっと端的に言えば，それは一市井人には酷であり，これに耐えろというのは無理だろうからなのです。そしてその赴くところは，死刑の評決を避けるという心理に通ずるだろうからです。論者も，「一般人が死刑か無期懲役かを選択しなければならないということになると，無期の方へ下がる人の方が多いのではないか」と憂えています。また，そうでなければ，先に触れました「公平」の心のバランスを欠いて，遺族やジャーナリズムからの，いわゆる「世論」の極刑論調に，押し流されるおそれがありましょう。いずれにしても，「理」より「情」に傾きやしないかと危惧されるのです。もっとも，もともと，死刑の是非は，根源的には「情」の問題かも知れませんが。

では，何故，お前は，死刑判決を維持し，かつ，それに耐えられたのかと問

［随想］ 事実認定と死刑の量刑と

われるでしょう。それは，一口に言えば，「裁判官」だったからなのです。次の言葉で代弁してもらうほかはありません。

　ドイツの有名な法哲学者 G. ラートブルッフは，こう述べています。少し長い引用になりますが，御容赦下さい。

　「法がその内容に於て如何に不正に形づくられて居らうとも，それは，既にそれが存在するといふことによって，不断に，一つの目的，即ち法的安定性といふ目的を実現してゐることが明らかにされた。従って，裁判官は，法律に対して，その正，不正を顧慮することなく奉仕するものではあるが，それにもかかはらず，勝手気儘な意志の偶然，的なき目的に奉仕するものではない。彼は，法律が欲するといふ理由で，正義の奉仕者であることをやめる場合にも，なほ依然として法的安定性の奉仕者なのである。われわれは，自己の確信にそむいて説教する牧師を軽蔑する。しかし，われわれは，自己の抵抗する法感情によって，その法律への誠実さを惑乱されることのない裁判官を尊敬する。蓋し教義は信仰の表明としてのみ価値を有するが，法は正義の沈澱物としてのみ価値を有するものでなく，法的安定性の保証としてもまた，価値を有するものであり，特にかかるものとして，裁判官の手中に与へられてゐるからである。正しい人は，単に法的に即ち単に法律に忠実な人よりも尊い。しかし，われわれは，『法的』裁判官といはずに，ただ『正しい裁判官』といふのがつねである。なんとなれば，法的裁判官は，まさに法的裁判官であることによって，否そのことによってのみ，既に同時に正しい裁判官であるからである。」（横川敏雄訳）

　しかし，このような，「裁判官」という職業に内在する宿命と特権とでもいうべきものを，一市井人に期待するのは，もともと無理というべきではありますまいか。

　とすれば，裁判員は，死刑か否かの評決を前にして，どこに立つ瀬を求めたらいいのであろうか，同情を禁じ得ないのであります。

（以上）

（余録）
　団藤先生のさきのテーゼは，「死刑廃止なくして裁判員制度なし」ということでした。

ところで，論者によれば，死刑問題への問の有り様は，「何故，死刑の存続が許されるのか」ではなくて，「何故，死刑を廃止できないのか」であるということです。この後者の点は，最近の世論調査で，死刑存置論者が国民の81パーセントに上るとされる我が国では，とくに深刻であると言わなければなりません。

　この問に対する何らかの回答のヒントを，最近思わぬところで得られたような気が致しました。今年の2月，歌舞伎座で「忠臣蔵」の七段目を観ていましたときに，ああこのモチーフは，「仇討ち」の美化だなとあらためて思ったのです。そして恐らく，現代の日本人のDNAの中には，この心情が広範に流れているのではないかということです。

　「仇討ち」の美化の典型は，「忠臣蔵」です。そして，日本の国民が最も愛好する演目は「忠臣蔵」にほかなりません。

　もし，日本人の多くが死刑維持に同調する心情の底に，応報感情があるとすれば，それは「仇討ち」の肯定に通じます。したがって，象徴的には，「仇討ち」の美化，つまり「忠臣蔵」を愛好する心情が死刑維持の論を支えていると言ってもおかしくないでしょう。

　それ故，さきの団藤先生のテーゼを一歩踏み込んで言い換えれば，「忠臣蔵の廃止なくして裁判員制度なし」ということになりましょうか。

随想

伊藤君の要件事実論事始の頃

武藤　春光

　法科大学院の制度が出来るようになってここ数年，要件事実論の研究が俄かに盛んになり，多くの著作も発表されるようになった。暫く前に，要件事実の裸踊りでは訴訟は解決できないと声高に唱える人が多くいて，要件事実の重要性を説くと白眼視される時期があったことを思うと，隔世の感がある。
　しかし，法律実務家にとって，裁判官であれ，弁護士であれ，具体的に民事訴訟を進めて行く上で，要件事実の理解が必須であることは論を俟たないところであるから，要件事実論隆盛の最近の傾向は大変喜ばしいことである。

　ところが，雨後の筍の如く出てきた類書をみてみると，必ずしも満足できるものばかりではない。その中にあって，伊藤君の数冊の著作は，初心者向けの啓蒙書タイプのものも，上級者向けの研究書タイプのものも，群を抜く好著であるといえよう。これは，伊藤君が，永年のたゆまない研鑽によって，要件事実論の専門家となり，既に大家の域に達していることを示すものであると思う。

　そこで，伊藤君がこの道に入るきっかけを作った者の一人として，同君の要件事実論事始の頃のことを二，三記して，責めをふさぐこととしたい。

　要件事実論の研究は，戦後に司法修習制度が発足して間もなくから，永い間，司法研修所の民事裁判教官室で民事裁判教官の合議という形で行われていた。そして，それだけがこの分野でのわが国で唯一の研究者集団であった。そのほかに，大学の民法や民事訴訟法の研究者や実務法曹の間で意識的に研究される

ということはなかったし，したがって，研究の成果が発表されるということもなかった。僅かに，ローゼンベルクの名著『証明責任論』（倉田卓次訳）が翻訳されていたが，わが国の民法の条文についての要件事実の研究は皆無であった。

そういう状況であったから，要件事実論の研究者のいわばプロは，民事裁判教官経験者に限られていたといってよいであろう。しかし，学問でも芸事でも同じであると思うが，その道で上達するには，ある程度の，対象に関する能力と対象に対する興味の強さと修行年限の長さが必要であり，この3要件が揃ってはじめていわばトッププロになれる訳である。

この観点からすると，要件事実論の最初のトッププロは，吉岡進先生であることに誰も異存はないと思う。先生は，極めて優れた論理的能力と記憶力を兼ね備えておられたし，要件事実論に対しても戦前派の教官の中では珍しく意識して興味を持たれていた上，9年間も教官をされて4期から13期までの修習生を教えられた。

その上，有難いことに，先生は，司法研修所報（26号164頁以下，昭和36年3月）に，「民事訴訟における要件事実について　第一部民法総則」という論文を発表されて，民法総則の主要条文の要件事実に関する解説をして下さった。この論文は，わが国における要件事実論の最初の専門的論文というべきものである。これは民事教官室の名前で発表されており，確かに，それまでの民事裁判教官室における合議の成果を示したものであるが，執筆者は吉岡先生であり，当時，司法研修所付判事補として，民事裁判教官室の合議に参加を許されていた筆者の経験からすると，その中心的思想は吉岡先生の考えである。

吉岡先生のあとで，民事裁判教官としての修行年限の長い者は，2回に亘って合計13年間教官を務めた筆者である。しかし，筆者のことは暫く措くこととしたい。筆者としては，吉岡先生の要件事実論を受け継ぎ，幾分かそれに磨きをかけて，後輩の皆さんに伝えたつもりである。

筆者のあとで修行年限の長いのは，伊藤君であり，民事裁判教官を2回合計

［随想］　伊藤君の要件事実論事始の頃

8年間務めている。しかも，伊藤君は，研究能力も充分にあるが，何よりも要件事実に対する興味の強さは，筆者はもちろん，吉岡先生をも凌ぐものがあり，トッププロの要件を完全に備えている。

しかし，どんなトッププロでも，最初はビギナーであったのであり，伊藤君も最初からトッププロであった訳ではない。法律実務家は皆，修習生時代に，司法研修所で要件事実論の初歩を学ぶ機会があり，卒業後は，裁判官または弁護士としてそれぞれのやり方で適宜事件を処理しているが，要件事実論を理論的ないし体系的に研究する時間や機会を持つことはほとんどないであろう。裁判官の場合も，実際問題として，要件事実論を研究する時間と機会を持つのは，民事裁判教官に就任して，教官室の合議に参加するときである。つまり，新任教官になったときが，その人にとっての要件事実論事始の頃なのである。

筆者が2度目の教官として勤務した昭和50年から57年ころは，教官室の合議には2種類あった。一つは，教官の本務である講義についての合議である。講義は，実際の民事訴訟事件の記録を教材として使うのであるが，その記録は教官が全国を回って適当そうなものを集め，その中から合議で厳選して，例えば，これは前期の3回目の起案に使おう，という具合に決める訳である。多くは，かなり複雑な事案の事件であるが，その記録についてこの事件の訴訟物は何で，請求原因は何でその要件事実はこうだ，抗弁はこうだ，再抗弁の主張はあるが主張自体失当ではないか，というような具合に，要件事実論のアルファーからオメガについて合議する。

もう一つは，教官としてはエキストラワークであったが，民法の主要条文について要件事実を研究する合議である。そして，少しずつでも合議がまとまる毎に，その成果を，前述の吉岡先生の「民事訴訟における要件事実について」の例にならって，その続編でもあり新版のつもりで，発表していた。しかし，今度の題名は，「民法における要件事実について」としたが，それは，要件事実論は，民事訴訟の解決に役立つための理論であるが，本来，民法の解釈論なのだという考えからである。また，民事裁判教官室に蓄積された理論は，代々の教官全員の合議の結果であるから，外部に発表するときは，個人名を記さないで，民事裁判教官室の名義とした。

合議は教官全員の 10 人でやるが，皆ひとかどの裁判官であるから，それぞれの意見があり，甲論乙駁という状況で鋭い見解が述べられることが多かった。また，「Ａプラス Ｂ」とか「せりあがり」などという，当時は教官室の中でだけ通用していた用語を使って討論するものだから，新任教官は，来て暫くは，教官室の合議で先任教官たちの議論を聞いても充分には理解できず，誰かが比喩的に言ったように，いわば飛行機による空中戦を地上から眺めているようなものでなかなか戦いに参加することができない，とこぼすのが常だった。新任教官は，地裁の裁判長か右陪席クラスの中から優秀な人が選ばれて来るのが常であるが，それでも要件事実論の研究者としては初心者というほかはなかった。しかし，半年もすると，多くは，要件事実を議論することに慣れかつ面白くなってきて，積極的に空中戦に参加して合議で活躍するようになるのだった。実際に，合議が人を育てるのを毎日目の前で見ていたものである。

　こういう具合で，伊藤君も，新任教官の当初は，要件事実論の研究者としては初心者であった訳である。なにかの折に，伊藤君自身が，新任教官の頃の思い出の一つとして，合議でこんなことを言って笑われた，と述懐していたことがあったが，詳細は忘れてしまったけれども，いかにもありそうな話で面白かったことを覚えている。

　また，伊藤君は，「書斎の窓」(1999.1・2 号 21 頁) に，教官時代の合議の様子を次のように描写している。
　　ある理論的に優れた先輩は，具体的な事例について討論をし，一向に意見が一致しそうもないときに，一見全く関係のない事例をよく持ち出してきた。当方は，それは，いま議論している極めて決断のしにくい複雑な事例とは，およそ無関係で，結論の分かれようもない簡単な事例のように思え，あっさりその先輩の意見に同意すると，それで当面の議論に勝負あったということになるのが常であった（もとより私の「負け」という形で）。その先輩は，このように一見異なったように見える複数の事例に共通する本質的問題点を苦もなく見抜く力を備え，複雑そうに見える当面の問題の表面をはぎ取ると，そこには簡単な問題と同じ本質を持った事柄が隠れていることを，私にしばしば教えてくれたのであった。そうし

［随想］　伊藤君の要件事実論事始の頃

　た一見無関係のように見えて，本質的には同質の問題を含む他の事例をいわばイマジネーションの力を借りて瞬時に思い浮かべて，事柄の本質に迫るという芸当をしばしば見せてくれたのである。これは決して容易なことではない。そのためには，論理的な力というよりは，むしろ一種の直感的な洞察力といったものが重要である。以来，私は，好んで言うことにしている（もとより学生に対してもときに応じて）。「優れた法的思考をするためには，優れた想像力が極めて重要な役割を果たす」と。

　伊藤君によれば，この先輩というのは，筆者のことだというのであるが，筆者とて，始めからこんな具合にやれた訳ではない。伊藤君が新任教官として見えた時，筆者は既に教官として7年の修行年限を過ごしていたから，来たばかりの同君の眼にはこんな具合に写ったのであろう。伊藤君も，上席教官として2度目に勤務したときは，同じように合議をリードし，新任教官からは同じように思われていたことであろう。

　しかし，伊藤君は，要件事実論に取り憑かれたといってよいほどに興味を持ち，「こんな面白いことってあるんですか」と言いながら，持ち前の熱心さで研究し，たちまち初心者の域を脱してしまった。合議では，誰の意見でもすぐ理解し適切な賛成論または反対論を述べていた。何回か経験したことであるが，伊藤君は，合議で筆者の見解を聞き，たちまちそれを理解し，それに賛成できると考えたとき，他の教官に対して筆者よりも巧みにかつ熱心に説明して説得したことがあった。筆者としては，後輩教官諸氏に対して，吉岡先生から伝えられた要件事実論の正統と考えるところを伝えることに努めたつもりであるが，伊藤君と筆者とは，要件事実論の基本的考え方において似たところがあったように思う。

　また，こういうことがあった。そのころ，教官室では，囲碁の愛好者が何人かおり，伊藤君は誰かから手ほどきを受けて，囲碁の魅力のとりこになり，「こんな面白いゲームがあったのか」というほど一時は熱中したことがあった。しかし，暫くして，ふっつりと止めてしまった。同君は，その理由について言

葉を濁していたが，囲碁の面白さを知るにつれて，これに溺れると，要件事実論の研究の時間が奪われると思い，二者択一で，囲碁を捨て，要件事実論を取ったということのようであった。賢明かつ果敢な決断であったというべきであろう。

　筆者は，昭和57年に研修所から転出するにあたり，2年前に東京地裁に転出していた伊藤君を後任の上席教官に推薦した。上席として適任と思っただけでなく，要件事実論の研究者として更に研鑽する機会を提供したいと考えたからである。さいわい，これが容れられて，同君はトッププロへの道を歩むことになったのである。

　最後に，要件事実論の研究の将来について，一つの希望を述べておきたい。
　先に，トッププロになるための3要件を挙げたが，それは基本的要件であって，それだけあれば誰でもトッププロになれるわけではない。そのほかに，実務の経験と合議の経験が極めて有益であることを強調したい。伊藤君の場合も，実務と合議の豊富な経験こそが，今日の同君の基礎を形作っているのである。
　近時，上述したように，大学における民法または民事訴訟法の研究者が要件事実論に真剣に取り組んでいることはまことに喜ばしい現象であるが，それらの人の著作を読むと，成る程と感心させられる見解がある反面，これは実務ではどうかなと首を傾げる意見も見られる。後者の現象は，研究者の多くが実務の経験も合議の経験も持っていないことによるもののように思われる。法律学は，医学と同様に，実学であり，訴訟で実際に役に立つ学問でなければならない。
　そこで，大学の研究者が，裁判所に数年間勤務する一種の国内留学制度の創設を提案したい。裁判官や検察官が弁護士経験を積んだり，行政庁や私企業に出向することなど，かっては考えられなかったことが，既に制度として定着して成果を挙げていることが大いに参考になる。この裁判所留学制度が実現すれば，その留学経験を持った大学の研究者の要件事実論の研究の精度は飛躍的に向上するものと考えられるし，それらの研究者の中からも伊藤君のような要件事実論のトッププロが出てくるものと思う。

随 想

民法教育と要件事実教育の連携ということ

山﨑　敏彦

　法曹養成教育の中核を担うものと期待されて法科大学院がスタートしてから5年が経とうとしている。ひろく参入を認めるという仕組みのもと，自発的創意に基づき個性に輝く法科大学院たろうとして申請をし，設置を認められた法科大学院は，それぞれが，期待される「国民の必要とする質と量の法曹の確保・向上」に与ろうとの明確な意志をもって法曹養成教育にあたっている。わたしの所属する法科大学院においても，建学の精神に立ち，小規模法科大学院の一つとして，優れた資質・能力に恵まれた，多様な学生を迎え，よき法曹教育を実践し，社会に対し優しい眼差しを向け，私益のみならず公益にも大いに貢献しようというこころを持ち，国際的センスに恵まれた，個性あふれる法曹を輩出するという社会的使命を着実に継続的に果たしてゆきたいと，日々努力してきているところである。

　ところで，法科大学院は，いま，その数74校，入学定員は全体で5800名に及ぶのに対して，新司法試験合格者数は2000名ほどでしかないというなかで，その「乱立」と「過大な入学定員」が語られている。基本的な知識・理解が不十分な修了者がみられるとの批判がなされ，弁護士を中心とした法曹人口を大幅に増やすことが改革の方向であったにもかかわらず，増員のペースダウンを求める主張が声高になされてもいる。資格試験ではなくなってしまった新司法試験の合格率が33％程度にとどまり，しかも未修者の合格率が既修者に比べ低いとなると，優秀な社会人経験者にとって法曹を目指すことが難しくなる。適性試験の得点が著しく低いものの入学が認められ，適性試験は選抜機能を有しなくなっている法科大学院もあるとの批判もある。「入学定員の削減」，「厳

格な成績評価・修了認定」が法科大学院に強く求められるゆえんである。

中央教育審議会大学分科会法科大学院特別委員会は，今年9月末に，「法科大学院教育の質の向上のための改善方策について（中間まとめ）」を明らかにした。この「中間まとめ」は，新しい法科大学院制度について，総体としてみれば，期待された役割を果たすため多くの法科大学院において理論と実務を架橋する教育課程の整備が着実に進み，法科大学院を修了した司法修習生の素質・能力も従来に比べて遜色がないばかりか，法情報調査能力が高いこと，コミュニケーション能力が高いこと，実務に有用な多様な分野について学識を有していることなどの優れた面がみられると指摘している。しかし，他面で，基本的な知識・理解，論理的表現能力の不十分な修了者が一部にみられること，各法科大学院における法律実務基礎教育の内容にバラツキがあることも，合わせ厳しく指摘している。こうした認識のもと，各法科大学院は，入学者の質と多様性の確保，修了者の質の保証，教育体制の充実，質を重視した評価システムの構築にかかわり積極的な情報公開の促進につき，改善方へのすみやかな取組みを求められている。

かような改善に向けた取組みが司法制度改革にとって必要なことであり，むしろ，法科大学院はみずから率先し，自律的に創意をもってことにあたるべきはもちろんであるが，小規模法科大学院に属している教員にとって，これが大きな負担となり，理論と実務を架橋する日々の教育実践，そしてなにより研究が思うに任せなくなり，なかなかに深刻な問題である。しかし，小規模校は小規模校なりに，個性溢れる教育をして，多様な法曹を社会に輩出してゆくことを社会的な要請と考える以上，そうした弱小・非力な法科大学院が淘汰されていくのは，自然の流れであるなどとの論評を受けるのは口惜しいことである。これは，法科大学院の理念に忠実すぎて合格者があまり出せない法科大学院において，「実績が振るわない大学院に学生が集まらなくなり，淘汰（とうた）されていくのは自然の流れ」などといわれるのと同様である。ここでは，むしろ，上記した社会的使命をはたすために，法科大学院教員は，ジレンマ，トリレンマのなかで，歯を食いしばって，バランスよく法科大学院に身を投じようということをこそ願うものである。

こうした状況のなかで，法科大学院教員であるわたしにとって，もっとも元

[随想] 民法教育と要件事実教育の連携ということ

気のもととなるのは，講義（1年次生向け債権各論），演習（主に「ケースブック要件事実・事実認定」を使った3年次生向け設例課題演習），自主ゼミ（とくに，1年次生に求められて参加している正課外のゼミ）において，学生と接することである。学生は，とくに，民法を専門とするわたしが「要件事実論的要素」を話題にしたときに，本当に大きな関心を示してくれる。これは，わたしにとって大きな喜びである。「要件事実を学び，民法の各条文を当事者の攻撃防御を意識しながら読み直すことによって，いままで漠然としか理解できなかったものが，具体的なイメージをもって自然と頭に入ってくるようになりました。また，判例理解も格段に深まったように感じます」，「要件事実論の基礎的な考えかたを理解したあとは，民法及び民事訴訟法などの基本法の理解が進んだように感じました」，「要件事実の勉強によって，民法など実体法の概念の理解が非常に深まったと思います」というのである。「要件事実論の話を聴いて目からウロコが落ちました」，と端的に述べるものもいる。これは，2年次に民事実務基礎を教える教員の満足や喜びを少しだけ減殺するものとなっているかも知れず，済まないような気もしている。

ところで，わたしにとって「要件事実論」との出会いは，伊藤滋夫先生も執筆されている「要件事実と実体法」と題するジュリストの特集号（869号，1986年）に接したことであった。学部教育の比較的早い時期に研究者を志したわたしにとって，この特集との出会いはまことに衝撃的といってよいものであった。その後まもなく，伊藤先生ほかが監修された『民法注解財産法1民法総則』において，時効の援用ほか（民法144条ないし146条）について書かせていただいた。このことは，いまは亡き遠藤浩先生がもたらして下さった僥倖とありがたく思っている。送られてきた『民事訴訟における要件事実第一巻』，さらには司法研修所民事裁判教官室「民事訴訟における要件事実について」司研論集72号などを熟読して（したつもり），いろいろと考えさせていただいた。当時ロンドンで在外研究中であったわたしに対し，伊藤先生から，こうこう書いてあるが違うのではないか，よく考えてほしいとのご叱咤が届いたこと，それに基づきいろいろと検討させていただいたことを，今でも懐かしくかつほろにがく思い出す。すなわち，伊藤先生とのこの意味での出会いから，はや20年が経ったのである。

しかし，わたしにとってこの出会いは，むしろ必然的であったようにも思う。法科大学院制度が発足して間もない頃に伊藤先生にお招きいただいたある研究会でも申し上げたところであるが，要件事実論への関心は，まず，わたしが最初に福島大学経済学部に就職したということに縁由する。法律家になることを予定していない者に法律を教えるというときに，なぜ法律を学ばなければいけないかということを示さなければならない。すると，どうしても，法律はどういう機能を社会的に果たしているのかにつきなにがしかの説明をしなければばらない。すなわち，民法の行為規範としての機能・裁判規範としての機能を経済学部生に説くために，いまでも座右にある磯村哲編『現代法学講義』の「第1章法の特質と構造」（田中成明教授執筆）は，わたしの民法講義の拠り所となった。経済学部生に行為規範としての民法を教えることの反面として，民法の裁判規範としての機能が強く意識されることとなったといえるのである。もう一つ，これは理論的なことであるが，わたしが修士論文，そして後には博士論文，としてまとめたテーマが，「抗弁権の永久性論」というものであったということも要件事実論という考えかたに関心を寄せる原因となったといえる。権利，とくに形成権，が攻撃的もしくは現状変更的に行使される場合と，防御的もしくは現状維持的に行使される場合とでは，期間制限の法的扱いが異なると考えるべきかを論じたのであったが，攻撃・防御という言葉がいつも念頭にあった。民法規範を裁判規範としてとらえる川島博士が，わたしにとって当面批判すべき論敵であったということも大きいのであろう。研究者仲間からなぜ要件事実論に関心を持つのかと言われ，あるいは，わたしのことを民事訴訟法ではなく民法学者だったのですかと言われる人もあるなかで，あなたがなぜこのテーマに関心を寄せるのかを博士論文との関連で理解していましたよと，ある民事訴訟法の研究者が言ってくださったときには正直うれしく思ったものである。これも，伊藤先生が主導されたあるシンポジウムが終わった際のことであった。
　さて，こうしたことから，その後も，本務校あるいは他大学での大学院演習や学部講義において，上記ジュリスト論文を検討素材とし，あるいは坂井芳雄先生の「大学における要件事実教育について」（東洋法学34巻1号，1990年），霜島甲一先生の『TLL民法：ソクラテス・メソッドで学ぶ：Think like a lawyer』（1991年）を参考としつつ，民法教育において，いまでいう「要件事実論

[随想] 民法教育と要件事実教育の連携ということ

的要素」をずっと意識してきたのであるが，2000年前後の法科大学院設立に向けた様々な動きの中で，伊藤先生との文字通りの出会いがかなったのであった。複数の大学での設立に向けたシンポジウムにおける，わたしの法学部における教育実践についての発言などがきっかけとなって，光栄なことに「ケースブック要件事実・事実認定」の仕事に関わらせていただくことになった。これまた，わたしにとって大変な僥倖であった。その後，同書の編集会議や，研究会，お招きいただいたシンポジウムなどで，伊藤先生から教えていただいたことは，数えようとも数え切れないほどである。立証責任についての考えかた，主張責任と立証責任との関係，評価的要件，「オープン理論」などなどである。講義や演習で，伊藤先生の研究会などでのご発言をふまえて説明している自分に気づくことが少なくない。その意味で，本来ならこの論文集においてしっかりした献呈論文をもって日頃のお教えに報いるべきところ，このようなかたちしかとれないことにつき，ただただ恥じ入るばかりである。

そこで，ここではせめてもの償いに，鈴木禄彌先生追悼記念論文集『民事法学への挑戦と新たな構築』(2009年1月刊行予定) において論じた，「民法教育における要件事実論的要素の組入れ」ということについて，とくに民法教育における要件事実論・要件事実論的要素の具体的扱い方につき考えているところを示すことによって，わたしが伊藤先生から学んだことの一端を示すこととし，汲めども尽きぬ感謝の気持ちを表すこととさせていただきたい。

すなわち，わたしは，民法教育 (民法講義) においては，要件事実論，要件事実論的思考の基礎 (要件事実論の基本的もしくは基底的要素＝要件事実論的要素) として，次のような諸点を教示したいと考えている。まず，第一は，民法規範の機能あるいは存在意義についてである。民法の講義を始めるにあたって，民法規範は，行為規範であるとともに，裁判規範として機能することを「教え込む」ことが大切であると考える。裁判所においては，法に依拠し包摂判断をすること (解釈された法の適用) によって紛争処理がされる，ということである。このことを強調するために，あえて，民法解釈学というのに代えて，「民法解釈・適用学」を教えるという言い方をしてもよいように思う。

第二に，民法規範は，法律要件・法律効果という構造をもつこと，そして法律要件事実についての主張・立証責任の分配問題が民法の解釈論であるという

ことを示したいと考える。すなわち，紛争解決基準として機能する個々の民法規範は，これこれの法律要件が充たされれば，これこれの法律効果（権利の変動）が生ずるという構造をもっていること，定義規定のように自己充足的でない規定は他の規定との関連において規範機能をはたすこと，が示されるべきである。そして，具体的な利益をめぐって争われる民事訴訟においては，法律要件を充たす事実が存在するかについては当事者の主張・立証をまつという訴訟手続の考えかた（当事者主義・弁論主義）が採用されているところ，当事者の立証によっては事実の存在・不存在について裁判官が確信をもつにいたらないときに，判決において，その事実を要件とする自己に有利な法律効果の発生または不発生が認められないことになるという危険・不利益を当事者のいずれに帰せしめるか，つまり立証責任（証明責任）の分配について，すくなくともその各論は民法規範・民法制度の趣旨に基づいて考えなければならず，これはまさに民法規範の解釈の問題であることにもふれるべきことになる。

　第三に，各規範は，権利根拠，権利障害・消滅・阻止規定からなっていることを示すべきものと考える。つまり，民法規範を規範構造からみれば，（これは法解釈によって確定されることであるが）権利根拠，権利障害・消滅・阻止規定からなっていることを示し，学修にあたってこれを意識させる必要があるように思う。当事者がある利益をめぐって争い合う紛争解決の場においては，民法規範・制度が，当事者によって主張される権利（訴訟物）をめぐり，それを根拠づける規定の定める法律要件に該当する事実があるから請求は認められるべきである（請求原因），そのような事実は存在しない（請求原因事実認否），そのような事実があるとしても，それを障害する規定の定める法律要件に該当する事実があるからそのような請求は認められない（抗弁），そのような事実はない（抗弁事実認否），そのような事実があるとしてもそのような反論を妨げることに関わる規定（権利障害障害規定）の定める法律要件に該当する事実があるから請求は認められてよい（再抗弁）といったように，攻撃・防御にかかわって，当事者によって積極的に選び取られ用いられるということを理解させたいのである。

　第四に，民法規範内容をどう示し，どう説明するかであるが，主張・立証責任，規範構造を顧慮すると，民法規範について，それが処理すべき典型的紛争をモデルとして念頭に浮かべさせ，一つの条文であれば本文・但書きの形で，

[随想] 民法教育と要件事実教育の連携ということ

複数の条文で制度ができている場合には複数規範間の規範構造を意識的に示しつつ，説明することが規範理解に資するのではないか，と思われる。一つの条文からなる規範について，たとえば，未成年者の行為能力につき，未成年者が行った法律行為は取り消すことができる。ただし，法定代理人の同意があった場合はこの限りでない，といった形で示すこととする。また，複数の条文からなる制度について，たとえば，契約の有効要件として論じられてきたことを，債権契約が成立すれば債権債務関係が生ずるものと説明し，それが公序良俗に反したり，強行法規に反したり，契約を組成する意思表示に要素の錯誤があれば，無効となると説明することとなる。こうしたことを考えると，たとえば，制限行為能力の制度を法律行為の他の効力阻却事由と関連させて説明することが望ましいといったように，講義・叙述の体系・順番にも工夫が必要であるということにもなるといえる。

名古屋大学の千葉恵美子教授は，最近行われた法科大学院協会のシンポジウムにおいて，民事法科目の教育内容・方法につき，基礎・発展・統合の「らせん階段方式の学習」ということを説かれている。まず基礎において「法規範を学ぶ・法的三段論法を学ぶ（法適用の初歩）」，発展において「法規範を体系的に学ぶ・法規範の民事裁判での活用を学ぶ（法適用の基礎）」，統合において「民事法領域の法規範を統合して理解する・法規範の適用を実践的に行う」といわれる。そこでは，民事法科目と実務基礎科目（ここではとくに要件事実論）との関係につき，「実務基礎科目との接合への準備」，「(両科目の) 相互乗り入れ」，そして「(両科目の) 知識の統合」ということをいわれる。わたしは，これに大いに共感するものである。行論の過程で，実務家教員との協働ということにもふれられたがこれにも共感する。千葉教授のいわれる，「実務基礎科目との接合への準備」として，わたしとしては，以上のことを考えているのである。民法教育と実務基礎教育とがシームレスにつながるという表現もしている。千葉教授ほか4名で，こうした考えかたをもって，いま一つの入門書を執筆中である。わたし単独では，要件事実論的要素を組み込んだ債権法各論の教科書の執筆を進めている。

このように，わたしなりに，民法教育と要件事実論教育の連携のさせ方について考えてみた。こうした考えかたを伊藤滋夫先生はどのようにみられるであ

ろうか。刊行されたらお示しして，またいつかのようにご叱咤賜りたいものと考えているところである。

伊藤滋夫先生略歴・主要著作目録

伊藤滋夫 先生

伊藤滋夫先生　略歴

昭和7年2月25日　愛知県名古屋市にて生れる
昭和29年3月　名古屋大学法学部法律学科卒業（法学士）
昭和29年4月　司法修習生
昭和31年4月　東京地方裁判所兼東京家庭裁判所判事補
昭和34年7月　札幌地方裁判所室蘭支部兼同家庭裁判所同支部判事補
昭和35年4月　東京地方裁判所判事補
　（昭和40年9月まで最高裁判所司法研修所付）
　（昭和35年8月～36年8月　米国出張（民事法研究・ハーバード・ロー・スクール留学）
　（昭和36年6月　米国ハーバード・ロー・スクール（マスター・コース）卒業（LL.M.））
昭和41年4月　東京地方裁判所判事
昭和41年8月　松山地方裁判所兼同家庭裁判所判事
昭和45年4月　東京家庭裁判所兼東京地方裁判所判事
　　　　　　　最高裁判所事務総局家庭局第一課長兼第二課長
　（昭和45年5月～50年4月　法制審議会幹事（民法部会））
　（昭和46年7月～48年3月　最高裁判所臨時調停制度審議会幹事）
昭和50年4月　東京地方裁判所判事
昭和50年7月　東京地方裁判所判事部総括
昭和51年4月　司法研修所教官（民事裁判教官）
　（昭和52年1月～53年12月　司法試験（第二次試験）考査委員（民事訴訟法））
昭和55年4月　東京地方裁判所判事部総括
　（昭和56年5月～57年6月　法制審議会民事訴訟法部会委員）
昭和57年4月　司法研修所教官（民事裁判上席教官）
　（昭和57年5月～61年5月　司法試験（第二次試験）考査委員（民法））
昭和61年4月　東京高等裁判所判事
昭和62年10月　和歌山地方裁判所長兼同家庭裁判所長
平成元年6月　名古屋高等裁判所判事部総括
平成4年3月　東京高等裁判所判事部総括
　（平成4年5月～7年4月　法制審議会民法部会委員）
　（平成6年9月　博士（法学）名城大学）

略　歴

平成7年3月　　裁判官を願いにより退官
平成7年4月　　大東文化大学法学部法律学科教授（平成14年3月まで）
平成7年7月　　弁護士登録
平成11年4月　　大東文化大学大学院法学研究科法律学専攻主任（平成13年3月まで）
平成14年3月　　大東文化大学を定年退職
平成14年4月　　創価大学大学院法学研究科担当教授
平成16年4月　　創価大学法科大学院教授
平成16年10月　法科大学院要件事実教育研究所長（現在まで）
平成19年4月　　創価大学法科大学院客員教授
　現在に至る。

伊藤滋夫先生　主要著作目録

著書, 学術論文等の名称	単著, 共著の別	発行の年	発行所, 発表雑誌等の名称	概　　要
（著書）				
『民法注解財産法第1巻・民法総則』	共同監修	1989	青林書院	要件事実論に留意した民法の中型コンメンタール。
『事実認定の基礎　裁判官による事実判断の構造』	単著	1996	有斐閣	民事裁判における事実認定の本質・判断の構造を研究した事実認定論の体系書。
『民法注解財産法第2巻・物権法』	共同監修	1997	青林書院	要件事実論に留意した民法の中型コンメンタール。
『逐条解説　住宅品質確保促進法』	編著	1999	有斐閣	住宅品質確保促進法の立法過程に関与した立場から同法の基本的考え方を解説。
『要件事実の基礎　裁判官による法的判断の構造』	単著	2000	有斐閣	民事裁判における法的判断の本質・判断の構造を，特に実体法との関係に留意しながら研究した要件事実論の体系書。
『ケースブック要件事実・事実認定』	共編著	2002	有斐閣	具体的ケースを中心とした要件事実論・事実認定論の概説書。法科大学院の演習教材としても適切と考えている。
『要件事実・事実認定入門　裁判官の判断の仕方を考える』	単著	2003	有斐閣	冒頭に掲げた基本的事例の展開という形を中心に，要件事実と事実認定の最も基本的な問題について，初学者にも分かりやすく説明。
『ケースブック要件事実・事実認定　第2版』	共編著	2005	有斐閣	前掲書（初版）の内容を相当程度拡充した。
『民事要件事実講座第1巻　総論Ⅰ　要件事実の基礎理論』	総括編集	2005	青林書院	要件事実に関する問題を網羅的に理論と実務の両面に配慮しながら説明した講座。
『民事要件事実講座第2巻　総論Ⅱ　多様な事件と要件事実』	総括編集	2005	青林書院	前同。

主要著作目録

著書，学術論文等の名称	単著，共著の別	発行の年	発行所，発表雑誌等の名称	概　　要
『民事要件事実講座第3巻 民法Ⅰ　債権総論・契約』	総括編集	2005	青林書院	前同。
『基礎法学と実定法学の協働』（法曹養成実務入門講座別巻）	編集	2005	信山社	基礎法学と実定法学の双方を，その協働関係に留意しながら検討。
『要件事実の現在を考える』	企画委員代表	2006	商事法務	各分野において，現在問題になっている要件事実の問題を検討。
『民事要件事実講座第4巻 民法Ⅱ　物権・不当利得・不法行為』	総括編集	2007	青林書院	前同。
『要件事実講義』	編著	2008	商事法務	法科大学院における実際の授業の経験を踏まえて，要件事実の基本的問題を詳細に説明。
『要件事実・事実認定入門 裁判官の判断の仕方を考える　補訂版　第2刷（補訂）』	単著	2008	有斐閣	前掲書（初版）の内容を，民法現代語化法に対応して補訂し（第1刷），かつ，第2刷においては，更に，現在の筆者の考え方をも簡潔に取り入れた。
『民事要件事実講座第5巻 企業活動と要件事実』	総括編集	2008	青林書院	前同。

（論文）

「証拠書類の謄本または抄本の証拠能力」	単著	1963	平野龍一ほか編『刑事訴訟法』（実例法学全集）382頁以下（青林書院）	刑事訴訟における証拠書類の謄本または抄本の証拠能力について述べる。伊藤滋夫としては，ほとんど唯一の刑事法に関する論文である。
「現状変更禁止の仮処分の効力に関する若干の考察（一），（二・完）」	単著	1964	判例タイムズ160号6頁以下，同161号19頁以下	現状変更禁止の仮処分については，当時はまだ見解の対立が激しかったが，判例・学説を詳細に検討して，私見を述べる。
「民事調停法及び家事審判法の一部を改正する法律の解　説（一）（二）（三）（四・完）」	共著	1975	家庭裁判月報27巻3号1頁以下，同4号1頁以下，同5号1頁以下，同7号1頁以下	家事審判法の改正に関与した者の一人としての立場から，新法を解説。

主要著作目録

著書, 学術論文等の名称	単著, 共著の別	発行の年	発行所, 発表雑誌等の名称	概　　要
「家事調停委員の身分・資格」	単著	1975	沼辺愛一ほか編『新家事調停100講』35頁以下（判例タイムズ社）	家事審判法の改正に関与した者の一人としての立場から、新法の一部を解説。
「多数の共同相続人中の一人だけが出頭しない遺産分割調停事件の処理」	単著	1975	同書337頁以下	前同。
「『民事訴訟における要件事実―総論―』について（1）（2・完）」	単著	1984	判例時報1124号3頁以下、同1125号3頁以下	司法研修所の要件事実に関する総論的説明の教材の内容の解説。
「要件事実と実体法」	単著	1986	ジュリスト869号14頁以下	要件事実というものは、訴訟法というよりは、実体法と深く結びついていることを解明すべく努めた。
「要件事実論による若干の具体的考察―登記請求権及び代表権の濫用について―」	共著	1986	ジュリスト869号31頁以下	要件事実論の観点から不動産登記関係事件などの判例を分析・検討。
「続・要件事実と実体法（上）（下）」	単著	1987	ジュリスト881号86頁以下、同882号56頁以下	要件事実というものは、訴訟法というよりは、実体法と深く結びついていることを解明すべく努めた。前記「要件事実と実体法」の続編。
「民事訴訟における事実認定に関する若干の考察―家事事件における調査実務との関連を念頭に置いて―」	単著	1988	調研紀要54号1頁以下	民事裁判における事実認定の本質・判断の構造を研究したものであるが、特に家庭裁判所調査官の行う調査実務との関係を念頭において研究。
「要件事実と実体法断想（上）（下）」	単著	1989	ジュリスト945号103頁以下、同946号98頁以下	要件事実というものは、訴訟法というよりは、実体法と深く結びついていることを解明すべく努めたものであるが、個別的論点を批判説を意識して検討。
「書証に関する二, 三の問題―文書の成立の真正と文書の写しによる証拠の申出―（上）（中）（下）」	単著	1991	判例タイムズ752号15頁以下、同753号13頁以下、同755号51頁以下	書証についての実務で多く問題となる具体的問題、例えば書証の成立・写しによる書証の申し出などについて詳細に検討。

主要著作目録

著書,学術論文等の名称	単著,共著の別	発行の年	発行所,発表雑誌等の名称	概　　要
「民事占有試論―占有の要件についての一考察―(上)(下)」	単著	1994,1995	ジュリスト1058号75頁以下,同1060号84頁以下	占有論の要件事実論的考察。
「経験則の機能」	単著	1995	青山善充ほか編『民事訴訟法の争点』第3版198頁以下(有斐閣)	民事裁判における経験則の機能を簡潔に説明。
「裁判規範としての民法に関する一考察―製造物責任法を題材として―」	単著	1996	『21世紀の民法―小野幸二教授還暦記念論集』3頁以下(法学書院)	製造物責任法の若干の問題についての要件事実論的考察。
「裁判官による事実認定の構造―当事者の立場を念頭に置いて―」	単著	1996	自由と正義1996年7月号55頁以下	民事裁判における事実認定の本質・判断の構造を研究したものであるが,特に民事事件における当事者の立場を念頭において検討。
「事実認定と実体法」	単著	1997	司法研修所論集創立50周年記念特集号第1巻(司研論集第97号)1頁以下	民事実体法の解釈問題が民事裁判における事実認定の問題と深くかかわっていることを論じる。
「判例紹介　背信的悪意者からの転得者と民法177条の第三者」	単著	1998	法の支配110号93頁以下	最判平8・10・29民集50巻9号2506頁の法理が実質的説明として不足している旨の批判の紹介。
「実践的法学教育論―民法の授業の現場からの一試論―」	単著	1999	大東法学8巻2号31頁以下	民法の解釈学について現場の大学教師の立場から,実践的な提案と検討をする。
「奥田昌道『安全配慮義務』」	単著	1999	加藤雅信ほか編『日本民法施行100年記念民法学説100年史』346頁以下(三省堂)	奥田教授のこの論文をその学界において持つ意義などにも触れながら紹介・検討。
「消費者契約法(仮称)制定に向けての動き―国民生活審議会平成一一年一月発表の報告書を中心として―」	単著	1999	法曹時報51巻11号25頁以下	制定間近の消費者契約法の問題について,要件事実論的視点から検討。

主要著作目録

著書，学術論文等の名称	単著，共著の別	発行の年	発行所，発表雑誌等の名称	概　　要
「『法科大学院』における実務教育」	単著	2000	判例時報1713号3頁以下	法科大学院における実務教育は，実務の基礎理論を教えるべきで，その主要なものは要件事実と事実認定の基礎理論であると説く。
Process for Judge's Decision Making in Civil Cases	単著	2001	Daito Bunka Comparative Law and Political Science Review vol.1 p 10〜	民事事件における裁判官の判断過程を簡潔に考察した英文の論文。
「法科大学院における教育内容について―幅広い視野と深い洞察力のある実務法曹の養成のために―」	単著	2001	自由と正義2001年4月号112頁以下	法科大学院のおける教育を通じて幅広い視野と深い洞察力を持った実務法曹を育てることが重要であるとの基本的見地から，要件事実論・事実認定論の基礎理論や基礎法学を実定法学と関係させて教育することの重要性などを説く。
「権利の生成と内容―主として受動喫煙問題を題材として―」	単著	2002	司法研修所論集107号35頁以下	法社会学的研究と要件事実論的研究の双方の手法を用いて受動喫煙の問題を詳細に検討。
「民事裁判官の判断の特徴―その専門性に着目して―」	単著	2002	判例タイムズ1101号12頁以下	国民の司法参加という観点を念頭に置きながら，法律専門家である裁判官と少なくとも法律の専門家ではない国民とのコミュニケーションを検討。
「民事訴訟法248条に定める『相当な損害額の認定』」（上）（中）（下・完）	単著	2002	判例時報1792号3頁以下，同1793号3頁以下，同1796号3頁以下	いわゆる新民事訴訟法の中で，事実認定・法的判断という観点から見ると，特殊な条文である民事訴訟法248条の本質・実務における適用のあり方，判示の仕方などを詳細に検討。
「基礎法学と実定法学との協働―民事法研究者の視点から―」	単著	2003	自由と正義2003年6月号14頁以下	多少の具体的問題を挙げて，基礎法学と実定法学の協働の重要性を説明。

主要著作目録

著書，学術論文等の名称	単著，共著の別	発行の年	発行所，発表雑誌等の名称	概　　要
「民事訴訟における事実認定の考え方―これから学習をする諸君のために―」	単著	2005	林屋礼二ほか編『法曹養成実務入門講座第2巻』57頁以下（信山社）	事実認定の基本的考え方を，特に各分野の問題を検討するための道具を総合的に活用することの重要性を強調して説明。
「創価大学法科大学院における要件事実教育の実情①」	単著	2005	法科大学院要件事実教育研究所報創刊号48頁以下	「代理」のケースについてした実際の授業の一端を紹介。
「新司法試験サンプル問題の問題点について―法科大学院における教育への影響を視野に入れて―」	単著	2005	判例時報1881号3頁以下	新司法試験のサンプル問題にあると考えられる問題点を批判的に検討。
「要件事実論の現状と課題」	単著	2005	上記『民事要件事実講座第1巻　総論I　要件事実の基礎理論』3頁以下	現在における要件事実論の問題を広い範囲にわたって取り上げて検討。
「基礎法学への期待―民事法研究者の立場から―」	単著	2005	上記『基礎法学と実定法学の協働』（法曹養成実務入門講座別巻）93頁以下	前記「自由と正義」掲載の拙稿「基礎法学と実定法学との協働」を更に発展させた。
「創価大学法科大学院における要件事実教育の実際―その狙いと特色について―」	単著	2005	創価ロージャーナル創刊号50頁以下	創価大学法科大学院は，民事法教育の根幹をなすものとして，「なぜ」を考える要件事実教育を重視し，質的にも量的にも充実したカリキュラムを実施している。その概要などを簡潔に説明。
「要件事実論と民法学―新たな民法学の動向も視野に入れて―」	単著	2006	上記『要件事実の現在を考える』3頁以下	要件事実論と民法学との関係を，最近の私法学会の動向なども考慮に入れて，掘り下げて検討。

主要著作目録

著書，学術論文等の名称	単著，共著の別	発行の年	発行所，発表雑誌等の名称	概　　要
「法科大学院要件事実教育研究所の活動について―これまでを回顧し今後を展望する―」	単著	2007	法科大学院要件事実教育研究所報5号1頁以下	法科大学院要件事実教育研究所が，文部科学省の「法科大学院等専門職大学院形成支援プログラム」の一環である「法科大学院における要件事実教育の充実と発展」というプロジェクトの実施のために設立された経緯・本稿発表当時までの活動・当時から見た展望などを，ごく簡単に述べる。
「民事法総合Ⅰ（平成18年度）の授業について―その概要とその基礎にある考え方―」	単著	2007	法科大学院要件事実教育研究所報5号別冊1頁以下	同所報5号別冊には，伊藤滋夫らが担当した民事法総合Ⅰ（平成18年度）の授業の全レジュメ・全課題が登載されているが，本稿は，その理解に資するために，同授業の目的・基本的内容・基礎にある考え方・同授業の成果などを説明する。
「司法研修所『問題研究要件事実』の改訂版の内容について―裁判規範としての民法の視点から―」	単著	2007	法科大学院要件事実教育研究所報5号別冊219頁以下	裁判規範としての民法としての視点から，司研編『問題研究　要件事実』の初版にあった問題点と改訂版にある問題点・改善された点を説明。
「要件事実論と基礎法学と家族法学」	単著	2007	『21世紀の家族と法―小野幸二教授古稀記念論集』14頁以下（法学書院）	一見無関係のように見える要件事実論，基礎法学，家族法学の三者にある協働関係を説く。
「要件事実論と基礎法学の協働・序説―本特集の趣旨と要件事実論による検討の出発点―」	単著	2008	法学セミナー2008年3月号8頁以下	要件事実論と基礎法学の協働の可能性と重要性について，総論的説明をする。
「基礎法学の課題についての要件事実論的視点からの検討の試み―代理出産・受動喫煙を題材として―」	単著	2008	法学セミナー2008年3月号40頁以下	要件事実論と基礎法学の協働の可能性と重要性について，代理出産の問題を中心に，具体的に検討。

主要著作目録

著書，学術論文等の名称	単著，共著の別	発行の年	発行所，発表雑誌等の名称	概　　要

（随筆）

著書，学術論文等の名称	単著，共著の別	発行の年	発行所，発表雑誌等の名称	概　　要
「新米大学教師日記　①当代法学部授業風景」	単著	1998	書斎の窓476号16頁以下	伊藤滋夫が，裁判官を依願退官して，大東文化大学教授に転じた当時に，「新米大学教師」として感じたさまざまな新鮮な思いを書く。今までに書いた随筆では最も心に残るものの一つである。①は，連載の「はしがき」的なこと，授業中の学生の私語などについて書いている。
「新米大学教師日記　②教えるとは学ぶこと」	単著	1998	書斎の窓477号18頁以下	学生に教えるに当たって，学生からのさまざまな質問によって，自分の気づかぬ点を指摘されたりしながら，教えることは，まことに学ぶことだと痛感したなどと書いている。
「新米大学教師日記　③拙著『なぜなぜ民法』を夢想して」	単著	1998	書斎の窓478号28頁以下	多数の民法の教科書を見ながら，自分としては，将来，「なぜ」という問いかけを中心とした民法の教科書を書いてみたいと思った心境を書いている。
「新米大学教師日記　④多くの先生方に学ぶ」	単著	1998	書斎の窓479号32頁以下	大学教師になって，多様な専門の先生方との交流があるようになり，その意味で，裁判所時代とは，異なった環境になったと言える。そうした意味で，多くの先生方から様々な教示を受けたなどと書いている。
「新米大学教師日記　⑤パソコンと格闘す」	単著	1998	書斎の窓480号39頁以下	ワープロからパソコンへの転換時の苦労とパソコンによる検索機能やメールの便利などを，おぼつかない様子で書いている。

主要著作目録

著書, 学術論文等の名称	単著, 共著の別	発行の年	発行所, 発表雑誌等の名称	概　　要
「新米大学教師日記　⑥〔完〕来し方行く末を想う」	単著	1999	書斎の窓481号34頁以下	大学人として教育と研究とに日々を過ごせる幸せに感謝しつつ, 自分を育ててくれた裁判所や裁判官の先輩に対する謝意を具体例を挙げて書いている。そして今後の教育と研究への想いも述べている。

以上のほかに, 随筆・座談会の収録・講演録などが多数あるが, これらはすべて省略した。

御礼のことば

　このたびは，これまで親しくご指導を賜ったりご厚誼を受けたりした多くの先輩，友人の方々から，このように立派な喜寿記念論集を献呈して頂き，非常に感激しております。心から厚く御礼を申し上げます。

　小生が自分の専門とされる実務・学問の分野や法学・法曹教育の面で，ほんの少しでも何事かをしたと言えることがもしあるとすれば，それはすべて本書にご執筆頂いた方々をはじめ，多くの皆様のご指導ご支援の賜物であります。小生は，つくづく弱い人間であるといつも感じます。すこし仕事がうまく進まなければ，必要以上に落ち込みますし，すこし何かよいことがあれば，これまた大喜びをするといった具合で，成熟した大人とは言い難いことを実感しています。そうした小生が，何とかここまでやってこられましたのは，掛け値なしに，多くの皆様に支えられ励まされてきたからにほかなりません。感謝の想いでいっぱいでございます。本当に有難うございました。また，この機会をお借りして，私事でまことに恐縮ではございますが，至らぬ小生を長い間支えてくれている妻の敏子にも礼を述べたいと思います。

　小生は，昭和7年2月25日生まれ（いわゆる昭和1けた生まれ）ですが，自分が本年には77歳という高齢になるとはとても信じられない思いです。77歳という現実を否定することはできませんが，幸いに健康に特に問題はないようですから，自分なりに，いつまでも向上心を忘れず，できる限り，研究を続けていきたいと思っています。

　末筆ながら，ご執筆頂いた方々をはじめ，お世話になりました多くの皆様のいっそうのご活躍をお祈り申し上げますとともに，今後も従前と変わりませず，ご指導ご支援を賜りますよう，心からお願い申し上げます。

　　平成21年新春

伊　藤　滋　夫

要件事実・事実認定論と基礎法学の新たな展開
〔伊藤滋夫先生喜寿記念〕

2009年1月30日　初版第1刷印刷
2009年2月20日　初版第1刷発行

Ⓒ編　　集　河上正二・高橋宏志
　　　　　　山﨑敏彦・山本和彦
　　　　　　北　秀昭・難波孝一

発 行 者　逸見慎一

発行所　東京都文京区　株式　青 林 書 院
　　　　本郷6丁目4の7　会社
　　　　振替口座　東京1-16920／電話03(3815)5897／郵便番号113-0033

三松堂印刷　落丁・乱丁本はお取り替えいたします。
2009. Printed in Japan
ISBN978-4-417-01483-6

JCLS 〈㈳日本著作出版権管理システム委託出版物〉
本書の無断複写は著作権法上での例外を除き禁じられています。
複写される場合は、そのつど事前に、㈳日本著作出版権管理システム (TEL03-3817-5670，FAX03-3815-8199，e-mail:info@jcls.co.jp) の許諾を得てください。